Gerd Irrlitz

Kant-Handbuch

Leben und Werk

3., überarbeitete
und ergänzte Auflage

Verlag J. B. Metzler

Der Autor
Gerd Irrlitz, Professor em. für philosophische Propädeutik und Geschichte
der Philosophie an der Humboldt-Universität zu Berlin.

Gedruckt auf chlorfrei gebleichtem, säurefreiem und alterungsbeständigem Papier

Bibliografische Information der Deutschen Nationalbibliothek
Die Deutsche Nationalbibliothek verzeichnet diese Publikation in der
Deutschen Nationalbibliografie; detaillierte bibliografische Daten
sind im Internet über http://dnb.d-nb.de abrufbar.

ISBN 978-3-476-02613-2

© 2015 J. B. Metzler Verlag GmbH
www.metzlerverlag.de
info@metzlerverlag.de

Einbandgestaltung: Finken & Bumiller, Stuttgart
Satz: Claudia Wild, Konstanz, in Kooperation mit primustype Hurler GmbH
Druck und Bindung: Kösel, Krugzell · www.koeselbuch.de

Printed in Germany
J. B. Metzler Verlag, Stuttgart

Dem Andenken meiner Eltern

Hans Irrlitz
Elisabeth Irrlitz, geb. Engler

Inhaltsübersicht

Inhaltsverzeichnis

II   Die frühen naturphilosophischen und metaphysischen Schriften, spätere kleinere naturphilosophische Aufsätze, die Geographie-Vorlesung

III Die metaphysikkritischen Schriften der 60er Jahre

IV   Kritik der reinen Vernunft I (1781, ²1787)

V   Kritik der reinen Vernunft II (1781, ²1787)

VI   Prolegomena zu einer jeden künftigen Metaphysik, die als Wissenschaft wird auftreten können (1783)

VII   Grundlegung zur Metaphysik der Sitten (1785)

VIII Metaphysische Anfangsgründe der Naturwissenschaft (1786)

XII Aufsätze und Schriften der 80er und 90er Jahre

XIII Die Metaphysik der Sitten (1797)

XIV Akademie-Ausgabe, handschriftlicher Nachlaß (Reflexionen, die Manuskripte zur Preisschrift über die Fortschritte der Metaphysik und des sog. *Opus postumum*), Vorlesungen

XV Anhang 489

Zitierweise und Abkürzungen

Zitiert wird nach der Akademie-Ausgabe *Kant's ge-sammelte Schriften*, Berlin 1902 ff. und zwar Band mit römischer, Seite mit arabischer Ziffer (I,77). Die *Kritik der reinen Vernunft* wird nach der Seitenzählung der ersten bzw. zweiten Auflage zitiert (A 77 bzw. B 77). Die häufig genannten Hauptschriften Kants werden mit folgenden Abkürzungen bezeichnet:

KrV	Kritik der reinen Vernunft
KpV	Kritik der praktischen Vernunft
KU	Kritik der Urteilskraft
MAN	Metaphysische Anfangsgründe der Na-turwissenschaft
GMS	Grundlegung zur Metaphysik der Sitten
MS	Metaphysik der Sitten

Zeitschriften, Periodika

ABG	Archiv für Begriffsgeschichte
AdF	Archivio di Filosofia
AdPH	Archives de Philosophie
AGPh	Archiv für Geschichte der Philosophie
Aph	Archiv für Philosophie
AIPh	Annales de l'Institut de Philosphie
AM	Altpreußische Monatsschrift
ARWPh	Archiv für Rechts- und Wirtschaftsphi-losophie
AZPh	Allgemeine Zeitschrift für Philosophie
DLZ	Deutsche Literaturzeitung
DZPh	Deutsche Zeitschrift für Philosophie
Fil	Filosofia
GCrFIT	Giornale critico della Filosofia Italiana
GPhS	Grazer Philosophische Studien
HS	Hegel-Studien
HSt	Hume Studies
InfPhil	Information Philosophie
JK	Jahrbuch der Albertus-Universität Kö-nigsberg
JPh	The Journal of Philosophy
KF	Kant-Forschungen
KS	Kant-Studien
KSEH	Kant-Studien Ergänzungsheft
MMGH	Mitteilungen de Mathematischen Ge-sellschaft Hamburg
NHPh	Neue Hefte für Philosophie
NZsTh	Neue Zeitschrift für systematische Theo-logie
PädH	Paedagogica Historica
PhF	The Philosophical Forum
Phil	Philosophy
PhJ	Philosophisches Jahrbuch

PhM	Philosophische Monatshefte
PhNat	Philosophia Naturalis
PhQ	The Philosophical Quarterly
PhR	Philosophische Rundschau
PhRev	Philosophical Review
PhSt	Philosophische Studien
PPh	Perspektiven der Philosophie
PrPh	Prima Philosophia
RHS	Revue d'histoire des sciences et de leurs applications
RIPh	Revue Internationale de Philosophie
RPh	Revue Philosophique
RPfhL	Revue Philosophique de Louvain
StG	Studium Generale
StKa	Studi Kantiani
TF	Tijdschrift voor Filosofie
TThZ	Trierer Theologische Zeitschrift
VJWP	Vierteljahresschrift für wissenschaftli-che Pädagogik
WZJ	Wissenschaftliche Zeitschrift. Fried-rich-Schiller-Universität Jena
ZAPh	Zeitschrift für Allgemeine Philosophie
ZAWT	Zeitschrift für Allgemeine Wissen-schaftstheorie
ZGW	Zeitschrift für Geschichtswissenschaft
ZphF	Zeitschrift für philosophische For-schung
ZPhphK	Zeitschrift für Philosophie und philoso-phische Kritik
ZRPh	Zeitschrift für Rechtsphilosophie

Siglen

AA	Akademie-Ausgabe Kant's gesammelte Schriften
Aufklärung	Birtsch,G./Eibl,K./Hinske,N./Vierhaus, R. (Hg.), Aufklärung. Interdisziplinäre Halbjah resschrift zur Erforschung des 18. Jahrhunderts und seiner Wirkungs-geschichte, 1986 ff.
HWPh	Ritter, J. u. a. (Hg.) Historisches Wörter-buch der Philosophie, Basel/Stuttgart 1971 ff.
Vaihinger	Vaihinger, Hans: Commentar zur Kants Kritik der reinen Vernunft, 2 Bde., Stutt-gart/Berlin/Leipzig 1881/1892

Aus der Einleitung zur 2. Auflage

I.

Kants Philosophie findet noch immer hohe Aufmerksamkeit, weit über das akademische Pflichtpensum hinaus. Jährlich analysieren mehr als achthundert Bücher und Abhandlungen einzelne Thesen oder Themenfelder dieser so höchst subtil gebauten Theorie. Schon im ersten Jahrzehnt nach der Veröffentlichung der *Kritik der reinen Vernunft* (1781, ²1787) waren etwa 300 Schriften für und gegen Kants transzendentalen Idealismus erschienen – und es war das schwer verständlichste philosophische Buch, das bis dahin und je danach – vielleicht Hegels *Phänomenologie des Geistes* (1807) ausgenommen – geschrieben worden war. Damals schlug Kants neue Rationalitätstheorie nicht nur in die Schulphilosophie an den deutschen Universitäten ein. Sie gab der zeitgeschichtlichen Erneuerungserwartung der gebildeten Schichten, darunter auch manche im Staatsdienst Beamtete, eine neue philosophische und geradezu apodiktisch beweisende Sprache. Nur die Professoren der Logik und Metaphysik aufklärerischer Empirist und Übersetzer, schrieb auf Verlangen der *Göttinger Gelehrten Anzeigen* eine Rezension (19.1.1782), obwohl er zu Bedenken gegeben hatte, das Buch nicht recht begriffen zu haben. Der Göttinger Philosophieprofessor Feder nahm sich den Text vor, die ablehnende Missinterpretation zu verdeutlichen (vgl. S. 260 f.).

Ein Jahr nach dem Erscheinen der *Kritik der praktischen Vernunft* erschien im absolutistischen Musterland Frankreich die Revolution. Nun sahen die mitgehenden Zeitgenossen Kants Entwurf einer moralisch-praktischen Vernunft als die vorab erfolgte Logik der *Déclaration de L'Homme*. »Man ist nicht frei durch Privilegien, sondern durch die Bürgerrechte, Rechte, die allen zustehen«, lautete Sieyès' Losungswort. (*Was ist der Dritte Stand* [1789], Berlin 2010, S. 116) Die junge Generation deutscher Intellektueller, weit entfernt, eine Revolution zu unternehmen, sich auch nur das Wollen zu denken (mit der Ausnahme der Mainzer Jakobiner um Forster), sie wandte sich Kants Lehre zu, dieser sich verwinkelnden geistigen Teilnahme am weltgeschichtlichen Geschehen. Sie eignete sich das neue philosophische Labyrinth zwischen Apriorismus und Gegebenem, reiner Anschauung und Wahrnehmungswelt, von

sittlichem Imperativ in uns und der Knechtschaft materialer Interessen unseres Außersichseins, ihren Erwartungen an, ihrem Verständnis und bald auch ihren spekulativ umbildenden Gliederungen. Die auf den Entdecker folgende Generation hatte ihn noch zu dessen Lebzeiten als den Alten erkannt, der sein Werk selbst nie recht verstanden habe.

Tatsächlich hatte Kant keine revolutionäre Doktrin verkündet, sondern eine feinsinnig gegliederte Umbildung der Metaphysik zu einer Logik vorgelegt, einer Logik von letzten Strukturen unseres Verstandes in potentia, die immer aktualisiert würden, so wir über das, was von außen komme, sachgerecht und beweisfähig urteilen wollten. Kants Philosophie enthält das erregendste Verhältnis zwischen unserem ideellen Innensein und der wechselhaften äußeren Existenz; fast ein pietistischer Zug seiner ostpreußischen religiösen Erziehung, die ihm fremd geworden war durch tägliche Schurigelei in den Gymnasialjahren. Es sei seine Lebenswahl, bekannte Kant einmal in einem Briefe, in die Metaphysik verliebt zu sein. Seinem Lieblingsschüler, M. Herz in Berlin, teilte er davon gleichsam die erweiterte Ausführung mit, »dass mein akademisches Leben in Ansehung des Hauptzwecks, den ich jederzeit vor Augen habe, nicht fruchtlos verstreichen werde, nämlich gute und auf Grundsätze errichtete Gesinnungen zu verbreiten«. (Anf. April 1778; X,214) Eine transzendentale Logik für Gesinnungen! Dieses Zusammenziehen der nüchternen Sachlichkeit weitverweter logischer Untersuchungen mit dem Bekenntnis für moralisch reine Gesinnung, das erregte die Jungen unter den Mitdenkenden, und es ließ die Älteren mit »erweiterten Gesinnungen« sich bestätigt sehen, wie Kant diejenigen nannte, die das Duckmäusertum dem Selbstdenken ausgeliefert hatten. Aufhorchen kam auch von weit her. Ein Ludwig Theremin, Bruder eines Bürochefs im jakobinischen Wohlfahrtsausschuss, der Vorlesungen über Kantsche Philosophie in Paris angeregt hatte, teilte mit, »der Bürger Sieyès« sei die Triebfeder dazu gewesen, »und wenn Sie die Güte haben wollten, einen gelehrten Briefwechsel mit ihm zu führen, welches er so sehr wünscht, so würden Sie sehen, in wie fern er und mehrere seiner Nation Empfänglichkeit für Ihre Ideen haben.« (6.2.1796; XII,58) Auf dem Regensburger Reichstag

1794 war eben von Hessen-Kassel der (erfolglose) Antrag eingebracht worden, Kants Lehre ganz zu verbieten, wie es in Bayern doch geschah.

Überhaupt war die Distanz beträchtlich gewesen, zwischen dem materialen Fundus der deutschen Gesellschaft des 18. Jahrhunderts und der theoretischen Produktion Kants, dessen durch die Zeiten fortwirkender Revolution der philosophischen Denkweise. Preußen war zu Beginn des 18. Jahrhunderts ein Agrarland, um 1740 die Bevölkerung etwa 2½ Millionen (nach der Eingliederung Schlesiens und Westpreußens durch den Siebenjährigen Krieg 1786 um 5½ Millionen). Das städtische Handwerk versorgte überwiegend nur den lokalen Bedarf. Der reisende Verkehr beschwerlich, so dass die geistige Verbindung mit Gesinnungsfreunden in der Ferne die Schönheit und den Stolz des Denkens besaß, sich im Geiste zu verbinden, den uns die zahlreichen und gehaltvollen Briefwechsel der Zeit aufbewahren. Dazu kam ein Zweites. Die preußische Wirtschaft bildete mit Wirtschafts- und Handelsgesetzgebung, Preisdiktat bei Lebensmitteln, Verpachtung von Staatsdomänen an streng beaufsichtigte Privatleute einen Staatskapitalismus (ein Drittel des bewirtschafteten Bodens in Staatsbesitz), weil die private Wirtschaft den Anforderungen des Staates nicht von sich aus genügte. Preußen verfolgte einen besonders ausgeprägten Merkantilismus, diese im unmittelbaren Sinne »politische Ökonomie«, nach dem Ausdruck der Schrift de Monchrétiens von 1615. Das ergab sich insbesondere aus den militärischen Erfordernissen des Staates, der zu einer großen europäischen Macht zwischen Frankreich, Russland und Österreich aufgebaut werden sollte. Darauf bezog sich nicht nur Kants Klage über die Lastenverteilung im Lande zugunsten der Armee. Es begünstigte die generelle Distanz einer eigenen rational konstruierenden Denkweise. Sie war auch dem Gemeinwesen zugewandt, aber einem in den Maßen reiner Vernunft von Moral und Recht, nicht sogleich mit Überlegungen im Dienste praktischer Zwecke. Das ist eine soziologisch zu bedenkende Bedingung für die Trennung »reiner« Grundsatzprämissen von empirischen Anwendungen. Es bildete eine Voraussetzung für die eigentümliche Verbindung von stillem Wirken und Unbeirrbarkeit deutscher Aufklärer, die fast alle nicht, wie in Frankreich, aus dem Adel kamen. Das lenkte die Konzentration auf die ideelle Thematik, die hinter den Tagesforderungen und überhaupt wie für sich ihr Reich führten.

Unser urteilendes Bewusstsein, wie steht es zu den Weiten der Welt, die unserer zu warten scheinen in der Unendlichkeit der Zeit? B. Russell fragte einmal, wie es möglich sei, dass wir mit unserem kleinen Gehirn so viel von der riesigen Welt zu erkennen vermöchten. Weil wir es schon immer wussten, antwortete N. Chomsky. (*Reflexionen über die Sprache*, 1977, S. 13,16) Wie können wir bei so kleinen Flächen unseres Zusammentreffens mit der Welt, und wie in der kurzen Zeit, da es die Menschheit gibt, so Vieles von der Ewigkeit wissen? Kant sagt: weil wir davon gar nichts wissen. Das bleibt so vergebens, wie die Erdkugel in den Himmel heben zu wollen. Wir wissen nur, was wir beobachtend oder experimentierend wahrnehmen und welcher moralische und welcher rechtliche Zweck den Menschen mitgegeben ist: »[...] denn wenn die Gerechtigkeit untergeht, so hat es keinen Wert mehr, dass Menschen auf Erden leben« (*Metaphysische Anfangsgründe der Rechtslehre*, VI, 332). Eine letzte logische Struktur von Kategorien und von deren Erweiterungen zu Grundsätzen des reinen Verstandes bietet den empirischen Begriffen den Radius, auf dem sich alle beweisbaren Behauptungen bewegen können. Sie können falsch sein, aber nicht unkorrigierbar.

Die transzendentale Theorie hat nicht den Umfang der Erkenntnis zu erweitern, sondern deren Grenzen zu bestimmen. »Wenn ich die Grenzen nicht kenne, ich Gefahr laufe, auf Verlust zu arbeiten, [...] so wandle ich im Lande der Hirngespinster umher«, lautet eine der Arbeitsnotizen Kants. (Akad. Ausg. XXVIII, 391) Aus dem Skeptizismus gegenüber unbeweisbaren Behauptungen und aus der transzendentallogischen Einschränkung unseres Wissensraumes geht der Vernunftstolz der Kantschen Philosophie hervor. Nicht um das, was wir wissen, geht es allein, sondern ebenso darum, wie wir es wissen. Zu Kants aufklärerischer Reform der Philosophie gehört ein methodisch eingesetzter Skeptizismus. Die Wirklichkeit der Natur und der Kultur verstreue mehr Schein, als dass sie klare Konturen zeige. Der Gedanke des ursprünglich antinomischen Charakters des menschlichen Bewusstseins, eines »Widerstreits der Gesetze (Antinomie) der reinen Vernunft« selbst und dessen Vermeidung (III, 282; B 434), eine Grundfigur des Kantschen Denkens, konzentrierte den Skeptizismus zu einem logischen Problem.

II.

Vielleicht ist den Lesern des Handbuchs eine einführende Skizze allgemeiner Voraussetzungen der transzendentalphilosophischen Wendung willkommen, die Kant in der europäischen Philosophie der Neuzeit herbeigeführt hatte.

Kants transzendentalphilosophische Methode stellt eine Theorie verschiedener logischer Typen kultureller Geltung dar. Er unterscheidet logische Voraussetzungen für Theorien von Sachverhalten, solche für Theorien über letzte Bestimmungsgründe der Handlungsteleologie, beide mit dem Anspruch allgemeiner Geltung, und schließlich induktive Urteile mit nur tendenziellem Allgemeinheitsanspruch. Für den ersten Typ bilden die mathematischen Naturwissenschaften die Problembasis, für den zweiten das republikanische Staats- und Privatrecht, das in einer Moraltheorie individueller Selbstbestimmung unterm Metaphysik-Ideal eines Reichs aller Zwecke eingefasst ist (Grundlegung *zur Metaphysik der Sitten*, IV, 433, 438). Die dritte Weise von Urteilen bezieht sich erstens auf die Natur- und Kulturwissenschaften, die damals keine mathematische Formalisierung kannten (bzw. für die das überhaupt ungeeignet bleibt) und zweitens auf das ästhetische Urteil. Die außerordentliche Wirkung dieser Grundgedanken bestand und besteht darin, dass Kant das Erfordernis für die neuzeitliche Zivilisation erkannte, allgemeine, also hochformalisierte (»apriorische«) und zugleich differenzierende methodische Algorithmen für die sich verselbständigenden Kulturfelder darzustellen. Die Beziehung zwischen allgemeinverbindlichen Prämissen des kulturellen Selbstverständnisses und den ansteigenden Massen empirischer Daten (soziale Konflikte, Gesetzgebungsakte u. a.) wurde damit gegenüber der Denkweise der vorangegangenen Zivilisationsformen mit deren material gebundenen Prämissen nach der Art analogisierender, dem alltagspraktischen Denken naher Beschreibungen, zu einem formalen, methodischen Strukturproblem umgebildet. Die transzendentalen Methodenlehren der Hauptwerke Kants bildeten einen ganz neuen kulturellen Typus öffentlicher Verständigung aus über die sich verselbständigenden und neue Vermittlungen miteinander eingehenden Lebensfelder einer als dynamisch erwarteten und kosmopolitisch verstandenen Gesellschaftsform. Dieter Henrich bezeichnete den kulturellen Impuls der Kantschen Reform der Philosophie: »Seine Kritik sollte nicht nur Scheinwissen beseitigen. Sie sollte zugleich die Macht eines Scheins erklären, in dessen Bann auch die Besten geraten waren, die Kant nicht anprangern, sondern über sich selbst verständigen wollte. Die Überzeugung von der verbindenden Kraft der einen menschlichen Vernunft hinderte ihn daran, in der Manier der Hegelianer seinen Gegnern eine Diagnose zu stellen, welche ihnen zugleich die Unfähig-

keit bescheinigt, diese Diagnose zu verstehen« (*Kants Denken 1762/3. Über den Ursprung der Unterscheidung analytischer und synthetischer Urteile*, in: M. Guéroult u. a. (Hg.), *Studien zu Kants philosophischer Entwicklung*, 1967).

Der Gang von Kants Denken zeigt drei große Perioden: Eine erste der erfolglosen Suche nach der Vereinigung der neuen mathematischen Naturwissenschaften mit der überkommenen ontologischen Metaphysik (etwa 1755–1770), eine zweite der Vorbereitung und Ausführung seiner neuen transzendentallogischen Begründung einer methodisch gedachten Metaphysik der Natur und der Sitten (1770–1790) – die *Metaphysischen Anfangsgründen der Naturwissenschaft* sprechen direkt von der »hier methodisch gebrauchten Metaphysik« (IV, 524) – und konsequent die dritte Periode (Mitte der achtziger Jahre bis zum *Streit der Fakultäten,* 1798), in der Kant die gewonnene transzendentale Methode in den zwei Flügeln systematischer Metaphysik durchführte und auf die verschiedenen Felder der Geschichtsphilosophie, philosophischer Fragen der Naturwissenschaften, der Religion, des Rechts sowie der Politik und der Zeitgeschichte anwandte. Kant hatte mit seinen drei *Kritiken* nach langem Prozess geistigen Experimentierens die ganze Tradition der prima philosophia umgeformt zu drei logischen Typen verschiedener kultureller Geltungsweisen. Die Darstellung der logischen Prämissen aller theoretischen und moralisch-praktischen Akte hatte er als den »Traktat von der Methode« oder auch als »System der Propädeutik« bezeichnet. Die besondere Aktualität der Anwendungsthematik der transzendentalen Logik ergab sich dann aus den Ursprüngen dieser Logik als der neuen philosophia prima selbst. Der Gedanke des ursprünglich antinomischen Charakters des menschlichen Bewusstseins, eines »Widerstreits der Gesetze (Antinomie) der reinen Vernunft« selbst und das Problem von dessen Vermeidung, bilden eine Grundfigur des Kantschen Denkens. Kant verstand seine transzendentale Logik als den Ausgang der Philosophie aus der Antinomik der in ihren eigenen Phänomenwelten befangenen Kultur. Er hat das aufklärerische Generalthema der Kritik der Vorurteile zum logischen Problem der Scheinformen des Bewusstseins umgeformt. Seine Leitthematik der analytischen Trennung und genau unterschiedener Verbindungsweisen von mundus intelligibilis und sensibilis setzte die Vorurteilsproblematik des 17. und 18. Jahrhunderts (einschließlich der Irrtumstheorien) fort und ging dafür zur Kritik der logischen Basis von Ontologie und Sensualismus voran.

Fünf Charakterzüge der neuzeitlichen Kultur gegenüber dem von antiken und frühneuzeitlichen Theorien geprägten Welt- und Selbstverständnis der Intellektuellen lassen sich unterscheiden. In den Bevölkerungen der unterschiedlich vorangeschrittenen europäischen Gesellschaften nahmen miteinander korrespondierende freie Gruppen Gebildeter (Laien im Bezug auf die theologische Tradition) an der Weltanschauungsbildung teil. Das nur lesende, nicht publizierende Publikum nahm nicht auf die spezialisierte Weise der Wissenschaften daran teil, trug das sich spezialisierende Wissen jedoch in seine lebenspraktischen Erfahrungsfelder. Diese Zerteilung der Weltsicht in den Horizont der herausgehobenen Bildungsschicht einerseits, und auf der anderen Seite in die soziale Erfahrung und die ihr entsprechende kulturelle Wahrnehmung der Mehrheit der Bevölkerung, spielte für den Aufbau des individualistischen und darum moralisierenden Horizonts der bürgerlichen Welt- und Lebensanschauung eine wesentliche Rolle. (vgl. noch immer B. Groethuysen, *Die Entstehung der bürgerlichen Welt- und Lebensanschauung in Frankreich*, 1927/30, Abschn. Glaube und Wissen, Symbol und Rede, Bürgertum und Volk) Die Verbindung der faktischen Individualität mit der »allgemeinen Menschenvernunft«, diesem Hauptwort des Kantschen Rationalitätsverständnisses, setzte die Einführung komplizierter und erlebnisferner Konstrukte der Generalisierung voraus. Diese würden dann ge-statten, um den Metaphysik-Terminus zu benutzen, die »notwendigen« Wahrheiten methodisch aus dem Ozean der zufälligen heraus zu filtern.

a) Das neuartige Generalisierungsproblem wissenschaftlicher – und in der Folge überhaupt sozialer – Erfahrung ergab sich seit dem 17. Jahrhundert *erstens* aus der Ausbildung sehr unterschiedlicher naturwissenschaftlicher (mathematischer, physikalisch-mechanischer, experimentell induktiver) Methoden. Das auf der unvermittelten Wahrnehmung errichtete und darum substantial gedachte (über »Dinge« urteilende) Rationalitätsverständnis wurde durch die Verbindung der Mathematik mit Mechanik und Dynamik gestört. Das schuf eine Basis linearer Formalisierungen großer Massen von Ereignissen. Ins Zentrum des Naturerkennens trat hier das Relationsproblem, also einer prinzipiell unanschaulichen, nur intellektuell realisierbaren Strukturauffassung. Die überkommene Thematik des »Geistes« wurde folglich auf logische und mathematische Darstellungen übertragen. Daraus ergab sich die Konsequenz, dass die aristotelische formale Logik, eine substantial gefasste Begriffslogik, durch andere

Strukturlogiken ergänzt werden musste. Die bisher primäre Relation: Begriffe – Ontologie von »Dingen«, wurde auf einen spezifischen Geltungsbezirk zurückgesetzt. Mit der Trennung der mathematischen Naturwissenschaften von den beobachtend und experimentell operierenden Disziplinen entstand nicht nur das methodische Problem der Unterscheidung zwischen empirischen und apodiktisch gewissen (nicht aus Erfahrung stammenden) Erkenntnissen. Das war bereits von Galilei und Descartes geklärt worden (vgl. H.-J. Engfer, *Philosophie als Analysis. Studien zur Entwicklung philosophischer Analysiskonzeptionen unter dem Einfluss mathematischer Methodenmodelle des 17. und frühen 18. Jahrhunderts*, 1981). Es ging um die Generalisierung der rationalistischen Prämissen durch den Nachweis der Spezifika von dessen Verbindungsweisen mit empirischen Daten und Verhaltensmotivationen. Das war das transzendentale Problem der Kantschen Vernunftkritik, also seiner Methodologie wissenschaftlicher Begründungen allgemein verbindlicher theoretischer und auch moralisch-praktischer »Gesetze«, wie Kant es in seiner die Rechts-Deduktionen analogisierenden Formel ausdrückte. Kant hatte es in der langen Klärungszeit seiner *Kritik der reinen Vernunft* einmal so bezeichnet: »Die reinen Verstandesbegriffe müssen also nicht von den Empfindungen der Sinne abstrahiert sein, [...] sondern in der Natur der Seele zwar ihre Quellen haben, aber doch weder insofern sie vom Objekt gewirkt werden, noch das Objekt selbst hervorbringen [...]. wie man sich die göttlichen Erkenntnisse als die Urbilder der Sachen vorstellt«. Wodurch stimmen die apriorischen »Axiomata der reinen Vernunft« mit den doch nicht von uns erzeugten, sondern wahrgenommenen Daten überein? (an M. Herz, 21.2.1772; X,125).

Das transzendentallogische Problem bestand aus mehreren Aspekten. Kant ging *erstens* davon aus, dass für die variablen Sachaussagen invariante axiomatische Prämissen erforderlich seien. Erfahrungsunabhängig (apriorisch), würden sie zugleich apodiktisch gelten. Der schon genannte und wichtigere Gesichtspunkt: wie das apriorische Element sich gleichwohl auf Erfahrung beziehen könnte. Kant ergänzte hierfür auf der einen Seite den neuzeitlichen Apriorismus durch die wesentliche Zusatzannahme der immanent synthetischen (Wissen erweiternden) Leistung auch erfahrungsunabhängiger Urteile. Das bildet das zentrale Problem der *Kritik der reinen Vernunft* und, intensiver noch, der *Kritik der praktischen Vernunft*. Die apriorischen Prämissen besitzen eine universelle Geltung für alle theoretischen Behauptungen. Mit viel weiter gehenden theoretischen Folgen gilt das für Kants apriorische intellektuelle Basis praktischer Willensbestimmungen, für die Ideen von Freiheit, Gott und Unsterblichkeit. Diese »Vernunftideen« sollen von der auf Erfahrung limitierenden Funktion des Apriorismus in theoretischer Rücksicht abgesetzt und, der vorherrschenden traditionalistischen Auffassung entgegen, immanent rational begründet werden. Hier kompliziert sich das Problem, wie sich die drei Ideen sowohl rein rational fassen lassen als auch, wie sie mit den immer empirisch bedingten Motivationen und Handlungssituationen zu verbinden seien. Wie kann eine für die weiteste Unendlichkeit von Fällen gedachte formale Idee im unendlich Kleinen einzelner Situationen materialisiert werden? Könnte das nicht viel besser und vielleicht allein eine leitende erlebnishafte Grundstimmung leisten? Kant sagte, diese würde nicht allgemein gesetzgebend sein können, also ihre für die bürgerliche Gesellschaft in Anspruch genommene über-ständische Allgemeinverbindlichkeit nur mit institutionell abzusichernden autoritären Zusatzannahmen gewährleisten können. Das widerspräche dem proklamierten Impuls der »allgemeinen Menschenvernunft«. Kants These war, moralische Selbstbestimmung gerate auf schwankenden Boden, wenn sie sich des Intellektualismus bis hin zu dessen Wahrheitsintention begebe. Dessen Zauber besteht in der Synthese, individuelle Autonomie und zugleich Generalisierung von Willens-»Gesetzen« zu gewährleisten. Kants Ablehnung der bisherigen Metaphysik, schließlich sein Widerwille gegen sie, bezogen sich darauf, dass jene nicht dem Rätsel nachgegangen wäre, wie eine Verbindung von apriorischen und empirischen Elementen der Wissenschaften überhaupt möglich sei. Der Empirismus wiederum verfehle das Problem invarianter Voraussetzungen von Behauptungen, das doch in den mathematischen Naturwissenschaften, auf andere Weise als in der Philosophie, zu so außerordentlichen Resultaten führe. Von der anderen, empirischen Seite her ergänzte Kant den überkommen rationalistischen Apriorismus durch die Vermittlungsebene der produktiven Einbildungskraft, des Empirismus-Elements, die Schemata von eingeprägten Figuren bilde, und den empirischen Begriffen zur Unterlage diene. Der in der Aufklärer-Sprache wesentliche Terminus »Kritik«, »kritisch« wurde von Kant vor allem Sinne von »grenzziehend« benutzt (zwischen zu unterscheidenden Problemfeldern, gegen ungenaue, fehlerhafte Ausdehnung von Theorieansprüchen).

b) Die theoretische Revolution durch die sich erweiternde Verbindung von Mathematik und Naturwissenschaften führte *zweitens* zu einem Bruch im Verhältnis der Rationalitätsmuster des Alltagsbewusstseins zu den spezialisierten Methodologien fachwissenschaftlicher Rationalität. Das alltagspraktische Denken operiert induktiv und analogisierend und geht dabei von einem körperhaft gegenständlichen Realitätsverständnis aus. So entstand auch das Theorem des Subjekt-Objekt-Verhältnisses mit der naheliegenden Abbild- oder Wiederspiegelungstheorie der Erkenntnis. Nicht anders als dinghaft zu denkende Partikel würden ins erkennende Subjekt herüber geholt. Die Objektivierungsleistung der mathematischen Naturwissenschaft zeigte ein völlig anderes Verhältnis. In ihr führten die unendlich präzise und apodiktisch berechenbaren Prozesse zu einem Verständnis von Gesetzmäßigkeit, das zunächst für soziale Prozesse und überhaupt für subjektive Motivationen nicht zu benutzen war. Also mussten die Bezirke des Begriffs der »Vernunft« deutlich geschieden und neu bestimmt werden. Das wurde zum Anliegen der präzisierenden und dadurch die ganze Problemlage der Wissenschaften aktualisierenden »kritischen Philosophie« Kants. Sie stellte in einem weiteren Sinne eine kritische Revision der von den neuzeitlichen Naturwissenschaften und von dem aufklärerischen Perfektibilitäts-Prospekt für die Zivilisation hervorgerufenen theoretischen Situation dar. Bereits die Titel der Hauptwerke geben das zu erkennen. Die Rationalitätsbegriffe der Schulmetaphysik und auch des Empirismus der Zeit erschienen Kant wie ein verwilderter herrschaftlicher Park, dessen ursprüngliche Herren und Auftraggeber längst verstorben waren, deren Nachfahren aber, die Philosophieprofessoren, sich darüber leider aus Pietät und Beschränktheit keine Rechenschaft gäben. Kant geriet unter den Mühen seiner Suche nach einer neuen Methodik der Rationalität in heftige Ablehnung, und in den *Träumen eines Geistersehers, erläutert durch Träume der Metaphysik* (1766) auch zu abwehrendem Spott gegen die Schulmetaphysik. »[…] ich verhehle gar nicht, dass ich die aufgeblasene Anmaßung ganzer Bände von Einsichten dieser Art, so wie sie jetziger Zeit gangbar sind, mit Widerwillen, ja mit einigem Hasse ansehe, indem ich mich vollkommen überzeuge, dass der Weg, den man gewählt hat, ganz verkehrt sei« (an Mendelssohn 8.4.1766, X, 67). Kants Problemstellung ergab sich auch daraus, dass die Komplizierung des Verständnisses der »Vernunft« rationalitätskritische Stimmungen (Fr. H. Jacobi, ganz in der Nähe der Kants Arbeiten genau beobachtende Hamann) und (mit der Romantik) bald auch solche kulturellen Strömungen hervorrief. Kant hatte 1786 dazu (und auf Drängen des Redakteurs der aufklärerischen *Berlinischen Monatsschrift*, Biester) eine eigene kleine Schrift verfasst: *Was heißt: Sich im Denken orientieren?* Durch den Aufbau fachwissenschaftlicher Denkweisen, insbesondere durch die zentrale Stellung des Relationsbegriffs im Verständnis von »Sein«, fand sich die Kontinuität von der auf »Dinge« gerichteten alltagspraktischen Methodologie hin zu den Prämissen relationaler Methodik unterbrochen.

Dazu kommt ein weiterer Gesichtspunkt im Bezug auf die Linien sich ausbildender Problemfronten. Die kulturelle Sicht auf den Gelehrten, wie sie von der Antike überliefert und noch vom humanistischen Flügel der Renaissancephilosophie festgehalten worden war, verlor für immer weitere intellektuelle Bereiche ihre Funktion. Der Intellektuelle war der durch Feinheit von Spezialkenntnissen Ausgezeichnete, vor allem aber der unendlich vieles Wissende, gewesen. Die neue mathematische Naturwissenschaft bedurfte nicht der vielfältigen, sondern erreichte die unendlich präzisen Kenntnisse. Sie glänzte nicht durch materialen Reichtum, sondern durch den generalisierenden formalen Algorithmus ihrer Methodik. (vgl. E. J. Dijksterhuis, *Die Mechanisierung des Weltbildes*, 1956; K. Gloy, *Das Verständnis der Natur*, 2 Bde., 1995) Der einzelne Wissenschaftler rückte in einen kollektiven theoretischen Problemgang ein. Kant suchte seine Entdeckungen bewusst in diesen Formwandel wissenschaftlicher Produktion einzufügen. Das sind eben die Äußerungen, die Philosophen möchten sich doch für einige Zeit zurückhalten und sich gemeinsam über die Methode philosophischer Theoriebildung verständigen, um dann, zielsicherer und im mitgehenden Fachgespräch erfolgreicher, gleich anderen Wissenschaften fortzufahren. Die »Vergesellschaftung« der wissenschaftlichen Prozesse prägte sich erst wirklich aus durch die beginnende Verbindung der mathematischen Naturwissenschaft mit den Arbeitsprozessen, die zunächst seit dem 17. Jahrhundert mit der Anwendung der mathematischen Mechanik bei der Konstruktion von Hebe-, Wurf- und Antriebsmaschinen einsetzte. Das bedeutete eine mit der Zeit alles umwälzende Revolution der menschlichen Erfahrung von der Natur und der solche Phänomene reflektierenden Intellektuellen von sich selbst. Die reale gesellschaftliche Wirkung der neuen naturwissenschaftlichen Theoriebildung war für Kant freilich noch kein Thema gewesen. Die Produktion z. B. der Wattschen Dampfmaschinen begann 1776 eben erst

im fernen Birmingham. Die Materiebegriffe der Mechanik und der Dynamik hatte er freilich eingehend behandelt und z. B. auch, in Kenntnis der antiken und der Boyleschen Atomistik kleinster, unveränderlicher Teile, die feine Bemerkung formuliert: »Ein Körper (oder Körperchen), dessen bewegende Kraft von seiner Figur abhängt, heißt Maschine.« (IV, 532) Man nannte die verschieden geformten Atome Maschinen.

c) *Drittens* führte die neuzeitliche Verbindung der Mathematik mit Physik und anderen Naturwissenschaften zu neuen Fragestellungen hinsichtlich der Verbindung eines dem präzisen Verständnis des empirischen Materials unentbehrlichen, aber ihm logisch zuvor liegenden Formalismus. Die mathematischen Naturwissenschaften stießen die Traditionslinien des rein theoretischen Denkens auf die enorme Bedeutung von dessen Verbindung mit der Empirie. Kant wandte sich in diesem Sinne gegen die Schulmetaphysik und gegen den Ontologismus des Rationalismus überhaupt. Vereinfacht gesagt: Er hielt der ontologischen Metaphysik entgegen: Diese Konstrukte der ehrwürdigen Disziplin, sie gibt es doch gar nicht. Es kommt darauf an, die Probleme, die hinter den verkehrt gestellten Fragen stehen, in rationelle Fassung zu bringen, die mit der Methodik der mathematischen Naturwissenschaft und mit dem Rechts-Individualismus des bürgerlichen Individuums übereinstimmen. Sein Fazit: Logische Strukturen können Bedeutung bei theoretischen Behauptungen über Sachverhalte nur gewinnen durch Verbindung mit »Anschauung«. Nun entstand das Problem, welche Art Anschauung die geometrischen Figuren darstellten, da sie keine empirisch-materialen Gestalten seien. Kant schlussfolgerte, dass es für die Realisierung logischer Sätze erforderlich sei, eine nichtempirische Anschauung anzunehmen. Das leistete die transzendentale Ästhetik als erster Teil der *Kritik*. Das kompliziertere Problem ergab sich daraus. Wie können geometrische Figuren und arithmetische Reihen aus den »reinen« Anschauungsebenen von Raum und Zeit mit den empirischen Körpern und Zeitfolgen übereinstimmen? Die mathematische Konstruktion eines technischen Produkts wird doch nie mit diesem identisch sein können. Kant suchte die Antwort darauf im kompliziertesten Teil der *Kritik*, in der transzendentalen Deduktion der Begriffe und Grundsätze des reinen Verstandes. Sie soll die Generalfrage der theoretischen Philosophie Kants auflösen, die Kant als die quaestio juris bezeichnete: Wie ist Erfahrung möglich? Die Problementwicklung der *Kritik* beantwortet also grundsätzliche Fragen, die von der einsetzenden Umgestaltung der neuzeitlichen Wissenschaften hervorgerufen wurden.

d) *Viertens* führte die neu gewonnene kulturelle Funktion der sich vom analogisierenden alltagspraktischen Denken absondernden Methoden, die Massen von Ereignissen in Formeln oder Konstruktionsvorschriften generalisierten, vor das Problem einer veränderten Ordnung zwischen den verschiedenen kulturellen Feldern: den erlebnisnahen Moralbegründungen, den Wissenschaften, der Religion, den sozialen Ordnungsregeln. Die bisherige, man könnte sagen, korporative Geschlossenheit der ideellen Welt über der gesellschaftlich realen löste sich auf. Die Macht neuer mathematisch-naturwissenschaftlicher Rationalitätsstandards, stolz wie Wahrheit und erfahrungsfern wie kühne Vermutung, drang vor. Die aus alltagspraktischen Nöten und Vorstellungen errichteten Glaubensmächte – Weltbildungen, die mit nächsten psychischen Analogien die fernste Unendlichkeit ertasteten – sahen sich in Frage gestellt oder wenigstens vor das Erfordernis veränderter Interpretation gebracht. Für die Intellektuellen und für die bildungsnahen Schichten des Bürgertums entstand das Bedürfnis, neue und indirekte Beziehungen zwischen Glauben und Wissen zu entwerfen. Das altvertraute Philosophie-Ressort der Irrtumstheorie – was wäre eine Wahrheitstheorie wert, ohne Lehre vom Irren und von der Kunst, es zu überwinden – gewann im 18. Jahrhundert hohe Brisanz als kritische Theorie der Vorurteile des menschlichen Geschlechts. (P. Bayle, *Verschiedene Gedanken über einen Kometen*, 1682; Kants so eingehende wie diffizile Irrtums- und Vorurteilslehre in dessen Vorlesungen zur *Logik*, Einleitung, z. B. IX, 75 ff.). Mit den Veränderungen zwischen den Feldern kultureller Geltungen entstand nicht nur eine Verunsicherung durch die neue Beweglichkeit, wo Autorität und Gewohnheit Stabilität zu bieten wussten: Es entstand zum ersten Mal in der europäischen Philosophie als grundsätzlicher Disput die Spannung zwischen konservativen und progressiven Auffassungen.

e) *Fünftens* setzte sich die genannte elementare Veränderung vom Substanz- zum Relationsdenken mit der Programmatik selbstverantwortlicher Individualität fort, also mit dem durchaus nicht selbstverständlichen Gedanken der sozialen Einzelheit des Menschen. Er entstand aus dem tiefen Sturz des feudal-ständischen Ordnungswesens, der Folie aller überkommenen gesellschaftlichen Strukturverständnisse. Die neuzeitliche Individualitätsidee hatte natürlich den bourgeoisen Privateigentümer zur rea

len Voraussetzung, besser gesagt, sie bildete im 17. und 18. Jahrhundert zunächst den Sammelpunkt für die Erkundung und die Begründung der Rechtsgestaltung einer Gesellschaft, die den bürgerlichen Eigentümern einen neuen Platz zumaß, und der mit dieser Klasse verbundenen Intellektuellenschicht die geistigen Freiheiten öffentlichen Wirkens einräumte; Freiheiten, wie Kant es einmal nannte, »erweiterter Gesinnungen« (VIII,144). Die Programmatik des vereinzelten, für sich allein verantwortlichen Menschen bedurfte für so elementare Postulate wie das der sozialen Zusammengehörigkeit, gar der Solidarität, aufwendiger und z. T. phantasievoller, mit drastischen Konstruktionen operierender, weil immer auch etwas verlegener Herleitungen. Doch auf der erstaunlichen Vereinzelungsprämisse ergaben sich erst die komplizierten Folgerungen für als frei und gleich zu denkende Individuen. Die Prämisse der individuellen Einzelheit – nicht mit dem Personalismus der christlichen Tradition zu verwechseln – setzt konsequent den Bezug der Individuen auf die Allheit der Einzelnen mit. Er wurde und wird – etwa bei P. Sloterdijk – mit substantialen Wertsetzungen im pejorativen Sinne verquickt, so dass das Problem der Universalisierung bestimmter sozialer Prinzipien unterm schiefen Blickwinkel der antiquierten Psychologie der »Massen« wiederkehrt. Die demokratischen Verfassungen nehmen die Individualitätsemanzipation im Verbund mit der Idee einer gemeinschaftlichen Gesamtverantwortung Aller heute als einen ruhmvollen und wie selbstverständlichen Grundsatz, so sehr er in praxi Ungleichheit und latente Unfreiheiten mit sich führte und führt. Die individualistische Perspektive bedeutete fürs Verständnis der sich ausbildenden Nationalgesellschaften als Ganzheiten, gleichsam als sozialer »Körper«, ebenfalls ein neues relationales Denken. Die als vereinzelt gesetzten Individuen, formell unabhängig voneinander und durch Vertrag in Beziehung gesetzt, stehen in den variablen Relationen des Staats- und des Privatrechts. Die anspruchsvolle moralphilosophische und verfassungsrechtliche Konstruktion entstand aus dem methodischen Niveau der mathematisch-naturwissenschaftlichen reinen Verhältnisbestimmung.

Ein Nachwort zur dritten Auflage befindet sich am Ende der Darstellung, vor der Zeittafel. Dieses Nachwort soll auf neuere Arbeiten zu Kant, auch auf Kant-Interpretationen im Bezug zu Problemen der gegenwärtigen Gesellschaft hinweisen, und es möchte einige Punkte ergänzen, die vor nunmehr 15

Jahren im referierenden Gang des Handbuchs nicht Raum finden konnten.

Meiner Frau danke ich für Ihre Hilfe, insbesondere für die begleitende kritische Lektüre. Für guten Rat danke ich Norbert Hinske und Hasso Hofmann, der sich nicht auf Inhalte meiner Darstellung bezog.

Frau Remeika, die das Philosophie-Ressort des Verlags übernommen hat, danke ich für Ihre aufgeschlossene und fachkundige Zusammenarbeit, und schließe darein die von ihr eingeladene freundliche Hilfe Frau Grohmanns ein.

Berlin, im Juli 2015

I   Leben – Zeit – Weg des Denkens

1 Kants Leben

Immanuel Kant wurde am 22. April 1724 in Königsberg geboren und starb dort am 12. Februar 1804. Er hat Königsberg Zeit seines Lebens nicht verlassen, mit Ausnahme der Jahre als Hauslehrer (1747–1754), die er erst in einem Pfarrhaus im Litauischen, dann bei einem Rittergutsbesitzer im Bezirk Danzig, vielleicht zuletzt noch im Hause des Grafen Keyserling bei Tilsit verbrachte. Während der Hauslehrerzeit war Kant mit der Lage der Bauernschaft bekannt geworden, und zwar an der ersten Stelle bei von Friedrich I. angesiedelten Schweizer Bauern, die ihre Rechte als freie Bauern bewahrten. Der junge Magister Kant übernahm zweimal eine Patenschaft bei Bauernkindern des Dorfes. Darauf lernte er an seiner zweiten Hofmeisterstelle die elende Lage erbuntertäniger Bauern kennen. Er hat sich immer entschieden gegen die Leibeigenschaft ausgesprochen (VI, 330, 349). Nach dem Zeugnis T. v. Schöns, des späteren liberalen Oberpräsidenten Ostpreußens, sagte Kant von der Erbuntertänigkeit – wohl in Erinnerung seiner Hauslehrerzeit –, die Eingeweide kehrten sich ihm im Leibe um, wenn er daran dächte.

Königsberg

Königsberg war die zweitgrößte Stadt Preußens, sie besaß in der zweiten Hälfte des 18. Jhs. um 55.000 Einwohner in 6000 Häusern, nicht gerechnet die etwa 7000 Angehörigen der hier stationierten drei Infanterieregimenter. Königsberg war erst 1724, dem Geburtsjahr Kants, zu einer einheitlichen Stadt aus drei Städten gebildet worden: Aus der noch von den Deutschrittern bald nach 1255 gegründeten Altstadt, der Neustadt Löbenicht und der dritten, dem auf einer Insel zwischen den Armen des Pregel gelegenen Kneiphof. Die »Haupt- und Residenzstadt Königsberg« war von 1525–1618 Residenz der evangelischen Herzöge (das Schloss vom Deutschen Ritterorden erbaut, Beginn 1255, später Sitz der Hochmeister des Deutschen Ordens), im Januar 1701 war hier von Friedrich I. das Königreich Preußen begründet worden. In der 1592 erbauten Schlosskirche fanden die Krönungen der preußischen Könige statt (zuletzt 1861 Wilhelm I.). Königsberg bot als Handelsstadt, als

Sitz vieler »hoher Landeskollegien« des preußischen Staates, bot mit seiner harten Teilung der Stände, dem Adel, den weitgereisten Kaufleuten, Reedern, Brauherren, Beamten des Großbürgertums (meist im Stadtteil Kneiphof), den noch ganz mittelalterlich organisierten Zünften der kleinen Handwerker ein gutes Bild des deutschen Lebens. Neben dem Schloss mit dem riesigen Moskowitersaal (83 m lang, 18 m breit), Verwaltungsräumen und dem Staatsarchiv, der Schlosskirche (1592), dem Dom (1333 im gotischen Stil begründet) besaß die Stadt königliche Palais, einen königlichen Tiergarten, seit 1626 Festungswälle mit vielen Außenwerken und Forts auf beiden Seiten des Pregel und eine große Zahl prächtiger Bürgerhäuser an gut angelegten Straßen (insbesondere die Löbenichter und die Kneiphofsche Langgasse). Durch seinen Handel war Königsberg wohlsituiert und weltoffen. Es hatte der Hanse angehört, Löbenicht war bereits 1300, Kneiphof 1327 das Stadtrecht verliehen worden. Englischer Einfluss überwog im Politischen und Geistigen den französischen.

Geistiges Leben

Die Eigentümlichkeit im Königsberg des 18. Jhs. bestand wohl im Nebeneinander dreier verschiedener Kreise: Dem deutlich bevorrechteten Militär, dem in die getrennten Sphären von Großbürgertum und Handwerkerzünften geteilten freien Bürgertum und schließlich der weltoffenen, aufgeklärten hohen Beamtenschaft, den Gelehrten, Verlegern, lutherischen Theologen. Die Gleichzeitigkeit der unterschiedlichen Kreise auf engem Raum ermöglichte ein hohes Bewusstsein von deren jeweiliger Eigenständigkeit und damit eine Kultur unabhängiger Zirkel gebildeter Königsberger Bürger; die Verbundenheit mit der Heimatstadt trug das kosmopolitische Denken. Der ideelle Republikanismus unter den Königsberger Intellektuellen wurzelte, vom säkularen Ereignis der Französischen Revolution gegen Ende des Jahrhunderts noch einmal beflügelt und abgeklärt zugleich, in der Intellektualität städtischer Kultur, die Königsberg ermöglichte. Kants Freund, der Pfarrer und spätere evangelische Erzbischof Borowski sagte zum Regierungsrat und Königsberger Stadtpräsidenten T. G. v. Hippel, einem eifrigen Freimaurer, er glaube, im 19. Jh. werde es keine Könige mehr geben. Dazu kam die

enge Verbindung Königsbergs zu den baltischen, polnischen, russischen Landen, deren Jugend auch einen
großen Teil der Königsberger Studenten bildete. Seit
der Jahrhundertmitte begann ein geistiger Auf-
schwung Königsbergs. In den 40er Jahren wird eine
Freimaurerloge gegründet, in den 50er Jahren erhält
Königsberg ein Schauspielhaus, bisher durften nur
Wandertruppen spielen. In der Stadt war bereits seit
der ersten Hälfte des 17. Jhs. eine Zeitung erschienen,
seit 1752 (bis 1850) die *Königlich privilegierte preußische Staats-, Kriegs- und Friedenszeitung,* dazu ab
1764 Kanters *Königsbergische Gelehrte und politische
Zeitungen* und die *Königsberger Frage- und Anzeigungsnachrichten,* in denen Kant seine kurze, aber
wesentliche Raum-Schrift von 1768 veröffentlichte.
Gute Verlagshäuser und Buchhändler (Nicolovius,
Hartknoch, Kanter) schlossen die Stadt an die geistige Gegenwart an. 1799 übersiedelte Hartknoch
nach Leipzig und der Leipziger Verleger Modes erwarb 1832 die Nicoloviusschen Verlagsbestände, u. a.
mit 1100 unverkauften Exemplaren des *Streit der Fakultäten* von 1798. So erschienen die beiden ersten
Gesamtausgaben der Kantschen Werke – Hartenstein
1838/39 und Rosenkranz/Schubert 1838/42 – in
Leipzig. Die Zeit der ersten russischen Besetzung Königsbergs (Januar 1758 – August 1762) brachte neue
geistige Freiheit und erweiterte Horizonte in die fest-
gefügte ständische Atmosphäre. Kant soll russische
Offiziere in Mathematik unterrichtet haben (er hielt
als Privatdozent seit 1755/56 auch mathematische
Vorlesungen an der Universität); so wie er als Student
seinen Unterhalt durch sein brillantes Billardspiel mit
preußischen Offizieren aufgebessert haben soll.

Im Jahrhundert Kants lebten dauernd oder einige
Jahre in Königsberg Hamann, Herder, v. Hippel, mit
Hippel befreundet E. T. A. Hoffmann, der an Smith
und Hume orientierte Ökonom und Philosoph C. J.
Kraus, der in Königsberg geborene, spätere romantische Dramatiker Z. Werner, der Komponist und Mu-
sikwissenschaftler Reichardt. Der Salon der Gräfin
Keyserling führte der Aufklärung aufgeschlossene
Adlige, Beamte, Offiziere, Kaufleute, Gelehrte zusammen. Die Politik bildete einen wesentlichen
Punkt des gesellschaftlichen Interesses und der Gespräche. In Königsberg wirkten mehrere bedeutende
hohe Beamte wie der Oberpräsident v. Schön, ein
Hörer Kants, v. Auerswald, v. Hippel, der Gerichtspräsident Morgenbesser. Eine produktive Eigentümlichkeit Königsbergs bestand im Zusammentreffen
dreier gegensätzlicher geistiger Strömungen, die sich
über ihre anhaltenden Kontroversen miteinander zu
vermitteln begannen: Der Pietismus, die protestanti-

sche Orthodoxie und der Rationalismus der Aufklärung. Die Verbindung von Pietismus und Wolffianismus lernte Kant früh durch seinen Lehrer und
Förderer F. A. Schultz (1692–1762), den Rektor des
Collegium Fridericianum und Theologieprofessor
an der Universität, kennen. Auch M. Knutzen
(1713–1751), der naturwissenschaftlich interessierte
Philosophieprofessor, wichtigster Universitätslehrer Kants, verband pietistisches Denken und die
frühaufklärerische Philosophie der deutschen Schulmetaphysik. Von Schultz, dem Theologen, schrieb
der Regierungsrat und Stadtpräsident T. G. v. Hippel
(1741–1796) in seiner Autobiographie (1801):
Schultz »lehrte mich die Theologie von einer andern
Seite kennen, indem er in selbige so viel Philosophie
brachte, dass man glauben musste, Christus und
seine Apostel hätten alle in Halle unter Wolff studiert.« Hippel, mit Kant befreundet, war Autor der
vielgelesenen humoristischen *Lebensläufe in aufsteigender Linie* (1778–1781), die Einblicke geben in das
aufklärerische Denken in Königsberg und in die kur-
ländischen Verhältnisse. Auch Kant wird literarisch
porträtiert. Hippel verfasste bedeutende Werke für
die Frauenemanzipation: *Über die Ehe* (1774, zu seinen Lebzeiten vier Auflagen) und *Über die bürgerliche Verbesserung der Weiber* (1792). Die Diskrepanz
dreier so eindringlich unterschiedener Strömungen
und die Tendenzen zu deren Vermittlung auf dem
engen Raum der städtischen Kultur Königsbergs
prägten sicher schon früh sowohl Kants Verständnis
für geistige Gegensätze im Zeitalter als auch dessen
Bestreben, Synthesen über die unterschiedenen Strömungen hinaus zu suchen. Hier hatte die General-
idee der Aufklärung von der allgemeinen Menschenvernunft ihren aktuellen Ansatzpunkt, die auch
Kants Philosophie leitete und weshalb er meinte,
dass es einen totalen Irrtum gar nicht geben könne.

Kant wohnte von 1766 bis wenigstens 1774 im
Hause des sehr unternehmenden Buchhändlers Kanter, der das ehemalige Rathaus des Löbenicht besaß,
wo Kant eine Seite des zweiten Stockwerks bewohnte,
und da auch, den damaligen Bedingungen gemäß,
seine Vorlesungen abhielt. Kant erhielt alle neuen Erscheinungen des Büchermarkts, die der reisefreudige
Kanter von den Messen mitbrachte, geliehen, was
später Nicolovius fortsetzte. Er lernte in dem gast-
freundlichen Hause und in dem wie ein Kaffeehaus
besuchten und belebten Ladengeschäft viele einhei-
mische und auswärtige Besucher kennen. Seit 1768
hing im Laden auch das von J. G. Becker gemalte
Kant-Bildnis neben den Porträts von Mendelssohn,
Ramler, Hippel u. a. (der junge Herder war eine Zeit

lang Ladengehilfe bei Kanter gewesen). 1784 kaufte sich Kant von seinen Ersparnissen – der Stadtpräsident v. Hippel vermittelte für den darin unpraktischen Gelehrten – ein schönes, frei stehendes Haus in der Nähe des Schlosses mit acht Räumen, im Erdgeschoss der Hörsaal.

Die vielgenannte Tischgesellschaft Kants, überhaupt Kants ausgeprägter, in den Anthropologie-Vorlesungen formulierter Begriff kultivierter Geselligkeit als geistigem Austausch, gehört zur Königsberger Gesellschaft. Aus zwei gegensätzlichen Seiten eine Verbindung zu schaffen, der Charakterzug seiner Lebensanschauung und auch seiner Philosophie, bildete für Kant das Element kultivierten Geschmacks. Von gelebter Humanität sagte er, sie sei »die Denkungsart der Vereinigung des Wohllebens mit der Tugend im Umgange« (VII, 277). In seinen Tischgesprächen soll Kant nicht eigentliche Fachthemen geliebt haben, aber mit reichen Kenntnissen, heiterer Aufmerksamkeit, vielen Geschichten und Anekdoten die Unterhaltung geführt haben. Die Verbindung physischen und moralischen Gutes bringe den Genuss einer gesitteten Glückseligkeit, schrieb er in seiner *Anthropologie* (1798), die wie seine Logik-Vorlesungen am besten Kant im Geiste und in der Lebenshaltung der Ideen der deutschen städtischen Aufklärung zeigen. Diese Ideen prägten auch Kants Begriff von Freundschaft als einem Verhältnis wechselseitigen Respekts. Gleiches Recht der Bürger, Pflichterfüllung im Berufe und private Ausgestaltung der Gesellschaft durch Freundeszirkel des Hauses bildeten Hauptpunkte im protestantisch-aufklärerischen Verständnis des zoon-politikon-Charakters des Menschen. Zu Kants Freundeskreis gehörten, schon in der Magisterzeit, allen voran der englische Kaufmann Green, außerdem der Bankdirektor Ruffmann, die Kaufleute Motherby, Jacobi. Ein Zentrum des geistigen Königsberg bildete sich nach 1772 im Palais des gebildeten Reichsgrafen v. Keyserling und seiner Frau Charlotte Amalie, die als Malerin auch ein Porträt des 30-jährigen Kant gezeichnet hatte. Kam Kant zur Tafel, so erhielt er den Ehrenplatz neben der Gräfin. Kants Freundeskreis bestand aus Kaufleuten, Juristen, Ärzten, Theologen, auch einigen Universitätskollegen. Charakter und geistige Individualität, nicht gesellschaftliche Stellung, bildeten die Voraussetzungen der geschätzten Sphäre privaten Verkehrs. Der unverheiratete Kant besaß ein tiefes Bedürfnis kluger Geselligkeit; seine Gespräche gern der Zeitgeschichte zugewandt, die Anekdoten oder Bemerkungen oft von trockenem Humor. Kant lud seit dem Ende der 80er Jahre wechselnd drei oder vier Teilnehmer eines größeren Kreises näherer und weiterer Freunde zu seiner mehrstündigen Tischgesellschaft ein, einem entspannten Austausch von Ideen und Nachrichten, fern jeder Organisiertheit oder gar Aktivität. Die interessante aufklärerische Sphäre von gleichsam privater Öffentlichkeit bildete Schutz- und Freiraum des deutschen Bürgers unter absoluter Herrschaft, Vorbote liberaler Verfassungsbewegung zugleich. Die *Metaphysik der Sitten* (1797) spricht geistige Weite und menschliche Nähe der kulturellen Gehalte bürgerlicher Geselligkeit aus: »Es ist Pflicht sowohl gegen sich selbst, als auch gegen Andere, mit seinen sittlichen Vollkommenheiten unter einander Verkehr zu treiben (officium commercii, sociabilitas), sich nicht zu isolieren (separatistam agere); zwar sich einen unbeweglichen Mittelpunkt seiner Grundsätze zu machen, aber diesen um sich gezogenen Kreis doch auch als einen, der den Theil von einem allbefassenden der weltbürgerlichen Gesinnung ausmacht, anzusehen; nicht eben um das Weltbeste als Zweck zu befördern, sondern nur die wechselseitige Annehmlichkeit in derselben, die indirect dahin führt, die Verträglichkeit, die wechselseitige Liebe und Achtung (Leutseligkeit und Wohlanständigkeit, humanitas aesthetica et decorum) zu cultiviren und so der Tugend die Grazien beizugesellen; welches zu bewerkstelligen selbst Tugendpflicht ist« (VI, 473).

Literatur

Stavenhagen, K.: Kant und Königsberg, Göttingen 1949. – Gause, F.: Kant und Königsberg, Leer 1974 [vgl. a. ders.: Die Geschichte der Stadt Königsberg, Köln 1996; Kant als Schüler des Friedrichskollegiums, in: I. Kant, hg. v. d. Arbeitsgruppe d. Königsberger Schulgemeinschaften u. a., o. O., o. J. (1973)]. – Tonelli, G.: Conditions in Königsberg and the making of Kant's philosophy, in: Bucher, A. J. (Hg.), Bewußtsein. G. Funke zu eigen, Bonn 1975, S. 126–144. – Malter, R.: Königsberger Gesprächskultur im Zeitalter der Aufklärung: Kant und sein Kreis, in: Aufklärung 7/1 (1992), S. 7–23. – Wasianski, E. A. Chr.: Zuhaus bei Kant [1804] 2006. – Sgarbi, M.: Logica e metafisica nel Kant precritico. L'ambiente intellettuale di Königsberg e la formazione della filosofia kantiana, 2010.

Universität

Die Universität war 1544 von Herzog Albrecht I. (daher »Albertina«) als eine »echt lutherische« nach dem Vorbild Wittenbergs gegründet worden. Sie verfügte (nach der Lektionsordnung von 1735) in der Philosophischen Fakultät über neun Lehrstühle: 1. griechische und 2. hebräische Sprache, 3. Mathematik, 4. Beredsamkeit, 5. Poesie (diese beiden für lateinische Sprache und Literatur sowie für Universalgeschichte), 6. Logik (einschließlich Metaphysik, Kant hier seit 1770), 7. Moral und Naturrecht, 8. Literaturgeschichte (als Vorkursus im weiteren Bildungssinne), 9. Physik (im Sinne allgemeiner Naturkunde). Die Vorlesungen (publice, dazu privatim gegen Honorar von den Hörern) besaßen noch immer Schulcharakter nach vorgeschriebenen Lehrbüchern. Die Ausstattung der preußischen Universitäten war im 18. Jh. armselig gehalten. Friedrich II. zeigte starke Geringschätzung für die Universitätsgelehrten, die ihm für Pedanten oder theologische Mucker galten (vgl. des Königs Schreiben an den Minister v. Zedlitz, 1779, auch die Abhandlung *Über die deutsche Literatur*, 1780). Der Militäretat drückte die Ausgaben für Volksbildung und Universitäten (200.000 Soldaten bei 6 Mill. Einwohnern). Drei Schlesische Kriege (1740–1742, 1744–45, als dritter 1756–1763 der Siebenjährige Krieg) und die erste Teilung Polens (1772) erhoben Preußen zu einer europäischen Großmacht. Für nichts als den Krieg hat der Staat Geld, klagte Kant einmal, der sich (wie Lessing), bei aller Anerkennung der wirtschaftlichen und Rechts-Reformen, die Friedrich II. nach dem Heer vor allem interessierten, den patriotischen Eifer für den Sieger von Rossbach und Leuthen nicht entlocken ließ. Große Verdienste um Unterrichtswesen und Universitäten in Preußen erwarb sich K. A. Freiherr v. Zedlitz (1731–1793), seit 1770 (bis 1789) Etats- und Justizminister, vor allem aber von 1771 bis 1788 auch Leiter der Kirchen- und Unterrichtverwaltung und Obercurator der preußischen Universitäten. Sein pädagogisches Programm (bei seiner Einführung in die Berliner Akademie der Wissenschaften 1776 vorgetragen) war auf die Gründung von Volks- und Bürgerschulen (mit Geschichte, Geographie, Naturkunde, deutscher Sprache, Einführung in das Gewerbeleben) in jeder Stadt gerichtet, mit Zugang auch für Mädchen; dazu Gymnasien in jedem Bezirk. Zedlitz organisierte vor allem die Lehrerausbildung, gründete 1787 das »Oberschulcollegium« als einheitliches Leitungsorgan aller Unterrichtsformen, das Kontinuität bei wechselnden Ministern gewährleisten sollte. Er veranlasste – im Sinne eines Leitgedankens des 18. Jhs. von der Erziehung des Menschen – Pädagogik-Vorlesungen an den Universitäten, bei denen sich die Professoren abzuwechseln hatten. Kant las Pädagogik 1776 nach Basedows *Methodenbuch* (1770) und dreimal in den 80er Jahren nach des Königsberger Theologen und Polyhistors F. S. Bock *Lehrbuch der Erzie-*

hungskunst (1780). Zedlitz, der in Halle, der bedeutendsten preußischen Universität, studiert hatte, schätzte Kants Philosophie hoch, erbat sich von Kant Vorlesungsnachschriften, hörte in Berlin die Vorlesungen über die Kantsche Philosophie von M. Herz und wünschte von Kant Vorschläge zur Verbesserung des philosophischen Niveaus der »Brodt-Collegien« (X, 219). Kant hat ihm sein Hauptwerk gewidmet. Der Minister führte die Universitäten zu deren Vorteil so besonnen wie entschlossen. An der Königsberger Universität legte er zwei unfähigen Crusianern nahe, sich andere Lehrthemen zu wählen, rügte den Gebrauch veralteter Kompendien und empfahl Repetitorien in besonderen Stunden, wie es Kant von sich aus schon eingeführt hatte. Sein ehrenvolles und finanziell großzügiges Berufungsangebot nach Halle (Zedlitz an Kant, 28.2., 28.3.1778; 800 Taler Gehalt gegenüber 236 Taler in Königsberg, der Hofratstitel) lehnte Kant ab. Des Ministers zweiter Antrag nach der ersten Absage wurde zu der dringenden Bitte eines Gleichgesinnten, des weitsichtigen Staatsmanns und Reformers, dass Kant doch am zentralen Platz in Halle und da in Gemeinschaft mit vorzüglichen Gelehrten, vor einem viel weiteren Kreis von Studierenden, mitwirken möchte: »Ich wollte wünschen daß Leute von Ihren Kentnißen und Gaben in Ihrem Fach nicht so selten wären, ich wollte Sie nicht so quälen. Ich wollte aber daß Sie auch die Pflicht nicht verkennten, so viel Nutzen zu stiften als Sie bey den Ihnen angebotenen Gelegenheiten stiften können« (Zedlitz an Kant, 28.3.1778). Krouglow hat aus Archivstudien gezeigt, dass der Hallenser Lehrstuhl N. Tetens vor Kant angeboten worden war (vgl. Bibliographie). Kants Ablehnungsschreiben sind nicht erhalten. Doch kurz darauf erklärte er sich eingehend in einem Briefe an seinen vertrauten Schüler M. Herz in Berlin (kürzer bald darauf nochmals an Mendelssohn) und wünschte, dass Herz nach Möglichkeit vermittelte und hülfe, ihm in seiner Königsberger Wirksamkeit und Lebensführung »alle Beunruhigung […] abzuwehren und dagegen in Schutz zu nehmen«. Die sehr persönliche Mitteilung spricht gegen Störungen bei der Klärung und der Ausführung seiner Ideen und wird zum Bekenntnis der Kantschen Bescheidenheit um der Konzentration und des Ernstes seines Lebensplanes willen: Hauptzweck seines akademischen Lebens sei es, »gute und auf Grundsätze errichtete Gesinnungen zu verbreiten […] und dadurch der Ausbildung der Talente die einzige zweckmäßige Richtung zu geben.« »Gewinn und Aufsehen auf einer großen Bühne haben, wie Sie wissen, wenig Antrieb vor mich. Eine friedliche und gerade meiner Bedürfnis angemessene Situation, abwechselnd mit Arbeit, Spekulation und Umgang besetzt, wo mein sehr leicht afficirtes, aber sonst sorgenfreyes Gemüth und mein noch mehr läunischer, doch niemals kranker Körper, ohne Anstrengung in Beschäftigung erhalten werden, ist alles, was ich gewünscht und erhalten habe. Alle Veränderung macht mich bange, ob sie gleich den größten Anschein zur Verbesserung meines Zustandes giebt und ich glaube auf diesen Instinkt meiner Natur Acht haben zu müssen, wenn ich anders den Faden, den mir die Parzen sehr dünne und zart spinnen, noch etwas in die Länge ziehen will« (an Herz, Anf. April 1778).

In der Vorrede zur *Anthropologie in pragmatischer Hinsicht* (1798), seinem letzten veröffentlichten Werk, spricht Kant sich über den Platz, an dem er sein Leben festhielt, aus: Weltkenntnis sei vor allem Erkenntnis des Menschen als eines Weltbürgers. »Eine große Stadt, der Mittelpunkt eines Reichs, in welchem sich die Landescollegia der Regierung desselben befinden, die eine Universität (zur Kultur der Wissenschaften) und dabei noch die Lage zum Seehandel hat, welche durch Flüsse aus dem Inneren des Landes sowohl als auch mit angrenzenden entlegenen Ländern von verschiedenen Sprachen und Sitten einen Verkehr begünstigt, – eine solche Stadt, wie etwa Königsberg am Pregelflusse, kann schon für einen schicklichen Platz zu Erweiterung sowohl der Menschenkenntnis als auch der Weltkenntnis genommen werden, wo diese, auch ohne zu reisen, erworben werden kann« (VII, 120 f.).

Literatur

Richter, F.: 450 Jahre Albertus-Universität zu Königsberg. 1544–1944–1994, Berlin 1994. – Rauschning, D./Nerée, D. v. (Hg.): Die Albertus-Universität zu Königsberg und ihre Professoren, Berlin 1995 (JK 29). – Lawrynowicz, K.: Albertina. Zur Geschichte der Albertus-Universität zu Königsberg in Preußen, Berlin 1999. – Oberhausen, M./Pozzo, R. (Hg.): Vorlesungsverzeichnisse der Universität Königsberg (1720–1804), Stuttgart-Bad Cannstatt 1999 [Forschungen und Materialien zur Universitätsgeschichte (FMU), Abt. I, Quellen zur Universitätsgeschichte, Bde. 1, 2; Reprint mit Einl. u. Registern].

Kants Herkunft

Kant wurde am 22. April des Jahres 1724 als viertes Kind (von elf) des Riemermeisters Johann Georg Kant und dessen Ehefrau Anna Regina, geb. Reuter, geboren und am Tage nach der Geburt in der Taufka-pelle der Domkirche auf den Namen Emanuel getauft. Der Name stand für den Tag in den preußischen Hauskalendern und brachte auch die Frömmigkeit der Mutter zum Ausdruck (Immanuel hebr.: Mit uns ist Gott). Die Familie lebte in bescheidenen, später wohl in ärmlichen Verhältnissen. Aus dem deutschen Handwerkerstand kamen schon Melanchthon, dessen Vater Waffenschmied war, und C. Wolff, der Sohn eines Gerbers. Fichte entstammte einer armen Lausitzer Leineweberfamilie, wie auch Herders Vater ursprünglich Weber war, bevor er seiner Gemeinde als Glöckner, Kantor und Elementarlehrer diente. Die Herkunft Kants ist nicht nur in der persönlichen Art des Philosophen, seiner Bescheidenheit, strengen Pflichtauffassung, dem biederen Stolz des Gelehrten gegenüber der politischen und höfischen Welt zu erkennen. Dieser Einfluss wirkt in der ganzen Philosophie Kants: In ihrer methodisch gewissenhaften, fast umständlichen Kritik und in der durch Überbauung mit der transzendentalen Methode erneuerten Befestigung der stillen, unbestechlichen deutschen Aufklärung, die nicht wie in Frankreich von Aristokraten in den Salons angeführt wurde, sondern deren Lichtschein aus der Enge deutscher Bürgerstuben kam. Ihre Vertreter waren Professoren, Buchhändler, Lehrer, Bibliothekare und stammten meist aus einfachen städtischen und ländlichen Familien. J. H. Campes Vater gab als Antwort auf den Protest seiner adligen Verwandtschaft gegen seine »Missheirat« mit einer Predigerstochter seinen alten Adel auf. Kants Herkunft aus den ärmeren Schichten und die da beheimatete pietistische Religiosität wirkten mit bei der frühen Abneigung gegen das akademische Offiziösentum der Schulmetaphysik, in der radikalen Moralität der Zivilisationskritik und im ideellen Republikanismus mitsamt dessen Besonnenheit, den aufgeklärten Absolutismus nicht als Zweck, nur als Mittel fortgehender Evolution gelten zu lassen. Der Stil der Kantschen Schriften, nicht eigentlich populär, doch allem Vornehmtun entgegen, zeigt die Konzentration eines Mannes, der sich nicht durch Blenden vergeudet, doch seine Unabhängigkeit durch Genauigkeit belegt.

Kants Eltern waren von pietistischer Religiosität erfüllt, vom bigotten Schwärmen aber unberührt. Kant hat sich über diesen Glauben einfacher Menschen mit Achtung ausgesprochen. »Man sage dem Pietismus nach, was man will: genug, die Leute, denen er ein Ernst war, zeichneten sich auf eine ehrwürdige Art aus« (T. Rink, *Ansichten aus Kants Leben*, Königsberg 1805, S. 32). Die protestantisch-pietistische Religiosität ist in Kants Lebensanschauung,

auch in den herben Worten über ein in der Men-
schennatur liegendes und unausrottbares Egoisti-
sches und Böses, deutlich erhalten, so sehr er selbst
über allen Kirchenglauben hinausgelangte und die
Kirche als eine nur »zu duldende Anstalt um der
Schwachen willen« bezeichnete, das Beten Heuchelei, den Kirchengesang ein »Plärren« nannte: Wenn
nach feierlichem jährlichem Rektoratswechsel die
Professoren, nach Fakultäten geordnet, zum Gottesdienst in die Domkirche zogen, pflegte Kant an der
Kirchentür vorbeizuschreiten (C. F. Reusch, *Kant
und seine Tischgenossen*, Königsberg 1848, S. 5). Kant
verehrte seine Mutter sehr, hatte sie aber bereits als
13-Jähriger (1737) verloren. »Ich werde meine Mutter nie vergessen, […] sie öffnete mein Herz den Eindrücken der Natur, sie weckte und erweiterte meine
Begriffe, und ihre Lehren haben einen immerwäh-
renden heilsamen Einfluß auf mein Leben gehabt«
(R. B. Jachmann, *I. Kant geschildert in Briefen* (1804),
in: *I. Kant. Sein Leben in Darstellungen von Zeitgenossen*, hg. v. F. Groß, Berlin 1912, S. 163, NDm. Einl.
v. R. Malter, Darmstadt 1993). Im hohen Alter
schrieb Kant von seiner Herkunft: Von der »ich auch
nichts weiter rühmen kann als daß meine beyde Eltern (aus dem Handwerksstande) in Rechtschaffenheit, sittlicher Anständigkeit und Ordnung muster-
haft, ohne ein Vermögen (aber doch auch keine
Schulden) zu hinterlassen, mir eine Erziehung gegeben haben, die von der moralischen Seite betrachtet
gar nicht besser seyn konnte« (XIII, 461; XII, 204).
Die beste Schilderung der Lebensweise, insbesondere der Altersjahre, bietet E. A. C. Wasianski, ver-
trautester Helfer des alten Kant (Wasianski, *I. Kant in
seinen letzten Lebensjahren*, in: *I. Kant. Sein Leben geschildert von Zeitgenossen*, a. a. O., bes. S. 254 ff.)

Literatur

Meyer, W.: Zu Kants Ahnentafel, in: Familiengeschichtliche
Blätter 22 (1924), H. 5/6, Sp. 79–84.

Schule, Studium

1732 kam Kant durch Vermittlung seines Förderers
F. A. Schultz, dem pietistischen Theologen und von
Wolff geprägten Aufklärer, an das Fridericianum,
eine nach Halleschem Vorbild der Franckeschen Stif-
tungen errichtete pietistische Gelehrtenschule, deren
Rektor Schultz war. Der Unterricht war von Religi-
onsstunden und Gottesdienst dominiert. Im Herbst

1740 wurde Kant, 16-jährig, an der heimischen Universität immatrikuliert. Ein ihm verwandter Hand-
werksmeister unterstützte ihn. Außerdem erteilte
Kant privaten Unterricht an manchmal vermögende,
geistig bedürftige Grundbesitzersöhne unter den
Studenten. Großen Einfluss gewann Prof. M. Knutzen (1713–1751). Knutzen war Wolffianer mit kritischen Vorbehalten, naturwissenschaftlich gebildet,
ein ausgezeichneter Lehrer, dessen Vorlesungen die
Studenten gern hörten. Er machte Kant mit Newtons
Physik bekannt, lieh ihm aus seiner großen Bibliothek die Bücher. Dieser Lehrer wirkte auf Kants sachlich prüfende, von naturwissenschaftlicher Denkweise geprägte Geistesart. Dahin gehört auch das
Grundmuster des Kantschen Denkens: Problemexposition durch Formulierung theoretischer Antithesen, Widerlegung der beiderseitigen Voraussetzungen; sollen nun zwei einander entgegenstehende Elemente vermittelt werden, so ist ein Drittes nötig, also
Vermittlung der Antithesen durch ein neues theoretisches Prinzip. Kant behandelte so die Gegensätze
von Descartes und Leibniz, von Newton und Leibniz,
von Sensualismus und Metaphysik, auch innerhalb
seiner eigenen Theorie die Beziehungen von Ästhetik
und Analytik, von Verstand, Urteilskraft und Vernunft. Knutzen suchte eine Vermittlung zwischen
Wolffianismus, Pietismus und der Newtonschen Naturwissenschaft. Von ihm übernahm Kant das Programm seiner ganzen sog. vorkritischen naturphilosophischen und metaphysischen Schriften, eine neue
Synthese von induktionistischer Naturwissenschaft
und demgemäß umgeformter Metaphysik. Das Erscheinen eines Kometen im Jahre 1744 und Knutzens
Schrift darüber im selben Jahr hatten Kant auf Ideen
zu seiner späteren Schrift *Allgemeine Naturgeschichte
und Theorie des Himmels* (1755) geführt. Knutzens
antioccasionalistischer Influxionismus als einer unfertigen Vermittlungsposition zur Behebung der Widersprüche des Descartesschen Dualismus von Seelensubstanz und mechanisch-geometrischem Materiebegriff machte Kant früh mit den Unzuträglichkeiten des Begriffs der Seelensubstanz in der
psychologia rationalis der Schulmetaphysik bekannt,
und bereitete die Lösung vor, die der am meisten
Aufsehen erregende Teil der *Kritik*, das Paralogismus-Kapitel, für das Problem fand. Die Knut-
zen-Schrift gehörte zu dem Kants philosophische
Fragerichtung früh bestimmenden »eklektischen
Anti-Wolffianismus« an der Königsberger Universität, wie G. Tonelli es nannte. Kant war nicht in einer
der drei oberen Fakultäten (Theologie, Jurisprudenz,
Medizin) eingeschrieben. Er studierte nach zuneh-

mend selbständigem Plan vor allem Philosophie, Naturwissenschaften, Mathematik und die lateinischen Klassiker. Während der Studienzeit Kants standen sich auch in Königsberg die Wolffianer und die Anhänger des Wolff-Kritikers C. A. Crusius unversöhnlich gegenüber. Vielleicht war es das Übermaß dogmatischen Religionsunterrichts auf der Schule, das ihn einige Zeit vorzüglich den Lukrez, den großen epikureischen Materialisten des Altertums, schätzen ließ. Die Universitätsstudien schloss er mit seiner Erstlingsschrift ab: *Gedanken von der wahren Schätzung der lebendigen Kräfte* (1749). Er reichte sie 1746 dem Dekanat ein. Sie behandelte die Streitfrage, ob die Größe einer Kraft dem Produkt von Masse und einfacher Geschwindigkeit (Descartes) oder von Masse und dem Quadrat der Geschwindigkeit bestimmt sei (Leibniz). In der Vorrede spricht ein 23-Jähriger, der sich seines Lebensplanes bewusst ist. Das Vorurteil werde unter den Menschen wohl nie aufhören, in der Wissenschaft aber entscheide nicht die Zahl. Selbst das Ansehen Newtons und Leibniz' sei für nichts zu achten, wenn es sich der Entdeckung der Wahrheit entgegensetze. »Ich stehe in der Einbildung, es sei zuweilen nicht unnütze, ein gewisses edles Vertrauen in seine eigenen Kräfte zu setzen. [...] Ich habe mir die Bahn schon vorgezeichnet, die ich halten will. Ich werde meinen Lauf antreten, und nichts soll mich hindern, ihn fortzusetzen« (I,10).

Literatur

Riedesel, E.: Pietismus und Orthodoxie in Ostpreußen, Königsberg u. Berlin 1937. – Tonelli, G.: Vorwort zur Neu-Edition von C. A. Crusius, *Anweisung vernünftig zu leben* (Leipzig 1744), Hildesheim 1969, S. VII–LIII. – Gruhn, W. (Hg.): Leben und Abenteuer des A. Bolotow von ihm selbst für seine Nachkommen aufgeschrieben, 2 Bde. München 1989 [spez. S. 357 ff.]. – Wallmann, J.: Der Pietismus, Göttingen 1990. – Klemme, H. F.: Die Schule I. Kants. Mit dem Text von C. Schiffert über das Collegium Fridericianum (KF 6), Hamburg 1994.

Dozent, Universitätsprofessor

Nach der schon erwähnten Hauslehrerzeit wurde Kant 1755 mit der Schrift *De igne* promoviert und habilitierte sich im gleichen Jahr mit der *Nova dilucidatio principiorum primorum cognitionis metaphysicae* an der Universität Königsberg. Für die erforderliche dritte Disputation reichte Kant im Frühjahr 1756 die *Monadologia physica* ein und begann im Wintersemester 1755/56 Vorlesungen zu halten. Er blieb

Privatdozent bis in sein 46. Jahr. Erst 1770 erhielt er, nach zwei vergeblichen Bewerbungen um erledigte Professuren und nachdem er 1764 die angebotene Professur für Dichtkunst ausgeschlagen hatte, das Ordinariat für Logik und Metaphysik (Rufe nach Erlangen und Jena lehnte er 1769 ab). Zuvor bezog er während der 15-jährigen Dozentenzeit nur Einnahmen aus den Hörergebühren und aus privatem Unterricht. 1765 kam der 41-jährige erfolgreiche Privatdozent und in den deutschen Ländern anerkannte philosophische Autor zu seiner ersten besoldeten Stelle: Subbibliothekar an der Königlichen Schlossbibliothek mit 62 Talern Jahresgehalt.

Kant las naturwissenschaftliche Fächer, Mathematik, Logik, Metaphysik, philosophische Enzyklopädie, Ethik, Naturrecht, Pädagogik, natürliche Theologie. Besonderen Zustrom erhielten seine für weiteren Hörerkreis vorgetragenen Vorlesungen über Physische Geographie und Anthropologie (ab 1772/73). Hörer ließen davon Abschriften für den Verkauf anfertigen. Kant las während vieler Jahre bis zu 20 und mehr Wochenstunden, seine Hörsäle, wie Hamann bezeugte, meist überfüllt. Während der Mühen um die *KrV* in den 70er Jahren nahm er die Stundenzahl in der Woche auf 14, im Sommer 1772 sogar auf zehn zurück. Er trug stets nach einem vorgeschriebenen Kompendium vor, eine Anordnung von 1778 befahl die Einhaltung dieser Vorschrift: »Das schlechteste Kompendium ist gewiß besser als keines.« Kant las die Logik nach Meiers *Vernunftlehre*, Metaphysik und Ethik nach Baumgarten, philosophische Enzyklopädie nach Feder. Die inzwischen im Erscheinen begriffenen Vorlesungsnachschriften (Bde. XXIVff. der AA) zeigen, wie frei, ja geradezu dem gedruckten Text widersprechend, Kant die Lehrbücher benutzte. Ein Hörer erzählt: »Kant liest über eine alte Logik von Meier. Immer bringt er das Buch mit in die Stunde, [...] folgt mit großer Treue seinem Autor von Kapitel zu Kapitel, und dann berichtet er oder sagt vielmehr alles anders, aber mit der größten Unschuld« (zit. n. K. Vorländer, *I. Kant. Der Mann und das Werk*, Bd. 2, Leipzig 1924, S. 57, ND Hamburg ³1992). Herder war 1762–64 Kants Hörer gewesen. Er überlieferte uns ein Bild des Lehrers Kant: »Ich habe das Glück genossen, einen Philosophen zu kennen, der mein Lehrer war. Er in seinen blühendsten Jahren hatte die fröhliche Munterkeit eines Jünglings [...] Scherz und Witz und Laune standen ihm zu Gebot und sein lehrender Vortrag war der unterhaltendste Umgang. Mit eben dem Geist, mit dem er Leibniz, Wolff, Baumgarten, Crusius, Hume prüfte, und die Naturgesetze Keplers, Newtons, der Physiker verfolgte, nahm er auch die damals erscheinenden Schriften Rousseaus, sowie jede ihm bekannt gewordene Naturentdeckung auf, würdigte sie und kam immer zurück auf unbefangene Kenntnis der Natur und auf moralischen Wert des Menschen […] nichts Wissenswürdiges war ihm gleichgültig, keine Kabale, keine Sekte, kein Vorteil, kein Namen-Ehrgeiz hatte je für ihn den mindesten Reiz gegen die Erweiterung und Aufhellung der Wahrheit. Er munterte auf und zwang angenehm zum Selbstdenken; Despotismus war seinem Gemüt fremde. Dieser Mann, den ich mit größter Dankbarkeit und Hochachtung nenne, ist Immanuel Kant; sein Bild steht angenehm vor mir« (Herder, *Briefe zur Beförderung der Humanität*, 1793 ff, in: *Sämmtl. Werke*, hg. v. B. Suphan, Bd. 17, Berlin 1881, S. 404).

Literatur

Brandt, R.: Studien zur Entwicklung der preußischen Universitäten (1750–1800), Wiesbaden 1999.

Kant blieb unverheiratet, war aber kein einsiedlerischer Junggeselle. Sein Bedürfnis kultivierter Geselligkeit wurde schon erwähnt. In den frühen Dozentenjahren soll er ein recht »galanter Magister« gewesen sein. Den »galantesten Mann von der Welt« nennt K. A. Böttiger den jungen Dozenten Kant, der »bordirte Kleider trug« (mit kostbarer Einfassung besetzte), und »alle Coterien besuchte« (Böttiger, *Literarische Zustände und Zeitgenossen*, Leipzig 1838, ND Frankfurt/M. 1972, Bd. 1, S. 133). L. E. Borowski berichtete: »In früheren Jahren ging er vor dem Mittagessen, nach Endigung seiner Vorlesungen auf ein Kaffeehaus, trank da eine Tasse Tee, unterhielt sich über Ereignisse des Tages oder spielte eine Parthie Billard. Damals liebte er auch in Abendgesellschaften das L'hombreSpiel, weil er glaubte, dass es den Geist in Tätigkeit setze. Er soll sehr fertig darin gewesen sein« (Borowski, *Darstellung des Lebens und des Charakters I. Kants*, in: *I. Kant. Sein Leben in Darstellungen von Zeitgenossen*, hg. v. F. Groß, Berlin 1912, S. 55, ND 1993). Die Schilderung soll den frühen Dozenten von dem Kant unterscheiden, der sich in den Jahren der Vorbereitung der *Kritik* sehr veränderte. Das setzte viele Jahre vor dem endgültigen *Kritik*-Manuskript ein. Schon 1774 schreibt der weit entfernte Lavater: »Auf Ihre Critik der reinen Vernunft bin ich u. viele meines Vaterlands sehr begierig« und fragt nach einzelnen Punkten des möglichen Inhalts (8.4.1774). Kant beginnt, sich für die eintretende Säumigkeit in Briefwechseln mit seiner Konzentration auf das Werk zu entschuldigen. An M.

Herz teilt er Vieles von seiner psychischen Anspannung mit. Es »ist nichts hinderlicher, als sich mit Nachdenken, das außer diesem Felde liegt, stark zu beschäftigen« (21.2.1772). Dies sind die Umstände im »Zeitraum der schweigsamen Arbeit« (W. Dilthey in AA I, S. IX) der 70er Jahre. Seinen »wirklichen ernst, die Wahrheit zu finden« (Refl. 5116) bezeichnet Kant mit den Worten: Da er einmal entschlossen sei, eine so lange von der Hälfte der philosophischen Welt umsonst bearbeitete Wissenschaft umzuschaffen, »so bleibe ich nunmehro halsstarrig bey meinem Vorsatz, mich (durch) keinen Autorkützel verleiten zu lassen, […] ehe ich meinen dornigten und harten Boden eben und zur Allgemeinen Bearbeitung frey gemacht habe« (an Herz, Ende 1773).

Der Tageslauf war streng geregelt: Er erhob sich um 5 Uhr, arbeitete bis zum Beginn der Vorlesungen um 7 oder 8 Uhr. Tischzeit war um ein Uhr. Seit den 80er Jahren lud er Gäste zum Essen. Er nahm nur diese Mittagsmahlzeit ein. Nach dem Essen wurde ein Spaziergang von einer Stunde gemacht, darauf folgte bis um 10 Uhr Lektüre, Notieren, Schreiben. So verlief mit wenigen Ausnahmen jeder Tag des Professors Kant. In der Mitte der 80er Jahre klagte Kant zum ersten Mal über abnehmende Arbeitskraft, Ermüdung bereits nach zwei bis drei Stunden, sein Vortrag wurde einförmiger, »schläfrig« notierte Fichte geradezu 1791 in sein Tagebuch. Kant nahm die Zahl seiner Lehrstunden von damals 13 auf 9 wöchentlich zurück. Das Logik-Kolleg von 7–8 Uhr und Repetitorien am Sonnabend blieben an ihrem Platz. Ab 1798 setzte die starke Beeinträchtigung der geistigen Kraft ein. Kant schreibt darüber betroffen an Garve (21.9.1798; vgl. a. an Kiesewetter, 19.10.1798) und spricht zu Gästen oft von seinem Alter und seiner Schwäche. Er litt in den späten Jahren oft an heftigem Kopfschmerz (Hirndrucksyndrom), man vermutete früher eine Entzündung der Innenfläche der harten Hirnhaut (Pachymeningitis interna). Ein neueres medizinisches Urteil nimmt aus den bekannten Berichten und von Kants Niederschriften der letzten Jahre her senile Demenz an. Er verstarb am 12. Februar 1804 im Beisein seines Freundes und Betreuers in den letzten Jahren, E. A. C. Wasianskis (1755–1831), seiner Schwester Katharina Barbara und einiger anderer. Die Fassungen seines Testaments in XIII, 553–570. In den letzten Jahren (seit 1796, vielleicht bis 1803) arbeitete Kant an einem umfangreichen Werk, dem sog. *Opus postumum*, etwa 700 Druckseiten, das den »Schlußstein seines ganzen Lehrgebäudes« (zu Jachmann) bilden sollte, indem es den Übergang von den *Metaphysischen An-*

fangsgründen der Naturwissenschaft (1786) zur Physik darstellen sollte. Teile des Manuskripts zeigen, in Fortsetzung des Naturbegriffs der *KU* (1790) und der da erwähnten Problematik eines »übersinnlichen Substrats der Menschheit und der Natur« (V, 340–344), den Plan einer neuen Systematik der Metaphysik. Vielleicht ist Kant zur verzweifelten Arbeit an dem Riesenmanuskript auch durch die von J. S. Beck und Fichte ausgehende Fortführung und Umbildung seines transzendentalen Idealismus und durch die damals rasch aufeinander folgenden naturphilosophischen Schriften Schellings angetrieben worden (Schellings *System des transzendentalen Idealismus*, 1800, wird zweimal erwähnt). Das *Opus postumum* ist Kants Versuch, gegen die über seine Theorie hinausschreitenden Philosophien den ursprünglichen Ansatz der Transzendentalphilosophie zu verteidigen und zu präzisieren. Es ist eine von Kant ganz ungeordnet hinterlassene Notizenmasse in 12 Konvoluten, die er bisweilen nach seinem Tod verbrannt wissen wollte, in der aber deutlich bestimmte Themen und Problemlinien in scharfsinnigen, für das Verständnis des ganzen Kant wichtigen Bemerkungen verfolgt sind. Die philosophisch besonders interessanten Konvolute 1, 7, 10 und 11 entwerfen immer wieder Thesen und Inhaltsverzeichnisse einer geplanten Schrift zur Transzendentalphilosophie.

Literatur

Arnoldt, E.: Kants Jugend und die fünf ersten Jahre seiner Privatdocentur (1881), in: AM 18 (1881), S. 606–686 [m. Zusätzen in: Ges. Schriften, hg. v. O. Schöndörffer, Bd. III/2, Berlin 1908, S. 103–210]. – Schöndörffer, O.: Der elegante Magister, in: Feldkeller, P. (Hg.), Reichls philosophischer Almanach auf das Jahr 1924, I. Kant zum Gedächtnis, Darmstadt 1924, S. 65–83. – Ders.: Unbekannte Anekdoten über Kant, in: Feldkeller (Hg.), S. 177–179. – Minden, D.: Der Humor Kants, in: Feldkeller (Hg.), S. 179–187. – Brandt, R./Stark, W. (Hg.): Neue Autographen und Dokumente zu Kants Leben, Schriften und Vorlesungen, Hamburg 1987. – Diess.: Autographen, Dokumente und Berichte zu Edition, Amtsgeschäften und Werk I. Kants, Hamburg 1994. – Kowalewski, S. L./Stark, W. (Hg.): Königsberger Kantiana (I. Kant. Volksausgabe, Bd. 1, hg. v. A. C. Kowalewski), Hamburg 2000 [enth. Materialien nach 1945 verschollener Dokumente].

Bild der Persönlichkeit

Kants Werk und das Charakterbild dieses Wissenschaftlers, der einen neuen Abschnitt in der europäischen Aufklärung durch Selbstkritik (der empiristischen und der schulmetaphysischen Denkformen) der Aufklärung einleitete, gründen im Vertrauen auf die Unentbehrlichkeit und die Unüberwindbarkeit wissenschaftlich-systematischer Rationalität für das kulturelle Selbstverständnis der modern-bürgerlichen Gesellschaft; in einem bestimmten Maße sogar für die moralische Entfaltung der Person. Zum jungen Schopenhauer sagte Goethe, kein Enthusiast für Philosophie: »Wenn ich eine Seite im Kant lese, ist mir zu Mute, als träte ich in ein helles Zimmer.« Kant, der die Standesunterschiede ablehnte und für eine vorübergehende Stufe der Menschheit ansah, konnte nur zweierlei hassen: Unterwürfigkeit und Hochmut (insbesondere unter den Akademikern), Schmeichelei z. B. der Gelehrten gegenüber den »Politikern vom Handwerk« (an Kiesewetter, 15.10.1795). Kant lebte seine praktische Philosophie selbst: Moralische Gesinnung vor allem als die Pflicht gegen sich selbst, sich und andere Personen in der Würde der Menschheit zu achten. In einem Selbstbekenntnis wies er die wetterwendische und »auf den Schein angelegte Gemütsart« ab, »nachdem ich schon den größten Teil meiner Lebenszeit hindurch gelernt habe, das meiste von demjenigen zu entbehren und zu verachten, was den Charakter zu korrumpieren pflegt und also der Verlust der Selbstbilligung, die aus dem Bewusstsein einer unverstellten Gesinnung entspringt, das größte Übel sein würde, was mir nur immer begegnen könnte, aber ganz gewiß niemals begegnen wird« (an Mendelssohn, 8.4.1766, sprachl. mod. v. Verf.). Vor seinen Enttäuschungen über das Unverständnis und die parteiische Ablehnung der *KrV* schrieb Kant von dem Werk an Herz, wem der Zustand der Metaphysik einleuchte, der werde es schon nach flüchtigem Durchlesen des Werkes der Mühe wert finden, »wenigstens in dieser Art der Bearbeitung so lange alles liegen zu lassen, bis das, wovon hier die Frage ist, völlig ausgemacht worden« (11.5.1781). Das Werk möge stehen oder fallen, es werde eine gänzliche Veränderung in der Philosophie herbeiführen. Kant sah richtig, und er sprach mit berechtigter Selbstsicherheit. Der Gedanke, die Fachkollegen würden einhalten und neu beginnen, zeigt nicht Hochmut, sondern erwartet Wahrheitssinn und Ehrenhaftigkeit. Kant dachte wie ein Naturwissenschaftler, dem es peinlich sein müsste, etwas wesentliches Neues nicht zu kennen und Veraltetes zu lehren. Aber auch M. Planck sagte in seiner *Wissenschaftlichen Autobiographie* von seinen Arbeiten: »Es gehört zu den schmerzlichsten Erfahrungen meines wissenschaftlichen Lebens, daß es mir nur selten, ja, ich möchte sagen niemals gelungen ist, eine neue Behauptung, für deren Richtigkeit ich einen vollkommen zwingenden, aber nur theoretischen Beweis erbringen konnte, zu allgemeinen Anerkennung zu bringen. [...] Gegen die Autorität von Männern wie W. Ostwald, G. Helm, E. Mach war eben nicht aufzukommen« (Leipzig ⁴1967, S. 19).

Kants Lebensanschauung und Lebensführung waren durch die Überzeugung von der sanften Macht des Denkens geprägt. Der unreife Gedanke, so etwas sei nur Interiorisierung äußeren Drucks zum Selbstzwang, lag ihm fern. Kants ganzes Denken war in seinem Schöpfertum Beispiel kritisch eigenständigen Denkens und zugleich des Bewusstseins des hohen Wertes der kulturellen Tradition. Darum war ihm das Ausweichen vor verbindlichen Übereinstimmungen und Verantwortungen die »geniemäßige Freiheit« eitler Selbstbespiegelung; so sehr, dass ihm manche progressive Linien der aufklärungskritischen geistigen Bewegungen, wie etwa Lyrik und Drama des Sturm und Drang, fremd blieben. Kants Lebensart erfuhr etwa seit der Mitte der 60er Jahre einen Wandel. Er entfernte sich, wie N. Hinske mit Blick für das Gelehrtenleben hinter der »Entwicklungsgeschichte« von Begriffen und Schriften sagte, er entfernte sich, »ohne sich darüber schon selbst ganz im klaren zu sein, mehr und mehr von den Grundüberzeugungen und -stimmungen seiner Generation« (Hinske 1977, S. 115). Der »elegante Magister« geriet im Gefolge seiner Bedenken und schließlich der Ablehnung der gepflegten Schulmetaphysik in die bald anderthalb Jahrzehnte während und zunehmende Konzentration, die Zweifel bei allen Grundfragen und auf allen Gebieten der Philosophie zu lösen, die ihn erfüllten. Kant besaß bei einigen wichtigen Veränderungen der Auffassung von Raum und Zeit in seiner Inauguraldissertation zum Antritt der Professur 1770 (inaugurare, lat. einsetzen, weihen) im Ganzen noch das formale metaphysische Theoriekonzept einer logisch-analytisch zu formulierenden realitas obiectiva hinter den phänomenalen und induktiv zu beschreibenden Ereignisreihen. Mit dem Begriff einer intelligiblen Realität im ontischen Sinne war aber die gesamte Systematik der Verbindung von Welt- und (moralischer, theologischer) Wertauffassung verbunden. Die eigentlichen Mühen, die mit dem Umbruch zur Verbindung von Apriorismus und Phänomenalismus (ohne die Kompromisskonstruktion eines monadologischen geistigen Seins) verbunden waren, und die die allgemeine und spezielle Metaphysik (Ontologie, rationale Psychologie, Kosmologie und Theologie) zum Einsturz brachten und schließlich das Grundverständnis der alteuropäischen philosophischen Tradition und der empiristischen aufklärerischen Hauptströmung auflösten, diese Anspannung füllte die Jahre von 1770 bis 1780, Kants fünftes und sechstes Lebensjahrzehnt aus. Während fast eines Jahrzehnts des Unverständnisses der *KrV*, das Kant enttäuschte, erkannte Kant sich am Ziel seiner theoretischen Entdeckungen im eigentlichen geistigen Bezirk vereinsamt. Während der Ausarbeitung seines Werkes bewegte ihn noch die Erwartung rascher Einsicht wichtiger Fachgenossen wie Mendelssohn, Garve, Tetens (Lambert war 1777 verstorben) und fortführender Zusammenarbeit nach dem Bild forschender Fortschritte in den Naturwissenschaften. In der außerordentlichen Klarheit seines Denkens und in der Treue seiner Lebensdisziplin vollendete er von 1783 bis 1790, also etwa vom 60. Jahre seines Lebens an, den ganzen Bau seiner drei *Kritiken* und die Grundrisse der lange geplanten Metaphysik der Sitten und der Natur. Die stille Besonnenheit des gefühlsreichen, dem Enthusiasmus für Menschheitsziele hingegebenen Mannes, eines im Umgang immer aufgeschlossenen, heiteren Universitätslehrers und die geistige Welt der Werke, die die Menschheit sich mit neuem Blick sehen ließen, gehören zueinander. In den 90er Jahren – die politischen Auseinandersetzungen intensivierten sich in Deutschland im Gefolge der Französischen Revolution – schreibt Kant seine verfassungsrechtlichen, völkerrechtlichen, religionsphilosophischen Arbeiten.

Im Bezug auf die unvermittelte Moralität des Menschen war Kant nicht Optimist. Darum verstand er reflektierte Rationalität als unentbehrliche Methode der Selbstführung. Sentimentalität, gar Empfindelei waren ihm fatal und Indiz von mangelnder Selbstachtung, im Weiteren auch Verkleidung autoritärer Ansprüche. Gleichwohl kannte Kant das *taedium vitae*. An die religiöse Seelenscheuerei im Fridericianum, das in Königsberg die Pietisten-Herberge genannt wurde, erinnerte er sich mit Bangigkeit, wie Hippel berichtete. Seine geliebte Mutter verlor er schon in seinem 13. Lebensjahr. Von seinem Vater notierte er ins Familienalbum, dass Gott ihm hienieden nicht viel Freude geschenkt habe, so dass er sie ihm wohl für das andere Leben aufgespart haben werde. Der Privatdozent schrieb 1759 an den Rigaer Domschulrektor J. G. Lindner, ab 1765 Professor in Königsberg, dass es ihn freue, einen, der es verdiene, auf dem rechten Platz zu wissen, dem es »gelungen ist sich über die elende Buhlereyen und den Beyfall und die abgeschmackte Einschmeichelungskünste hinweg zu setzen welche hier großthuerische kleine Meister die höchstens nur schaden können denen auferlegen welche gerne ihre Belohnung verdienen und nicht erschleichen möchten. Ich meines theils sitze täglich vor dem Ambos meines Lehrpults und führe den schweeren Hammer sich selbst ähnlicher Vorlesungen in einerley tacte fort. Bisweilen reitzt mich irgendwo eine Neigung edlerer Art mich über diese enge Sphäre etwas auszudehnen allein der Mangel mit ungestühmer Stimme so gleich gegenwärtig mich anzufallen und immer wahrhaftig in seinen Drohungen treibt mich ohne Verzug zur schweeren Arbeit zurück – intentat angues atque intonat ore« (etwa: die Schlange droht und es tönt der Mund; zusammengezogen nach Vergil, *Aeneis*, VI, 572, 607). »Gleichwohl vor den Ort wo ich mich befinde und die kleine Aussichten des Überflusses die ich mir erlaube befriedige ich mich endlich mit dem Beyfalle womit man mich begünstigt und mit den Vortheilen die ich daraus ziehe, und träume mein Leben durch« (XIII, 11).

Im späten *Streit der Fakultäten* (1798) teilt Kant im Brief an den Arzt C. W. Hufeland mit: »Ich habe wegen meiner flachen und engen Brust, die für die Bewegung des Herzens und der Lunge wenig Spielraum lässt, eine natürliche Anlage zur Hypochondrie, welche in früheren Jahren bis an den Überdruss des Lebens gränzte« (VII, 104). Kants strenge Lebensführung steht im Bezug zur anhaltenden medizinischen Selbstbeobachtung und beides gewiss zur bescheidenen Herkunft eines Mannes mit dem stillen Selbstvertrauen, etwas auszurichten in der Welt. Vielleicht flossen in Kants Darstellung der Temperamente in den *Beobachtungen über das Gefühl des Schönen und Erhabenen* (1764) bei der Schilderung des Melancholikers auch Elemente einer Selbstzeichnung ein: Der Melancholiker »im gemilderten Verstande« stimme am nächsten mit echter Tugend aus Grundsätzen zusammen, die hier noch als »das Gefühl für die Schönheit und Würde der menschlichen Natur« gefasst wird. Er genieße ernsthafter, aber nicht geringer. Seine Standhaftigkeit arte bisweilen in Eigensinn aus. »Freundschaft ist erhaben und daher für sein Gefühl […] Gesprächigkeit ist schön, gedankenvolle Verschwiegenheit erhaben […] er hat ein hohes Gefühl von der Würde der menschlichen Natur. Er schätzt sich selbst und hält den Menschen für ein Geschöpf, das da Achtung verdient. Er erduldet keine verworfene Unterthänigkeit und athmet Freiheit in einem edlen Busen. Alle Ketten von den vergoldeten an, die man am Hofe trägt, bis zu dem schweren Eisen der Galeerensklaven sind ihm abscheulich. Er ist ein strenger Richter seiner selbst und anderer und nicht selten seiner sowohl als der Welt überdrüssig« (II, 217, 219, 221). Schillers Worte an

Goethe über Kants *Anthropologie* (22.12.1798) erfassen die herbe *melancholia* Kants: »Die pathologische Seite, die er am Menschen immer herauskehrt und die bei einer Anthropologie vielleicht am Platze sein mag, verfolgt einen fast in allem, was er schreibt […] Daß dieser heitere und joviale Geist […] selbst gewisse düstere Eindrücke der Jugend etc. nicht ganz verwunden hat, ist zu verwundern und zu beklagen.« In diesen Zusammenhängen befindet sich auch Kants eigentümlicher Gedanke, die Neigungen seien einem vernünftigen Wesen jederzeit lästig und wenn es sie auch nicht abzulegen vermöchte, so wünschte es doch, ihrer entledigt zu sein (V, 118). Selbstprüfung soll darum für Kant nicht zur »phantastischen Meinung von verdienstlicher Selbstpeinigung« geraten (XI, 420). Aber der Gedanke von der Sündhaftigkeit des Menschen, einer Unlauterkeit, die dem Menschen anhänge (XI, 318), mit der Auflösung, dass darum das Gewissen dem Menschen wie ein Schatten folge, dass dieser »Gerichtshof im *Inneren* des Menschen aufgeschlagen« sei (VI, 438 f.), all das prägt das Lebensverständnis dieser reichen und für sich selbst komplizierten Persönlichkeit, das im Verkehr mit den Menschen kaum nach außen drang. Kant hat darum dem aufklärerischen *Selbstdenken* die *Selbsterkenntnis* in den »schwerer zu ergründenden Tiefen (Abgrund) des Herzens« hinzugefügt (VI, 441). Nicht die Pflichten gegen andere, sondern diejenigen des Menschen gegen sich selbst seien die wichtigsten, und das erst bedeutet, sich als Teil der Menschheit zu verstehen.

Kants Melancholie und die innere Stille dieses schöpferischen Menschen können sich nur auf den weitesten Horizont beziehen, unter dem das freie Individuum seine Besorgnis auszugleichen vermöchte: Das zur Präzision des Gedankenwerks geformte und abgeklärte Hochgefühl, Gewissenhaftigkeit und gleiches Recht aller Menschen in einer geistigen Welt aus Klarheit und Verständigung zu befrieden.

Literatur

Vorländer, K.: I. Kants Leben, Leipzig 1911 [neu hg. von R. Malter, Hamburg 1986]. – Groß, F. (Hg.): I. Kant. Sein Leben in Darstellungen von Zeitgenossen. Die Biographien von L. E. Borowski, R. B. Jachmann und A. C. Wasianski, Berlin 1912 [NDm. Einl. v. R. Malter, Darmstadt 1993]. – Kuhrke, W.: Kants Wohnhaus, Berlin 1917. – Vorländer, K.: Die ältesten Kant-Biographien. Eine kritische Studie, Berlin 1918 (KSEH 41). – Warda, A.: I. Kants Bücher, Berlin 1922. – Lomber, W.: Kants letzte Lebensjahre und Tod, Königsberg 1923. – Kuhrke, W.: Kant und seine Umgebung, mit einem Titelbild und 40 Abbildungen, Königsberg 1924. –

Vorländer, K.: I. Kant. Der Mann und das Werk, 2 Bde., Leipzig 1924 [ND Hamburg ³1992, mit ausführl. Bibl. zur Biographie Kants v. R. Malter, S. 405–429]. – Heller, J.: Kants Persönlichkeit und Leben. Versuch einer Charakteristik, Berlin 1924. – Menzer, P.: Kants Persönlichkeit, in: KS 29 (1924), H. 1/2, S. 1–20. – Clasen, K.-H.: Kant-Bildnisse, Königsberg 1924 [s. a. Vaihinger, H.: Die Kantmedaille mit dem schiefen Turm von Pisa, in: KS 2 (1899), S. 109–115; Schneiders, W.: Ein vergessenes Kant-Porträt, in: KS 91 (2000), S. 1–7]. – Buchenau, A./Lehmann, G. (Hg.): Der alte Kant. Hasse's Schrift: Letzte Äußerungen Kants und persönliche Notizen aus dem opus postumum, Berlin u. Leipzig 1925. – Lehmann, G.: Kants Lebenskrise, in: Neue deutsche Hefte 7/1 (1954), S. 501–508 [m. Zusätzen in: Ders.: Beiträge zur Geschichte und Interpretation der Philosophie Kants, Berlin 1969, S. 411–421]. – Schultz, U.: I. Kant in Selbstzeugnissen und Bilddokumenten, Reinbek b. Hamburg 1965. – Grünthal, E.: Die senile Gehirnerkrankung I. Kants, in: Confinia psychiatrica 14 (1971), S. 36–63. – Hinske, N.: Art. »Kant«, in: Neue Deutsche Biographie, Bd. 11, Berlin 1977, S. 110–125 [ausführl. Bibliographie]. – Brandt, R./Stark, W. (Hg.): Neue Dokumente und Autographen zu Kants Leben, Schriften und Vorlesungen, Hamburg 1987. – Malter, R. (Hg.): I. Kant in Rede und Gespräch, Hamburg 1990 [m. Zeittafel zum Leben Kants und dem philosophischen und politischen Geschehen der Zeit, S. 610–617]. – De Quincey, T.: Die letzten Tage des I. Kant, München 1991 [vier Autoren zu Biographie und Schädelbeschreibung]. – Malter, R.: Bibliographie zur Biographie Kants, in: Vorländer, K., I. Kant. Der Mann und das Werk, Hamburg ³1992, S. 405–429. – Emundts, D. (Hg.): I. Kant und die Berliner Aufklärung, Wiesbaden 2000. – Botul, J.-B.: Das sexuelle Leben des I. Kant, Leipzig 2001. – Kuehn, M.: Kant. A Biography, Cambridge 2001. – Dietzsch, St., Immanuel Kant. Eine Biographie, 2003. – Geier, M.: Kants Welt, 2003. – Kühn, M.: Kant – Eine Biographie, 2003. – Lange, H.: »Ausspähung des Inneren des Menschen«. Totenmaske und Schädelabguß von Immanuel Kant in Berlin wieder aufgefunden, in: Museumsjournal 1/2006, S. 25–28.

2 Kant in der Epoche der Aufklärung

Kants Denken ist nur von den Grundideen der europäischen Aufklärung her und als deren kritische Fortführung zu begreifen. Es ist nicht Kritik der leitenden Intentionen der Aufklärung, sondern Kritik der theoretischen Durchführung von deren Ideen. Er sieht die Gedankenform in Widerspruch zum Inhalt des kulturellen Programms stehen. Dadurch gerate die Aufklärung vor Prozesse der Selbstnegation, z. B. in der skeptischen wie in der utilitaristischen Konsequenz des Empirismus. Das bestärke ihre Gegner, die religiöse Gefühlsphilosophie, überhaupt alle theoretischen und institutionellen (kirchlichen und staatlichen) Richtungen der Rationalitätskritik. Er sieht die europäische Aufklärung unfertig durch mangelnde Begründungsleistung eines noch gar nicht richtig verstandenen Programms und nimmt sie darum unter dem Zeichen der Krise wahr. Sein eigener Aufklärungsbegriff, den er wiederholt und mit verschiedenen Akzentsetzungen umreißt, ist darum nicht auf die anwachsenden Wissensinhalte, auch nicht, wie bei Mendelssohn, auf die Trias von Aufklärung – Bildung – Kultur konzentriert, sondern auf unabhängigen Verstandesgebrauch und freie Öffentlichkeit. Nicht um die Inhalte geht es primär, sondern um die Denkungsart; ein methodischer Akzent, der Toleranz unterschiedlicher Auffassungen und Traditionen einberechnet (*Beantwortung der Frage: Was ist Aufklärung?*, 1784; VIII, 35). Erst in diesem methodischen Sinn bedeutete »Aufklärung« für Kant auch einen geschichtlich konkreten Vorgang seiner Gegenwart und eine eröffnete Perspektive. Kritische geistige Öffentlichkeit als zentrales methodisches Verfahren macht für ihn das Zeitalter der Aufklärung aus, da die Vernunft »unverstellte Achtung nur demjenigen bewilligt, was ihre freie und öffentliche Prüfung hat aushalten können« (IV, 9). Die spezifische ideelle Form, wie J. Habermas formulierte, unter der die demokratische Legitimationsqualifikation allgemein geltender Sätze in der Öffentlichkeitsthematik gefasst wurde, bestand in der Rationalisierung von Politik im Namen der Moral. Der Status des Privateigentümers bildet die der Obrigkeit gegenüberstehende soziale Basis des öffentlichen als allgemeinen Gebrauchs von Meinungen. Die europäische Aufklärung schafft ein ganz neues, nicht-privilegiertes, nicht-institutionalisiertes Erzeugungsprinzip allgemein geltender Ansichten. Es ist vom Verfahren der aristokratischen Salon-Kultur, in der auch »Diskurs rollierte«, wie der Ausdruck des 17. Jhs. lautete, unterschieden. Kritik erschöpft sich nicht in unverbindlichen, geistvollen Bonmots subjektiver, gleichsam personengebundener Methode. Jetzt gelten objektive Methode der Beurteilung, Erörterung, freie Zustimmung und somit auch dauernder Prozess alle Stände zusammenschließender gesellschaftlicher Verständigung. Aufklärung bedeutet ein neues Objektivitätsverständnis des Denkens, das aus der Methodenthematik der Wissenschaften und der Philosophie kam. »Wenn ich nur die gehörige Stärke (meines Denkens) anwende«, sagte J. J. Spaldings *Die Bestimmung des Menschen* (1748) (die Aufklärer nannten sich im Sinne methodischer Selbständigkeit »starke Geister«), betrachte ich die Dinge, »wie sie sich nicht bloß auf diese oder jene Absicht von meiner Seite beziehen, sondern wie sie an sich beschaffen sind, […] dann verschwindet der Dunst, und ich erblicke die Wahrheit« (Leipzig 1774, S. 28 f.). Das neue Verständnis methodisch gewonnener Objektivität des Urteils, das die Aufklärung auszeichnete, war von Bacons und Descartes' Schriften vorbereitet worden. Es ist der Schlüssel, um die eigentümlich unspezifische und enthusiastische Verbindung von freier Individualität und ihrer selbst mächtiger Gesamtheit fortschreitender Gesellschaft zu verstehen. Das Jahrhundert kannte nicht die Alternative: Fortschritt der Individuen oder der Gattung. Alle Verbesserung konnte nur am Individuum ansetzen. Da Aufklärung ursprünglich nichts anderes als Verwirklichung der Bildsamkeit aller Menschen bedeutete, ergab sich als besonderer Zug der deutschen Aufklärung ein Bewusstsein geistiger Realität des Menschen, die ihn über alle anderen Naturwesen hinaushebe. Das öffnete das Verständnis des Individuums innerhalb einer gemeinsamen Geist-Natur. Es schloss das Verständnis des Menschen im Hinblick auf eine nicht-utilitaristische Verwirklichung bis hin zur philosophisch verstandenen Unsterblichkeit ein. Schließlich bot beides gemeinsam einen Weg von der Philosophie zur Religion, aber so, dass er zugleich die Religion in der Philosophie münden ließ. In Spaldings nicht Kantisch tiefem, aber wie Kants Denken die verschiedenen Ströme synthetisierendem und einflussreichem Werk findet sich um die Jahrhundertmitte der Geist deutscher Aufklärung ganz beisammen. Spalding übersetzte von Shaftesbury u. a. die *Inquiry concerning virtue* (1699) und versah sie mit ausführlicher Vorrede »An den Leser« (Berlin 1747, S. 3–38). Die darin ausgesprochenen Grundsätze freier Verbindung von Moral der Rechtschaffenheit und Religion, dass »Aberglaube und eine unnatürliche Religion die moralische Empfindung verdirbt« (S. 16), und viele andere Maximen finden sich später in Kants Religionsphilosophie wieder. (Vgl. zu Spalding in der deutschen Aufklärung die Beiträge von N. Hinske, C. Schwaiger, G. D'Alessandro in: N. Hinske (Hg.), *Die Bestimmung des Menschen*, Hamburg 1996 [*Aufklärung* 11/1].)

Geistige Öffentlichkeit als Element fortschreitender Gesellschaft und Freiheit der Person bedingen einander. Aufklärerische Öffentlichkeit setzt voraus und befördert die Kultur bürgerlicher Privatheit, der Gegenwelt zur aristokratischen Salonkultur. Kulturelle Bedeutung, aktiver moralischer Gehalt der neuen Privatsphäre des Denkens ergaben sich aus deren Protestcharakter gegen die scheinbar undurchlässige und unaufhebbare Subordinationswelt des Absolutismus. Goethes *Leiden des jungen Werther* (1774) verlieh der Verbindung von Freiheit der Person, Privatheit der Kommunikation und des sozialen Wertbewusstseins im Bewusstsein der jungen Generation eruptiven Ausdruck. W. Lepenies (1969) zeigte diese Zusammenhänge bis zu deren Ausdehnung auf die Atmosphäre der Melancholie und der Einsamkeit (Lepenies, spez. zu Kant S. 105–109). Einsamkeit war ganz aus dem Kreis des Religiös-Asketischen und des Politisch-Autoritären herausgetreten. Sie bedeutete nicht Passivität, sondern bildete den Freiraum für Öffentlichkeit als freier Kommunikation: Bewährte Privatheit in der Eigenverantwortlichkeit des Denkens. »Absonderung von aller Gesellschaft« sei etwas Erhabenes, sagt die *KU*, wenn sie auf Ideen und nicht auf persönlichen Interessen beruhe. »Sich selbst genug sein, mithin Gesellschaft nicht bedürfen, ohne doch ungesellig zu sein, d. i. sie zu fliehen, ist etwas dem Erhabenen sich Näherndes« (V, 275). Kant fügte der Verbindung von Individualität, Aktivität und Rationalität – z. B. gegen die Glaubensphilosophie Hamanns – um der Aufrichtigkeit und Gründlichkeit willen immer den Rousseauschen Gleichheitsgedanken hinzu. Zur Würde des Privatmanns gehört, dass er Staatsbürger ist. Privatheit kann ohne das im trüben Schein von Tiefe geschmäcklerische Interiorisierung von Ungleichheit hin bis zur Ungerechtigkeit artikulieren.

Die im aufklärerischen Öffentlichkeitsverständnis idealisierte Verbindung von privater und gesellschaftlicher Sphäre wurzelt in der Warenproduktion von Privateigentümern, die aus diesem eigentümlichen Status als Persönlichkeit und anonymer numerischer Vervielfältigung legitimieren, dass sie eine das Allgemeininteresse vertretende Elite des methodisch handelnden Publikums bilden. In diesem Zusammenhang steht Kants nachdrückliche Unterscheidung von privatem und öffentlichem Vernunftgebrauch, in der das beamtete Denken und Entscheiden »wie in fremdem Auftrag« gerade als privat bezeichnet, der eigentlich private Raum des freien persönlichen Denkens aber zum öffentlichen Vernunftgebrauch wird (VIII, 38).

Literatur

Joel, K.: Wandlungen der Weltanschauung, Bd. 2, Tübingen 1934 [Die philosophische Aufklärung, S. 1–173, spez. zu Kant S. 203–255]. – Lepenies, W.: Melancholie und Gesellschaft, Frankfurt/M. 1969. – Habermas, J.: Strukturwandel der Öffentlichkeit (1962), Frankfurt/M. 1990 [zu Kant § 13: Publizität als Prinzip der Vermittlung von Politik und Moral, S. 117–131]. – Hinske, N.: Mendelssohns Beantwortung der Frage: Was ist Aufklärung? oder Über die Aktualität Mendelssohns, in: Ders. (Hg.), Ich handle mit Vernunft. M. Mendelssohn und die europäische Aufklärung, Hamburg 1981, S. 85–117.

Das Erfordernis, den Aufklärungsbegriff zu reflektieren, ergab sich aus der Entfaltung der Thematik während des Jahrhunderts in unterschiedlichen Schüben und sehr verschiedenen wissenschaftlichen und politischen Richtungen. In der Berliner Mittwochsgesellschaft, einem Zentrum der Aufklärung in Preußen, machte darum der Arzt J. K. W. Möhsen den Vorschlag, »genau zu bestimmen, was Aufklärung ist«. F. Gedike, Mitherausgeber der *Berlinischen Monatsschrift*, sagte in der Diskussion bereits: »Aufklärung ist, wie mich dünkt, ein ebenso relativer Begriff als Wahrheit. Sie ist verschieden und muß es sein, nach Verschiedenheiten des Ortes, der Zeit, des Standes […] Durchgängige Gleichheit der Aufklärung ist wohl ebenso wenig wünschenswert als völlige Gleichheit der Stände und zum Glück ebenso unmöglich als diese« (R. Ciafardone, *Die Philosophie der deutschen Aufklärung. Texte und Darstellung*, Stuttgart 1990, S. 329). Aus der informellen Diskussion ging Zöllners Aufforderung hervor, die Frage zu beantworten, was Aufklärung eigentlich sei. Mendelssohns und Kants Aufsätze im gleichen Heft 4 der Monatsschrift von 1784 entstanden in diesem Zusammenhang. Kant insbesondere zeigte ein hohes Bewusstsein vom Erfordernis präzisierender Selbstreflexion der kulturellen Perspektive, die er der geistigen Konstellation gemäß auch unter dem Stichwort »Aufklärung« behandelte. Von zwei Seiten wurde in den deutschen Staaten das erst etwa seit 1770 gebräuchliche Losungswort Aufklärung angegriffen. Außer dem konservativen, meist religiös-orthodoxen Vorwurf, es sei auf Un-

glauben und Unruhen abgesehen, kam der Einwand unterm Einfluss Rousseaus von der erlebnishaften, leidenschaftlichen Gefühlsnatur des Menschen her in der Sturm-und-Drang-Bewegung auf. Kant stellte sich mit seinem Programm in die Linie, die die Wissenschaften als Basis der Aufklärung verstanden. Das *sapere aude*, habe Mut, Dich Deines eigenen Verstandes zu bedienen, das Kant den Wahlspruch der Aufklärung nennt, ist seine Übersetzung einer Horaz-Formel aus dessen Briefen (1, 2, 40). Es bildete schon die Aufschrift einer Münze der Alethophilen von 1736, d. i. der Wahrheitsliebenden, einer Gesellschaft zur Verbreitung der Wolffschen Philosophie. Kant präzisiert den Aufklärungsbegriff auch durch dessen genaue Gliederung: Selbstdenken, Wissenschaften und im Praktischen ein von freier Öffentlichkeit getragener staatlicher Reformismus. Daher kann Kant sagen, ein Publikum werde nur langsam zur Aufklärung gelangen. Durch Revolution könne wohl Abfall von Despotismus, »aber niemals wahre Reform der Denkungsart zu Stande kommen« (VIII, 36). Auch das Selbstdenken wird präzisiert als öffentlicher und privater Vernunftgebrauch. Öffentlich: Der Gelehrte vor dem Publikum der Leserwelt. Privat: Den Gebrauch, den der Einzelne bei einem ihm anvertrauten Amt von seiner Vernunft machen darf (VIII, 37). Die sich nur scheinbar akkomodierende Verschachtelung darf nicht vergessen lassen, unter welcher Verfassungsordnung Kant schrieb und dass der Akzent dieser Figur des Reformdenkens darauf lag, dass es jedem Beamten, selbst jedem gehorchenden Offizier »nicht verwehrt werden kann, als Gelehrter über die Fehler im Kriegsdienst Anmerkungen zu machen und diese seinem Publicum zur Beurtheilung vorzulegen«. Kants wohlbedachte Abschichtungen ergeben im Ganzen den Bezug der Sache auf objektiven Prozess; das »Jahrhundert Friedrichs« eben nicht schon ein aufgeklärtes Zeitalter, aber ein Zeitalter der Aufklärung (VIII, 40).

Literatur

Hinske, N. (Hg.): Was ist Aufklärung? Beiträge aus der Berlinischen Monatsschrift, Darmstadt 1973 [Einl. d. Hg. S. XIII–LXIX].

»Aufklären« kommt ursprünglich von Hellmachen des Geistes und zwar als Lichtbringen in die Einzelseele. Die alte Licht- und Erleuchtungsmetapher erhält auf Rationalität des Individuums bezogenen aktiven Sinn. Am Ursprung des Sinnes von Aufklärung steht Descartes' Thema der clarté. »Sehr viele Menschen erfassen in ihrem ganzen Leben überhaupt nichts so richtig, dass sie ein sicheres Urteil darüber fällen können. Denn zu einer Erkenntnis, auf die ein sicheres und unzweifelhaftes Urteil gestützt werden kann, gehört nicht bloß Klarheit, sondern auch Deutlichkeit« (R. Descartes, *Die Prinzipien der Philosophie*, 1644, T. 1, § 45). Die Gedankenverbindung, in der die im Grunde wenig sagende Betonung der notio oder perceptio clara et distincta steht, ist das Entscheidende. Es geht um klare Begriffe um der eigenen Urteilsfähigkeit willen, und die Urteilsfähigkeit bestimmt die Führung der Leidenschaften. Moral wird eine Wissensform, die den Glauben erst begründet. Wissen verleiht Unabhängigkeit von Leidenschaften und Freiheit von Fremdbestimmung. Nur eines verleiht uns Selbstachtung, heißt es in Descartes' Schrift *Über die Leidenschaften der Seele* (1649), »das ist der Gebrauch des freien Willens und die Herrschaft über unser Begehren«. Descartes schließt sogar an: »Dieser Wille macht uns Gott ähnlich, indem er uns zum Herren über uns macht« (§ 152). Diese viele stoische Elemente aufnehmende Verbindung von klaren Begriffen und Selbstachtung kehrt in Kants Moralphilosophie wieder. Sie bildet die Basis aller Sinnbezüge von »aufklären« und »Aufklärung«. Kant notierte zu seinen Anthropologie-Vorlesungen: »Ein erleuchtetes Zeitalter (aufgeklärtes, das deutliche Begriffe verlangt); ein heller Kopf (aufgeklärt). Man wird die Dunkelheit seiner Erkenntnis nicht selbst gewahr. Sichtbare Dunkelheit ist der Anfang der Erleuchtung« (XV/2, 673). »Deutlichkeit der Begriffe vertreibt die Schwärmerey; hinter Verworrenen Begriffen versteken sich Theosophen. Goldmacher, Mystiker, Initiaten in geheimen Gesellschaften« (XV/2, 669). Die Unfähigkeit des Jahrhunderts, Rationalität als gesellschaftliche Erfahrung zu realisieren, führte zum romantischen Affekt gegen die Aufklärung, der zugleich seines gegenteiligen Inhalts nur zu geständig war, wie etwa in Arnims/Brentanos *Wunderhorn*-Liedern (1806/08): »O lasst mich doch bei meiner Bibel,/ lasst mich in meiner Dunkelheit,/ denn ohne Hoffnung wird mir übel/ bei dieser aufgeklärten Zeit,/ und ohne Hoffnung bin ich hier/ ein elend aufgeklärtes Tier« (*Des Knaben Wunderhorn. Alte deutsche Lieder*, Gedicht »Aufklärung«; Kommentierte Gesamtausgabe, Bd. 3, Stuttgart 1987, S. 159).

Literatur

Heussi, K.: Kompendium der Kirchengeschichte, Berlin [11]1957, S. 390–435.

Perfektibilitätsprinzip

Das 18. Jh. dachte sein kulturelles Programm von einem Perfektibilitätsprinzip her. Der perfectio-Gedanke der Metaphysik von der Vollkommenheit des Seins wurde ersetzt durch den rationelleren Gedanken der Entwicklung vom Einfachen zum Komplexen. Der Perfektibilitätsgedanke wird aus dem Vorstellungskreis von Bildsamkeit, Veränderbarkeit und Plastizität der menschlichen Natur entwickelt. »Der Mensch ist unter allen empfindenden Mitgeschöpfen auf der Erde das meist *perfektible Wesen*, dasjenige, was bey seiner Geburt am wenigsten von dem ist, was es werden kann, und die größte Auswickelung annimmt. Es ist das vielseitigste, das beugsamste Wesen, das am mannigfaltigsten modificiret werden kann, seinem ausgedehnten Wirkungskreis, zu dem es bestimmt ist, gemäß« (N. Tetens, *Philosophische Versuche über die menschliche Natur und ihre Entwickelung*, 1777, ND Berlin 1913, S. 726 f.). Im Unterschied zur einmal vorhandenen Natur ist allein der Mensch der Verbesserung fähig, analog den Gegenständen, die er hervorbringt und also auch seinem gegenständlichen Hervorbringen. Gegenüber dem cartesianischen Maschinengedanken der Effektivierung entfaltet das 18. Jh. den Subjektbegriff im Sinne der psychischen Quellen aller Perfektibilität. Der Gedanke konzentrierte sich in der selbsttätigen Vervollkommnung jedes Menschen durch Bildung, bürgerliche Rechte und Abstreifung von (feudalen und dogmatisch-religiösen) »Vorurteilen«. Nach der Analogie von Einzelwesen und Menschheit wurde der geschichtliche Aufstieg der Menschheit als ein Selbsterziehungsprozess gedacht, wie Lessings Programmschrift eines spätaufklärerischen historischen Pantheismus direkt diesen Titel *Die Erziehung des Menschengeschlechts* (1780) trug. Der perspektivische Grundgehalt des Aufklärungsverständnisses entsprach dem realen Wandel, den der Lebensanspruch der bürgerlich tätigen Schichten bedeutete, und überhöhte ihn zugleich als einer Art Transposition der Werte des Heiligen zu innerweltlicher Vervollkommnung. A. Fergusons *Essay on the History of Civil Society* (1767) spricht den realen Boden der aufklärerischen Ideenwelt aus. »Sobald die Menschen von Politik und Handel in Anspruch genommen werden, wünschen sie ebenso aufgeklärt und unterwiesen, wie bewegt zu werden. Sie interessieren sich für das, was an früheren Begebenheiten wahr ist. Sie bauen auf diesem Grunde ihre Erwägungen und Schlüsse auf, die sie auf gegenwärtige Angelegenheiten anwenden, und wünschen über die verschiedenen Bestrebungen und Projekte unterrichtet zu werden, in die sie sich nach und nach einlassen. Naturwissenschaft, Sittenlehre, Politik und Geschichte finden ihre Bewunderer. […] Inmitten der großen Chancen, die eine freie und selbst eine zügellose Gesellschaft in Bewegung setzen, werden ihre Glieder zu jeder Anstrengung fähig«. Die bürgerlichen Freiheiten entfesseln die Leistungsfähigkeit »und selbst das Denken kann in diesem Zeitalter der Arbeitsteilung ein besonderer Beruf werden. […] Die Früchte des Scharfsinns werden auf den Markt gebracht und die Menschen bezahlen bereitwillig für alles, was zu ihrer Unterweisung oder ihrem Vergnügen dient« (A. Ferguson, *Abhandlung über die Geschichte der bürgerlichen Gesellschaft*, Jena 1923, S. 246 f., 258). Kant stellt in seiner methodisch interessantesten Schrift (wegen des genetischen Aufstiegs vom Empirischen zum Apriorischen hin), in der *Grundlegung zur Metaphysik der Sitten* (1785), seine Scheidung von empirischem und rationalem Teil der Wissenschaften in weiteren kulturellen Zusammenhang: »Alle Gewerbe, Handwerke und Künste haben gewonnen, da nämlich nicht einer alles macht, sondern sich auf gewisse Arbeit […] einschränkt.« So erheische reine Philosophie ebenfalls ihren besonderen Mann, und in der »Volksaufklärung« ist der Philosoph der freie Lehrer der Rechte und Pflichten des Volkes, nicht der vom Staat bestellte Beamte (*Der Streit der Fakultäten*, 1798, VII, 89).

Dieses perspektivische Epochenbewusstsein entwarf gegenüber dem antiken und feudalen Selbstverständnis eine neuartige Synthese der sich gegeneinander verselbstständigenden Lebensbereiche. Unterscheidung und Vermittlung der spezifischen Formgesetze wurde ein Leitthema der aufklärerischen Wissenschaftslehre, Moral- und Rechtsphilosophie, Ästhetik, Religionslehren. Kants drei *Kritiken* als drei logischen Grundtypen kultureller Geltungen sollen das gegen Ende des Jahrhunderts zum Abschluss bringen. Die Denk- und Glaubensfreiheit war nicht mehr auf die humanistische Figur des Gelehrten als des Prototyps des universalen Menschen bezogen, sondern auf den Fortschritt der allgemeinen Gesittung. Diese einfach mitgesetzte Verbindung von individueller Steigerung durch Wissenszunahme und menschheitlicher Vervollkommnung bildet das Geheimnis und den ganz eigenen Glanz des aufklärerischen Bewusstseins. Ein Komplex von Wissen, Berufsfleiß, selbstmotivierter Verlässlichkeit und weltlich-praktischer Überzeugungstreue wird gesetzt. In der Konzentration auf die Moralität der Einzelper-

son ist eine Perspektive der Gesellschaft gedacht, die wie spontane Summation aus unendlich vielen, kleinen Energien herauswächst. Die reale soziale Vermittlung von Einzelwillen und Gesamtprozess bleibt in der naturalistischen Fixierung des Individuums als Gebilde natürlicher Antriebs- und Wissensbestandteile ebenso ausgespart wie in der transzendental-idealistischen Denkform des reinen Selbstbewusstseins. Die einzige Vermittlung, die eingehend behandelt wird, ist die freie Öffentlichkeit als der Voraussetzung allgemeiner Geltung von Argumentation. Der spontane Übergang von zunehmender Integrität der Personen zu gesellschaftlicher Perfektibilität, diese ganze Fassung von Aktivität im sozialen Handlungsfeld unter Vorstellungen von Naturwachstum, entspricht der realen Spontaneität ökonomischer Akkumulation mit deren moralischer Verklärung.

Die philosophische Methode, sagte C. Wolff im großen Schlusskapitel *Von der Freiheit des Philosophierens* seiner *Einleitenden Abhandlung über Philosophie im Allgemeinen* (1728), »die philosophische Methode, die ohne Freiheit des Philosophierens nicht bestehen kann«, widerstrebt der »Knechtschaft, die dem Fortschritt der Wissenschaften so abträglich ist« (Wolff, *Einleitende Abhandlung*, Stuttgart-Bad Cannstatt 1996, S. 217). Die philosophische Methode des Philosophierens unterscheidet sich von der bloß »historischen Erkenntnis der Erkenntnis eines anderen«, die aufgrund der Autorität anderer Lehrsätze, nicht mit eigenem, sondern nach fremdem Urteil denke (ebd. S. 193). So sind Individualität und Öffentlichkeit über die Rationalität miteinander verbunden. Kant folgte Wolffs Scheidung von historischer, fremdbestimmter und selbstdenkender philosophischer Methode des Philosophierens. Es käme nicht darauf an, Philosophie, sondern Philosophieren, nicht Gedanken, sondern denken zu lernen (II, 306 und in den meisten Vorlesungen). Das historische Bewusstsein wird nicht negiert, sondern zur reflexiven Potenz von Gegenwartsbewusstsein erhoben. Schon die Griechen, sagte Ferguson gut, wurden ein gelehrtes Volk, »indem sie über das nachsannen, was sie selbst hervorgebracht hatten« (a. a. O., S. 247).

Literatur

Hornig, G.: Perfektibilität, in: ABG 24 (1980), S. 221–257. – Kreimendahl, L. (Hg.): Aufklärung und Skepsis. Studien zur Philosophie und Geistesgeschichte des 17. und 18. Jahrhunderts, 1995.

Fortschrittsgedanke

Der Perfektibilitätsgedanke geht davon aus, dass unsere Vorstellungen (perceptiones) der Dinge außer uns sich unweigerlich mit der Zeitdauer vermannigfachen. Frühere Vorstellungen werden durch erweiterten Umfang der Tatsachenkenntnis zu richtigeren korrigiert und treten als solche dem früheren Wissen, das dann zum Vorurteil wird, entgegen. Im Ganzen folgt aus der empirisch-praktischen Basis von Intellektualität eine Fortschrittsmechanik zunehmender Rationalität, Effizienz und Humanität in Erziehung, Moral, Gesetzgebung, Politik, Wirtschaft, Religion. Auf dem induktiven methodischen Bewusstseins basierte das Verständnis der Zeitachse des Geschehens als eines Fortgangs vom Unfertigen der Anfangszustände zum Komplexeren und Stabileren. Diese evolutionistische Betonung der Zeitachse in allem Denken, so dass die gerichtete Bewegung vom Niederen zum Höheren das Weltverständnis prägte, trat dem aristokratischen Topos vom Ursprung, der die Fülle enthalte und im Fortgang verliere, entgegen. Der aufklärerische Evolutionismus erfasste mit der Demut und dem Stolz des selbst arbeitenden Bürgers die ungeheure Macht der kleinen, aber kontinuierlichen Veränderungen; ein Bewusstseinswandel, der die Statik des metaphysischen Seinsbegriffs verdrängte.

Warum bestanden das »natürliche System« des Wissens, wie Holbach sagte oder die *Vernünftigen Gedanken von Gott, der Welt und der Seele des Menschen, auch allen Dingen überhaupt* (Wolffs sog. Deutsche Metaphysik, 1719), d. h. warum bestanden die der Vernunft gemäßen Rechte, Politik, Moral und Religion nicht schon immer? Zwei Konstruktionen antworteten darauf. Die eine war das trial-error-Modell, das Fontenelle in seiner *Digression sur les anciens et sur les modernes* (1688) dargestellt hatte: Es ist uns nicht vergönnt, sofort das Richtige zu erkennen. Erst nachdem wir die Ideen des Platon, die Qualitäten des Aristoteles als falsch einsahen, griffen wir nach dem richtigen (cartesianischen) System. Kant benutzt den Gedanken Fontenelles auf der 2. Ebene unfertiger moralischer Reflexion in der *Grundlegung zur Metaphysik der Sitten*: »Die menschliche Vernunft hat [...], so lange es ihr an Kritik fehlt, vorher alle mögliche unrechte Wege versucht, ehe es ihr gelingt, den einzigen wahren zu treffen« (IV, 441).

Eine tiefere Auffassung nahm eine permanente Evolution geistiger Fortschritte durch die sinnlich-gegenständliche Konstitution des Menschen und deren Auseinandersetzung mit der Umwelt an. Damit wurde dann eine verbesserte dynamische Konstruktion vom Gang durch den Widerspruch zwischen intellektuellem Fortschritt und sozialem Gegensatz hindurch verbunden: Besseres Wissen rührt an die Privilegien, die mit sozialen Institutionen verbunden sind. Despoten und Priester hielten die Menschen gleichsam in verkehrten geistigen und politischen Zuständen fest, die aber früheren Bildungsstufen entsprachen. So unbefriedigend die kulturhistorischen Konstruktionen waren, mit denen der Widerspruch zwischen einer unhistorischen naturalistischen Anthropologie und der aufklärerischen Perfektibilitätsidee behoben werden sollten, sie boten die Basis für ein aktives historisches Konzept, das Geschichte als den Kampf zwischen progressiven und konservativen Ideen und Interessen darstellte. Kant überlagerte dieses aktivistische Fortschrittskonzept mit seiner teleologischen Geschichtsauffassung: Alle szientifischen, moralischen, rechtlichen Anlagen des Menschen sind bestimmt, sich in zivilisationsgeschichtlicher Evolution (in der gesellschaftlichen Struktur, nicht im Individuum) zu verwirklichen.

Individuelle Selbstbestimmung und Gattungsfortschritt

Die Perfektibilitätsidee besaß ihre Basis im Gedanken der individuellen geistigen Emanzipation: der persönlichen Denkfreiheit, der Glaubensfreiheit, in der Ständeordnung der konstitutionellen Monarchie gesicherter Verfassungsrechte, verbessertem Schulwesen, bis hin zu einer privaten bürgerlichen Atmosphäre von Geselligkeit, Lektüre, Zeitungen, Leihbibliotheken. Den geistigen Rechten folgten die Forderungen des Lockeschen konstitutionell-monarchischen (nicht republikanischen) Liberalismus nach, die bereits während der Vorbereitung der »glorious revolution« (1688) das Interesse der englischen middle-class ausgeprochen hatten und mit dem Einzug des Lockeanismus auf dem Kontinent (Voltaires *Philosophische Briefe*, 1734, die *Encyclopédie* D'Alemberts und Diderots, 1751–1772) zur immanenten Tendenz der Aufklärung in allen europäischen Ländern wurden. In der Doppelung von individueller Selbstbestimmung und gesellschaftlichem Fortschritt, also der Ausdehnung des Selbstdenkens in eine ganze Welt geschichtlicher Perspektive, bestand eine zentrale Spannung der Aufklärung. Das optimistische Pathos wurde zum guten Teil durch solche Unklarheiten ermöglicht. Romantisch-konservative

Ideologien registrierten dann die Enttäuschung am illusionären Bewusstsein, mit Hilfe dessen sich der reale soziale und verfassungsrechtliche Prozess durchsetzte. Kant sah die Grenze des individualmoralischen Horizonts der aufklärerischen Geschichtsauffassung und konzentrierte seine Fortbildung von Aufklärung auf eine neue Begründungsweise von Objektivität und Allgemeingültigkeit der Rationalität. Die naturgesetzliche Teleologie des Gattungsbegriffs entsprach dem Kantschen Überstieg von der Einzelperson als Analogon aller gesellschaftlichen Prozesse zu den objektiven logischen Formgesetzen kultureller Geltungen. Mit der Theorie transzendentaler Idealität wurde ein erster Schritt über den Standpunkt des einzelnen Individuums in der bürgerlichen Gesellschaft hin zur Frage nach den Projektionsflächen von Sachgesetzen als der Grundstruktur der Gesellschaft getan. Im 19. Jh. wurde die abstrakte Relation von Einzelseele und Ganzem in einem nächsten Schritt durch die Aufnahme der materiellen Basis der kulturellen Prozesse und der sozialen Schichtung in die kulturphilosophische Theoriebildung weiter zurückgedrängt. Im Prozess der Realisierung durch die verschiedenen sozialen Schichten hindurch und mit der Ausbreitung auf die zwischen Wissenschaften, Technologie, Verfassungsbewegungen, Religion, Pädagogik, Künsten sehr differenzierten Kulturfelder entstanden zugleich starke Unterschiede in der theoretischen Konstruktion. Man denke für die deutschen Staaten nur an die Dehnung der kulturellen Bewegung zwischen Wolffs großer enzyklopädischer Metaphysik, auch der späteren thematisch reduzierten Metaphysik Mendelssohns, Gottscheds Moral- und Kunsttheorie, dem religiösen Deismus Reimarus', Jerusalems, dem antidogmatischen Eklektizismus der Anthropologie und sog. Popularphilosophie bei Tetens, Garve, Engel, schließlich der den vermittelnden Gestus noch der Jahrhundertmitte abstreifenden republikanisch-praktischen Strömungen des Illuminatismus, der *Chronologen* (12 Bde. 1779–1781) und des *Grauen Ungeheuer* (1784–1787) des wie Schubarth auch gefangen gesetzten Journalisten W. L. Wehrlins (1739–1792), der als Franzosenfreund verleumdet wurde und infolge der Lynchattacke einer aufgewiegelten konservativen Meute verstarb, oder des seiner Zeit vorausstehenden Reformators A. Hennings (1731–1815) und dessen *Annalen der leidenden Menschheit* (H. 1–10, 1795–1801). Insofern bedeutet »die Aufklärung« eine Abstraktion durchaus verschiedener Tendenzen einer alle Wissenschaften, die Künste, Religionen, das ganze Lebensverständnis

der Epoche ergreifenden Bewegung. Kants Konzentration der Epochenthematik auf die transzendentallogischen Denkformen bedeutete Distanz und Ausgleich gegenüber den auseinanderstrebenden Tendenzen der aufklärerischen Bewegung und bedeutete deren Konzentration auf eine Basis gleichsam von umgreifenden Sachgesetzen des kulturellen Selbstverständnisses.

Der Apriorismus steht nicht im Widerspruch zur aufklärerischen Thematik des Selbstdenkens, er vertieft diese zur Frage nach den allgemeinen Formgesetzen der Geltungen in den sich verselbstständigenden kulturellen Feldern. Er nimmt innerhalb der Aufklärung selbst die Frage auf, wodurch die Brüche zwischen persönlichen und allgemein geltenden Ansichten entstehen und die Denkfreiheit verloren geht. Kant fasst die Thematik als eine Horizont-Frage. Im Horizont des alltagspraktischen Bewusstseins bildet sich nicht Anerkennung des Selbstdenkens anderer aus, sondern »das Tichten und Trachten des lieben Selbst«, wie Kant altdeutsch sagt (IV, 407). Er sucht darum die Verschiedenheit der einzelnen Objektivationsweisen des Selbstdenkens hin zu allgemeiner Anerkennung zu analysieren. Kant bildet für die außerwissenschaftliche Vermittlungsform von Selbstdenken und objektiver Geltung die alte Tradition des sensus communis um. Das alltagspraktische Bewusstsein wird nach dem Modell eines Argumente-Austauschs zu drei Schritten formalisiert: »1. Selbstdenken; 2. An der Stelle jedes andern denken; 3. Jederzeit mit sich selbst einstimmig denken. Die erste ist die Maxime der vorurtheilfreien, die zweite der erweiterten, die dritte der consequenten Denkungsart« (*KU*, § 40; V, 294). Kant verbindet das Selbstdenken mit der Geltungsthematik durch »erweitertes« Selbstdenken: »[W]enn er sich über die subjectiven Privatbedingungen des Urtheils, wozwischen so viele andere wie eingeklammert sind, wegsetzt und aus einem allgemeinen Standpunkte (den er dadurch nur bestimmen kann, dass er sich in den Standpunkt anderer versetzt) über sein eigenes Urtheil reflectiert« (V, 295). Zum Selbstdenken tritt das Denken über das Selbstdenken. Denkfreiheit und allgemeine Geltung werden als selbstreflexiver Objektivationsprozess miteinander verbunden. Die ganze Thematik des Selbstdenkens wird auch unter dem aufklärerischen Hauptwort der Mündigkeit behandelt; so dass eine pädagogische und rechtliche Adoleszenz-Thematik Unmündigkeit-Mündigkeit, die den Kern von Aufklärung darstellte, auf das geistige Erwachsenwerden übertragen wird.

Literatur

Nagl-Docekal/Langenthaler, R.: Recht, Geschichte, Religion. Die Bedeutung Kants für die Gegenwart, 2004.

Selbstdenken und allgemeine Menschenvernunft

Das zentrale Problem für die Evolution der Aufklärung selbst bestand darin, die individuelle Ebene geistigen Fortschritts (durch Erziehung, Selbsterziehung durch Wissenserwerb) mit der Idee gattungsgeschichtlicher Perfektibilität zu verbinden, um diese im Unterschied zum Heilsgeschehen der Selbsttätigkeit zu überantworten. In der Unfertigkeit dieser Verbindung bestand die Eigentümlichkeit der ganzen Programmatik, die geistige Vervollkommnung des Einzelnen und Gattungsfortschritt einfach zusammendachte. Über eine Verstärkung und methodische Isolierung der Formgesetze aller allgemeine Geltung beanspruchenden Urteile war die Verbindung zwischen dem ursprünglichen aufklärerischen Gedanken der erhellten Einzelseele und der gesellschaftlichen Dynamik durchzubilden. Kants *Kritiken* als Theorien der logischen Kriterien von Urteilen konzentrieren alles auf die Grundfrage nach den Bedingungen kommunikativer Akte zur Bildung sozialer Erfahrung. Die transzendentale Logik theoretischer, moralischer und ästhetischer Akte stellte eine Fortbildung der aufklärerischen Leitidee der allgemeinen Menschenvernunft dar. J. Locke hatte rationale Methodik für Sache eines gesunden Menschenverstandes und damit individueller Lebensführung erklärt; wie industry and thrift des Einzelnen dem Liberalismus zugleich gesellschaftliche Wohlfahrt bedeuten. Locke nannte (bereits 1697) »drei Verfehlungen, deren sich Menschen in bezug auf ihre Vernunft schuldig gemacht haben«: »1. Den ersten Fehler begehen all die, welche nur selten selbst denken und sich im Handeln und Denken nach dem Beispiel Anderer richten […] 2. Den zweiten Fehler begehen die, welche an Stelle des Verstandes die Leidenschaft walten lassen […] 3. Die dritte Verfehlung begeht, wer zwar willig und ehrlich nachdenkt, aber aus Mangel an dem, was man ›umfassenden, weiten Horizont‹ nennt, keinen vollen Überblick über alle wichtigen zur Sache gehörigen Punkte hat.« »Jeder trägt einen Prüfstein bei sich, den er nur anzuwenden braucht, um Wahrheit und Schein zu sondern. Dieser Prüfstein, welcher das natürliche Denken ist, verliert aber seine Gebrauchsfähigkeit und seinen Wert nur durch überwuchernde Vorurteile, dünkel-

hafte Anmaßung und Einschränkung des geistigen Gesichtskreises« (J. Locke, *Über den richtigen Gebrauch des Verstandes*, Leipzig 1920, S. 4 f., 8; erste dt. Übers. Königsberg 1755 durch G. D. Kypke, einen Schulkameraden Kants und Kollegen als Professor der orientalischen Sprachen).

Als kulturelles Prinzip konnte Selbstdenken tatsächlich nur in Verbindung mit dem anderen der allgemeinen Menschenvernunft gedacht werden. Kants Apriorismus sollte die logische Funktionsweise der allgemeinen Menschenvernunft analysieren. Die aufklärerische Verklammerung beider Pole bedeutete den Austritt der Menschheit aus der bäuerlich-aristokratischen Lebensform mit deren geschlossenen, naturalwirtschaftlich fundierten, in ständischer Herrschaftsordnung ruhenden Kreisläufen. Wo findet die allgemeine Menschenvernunft ihren realen kulturellen Ort? Im Unendlichen des zvilisationsgeschichtlichen Prozesses, sagt Kant mit der Konsequenz seiner auf historischen Prozess hin angelegten methodischen Metaphysik. Die Rechtsform legt sich in der idealistisch-juristischen Weltanschauung des europäischen Bürgertums auf den Vernunftbegriff, so dass die mitgeborene Denkfähigkeit des Einzelnen geradezu das natürliche Recht auf öffentliche Meinungsäußerung begründet. Die *KrV* nimmt die logische Verklammerung von Selbstdenken und allgemeiner Menschenvernunft geradezu als Rechtsverhältnis, aus dem freie Öffentlichkeit wie Einmaleins herauskommt: Jeder muss seine Gedanken öffentlich machen dürfen, ohne für einen unruhigen Bürger gescholten zu werden. »Dies liegt schon in dem ursprünglichen Rechte der menschlichen Vernunft, welche keinen anderen Richter erkennt, als selbst wiederum die allgemeine Menschenvernunft, worin ein jeder seine Stimme hat« (III, 492). Die Kritik der Vorurteile führte Kant fort durch Rückführung auf deren logischen Konstruktionsfehler (s. z. Irrtumstheorie, S. 233 f.).

Die Verbindung von Selbstdenken und allgemeiner Menschenvernunft dachte auch die deutsche Schulmetaphysik im Zusammenhang einer Theorie der Formen gesellschaftlicher Kommunikation. Wolffs *Logik* bringt das in Sektion IV »De usu Logicae in veritate cum aliis communicanda« (Vom Nutzen der Logik, mit anderen in Wahrheit zu kommunizieren). Er behandelt hier mit den Regeln der Diskussions- und Gesprächskultur, Thesen durch Disput zu prüfen, Thesen zu widerlegen, sich zu verteidigen, ein ganzes Programm von gesellschaftlicher Lebensform als Verkehr durch begründendes Denken. Die allgemeine Menschenvernunft wird eine Sache durchaus menschlich-konkreten Verhaltens und »Verhaltenstrainings«. Keineswegs ist sie der Dogmatismus des eingelernten Richtigen, mit dem in der Öffentlichkeit herumzufahren wäre (Wolff, *Philosophia rationalis sive Logica*, Frankfurt u. Leipzig 1728, [3]1740, §§ 1083–1134).

Im gleichen Zusammenhang steht in den Metaphysik-Lehrbüchern der Begriff des dem Menschen notwendigen geistigen Horizonts, ein wiederkehrendes Thema in Kants Vorlesungen. Was wofür wem zu wissen notwendig ist, ist die formelle Frage und, kühnerweise, was nicht zu wissen nötig ist, dazu. Dahinter verbirgt sich der Anspruch, dass man in der Gesellschaft je nach seinen Geschäften und Lebenszielen für deren eigenverantwortliche Verwirklichung gewisses Expertenwissen besitzen müsse, also mit tradierten Meinungen von Gewohnheiten nicht bestehen werde. Kant hat in seinen Logik-Reflexionen (für die Logik-Vorlesungen nach G. F. Meiers *Auszug aus der Vernunftlehre*, Halle 1752, in Bd. XVI der AA) den Horizont-Begriff ausführlich erörtert (Refl. 1956–2064). In ihm gehen Selbstdenken und Kriterien der allgemeinen Menschenvernunft zusammen. »Horizont ist die Angemessenheit der Große der Gesammten Erkenntnisse mit den Fähigkeiten und Zweken des Subiects« (Refl. 1977, XVI, 181).

Literatur

Seidel, A.: Tetens' Einfluß auf die kritische Philosophie Kants, Würzburg 1932. – Engfer, H.-J.: Art. »Horizont«, in: Historisches Wörterbuch der Philosophie, hg. v. J. Ritter, Bd. 3, Basel u. Stuttgart 1974, Sp. 1194–1200. – Marino, L.: Maestri della Germania. Göttingen 1770–1820, Torino 1975; dt.: Praeceptores Germaniae. Göttingen 1770–1820, Göttingen 1995 [z. Popularphilosophie T. II, Zwischen Popularphilosophie und spekulativer Revolution, S. 154–245]. – Kuehn, M.: Scottish Common Sense in Germany 1768–1800, Montreal 1987. – Hinske, N.: Kants Beziehungen zu den Schaltstellen der Berliner Aufklärung, in: Emundts, D. (Hg.), I. Kant und die Berliner Aufklärung, Wiesbaden 2000, S. 50–59.

Naturbegriff als vorausgehendes Modell kulturellen Selbstverständnisses. Kants Frage nach dem, was Naturwissenschaften nicht beantworten

Der Naturbegriff wurde vom 18. Jh. zu einer zentralen Achse des kulturellen Selbstverständnisses entfaltet. Von der äußeren Natur dehnte er sich auf die »Natur« des Menschen in Anthropologie, psychologia empirica, auf die natürlichen Gesetze der gesellschaftlichen Bewegungen in politischer Ökonomie, Naturrechtstheorien, bis hin zu den Theorien der sog. natürlichen Moral und Religion aus. Der Naturbegriff wanderte von der gegenständlichen äußeren Welt zur »inneren« des Menschen und zur vom Menschen erzeugten gesellschaftlichen. Er gab einem neuen Bewusstsein sicherer Existenz des Menschen in beiden Welten Ausdruck. Die Grundlagen waren bereits im 17. Jh. gelegt, dem die großen Entdeckungen der Fallgesetze, der Gravitationstheorie, des Blutkreislaufs, der Lichtbrechung usf. zugehörten. Die Natur wurde als fest gegründetes Reich immanenter Notwendigkeit erkannt und bewundert, so sehr, dass die neuen Forschungsmethoden den Gottesbegriff gleichsam in sich aufsogen und den sichtbaren Kosmos von dessen Schöpfer ablösten. Das christliche Weltbild war ganz auf das Innere des Menschen und dessen Heil konzentriert gewesen. Andere geistige Energien der Berechnung, des Experiments, analytischer Rekonstruktion gestalthafter Vorgänge aus qualitätslosen Elementen traten an den Platz der theologischen Thematik und auch der philologischen Tradition und Erudition. Bis in die orthodoxe Theologie des Aufklärungszeitalters hinein wirkte der nüchtern distanzierende Blick auf die Gegenstände der Forschung. Descartes hatte wie richtungweisend in seinem *Discours de la méthode* (1637) die historischen und literarischen Disziplinen als unsichere Nachrichten von verworrenen und nutzlosen Gegenständen zurückgesetzt. In der geschichtlichen Welt insbesondere wechselt alles wie die Kleidermoden. Im naturwissenschaftlichen Denken gewannen die alltäglich beobachtbaren und in den Werkstätten eingesetzten Vorgänge Aufmerksamkeit und Erklärung. Physik und Kosmologie wurden Gegenstände öffentlicher und modischer privater Aufmerksamkeit (z. B. Fontenelle: *Entretiens sur la pluralité des mondes*, 1686; dt. 1724 u. ö.; Buffons, 1707–1788, *Histoire naturelle*, 36 Bde., 1749–88, war ein Meisterwerk der Sprache und erschien, mit vorzüglichen Kupfertafeln ausgestattet, in mehr als 200 Volksausgaben; L. Euler: *Lettres à une Princesse d'Allemagne sur quelques sujets de physique et de philosophie*, 3 Bde., 1768–72). Buffons Naturbeschreibungen waren epochemachend für die Trennung der Naturwissenschaften von der Theologie. Kants naturphilosophische Schriften der 50er Jahre sind neben dem fachtheoretischen Gehalt ebenfalls aus dem Geist kultureller Erweckung zu verstehen, den die Naturwissenschaften trugen. Die Naturwissenschaften begründeten den analytischen Geist der sog. modernen Welt, innerhalb dessen wir uns heute denken. In diesen Zusammenhängen ist der Platz des Kantianismus in der Aufklärung des 18. Jhs. erst recht zu verstehen. Kant analysierte und generalisierte den logischen Algorithmus der naturwissenschaftlichen Methodik, um diejenigen Fragen zu beantworten, die von den Naturwissenschaften nicht beantwortet werden können. Er suchte in der Denkform der sog. reinen praktischen Vernunft die gesellschaftliche Existenz des ganz analytisch-individualistisch gedachten Menschen auf dem Niveau der naturwissenschaftlichen Formalisierung phänomenaler Ereignisse zu behandeln. Insofern bildet Kants Einsatz im letzten Drittel des Jahrhunderts eine erneuerte Rückwendung von den zunächst weit vorausgeschrittenen Naturwissenschaften auf die Gesellschaftsproblematik, die von ihm analog dem relationalen Gesetzesbegriff der Mechanik, der physiocratie und der sozialen Statistik gefasst wurde. Die Theorie reiner praktischer Vernunft ist eine Logik der Formgesetze ideeller Relationen zwischen selbstreflexiven Personen. Es war das höchste erreichbare Niveau der moralischen Fragestellung als einer sozialen oder, besser gesagt, der sozialen Methodologie in der abstrakten Form der Moralphilosophie. Das entscheidende ist die Ausdehnung der Logik der Relation auf das willenshafte Subjekt, das dadurch als gesellschaftliches konstituiert wurde. Anthropologie, auch Ästhetik der Sitten finden als angewandte Sphären in diesem tragenden methodischen Gerüst ihren Platz. Kants Problem der Selbstbewusstseinsproblematik war dessen Fassung als logische Funktion, um die elementaren Relationen zwischen den Selbstbewusstseinen als identischen Elementen darzustellen. In seiner eingeschränkten, aber gut formalisierbaren moralphilosophischen Fragestellung begann Kant die Entwicklung der nicht-naturalistischen Gesellschaftstheorie des folgenden Jahrhunderts.

Um das Eigentümliche des Kantschen Einsatzes zu erfassen, muss man auf einen zweiten Gesichtspunkt der moralisch-praktischen Wendung sehen, die Kant der systematischen Philosophie verlieh. Die Ausdehnung der naturwissenschaftlichen Denkweise auf Moral, Recht, ökonomische Theorie, also der Denkform der äußeren Natur auf die »Natur« der gesellschaftlichen Welt bildete den zentralen Punkt der geistigen Bewegung der Aufklärung. In deren empiristisch-naturalistischem Hauptstrom entstand ein starker Kontrast zwischen dem forschenden Blick auf die Natur und auf den Menschen in dessen Geschichte. Dem bewundernden Beobachten und Systematisieren aller Details der Erdoberfläche und

der Organismen stand das historische Forschen gegenüber, das den Menschen als ein eitles und im Grunde lächerliches Wesen zeigte – wenn die Historiographie sich erst einmal von der Chronologie der Herrscherhäuser und deren Ruhmestaten abgelöst hatte und zur Kulturgeschichte wurde. J. Huizinga (1872–1945) stellte dieses skeptisch-relativistische Moment im aufklärerischen Bewusstsein gern dar. Montesquieu (1689–1755) hatte das Thema vorgegeben: »Allein die geistige Welt wird bei weitem nicht so gut regiert, als die physische: denn obgleich jene gleichfalls Gesetze hat, die ihrer Natur nach unwandelbar sind, so befolgt sie doch dieselben nicht so beharrlich, wie die physische Welt die ihrigen« (Montesquieu, *Der Geist der Gesetze*, 1748, dt. 1752, 1783; B. 1, Kap. 1, Leipzig 1848, S. 94). Voltaires Anthropologie und Kulturgeschichte (*Essai sur les moeurs et l'esprit des nations*, 1765) begründete die leidenschaftlich kritische Formierung des aufklärerischen Denkens auf einer beinahe ironisch-skeptischen Verachtung des Menschen. Doch in der skeptischen Reduktion, in dieser Aufkündigung der Panegyrik des Helden und Herrschers wie der Erlösung durch das Heilige, wirkt ebenfalls das zukunftsoffene Denken der Aufklärung. Der anthropologische Skeptizismus, dem auch Kant nachdrücklich Ausdruck verlieh und dessen Überschreitung die Methodik der Formgesetzlichkeit praktischer Vernunft diente, der Skeptizismus bildete eine Basis des perfektibilistischen Denkens in Pädagogik, Moral und Recht. Die anthropologische Skepsis meint ein unbeständiges, unfertiges und darum für alle Einflüsse offenes Wesen des Menschen. Also kommt es auf öffentliche Aufklärung und Erziehung an. Anthropologische Skepsis fand sich bei allen deutschen Aufklärern. Allein der republikanische, später der jakobinische Enthusiasmus der Freiheit aus Gleichheit trat dem wie ein Trotz entgegen – und bestätigte sie derart aufs Nachdrücklichste. Der spätaufklärerische Illuminatismus setzt seine diktatorische Verve nicht nur gegen die fürstlichen Unterdrücker, sondern ebenso gegen die menschliche Schwachheit und Gutgläubigkeit ein, die zweifeln lassen müsse. Es ist klar, dass bei dominierender Fixierung der Individualität entweder eine skeptische Anthropologie (z. B. T. Abbt) oder theologische Transzendenz (z. B. M. Mendelssohn) oder auch beides (wie bei J. G. Hamann im überkommenen religiösen Gedankenkreis der Schwäche des Menschen) betont wurde. Kants Abtrennung des Gattungsfortschritts von der individualpsychologischen und anthropologischen Fragestellung, die Konzentration der Thematik auf die Rechtsform der sozialen Relationen von Individuen, der ganze spekulative teleologische Evolutionismus des Kantschen Geschichtsbegriffs sind Übersteigungen des Skeptizismus gegenüber dem empirischen Individuum, den Kant so drastisch ausspricht. Das eigentliche Problem, um das es Kant bei seiner Wendung zur praktischen Philosophie geht, besteht gegenüber dem naturalistischen Subjekt- und Vergesellschaftungsbegriff in der Konzentration auf die, wenn man so will, letzten Fragen, vor denen die Skepsis schweigen wird. Das sind für Kant nicht religiöse Fragen, sondern es ist der Rückgang auf ein letztes Kriterium, unter dem personale Identität nicht substantial, sondern relational gedacht werden kann, als Erhebung aus der Unmittelbarkeit des Daseins in den kulturellen Raum. Kant fasst das so, dass der Einzelne sich im Horizont der Würde der Menschheit denkt. Kants letzte Fragen sind mit den methodischen Abstraktionen der Formgesetze praktischer Rationalität verbunden. Mit dieser objektiv wie Naturwissenschaft elementare Gesetze der Willensbestimmung im sozialen Bezugsfeld von Freiheit und Gleichheit fixierenden Theorie wurden die Wissenschaften von der geschichtlichen Welt wieder den methodischen Voraussetzungen der zunächst vorangeschrittenen Naturwissenschaften angeglichen, und sie wurden in der Richtung der Gesellschaftstheorie des 19. Jhs. systematisiert.

Literatur

Huizinga, J.: Naturbild und Geschichtsbild im 18. Jh., in: Ders., Parerga, Basel 1945, S. 147–174.

»Natur« des Menschen. Idealistische Form der Gedankenentwicklung und praktischer Realismus bei Kant

Der empiristische Hauptstrom der Aufklärung ging von der physiologisch gefassten sinnlich-gegenständlichen Konstitution des Menschen aus und suchte dazu alle kulturellen Objektivationsformen (Moral, Recht, Politik, Wirtschaft, Religion, Künste) in Bezug zu setzen, sie eigentlich darauf zurückzuführen. Die zentrale Abstraktion bestand im Gedanken freier Entfaltung der natürlichen Fähigkeiten des Menschen. Ziel der Theoretiker war die Begründung eines anthropologisch immanenten Einheitsverständnisses der Kultur. Mit dem Begriff der menschlichen Natur wurde hinter die positiv gegebenen Lebensformen und Wertvorstellungen der Feudalgesellschaft zu-

rückgegangen, und der Begriff bot die Möglichkeit enzyklopädischer Behandlung aller Sphären der Gesellschaft nach einem einheitlichen Regulativ. Der Verhältnischarakter aller gesellschaftlichen Strukturen war nur durch voluntaristische Zusatzannahmen mit dem naturalistischen Subjektbegriff darstellbar. Eine der Funktionen der idealistischen Tradition des Subjektverständnisses bestand eben darin, alle faktischen kulturellen Erscheinungsfelder als Kristallisationen einer übergreifenden Geist-Relation darstellen zu können. Kants Fortschritt in methodischer Hinsicht bestand darin, dass er unter Rückgriff auf das nachscholastische transzendentale Prinzip des neuzeitlichen Rationalismus eine grundsätzlich funktionale Denkweise schuf. Alle sachhaften Faktoren wurden zu Erscheinungsweisen von Beziehungen. Kant schloss an die Voraussetzungen der Metaphysik an, weil damit der Relations-Charakter der kulturellen Felder besser erfasst werden konnte, indem er auf Projektionsflächen der unterschiedenen Formgesetze des Bewusstseins begründet wurde. Die transzendentale Analytik der *Kritik* überschritt als methodische Grundlegung des Wissensbegriffs die empiristische Vermögenspsychologie. (Von der Alternative transz. Logik – Vermögenspsychologie gehen, so oder so, viele Kant-Interpretationen aus; Kant vermittle beides [Hutter, in Klemme, 2009].) Mit dem anthropologischen Begriff der menschlichen Natur trat die aufklärerische Bewegung der feudalen Ideologie unterschiedener Ausprägung des Menschlichen in den Ständen und dem christlichen Dualismus von heilsbedürftig unselbständiger Natur des Menschen und deren transzendenter Bestimmung entgegen. Der Naturbegriff ermöglichte weit zielende kritische Tendenz. Das natürliche Recht bot den Maßstab für die positiven Gesetze, die natürliche Religion denjenigen für die positiven Glaubenssatzungen, der natürliche Menschenverstand entledigte sich der überkommenen Vorurteile usf. Die reich entfaltete Hierarchie der kulturellen Sphären der Feudalgesellschaft wurde mit großer Geste in diesen Abgrund naturalistischer Abstraktion versenkt. Der Gedanke einfach freizusetzender natürlicher Eigenschaften des Menschen stellte vor allem einen Gegenbegriff dar, dessen reellen Kern die Verrechtlichung persönlich freier Bürger bildete. Die Individuen realisieren die ihrer Naturhaftigkeit entspringenden Bedürfnisse über sachhafte Sphären (Recht, Markt, Geld). Die politische Ökonomie der englischen und französischen Aufklärung (W. Petty, Smith, Ricardo, Turgot, Quesnay) stellte die materielle Basis der bürgerlichen Rechtsordnung als naturgesetzliche Kreisläufe von Kapitalien dar. Den

Sachgesetzen der Kapitalbewegung entsprach eine Antriebsnatur des Menschen. Die literarische Gestalt des *Robinson Crusoe* zeigte am anderen Ende der Welt – und also an bürgerlich korrigiertem Anfang der Geschichte – den Modellfall, wie mit Kapitalbildung, Gewinnrechnung und Zusammenleben als wechselseitigen Nutzens der Natur des Menschen freier Lauf gelassen und diesseitige Erfüllung geschaffen werden soll. Nach den großen Abstraktionsleistungen des stoischen weltbürgerlichen Individuums und der christlichen Gewissensperson des inneren Menschen in der hellenistischen Kultur war der Begriff der abstrakten Arbeitskraft die enorme Abstraktionsleistung der naturalistischen Anthropologie des bürgerlichen Zeitalters. Als methodisches Fundament der verfassungsrechtlichen Gleichheitsidee gewann die naturalistische Anthropologie außerordentliche Sprengkraft.

Insbesondere vor der wirtschaftlichen und verfassungsrechtlichen Situation in den deutschen Staaten wird der proklamatorische Charakter einer Einführung der natürlichen Vernunft, der natürlichen Religion des Deismus, ganz und gar einer *Politique naturelle*, wie Holbachs Werk (1773) hieß, deutlich. Kants politische Schriften zeigen dessen Denken an den realen preußischen Reformthemen und an der staatlichen Reformmethode orientiert: Umstellung des Staates der Hofhaltung zum wirtschaftsrechtlich organisierenden Manufakturstaat, Regulierung der Wirtschaftsweise in den Sektoren Staatsdomänen, Gutsherrschaft und bäuerlicher Betrieb. Die außerordentliche Spannung zwischen Kants moralischer, juridischer und religiöser Methodologie der Sittlichkeit und den ganz am Anfang stehenden Versuchen Friedrich Wilhelms I. und Friedrichs II., die Wirtschaftspolitik des Merkantilismus aus den fortgeschrittenen Manufaktur- und Handelszentren Europas in Preußen einzuführen, muss für das Verständnis des Kantianismus bedacht werden. Zu Anfang des 18. Jhs. war Preußen reiner Agrarstaat. Das städtische Handwerk war auf das lokale Bedürfnis beschränkt. In der Spätzeit des europäischen Merkantilismus begann die Förderung von Manufakturen. Erst gegen die Mitte des Jahrhunderts begann die Ausbeutung der oberschlesischen Bodenschätze. Die königliche Bergwerksverwaltung war zugleich Eigentümerin der wichtigsten Gruben- und Hüttenwerke. Die private Wirtschaft blieb außerstande, den Aufbau einer industriellen Infrastruktur und die Erfordernisse der Militärpolitik zu gewährleisten. Daher bildeten Staatsmonopole, Außenhandelskompanien, die Gründung der Königlichen Bank 1765, die ungeheure Steuerpflicht von etwa 40 % des landwirtschaftlichen Ertrags (auf die nichtadligen bäuerlichen Betriebe) die Hauptmethode, dem Großmachtanspruch des nach dem Siebenjährigen Krieg (1756–63) vergrößerten Territorialstaates eine ökonomische Basis zu schaffen. Man versteht das Verhältnis von weitzielendem idealistischem Prinzip und der Perspektive der nichtrevolutionären, obrigkeitlichen Reform in Kants Denken nur in diesen Zusammenhängen. Das preußische Landrecht (ab 1780 von Suarez und v. Carmer, Gesetzeskraft erst ab 1.7.1792) setzte z. B. hinsichtlich der Erbuntertänigkeit nur die Erlasse von 1739 und 1749 fort und bemühte sich (II, 7, § 14), dem systematischen Bauernlegen Einhalt zu gebieten. Die Grundherren wurden verpflichtet, erledigte Bauernstellen wiederzubesetzen und nicht Bauernland in Hofland umzuwandeln. Die Leibeigenschaft wurde unter Friedrich Wilhelm I. für die königlichen Domänen, vom Preußischen Landrecht dann generell aufgehoben. Die Erbuntertänigkeit aber fiel erst durch das Steinsche Edikt vom Oktober 1807. Kant ließ sich von den beschränkten historischen Bedingungen nicht abhalten, die entwickeltsten methodischen Standards der Natur- und Rechtswissenschaften, die allein logisch reine und universalistische Geltungskriterien realisierten, als Muster philosophischer Methodologie mit weiter greifendem Horizont durchzubilden.

Literatur

Biedermann, C.: Deutschlands politische, materielle und soziale Zustände im 18. Jh., Leipzig ²1880. – Groethuysen, B.: Die Entstehung der bürgerlichen Welt- und Lebensanschauung in Frankreich, 2 Bde., Halle 1927/30. – Ders.: Philosophie der Französischen Revolution, Neuwied u. Berlin 1971. – Horkheimer, M.: Egoismus und Freiheitsbewegung (1936), in: Ders., Kritische Theorie, Bd. 2, Frankfurt/M. 1968, S. 1–81. – Haussherr, H.: Wirtschaftsgeschichte der Neuzeit, Weimar 1954 [T. 3, Die Epoche des Merkantilismus]. – Krauss, W.: Zur Anthropologie des 18. Jhs. (1972/73), in: Ders., Das wissenschaftliche Werk, Aufklärung II, Frankreich, Berlin u. Weimar 1987, S. 62–247. – Klippel, D. (Hg.): Naturrecht – Spätaufklärung – Revolution, Hamburg 1995. – Hutter, A.: Das Interesse der Vernunft. Kants ursprüngliche Einsicht und ihre Entfaltung in den transzendentalphilosophischen Hauptwerken, 2003.

Kants Kritik der naturalistischen Anthropologie

Kant ging über die materiale Begründungsweise der naturalistischen Anthropologie durch die Reduktion der ganzen Epochenthematik auf ein rein relationales und, wenn man so will, intersubjektives Prinzip hinaus. Darin bestand der umstürzende Formalismus des Kantschen Denkeinsatzes. Dass er dafür auf metaphysische Muster zurückgriff, selbst bis auf aristotelische Termini zurücklangte, darf nicht darüber täuschen, dass es sich nicht um eine Restitution alter Denkform, sondern um deren vertiefte Auflösung handelte. Motive und Termini der Metaphysik, die in Kants Texten vor allem in den nach alten Lehrbüchern abgehaltenen Vorlesungen sichtbar werden, bilden selbst die Vehikel ihrer Negation. Kants Bezüge auf die Tradition sind von in der Sache liegender Dialektik durchzogen. Die Verwischung von physiologischer Natürlichkeit und »Natur« des Menschen als Gesellschaftswesens teilt er nicht. Die biologische Natur adelt den gesellschaftlichen Menschen nicht. Kant findet hier auch zu drastischen Ausdrücken natürlicher leiblicher Befangenheit. Außerdem hält er an Komponenten der christlichen Anthropologie von der Unfertigkeit des Menschen im Stande der Natur außerhalb des Standes der Gnade fest. In einer seiner letzten Schriften sagt er wieder: »Frägt man nun: ob die Menschengattung […] als eine gute oder schlimme Rasse anzusehen sei: so muß ich gestehen, dass nicht viel damit zu prahlen sei« (*Anthropologie*, 1798; VII, 331). Worin die Natur des Menschen bestehe, darüber dachte Kant mit den meisten deutschen Aufklärern nicht sanguinisch wie die aristokratischen französischen Aufklärer. Zur nüchternen Anthropologie des deutschen Aufklärers mit dem Blick von unten her auf die gesellschaftliche Welt fügte Kant ein teleologisches Schema, das den Begriff der Natur des Menschen erweiterte und in Bewegung setzte: »Alle Naturanlagen eines Geschöpfs sind bestimmt, sich einmal vollständig und zweckmäßig auszuwickeln« (*Idee zu einer allgemeinen Geschichte*, Erster Satz; VIII, 18). Der Antagonismus der Individualinteressen bildet den Motor, mit dem Resultat, dass die Verhaltensformen sich aneinander abreiben und derart wie verlängerte Mechanik der Gravitation bis zu Geschichte hinauf sich zivilisieren: »[E]in Maschinenwesen der Vorsehung, wo die einander entgegenstrebende Kräfte einander Abbruch thun« und doch zugleich die Triebfeder, »aus dem rohen Naturzustande in den bürgerlichen überzugehen« (VII, 330). Die Lösung besteht

nicht in einer Läuterung der menschlichen Natur, sondern in zunehmend klarer Ausprägung der Formgesetze, unter denen die Natur des Menschen sich in den gesellschaftlichen Lebensfeldern realisiert. Die Anthropologie-Vorlesung, von Kant seit dem Wintersemester 1772/73 vorgetragen, zeigt an vielen Beispielen, die damals zur psychologia empirica gehörten, wie intensiv Kant sich mit der Spannung zwischen sog. Natur des Menschen und der Evolution der gesellschaftlichen Strukturfelder (Wissenschaften, Recht, Moral, Religion) beschäftigte.

Die Anthropologie des frühbürgerlichen Zeitalters hatte zwei Linien im Begriff der Natur des Menschen ausgebildet. Der Auffassung von der egoistischen Feindseligkeit untereinander bei Machiavelli, Hobbes stand die Lehre von der ursprünglichen Güte der menschlichen Natur bei Morus, Rousseau gegenüber. Kants Aufklärung ist auch hier kritische Synthese des vorhandenen Theoriestandes. Kants Aufklärungskonzept überschritt den bisherigen Leitbegriff der Natur des Menschen mit dem viel spezielleren, methodisch exakter durchführbaren Prinzip der verschiedenen logischen Geltungsformen kulturbildender Setzungen. Damit waren veränderte Relationen zwischen Individuen und zwischen gesellschaftlichen Sachfeldern statt dinghafter Eigenschaften als Leitthematik der Evolution gesetzt. Kant verstärkte den theoretischen Formalismus im gleichen Maße, wie es z. B. die mathematischen Naturwissenschaften gegenüber dem Baconschen Wissenschaftsverständnis und der Rechtsformalismus gegenüber der sensualistischen und metaphysischen materialen Ethik taten. Die auf unterschiedliche Geltungstypen gerichtete transzendentale Logik überschritt die naturalistische Fixierung der Gesellschafts- und Geschichtsproblematik in festsitzenden Eigenschaften der Individuen, zu denen dann die verschiedenen kulturellen Sphären in ein äußeres Verhältnis traten. Kant sah auch die Anfälligkeit der Aufklärung für Gegenideologien bei den vereinfachenden naturalistischen Prämissen. Gegenüber der erlebnishaften ästhetischen, religiösen Unmittelbarkeit der kulturellen Sphären, die dem alltagspraktischen Bewusstsein so plausibel wie gefühlsnah erscheint, lassen sich die Abstraktionen von Natur, Gleichheit, Fortschritt als ideologische Chimären darstellen. Kant sah die Begründungproblematik der aufklärerischen Programmatik bereits weitaus komplexer und anspruchsvoller als die naturalistische Hauptströmung des Empirismus. Die transzendentale Idealität, in der Kant die aufklärerische Denkform verankerte, löste den Natur-Fetisch über der sozialen Welt auf und schuf einen konkreteren Reflexionsrahmen für die verschiedenen moralischen, juridischen, wissenschaftlichen, religiösen und ästhetischen Objektivationen als kommunikativer Setzungen.

Der Begriff der Natur des Menschen spielt in Kants Denken freilich ebenfalls eine große Rolle. Doch es ist gerade nicht die Natur des Sensualismus. Helvétius stellte die Selbstliebe (l'amour propre) als schöpferische moralische Potenz dar. Er sprach die Verbindung Naturalismus, Gesellligkeit, bürgerliches Gewinnstreben und Moralität am konsequentesten aus. »Alle normal gebauten Menschen haben die gleiche Anlage für den Geist […] Ich habe bewiesen, dass die Seele in uns nur das Empfindungsvermögen ist, dass der Geist dessen Wirkung ist, dass das physische Empfindungsvermögen folglich das Prinzip seiner Bedürfnisse, Leidenschaften, Gesellligkeit, seiner Ideen, Urteile, seines Willens und seiner Handlungen ist.« »Die Liebe zur Tugend beruht im Menschen auf dem Streben nach Glück. Der Mensch liebt an der Tugend nur den Reichtum und das Ansehen, das sie ihm verschafft« (C. A. Helvétius, *Vom Menschen*, 1772, dt. 1774, Berlin 1976, S. 97, 200). Kants Begriff der Natur des Menschen grenzt Physis und Bedürfnisstruktur vom Sozialen ab. Für die soziale Konstitution setzt er die idealistische Tradition fort, dass das Naturhafte die Bindung an die Fremddetermination spontaner Außenwelt darstelle. Dominierende Natur ist Knechtschaft. Im Hinblick auf die gesellschaftliche »Natur« des Menschen wird der Subjektbegriff auf die logischen Typen von ausweisbarer Mitteilung und geltungsfähiger Behauptung konzentriert. Die Logik-Vorlesung sagt: »Der Verstand des Menschen ist schon aus Instinct communicatio. Wenn er also mittheilend ist, so muß er ja auch mit Recht theilnehmend seyn« (Logik Blomberg; XXIV, 179).

Kant verbindet das Artikulationsproblem von Bedürfnissen, Emotionen und Interessen mit dem Gewissens- und Schuldbegriff des christlichen Personalismus und wendet beides gegen den bourgeoisen Individualismus, den er in der naturalistischen Anthropologie erkennt. »Man darf nur ein wenig nachsinnen, man wird immer eine Schuld finden, die er sich irgend wodurch in Ansehung des Menschengeschlechts aufgeladen hat (sollte es auch nur die sein, dass man durch die Ungleichheit der Menschen in der bürgerlichen Verfassung Vorteile genießt, um deren willen andere desto mehr entbehren müssen)« (V, 155). Der von Kant wieder eingeführte Kontrast zwischen Natur und Geist im Menschen dient dem vertieften Verständnis der Antagonismen von Perfektibilität der Gesellschaft.

Die drei *Kritiken* als Selbstkritik der Aufklärung

Der bei Kant wiederkehrende Gedanke erforderlicher strenger Methode meint die Aufklärungsströmungen selbst, denen die selbstkritische Reflexion fehle. Kants Empirismus-Kritik soll das illusorisch Vereinfachende in der Komposition aus Selbstdenken, allgemeiner Menschenvernunft und Natur des Menschen enthüllen. Kant sah die Aufklärung von den Gefahren der Selbsteliminierung des Rationalitätsprogramms durch empiristische wie durch metaphysische Unfähigkeit bedroht, die einander widersprechenden Seiten des kulturellen Prozesses zu vermitteln. Die Transzendentalphilosophie erweist sich in Grundstruktur wie in ihrer kulturphilosophischen Anwendung als Verarbeitungsversuch vielfältiger Antinomien in der Entfaltungsperspektive der bürgerlichen Zivilisation, die Kant als Selbstkritik der Aufklärung entschieden hervorhob. Das hat nur formell mit religiöser Tradition zu tun; gar nichts mit anthropologischer Resignation über die Kreatürlichkeit des Menschen, die gerade von nur eingebildeten Unendlichkeiten zum sicheren Gang kultureller Selbstentfaltung befreit werden sollte. Die transzendentale Logik dient in der Phase der Spätaufklärung einer vertieften Begründungsstruktur von Aufklärung. In der Methodenlehre der *Kritik* spricht Kant sein Urteil nicht über eine Vernunft schlechthin, sondern über die aufklärerische seiner Gegenwart aus, in der »ein ganzes System von Täuschungen und Blendwerken angetroffen wird«. Die empiristische reasonableness in politics, of christianity usf. führe statt zu methodischem Verständnis der Rationalität zu einer »Rhapsodie von Wahrnehmungen«, die schließlich das ganze Vernunftschiff »auf den Strand (den Scepticism) setzte« (III, 144; IV, 262). Vor allem Aufklärung selbst bedarf eines »Systems der Vorsicht und Selbstprüfung« durch »negative Gesetzgebung« (III, 468). Kant sah die aufklärerische Bewegung als getrennte geistige Ensembles, die immer dann in Selbstwidersprüche gerieten, wenn der Prozess als Ganzes gedacht werden solle. Darum nahm er das ganze Begründungsprogramm der Aufklärung auf eine neue Propädeutik als der Methodologie aller Urteile mit öffentlichem Geltungsanspruch zurück.

Als Konsequenz unbegriffener und darum unvermittelter Widersprüche erschien vor allem der Zusammenstoß verschiedener Kulturfelder (Naturwissenschaften, Religion, Moral, Recht, Politik) aufgrund ungeklärt unterschiedlicher Begründungsweisen. Hier sah Kant auch die Quellen von Erschütterungen der historischen Errungenschaft eines evolutionären, durch gesellschaftlichen Konsens wirksamen Bewegungsprinzips der Gesellschaft. Kants zentrales Denkmotiv der synthetischen Funktion von Rationalität besitzt hier seinen realen gesellschaftlichen Bezugspunkt. Die spezialisierende Logik von Geltungsformen (des alltagspraktischen, fachwissenschaftlichen, technischpraktischen, moralischen, religiösen, ästhetischen Bewusstseins) sollten die Bedingungen präziser aufklärerischer Methodologisierung der unterschiedenen Sektionen des zivilisatorischen Geschehens bestimmen. Kants nur scheinbar unpraktischere, entschieden formalisierende Fragerichtung zielte auf den anonymer werdenden Ort der Verständigung über die immer komplexere Verantwortung, je weiter die Freiheit des Einzelnen gezogen sein soll. Dann wird das Bewusstsein des Ganzen sich erlebnishafter Nähe immer mehr entziehen und wird auf logisch-methodologische Fragen übertragen. Die romantische Illusion ästhetisch-willenshafter Rückgewinnung vormoderner Gemeinschaftlichkeit begleitet dann die Krisenschübe der Kapitalgesellschaft.

Literatur

Lorenzen, M. O.: Metaphysik als Grenzgang. Die Idee der Aufklärung unter dem Primat der praktischen Vernunft in der Philosophie I. Kants, Hamburg 1991.

Problem der Methode

Die Stärke des anthropologischen Naturalismus bestand in dessen kritischer Leistung. Es ist natürlich abwegig, darum die Ideenwelt der Aufklärung überhaupt als negierend und destruktiv darzustellen. Die Abstraktion einer Natur des Menschen bot die Voraussetzung, die innere Gliederung von Gesellschaft als solcher von den erscheinenden Gesellschaftsformen zu unterscheiden. Das methodische Prinzip zwingt die Theoretiker, sich Rechenschaft zu geben, wie weit die erscheinenden kulturellen Formen und Prozesse dem Ausgangspunkt entsprechen oder widersprechen; ein hohes Bewusstsein des vom Menschen selbst geschaffenen Charakters der Zivilisationsstufe. Die Abstraktionsleistung der Arbeitswerttheorie A. Smith' (1723–1790) und D. Ricardos (1772–1823) gibt ein Beispiel des bedeutenden, vom Naturalismus ausgehenden, reduktiven Prinzips, das das kritische Bewusstsein regierte. Kant denkt im

Stil dieser Scheidung von eigentlicher innerer Struktur der Bewegungen und erscheinenden Prozessen. K. Marx (1813–1883) untersuchte die Geschichte der aufklärerischen Wirtschaftstheorie eingehend. Er hob an A. Smith hervor: »Auf der einen Seite verfolgt er den innren Zusammenhang der ökonomischen Kategorien oder den verborgnen Bau des bürgerlichen ökonomischen Systems, auf der andren stellt er daneben den Zusammenhang, wie er scheinbar in den Erscheinungen der Konkurrenz gegeben ist und sich also dem unwissenschaftlichen Beobachter darstellt, ganz ebenso gut wie dem in dem Prozess der bürgerlichen Produktion Befangenen und Interessierten« (K. Marx, *Theorien über den Mehrwert*; in: MEW, Bd. 26/2, Berlin 1967, S. 162). Kants transzendentales Prinzip sucht eine philosophische Methode zu begründen, die von äußerlichen Lebensverhältnissen, Begriffen und Fragestellungen des erscheinenden Zusammenhangs der im Umbruch von der absolutistischen zur bürgerlichen Kultur stehenden Gesellschaft zurückgeht auf die logische Grundlage aller Geltungsformen. Er fragt dann, wie weit die gegebenen Formen und Ansprüche dem transzendentalen Ausgangspunkt der reflexiven Theorie der Aufklärung entsprechen bzw. ihm widersprechen.

Die theoretisch vulgäre Vermischung von Prinzip und erscheinenden Prozessen nannte er »einen ekelhaften Mischmasch von zusammengestoppelten Beobachtungen und halbvernünftelnden Principien, daran sich schale Köpfe laben« (GMS, 1785; IV, 409). Der betont methodische Gestus des Kantschen Denkens gehört zu diesem Realität und deren Erscheinungsweisen trennenden Prinzip des aufklärerischen Bewusstseins. Die logischen Grundformen kultureller Geltung bildeten die innere Struktur, um die herum die sog. Gemütskräfte des Menschen, Traditionen, alltagspraktische Antriebe und Ideologien lagern. Gegenüber dem naturalistischen Subjektbegriff war nun ein entwickelteres Prinzip geschaffen, die Massen der prima facie einander widersprechenden empirischen Prozesse nach einer Methode zu ordnen, die die gesellschaftliche Realität als menschliche Schöpfung und zugleich als Gefüge von Sachfeldern zeigte.

Literatur

Hinske, N.: Wolffs Stellung in der deutschen Aufklärung, in: Schneiders, H. (Hg.), C. Wolff, 1679–1754. Interpretationen zu seiner Philosophie und deren Wirkung, Hamburg ²1986, S. 306–319.

Urteilsvermögen

Auch für die dominierende empiristische Begründungsweise des aufklärerischen Bewusstseins war die neue Verbindung von freiem Individuum und Gattungsfortschritt nur durch eine geistige Ebene zu vermitteln, auf der die Kulturfelder kompatibel gedacht und dadurch systematisch konstituiert werden konnten. Der Leitgedanke war die allgemeine Menschenvernunft. Sie bedurfte einer Vermittlung mit dem konkreten Bildungsstand der Individuen in konkreten Situationen. Das verbindende Element war das Urteilsvermögen des Menschen als Funktion anwendungsfähiger Rationalität. J. G. Walchs *Philosophisches Lexicon* (1726) unterschied natürliche und durch theoretische Bildung gesteigerte »Urteils-Kraft«. »Jene haben wir von Natur, damit alle Menschen, wenn sie auch noch so einfältig sind, versehen, dass also kein Mensch in der Welt, der nicht urtheilte. […] Es ist das Iudicium außer Streit die vornehmste Krafft des Verstands, welches GOtt zum Haupt über die andern Kräffte gesetzet.« Von einem, der keine Urteilskraft habe, sage man zu Recht, es fehle ihm am Besten (J. G. Walch, *Philosophisches Lexicon*, Leipzig ²1733, Sp. 1534 f.). Für Urteilskraft wurde noch der lateinische Terminus iudicium, Richterspruch, gebraucht. In diesem Zusammenhang steht auch, dass Kant in allen Teilen seiner Systematik der Urteile mit dem Gerichtshof-Gedanken arbeitet und z. B. »die Kritik der reinen Vernunft als den Gerichtshof derselben« bezeichnet (III, 491), »das Bewußtsein eines inneren Gerichtshofes im Menschen […] ist das Gewissen« (VI, 438).

Kant führte seine transzendentale Logik als drei Typen von Urteilen aus. Er setzte nicht die verbreitete Erörterung der Unterschiede der sog. sinnlichen Urteile von den höheren vernünftigen Urteilen, von subjektiv oder objektiv notwendigen, von zergliedernden und aufsteigenden Urteilen fort. Der materiale genetische Aspekt blieb für die Geltungsweise von Aussagen sekundär, also die Frage, wie das logische Moment aus nichtlogischen Bewusstseinsakten, aus den Perzeptionen oder Vorstellungen, wie man sagte, hervorgehe. Die logische Geltung dürfe nicht mit der psychologischen Genese von Urteilen vermischt werden. »Sinnlichkeit« und »Verstand« wurden im analytischen Ausgangspunkt einander schroff gegenüber gestellt. Die *Kritik* setzt die Trennung von Wahrnehmung und Begriff einfach voraus und fragt nur nach der Möglichkeit der Verbindung von logischen Strukturen, in denen die Begriffe sich bewegten, mit der nichtlogischen »Sinnlichkeit«. Kant kon-

zentriert das generelle Thema der Aufklärung von der Urteilsfähigkeit des Menschen in der einzigen Frage nach der logischen Struktur verschiedener Typen von Urteilen (apriorische – aposteriorische, analytische – synthetische, theoretische – praktische – ästhetische). Hier befand sich auch die Schwierigkeit der zeitgenössischen Urteilstheorie. Sie war auf den Hervorgang logischer Formen aus Leistungen der Rezeptoren, aus den sensations, wie Locke sagte, und auf deren Umformung in Abstraktionsprozessen gerichtet. Die materiale genetische Fragerichtung führte auf Unzuträglichkeiten beim Problem der Geltungsgarantien. Rhetorisch wirkungsvoll beklagte Hume die Schwäche unseres Verstandes, zu gewissen und allgemeingültigen Aussagen zu gelangen: »[D]aß der Verstand, wenn er für sich allein und nach seinen allgemeinsten Prinzipien tätig ist, sich gegen sich selbst wendet, und jede Gewißheit zerstört, in der Philosophie wie im gewöhnlichen Leben« (D. Hume, *Ein Traktat über die menschliche Natur*, 1739/40, B. 1, T. IV, Abschn. 7, Hamburg 1973, S. 345). Die skeptische Konsequenz der empiristischen Begründungsweise aufklärerischer Rationalität sah Kant neben dem subjektiven Idealismus Berkeleys (mit dessen erforderlicher Rekonstruktion der Bindung des Subjekts an die Transzendenz) für die Hauptgefahr einer Selbstnegation der neuzeitlichen Rationalität an. Die bürgerliche Welt fiele auf die Sanktionierung der einander ergänzenden Laster zurück, mit denen sie infiziert sei: Auf zynischen Individualismus der Person und auf ästhetisierend gemüthafte Mystifizierungen der Vergesellschaftungsakte.

Das ungelöste Problem der naturalistischen Erkenntnistheorie befand sich bei der ideellen Relation zwischen den »Vorstellungen« (propositiones, notiones). Kant setzte hier ein und formte mit seiner Theorie der analytischen und der synthetischen Urteile den logischen Apriorismus um. Die Folgeprobleme der Kantschen scharfen Trennung von formalem und materialem Bereich der Erkenntnis sind bei den Werken selbst zu betrachten.

Common sense

Von der neuen Theorie des synthetischen Charakters der logischen Form gelangte Kant zur differenzierten Auffassung einer Leitfigur des aufklärerischen Denkens, des common sense. Der sog. gesunde Menschenverstand wurde in der popularphilosophischen Literatur nicht nur als Organ allgemeiner Urteilsfähigkeit aller Menschen genommen, sondern auch undifferenziert und bürgerlich-wohlmeinend zu einem Einheitsbegriff für Aufklärung erhoben, in dem Wissenschaften, Selbstdenken, moralische Wohlanständigkeit ohne religiöse Gängelung und maßvoller Gebrauch bürgerlicher Freiheiten zusammenliefen. Kant durchschaute am Begriff auch, wie leicht er Konformismus mitten in der Aufklärung selbst beglänzen konnte. Die anonyme Schrift des Predigers A. Riem *Über Aufklärung, ob sie dem Staate, der Religion, oder überhaupt gefährlich sey und seyn könne?* (Berlin 1788, zuerst mit verändertem Titel, im gleichen Jahr vier Auflagen) sagte geradezu: »Jede Entwicklung seiner Kräfte, jede Berichtigung seiner Ideen, jede Verfeinerung seiner Kenntnisse und jede Vervollkommnung seiner Fähigkeiten, ist Aufklärung«. Der schwärmerische Erguss trug mit der Ausgießung der Sache ins Uferlose betontes obrigkeitliches Denken; drastisch wurden allerdings Beispiele von Barbarei in den sog. aufgeklärten europäischen Staaten, insbesondere der Kolonialismus, angeklagt.

Kant erkannte den common sense wie alle Aufklärer an und zog zugleich Schlussfolgerungen aus der Unfertigkeit der Begriffsschablone. »In der That ists eine große Gabe des Himmels, einen geraden […] Menschenverstand zu besitzen.« Doch er bedürfe einer »kritischen Vernunft, die den gemeinen Verstand in Schranken hält, damit er sich nicht in Speculationen versteige, […] weil er sich über seine Grundsätze nicht zu rechtfertigen versteht; denn nur so allein wird er ein gesunder Verstand bleiben. Meißel und Schlägel können ganz wohl dazu dienen, ein Stück Zimmerholz zu bearbeiten, aber zum Kupferstechen muß man die Radirnadel brauchen« (Vorwort z. *Prolegomena*, 1783; IV, 259). Am gesunden Menschenverstand betonte Kant freilich meist die Kultur des Umgangs, die er sichern solle, weniger den Stolz, wie weit der Biedermann es bringen könne. »Es ist Pflicht sowohl gegen sich selbst, als auch gegen Andere, mit seinen sittlichen Vollkommenheiten unter einander Verkehr zu treiben (officium commercii, sociabilitas), sich nicht zu *isolieren* (separatistam agere); zwar sich einen unbeweglichen Mittelpunkt seiner Grundsätze zu machen, aber diesen um sich gezogenen Kreis doch auch als einen, der den Theil von einem allbefassenden der weltbürgerlichen Gesinnung ausmacht, anzusehen; nicht eben um das Weltbeste als Zweck zu befördern, sondern nur die wechselseitige […] Liebe und Achtung (Leutseligkeit und Wohlanständigkeit, humanitas aesthetica et decorum) zu cultiviren und so der Tugend die Grazien beizugesellen; welches zu bewerk-

stelligen selbst Tugendpflicht ist« (VI, 473). Hamanns Diskreditierung der Transzendentalphilosophie als »transcendentales Geschwätz« eines neuen autoritären »Purismus der Vernunft«, des »Thurm- und Logenbaus der reinen Vernunft« fand zwar immer lebensphilosophische Nachfolger, aber nicht Rechtfertigung am Maßstab der Kantschen Texte (vgl. *Hamann's Schriften*, T. 7, hg. v. F. Roth, Leipzig 1825, S. 1, 8, 16).

Literatur

Büchsel, E.: Aufklärung und christliche Freiheit. J. G. Hamann contra I. Kant, in: NZsTh 4 (1962), S. 133–157.

Beim common-sense-Punkt könnte sich Kants vertiefte logische Begründung der aufklärerischen Philosophie durchaus dem semiotischen Ansatz der naturalistischen Theorien des Denkens öffnen, der immer mit der common-sense-Philosophie verbunden ist (damals z. B. E. B. de Condillac, 1715–1780, *Essai sur l'origine des connaissances humaines*, 1746, dt. Leipzig 1780, später Ders., *La langue des calculs*, 1798). Auch J. H. Lambert (1728–1777), von Kant hoch geschätzt, hatte im 2. Band seines *Neuen Organon* (1764) eine »Semiotik oder Lehre von der Bezeichnung der Gedanken und Dinge« ausgeführt. In seiner Metaphysik-Vorlesung (Pölitz) sagt Kant geradezu, die »Principien der intellectuellen menschlichen Erkenntniß a priori« basierten auf einer »transcendentalen Grammatik, die den Grund der menschlichen Sprache enthält« (XXVIII, 576). Im unmittelbaren alltagspraktischen Horizont nimmt Kant den Menschen dann nicht primär als empfindendes, sondern als sich sprachlich artikulierendes Wesen. (Die Verbindung zwischen sensualistischer und semiotischer Anthropologie bildet bis heute eine der Stärken des Empirismus.) »Die Vorsehung hat es aber gelenkt, dass wir unsere Urtheile der allgemeinen Menschenvernunft vortragen, und hat dazu den Trieb in uns gelegt« (Wiener Logik; XXIV, 874). Kant schließt vor allem in der späten *KU* (1790), die in vieler Hinsicht zugleich Selbstreflexion Kants von seiner nun vorliegenden Transzendentalphilosophie ist, den Apriorismus mit dem beweglichen Element des ästhetischen und überhaupt unmittelbar empirischen theoretischen und alltagspraktisch gelebten Bewusstseins zusammen.

Literatur

Baensch, O.: J. H. Lamberts Philosophie und seine Stellung zu Kant, Tübingen u. Leipzig 1902. – Cassirer, E.: Der kritische Idealismus und die Philosophie des gesunden Menschenverstandes, Gießen 1906 [gegen L. Nelsons Kant-Interpretation im Sinne der Friesschen Schule].

Kant zu den kulturellen Strömungen seiner Zeit

Von den kulturellen Strömungen des 18. Jhs. interessierten Kant vorwiegend die Wissenschaften. Literatur, die Künste, religiöse Bewegungen und insbesondere praktische Religiosität – wegen der von ihm für unheilvoll und moralisch verderblich gehaltenen dogmatischen Konflikte – standen ihm ferner. Kant verfolgte vor allem die Naturwissenschaften seiner Zeit und wollte selbst naturwissenschaftliche und naturphilosophische Fragen lösen. Die Naturwissenschaften – nicht zeitgeschichtliche Fragen – öffneten ihm das Verständnis für den internationalen Horizont der Epochenthematik. Das naturwissenschaftliche Problemlösungsverfahren galt ihm als Muster für den möglichen und zu erreichenden Duktus kulturellen Problemverständnisses, ja als Modell einer von der Aufklärung ausgehenden Methode gesellschaftlicher Evolution. Neben den Naturwissenschaften war es vor allem die Rechtswissenschaft, die er als Muster in sich geschlossener rationaler Systeme verstand und seiner Methode der Sitten-Metaphysik zugrunde legte. Mathematische Naturwissenschaften und Rechtswissenschaft bildeten in ihrer Verbindung von Apriorismus und Phänomenalismus des empirisch Gegebenen die Muster der transzendentalphilosophischen Umgestaltung der Philosophie. Die restlos demonstrierbare, von jedem nachvollziehbare Rationalität wissenschaftlicher Systematik stellte für Kant den Kernbezirk des Geistes der Aufklärung dar. Das erzeuge Aufrichtigkeit des Denkens. Gern hob er die völlige Einsichtigkeit des Beweisgangs als Eigentümlichkeit seiner Philosophie hervor. Für die Grundlegung philosophischer Theorie galt ihm die Systematik der Schulmetaphysik als vorbildlich. Tatsächlich steht die Transzendentalphilosophie dem vorherrschenden Reflexionsstil der Aufklärungsphilosophie entgegen. Den aufklärerisch-kritischen Auftrag der Wissenschaften versteht Kant so, dass das akkumulierende Fachwissen mit philosophisch-methodischer Reflexion zu verbinden sei. Daraus eröffne sich dann die reformierende kulturelle Funktion der Wissenschaften. Er nennt die vom gesellschaftlichen Bezug

isolierten Gelehrten Cyklopen – Cyklopen der Literatur, der Theologie, der Jurisprudenz, der Geometrie: »Er ist ein egoist der Wissenschaft, und es ist ihm noch ein Auge nöthig, welches macht, daß er seinen Gegenstand noch aus dem Gesichtspunkte anderer Menschen ansieht. Hierauf gründet sich die humanität der Wissenschaften, d. i. die Leutseeligkeit des Urtheils, dadurch man es andrer Urtheil mit unterwirft [...] Das zweite Auge ist also das der Selbsterkentnis des Verstandes und der Vernunft: Anthropologia transcendentalis« (XV/1, 395; Zitat verkürzt, G. J.). (Was Kant hier Anthropologie nennt, ist seine transzendentale Logik der Urteilsformen als Basis kultureller Selbstreflexion.) Die *Kritiken* und die methodische Metaphysik zur Bestimmung der logischen Prämissen aller gesellschaftlichen Geltungsformen biegen das anwachsende Sachwissen auf die philosophischen Begründungsanforderungen zurück und sollen es dadurch sehr wohl befähigen, praktisch als Muster kultureller Verstehens- und Verständigungsleistungen zu dienen. Die Methodenteile der *Kritiken* sprechen diesen kulturellen Bezug der so weit entfernt scheinenden transzendentalphilosophischen Untersuchungen aus.

Im Zusammenhang der schon von Montesquieu vertretenen naturwissenschaftlich-kausalen Auffassung des Menschen und der Völker gemäß den verschiedenen geographischen Bedingungen steht Kants intensive Lektüre geographischer und völkerkundlicher Literatur. Kant besaß nur eine kleine eigene Büchersammlung. Er soll seine ursprünglich »ansehnliche und auserlesene Bibliothek« (Jachmann) während der Jahre seiner unbezahlten Dozentenzeit nach und nach verkauft haben. Später war es den Buchhändlern Königsbergs eine Ehre, Kant von ihren Vorräten Exemplare auszuleihen. Kant las sehr viel und gab die meist ungebundenen Bücher nach kurzer Zeit zurück. Mit den Aufklärern in Berlin, der »Pflegerin der großen Göttin Literatura und des preussischen Geschmacks«, wie Hamann zur ironischen Herabsetzung einer vom Glauben emanzipierten ratio sagte, also mit Mendelssohn, Nicolai, Engel, mit Biester (Herausgeber der *Berlinischen Monatsschrift*, in der Kant zwischen 1784 und 1796 fünfzehn Aufsätze veröffentlichte), stand Kant in höflichem, aber auch Distanz haltendem Verkehr. Freilich verehrte er Mendelssohn, sah in ihm aber den Repräsentanten einer überschrittenen Theoriephase. Mendelssohns Besuch in Königsberg 1777 und insbesondere sein Erscheinen bei einer Kantschen Vorlesung, das Erstaunen der Studierenden, als sie den Namen des fremden Besuchers erfuhren, die Umarmung der beiden, die dann durch eine Gasse der jungen Leute den Hörsaal verließen, waren natürlich ein Ereignis. Vor allen anderen war ihm M. Herz (1747–1803), sein ehemaliger Schüler, seit 1774 Arzt in Berlin, mit Schriften und Vorlesungen wichtiger Vertreter des Aufklärerkreises, Gatte der geistvollen Henriette, ein vertrauter Briefpartner. Kant schrieb überhaupt nicht gern und nicht viele Briefe, ein Ausdruck seiner Abneigung gegen Gefühlsseligkeit, die im Briefgeschmack der Zeit vorherrschte. Kants Briefe gäben für eine Studie zum Persönlichkeitsbild das authentischste Material. An Nicolais *Allgemeiner deutscher Bibliothek* (1765–1806) beteiligte sich Kant (wie Lessing) nicht. Von allen Aufklärern stand Kants Denken Lessing am nächsten. Von Lessings Stücken sagte Kant zwar, sie seien geistreich, aber ohne rechten Zweck. Anders die Prosaschriften. Mit der *Hamburgischen Dramaturgie* und dem *Laokoon* stimmen viele Kunsturteile Kants überein. Noch mehr geht Kants Religionsschrift mit Lessings theologischen Schriften gleich. Die *Erziehung des Menschengeschlechts* wird zustimmend gegen Mendelssohn benutzt.

Die vom englischen Empirismus beeinflusste Popularphilosophie hielt er zur Grundlegung der Philosophie für ungeeignet. Er betonte wiederholt den notwendigen Unterschied zwischen nie populär zu machender Grundlegung der Philosophie und danach möglicher allgemeinverständlicher Anwendung. Die deutsche Aufklärungsphilosophie verlief während des ganzen Jahrhunderts in den doppelten Gleisen der Denkweise ihrer Gründer: von Thomasius' anwendungsorientierten und Wolffs systematischen Schriften. Die Ablösung von Wolff setzte in den 60er Jahren bei Kant, wie bei Crusius, Rüdiger, mit betont analytischen Fragestellungen zur Klärung von Begriffen ein. Es begannen die Einflüsse der Lockeschen Metaphysik-Kritik durch eine Analytik des Verstandes. Mit der Wolffschen Metaphysik blieben Kants Systemgedanke und alle kategorialen Voraussetzungen seiner Theorie verbunden.

Literatur

Schepers, H.: A. Rüdigers Methodologie und ihre Voraussetzungen. Ein Beitrag zur Geschichte der deutschen Schulphilosophie im 18. Jh., Köln 1959.

Kant sah das Zeitalter freien Denkens von drei fehlerhaften, den emanzipatorischen Anspruch falsifizierenden, Linien gestört. Erstens: Empirismus mit der Folge des Skeptizismus, im Praktischen die Apologie des bourgeoisen Utilitarismus. Zweitens: Dogmatismus der ontologischen Metaphysik und drittens schließlich »die schwärmerische Denkungsart, […] wenn man an sich wahre und bewährte Ideen über die Grenze aller möglichen Erfahrung ausdehnt« (XV/1, 406). Nicht nur in den Künsten, auch in einem zivilisationskritischen Enthusiasmus sah Kant das Genialische am rechten Platze. Rousseau heißt geradezu der »achtungswürdige Schwärmer«. Auch von Lavater (1741–1801), dem Theologen des Sturm und Drang und Systematisator der neuzeitlichen Physiognomik, der Kant in Briefen mit Lob und Fragen traktierte, notierte sich Kant, vom schwärmenden Genius könne man wohl lernen: »Festigkeit in guten Vorsätzen und den Muth in Handlungen« (XV/1, 407). Der »Enthusiast« verwehre den Kompromiss der Grundsätze mit der Weltklugheit, die Bemäntelung falscher Maximen durch schlaue politische Einkleidung (ebd.). Als generelle Denkweise mit Berufung auf die Gefühle des Wahren und Guten (Herder, Jacobi), gar als Gesichte einer höheren Erkenntnis (Swedenborg) wies er das sehr entschieden ab und setzte dem ganzen Sentimentalismus des Jahrhunderts das Gericht in seinen *Träumen eines Geistersehers, ergänzt durch Träume der Metaphysik* (1766). Das von der deutschen Literatur des 18. Jhs. vorgestellte Bild der »schönen Seele« lehnte Kant nicht generell ab. Er sagte nur, daraus ließen sich nicht sittliche Grundsätze gewinnen.

Literatur

Hinske, N. (Hg.): Die Aufklärung und die Schwärmer, Hamburg 1988 (Aufklärung 3/1).

Literatur, Pädagogik

In der deutschen Literatur der Aufklärungsepoche wurden Konflikte und Ideale des einfachen deutschen Bürgers ästhetische Gegenstände. Kant hat die Literatur seines Jahrhunderts nur zum Teil wahrgenommen. Sein Urteil im sog. Spinoza-Streit (1785/86) zeigte, dass er die in Form von Literatur ausgesprochene weltanschauliche Problematik nicht bemerken wollte. Auf diesem Feld gehörte er, ganz anders als in der Philosophie, zur Generation der Frühaufklärer, und nahm die entfalteteren Probleme ideeller Emanzipation, wie sie von der ihm nachfolgenden Generation in der Ästhetik des Sturm und Drang formuliert wurden, nicht auf. In Kants Denken gab es eine Ungleichzeitigkeit seiner literarischen und seiner philosophischen Positionen in der kulturellen Bewegung des 18. Jhs. Kant hielt von Poesie und Drama des Sturm und Drang nicht viel, wie er schon Herders *Fragmente über die neuere deutsche Literatur* (1766) kühl beurteilt hatte, Klopstock nicht für einen Dichter im eigentlichen Sinne ansah, da er nur per Sympathie rühre, die Shakespeare-Begeisterung der Originalgenies ablehnte, natürlich die Poesie der Empfindsamkeit (Gellert, die Anakreontiker) abwies – und selbst Goethe ignorierte. Er notierte: »Einige autoren haben ihr Ansehen den Deutschverderbern zu verdanken. Die Empfindungssprache verdekt viele Fehler, denn sie überschreyt die Urtheilskraft« (XV/1, 355). Er kannte wahrscheinlich den *Werther*, Kanter in Königsberg druckte *Götz* und *Clavigo*, aber das alles ging gegen Kants Geschmack. Goethe hatte insbesondere die *KU* anerkannt, sagte aber im übrigen zu Eckermann (11.4.1827), Kant habe von seinen und Schillers Werken »nie Notiz genommen«. Kant blieb in seiner literarischen Bildung bei der didaktischen, moralisch erziehenden Aufklärung, schätzte unter den Literaturgattungen vor allem das Lehrgedicht, von den Autoren besonders Pope und v. Haller, den er gern zitierte. Die Römer ehrte er mehr als die Griechen, »Vergil hat mehr Geschmack als Homer«. Auch die deutsche aufklärerische Satire (G. W. Rabener) war ihm wegen ihrer moralischen Tendenz angenehm. Lichtenberg verehrte er. Kant hatte selbstverständlich die entscheidenden Autoren, die das Bewusstsein der ersten Generation des 18. Jhs. prägten, gelesen: Montaigne, Bayle, Montesquieu, Cervantes, Voltaire liebte er besonders, von den Engländern Sterne, Swift, die satirischen Romane Richardsons, Fieldings. Schiller hatte Kant seine *Ästhetischen Briefe über die Erziehung* (1794) zugesandt. Kant dankte ein Jahr später und nennt den Autor nur den »gelehrten und talentvollen Mann« (XII, 10). Die *Xenien* machten Kant mit »dem unwürdigen Benehmen von Schiller und Goethe« unzufrieden (nach einem Bericht E. Stägemanns aus Königsberg; vgl. *Goethe-Jahrbuch* 1906, S. 264).

Von Kants Stellung zu den literarischen Strömungen ist dessen ästhetische Theorie zu unterscheiden. Die *KU* begründete ein eigenes logisches Prinzip ästhetischer Beurteilung und löst von dieser Seite Literatur und Künste aus der metaphysischen Falsifikation als einer unklaren »Erkenntnis«. Kants Ästhetik entsprach mit dem Prinzip des eigenständigen ästhetischen Sachverhalts neben theoretischen Behauptungen und Maximen des Sittengesetzes der großen Rolle von Literatur und Künsten bei der Ausformung der menschlich-autonomen Welt- und Lebensan-

schauung in der europäischen Aufklärung. Die Reflexionen zu den Anthropologie-Vorlesungen (nach Baumgartens psychologia empirica in dessen *Metaphysica*) enthalten das reichhaltigste Material von Kants ästhetischen Auffassungen (XV/1, 265–440).

Die Basedow-Campesche *Aufklärungspädagogik* und das 1774 in Dessau errichtete Philanthropinum fanden bei Kant eine für seine zurückhaltende Art außergewöhnlich lebhafte Zustimmung. J. B. Basedows (1723–1790) Pädagogik und Reform des Unterrichtswesens sollte die Eigenart der kindlichen Psyche anerkennen und mit naturgemäßen Methoden zu einem bürgerlich-selbstständigen und zugleich gemeinnützigen Leben vorbereiten (*Methodenbuch für Väter und Mütter der Familien und Völker*, 1770). Die Tradition der Leibnizschen Kritik des theoretisch unreflektierten Offenbarungsgedankens und ebenso die antitheologische Religiosität Rousseaus spielten in der Verselbständigung des ganzen theoretischen und praktischen Gebietes der Erziehung, die mit dem Philanthropismus durchbrach, eine große Rolle. Die Geistlichen sollten noch am Religionsunterricht beteiligt, doch die Schulaufsicht ihnen entzogen und dem Staat übertragen sein. Alles Konfessionelle sei im Unterricht zu meiden. J. H. Campes (1746–1818) *Allgemeine Revision des gesammten Schul- und Erziehungswesens* (16 Bde., 1785–1792) brachte die Übersetzungen von J. Lockes *Some Thoughts concerning Education* (Bd. 9) und von Rousseaus *Émile* (Bde. 12–15). Kant urteilte vom Philanthropinum: Eine der Natur des Menschen und den bürgerlichen Zwecken angemessene echte Erziehung, »woran gute und schlechte Köpfe Jahrhunderte hindurch gebrütet haben«, werde hier ausgeführt. Ganz im Ton der Pädagogik-Euphorie der Aufklärer ist ihm die endlich gefundene richtige Erziehung das, »wodurch eine ganze neue Ordnung menschlicher Dinge anhebt« (II, 447). In einem zweiten, sicher von einem Brief Campes an Kant veranlassten, Aufsatz für das Philantropinum heißt es geradezu, die aus der Natur selbst gezogenen Grundsätze würden das ganze Menschengeschlecht umschaffen: »Es ist aber vergeblich, dieses Heil des menschlichen Geschlechts von einer allmählichen Schulverbesserung zu erwarten […] Nicht eine langsame, sondern eine schnelle Revolution kann dieses bewirken« (II, 449). Kant wirbt um finanzielle Unterstützung für die Schule und um Abonnements für die Dessauer Zeitschrift *Pädagogische Unterhandlungen*. Zwei ausführliche Briefe Kants an Campe (26.8., 31.10.1777) belegen Kants persönlichen Einsatz für den Reformator. Kant sah in der pädagogischen Bewegung ein Stück praktischer Aufklärung über den Kreis der Autoren und Beamten hinaus, eine Öffnung des aufklärerischen Programms in Richtung aufs Volk. Er hatte aus der Erfahrung seiner Kindheit im armen Handwerkerstand und aus der überstrengen pietistischen Erziehung am Königsberger Fridericianum Gründe genug, die neue Pädagogik zu begrüßen. In der Richtung Basedows hatte E. C. Trapp (1745–1818) zuerst die Pädagogik auf empirischer Psychologie begründet, die Kant sehr interessierte. Außerdem war die Basedow-Campesche Pädagogik von Rousseaus *Émile* (1762) beeinflusst, einer der Gründe für Kants Begeisterung. Denn Rousseau, sagte er, habe »zu allererst unter der Mannigfaltigkeit der Menschlichen angenommenen Gestalten die tief verborgene Natur desselben« (des Menschen) entdeckt (XX, 58). Kant sah in der Pädagogik des Philanthropismus eine Synthese von Rousseaus Zivilisationskritik im Namen unmittelbarer Gefühlshaftigkeit des sozialen Anspruchs und aufklärerischem Konzept intellektueller Bildung. Das entsprach Kants eigenem kulturellem Programm, das man hinter der Riesenarbeit der transzendentallogischen Revision der Resultate der Aufklärung in der zweiten Jahrhunderthälfte nicht übersehen darf. In den Logik-Vorlesungen der früheren Jahre kam Kant ausführlicher auf didaktische Fragen zu sprechen. Die der Vorlesung korrespondierenden Reflexionen (in Bd. XVI) zeigen das ebenfalls. G. F. Meiers *Auszug aus der Vernunftlehre* (1752), die Kant während fast 40 Jahren seinen Logik-Vorlesungen zugrunde legte, enthielt in der Methodenlehre den Abschnitt »Von der Lehrart der gelehrten Erkenntnis« (§§ 414–438; Meiers Werk wieder abgedr. in Bd. XVI). Kant hielt seine erste Pädagogik-Vorlesung 1776/77, also in eben der Zeit seiner Beschäftigung mit dem Philantropismus.

Literatur

Ziegler, T.: Geschichte der Pädagogik, München ⁴1917. – Paulsen, F.: Geschichte des gelehrten Unterrichts auf den deutschen Schulen und Universitäten, Leipzig ³1919 [spez. Bd. 2, B. 4, Kap. 3: Philanthropinische Pädagogik].

Rousseau

In der Mitte der 60er Jahre trieb Kant mit Rousseau fast einen Kult. Er war von der emotionalen Kraft der Rousseauschen Sprache gefesselt und erkannte sie als Ausdruck einer in der aufklärerischen Literatur bislang nicht gewagten Direktheit menschlichen Le-

bensanspruchs in den absolutistischen Gesellschaften. Als Rousseau wegen der Verfolgungen durch das Pariser Parlament in England bei Hume lebte (1765), erbat Kant von seinem englischen Freund Green Nachrichten über Rousseau. Ein Rousseau-Porträt war einziger Schmuck des Kantschen Arbeitszimmers. Rousseaus Schriften bildeten einen wesentlichen Faktor in Kants geistiger Entwicklung. Neben dem vielzitierten, etwas poetisierenden Wort vom Humeschen Skeptizismus, der zuerst seinen dogmatischen Schlummer unterbrochen habe (IV, 260), besitzt das Rousseau-Bekenntnis den gleichen Rang: »Ich bin selbst aus Neigung ein Forscher. Ich fühle den gantzen Durst nach Erkentnis u. die begierige Unruhe darin weiter zu kommen… Es war eine Zeit, da ich glaubte, dieses allein könnte die Ehre der Menschheit machen u. ich verachtete den Pöbel, der von nichts weis. Rousseau hat mich zurecht gebracht. Dieser verblendende Vorzug verschwindet, ich lerne die Menschen ehren u. ich würde mich unnützer finden wie den gemeinen Arbeiter wenn ich nicht glaubte daß diese Betrachtung allen übrigen einen Werth ertheilen könne, die rechte der Menschheit herzustellen« (XX, 44). Kants vertiefte Auffassung der Widersprüchlichkeit des gesellschaftlichen Fortschritts ist von Rousseaus Dialektik von Fortschritt und Unglück beeinflusst. Als Verehrer der Wissenschaften notierte Kant auch das Unfertige an Rousseaus Schriften und las Rousseau im Sinne dessen, was er hätte sagen müssen: »Ganze Absicht des Rousseau: den Menschen durch Kunst dahin zu bringen, daß er alle Vortheile der cultur mit allen Vortheilen des Naturzustandes vereinigen könne. Rousseau will nicht, daß man in den Naturzustand zurück gehen, sondern dahin zurück sehen soll; Vereinigung der extreme« (Refl. 1521; XV/2, 890). Die an Rousseau-Rhapsodien über den vorzivilisierten und dadurch überlegenen Naturmenschen anschließenden Strömungen lehnte Kant ab. In diesem Sinne verstand er Herders *Älteste Urkunde des Menschengeschlechts* (1774), mit der er hart ins Gericht ging (vgl. die drastischen Briefe an Hamann, 6.4. u. 8.4.1774).

Literatur

Vorländer, K.: Kant und Rousseau, in: Die Neue Zeit 37 (1920), S. 465–474, 514–521. – Reich, K.: Rousseau und Kant, Tübingen 1936 [ND in: Ges. Schriften, hg. v. M. Baum u. a., Hamburg 2001]. – Cassirer, E.: Kant und Rousseau (1939), in: Ders., Rousseau, Kant, Goethe, Hamburg 1991, S. 3–61. – Vlachos, G.: L'influence de Rousseau sur la conception du contrat social chez Kant et Fichte, in: Études sur le Contrat social de Jean-Jacques

Rousseau. Acres des journées d' étude tenues à Dijon les 3, 4 et 6 mai 1962, Paris 1964, S. 459–488. – Ferrari, J.: Les sources francaises de la Philosophie de Kant, Paris 1979. – Brandt, R.: Rousseau und Kants »Ich denke«, in: Brandt, R./Stark, W. (Hg.), Autographen, Dokumente und Berichte zu Edition, Amtsgeschäften und Werk I. Kants, Hamburg 1994, S. 1–18.

Spinoza-Streit

In der Spinoza-Debatte 1785/86 zwischen Jacobi, Lavater, Hamann auf der einen, Mendelssohn und dem Bund der Berliner Aufklärer auf der anderen Seite, war das Problem einer immanenten Weltanschauung aufgeworfen, die den Dualismus von Sensualismus und deistischer Metaphysik, der die nach-Wolffsche Etappe der deutschen Aufklärung beherrschte, durch eine aus einem Prinzip entworfene, tendenziell pantheistische Theorie überschreiten könnte. Die neuen Anschauungen, die bisher in psychologia empirica und Anthropologie eingeordnete Aspekte eines komplexen Menschenbegriffs in Einheit mit der Natur und gegen den Naturbegriff der mathematischen Naturwissenschaften entwickelten, kamen im Gewand von Aufklärungskritik durch religiösen Pantheismus und durch schwärmenden Gefühlsbegriff (Herder, Lavater, Jacobi, Hamann). Kant war mit den Vertretern beider streitenden Parteien bekannt und von ihnen kritisiert und beansprucht worden, was ihm fatal war. Mendelssohn wandte in den *Morgenstunden oder über das Dasein Gottes* (1785) gegen die *KrV* ein, sie begünstige Atheismus (er hatte das Werk kaum gelesen). Auch eine Rezension der Kant-Interpretation von J. Schultz sah eine mögliche Vereinbarkeit der *KrV* mit dem Spinozismus (H. A. Pistorius in der *Allgemeinen deutschen Bibliothek* vom März 1786, Bd. LXVI, S. 92–123, spez. S. 97 f.). Solche Vorwürfe bildeten einen der Gründe für die ausführliche neue Vorrede zur zweiten Auflage der *Kritik*. Kant ließ auf Mendelssohn seinen Anhänger L. H. Jakob in Halle antworten (*Prüfung der Mendelssohnschen Morgenstunden*, 1786) und schrieb dazu nur eine kurze, allerdings im Ton sehr entschiedene Vorrede. Die religiös-politische Fanatisierung, die mit dem Atheismus-Vorwurf drohte, war ihm zuwider. Jacobi berief sich auf Kants Raumtheorie, die er mit rhetorisch weitem Schwung für ganz im Geiste Spinozas geschrieben hielt.

Die Debatte war Ausdruck einer tieferen Umgestaltung des geistigen Lebens über die Form des aufklärerischen Rationalismus hinaus. Die neuen Fragestellungen kamen vom Alltagsbewusstsein, der Ästhetik und von dogmatisch befreiter, subjektiver Gefühlsreligiosität her, also von Feldern außerhalb der Logik, der Natur- und Rechtswissenschaften, die bisher in der aufklärerischen Theoriebildung dominiert hatten. Anlass waren private Gespräche zwischen Mendelssohn und Jacobi darüber gewesen, in denen Jacobi gesagt hatte, dass Lessing sich in seinen letzten Lebensjahren ihm gegenüber als Spinozist bekannt habe. Lessings späte Freimaurergespräche *Ernst und Falk* (1778/80) und die *Erziehung des Menschengeschlechts* (1780) führten tatsächlich den aufklärerischen Rationalismus bis zu einem moralischen und sogar historischen Pantheismus. Mendelssohn schrieb nach Jacobis Mitteilungen im ersten Teil seiner *Morgenstunden* eine Kritik des Spinozismus und übersandte die Schrift 1785 an Jacobi. Jacobi suchte zuvorzukommen und veröffentlichte seine Briefe *Über die Lehre des Spinoza in Briefen an den Herrn Moses Mendelssohn* (1785), mit der unmittelbaren Zielstellung einer wirkungsvollen polemischen Attacke gegen den Kreis der Berliner Aufklärer um Mendelssohn, Gedike, Biester, Herz, Engel, Reichardt, Moritz u. a. Mendelssohn entgegnete tief entrüstet, da er zudem (zu Unrecht) nach Lavaters Ansinnen einen zweiten Bekehrungsversuch vermutete, mit *An die Freunde Lessings* (1786) und verstarb, auch infolge der Aufregung, vier Tage nachdem er sein Manuskript zur Druckerei gebracht hatte. Kant meinte betont nüchtern und in tiefer Abneigung gegen Literatenszenerien (aber ganz im Einklang mit seiner von ihm hochgehaltenen Diätetik), Mendelssohn sei an den Folgen falscher Essgewohnheiten und lebenslanger Verdauungsstörungen verstorben. Goethe bezeichnete in seinem Rückblick in *Dichtung und Wahrheit* (1811–22) den entscheidenden Punkt hinter den persönlichen Konflikten: Die bislang geheimsten geistigen Konflikte würdiger Männer seien aufgedeckt worden, »Verhältnisse, die ihnen selbst unbewusst, in einer sonst höchst aufgeklärten Gesellschaft schlummerten« (Goethe, *Dichtung und Wahrheit*, T. 3, B. 5, in: *Werke*, Abt. I, Bd. 28, Weimar 1890, S. 313). Der Anlass des so folgenreichen Gesprächs Jacobis, des Freundes Goethes, mit Lessing war die rasante Kritik des orthodoxen Gottesbegriffs in Goethes Gedicht *Prometheus* gewesen. Es war wahrscheinlich 1774 entstanden, Jacobi veröffentlichte es ohne Goethes Wissen 1785 in seiner Spinoza-Schrift. Jacobi löste tatsächlich den Schein auf, die Reformpartei der deutschen Intellektuellen und Beamten bilde eine Gruppierung ohne tiefgreifende theoretische Gegensätze. Das hätte Kant nicht fremd sein sollen. Doch der Jacobi-Mendelssohnsche Konflikt, der die Berliner Aufklärer monatelang in Erregung versetzte, interessierte Kant nicht. Schließlich trat dort der Vorwurf in den Mittelpunkt, Jacobis Schrift habe den Tod Mendelssohns verursacht. Kant lehnte seit langem den originären spinozistischen Pantheismus ebenso ab wie den lebensphilosophisch erneuerten Herders und Jacobis. Nur bei der kategorialen Problematik der Zweck-Determination in der *KU* würdigte er Spinoza (V, 393 f.). Noch in den Manuskripten des *Opus postumum* spielt die Abwehr des Spinozismus als einer Alternative zum transzendentalen Idealismus eine Rolle. Hamann suchte Kant für die eine Partei zu gewinnen, Herz und Biester drängten in Briefen, endlich für die Berliner einzugreifen. Die Jacobische Gefühlsphilosophie nennt Kant eine »affektierte Genieschwärmerei« (an Herz, 7.4.1786), mahnt aber, jeden kränkenden Angriff auf Jacobi zu verhüten (X, 432). Schließlich schrieb Kant im Juli 1786 den Aufsatz *Was heißt: Sich im Denken orientieren?* (VIII, 131 ff.). Hier wird deutlich, wie Kant Position und Funktion seiner Transzendentalphilosophie im Prozess der Aufklärung sah. Er weist den gesunden Menschenverstand als Basis von Aufklärungsphilosophie ab, von dem man ja sehe, wie rasch dessen Ungenügen zur völligen Entthronung der Vernunft (bei Jacobi) führe. Die Aufklärung, die im Feld des Übersinnlichen (Gottesbeweise, Freiheitsbegriff) dogmatisch beweisen wolle, führe auf philosophische Schwärmerei. Das sei auch die Konsequenz des Spinozismus, der im Beweis übersinnlicher (nach Kant allein praktisch-moralischer) Gegenstände metaphysisch wie von Naturobjekten handle. Kant sieht aus dem aufklärerischen ontologischen Rationalismus (»Dogmatismus«) dessen Gegenteil hervorgehen: Die von Jacobi repräsentierte romantisch-gefühlsmäßige Erweiterung des Subjektbegriffs. Darin erkennt er die Anfälligkeit der bisherigen Begründungen der Aufklärung für die konservative Wende durch Rationalitätskritik. Kant möchte krisenhafte Zuspitzungen in der Evolution der Aufklärung vermeiden. Er verurteilt die Jacobi-Partei nicht – und hier hat Kant die ganze Sturm-und-Drang-Bewegung in sein Wort mit eingeschlossen –, er mahnt sie: »Männer von Geistesfähigkeiten und von erweiterten Gesinnungen! Ich verehre Eure Talente und liebe Euer Menschengefühl. Aber habt Ihr auch wohl überlegt, was Ihr tut, und wo es mit Euren Angriffen auf die Vernunft hinauswill« (VIII, 144)? Der Enthusiasmus des schwärmenden Genies gegen die ratio führe am Ende von selbst zur Unterwerfung unter die allerschlechtesten positiven Fakta, da ein

wirklicher Inhalt des Bewusstseins durch Erleuchtung nicht erreicht werde. Außerdem greife bald die Staatsmacht ein und beende die zu kühne, obrigkeitsfremde Denkart. »Der Gang der Dinge ist ungefähr dieser. Zuerst gefällt sich das Genie sehr in seinem kühnen Schwunge […] Es bezaubert bald auch Andere durch Machtsprüche und große Erwartungen […] und veranlaßt die Denkungsart, die man Freigeisterei nennt, d. i. den Grundsatz, gar keine Pflicht mehr zu erkennen. Hier mengt sich nun die Obrigkeit ins Spiel, damit nicht selbst bürgerliche Angelegenheiten in die größte Unordnung kommen, […] so hebt sie die Freiheit zu denken gar auf« (VIII, 145, 146). Kant hält die ganze Debatte auch aus politischen Erwägungen für unklug. Er sieht eine Gefahr für die Aufklärung: Der Tod Friedrichs II. wurde erwartet. Er starb am 17.8.1786, einen Monat nach Kants Niederschrift und noch bevor die Abhandlung im Oktober des Jahres in der *Berlinischen Monatsschrift* erschien. Biester, der als Verleger politisch denken musste und auch die Situation in Berlin gut kannte, hatte Kant auf die Gefahren aufmerksam gemacht. Er schrieb ihm: »Wir erleben wahrscheinlich bald eine Veränderung, von der man […] nicht wissen kann, ob sie der freiern Denkungsart günstig sein wird oder nicht« (11.6.1786). Doch Kant spricht hier, ohne überhaupt die inzwischen in die Niederungen privaten Federkrieges abgesunkene Jacobi-Mendelssohn-Kontroverse zu erwähnen, über der speziellen Befürchtung sein grundsätzliches Verständnis von Fortschrittsbewegung aus, die nicht überschwenglich sein solle und nicht mit dem Staat in Konflikt geraten dürfe. Am Ende beschwört Kant die auseinandergeratenden Parteien, die beide Feinde der Orthodoxie und der antiaufklärerischen Politik seien, sich der »Freiheit gesetzmäßig und dadurch auch zweckmäßig zum Weltbesten zu bedienen« (VIII, 147). Kant schrieb nur zu den seine theoretische Position betreffenden Aspekten. Er entwickelte am Beispiel des Orientierungsbegriffes einen genetischen Grundriss von Stufen individueller Orientierung bis zur Zusammenfassung in der transzendentalphilosophischen Methode.

Literatur

König, E.: Arzt und Ärztliches bei Kant, in: JK 5 (1954), S. 113–154. – Korff, H. A.: Geist der Goethezeit, T. 2, Leipzig ⁷1964, S. 21 ff. – Timm, H.: Gott und Freiheit. Studien zur Religionsphilosophie der Goethezeit, Bd. 1, Die Spinoza-Renaissance, Frankfurt 1974. – Nehren, B.: Eine Dokumentation über den Tod M. Mendelssohns, in: Aufklärung 7/1 (1992), S. 93–116. – Brandt, R.: I. Kant: »Über die Heilung des Körpers, soweit sie Sache der Philosophie ist.« Und: Woran starb Moses Mendelssohn?, in: KS 90 (1999), S. 354–366.

Aufklärung und Fortschrittsgang, idealistischer Geschichtsbegriff

Das Denkmuster der deutschen Aufklärung – mit Ausnahme der Illuminaten und weniger Republikaner – war: abwägende, begründende Vernunft vermöchte mit der Zeit über die Beamten der Regierung auf die öffentlichen Zustände einzuwirken. Kants *Der Streit der Fakultäten* (1798) war sein abschließendes Wort zur ganzen Problematik des Verhältnisses der Wissenschaften des 18. Jhs. zu den politischen und geistigen Gewalten des Staates. Im Streit der »unteren« philosophischen Fakultät der Universitäten mit den »oberen« Fakultäten der Theologie, Jurisprudenz und Medizin stellt Kant die Philosophie als die kritische Wissenschaft dem Gebäude der positiven, obrigkeitlichen Rechtsordnung und Kultur gegenüber. Er versteht Politik und Kultur in der grundsätzlichen Distanz zwischen kritischer Forschung und bestehenden, meist institutionell legitimierten Inhalten. Ganz im liberalen Sinne wird die Funktion des Staates darein gesetzt, »den Fortschritt der Einsichten und Wissenschaften nur nicht zu hindern«. Kant formuliert mit deutlicher Analogie zum wirtschaftlichen Manchestertum (VII, 20). Wissenschaften und Philosophie bilden die unerlässliche »Oppositionspartei, die linke Seite des Parlaments der Gelehrtheit« (VII, 35). Die idealistische Einfassung des Fortschritts lässt ihn als einen stetigen Vorgang ohne reale Krisen und Umbrüche denken. Grundlage der Rationalitätsidee zugleich als der Denkform des zivilisatorischen Prozesses – eine ideologische Voraussetzung des einzelnen Intellektuellen in der bürgerlichen Gesellschaft –, Grundlage ist die Rechtsform des Subjektverständnisses, in der der Einzelne als Element einer rational gesetzten Relation gedacht wird. Der Utopismus einer in realen geschichtlichen Vorgang verlängerten szientifischen Denk- und Verhaltensweise ist recht wehrlos gegenüber aufsteigender gegenteiliger Erfahrung, die dann konsequent die Rationalitätsbasis beiseite räumt. Entschieden zivilisationskritische Theorien – sowohl der Unterschichten als auch konservativ-romantische Strömungen – setzen meist mit der Kritik der Rechtsform ein und gelangen über rationalitätskritische Folgerungen zum Primat von Willenshaltun-gen. Hier wird der evolutionäre Begriff geschichtlicher Bewegungen verlassen. Willensentscheidungen stauen sich an und brechen durch.

Zu den Konsequenzen der aus dem Rechtsgedanken hervorgehenden intellektualen Geschichtsansicht gehört die charakteristische Erwartung der meisten Aufklärer, die Kant noch einmal systematisch begründete, dass der Begriff des einsehbaren Richtigen im Interesse aller Gesellschaftsglieder den Kern des geschichtlichen Geschehens bilde. Darum vermöchte der wohlberatene Monarch als Repräsentant den Geist des Ganzen zu vollziehen. In dieser illusorischen aufklärerischen Denkform führt das reale Prozessgeschehen seine eigentliche Existenz in den Formen literarischer Kritik. Dessen sinnliche Wirklichkeit findet sich im Autor, die mobilisierende Aktion ist die der publizistischen Öffentlichkeit. Das ermöglicht Kants erstaunliche Formulierung: »Autokratisch herrschen und dabei doch republikanisch, d. h. im Geiste des Republikanismus und nach einer Analogie mit demselben regieren« (VII, 87). Es ist der Standpunkt des deutschen Frühliberalismus in der Phase der aufgeklärten Monarchie. W. Dilthey sagte gut: »Kant glaubte, die großen Mächte, die sich in der modernen Gesellschaft bekämpfen, durch die Regulierung der Grenzen der Fakultäten gegeneinander zähmen und unschädlich machen zu können« (W. Dilthey, *Der Streit Kants mit der Zensur*, in: *Ges. Schriften*, Bd. 4, Leipzig 1925, S. 308 f.).

Literatur

Lossius, J. C.: Neues philosophisches allgemeines Real-Lexikon oder Wörterbuch der gesammten philosophischen Wissenschaften, Bd. 1, Erfurt 1803 [Art. »Aufklärung«]. – Biedermann, K.: Deutschland im 18. Jh., 2 Bde., Leipzig 1854–1881. – Hettner, H.: Die deutsche Literatur im 18. Jh., 3 Tle., Braunschweig [4]1893/4 [spez. T. 2, Das Zeitalter Friedrichs des Großen]. – Troeltsch, E.: Art. »Aufklärung«, in: Realencyklopädie für protestantische Theologie und Kirche, Bd. 2, Leipzig 1897, S. 225–241. – Brockdorff, C. v.: Die deutsche Aufklärungsphilosophie, München 1926. – Heimpel-Michel, E.: Die Aufklärung. Eine historisch-systematische Untersuchung, Langensalza 1928. – Brüggemann, F. (Hg.): Das Weltbild der deutschen Aufklärung. Philosophische Grundlagen und literarische Auswirkung, Leipzig 1930 [zu Leibniz, Wolff u. zur deutschen Literatur]. – Cassirer, E.: Die Philosophie der Aufklärung, Tübingen 1932. – Ermatinger, E.: Deutsche Kultur im Zeitalter der Aufklärung, Potsdam 1935. – Wundt, M.: Die deutsche Schulphilosophie im Zeitalter der Aufklärung, Tübingen 1945, ND 1964. – Wolff, H. M.: Die Weltanschauung der deutschen Aufklärung in geschichtlicher Entwicklung, Bern u. München 1949, [2]1963. – Valjavec, F.: Geschichte der abendländischen Aufklärung, Wien u. München 1961. – Habermas, J.: Strukturwandel der Öffentlichkeit. Untersuchungen zu einer Kategorie der bürgerlichen Gesellschaft (1962), Frankfurt/M. 1990. – Krauss, W.: Der Jahrhundertbegriff im 18. Jh. Geschichte und Geschichtlichkeit in der französischen Aufklärung, in: Ders., Das wissenschaftliche Werk, Aufklärung II, Frankreich, Berlin u. Weimar 1987, S. 21–61. – Schalk, F.: Art. »Aufklärung«, in: Historisches Wörterbuch der Philosophie, hg. v. J. Ritter, Bd. 1, Basel u. Stuttgart 1971, Sp. 620–635. – Stuke, Horst: Art. »Aufklärung« in: Brunner, O. u. a. (Hg.), Geschichtliche Grundbegriffe, Bd. 1, Stuttgart 1972, S. 243–342 [zu Kant S. 265–272]. – Oelmüller, W.: Art. »Aufklärung«, in: Krings, H. u. a. (Hg.), Handbuch philosophischer Grundbegriffe, Bd. 1, München 1973, S. 141–154. – Schneiders, W.: Die wahre Aufklärung. Zum Selbstverständnis der deutschen Aufklärung, Freiburg u. München 1974. – Dietrich, K.: Kant und Rousseau, Tübingen 1978 [Kant im Ganzen der Literatur- und Kulturgeschichte, Lit.verz.]. – Ciafardone, R.: L'Illuminismo tedesco. Metodo filosofico e premesse eticoteologiche, Rieti 1978. – Ferrari, J.: Les sources francaises de la philosophie de Kant, Paris 1981. – Hinske, N. (Hg.): Forschungen und Materialien zur deutschen Aufklärung, Stuttgart-Bad Cannstatt 1982 ff. [Abt. I: Texte zur Philosophie der deutschen Aufklärung; Abt. II: Monographien; Abt. III: Indices]. – Kondylis, P.: Die Aufklärung im Rahmen des neuzeitlichen Rationalismus, München 1986. – Hinske, N. u. a. (Hg.): Aufklärung. Interdisziplinäre Halbjahresschrift zur Erforschung des 18. Jhs. und seiner Wirkungsgeschichte, Hamburg 1986 ff. – Förster, W. (Hg.): Aufklärung in Berlin, Berlin 1989. – Ciafardone, R. (Hg.): Die Philosophie der deutschen Aufklärung, Texte und Darstellung (ital. Torino 1983), dt. Bearb. v. N. Hinske u. R. Specht, Stuttgart 1990 [darin: Hinske, N.: Die tragenden Grundideen der deutschen Aufklärung. Versuch einer Typologie, S. 407–458]. – Hinske, N. (Hg.): Was ist Aufklärung? Beiträge aus der Berlinischen Monatsschrift, Darmstadt ⁴1992. – Hinske, N. (Hg.): Kant und die Aufklärung, Hamburg 1992 (Aufklärung 7/1). – Schneiders, W.: Lexikon der Aufklärung, München 1995. – Bahr, E. (Hg,): Was ist Aufklärung? Thesen und Definitionen, Stuttgart 1998 [Texte von Kant, Erhard, Hamann, Herder, Lessing, Mendelssohn u. a.]. – Klemme, H. F. u. a. (Hg.): Aufklärung und Interpretation. Studien zu Kants Philosophie und ihrem Umkreis, Würzburg 1999. – Oberhausen, M. u. a. (Hg.): Vernunftkritik und Aufklärung. Studien zur Philosophie Kants und seines Jahrhunderts, 2001. – Stolzenberg, J.: Kant in der Gegenwart, 2007.

3 Kants politische Auffassungen. Stellung zur Französischen Revolution

Kant besaß lebhaftes politisches Interesse, erwartete neue Nachrichten mit Ungeduld, machte sie gern zum Gegenstand des Gesprächs und besaß ein ausgezeichnetes Urteil zu politischen Ereignissen. Die ältesten Biographen (Jachmann, Wasianski, Borowski), mit Kant noch persönlich bekannt, heben das übereinstimmend hervor (vgl. R. B. Jachmann in: *I. Kant. Sein Leben in Darstellungen von Zeitgenossen*, hg. v. F. Groß, Berlin 1912, S. 174 ff., NDm. Einl. v. R. Malter, Darmstadt 1993). Zu Jachmann und Abegg sagte Kant noch in späten Jahren (am 12.6.1798), er finde »keine Geschichte lehrreicher, als die ich täglich in den Zeitungen lese. Hier kann ich sehen, wie alles kommt, verbreitet wird, sich entwickelt«. Mit seinem politischen Interesse, das der Überzeugung von Politik als wichtigem Ort im Leben der Gesellschaft entsprach, ging Kant über den Horizont der älteren Generation der deutschen Aufklärer, zu der er gehörte, hinaus; vom Gesichtskreis des üblichen Universitätslehrers ganz zu schweigen. Kant hat im politischen Interesse (nicht in den Auffassungen) viel mit der Generation der 90er Jahre und der ersten beiden Jahrzehnte des 19. Jhs. gemeinsam, mit Fichte, Schleiermacher, Hegel, mit Fries, dem Historiker Luden. In der deutschen Philosophiegeschichte zeichnet sich Kants politisches Urteil durch Eindeutigkeit und Konstanz des rationalen individuellen Freiheits- und des liberalen Rechtsverständnisses aus, so dass man Kant wohl »den einzigen politisch unzweideutigen Philosophen unter den Deutschen« nennen konnte (J. Habermas in: *Kritische Theorie und politischer Eingriff*, Festschrift O. Negt, hg. v. W. Lenk u. a., Hannover 1999, S. 23). Das Verhältnis von Philosophie und Politik bestimmte Kant nicht im platonischen Sinne: »Daß Könige philosophieren, oder Philosophen Könige würden, ist nicht zu erwarten, aber auch nicht zu wünschen: weil der Besitz der Gewalt das freie Urtheil der Vernunft unvermeidlich verdirbt« (VIII, 369). Die Philosophie besitzt für Kant politische Verantwortung. Aber sie soll allein durch freie literarische Öffentlichkeit wirken.

In den 80er und 90er Jahren stieg die Zahl der politischen Schriften in den deutschen Staaten sehr an. Kant trat nicht als politischer Autor auf, konzentrierte aber in seinen späten Arbeiten seine rechtsphilosophischen und politischen Aussagen im Zusam-

menhang der Französischen Revolution, dem europäischen Forum verfassungsrechtlicher Bewährung
der Aufklärung. Kants politisches Urteil ist kosmopolitisch, weil auf den anstehenden Fortschritt der
europäischen Staaten über die absoluten Monarchien hinaus gerichtet. Beschränkter Patriotismus
und Nationalismus sind ihm ein von den Regierungen gestützter Wahn (XV/2, 590.). »Es ist dem deutschen Charakter wenigstens vor jetzt nicht angemessen, ihm von einem Nationalstoltz vorzuschwatzen.«
»[I]st dieser Nationalwahn auszurotten, an dessen
stelle patriotism und cosmopolitism treten muß«
(XV/2, 590 f.). Kant verurteilte die englische Politik.
Er sah in Englands antirevolutionärer Politik das
Haupthindernis für die Freiheitsbewegung in Frankreich und den anderen europäischen Staaten. Russland könne gebändigt werden, da es mittellos sei und
innere Unruhen bei auswärtigen Verwicklungen aus-
brechen würden. Die englische Nation ist »als Staat
gegen andere Staaten der Verderblichste, Herrsch-
süchtigste und Kriegserregendste unter allen«. Pitts
Außenpolitik scheine »nicht sowohl Freiheit und
Kultur, als Sklaverei und Barbarei fördern zu wollen«. Kant verurteilte Englands Krieg gegen Nordamerika und lobte Napoleons antienglische Politik
(XII, 407 f.). In seiner Schrift *Vom ewigen Frieden*
(1795) spricht er entschieden gegen die Kolonialpoli-
tik. »In Ostindien brachten sie unter dem Vorwande
blos beabsichtigter Handelsniederlagen fremde
Kriegsvölker hinein, mit ihnen aber Unterdrückung
der Eingeborenen, Aufwiegelung der verschiedenen
Staaten desselben zu weit ausgebreiteten Kriegen,
Hungersnoth, Aufruhr, Treulosigkeit.« Die allergrau-
samste Sklaverei lassen sich Mächte zuschulden
kommen, »die von der Frömmigkeit viel Werks machen und, indem sie Unrecht wie Wasser trinken,
sich in der Rechtgläubigkeit für Auserwählte gehalten wissen wollen« (VIII, 358 f.).

Angelpunkt von Kants politischem Urteil war das
zentrale Epochenereignis, die Revolution in Frankreich (1789–1795). Sie konfrontierte sowohl den
deutschen Frühliberalismus, der in Preußen vor allem vom Handelsbürgertum, der hohen Beamtenschaft und Intellektuellen getragen wurde, als auch
die um den Absolutismus geordnete Aristokratie
und deren Anhang einer kirchlich-konservativen
Ordnungspartei mit der Tatsache eines offenen,
mehrjährigen Machtkampfes der Bourgeoisie mit
dem Feudalstaat und auch mit den Kämpfen der verschiedenen sozialen Fraktionen des dritten Standes
untereinander. Das Geschehen vollzog sich im
Hauptland der aufklärerischen Bewegung auf dem

Kontinent, die auch in Frankreich vorwiegend kon-
stitutionell-monarchisch und nicht revolutionär gedacht hatte. In den deutschen Staaten setzte, der de-
voten Publizistik über die Revolutionsgreuel entgegen, eine intensive Literatur zu antifeudalen Ver-
fassungsreformen ein. Sie bereitete das geistige Feld
für die Reformen des Ministers v. Stein in Preußen
(zuerst 1804) vor. Am Beispiel des Freiherrn v. Stein
zeigte sich, dass die deutsche Reformbewegung auch
von revolutionskritischen Anschauungen geprägt
war, die sich nach den Erfahrungen des Jakobinis-
mus und darauf denen des napoleonischen Zentralismus verstärkten. Stein war, ganz anders als Kant,
nicht republikanisch, sondern von seiner westfäli-
schen Beamtenzeit her auf die Arbeit mit den Land-
ständen orientiert und überhaupt nicht von Rousseau, sondern von Montesquieu, Burke, ebenso von
seinem England-Aufenthalt beeinflusst. In den 90er
Jahren wurde das Thema der Staatsrevolutionen intensiv behandelt. Über die von der Revolution ausgelösten Probleme der Realisierung von Aufklärung
trat die aufklärerische Bewegung ins Stadium ihrer
Differenzierung und Auflösung ein. Der Blick auf das
Zeitalter der Aufklärung vertiefte sich: »Finden wir
in der Geschichte ein Zeitalter, das so reich an Revolutionen gewesen wäre, als das unsrige?«, fragte
F. J. v. Hendrich in seinen anonymen, innerhalb von
zwei Jahren in drei Auflagen erschienenen *Frey-
müthigen Gedanken über die allerwichtigste Angelegenheit Deutschlands* (1794), nannte Nordamerika,
Belgien, Frankreich und bezeichnete die bürgerliche
Klasse als Trägerin eines neuen Geistes der Unzufriedenheit, des Strebens nach Vorteilen und der Entle-
digung von Lasten, die man früher willig trug. Auch
in Deutschland »ist diese Umschaffung der Nation
doch größtentheils das Werk des Mittelstandes« (v.
Hendrich, *Freymüthige Gedanken*, T. 1, Zürich 1794,
S. 280, 285). Ziel der intelligenten Denkschrift des
Meiningischen Regierungsrats und späteren (1815)
Sächsischen Gesandten beim Bundestag war, der regierenden Spitze der deutschen Aristokratie die
dringende Notwendigkeit von Reformen zu begründen, um die sonst unausweichliche, aber im Ganzen
ineffizientere Revolution zu vermeiden.

Kants Urteil über die Französische Revolution ist
von drei Aspekten bestimmt: Er begrüßt sie lebhaft
und hält im Unterschied zu anderen deutschen Part-
eigängern der konstitutionell-monarchischen Phase
der Revolution auch noch an seiner Parteinahme
fest, als die reale Revolutionsgeschichte die Antagonismen der Klassen und Schichten offenlegte. Dem
staatsrechtlichen Prinzip nach lehnte Kant zweitens

das Recht auf Revolution jedoch grundsätzlich ab und sprach das auch deutlich aus. Dabei lag zweifellos seine Erwartung für die deutschen Staaten darin, dass der internationale Fortschritt eine deutsche Revolution überflüssig machen könne, da die Staaten sich hier unter äußerem Druck selbst reformieren müssten. Kant erhoffte dafür ein Bündnis Preußens mit dem republikanischen Frankreich. Er argumentierte mit der »Idee des Sozialkontrakts«, die Despotismus bei der Aristokratie und Aufruhr beim Volke ausschließe (VIII, 302). Dieses Prinzip eines Vertrages zwischen Regierung und Volk bildete das Zentrum von Kants politischem Denken. Er lehnte mit ihm die absolute Monarchie und ebenso den englischen Parlamentarismus ab. Der Akzent des Prinzips war, dass der Staat seiner Vertragsnatur zwischen Obrigkeit und Untertanen wegen immer wieder einer Reform unterzogen werde und dann keiner Revolution bedürfe. Diese Konstruktion bildete den Kern des Kantschen ideellen Republikanismus, einer quasi-republikanischen Politik im Interesse aller Schichten auch bei monarchischer Verfassung. Der Anti-Empirismus des Kantschen Apriorismus erscheint hier als Methode politischer Urteilsbildung. Man soll auf die Vertragsidee sehen, »aber nicht als Factum wie Danton will«, sondern fragen, was rechtens ist, »wo die Principien a priori feststehen, und kein Empiriker darin pfuschen kann« (VIII, 302). Der Verlauf der Französischen Revolution, insbesondere die jakobinische Schreckensherrschaft des Wohlfahrtsausschusses (1793/94) hat Kant zweifellos zusätzlich zum negativen Urteil über den englischen Parlamentarismus in seiner Ablehnung der Demokratie bestärkt. Der entscheidende Punkt der republikanischen Verfassung besteht für ihn in der Trennung von gesetzgebender und exekutiver Gewalt. Die demokratische Verfassung sieht er als despotische Vermischung beider Institutionen (ausführlich in *Zum ewigen Frieden*, VIII, 352).

Drittens schließlich ist der ganze Komplex der politischen Auffassungen Kants nur zu verstehen, wenn man beachtet, dass Kant ebenso das Recht auf Konterrevolution grundsätzlich abweist. Revolutionäres Widerstandsrecht des Volkes wird indirekt bejaht. Ist eine Revolution geschehen, so ist ein historischer Fortschritt gewonnen, der nicht zurückgenommen werden darf. Das richtete sich gegen die Koalitionskriege Preußens und Österreichs. Zu den drei Gesichtspunkten einige Textbelege. 1) »Die Revolution eines geistreichen Volks, die wir in unseren Tagen haben vor sich gehen sehen, mag gelingen oder scheitern; sie mag mit Elend und Greuelthaten der-

maßen angefüllt sein, daß ein wohldenkender Mensch sie, wenn er sie zum zweitenmale unternehmend glücklich auszuführen hoffen könnte, doch das Experiment auf solche Kosten zu machen nie beschließen würde, – diese Revolution, sage ich, findet doch in den Gemüthern aller Zuschauer […] eine Theilnehmung dem Wunsche nach, die nahe an Enthusiasm grenzt, und deren Äußerung selbst mit Gefahr verbunden war, die also keine andere als eine moralische Anlage im Menschengeschlecht zur Ursache haben kann« (*Der Streit der Fakultäten*, VII, 85). Kant sah den Gang der Ereignisse im europäischen Rahmen und ließ sich vom Verlauf der Revolution nicht irremachen. Sein Urteil über die Revolution war weniger von deren Ablauf selbst als vielmehr von deren Wirkung im Ganzen zur unausweichlichen Einführung liberaler Verfassungen in den europäischen Staaten geleitet. Enttäuschte Äußerungen der meisten deutschen Intellektuellen nach 1792 wie die von Klopstock, Herder, Schiller oder z. B. Wieland, unter Freiheit und Gleichheit, »auf welche sie ihre Glückseligkeit gründen will«, sei nun »die Freiheit der Waldthiere und die Gleichheit einer Zigeunerhorde zu verstehen«, fehlen bei Kant (C. M. Wieland, XII. *Göttergespräche*, 1791, in: *Sämmtl. Werke*, Bd. 40, Leipzig 1825, S. 337). Kants Verleger Nicolovius sagte 1794, Kant sei noch immer Demokrat und habe sogar neulich geäußert, »daß alle Greuel, die jetzt in Frankreich geschähen, unbedeutend seien gegen das fortdauernde Übel der Despotie, das vorher in Frankreich bestanden, und daß höchstwahrscheinlich die Jakobiner in allem, was sie gegenwärtig täten, recht hätten« (zit. n. K. Vorländer, *I. Kant*, Bd. 2, Leipzig 1924, S. 221). Kants Urteil zum Verlauf der Revolution gehört in den Kreis der politischen Urteile gleichen republikanischen Sinnes von J. H. Voß, A. Hennings, A. v. Knigge, G. Forster, J. G. Fichte. In Königsberg urteilten Kants Freund C. J. Kraus und der Gerichtspräsident Morgenbesser wie Kant. Hippel lehnte deren Parteinahme für die Revolution als weltfremdes Urteil von Akademikern ab, die man kein Dorf regieren lassen dürfe.

2) »In welcher Ordnung allein kann der Fortschritt zum Besseren erwartet werden? Die Antwort ist: nicht durch den Gang der Dinge von unten hinaus, sondern den von oben herab.« »Es ist doch süß, sich Staatsverfassungen auszudenken, die den Forderungen der Vernunft … entsprechen: aber vermessen, sie vorzuschlagen, und strafbar, das Volk zur Abschaffung der jetzt bestehenden aufzuwiegeln« (1798, VII, 92). »Ist Aufruhr ein rechtmäßiges Mittel für ein Volk, die drückende Gewalt eines so genann-

ten Tyrannen abzuwerfen? Die Rechte des Volks sind gekränkt und ihm (dem Tyrannen) geschieht kein Unrecht durch die Entthronung; daran ist kein Zweifel. Nichts desto weniger ist es doch von den Unterthanen im höchsten Grade unrecht, auf diese Art ihr Recht zu suchen« (1795, VIII, 382).

3) Revolutionsvermeidung durch Reform in Permanenz. Zu diesem »gleichförmigen Maschinenwesen [...] wohl gehören möchte, daß der Staat sich von Zeit zu Zeit auch selbst reformire und, statt Revolution Evolution versuchend, zum Besseren beständig fortschreite« (VII, 93; vgl. VIII, 372). Kant meint, dass Revolutionen unvermeidlich würden, wo das Entwicklungsgesetz der Staatsorganisation gehemmt werde. Es gibt also zwei Varianten des Fortschritts. Im Rechtsbegriff gegebener Konstitution könne Revolution nicht enthalten sein, ist Kants Meinung im Einklang mit der liberalen Staatsrechtstheorie. Wird gegen das evolutionäre Fortschrittsgesetz verstoßen, so zerbricht der Rechtsbegriff, neues Recht wird aus einem nichtjuristischen Raum des Gesellschaftslebens, den Kant nicht näher untersucht und beschreibt, in der Revolution gesetzt. Diese juristische Formung ist dann ebenfalls unantastbar wie die vorangegangene. »Wenn auch durch den Ungestüm einer von der schlechten Verfassung erzeugten Revolution unrechtmäßiger Weise eine gesetzmäßigere errungen wäre, so würde es doch auch alsdann nicht mehr für erlaubt gehalten werden müssen, das Volk wieder auf die alte zurück zu führen« (VIII, 372). Eine Eigentümlichkeit der Kantschen Auffassung der Französischen Revolution besteht auch darin, dass er wohl meinte, solche wesentlichen Ereignisse der Weltgeschichte geschehen eigentlich nur ein Mal. Danach ist deren zeitgemäßes Erfordernis im öffentlichen Bewusstsein (»Enthusiasmus«) schlechthin so verankert, dass sich die Resultate der ursprünglichen Erneuerungsform in anderen Staaten auf reformerischem Wege weiter verbreiten.

Zum politischen Denken Kants gehört auch die Schrift *Zum ewigen Frieden* (1795). Hier treten deutlich Anschauungen der Unterschichten hervor. Staatsoberhäupter »können des Krieges nie satt werden«, sie »beschließen ihn wie eine Art Lustpartie aus unbedeutenden Ursachen«. Unaufrichtige Friedensschlüsse, Ländertausch, Vermietung von Truppen, die ganze Volkspolemik gegen die absolutistische Politik kehrt bei Kant wieder. Sie hat nichts von politischer Träumerei, bindet sie doch die Erwartung allmählicher Herbeiführung einer europäischen Friedensordnung an den aus der Revolution entspringenden Fortschritt zu republikanischen

Staatsordnungen. Die Schrift ist eine Ausdehnung der »Erklärung der Menschenrechte« der ersten französischen Nationalversammlung vom August 1789 auf das internationale Feld. Sie hat viel von einer revolutionären Programm- und Flugschrift. In der scharfen Kritik der dynastischen internationalen Machtpolitik der Feudalstaaten, in der Analyse der aggressiven Außenpolitik reaktionärer Staaten (Rüstung zum Zwecke politischer Erpressung und für Angriffskriege, Einmischung in andere Staaten, verdeckte Kriege u. a.) zeigt Kant politischen Realismus und von seiner eben geschehenen Reglementierung durch den Staat (wegen der Religionsschrift) ganz unbeeindruckte Entschlossenheit, seine Stimme in einer aktuellen politischen Sache zu erheben. An einem Wendepunkt der Französischen Revolution (vom Wohlfahrtsausschuss zum Direktorium) steckt Kant eine Aufgabe der Revolution auf der internationalen Ebene ab. Die Schrift ist eine früh ausgesprochene Alternative zur großbürgerlichen bonapartischen Schlussphase der Revolution.

Die kleine, weitsichtige Schrift steht im aktuellen politischen Zusammenhang der zunehmenden Auseinandersetzung zwischen Gironde und Jakobinern (1791/92), in der die Kriegspolitik der großbürgerlichen Partei eine wichtige Rolle spielte. Robespierre lehnte im Januar 1792 den Krieg mit Österreich ab, da er von der Zuendeführung der Revolution im Innern ablenke. Die Girondisten Isnard und Brissot hatten seit 1791 ein militärisches weltrevolutionäres Programm vertreten. Robespierre hielt ihnen entgegen: Die Forderungen des Volkes werden nicht erfüllt, indem man ihm den Krieg gebe. Marat, J. Roux stimmten ihm zu in der Verurteilung »eines Krieges, der politisch unklug ist, weil er Völker abstößt, die wir doch zu Brüdern gewinnen wollen, der den Durst nach Eroberung, auf die wir doch verzichtet haben, ankündigt« (zit. n. W. Markov, *Revolution im Zeugenstand*, Bd. 1, Leipzig 1982, S. 199, 201 f.). In einem Dekret vom Jahre 1790 hatte die Konstituante feierlich den Verzicht auf jeden Eroberungskrieg erklärt. Die Kriegserklärung an Österreich (April 1792) bekräftigt den Verfassungsgrundsatz, »keinen auf Eroberung gerichteten Krieg zu unternehmen und zu keiner Zeit ihre Streitkräfte [der franz. Nation; d. Vf.] gegen die Freiheit irgendeines Volkes einzusetzen« (a. a. O., Bd. 2, S. 235). Kants Friedensschrift entspricht diesem jakobinischen Programm (ohne dessen Texte zu kennen). Wie die Jakobiner erwartete Kant vom Frieden zwischen Frankreich und Europa verstärkten Einfluss der Revolution. Der Frieden zu Basel zwischen Frankreich und Preußen

(April 1795), sicher ein wichtiges Datum für die Niederschrift der Arbeit Kants (Abschluss August 1795), erschien Kant als verheißungsvoller Schritt zum Frieden mit dem revolutionären Frankreich. Kants Urteil über die internationale Situation kommt in der zentralen These zum Ausdruck, dass erst die antidynastische republikanische Staatsform Basis grundsätzlicher Friedenspolitik sei. Er meint, die Revolution, weit entfernt, Ursache der Spannungen und der Kriegsgefahr zu sein, verspreche die Möglichkeit, nach und nach in eine europäische Friedensepoche einzutreten. Die Entwicklung der nächsten Jahre verlief ganz anders, da das französische Großbürgertum der Erbe der Revolution wurde und die soziale Basis der Eroberungskriege Napoleons bildete.

Kants Vernunftbegriff richtet sich überhaupt auch gegen die Lehren von der Unüberwindbarkeit der Gewalt und absoluter Heterogenität der Interessen. Rationalität führe Streit auf den Rechtsweg von Prozessen (Baumgartner, [4]1996).

Literatur

Schubert, F. W.: I. Kant und seine Stellung zur Politik in der letzten Hälfte des 18. Jhs., in: Raumer, F. (Hg.), Historisches Taschenbuch, Bd. 8, Leipzig 1838, S. 525–628. – Borries, K.: Kant als Politiker. Zur Staats- und Gesellschaftslehre des Kritizismus, Leipzig 1928, ND 1973. – Valjavec, F.: Die Entstehung der politischen Strömungen in Deutschland 1770–1815, München 1951. – Ders. (Hg.): Historia Mundi. Ein Handbuch der Weltgeschichte in zehn Bänden, Bd. 9, Aufklärung und Revolution, Bern 1960. – Weil, E.: La Philosophie Politique de Kant, Paris 1962. – Saner, H.: Kants Weg vom Krieg zum Frieden, Bd. 1, Widerstreit und Einheit. Wege zu Kants politischem Denken, München 1967. – Denker, R.: Grenzen liberaler Aufklärung bei Kant und anderen, Stuttgart u. a. 1968. – Burg, P.: Kant und die Französische Revolution, Berlin 1974 [Rez. v. R. Malter in KS 67 (1976), S. 594–598]. – Gerresheim, E. (Hg.): Kant als politischer Denker, Bonn 1974. – Henrich, D.: Kant über Revolution, in: Batscha, Z. (Hg.), Materialien zu Kants Rechtsphilosophie, Frankfurt/M. 1976, S. 359–365. – Shell, S. M.: The Rights of Reason. A Study of Kant's Philosophy and Politics, Toronto 1980. – Böckerstette, H.: Aporien der Freiheit und ihre Aufklärung durch Kant, Stuttgart-Bad Cannstatt 1982. – Altmann, A.: Prinzipien politischer Theorie bei Mendelssohn und Kant, in: Ders., Die trostvolle Aufklärung, Stuttgart-Bad Cannstatt 1982, S. 192–216. – Rilly, P.: Kant's Political Philosophy, Littlefield 1983. – Williams, H.: Kant's Political Philosophy, Oxford 1983. – Deutschland und die Französische Revolution, Katalog zur Ausstellung des Goethe-Instituts zum Jubiläum des historischen Ereignisses, erarb. v. F. Dumont, Stuttgart 1989. – Maus, I.: Zur Aufklärung der Demokratietheorie, Rechts- und Demokratietheoretische Überlegungen im Anschluß an Kant, Frankfurt/M. 1992. – Sassenbach, U.: Der Begriff des Politischen bei I. Kant, Würzburg 1992. – Williams, H. (Hg.): Essays on Kant's Political Philosophy, Chicago 1992 [Aufsätze v. O. O'Neill, O. Höffe, W. Kersting u. a.]. – Höffe, O. (Hg.): I. Kant, Zum ewigen Frieden, Berlin 1995. – Gerhardt, V.: I. Kants Entwurf Zum ewigen Frieden. Eine Theorie der Politik, Darmstadt 1995. – Ders.: Der Thronverzicht der Philosophie. Über das moderne Verhältnis von Philosophie und Politik bei Kant, in: Höffe (Hg.), S. 171–193.

4 Die Religionsschrift und der Zusammenstoß mit dem preußischen Staat

Mit der Thronbesteigung Friedrich Wilhelms II. im Jahre 1786 setzte in Preußen eine politische Wendung gegen die Aufklärung ein. Der Neffe ist Nachfolger Friedrich II., ein armer Tropf, der Stunden saß und weinte, auch Jesus mehrfach vor sich zu sehen glaubte. Er entließ den freisinnigen Minister v. Zedlitz, den Freund der Kantschen Philosophie, und berief den Theologen J. C. Wöllner im Juli 1788 zum Justizminister und Chef des geistlichen Departements. Damit hatte die reaktionäre Hofpartei, in der feudale Illusionen am Vorabend der Revolution in Frankreich, durchsetzt mit religiöser Schwärmerei, Geheimwissenschaften, Goldmacherei, Geisterbannerei auflebten, einen Posten gegen die aufgeklärte höhere Bürokratie Friedrichs II. besetzt. Im gleichen Monat erschien das Religionsedikt, das die Kräfte anklagte, die, wie es hieß, unter dem Schein falscher Aufklärung in unverschämter Weise zahllose Irrtümer verbreiteten. Im Dezember 1788 folgte ein Zensuredikt, »bestimmt, in dem Streit um das Religionsedikt als Waffe zu dienen« (Dilthey, S. 288). Doch zunächst brachen sich die Bestrebungen des Hofes an dem liberalen Oberkonsistorium der Beamten Friedrichs II. Dagegen wurde im April 1791 auf einer geheimen Potsdamer Beratung die geistliche Immediat-Examinationskommission als Gegeninstitution geschaffen. Ihr wurde u. a. die Zensur aller in Berlin erscheinenden theologischen und moralischen Bücher und Zeitschriften übertragen. Oberzensor wurde der Breslauer Pastor H. D. Hermes, neben ihm stand G. F. Hillmer, ein intoleranter Lehrer ohne jedes wissenschaftliche Verdienst. Damit war einer kirchlichen Behörde die Oberaufsicht über alle theologische und einen großen Teil der philosophischen Literatur übertragen. Den politischen und kulturellen Rückschritt und die Niederlegung seines Berliner Propstamtes an der Nikolai-Kirche (1788) schildert sehr anschaulich J. J. Spalding (1714–1804), Propst und Oberkonsistorialrat seit 1764, in seiner *Lebensbeschreibung von ihm selbst aufgesetzt* (Halle 1804, S. 109 ff.). Er besorgte »nach dem strengen Tone des Edikts eine verketzerungssüchtige Beobachtung der Vorträge« (S. 114). Nicolai verlegte den Druckort seiner *Allgemeinen Deutschen Bibliothek* nach Kiel, Biesters *Berlinische Monatsschrift* wanderte ins Ausland nach Jena aus, wurde aber im Sommer 1792

ganz verboten, im April 1794 erging es der *Bibliothek* ebenso. Polemische Schriften und handgeschriebene Zeitungen begannen in Berlin umzulaufen. Einige der bedeutendsten Buchhändler in Berlin, Halle, Königsberg protestierten gegen das Zensurregiment. Von Berlin wurde Kant mitgeteilt, Oberkonsistorialrat Woltersdorf, Mitglied der neuen Examinationskommission, habe gleich in den ersten Tagen seiner neuen Amtsherrlichkeit beim König beantragt, Kant fortan das Schreiben ganz zu verbieten (Kiesewetter an Kant, 14.6.1791). Auf dem Regensburger Reichstag brachte Hessen-Kassel 1794 den erfolglosen Antrag ein, gegen Kants Philosophie vorzugehen. Der Fortgang der Revolution in Frankreich, die Hinrichtung Ludwigs XVI. (Januar 1793), der Übergang der Herrschaft auf den jakobinischen Wohlfahrtsausschuss, die Bildung von Revolutionsausschüssen in ganz Frankreich verstärkten den Einfluss der Reaktion in Preußen. Der österreichische Kaiser ermahnte die deutschen Fürsten, den revolutionären Umtrieben entschlossen zu begegnen. Leopold II. und der preußische König beschlossen bei einem Treffen in Pillnitz (August 1791) eine provokatorische Erklärung gegen Frankreich. Im folgenden Jahr beginnen die Koalitionskriege gegen die französische Republik. Minister v. Hertzberg (seit 1763) widerriet dieser Politik und trat 1791 zurück. Die Minister Wöllner und Bischofswerder fordern eine Gemeinschaft aller Fürsten Europas. Das war die preußische und die internationale Situation, als Kant 1793 in Königsberg bei Nicolovius *Die Religion innerhalb der Grenzen der bloßen Vernunft* erscheinen ließ. Kant wollte sie ursprünglich als Aufsatzfolge herausgehen lassen. Ein erstes Stück hatte 1792 die Zensur passiert, das zweite wurde verboten. Kant fasste darum die vier Teile zusammen, reichte sie der philosophischen Fakultät in Jena zur Zensur ein, erhielt das Imprimatur und die Schrift wurde auch dort gedruckt. Im Frühjahr 1794 erschien bereits eine zweite Auflage. Kant zeigte in komplizierter und für ihn persönlich zunehmend bedrängter Situation Konsequenz. Die Schrift enthielt (in der Vorrede zur 1. Auflage) eine höchst aktuelle Kritik der Zensur der Wissenschaften durch Theologen, die den Stolz der Wissenschaften demütigen und sich selbst die Bemühung mit denselben ersparen wollten (VI, 8). Für Revolutionen wird 1793, im Preußen der antirevolutionären Koalition, mit entschiedener Parteinahme und mit historischem Verstand gesprochen. »Ein gewisses Volk [...] ist zur Freiheit nicht reif; die Leibeigenen eines Gutseigenthümers sind zur Freiheit noch nicht reif [...] Nach einer solchen Voraussetzung aber wird die Freiheit nie eintreten; denn man kann zu dieser nicht reifen, wenn man nicht zuvor in Freiheit gesetzt worden ist [...] Die ersten Versuche werden freilich roh, gemeiniglich auch mit einem beschwerlicheren und gefährlicheren Zustande verbunden sein [...]; allein man reift für die Vernunft nie anders, als durch eigene Versuche« (VI, 188). Kant war sich der Gefahr für ihn selbst durchaus bewusst und war wohl in der Stimmung, eine Probe aufs Exempel zu machen, wie weit man in der »Einschränkung der Freiheit, laut zu denken«, gehen werde (an den Berliner Arzt Selle, 24.2.1792).

Am 1. Oktober 1794 erging die von Wöllner verfasste Königliche Kabinettsorder, in der der Monarch Kant mitteilen ließ, dass er »schon seit geraumer Zeit mit großem Mißfallen sehe, wie Ihr Eure Philosophie zu Entstellung und Herabwürdigung des Christentums mißbraucht«. Darauf wird die Religionsschrift genannt, gewissenhafte Rechtfertigung verlangt, höchste Ungnade angedroht und erwartet, dass Kant seine Talente anwende, »daß unsere landesväterliche Intention je mehr und mehr erreicht werde, widrigenfalls Ihr Euch bei fortgesetzter Renitenz unfehlbar unangenehmer Verfügungen zu gewärtigen habt« (VII, 6). Das war in klarem rüdem Ton gesprochen mit dem 70-jährigen Kant. Kant reagierte auf sehr charakteristische Weise mit zwei Schritten. Den ersten tat er sogleich, den zweiten erst nach vier Jahren. Inzwischen erhielt er z. B. von S. Collenbusch, einem der führenden Pietisten in Barmen, folgenden Brief: »Mein lieber Herr Professor! Des Herrn Kants vernunft Glaube ist ein von aller Hofnung ganz reiner Glaube. Des Herrn Kants Moral ist eine von aller Liebe ganz reine Moral. Nun entsteht die Frage: In welchen Stücken unterScheidet Sich der Glaube der Teüfel von dem Glauben des Herrn Kants? – und in welchen Stücken unterScheidet Sich die Moral der Teüfel und die Moral des Herrn P. Kants?« (26.12.1794). Dies der ganze Weihnachtsbrief. Kant antwortete dem Ministerium auf den ersten Vorwurf: Seine Religionsphilosophie sei nur für Fakultätsgelehrte, könne also den Glauben des Volkes, der allerdings an die von der Regierung sanktionierte öffentliche Landesreligion gebunden sei, nicht beschädigen. Die Gelehrten müssten aber das Recht des freien öffentlichen Urteils behalten. Der zentrale Gedanke der Zurückweisung des Angriffs war der Satz, dass es kein anderes Lob des Christentums geben könne als dessen von seiner Schrift behauptete Zusammenstimmung mit der Moral der Vernunft, durch die das öfters abweichende Christentum allein wieder hergestellt werden könne. Den anderen, sein

weiteres Verhalten betreffenden, Punkt beglich Kant mit der Erklärung, dass er zukünftig »als Ew. Königl. Majestät getreuester Untertan [...] aller öffentlichen Vorträge die Religion betreffend sowohl in Vorlesungen als in Schriften sich gänzlich enthalten werde« (VII, 10; vgl. a. den Entwurf XI, 508–511).

Ein Blatt Kants aus jener Zeit spricht die Haltung, die dem Antwortschreiben zugrunde lag, deutlich aus: »Wiederruf und Verläugnung seiner inneren Überzeugung ist niederträchtig...; aber Schweigen in einem Falle wie der Gegenwärtige ist Unterthanspflicht, und wenn alles was man sagt, wahr seyn muß so ist darum nicht auch Pflicht, alle Wahrheit öffentlich zu sagen« (XII, 406; vgl. dazu A. Warda in KS 22 (1918), S. 504). Die Berliner Aufklärer glaubten, von Kants weitgehender Schweigeerklärung enttäuscht sein zu sollen. Kant sah indes die generelle politische Konstellation wohl. An den Verleger der *KU*, Lagarde in Berlin, schrieb er, er hoffe vom Frieden mit der französischen Republik auch eine liberale Wendung der preußischen Innenpolitik (XI, 512, 515; über Kants Einschätzung der Situation und über seine Verhaltensweise vgl. an Schiller, 30.3.1795, an Tieftrunk, 5.4.1798). Biester in Berlin zeigte wahre Achtung für Kant, indem er die Enttäuschung aussprach, als er über Kants Verteidigung schrieb: »Nur muß es wohl Jeder bedauern, daß Sie das Versprechen freiwillig ablegen: über Religion [...] nichts mehr zu sagen. Sie bereiten dadurch den Feinden der Aufklärung einen großen Triumph, und der guten Sache einen empfindlichen Verlust. Auch, dünkt mich, hätten Sie dies nicht nöthig gehabt« (17.12.1794).

Drei Jahre nach diesen Vorgängen starb Friedrich Wilhelm II. (16.11.1797). Sein Nachfolger berief 1798 an Wöllners Platz E. v. Massow zum Staats- und Justizminister und betraute ihn mit der Leitung des geistlichen und Schuldepartements. Nun gab Kant im gleichen Jahr eine neuerliche Schrift über das Verhältnis von Wissenschaft und Religion heraus, den *Streit der Fakultäten*, die schon seit 1794 geschrieben war, und brachte in der Vorrede den ganzen Skandal seiner Reglementierung vor die Öffentlichkeit (VII, S. 5–11). Da er ausdrücklich als der jetzt verblichenen Majestät getreuester Untertan aller Schriften über die Religion entsagt habe, könne er nun, unter der neuen Majestät, wieder in sein Freiheitsrecht eintreten. Für die Beurteilung der Kantschen Vorbehaltserklärung, die ihn nun von seinem Schweigeversprechen entbinde, ist die im absolutistischen Staat wirksame feudale Treuebindung des Untertanen, insbesondere der Beamten der Akademien, an die Person des Herrschers zu beachten. Kants List, wenn man so will, vor der Übermacht, deren reaktionärem Kurs er von Anfang an kein langes Leben gab, bestand darin, dass er nur das feudalstaatliche Rechtsverhältnis seinerseits ernst nahm, das ihm gegenüber für den Verweis benutzt worden war.

Literatur

Fromm, E.: I. Kant und die preußische Zensur, nebst kleineren Beiträgen zur Lebensgeschichte Kants, Leipzig 1894. – Arnoldt, E.: Beiträge zu Kants Leben und Schriftstellertätigkeit in Bezug auf seine Religionslehre und seinen Konflikt mit der preußischen Regierung, Königsberg 1898. – Dilthey, W.: Der Streit Kants mit der Zensur über das Recht freier Religionsforschung (1890), in: Ges. Schriften, Bd. 4, Leipzig 1925, S. 285–309. – Rachold, J.: Kants Religionsschrift und die preußische Zensur, in: Emundts, D. (Hg.), I. Kant und die Berliner Aufklärung, Wiesbaden 2000.

5 Theoretische Perioden, Gruppierung der Werke

Entwicklungsgeschichtliche Auffassung der Kantschen Theorie

Die Periodisierung des Kantschen Denkens entstand ursprünglich als Abwehr der Schellingschen und Hegelschen Kant-Darstellung innerhalb eines philosophiehistorischen Schemas ineinander verschränkter logischer und historischer Entwicklungsstufen der philosophischen Denkform überhaupt (vgl. die Kant-Darstellung in Hegels philosophiehistorischen Vorlesungen, Bd. 3; auch: C. L. Michelet (1801–1893), *Geschichte der letzten Systeme der Philosophie*, T. 1, Berlin 1837, S. 33 f.; ebenso noch J. E. Erdmann (1805–1892), *Versuch einer wissenschaftlichen Darstellung der Geschichte der neuern Philosophie*, Bd. III/1, Leipzig 1848, S. 21 ff.). Mit der Auflösung des philosophiehistorischen Determinismus (und des Hegelschen Anspruchs, die Synthese der Philosophiegeschichte erreicht zu haben; Kant hatte für seine Theorie gleichfalls solchen Anspruch erhoben) wandte sich der Blick seit den 40er Jahren auch den Denkperioden Kants zu. Das philosophiehistorische Thema der entwicklungsgeschichtlichen Kant-Forschung als der Grundlage des Systemverständnisses der Kantschen Theorie und dieses Gegensatzes zur systematischen Konstruktion der Philosophiegeschichte formulierte B. Erdmann (1851–1921) in der Einleitung zu seiner Edition der *Prolegomena* (1878). »Es ist nicht die Aufgabe der Geschichte der Philosophie, die verschiedenen Systemversuche in systematischer Darstellung wiederzugeben, sondern die causale Entwicklung der philosophischen Probleme und ihrer Lösungsversuche zu reproduciren. Sie soll nicht sowol zeigen, was ein philosophisches System enthält, als vielmehr, wie dasselbe geworden ist. […] ein Philosoph wird wie jedes andere Object der Geschichte historisch nicht characterisirt durch die reifste Ausbildung, die er seinen Gedanken hat geben können, sondern durch die Entwicklungsgeschichte, die ihn zu derselben geführt hat. […] Da es sich hier um ein hinsichtlich Kants fast vollkommen unbearbeitetes Gebiet handelt« (*I. Kant's Prolegomena*, hg. u. hist. erkl. v. B. Erdmann, Leipzig 1878, S. IVf.).

J. H. Tieftrunk (1760–1837) stellte als erster die Kantsche Theorie vom Problemgang durch die vorkritischen Schriften hindurch dar (*I. Kant's vermischte Schriften*, hg. v. J. H. Tieftrunk, 3. Bde., Halle

1799). Tieftrunks »Vorbericht« (S. V–CXXVIII) enthält »nebst andern Bemerkungen einige Züge zur
Geistesgeschichte des Verfassers, besonders in Ansehung der allmäligen Emporarbeitung desselben zur
Transcendentalphilosophie«. Tieftrunk, dem Kant in
mehreren Briefen auf dessen Anfragen über Hauptpunkte der neuen Theorie schrieb, gab mit seiner auf
Einführung in Kants Denken berechneten Darlegung an den Kant-Belegen entlang ausgezeichnete
Erläuterungen zum Problem der Synthesis apriori,
die gegenüber der analytischen Explikation logischen Operationen vorherbestehen müsse (S.
LXIXff.), außerdem erklärte er die Begriffe a priori
vorzüglich als weder abstraktionstheoretisch noch
wie angeboren zu erklärende, sondern als »ursprünglich erworbene Begriffe« (S. LXXXXV). Tieftrunks
entwicklungsgeschichtliche Kant-Einführung sollte
noch den originären Kantianismus gegen Unverständnis erläutern und gegen Fortsetzer bekräftigen.
Die edierten vorkritischen Schriften wurden von Interpretationen der *Kritik* eingeleitet. Es war eine päd-
agogisch-theoriegeschichtliche Anknüpfung an
noch bestehende allgemeine philosophische Auffassungen, von denen aus und durch sie hindurch Kant
zu seiner Reform der Philosophie gelangt war.

Vom anderen Gesichtspunkt eines gegen Schelling
und Hegel gerichteten, durch Anthropologie der inneren Erfahrung uminterpretierten Kantianismus
behandelte dann J. F. Fries (1773–1843) (*Die Geschichte der Philosophie dargestellt nach den Fortschritten ihrer wissenschaftlichen Entwickelung*, Bd. 2,
Halle 1840, S. 503 ff.) das Thema der »Entwicklungsgeschichte seines Geistes«. Die strikte Periodenein-
teilung führte zuerst K. Rosenkranz (1805–1879) ein
(*Geschichte der Kant'schen Philosophie*, Leipzig 1840).
Er unterschied: Heuristische Periode (1746–1770),
spekulativ-systematische (1770–1790) und praktische Epoche (1790–1804). Mit dem Erlöschen nicht
nur des theoriegeschichtlichen Anspruchs Kants,
Schellings, Hegels, sondern des Gedankens schlechthin (unter dem auch Kant seine Theorie sah) einer
letztlich richtigen systematischen Philosophie in der
Kultur, so dass also nur unterschiedliche Theorien nebeneinander die Wahrheit repräsentierten, setzte die
entwicklungsgeschichtliche Kant-Interpretation erst
wirklich ein und bildete seit dem späten 19. Jh. ein
vielbehandeltes Thema. Die historisch-entwicklungs-
geschichtliche Kant-Interpretation eröffnete K. Fischers (1824–1908) eingehend referierendes Werk *I.
Kant und seine Lehre* (Heidelberg 1860), das beitrug,
den deutschen Kantianismus in den 70er Jahren wiederzubeleben. Darauf untersuchten zuerst H. Vaihin-

ger (1852–1933), B. Erdmann, F. Paulsen (1856–
1908), A. Riehl (1844–1924), E. Adickes (1866–1928)
mit unterschiedlichen Resultaten den Denkweg
Kants und setzten sich zugleich mit Fischers Gliederung in feste unterschiedene Denkphasen auseinander. Fischer sah Kants theoretische Entwicklung (wie
schon Michelet) als Triade: a) Anhänger der Wolffschen Metaphysik – b) »englische Erfahrungs- und
Moralphilosophie« und »erfahrungsmäßiger Skeptizismus«, dazu Rousseau-Einfluss als Antithese – c)
Transzendentalphilosophie als Synthese (K. Fischer,
I. Kant und seine Lehre, T. 1, Heidelberg [4]1898, S.
138). Das Thema gehörte der eingetretenen Historisierung und Relativierung der Kantschen Philosophie zu, und die Tendenz war Teil des generellen
Übergangs der deutschen Kulturwissenschaften zum
Historismus. Es leitete über zu den ganz auseinander-
gehenden Kant-Interpretationen des 20. Jhs., die entwicklungsgeschichtliche Resultate für ihre spezifischen Sichtweisen aufnahmen, wie die re-ontologi-
sierende Kant-Interpretation H. Heimsoeths (1886–
1975) (zuerst *Metaphysische Motive in der Ausbildung
des kritischen Idealismus*, in: KS 29 [1924] H.1/2),
auch M. Heideggers (1889–1976) *Kant und das Problem der Metaphysik* (1929), eine der lebensphilosophischen Uminterpretationsvarianten. Die entwicklungsgeschichtliche Kant-Interpretation verband sich
zunehmend mit der Erforschung der Quellen des
Kantschen Denkens, der Beachtung der Vorlesungsnachschriften und der großen Masse der Kantschen
Reflexionen, die vorwiegend Notizen für die Vorlesungen darstellten, sowie mit der begriffsgeschichtli-
chen und wortstatistischen Erschließung aller Textgruppen. Damit vollenden sich nach der einen Seite
Historisierung und theoretische Relativierung des
originären Kantianismus. Im Ganzen und hauptsächlich aber wird, analog der Generationen währenden
philologischen Erschließung der antiken griechischen Philosophie, die Voraussetzung einer Kant-Interpretation geschaffen, die quellenkritischen Kriterien historischer Methodologie zu genügen vermag.
Die entwicklungsgeschichtliche Interpretation und
Akzentuierung einzelner Textgruppen (bestimmte
Werke, Reflexionen, Vorlesungen) erschließen insbesondere die Quellen des Kantschen Denkens bis in
Kants Terminologie hinein und bereiten damit auch
neuen Einsichten von der Transzendentalphilosophie
in der Geschichte der Wissenschaften und generell als
theoretischer Repräsentation und Kritik des bürgerlichen Zeitalters den Boden. Die Interpretation des
Kantschen Denkweges hat sowohl den vereinfachenden Evolutionismus aufeinander folgender Reife-

stadien als auch die Isolierung der Problemstellungen verschiedener Denk-Phasen und einzelner Schriften Kants zu vermeiden. Mit der Periodenteilung sind die Fragen nach den Einflüssen verbunden, die auf Kants Denken wirkten, sowie nach dem Zeitpunkt bestimmter Aufnahmen anderer Autoren, bzw. der Auseinandersetzung mit ihnen. Die Kant-Lesarten argumentieren immer stärker mit Einflüssen oder Fortwirkungen bestimmter Quellen in Kants Denken.

Literatur

Vaihinger, H.: Commentar zu Kants Kritik der reinen Vernunft, Bd. 1, Stuttgart u. a. 1881, § 9. – Erdmann, B.: Die Entwicklungsperioden von Kants theoretischer Philosophie, in: Ders., Reflexionen Kants zur kritischen Philosophie, Bd. 2, Reflexionen zur KrV, Leipzig 1884, ND Stuttgart-Bad Cannstatt 1992, S. XIII–XLVIII. – Riehl, A.: Der philosophische Kritizismus, Geschichte und System, Bd. 1, Geschichte des Kritizismus, Leipzig 1924. – Vleeschauwer, H. J. de: L'évolution de la pensée kantienne. L'histoire d'une doctrine, Paris 1939 [engl.: The Development of Kantian Thought. The History of a Doctrine, London 1962]. – Campo, M.: La genesi del criticismo kantiano, Varese 1953. – Henrich, D.: Über Kants Entwicklungsgeschichte, in: PhR 13 (1965), S. 252–263. – Beck, L. W.: Early German Philosophy. Kant and his Predecessors, Cambridge/Mass. 1969. – Hinske, N.: Kants Weg zur Transzendentalphilosophie. Der dreißigjährige Kant, Stuttgart 1970.

»Vorkritische« und »kritische« Periode

Die Unterscheidung von vorkritischer und kritischer Periode stammt in der Sache, nicht dem Wort nach, von Kant selbst. Die Wende setzte er ins Jahr der Inauguraldissertation *Über Form und Prinzipien der sinnlichen und der intelligiblen Welt* (1770). Es handelt sich um zwei unterschiedliche, in wesentlichen Punkten sogar gegensätzliche Perioden zur Lösung eines durchgehenden Problems. Bereits mit den Schriften der 50er Jahre suchte Kant eine Verbindung der Methode der Metaphysik mit den Methoden der mathematischen Naturwissenschaften und suchte auch die naturalistische Methodik der sog. moral sciences in eine neu gefasste Metaphysik zu integrieren. Die an Leibniz orientierte Schulmetaphysik und die natur- wie sozialwissenschaftlichen Disziplinen stellten verschiedene Theorietypen dar. Die Metaphysik ging nach der formalen Logik als Basisdisziplin von analytischen Definitionen in einem vollständigen System der Grundbegriffe deduktiv zu endgül-

tigen Aussagen über Sein als solches, Seele, Kosmos und Gott. Die natur- und sozialwissenschaftlichen Disziplinen setzten mit nur schwach systematisierten Grundbegriffen bei den empirischen Erscheinungsfeldern ein und bildeten immer umfassendere Theoriesysteme, die als prinzipiell unabschließbar gedacht wurden. Newton vertrat einen Atomismus letzter träger Teile der Materie. Leibniz dachte Monaden als Konstrukte letzter immaterieller Entitäten, vertrat aber sonst gegen Newton die mathematische unendliche Teilbarkeit der Materie. Aus diesen Differenzen entfalteten sich die gegensätzlichen Positionen in den Fragen nach der Unendlichkeit oder Endlichkeit der Welt, der Kontinuität der Materie mit unendlicher Teilbarkeit oder deren Diskontinuität und damit überhaupt nach der logischen Qualität der Beziehung der Mathematik auf die empirisch konstatierbaren Prozesse. Der unendlichen Teilbarkeit der Materie im möglichen Sein der Mathematik widersprach die Voraussetzung kleinster diskreter Teile der physikalischen Wirklichkeit. Neben den kosmologischen Themen standen die moral- und rechtstheoretischen Fragestellungen auf der Basis einer naturalistischen Psychologie. Kant war von Anfang an bestrebt, die naturalistische und utilitaristische Handlungs- und Sozialtheorie in einen überindividuellen geistigen Zusammenhang nach dem Muster der Rousseauschen *volonté général* einzufügen und meinte bereits in den 60er Jahren, die Lösung durch eine Metaphysik der Sitten gefunden zu haben. Mit allen sich in verschiedene metaphysische und naturwissenschaftliche Strömungen zerteilenden Theorien wie dem Sensualismus und Skeptizismus in England, dem Materialismus in Frankreich, dem Okkasionalismus Malebranches, der Wolffschen Leibniz-Interpretation, der Wolff-Kritik in der Metaphysik bei Rüdiger, Crusius u. a., der empiristischen Popularphilosophie waren theologische Grundfragen über eine transzendente Wesensbestimmung oder rationale Autonomie des Menschen, über die Art einer andauernden Verbindung der Welt mit deren geistigem Ursprung verbunden.

Kant hielt an der Überzeugung von der Notwendigkeit einer Gesamttheorie nach dem metaphysischen Prinzip der logisch vollkommenen Erkenntnis fest. Er war noch mit der Inauguraldissertation (1770) überzeugt, eine Verbindung zwischen naturwissenschaftlichem und metaphysischem Weltbegriff herstellen zu können. Der Titel einer Schrift von 1756 bezeichnet sein Programm: *Über die Vereinigung von Metaphysik und Geometrie in ihrer Anwendung auf die Naturphilosophie*. Die Dissertation sollte

die Vereinigung durch erweiterte Trennung von ideeller und empirischer Realität erreichen lassen, so
dass für eine intelligible Welt die Prämissen der Metaphysik mit abschließenden Aussagen über Mensch
und Welt gelten könnten, für die sinnlich-erfahrbare
Welt die neuen natur- und sozialwissenschaftlichen
Theorien. Erst am Beginn der 70er Jahre begann er
dieses Programm als undurchführbar zu erkennen.
»Die Welt ist das absolute ganze möglicher Erfahrung. Wir können uns ein absolutes Weltganze ganz
wohl denken, nur nicht im Raum und Zeit. Das absolutganze in der Erscheinung ist ein Wiederspruch«
(Refl. 4525 XVII, 582). Hier wird das Weltganze nicht
metaphysisch als das logisch widerspruchsfrei mögliche Sein, sondern als Totum möglicher empirischer
Erfahrung bezeichnet. Ist davon überhaupt noch
eine Theorie vom Typus der Metaphysik möglich?
Das führte bei Kant weiter zu der Frage, wie die
Verbindung von intelligibler und empirischer Realität zu denken sei. An Mendelssohn schrieb er 1766,
es käme darauf an, zu bestimmen, wie die immateriellen Substanzen in der Welt gegenwärtig wären und
wie es möglich wäre, durch metaphysische Urteile a
priori die Kräfte geistiger Substanzen und mit diesen
die ursprüngliche Kausalität hinter allen Ereigniske-
ten metaphysisch auszumachen. Wie intelligible
Substanzen und Relationen bestimmen, »wo die data
fehlen« (8.4.1766)? Im Laufe der 70er Jahre erkannte
Kant das Illusionäre seines Verbindungsprogramms
von Metaphysik und Fachwissenschaften. Er war jedoch weiter von einer Begründungsstruktur der logischen Möglichkeit der Wissenschaften nach dem
Muster der logisch vollkommenen Erkenntnis der
Metaphysik überzeugt. Er sah mit der Aufgabe des
metaphysischen perfectio-Prinzips im Theoretischen Humes Skeptizismus und im Praktischen den
bourgeoisen utilitaristischen Relativismus in die ge-
räumte Position einziehen. Es konnte sich allerdings
nur um eine veränderte Fassung des metaphysischen
perfectio-Prinzips einer logisch vollkommenen Erkenntnis handeln, ohne ontologischen Unterbau mit
Aussagen über intelligible Substanzen und über die
Welt als Ganzes. Kants geistige Bewegung von der
»vorkritischen« zur »kritischen« Methode der Philosophie konzentrierte sich in der zunehmenden Einsicht, dass eine Theorie auf der Basis von Begriffen
des Aktual-Unendlichen keinen Erkenntniswert besitze. Er fragt, »wie die niemals endende Reihe der einander in Ewigkeit folgenden Zustände des Weltalls
in ein überhaupt allen Wechsel in sich befassendes
Ganze gebracht werden könne«? Die totalitas, »ta-
men penitius perpensa crucem figere philosopho vi-

detur« – die Gesamtheit nämlich genauer erwogen,
so bildet sie ein Kreuz für den Philosophen, sagt die
Dissertation (II, 391). Kant erkennt nach der Dissertation die Beziehung zwischen intelligibler und empirischer Realität unter der Voraussetzung ontischer
intelligibler Ganzheiten als eine grundsätzliche Antinomik der Vernunft. »In den Erscheinungen ist kein
absolut Erstes anzutreffen. Aber in der synthesis des
Verstandes wohl. […] Die antinomie der Vernunft ist
also nichts anders als die Verschiedenheit der Ver-
nunftprincipien, so fern die data sinnlich, d. i. abhan-
gig von obiecten, oder intellectuel, d. i. aus dem Gemüth selbst gegeben werden« (Refl. 4742 XVII, 694).
Er denkt jetzt das mathematisch Unendliche als ein
nur potentiell Unendliches. Für Objekte der intelligiblen Substanzen-Realität, der realitas formalis der
Metaphysik, sind generell keine Erkenntniskriterien
im Sinne der Naturwissenschaften anzugeben (vgl.
u. a. Refl. 4707, 4780). Das von der Dissertation be-
gonnene Programm der neuartigen, allein logischen
Trennung von intelligibler und empirischer Welt
führte Kant im »Zeitraum der schweigsamen Arbeit«
(Dilthey in AA I, S. IX) der 70er Jahre zur Aufgabe
der ontologischen Metaphysik und zur Verbindung
einer Analytik der logischen Funktion a priori mit
dem Phänomenalismus der Fachwissenschaften. Mit
diesem Dualismus von »zwei Stämmen der Erkenntnis« war das Rationalitätsprogramm der Metaphysik
bewahrt, aber aus dem Bezug auf jede vorgeordnete
Transzendenz herausgeführt. Zugleich wurde der
Materialismus als Variante einer wissenschaftsge-
stützten Gesamtanschauung ausgeschlossen. Die
drei *Kritiken* untersuchen in einer transzendentalen
Logik, wie logische Funktionen und deren Vollkom-
menheitskriterien mit der realen Unendlichkeit der
empirischen Realität (von Sachverhalten und Willensmaximen) zu verbinden seien. Darauf folgt dann
als systematische Darstellung von Kategorien und
Grundgesetzen der Natur- und Kulturwissenschaften eine »nur methodisch-gebrauchte Metaphysik«,
wie die *Metaphysischen Anfangsgründe* sagen (IV,
524). So entschieden der transzendentale Idealismus
die Autonomie systematischer Rationalität verankerte, so klar war er von seinem Urheber auch als
Riegel-Funktion gegen Materialismus gedacht. Der
Umgestaltungsprozess des ganzen Begründungsprogramms der neuzeitlichen europäischen Philosophie
zog sich von der zweiten Hälfte der 60er Jahre bis zur
Niederschrift der *KrV* hin (die ersten durchgehenden Teile etwa 1778). Danach setzte im Zusammenhang der Durchführung des transzendentallogischen Begründungsprogramms ein Präzisierungs-

prozess zur *KU* (1790) und im Grunde darüber hinaus bis zum Manuskript des *Opus postumum* (ca. 1796–1803) ein. Die Schriften und Aufsätze der 80er und 90er Jahre realisieren die Transzendentalphilosophie im Bezug auf die spezifischen Kulturfelder (Recht, Religion, Geschichte usf.).

Der *KrV* ging nicht eine geschlossene Periode der Schulmetaphysik voraus, die etwa durch eine empiristische Zwischenphase aufgelöst worden sei (eine vielleicht für die Übersichtlichkeit bei einer ersten Gesamtdarstellung Kants gedachte Teilung solcher Perioden bei K. Fischer, *I. Kant und seine Lehre*, 1860,⁶1957, T. 1, B. 1, Kap. 8). Kants Metaphysik-Kritik begann mit der Auflösung der Verbindung von Logik und Metaphysik, die in der deutschen Wolff-Kritik bereits vor Kant diskutiert wurde. Er trennte Realursache und logischen Grund. Die reale Ursache sei nicht nach dem Satz der Identität zu erkennen. Darum seien real auch »negative Größen« Ursachen und bildeten nicht einfach logische Negationen (vgl. II, 198–204). Das ergab sich aus den empirischen Verifikationsprinzipien der Naturwissenschaften. Er ging unter dem Eindruck der relativistischen Thesen Humes – und um sie abzulehnen – über des Wolff-Kritikers C. A. Crusius (1715–1775) Unterscheidung von sog. Realgrund und Idealgrund hinaus, die bei Crusius doch beide logisch erkennbar sein sollten. D. Hume (1711–1776) hatte logische Identität und Realgrund getrennt und daraus die beiden Schlussfolgerungen gezogen: a) Logik bezieht sich nur auf Analytik der Begriffe und Urteile und b) Substantialität und kausale Verbindung äußerer Phänomene sind rein logisch unerkennbar. Er fasste sie als praktisch bewährte Gewohnheiten. Logik kann nicht erklären, dass, weil etwas sei, etwas anderes sein müsse. Kant wiederholt das (II, 202) aus Humes *Abhandlung über den menschlichen Verstand* (1748, dt. von Sulzer Hamburg u. Leipzig 1755). J. G. Herder (1744–1803), der von 1762 bis 1764 in Königsberg studierte, schrieb, Kant habe die Naturgesetze der Physiker und jede ihm bekannt gewordene Naturentdeckung verfolgt, habe Leibniz, Wolff, Crusius, Hume und Rousseau »geprüft«. Die Passage in den *Briefen zur Beförderung der Humanität* (1793–1797) (79. Brief) vermittelt eine gute Vorstellung von Kants Denkweise und von dessen stets experimentierendem Umgang mit »Einflüssen« (*Sämmtl. Werke*, hg. v. B. Suphan, Bd. 17, Berlin 1881, S. 404). Kant nahm die geistigen Strömungen des 18. Jhs. vor allem unter dem Gesichtspunkt des Vergleichens, kritischen Abwägens und im Ganzen im Bewusstsein noch ausstehender Synthese auf. »Ich habe verschiedene Jahre

hindurch meine philosophische Erwägungen auf alle erdenkliche Seiten gekehrt, und bin nach so mancherley Umkippungen […] endlich dahin gelangt, daß ich mich der Methode versichert halte« (an Lambert, 31.12.1765; vgl. an Herder, 9.5.1767).

Der neue Kantsche Einsatz in der zweiten Hälfte des Jahrhunderts ist nicht zu revidieren oder zu relativieren durch die Beachtung der Kontinuitätsaspekte gegenüber den vorangegangenen Theorien, und er widerspricht auch nicht der Einbettung Kants in die Diskussionen des Zeitalters. Ebenso würde die Bedeutung der transzendentalphilosophischen Wendung der Aufklärung verkannt durch eine Geringschätzung des Eintritts des Kantianismus in die Bewegung – so als wäre alles Wesentliche der Aufklärung in den englischen und französischen Debatten der ersten Jahrhunderthälfte bereits gesagt worden. P. Kondylis' materialreiches und theoretisch intensives Werk *Die Aufklärung im Rahmen des neuzeitlichen Rationalismus* (Stuttgart 1981) zeigt im Schlusskapitel solche Auffassung. Der Kantianismus wird als ein später Kontrast zum »antiintellektualistischen Charakter« der Aufklärung eingeführt, so dass Kant gewissermaßen ein Fremdkörper in der Bewegung war und auch da, wo er rationell sei, nur mit Verspätung Einsichten wiederentdeckt habe, die für die westeuropäische Aufklärung längst Gemeinplatz gewesen seien. Es ist ein Konzept, das von mehreren Philosophiehistorikern vertreten wurde, so auch von W. Krauss und zuvor schon von A. Baumgarten in dessen leider wenig bekannter *Geschichte der abendländischen Philosophie* (Genève 1945, 618 S.).

Das Vorbild der Naturwissenschaften, vor allem deren Begriff des Gesetzes (gegenüber dem antiken Formbegriff) als der relativ konstanten Relation gegenüber empirisch verifizierbaren »Erscheinungen«, war von Anfang an Ausdruck der metaphysikkritischen Vorbehalte Kants. Realität wird logisch konstituiert als eine Relation von Elementen. Es gibt nicht Gegenstände im ontischen Sinne mehr, sondern zu den mathematischen Ordnungsprinzipien ein »Mannigfaltiges« von Ereignissen und Prozessen in den Naturwissenschaften, von »Fällen« im Recht. Die erscheinenden Ereignisse werden zu Sachverhalten konstituiert. Ganz anders als im metaphysischen Wirklichkeitsbegriff, in dem das Empirische minderen Rang als logisch Zufälliges enthält, bedeutet der Status des empirischen Phänomens in diesen Disziplinen die reiche Fülle der »Erscheinungen«. Der neue Realitätsbegriff findet sich in der *Kritik* am Ende der Analytik in einem Schlüsselkapitel des originären Kantianismus »Von der Amphibolie der Reflexionsbegriffe«: »Was wir auch nur an der Materie kennen, sind lauter Verhältnisse [...] Freilich macht es stutzig, zu hören, daß ein Ding ganz und gar aus Verhältnissen bestehen solle, aber ein solches Ding ist auch bloße Erscheinung und kann gar nicht durch reine Kategorien gedacht werden; es besteht selbst in dem bloßen Verhältnisse von Etwas überhaupt zu den Sinnen« (III, 229).

Literatur

Cohen, H.: Die systematischen Begriffe in Kants vorkritischen Schriften, Berlin 1873. – Guzzo, A.: Kant precritico, Turin 1924. – Tonelli, G.: Die Anfänge von Kants Kritik der Kausalbeziehungen und ihre Voraussetzungen im 18. Jh., in: KS 57 (1966), S. 417–456. – Engfer, H.-J.: Zur Bedeutung Wolffs für die Methodendiskussion der deutschen Aufklärungsphilosophie. Analytische und synthetische Methode bei Wolff und beim vorkritischen Kant, in: Schneiders, W. (Hg.), C. Wolff 1679–1754. Interpretationen zu seiner Philosophie und deren Wirkung, Hamburg ²1986, S. 48–65.

Die Dissertation von 1770

»Es ist hier nicht mehr ein fragmentarisches Hinwinken zur Reform gewisser Meinungen, sondern eine systematische Grundlegung aller Philosophie durch eine schöpferische Idee« (J. H. Tieftrunk im Vorbericht zu seiner Ausgabe *I. Kant's vermischte Schriften*, Bd. 1, Halle 1799, S. LXXXVI). Mit der Dissertation erreichte Kant drei elementare Gesichtspunkte seiner Reform der Philosophie durch Kritik der Schulmetaphysik und des Empirismus. Der erste besteht in der methodisch-analytisch zu verstehenden Trennung von empirisch-rezeptivem und logisch-aktivem oder konstituierendem Aspekt des Erkennens, eben durch die betonte Scheidung von mundus sensibilis und intelligibilis (vgl. Kant über die Hauptpunkte der Dissertation an Lambert, 2.9.1770). Damit war eine Voraussetzung der Ontologie dem Prinzip nach beseitigt: Dass es sich beim Verhältnis zwischen rezeptiver Wahrnehmung und Objekte konstituierendem Urteil nur um Grade logischer Klarheit handele. Die Dissertation spricht jedoch diese Konsequenz (die Ontologie-Beseitigung) nicht aus, weil Kant noch keine Antwort auf die Folgefrage besaß, wie dann die apriorischen logischen Formen mit dem offenbar nichtlogischen Wahrnehmungsmaterial ganz anderer Art verbunden würden. Für die ontologische Metaphysik hatte hier kein Problem bestanden, da beide Bewusstseinsebenen Repräsentationen von Realstrukturen darstellten, nur eben

verworren die eine, die andere klar (vgl. III, 220 f.). Die Dissertation bezeichnet den Höhepunkt in Kants analytischer Denkperiode. Im Laufe der 70er Jahre entwickelte er das Prinzip der transzendentalen Synthesis. Die transzendentale Deduktion löst später das Problem der sog. Restriktion der logischen Form auf Erscheinungen, wenn die Entsprechung von logischem Apriori und Seinsstrukturen aufgegeben wird. Die frühesten Entwürfe der transzendentalen Deduktion folgen der Dissertation in den Jahren 1772–1775 nach (Refl. 4629–34; 4674–84). Im Brief an M. Herz vom 21.2.1772, den Respondenten bei der Verteidigung der Dissertation, bezeichnet Kant das offen gebliebene Problem der transzendentalen Deduktion, das er damals mit Stillschweigen übergangen habe: Woher kommt die Übereinstimmung der »axiomata der reinen Vernunft« mit den Gegenständen, wenn unsere Begriffe nicht nach den Objekten gebildet und die Objekte ebensowenig von uns erzeugt, sondern vorgefunden werden?

Das andere Resultat, das die Dissertation von allen bisherigen metaphysischen Arbeiten scheidet und sie den Weg zur *Kritik* einschlagen lässt, besteht in der Theorie von Raum und Zeit als reinen Anschauungsformen a priori. Es ist klar, dass die logischen Formen a priori nicht mit Raum und Zeit als subjektfreien Absoluta der Daseinsweise der Materie verbunden werden können, ebensowenig mit Raum und Zeit als Wahrnehmungen empirischer Phänomene. Die »Entsinnlichung« der »intelligiblen Welt«, das zentrale metaphysikkritische Thema Kants, bedeutete einen wesentlichen Schritt zur Abscheidung körperlich-gegenständlicher Analogien im Theorieverständnis, mit dem Kant die Philosophie auf den Stand der mathematischen und juridischen Formalisierung von empirischen Sachverhalten hob; ein Prozess, der sich in Logik und Grammatik des 19. und 20. Jhs., zuletzt bis zum sog. linguistic turn der analytischen Philosophie, fortsetzte.

Ein wesentlicher Punkt, der zu den neuen Fragestellungen der Dissertation führte, war Kants Auffassung vom synthetischen Charakter der Mathematik. Er kam am Ende der 60er Jahre dazu, um vor allem das vieldiskutierte Problem der Möglichkeit der angewandten Mathematik zu lösen. Leibniz und – aus anderen Gründen – Hume bestritten die Möglichkeit der Anwendung der Mathematik auf empirische Objekte. Leibniz verstand Raum und Zeit als Geschöpfe unserer Einbildungskraft, als ideale Fiktionen. Der Vorteil dieser Auffassung bestand in der Abscheidung der empirischen Realität von der Mathematik. Dadurch konnte mathematische Idealität zur Methode rationaler Demonstration metaphysischer Theorien werden, ein beträchtlicher Gewinn für die Umbildung theologischer und alltagspraktischer Traditionen der metaphysischen Gedankenbildung zu beweisbaren ideellen Aussagensystemen. Doch die Geltung der Mathematik für die empirisch verifizierbare Welt war dann ausgeschlossen. Wie soll sich die rationale Intuition der Mathematik auf empirische Erscheinungen beziehen, die in Raum und Zeit als in unklaren Begriffen dem Bewusstsein gegeben sind? Kants Auffassung vom synthetischen Charakter der Mathematik bildete ihm die Prämisse für deren Anwendbarkeit auf empirische Erscheinungen.

Aus den neuen Fragestellungen ergab sich schließlich drittens der Weg zu neuer Systemgliederung der Philosophie in gesonderte Transzendentalphilosophie, Metaphysik der Natur und der Gesellschaft (konzentriert in Recht und Moral) und angewandten philosophischen Disziplinen (Geschichte, Religion u. a.). Die Reflexionen der Jahre 1769/70 notieren das Thema »Teile des Territoriums der Metaphysik« (Refl. 3918). Der entscheidende Punkt dabei: der Metaphysik selbst müsse eine methodisch-propädeutische Disziplin vorangehen, die Kant eine »phänomenologia generalis« nennt, die den »principien der Sinnlichkeit ihre Gültigkeit und Schranken bestimmt« (an Lambert 2.9.1770).

Literatur

Siegel, C.: Kants Antinomienlehre im Lichte der Inaugural-Dissertation, in: KS 30 (1925), S. 67–86. – Reich, K.: Über das Verhältnis der Dissertation und der *KrV* und die Entstehung der kantischen Raumlehre, in: I. Kant, *De mundi sensibilis atque intelligibilis forma et principiis*, neu übers. u. m. Einl. u. Anm. hg. v. K. Reich, Hamburg 1958, S. VII–XVI. – Schmucker, J.: Zur entwicklungsgeschichtlichen Bedeutung der Inauguraldissertation von 1770, in: KS 65 (1974), Sonderheft, S. 263–282. – Patt, W.: Transzendentaler Idealismus. Kants Lehre von der Subjektivität der Anschauungen in der Dissertation von 1770 und in der *KrV*, Berlin u. New York 1987 (KSEH 120). – Ertl, W.: David Hume und die Dissertation von 1770. Eine Untersuchung zur Entwicklungsgeschichte der Philosophie I. Kants, Frankfurt/M. u. a. 1999 (Studien zur Philosophie des 18. Jhs., Bd. 7).

Auseinandersetzung mit Hume

Hume veranlasste Kant zur vertieften Begründung einer nicht abstraktionstheoretischen und nicht konventionalistischen Auffassung der logischen und mathematischen Funktionen des Bewusstseins. Kant schätzte an Hume trotz der »Verirrungen eines so

einsehenden Mannes« »das skeptische Verfahren auf die Erweckung einer gründlichen Vernunftprüfung« (III, 499), ja Humes »Erinnerung« der Grenzen des gesunden Menschenverstandes habe ihm zuerst den »dogmatischen Schlummer unterbrochen« und seinen »Untersuchungen im Felde der speculativen Philosophie eine ganz andere Richtung« gegeben (IV, 260). Die metaphorische Wendung soll vielleicht auch zu Kants Hume-Ablehnung angesichts deutscher Hume-Verehrung die sehr wohl vorhandene genaue Kenntnis der Überlegungen mitteilen – und die Hume-Verehrung zugleich relativieren, da nämlich vor allem seine ablehnenden Schlussfolgerungen aus dem Hume-Studium dargelegt werden. Die poetische Wendung vom Erweckungserlebnis benutzte Kant noch einmal in anderem Zusammenhang: Nicht die Antinomie in der Ontologie des Gottesbegriffs, sondern die ersten drei Antinomien hätten ihn aus dem Schlaf des Dogmatismus erweckt (an Garve, 21.9.1798). Kant benutzte die stehende Formel auch ohne autobiographischen Bezug für das Ende der Metaphysik-Epoche in der Philosophie (vgl. *Prolegomena* § 50; IV, 338). Von eigenem Einfluss war selbstverständlich Humes (und Lockes) verfassungsrechtlicher Liberalismus. In der Mitte der 70er Jahre (nach Adickes' Datierung der Reflexionen) blickte Kant in einer längeren Reflexion auf seinen geistigen Weg zurück, betonte sein Bemühen, die bestehende Metaphysik zu bereichern. Darauf heißt es, sicher auch auf Hume bezogen: »Denn der so dreist hingesagte Zweifel schien mir so sehr die Unwissenheit mit dem tone der Vernunft zu seyn, daß ich demselben kein gehör gab« (Refl. 5116 XVIII, 95). Humes *Essays* erschienen zuerst 1755 in deutscher Übersetzung (von Sulzer). Kant las sie sicher bald darauf. Im gleichen Jahr war eine Übersetzung der *Vier Abhandlungen* über die Geschichte der Religion erschienen. Borowski, seit 1755 Kants Student, berichtet, Kant habe damals Hume und Hutcheson besonders geschätzt und sie den Studenten empfohlen. Bei Kants Verhältnis zu Hume ist zu bedenken, dass Humes Skeptizismus seit den 70er Jahren von den Vertretern der antiintellektualistischen Gefühlsphilosophie, von Hamann, Jacobi, Herder, verehrt und nach dem Erscheinen der *KrV* gegen Kants vermeintlichen neuen Dogmatismus eines »Purismus der Vernunft« (J. G. Hamann, *Metakritik über den Purismus der reinen Vernunft*, in: *Hamann's Schriften*, T. 7, hg. v. F. Roth, Leipzig 1825, S. 1–16) gerichtet wurde. Bei entschiedener Ablehnung der lebensphilosophischen deutschen Hume-Aufnahme sah Kant, dass Hume im Fortdenken Lockes das Problem der nicht abstraktionstheoretisch zu erklärenden Elementarbegriffe (Substanz, Ursache, Zahlbegriff u. a.) aufgeworfen hatte. Hume ging generell zur Kritik der universellen Geltungsansprüche der Logik voran. Kant, einseitigen Thesen immer abgeneigt, sah nach der Einsicht in den spekulativen Gehalt der Metaphysik das skeptische Extrem als verkehrte, aber wirkungsreiche Alternative. Umso mehr bedürfe die Vernunft »einer Disciplin, um ihre Ausschweifungen zu bändigen und die Blendwerke, die ihr daherkommen, zu verhüten«. Zutrauen gebe, »daß sie diese Disciplin selbst ausüben kann und muß, ohne eine andere Censur über sich zu gestatten« (III, 517).

Literatur

Zart, G.: Der Einfluß der englischen Philosophen seit Bacon auf die deutsche Philosophie des 18. Jhs., Berlin 1881. – Reinach, A.: Kants Auffassung des Humeschen Problems. In: ZPhphK 141 (1911), S. 176–209. – Löwisch, D.-J.: I. Kant und D. Humes *Dialogues Concerning Natural Religion*. Ein Versuch zur Aufhellung der Bedeutung von Humes Spätschrift für die Philosophie I. Kants, im besonderen für die *KrV*, Diss. Bonn 1964. – Hoppe, H.: Kants Antwort auf Hume, in: KS 62 (1971), S. 335–350. – Beck, L. W.: A Prussian Hume and a Scottish Kant, in: Ders., Essays on Kant and Hume. London 1978 [dt. in: Farr (Hg.), S. 168–191]. – Farr, W. (Hg.): Hume und Kant. Interpretation und Diskussion. Freiburg u. München 1982. – Cleve, J. v.: Another Volley at Kant's Reply to Hume, in: Harper, W. L./Meerbote, R. (Hg.), Kant on Causality, Freedom, and Objectivity, Minneapolis 1984, S. 42–57. – Coleman, D. P.: Humes »Dialectic«, in: HSt 10 (1984), S. 139–155. – Winter, A.: Selbstdenken – Antinomien – Schranken. Zum Einfluß des späten Locke auf die Philosophie Kants, in: Aufklärung 1 (1986), S. 27–66. – Gawlick, G./Kreimendahl, L.: Hume in der deutschen Aufklärung. Umrisse einer Rezeptionsgeschichte, Stuttgart-Bad Cannstatt 1987. – Kreimendahl, L.: Kant. Der Durchbruch von 1769, Köln 1990. – Falkenburg, B.: Kants Kosmologie. Die wissenschaftliche Revolution der Naturphilosophie im 18. Jh., Frankfurt/M. 2000, S. 172–175 [Kap. 4.6, Zur Datierung der kritischen Wende].

Das Antinomienproblem

Das bewegende Element in Kants Auseinandersetzung mit der ontologischen Metaphysik bestand in der zunehmenden Durchdringung des methodischen Gegensatzes zwischen der deduktiven Konstruktion der Schulmetaphysik und der aus Induktion und logischer wie mathematischer Formalisierung hervorgehenden Theoriebildung der Naturwissenschaften. Es waren zwei verschiedene Theoriebegriffe, ein formaler logischer und ein empirisch-gegenständlicher. Beide Theoriebegriffe bildeten unter-

schiedliche Weltbegriffe aus. Im Zusammenhang seiner naturphilosophischen Schriften wurde Kant die Fragwürdigkeit der Methode der Metaphysik immer mehr bewusst, eine realitas formalis logisch-analytisch, wie Kant später sagte, »dogmatisch«zu setzen und darauf unbedingte Aussagen über Totalitäten wie Seele, Weltganzes, Gott zu begründen, die von den immer partiellen Erfahrungsdaten nicht gedeckt werden können. Diese Antinomik von logisch möglicher und angestrebter Unendlichkeit gegenüber der immer nur konstatierbaren endlichen Wirklichkeit nennt Kant »das seltsamste Phänomen der menschlichen Vernunft« (IV, 339). An Garve teilte er rückblickend mit, dass nicht die Schwierigkeiten der Gottesbeweise und der Unsterblichkeit, sondern die Antinomien der Unendlichkeit und des Verhältnisses von naturwissenschaftlichem Determinismus und Handlungsfreiheit ihn zur Vernunftkritik geführt hätten, »um das Scandal des scheinbaren Wiederspruchs der Vernunft mit ihr selbst zu heben« (an Garve 21.9.1798). B. Erdmann hat als erster in seinen *Entwicklungsperioden von Kants theoretischer Philosophie* die Tatsache, dass Kant am Ende der 60er Jahre auf Antinomien stieß, als den entscheidenden Antrieb zur Transformation der Metaphysik dargestellt. Er fasste die Entdeckung der Antinomik als Resultat der skeptischen Methode Kants infolge des Hume-Einflusses. Es ist das freilich nicht Humes Skepsis. Kant versteht darunter, Sätze in verschiedenen Konsequenzen zu erwägen, »wenn diese einen besonderen Beweis entbehren, das Gegenteil versuchen anzunehmen« (Refl. 5036). N. Hinske hat in seinem auf das Grundproblem des transzendentalen Idealismus angelegten Werk *Kants Weg zur Transzendentalphilosophie* (1970) die Phasen und die Bedeutung des Antinomiebegriffs bei Kant eingehend untersucht (Kap. 2). Er zeigte, dass Kant das Problem von Antinomien in den Naturwissenschaften und in den Philosophien der Zeit bereits in den Schriften der 50er Jahre beschäftigte. In der *Nova dilucidatio* (1755) wird vor dem Hintergrund der gegensätzlichen Auffassungen Wolffs und Crusius' das Verhältnis von Determination und Freiheit behandelt (der spätere dritte Widerstreit der Antinomie der Vernunft). Die *Monadologia physica* (1756) spricht die unendliche Teilbarkeit der Materie oder das Bestehen letzter Teile (Monaden) als Antinomie aus (späterer zweiter Widerstreit der Antinomie der Vernunft). Der Gegensatz zweier Erkenntnisprinzipien bildet schließlich den Grundgedanken der Inauguraldissertation (1770). 1758 kündigte Kants Lehrprogramm zu den Begriffen der Ruhe und der Bewegung an, er werde

»die abgehandelten Sätze polemisch betrachten« (I, 25). Die Trennung von intelligiblem Grund und Realkausalität war gegen Wolff bereits von Rüdiger (1673–1731) und Crusius (1712–1775) ausgesprochen worden. Kant war damit vertraut. Die Beziehung von Kants eigener Vorbereitung einer systematischen Metaphysik zur Antinomie-Thematik zeigt *Der einzig mögliche Beweisgrund zu einer Demonstration des Daseins Gottes* (1763). Hier verfolgt Kant im dritten und resümierenden Teil eine konsequente antinomische Methode (II, 155–163). Zwei konträre Gottesbeweise (ontologisch vom denknotwendig Möglichen auf die Existenz oder von der Erfahrung aus, wie Wolff es versuchte, auf eine erste Ursache) werden einander gegenübergestellt und geprüft. Hier schon werden die »Fehlschlüsse« (II, 158 f.) ans Licht gezogen, die Notwendigkeit darein zu setzen, dass sich das Gegenteil widerspreche. Ganz wie in der Antithetik der *Kritik* behandelt Kant als den Hauptfehler den Versuch, durch logische Analyse von Begriffen auf ein absolutes Sein, also vom Unbedingten einer Vernunftidee, wie er später sagt, auf den realen Abschluss der Reihe von Bedingungen zu schließen. Vor der *Kritik* sprach Kant noch nicht von einer Antinomik, sondern in Anlehnung an Leibniz vom Labyrinth, in dem sich die gegensätzlichen Auffassungen bewegten. Kant verstand unter den Antinomien zunächst einander entgegenstehende Thesen, die sich beide gleichermaßen behaupten lassen. So z. B., dass jedes Ereignis eine Ursache habe, also keine erste Ursache gedacht werden könne, andererseits aber – sieht man nicht auf den einzelnen Fall, sondern auf den ganzen Kausalzusammenhang – muss zu jeder Reihe ein erstes Glied gedacht werden. In einer Reflexion, die Adickes auf 1769 datiert, also vor die Dissertation setzt, spricht Kant diesen Gegensatz geradezu als ein »subiectives Gesetz der Vernunft« aus (Refl. 3976). In der gleichen Zeit oder kurz nach der Dissertation wird der gleiche spätere erste Widerstreit als ein »Streit subiectiver Gesetze« bezeichnet (Refl. 4007). In der *Kritik* handelt es sich dann um eine Antinomik in den Gesetzen der Vernunft selbst, nicht nur um verschiedene gut begründete, aber einander widerstreitende Behauptungen. Kant hat, wenn er vor der *Kritik* von Antinomien sprach, nicht das Gleiche darunter verstanden wie im Katalog der transzendentalen Dialektik. In der *Allgemeinen Naturgeschichte* und der *Monadologia physica* sah er als antinomische Thesen die Wissenschaftsauffassung der Naturwissenschaften und der Metaphysik, ebenfalls die Newtonsche Materieauffassung und Theorie des absoluten Raumes und Leibniz' Monadologie so-

wie dessen relationale Raumauffassung. Er glaubte noch in der Dissertation, beide einander widersprechenden Auffassungen in einem Metaphysik-System vereinigen zu können, hielt also noch immer an der Möglichkeit einer zu erreichenden Fundamentaltheorie des Kosmos, etwa im Sinne eines scientific realism, fest. Die *Kritik* hat dann den Realismus abschließender Theorie auf die handlungstheoretischen Prämissen in den individuellen Willensmaximen und auf letzte rechtliche Regelungen der Gesellschaft beschränkt. Die Feststellung einzelner Widersprüche bildet die erste Etappe der Antinomienthematik, die Dissertation darauf die zweite mit beginnender Konzentration auf den Gegensatz zweier Erkenntnisprinzipien. Ihr folgt die dritte der *Kritik*, in der nun erst eine grundsätzliche Antinomik von Gesetzen des Denkens die Grundlage eines eigenen Dialektik-Teils der transzendentalen Theorie bilden kann. »Ganz verschiedene, isolierte Überlegungsreihen, die alle ihre lange Geschichte haben und die von Kant erst außerordentlich spät zu systematischer Einheit ›zusammengestellt‹ worden sind« (Hinske 1970, S. 99). Die Auflösung der Antinomien war in den verschiedenen Entwicklungsphasen des Begriffs selbstverständlich verschieden. Zunächst operiere Kant mit einem beide Standpunkte ausgleichenden irenischen Lösungsmodell (von εἰρηνικός, *eirēnikos*, griech. friedvoll), darauf in der Dissertation mit einer beide Positionen trennenden Lösung und schließlich in der *Kritik* – mit der neuen Transzendentalphilosophie als Auflösung des inzwischen als Antinomik von Rationalität schlechthin gesehenen Widerspruchs zwischen dem Zug zu Totalitätsaussagen und der Bindung des Denkens an die endlich-empirische Wirklichkeit (S. 127). Das irenische Lösungsprinzip zeigt N. Hinske bereits an der ersten Schrift Kants *Gedanken von der wahren Schätzung der lebendigen Kräfte* (1747). Auf Fragen zu seiner Phasen-Einteilung hat er selbst erwidert (Hinske 1995). B. Falkenburg kommt in profunden Analysen der Antinomik im Zusammenhang der Kantschen Naturtheorie zu Ergebnissen, die sich mit dem Phasen-Modell N. Hinskes sehr gut vereinbaren.

Über die Rolle seiner Einsicht in die antinomische Struktur der ontologischen Metaphysik beim Übergang vom formalen Theoriebegriff zum realen, auf die empirischen Erscheinungen bezogenen, hat Kant sich in einer längeren autobiographischen Reflexion um 1776/78 selbst ausgesprochen (Refl. 5116). Es ist vielleicht die wichtigste Bemerkung von Kant selbst zu seinem geistigen Weg. Der Gedankengang ist auf Zusammenfassung des Drehpunkts auf dem ganzen

Wege konzentriert. Er wurde niedergeschrieben, als Kant wahrscheinlich bereits die Hauptlehren der *Kritik* beisammen hatte. Das Apriorismusproblem steht eindeutig im Mittelpunkt. Es geht um den schweren Übergang vom lange (also noch in der Dissertation) festgehaltenen ontologischen Theoriebegriff zum transzendental-phänomenologischen. Ihm habe eine unter Regeln gebrachte Kritik der reinen Vernunft gefehlt. »Hiezu bedurfte ich nun der Einsicht, wie überhaupt ein Erkenntnis a priori moglich sey.« »Ich fand allmählig, daß viele von den sätzen, die wir als obiectiv ansehen, in der That subiectiv seyen, d. i. die conditiones enthalten, unter denen wir allein den Gegenstand einsehen oder begreifen.«

Kants Antinomik ist eine späte und ins Subjektive des neuen Transzendentalienbegriffs geführte Ausformung der Aporetik des Einheits- und des Seinsbegriffes, die bei Platon (*Parmenides*), bzw. bei Aristoteles eine der zentralen Ursachen für eine philosophische Theorie vom Typus der Metaphysik bildete. G. Martin (1965) hat die Aporetik bei Platon, Aristoteles und Kant miteinander verglichen. N. v. Kues und nach ihm G. Bruno hatten die alte Lehre von Antinomien im Unendlichkeitsbegriff als Maximum-Minimum-Problem behandelt. Die Thematik wurde bereits in der Antike beim Bewegungsbegriff gesehen, bekannt sind die Zenonschen Paradoxien der Bewegung und der Vielheit. Auf der Grundlage der neuzeitlichen Astronomie und Mechanik kam zum überkommenen Themenkreis der Seinsantinomien die Problematik der nichttheologischen Erklärung der Einheit und der Entstehung des Weltalls. Der Briefwechsel Leibniz-Clarke (1715) behandelte die Antinomien im Verständnis von Räumlichkeit und Zeitlichkeit. Leibniz sprach hier schon einen Gedanken aus, den Kant in seiner Antinomik der vier verschiedenen Widerstreite der Vernunft fortführte: Dass es sich nicht um Seinsantinomien, sondern um Antinomien im Denken des Unendlichen handele, die entstünden, wenn man z. B. den mathematischen Begriff des unendlich Großen als reale Substanz (als »Ding an sich«) auffasse. Unendliche Größen wie Raum und Zeit seien nicht als reale Absoluta, sondern nur als Relationen zu denken, die wir nur als infinitesimale Grenzbegriffe darstellen könnten. Der Raum ist demnach aktual unendlich, potentiell unendlich ist die Gesamtheit der mathematischen Objekte, die im Raum zu denken sind. Wenn die Welt als nur potentiell unendlich gegeben angesehen wird, so ist die logische Möglichkeit der Anwendung des Unendlichkeitsbegriffs der Mathematik auf empirische Ereignisse gesichert.

Die Antinomik der drei apriorischen Prinzipien aller Urteile (Verstand, Urteilskraft, Vernunft in allen drei *Kritiken*) entsteht, indem Behauptungen dazu tendieren, von den jeweils gegebenen Fällen bis zu unbedingten Aussagen fortzugehen. Man kann sich das leicht am Beispiel einer mathematisch unendlichen Reihe klarmachen. Sie existiert als objektive ideelle Realität des mathematischen Denkens, aber »existiert« nicht im ontischen Sinne. Der Fehler liegt in der Annahme ontischer Existenz ideeller Größen im Sinne einer aktualen Unendlichkeit. Kant wendet das aus der Mathematik stammende Prinzip der potentiellen Unendlichkeit auf die unendlichen Größen an, die von der metaphysica specialis als ontische Substanzen behandelt wurden, auf die immaterielle Seele, Unsterblichkeit, den Kosmos, Gott. Nachdem Kant seine Verbindungsversuche von ontologischer Metaphysik und Naturwissenschaft aufgegeben hatte, bezeichnete er die Themen der Unendlichkeit oder Endlichkeit des Universums, dessen Entstehen oder Ewigkeit, als unentscheidbare Fragen. Die Erklärung der Ursache der Antinomik selbst übersteige unser Erkenntnisvermögen (V, 340). Das Faktum der Vernunft, deren Zug zum Unbedingten, sagt Kant mit einem gewissen Platonismus, sei ein indemonstrabler Begriff. Im Übrigen gilt, was Konstanz und Umformung des metaphysischen Ideals der logisch vollkommenen Erkenntnis bezeugt: »Die Ideen der reinen Vernunft können nimmermehr an sich selbst dialektisch sein, [...] denn sie sind uns durch die Natur unserer Vernunft aufgegeben, und dieser oberste Gerichtshof [...] kann unmöglich selbst ursprüngliche Täuschungen und Blendwerke enthalten« (III, 442). Alle drei *Kritiken* der propädeutischen Transzendentalphilosophie enthalten ihren Antinomie-Teil. Die *KpV* bietet die klarste und fürs einführende Verständnis zugänglichste Darstellung des Problems der »Antinomie der reinen Vernunft, die in ihrer Dialektik offenbar wird«, mit dem für Kants Auffassung wesentlichen Zusatz, es handele sich um »die wohlthätigste Verirrung, in die die menschliche Vernunft je hat gerathen können« (V, 107). Apriorische Rationalität stellt selbst das Unbedingte zu allem Bedingten dar, das natürlich in der Reihe der Bedingungen niemals anzutreffen und ohne das auch die Begründung universaler moralischer Maximen nicht möglich ist. Es ist das Platonsche Problem der nicht formallogisch zu fassenden Relation zwischen εἶδος *(eidos)* und bezeichnetem empirischem Gegenstand. Die *KU* schließlich löst das alte ontologische Thema der Teleologie einer Hierarchie von Seinsstufen durch dessen Umformung zum regulativen Postulat eines »intelligiblen Substrats der Natur außer uns und in uns« (V, 345) auf. Anmerkung II zu § 57 der dritten *Kritik* (V, 344–346) erläutert zusammenfassend die »drei Arten der Antinomie« (in Verstand, Urteilskraft, Vernunft): Das Bewusstsein fordert, wenn es sich von der Richtung auf mögliche Objekte weg und zunächst zur Erforschung der logischen Möglichkeit seiner Funktionen gleichsam »nach innen« kehrt (die »kopernikanische Drehung«), zu allem gegebenem Bedingten das Unbedingte für alle theoretischen Objektkonstitutionen, moralisch-praktischen Maximen und ästhetischen sowie teleologischen Urteile. Kant schält den rationellen Grund allen Idealismus in dessen Vermengung von logischem principium und materialer Genese der Wirklichkeit gemäß konkreten Kausallinien heraus. Die Darstellung in der *KU* legt den Akzent der Auflösung der Antinomie nicht auf den Phänomenalismus (wie die erste *Kritik*), sondern auf die »Idee des Übersinnlichen in uns« (V, 341) als des allein rational zu denkenden »Dinges an sich«. Es müsse gedacht, könne aber nicht erkannt werden, da wir nicht über einen intuitiven Verstand zum Anschauen von Wesenheiten, sondern nur über den diskursiven zur Synthesis von Wahrnehmungen verfügten.

Über die Quelle der Antinomik spricht sich Kant im Kapitel »Von der Amphibolie der Reflexionsbegriffe« der *Kritik* klar aus. Die Ursache des »seltsamen Phänomens« der Vernunft bestehe im Fehler, mögliche Anschauungen nach Begriffen, statt umgekehrt diese nach jenen zu richten. »Die Ursache hievon aber ist wiederum: daß die Apperception und mit ihr das Denken vor aller möglichen bestimmten Anordnung der Vorstellungen vorhergeht« (III, 231). Dadurch bilden wir uns »in abstracto vorgestellte Gegenstände«, im Unterschied zur empirischen Weise, sie rezeptiv zu verifizieren. Es ist eine Annahme, »wie das Object an sich existire (Noumenon), ohne auf die Anschauung zu sehen.« Die Antinomik entstehe, weil das Denken von einem Begriff der Gesamtheit des Gegenstandes ausgehe, der ursprünglich gesetzt werde. So komme es zum »blendenden, aber falschen Scheine« einer Idee, »die sich mit Erscheinungen nicht vereinbaren läßt« (III, 283). Diesem tatsächlichen »Widerstreit der Gesetze der Vernunft mit sich selbst« liegt also der gegensätzliche Verlauf von logischer Konstitution und Realgenese des erscheinenden Wissens zum Grunde, in der Tat das aufzulösende Mysterium von Rationalität.

Die Voraussetzung subjektfreier Wesenheiten des Seins an sich gehört für Kant einer Zivilisation unentfalteter Objektivationssysteme zu. Mit Intensivierung und Ablösung der kulturellen Objektivierung voneinander (Fachwissenschaften, Technologien, Künste, Religionen, Juridifizierung der Sozialisierungsebenen u. a.) wird der Bezug auf die Realität erst wirklich universell in der Mannigfaltigkeit der menschlichen Aktivität. Dann wird »Sein« zum je verschiedenen Erscheinungsfeld der erzeugten Relation von der neuzeitlichen Voraussetzung unendlicher Relativität des Objektbezugs her, ohne je in einer hierarchischen Seinswelt zu einem Bereich gleichsam höherer »Dinge« gelangen zu können. An die Stelle ursprünglicher Seinsbezogenheit des Menschen und traditionalistisch begründeter (nicht traditionsloser) Werte treten die in gesellschaftlicher Praxis aktualisierten intelligiblen Relationen. Dieser geschichtliche Gehalt ist hinter der nun zu durchschauenden Antinomik zu sehen.

Literatur

Erdmann, B.: Die Entwicklungsperioden von Kants theoretischer Philosophie, in: Ders. (Hg.), Reflexionen Kants zur kritischen Philosophie, Bd. 2, Leipzig 1884, S. XXIV–XLIX. – Wundt, W.: Kants kosmologische Antinomien und das Problem des Unendlichen, in: Ders., Kleine Schriften, Bd. 1, Leipzig 1910, S. 77–145. – Vaihinger, H.: Kants antithetische Geistesart, in: Oehler, M., Den Manen Friedrich Nietzsches, München 1921. – Heimsoeth, H.: Vernunftantinomie und transzendentale Dialektik in der geschichtlichen Situation des Kantschen Lebenswerkes, in: KS 51 (1959/60), S. 131–141. – Martin, G.: Allgemeine Metaphysik, Berlin 1965 [spez. Kap, IX–XI, S. 202–279, die Aporien des Platonschen, aristotelischen und Kantschen Standpunkts]. – Fang, J.: Das Antinomienproblem im Entstehungsgang der Transzendentalphilosophie, in: Ders., Kant-Interpretationen, Bd. 1, Münster (Westf.) 1967, S. 1–93. – Hinske, N.: Kants Weg zur Transzendentalphilosophie. Der dreißigjährige Kant, Stuttgart 1970 [Rez. in KS 62 (1971), S. 509–511]. – Lütterfelds, W.: Kants Dialektik der Erfahrung. Zur antinomischen Struktur der endlichen Erkenntnis. Meisenheim a. Glan 1977. – Seifert, J.: Das Antinomienproblem als ein Grundproblem aller Metaphysik. Kritik der *KrV*, in: PrPh 2 (1989), S. 143–168. – Röd, W.: Das Problem des Unendlichen bei Kant, in: DZPh 38 (1990), S. 497–505. – Schmucker, J.: Das Weltproblem in Kants *KrV*. Kommentar und Strukturanalyse des 1. Buches und des 2. Hauptstücks des 2. Buches der transzendentalen Dialektik, Bonn 1990. – Hinske, N.: Prolegomena zu einer Entwicklungsgeschichte des Kantschen Denkens. Erwiderung auf Lothar Kreimendahl, in: Theis, R./Weber, C. (Hg.), De C. Wolff à L. Lavelle. Métaphysique et histoire de la philosophie. Festschrift für Jean École, Hildesheim u. a. 1995, S. 102–121. – Falkenburg, B.: Kants Kosmologie. Die wissenschaftliche Revolution der Naturphilosophie im 18. Jh., Frankfurt/M. 2000 [Kap. 3, Der Widerspruch in der Individuationstheorie, Kap. 5, Die kosmologische Antinomie].

»Großes Licht« 1769

Eine Notiz Kants zu seinem geistigen Weg (nach Adickes aus der zweiten Hälfte der 70er Jahre) rückt die Antinomien-Thematik an die Wende zur neuen transzendentalphilosophischen Propädeutik (der *Kritiken*) und Metaphysik: »Ich sahe anfenglich diesen Lehrbegrif wie in einer Dämmerung. Ich versuchte es gantz ernstlich, Satze zu beweisen und ihr Gegentheil, nicht um eine Zweifellehre zu errichten, sondern weil ich eine illusion des Verstandes vermuthete, zu entdecken, worin sie stäke. Das Jahr 69 gab mir großes Licht« (Refl. 5037 XVIII, 69). Das bezieht sich vielleicht auf das zentrale theoretische Novum, das ein Jahr später die Dissertation ausspricht, auf die neue Theorie von Raum und Zeit als Formen reiner Anschauung. Die Reflexionen von etwa 1769 notieren verschiedene antinomische Überlegungen, die auch in der Dissertation wiederkehren (z. B. Refl. 3912, 3928, 3937). Worin die Erleuchtung bestand, wird sich nicht genau sagen lassen und brächte auch nur für chronologische Aspekte des Kantschen Denkens Aufschluss. Am Beginn der 70er Jahre lag ein Einschnitt in der Behandlung der Zweifel hinsichtlich der Metaphysik wie der empiristischen Alternative vor. Die Briefe der Jahre 1770 und 1776 an Lambert und Herz teilen die schrittweise Entdeckung und Bearbeitung der Probleme einer »propädeutischen disciplin« mit, die als »eine blos negative Wissenschaft (phaenomenologia generalis) vor der metaphysic vorher gehen« und an die Stelle der Ontologie treten müsse (X, 94). Im Brief an Lambert bei der Übersendung der Inauguraldissertation (2.9.1770) denkt Kant möglicherweise ans große Licht. Denn er sagt: »Seit etwa einem Jahre bin ich, […] zu demienigen Begriffe gekommen welchen ich nicht besorge iemals ändern, wohl aber erweitern zu dürfen und wodurch alle Art metaphysischer quaestionen nach ganz sichern und leichten criterien geprüft und, in wie fern sie auflöslich sind oder nicht, mit Gewisheit kan entschieden werden.« Kant spricht dann vom Erfordernis, der »veränderten Form der Metaphysik«, eine eigene Disziplin über die ersten Quellen und über die Methode metaphysischer Erkenntnis vorhergehen zu lassen. Für inhaltliche Hauptpunkte solcher Disziplin (Gegenstand der späteren *Kritik*) wird man sich nach dem Unterschied der Auffassungen in den letzten Schriften vor 1769 und der ersten Arbeit nach diesem Datum halten. Daraus ergäbe sich, dass der Grundgedanke der Dissertation, also die intensivierte Trennung von intelligibler und empirischer Sphäre des Denkens und die Theorie von Raum und Zeit als Formen reiner Anschauung, als die fortleitende entscheidende Einsicht durchs große Licht anzusehen wäre. Das ist wohl auch die mit den wenigsten Zusatzannahmen zu belastende Annahme. Zum gelösten Problem, das jene Scheidung bewirkte, und mit guten Gründen als die Entdeckung von 1769 angesehen werden sollte, notierte Kant in einer autobiographischen Reflexion (um 1776), »daß viele von den sätzen, die wir als obiectiv ansehen, in der That subiectiv seyen, d. i. die conditiones enthalten, unter denen wir allein den Gegenstand einsehen oder begreifen« (Refl. 5116). Es wäre demnach, mit einem späteren Kant-Wort, ein erster Schritt zur »kopernikanische Drehung«, die mit der entscheidenden Einsicht gemeint war. Der ausführlichste Rückblick Kants selbst auf die Entwicklungsgeschichte seines Denkens (Refl. 5116) endet mit der Bemerkung, er habe lange gesucht, mit dem Theoriebegriff der Metaphysik »dogmatische Erkenntnis durch reine Vernunft zu erweitern«. Der Hume-Einfluss wird in diesem Zusammenhang sehr zurückgestutzt: »Denn der do dreist hingesagte Zweifel [an der Metaphysik; d. Vf.] schien mir so sehr die Unwissenheit mit dem tone der Vernunft zu seyn, dass ich demselben kein gehör gab.«

Weiteren Aufschluss über neue Schritte in Richtung der *Kritik* gibt insbesondere der Unterschied zwischen den Aussagen in der kleinen, hochkonzentrierten Studie *Von dem ersten Grunde des Unterschiedes der Gegenden im Raume* (1768) und in der Dissertation von 1770. Die Raumschrift stellt die Frage, in welcher Relation sich die empirisch gegebene Welt zum absoluten Raum befinde? Sowohl die Annahme der Endlichkeit als auch die der Unendlichkeit der empirisch messbaren Realität ist beweisbar. Im Zusammenhang solchen Studiums einander entgegengesetzter Theorien begann sich die Verankerung der Logik mit der Ontologie zu lösen. Leibniz war Kant im Briefwechsel mit Clarke (und gegen Newtons Raumbegriff, den Kant 1768 noch teilte) in der Kritik einer Dialektik-Konsequenz bei Vermischung von Intelligiblem und Empirischem vorangegangen. 1768 war der Briefwechsel in der Dutens-Ausgabe der Leibniz-Schriften erschienen. Kant studierte das gewiss. Leibniz lehrte den Raum als reine Relation, um der Annahme zu entgehen, ein absoluter Raum sei gleichsam als Sensorium Gottes einerseits über der Welt und andererseits als teilbarer in ihr. Er sagt, das führe bei den entgegengesetzten Annahmen eines Weltanfangs wie deren Anfangslosigkeit auf einen Widerspruch, »so ist die Voraussetzung widerspruchsvoll und eine unmögliche Erdichtung« (Leibniz, *Hauptschriften zur Grundlegung der Philosophie*, Bd. 1, Leipzig 1924, S. 148). Der Briefwechsel Leibniz-Clarke behandelt ausführlich die Antinomien des Unendlichkeitsbegriffs, wenn man Raum und Zeit zu substantialen Größen macht, die in den materialen Weltprozess hineinreichen. Hier fanden sich alle Argumente versammelt, die Antinomien des metaphysischen Raum- und Zeitbegriffs zu bedenken, den Kant selbst noch vertrat, und für deren Lösung zu einer nichtmaterialen und rein relationalen Bestimmung von Raum und Zeit voranzugehen. Das ist im Gedanken, sie als Koordinatensysteme reiner Anschauung zu fassen, freilich am konsequentesten gedacht. Zwei Jahre nach der Leibniz-Publikation spricht die Dissertation das aus. Es liegt nahe, anzunehmen, dass das Wort vom großen Licht im Jahre 1769 Klärungen bei Kant bezeichnet, die auch vom Studium der eben erschienenen Leibniz-Schriften angeregt wurden. Hume-Einflüsse, die in diesem Zusammenhang angenommen wurden, sollten zurücktreten, da der Zweifel an der logischen Begründung der Anwendung der Mathematik auf empirische Objekte nicht von Hume stammt, sondern von Leibniz längst und in weit rationellerem Zusammenhang ausgesprochen war (vgl. Vaihinger, Bd. 1, S. 366 f., Bd. 2, S. 434). Locke hatte im *Essay* (B. II, Kap. 1) ausführlich die Problematik der Erkennbarkeit des Unendlichen behandelt. Leibniz' 1765 aus dem Nachlass veröffentlichte *Neue Abhandlungen*, die sicher Einfluss auf Kant gewannen, polemisierten eingehend gegen Lockes Auffassung der Unmöglichkeit, klare Begriffe zeitlicher und räumlicher Unendlichkeit zu fassen. Die Thematik der verschiedenen Antinomien in der Antithetik der *Kritik* war vor Kant von vielen Autoren behandelt worden, so dass Kant nicht nur die einander entgegenstehenden Thesen, sondern auch deren Wahrnehmung als Antinomien vorfand. Hume z. B. sah wie Berkeley einen Widerspruch im Gedanken der unendlichen Teilbarkeit endlicher Körper (im Sinne des sensualistischen Atomismus, dass endliche Vorstellungen endlichen Objekten entsprechen müssten). (Im frühen *Treatise*, B. 1, T. 2, Abschn. 1–6, den Kant allerdings nur aus der Literatur hätte kennen können.)

Kant wird die neuen Einsichten in der programmatischen Arbeit seiner Inauguraldissertation nicht verborgen haben, konnte über sie aber 1768 nicht verfügt haben, wenn die Mitteilung des Wende-Datums 1769 gelten soll. 1768 vertrat Kant Newtons Auffassung eines absoluten Raums, der als realer die Möglichkeit von Materie bedinge und als elementare Anschauung die Möglichkeit der Wahrnehmung von Gegenständen darstelle. Die Dissertation spricht dagegen die Lehre von Raum und Zeit als apriorischer Formen der Anschauung aus, die Kant dann in der *Kritik* unverändert wiederholt. Kant hatte in der Raumschrift von 1768 Eulers These aufgenommen, dass mit Leibniz' Raumtheorie die Grundgesetze der Mechanik nicht begründbar seien. Nun geriet er andererseits vor die Schwierigkeit, dass mit Newtons Raumtheorie das Verhältnis aller endlichen Räume zum absoluten Raum auf die Antinomie zwischen Unendlichkeit und Endlichkeit führt. Hier war nun wiederum Leibniz' Relationsbegriff des Raumes aussichtsreich, wenn man ihn nicht ontologisch verstehen würde. Kant drang zwischen Raumschrift und Inauguraldissertation, also 1769, mit hoher Wahrscheinlichkeit zur Idee von Raum und Zeit als Formen reiner Anschauung durch. Daraus folgte nach und nach die innere Struktur der neuen Theorie mit der Scheidung von Phänomenbereich und Apriorismus, die erst die Grundfrage der *Kritik* ermöglichte, wie synthetische Urteile a priori möglich seien. Darauf war die Theorie der intelligiblen Freiheit systematisch begründbar. Damit war der Weg für die Bewältigung verschiedener, wiederholt erwogener Antinomien frei.

Die von Adickes auf das Jahr 1769 datierten Reflexionen notieren viele der Folgethesen nach einer Scheidung von »nexus logicus« und »nexus realis« (Refl. 3928): Die transzendentale Subjektivität einer logischen Synthesis (Refl. 3914); die Kritik des ontologischen Verständnisses der Kategorien: Da Begriffe wie Substanz, Grund etc. nicht Vorstellungen von Objekten seien, ohne diese aber die Relationen von Objekten nicht gedacht werden könnten, »so sind diese Begriffe nicht obiectiv«; »Alle rationale synthetische Sätze sind subiectiv« (Refl. 3942, 3935). Die ausführliche Refl. 3928 formuliert den Gedanken der synthetischen Urteile a priori: Solche Synthesis sei »das principium der Form aller Unserer Vernunfturteile über die realverknüpfung« (XVII, 351). Deutlich wird die Kategorienlehre der Ontologie zu einer Analytik der Synthesisfunktionen des Verstandes umgebildet. Das schließt an die konzeptualistische Tendenz in der Leibnizschen und Wolffschen Logik-Auffassung an. Man wird natürlich nicht den poetischen Ausdruck vom »großen Licht« als einer Erleuchtung oder Erweckung wörtlich nehmen. Es setzte eine neue Phase in der Ablösung von den Widersprüchen der vorliegenden Theorien ein; also kein einmaliges Ereignis, sondern ein konzentrierter Prozessabschnitt. Der Ausdruck vom empfangenen »großen Licht« wäre überhaupt motivgeschichtlich zu relativieren. Descartes verwendete ihn für die Entdeckung seiner methodischen Regeln im Feldlager zu Neuburg im Winter 1619/20. Da Kant die Reflexionen zur Metaphysik auf dem Handexemplar von Baumgartens *Metaphysica* (1757) notierte, das er seinen Vorlesungen zugrunde zu legen hatte, wird auch sichtbar, dass Kant seine neue Auffassung in der jahrelangen Auseinandersetzung mit der Schulmetaphysik ausbildete. Kant hatte seit der Mitte der 60er Jahre in Briefen immer wieder mitgeteilt, dass er beabsichtige, eine Metaphysik der ersten Prinzipien der Sittlichkeit zu veröffentlichen. Das zeigt, dass im ganzen Aufbauprozess der Antinomieproblematik auch die nichtempirische Begründung der Moraltheorie eine große Rolle spielte.

Literatur

Fischer, K.: I. Kant und seine Lehre, 1. Teil, Heidelberg ¹1860, ⁴1898 [S. 304–307]. – Vaihinger, H.: Commentar zu Kants Kritik der reinen Vernunft, 2 Bde., Stuttgart u. a. 1881–92 [Bd. 2, S. 422–436: Excurs. Die historische Entstehung der Kantischen Raum- und Zeitlehre]. – Riehl, A.: Der philosophische Kritizismus, Bd. 1, Leipzig ³1924 [S. 251–374]. – Feist, H.: Der Antinomiegedanke bei Kant und seine Entwicklung in den vorkritischen Schriften, Diss. Berlin 1932. – Vleeschauwer, H. J. de: De Ontwikkeling van Kant's critisch vraagstuk, in: TF 1 (1939), S. 29–65. – Heimsoeth, H.: Zeitliche Weltunendlichkeit und das Problem des Anfangs. Eine Studie zur Vorgeschichte von Kants Erster Antinomie, in: Ders., Studien zur Philosophiegeschichte (KSEH 82), Köln 1961, S. 269–292. – Tonelli, G.: Die Umwälzung von 1769 bei Kant, in: KS 54 (1963), S. 369–377. – Heimsoeth, H.: Zum kosmotheologischen Ursprung der Kantischen Freiheitsantinomie, in: KS 56 (1965), S. 485–496. – Schmucker, J.: Was entzündete in Kant das große Licht von 1769?, in: AGPh 58 (1976), S. 393–434. – Vogel, K.: Kant und die Paradoxien der Vielheit. Die Monadenlehre in Kants philosophischer Entwicklung bis zum Antinomienkapitel der *KrV*, Frankfurt/M. 1986. – Kreimendal, L.: Kant. Der Durchbruch von 1769. Köln 1990 [betont Anregungen durch die Hamannsche Übers. d. Abschn. einer Hume-Schrift].

Zum geistigen Weg Kants

Kants Begabung zeigt sich nicht darin, dass sie sogleich in genialen Entwürfen aufleuchtet, sondern so, dass Kant früh unstimmige Lösungen erkennt und für sich vermeidet und die entscheidenden Fragen stellt, über deren Bearbeitung ein tragfähiges Resultat zu erreichen sein würde. Ganz dem Weg Kants eigentümlich ist der Wechsel von Perioden fast eruptiver Produktivität (1754–1756, 1763–1764) mit stillen Jahren der kritischen Revision seines geistigen Besitzes. Ein Zeichen der nach innen verlegten Auseinandersetzung: Die Reflexionen zur Metaphysik (XVII, XVIII) umfassen mehr als 1200 Seiten, davon betragen die von Adickes auf die Jahre vor 1766 datierten Notizen nur 100 Seiten. Das verborgene Reflexions-Opus entstand im Zusammenhang mit Kants Vorlesungstätigkeit. Doch die Bedeutung für die Entwicklung des Kantschen Denkens geht darüber weit hinaus. Hier finden sich die Probleme, die Kant beschäftigten, und die Überlegungen notiert, wie sie aufzulösen seien.

In den auf die erste *Kritik* folgenden beiden Jahrzehnten, einer späten Blütezeit, bringt Kant in rascher Folge die grundlegenden Werke seiner Propädeutik der logischen Geltungsformen, der Metaphysik-Systeme und eine Fülle von Abhandlungen zur Anwendung der Grundsätze auf die verschiedenen Gebiete der Kultur hervor. Unter den Systemwerken nach der ersten *Kritik* bildet die *KpV* (1788) in ihrer Sammlung der Gedankenführung und in der beredten Eleganz wie erleichterter Fortführung des schwer errungenen, nun sicher beherrschten Themas den Höhepunkt der Kantschen Wissenschaftsprosa. Die Mitteilungen über die Niederschrift der *KrV* sprechen vom Produkt zwölfjährigen Nachdenkens und der Niederschrift »innerhalb 4 bis 5 Monathen, gleichsam im Fluge«. Kant meint die jugendhafte Abfassungsweise mit seinen fortgeschrittenen Jahren entschuldigen zu sollen, erläutert das aber darauf mit der »Last der gedehnten und den Zusammenhang unterbrechenden Weitläufigkeit«, die er nicht lange habe zu tragen vermocht, so dass bei längerem Aufschub »das Werk vermuthlich ganz unterblieben wäre« (an Mendelssohn, 16.8.1783). Er nennt also als wesentliche Ursache für die zusammengehörende Aufeinanderfolge von überlanger Vorbereitung im Stillen und rascher Niederschrift die Komplexität des systematischen Konzepts. Hätte die *KrV* anders geschrieben werden können? Es ist ein Geistesweg von hoher Merkwürdigkeit: Der suchend anhebende, immer wieder innehaltende, darauf fast eruptive Gang dieses Denkens, das alles, was es zu sagen hat, in den Zeitraum von 1781 bis 1790 zusammenführt. Kant war in seiner Art kein heiter sorgloser Mann. Er sah sich unter dem melancholischen Typus. Gesundheit müsse er bei sich nennen, was anderen schon als dauernde Beschwernis galte. Doch für sein Lebenswerk – und so weitgehende Umbildung der herrschenden Lehren im Kopf – besaß er innere Ruhe wie kein Zweiter. Er wolle von sich nichts erzwingen, schrieb er 1778 an Herz über die Arbeit an der *Kritik*. Sie rücke bei allen Unterbrechungen weiter fort. Dann folgt, was er meiden möchte: Tetens habe in seinem weitläufigen Werk (*Philosophische Versuche*, 1777) viel Scharfsinniges gesagt, »aber er hat ohne Zweifel so wie er schrieb es auch drucken zum wenigsten stehen lassen«. Es mache den Eindruck, als habe Tetens gehofft, sich beim Schreiben aus dem Labyrinthe der Ideeen, »die er im unsicheren Umrisse sich entworfen hatte«, herauszufinden. Aber die Sache blieb doch so liegen, wie er sie gefunden hatte (an Herz, Anf. April 1778). Der vierzig Jahre währende Weg von der ersten Schrift zu den drei *Kritiken* im Fragen, schweigenden Nachdenken und in der Vollendung erfüllt ein Leben solcher Gewissenhaftigkeit, in dem die Achtung der Wahrheit zur Rechenschaft werden konnte, die das Zeitalter von sich ablegte.

Literatur

Menzer, P.: Kants Persönlichkeit, in: KS 29 (1924), H. 1/2, S. 1–20. – Hinske, N.: Kants Leben als gelebtes Bürgertum. Vom galanten Magister zum zurückgezogenen Gelehrten, in: Ders., Kant als Herausforderung an die Gegenwart, Freiburg u. München 1980, S. 17–30. – Henrich, D.: Art. »Kant«, in: Die Religion in Geschichte und Gegenwart, Bd. 3, Tübingen ³1980, Sp. 1123–1127.

6 Kants Philosophiebegriff

Metaphysik als Naturanlage und als Wissenschaft

»Daß der Geist des Menschen metaphysische Untersuchungen einmal gänzlich aufgeben werde, ist eben so wenig zu erwarten, als daß wir, um nicht immer unreine Luft zu schöpfen, das Athemholen einmal lieber ganz und gar einstellen würden. Es wird also in der Welt jederzeit, und was noch mehr, bei jedem, vornehmlich dem nachdenkenden Menschen Metaphysik sein, die in Ermangelung eines öffentlichen Richtmaßes jeder sich nach seiner Art zuschneiden wird« (IV, 367). Kant nennt das Bedürfnis der Philosophie eine »Naturanlage« zur Metaphysik (IV, 279). Die philosophische Naturanlage meint nicht Einfälle oder die kleinen Tagträume offenen Auges. Sie führt auf die im tiefen Sinne verkehrte Welt: Alles Sichtbare »ist« nicht, sondern erscheint uns nur. In Urteilen ausgesagt, so erscheinen in ihnen unsere theoretischen und praktischen Objektivationen. Die Pointe des Kantschen Gedankens von der Philosophie als naivem und als methodisch-wissenschaftlichem Bewusstsein ist, dass die bisherige Metaphysik die Fixierung der Naturanlage in verkehrter Form darstelle. Sie nehme hinter den sichtbaren Erscheinungen eine zweite Welt an, die sie nach dem naiven Muster der ersten erdichte. Das dem Denken eigene doppelte Weltbewusstsein ist die Naturanlage zur Philosophie. Hier bestehe der Fehler darin, die intelligible Welt zu denken wie eine wahrnehmbare, nur mit Substanzen als Dingen höherer Art bestückt, die allein das Denken überschaue. Kant meint, innerhalb des naiven Bewusstseins schneide sich jeder die ideelle Welt nach seiner Art zurecht. Er verlangt auch für die Philosophie »öffentliches Richtmaß«, also logisch ausweisbare Begründungen, die Kriterien allgemeiner Zustimmung genügen. In vormodernen Zivilisationen ist die ideelle Welt als gefühlshafte Bindung gleichsam wie »sensible Welt« gegenwärtig. Die ideelle Welt ist die Verlängerung der individuellen Existenz zur gesellschaftlich wirksamen und anerkannten. Die bürgerliche Individualisierung der Rechtsstruktur des sozialen Zusammenhangs zieht den Schleier bluthafter Gemeinschaftlichkeit weg und zeigt alle ideell bleibenden Bindungen als Schöpfungen persönlich freier Individuen innerhalb eines dynamischen zivilisatorischen Prozesses. Damit schlägt der Metaphysik als Naturanlage (und als Theorie ontischer Substanzen) die Stunde. Kants subjektive Wende der Metaphysik sagt, dass die über den empirischen Umkreis hinausgehende Idealität der gesellschaftlichen Existenz des Einzelnen nicht mehr unvermittelt wie Naturanlage vergewissert werden könne. Die allen gemeinsame ideelle Welt entzieht sich der Partikularisierung innerhalb erlebnishafter Repräsentation und wird moralische, logische, juridische, überhaupt methodische Symbolform wissenschaftlicher Theoriebildung. Kant versteht die Transzendentalphilosophie seiner drei *Kritiken* als die methodische Durchführung des erforderlichen Fortschritts der Metaphysik von der Naturanlage zur Wissenschaft. Dieser Philosophiebegriff besteht aus einer Konstitutionstheorie wissenschaftlicher Erfahrung und einer Metaphysik des vernunftimmanenten Übersinnlichen. Die Abweisung anthropologischer Begründung der Gesetze der praktischen Vergesellschaftung des Menschen (der intelligiblen Welt) erfolgt scharf: »[D]aß man es sich ja nicht in den Sinn kommen lasse, die Realität dieses Princips [des Pflichtgesetzes der praktisch-intelligiblen Welt; d. Vf.] aus der besondern Eigenschaft der menschlichen Natur ableiten zu wollen. Denn Pflicht soll praktisch-unbedingte Nothwendigkeit der Handlung sein; [...] Was dagegen aus der besondern Naturanlage der Menschheit, was aus gewissen Gefühlen und Hange [...] abgeleitet wird, das kann zwar eine Maxime für uns, aber kein Gesetz abgeben, ein subjectiv Princip, nach welchem wir handeln zu dürfen Hang und Neigung haben, aber nicht ein objectives, nach welchem wir angewiesen wären zu handeln« (IV, 425). Die *Prolegomena* (1783) schließen mit einem Anhang, der den Inhalt der *KrV* zusammenfasst. Der Übergang von der philosophischen Naturanlage zur Philosophie als Wissenschaft wird hier so behandelt, dass überhaupt zwischen Wissenschaft begründendem und einem Kernbezirk metaphysischer Thematik unterschieden wird. Das eine ist die Begründungsstruktur allgemeingültiger Theorien über empirisch verifizierbare Objekte. Das zweite sind die elementaren Begründungen von universalen Verhaltensmaximen mit Freiheit begabter und auch wirklich persönlich freier Individuen.

Literatur

Henrich, D.: Zu Kants Begriff der Philosophie. Eine Edition und eine Fragestellung, in: Kaulbach, F./Ritter, J. (Hg.), Kritik und Metaphysik. H. Heimsoeth zum 80. Geburtstag, Berlin 1966, S. 40–59. – Gadamer, H. G.: Kant und die philosophische Hermeneutik, in: Ders., Kleine Schriften, Bd. 4, Tübingen 1977, S. 196–204.

Systemprinzip

Der Begriff der Philosophie war im 18. Jh. ein vielbehandeltes philosophisches Thema. Das ergab sich aus der Rationalität begründenden und dadurch kulturell orientierenden Funktion, die der Philosophie mit der Verselbstständigung der Wissenschaften in den beiden Richtungen der humanistisch-philologischen und der naturwissenschaftlichen Disziplinen zuwuchs. Nicht vor allem aus der Menge der neuen Erkenntnisse, die auch d'Alembert eine Last nannte, aus dem neuen Horizont des Wissens und aus dem Erfordernis, das Verhältnis des neuen Denkens zum traditionellen zu bestimmen, ergab sich das Bestreben im 18. Jh., alle Disziplinen zu systematisieren. Das betraf nicht nur die Wissenschaften, das Verfassungsrecht, die Kapitalakkumulation und die Wirtschaftskreisläufe, sondern ebenso die praktischen Berufe, die Erziehung, die Kunst zu lesen, Briefe zu schreiben usf. Das Systematisierungsideal war einerseits vom Verwaltungssystem des Absolutismus vorbereitet worden und von dessen Anspruch, die Gesellschaft als eine Totalität zu wissen und dadurch repräsentieren zu können. Zum anderen bildete die humanistisch-enzyklopädische Orientierung der protestantischen Schulphilosophie des 16. Jhs. (Melanchthon) eine Quelle des aufklärerischen Philosophiebegriffs als der systematischen Ordnung aller kulturellen Felder durch analytischen Rückgang auf die zugrunde liegenden verschiedenen sog. natürlichen Subjektvermögen. Dadurch verschob sich die von der Renaissance wiederaufgenommene spätantike Auffassung von der Philosophie als Verbindung von sapientiae studium (Studium der Weisheit) und ars vitae (Lebenskunst) (Cicero, Seneca) zu einer Methodenlehre verschiedener Wissensarten und deren Verhältnis zum alltagspraktischen, religiösen und ästhetischen Bewusstsein. Wolffs (1679–1754) *Discursus praeliminaris de philosophia in genere* (1728; lat./dt. u. m. ausführl. Kommentar v. G. Gawlick u. L. Kreimendahl, Stuttgart-Bad Cannstatt 1996) unterschied historisches, mathematisches und philosophisches Wissen. Philosophisches Wissen war vor allem das Wissen von den Gründen der Fakten, die die anderen Disziplinen behandelten. Kant setzt in manchen Metaphysik-Vorlesungen mit der Eigenschaft philosophischen Wissens als des aus der Regelhaftigkeit von Grund und Folge hervorgehenden Systemgedankens ein (XXVIII, 355). Im Weiteren wird dann dieses Wolffsche Prinzip philosophischer Systematik, das aus der Methode hervorging, von Begriffsdefinitionen aus einen deduktiven Aufbau der Philosophie zu bilden, als zu elementar kritisiert (XXVIII, 358). J. G. Walch (1695–1775) beginnt den langen Artikel »Philosophie« in seinem *Philosophischen Lexicon* (1726, ²1733; Sp. 1989–2001) mit der ciceronianischen Formel, Philosophie handele von den göttlichen und den menschlichen Dingen. Er überführt das auf die zeitgemäße Fassung, sie lehre die Ehre Gottes und die menschliche Glückseligkeit, um mit einem Male fortzusetzen, sie bestehe aus Logik, Naturwissenschaft und Moral einschließlich der Wissenschaften von Recht, Ökonomie und Politik. Walch betonte diese Disziplinen gegenüber der Metaphysik in der Linie des historisch-eklektischen und zeitkritischen Philosophiebegriffs von C. Thomasius (1655–1728) und seines Lehrers F. Budde (1667–1729). Die Betonung der geistigen Unabhängigkeit der Philosophie und die Verschwisterung von Philosophie und Denkfreiheit führt den ganzen Gedankengang.

Kant hat seinen Philosophiebegriff am ausführlichsten in der Einleitung zu seinen Metaphysik- und Logik-Vorlesungen dargestellt; aufschlussreich auch die *Nachricht von der Einrichtung seiner Vorlesungen in dem Winterhalbjahre von 1765–1766* (II, 303–313). Nach dem Vorbild von Wolffs *Discursus praeliminaris* brachten die Logik-Vorlesungen die Erläuterung des Philosophiebegriffs als Einleitung. Von den Metaphysik-Nachschriften hat diejenige von I. W. Volckmann, die 1784/85 nachgeschrieben wurde, den ausführlichsten Text zum Thema (XXVIII, S. 355–390). Im Architektonik-Kapitel der Methodenlehre der *KrV* findet sich Kants Auffassung nach der transzendentalphilosophischen Wende zusammengefasst (III, 538–549). 1796 hat der 72-jährige Kant in der *Verkündigung des nahen Abschlusses eines Tractats zum ewigen Frieden in der Philosophie* seinen Philosophiebegriff noch einmal dargelegt (VIII, 387–422). In allen Darlegungen hält Kant entschieden am Philosophiebegriff der Metaphysik gegenüber der empiristischen Auffassung von Philosophie als der direkten Verbindung von Abstraktionstheorie und aufgeklärten Verhaltensweisen der Individuen fest. Philosophie besitze systematisierende Funktion, und sie leiste das durch ihre Begründungsfunktion für die verschiedenen Geltungstypen wissenschaftlicher Aussagen. Das Architektonik-Kapitel, eine souveräne Darstellung aus einem Guss, fasst den Systemgedanken mit dem Ideenbegriff. Wir denken die verschiedenen Begriffe und Theorieteile und Theorien stets unter der Idee einer übergreifenden Einheit. Für »die Vernunft« dürfen Erkenntnisse nicht eine Rhapsodie bleiben, sondern »müssen ein System ausmachen, in welchem sie die wesentlichen Zwecke derselben unterstützen und befördern können« (III, 538). Der Ausgangspunkt ist auch hier wie bei vielen zentralen Punkten des Kantschen Denkens in Kants Logik-Vorlesungen (und in deren Lehrbüchern von Baumgarten und Meier) zu finden. Kants Systemgedanke beruht auf dem perfectio-Prinzip der Metaphysik. Das empirisch Konkrete ist als Mannigfaltiges unvollkommen. Vollkommen ist die Einheit des Vielen. Logische Klarheit und Deutlichkeit beruhen auf der Vereinheitlichung und die Wahrheit ist darum zugleich logische Vollkommenheit. »Die Zusammenstimung des Manigfaltigen in einer Sache zu einer gemeinschaftlichen Absicht heißt vollkommenheit« (Refl. 1748). Der Schulbegriff der Philosophie hat »die logische Vollkommenheit der Erkenntnis zum Zwecke« (III, 542). Die Verklammerung von Wahrheit und Einheit ergibt das Systemprinzip in Kants Philosophiebegriff. Kant unterscheidet in den Einleitungen seiner Logik-Vorlesungen logische, praktische und ästhetische Vollkommenheit. Die logische Vollkommenheit ist die entscheidende, der sich die anderen Formen annähern sollen. Genie z. B. ist die größtmögliche Vereinbarung der ästhetischen Vollkommenheit mit der logischen und ebenso der logischen Wahrheit mit der ästhetisch vollkommenen Darstellung, für die in der Philosophie Hume und Shaftesbury als Muster genannt werden (IX, 38 ff.).

B. Falkenburg hat in ihrem Kant-Buch, das über Teile der Kant-Literatur wie ein Ausweg zur Besonnenheit kommt, am Systembegriff der frühen Kosmologie gezeigt, dass Kant ein materielles System genetisch aus der Einheit der Anfangsbedingungen erklärt (Falkenburg, S. 376 f.). Kants Kosmogonie sollte den Systemgehalt des Newtonschen Naturbegriffs durch Erweiterung auf die Genese des Kosmos sicherstellen. Die großartige Verbindung von Systemgehalt als im Realprozess der Zeit entstehende Struktur bleibt auch in der späten Metaphysik der Natur erhalten. Hier liegt in allen Denkperioden Kants der feste Boden realistischer Aufnahme der Beziehung von Struktur und Prozess in der Zeit. Kant formuliert meist bündig: Philosophie ist das System der Vernunfterkenntnis aus Begriffen. Man könnte meinen, der um das Systemprinzip konzentrierte Philosophiebegriff fasse das Systematische ebenso wie Kants Kosmologie, nur seien die Anfangsbedingungen hier die logischen Konstitutionsbedingungen von Sachverhalten, die den materialen Gehalten vorauslägen wie die Entstehungsbedingungen materieller Prozesse in der Zeit. Doch es handelt sich beim Systemgedanken im transzendental-propädeutischen Zusammenhang nicht um die einfache Transposition des Einheitsverständnisses materieller Systeme in den erkenntnistheoretischen Zusammenhang. Im Umfeld der Begründungsfunktion der Wissensformen, die der Apriorismus vornimmt, verändert sich der Kreis der leitenden Gedanken. Die *Kritik* verstärkt die Metaphysik-Tradition in Kants Philosophiebegriff mit deren umgreifenden idealistischen Gehalten deutlich. Das zeigt der ganze Zusammenhang, in dem Kant nun seinen Philosophiebegriff vorträgt: mit der Methodenlehre der Transzendentalphilosophie als Ganzes. »Die Welt muß als aus einer Idee entsprungen vorgestellt werden, wenn sie mit demjenigen Vernunftgebrauch, ohne welchen wir uns selbst der Vernunft unwürdig halten würden, nämlich dem moralischen, als welcher durchaus auf der Idee des höchsten Guts beruht, zusammenstimmen soll. Dadurch bekommt alle Naturforschung eine Richtung nach der Form eines Systems der Zwecke« (III, 529). Es ist also das Wesen der Freiheit, die jene Systemidee begründet, die den Kern des Philosophiebegriffs ergibt. Freiheit ist nicht durch äußere Gebote gestiftet, sondern ruht in der immanenten Einheit der nur rational zu bestimmenden Gesamtheit der Person, die allerdings hinter der Verschiedenheit von deren Handlungszwecke stehen muss. Hier setzt der Idealismus des Philosophiebegriffs an. Der Systemcharakter der Handlungsteleologie ergibt sich aus der Rückbezüglichkeit aller verschiedenen Handlungen auf die identische Person. Stünde diese nicht hinter allen Akten, so wären sie Geschehnisse und nicht Handlungen. Von dieser Wurzel aller Systematik sagt die *Kritik*, sie ergebe den Systemgehalt von Rationalität, um den es in der Philosophie eigentlich gehe. Zu dieser Einheitsbedingung gehört mit der kühnen Konsequenz des Idealismus die Idee der Einheit der Natur. Das ist nicht mehr der genetische Gedanke der *Allgemeinen Naturgeschichte*. Es ist die auf den hypothetischen Gedanken einer außermenschlichen Vernunft erweiterte Rationalitätsebene des Subjekts. Das ist, wohlgemerkt, keine transzendente Begründung der Einheit der Natur. Deren Einheit wird aus der Zweckform der rationalen Person hergeleitet. Aber der Unterschied zur Einheit materieller Systeme ist doch grundsätzlich. Hier bildet sich der Systemcharakter aus der Beziehung von Prozess und Struktur heraus. Er ist selbst Teil des Realvorgangs in der Zeit. Im Horizont der Handlungsteleologie erscheint der Zusammenhang in umgekehrter Ordnung. Die Struktureinheit der beabsichtigten Handlungen besteht vorab, und daraus ergibt sich der Prozessverlauf. Mit den Voraus-

zungen der Anthropologie ist das nur mit Inkonsequenzen und einigen Gewaltstreichen zu bewältigen.

Literatur

Plessner, H.: Kants Kunstsystem der enzyklopädischen Propädeutik (1976), in: Ges. Schriften, Bd. 2, Frankfurt/M. 1981, S. 439–454. – Horstmann, R.-P.: Die Idee der systematischen Einheit. Der Anhang zur transzendentalen Dialektik in Kants *KrV*, in: Ders., Bausteine kritischer Philosophie, Bodenheim b. Mainz 1997, S. 109–130. – Hinske, N.: Die Wissenschaften und ihre Absichten oder Zwecke. Kants Neuformulierung der Systemidee, in: Ders., Zwischen Aufklärung und Vernunftkritik. Studien zum Kantschen Logikcorpus, Stuttgart-Bad Cannstatt 1998, S. 102–117. – Falkenburg, B.: Kants Kosmologie. Die wissenschaftliche Revolution der Naturphilosophie im 18. Jh., Frankfurt/M. 2000, S. 376–385 [Anhang, C, Systematische Erkenntnis]. – Fulda, H. F./Stolzenberg, J. (Hg.): Architektonik und System in der Philosophie Kants, Hamburg 2001 [darin spez.: Baum, M., Systemform und Selbsterkenntnis der Vernunft bei Kant, S. 25–40; Fulda, H. F., »Deduktion der Einteilung eines Systems« – erörtert am Beispiel der »Metaphysischen Anfangsgründe der Rechtslehre«, S. 346–366].

Intelligible und sensible Welt

Der Begriff des intelligiblen Seins hatte in der neuzeitlichen Metaphysik durch die mathematische Funktion eine Umformung vom Guten und Vollkommenen (*to agathon*) zum unendlich Genauen erfahren. Leibniz verstand sein Kontinuitätsprinzip (lex continua) als das potentiell Unendliche aktuell gegebener Größen, das über alle jeweils erfahrbaren Inhalte als eine intelligible Realität hinausreiche. Die Metaphysik formuliert das ontologisch, wie Leibniz an Varignon schreibt: »Ganz allgemein kann man sagen, daß die Kontinuität überhaupt etwas Ideales ist, und es in der Natur nichts gibt, das vollkommen gleichförmige Teile hat; dafür aber wird auch das Reale vollkommen von dem Ideellen und Abstrakten beherrscht« (Leibniz an Varignon, 2.2.1672, in: Leibniz, *Philos. Werke*, Bd. 1, Leipzig 1924, S. 100). Das intelligible Sein ist die unendliche Möglichkeit des Empirischen. Das Verhältnis von Möglichkeit und Wirklichkeit bildete bereits bei Aristoteles die zentrale Modalrelation. Das mögliche Sein erhebt sowohl die unendliche Vergangenheit wie die unendliche Zukunft zur Gegenwart außer Raum und Zeit. Hier setzt der philosophische Gottesbegriff an als des unendlichen Seins, wie Leibniz zu Tschirnhaus fast spinozistisch sagte, in dem alles enthalten ist, was zur

Existenz aller Dinge nötig ist (vgl. J. Cohn, *Geschichte des Unendlichkeitsproblems im abendländischen Denken bis Kant*, Leipzig 1896, S. 173).

Kants subjektive Wende der Metaphysik formt das zeitfreie unendliche Sein, das kein Werden kennt, zur theoretischen und praktischen Apriorität von Urteilen um. Der Philosophiebegriff im Sinne neuer transzendentaler Idealität gibt den realen Gegenständen deren Realität im Sinne von deren Denkbarkeit. Dadurch wird das Verhältnis von intelligibler und sensibler Welt zu einer Beziehung von Bewusstseinsformen, die zwei verschiedene Wirklichkeitsbereiche setzen. Man muss für das Verständnis des Verhältnisses von sensibler, also wahrnehmbarer und nur denkbarer intelligibler Wirklichkeit bei Kant beachten, dass noch im 17. Jh. die Unterscheidung von empirisch-irdischer und göttlicher Wirkungsweise als phänomenale und intelligible Kausalität verstanden wurde. Derart sind die intelligiblen causae primae die Voraussetzungen für empirische beobachtbare Kausalprozesse. Wir können nur das Wie, nicht das Warum der Gesetze in der sensiblen Welt begreifen. Dieser Phänomenalismus in Verbindung mit der Annahme einer naturwissenschaftlich nicht einzusehenden intelligiblen Welt war auch Newtons ausdrückliche Auffassung. Kant hat, um das Eindringen transzendenter Ursachen und Substanzen an dieser heiklen Nahtstelle zu verhindern, die intelligible Welt und die ihr zugehörende nicht-sensible Kausalität als die apriorischen Bewusstseinsstrukturen ausgeführt. Da die apriorische Funktion zugleich a priori, also logisch intuitiv einsehbar sein muss, war die Frage nach der intelligiblen Kausalität hinter den intelligiblen Funktionen zunächst abgeschnitten. Sie taucht erst bei der Frage wieder auf, wie die für sich stehende logische Funktion mit den rein rezeptiven Wahrnehmungen übereinstimmen könne, und zwar nicht, dass beides hier und da zusammenpasse, sondern dass sie überall und immer, also aus Prinzip kongruent seien. Kant geht mit dem Gedanken vom »übersinnlichen Substrat der Menschheit« und »der Natur außer uns« einen Schritt in Richtung des Hegelschen Geistbegriffes (V, 300–344).

Schulbegriff und Weltbegriff der Philosophie

Neben den Trennungen zwischen horizontalen Ebenen von Philosophie (Propädeutik – Systeme der Metaphysik – angewandte Gebiete) und zwischen theoretischer und praktischer Philosophie kommen manche Vorlesungsnachschriften dann trocken mit dem Abschnitt vom Nutzen der Philosophie. Hier wird der Philosophiebegriff in einen Schulbegriff (philosophia sensu scholastico) und einen Weltbegriff (sensu cosmopolitico) geteilt. *Kritik* und z. B. die Logik-Vorlesung *Wiener Logik* nennen den Weltbegriff auch conceptus cosmicus (III, 542; XXIV, 798). Kant schließt hier an das antike Verständnis von Philosophie als studium prudentiae, als Bemühen um Weisheit in der Lebensführung an, und es ist klar, dass transzendentale Ästhetik und Logik nicht diesen Zweck erfüllen. Man muss für Kants Philosophiebegriff sehen, welche Tradition ihm ganz gegenwärtig war, so dass er dieses Thema für wesentlich ansah. Beziehung und Unterscheidung von ἐπιστήμη, (*epistēmē*, Wissen, Wissenschaft) und σοφία (*sophia*, Weisheit) sind alt. Aristoteles hat im großen 2. Kapitel des Buches A der *Metaphysik* die klassische antike Stufung zusammengefasst von handwerklichen Kenntnissen, von Wissenschaften, die um spezieller Zwecke und von höheren Disziplinen, die um ihrer selbst willen gesucht werden. Weisheit ist Genuss bereitendes Wissen von den höheren, um ihrer selbst willen daseienden Gegenständen. Die über die individuelle gegenständliche Lebenstätigkeit hinausliegende Sphäre moralischen und politischen Denkens gehörten zur Weisheit. Voraussetzung dieser Auffassung war die antike Trennung von systematischen Wissenschaften und materieller Basis der Gesellschaft. Für die lebenspraktische Weisheit löste Aristoteles aber die sokratisch-platonische Intellektualisierung von Lebensweisheit auf und band das praktische Wissen an Erziehung, Vorbilder und Einübung in Gewohnheiten, die stabilen Habitus ausbilden. Von Cicero stammt die Scheidung von scientia und sapientia (*Academica*, I, 41; *Disputationes Tusculanae*, 3, 42) mit sapientia als eigentlicher Philosophie im Sinne von Weisheit persönlicher Lebensführung und Staatskunst. Mit der Betonung des leidenschaftslosen und so dem Gotte gleichenden Weisen im Kynismus und im Stoizismus wurde die Scheidung von Sachwissen und Lebenswissen ein existentiell dringendes Thema. Aus dem Stoizismus kam in die christliche Patristik die Abwertung des Wissens mit der schon von Seneca breit ausgeführten Warnung vor gefahrvoller Neugier nach dem Heil fernliegenden Wissen (curiosa peritia) (Seneca, *Briefe an Lucilius*, Nr. 88). Mit den neuzeitlichen Wissenschaften stellte sich das sokratische Erbe wieder her, in dem unterschieden war zwischen auf Objekte gehendem Sachwissen durch die Erkenntnis von Ursache und Wirkung und der auf Lebensführung zielenden Weisheit. Wissen war Erkenntnis der im Be-

griff gefassten Sache selbst hinter deren Erscheiungs-
weisen. Bei Sokrates war Weisheit die Steigerung allen Sachwissens zur formalen logischen Funktion des
Wissenwollens, das sich auf das Allgemeine, das Alle
angeht, richtet. Das entsprach dem Philosophiebegriff in einer sich spezifizierenden städtischen Kultur
von Privateigentümern. Durchgehender Träger des
menschlichen Habitus war die Einsicht (φρόνησις,
phronēsis) in den Formen rationaler Überschau der
Sachverhalte und der eigenen Situation im Verant-
wortungsganzen der Polisbürgerschaft.

Seit dem 17. Jh. begründete autonome Rationalität die Doppelform von Sachwissen und bürgerlich-
praktischem Lebenswissen und löste damit die Spannung zwischen Wissensbedürfnis und Heilsbesorg-
nis im christlichen Bewusstsein auf. Ingenieurswis-
sen, Naturwissenschaften von der Astronomie bis
zur geographischen Kenntnis der Erdkugel, psychologische und kunsttheoretische Reflexion als Voraussetzung für bürgerlichen Lebensvollzug schufen theoretische Standards, deren Universalität zugleich mit
Buchhandel, Zeitschriften, außeruniversitären Vorlesungen usf. die Formen geistiger Öffentlichkeit erzeugten. Damit war der überkommene Weisheits-
gedanke in der Verbindung von Gelehrsamkeit und
Lebenswissen nicht mehr zu vereinbaren. Wenn
Kant vom Philosophen als Weisheitsforscher im Unterschied zum Philosophen als Wissenschaftslehrer
spricht, so benutzt er den sapientia-Bezug nur, um an
Bekanntes anzuschließen. Das Fachwissen spezialisierte sich, entzog sich in der Verbindung der Naturkunde mit Experiment und Mathematik dem allgemeinen Zugang und gewann durch das Übergreifen
der Wissenschaften auf die Technologie einen in Antike und Mittelalter undenkbaren Bedeutungszu-
wachs. Ein moralischer Sinn wurde von den aufklärerischen Bewegungen nun ebenfalls im sachhalti-
gen objektiven Zusammenhang als Menschheitsfort-
schritt mit den Wissenschaften verbunden. Dann
sank aber die andere, unmittelbar persönliche Seite
der Weisheitslinie zu Lebensklugheit, Kultur privaten Umgangs, wenn nicht Erfolgstechnik (wie in Bacons *Essays*, 1597) herab, die als natürliches Streben
nach der sog. Glückseligkeit ausgesprochen wurde.

Kants Philosophiebegriff richtet sich gegen diese
utilitaristische Einebnung der sapientia. Er übernimmt in den Metaphysik- und Logik-Vorlesungen
wie in der *Kritik* nachdrücklich die Thematik der
Trennung von scientia und sapientia. Mit einer rhetorischen Wendung ciceronianischer Art heißt es:
»Nie kann man ohne Kenntniß ein Philosoph werden; aber nie machen Kenntnisse allein einen Philo-

sophen aus« (Metaphysik-Vorlesung Pölitz; XXVIII,
534; wahrscheinlich ein von Pölitz als Einleitung verwandter Teil einer Logik-Vorlesung). »Der Philosoph muss aber vom Vernunftkünstler unterschieden werden. Dieser weist Regeln zum Gebrauche unserer Vernunft an, zu bliebigen Zwecken [...] Der
practische Philosoph ist eigentlich Philosoph. Die
Philosophie ist die Idee einer vollkommen Weisheit, die mir die letzten Zwecke der menschlichen
Vernunft zeigt« (ebd. 533). Die *Kritik* formuliert
ebenso: »In dieser Absicht ist die Philosophie die
Wissenschaft von der Beziehung aller Erkenntniß
auf die wesentlichen Zwecke der menschlichen Vernunft (teleologia rationis humanae), und der Philosoph ist nicht Vernunftkünstler, sondern der Gesetzgeber der menschlichen Vernunft« (III, 542). Die
moralische Welt, nach der wir unseren inneren Wert
bemessen, gibt den Wissenschaften Zusammenhang
und Orientierung auf eine moralisch qualifizierte
Vergesellschaftung der Einzelnen. Schulbegriff und
Weltbegriff der Philosophie gehören dann in den
Zusammenhang von theoretischer und praktischer
Vernunft, in dem die praktischen Ideen Ordnung
und Sinn der unerlässlich gewordenen theoretischen
Neugierde verbürgen (III, 542). Die *Prolegomena* erläutern ausführlich den Philosophiebegriff mit der
Unterscheidung von Verstandesbegriffen und Hinordnung der Weisheit des Einzelnen auf den kulturellen Prozess durch die übergreifenden Vernunftprinzipien (IV, 328, 365; vgl. a. Refl. 4849 u. VII, 280).
Deutlich zeigt sich im Weltbegriff der Philosophie
mit der Maxime des höchsten Gebrauchs der Vernunft das metaphysische perfectio-Thema (verum,
bonum, pulchrum), das ja auch im Gedanken vom
höchsten Gut wiederkehrt, einem Hauptpunkt der
KpV. Der Weisheitsaspekt geht über auf die Moralität
als Pflicht des freien Einzelnen, sich selbst in seiner
Lebensführung als Teil der Würde der Menschheit zu
denken. Freilich darf nicht Kants grundsätzliche Ent-
privatisierung des Weisheitsgedankens übersehen
werden, die einfach an die damals noch selbstverständlichen Cicero-Prägungen anschließen. Der
Schulbegriff streut dann zwischen den verschiedenen Aspekten wie Begründungsfunktion logischer
Geltungstypen, wissenschaftlichem Spezialistentum
und fast auch instrumentell-praktischer Abrichtung.
Die Schulphilosophie ist Angelegenheit von Spezialisten, »subtile Untersuchungen, an denen das Publicum keinen Antheil hat« (V, 163). Als Weisheits-
forschung ist Philosophie Sache von Jedermann. Kant
geht über den unmittelbaren Sinn von gelingender
Lebensführung in seinem Weltbegriff von Philoso-

phie hinaus durch ein übersteigendes objektives Ziel, eben die Verpflichtung des Einzelnen auf die Würde der Menschheit. Der Weltbegriff ist der Begriff von Philosophie im Verantwortungshorizont des Weltbürgers. Die Kontemplation im aristotelischen Wissen von den höchsten Gegenständen verschwindet aus Kants Fassung von sapientia gegenüber der scientia. Praxis zieht über den antiken Gedanken gelingenden Lebens besonnener Individuen hinaus und führt diese mit der Vergesellschaftung in die Dynamik der bürgerlichen Zivilisation. Weisheit im Weltsinne gehört dann zum Ideal der Vernunft, das gegenüber der statischen Gemeinschaft der Politen im Altertum den Prozess sachlicher verfassungsrechtlicher, völkerrechtlicher Strukturen bedeutet. Der Gedanke Kants ist, wohlbemerkt, nicht die Gesellschaftsproblematik als Thematik der praktischen Philosophie, sondern noch sehr in Fortsetzung des antiken Weisheitsgedankens die Personwerdung des Einzelnen durch Philosophie, aus der dann gesellschaftliche Entwicklung folgen werde.

Kants Unterscheidung von Schul- und Weltbegriff der Philosophie ist nicht mit der Gegenüberstellung von Schulphilosophie und »Philosophie für die Welt« zu verwechseln. *Der Philosoph für die Welt* lautete eine von J. J. Engel (1741–1802) herausgegebene dreibändige popularphilosophische Sammlung (Leipzig 1775, 1777, 1780) mit Beiträgen von Mendelssohn, Garve, Eberhard, Engel u. a. Hier trat der Schulmetaphysik von der rhetorisch-pragmatischen Linie der Frühaufklärung her (Thomasius, Mencke, Budde, Walch, auch des einflussreichen Königsberger aristotelischen Philosophen und Theologen M. Zeidler, 1630–1686) eine Bildungsbewegung entgegen, die sich an geistigen Bedürfnissen der bürgerlichen Schichten orientierte und den Schwerpunkt der philosophischen Theorie von der Systematik aus Logik, Ontologie usf. auf Ethik, Menschenkenntnis, Politik, Ökonomie, Kunstverständnis verlagerte. Diese Linie des Philosophieverständnisses im Weltbegriff stellte eine Wiederaufnahme der aristotelischen Unterscheidung von theoretischen und praktischen Disziplinen dar. Hier und vielleicht auch bei Zeidler befanden sich wohl auch die Vorlagen und Anknüpfungspunkte für Kants auffallende Wiederaufnahme aristotelischer Termini für seine neue Transzendentalphilosophie. Der Aristotelismus war von der aufklärerischen Bildungsbewegung keinesfalls abgeschrieben worden. Bei den Aspekten des betonten Anti-Aristotelismus ging es um sehr spezifische Punkte der Traditionsabwehr. J. G. Walch unterschied in seinem *Philosophischen Lexicon* (²1733) am

Philosophiebegriff den theoretischen Aspekt, zweitens die Applikation von Regeln auf physische und moralische Fälle (Kants Thematik der Urteilskraft) und drittens mit deutlichem Aristoteles-Bezug den aus befolgten Regeln nach und nach entstehende Verhaltenshabitus oder das »philosophische Naturell« (Sp. 2000 f.), ein Thema, über das er eine eigene Schrift verfasste. Kants Weisheitsbegriff im Kontrast zum Schulbegriff als der Begründungsfunktion der Philosophie für die Wissenschaften nimmt den Menschen in viel umfassenderem Horizont aus den privaten Bildungszwecken heraus und stellt ihn in den gattungsgeschichtlichen Prozess der Moralisierung (gegenüber äußerlicher Zivilisierung) und zu Verfassungsrecht und Völkerrecht. Daneben enthält der Weltbegriff in allen Vorlesungen selbstverständlich das Element der kosmopolitischen Bildung zum aufgeklärten Bürger und kosmopolitischen Weltmann. Aus der sehr betonten Trennung von Schul- und Weltbegriff der Philosophie ergibt sich, dass Kants Hauptwerk, die *KrV*, nicht den Kern des Philosophiebegriffs enthält. Es untersucht die logischen Kriterien und Grenzen von Sachverhaltsaussagen gegenüber der praktischen Weisheit.

Was kann ich wissen? Was soll ich tun? Was darf ich hoffen?

Im Bezug auf den Weltbegriff (sensu cosmopolitico) formuliert Kant dann auch die drei oder vier Grundfragen der Philosophie: was kann ich wissen, was soll ich tun, was darf ich hoffen, was ist der Mensch (III, 522 f.; vgl. an Stäudlin, 4.5.1793). Die Fragen beziehen sich auf die Struktur der Kantschen Philosophie. Der formalen transzendentallogischen Ebene von *KrV*, *KpV* und hier auch im erweiterten Sinne logischer Begründung der Religionsschrift wird die materiale, beschreibende Sphäre der Anthropologie gegenübergestellt. Schul- und Weltbegriff sind miteinander verbunden und gehen ineinander über. Die *KpV* ist als Weltbegriff (was soll ich tun) methodische Schule im spezifischsten Sinne. Die Religionsschrift als allerweitester Weltbegriff (was darf ich hoffen) bringt ebenso schulmäßige Theorie, warum Moralpostulate praktischer Rationalität zugleich noch als geschichtlicher Bericht der ästhetischen Vorstellung dargeboten werden und werden sollen. Die dritte Frage erläutert Kant: Wenn ich getan habe, was ich soll, was darf ich dann für meine Glückserwartung hoffen? Als nicht-utilitaristische Antwort auf diese genau zu verstehende Frage setzt Kant die Religion ein. Religion bleibt von vornherein bei der Einheit des Menschen von ideeller, emotionaler und bedürfnishafter Anlage stehen und ist dadurch für Kant wohl von institutionalisierter Dogmatik und exzessiver Seelenscheuerei zu reinigen, aber doch nicht wegzudenken vom geistigen Leben des Menschen. Die drei oder vier Fragen geben nicht die gesamte Struktur der Kantschen Philosophie wieder. Die wesentliche Begründungskomponente der *KU* fehlt. Aber sie korrigieren szientifische akademische wie bourgeois-utilitaristische Begriffe von Aufklärung.

Gott, Freiheit und Unsterblichkeit

Mit dem Weltbegriff der Philosophie ist eine bei Kant feststehende Formel vom Philosophiebegriff verbunden. Alles, womit diese Wissenschaft sich sonst beschäftige, ergänzt Kant mit einer Anmerkung zur zweiten Auflage der *Kritik* für den Übergang vom Analytik- zum Dialektik-Teil der transzendentalen Logik, dient bloß zum Mittel für den Kernbezirk der philosophischen Fragen: »Die Metaphysik hat zum eigentlichen Zwecke ihrer Nachforschung nur drei Ideen: Gott, Freiheit und Unsterblichkeit, so daß der zweite Begriff, mit dem ersten verbunden, auf den dritten als einen nothwendigen Schlußsatz führen soll« (III, 260). Kant fügt die entschiedene Bestimmung zweifellos gegen die Freigeisterei-Verdächtigungen der *Kritik* ein. Aber es ist ebenso fraglos Kants Überzeugung. Es kommt freilich darauf an, die Formel im Zusammenhang von deren Explikation in der *KpV* zu verstehen, die ein Jahr nach der zweiten Auflage der ersten *Kritik* folgte. Hier sind Gott, Freiheit und Unsterblichkeit Postulate der Logik praktischer Vernunft. Das macht »die höchsten Zwecke unseres Daseins«, wie Kant fortfährt, »bloß vom speculativen Vernunftvermögen und sonst von nichts anderem abhängig« (ebd.; vgl. i. d. *KpV*, V, 132 ff.). Die Dreiergruppe der ideellen Realität der Person behindert nicht gefühlsmäßiges religiöses Gottvertrauen und Unsterblichkeiterwartungen. Aber sie korrigiert deren Begründung und, da die Form mit dem Inhalt verbunden ist, auch den Inhalt des Glaubens. Kant hat für seinen Philosophiebegriff immer den Primat der praktischen Vernunft gegenüber dem theoretischen Verstand festgehalten. Dabei ist aber zu beachten, dass die Begründung systematischer Rationalität im theoretischen Bezug die notwendige Voraussetzung für die moralisch-praktische Rationalität ist. Sonst blieben die ungeklärten Verständnisse aus alltagspraktischem, traditionellem

und in jeder Hinsicht »kritiklosem« Denken erhalten. Hier liegen von Kant nicht weiter ausgeführte Auffassungen von der Struktur einer aufgeklärten, in allen kulturellen Ebenen selbstreflexiven Gesellschaft zugrunde. Also der Kernbezirk ist die Praxis-Problematik im Sinne der Willensmaximen des Einzelnen. Doch die von der Philosophie begründete logische Möglichkeit der Wissenschaften als gesellschaftlich verfügbarer Rationalität ist notwendige Basis des sog. Weltbegriffs der Philosophie. Kant greift auf die Thematik der europäischen Metaphysik zurück. Das zu sehen, bedeutet vor allem, zu sehen, wozu er diese Tradition umformt. Die Metaphysik-Lehrbücher behandelten den Gottesbegriff – ohne Kants Theorie eines moralisch-praktischen Apriorismus – als die ontologische Grundlage der Geist-Natur des Menschen. Gott hat die Welt erschaffen, dass geistige Wesen analog ihm sein Wesen spiegeln und vermannigfachen oder dass »die Welt eingerichtet und bestimmt sei, ein Wohnhaus der Lebendigen zu seyn« (J. G. H. Feder, *Logik und Metaphysik*, Wien 1783, Natürliche Theologie, S. 420).

Literatur

Paulsen, F.: Kants Verhältnis zur Metaphysik, in: KS 4 (1900), S. 413–447. – Vaihinger, H.: Kant – ein Metaphysiker? (1902), in: Myrho, F. (Hg.), Kritizismus. Eine Sammlung von Beiträgen aus der Welt des NeuKantianismus, Berlin 1926, S. 64–73. – Wundt, M.: Kant als Metaphysiker, Tübingen 1924, ND 1984. – Martin, G.: Die metaphysischen Probleme der KrV, in: ZphF 2 (1948), S. 315–342 [ND in: Ges. Abhandlungen, Bd. 1, Köln 1961, S. 55–79]. – Elkana, Y.: Scientific and metaphysical problems. Euler and Kant, in: Cohen, R. S./Wartofsky, M. W. (Hg.), Methodological and Historical Essays in the Natural and Social Science, Dordrecht u. Boston 1974, S. 277–305. – Funke, G.: Die Diskussion um die metaphysische Kant-Interpretation, in: KS 67 (1976), S. 409–424. – Henrich, D.: Was ist Metaphysik, was ist Moderne?, in: Merkur 448 (1986), S. 495–508. – Brandt, R.: Kant als Metaphysiker, in: Gerhardt, V. (Hg.), Der Begriff der Politik, Stuttgart 1990, S. 55–92.

Horizont des Bewusstseins

Zur Einleitung der Schullogik gehört die Thematik des Horizonts des Bewusstseins im Sinne der Erkenntniskriterien der theoretischen, praktischen und ästhetischen Bildung. Auch der Abschnitt »Vom Meinen, Wissen und Glauben« der Methodenlehre der *Kritik* (III, 531–538) kommt aus dem Zusammenhang der Horizont-Thematik in den Einleitungen der Logik-Vorlesungen: »Unter dem absoluten und allgemeinen Horizont ist die Congruenz der Grenzen der menschlichen Erkenntnisse mit den Grenzen der gesammten menschlichen Vollkommenheit überhaupt zu verstehen. Und hier ist also die Frage: Was kann der Mensch als Mensch überhaupt wissen« (IX, 41). Die Reflexionen zur Logik-Vorlesung geben in Verbindung mit den Passagen aus G. F. Meiers *Auszug aus der Vernunftlehre* (1752; wieder abgedruckt in AA XVI) zu erkennen, in welchem Gedankenkreis der Schulmetaphysik sich anfangs die kritische Grundfrage nach den Grenzen der Erkenntnis befand (z. B. Refl. 1990). Die Metaphysik behandelte unter der Horizont-Thematik zwei Punkte. Der erste: Man muss bestimmtes gelehrtes Wissen besitzen, um in der Gesellschaft einen Platz erreichen und ausfüllen zu können. Das geht nicht ohne schulgerechtes Wissen. Der andere Punkt: Man muss genau wissen, was man nicht für seine Lebensführung wissen muss und was man als jedem Wissen verborgen nie wissen kann. Meier: Man muss das schädliche Bestreben nach gelehrter Erkenntnis vermeiden, die über menschlichen Horizont gehen (XVI, 174). Im Zusammenhang der Horizont-Thematik stehen die genannten Fragen »Was kann ich wissen?« usf.

Literatur

Dessauer, F.: Was ist der Mensch? Die vier Fragen des I. Kant, Frankfurt/M. 1960.

Philosophie lernen oder Philosophieren lernen

Zu Kants Philosophiebegriff gehört auch die immer wieder eingeschärfte, von C. Wolff übernommene Scheidung von Philosophie lernen und Philosophieren lernen. Wolffs *Discursus praeliminaris* (1728, ²1733; §§ 46 ff.) verband den Unterschied mit der Trennung von historischer und philosophischer Wissensform als dem von Faktenwissen und Kausalerkenntnis. In der *Kritik* und in Kants Logik-Vorlesungen findet es sich im gleichen Zusammenhang. Nicht historisches Wissen ist Philosophie, sondern Wissen von den Gründen a priori. Daher kann man sich in der Philosophie nicht nach fremder Vernunft bilden. Die *Wiener Logik*, den Formulierungen der *Kritik* am nächsten, wie N. Hinske zeigte, sagt: »Es ist daher nöthig, in der Methode der Vernunft mehr

Vernunft zu gebrauchen.« »Viele Philosophen prahlen also mit nichts, als mit der Nachahmung einer fremden Vernunft« (XXIV, 797; vgl. N. Hinske: Einleitung zu *Kant-Index*, Bd. 5: Stellenindex und Konkordanz zur *Wiener Logik*, Stuttgart-Bad Cannstatt 1999, S. XVI–XIX). Das ganze Thema gehört in den Kreis von aufklärerischer kritischer Prüfung der Autoritäten und Selbstdenken oder Mündigkeit. Descartes' Kritik am mit antiker Gelehrsamkeit vollgestopften akademischen Betrieb hatte sich gegen die humanistisch-philologische Linie der Renaissance-Philosophie gerichtet. Antike-Verehrung erschien dem neuen mathematisch-physikalischen Geist als leeres Textwissen und wie panegyrische Unterwerfung des Denkens unters Trugbild immerwährender Wahrheiten und Autoritäten. Kant bezog in seine Autoritätenkritik freilich die Wolffsche Schule mit ein. Im *Neuen Lehrbegriff der Bewegung und Ruhe* (1758) verspottet er die Denkfaulheit derer, die »gewohnt sind, alle Gedanken als Spreu wegzuwerfen, die nicht auf die Zwangmühle des Wolffischen oder eines andern berühmten Lehrgebäudes aufgeschüttet worden« seien (II, 15). Das eigentliche Problem der Unterscheidung besteht in der Besonderheit des philosophischen Wissens gegenüber anderen Wissenschaften. Man kann Philosophie überhaupt nicht lernen, da es kein feststehendes Lehrsystem gebe und weil man philosophische Gedanken immer nur selbst in sich ausbilden könne. Die *Nachricht von der Einrichtung seiner Vorlesungen* (1765) fügt das Thema in ein umfassenderes Schema sich entwickelnder Bildung ein. Der Student »soll nicht Gedanken, sondern Denken lernen«. Aus der Gewohnheit seines Studiums der Fachdisziplinen »denkt er, er werde Philosophie lernen, welches aber unmöglich ist, denn er soll jetzt philosophieren lernen« (II, 306). Man könne sie sich nicht im gewöhnlichen Sinne einlernen. Der philosophische Autor habe nicht als »Urbild des Urtheils« zu gelten, »nur als eine Veranlassung selbst über ihn, ja sogar wider ihn zu urtheilen« (II, 307). Wissenschaften, deren Stoffe gelernt werden könnten, seien historisch und mathematisch, heißt es mit der Wolffschen Einteilung. Philosophie könne nur zetetisch, d. i. forschend gelehrt und darum auch nicht im Sinne von fertigen Wissensstoffen gelernt werden. Man hintergehe die Jugend mit einer vorgeblich fertigen Weltweisheit, statt sie zur künftigen eigenen Einsicht auszubilden. Hier kommt nun der Weltbegriff der Philosophie als die kulturelle Funktion eines Orts der Freiheit kritischen Denkens. Die verschiedenen Aspekte des Philosophiebegriffs münden in die Strukturtheorie der Kultur mit repräsentierenden und öffentlich kritischen Disziplinen, die der späte *Streit der Fakultäten* (1798) vorträgt. Vielleicht wird man vorsichtigerweise die Unmöglichkeit, Philosophie zu lernen, vor allem auf den Weltbegriff der Philosophie konzentrieren. Denn im Schulbegriffe der Logik, der Kategorienlehre (wie existiert ein Gesetz, was ist Zufall, wie unterscheiden sich Zweckmäßigkeit und Zweckläufigkeit usf.), bei speziellen Gebieten etwa der Sprach-, Rechts- oder Kunstphilosophie und bei vielem anderen gibt es doch auch in der Philosophie eine ganze Menge einfach zu lernen, ehe man in dieser Wissenschaft eigene Gedanken entwickelte, die nicht nur dem Autor zur Befriedigung gereichen.

Literatur

Habermas, J.: Strukturwandel der Öffentlichkeit (1962), Frankfurt/M. 1990. – Blumenberg, H.: Die Legitimität der Neuzeit, Frankfurt/M. ²1988 [T. 3, Der Prozeß der theoretischen Neugierde, S. 263–528]. – Schmidt-Biggemann, W.: Theodizee und Tatsachen, Frankfurt/M. 1988. – Schneiders, W.: Hoffnung auf Vernunft. Aufklärungsphilosophie in Deutschland, Hamburg 1990 [spez. S. 111–156]. – Hinske, N.: Ursprüngliche Einsicht und Versteinerung. Kants Unterscheidung zwischen ›Philosophie lernen‹ und ›Philosophieren lernen‹ und ihre Vorgeschichte, in: Ders., Zwischen Aufklärung und Vernunftkritik. Studien zum Kantschen Logikcorpus, Stuttgart-Bad Cannstatt 1998, S. 42–59.

II Die frühen naturphilosophischen und metaphysischen Schriften, spätere kleinere naturphilosophische Aufsätze, die Geographie-Vorlesung

Kant und die Naturwissenschaften

Ein großer Teil der Werke des Philosophen Kant sind naturphilosophische Arbeiten. Zählt man den ersten Teil der *Anthropologie* (1798) hinzu, so sind es 23 Schriften und Aufsätze, der größte Teil davon vor der *KrV* (1781); danach die *Metaphysischen Anfangsgründe der Naturwissenschaft* (1786) und der zweite Teil der *KU* (1790) mit einer Methodologie der Biologie und einer nicht nach Newtonschen Prinzipien zu denkenden gestalthaften, organisch zweckmäßigen Natur. Zu den genannten Arbeiten kommt der handschriftliche Nachlass (überwiegend Notizen zu seinen Vorlesungen) aus den Gebieten der Mathematik, der Physik und Chemie, der physischen Geographie und der Anthropologie (XIV, XV/1, XV/2) sowie die Vorlesungsnachschriften zur Anthropologie (XXV) und die noch nicht erschienenen Nachschriften zur Physischen Geographie (XXVI). Schließlich zählt zu den naturphilosophischen Arbeiten die umfangreiche Manuskriptmasse des *Opus postumum* (1797–1803), wie Kant sagte, zum Problem des Übergangs von den metaphysischen Anfangsgründen der Naturwissenschaften zur Physik. Kant beschäftigte sich mit Themen der Physik, der Kosmogonie, der Meteorologie; in der Promotionsschrift *De Igne* (1755), die Newtons Theorie des Lichts gegen Descartes' Materiebegriff aufnimmt, mit Problemen der Elektrizität, der Aggregatzustände, der Wärme, also Grenzfragen der zeitgenössischen Chemie. Dazu treten Themen der Naturgeschichte der Erde und eben naturwissenschaftliche Bereiche der Anthropologie, darunter die drei Aufsätze zur Theorie der Menschenrassen (1775, 1785, 1788).

Kant hatte die physische Geographie in Königsberg als akademisches Lehrfach eingeführt. Er las darüber zum ersten Mal schon im Sommer 1756. Ab 1772/73 kam in den Wintersemestern Anthropologie hinzu. Die Disziplin bildete eine Grundlage des aufklärerischen Naturbegriffs und der immanenten Auffassung der Zivilisationsgeschichte, seit Bacon und Montesquieu Pendant zur Anthropologie und der »natürlichen Geschichte« der Zivilisationen, als Weltkenntnis des Menschen und der äußeren Natur (VII, 122). Die geographischen Bedingungen bilden »das eigentliche Fundament aller Geschichte« (II, 312). Die materiellen Grundlagen der Gesellschaft bilden das Ziel auch des Kantschen Anteils an der Begründung der neuzeitlichen Geographie (nicht eigentlich »der Mensch«, wie gern gesagt wird): Nicht die »zufälligen Ursachen der Unternehmung [...] einzelner Menschen«, sondern der Bezug der Politik »auf das, was beständiger ist und den entfernten Grund von jenen enthält, nämlich die Lage ihrer Länder, die Produkte, Sitten, Gewerbe, Handlung und Bevölkerung« (II, 313; vgl. a. Refl. 1462). Kants Geographie dehnt die naturwissenschaftlich-kausale Denkweise auf die Zivilisationsgeschichte aus. Von der materialistischen Kausalauffassung des gesellschaftlichen Menschen in Geographie, Anthropologie, Psychologie, Medizin trennte Kant die gesellschaftliche Praxis als die Sphäre gesamtgesellschaftlicher Handlungspostulate ab und fasste sie als moralischpraktische Vernunft. Geographie und die Anfänge der Ethnographie in Berichten von Forschungsreise und auch einfachen Reisebeschreibungen, oft mit Stichen illustriert, bildeten einen neuen Gegenstand bürgerlicher Bildung (z. B. die mehrbändige *Sammlung der besten und neuesten Reisebeschreibungen in einem ausführlichen Auszuge*, anonym [J. F. Zückert], Berlin 1763–1802). Von den etwa nur 500 Büchern, die Kant gehörten, bildeten die größte Einzelgruppe die Reisebeschreibungen. Da er sein ganzes Leben ohne jede Reise in Königsberg festhielt, notierte er sich aber, man reise mittels der Phantasie (XV, 145). Reiseberichte gaben die höhere Romantik zur Eroberung der Erde und fremder Völker durch die europäischen Handelsmächte.

Der physikalische Physiologe E. Du Bois-Reymond (1818–1896) sagte, mit Kant ende die Reihe der Philosophen, »die im Vollbesitz der naturwissenschaftlichen Kenntnisse ihrer Zeit sich selber an der Arbeit der Naturforscher beteiligten« (*Leibnizische Gedanken in der neueren Naturwissenschaft*, 1870, in: Ders., *Reden*, 2 Bde., Leipzig [2]1912). In Du Bois' Kampf gegen den Vitalismus in der Physiologie kehrte Kants Postulat wieder, die Grenzen der Erfahrung nicht zu überschreiten (gegen spekulative Annahmen Du Bois' Wort »ignoramus et ignorabimus«, d. i. wir wissen es nicht und werden es nicht wissen).

Kant war nicht Naturwissenschaftler im induktiv-experimentellen und im mathematischen Sinn. Er behandelte mit eingehender Kenntnis der Fachschriften seiner Zeit Theorievergleiche, durchdachte in verschiedenen Disziplinen Grundfragen vorliegender Theorien und suchte vor allem Synthesen zwischen Metaphysik und mathematischer Naturwissenschaft, da er von der Möglichkeit und vom Erfordernis in sich geschlossener rationaler Theorien von der Natur und der Moral überzeugt war. Kant verfolgte im abgelegenen Königsberg die aktuellen naturwissenschaftlichen Themen z. B. an den Preisfragen der Akademien in Berlin und Paris und verfasste und veröffentlichte mehrere Schriften dazu, ohne sie den Akademien einzusenden (*Theorie der Winde*, den Preis erhielt 1746 D'Alembert; die Promotionsschrift *De Igne*, eine Preisfrage der Pariser Akademie; die Schriften über die Verlangsamung der Erdumdrehung und über das Altern der Erde waren von Preisfragen der Berliner Akademie angeregt). »Naturphilosophie« bedeutete damals Verallgemeinerung empirischer Kenntnisse bis zu deren Prinzipien, also zu umfassenden Gesetzen. Newtons Hauptwerk führte den Titel *Philosophiae naturalis principia mathematica* (1687). Im gleichen Sinne, nämlich die Erscheinungen zurückzuführen bis zu deren elementaren Gesetzen, verstand Kant seine Beiträge zur Naturphilosopie. Im Zusammenhang der streng kausalen Denkweise in der ihn (wie Goethe ebenfalls) sehr interessierenden Meteorologie, zu der er selbst Beiträge lieferte (u. a. Erklärung der Monsunregen), sprach er von »philosophischen Garten- und Forstkundigen«, die den »Kalender ohne Aberglauben« verstehen wollen (VIII, 321). »Philosophisch betrachten« bedeutete (wie bei Wolff), eine Erscheinung als Wirkung aus der Erkenntnis der Ursachen erklären. In der späten meteorologischen Schrift über den Einfluss des Mondes auf die Witterung (1794) formulierte er, welches methodische Prinzip ihn von Jugend auf zu den Naturwissenschaften hinzog (und zur Schulmetaphysik in Gegensatz brachte): Durch Erkenntnis der Gesetze der Naturerscheinungen die Grade von deren Wirksamkeit hinreichend angeben, um Veränderungen aus jenen als deren Ursachen zu erklären. »Neue verborgene Kräfte aber zum Behuf gewisser Erscheinungen auszudenken, [...] ist ein Wagstück, das eine gesunde Naturwissenschaft nicht leichtlich einräumt« (VIII,

318). Die Philosophie mit diesem naturwissenschaftlichem Prinzip in Einklang zu setzen, ist der Grundgedanke der Kantschen Metaphysik-Kritik und das Ziel seiner transzendentalen Logik. Kant vertrat einen sehr starken Theoriebegriff, der von den Naturwissenschaften geprägt ist. Er enthält drei bestimmende und nur zusammen bestehende Aspekte: Die Einschränkung auf empirisch verifizierbare Ereignisse, kausale Erklärung und sich erweiternde systematische Begründung – »der Ableitung von einem einigen obersten und inneren Zwecke, der das Ganze allererst möglich macht, kann dasjenige entspringen, was wir Wissenschaft nennen« (A 833). Dieser Theoriebegriff bedingte auch, daß Kant die Abfolge seiner naturphilosophischen Schriften bis zu den systematischen *Metaphysischen Anfangsgründen der Naturwissenschaft* (1786) führte. Nur für die organische Natur räumte Kant neben der kausalen Erklärung das Erfordernis der hypothetischen Voraussetzung der reflektierenden Urteilskraft ein, da die biologischen Prozesse zu komplex seien, um bis in die letzten Elemente kausal entschlüsselt zu werden.

Die Gegensätze zwischen der Wolffschen, an Leibniz orientierten Metaphysik und der atomistischen Naturphilosophie Newtons und Huygens' betrafen nahezu alle Themenbereiche der Materietheorie und besaßen weitgreifende Konsequenzen für das kulturelle Selbstverständnis der frühbürgerlichen Gesellschaft. Die Alternativen: Kontinuität oder Diskontinuität, unendliche Teilbarkeit oder Diskretheit der Materie, davon abhängig die Begriffe des absoluten oder relationalen Raumes bzw. der Zeit, die dynamische Grundverfassung der Materie vom atomistischen oder mathematisch-monadischen Modellgedanken her waren zugleich verschiedene weltanschauliche Varianten, mit Funktion und Konsequenzen der neuen naturwissenschaftlichen Denkweise umzugehen. B. Falkenburg hat die theoretische Konfliktsituation in einer eingehenden wissenschafts- und philosophiehistorischen Monographie behandelt (zusammenfassend vgl. Falkenburg 2000, S. 37 f.).

Die Naturwissenschaften bedeuteten für den Studenten Kant eine Befreiung vom geistigen Zwang und der religiösen Seelenscheuerei des Fridericianum. Er lernte die ganz andere Welt der fortschreitenden, sich nicht appellativ behauptenden, sondern rational ausweisenden Wissenschaften kennen. Die Naturwissenschaften waren für Kant neben den lateinischen Klassikern das entscheidende Bildungserlebnis. Sie eröffneten ihm den internationalen Horizont der geistigen Fortschritte seiner Zeit. In der

Vorrede zur zweiten Auflage der *KrV* (1787) hat er unter dem Eindruck des Unverständnisses für das sechs Jahre zuvor erschienene Werk seine Theorie als die philosophische Generalisierung der »kopernikanischen Drehung« der mathematischen Naturwissenschaften bekräftigt.

Seine für die Fachwissenschaften bedeutendsten Arbeiten sind die *Allgemeine Naturgeschichte und Theorie des Himmels* (1755), das geniale Jugendwerk, das der 31-Jährige anonym veröffentlichte, und die *Neuen Anmerkungen zur Erläuterung der Theorie der Winde* (1756), die im 19. Jh. von der Entdeckung des barischen Gesetzes der globalen Windbewegung bestätigt wurden. H. W. Dove (1803–1879) hatte bereits 1835 in seiner Abhandlung *Über den Einfluß der Drehung der Erde auf die Störungen ihrer Atmosphäre* eine Regel aufgestellt, die sich als Teil des späteren Gesetzes herausstellte, ohne Kants 80 Jahre zuvor erschienene Arbeit zu kennen.

Kant behandelte die Probleme der Naturphilosophie um eines neuen Systems der Metaphysik willen. Der auf Leibnizschen Voraussetzungen basierenden deutschen Schulmetaphysik traten mit der atomistischen mechanischen Naturwissenschaft nicht nur in zentralen naturphilosophischen Fragen und dabei innerhalb an sich paralleler weltanschaulicher Tendenzen andere Lösungen entgegen. Es handelte sich um zwei unterschiedliche Typen systematisierungsfähiger Theorie. Die Metaphysik hatte auf der Basis logischer Definitionen eine Ontologie allgemeinster Seinsbestimmungen konstruiert. Diese formale Theorie des logisch widerspruchsfrei möglichen Seins trug die metaphysica specialis mit deren abschließenden Lehren von Seele, Kosmos und Gott als wie von real existierenden Gegenständen. Die mathematische Naturwissenschaft Newtons dachte anticartesianisch und lehnte metaphysische Gesamttheorien ab. Als allgemeine Basis genügten Newton einige wissenschaftsmethodische Leitsätze, wie Kant nach vielen Umkippungen in der Evolution seines Metaphysik-Begriffes auch das System der Grundsätze des reinen Verstandes in seiner *Kritik* verstand. Das Theorieverständnis der Mechanik kehrte mit Newton zu Galileis Auffassung zurück, dass Wissenschaften auf empirisch getreu konstatierten Daten fußende, immer fortschreitende Theorien sind, die dennoch durch die mathematische Formalisierung so unendlich präzise wie logische Definition oder wie in der Welt umherblickender Geist Gottes seien. Systematische Metaphysik der cartesianischen oder Leibnizschen Art sind bestenfalls überflüssige Hypothesen, worunter Newton Erdichtungen verstand. Die offene

Flanke dieses reduzierten Theoriebegriffs bestand darin, dass die Naturwissenschaften aus dem kulturellen Gesamtverständnis herausgelöst wurden und für die moralische, religiöse, letztlich auch verfassungsrechtliche Thematik jeweils andere isolierte Theorien, darunter auch sehr traditionalistische, für möglich angesehen wurden. Es entstanden die Voraussetzungen für die empiristische (z. B. Wittgensteinsche) Teilung von Sachverhalten, über die man klar sprechen und von solchen, an die man glauben kann (und letztlich muss).

Newtons Naturphilosophie setzte mit einer Reihe von grundlegenden Relationen ein. Die Masse der Materie wird durch Dichtigkeit und Volumen bestimmt. Die Größe der Bewegung ist ein Produkt aus Masse und Geschwindigkeit. Ein Körper, auf den keine Kraft wirkt, beharrt in Ruhe oder gleichförmiger Bewegung. Die Änderung einer Bewegung ist der Einwirkung der bewegenden Kraft proportional. Kant suchte in den Grundsätzen des Verstandes der *Kritik* (1781) und in den *Metaphysischen Anfangsgründen der Naturwissenschaft* (1786) Elementarsätze von analoger Präzision und Unbedingtheit zu bestimmen. Das ist der Sinn des Gedankens von »synthetischen Urteilen a priori«. Die Herausforderung der Metaphysik als Disziplin absoluten Wissens kam nicht von den empirisch sammelnden Naturwissenschaften. Sie bestanden neben Metaphysik und Theologie seit jeher. Jetzt traten Disziplinen mit hohem Systematisierungsgrad auf den Plan. Sie wiesen an den materiellen Kräften selbst eine innerweltliche Vollkommenheit nach, die den Dualismus von analogisierender alltagspraktischer Immanenz des Bewusstseins und dessen Transzendenz in den überempirischen Grundfragen in Frage stellte und damit deren Synthese in Form der bisherigen Metaphysik-Systeme ebenfalls für überflüssig und eigentlich illusorisch erklärte. Die Partikularisierung der systematischen Rationalität zur mathematischen Naturwissenschaft, die in den übrigen Kulturfeldern von der Effektivität ritualisierter Traditionen und lebenspraktischer Gewohnheiten ergänzt wird, verbarg eine tiefgreifende Irrationalität im Verständnis der gesellschaftlichen Dynamik und sollte vor ihr die naturwissenschaftliche und technische Rationalität durch Absonderung sichern. Hinter dem Konflikt zwischen einem induktionistisch offenen und einem apriorisch-systematischen Theorieverständnis der Metaphysik standen Alternativen des Strukturverständnisses der geistigen Reflexion gesellschaftlicher Prozesse. Kant hat immer die Isolierung naturwissenschaftlicher Rationalität von philosophisch generellen Theorievoraussetzungen abgelehnt. Konsequent musste er mit seiner Lösung des Vermittlungsproblems von mathematischer Naturwissenschaft und Metaphysik die Trennung einer wissenschaftstheoretischen und einer moralisch-praktischen Ebene von philosophischer Theorie verbinden.

Die Newtonsche Mechanik einer fernwirkenden Gravitationskraft der Materie bot die Möglichkeit, alle physikalischen Prozesse in Mechanik, Dynamik, Astronomie und Optik aus wenigen Grundgesetzen zu erklären. Newton vertrat einen empirischen Realismus, dessen phänomenalistische Orientierung der Wissenschaften das Postulat der Unabschließbarkeit voranstellte. Alle über den Phänomenbestand und dessen mathematische Formalisierung hinausgehenden ontologischen Setzungen wurden zu spekulativen Hypothesen. Es war ein Angriff auf den von Descartes begonnenen, von Leibniz umgebildeten Versuch, die Resultate der Galileischen mathematischen Naturwissenschaft in ein umfassendes System von Materie, Bewusstseinsvorgängen, einer universalistischen Moral und letztlich auch einer natürlichen Theologie einzubinden. Der Anticartesianismus beherrschte die Naturwissenschaften seit Newton (1643–1727) und R. Boyle (1627–1691) und leitete direkt in die sensualistische Aufklärung J. Lockes (1632–1704) über. Das dritte Buch der *Philosophiae naturalis principia mathematica* (1687) sagte: »Hypothesen erdenke ich nicht. Alles nämlich, was nicht aus den Erscheinungen folgt, ist eine Hypothese und Hypothesen, seien sie nun metaphysische oder physische, mechanische oder diejenigen der verborgenen Eigenschaften, dürfen nicht in die Experimentalphysik aufgenommen werden. In dieser leitet man die Sätze aus den Erscheinungen ab und verallgemeinert sie durch Induktion.« (Newton, J.: Mathematische Prinzipien der Naturlehre, Darmstadt 1963, S. 511.) Im Begriff der Experimentalwissenschaft war die Absage an eine fundamentale Theorie im Sinne der Metaphysik angelegt. Das Theoriekriterium bestand in logisch-mathematischer Korrektheit und empirischer Verifizierbarkeit. Das hatte bei Newton selbst Konsequenzen für die tragende Funktion der Wissenschaften im kulturellen Selbstverständnis überhaupt. Er griff für die Ursachen der Gesetze der gegebenen Erscheinungen wie für seinen Begriff des absoluten Raumes unbedenklich auf den Gottesbegriff als auf ein Glied im theoretischen Argumentationsgang zurück. Leibniz hat das im Briefwechsel mit S. Clarke bezeichnet und in Frage gestellt; der Gottesbegriff müsse sich als Glied der immanenten mathematischen und naturwissenschaftlichen Systema-

tisierung ergeben. Kant hat die theoretische Funktion des Gottesbegriffs in seiner *Allgemeinen Naturgeschichte* entrüstet abgewiesen. Die theoretische Situation der Zeit stand vor der Alternative – wenigstens aus deutscher Sicht, in der die Frühaufklärung von der Metaphysik formuliert wurde – einer Systematik umfassender, aber formaler Rationalität oder unabschließbarer, relativer, aber dafür empirisch realer Theorien. Der Naturbegriff der Leibnizschen Metaphysik, an den die Wolffsche Schulmetaphysik anschloss, bot gegenüber der Newtonschen Wissenschaftstheorie eine weit umfassendere, systematisierungsfähige philosophische Theorie, in der Weltbegriff und Subjekttheorie mit den Konsequenzen für eine Handlungstheorie auf Basis überindividueller intelligibler Gesetzmäßigkeit und eine rationalisierte Transzendenz der Gottesidee verbunden waren. Kant war von der Notwendigkeit einer solchen fundamentalen Theorie überzeugt; umso mehr angesichts der relativistischen Tendenzen einer Gesellschaft persönlich freier Individuen.

Kants Lehrer M. Knutzen (1713–1751) suchte, Wolffsche Metaphysik mit Vorteilen der Newtonschen Wissenschaftstheorie zu verbinden. Er fügte in die Leibnizsche prästabilierte Harmonie, die eine materielle Wechselwirkung der Monaden ausschloss, die ursprünglich antioccasionalistische Kompromisstheorie des influxus physicus ein. So erschien es möglich, sowohl die Newtonsche physische Attraktion und Repulsion materieller Körper aufzunehmen und zugleich die Leibnizsche Einheit aller prästabilierten Wechselbeziehungen im Gottesbegriff zu erhalten. Der Synthesegedanke von Newtonschem und Leibnizschem Theorietyp seines Lehrers Knutzen bestimmte Kants naturphilosophisches und Metaphysik begründendes Denken. Die Beschäftigung mit den Antinomien einander entgegengesetzter Theorien – zwischen diesen und innerhalb ihrer selbst – ergibt sich aus dem Synthesestreben zu einer einheitlichen metaphysischen Theorie neuer Art. Kant vertrat kein eklektisches Theorienkonzept – im Gegenteil. Gerade weil er wissenschaftliche Theorien für widerspruchsfreie, in sich konsistente Beschreibungen und Konstrukte ansah, fasste er in zentralen Punkten einander widersprechende Theorien als Zeichen unfertiger theoretischer Situation auf. Mit seinem Prinzip vermittelnder Synthesen gegenüber einander ausschließenden Theorien erweist sich Kant als guter Leibnizianer. Aber Leibniz bezog das Prinzip auf die Geschichte der Philosophie und der Wissenschaften überhaupt. Jede wesentliche Theorie besitze einen rationellen Kern, das gelte für den Atomismus Demokrits, für die Ideentheorie Platons, für den Aristotelischen Formbegriff, für die Scholastik und eigentlich für alle Philosophien. Kants synthetisierendes Denken gehört über den engeren wissenschaftsmethodischen Umkreis hinaus der Leibnizschen weltmännisch-aufgeklärten Geisteshaltung zu.

Dem Gegensatz von mathematischer Naturwissenschaft und Schulmetaphysik lagen die unterschiedlichen Theoriebegriffe Newtons und Leibniz' zugrunde. Newtons anticartesianischer partieller Phänomenalismus – eigentlich ein experimentell orientierter Induktionismus – ließ nur theoretische Sätze zu, die auf beobachtbaren Erscheinungen fußen. Mit nominalistischem Anklang (W. v. Ockhams Rasiermesser-These) dürfen nicht mehr Ursachen zur Erklärung von Ereignissen zugelassen werden als zureichen. Für gleiche Wirkungen sind gleiche Ursachen anzunehmen, so dass sich mit dem Phänomenalismus dennoch eine Universalismus der Erklärung verbindet (Newtons Regeln des Denkens in den *Principia mathematica*, Buch III). Leibniz (1646–1716) dagegen ging von Descartes' Rationalismus der klaren und deutlichen Ideen aus. Damit ergab sich ein Einstieg in die Wissenschaftstheorie von der Logik her. Wirklich adäquate Erkenntnis gibt es danach bei den Ideen und Urteilen der rationalen Intuition, also dessen, was nach den Regeln der Logik nicht anders sein kann. Leibniz musste dafür intuitive und Tatsachen-Wahrheiten unterscheiden. Vollkommene Erkenntnis gibt es nur von den intuitiven veritées eternelles. Kant übernimmt das bei völliger Aufhebung des Leibnizschen Ontologismus in seinen Apriorismus. Allein von den logischen Funktionen a priori (Kategorien, Grundsätze des Verstandes, Ideen praktischer Vernunft) gibt es vollständige und unbedingte Erkenntnis. Die Gewissheitsbedingungen aller Behauptungen sind das erste und allergewisseste Wissen. Für Leibniz tritt als Theoriekriterium die logische Möglichkeit eines Gegenstands im Zusammenhang der logisch widerspruchsfreien (adäquaten) Ideen von allen Gegenständen eines Theoriebereichs in den Vordergrund. Das oberste Kriterium bildete konsequent ein System aller adäquaten Ideen, in der dann die Ideen aller Substanzen ein System prästabilierter Harmonie bilden müssen. Leibniz hatte für die Realisierbarkeit eines so totalen Wissensbegriffs nicht nur Newtons Induktionismus und Lockes Phänomenalismus ausgeschlossen, sondern auch den cartesianischen Materialismus. Das trug den Syntheseanspruch der Leibnizschen und der an ihn anschließenden Wolffschen Metaphysik. Nur innerhalb dieser bestehenden und mit Leibniz' Tiefe und Uni-

versalität bestechenden Synthesetendenz der rationalistischen Metaphysik der Frühaufklärung im 18. Jh. ist Kants anhaltende Bemühung um einen neuen Metaphysikbegriff durch weitergehende Fassung eben der immanenten Tendenz der vorliegenden Metaphysik zu verstehen. Die antiempiristische Tendenz des Leibnizschen fundamentalen Theoriebegriffs kehrt in Kants System der Grundsätze des reinen Verstandes wieder. Das intuitive Element hat dann die ontologische Basis abgestreift. Es sind die synthetischen logischen Konstitutionsbedingungen von Sachverhalten. Kants ursprüngliche und durchhaltende Intention der Verbindung von Newtonschen induktionistischem Phänomenalismus und metaphysischem rationalistischem Intuitivismus sollte einen veränderten fundamentalen Theoriebegriff auch im Hinblick auf eine nicht-utilitaristische Theorie der Führung des denkenden Subjekts selbst nach universalistischen moralisch-praktischen Maximen sicherstellen.

Kants frühe naturphilosophische Arbeiten sehen die Verbindung von Newtons Wissenschaftstheorie und der sich auf Leibniz stützenden Schulmetaphysik bald erreichbar. Das Programm beginnt damit, dass gezeigt wird, mit Newtons Methode seien mehr und abschließendere Theorien zu erreichen als Newton selbst zugestand. Darum nahm Kant das Descartessche Problem der Entstehung des Weltsystems wieder auf. Newton hatte sich mit dem Nachweis des Gravitationsgesetzes der bestehenden Planetenbahnen begnügt. Die Bewegung der Planeten ergibt sich daraus, dass die Zentripetalkraft dem Produkt der Massen proportional und dem Quadrat der Entfernung umgekehrt proportional ist. Sollte der naturwissenschaftliche Phänomenalismus mit fundamentalen Theorien der Metaphysik-Tradition verbunden werden, so musste die Methode der Metaphysik in den Mittelpunkt der Untersuchung treten. In seinen Briefen der 60er und frühen 70er Jahre teilt Kant darum immer wieder mit, er suche für die Metaphysik »eine bestimte Idee der eigenthümlichen Methode« (an Lambert, 2.9.1770). Seine Inauguraldissertation über die verbesserte Trennung von intelligibler (metaphysischer) und sensibler (naturwissenschaftlicher) Welt verstand Kant als wesentlichen Schritt auf diesem Wege, der die Resultate der frühen naturphilosophischen Schriften fortführe. Die *KrV* bezeichnet er am Ende vieler Umkippungen, wie er einmal sagt, als den Traktat von der Methode der Metaphysik (III, 15). Erstaunen lässt die Tatsache, wie lange Kant an illusionären theoretischen Prämissen seines Synthese-Programms festhielt. Etwa um 1776/78 notiert er in Bezug auf seine vorangegangenen Werke der 50er und 60er Jahre, er habe gesucht, etwas in der Richtung zu leisten, »doch iederzeit in der Absicht, dogmatische Einsichten dadurch zu erwerben« (Refl. 5116). Noch mit der Dissertation von 1770 hielt er an dem Kompromissprojekt fest, eine Metaphysik auf der Basis ontologischer Definitionen und Grundsätze zu begründen und mit ihr die metaphyica specialis der rationalen Kosmologie, Psychologie und Theologie durch Umbildung fortzuführen.

Da die Systematisierungsleistung und die innerweltliche Präzision der mathematischen Naturwissenschaft Auslöser der Weltanschauungs- und Metaphysik-Krise war, konzentrierte sich der Fortschritt der philosophischen Theorie in den Problemen des Naturbegriffs. Die Schriften folgten im Hochgefühl bald erreichter Synthese rasch aufeinander. Mit der zunehmenden Einsicht in die Unmöglichkeit der absoluten Theorie kommen die stillen Jahre des Nachdenkens. Das Resultat am Ende brachte mit der *Kritik* einen formalen Theoriebegriff ganz anderer Art. Für die theoretische Konstitution von Sachverhalten wenigstens verabschiedete Kant den Anspruch fundamentaler Theorie und übernahm den Newtonschen phänomenalistischen Empirismus. Metaphysik der Natur ist nur Analytik der logischen Elementarbegriffe und Verstandesgrundsätze, nicht rationale Kosmologie. Das Antinomie-Kapitel der *Kritik* soll sogar zeigen, dass alle fundamentaltheoretischen Konzepte der Metaphysik und des Materialismus in sich logisch widersprüchlich seien. Philosophie stellt nach der Aufgabe des Vermittlungsprojekts im Sinne einer ontologischen Metaphysik im theoretischen Bezug nur noch die ursprünglichen logischen Strukturen der Ordnung empirisch verifizierbarer Daten dar. Die Metaphysik des amputierten mundus intelligibilis konzentriert sich dann auf die überempirischen Gesetze praktischer Selbstbestimmung des Menschen.

Die geistige Revolution der klassischen Mechanik stellte für die Schulmetaphysik eine außerordentliche Herausforderung dar. Das zentrale theoretische Ereignis in Newtons Forschungen bildete die Ausdehnung der Gesetze der Mechanik auf die Erklärung der Bewegung der Himmelskörper. I. Newton (1643–1727) nahm 1682 seinen im Jahre 1666 erfolglos gebliebenen Versuch wieder auf, den Erdumlauf des Mondes infolge der auf ihn wirkenden Zentripetalkraft von der Tangente seiner Bahn her zu berechnen. Als Newton erfasste, dass die Zentripetalkraft mit der von der Erde ausgehenden Gravitationskraft und also mit der Schwere des Mondes identisch sein

würde, soll ihn eine so starke Erregung erfasst haben, dass er einen Freund bat, die Rechnung zu Ende zu führen. In jahrelanger Arbeit dehnte er die Untersuchungen auf die Planeten, die Jupitermonde, auf die Erscheinung der Ebbe und Flut aus. Es bestätigte sich das Gravitationsgesetz, das Newton als ein universales Weltgesetz erkannte. Die anziehende Kraft der Materie ist direkt der Masse und dem Quadrat der Entfernungen umgekehrt proportional. Es erschien möglich, aus wenigen Voraussetzungen den Gesamtverlauf der Naturerscheinungen mechanisch zu erklären. Die Verbindung von Induktionsprinzip und mathematischer Formalisierung führte zu der Auffassung, dass es nicht gelte, reale Wesenheiten zu erfassen, sondern den Ablauf von Bewegungen möglichst vollständig und genau zu beschreiben und auf die einfachste Weise mathematisch zu formulieren. R. Boyle (1627–1691) schuf den Begriff der chemischen Elemente und beendete damit die antike Theorie der vier Elemente der Materie (Erde, Wasser, Luft, Feuer) und die alchimistische Annahme von drei Grundelementen aller Naturerscheinungen (Salz, Schwefel, Quecksilber). Sein Gedanke war, die Chemie würde zu einer ebenso exakten Wissenschaft wie die Physik erhoben, indem die Änderungen zusammengesetzter Körper durch Veränderungen von deren elementaren Verbindungen mechanisch erklärt würden. Boyle und E. Mariotte (1620–1684) untersuchten die einfache Beziehung zwischen Druck und Volumen eines Gases und begründeten das Grundgesetz der Aeromechanik (1662, 1679). Es war die systematische Verallgemeinerung der zur Konstruktion von Barometern von E. Torricelli (1608–1647) und O. v. Guericke (1602–1686) verwandten empirischen Verfahren, ein Vakuum über Quecksilber herzustellen. J. B. v. Helmont (1577–1644) hatte Wasserstoff, Schwefeldioxyd, Kohlendioxyd als eigene Gase untersucht und erkannt, dass sie nicht mehr sämtlich für atmosphärische Luft gehalten werden dürfen. Er führte die Bezeichnung »Gas« ein und lehrte, dass es bei chemischen Abscheidungen oder Verbindungen kein Entstehen und Vergehen gebe. Dieser Beitrag zum Gedanken der Natur als eines immanenten und unerschöpflichen Kreislaufs ergänzte sich mit dem Gesetz von der Erhaltung der Bewegung, das die Mechanik aufstellte.

Eine Schranke in Kants Stellung zu den Naturwissenschaften der Zeit bestand darin, dass er die methodische Bedeutung der neuen Chemie nicht erfasste, von der er sich geringen systematischen Wert versprach. Die Entwicklung der Theorie der Gase (Scheele, Priestley), die Einführung quantitativer

Methoden (Lavoisier) setzte erst in der zweiten Hälfte des 18. Jhs. ein. Auffallend ist, dass sich Kant kaum für ein zentrales Gebiet der angewandten Naturwissenschaften interessierte, wie es die Technologie darstellte. J. Beckmanns (1739–1811), des Göttinger Professors der Philosophie und Ökonomie, *Physikalisch-ökonomische Bibliothek* (23 Bde., 1770–1808) und dessen *Beyträge zur Geschichte der Erfindungen* (5 Bde., 1780–1805) begannen allerdings erst zu erscheinen, als Kant mit seiner philosophischen Theorie beschäftigt war und kaum noch neues naturwissenschaftliches Material aufnahm. Kants naturphilosophische Schriften teilen sich nach ihrem theoretischen Gehalt in zwei Gruppen. Eine ist den elementaren und theoretisch besonders weittragenden Erneuerungen des Naturbegriffs gewidmet, die sich aus der Mechanik ergaben. Die andere behandelt Disziplinen und Themen der empirischen Naturbeschreibung, der sog. historia naturalis. Ihre Bedeutung in der geistigen Ordnung des gesamten Kantschen Werkes ist nicht gering zu schätzen. Das zeigen die materialreichen Vorlesungen zu Anthropologie und physischer Geographie. Den Schwerpunkt seines naturwissenschaftlichen Interesses sah Kant in den Themen der mathematischen Naturwissenschaften. Hier trat er als produktiver Theoretiker mit dem Anspruch schöpferischer Beiträge in den Disziplinen auf. Auf dem anderen Feld genügte ihm Literaturkenntnis. Vor allem sein Vorschlag zur Genese des mechanischen Weltsystems, die Newton nicht behandelt hatte, zeigt Kants Anspruch. In der *Allgemeinen Naturgeschichte* gehören dazu spezielle Leistungen wie die Berechnung der Rotation der Saturnringe, die Erklärung der Ringe als eine Häufung einzelner Teilchen, Kants Beiträge zum Problem der Achsendrehung der Weltkörper.

Literatur

König, E.: Kant und die Naturwissenschaft, Braunschweig 1907. – Menzer, P.: Kants Lehre von der Entwicklung in Natur und Geschichte, Berlin u. Leipzig 1911. – Bauch, B.: Kant und sein Verhältnis zur Naturwissenschaft (1912), in: Myrho, F. (Hg.), Kritizismus, Berlin 1926, S. 74–93. – Schmalenbach, H.: Leibniz, München 1921 [gute Darstellung der naturphilosophischen Thematik]. – Adickes, E.: Kant als Naturforscher, 2 Bde., Berlin 1924/25. – Weyl, H.: Philosophie der Mathematik und Naturwissenschaft (1927), München u. Wien ^{5}1982. – Reichenbach, H.: Kant und die Naturwissenschaft, in: Die Naturwissenschaften 21 (1933), S. 601–606, 624–626. – Vuillemin, J.: Physique et métaphysique Kantiennes, Paris 1955. – Hoppe, H.: Kants Theorie der Physik. Untersuchungen über das *Opus postumum* von Kant, Frankfurt/M. 1969. – Krafft, F.: Ge-schichte der Naturwissenschaft, Freiburg 1971. – Polonoff, I.: Force, Cosmos, Monads and other Themes of Kant's early Thought, Bonn 1973 (KSEH 107). – Gloy, K.: Die Kantische Theorie der Naturwissenschaft, Berlin 1976. – Brittan, G.: Kant's Theory of Science, Princeton 1978. – Stegmaier, W.: Kants Theorie der Naturwissenschaft, in: PhJ 87 (1980), S. 363–377. – Heidelberger, M./ Thiessen, S.: Natur und Erfahrung. Von der mittelalterlichen zur neuzeitlichen Wissenschaft, Reinbek 1981. – Rapp, F. (Hg.): Naturverständnis und Naturbeherrschung. Philosophiegeschichtliche Entwicklung und gegenwärtiger Kontext, München 1981. – Drieschner, M.: Einführung in die Naturphilosophie, Darmstadt 1981. – Zehbe, J. (Hg.): I. Kant, Geographische und naturwissenschaftliche Schriften, Hamburg 1985 [Einl., S. VII–XLIV]. – Falkenburg, B.: Kants Kosmologie. Die wissenschaftliche Revolution der Naturphilosophie im 18. Jh., Frankfurt/M. 2000.

Methodische Aspekte des Naturbegriffs im 18. Jh.

Kants naturphilosophische Schriften, die Geographie- und die Anthropologievorlesung stehen in der Wendung des Bildungsgedankens zu den Natur- und Staatsrechtswissenschaften, die das 18. Jh. vollzog. Die Naturwissenschaften traten im 18. Jh. neben das humanistische philologische, literaturhistorische und rhetorische Bildungsideal und neben die geistige Welt der modernen Aristokratie in der zivilen Beamtenschaft (Rechts- und Staatswissenschaften, Geschichte, Genealogie und Heraldik). Dazu kamen die privaten Qualitäten des aristokratischen *galant homme*, also Fechten, Tanzen, Reiten, Jagen und die geistvolle Konversation (wenn der ›Diskurs‹ rolliert, wie der oberflächliche Ausdruck damals schon lautete). Gegenüber den großen Bildungstraditionen der Renaissance- und der Barockzeit prägten die frühen Maschinenkonstrukteure, Militäringenieure, Architekten, Astronomen und Theoretiker der Mechanik neue Kriterien von Theoriebildung aus, die sich in Kants analytischem Prinzip der Sonderung logischer Geltungselemente und der Vermittlungsebenen von Verifizierungen wiederfinden. Das Zeitalter der Aufklärung bedeutete die Ausdehnung der neuen naturwissenschaftlichen Errungenschaft empirischer Materialsammlung, experimenteller Verifikation der Wahrnehmung und immanenter Theoriebildungsmethode auf kulturwissenschaftliche Disziplinen wie Morallehre, Pädagogik, Ökonomie, selbst die sog. natürliche Theologie. In der gekrönten Preisschrift der Berliner Akademie vom Jahre 1797 über die Bedeutung der Kenntnis des Zustands der Wissenschaft im Altertum für das gegenwärtige Zeitalter schrieb D. Jenisch (1762–1804), Prediger an der Nikolaikirche in Berlin, ein Schüler Kants und Verfasser einer anerkennenden Schrift über Kants Philosophie (1796): »Das Ansehen der Alten, besonders in allem was Wissenschaft betrifft, sinkt […] Denn mit mutigeren Schritten eilt nun das vorurteilsfreie Genie dem glorreichen Ziel der Wahrheit entgegen. Die Kepler, Newton, Boyle, Leibniz strahlen am Horizont Europas herauf und der Glanz der Namen Plato, Aristoteles, Epikur, Plinius, Seneca und vieler anderer erlischt vor ihnen« (zit. n. F. Paulsen, *Geschichte des gelehrten Unterrichts*, Bd. 1, Leipzig ³1919, S. 501 f.). In einem pädagogischen Leibniz-Manuskript mit dem Titel *Quaenam discenda at usum vitae* (Was gilt es für das Leben zu lernen) heißt es gegen die philologischen und die höfischen Disziplinen ohne Nutzen fürs Leben: »Hingegen ist es nun notwendig, die ganze Mathematik und Mechanik, ferner die ganze praktische Physik, soweit sie dem Gebrauch dient, auf das Allergenaueste zu verstehen. Dazu auch die Geographie« (zit. n. Paulsen, a. a. O., S. 511).

Der neue mathematisch-funktionale Naturbegriff entstand anfänglich aus gleichsam präformierten, in sich fertigen ideellen Kampfstellungen zwischen Theologie, humanistischen Sprachstudien und narrativen historischen Darstellungen einerseits und militärtechnischen, überhaupt maschinenbautechnischen Ingenieursaufgaben. In Descartes' Mechanik findet sich die paradigmatische Zerlegung eines komplexen Körpers in abstrakte elementare Bestandteile, die qualitativ verschiedene Leistungen im Phänomenbereich erzeugen – Rolle, Keil, Wellenrad, Schraube, Hebel –, und schließlich führt Descartes sämtliche Maschinen auf die schiefe Ebene als Grundform zurück. Die Mechanik geht aus einer Wissenschaft der Maschinen hervor. Die Theorie der Maschinen wird zur Transformation des qualitativ Erscheinenden auf konstante Strukturgesetzlichkeiten methodisch organisierter Elemente und in einem weiteren Schritt auf den Naturbegriff überhaupt übertragen.

Die Naturwissenschaften boten neue empirisch-analytische und generalisierende Methoden zur Bildung allgemein gültiger Urteile und vermittelten mit ihrer Geschichte seit dem Beginn des 17. Jhs. das Bewusstsein möglichen kulturellen Fortschritts durch Erfindungen mit Methode. Die antike und feudale Denkweise vom Primat des Ursprungs über die Geschichte – dass also die Zeitfolge Minderung der Fülle bedeute, die Anfang ausstrahle –, wird von der umgekehrten evolutionistischen Einsicht abge-

löst, dass erst die Bewegung in der Zeit die Zivilisation auspräge. Das akkumulative Prinzip des naturwissenschaftlichen Wissens bildete dafür das Modell. Die methodische Leistung der mathematischen Naturwissenschaften bestand darin, dass nicht wahrnehmbare Dinge wiedergegeben werden, sondern Ereignisreihen, die Kant »das Mannigfaltige« nannte. Der alltagspraktische und metaphysische Begriff der substantialen Formen wurde durch den des Naturgesetzes zurückgedrängt. Das bedeutete einen neuen Theoriestandard gegenüber dem empirisch Konkreten und Veränderlichen. Das unendlich Genaue und Vollkommene wurde nicht mehr substantial als eine Art höherer Gegenstände, sondern relational gedacht. Die Ablösung des antiken Weltbildes vollzog sich primär über die Auseinandersetzungen um einen neuen Naturbegriff. Er ist an die neue ingenieurhafte, konstruierende Auffassung von Intellektualität gebunden. Ein verändertes Verhältnis von »Geist« und »Welt« berührt sofort die Auffassung transzendenter Substanzen, also der seelischen Personalität des Subjekts in der christlichen Tradition und des Gottesbegriffs als obersten Gefüges, in dem Seinsbegriffe und Wertbegriffe verbunden waren.

Für die klassische Mechanik ist Bewegung die Relation qualitätsloser Korpuskel in einem beliebigen Koordinatensystem. Die Relation ist gleichermaßen vom bewegten Körper her wie als Eigenschaft des Systems zu interpretieren. Die antike Auffassung enthielt mit dem Prinzip natürlicher Orte jedes Körpers ein teleologisches Element. Aristoteles formulierte den antiken Naturbegriff durch zwei Bestimmungen: Natur ist gegenüber dem im Arbeitsprozess Hergestellten das um seiner selbst willen Existierende und der Naturgegenstand ist »ein Werdevorgang, ein Weg hin zum vollendeten Wesen«. Die Bewegung ist relativ auf die vorbestehende statische Form (Aristoteles, *Physikvorlesung*, 192 b, 193 b, Halbbd. 1). Das statische Formprinzip stand der Darstellung des Prozesshaften der Natur entgegen. Mit dem organischen Muster des Naturbegriffs war die teleologische Zweckläufigkeit verbunden. Aristoteles formulierte seinen Naturbegriff über den Zweckbegriff: »Denn die nicht vom blinden Zufall, sondern vom Zweckbegriff bedingte Existenz findet sich in den Werken der Natur, das Ziel aber, weswegen sie bestehen oder geworden sind, gehört zur Region des Schönen« (*Über die Teile der Tiere*, B. 1, Kap. 5, 645 b). Ein Körper vollzieht seine Bewegung gleichsam mit persönlicher Anteilnahme, er strebt dem Ziel zu, seinen natürlichen Ort wieder zu erreichen. Hinter dem Gegensatz von teleologischer substantialer Auffassung und Relationsbegriffen gemäß gewählten Koordinatensystemen stehen verschiedene Begriffe der physischen Wirklichkeit. Die neue mechanische Naturansicht brach mit dem Gegensatz von ruhender Formsubstanz und Veränderung bringender Materie. Damit verliert die Bewegungskraft den Charakter des unbewegt Bewegenden. Sie wird der Materie immanent, erhält sich im Ganzen aller Bewegungssummen und verbraucht sich im einzelnen Objekt. Die Natur ist nicht mehr die Verwirklichung eines vorbestehenden Unwirklichen, der Prozess selbst wird zentral, und damit erst wird ein rationeller Kausalbegriff möglich. Das Beharrende im Prozess ist nicht mehr die Ursache, die ihn ausgelöst hatte, sondern das Gesetz als die Relation von Elementen. Das Gesetz musste dann nicht mehr in der falsifizierenden Form einer causa immanens gefasst werden, die der mathematischen Formalisierung der Phänomene entgegengestanden hatte. Die Welt der sinnlich anschaulichen Gegenstände wird verlassen. Das Denken organisiert die real erscheinende Welt nach Prinzipien mathematischer Idealität. Mathematik und physische Bewegung können verbunden werden. Die theoretische Konstruktion lässt einen mathematisch definierten Massepunkt sich im Vakuum bewegen. Damit ist ein folgenreicher Schritt getan. Das erkennende Subjekt organisiert die wahrnehmbaren Erscheinungen durch intelligible Funktionen, die die ursprüngliche Bedeutung einer »Wesens«-Welt gegenüber den *phainomena* übernimmt. Die Relationen sind nicht Substanzen, sondern Konstrukt voraussetzungsloser intellektueller Tätigkeit. Der Geist bezieht sich auf eine intelligible Realität, die er ohne alle Hilfsmittel, die äußerer Beglaubigung bedürfen, selbst erzeugt. Die Begriffe von Geist und Welt sind damit gleichermaßen revolutioniert.

Das Kantsche Verständnis der logischen Formen a priori und Kants neue Auffassung transzendentaler Idealität nimmt den relationalen und formalen Strukturbegriff der mathematischen Naturwissenschaft auf. Kants methodisch-funktionaler Apriorismus kann nur in diesem naturphilosophischen Zusammenhang begriffen werden. Das spezifische Problem der Kantschen transzendentalen Methode bestand dann darin, wie der relationale Wirklichkeitsbegriff der mathematischen Naturwissenschaft als Konstruktion über die idealen Objekte der Mathematik (und der formallogischen Ontologie) hinaus auf faktisch erscheinende Objekte und Ereignisse angewandt werden kann. Insofern kann man sagen, die Transzendentalphilosophie verallgemeinert den methodischen Ansatz der Verbindung von Mathe-

matik und Physik im neuen Naturbegriff. Der Phänomenalismus gewinnt zugleich eine Riegelfunktion gegen Atheismus, da er die Frage nach dem subjektfreien Korrelat der mathematisch formulierten Gesetze agnostisch ausscheidet.

Die kulturellen Implikationen des neuen Naturbegriffs betrafen die methodische Konstruktion aller gemeinschaftsbildenden Wertbegriffe, insbesondere die Ontologie des als Identität von Sein, Wissen und Handeln gedachten Gottesbegriffs. Darum war der Aufbau der klassischen Mechanik seit dem 17. Jh. von ununterbrochenen Neukonstruktionen des Gottesbegriffes begleitet, eines Gottes, der hinter der mathematischen Konstruktion der Wirklichkeit stehen müsste und dessen extramundane Existenz mit dem Äquivalenzprinzip von Ursache und Wirkung und dem sich ausbildenden Erhaltungsgesetz der Energie neu konzipiert werden musste. Kant verfasste 1763 seinen *Einzig möglichen Beweisgrund zu einer Demonstration des Daseins Gottes*, 1764 die Preisschrift *Untersuchung über die Deutlichkeit der Grundsätze der natürlichen Theologie und Moral*. Die neuen Voraussetzungen weltimmanenter Vollkommenheit modifizierten den transzendenten perfectio-Begriff und veränderten die Begründungsstruktur des Wertbewusstseins einschneidend. Ratio und Materie rückten auf eine Weise zusammen, dass eine Vermittlung durch transzendente ideelle Prinzipien kaum noch möglich war. Wenn sie erfolgen sollte, so wäre es – wie Goethe im Gedicht *Prooemion* formulierte – nur »ein Gott, der nur von außen stieße,/ im Kreis das All am Finger laufen ließe!« (Goethe, *Werke*, Abt. I, Bd. 3, Weimar 1890, S. 73). Kants Religionsphilosophie auf der Basis der praktischen Vernunft formt den Gottesbegriff nach dem Prinzip mathematischer Idealität als unendlicher Realisierung von empirisch konstatierbaren Ereignisreihen um. Phänomenbezirk der Materie und »Wesenssphäre« wurden von den mathematischen Naturwissenschaften gegenüber der antiken *chorismus*-Thematik (der Abgetrenntheit der wesenhaften Ideen oder Formen) in einer Weise aufeinander bezogen, dass eine naturimmanente Struktur entstand und damit ein Prozess der Autonomisierung der Materie in Gang gesetzt wurde. Das erforderte auf der Seite des Subjekts Schritte zu paralleler immanenter Begründung des Komplexes von rationalen, emotionalen und unmittelbar gegenständlichen Verhaltensakten. Mit der grundsätzlichen Scheidung von Naturgesetzlichkeit und Praxisdetermination hatte Descartes bereits eine Richtungsentscheidung vorgenommen, die Kant beibehielt. Er suchte mit dem Gedanken eines intelligiblen Reichs der Zwecke, innerhalb dessen Rationalität in praktischer Rücksicht systematisch zu bestimmen sei, das unbefriedigende Konglomerat von reflexpsychologischen, stoischmoralischen und platonisch-metaphysischen Bestandteilen des Descartesschen Seelenbegriffs aufzulösen, in dem Descartes die gesamte anthropologische Grundlegung seiner Kulturtheorie verschlossen hielt.

Das naturwissenschaftliche Denken gelangte in eine Schlüsselfunktion für die Neuordnung des kulturellen Selbstverständnisses. Es entstanden die analytische Geometrie, die Buchstabenalgebra, die Infinitesimalrechnung. Damit setzte eine bisher undenkbare Spezialisierung der mathematischen Naturwissenschaften ein, und die Theoriesprache trennte sich vom traditionellen, umgangs- und fachsprachlich gebundenen theoretischen Denken ab. Die immerhin hochdifferenzierte philosophische Fachsprache, die aus der hellenistischen Enzyklopädie der Wissenschaften und aus der scholastischen Durchbildung der aristotelischen Logik und Ontologie hervorgegangen war, geriet in Konflikt mit Logik und Begrifflichkeit der mathematischen Naturwissenschaften. Der Konflikt war Ausdruck einer Krise der Funktion der Philosophie gegenüber den sich differenzierenden Fachwissenschaften sowie den bürgerlich-alltagsweltlichen Wirklichkeitsbegriffen. Neben der Metaphysik trug der empiristische Bewusstseinsbegriff den Widerspruch abstraktionstheoretischer sowie moralisch-interessehafter Unmittelbarkeit des Subjekts und seiner Unfähigkeit in sich, die Rationalität der methodisch fortgeschrittensten Disziplinen begründen zu können. Kant registrierte Humes Rückzug in den Skeptizismus, mit dem er »sein Schiff, um es in Sicherheit zu bringen, auf den Strand (den Scepticism) setzte, da es denn liegen und verfaulen mag«, als eine Richtungsentscheidung vor der Herausforderung der naturwissenschaftlichen Rationalität an die Begründungsstruktur der Philosophie (IV, 262). Die Naturwissenschaften schufen intellektuelle Konstrukte des Wirklichkeitsverständnisses, die mit den Ausdrucksmitteln anderer Disziplinen und der umgangssprachlichen Verhaftung des Menschen nicht zu erreichen waren. Hier wurzeln alle terminologischen Aspekte seiner Philosophie, die Kant sehr beschäftigten und schon in den 80er Jahren die Lexikographie der Terminologie des Kantianismus entstehen ließ (zuerst C. C. E. Schmid, *Wörterbuch zum leichtern Gebrauch der Kantischen Philosophie*, 1786, ⁴1798, ND Darmstadt 1976). Kant sucht durch die Verbindung von Apriorismus und Phänomenalismus eine Formalisierung der philosophischen Theoriebildung zu erreichen, die den Abstraktionsprozessen in den mathematischen Naturwissenschaften und den ihr zugehörenden Wirklichkeitsbegriffen entspricht. Seine Bemühungen konzentrieren sich daher auf eine Logik ursprünglicher synthetischer Funktionen neben der aristotelischen, formalen Logik, die eine ausreichend formalisierbare logische Sphäre von Relationsbegriffen in neuen Bezug zu den empirischen Materialien umgangssprachlich gebundener Wirklichkeitsbegriffe brachte.

Literatur

Olschki, L.: Geschichte der neusprachlichen wissenschaftlichen Literatur, Bd. 3, Galilei und seine Zeit, Halle 1927. – Dijksterhuis, E. J.: Die Mechanisierung des Weltbildes, Berlin u. a. 1956. – Koyré, A.: From the Closed World to the Infinite Universe, Baltimore 1957. – Tonelli, G.: Elementi methodologici e metafisici in Kant dal 1745 al 1768, Turin 1958. – Hall, A. R.: Die Geburt der naturwissenschaftlichen Methode, Gütersloh 1965. – Hintikka, J.: Kant and the tradition of analysis, in: Ders., Logic, Language Games and Information, Oxford 1973, S. 199–221. – Majer, U./Stuhlmann-Laeisz, R.: Das Verhältnis von Mathematik und Metaphysik in Kants Theorie der Naturwissenschaften, in: GPhS 1 (1975), S. 165–188. – Szabó, I.: Geschichte der mechanischen Prinzipien und ihrer wichtigsten Anwendungen, Basel u. Stuttgart 1979. – Cohen, I. B.: The Newtonian Revolution, Cambridge 1980. – Engfer, H.-J.: Philosophie als Analysis. Studien zur Entwicklung philosophischer Analysis-Konzeptionen unter dem Einfluss mathematischer Methodenmodelle im 17. und frühen 18. Jh., Stuttgart-Bad Cannstatt 1982. – Wußing, H. (Hg.): Geschichte der Naturwissenschaften, Leipzig 1983. – Teichmann, J.: Wandel des Weltbildes. Astronomie, Physik und Meßtechnik in der Kulturgeschichte, Reinbek 1985. – Friedman, M.: Kant and the Exact Sciences, Cambridge 1992. – Ferrini, C.: Mechanical explanation in Kant's pre-critical writings, in: AGPh 81 (1999).

Gedanken von der wahren Schätzung der lebendigen Kräfte und Beurteilung der Beweise, deren sich Herr v. Leibniz und andere Mechaniker in dieser Streitsache bedient haben, nebst einigen vorhergehenden Betrachtungen, welche die Kraft der Körper überhaupt betreffen, durch Immanuel Kant (1747)

Kant begann gegen 1744, noch als Student, mit der Ausarbeitung seiner ersten Schrift. 1746 wurde sie der philosophischen Fakultät zur Genehmigung vorgelegt. Da er für die umfangreiche Schrift von fünfzehn Bogen keinen Verleger fand, musste Kant den Druck selbst finanzieren, und der Plan, sie als Magisterarbeit und Dissertation für eine Privatdozentur einzureichen, zerschlug sich. Ein befreundeter Schuhmachermeister steuerte einen Teil der Druckkosten bei. 1747 fügte Kant Ergänzungen ein (§§ 107–113, 151–156), 1749 wurde der Druck fertig. Die Widmung für den Königsberger Professor J. C. Bohlius (1703–1785, Mediziner) datierte er auf den 22.4.1747, seinen 23. Geburtstag. Die Jahresangabe auf dem Titelblatt (Königsberg 1746) ist unkorrekt. Die Schrift erschien bei dem Verleger Dorn und umfasste 240 Seiten in Großoktav mit zwei Kupfertafeln.

Das physikalische Problem. Descartes hatte im Zusammenhang seiner Theorie von der Konstanz der Bewegung im Universum (*Prinzipien der Philosophie,* 1644, II, § 36 ff.) das Maß der Bewegungsenergie als Produkt von Masse und Geschwindigkeit (m × v) bestimmt. Leibniz zeigte 1686 (*Kurzer Abriss des bemerkenswerten Irrtums des Cartesius*) und 1695 (*Beispiel aus der Dynamik für die bewundernswerten Gesetze der Natur*), dass für die Kraft eines bewegten Körpers gelte: Masse mal das Quadrat der Geschwindigkeit (m × v^2). Die Thematik erzeugte einen langen literarischen Streit, der die Vorgeschichte des Gesetzes von der Umwandlung und Erhaltung der Energie darstellte und z. T. auch belastete (für Descartes: Papin, Clarke u. a., für Leibniz: J. und D. Bernoulli, s'Gravesande, Musschenbroek u. a.). Der junge Kant sucht eine Lösung für eines der zentralen Probleme, das die Naturwissenschaften bis zu R. Mayer (*Bemerkungen über die Kräfte der unbelebten Natur,* 1842) und H. v. Helmholtz (*Über die Erhaltung der Kraft,* 1847) beschäftigte. Als Erster erkannte d'Alembert 1743 den Fehler der Kontroverse im verwendeten unpräzisen Kraftbegriff und bezeichnete alles als einen Streit um Worte (*Traité de la dynamique,* Vorrede).

Beide Theorien konnten sich auf experimentelle Bestätigungen berufen, irrten aber darin, dass jede Theorie für die einzig richtige angesehen wurde. Leibniz hatte in den Streit die Unterscheidung zwischen lebendiger und toter Kraft eingeführt, die Kant zum Ausgangspunkt seines Lösungsvorschlags für die Vermittlung beider Auffassungen nahm. Leibniz bereitete mit der Unterscheidung die Begriffe der kinetischen (Ortsveränderung bewirkende) und potentiellen (Spannung, Widerstand darstellende) Energie vor. Nach der Erkenntnis der Umwandlung von Bewegungsenergie in Wärme – L. Euler hatte Wärme bereits als Molekularbewegung aufgefasst – ging Leibniz' Formel in das Gesetz von der Erhaltung der Energie ein: Die Summe von potentieller und kinetischer Energie ist bei allen Umwandlungen der Energie konstant.

Kants Schrift und Lösungsvorschlag. Kants Schrift behandelt das Problem nicht im naturwissenschaftlichen Sinne und spielte in der Vorgeschichte des Erhaltungsgesetzes keine Rolle. Sie stellt einen metaphysischen Entwurf für eine dynamische Naturphilosophie dar. Die Vorrede in dreizehn Abschnitten ist für das Verständnis des ganzen Kantschen Denkens aufschlussreich. Sie ist das früheste Dokument für seinen Anschluss ans Verständnis von Aufklärung. Kant spricht nach den beengenden Erfahrungen seiner Schulzeit auf einem Feld freier Forschung mit starkem Selbstbewusstsein. Sein Lösungsvorschlag des Streits um das Kräftemaß könnte beitragen, »eine der größten Spaltungen, die jetzt unter den Geometrern von Europa herrscht, beizulegen« (I, 16). Ein junger, unbekannter Autor vermöchte sehr wohl Größen wie Descartes oder Leibniz zu korrigieren, da die Zeit unbeschränkter Herrschaft von Autoritäten und des Vorurteils vorüber sei. Selbst das Ansehen »der Newtons und Leibnize« sei für nichts zu achten, wenn es sich der Entdeckung der Wahrheit entgegensetzen sollte. »Nunmehr kann man es kühnlich wagen […], keinen anderen Überredungen als dem Zuge des Verstandes zu gehorchen« (I, 7). Das Vorurteil und das »Ansehen großer Leute« führten »eine grausame Herrschaft« (I, 8). Im Aufklärungsbegriff liegt die intellektuelle Ebene eines Gleichheitsbegriffs. Vor der Wahrheit sind alle urteilenden Individuen gleich. Mit solchem Zutrauen zu sich selbst sei es möglich, »einen Herrn von Leibniz auf Fehlern zu ertappen«, und der Gewinn für die Erkenntnis der Wahrheit wird »viel erheblicher sein, als wenn man nur immer die Heeresstraße gehalten hatte. Hierauf gründe ich mich. Ich habe mir die Bahn schon vorgezeichnet, die ich halten will. Ich werde meinen Lauf antreten, und nichts soll mich hindern, ihn fortzusetzen« (I, 10). Lessing spottete zwei Jahre nach dem Erscheinen von Kants Schrift: »Kant unternimmt ein schwer Geschäfte/ Der Welt zum Unterricht./ Er schätzet die lebendgen Kräfte;/ Nur seine schätzt er nicht« (Lessing, *Sämtl. Schriften,* Bd. 1, hg. v. K. Lachmann, Stuttgart ^{3}1886, S. 41).

Kant behandelt im ersten Hauptstück »einige metaphysische Begriffe von der Kraft der Körper überhaupt« (§ 1) und baut dafür auf Leibniz' Substanzbegriff auf, der Descartes' mechanischen Materiebegriff, nach dem die körperliche Natur nur das Attribut der Ausdehnung besitze, überwinden sollte. Leibniz nennt tote Kräfte latente Wirkungen ohne wirkliche Bewegung, wie etwa ein auf eine Unterlage drückender Körper. Lebendige Kräfte äußerten sich in wirklicher Bewegung. Für die toten Kräfte gelte die Messung nach dem Produkt aus Masse und einfacher Geschwindigkeit. Für die lebendigen Kräfte ergebe sich das Maß aus dem Produkt von Masse und dem Quadrat der Geschwindigkeit. Kants Grundgedanke, der auch die spezifische Antwort auf die Frage nach dem Kräftemaß bestimmt, findet sich in §§ 6 und 7 des ersten Hauptstücks. Die Einheit des Universums besteht in der Wechselwirkung der unendlichen Kräfte der Substanzen. Die Kraft der Materie ist nicht nur mechanische Bewegung, sondern vor allem Teil der universellen Wechselwirkung der Substanzen (§ 6). Leibniz hatte bereits den beim Auftreffen eines bewegten Körpers auf einen Widerstand dem Augenschein nach eintretenden Verlust an Kraft aus der Umwandlung der Massenbewegung in Molekularbewegung erklärt (Leibniz, *Essay de dynamique*, in: *Ges. Werke*, Abt. II, Bd. 6, hg. v. C. J. Gerhardt, Berlin u. London 1860, S. 230 f.). Es war ein Gedanke, der mit der Prämisse von der Umwandlung mechanischer Energie in Wärme später zum Gesetz von der Erhaltung der Energie führte. Kant behauptet, dass nur die lebendigen Kräfte eine an sich unendliche Wirkung besäßen. Die Energie toter Kräfte dagegen ginge beim Aufhören des Bewegungsanstoßes verloren. Der Gedanke des Verschwindens von Energie ist mit dem Newtonschen Trägheitsgesetz und mit dem Gesetz der Äquivalenz von Wirkung und Gegenwirkung unvereinbar. Kant meint, dass sog. tote Kräfte sich steigern könnten vom »Zustand, da die Kraft des Körpers zwar noch nicht lebendig ist, aber doch dazu fortschreitet« (§ 123). Er nennt das »die Lebendigwerdung oder Vivification«. Kants Gedanke einer Erhebung von $m \times v$ zu $m \times v^2$, von einer bloßen Bewegungsgröße zu einer lebendigen Kraft, ist ebenso unhaltbar wie die Idee vom ersatzlosen Verschwinden von Bewegungsenergie (§§ 136–141). Vom Prinzip der Vivifikation oder Intensivierung der Naturkräfte her versteht Kant seine Theorie als das Gerüst für eine Dynamik der Zukunft (§ 131 ff.). Die Lösung der Streitfrage soll in den verschiedenen Geltungssphären der unterschiedlichen Theorien liegen, deren Eigenschaften aber nicht haltbar sind.

Kants umfangreiche Schrift zielt auf die Ergänzung der Leibnizschen Formel für das Kräftemaß. Er kritisiert wie Leibniz Descartes' Reduktion der Materie auf das Attribut der Ausdehnung. Die Körper zeigten nicht nur geometrische Eigenschaften, für die immer das cartesianische Kräftemaß gelte, sondern natürliche Körper seien dynamisch. Sie besitzen eine eigene Kraftquelle. Die philosophische Position Kants ist von Leibniz' Metaphysik und sicher von Knutzens

Influxionismus bestimmt: Er übernimmt Substanzbegriff und Gesetz der Kontinuität (§ 163). Der Kraftbegriff ermöglicht den Gedanken wechselseitiger Einwirkung zwischen Körper und Seele, schließt also die Schwierigkeiten des cartesianischen Dualismus aus. Aus den Substanzen als Kraftzellen ergibt sich der Begriff materieller Körper und aus diesen der Raum als die objektive Relation von Körpern. Doch Kants Vorschlag zur Vermittlung von mechanischen und energiehaften Materie-Eigenschaften mit dem Gedanken einer *vis insita* und Vivifikation löst nichts. Die Schrift dokumentiert Kants naturphilosophische Ausgangsposition und zeigt die enge Bindung an die Metaphysik.

Bereits der junge Kant operiert mit dem Gedanken von der Unmöglichkeit eines totalen Irrtums. »Wenn Männer von gutem Verstande [...] ganz wider einander laufende Meinungen behaupten, so ist es der Logik der Wahrscheinlichkeiten gemäß, seine Aufmerksamkeit am meisten auf einen gewissen Mittelsatz zu richten, der beiden Parteien in gewisser Maße Recht läßt« (§ 20). »Es heißt gewissermaßen die Ehre der menschlichen Vernunft verteidigen, wenn man sie in den verschiedenen Personen scharfsinniger Männer mit sich selber vereinigt« (§ 125). Das stellt eine akzentuiert philosophische kulturelle Erwartung dar. Geschichte ist der Weg von komplizierten, verworrenen Irrtümern zu methodisch gegründeter Klarheit und Einfachheit. Mit den wiederkehrenden Bemerkungen, die Menschheit habe erst viele Umwege versuchen müssen, um dann die einfachen Wahrheiten entdecken zu können, nimmt Kant einen Gedanken Fontenelles auf, der für den aufklärerischen Geschichtsbegriff prägend war durch den Gedanken des Aufstiegs gegenüber der Antike-Idealisierung der Altertumsfreunde (vgl. § 51 u. Abschn. VII der Vorrede).

Literatur

Fontenelle, B.: Digression sur les anciens et les modernes, Paris 1688 [vgl. Naumann, M. (Hg.), Artikel aus der Enzyklopädie, Leipzig 1972, Art. »Philosophie«]. – Mach, E.: Die Mechanik in ihrer Entwickelung historisch-kritisch dargestellt, Leipzig 1883. – Hoppe, E.: Geschichte der Physik, Braunschweig 1926, S. 61–74. – Tonelli, G.: Lo scritto Kantiano sulla *Vera valutazione delle forze vive* (1747), in: Fil 8 (1957), S. 621–662.

Allgemeine Naturgeschichte und Theorie des Himmels oder Versuch von der Verfassung und dem mechanischen Ursprunge des ganzen Weltgebäudes, nach Newtonischen Grundsätzen abgehandelt (1755)

Die Schrift erschien anonym und ist Friedrich II. gewidmet. Nur ein Teil der Auflage gelangte in den Buchhandel, da der Verleger in Konkurs geraten war und dessen Warenlager gerichtlich versiegelt wurde. Kant ließ später einen Auszug durch J. F. Gensichen anfertigen, der als Anhang zu einer Schrift von W. Herschel 1791 in Königsberg publiziert wurde. Die Schrift ist das bedeutendste naturphilosophische Werk Kants, das durch ungünstige äußere Umstände zwar keine Auswirkung auf die Geschichte der Astronomie gewann, doch in seinen Grundgedanken von der späteren astronomischen Wissenschaft bestätigt wurde. Außerdem bestätigte Herschel 1789 Kants Berechnung der Rotation der Saturnringe mit einer Dauer von »etwa zehn Stunden«, wie Kant gesagt hatte. Kants Ansicht, dass die Saturnringe Häufungen einzelner Teile seien, und einige andere Erklärungen bewahrheiteten sich ebenfalls. Eine weitere bahnbrechende Einsicht des mit hohem Verständnis erklärenden Kants bildete die Annahme, dass sich die Erdrotation infolge der von Mond und Sonne erzeugten Flutwellen verlangsame und der Umlauf des Mondes sich durch die Erdgravitation ebenfalls verändert habe.

Die Schrift enthält eine Inhaltsangabe, eine kurze Einleitung mit einer Sentenz von Pope und drei Teile. Dem zweiten und dritten Teil stellt Kant ebenfalls Pope-Zitate voran. In der Schrift *Der einzig mögliche Beweisgrund zu einer Demonstration des Daseins Gottes* (1763) fasst Kant den Hauptinhalt der *Allgemeinen Naturgeschichte* zusammen (II, 137–151). Lambert (*Cosmologische Briefe*, 1761) und Laplace (*Exposition du système du monde*, 1796) vertraten eine der Kantschen Theorie verwandte Kosmologie, ohne Kants Schrift zu kennen. Erst Arago, A. v. Humboldt, v. Helmholtz (v. Helmholtz, *Vorträge und Reden*, Bd. 2, Braunschweig [5]1903, S. 84) wiesen im 19. Jh. auf die Bedeutung der Schrift des jungen Kant hin. Doch betonte Humboldt zugleich deren geistige Art gegenüber der mathematischen Astronomie:»Was Wright, Kant und Lambert, nach Vernunftschlüssen, von der allgemeinen Anordnung des Weltgebäudes, von der räumlichen Vertheilung der Materie geahnt, ist durch Sir William Herschel auf dem sicheren Wege der Beobachtung und der Messung ergründet worden« (Humboldt, *Kosmos*, Bd. 1., Stuttgart u. Tübingen 1845, S. 90).

Kants zentrale Intention ist die Synthese von mechanischer Naturwissenschaft und Leibnizscher Metaphysik. Ein weiterer Vermittlungsaspekt wird am Ende der Schrift sichtbar. Naturwissenschaften und Religion sollen in einen erweiterten Vermittlungsbezug gebracht werden. Kants mechanische Weltentstehungstheorie verselbstständigt die Bewegungsgesetze der Materie entschieden. Davor zurückzuscheuen nennt Kant ein »fast allgemeines Vorurteil«, »gleich als wenn es Gott die Regierung der Welt streitig machen hieße« (I, 332).

Vorrede. Kant wiederholt seine These von der systematischen Struktur der Natur und vom Wirken durchgehender elementarer Gesetze, die er in seiner ersten Schrift ausgesprochen hatte. Er versteht die Funktion der Philosophie gegenüber den Naturwissenschaften in der Orientierung auf solche Grundgesetze und möchte durch eine Kosmogonie die Astronomie zur gleichen Klarheit und Vollkommenheit bringen, »zu der Newton die mathematische Hälfte derselben erhoben hat« (I, 230). Mit den beiden Grundgedanken der Schrift, die Sternansammlung der Milchstraße als eine systematische Ordnung nachzuweisen und »die Bildung der Weltkörper selber und den Ursprung ihrer Bewegungen aus dem ersten Zustande der Natur durch mechanische Gesetze herzuleiten« (I, 221), geht Kant über die kosmogonischen Konsequenzen der Gravitationstheorie, die Newton selbst gezogen hatte, hinaus. Kant spricht sich in der Vorrede zu zwei Themen aus: Einer Erklärung des gegenwärtigen Zustandes des Universums aus einem diffusen Anfangszustand der Materie und dem Verhältnis der neuen Naturtheorie zur religiösen Tradition. Kants Hauptabsicht zielte auf die Verbindung von systematischer Philosophie, die er ganz im Sinne der zeitgenössischen Metaphysik verstand, mit der Newtonschen Physik. Daraus ging gleichsam als Nebenprodukt die außerordentliche kosmogonische Theorie hervor. Das metaphysische Moment bestand hier darin, dass bis zu den letzten Ursachen der von Newtons Gravitationsgesetz behandelten Planetenbewegung zurückgegangen werden sollte, um eine im metaphysisch-fundamentalen Sinne vollständige Erklärung zu erreichen. Bei der Realisierung dieses Synthesekonzepts von Metaphysik und mathematischer Physik entstand das bedeutende Prinzip der Schrift, systematische Struktur der Natur und Genese der Systematik miteinander zu verbinden. Die leitende Idee der Verbindung von Metaphysik und neuer Naturwissenschaft steht wiederum unter einem weiter greifenden Gedanken. Nur wenn es gelang, die neuen Möglichkeiten, die

die Gravitationstheorie für den immanenten Materiebegriff bot, auf eine Theorie der Genese des Universums und innerhalb unseres Planetensystems
auch auf die Geschichte der Erde auszudehnen, würden auch die philosophischen Konsequenzen aus
den Resultaten der Naturwissenschaften seit dem 17.
Jh. zu sichern sein. Naturwissenschaft soll die Metaphysik rationalisieren, die Metaphysik erst vermöchte die kulturellen Errungenschaften der Wissenschaften sicherstellen. Kant formuliert: »Mich
dünkt, man könne hier in gewissem Verstande ohne
Vermessenheit sagen: Gebet mir Materie, ich will
eine Welt daraus bauen! das ist, gebet mir Materie,
ich will euch zeigen, wie eine Welt daraus entstehen
soll« (I, 229 f.). Newton hatte die Ordnung des Universums und unseres Planetensystems noch als Ergebnis der unmittelbaren Einwirkung Gottes aufgefasst. Kant weist das ab (I, 262), trennt aber immerhin die mechanischen von den organischen Gesetzen. Die Bildung aller Himmelskörper könne nach
Prinzipien der Mechanik eingesehen werden, nicht
»die Erzeugung eines einzigen Krauts oder einer
Raupe« (I, 230). Seine Theorie sei weder materialistisch noch atheistisch, so sehr sie in manchem der
antiken Atomistik nahe stehe. Die Existenz Gottes
reduziert er im Sinne des Deismus von simplifizie-
render religiöser Teleologie auf das Prinzip grundsätzlicher Gesetzmäßigkeit: »[E]s ist ein Gott eben
deswegen, weil die Natur auch selbst im Chaos nicht
anders als regelmäßig […] verfahren kann« (I, 228).

Hatte Kant in seiner ersten Schrift eine Vermittlung zwischen zwei wissenschaftlichen Lagern versucht, so soll jetzt die Kosmogonie ein entwickelteres
Vermittlungssystem zwischen atomistischem Materialismus, Newtons Naturwissenschaft und der metaphysica specialis mit den beiden Disziplinen der
rationalen Kosmologie und rationalen Theologie begründen. Die ganze Anlage der Schrift ist in deren
Bezug zur speziellen Metaphysik der Schulmetaphysik zu verstehen. Newtons Kosmologie soll im Sinne
einer fundamentalen Theorie der metaphysica rationalis vervollständigt werden. Das soll mit der neuen
Mechanik nicht eine formal-ontologische, sondern
eine reale Theorie sein. Metaphysik schließt dann
auch Newtons Hiatus zwischen Mechanik und Theologie. Newton hatte Gott selbst die Ordnung der Fixsterne herstellen und den Planeten die Zentrifugal-
kraft erteilen lassen, die der Gravitationskraft das
Gegengewicht hält. Außerdem nahm Newton unun-
terbrochene Energieverluste im Universum an, die
Gottes Eingreifen zur Erhaltung der Weltmaschine
erforderten. Die durch das Gravitationsgesetz erneu-

erte Atomistik eines sich selbst erzeugenden und er-
haltenden Universums reorganisiert auch die theologia rationalis.

Erster Teil. Unsere Milchstraße sei ein System un-
zähliger Fixsterne, die sich um einen Zentralkörper
bewegen. Weitere Milchstraßensysteme seien aus
dem elliptischen Charakter der Sternenhaufen zu
folgern, die um einen Mittelpunkt geordnet und auf
eine gemeinschaftliche Fläche bezogen seien (I,
247 f.). Die Zahl der Sterne nehme mit der Entfernung von der zentralen Zone eines Milchstraßensys-
tems ab. Alle Sonnen seien Fixsterne, die aber durch
eigene Bewegungen mit ihrem System der Planeten
der wechselseitigen Anziehung entgegenwirkten und
dadurch nicht ineinanderstürzten. Kants Theorie der
Milchstraße und der Eigenbewegungen von Fixster-
nen als Bewegungen um einen gemeinsamen Mittelpunkt hat sich bestätigt. Lambert vertrat unabhängig
von Kant die gleichen Auffassungen.

Zweiter Teil. Kant schließt aus der gegenwärtigen
Verfassung des Universums mit dem Gegensatz von
Sternsystemen und leeren Räumen, dass die Bildung
der Sterne und deren Bewegung aus einer vom gegenwärtigen Zustand unterschiedenen Verteilung
der Materie hervorgegangen sein müsse. Anfangszustand war eine diffuse Zerstreuung von Materie, »die
Grundmaterie selber […] eine unmittelbare Folge
des göttlichen Daseins« (I, 310). Die alte Vorstellung
des ursprünglichen Chaos wird hier zur astronomischen Nebularhypothese. Den Weltbildungsprozess
leitet Kant nach dem göttlichen Schöpfungsakt der
Materie aus dem Nichts allein durch Newtons Gesetze der Attraktion und Repulsion der Materie her.
Durch die Gravitation bilden sich Zentralkörper,
und die umgebende Materie verdichtet sich ebenfalls
in Richtung eines Zentrums. Durch die Repulsions-
kraft werden die herabsinkenden Massen abgelenkt.
Daraus bilde sich eine Wirbelbewegung, aus der zu
erklären sei, dass alle Planeten annähernd in einer
Ebene und in gleicher Richtung um die Sonne kreisen. Die erste Ursache der Rotation ist damit freilich
nicht erklärt. Auch Laplace leistete das nicht. Er
nahm als Ausgang einen sich drehenden Gasball an.

Vom zweiten bis zum sechsten Hauptstück behandelt Kant verschiedene spezielle Schlussfolgerungen
seiner Kosmogonie: die verschiedenen Massen der
Planeten nach der Proportion der Entfernungen vom
Zentralkörper, der aus der Entstehensursache des
Systems die größte Masse haben muss (2.), die größte
der Planetenumlaufbahnen und den Ursprung der
Kometen (3.), den Ursprung der Monde, des Saturn-
ringes (4., 5.), Theorie der Sonne und Ursache des

»feurigen« Charakters der Zentralkörper (Ergänzung zum 7. Hauptstück). Die »Zugabe zum 7. Hauptstück« kommt auf die durch die Naturwissenschaft erforderliche Umformung der Metaphysik zurück. Sie endet mit der Annahme eines flammenden, selbstleuchtenden Zentralkörpers des ganzen Universums, einer Sonne aller Sonnen, und Kant benutzt das Thema zu Ausführungen über das theologische Thema eines Mittelpunkts der ganzen Schöpfung, von dem die Weltbildung ausgegangen und das als Zentrum größter Vollkommenheit zu betrachten sei. Kant lokalisiert die Gottheit nicht in solchem Zentrum, sondern lässt sie – fast der pantheistischen Traditionslinie entsprechend – im ganzen Universum gleich gegenwärtig sein. Das Thema der Gottesnähe wird mit dem Problem der Existenz vernünftiger Wesen im gesamten Universum verknüpft. Kant nimmt das zur Geist-Metaphysik gehörende Thema auf, das inzwischen auch ein in der philosophischen und utopischen Literatur der Zeit vielbehandeltes Stück von möglichen Welten mit möglichen Arten von Lebewesen geworden war. Die Vollkommenheit der intelligenten Wesen nehme mit der Entfernung vom Zentrum der Weltmaterie zu. Körperliche Masse und intelligente Beweglichkeit befinden sich in umgekehrtem Verhältnis. Am Anfang der Entstehung des Universums existierten die unvollkommensten Gattungen belebter Wesen, deren »Fähigkeiten mit der Unvernunft zusammenstoßen« (I, 331). Mit der fortschreitenden Weltbildung und Ausdehnung des Universums wächst die Vollkommenheit intelligibler Wesen an, um sich »nach und nach dem Ziele der höchsten Trefflichkeit, nämlich der Gottheit, zu nähern, ohne es doch jemals erreichen zu können« (ebd.). Spekulationen dieser Art brachten das Verhältnis von Gottheit, Materie und Menschheit in Bewegung, und zwar nach materiellen Prinzipien. Der pantheistische Shaftesbury-Ton ist in den Passagen vom »schönen und ordentlichen Ganzen« des Kosmos, von Naturgesetzen, »die auf Ordnung und Wohlanständigkeit abzwecken«, zu erkennen» (I, 227).

Dritter Teil. Kant verbindet im dritten Teil («Anhang. Von den Bewohnern der Gestirne») das Thema aus der Literatur der Zeit mit seiner originalen kosmogonischen Theorie und verleiht dieser dadurch die Fähigkeit, zur Klärung eines anderen Problems beizutragen: zur Annäherung zwischen mechanisch-materialistischem Materiebegriff und Intelligenz, überhaupt psychisch bewusstem Leben. In dieser Annäherung bestand eine zentrale theoretische Linie des nachcartesischen Denkens, das die völlige Trennung von *res extensa* und *res cogitans* unter Beibehaltung des naturwissenschaftlichkausalen Determinismus zu überwinden suchte. Kant sucht sich mit dem Gedanken der intelligiblen Belebtheit des Universums des großen Vorzugs der pantheistischen Tradition zu versichern, der darin bestand, dass der vereinfachende Anthropomorphismus des Schöpfungsbegriffs aufgelöst werden konnte.

Die Moralität des Menschen wird in pantheistischer Tradition auf den Naturzusammenhang projiziert und hier nach kosmischen Proportionen Verhältnisbestimmungen geöffnet. Das Verhältnis von Körper und Seele, von interessegebundenem und rational freiem moralischem Verhalten wird damit auch in Richtung einer naturwissenschaftlichen Anthropologie bestimmbar gemacht. Nicht unter Berufung, aber doch in der theoretischen Tradition von Picos Rede *Über die Würde des Menschen* (1496) erscheint der Mensch als in Bezug auf die Proportion von Materialität und intelligiblem Sein in der Mitte des Universums stehend. »Die menschliche Natur […] sieht sich zwischen den zwei äußersten Grenzen der Vollkommenheit mitten inne« (I, 359). Auch die plebejischen Aspekte, die der pantheistischen Traditionslinie häufig zugehören (Picos Platonismus nicht), nimmt Kant auf. Die Proportion von Materialität und intelligibler Freiheit enthält ein Postulat: der Mensch soll ein seiner intelligiblen Moral würdiges Leben führen. »Wenn man das Leben der meisten Menschen ansieht: so scheint diese Kreatur geschaffen zu sein, um wie eine Pflanze Saft in sich zu ziehen und zu wachsen, sein Geschlecht fortzusetzen, endlich alt zu werden und zu sterben« (I, 356). Die Einsicht in die verschiedenen Grade moralischer und intelligenter Vervollkommnung, die er mit seinem kosmogonischen Entwurf verbindet, bildet für Kant ein Zwischenfeld von Erwartung eines vollkommenen geistigen Daseins nach dem Tode und moralischem Postulat, sich der Vervollkommnungsfähigkeit bereits auf dieser Erde bewusst zu werden. Die Aufklärung suchte, so H. Blumenberg (1920–1996), »die Zweckmäßigkeit des Weltalls nach der Preisgabe der Anthropozentrik durch den Pluralismus der Welten, durch die universale Besiedlung des Universums mit vernünftigen Wesen retten zu können« (Blumenberg 1996, S. 104).

Konsequent fügt Kant seinem Gedanken des naturgesetzlich kausalen Entstehens des Universums die Frage nach dessen Zukunft an. Die wenig plausible These, dass in die Verfallsprozesse eine kleinere Zahl von Weltkörpern hineingezogen werde, als durch Neubildung entstehen (I, 320), wird vom Gedanken kosmischer Perfektibilität ergänzt. Mit der Ausdehnung kosmischer Bildungsprozesse im Raum ist eine Abnahme materieller, die Zunahme intelligibler Faktoren verbunden. Der Schöpfungsvorgang wird, der pantheistischen Gedankenwelt nahe, als unendlicher Prozess gedacht, ein gerichteter Prozess mit Zukunft als Steigerung intelligibler Potenz.

Literatur

Wolf, R.: Geschichte der Astronomie, München 1877, § 167. – Busco, P.: Kant et Laplace, in: RPh 100 (1925), S. 235–279. – Krauss, W.: Reise nach Utopia. Französische Utopien aus drei Jahrhunderten, Berlin 1964. – Schneider, F.: Kants *Allgemeine Naturgeschichte* und ihre philosophische Bedeutung, in: KS 57 (1966), S. 167–177. – Papi, F.: Cosmologica e civiltà. Due momenti del Kant precritico, Urbino 1969. – Laberge, P.: La physicothéologie de l'*Allgemeine Naturgeschichte*, in: RPhL 70 (1972), S. 541–572. – Blumenberg, H.: Die Genesis der kopernikanischen Welt, Frankfurt/M. 1975, ³1996. – Kerszberg, P.: Le problème cosmologique dans la *Théorie du ciel* de Kant, in: AIPh 11 (1978), S. 39–73. – Wahsner, R.: Zur erkenntnistheoretischen Begründung der Physik durch den Atomismus, dargestellt an Newton und Kant, Diss. Berlin 1978. – Waschkies, H.-J.: Physik und Physikotheologie des jungen Kant. Die Vorgeschichte seiner *Allgemeinen Naturgeschichte*, Amsterdam 1987. – Falkenburg, B.: Kants Kosmologie. Die wissenschaftliche Revolution der Naturphilosophie im 18. Jh., Frankfurt/M. 2000, S. 80–86.

Principiorum primorum cognitionis metaphysicae nova dilucidatio (1755) (Neue Erläuterung der ersten Prinzipien der metaphysischen Erkenntnis)

Kants Synthese-Programm von naturwissenschaftlichem Induktionismus und Metaphysik erforderte die Bearbeitung beider Themenlinien. Darum tendieren unter den frühen Schriften einige zur Naturphilosophie mit Metaphysik-Konsequenzen, andere zur Metaphysik mit naturphilosophischen Folgerungen, naturphilosophisch auch im Sinne der cosmologia rationalis. Leicht zu verstehen, dass die zur akademischen Laufbahn gehörigen Schriften – die von 1755, 1756 und die Inauguraldissertation von 1770 – zur zweiten Tendenz gehören. Die Habilitationsschrift *Nova dilucidatio* zeigt Kant noch innerhalb der Metaphysik intelligibler Substanzen. Sie nimmt mit der Ontologie die Gleichwertigkeit von logischer und realer Begründung an. Das Prinzip der Erhaltung der Kraft ergibt sich dann aus dem logischen Bezug von Grund und Folge: In der Folge kann nicht mehr enthalten sein als im Grund, so dass, wie Leib-

niz lehrte, nichts entsteht und vergeht und die Summe des Wirklichen der Welt konstant bleibt. Mit Newton nimmt Kant aber reale Wechselwirkung im Sinne des influxus physicus an, so dass ein wesentliches Moment der Monadenlehre aufgehoben wird, die vorbestehende innere Entwicklung aller Monaden ohne äußere Wechselwirkung. Leibniz bestritt natürlich nicht empirische Kausalität als Erscheinung. Er hielt sie nur für ungeeignet, den kosmologischen Gesamtzusammenhang und diesen in Einheit mit einem logisch-demonstrativen Gottesbegriff zu begründen. Aus dem Realitätsbegriff im Sinne logischer Gegenständlichkeit ergab sich der Gottesbegriff als des ens realissimum, da sich in ihm das logische Postulat der Einheit von intelligibler und erscheinender materieller Gegenständlichkeit vollständig realisiert findet.

Die *Neue Erläuterung* sucht die reale Wechselwirkung materieller Objekte mit der relationalen Raumtheorie der Metaphysik zu verbinden. Raum und Zeit fasste Leibniz als relationale Struktur der Objekte auf. Sie waren insofern die erscheinenden Beziehungen, in denen sich die Einheit aller Objekte der Wirklichkeit realisierte. Die von Kant übernommene Theorie, die viele sehr moderne Elemente enthält, vermag die Einheit der Welt wesentlich besser darzustellen als Newtons Auffassung eines absoluten Raumes, die eine spekulative Voraussetzung für die Bedingung absoluter Messungen setzt. Doch keine endliche Raumstrecke kann in irgendeiner angebbaren Relation zu einem absoluten Raum stehen. Die Schrift behandelt zwei zeitgenössische Diskussionspunkte vor allem der metaphysica specialis. Der erste bezieht sich auf eine mögliche Verbindung der Mechanik realer Wechselwirkung mit Leibniz' Raumtheorie, die dem Monadensystem entsprach und solche Wechselwirkung als Systemgedanken abwies. Der andere Punkt betrifft die rationale Theologie mit dem Verhältnis von göttlicher Determination allen Geschehens und Willensfreiheit. Kant behandelt die Polemik von C. A. Crusius (1712–1775) gegen Wolffs und Leibniz' Satz vom zureichenden Grunde mit dessen Konsequenzen des Determinismus, der prästabilierten Harmonie und des theoretischen Optimismus. Er spitzt Leibniz' Satz vom zureichenden Grunde zur Konsequenz zu, dass die Notwendigkeit aller Ereignisse die Freiheit wie der stoische Schicksalsbegriff aufhebe. Dagegen stehen zwei Freiheitsbegriffe: Freiheit als Ausgangspunkt einer Gleichgültigkeit gegen alle Bestimmungsgründe des Willens und Freiheit als innere Vernunftgründe des Willens (zur Beziehung der frühen Schrift zum dritten Widerstreit der Antinomie der Vernunft vgl. Hinske 1970, S. 88–92).

Wie sehr Kant den Leibnizschen metaphysischen Prämissen der Intellektualansicht der Wirklichkeit verbunden war, zeigt das Vorlesungsprogramm 1759/60, der *Versuch einiger Betrachtungen über den Optimismus*, den er im Herbst 1759 erscheinen ließ. Die kleine Schrift wendet sich gegen Crusius, schließt aber im Weiteren an die literarische Diskussion an, die die Preisfrage der Berliner Akademie (und die Vergabe des Preises an A. F. Reinhard) für das Jahr 1755 ausgelöst hatte. Mendelssohn, Lessing, Wieland hatten dazu gechrieben. Kants knappe und in der Argumentation nicht eingehende Optimismus-Schrift legt immerhin den Kern der Optimismus-Idee frei. Die Idee bezieht sich nur auf den intellektualen Gesamtzusammenhang der cosmologia und theologia rationalis, die die Funktion besaßen, die emotionale Anbetung eines anthropomorphen höchsten Wesens durch eine logische Äquivalenz unseres faktischen Daseins zu ersetzen oder wenigstens einzuschränken. So ergibt sich aus der einfachen Erhebung zur Einheit des Seins die Einsicht, dass es nur diese eine Welt geben könne. Sie kann dann nichts anderes als die beste aller möglichen Welten. Voltaires *Candide ou sur l'Optimisme* (1757) macht dem Problem nach von seiner Newton-Interpretation her, der Gedankenführung nach popularphilophisch dagegen Front. Kant gerät zum Schluss auf recht direkte pädagogische Anwendungen. Im vollkommensten aller logisch möglichen Weltentwürfe sind wir um des Ganzen willen auserlesen, »in dem besten Plane eine Stelle einzunehmen. Ich rufe allem Geschöpfe zu, welches sich nicht selbst unwürdig macht so zu heißen: Heil uns, wir sind! und der Schöpfer hat an uns Wohlgefallen« (II, 35). Später auf diese Schrift angesprochen, wollte Kant sie am liebsten vernichtet wissen. Die Schlussbetrachtung der zweiten von den drei Schriften zum Lissaboner Erdbeben (1756) hatte den desanthropomorphisierenden Gottesbegriff des metaphysischen Optimismus-Theorems bereits besser gezeigt. Es gibt keine unmittelbare Beziehung Gottes zum Menschen, sondern »die höchste Weisheit, von der der Lauf der Natur diejenige Richtigkeit entlehnt, die keiner Ausbesserung bedarf, [...] wird auch die Führung des menschlichen Geschlechts in dem Regimente der Welt selbst« verankern (I, 460 f.). Die immanente kausale Weltauffassung der Naturwissenschaften lässt sich in die natürliche Geschichte der Menschheit einschließlich der geographischen Milieus fortführen und kann derart auch in der rationalen Theologie der Metaphysik Platz greifen.

Literatur

Hinske, N.: Kants Weg zur Transzendentalphilosophie, Stuttgart 1970. – Reuscher, J. A.: A clarification and critique of Kant's *Nova dilucidatio*, in: KS 68 (1977), S. 18–32.

Metaphysicae cum geometria junctae usus in philosophia naturali, cuius specimen I. continet monadologiam physicam (1756) (Über die Vereinigung von Metaphysik und Geometrie in ihrer Anwendung auf die Naturphilosophie, deren Probestück I. die physische Monadologie enthält)

Das Programm einer neuen Metaphysik aus deren offenbar neuer Verbindung mit dem mos geometricus sollte über die erste Probe fortgeführt werden. Kant beginnt mit Ideen zu einer Theorie von Monaden mit physikalischer Berechenbarkeit wie Atome. Die Vorrede spricht das theoretische Hochgefühl aus, von metaphysischer Küstenschifffahrt jetzt endlich auf die hohe See neuer Metaphysik zu steuern und malt rhetorisch den zu überwindenden Widerspruch, Metaphysik mit Geometrie zu verbinden – »da ein Greif eher mit einem Pferde, als die Transzendentalphilosophie mit der Geometrie sich möchte zusammenspannen lassen« (I, 475). Die Ursache, die deutlich auf die mathematische Antinomie der späteren *Kritik* vorausweist: Metaphysik bestreitet die unendliche Teilbarkeit des Raumes und die Existenz des leeren Raumes. Die Newtonsche Mechanik, die hier mit Geometrie gemeint ist, sagt dazu das gerade Gegenteil. Der Grundgedanke der Schrift ist, dass die Monaden als der Materie einwohnende bewegende Kräfte doch wie Gravitationskraft der Mechanik auch äußerlich wirksam sein müssten (ebd.). Der induktive phänomenale Aspekt wird aufgewertet. Die Schrift gibt ein zentrales Problem in Kants Verbindungsversuch zwischen Metaphysik und mathematischer Naturwissenschaft zu erkennen. Nicht nur Hume, auch die Metaphysik bestritt die Möglichkeit der Anwendung der reinen Mathematik auf empirische Objekte. Die Geometrie behauptete die unendliche Teilbarkeit des Raumes. Kant stand nicht nur vor der Frage, wie sich das auf die Objekte im Raum anwenden lasse, sondern worin die Möglichkeit dessen liege, wie also die faktisch unbestrittene Anwendung zu beweisen war. Die Thematik kehrt später in der *Kritik* im zweiten Widerstreit der Antinomik wieder. Jetzt befindet sich Kant auf dem Weg zur

Scheidung zwischen sensibler Welt der Naturwissenschaften, in der die mathematische unendliche Teilbarkeit für die Materie im Raume gilt, und der intelligiblen Welt der Metaphysik, die mit dem Monadenbegriff operieren mag. Die Dissertation von 1770 brachte den ersten Schritt zur Begründung der Anwendbarkeit auf empirisch erscheinende materielle Ereignisse: der Raum ist eine reine Einheitsanschauung des Subjekts, darin liegt die Möglichkeit der unbedingten Gültigkeit der Geometrie für die empirischen Naturerscheinungen (§ 15).

Wie soll der Widerspruch zwischen den Monaden als kleinsten Bestandteilen aller Körper und der unendlichen mathematischen Teilbarkeit des Raumes behoben werden? Da die Prämissen der Geometrie nicht in Frage zu stellen sind, konzentriert sich Kant auf die Interpretation des Monadenbegriffs. Er war von Leibniz geschaffen worden, um ein ontologisches Pendant zur geometrischen und algebraischen Strukturierung der Wirklichkeit zu gewinnen, das nicht bei der cartesianischen Reduktion der Materie auf die ausgedehnte Masse und darum bei der Identifizierung von Materie und Raum stehen bleibe. Kant sieht den Leibnizschen Begriff jedoch von der vereinfachenden Interpretation Wolffs her. Sind die Monaden letzte stoffliche Bestandteile der Materie oder nicht räumlichstofflich zu denkende ideelle Punkte im Sinne der Geometrie und zugleich hypothetische Begriffe von letzten Kraftzentren der Materie? Wolff vermischte das Erste mit dem Zweiten und verband den Monadenbegriff mit dem Atombegriff. Für Leibniz waren die Monaden nicht unteilbare materielle Atome, sondern ideelle Konzepte zur philosophischen Generalisierung der so erfolgreichen Verfahren mathematischer Transformation empirischer physikalischer Strukturen und Prozesse. Kant geht in seiner »Physischen Monadologie« von Wolffs Verständnis der Monaden als ursprünglichen Stoffelementen aus, die darum auch Ausdehnung besitzen. Um das gestellte Problem der Verbindung des metaphysischen Monadenbegriffs mit dem geometrischen Raumbegriff zu bewältigen, dürfen die Monaden nicht materielle Atome bleiben. Dieser Doppelcharakter des Monadenbegriffs als Atome und als theoretische Konstrukte elementarer Kraftzentren bildet die eigentliche Merkwürdigkeit der Schrift. Sie ist, wenn man so sagen möchte, von faszinierender Unfertigkeit. Wir sehen den 32-jährigen Kant beim zentralen Thema und auf dem Höhepunkt seines frühen und unausführbaren Synthesekonzepts. Kants Lösung bringen die Sätze V und VII: Da der Raum nach Leibniz nur die äußere Phänomenstruktur der Mona-

den darstellt, ist zu trennen zwischen dem inneren unteilbaren Energiekern der Monaden und der äußeren Erscheinung, die dann auch die unendliche mathematische Teilbarkeit im Raume zulässt. Der Raum ist Bereich der äußeren Gegenwart der Monade – »wer also den Raum theilt, theilt nur die ausgedehnte Größe ihrer Gegenwart« (I, 481). Das Subjekt der Monade kann dadurch nicht geteilt werden. Der Räumlichkeit der Substanzen im Phänomenbereich wird eine innere, nicht ausgedehnte und darum unteilbare Intelligibilität der Monaden gegenübergestellt. Der metaphysische Substanzbegriff bleibt also erhalten. Die Substanz ist zu denken in analogiam Dei. Gott ist als absolute Substanz oder Zentralmonade in allen Dingen gegenwärtig. Aber wer würde sagen wollen, weil wir den Raum teilen, teilten wir auch Gott? Im Folgenden sucht Kant den idealistischen Kraftbegriff der Monade mit der Fernwirkung der Gravitation zu verbinden, der in ebenfalls Koexistenz ohne mechanische Berührung im Raume gedacht sei (Sätze IX, X). Kant möchte die ontologische Konstitution der geordneten Welt durch die Theorie der Monaden als immateriellen Kraftpunkten mit Newtons Theorie der Konstitution materieller Körper aus der Wechselbeziehung von Repulsion und Attraktion verbinden. Leibniz hatte im Briefwechsel mit Clarke Newtons Gravitationstheorie stets akzeptiert, nur hinzugefügt, dass sie in Verbindung mit Newtons Begriff des absoluten Raumes nicht gestatte, den Kraftbegriff im Sinne einer dynamischen Theorie der Materie befriedigend durchzuführen.

Die Schrift ist ein Probestück des naturphilosophischen Synkretismus des vorkritischen Kant. Die *Kritik* trennt die Mechanik materieller Körper und die Intellektualansicht mathematischer und logischer Formgesetze durch die Subjektivierung der transzendentalen Idealität, und Kant verstand erst dieses Resultat mit besserem Recht als die Lösung des Widerstreits zwischen empirisch-kausaler, mathematischer und transzendental-metaphysischer Kosmologie. Die rationale Kosmologie der metaphysica specialis, um die es 1756 noch ging, ist dann als unausführbar abgewiesen – und ebenso das Systemprogramm der frühen naturphilosophisch-metaphysischen Schriften. Vielleicht hätte Kant die Thematik von der Unendlichkeitsproblematik des Übergangs physischer Minima in mathematische Infinitesimale her in Angriff nehmen können. Er wäre dann näher bei Leibniz geblieben, ohne eine Lösung unter den ontologischen Prämissen zu suchen. Hinter der Theorie intelligibler Kraftmonaden als Konstitutionselementen einer Welt in festen Gesetzen, hinter der ganzen Metaphysik intelligibler ontologischer Realität standen die Probleme, der ideellen Sphären in praktischer Rücksicht: die Freiheitsproblematik, Synthese von individuellen Handlungen und überindividueller sittlicher Bestimmung der Menschheit. Kant hat diese für seinen späteren Begriff von Metaphysik zentralen Themen der Philosophie als Weisheitslehre, wie er sagte, in der *Kritik* dann grundsätzlich von der transzendentalen Wissenschaftstheorie abgetrennt.

Für den Materiebegriff bringt der Vermittlungsversuch zwischen Monadologie und Mechanik interessante Aspekte. Materie ist nicht nur der raumerfüllende Stoff. Hinter diesen Erscheinungen steht das Wechselspiel nicht sichtbarer, aber theoretisch erschließbarer Kräfte. Kant kehrt das Verhältnis von Substanz und Eigenschaft um. Nicht die mechanische Materie besitzt Kräfte als ihre Akzidenzen, sondern die Kräfte sind Substanz und erscheinen akzidentiell als Bewegung und Wechselwirkung von Atomen. Er nimmt überhaupt keine Substanzen irgendeiner Art hinter den materiellen Prozessen an. Materie ist nur das in den Erscheinungen Beharrende. Das ist dann auch der Standpunkt der *Metaphysischen Anfangsgründe der Naturwissenschaft* (1786).

Meteorologie, physische Geographie, Rassentheorie

Astronomische, meteorologische Arbeiten

In mehreren kleineren Aufsätzen hat Kant astronomische, physikalisch-geographische, meteorologische Themen aufgenommen, die in der wissenschaftlichen Literatur verhandelt wurden. In zwei Schriften hat er als erster Lösungen ausgesprochen, die in der weiteren Geschichte der Disziplinen bestätigt wurden.

Die *Untersuchung der Frage ob die Erde in ihrer Umdrehung um die Achse [...] einige Veränderungen seit den ersten Zeiten ihres Ursprungs erlitten habe* (1754) formuliert zum ersten Male die im 19. Jh. bestätigte Einsicht, dass die Achsendrehung der Erde sich unmerklich, aber stetig verringern müsse (I, 187). Die Anziehungskraft des Mondes bewirkt die Erhebung der Ozeane auf der dem Mond zugekehrten Seite der Erde. Da diese Fläche mit der Erdbewegung fortrückt, entsteht in der zur Achsendrehung der Erde umgekehrten Richtung eine Meeresbewegung, die der Rotationsgeschwindigkeit der Erde entgegenwirkt. Kants Arbeit war von einer entspre-

chenden Preisfrage der Berliner Akademie veranlasst worden, er schickte seine Schrift aber nicht ein. Sie blieb, in den *Königsberger Frag- und Anzeigungs-Nachrichten* 1754 veröffentlicht, völlig unbekannt. R. Mayers *Dynamik des Himmels* brachte 1848 die gleiche Auffassung wie Kant. Kant erklärte auch zutreffend die Tatsache, dass die Umdrehungszeit des Mondes seiner Umlaufsdauer um die Erde gleich sei.

Die kleine Studie *Die Frage, ob die Erde veralte, physikalisch erwogen* (1754, eine Preisfrage der Berliner Akademie) prüft die vorliegenden Theorien, ohne selbst eine eigene Lösung zu entwickeln. Sie zeigt Kants Untersuchungs- und Argumentationsmethode nicht nur bei den naturphilosophischen Themen: Die bestehenden Auffassungen in ihren Konsequenzen zu durchdenken und den Grundbegriff der Thematik zu präzisieren. Kant erörtert nur immanente geologische Prozesse, kommt in den Resultaten aber den gegenwärtig intensiv erörterten Themen nahe, dass nämlich die menschlichen Lebensbedingungen sich erschöpfen könnten. Unter den Varianten erörtert er die Erhöhung der Meeresspiegel – mit der Konsequenz, dass das feste Land zurückgeht – und im Gegensatz dazu die Austrocknung der Gewässer. Kant lässt allein die Möglichkeit offen, dass ein chemisches Element, das immer bei allen Lebensprozessen verbraucht werde, die Abnahme der Naturkräfte bewirken könne (I, 212). Die geographischen und meteorologischen Disziplinen gehörten seit ihrem Entstehen bei den Griechen zum kulturellen Aufbruchsbewusstsein, wie sie heute zur Vorbereitung der erforderlichen Umstellung der Produktionstechniken gehören. Kants Schrift befindet sich im Zusammenhang der genetischen Kosmologie der *Allgemeinen Naturgeschichte*, die im Jahr darauf erschien. Der philosophische Zusammenhang der Studie besteht darin, die Thematik aus der Behandlung im Rahmen biblischer Texte herauszulösen und der naturwissenschaftlichen Betrachtung im Sinne von Geburts-, Wachstums- und Alterungsprozessen zu öffnen. »Dieselben Ursachen, durch welche ein Ding zur Vollkommenheit gelangt und darin erhalten wird, bringen es durch unmerkliche Stufen der Veränderungen seinem Untergange wiederum nahe« (I, 198). Kant wendet sich gleichermaßen gegen konservativ-romantischen Abgesang der Gegenwart (die Kräfte der Natur verfallen wie die Sitten) wie gegen einfachen aufklärerischen Optimismus, Natur und Mensch seien zu allen Zeiten gleich gewesen. Es wäre eben zu untersuchen, ob nicht doch einiges in der Natur sich vermindere und »ob die Erde nicht etwa ehedem weniger Wartung bedurft hat«, der Menschheit den Unterhalt zu ermöglichen (I, 197).

Die *Neuen Anmerkungen zur Erläuterung der Theorie der Winde* (1756), ein Vorlesungsprogramm zum Sommersemester des Jahres, suchen allgemeine Gesetze der Luftbewegung aus zwei Faktoren abzuleiten: aus dem Luftaustausch zwischen Luftschichten verschiedener Temperatur (I, 492) und aus der Abnahme der Luftbewegung in der Richtung vom Äquator nach den Polen, die durch die Erdrotation verursacht wird (I, 494). Kant war sich darüber im Klaren, ein neues allgemeines Drehungsgesetz der Winde formuliert zu haben. Umso mehr tritt seine Eigenart hervor, dass er, wie in den anderen Fällen seiner naturphilosophischen Entdeckungen (Abnahme der Erdrotation, Nebularhypothese und mechanische Theorie der Entstehung des Kosmos, Erklärung des Zodiakallichts), seine Resultate in den unbeachteten Schriften ruhen ließ.

Die zutreffenden naturwissenschaftlichen Hypothesen Kants stehen mit den leitenden Prinzipien des Kantschen Naturbegriffs im Zusammenhang. Es ist der Gedanke einfacher, darum einheitlicher Bewegungsgesetze. Die abnehmende Erdrotation entspricht dem Prinzip der Summierung unendlich kleiner Größen nach dem Stoßgesetz der Mechanik. Das Drehungsgesetz der Luftströmungen entdeckt Kant, weil er nach einem einfachen, einheitlichen Gesetz hinter den speziellen Windbewegungen über verschiedenen Kontinenten, an Küsten- und Kontinentalgegenden usf. sucht. Mit dem Einheitsgedanken ist das Bewegungsprinzip verbunden. Da alle Naturprozesse durch die komplexen Wirkungen differierender Kräfte ablaufen, sind Erdbewegungen, Luftbewegungen, Klimazonen und die geographische Struktur der Erde überhaupt andauernden Veränderungen unterworfen. Die physische Geographie ist eine historische Disziplin, sie untersucht die »Historie der Erde« (I, 190). Kant zieht selbst die Verbindung von seiner *Naturgeschichte des Himmels* zur genetischen Auffassung der physischen Geographie der Erde. Auch in den späteren Jahren verfolgte Kant die naturwissenschaftliche Literatur. In der Schrift *Etwas über den Einfluß des Mondes auf die Witterung* (1794) erwägt er die vier leitenden Theorien zum damals viel erörterten Thema, schränkt die mögliche rationale Hypothese aber auf eine Gravitationswirkung der Mondmasse ein und hält sich im Übrigen mit der Annahme nachweisbarer Wirkungen sehr zurück.

In den drei Arbeiten zum Problem der Erdbeben (aus Anlass des viel erörterten Erdbebens von 1755, das Lissabon zerstörte) befindet sich Kant ganz im Rahmen der damaligen unzutreffenden Theorie. In weitläufigen Hohlräumen unter der Erdkruste, sowohl unter den Kontinenten als auch unter dem Meere, würden sich Elemente wie Eisen, Schwefel durch Eintritt von Wasser zersetzen, entzünden und immer weitere Explosionen von Gasen auslösen. Vulkane seien eine Art Ventile, durch die solche explosiven Dämpfe einen Ausgang fänden und Erdbeben hervorriefen. Kants Arbeiten zeichnen sich gegenüber vielen Schriften der Zeit dadurch aus, dass sie ein kausales Gesamtbild der Phänomene zu entwerfen suchen und die moralisierende und religiöse Populartheologie der Naturauffassung abweisen.

Rassentheorie

In den drei Aufsätzen zur Rassentheorie, die zwischen 1775 und 1788 erschienen, behandelt Kant die Menschenrassen als »Abartungen« (VIII, 163) einer ursprünglich einheitlichen Menschheit. Die Abhandlungen sind: *Von den verschiedenen Racen der Menschen* (1775; II, 427–444), *Bestimmung des Begriffs einer Menschenrace* (1785; VIII, 89–106), *Über den Gebrauch teleologischer Principien in der Philosophie* (1788; VIII, 157–184), erhellend auch das einzelne Blatt der Vorarbeit zum Aufsatz über den Gebrauch teleologischer Prinzipien (XXIII, 75 f.). Das historische Prinzip der Kantschen Naturtheorie wird auf die Naturgeschichte der Menschheit ausgedehnt. Alle Rassen bilden eine Naturgattung (da alle Rassen untereinander fruchtbaren Nachwuchs zu erzeugen vermögen), haben sich aber nach einem Naturgesetz der Mannigfaltigkeit zu ihren vererblichen Unterscheidungen differenziert. Kant unterscheidet vier Rassen (Weiße, Neger, Mongolen, Inder) und erklärt die Genese der Rassen nicht aus Festsetzung von Gewohnheiten oder Umwelteinflüssen, sondern aus der Auswicklung vorgebildeter Keime, die bei Wanderung und Verpflanzung von Tieren und Gewächsen konstante Abarten hervorbringen (II, 434). Das universalistische Prinzip in Kants Ethik und Rechtstheorie wird vom Rassenbegriff nicht beeinträchtigt. Das gilt sowohl in dem genannten Sinne, dass alle Rassen einem gemeinsamen Stamm der Menschengattung angehören, als auch so, dass der Mensch das universelle Wesen auf der Erde darstelle. »Der Mensch war für alle Klimaten und für jede Beschaffenheit des Bodens bestimmt; folglich mussten in ihm mancherlei Keime und natürliche Anlagen bereitliegen, um gelegentlich entweder ausgewickelt oder zurückgehalten zu werden, damit er seinem Platze in der Welt angemessen würde« (II, 435). Die

Polemik Kants gegen oberflächliche Annahmen von Rassenbildungen und gegen Rassentheorien, die die Menschlichkeit in Graden abstufen, ist scharf: »Die Schranken der Vernunft sind dann einmal durchbrochen, und der Wahn drängt sich bei Tausenden durch dieselbe Lücke durch« (VIII, 97). Der allgemeine, von Rousseau beeinflusste Aspekt des Kantschen Naturbegriffs, der Gegensatz von »natürlich« und »künstlich«, tritt in der Rassentheorie wieder ein. Der »Zauberkraft der Einbildung oder der Künstelei der Menschen«, die Zeugungskraft selbst abzuändern, »das uranfängliche Modell der Natur umzuformen oder durch Zusätze zu verunstalten«, so dass man »gar nicht mehr wissen würde, von welchem Originale die Natur ausgegangen sei oder wie weit es mit der Abänderung desselben gehen könne«, wird entschieden abgewiesen. Genetische Eingriffe zur Verbesserung des Erbmaterials einer menschlichen Rasse liegen außerhalb von Kants Fragestellung. Der grundsätzliche und ausführlichste Text zum Thema der menschlichen Rassen von 1785 beschäftigt sich darum im ersten Teil mit dem Problem eines exakten, naturwissenschaftlichen Begriffs der Menschenrasse und wendet ihn gegen theoretische Willkür im Thema.

Die Aufsätze zur Rassentheorie geben den organischen Naturbegriff der *KU* (1790) zu erkennen. Teleologische Gesichtspunkte, die dann auch bei den naturgeschichtlichen Aspekten der Kantschen Geschichtstheorie eine Rolle spielen, werden zur Erklärung der zweckmäßigen Organisation der Rassen in bestimmten Klimaten herangezogen. Die in der popularphilosophischen Literatur der Zeit häufigen Gedanken von der »Weisheit der Natur« (VIII, 329), der »bewundernswerten Fürsorge der Natur« finden sich auch bei Kant (VIII, 102; II, 434), entspringen bei ihm aber nicht einer theologischen oder moralischen Naturteleologie. Der Gedanke zweckmäßiger Entfaltung angelegter Keime stellt die Fortsetzung des Prinzips der immanenten Einheit der Gesetze von Mechanik und Dynamik der anorganischen auf die organische Natur dar. Der organische Naturbegriff ist mit der dynamischen Theorie der Materie verbunden. Das wird auch an der Polemik Kants gegen eine Evolutionstheorie deutlich, die Prozesse biologischer Differenzierung aus äußeren Umwelteinflüssen erklären möchte. Kant vertritt die Theorie der Epigenesis, die Entwicklung als Auswicklung angelegter Keime auffasst. In ihr sieht Kant das Immanenzprinzip der Naturtheorie am besten vertreten. Die Natur wird als nicht nur quantitativ ausfaltend, sondern so gedacht, dass sie mögliche Entwicklun-gen aus potentiellen Anlagen selbst hervorbringe. Kant beruft sich auf J. F. Blumenbachs (1752–1804), des Begründers der systematischen Zoologie in Deutschland, Schrift *Über den Bildungstrieb und das Zeugungsgeschäft* (1781). Die Präformationstheorie (Swammerdam, Leeuwenhoek, Leibniz, v. Haller) nahm die Evolutionstheorie in dem Sinne, dass in den von jeder organischen Art von Gott geschaffenen ersten Wesen alle folgenden Exemplare und Eigenschaften in potentia bereits vorhanden seien. Die Epigenesistheorie (Maupertuis, Buffon, Wolff, Blumenbach) sagt, dass Gott den organischen Wesen die Fähigkeit verliehen habe, ihre Nachkommen nicht nur als schon angelegte zur Entwicklung zu bringen, sondern sie tatsächlich zu erzeugen. Der Zweckbegriff sei als eine über jeden empirischen Beleg hinausgehende Vernunftidee notwendig, da sonst die »unbegreifliche Beharrlichkeit der Gattungen und Arten bey so vielen auf sie einfließenden und ihre Entwicklung modificirenden Ursachen« nicht zu erklären sei (XXIII, 75).

Die Idee der einheitlichen Menschheit hindert K. nicht, mit seinem Zeitalter bestimmte konstante Unterschiede der Rassen zu notieren. »Der Neger kan disciplinirt und cultivirt, niemals aber ächt civilisirt werden. Er verfällt von selbst in die Wildheit.« (Refl. 1520). In der Pädagogik-Vorlesung steht von den »wilden Nationen«, daß sie sich nie an europäische Lebensart gewöhnen wegen einer »gewissen Rohigkeit, indem das Thier hier gewissermaßen die Menschheit noch nicht in sich entwickelt hat« (IX, 442, XV, 878). Die weiße Rasse sei die einzige, »welche immer in Vollkommenheit fortschreitet« (Refl. 1520). Solche Urteile richten sich auch gegen die verkehrte zivilisationskritische Ideologie des 18. Jhs. vom edlen Wilden. Sie beeinträchtigen nicht K.s entschiedene Verurteilung des Kolonialismus.

Literatur

Sutter, A.: K. und die »Wilden«. Zum impliziten Rassismus in der Kantischen Geschichtsphilosophie, in: PrPh 2/2 (1989), S. 241–265.

Physische Geographie

Kant begann bereits im zweiten Semester seiner Lehrtätigkeit, im Sommer 1756, über physische Geographie zu lesen und hat, bei wiederholten Umgestaltungen (besonders Wintersemester 1765/66) die Vorlesung wahrscheinlich 48 Mal gehalten, zuletzt im Sommersemester 1796. Sie gehörte, wie die Anthropologie, zu den beliebtesten Vorlesungen Kants und wurde nicht nur von Studierenden, sondern auch von interessierten Königsberger Bürgern besucht. Kant hat sich wiederholt über den systematischen Platz der physischen Geographie in seinem Wissenschafts- und Bildungsverständnis ausgesprochen. Physische Geographie ist Teil der Weltkenntnis, die zum Wissen der Schuldisziplinen hinzugehöre, um die erworbenen Wissenschaften für das Leben brauchbar werden zu lassen. Natur und Mensch sind die beiden Teile solcher Weltkenntnis. Darum bildeten physische Geographie und Anthropologie die beiden einander ergänzenden Vorlesungen Kants. Der eigentliche Akzent der Kantschen Weltkenntnis-Disziplinen physische Geographie und Anthropologie liegt aber im Gedanken, dass sie eine Mittelstellung einnehmen zwischen Schuldisziplinen und den praktischen Erfahrungen des beruflichen und gesellschaftlichen Lebens. Sie versetzen den aufgeklärten Menschen als Kenner der Geographie und der Anthropologie in den Stand, »alle künftige Erfahrungen darin nach Regeln ordnen zu können« (II, 443). Ohne theoretisch begründete Gliederung der Lebenserfahrungen keine bewusste Lebensführung. In seiner *Nachricht von der Einrichtung seiner Vorlesungen in dem Winterhalbjahre von 1765 bis 1766* stellt Kant nach Metaphysik, Logik und Ethik die physische Geographie in ein Reformprogramm des akademischen Unterrichts, der mit Urteilen und Begriffen durch anschauende Erfahrung (Verstand) anheben müsse.

In der Einleitung zu seiner Vorlesung gibt Kant anschauliche Beispiele des Bildungswerts der Geographie. Das Vorstellungsvermögen des Menschen spielt eine wesentliche Rolle in Kants Wissenschaftsbegriff und Aufklärungsverständnis. Ohne geographische und anthropologische Kenntnisse vermag man das elementare Medium literarischer Öffentlichkeit, die Zeitungsnachrichten, nicht zu benutzen. Die Engländer seien am aufgeklärtesten. Bei keiner Nation erstreckt sich »der Verstand so allgemein und bis auf die niedrigsten Volksklassen« wie bei der englischen (ebd.). Der Disziplin der Geographie fügt Kant eine physische, moralische und politische Geographie ein; in der Einleitung zur Vorlesung hat er zudem noch eine merkantilische und eine theologische Geographie unterschieden. Der von F. T. Rink 1802 im Auftrag Kants edierte Text bringt in seinen Hauptteilen eine Erdbeschreibung, einen Überblick über Zoologie und eine Mineralogie. Die für Bd. XXVI der AA vorgesehene Edition der Geographie-Vorlesung steht noch aus.

Der physischen Geographie liegt der Gedanke natürlicher Grundlagen für Wirtschaftsweisen, Staatsbildungen und sogar für Religionen der Völker auf verschiedenen Kontinenten zugrunde. Zum Wissen um lokale Verschiedenheiten von Wirtschaftsformen, Sitten, politischen Systemen und Religionen tritt der Gedanke einer Verursachung von kulturellen Verschiedenheiten durch Naturbedingungen des Lebens. Kants Geographie-Vorlesung steht in der Tradition der naturalistischen Milieu- und Klimatheorien der Kulturgeschichte (Bacon, Montesquieu).

Die Thematik der Fächer systematischer Weltkenntnis, die zu den Schuldisziplinen hinzutreten, ist mit der Theorie der Urteilskraft verbunden. Sie ist das »Vermögen unter Regeln zu subsumieren«. Es ist im Unterschied zum gelernten Wissen »ein besonderes Talent, welches gar nicht gelehrt, sondern nur geübt sein will«. »Der Mangel an Urteilskraft ist eigentlich das, was man Dummheit nennt und einem solchen Gebrechen ist gar nicht abzuhelfen« (III, 131 f.). Ganz in diesem Sinne heißt es in der Vorlesung zur physischen Geographie: »Von den Sinnen fangen sich unsere Erkenntnisse an. Sie geben uns die Materie, der die Vernunft nur eine schickliche Form erteilt. Der Grund aller Kenntnisse liegt also in den Sinnen und in der Erfahrung, welche letztere entweder unsere eigene oder eine fremde ist« (IX, 159). Der zentrale pädagogische Gedanke in Kants Wissenschafts- und Bildungsverständnis ist das Prinzip des Selbstdenkens, das sich auf der Basis anschauungsgestützten Wissens vollziehe.

In der Einleitung gewinnt die weitgefasste Disziplin der Geographie den Charakter einer enzyklopädischen Beschreibung der Erde und der auf den verschiedenen Kontinenten entstandenen Zivilisationen. Geographie rückt dann neben Geschichte, beide »füllen den gesamten Umfang unserer Erkenntnisse aus; die Geographie nämlich den des Raumes, die Geschichte aber den der Zeit« (IX, 163). Die Vorlesung enthält den geographischen und biologischen Unterrichtsstoff der heutigen allgemeinbildenden Schule. Unter dem Abschnitt »Mathematische Vorbegriffe« wird die Kugelgestalt der Erde aus ihrer Entstehung mit dem Sonnensystem erklärt, ebenso die erforderliche Gradeinteilung der Erdoberfläche. Darauf folgen Abschnitte über die Meere und über die Landbildungen, über Atmosphäre und Luftbewegungen.

Kant behandelt alles das nicht im eigentlichen Sinne geographisch beschreibend, sondern analytisch erklärend. Es beginnt mit der Chemie des Wassers, geht nach Erwähnung einiger Meerengen zu den Übergängen des Wassers zum Land, zur Messung der Meerestiefen, dem Salzgehalt des Meerwassers usf. Ebenso wird im Abschnitt »Vom Lande« das Entstehen der Gebirge, der Vulkanismus, das Verhältnis von Luftdruck und Höhe über dem Meeresspiegel und dessen Messung, die Bildung der Flussläufe und vieles andere behandelt. Von der wirtschaftlichen Nutzung der Geographie von Wasser und Land behandelt der Königsberger Bürger allein die Schifffahrt. Die botanischen und zoologischen Beschreibungen, ebenso die Schilderungen verschiedener Länder und deren Bevölkerungen sind der Literatur der Zeit und vornehmlich Reisebeschreibungen entnommen, so sehr sich Kant an anderer Stelle gegen den »bloß empirischen Reisenden und seine Erzählung« aussprach (VIII, 161). Kant benutzte als Quellen A. F. Büschings (1724–1793), des Direktors des Berliner Gymnasiums zum Grauen Kloster (seit 1766), *Neue Erdbeschreibung* (11 Teile, 1754–1792) und G. Forsters (1754–1794) *Reise um die Welt* (1778–1788), daneben auch weniger zuverlässige Berichte. Er übernahm auch Seltsamkeiten, wie etwa die Geschichte vom Fisch Beluga in der Wolga, der beim jährlichen Hochwasser große Steine als Ballast verschlucke, um sich auf dem Grunde halten zu können, auch Mitteilungen wie: »auf wüsten Inseln bellen die Hunde gar nicht«, ein Satz von literarischem Reiz, um den ein Novellist den Professor beneiden möchte (IX, 165).

Quellen Kants

Varenius, B.: Geographica Generalis, in qua affectiones generales Telluris explicatur, Amsteladami 1650. – Buffon, G. L. L.: Histoire naturelle, 44 Bde., Paris 1749–1804. – Lulofs, J.: Inleiding tot eene Natuur. En Wiskundige Beschouwing von den Aardkloot, Leyden 1750. – Bergmann, T.: Physikalische Beschreibung der Erdkugel, 2 Bde., Greifswald 1769. – Büsching, A. F.: Neue Erdbeschreibung, Hamburg 1754–1782. – Ders.: Wöchentliche Nachrichten von neuen Landkarten, geographischen, statistischen und historischen Büchern und Sachen, Berlin 1773–1787. – Gatterer, J. C.: Abriß der Geographie, Göttingen 1775–1778. – Forster, G.: A Voyage Round the World, 1777, dt.: J. R. Forsters Reise um die Welt, 1778–1788. – Forster, J. R.: Bemerkungen über die Gegenstände der physischen Erdbeschreibung, Naturgeschichte und sittlichen Philosophie (engl. 1778), 3 Bde., Berlin [2]1783.

Literatur

Schöne, G. H.: Die Stellung Kants innerhalb der geographischen Wissenschaft, in: AM 35 (1896), S. 217 ff. – Adickes, E.: Untersuchungen zu Kants physischer Geographie, Tübingen 1911. – Ders.: Kants Ansichten über Geschichte und Bau der Erde, Tübingen 1911. – Ders.: Ein neu aufgefundenes Kolleghelft nach Kants Vorlesung über Physische Geographie, Tübingen 1913. – Schöndörffer, O.: Bemerkungen zu Kants physischer Geographie auf Grund von E. Adickes' Untersuchungen, in: AM 54 (1917), S. 327–339. – Schmithüsen, J.: Geschichte der geographischen Wissenschaft, Mannheim 1970, S. 149–158. – Beck, H.: Geographie. Europäische Entwicklung in Texten und Erläuterungen, Freiburg u. München 1973, S. 159–161. – Hoheisel, K.: I. Kant und die Konzeption der Geographie, in: Büttner, M. (Hg.), Wandlungen im geographischen Denken, Paderborn u. a. 1979, S. 263–276. – Büttner, M.: Protestantische Theologie und Klimatologie im 18. Jh., in: Ders. (Hg.), Zur Entwicklung der Geographie vom Mittelalter bis zu C. Ritter, Paderborn u. a. 1982, S. 183–215.

III Die metaphysikkritischen Schriften der 60er Jahre

Die Themen und Probleme dieser Schriften

Nach den naturphilosophischen und metaphysischen Arbeiten der 50er Jahre füllt die zweite, zunehmend metaphysikkritische Gruppe von Schriften die 60er Jahre aus. Sie schließt mit der Inauguraldissertation *Über Form und Prinzipien der sensiblen und der intelligiblen Welt* (1770), die Kant beim Antritt seiner Metaphysik-Professur verteidigte. Die Schriftengruppe beschreibt eine höchst widersprüchliche Problemsituation der Philosophie, trägt aber keine Lösungen vor. Doch Kant behandelt Elemente der Lösung, die er dann in seiner Umbildung der Metaphysik zusammenführt. Der Leitgedanke der ersten, vorwiegend naturphilosophischen Schriftengruppe Kants lautete Vermittlung; derjenige der zweiten Arbeitsperiode und Werkgruppe heißt Trennung. Die Vermittlung zwischen den großen, einander entgegenstehenden Konzepten der Leibnizschen ontologischen Metaphysik und Newtons experimentell-induktionistischer Wissenschaftstheorie erwies sich als weit schwieriger als Kant mit den Arbeiten der 50er Jahre angenommen hatte. In der neuen Schriftengruppe treten die vorbereitenden Fragen ein zur metaphysikkritischen Auflösung der Einheit von Logik, Ontologie und deduktiver Herleitung rationaler Fundamentaldisziplinen (Kosmologie, Psychologie, Theologie) und zur Trennung zwischen dem metaphysischen ontologischen Prinzip des zureichenden Grundes und der Kausalität realer Objekte. Kant sucht das Verhältnis des logischen Apriorismus der Metaphysik zum naturwissenschaftlichen Phänomenalismus neu zu bestimmen.

Um den Gegensatz der aufeinandertreffenden Methoden kurz zu resümieren: Die mathematisch formalisierenden und die empirisch beschreibenden Naturwissenschaften verfahren nach induktiver Methode. Die Begründungstruktur der Metaphysik-Systeme verläuft deduktiv. Aus der formalen Setzung des Seienden als des logisch widerspruchsfrei Möglichen ergibt sich die unbefriedigende Konsequenz des real Existierenden als des logisch Zufälligen. Aus vorausgesetzten Definitionen konstruierte intelligible Sachverhalte wie die Welt als solches und im Ganzen, Seele, Gott (die metaphysica specialis) gewinnen ein höheres Sein aus logischer Evidenz. Der Empirismus

verfuhr bei der Grundlegung zentraler Begriffe wie Bewusstsein, moralische Motivation, Bildung kultureller Strukturen durch interessehafte und rationale Verständigungsleistungen, natürliche Religion genetisch und induktiv. Seine Schwierigkeiten begannen da, wo die gewonnenen Resultate theoretische Konsistenz vorweisen und Verbindlichkeit sichern sollten, die den Kriterien der mit gleicher Methodik in den Naturwissenschaften gewonnenen Sätze vergleichbar wären. Hier schlug die genetische Methode der sensualistischen Theorien um und überlieferte die gewonnenen allgemeinen Begriffe nicht nur der Konvention, sondern wahlweise ordnungstheoretischen (Hobbes), assoziativen (Hume) und sogar transzendenten (Berkeley) pragmatischen Begründungssurrogaten. Kant vergegenwärtigt sich in den Schriften seiner zweiten Arbeitsperiode Schritt für Schritt die Kluft zwischen der Methodik der Naturwissenschaften auf der einen Seite und theoretischen Inkonsequenzen sensualistischer und rationalistischer Philosophien andererseits. Später formuliert er das als die aussichtslosen Perspektiven skeptischer oder dogmatischer Theoriebegriffe. Doch er hält an dem illusorischen Projekt einer Vereinigung von ontologischer Metaphysik und induktiv-phänomenalistischer Wissenschaftstheorie fest. Sein Denkweg steuert ihn zunächst auf eine detailliertere Trennung von intelligibler realitas formalis der Metaphysik und sinnlich-gegenständlicher Realität der Induktion zu. Die Inauguraldissertation von 1770 schließt diesen Prozess ab. In mehreren Schriften prüft Kant Themen und Disziplinen der Metaphysik – so des Prinzips vom zureichenden Grund und der rationalen Theologie – von den methodischen Positionen der Naturwissenschaften her. Er betont z. B. das Erfordernis »ausführlicher physischer Erläuterungen« in der Konstruktion der metaphysischen Rationaltheologie, »da meine Absicht in diesen Fällen vornehmlich auf die Methode, vermittelst der Naturwissenschaft zur Erkenntnis Gottes hinaufzusteigen, gerichtet ist« (II, 68). Übersieht man den geistigen Weg Kants und das schließliche Resultat der *KrV* im Ganzen, so zeigt sich, dass Kant sich zunehmend vom Erfordernis einer völlig neuen synthetischen Denkweise angesichts der sich differenzierenden kulturellen Lebensfelder und theoretischen Geltungsformen überzeugte. Naturwissenschaften, Moraltheorie, historisches Wissen, religiöser Glauben und dessen Begründungen, ästhetisches Spiel und im Spiel der Künste Ausmessen der Möglichkeiten des Menschen – all das war nicht durch die bisherigen weltanschaulichen Syntheseformen einzufassen. Kants zunehmende Kritik der Metaphysik ist eine Kritik der Unifizierung der Kultur durch Philosophie. Er sieht in der falschen Einheitsform, in der Metaphysik vorgetragen wurde, ein täuschendes, die moderne Zivilisation glorifizierendes, deren Widersprüche aber eliminierendes, akademisch elitäres Bewusstsein.

Die lange Geschichte des Skeptizismus bei den sensualistischen Theoretikern (Montaigne, Charron, Bayle, Hume) ist Ausdruck der Einsicht in die Unzulänglichkeit materialer Einheitspostulate für die Orientierung in der Kultur. Der geistigen Freiheit der Individuen und der wirtschaftlichen, politischen, religiösen Verbände kann nur ein formales methodisches Regulativ von Verständigungskriterien genügen. Der Skeptizismus erkennt das de facto an, indem er alle Regulative für relativ erklärt. Die heitere und hinter der Heiterkeit bittere Verzweiflung Montaignes an allen festen Gesetzen, an ewigen Ideen und Werten, das Misstrauen gegen die scholastische und gegen die mathematischen Wissenschaften, der Widerwille gegen die metaphysisch-ontologischen Wahrheiten waren Kant natürlich bekannt, als er Humes *Essay* kennen lernte, den Sulzer 1755 ins Deutsche übersetzt hatte. Kant sah, dass der Skeptizismus das gleiche Problem bezeichnete – und verspielte –, das ihn beschäftigte: einen neuen Formalismus weiter voneinander getrennter logischer Formen kultureller Geltung. Seine Konzentration auf die Metaphysik ergab sich zunächst aus der intellektuellen akademischen Situation in den deutschen Staaten. Seit der Mitte des 18. Jhs. erschienen zwar die wichtigsten Werke des Sensualismus in deutschen Übersetzungen (so Locke, *Essay*, 1690, [4]1700, dt. 1757 u. ö.; Helvétius, *De l'esprit*, 1758, dt. mit Vorrede von Gottsched), und es entstand eine mehr oder weniger eigenständige nichtmetaphysische Philosophie, die vor allem die Möglichkeiten des Empirismus bei der Analyse psychologischer, moralphilosophischer und ästhetischer Themen wahrzunehmen versuchte (Tetens, Crusius, Rüdiger, Sulzer, Garve, Engel u. a.). Die auf den Universitäten verbindliche Lehrform der Philosophie und die bestimmenden Lehrbücher, die Philosophie auch als eine systematische Wissenschaft darstellten, wurden aber noch immer von der Metaphysik gestellt. Kants Konzentration auf die Metaphysik in seiner frühen kritischen Revision der Philosophie ergab sich daraus. Außerdem war ihm bewusst, dass die Metaphysik in

ihren Varianten doch immer die bestimmende philosophische Denkform durch mehrere Perioden der Kultur hindurch gewesen war. Sie verfügte dadurch über einen hohen Stand synthetisierender Verarbeitung kultureller Erfahrungen, war aber in geschlossenen und statischen Kulturen entstanden. Ihr enzyklopädischer Systemcharakter bewährte sich darin, kulturelle Geschlossenheit und Statik in einem Aufbau von Wissensstufen zu reproduzieren und als reflexive Einheitsformen von Kulturen zu normieren. Kant sah die außerordentlichen Systematisierungsmöglichkeiten der Metaphysik und erfasste zugleich die ontologischen Schranken der Begründungsstruktur solch methodischer Vereinheitlichung der Kultur. Ohne stabilen differenzierenden Formalismus der Geltungsweisen von Behauptungen und Aufforderungen bringt alle notwendige Freiheit des Denkens »einen ekelhaften Mischmasch von zusammengestoppelten Beobachtungen und halbvernünftelnden Principien zum Vorschein«, wie Kant in der *Grundlegung* (1785) sagte (IV, 409). Allerdings teilte Kant auch nicht die Erwartungen, ein offener Theoriebegriff in Form einiger Regeln fachwissenschaftlicher Präzision könnte den Ersatz für die verabschiedete Metaphysik stellen.

Auch in der neuzeitlichen Metaphysik hatte sich die ontologische Teilung von zwei Seinsarten erhalten: Veränderliche, darum unvollkommene Dinge, von denen es nur relative logische Aussagen geben kann, und gleich bleibende Wesenheiten, die intuitiv in klaren und deutlichen Urteilen zu fassen sind. Die fortwirkende Leistung der Metaphysik hatte darin bestanden, dass sie das beharrende, selbständige Wesen, das Aristoteles mit dem Ausdruck des »Seienden, insofern es seiend und nicht veränderlich sei«, bezeichnet hatte (Aristoteles, *Metaphysik*, K, 7, 1064 a, 28–36), mit der Logik verband. Die Ontologie stellte eine ontologisierte Logik dar, eine Logik, die in der produktiven Täuschung befangen war, eine Wissenschaft vom Sein darzustellen. Die Ontologie als Grunddisziplin der Metaphysik sprach damit unbewusst die allgemeine Seinswissenschaft als logische Methode aus. Kant hat die Täuschung aufgelöst und als »erste Philosophie« seine Transzendentalphilosophie als Traktat von der Methode bestimmt, wie Urteile gelten können, die den Kriterien der Objektivität und Allgemeingültigkeit genügen, ohne ontische Realstrukturen als erkennbar vorauszusetzen. Von den Grundsätzen des reinen Verstandes sagt darum die *KrV*, es »sind bloß Prinzipien der Exposition der Erscheinungen, und der stolze Name einer Ontologie, welche sich anmaßt, von den Dingen überhaupt synthetische Erkenntnis a priori in einer systematischen Doktrin zu geben [...], muß dem bescheidenen einer bloßen Analytik des reinen Verstandes Platz machen« (III, 207). Mit der Erweiterung der Wissenschaftslogik durch die Verbindung der Mathematik mit einem Teil der Naturwissenschaften und durch die Erweiterung der methodischen Leistungen der Mathematik durch Algebra, analytische Geometrie und Infinitesimalrechnung wurde die Beziehung von Logik und einzelnen Gegenständen bereits überschritten, die der antiken Metaphysik zugrunde gelegen hatte. Die ontologische Teilung in die beiden Seinsarten einer veränderlichen niederen und einer gleich bleibenden höheren Wirklichkeit wurde von der Verbindung zwischen Mathematik und Naturwissenschaften de facto zerstört. Mit der metaphysischen Hierarchie von Seinsstufen standen das ganze Weltverständnis einer abschließenden Kosmologie und selbstverständlich auch die traditionelle Form der Diesseits-Jenseits-Trennung in Frage. Die Mechanik, ursprünglich die Wissenschaft der Bewegung von Maschinen, führte in den technischen Anwendungen zu einer interessanten, Descartes faszinierenden, völlig neuen Form von Wirklichkeit, gleichsam einer mathematisch präzisen Empirie. Die technische Modellierung von Natur war ohnehin mit dem begriffslogischen Ontologismus des alltagspraktischen Bewusstseins unvereinbar. In der tieferen Linie der neuzeitlichen Philosophie wurde die prima philosophia von Descartes und Leibniz zur methodischen Funktion umgebildet, nicht mehr die Abhängigkeit allen Wissens vom unbewegten Seienden, sondern den Zusammenhang aller Wissenschaften zu konstituieren. Statt der *ratio objecti* ging es um eine neue *ratio cognoscendi*. Darin bestand die inhaltliche Anschlussmöglichkeit an die Metaphysik für Kant (über die akademische Situation hinaus). Leibniz' Monadenbegriff, der der erscheinenden dinghaften Wirklichkeit die Struktur intelligibler Punkte zugrunde legte, entsprach dem Fortschritt von der antiken Begriffslogik als bestimmender wissenschaftlicher Methode zur neuen Verbindung zwischen Mathematik und den für die Methodologie ausschlaggebenden Wissenschaften wie Mechanik, Dynamik, Optik, Astronomie. Es entstand, vereinfacht gesagt, eine mathematische Ontologie. Innerhalb ihrer und neben ihr setzte sich die begriffslogische Ontologie fort, da nicht alle Gegenstände mathematischer Formalisierung zugänglich waren. Die neuzeitliche Metaphysik trug die Tendenz zu einer rein methodischen Disziplin in sich, eine Tendenz, die Kant durch die Verbindung der metaphysischen cognitio perfecta (in den synthetischen Urteilen a

priori) mit dem Phänomenalismus freisetzte. Die Methodenschriften, die all die großen Metaphysiker des 17. Jhs. wie Descartes, Spinoza, Leibniz, Geulincx verfassten, geben die subjektorientierte methodologische Wendung der Metaphysik zu erkennen. Doch ließ man den Überbau aus Ontologie und Metapysik-System rational konstruierter Disziplinen nicht fallen, weil die differenzierenden Analysen alltagspraktischer, systematisch-theoretischer, moralischer, ästhetischer, religiöser Objektivationen und der Geltungsweisen von Urteilen über sie noch nicht zur Verfügung standen. Kant war während der 60er Jahre noch weit entfernt, die breit ausfächernden Scheidungen vorauszusehen, die dann seine Transzendentalphilosophie vornahm.

Die empiristische Linie der neuzeitlichen Philosophie versuchte einen von alltagspraktischen und empirisch-induktiven Voraussetzungen ausgehenden genetischen Aufbau der Rationalitätsformen. Die in der subjektorientierten Metaphysik der Neuzeit angelegte methodologische Wende war hier bereits auf die Analytik des Bewusstseins übergegangen. Doch der Empirismus besaß unter den Voraussetzungen des naturalistischen Subjektbegriffs nur sehr beschränkte Systematisierungmöglichkeiten. Die Genesis der Allgemeinbegriffe und damit der Konstanz des Individuums in verbindlichen moralischen und religiösen Normen durch den inneren Sinn schied die Gefahr des Relativismus nur durch Einführung konventioneller und autoritativer Setzungen aus. Hobbes hatte diese Konsequenz seines frühneuzeitlichen semiotischen Nominalismus noch unverdeckt dargestellt. Bei Locke und bei schwächeren Theoretikern trat die methodische Unfertigkeit im Widerspruch zwischen der genetischen Phänomenologie von elementaren sinnlichen Leistungen her aufwärts zu komplexen Objektivierungen und affirmativer Anerkennung faktischer kultureller Gegebenheiten anstößig hervor, so etwa in A. Fergusons (1724–1816) *Institutes of moral philosophy* (1769, dt. 1772 von Garve).

Als Kant im Laufe der 70er Jahre die Umrisse seiner differenzierenden Theorie der alltagspraktischen, fachwissenschaftlich rationalen, ästhetischen, moralischen Objektivationen zu erkennen begann, türmten sich die Schwierigkeiten einer theoretisch geschlossenen Behandlung aller zentralen Probleme auf, die von der bisherigen Philosophie in unzureichender theoretischer Fassung überliefert worden waren. Dazu gehörten insbesondere die Gegenläufigkeit der theoretischen Setzung von Sachverhalten und der praktischen Akte moralischer Selbstbestim-

mung des Subjekts. Die Problemlage der neuen Naturwissenschaften erforderte eine Lösung der Antinomie zwischen mechanischer Naturdetermination
und der Teleologie von Praxisdetermination. Der
von Kant während der 60er und 70er Jahre immer
wieder genannte Plan der Sitten-Metaphysik gibt das
zu erkennen. Er sah die Schwächen der unifizierenden theoretischen Versuche in den vorliegenden Philosophien und ging an die Auflösung der falsche Einheit vortäuschenden Denkformen. Er markierte den
Widerspruch zwischen traditioneller Syllogistik und
naturwissenschaftlicher Beweismethode. Er löste die
Einheit von Logik und Ontologie auf und traf damit
die simplifizierende Ebene der Metaphysik, praktische Postulate des Subjekts an die Existenz intelligibler Substanzen zu binden. Er trennte die mathematische Methode von der Methode der Philosophie und
traf damit die tiefere Ebene der mathematischen Ontologie in der neuzeitlichen Metaphysik. Schließlich
formte er das Verhältnis von bewegtem Seienden
und den unbewegten Transzendentalien, an dem die
transzendente Verankerung von moralischer und religiöser Handlungsmotivation hing, zu einem Reich
der Zwecke reiner praktischer Vernunft um. Mit diesen Leitthemen der frühen philosophischen Schriften Kants aus den 60er Jahren sind die Fragestellungen der einzelnen Aufsätze bezeichnet.

Literatur

Boehm, P.: Die vorkritischen Schriften Kants. Ein Bei-
trag zur Entwicklungsgeschichte der Kantischen Philo-
sophie, Straßburg 1906. – Heimsoeth, H.: Metaphysik
und Kritik bei Crusius. Ein Beitrag zur ontologischen
Vorgeschichte der *KrV* im 18. Jh., Berlin 1926. – Tonelli,
G.: La nécessité des lois de la nature au 18. siècle et chez
Kant en 1762, in: RHS 12 (1959), S. 225–241. – Ders.:
Elementi metodologici e metafisici in Kant 1745–1768,
Turin 1959 [bes. zu Leibniz' Wirkung auf Kant]. –
Schmucker, J.: Die Ursprünge der Ethik Kants in seinen
vorkritischen Schriften und Reflexionen, Meisenheim a.
Glan 1961 [Kants Ethik unabhängig von der theoretischen Wende der 70er Jahre bereits in den Grundzügen
in den 60er Jahren geprägt, Einfluss Rousseaus, Ausgang
von der Moralphilosophie Wolffs, in Kants Preisschrift
Über die Deutlichkeit der Grundsätze Crusius' Begriff der
Vollkommenheit gegen Wolffs Vollkomenheitsbegriff
und Eudämonismus gerichtet; vgl. kritisch dazu D. Henrich, Über Kants Entwicklungsgeschichte, in: PhR 13
(1965), S. 252–263]. – Glockner, H.: Kant und die Metaphysik 1763–1772, in: Arnold, W./Zeltner, H. (Hg.), Tradition und Kritik, Stuttgart 1967, S. 107–122. – Engfer,
H.-J.: Zur Bedeutung Wolffs für die Methodendiskussion
der deutschen Aufklärungsphilosophie, in: Schneiders,
W. (Hg.), C. Wolff 1679–1754. Interpretationen zu seiner
Philosophie und deren Wirkung, Hamburg 1983, S. 48–

65. – Laywine, A.: Kant's early Metaphysics and the Ori-
gins of the Critical Philosophy, Atascadero 1993. – Kan-
zias, C.: Kant und Crusius 1763, in: KS 83 (1993), S.
399–407. – Schwaiger, C.: Kategorische und andere Imperative. Zur Entwicklung von Kants praktischer Philosophie bis 1785, Stuttgart-Bad Cannstatt 1999. – Wohlers, Chr.: Kants Theorie der Einheit der Welt, 2000 [ins-
truktiv die Widersprüche der »vorkritischen« Periode,
die Kants »Kritik« lösen sollte].

Neuer Lehrbegriff der Bewegung und Ruhe und der damit verknüpften Folgerungen in den ersten Gründen der Naturwissenschaft (1758)

Die kleine Schrift zur Vorlesungsankündigung für
das Sommersemester 1758 bietet die beste Einführung in Kants Naturbegriff und zeigt zugleich, dass
die späte Metaphysik der Natur der *Metaphysischen
Anfangsgründe der Naturwissenschaft* (1786) und des
Opus postumum (1797/1803) die früh ausgebildeten
Grundgedanken festhält. Die naturphilosophische
Arbeitsperiode gibt die Abgrenzung von der akademischen Metaphysik zu erkennen. Er wolle Bewegung und Ruhe in Verbindung mit der Trägheitskraft
untersuchen, »ob ich gleich weiß, daß diejenige Herren, die gewohnt sind, alle Gedanken als Spreu wegzuwerfen, die nicht auf die Zwangmühle des Wolffischen oder eines andern berühmten Lehrgebäudes
aufgeschüttet worden, bei dem ersten Anblick die
Mühe der Prüfung für unnöthig und die ganze Betrachtung für unrichtig erklären werden« (II, 15).
Für das Sommersemester kündigt er Metaphysik
nach Meier und Baumeister an; er werde an zwei Tagen »die in den vorigen Tagen abgehandelte Sätze polemisch betrachten, welches meiner Meinung nach
eins der vorzüglichsten Mittel ist zu gründlichen
Einsichten zu gelangen« (II, 25). Ohne die Fragestellungen der naturphilosophischen Schriften wäre die
Bewegung zur *KrV* überhaupt nicht in Gang gesetzt
worden.

Selbsttätige permanente Bewegung ist die Grund-
bestimmung des Kantschen Naturbegriffs. In der Abhandlung wird Newtons Gravitationsgesetzt gegen
Leibniz' lex conitinui gerichtet. Bei einem Zusammenstoß zweier Körper übertrage nicht der eine seine
Bewegungsenergie auf den zweiten von einem Null-
punkt aus bis zum Ausgleich, sondern die Trägheitskraft stelle eine immanente Bewegungsenergie dar.
Ein Körper, in dessen Bezug sich ein anderer bewege,
sei auch selbst in Relation zum ersten in Bewegung.
Es gibt keine absolute Ruhe wegen der Relativität aller

Bewegungen aufeinander (II, 19). Der Newtonsche Relativismus stellt keine vorweggenommene Relativitätstheorie dar. Überhaupt »ist die Ruhe als eine unendlich kleine Bewegung anzusehen« (II, 21). Kants Argument gegen Leibniz' metaphysisches Kontinuitätsprinzip ist, dass nur das Newtonsche Gravitationsgesetz mathematische Präzision der Gesetze der Mechanik gestatte. Außerdem widerspreche Leibniz' Gesetz mit der Voraussetzung einer von Null einsetzenden Bewegungsübertragung und mit dem Gedanken einer inneren Bewegungskraft der Körper (vis insita, die Kant in seinen ersten Schriften noch angenommen hatte) der empirisch getreuen Forschung. Die Ursache der Gravitation, sagt Kant mit Newton, kennen wir nicht, wir berechnen ihre Erscheinungsweisen und erdichten keine »Hypothesen«.

Die falsche Spitzfindigkeit der vier syllogistischen Figuren (1762)

Die kleine Studie, wahrscheinlich die Ankündigung des Logik-Kollegs 1762/63, kritisiert am Beispiel der vier Figuren des kategorischen deduktiven Schlusses die Überholtheit der aristotelischen Schullogik gegenüber der aus den Naturwissenschaften kommenden Forderung, »daß die Logik zu ihrem eigentümlichen Zwecke hat, alles auf die einfachste Erkenntnisart zu bringen« (II, 56). Nur die erste Figur des Syllogismus ordne die zweite Prämisse als ein besonderes Urteil der ersten, allgemeinen Prämisse unter und folgere apodiktisch die *conclusio*. Wenn $m = p$, Lufterschütterungen rufen Schallempfindungen hervor, und $s = m$, Schwingungen eines elastischen Stabes erregen Lufterschütterungen, so $s = p$, die Stabschwingungen rufen Schallempfindungen hervor. Diese Schlussfigur wurde in der Geschichte der Logik immer als die vollkommene angesehen, auf die sich die anderen drei Figuren zurückführen lassen. Für Kant stellen die weiteren drei Figuren eine falsche Spitzfindigkeit dar. Es handele sich nicht mehr um eine klare Deduktion, sondern um »vermischte Schlüsse«, da Zwischenprämissen eingeschoben würden. Kants Beispiel: Alle Menschen sind Sünder – alle Menschen sind vernünftig – mithin einige vernünftige Wesen sind Menschen – also einige Vernünftige sind Sünder. Eingeschoben werde der Zwischensatz von den vernünftigen Wesen, unter denen auch Menschen seien. Ein anderes Beispiel Kants für Vernunftschlüsse, die nur mit Hilfe eingeschobener unmittelbarer Schlüsse funktionieren: Kein Dummer ist gelehrt; folglich kein Gelehrter ist dumm. Einige Gelehrte sind fromm;

folglich einige Fromme sind gelehrt; also einige Fromme sind nicht dumm (II, 53 f.; die Thematik der Schlussfiguren und historische Zusammenhänge, wie sie Kant vorlagen, in O. Külpes *Vorlesungen über Logik*, Leipzig 1923, S. 304 ff.).

Für die Wissenschaft der Logik bilden Kants Bemerkungen über den Vorrang der Theorie der Urteile vor der Logik des Begriffs und die Aufnahme der sensualistischen Theorie des »inneren Sinns«, eines nicht ableitbaren Grundvermögens, »seine eigene Vorstellungen zum Objekte seiner Gedanken zu machen«, größeres Interesse als die Abwertung der drei Figuren des apodiktischen Syllogismus. Der eigentlich interessante Gehalt des kurzen Textes ist Kants Urteil über die kulturelle Funktion einer von wirklicher Forschung isolierten Logik. Es ist »der ehrwürdige Rost des Altertums«, ein Koloss, »der sein Haupt in die Wolken des Altertums verbirgt, und dessen Füße von Ton sind« (II, 56 f.); das Bild entnahm Kant Nebukadnezars Traum im Buch Daniel (2, 31–34). Kants kleine Schrift besitzt Bezug zur neuzeitlichen humanistisch-philologischen Logikkritik und natürlich zum Skeptizismus des aufklärerischen Sensualismus. Auch der Gestus, »unnützen Plunder« wegwerfen zu müssen, da sich jetzt die wissenswürdigen Dinge häuften, fügt Kants Kritik der Schulphilosophie seiner Zeit in diese Tradition ein. Kant verlangt von der Philosophie eine Wendung zu naturwissenschaftlichen Methoden und eine Verbindung mit einem, wie er es anerkennend von Reimarus sagte, »ungekünstelten Gebrauche einer gesunden und schönen Vernunft« (II, 161). In einer Vorlesungsankündigung vom Jahre 1765 spricht er sich direkter über den Zusammenhang aus, in dem die Schrift über *Die falsche Spitzfindigkeit* zu verstehen ist. Der akademische Formalismus schaffe nur »erborgte Wissenschaft«, es bleibe die »Gemütsfähigkeit noch so unfruchtbar wie jemals, aber zugleich durch den Wahn von Weisheit viel verderbter« (II, 306).

Der einzig mögliche Beweisgrund zu einer Demonstration des Daseins Gottes (1763)

Die Schrift behandelt die rationale Theologie, eine der Disziplinen der speziellen Metaphysik, und soll den ontologischen und den kosmologischen Gottesbeweis widerlegen. Sie beginnt mit einer Kritik der Ontologie und deren Definition des Seins als des logisch widerspruchsfrei Möglichen. Kants Kritik der

Rationaltheologie nähert sich einer Auflösung des Verhältnisses von Begriffslogik und Ontologie. Die ontologische Konstruktion verbleibe immer im Bereich des logisch Möglichen und könne von da keinen Übergang zum materialen Dasein konstruieren. Kant findet den entscheidenden Punkt im doppelten Gebrauch des Terminus »Sein« oder in der *copula* des Urteils »ist«: »Gott *ist* allmächtig [Hv. v. Vf.], so wird nur diese logische Beziehung zwischen Gott und der Allmacht gedacht [...] weiter wird hier nichts gesetzt.« »Die [logischen; d. Vf.] Beziehungen aller Prädikate zu ihren Subjekten bezeichnen niemals etwas Existierendes, das Subjekt müsse denn schon als existierend vorausgesetzt werden« (II, 74). Es muss also unterschieden werden zwischen der Bedeutung von »ist« als Bezeichnung eines existierenden Dinges oder als »Verbindungsbegriff in einem Urteile« (II, 73). Die Unterscheidung ist im 20. Jh. vom logischen Empirismus (Hahn, Carnap u. a.) wieder aufgenommen worden, nun aber nicht nur als Kritik der spekulativen Metaphysik, sondern als Versuch, alle nichtpositivistischen Philosophien mit solchem elementaren Argument auszuhebeln. Im Sinne einer Existenzialaussage kann »Sein« niemals nur logisches Prädikat sein. Damit fällt der ontologische Gottesbeweis in der Form, dass vom Möglichen als einem Grund auf das Dasein Gottes als einer Folge geschlossen werden könne, aus. Kant wiederholt die Argumentation der frühen Schrift in der *KrV*. Seine Kritik des Ontologismus, also der logischen Konstruktion der Wirklichkeit durch Schlussfolgerungen, die auf widerspruchsfreien Nominaldefinitionen aufbauen, ist in dieser Schrift von der WolffKritik A. Rüdigers und C. A. Crusius', vielleicht auch Hume beeinflusst. Den entscheidenden Punkt seines Gedankenganges eines, wie er sagt, »verbesserten« ontologischen Gottesbeweises erreicht Kant mit der Wendung von dem wiederholt vorgetragenen Argument, Dasein sei nicht in der logischen Möglichkeit enthalten, zur These: Die Idee möglichen Seins überhaupt setzt ein Dasein bereits voraus. Die Denkmöglichkeit eines Ausgedehnten, Undurchdringlichen, Einheitlichen, Gütigen usf. setze Existierendes überhaupt voraus. Kant nennt es »den ersten Realgrund dieser absoluten Möglichkeit [...], so wie der Satz des Widerspruchs der erste logische Grund derselben ist« (II, 79). Der neue ontologische Gottesbeweis meint, um etwas widerspruchsfrei Mögliches zu denken, muss etwas Daseiendes überhaupt zugleich existieren. Von Kants Beweisgang sagte bereits K. Fischer, er beweise nicht die Welt aus Gott, sondern Gott aus der Existenz der Welt (K. Fischer, *I. Kant und seine Lehre*, T. 1, Heidel-

berg [4]1898, S. 222). Das Bestreben, die Rationaltheologie der metaphysica specialis mit der Methode der mathematischen Naturwissenschaft zu vereinigen, ist daran zu erkennen, dass Kant wiederholt den Anspruch seiner Schrift betont, den Gottesbegriff »mit mathematischer Evidenz zu beweisen« (II, 155). Dazu gehört konsequent das ebenfalls genannte Kriterium, dass es nur diesen einen Beweis Gottes geben könne. Genau besehen, beweist Kant aus der Denkmöglichkeit die Notwendigkeit einer realen Existenz überhaupt. Er argumentiert auch umgekehrt: Wenn alles Dasein überhaupt negiert werde, so entfalle auch der Realgrund alles Denkbaren. Es muss also ein real Existierendes schlechthin geben, da »sein Nichtsein das Materiale zu allem Denklichen und alle Data dazu aufhebt« (II, 82).

Was beweist Kant mit seinem einzig möglichen Beweisgrund Gottes tatsächlich? Offensichtlich zunächst nicht die Existenz Gottes, sondern die notwendige Existenz der Welt als entfernte Voraussetzung unseres Denkens über die Welt und als Basis alles Denkmöglichen. Damit ist für den Gottesbeweis noch nicht viel gewonnen. Denn muss der Realgrund aller Möglichkeit überhaupt zugleich ein persönliches Wesen sein? Es sind noch die spezifischen Prädikate des Gottesbegriffes zu deduzieren. Das bietet für die Begriffsmerkmale der Einheit, Einfachheit, Unveränderlichkeit Gottes keine Schwierigkeiten, da das alles auch von der notwendigen Existenz einer Welt als Ganzes auszusagen wäre. Schwieriger wird die Deduktion Gottes als eines notwendigen Wesens, das auch Geist und Wille sei. Hier wird der Gedankengang brüchig, und die Schrift erhält einen zwiespältigen Charakter. Geist und Wille werden als »höchste Realität« qualifiziert, das notwendige Wesen muss diese Attribute besitzen, weil sonst die Geschöpfe Gottes, die Wille und Geist empirisch besitzen, als Folgen den Grund (Gott) überbieten würden. »Weil nun die Folge den Grund nicht übertreffen kann, so müssen Verstand und Wille der notwendigen einfachen Substanz als Eigenschaften beiwohnen, das ist, sie ist ein Geist« (II, 88). Da nicht bewiesen wurde, dass das notwendig Existierende schlechthin eine für sich seiende Substanz sein müsse, so wird hier eigentlich nicht mehr bewiesen, als der spinozistische Satz, dass die *causa sui* die beiden Attribute Materie und Denken enthalten müsse. Kant greift auf das spekulative ontologische Schema zurück, nach dem Allgemeinbegriffe ein früheres Sein als Artbegriffe repräsentierten. Logische Allgemeinheit bedeutet aber nicht im Sinne einer Seinshierarchie eine höhere Seinsschicht. Im Gegenteil:

Die reale Determination verläuft vom Einfachen zum Komplexen. In der Umkehrung dieses Gehalts des Kausalnexus besteht der eigentliche ontologische Fehler des Kantschen neuen Beweisgrunds. Mit der Umkehrung der realen Determination, die vom Einfachen zum Komplexen und insofern »Höheren« verläuft und nicht vom »Höheren« zum »Niederen«, kann man alles demonstrieren. Kant stellt auch alle Transzendentalien der alten Metaphysik – ordo, veritas, pulchritudo, perfectio – wieder her (II, 88, 91). Er sieht, dass er eigentlich nur die Existenz des Universums als Realgrund von denkmöglichen Existenzen erwiesen habe, und polemisiert doch (II, 89 f.) ausdrücklich gegen die materialistische Auffassung, Geist und Wille als Folgen materieller Entwicklung anzusehen. Die frühe Studie des immerhin schon 39-jährigen Dozenten zeigt, von welchen Positionen aus die Bewegung zur *KpV* und deren moralischem Gottespostulat erfolgte.

Die zweite Abteilung der Schrift soll den kosmologischen Gottesbeweis erneuern. Die empirisch und naturwissenschaftlich erkennbare Einheit und Zweckmäßigkeit der Natur versichert uns einer höchsten schöpferischen Intelligenz. Kant nimmt den Gottesbegriff des Deismus, wendet sich aber gegen die Demonstration auf der Grundlage des Kausalgesetzes, so dass Gott zur generellen Determiniertheit als letzte Ursache fungiere (gegen Wolff, II, 157). Kant möchte einen Beweis aus der Genese des Universums und der allmählichen Bildung unseres Planetensystems und der Formen der Natur auf der Erde führen. Er fügt dafür die Resultate seiner *Allgemeinen Naturgeschichte* in einem langen Abschnitt ein (II, 137–151) und tendiert überhaupt zu einer immanenten naturwissenschaftlichen Transformation des Gottesbegriffes.

Ein Wort noch zu den Widersprüchen der rationaltheologischen Argumentationen und zu Kants eigenem Ungenügen daran in seiner späteren Moraltheologie. Die erste Abteilung der Schrift beweist nur die notwendige Existenz der Welt daraus, dass etwas real Existierendes überhaupt sein müsse, wenn Prädikate einem widerspruchsfrei denkmöglichen Subjekt prädiziert werden. Der eigentliche Gottesbeweis nach dessen Geistnatur erfolgt durch die fehlerhafte Voraussetzung der spekulativen Ontologie, komplexe Schichten der Wirklichkeit (psychische Prozesse, Bewusstsein) als Ursachen elementarer Schichten (atomare, physikalische Prozesse) zu nehmen. Der hierarchische Seinsbegriff kehrt die reale Determinationsrichtung um und erklärt »höheres« Sein aus dem »niederen«. Tatsächlich handelt es sich

um die Genese der komplexeren Schichten der Wirklichkeit aus den elementaren, die selbstverständlich durch die neuen Determinationsschichten hindurchwirken, sie aber nicht mehr primär bestimmen (Das Gravitationsgesetz in den Lebensvorgängen der Organismen). Der Fehler des kosmologischen Gottesbeweises besteht in der Interpretation von Zweckmäßigkeit in der Natur als Zweckläufigkeit. Kausale Prozesse passen Organismen zweckmäßig an spezifische Umweltbedingungen an. Es ist darum keine Zweckläufigkeit, die das Resultat des Evolutionsvorganges als Ursache setzte und also den Zeitverlauf des Kausalnexus umkehrte. Das Ende des Prozesses würde zu dessen Anfang. Die *KrV* hat die Versuche logischer und naturwissenschaftlicher Demonstration des Gottesbegriffes als aussichtslos aufgegeben. Doch das entspringt nicht einer Geringschätzung des Gottesbegriffs, sondern einer veränderten und fast vertieften Auffassung. Die ontologischen Beweisverfahren behandeln die Religion als eine Wissensform. Kant nimmt sie später als ein Desiderat moralischer Verbindlichkeit im Gattungsbewusstsein der Menschheit. Dafür musste er aber einen Weg gefunden haben, um den moralischen Individualismus der sensualistischen Anthropologie und auch den moralischen Automatismus der Fortschrittsidee allein auf der Grundlage des Fortschritts der Wissenschaften zu überschreiten. Religion wird dann von einer falschen und zu berichtigenden Wissensform zu einem Desiderat der moralischen Reflexion des einzelnen Individuums auf seine Verbindlichkeit gegenüber der überindividuellen Lebensverfassung in der Kultur.

Literatur

Reich, K.: Kants einzig möglicher Beweisgrund. Ein Beitrag zum Verständnis des Verhältnisses von Dogmatismus und Kritizismus in der Metaphysik, Leipzig 1937 [ND in: Ges. Schriften, hg. v. M. Baum u. a., Hamburg 2001, S. 166–199]. – Ders.: Einl. zu I. Kant, *Der einzig mögliche Beweisgrund*, Hamburg 1963, S. VII–XXIX; in: Ges. Schriften S. 287–305. – Hartmann, N.: Teleologisches Denken, Berlin 1951. – Henrich, D.: Der ontologische Gottesbeweis. Sein Problem und seine Geschichte in der Neuzeit, Tübingen ²1967 [spez. Kap. 2, Kants Kritik der Ontotheologie]. – Düsing, K.: Die Teleologie in Kants Weltbegriff, Bonn 1968. – Schmucker, J.: Die Ontotheologie des vorkritischen Kant, Berlin u. New York 1980. – Waschkies, H.-J.: Physik und Physikotheologie des jungen Kant. Die Vorgeschichte seiner *Allgemeinen Naturgeschichte*, Amsterdam 1987.

Untersuchung über die Deutlichkeit der Grundsätze der natürlichen Theologie und Moral (1764)

Die Preisschrift zeigt Kants Stand beim Leitproblem der Vermittlung der Methoden in Naturwissenschaft und Metaphysik am Beginn der 60er Jahre. Die Berliner Akademie der Wissenschaften hatte am 28.5.1761 das von J. G. Sulzer vorgeschlagene Thema ausgeschrieben und »die Gelehrten aller Länder, nur die ordentlichen Mitglieder der Akademie nicht« eingeladen, über folgende Frage Preisschriften einzusenden: »Ob die Metaphysischen Wahrheiten überhaupt, und besonders die ersten Grundsätze der Theologiae naturalis, und der Moral, eben der deutlichen Beweise fähig sind, als die geometrischen Wahrheiten.« Kants Leitthema der Synthese von Metaphysik und Newtonscher Naturwissenschaft entsprach also einem Problem, das das Zeitalter beschäftigte. Als Einsendeschluss war der 1.1.1763 bestimmt. Kant begann wahrscheinlich erst im Herbst 1762 mit der Ausarbeitung; unter dem Datum des 31.12.1762 hat der Sekretär der Berliner Akademie, J. H. S. Formey, den Empfang des Kantschen Manuskripts bestätigt. Den ersten Preis erhielt die Arbeit M. Mendelssohns aus Berlin, wie es im Beschluss der Akademie vom 2.6.1763 hieß: dass sie »einer gewissen Piece den Preis erteilet hatte, und nach Eröffnung des versiegelten Zettels fand sich, dass der geschickte hiesige Jude Moses, Mendels Sohn, der Verfasser dieser Piece wäre«. Zugleich wird mitgeteilt, »daß das deutsche Memoire,« von dem sich herausstellte, dass Kant der Verfasser war, »der Schrift des gelehrten Juden, welche den Sieg davongetragen hatte, beinahe gleich wäre« (II, 493 f.). Kant nannte den für seine Gedankenentwicklung zentralen Text »eine kurze und eilfertig abgefaßte Schrift« (II, 308). Da die Berliner Akademie die Veröffentlichung beider Preisschriften beabsichtigte, bat Kant in einem Brief an Formey darum, für diesen Zweck einen Anhang von Ergänzungen und näheren Erklärungen hinzufügen zu dürfen (28.6.1763). Obwohl Formey zustimmte (5.7.1763), führte Kant seine Absicht nicht aus. Die Preisschrift bildet ein sehr charakteristisches Dokument vom geistigen Typus Kants: Die rasche Niederschrift lange durchdachter Probleme, die in ihrer ganzen Kompliziertheit aufgefasst werden, ein theoretisch komprimierter Text ohne literarische Gestaltung und im zusammengedrängten Akt geistiger Konzentration auch ohne Rücksicht auf die Verständnismöglichkeiten und die möglichen Missverständnisse der Leser; nach der Niederschrift das Bedürfnis ergänzender Erläuterungen, um den Gedankengang für die Auffassungskraft des Publikums besser durchzubilden – es ist im geringeren Grade die Situation, die sich nach der Veröffentlichung der *Kritik* wiederholte. In der Nachschrift zur Arbeit von 1764 erklärt sich Kant ganz im Ton der Briefe nach der *Kritik* überzeugt, das eigentliche Problem wohl erfasst und gelöst, »was die Sorgfalt, Abgemessenheit und Zierlichkeit der Ausführung anlangt«, allerdings manches verabsäumt zu haben (II, 301).

Die Preisschrift besteht nach einer kurzen Einleitung aus vier Teilen. In der Einleitung formuliert Kant die Frage zum Problem der philosophischen Methode überhaupt um. Nach dem Vorbild der mathematischen Naturwissenschaften ergibt sich für die Philosophie die Notwendigkeit einer vergleichbaren Methode. Es muss »statt des ewigen Unbestands der Meinungen und Schulsecten eine unwandelbare Vorschrift der Lehrart die denkende Köpfe zu einerlei Bemühungen vereinbaren« (II, 275). Die ersten beiden Betrachtungen behandeln den Gegensatz von wissenschaftlicher Methode in der Mathematik einerseits, in der Philosophie andererseits. Die dritte Betrachtung erläutert die Möglichkeit unbezweifelbarer erster Sätze in der Philosophie, erst die vierte Betrachtung wendet die gewonnenen Resultate auf den philosophischen Gottesbegriff und auf die Moral an.

Kant richtet den Gedanken gegen die Demonstrationsmethode Wolffs und schließt dabei an Kritiken des mathematischen Formalismus in Wolffs ontologische Konstruktion durch A. Rüdiger (1673–1731) und C. A. Crusius (1712–1775) innerhalb der deutschen Schulphilosophie an. Die sicheren Sätze einwandfreier Definitionen, von denen die Mathematik ausgehen könne, müssten von der Philosophie erst gewonnen werden. Das mathematische Verfahren gehe von definierten abstrakten Begriffen aus und gelange zu allgemeinen Zeichen, die auf theoretische Gegenstände in concreto bezogen würden. Im Gegensatz dazu beginne die Philosophie mit kompakten Begriffen, die der komplexen und unstrukturierten Sphäre des Alltagsbewusstseins zugehörten. Die Philosophie habe darum in einem ersten Schritt analytischer Verfahren die komplexen Begriffe auf einfache, gleichsam evidente Begriffe zurückzuführen, um dann in einem zweiten Schritt allgemeine Sätze zu entwickeln, die sich dann aber nicht auf geometrisch oder arithmetrisch darstellbare Konkreta bezögen, sondern auf abstrakte Zusammenhänge: Es betrachte »die Weltweisheit das Allgemeine durch die Zeichen in abstracto« (II, 278). Es ist der Gegensatz zwischen abstrakter Methodik formalisierten Zeichengebrauchs und der Begrifflichkeit des alltagspraktischen Bewusstseins, in dem die Philosophie grundsätzlich verhaftet geblieben sei. »In der Mathematik ist die Bedeutung der Zeichen sicher, weil man sich leichtlich bewusst werden kann, welche man ihnen hat erteilen wollen. In der Philosophie überhaupt und der Metaphysik insonderheit haben die Worte ihre Bedeutung durch den Redegebrauch, außer in so fern sie ihnen durch logische Einschränkung genauer ist bestimmt worden« (II, 284). Kant formuliert wesentliche Punkte auch der späteren *Kritik*, und es wird deutlich, in welchen zentralen Aspekten Kants Transzendentalphilosophie von kritischen Tendenzen innerhalb der Schulmetaphysik selbst beeinflusst ist. »Die Metaphysik ist nichts anders als eine Philosophie über die ersten Gründe unseres Erkenntnisses« (II, 283). Sie ist der analytische Teil, in dem die kompakten Begriffe ihres alltagssprachlichen Gehalts entkleidet werden und dadurch erst imstande sind, Ausgangspunkte methodischer synthetischer Verfahren abzugeben. Die Mathematik beginne, erläutert Kant, mit einer Definition des Objekts, und die weitere Entwicklung verbleibe ja auch im Rahmen theoretischer Konstrukte. Die Philosophie dagegen finde zunächst Begriffe vor, die auf reale (man würde mit Husserl sagen, lebensweltliche) Erfahrungen bezogen sind. »Das Verhältnis einer *Trillion* zur Einheit wird ganz deutlich verstanden, indessen dass die Weltweisen den Begriff der *Freiheit* aus ihren Einheiten, d. i. ihren einfachen und bekannten Begriffen, noch bis jetzt nicht haben verständlich machen können« (II, 282). Tatsächlich sei es weit schwerer, komplexe Sätze aus alltagsweltlichen Begriffen zu zergliedern, als mathematisch definierte Zeichen synthetisch zu verknüpfen. Kant fasst seine Schlussfolgerung für die Philosophie in dem entschiedenen Satz zusammen: »Die Metaphysik ist ohne Zweifel die schwerste unter allen menschlichen Einsichten; allein es ist noch niemals eine geschrieben worden« (II, 283). Die Fragestellung der Preisschrift wird also zum Problem zweier Wissenschaftssprachen erweitert. Die Präzision der mathematischen Naturwissenschaften ist an deren Formalisierungsleistungen gebunden. Es kommt darauf an, in der Philosophie ein eigenes Begründungsverfahren zu entwickeln, das ohne mathematische Formalisierungsmöglichkeiten eine Methodik gleicher Verbindlichkeit der Aussagen gewährleisten könnte. Das versteht Kant unter Metaphysik, und so erklärt sich der Satz, es gebe noch keine Metaphysik. Im Hintergrund steht bei Kant immer der Gedanke einer Verknüpfung von Selbstdenken der Individuen und tendenzieller Übereinstimmung der wesentlichen theoretischen Resultate, wie sie der wissenschaftliche Gesetzesbegriff beinhaltet.

Kant behandelt in der frühen Preisschrift das Problem, dessen Auflösung erst die neue Logik der synthetischen Funktion in der *Kritik* brachte: die analytische Definition der Elemente der philosophischen Theorie, eben der synthetischen Sätze a priori. Um in der Philosophie einen der Mathematik vergleichbaren Beweisgang antreten zu können, müsse sie mit der Zergliederung primärer Begriffsmerkmale beginnen. Kant nennt das Resultat solcher unmittelbarer Begriffsmerkmale »unerweisliche Grundurteile« (II, 282). Es sind die späteren synthetischen Urteile a priori. Kant ist an dieser theoretisch zentralen Partie der Preisschrift wahrscheinlich von Leibniz' Urteilstheorie beeinflusst. In ihr spielten analytische Verfahren eine große Rolle. Subjekte eines Urteils sind für Leibniz zusammengesetzte Begriffe. Sie sind aus Teilbegriffen und zuletzt aus Grundbegriffen zusammengesetzt. Aus diesem Zusammenhang geht Kants spätere Lehre vom analytischen und synthetischen Urteil hervor. Nur wenn das Subjekt eines Urteils ein zusammengesetzter Begriff ist, wird die Bejahung oder Verneinung eines Prädikats vom Subjekt zu einem theoretischen Problem. Der analytische Charakter eines Urteils geht also aus der Entscheidung hervor, dass ein Prädikat zu dem Begriff, der das Subjekt des Urteils bildet, notwendig gehöre. Es wird deutlich, dass die Forderung unerweislicher, d. i. evidenter Sätze als Ausgangspunkt methodischer Wissenschaft in der Philosophie später zu Kants Urteilstheorie geführt hat. Im Zusammenhang der Methodenthematik treten auch die Aspekte des erkenntnistheoretischen Phänomenalismus im späteren transzendentalen Idealismus auf. Experimentell gesicherte Erfahrung und dazutretende Mathematik lassen »die Regeln aufsuchen, nach welchen gewisse Erscheinungen der Natur vorgehen. Wenn man gleich den ersten Grund davon in den Körpern nicht einsieht, so ist gleichwohl gewiß, daß sie nach diesem Gesetze wirken, und man erklärt die verwickelte Naturbegebenheiten, wenn man deutlich zeigt, wie sie unter diesen wohlerwiesenen Regeln enthalten seien« (II, 286). Hier liegt der Gedanke bereits nahe, dass wir intelligible Substanzen als hinter den Erscheinungen liegende Dinge an sich nicht zu erkennen vermöchten, das aber auch gar nicht erforderlich sei. Kant löst die ontologische Entsprechung der Mathematik auf, die Descartes' erste philosophische Systematisierung der Methode der Galileischen Mechanik vorgenommen hatte. Der Phänomenalismus entspringt bei Kant primär nicht dem Sensualismus Lockes und Humes, sondern der erkenntnistheoretischen Reflexion auf die Beziehung von Mathematik und Realität. Kant verstand also unter der Newtonschen Methode bei der Grundlegung der Philosophie die Analytik von Grundbegriffen. Das ist ein unfertiges Konzept. Doch Kant meint damit nicht präzise Definitionen philosophischer Begriffe schlechthin, sondern einen Grundbestand von ursprünglichen Begriffen, den er dann als Begriffstafel aus der Urteilstafel gewinnt. Im genannten Sinne ist es zu verstehen, wenn es heißt: »Die ächte Methode der Metaphysik ist mit derjenigen im Grunde einerlei, die Newton in die Naturwissenschaft einführte« (ebd.).

Die Resultate, um in einer analytischen Grundlegung der Philosophie zu der Mathematik parallelen sicheren Ausgangssätzen zu gelangen, bleiben hinter dem Anspruch der Fragestellung zurück. Kant sieht das Problem im Nachweis unbeweisbarer Grundsätze, die jedoch weder die formalen Prämissen der Metaphysik (Satz der Identität und des Widerspruchs) noch die materialen obersten Grundsätze bieten können, die Crusius gegen Wolff gefordert und vorgeschlagen hatte (Was ich nicht anders als wahr denken kann, das ist wahr). Kant bemerkt: »Nun gibt es freilich wohl viele unerweisliche Erkenntnisse, allein das Gefühl der Überzeugung in Ansehung derselben ist ein Geständnis, aber nicht ein Beweisgrund davon, daß sie wahr sind« (II, 295).

Im vierten Teil der Preisschrift behandelt Kant auffallend kursorisch, da ihn offenbar nicht so sehr das Thema selbst, sondern eine Skizze seines Standes bei der Reform der philosophischen Methode interessierte, die Möglichkeit erster Sätze, der von ihm sog. »Grundurteile«, am Beispiel des Gottesbegriffs und des Begriffs des moralisch Guten. Er wiederholt ein Resultat, das er in der größeren, vor der Preisschrift eben abgeschlossenen Abhandlung über den *Einzig möglichen Beweisgrund* dargelegt hatte. Die Preisschrift bietet auffallend wenig für den konkreten Nachweis der Evidenz in Theologie und Moraltheorie. Sie ist bedeutend in der Problemstellung. An ihr ist Kants spätere Interpretation der Logik als analytischer Disziplin, von Arithmetik und Geometrie aber als synthetischer Disziplinen zu erkennen. Kants unbestimmter Ausdruck der sog. »unerweislichen Sätze« ergibt sich daraus, dass er offenbar bereits in den 60er Jahren vom synthetischen Charakter von Arithmetik und Geometrie überzeugt war, aber noch nicht den Weg sah, auf dem eine eigenständige Parallele über Wolffs mos geometricus hin-

aus für die Philosophie zu gewinnen wäre. Kant setzte später seine Theorie apriorischer synthetischer Verknüpfungsgesetzlichkeiten an dieser Stelle ein.

Literatur

Schilpp, P. A.: Kant's pre-critical Ethics, Evanston 1938. – Beck, L. W.: Kant's Theory of definition, in: PhRev 65 (1956), S. 179–191. – Tonelli, G.: Der Streit über die mathematische Methode in der Philosophie in der ersten Hälfte des 18. Jhs. und die Entstehung von Kants Schrift über die Deutlichkeit, in: APh 9 (1959), S. 37–66. – Schmucker, J.: Die Ursprünge der Ethik Kants in seinen vorkritischen Schriften und Reflexionen, Meisenheim a. Glan 1961. – Malter, R.: L'analyse comme procédé de la métaphysique. L'opposition à la méthode wolffienne dans la *Preisschrift*, in: AdPh 42 (1979), S. 575–591. – Riedel, M.: Kritik der moralisch urteilenden Vernunft. Kants vorkritische Ethik und die Idee einer *Grundlegung zur Metaphysik der Sitten*, in: Ders.: Urteilskraft und Vernunft, Frankfurt/M. 1989, S. 61–97.

Versuch den Begriff der negativen Größen in die Weltweisheit einzuführen (1763)

Die kleine, faszinierende Schrift gibt die beste Zusammenfassung der Themen des Kantschen immanenten Naturbegriffs, aus denen sich die Auflösung der ontologischen Metaphysik ergab. Die Gedankenfolge ist: Die Polaritätsidee der Naturvorgänge weckt den Gedanken der selbsttätigen Einheit der Materie, dieser löst Naturwissenschaften und Naturphilosophie aus dem ontologischen Bezug heraus. Kant beginnt den Zusammenhang von Logik und Ontologie aufzulösen, indem er Leibniz' Begründungsprinzip von Metaphysik in Frage stellt, den Satz des zureichenden Grundes. Mit der Inauguraldissertation von 1770 die wichtigste philosophische Arbeit Kants vor der *Kritik*, zeichnet sich die Abhandlung durch literarisch voll klingenden und scharfen Ton gegenüber den »metaphysischen Intelligenzen von vollendeter Einsicht« aus, einem »gelehrten Pöbel«, der »einen dreisten dogmatischen Ton« anschlägt in einer »so schlüpfrigen Erkenntniß, wie die metaphysische ist«. Simonides sei ein Weiser gewesen. Er bekannte: Je mehr ich über Gott nachsinne, desto weniger vermag ich ihn einzusehen. Der gelehrte Pöbel der Schulmetaphysik aber: »Er weiß nichts, er versteht nichts, aber er redet von allem, und was er redet, darauf pocht er« (II, 170, 189, 200). Die Schrift endet mit Kants Mitteilung, die Resultate seiner Untersuchungen »dereinst ausführlich darzulegen«. Zuletzt lösten sich alle unsere Erkenntnisse realer Strukturen in unauflösliche Begriffe auf – Kant sagt noch nicht Begriffe und Grundsätze des Verstandes a priori –, aus denen jedoch reale Kausalität und andere Relationen gar nicht abgeleitet werden könnten (II, 204). Kant steht vor dem noch ungelösten Widerspruch, wie die Verbindung der »unauflöslichen Begriffe« (später der Kategorien und Grundsätze a priori) mit den empirisch vorhandenen Ereignissen zu denken sei. Im eingehenden Brief an M. Herz vom 21.2.1772 zur Problemstellung der *Kritik* wird dieses Thema als Kernpunkt dargelegt.

In der frühen Schrift verfolgt Kant das Thema im speziellen Umkreis des Verhältnisses von logischem Grund und realer erscheinender Kausalität, sowie beim Unterschied von logischer Kontradiktion (auch mathematischer Größen) und sog. Realrepugnanz. Die logische Verknüpfung von Grund und Folge geschieht nach dem Satz der Identität, die logische Negation erfolgt nach dem Satz des Widerspruchs. Die beiden logischen Prinzipien verbürgen die apodiktische Gewissheit von Aussageverknüpfungen. Realer Widerspruch oder reale Identität seien etwas ganz anderes als logische Verknüpfung oder Entgegensetzung. Damit ist an die Grundvoraussetzung der europäischen Metaphysik gerührt: An die Geltung des Identitäts- und des Widerspruchssatzes als zugleich logischer und ontologischer Prinzipien. Die antike Ontologisierung der Logik war von der neuzeitlichen Metaphysik nach dem Muster der Mathematik im funktionalen Sinne erweitert und zugleich befestigt worden. C. Wolffs Konzeptualismus widersprach dem nicht. Kant analysierte nun die logische Falsifikation, auf der die großen Entwürfe sowohl der begriffslogisch als auch der funktionslogisch aufgebauten philosophischen Systeme beruhte.

Das Resultat der logischen Opposition ist die Verneinung eines Satzes, also dessen Aufhebung. Die reale Entgegensetzung enthält die negative Größe als etwas Positives. »Die Realrepugnanz findet nur statt, in so fern zwei Dinge als *positive Gründe* eins die Folge des andern aufhebt« (II, 175). Kant überträgt die Operation der Mathematik mit negativen Größen – er bezieht sich auf Leibniz und Euler – auf die Methode der Philosophie. Die formale geometrische Demonstrationsmethode durch Definitionen, Grundsätze und Ketten von Lehrsätzen sei die falsche Verbindung von Mathematik und Metaphysik gewesen. Er richtet die Blicke auf die materiale Bedeutung der mathematischen Operation mit negativen und unendlich kleinen Größen und setzt an die Stelle falscher Einheit beider Disziplinen deren

Übereinstimmung in dem Punkte, der sie von der Logik unterscheidet.

Der gleiche Unterschied zwischen logischer Ordnung und Realbeziehung besteht hinsichtlich des Identitätssatzes. Die logische Folge fließe aus dem Grund nach dem Satz der Identität, »weil sie durch die Zergliederung der Begriffe in ihm enthalten befunden wird« (II, 202). Man muss hierzu beachten, was Kant und die Logik seiner Zeit unter Urteilen verstanden. Ein Urteil bilden hieß, einem logischen Subjekt die ihm eigenen Prädikate zuordnen. Die reale Kausalbeziehung aber stellte etwas ganz anderes dar. Die Auffassung war, dass voneinander unabhängige Substanzen (Körper, Kräfte) aufeinander wirkten. Kant fragt, wie können die Beziehungen solcher Substanzen nach der Art von Merkmalen, die einem Begriff zugehören, gedacht werden. »Was nun diesen Realgrund und dessen Beziehung auf die Folge anlangt, so stellt sich meine Frage in dieser einfachen Gestalt dar: Wie soll ich es verstehen, *daß, weil Etwas ist, etwas anders sei*« (II, 202)? Kant geht sogleich auf die zentrale Anwendung der Verquickung der Grund-Folge-Beziehung mit der Ursache-Wirkung-Relation los: der Begriff Gottes soll den Realgrund vom Dasein der Welt enthalten. »Der göttliche Wille ist etwas. Die existierende Welt ist *etwas ganz anderes.*« »Ihr möget nun den Begriff vom göttlichen Wollen zergliedern, so viel euch beliebt, so werdet ihr niemals eine existierende Welt darin antreffen« (II, 202). Sie ist tatsächlich nur im Begriff Gottes enthalten, wenn man sie als ein Prädikat des Begriffes zuvor definiert und dann nach der Regel der Identität – Kant wird später sagen, als ein analytisches Urteil – aus ihm gefolgert hat. In der »Realopposition« ist »nach der Methode der Mathematiker das Untergehen ein negatives Aufgehen, Fallen ein negatives Steigen«, Verabscheuung eine negative Begierde, Hass ist negative Liebe, Hässlichkeit eine negative Schönheit. Untugend ist negative Tugend, Verbote sind negative Gebote, Strafen negative Belohnungen, so wie elektrische Ladungen positiven und negativen Pol besitzen usf. (II, 175, 182, 184 f.). Newton hatte die mathematisch quantifizierende Methode in seiner *Arithmetica universalis* (1707) bereits ebenso verallgemeinert: »Die Größen sind entweder affirmativ, d. h. größer als 0, oder negativ, d. h. kleiner als 0 [...] So können in den menschlichen Verhältnissen die Besitztümer affirmative Güter genannt werden, die Schulden negative Güter. Bei den Ortsbewegungen kann man das Vorwärtsgehen affirmative Bewegung nennen, das Rückwärtsgehen negative Bewegung.« Kant sieht ein allgemeines Naturgesetz zugleich »negativer und positiver Wirksamkeit der Materien« (II, 188). Es sind die Themen, die Schelling am Ende der 90er Jahre des 18. Jhs. ins Zentrum einer Naturphilosophie rücken wird. Die Materie werde »offenbar bloß durch den Streit der Kräfte in einem regelmäßigen Laufe erhalten«. Darin besteht »die Vollkommenheit der Welt« (II, 198). Das ist nicht mehr der perfectio-Begriff der Transzendentalien der bisherigen Metaphysik und Rationaltheologie. Primär ist die materieimmanente Vollkommenheit. Die offene Frage wird dann die Notwendigkeit der Annahme des Gottesbegriffs. Bekannt ist die Antwort Laplaces auf die Verwunderung Napoleons, dass in Laplaces System Gott nicht vorkäme: Majestät, ich hatte diese Hypothese nicht nötig. Kants Bemühen, die Newtonsche Naturwissenschaft mit der Metaphysik zu vermitteln, besitzt natürlich auch eine Riegelfunktion gegenüber der materialistischen Linie bei der Interpretation des Naturbegriffs der neuen Mechanik und Dynamik (Holbach, Diderot u. a.).

Das Prinzip der Realopposition bezieht sich auf den Satz der Erhaltung der Kraft, da in allen Prozessen der Welt die Summe des Positiven weder vermehrt noch vermindert werde. Negativ formuliert: die Summe aller positiven und negativen Prozesse ergibt Null (II, 194, 197). Die Beispiele aus den Naturwissenschaften benutzt Kant für grundsätzliche Überlegungen zu einer Polaritätstheorie in der Naturphilosophie. Erscheinungen wie Wärme, Licht, Elektrizität, Magnetismus, schließlich die Existenz von materiellen Körpern überhaupt wären nur aus dem Spannungsverhältnis einander entgegenstehender Pole zu erklären. Kant gewinnt aus dem Polaritätsprinzip, der »negativen und positiven Wirksamkeit der Materien«, Gründe für den Gedanken universeller Einheit der Materie. Er vertrat noch die Theorie, der Äther bilde eine Grundmaterie, aus deren Verdünnung oder Verdichtung alle Materieformen hervorgingen. Er benutzt sie hier, um die dynamische Theorie der die Materie konstituierenden Kräfte weiter auszuführen. Kant dachte hinsichtlich der Erscheinung der Wärme noch mit der Substanztheorie eines Wärmestoffs, obwohl bereits eine Vibrations- oder Bewegungstheorie der Wärmeerscheinungen vorlag.

Die Schrift setzt die Hauptlinie des »vorkritischen« Kant fort: Eine neue Verbindung von Naturwissenschaft und Metaphysik. Hier geht es um Interpretation und Umformung der Leibnizschen Monadentheorie durch die Newtonsche Theorie der Wechselkräfte von Attraktion und Repulsion. Die Leibnizsche Monadentheorie stellte innerhalb der Metaphysik die Einheit der Naturkräfte durch eine immanente Dynamik dar. Die Monaden besitzen keine mechanische Kausalität. Sie wirken als Kraftpunkte innerhalb eines vorprogrammierten Monaden-Universums. Den dynamischen Materiebegriff seiner vorangegangenen naturphilosophischen Schriften bestätigt Kant mit dem Gedanken der negativen Größen, indem die einander entgegengesetzten Bewegungen aus unendlich kleinen Kräften entstünden, ursprünglich sogar nur als latente Energie vorhanden seien. Kant erläutert das für latente Kräfte in der Natur, so dass Ruhe überhaupt nur scheinbar da bestehe, wo Bewegungskräfte einander entgegenwirkten. Für Moral und Gesellschaft entfaltet Kant diese Energetik verborgener Kräfte, die lange wirken, ohne sichtbar zu werden, und dann mit einem Male explodieren, auf vehemente Weise. Die zerstörische Gewalt der Kanonen liegt im Zeughaus eines Fürsten, bis »ein verräterischer Zunder« sie berührt, dass sie »im Blitze auffährt und um sich her alles verwüstet« (II, 199). Hass und Gemeinheit, die Bereitschaft das Absurde lachend fürs Normale zu erklären, liegen unter der schönen Oberfläche verborgen und springen auf in dem Augenblick, in dem die Gegenkräfte sinken, die sie zügelten. Das ist ein Begriff von Mensch und Menschenwelt in der deutschen Philosophie im Jahre 1763, der Abgründe beleuchtet und weniger Perfektibilität nach klassischen Mustern rühmt, sondern der Ästhetik und dem Blick auf Geschichte im Sturm und Drang entsprach. Kant schließt diesen Punkt mit einer kongenialen Interpretation des Leibnizschen Satzes, die Seele fasse das ganze Universum in ihrer Vorstellungskraft, obgleich nur ein unendlich kleiner Teil dieser Vorstellungen klar sei (II, 199). Alles ist latent in der Seele enthalten, das bieder Normale, das Außerordentliche im großen und im ungeheuerlichen Sinne. Realgründe lassen das eine und das andere auf natürliche Weise in ihr entspringen (II, 199). Kants Aufklärung wird Lichtenbergisch und erweist sich ohne allen Humor als das Gegenteil von Königsberger Biederkeit.

Literatur

Erdmann, B.: Kant und Hume um 1762, in: AGPh 1 (1888) S. 62–77, 216–230. – Henrich, D.: Kants Denken um 1762–63. Über den Ursprung der Unterscheidung analytischer und synthetischer Urteile, in: Heimsoeth, H. u. a. (Hg.), Studien zu Kants philosophischer Entwicklung, Hildesheim 1967, S. 9–38. – Kreimendahl, L.: Kant. Der Durchbruch von 1769, Bochum 1990 [insbes. Kap. 2 mit ausführlichem Forschungsbericht zur Entwicklung des Kantschen Denkens: Kant in den 70er Jahren bei Problemen der späteren Analytik, in den 60er Jahren bei Problemen der späteren Dialektik; von Hume vermittelte Antinomiethematik, am Ende der ersten Periode die Theorie von Raum und Zeit als Anschauungsformen, Einsicht in die Antithetik der Vernunft].

Beobachtungen über das Gefühl des Schönen und Erhabenen (1764)

Die den Leser heiter ansprechende Schrift mit vielen essayistischen Einlagen besitzt in der ganzen Gedankenführung systematisierenden Charakter. Kant sucht sich im Zusammenhang des vielverhandelten ästhetisch-moralischen Themas der Beziehung zwischen Schönem und Erhabenem Klarheit über die Leistungsfähigkeit der Ethik des englischen Empirismus und der sich an ihn anschließenden deutschen Popularphilosophie zu verschaffen. Die vier Abschnitte der Schrift sind unter diesem Gesichtspunkt von unterschiedlichem Gewicht. Mit der Thematik hat sich Kant eingehend beschäftigt. Das zeigt auch die umfangreiche Sammlung von Bemerkungen in Kants Handexemplar der Schrift, jetzt in Bd. XX der AA, S. 3–192 (wahrscheinlich nicht bereits 1764/65 entstanden, wie dort datiert). Die Bemerkungen in der Art der Kantschen Reflexionen gehören sicher nicht zum Vorlesungsmaterial, sondern wurden wohl für eine neue Auflage der Schrift gesammelt. Die Unterscheidung zwischen dem Schönen und dem Erhabenen war in der französischen und englischen Ästhetik mit einem moralischen Aspekt verbunden worden. Zunächst war das Erhabene in ursprünglich stoischer Tradition nur Steigerung des Schönen zum Edlen, dann aber wurde es von J. Addison (1672–1719) und E. Burke (1728–1797) in Gegensatz zum Schönen gebracht und bezeichnete als Pathetisches die ästhetische Wirkung des Großen, Schrecklichen und vor allem des Unendlichen. Dadurch erzeugt es nicht nur Vergnügen (pleasure), sondern durch die reflexive Distanz des Lesers oder Zuschauers Genuss (delight). Auch A. G. Baumgartens *Aesthetica* (2 Bde., 1750/55) hatte die Ästhetik des Erhabenen mit einer Erkenntnistendenz verbunden. Mendelssohn nahm das in seiner Behandlung des Verhältnisses von Schönem und Erhabenem in den ästhetischen Schriften vom Ende der 50er Jahre auf (u. a. *Betrachtungen über die Quellen und die Verbindungen der schönen Künste und Wissenschaften*, 1757). Literatur und Künste sollten dem in der Aufklärungsbewegung zentralen pädagogischen Programm integriert werden. Das war entweder nur

über Leibniz' grundsätzliche Auffassung von bildlichem Erleben als niederer Stufe des Erkennens möglich oder setzte unter den Voraussetzungen des empiristischen Bewusstseinsbegriffs die Scheidung einer spezifischen ästhetischen Sphäre voraus, in der Rezeption sich bereits vom dargestellten Gegenstand her mit Reflexion verbindet. Das Erhabene öffnet die ästhetische Wirkung hin zur moralischen, indem sie uns über die lebenspraktische Unmittelbarkeit in einen allgemeinen Horizont der Selbstreflexion erhebt. Wir beziehen uns auf uns selbst durch die Kraft der ästhetischen Exposition, aber wie von einem objektiven Standpunkt außerhalb unserer selbst. Kants Schrift nimmt das Motiv auf und vertieft es in einer genetischen Steigerung der Handlungsmotivationen von Beweggründen aus nächstem Selbstinteresse zu denen aus Ehrliebe und sagt für die Gesamtheit der Handlungen auf der großen Bühne der Antriebe und Leidenschaften, jeder werde »durch einen geheimen Antrieb bewogen, in Gedanken außer sich selbst einen Standpunkt zu nehmen, um den Anstand zu beurtheilen, den sein Betragen hat, wie es aussehe und dem Zuschauer in die Augen falle« (II, 227). Die Ästhetik des Schönen und Erhabenen besitzt die Funktion einer an Beispielen der Künste und der Literatur gleichnishaft fortgehenden Erörterung der Gestalt des Menschen und dessen sich ausfaltenden Leidenschafts- und Reflexionsspielraums im Zeitalter des Absolutismus und der frühbürgerlichen Emanzipation. Die eigentliche Qualität, mit der das Erhabene das Schöne übersteigt, besteht in der formalen Seite des Urteils. Das Schöne bleibt innerhalb der persönlichen Empfindung, das Erhabene wird Gegenstand allgemeinen Urteils. Hier erst vollzieht sich die emanzipatorische Leistung der Künste und der Literatur, indem sie zur Darstellung und Deutung eines allgemeinen kulturellen Selbstverständnisses und geschichtlicher Perspektiven gelangt. Der Übergang vom Privaten ins allgemein Geltende ist zugleich der Punkt, an dem die ästhetische Erfahrung in moralische Reflexion übergeht. Kants Schrift behandelt diesen Zusammenhang, um von den alltagspraktischen Handlungsmotivationen zum Problem zu kommen, wie feste Grundsätze moralischer Identität innerhalb einer im Ganzen sensualistisch begründeten Ethik zu bestimmen seien.

So wie die naturphilosophischen Schriften den Gedanken der Vereinigung der Naturwissenschaften mit einer reformierten Metaphysik verfolgen, so prüfen die »Beobachtungen« über das ästhetische Gefühl die Möglichkeiten der empiristischen Anthropologie, Psychologie und Ästhetik zu einer systematischen

Moralphilosophie, die die empiristische Psychologie anerkennt, aber über sie ebenso hinausginge wie über die Ethik der Wolffschen praktischen Philosophie und deren weites Prinzip, das Individuum müsse alles anstreben, was es vollkommener mache. Die »Absicht unserer Handlungen […] ist die Vollkommenheit […] unseres Zustandes, ingleichen die Vermeidung der Unvollkommenheit« (Wolff, *Vernünfftige Gedancken von der Menschen Thun und Lassen*, Halle ²1723, § 40, S. 29). Wolff verband das aus der perfectio-Thematik kommende Thema mit weitläufigem Eklektizismus der irdischen Tüchtigkeit und Zufriedenheit des bürgerlichen Utilitarismus. Die psychologischen und ästhetischen Beobachtungen Kants waren geeignet, gleichsam durch den Reichtum des Materials nicht-gegenständlicher Empfindungen eine Reflexionsbasis für ethische Theorie außerhalb der bestehenden Alternativen zu schaffen. Im Sinne solchen geistig experimentierenden Vorgehens ist der Ausdruck zu verstehen, es würden zunächst einmal »Beobachtungen« vorgelegt.

Die systematische Thematik findet sich in den ersten beiden Abschnitten der vierteiligen Schrift über die unterschiedenen Gegenstände des Gefühls vom Erhabenen und vom Schönen (I.) und von den Eigenschaften des Erhaben und Schönen am Menschen (II.). Der dritte Abschnitt behandelt mit großer Intensität die gesellschaftliche Psychologie der Frau unter dem Titel des Unterschieds von Erhabenem und Schönem im Verhältnis der Geschlechter. Der vierte Abschnitt dehnt das Thema auf den Unterschied von Nationalcharakteren aus. Die Schrift muss wegen ihres Gesamtrahmens der Gefühlshaftigkeit des ästhetischen Bewusstseins mit einer Unterscheidung von alltagspraktischer, interessehaft gebundener Emotionalität und freiem Gefühl der Kunstrezeption einsetzen. Auf dieser Unterscheidung wird die zweite des einfachen Vergnügens an ästhetischen Gegenständen gegenüber den moralischen Gefühlen errichtet. Das geht nur über den Abbildgehalt künstlerischer Darstellung. In ihr ist der symbolische Gehalt des Ästhetischen beschlossen, nämlich verstehbare Bedeutung gesellschaftlichen Verhaltens in Form von Beispielen, Gleichnissen und literarisch oder bildlich erhöhten Handlungen zu repräsentieren. Hier treten dann auch bei Kant die »edleren Antriebe« gegenüber dem Eigennutz ein; mit einem Menschen, von letzterem beherrscht, müsse man »über den feineren Geschmack niemals vernünfteln« (II, 226). Auch Gefühl kann so moralische Grundsätze ergeben, die Kant hier zusammenfasst als »das Gefühl von der Schönheit und der Würde

der menschlichen Natur« (II, 217). Nicht nur mit sensualistischer Ethik ist hier gedacht, sondern hier tritt ein Leitthema des platonisierenden Pantheismus Shaftesburys ein. Moralphilosophische und ästhetische Arbeiten Shaftesburys aus der dreibändigen Sammlung der *Characeristics of Men, Manners, Opinions, Times* (1711) erschienen in deutscher Übersetzung (u. a. von Spalding) 1738, 1745, 1747 und auch nach Kants ästhetisch-moralischer Schrift. Shaftesburys nicht-naturalistischer Gefühlsbegriff trägt mit der wie selbstverständlichen Verbindung von ästhetischem und moralischem Enthusiasmus überhaupt den gesellschaftlichen Gehalt von Naturanschauung und Künsten. Eines der zentralen Motive der ästhetisch-moralischen Weltanschauung Shaftesburys, die viele Momente der Renaissance-Kultur gegen deren Umbildung und Abschmälerung zum bürgerlichen Sensualismus und Utilitarismus festhält, ist der Gedanke der Proportioniertheit des Schönen und Guten. Kant übernimmt auch das. Vom moralisch erweiterten Gefühl des Schönen »können unsere gütige Triebe proportionirt angewandt werden« (II, 217). Auch die ethischen Passagen der *Anthropologie* Kants bringen den Gedanken von der gelebten Moralität als einer schönen Proportion menschlicher Verhaltensmomente. Identität der Person erhält hier bereits unterhalb der Rationalität der Imperative die Stabilität durch proportionierenden Ausgleich verschiedener Antriebe.

Die naturwissenschaftliche Basis der moralischen Analysen führt Kant über die Psychologie der vier Temperamente ein. Der Melancholiker im gemilderten Sinne, in dem Kant sich offenbar auch selbst wiedererkennt und schildert, ist ernsthaft und neigt sogar zur Schwermut sanfter und edler Empfindung, hat den großen Sieg der Selbstüberwindung vor Augen und ist am meisten zu echter Tugend aus Grundsätzen fähig (II, 219). Der Sanguiniker ist der lebensfrohe Ästhet, der Choleriker bleibt kalt und sieht auf den äußeren Schein. Die Verbindung der Moraltheorie mit der Temperamentelehre war schon in der Antike (Theophrast) der Schritt zur naturwissenschaftlich und psychologisch induktiven Theorie einer Theorie der Persönlichkeit und deren gesellschaftlicher Potenzen unter den Bedingungen sich öffnender privater Handlungsspielräume. J. de la Bruyère (1645–1696) hatte in seinen *Charactères de Théophraste* (1687) die Thematik auf die frühbürgerliche Individualität bezogen. Die anspruchsvolle Theorie ist das Gegenteil von moralphilosophischem Biologismus. Sie zeigt die Varianten ursprünglicher kultureller Potenz im Menschen und richtet sich gegen theologisch-transzendente Unifizierungen mit den korrespondierenden institutionellen Vorkehrungen gegen Sündhaftigkeit. Der Leitgedanke von der Weite natürlicher Mitgift aller Menschen wendet sich gegen die Fetischisierung elitärer ständischer Moralanlagen und Kodizes.

Die Abschnitte über die Geschlechter- und Nationalunterschiede, die Kant im weiten kulturellen bzw. geschichtlichen Sinn ausführt, wird der interessierte Leser mit Vergnügen nachschlagen und einen so heiteren wie in den Zeitanschauungen sich frei bewegenden Königsberger Metaphysikdozenten kennen lernen. Das Bild der Frau wird nach dem Schnitt der gehobenen bürgerlichen Klasse gezeichnet; die Erfahrung bescheidenerer Familien bleibt ausgespart. Frauen sollen nicht klug sein, sondern sittsam, sonst möchten sie nämlich zur Wissenschaft getrost noch einen Bart haben. »Der Inhalt der großen Wissenschaft des Frauenzimmers ist vielmehr der Mensch und unter den Menschen der Mann« (II, 230). Der Nationalitäten-Abschnitt charakterisiert nicht nur die europäischen Völker nach den Männertugenden, er übernimmt auch das Bild des 18. Jhs. vom edlen Wilden Nordamerikas, ebenso die aufklärerische Dreiteilung der europäischen Geschichte in antike hohe Zeit der Kultur, Erlöschen des Geschmacks im Mittelalter und Wiederaufstieg des Geschmacks für das Schöne und Edle durch Wissenschaften und Künste im aufklärerischen 18. Jh. Von Rousseaus emphatischer Zivilisationskritik findet sich in der Schrift nichts. Ausführlich notieren die Bemerkungen im Handexemplar Kants Rousseau-Begeisterung und die korrigierende Interpretation (XX, 14, 30, 43 f., 58 f.; vgl. a. Kap. Person und Zeit, Abschn. Rousseau, S. 32).

Literatur

Menzer, P.: Der Entwicklungsgang der Kantischen Ethik in den Jahren 1760–1785, in: KS 2 (1898), S. 290–322 u. KS 3 (1899), S. 41–104. – Dessoir, M.: Kant und die Psychologie, in: KS 29 (1924), S. 98–120. – Henrich, D.: Hutcheson und Kant, in: KS 49 (1957), S. 49–69. – Crowither, P.: The Kantian Sublime, Oxford 1989. – Pieske, I.: Kants *Beobachtungen* in der Kritik Hamanns, in: Gajek, B./Meier, A. (Hg.): Hamann und die Krise der Aufklärung. Acta des 5. Internationalen Hamann-Kolloquiums Münster (1988), Frankfurt/M. 1990, S. 275–303. – Rischmüller, M.: I. Kant. Bemerkungen zu den *Beobachtungen*, Hamburg 1991.

Nachricht von der Einrichtung seiner Vorlesungen in dem Winterhalbenjahre 1765–1766 (1765)

Das Programm bezieht sich auf Kants Metaphysik-Vorlesung, die Kant mit Ausnahme der Sommersemester 1757 und 1758 nach A. G. Baumgartens *Metaphysica* (1739, [4]1757) hielt, und setzt mit kritischen Bemerkungen zum akademischen Unterricht ein. Kants Freund und Biograph E. L. Borowski betonte die Aufschlüsse über Kants pädagogische Auffassungen (*I. Kant. Sein Leben in Darstellungen von Zeitgenossen*, hg. v. F. Groß, Berlin 1912, S. 163, NDm. Einl. v. R. Malter, Darmstadt 1993). Die Überlegungen konzentrieren sich im bei Kant wiederkehrenden Thema, der Studierende solle nicht Gedanken, sondern Denken, nicht Philosophie, sondern Philosophieren lernen. Kant führte es gern in seinen Vorlesungen aus und wiederholte es auch im Architektonik-Kapitel der Methodenlehre der *Kritik* (III, 540 ff.). Er nimmt das Thema aus C. Wolffs *Discursus praeliminaris* (1728) auf, den Wolff seiner *Philosophia rationalis sive Logica* vorangestellt hatte. Wolff hatte mathematische, historische und philosophische Erkenntnis unterschieden. Historisch sei das Wissen einer Tatsache, philosophisch das Wissen von deren Ursache. Wer die Lehrsätze einer Philosophie kenne, besitze historisches Wissen der Philosophie. Philosophie selbst besitze erst, wer die Lehrsätze von Philosophien selbstständig beweisen könne (§ 50). Die Thematik gehört zur aufklärerischen Leitidee des Selbstdenkens und durchzieht in vielerlei Aspekten die ganze außerordentliche Propädeutik-Schrift Wolffs. Im Schlusskapitel gipfelt sie in der Schlussfolgerung: »Wenn einer Philosophie nach philosophischer Methode lehren soll, so ist es nötig, daß er sich der Freiheit des Philosophierens erfreut« (§ 166). Die aufklärerische Fragestellung ging aus der Polemik der Naturwissenschaftler des späten 16. und des 17. Jhs. gegen die humanistische Linie der Renaissance-Wissenschaften mit deren Hochschätzung des Altertums hervor. Bacon setzte dagegen originale Beobachtung und Experiment. Descartes sagte schon wie Wolff, wir wären keine Mathematiker, wenn wir nur die Beweise anderer Mathematiker gelernt hätten, ohne imstande zu sein, »Probleme allererst selbst aufzulösen, und ebensowenig Philosophen, wenn wir auch alle Argumente von Plato und Aristoteles gelesen hätten« ohne eigenes Urteil darüber. »Dann hätten wir offenbar nicht Wissenschaft, sondern Geschichte gelernt« (R. Descartes, *Regeln zur Leitung des Geistes*, Regel III). Im Vorlesungsprogramm bezieht Kant das Thema auf seine Kritik der akademischen Schulmetaphysik. Um Philosophie zu lernen, müsste eine vorhanden sein, wie Euklids *Elemente* in der Mathematik. Statt die Verstandesfähigkeit der anvertrauten Jugend zu deren eigener Einsicht auszubilden, hintergehe man sie mit vorgeblich fertiger Weisheit, die nur »unter gewissen Leuten für ächte Münze gilt, allerwärts sonst aber verrufen ist« (II, 307).

Im Ganzen soll die Vorlesung eine systematische Darstellung von Metaphysik, Logik, Ethik und physischer Geographie bringen. Kant teilt zum ersten Mal Veränderungen der Metaphysik-Systematik mit, die er allerdings, wie die Nachschriften Herders von 1762 zeigen, schon einige Jahre zuvor eingeführt hatte. Durch »eine kleine Biegung« könne er das Lehrbuch ebenfalls in der eingeschlagenen Richtung interpretieren. Die Neuerung besteht darin, dass die Metaphysik mit der empirischen Psychologie begonnen wird, »die eigentlich die metaphysische Erfahrungswissenschaft (!) vom Menschen ist«. Darauf folge die Naturphilosophie und dann erst die Ontologie. Es folgen rationale Psychologie und Theologie (II, 309). Kant stellt die synthetische Gliederung der Schulmetaphysik nach dem Vorbild der Mathematik um und verfährt analytisch im Ausgang von Anthropologie und Kosmologie. Es wird zugleich deutlich, dass das Anthropologie-Kolleg, das Kant statt einer wegen Desinteresses der Hörer nicht zustande gekommenen Vorlesung über theoretische Physik zum ersten Mal im Wintersemester 1772/73 abhielt, formell aus der schulmetaphysischen Disziplin der empirischen Psychologie hervorging. Sachlich gehört es zu den frühesten Veränderungen, mit denen Kant seine Reform der Metaphysik begann. Mit der psychologia empirica ist natürlich der Einfluss der empiristischen englischen Philosophie verbunden.

Die Vorlesung werde bei der »Kritik zur Vernunft« (II, 311) einige Blicke auf die Kritik des Geschmacks werfen. Der zentrale aufklärerische Terminus »Kritik«, den Kant also schon Jahrzehnte vor der *KrV* nach dem Sprachgebrauch der Zeit auch mit »Vernunft« verbunden hatte, wurde im Sinne von Feststellung der Regeln der Tätigkeit in einer Disziplin verwendet (II, 311). Für die Ethik heißt es, sie werde nach Baumgarten vorgetragen, aber Hume, Hutcheson und Shaftesbury sind die Autoritäten. Sie seien am weitesten in der Analyse der ersten Gründe der Sittlichkeit vorgedrungen. Das hatte sich bereits in dem kurzen Schlussteil der Preisschrift zur Deutlichkeit in natürlicher Theologie und Moral angedeutet. Im Unterschied zur natürlichen Theologie, der mit

dem Gedankengang des *Einzig möglichen Beweisgrunds* die evidente Demonstration der Lehrsätze umstandslos bescheinigt wird, gelte für die Moraltheorie, »daß eine solche unmittelbare oberste Regel aller Verbindlichkeit schlechterdings unerweislich sein müsse«. Der Verstand leiste die Erkenntnis des Wahren, das Bewusstsein des Guten aber »entspringe aus einfachern Empfindungen des Guten« (II, 299). Die Möglichkeit einer letzten formalen Gesetzlichkeit moralischer Motivation, wie sie der kategorische Imperativ dann versuchte, wird ausdrücklich bestritten. Dennoch ist der Umgang mit dem Material der empiristischen Moraltheorie diffizil und bereits höchst anspruchsvoll. Zunächst wird der Sensualismus durch Shaftesburys platonisierenden Ordnungsbegriff mit den Kriterien sittlicher Schönheit und Hässlichkeit eingeschränkt. Vor allem wird aber die utilitaristische Regelbildung als bloße »Anweisung eines geschickten Verhaltens« ausgeschieden. Kant unterscheidet die Beziehung der allgemeinen Regel auf den besonderen Fall in theoretischer Erkenntnis einerseits, in moralisch-praktischen Bezügen andererseits von einander. Da herrscht Subsumtion, die Zuverlässigkeit des Gesetzes vorausgesetzt, die von einer reflektierenden Urteilskraft vollzogen wird. Bei der praktischen Regel scheidet eine Subsumtion »vermittelst der Zurückführung auf die Notwendigkeit einer anderen vollkommenen Handlung«, also die Behandlung der Moralität nach Kriterien theoretischer Beweisform, aus. Daraus ergibt sich eine besondere Funktion der Urteilskraft als verbindenden Gliedes zwischen Gesetz und Einzelfall bei moralischer Motivierung. Das hat eine erweiterte Funktion individueller Motivation bei der Anerkennung überindividueller moralischer Grundsätze zur Folge.

Kants Begriff der physischen Geographie findet sich zusammengefasst. Physische, moralische und politische Geographie werden unterschieden. Das »natürliche Verhältnis aller Länder und Meere« ist »das eigentliche Fundament aller Geschichte, ohne welches sie von Märchenerzählungen wenig unterschieden ist« (II, 312).

Literatur

Hinske, N.: Ursprüngliche Einsicht und Versteinerung. Zur Vorgeschichte von Kants Unterscheidung von ›Philosophie lernen‹ und ›Philosophieren lernen‹, in: Müller, G. (Hg.), Das kritische Geschäft der Vernunft. Symposion zu Ehren von G. Funke, Bonn 1995, S. 7–28.

Träume eines Geistersehers, erläutert durch Träume der Metaphysik (1766)

Die (anonym erschienene) Schrift enthält zwei Teile, der erste fasst Kants Metaphysik-Kritik der 60er Jahre bis vor die Raumschrift von 1768 zusammen und umreißt seinen eigenen Metaphysik-Begriff im Zusammenhang einer außerordentlichen analytischen Rekonstruktion des Begriffs des mundus intelligibilis. Der zweite Teil behandelt die damals Aufsehen erregenden Werke des Theosophen und Hellsehers E. Swedenborg (1688–1772), in denen dieser eine spiritualistische Metaphysik darlegt und auch von seinen Gesprächen mit den Geistern Verstorbener erstaunliche Belegstücke mitteilt. Der erfolgreiche Bergwerksingenieur und Naturwissenschaftler begann in den 40er Jahren seine theosophischen Studien, da Gott ihm die Gründung einer neuen Kirche eingegeben hätte. Er behauptete Visionen des Zusammenhangs der Menschenwelt mit dem Geisterreich. Nebenher gehörten zu den Proben übersinnlicher Fähigkeiten der Bericht vom Brand in Stockholm, während Swedenborg sich im entfernten Gotenburg befand; auch die Auffindung einer Juweliers-Quittung nach Gespräch mit deren verstorbenem Eigentümer. Durch die Paralellisierung von Metaphysik und Geisterseherei gewinnt Kants Metaphysik-Kritik neue literarische Schärfe. Kant behandelt die Geisterseherei als eine Karikatur der Metaphysik, dadurch zugleich die akademische Metaphysik seiner Zeit als philosophische Träume, »schwindlichte Begriffe einer halb dichtenden, halb schließenden Vernunft« (II, 348). Die mit einem Mal durchbrechende satirische Form ist Ausdruck einer von Kant zunehmend empfundenen inneren Widersprüchlichkeit beim Verfolg seines Syntheseprogramms. An Mendelssohn, der mit der Schrift als fast frivolem Stück unzufrieden war, schrieb Kant, dass er eigentlich über sich selbst spotte, »indem wirklich der Zustand meines Gemüths hiebey wiedersinnisch ist« (8.4.1766). Das betrifft zunächst einen autobiographischen Aspekt, den Kant am Ende des ersten Teils der Schrift auch mitteilt. Er habe selbst im Sinne der ontologischen Metaphysik versucht, eine Einheit von intelligibler Funktion und empirisch verifizierbarer Ereigniswelt zu gewinnen. Diese »ganz vergeblichen Nachforschungen« lege er jetzt als abgemacht beiseite (II, 352). Er sah, möchte man zugespitzt sagen, Swedenborgs Umgang mit den Geistern als eine Karikatur seiner Synthese-Bemühungen des Phänomenalismus der Naturwissenschaften und einer ontologischen Metaphysik Wolffschen Typus.

Die Schrift stellt auch eine Satire auf das Selbstverständnis der Aufklärung dar. Der selbstgefällige Anspruch vernunftgemäßer Läuterung der Öffentlichkeit wird durch Kontrastierung am besonders drastischen Exempel mystischen Verkehrs mit Geistern persifliert. Unaufrichtig sei die Öffentlichkeit, da man nach außen die Geisterseherei nach der herrschenden Mode des Unglaubens verwerfe, heimlich aber solchen Exaltationen des gesunden Menschenverstandes anhänge, so sehr, dass sogar Mitglieder einer Akademie der Wissenschaften nicht von »Ergebenheit in die gedachte Meinung frei wären« (II, 353 f.). In der Vorrede ironisiert Kant die eitle Bescheidenheit in der Buchmacherei des schreibseligen Jahrhunderts und die wechselseitigen Selbsttäuschungen von Autor und Leserschaft vom Einverständnis über die gedruckten und studierten Weisheiten: Eine Disziplin wie die Metaphysik demonstriert in prätentiöser Form Gegenstände, die es gar nicht gibt, und ein lesebegieriges Publikum bekennt sich dankbar als zu neuen Klarheiten aufgeklärt. Über die Widersprüche der aufklärerischen Kultur spricht sich Kant in dem großen Brief vom 8.4.1766 an Mendelssohn in Berlin aus, der sich nach Erhalt der Schrift befremdet über deren Ton geäußert hatte. »Was meine geäußerte Meinung von dem Werthe der Metaphysik überhaupt betrifft so mag vielleicht hin und wieder der Ausdruck nicht vorsichtig und beschränkt gnug gewählt worden seyn allein ich verheele gar nicht daß ich die aufgeblasene Anmaßung gantzer Bände voll Einsichten dieser Art so wie sie jetziger Zeit gangbar sind mit Wiederwillen ja mit einigem Haße ansehe indem ich mich vollkommen überzeuge daß der Weg, den man gewählt hat ganz verkehrt sey daß die im Schwang gehende Methoden den Wahn und die Irrthümer ins unendliche vermehren müssen und daß selbst die gänzliche Vertilgung aller dieser eingebildeten Einsichten nicht so schädlich seyn könne als die erträumte Wissenschaft mit ihrer so verwünschten Fruchtbarkeit«. Der Brief fasst darauf die Resultate der Kantschen Metaphysik-Kritik der 60er Jahre nochmals zusammen.

Scherz, Satire, Ironie und tiefere Bedeutung der Kantschen Schrift werden aus der Zusammenstellung und wechselseitigen Desavouierung zweier Gesichter der zeitgenössischen Kultur gewonnen: die vornehme Metaphysik basiert auf einem nicht verifizierbaren Begriff geistiger Substanzen, doch die methodische Form verdeckt nur vulgären Gehalt, von geistigen Wesenheiten Anschauung und mitteilbares Wissen vorzuspiegeln. Kants Metaphysik-Kritik liegt das beunruhigte Wissen um eine Spaltung der Kultur zugrunde, das Kant in keiner Schrift zuvor so deutlich ausgesprochen hatte. Die aufklärerische Kultur enthält den fatalen Gegensatz von intellektuellem Formalismus auf der Seite einer akademischen und den Buchmarkt bedienenden Bildungsschicht und einer verborgenen, doch ungestillten, geradewegs antiaufklärerischen Sehnsucht des Umgangs mit abgeschiedenen Seelen und Geistern. Wir tun gelehrt, leben aber mitten im Spuk. Kant rührt mit seiner brillanten Schrift an die Verdinglichung der bürgerlichen Welt in deren beiden Flügeln Wissenschaft und ungestilltem Irrationalismus. Der Gymnasiast Hegel notierte in den 80er Jahren die gleiche Entzweiung im aufklärerischen Bewusstsein (J. Hoffmeister, *Dokumente zu Hegels Entwicklung*, Stuttgart 1936, S. 13, 37). Kant hat den außerordentlichen Einfluss Rousseaus auf sein kritisches Verständnis fortgeschrittener Kultur darin gesehen, dass Rousseau ihn von der Fixierung auf die äußeren Fortschritte der bürgerlichen Welt geheilt habe, und er einsehen lernte, dass aller isolierter akademischer Fortschritt sich selbst unterhöhle und ins Gegenteil verkehre.

Das Titelwort »Träume der Metaphysik« gehört in den Zusammenhang der Erörterungen in der neuzeitlichen Metaphysik, wie die Auffassung der Rationalität als logische und mathematische Intuition ausschließen könne, dass wir die innersubjektive Klarheit nur träumten. Für die an Descartes anschließende Selbstbegründung autonomer Vernunft hatte die Unterscheidung von angeborenen klaren und deutlichen Begriffen von den ebenfalls prägnanten Vorstellungsassoziationen in Träumen eine große Rolle gespielt. Die Spaltung des Subjekts in die einander ähnlichen Bereiche der Apperzeption bedrohte das Programm von Autonomie durch Selbstreflexion. Wolff nannte den Traum »einen Zustand klarer und deutlicher, aber unordentlicher Gedanken« (*Vernünftige Gedanken*, I, § 803). Descartes behandelt die Thematik in fast allen seinen philosophischen Schriften, zuerst und am ausführlichsten in der *Abhandlung über die Methode*, Teil 4, §§ 10 ff. Die sechste Meditation führt die Thematik in den §§ 14 ff. wieder aus und trennt die klaren und deutlichen Begriffe von den Träumen mit Hilfe der rationalistischen Konstruktion des Gottesbegriffs. Die intuitivistische Selbstbegründung der Rationalität richtete sich gegen die alltagspraktische und stimmungshafte Begründung von Wahrheit bzw. des moralische Guten im naiven religiösen Vertrauensbewusstsein. Für Kant komplizierte sich das Problem, weil er nicht nur die naive Objektivitätssicherung mit dem Rationalismus ausschließen wollte, sondern darüber hinaus

auch die ontologische Prämisse, die klaren und deutlichen Ideen des irdischen Menschen seien es nur, weil sie zugleich die Ideen Gottes darstellten. Kants Argumentation verläuft parallel derjenigen von Hobbes gegen Descartes' Konstitution des Subjekts als denkender Substanz, aber er benutzt sie nicht, da er seine Metaphysik-Kritik weder vom mechanischen Materialismus her noch vom sensualistischen Empirismus aus entwickelt. Ausführungen des ersten Teils zur Frage, ob eine geistige Substanz in einem von Materie besetzten Raum Materie verdränge oder nicht, ob die geistige Substanz des Menschen im ganzen Körper ausgedehnt oder nur in einem Punkte sitze (II, 321, 325), könnten allerdings auf Kants Lektüre der Hobbes- und Gassendi-Polemik gegen Descartes schließen lassen (vgl. Gassendis Descartes-Kritik, in: Descartes, *Meditationen*, Leipzig 1915, S. 311 ff.). Nach Hobbes hat auch Leibniz die heikle Thematik wieder erörtert. Nimmt man die Seele als vom Körper ganz isolierte Substanz, so ist deren Einfluss auf den Körper schwer darzulegen. Denkt man sich die Seele als über die ganze natürliche Maschine verteilt, so schwindet der Unterschied zwischen Geist und Materie dahin »und Leibnizens scherzhafter Einfall, nach welchem wir vielleicht im Kaffee Atomen verschluckten, woraus Menschenseelen werden sollen, wäre nicht mehr ein Gedanke zum Lachen« (II, 327).

Kant begründet seine Metaphysik-Kritik jetzt damit, dass es sich um eine Philosophie handele, die mit einem ungeklärten alltagspraktischen Begriff nicht verifizierbare Konstruktionen unternehme: mit dem Begriff des Geistes. Metaphysik ist methodische Überwölbung ungereinigten Alltagsbewusstseins. Kants theoretische Entwicklung während der 60er und 70er Jahre zielt darauf ab, neue, über die Leistungen der neuzeitlichen Metaphysik und des Empirismus hinausgehende Kritiken des alltagspraktischen Verhaltens und Bewusstseins und neue Differenzierungen zwischen den Objektivierungstypen Alltagsbewusstsein, systematische wissenschaftliche Theoriebildung, ästhetische, moralische u. a. Normbegründungen zu erreichen. Kant versucht eine frühe Transformation der Metaphysik des »Geistes«, einer »Geisterwelt«, der wir zugehörten, auf eine überindividuelle und zugleich nichttranszendente, also menschheitlich-immanente allgemeine Moralität, gegenüber der Mensch durch sein Bewusstsein eine Verbindlichkeit besitze (II, 334–337). Die Bedeutung Rousseaus für Kants Weg von der negativen Kritik der dogmatischen Metaphysik zur Begründung einer positiven kritischen Metaphysik als der Elementarwissenschaft der Grenzen von Sinnlichkeit und Verstand, wie Kant in der letzten Vorbereitungsperiode seiner *KrV* sagt, tritt deutlich in den Formulierungen hervor, die Kant als eine hypothetische Umwendung metaphysischer Theorien von einer intelligiblen Welt geistiger Substanzen benutzt. Die Passagen belegen zugleich Kants wiederholte Äußerungen in Briefen, er habe zuerst auf dem Gebiet der praktischen Philosophie den Weg zu seiner Transzendentalphilosophie eingeschlagen. Kant spricht mit Rousseau die Abhängigkeit des »Privatwillens vom allgemeinen Willen« aus, und die *volonté général* wird als große oder »geistige Republik« bezeichnet (II, 335 f., 341). Kant hat den Weg beschritten zu seiner großen Neuschöpfung in der europäischen Philosophie, einer *Metaphysik der Moral* oder der Sitten, wie er sagt.

Von Kants Karikatur auf die deutsche Schulmetaphysik der Zeit gilt, was Goethe von Lichtenberg sagte: Wo Lichtenberg einen Witz macht, da liegt ein Problem verborgen. Worin besteht das Problem, das Kant mit seinem satirischen Einfall, Metaphysik als eine Art höhere Geisterseherei zu behandeln, die Geisterseherei dann aber auch dem kulturellen Typus einer tieferen und ernsteren geistigen Falsifikation zuzurechnen, aufgeworfen und nach der Lösungsrichtung bezeichnet hat? Er spricht immerhin bereits die metaphysikkritische These der *KrV* aus: Aufgabe und Resultat der Metaphysik können allein im negativen Sinne bestehen, indem sie »die Grenzen unserer Einsicht festsetzt« (II, 351). »In so fern ist die Metaphysik eine Wissenschaft von den *Grenzen der menschlichen Vernunft*« (II, 368).

Der theoretisch zentrale Teil der Schrift ist das zweite Hauptstück des ersten Teils. Kant klärt in drei Gedankenschritten den Begriff des mundus intelligibilis, für ihn bislang nur die metaphysisch sublimierte Vorstellung einer aparten Geisterwelt. Er nimmt das Problem in der entwickeltsten Fassung auf, den die Monadologie-Würdigung Leibniz' gegen das Missverständnis der Monadologie, die gar nicht als naturwissenschaftliche Theorie darstelle. Die wahrnehmbaren Ereignisse und Gegenstände bilden darum das Ganze einer Welt, weil sie Erscheinungsweisen einer »immateriellen Welt« bilden, deren energetische Kräfte diese in wechselseitiger Verknüpfung und Gemeinschaft zu einem ursprünglichen Ganzen machen (II, 330). Diese Verbindung von materieller und immaterieller Sphäre gibt die Basis für den Glauben, dass »die menschliche Seele auch in diesem Leben in einer unauflöslich verknüpften Gemeinschaft mit allen immateriellen Naturen der Geisterwelt stehe« (II, 333). Doch der ganze Begriff der geistigen Natur ist

auch in der qualifizierten monadologischen Fassung als »gar zu sehr hypothetisch« nicht verifizierbar (ebd.), ja es kann »die Berufung auf immaterielle Principien eine Zuflucht der faulen Philosophie« sein (II, 331). Im zweiten Schritt gibt Kant eine logisch immanente, fast sprachtheoretisch analytische Erklärung des Begriffs der immateriellen Welt, damit auch, warum er uns so unentbehrlich wie jederzeit naheliegend ist. In unserer »Gemüthsart« wirkt »ein geheimer Zug«, »dasjenige, was man für sich selbst als *gut* oder *wahr* erkennt, mit dem Urtheil anderer zu vergleichen, um beide einstimmig zu machen«. So sehen wir unsere Urteile wie von einem »*allgemeinen menschlichen Verstande*« abhängig, was schließlich »ein Mittel wird, dem Ganzen denkender Wesen eine Art von Vernunfteinheit zu verschaffen« (II, 334). Daraus entspringt die Idee von der Regel eines allgemeinen Willens und einer moralischen Einheit und überhaupt systematischer Verfassung aller denkenden Naturen »nach bloß geistigen Gesetzen« (II, 335). So erkläre sich auch das »sittliche Gefühl« (das »Achtungsgefühl« für das Sittengesetz in der späteren *KpV*) der Abhängigkeit des Privatwillens vom allgemeinen Willen, Folge natürlicher allgemeiner Wechselwirkung, durch die die immaterielle Welt sittliche Einheit erlangt. Kant spricht hier 1766 offenbar die Grundgedanken aus, die seine damals geplante, erst Jahrzehnte später erschienene Metaphysik der Sitten leiten sollten. Der dritte, abschließende Schritt im Kernbezirk der Geisterseher-Schrift bringt die rationelle Rekonstruktion der Einheit des entmystifizierten Begriffs der immateriellen Welt oder des mundus intelligibilis mit der sinnlich-gegenständlichen Wirklichkeit. Die Basis der Synthese ist die reelle Auffassung der »geistigen Natur« des Menschen: der gesellschaftlich abgleichende und generalisierende Charakter der Urteilsfunktion. Im analytischen Nachweis dieser nicht-gegenständlich, sondern kommunikativ tätigen Keimzelle aller »geistigen Wesenheiten« besteht das Zentrum des Kantschen Metaphysik-Begriffs. Die Interpretationen, die Kants Metaphysik in die alteuropäische metaphysisch-theologische Tradition einrücken möchten, halten mit oberflächlicher Zeichnung durch ideengeschichtliche Analogien die Sache selbst verborgen. Zur inadäquaten Darstellung gehört auch die Teilung der Kantschen Theorie in sog. wissenschaftstheoretische und (unkorrekt aufgefasste) eigentliche metaphysische Ebene, die eigentlich bereits von E. Cassirers Kant-Buch (1918) ausgeschlossen worden war. Das führt auf den dritten Schritt des frühen Grundrisses der Kantschen Metaphysik, mit dem geistig-gesellschaftliche und gegenständlich-materielle Welt verbunden werden. Von den ideellen Formen, deren rationeller Kern die logischen, ästhetischen, moralisch-postulierenden Akte mit ihrem Verständigungs- und Generalisierungspotential sind, ist keine intellektuelle Anschauung, keine empirisch-unmittelbare Repräsentation möglich. Die ideellen Setzungen »können in das persönliche Bewußtsein des Menschen zwar nicht unmittelbar, aber doch so übergehen, daß sie nach *dem Gesetz der vergesellschafteten Begriffe* diejenige Bilder rege machen, die [...] analogische Vorstellungen unserer Sinne erwecken, die [...] *deren Symbolen sind*« (II, 338 f.; Hv. v. Vf.). Wir operieren im kulturellen Prozess mit symbolischen Inkorporationen der aufgrund seines gesellschaftlichen Charakters generalisierenden Funktion des Bewusstseins. Wir müssen es tun aufgrund der ideellen und gegenständlichen Doppelnatur unserer Lebensäußerung. Die Bewusstseinsfunktion kann dann substantialisierend falsifiziert werden. Bisherige Metaphysik und Religion sind die eine Weise der Repräsentation solcher Verdinglichung, deren Pendant die naturalistische Fixierung dinghafter Triebe, Emotionen und vermeinter »natürlicher« komplexer Begriffe bildet. So wurde z. B. die Gottheit als Substanz gedacht »unter den Vorstellungen des Zorns, der Eifersucht, der Barmherzigkeit, der Rache, u. d. g.« (II, 339).

Es gibt eine überempirische Bestimmung von Praxis, speziell der moralischen praktischen Verbindlichkeit des Menschen, die den Ort aller theoretischen und praktischen Operationen bildet, der *mundus intelligibilis*. Metaphysik ist die illusorische Fixierung der über das jeweils gegebene Faktische hinausgehenden praktischen Potenz des Menschen in der Form ontischer Gegenständlichkeit. Die Geisterseher-Schrift ist das erste Dokument der Kantschen neuen, kritischen Metaphysik. Deren zweites, in einzelnen Punkten durchführendes, folgt vier Jahre später mit der Inauguraldissertation zum gleichen Thema des Begriffs der geistigen und der gegenständlich-phänomenalen Welt und des Verhältnisses von mundus intelligibilis und sensibilis. Den Einsatz der kritischen Metaphysik allein auf die Inauguraldissertation (1770) zu konzentrieren, reicht nicht aus. Das zweite Hauptstück des ersten Teils der Geisterseher-Schrift enthält einen Einsatz, der in der analytischen genetischen Begründung des Begriffs der geistigen Welt und mit seinem Symbolbegriff der geistig-kulturellen Realität (im Unterschied zur gegenständlich-materiellen Realität der Kultur) über die Darstellung der Dissertation hinausgeht.

Literatur

Zimmermann, R.: Kant und der Spiritismus, Wien 1879. – Benz, E.: Swedenborg in Deutschland. F. C. Oetingers und I. Kants Auseinandersetzung mit Person und Lehre Swedenborgs, Frankfurt/M. 1947. – Ebbinghaus, J.: Kant und Swedenborg, in: Ges. Aufsätze, Hildesheim 1968, S. 58–79. – Tonelli, G.: Kant's ethics as a part of metaphysics, in: Walton, C./Anton, J. P. (Hg.), Philosophy in Civilizing Arts, Athens 1974, S. 236–263. – Reich, K.: Einl. zu I. Kant, *Träume eines Geistersehers. Von dem ersten Grunde des Unterschieds der Gegenden im Raume*, Hamburg 1975, S. V–XVIII. – Schmucker, J.: Kants kritischer Standpunkt zur Zeit der *Träume eines Geistersehers* im Verhältnis zu dem der *KrV*, in: Heidemann, I./Ritzel, W. (Hg.), Beiträge zur *KrV* 1781–1981, Berlin u. New York 1981 [die Schrift ein Höhepunkt in Kants theoretischer Entwicklung: Dialektik der Schlüsse der reinen Vernunft, Glaubensbegründung durch Vernunftpostulate, ausdifferenzierte Ethik]. – Begenat, R.: Swedenborg und Kant. Ein andauerndes Mißverständnis, erklärt durch die Unvereinbarkeit der Standpunkte, in: Bergmann, H./Zink, E. (Hg.), Emanuel Swedenborg 1688–1772 (Ausstellungskatalog), Stuttgart 1988. – Kreimendahl, L.: Kant. Der Durchbruch von 1769, Bochum 1990 [sieht in der Schrift als neu: Trennung der Philosophie in analytischen und dialektischen Teil, Kants These von der Einheit der Erfahrung (S. 121)]. – Florschütz, G.: Swedenborgs verborgene Wirkung auf Kant, Würzburg 1992.

Von dem ersten Grunde des Unterschieds der Gegenden im Raume (1768)

Der knappe Aufsatz von nur sieben Druckseiten in den *Königsberger Frag- und Anzeigungsnachrichten* gibt den Punkt zu erkennen, von dem aus Kant zu seiner neuen Theorie von Raum und Zeit gelangte, die er in der zwei Jahre später verfassten Inauguraldissertation zum ersten Mal vortrug. Die Lösung des Problems, das er in der kleinen Skizze ohne eine solche formuliert, ist wahrscheinlich mit der vielbehandelten Notiz Kants gemeint, er habe lange einander entgegengesetzte Sätze zu beweisen versucht, das Jahr 1769 habe ihm »großes Licht« gegeben (Refl. 5037). Kant hatte bislang mit der Leibnizschen Metaphysik auch Leibniz' relationale Theorie von Raum und Zeit als deren Teilstück angenommen. Der Raum ist nicht eine absolute Gesamtheit, in der einzelne Örter als enthalten gedacht werden müssen, um z. B. mit der Euklidschen Geometrie genaue Lagebestimmungen erreichen zu können. Leibniz verstand den Raum als die phänomenale Struktur aller zugleich bestehenden Objekte. Entsprechend war die Zeit Ordnungsform aller aufeinander folgenden Ereignisse. Leibniz dachte diese Relationalität natürlich als eine ideelle Ordnung im mathematischen Sinne. Kant wich hier insofern von Leibniz ab, als er Raum und Zeit im Sinne der Schulmetaphysik für Ideen nahm, die reale »Gegenstände« bezeichneten. Mit dem Gedanken der über alle empirischen Gegenstände und Orte übergreifenden ideellen Relation war Leibniz' Programm einer analysis situs verbunden. Wenn die räumliche Ausdehnung nicht vorausbesteht, sondern durch das Denken erzeugt wird, dann müsste es möglich sein, analog zu der geometrischen Analysis der Figuren eine Analysis der Lage zu schaffen. Diese neue Wissenschaft sollte zur characteristica universalis gehören und es ermöglichen, auf rein analytischem Wege die geometrischen Objekte deduktiv darzustellen. Die Theorie des absoluten Raumes hielt Kant mit Leibniz für widersprüchlich, da mit ihr kein Verhältnis eines Objekts zum leeren Raum angegeben werden könne. Kant notierte noch um 1764/66 im Sinne des Leibnizschen Raumbegriffes gegen den Newton-Raum: »Ob es ein spatium absolutum oder tempus absolutum gebe, würde so viel sagen wollen, ob man zwischen zwey Dingen im Raume alles dazwischen liegende vernichten könne und doch die bestimte leere Lücke bleiben würde« (Refl. 3892). Mit der Leibnizschen Raum- und Zeittheorie war Kants Naturbegriff der Schriften der 50er Jahre verbunden gewesen. Die kleine Abhandlung spricht jetzt seine Einsicht in die Widersprüchlichkeit der Leibnizschen Theorie und also eine Grundlage seiner eigenen Kosmologie aus. Kant war mit einem Konflikt zweier Raum- und Zeittheorien konfrontiert, die beide bestimmte Gründe für sich anführten und also im Ganzen eine Antinomie darstellten.

Kant setzt mit einer Kritik des Leibnizschen Projekts der analysis situs ein. Sein Argument: Der mathematische Raumbegriff lässt nur die Teile eines Objekts, dessen Ausdehnung und Figur, beschreiben, nicht dessen Lage im Raum. Kant macht das am Problem der sog. »inkongruenten Gegenstücke« klar (II, 382). Zwei einander gleiche Figuren, auf einer Ebene gezeichnet, decken einander. Doch Linien und Flächen, die nicht auf einer Ebene liegen, können oft völlig gleich sein und sich doch nicht decken. So wird ein Schraubengewinde mit Rechtsdrehung nicht in eine Mutter mit Linksdrehung passen. Vor allem aber ist die linke Hand der rechten gleich in Bezug auf die Lage der Teile und die Größe im Ganzen, es kann aber keine der beiden mit der anderen zur Deckung gebracht werden. Es gibt also gleiche Körper, die nicht kongruent, sondern nur spiegelgleich sind. Also muss außer der mathematischen Relationalität des Raumes noch eine absolute Dimension angenommen werden. Die Bestimmung des Raumes im

relationalen Sinne kann nicht allein Folge der Lagen der Teile von Objekten sein. Die vollständige Bestimmung von Objekten im Raum setzt außer der Relation der Teile und der Objekte überhaupt einen »absoluten und ursprünglichen Raum« voraus. Nur durch ihn ist das Verhältnis von Körpern im Raum vollständig zu bestimmen. Kant kommt zur Annahme, »daß der absolute Raum unabhängig von dem Dasein aller Materie und selbst als der erste Grund aller Möglichkeit ihrer Zusammensetzung eine eigene Realität habe« (II, 378).

Mit den Überlegungen der Abhandlung erkennt Kant die Unfertigkeit auch der Leibnizschen Raumtheorie so, wie er die Newtonsche immer gesehen hatte. Damit entstand für Kants Generalproblem der Verbindung von Naturwissenschaft und ontologischer Metaphysik eine völlig neue Situation. Die induktionistische Naturwissenschaft bot von ihrem Prinzip her keine abgeschlossene und je abschließbare Theorie der empirisch darstellbaren Wirklichkeit. Eine solche metaphysische Begründung der mathematischen Naturwissenschaft suchte Kant aber gerade mit seinen naturphilosophischen und metaphysischen Arbeiten zu finden. Jetzt stellte Kant fest, dass auch die mathematische Theorie der Wirklichkeit ihren ontologischen Anspruch nicht zu realisieren vermag. Es gibt Raumbestimmungen, die nicht deduktiv dargestellt werden können mit Hilfe eines geometrischen Kalküls wie etwa der Leibnizschen analysis situs. Kant sieht sein Projekt einer unter Anerkennung der induktionistisch-phänomenologischen Naturwissenschaft umgeformten Metaphysik in einen Widerspruch geraten. »Für Kant heißt dies: sein vorkritischer Versuch, die zentralen Aspekte der Leibnizschen und Newtonschen Theorie von Raum und Zeit durch den Gebrauch der analytischen Methode in eine metaphysische Theorie von Raum und Zeit als realen, kosmologischen Größen zu vereinigen, führt zum Widerspruch im Raumbegriff – der Raum ist relational und nichtrelational zugleich« (Falkenburg 2000, S. 124). Der dialektische Charakter der Seinsbegriffe auch der neuzeitlichen Metaphysik führt Kant zur Idee von deren Subjektivität im Sinne einer transzendentallogischen Idealität. Kant löst den Widerspruch durch das »große Licht«, Raum und Zeit überhaupt nicht mehr als intellektuelle Setzungen, sondern direkt als ursprüngliche Anschauungsformen des Subjekts aufzufassen. Die Inauguraldissertation legt das zum ersten Mal dar. Damit verändern sich allerdings die Kriterien einer neuen Metaphysik weitgehend. Eine absolute Kosmologie, überhaupt absolute Seinsaussagen werden unmöglich. Es gibt keine mathematische und keine metaphysische Begründung für absolute intelligible Setzungen mehr. Das einzig Absolute sind die mathematischen und logischen Ordnungsformen von Erfahrung. Kant nimmt die absoluten Setzungen für unbedingte Maximen des Handelns zurück, die allerdings ebenfalls nur vorbestehende methodische Ordnungsformen empirisch vollzogener Akte darstellen.

Literatur

Reich, K.: Einl. zu I. Kant, *Träume eines Geistersehers. Von dem ersten Grunde des Unterschieds der Gegenden im Raume*, Hamburg 1975 ([1]1905), S. V–XVIII. – Lange, H.: Über den Unterschied der Gegenden im Raume, in: KS 50 (1958), S. 479–499. – Falkenburg, B.: Kants Einwände gegen Symmetrieargumente bei Leibniz, in: Weizsäcker, C.-F./Rudolph, E. (Hg.), Zeit und Logik bei Leibniz, Stuttgart 1989, S. 148–180. – Mühlhölzer, F.: Das Phänomen der inkongruenten Gegenstände aus Kantischer und aus heutiger Sicht, in: KS 83 (1992), S. 436–453. – Rusnock, P./George, R.: A last shot at Kant and incongruent counterparts, in: KS 86 (1995), S. 257–277. – Falkenburg, B.: Kants Kosmologie. Die wissenschaftliche Revolution der Naturphilosophie im 18. Jh., Frankfurt/M. 2000.

De mundi sensibilis atque intelligibilis forma et principiis (1770) (Über Form und Prinzipien der sinnlichen und der intelligiblen Welt)

Die Inauguraldissertation, die Kant beim Antritt seiner Professur für Logik und Metaphysik am 21.8. 1770 verteidigte, beginnt die ersten Konsequenzen aus der Einsicht zu ziehen, dass ein rein intellektuelles mathematisches System wie das Leibnizsche keine widerspruchsfreie Theorie der Wirklichkeit ermögliche. Die »Gegend« eines individuellen Objekts im Raum war, wie die inkongruenten Gegenstände zeigten, nur durch Anschauung zu bestimmen. Dieses uneinholbare Primat der Anschauung richtete sich auch gegen Leibniz' principium identitatis indiscernibilium, das Prinzip der Identität der voneinander nicht zu unterscheidenden Objekte. Es sagt, dass nicht zu unterscheidende Gegenstände – Kants Beispiele der rechten und linken Hand, Rechts- und Linksgewinde, sphärische Dreiecke aus entgegengesetzten Halbkugeln usf. – als Dasselbe zu denken seien. Negativ ausgedrückt heißt das, es gibt keine zwei ununterscheidbaren Einzeldinge: »Denn zwei ununterscheidbare Zustände sind ein und derselbe Zustand« (Viertes Schreiben an Clarke, in: Leibniz, *Hauptschriften zur Grundlegung der Philosophie*, Bd.

1, hg. v. E. Cassirer, Leipzig 1924, S. 147). Leibniz verband das mit seiner These einer inneren einzigen Bestimmtheit jedes Gegenstandes. Die Dissertation setzt mit dem Verhältnis von Vereinzelung eines Zusammengesetzten und Verbindung von einzelnen Objekten zu einem Ganzen ein und stellt dabei einen »Widerstreit zwischen dem sinnlichen und denkenden Vermögen« fest (§ 1; lat. Text in II, 385–419; dt. Übers. n. I. Kant, *Sämtl. Werke*, hg. v. K. Vorländer, Bd. 5, *Zur Logik und Metaphysik*, Leipzig 1921, S. 87 ff.). Wir vermögen intellektuelle Konzepte – Kant sagt abstrakte Vorstellungen – »oft nicht in concreto auszuführen und in Anschauungen zu verwandeln« (ebd.). Es ist genau das Problem, das er in der Skizze über den Unterschied der Gegenden im Raum formuliert hatte. Die seitdem – also ab dem Jahr 1769, wenn man sich mit dem Wort von der Eingebung durchs »große Licht« (Refl. 5037) aufhalten möchte –, die seitdem gewonnene Schlussfolgerung lautet: Der subjektive Widerspruch zwischen Anschauung und Denken täuscht einen objektiven Widerspruch in der Struktur der Objekte vor, so dass der Unaufmerksame »die Schranken des menschlichen Geistes für die Schranken des Wesens der Dinge selbst nimmt« (§ 1). Damit verlässt Kant den ontologischen Sinn der Leibnizschen Theorie der Intellektualität, deren Systematisierung die Wolffsche Metaphysik darstellte. Wir haben streng zu unterscheiden zwischen unseren intellektuellen Systemen und der Realität, so weit sie uns phänomenal gegeben ist.

Mit dem Konzept reiner Anschauungsformen, also eines Apriorismus der Empirie und der mathematischen Konstruktion, verlässt Kant in der Theorie des Raumes und der Zeit die Alternative zwischen Newton und Leibniz. »Die Zeit ist nichts Objektives und Reales, weder eine Substanz noch ein Accidenz, noch ein Verhältnis, sondern eine subjektive, durch die Natur des menschlichen Geistes notwendige Bedingung, […] sie ist reine Anschauung.« »Die Vorstellung des Raumes ist deshalb eine reine Anschauung« (§§ 14 f.). In den Formulierungen ist der doppelte Sinn enthalten: Sie sind nicht Begriffe, sondern Anschauung; sie sind nicht empirische Anschauung, sondern gemäß ihrer Abtrennung von den conceptiones puri der Metaphysik reine Anschauung.

Kant schreitet noch nicht zum konsequenten Phänomenalismus seiner späteren Theorie fort. Er nimmt eine Trennung von logischer und ›sinnlicher‹ Erkenntnis vor und sucht diesen beiden ›Erkenntnisweisen‹ gemäß seiner Unterscheidung von mundus intelligibilis und mundus sensibilis auszubilden. Die Lösung der Verbindung von naturwissenschaftlicher und metaphysischer Denkweise, die Kant anzielt, besteht in einer Trennung von mathematischem und metaphysischem Wirklichkeitsbezug; eines der zentralen Resultate der kritischen Revision der Metaphysik in den 60er Jahren (vgl. die Preisschrift *Untersuchung über die Deutlichkeit*). Arithmetik, Algebra und Geometrie beziehen sich auf die Anschauungswirklichkeit in den für sich ausgeformten Ordnungen Raum und Zeit. Die diskursiven Begriffe beziehen sich auf eine nicht erscheinende, aber dennoch ›seiende‹ intelligible Welt. »Da sonach alles, was an der Erkenntnis sinnlich ist, von der besonderen Anlage des Subjekts abhängt«, die Besonderheiten der Gegenstände in unmittelbarer Gegenwart wahrzunehmen, »so ist klar: daß die sinnlichen Vorstellungen die Dinge geben, *wie sie erscheinen*, die Verstandesbegriffe aber so, *wie sie sind*« (§ 4). Raum und Zeit sind dann nicht mehr, wie bei Leibniz und bei Newton, Begriffe, sondern Anschauungsformen. Mit den mathematischen Disziplinen verbunden gedacht, ergibt sich, dass sie ursprüngliche oder apriorische Anschauungsformen sein müssen und nicht empirische, fallgebundene oder individuelle Anschauungen sein können. Das Problem, das die neue Theorie auslöste, wird ausdrücklich genannt: Es sind die für die geometrische intellektuelle Konstruktion »vollkommen gleichen, aber inkongruenten Körper«, die allein die Anschauung der »Gegend im Raum« unterscheiden kann und muss. »Was in einem gegebenen Raum nach der einen und was nach der anderen Seite zu liegt, kann durch keine Schärfe des Verstandes begrifflich beschrieben oder auf Verstandesmerkmale zurückgeführt werden« (§ 15).

Die Trennung von Sinnenwelt (mundus sensibilis) und Welt von Substanzen (mundus intelligibilis) führt Kant zu einer neuen Stufe allgemeiner Metaphysik-Kritik. Er konzentriert deren doppelten Fehler jetzt darauf, dass allein durch Anschauung bestimmbare Objekte mit der analytischen Methode der Logik und mit fälschlich ebenfalls als analytisch aufgefassten mathematischen Verfahren deduziert werden sollen und dass andererseits rein intellektuellen und symbolischen Objekten (Substanzen in der Sprache der Metaphysik) eine ontische Existenz analog empirisch verifizierbaren Objekten zugesprochen wird. Solche Substanzen fasst die *Kritik* dann als Pseudo-Objekte (Seele, Welt als Ganzes, Gott, Freiheit in der metaphysica specialis), die nur symbolisch zu verdeutlichen seien, denen aber der Schein empirischer Kriterien beigemengt werde. Daraus entstünden dann die Falsifikationen der Metaphysik, »Blendwerke der sinnlichen Erkenntnisse unter der Gestalt von Verstandesbegriffen«, die Kant im 5. Abschnitt der Schrift behandelt (§ 26). Solche Falsifikationen sind: ein bestimmbarer, gleichsam anschaulicher Ort der Seele im Körper, der Ort Gottes gegenüber der Welt, überhaupt räumliche und zeitliche Attribute der nur als intelligible Wirklichkeiten zu denkenden Substanzen. Außerordentliche Konsequenzen sind hier angelegt: Der Ort geistiger Substanzen (Seele, Engel, Wirkungen Gottes) kann nicht im Sinne theoretischer Sachverhaltskonstitution gedacht werden; ebenso nicht die Allgegenwart Gottes im Raum und dessen Allwissenheit in der Zeit. Der Terminus ›mundus intelligibilis‹ wurde wahrscheinlich von Calcidius (5. Jh.) in dessen *Timaios*-Kommentar als lateinische Übersetzung für die Seinsweise der Platonschen Ideen eingeführt – dem »immer Seienden, das weder entsteht noch vergeht« (Symp. 210 e 4 f.; vgl. *Historisches Wörterbuch der Philosophie*, Bd. 4, Sp. 65).

Leibniz hatte im Briefwechsel mit Clarke bereits die Widersprüche genannt, die »unter der chimärischen Voraussetzung von der Realität des Raumes an sich selbst« entstehen. Warum habe dann Gott die Körper gerade diese bestimmte Stelle und nicht an eine andere gesetzt? Warum hat Gott die Welt zum bestimmten Zeitpunkt und nicht eine Million Jahre früher geschaffen (Leibniz, a. a. O., S. 135, 147)? Kant geht mit seiner Subjektivierung der Raumanschauung in gewissem Sinne hinter Wolff und auf die ursprüngliche Leibnizsche Auffassung zurück, dass die Raum- und Zeit-Relationen nicht ontische Formen, sondern nur Anschauungsweisen seien. Insofern ist Kants Subjektivierung bereits von Leibniz gedacht, nur eben nicht als originäre Anschauung, sondern als eine niedere Begrifflichkeit. Leibniz sagte auch bereits, die Bewegung sei zweifellos von der Beobachtung, »aber keineswegs von der Möglichkeit der Beobachtung überhaupt unabhängig« (ebd., S. 188). Kants Argumentation gegen die ontologische Auffassung von Raum und Zeit als reale Daseinsweise der Materie wird teilweise von Leibniz in dessen Polemik gegen Newtons absoluten Raum vorbereitet.

Kant gelangt noch nicht zur Metaphysik-Kritik als einer generellen Ontologismus-Kritik. Er sagt nur, dass es ›Erkenntnisweisen‹ von erscheinenden Objekten gebe, die nicht mit der unifizierenden Methode des intellektuellen Ontologismus zusammenfallen. Die Konsequenzen dessen führen dann zur Korrektur des analytischen Charakters der Erkenntnisformen. Wenn die Mathematik auf der Grundlage ursprünglicher Anschauungsformen verfährt, dabei aber wirklich produktiv ist und in den Ausgangssätzen nicht enthaltene Erkenntnisse erzeugt, so ist sie offenbar eine geistig synthetische Disziplin. Die spätere Folgerung Kants liegt nahe, dass solcher synthetischen sog. ›sinnlichen‹ Erkenntnis nur eine ebenfalls synthetische logische Erkenntnis entsprechen könne. Hier entstand das Folgeproblem des Unterschieds von mathematischer und diskursiver Erkenntnis: Wie ist der Bezug der ursprünglichen Ordnungsformen diskursiver Begriffe auf das Phänomenmaterial zu denken, da es nicht wie in Geometrie und Arithmetik ideale Anschauungskonstrukte in Raum und Zeit darstellt?

Kant hat den Bezug der Dissertation zu seinen naturphilosophischen und metaphysischen Arbeiten der 60er Jahre betont. Er sagt damit, dass er auch am Programm der Verbindung von induktionistischer Methode der Naturwissenschaft und einer Metaphysik festhält, die einen ontischen Bezirk intelligibler Welt darstellt. Die *KrV* ist dann tatsächlich das ausgeführte Programm der 50er und 60er Jahre. Aber die Metaphysik ontischer Substanzen in einem mundus intelligibilis ist gefallen. An deren Stelle steht dann die ursprüngliche synthetische Funktion in Anschauung und Logik, die sich auf die gegebene phänomenale Wirklichkeit einerseits bezieht, andererseits auf die intelligible Realität praktisch unbedingter Setzungen, die eine eigene Art von Gesetzen für empirisch erscheinende Handlungsmotivationen darstellen. Sie besitzen dann eine eigene, nur symbolisch und asymptotisch zu bestimmende Realisierungsweise, in der die beiden Welten des intelligiblen Gesetzes (außer der Anschauungswirklichkeit in Raum und Zeit) und der empirischen Willensmotivationen (innerhalb der Anschauungswelt) miteinander gleichnishaft verbunden gedacht werden können. Generell schafft die Trennung der intelligibilen Realität von der empirisch-gegenständlichen die Voraussetzung für die Einsicht: »Von den Verstandesbegriffen gibt es (für den Menschen) keine Anschauung, sondern nur symbolische Erkenntnis« (§ 10). Zum Resultat der Dissertation für Kants Weg zu seiner Trennung von Sachverhalts-Konstitution (Verstandesbegriffe) und Bestimmung der praktischen Willensmaxime (Vernunftideen) gehört die beginnende Transformation des perfectio-Prinzips der Metaphysik auf eine neue nicht-empiristische und nicht ontologisch verankerte Moraltheorie. »Die Moralphilosophie kann also, soweit sie die ersten Grundsätze der Beurteilung bietet, nur durch den reinen Verstand erkannt werden und gehört selbst zur reinen Philosophie; und wer ihre Merkmale in dem Gefühl der Lust oder Unlust sucht, wird mit vollstem Rechte getadelt« (§ 9).

Den Bezug zu seinem ursprünglichen Synthese-Programm und die entscheidenden Stücke der Dissertation hat Kant bei der Übersendung des Textes an Lambert betont. Er nannte die Schrift im Hinblick auf eine umgeformte Metaphysik »einen deutlichen Abris von der Gestalt darinn ich diese Wissenschaft erblicke und eine bestimmte Idee der eigentümlichen Methode« (2.9.1770). Er nennt die Sektionen 2, 3, und 5 die entscheidenden Teile: Unterschied von intelligibler und sensibler Welt; Prinzipien der Form der Sinnenwelt; Methode der ›sinnlichen‹ und der logischen Erkenntnis in der Metaphysik.

Der erste von den fünf Abschnitten der Dissertation führt den metaphysischen Begriff »Welt« im Sinne eines Einfachen und Ganzen als einen Intellektualbegriff aus, der nicht in der Anschauung darstellbar sei. Kant bleibt durchaus innerhalb der Leibnizschen Metaphysik, nach der die Welt als eine Totalität vorstellender Substanzen zu denken sei. Der Intellektualbegriff ist nur nicht mit dem anschaulichen Weltbegriff der Mathematik zu vermengen. Der ontologische Hintergrund der Trennung von anschaulichem und intelligiblem Sein bleibt erhalten, tritt jedoch gegenüber der Trennung der beiden ›Erkenntnisarten‹ zurück. Kant präzisiert dabei den tieferen Sinn der rationalistischen Erkenntnistheorie, wahrscheinlich von Leibniz' *Neuen Abhandlungen über den menschlichen Verstand* beeinflusst, die wenige Jahre vor der Dissertation (1765, 50 Jahre nach Leibniz' Tod) zum ersten Male erschienen waren. Leibniz entwickelt hier vom Grundbegriff der Perzeption her die beiden einander ergänzenden Ansichten der Welt als einer sinnlichen und einer intelligiblen Ordnung. In der einen Richtung begreifen wir uns als geistige Substanzen und erfassen die Monaden nicht als letztes Einfaches im Sinne physischer Teile, sondern als jene Einheit, die uns als geistige Subjekte und bewusstes Ich definieren. In der anderen Richtung nehmen wir uns als materielle Objekte wahr, der ganzen materiellen Welt mit durchgehender mechanischer Determiniertheit eingeordnet.

Im Zusammenhang des Kantschen Programms seit den frühen naturwissenschaftlichen Schriften von der Verbindung der naturwissenschaftlichen Methode mit einer erneuerten Metaphysik lassen sich die Resultate der Inauguraldissertation in folgenden Punkten zusammenfassen:

1) Kant gibt mit der neuen Scheidung von sinnlicher und intelligibler Welt dem ihn von seinen ersten Schriften an leitenden Programm einer Verbindung von induktionistischer naturwissenschaftlicher und

ontologischer metaphysischer Methode eine neue grundsätzliche Basis.

2) Durch die Einführung der Idee reiner Anschauungsformen erhält die Kant seit langem beschäftigende Trennung von mathematischer und philosophischer Methode ein neues Fundament.

3) Für die gesonderte Darstellung der Methode der Metaphysik zur Unterscheidung verschiedener Formen logischer Geltung werden die Voraussetzungen geschaffen. Kant erkennt, es scheine »eine ganz besondere, obzwar blos negative Wissenschaft (phänomenologia generalis) vor der Metaphysic vorhergehen zu müssen« (an Lambert, 2.9.1770).

4) Als nächsten Schritt zur Ausführung einer neuen Metaphysik auf der, wie sich herausstellen sollte, sehr vorübergehenden methodischen Basis der Dissertation kündigte Kant an, im kommenden Winter eine »Metaphysic der Sitten« auszuarbeiten, »in der keine empirische principien anzutreffen sind« (ebd.). Die Bestimmung der »Grenzen von Sinnlichkeit und Verstand«, wie Kant in den Briefen der 70er Jahre gern sagte, bot die Grundlage systematischer Abwehr sowohl des spekulativen Seelen-, Kosmos- und Gottesbegriffs der Metaphysik als auch der popularen empiristischen Mystifikation innerer Erfahrung übersinnlicher Wesenheiten. Kant fasste die Mystifikationen des alltagspraktischen wie des empiristischen Bewusstseins und die spekulativen Setzungen der Metaphysik als einander komplementäre »Blendwerke« der Kultur seiner Zeit, deren Voraussetzungen die Propädeutik einer kritischen Metaphysik zu zerstören habe. »Man verhüte sorgfältig, dass die der sinnlichen Erkenntnis eigentümlichen Prinzipien ihre Grenzen überschreiten und die Verstandeserkenntnisse affizieren« (§ 24).

Literatur

Herrigel, E.: Die metaphysische Form. Eine Auseinandersetzung mit Kant, Halbbd. 1, Tübingen 1929. – Reich, K.: Einl. zu I. Kant, *Über die Form und die Prinzipien der Sinnen- und der Verstandeswelt*, Hamburg 1958, S. VII–XVI, a. in: Ders., Ges. Schriften, Hamburg 2001, S. 263–271. – Schmucker, J.: Zur entwicklungsgeschichtlichen Bedeutung der Inauguraldissertation von 1770, in: KS 65 (1974), Sonderheft T. 1, S. 263–282. – Guéroult, M.: La dissertation Kantienne de 1770, in: AdPh 41 (1978), S. 3–25. – Königshausen, J. H.: Zu Kants Dissertation von 1770, in: PPh 6 (1980), S. 359–376. – Kreimendahl, L.: Kant. Der Durchbruch von 1769, 1990. – Brandt, R.: Überlegungen zur Umbruchssituation 1765/66 in Kants philosophischer Biographie, in: KS 99 (2008).

IV   Kritik der reinen Vernunft I (1781, [2]1787)

1 Propädeutik und System der Metaphysik, eine phaenomenologia generalis

Analytik der Begriffe statt Ontologie

Die *KrV* ist das Hauptwerk Kants, aber sie bildet nicht das Ziel der Kantschen Philosophie. Ziel sind die beiden speziellen Kategorienlehren der Philosophie der Natur und der Sitten seiner zweiflügeligen Systematik der Metaphysik. Die *Kritik* stellt »die *Propädeutik* zum System der reinen Vernunft« dar (B 25). Sie ist »ein Tractat von der Methode, nicht ein System der Wissenschaft selbst« (B XXII). Das Verhältnis von Propädeutik und Metaphysik-System behandelt Kant in der *Kritik* im Teil VII der Einleitung und im Abschnitt über die »Architektonik der reinen Vernunft« (B 24 ff., 860 ff.; vgl. die ausführliche Refl. 4851 etwa vom Ende der 70er Jahre; Abschnitt I/II der Einleitung zur *KU*, V, 171–176). Die *Kritik* tritt als eine Analytik der (theoretischen) Verstandesbegriffe und der (praktischen) Vernunftideen an die Stelle der bisherigen Ontologie. Verschiedentlich nennt Kant die Ontologie eine der systematischen Philosophie vorausgehende Disziplin aller Begriffe a priori (B 874; XX, 260), bezeichnet damit aber nur die theoretische Tradition, aus der das Werk kommt. Der Unterschied der Kantschen Transzendentalphilosophie zur Ontologie ist, dass Begriffe nur die Bedingungen logischer Konstitution von Sachverhalten darstellen, von »Erfahrung«, wie Kant sagt, nicht aber subjektfreien Strukturen hinter den empirisch feststellbaren Erscheinungen entsprechen. »Diese vermeintlich transzendentale Prädicate der Dinge sind nichts anders als logische Erfordernisse und Kriterien aller *Erkenntniß der Dinge* überhaupt« (B 114).

Mit Kants transzendentaler Logik als Untersuchung der apriorischen Funktion zur Synthesis von Wahrnehmungsdaten verlieren auch Natur- und Sitten-Metaphysik ihren ontologischen Gehalt. Der formale Begriff philosophischer Theorie zur analytischen Definition einer Seinsstruktur an sich mit der Tendenz zu deduktiver Ableitung fachwissenschaftlicher Sätze aus philosophischen Prämissen wird überwunden. C. Wolff hatte mit der Ontologie auch das deduktive, von logisch widerspruchsfreien Definitionen und Folgerungen ausgehende Verfahren betont: »[D]enn wenn man zum Besonderen herabsteigen will, muß man sehr vieles aus jedem Teil der Philosophie voraussetzen« (C. Wolff, *Einleitende Abhandlung über die Philosophie im Allgemeinen*, Stuttgart-Bad Cannstatt 1996, § 74). Kant ersetzt das Konstrukt einer realitas obiectiva (die nur eine ontologisierte Logik darstellte) durch das kompliziertere Problem, dass sich vorbestehende Formen logischer Konstitution von Aussagen auf empirisch verifizierbare Daten beziehen. Dann entsteht das Problem der *KrV*, wie diese »Form« a priori den materialen »Stoff« des sog. Gegebenen aufnehmen und strukturieren kann. Mit der Analytik apriorischer Formen von Rationalität werden die generativen Voraussetzungen in der Struktur des Bewusstseins präziser erfasst, auch wenn Kant den Zugang zur logischen Synthesis-Funktion nicht phänomenologisch von der Sprache her, sondern von der Urteils- und Kategorienlehre der formalen Logik her nimmt. Er gelangt zur Konzentration der Philosophie auf logische Geltungstypen und zwar mit der Unterscheidung von Behauptungen mit starkem Wahrheitsanspruch (*KrV*), einer Ebene universell verbindlicher Aufforderungen gemäß objektiven Gesetzen für Verhaltensmaximen (*KpV*) und bei alltagspraktischen sowie ästhetischen Beurteilungen und empirischen Beschreibungen (*KU*).

Literatur

Heidegger, M.: Kants These über das Sein (1961), in: Gesamtausgabe, Bd. 9, Frankfurt/M. 1976, S. 445–480. – Funke, G.: Der Weg zur ontologischen Kant-Interpretation, in: KS 62 (1971), S. 446–466. – Engfer, H.-J.: Philosophie als Analysis. Studien zur Entwicklung philosophischer Analysiskonzeptionen unter dem Einfluss mathematischer Methodenmodelle im 17. und frühen 18. Jh., Stuttgart-Bad Cannstatt 1982. – Chomsky, N.: Sprache und Geist, Frankfurt/M. 1988 [S. 17 ff.]. – Riedel, M.: Kritik a priori urteilenden Vernunft. Kants Überwindung des Begründungsdenkens der neuzeitlichen Metaphysik, in: Ders., Urteilskraft und Vernunft. Kants ursprüngliche Fragestellung, Frankfurt/M. 1989, S. 11–43. – Guyer, P.: Kant and the Claims of Knowledge, Cambridge 1997. – Pippin, R. B.: Kant on the Spontaneity of Mind, in: Ders., Idealism as Modernism, Cambridge 1997. – Neves, M.: Symbolische Konstitutionalisierung, Berlin 1998. – Habermas, J.: Wege der Detranszendentalisierung. Von Kant zu Hegel und zurück, in: Ders., Wahrheit und Rechtfertigung. Philosophische Aufsätze, Frankfurt/M. 1999, S. 186–229.

Locke-Einfluss, Bezug auf Hume

Der Aufbau der *Kritik* am Leitfaden der Logik mit der Abfolge (nach den Anschauungsformen) Begriff (Kategorientafel), Urteil (Grundsätze), Schluss (Ideen des Unbedingten) geht auf die aristotelische Logik bei Leibniz und Wolff zurück. Kant hatte vierzig Jahre Logik-Vorlesungen nach einem (in den 50er Jahren recht modernen) Logik-Lehrbuch gehalten (G. F. Meier, 1718–1757, *Auszug aus der Vernunftlehre*, 1752). Die transzendentale Logik in der Form einer gesonderten und erschöpfend konzipierten Untersuchung des Verstandes ist von Locke (1632–1704) beeinflusst, der den einzelnen philosophischen Disziplinen einen ausführlichen *Essay concerning human understanding* (1690) vorangestellt hatte. Er löste die Grundlegung der Philosophie durch die Ontologie auf. Der Einfluss bezieht sich nicht auf die inhaltliche Durchführung der Lockeschen Abstraktionstheorie, nur auf die neue Systematik der Philosophie. Die spezifische Zuspitzung des Apriorismusproblems durch Humes (1711–1776) Kritik des Kausal- und Substanzbegriffes ergab sich erst innerhalb der Lockeschen Sonderung einer Funktionsanalyse des Verstandes. Die gesonderte Untersuchung der Erkenntnisbedingungen im Subjekt löste die metaphysica generalis auf, in der Logik und Seinsstruktur einander komplementär waren. Das beendete auch die spezielle Metaphysik (rationale Psychologie, Kosmologie, Theologie) und setzte an deren Stelle getrennte Philosophien der Natur, der Moral, des Rechts, der Religion, Pädagogik usf. Locke hatte mit dem äußeren und inneren Sinn begonnen (er nannte sie freilich »einfache Ideen«). Kant setzt mit der reinen Anschauung von Raum (äußerer Sinn) und Zeit (innerer Sinn) ein. Locke bezog ebenfalls die Anschauungsformen auf die logischen Setzungen. So ist der Ästhetik-Teil der *Kritik* ganz auf die Analytiken der Begriffe und der Grundsätze hin gedacht. Vor allem aber denkt Kant wie Locke die Sinnesdaten als die Grenzen des Bewusstseins, das im theoretischen Bezug immer auf die empirischen Ereignisse eingeschränkt sei. Aussagen über intelligible Substanzen an sich sind inhaltsleer. Darin besteht der Angelpunkt der Lockeschen Metaphysik-Kritik. Locke sagte (gegen Descartes' Einsatz mit dem Ich des logisch intuitiven »cogito« und gegen Augustinus' Vor-

aussetzung allen Wissens in der inneren Glaubensgewissheit der Person): Ist die Erkenntnis erst einmal auf Gegenstände gerichtet, so muss der Verstand die Begriffe und Urteile verknüpfend auf die Wahrnehmungen beziehen, die sich darbieten (*Essay*, IV/3, § 9). Kant notiert wiederholt, dass Locke bereits die notwendige Verknüpfung von Begriffen berührt habe (an Garve, 7.8.1783). In der Logik-Vorlesung (Blomberg, 60er Jahre) heißt es: »Lockens Buch de intellectu humano ist der Grund von aller wahren Logica« (XXIV, 37). Riehl und die Würzburger Schule (Selz, Külpe, Messer) haben gegen den Marburger Neukantianismus und gegen die Rückverwandlung der kritischen Philosophie in eine ontologische Metaphysik bei Wundt und Heimsoeth die Empirismus-Beziehung Kants und Kants Theorie in einer Abfolge von Epochen des Kritizismus betont.

Locke führte mit seiner Grundlegung der philosophischen Disziplinen durch eine gesonderte Theorie der Genese und des Horizonts von Wissen einen neuen Selbstbewusstseinsbegriff in die Philosophie ein. Lockes Tendenz zur Psychologie der Bewusstseinsvorgänge in der Analyse des Ich-Bewusstseins wendet Kant wieder zurück zur logischen Thematik der Geltungsweise von Formgesetzen der konstitutiven und postulierenden Aussagen. Das »Ich denke« der transzendentalen Apperzeption, das alle meine Vorstellungen begleite (*KrV*, § 16; B 131), ist als formaler Reflexionspunkt wechselseitiger Projektionsflächen des Bewusstseins gedacht. Es tritt nicht im erlebnishaften Sinn in die Analysen der Geltungsaspekte von Urteilen ein, die das Werk verfolgt. Als Reflexionszusammenhang aller Prozesse ist es unabdingbar, da sonst nur eine Mechanik gleichsam sachhafter Vorgänge gezeigt würde. Der allen Bewusstseinsakten und insbesondere dem Wissenserwerb eigene intentionale Gehalt würde dann verfehlt. Husserl (1859–1938) erkannte im transzendentalen Selbstbewusstseinsbegriff der *Kritik* die intentio-Thematik wieder. Die Apperzeption zeichne sich gegenüber der Perzeption dadurch aus, dass sie auf die Korrelation Bewusstsein (noesis) und Gegenstand (noema) gerichtet sei. Brentano (1838–1917) hob das Urteil als unableitbaren Bewusstseinsakt vom Vorstellen ab, da es Vorstellungen anerkenne oder verwerfe. Der Selbstbewusstseinsbegriff muss zur Darstellung der transzendentalen Logik hinzutreten, da das Urteil A = B bedeutet: Ich behaupte bzw. bestreite, dass A = B ist. Die Existenzaussage ist untrennbar mit der Existenz eines Selbstbewusstseins verbunden. Das alles lag bereits Kants Einführung des Selbstbewusstseinsbegriffs zugrunde. Die Hume-Bezüge Kants sind von den wesentlicheren Locke-Bezügen abhängig. An Hume interessierte Kant der Versuch (und das Scheitern), bei Locke unbefriedigend gebliebene Punkte sensualistisch aufzulösen. Das betraf ideelle Formen, die nicht mehr als Abstraktionen bestimmter gegenständlicher Merkmale zu denken waren, also den Zahlbegriff, Kategorien wie Substanz und Kausalität. Hume interpretierte die Geltung von Urteilen als die Gewohnheit bestimmter Annahmen und führte sie auf Assoziationsgesetze unserer Vorstellungen zurück, deren elementare Wirkungsweise er mit Newtons Gravitationsgesetzen verglich. An Hume studierte Kant die Grenzen der sensualistischen Geltungstheorie logischer Formen. Humes Destruktion der ontologischen und theologischen Metaphysik gab dieser Nachfolge Lockes den Anschein unüberbietbarer theoretischer Konsequenz und verschaffte Hume Einfluss in der deutschen Literatur (dessen Hauptwerk *An Enquiry concerning human understanding*, 1748, [2]1751, erschien in Sulzers deutscher Übersetzung bereits 1755). Kant sah Humes Steigerung des Lockeschen Sensualismus zum Skeptizismus als Tendenz zur Selbstauflösung zentraler Theoriestücke der europäischen Aufklärung. Das betraf vor allem die Begründungsweise der Idee der allgemeinen Menschenvernunft. Gut orientiert in der englischen Aufklärung, unterschied Kant von Locke und Hume die Naturalisten der schottischen Schule (Reid, Priestley, s. IV, 258 f.). Der deutsche Naturalismus war für Kant, merkwürdig genug, nicht etwa Edelmann, sondern die Popularphilosophie z. B. Garves.

Literatur

Riehl, A.: Der philosophische Kritizismus, Bd. 1, Leipzig [3]1924 [Einl.; Kap. 1, § 19]. – Heimsoeth, H.: Metaphysische Motive in der Ausbildung des kritischen Idealismus, in: KS 29 (1924), S. 121–159 [Rück-Interpretation des transzendentalen Idealismus zur Variante ontologischer Metaphysik]. – Seebohm, T.: Die Bedingungen der Möglichkeit der Transzendentalphilosophie. Husserls transzendental-phänomenologischer Ansatz, dargestellt im Anschluß an seine Kant-Kritik, Bonn 1962. – Beck, L. W.: Essays on Kant and Hume, London 1978. – Farr, W. (Hg.): Hume und Kant. Interpretation und Diskussion, Freiburg u. München 1982. – Winter, A.: Selbstdenken – Antinomien – Schranken. Zum Einfluß des späten Locke auf die Philosophie Kants, in: Aufklärung 1/1 (1986), S. 27–66 [Eklektik – Selbstdenken – Mündigkeit]. – Gawlick, G./ Kreimendahl, L.: Hume in der deutschen Aufklärung, Stuttgart 1987 [Rez. v. W. Carl, in: PhR 35 (1988), S. 207–214]. – Brandt, R./Klemme, H. F. (Hg.): David Hume in Deutschland. Literatur zur Hume-Rezeption in Marbur-

ger Bibliotheken, Marburg 1989. – Specht, R.: Lockes Lehre vom Allgemeinen, in: Oberhausen, M. (Hg.), Vernunftkritik und Aufklärung. Studien zur Philosophie Kants und seines Jhs., Stuttgart-Bad Cannstatt 2001, S. 329–340.

Apriorismus als Konstitutionsvoraussetzung von Sachverhalten und als Bestimmung elementarer Gesetze praktischer Vernunft

Kants neue Fassung des Apriorismus verbindet eine allgemeine Theorie logischer Konstitution von Sachverhalten und von Gesetzen für Willensziele mit dem empiristischen Phänomenalismus, der in den experimentellen naturwissenschaftlichen Disziplinen und in den beschreibenden Methoden neuer Disziplinen wie der politischen Ökonomie und der sozialen Statistik seine feste Basis besaß. Der Apriorismus, der seit seinen Ursprüngen im Pythagoreismus und im Platonismus eine lange Entwicklung vollzog, gewinnt durch Kants Verbindung mit der phänomenalistischen Subjektivierung der Wahrnehmungswelt erstmals die Fähigkeit zur Begründung von Rationalität ohne das ontologische Prinzip von deren Hinordnung auf ein hinter der Phänomenwelt liegendes Reich »höherer« ontischer Wesenheiten. Kant erreichte diese Verbindung durch seine Theorie von Raum und Zeit als von den beiden Einheit stiftenden Anschauungsformen a priori. Durch diese alles Wahrnehmen einfassende sog. reine Anschauung war erst die Verbindung der mathematischen und logischen Strukturen als vorgeordneter Einheitsformen mit der empirischen Beobachtung und den Abstraktionsvorgängen möglich. Die Theorie des Apriorismus sagt, jede Aussage und jede Behauptung einer Erkenntnis beruhe auf den beiden Synthesisebenen (Anschauung, logische Struktur). Ohne das wären Aussagen nicht Erkenntnis, sondern »Rhapsodien von Wahrnehmung, die sich in keinen Context nach Regeln eines durchgängig verknüpften Bewußtseins [...] schicken würden« (B 195). Kant gewinnt mit dem Prinzip apriorischer Gesetze einen hohen Grad intellektueller Verbindlichkeit.

1) Als logisches Apriori versteht Kant gleichbleibende und unbedingte Voraussetzungen aller Urteile über Sachverhalte. Konventionalistisch formuliert, besteht das Prinzip des Apriorismus darin, dass wir bestimmte generalisierende Termini brauchen, um fachwissenschaftliche Daten in ein nach gewählten Kriterien effektives Begriffs- und Satzge-

füge gliedern zu können. Es ist analog der sog. Meta-mathematik (Hilbert) zu verstehen. Das wissen-schaftliche Denken bedarf einer Theorie der kombi-natorischen Eigenschaften der kategorial formalisie-renden Sprache. Es findet sie in einer endlichen Menge von Symbolen (Kants Kategorientafel) und einer ersten Stufe von deren Erweiterungen (die Grundsätze des Verstandes, wie z. B. Kants Analo-gien der Erfahrung: Veränderung ist nur unterm Be-zug auf Unveränderliches zu bestimmen, Verände-rungen geschehen nach dem Gesetz der Beziehung von Ursache und Wirkung usf.). Eine solche Aussa-genstruktur ist immer erforderlich, um variable Da-ten (»Wahrnehmungen«) aussage- und überprü-fungsfähig zu gliedern. Das ist nicht die grammati-sche Struktur der Sprachen. Kant hatte mit hoher systematisierender Kunstfertigkeit die Dreiergrup-pen der Kategorien nach der formallogischen Glie-derung der Urteilsarten nach Quantität, Qualität, Relation und Modalität vorgenommen. Welche Ka-tegorien und Elementarsätze als vorbestehende und apodiktische Elemente eintreten sollen (im Sinne von stabilisierenden Elementen der Aussagensys-teme), das bleibt eine sekundäre Frage. Die anhal-tende Spezifizierung der Naturwissenschaften z. B. führt zu veränderten Bestimmungen und Beziehun-gen der Kategorien. Die einfache Trennung der Be-wegung eines Systems in veränderliche und ruhende »Substanz«, wie Kant sagte, auch das Postulat ein-deutiger Bestimmung der Bewegungsrichtung u. a. sind nicht festzuhalten. Das ändert nichts an der Voraussetzung phänomenbegründender (insofern apriorischer) Leitbegriffe, die in sich formale Gefüge bieten, in die empirische Daten eingesetzt werden können. Man kann die Kategorien undefinierte Be-griffe nennen, die für den Aufbau von Theorien als Voraussetzungen erforderlich sind, um zu vertretba-ren Aussagen über variable Sachverhalte zu gelan-gen. Kant nannte sie selbst einmal »Axiomata der rei-nen Vernunft« (an M. Herz, 21.2.1772; X, 125). Für Kant standen zwei Leistungen im Vordergrund. Die Erste besteht im antiempiristischen Nachweis, dass alle theoretischen Aussagen nicht Abbilder von Ge-genständen und deren Relationen sind, sondern im-mer schon logische Formen voraussetzen. (Es geht Kant nicht um sinnesphysiologische Spezifika des menschlichen Organismus.) Das zweite Ergebnis Kants: die Begriffe a priori gingen ins Leere, wenn sie auf ontische Wesenheiten gerichtet wurden. Das be-deutete eine entschiedene Restriktion der apriori-schen Potenz des Denkens. Aristoteles identifizierte das für den Logos Frühere mit dem von Natur Frühe-

ren (Gattungen der Aussage = allgemeinste Seinsver-hältnisse). Leibniz hatte diese Linie von der mathe-matischen Naturwissenschaft her verändert. Er-kenntnis a priori war die vollkommen stringente, eine gleichsam vom Standpunkt Gottes begründete Erkenntnis. Die Erkenntnis a priori blieb noch im-mer der Beweisgang von ersten und unmittelbaren Prinzipien aus, die aber materiale, also ontologische Funktion besaßen. In Kants subjektive und formale Richtung hatte J. H. Lambert das Apriorismus-Prob-lem gelenkt. Locke habe mit einer »Anatomie unse-rer Begriffe« gesucht, »einfache Begriffe« auszulesen. Ganz anders gelte es, zu sehen, »was die wissen-schaftliche Erkenntnis [ist], und, so weit sie a priori gehen kann, vor der gemeinen und bloß historischen Erkenntnis voraus habe«. A priori nannte Lambert »einfache Begriffe«, »sie sind sich selbst ihr eigenes Merkmal« und »bestehen nicht aus mehreren inne-ren Merkmalen«. Sie »bleiben schlechterdings klar«. Begriffe a priori bilden für Lambert die konzentrier-teste Ebene der – bei ihm unter empiristischem Ein-fluss immer sprachlogisch gehaltenen – Subjektana-lyse (Neues Organon, 1. Bd., 1764, Alethiologie, 1. Hptst., Von den einfachen oder für sich gedenkbaren Begriffen, S. 472, 459). Kant tauschte sich mit Lam-bert in Briefen über seine Überlegungen zur Meta-physik-Kritik aus und nannte eine »glückliche Über-einstimmung unserer Methoden« (31.12.1765, X, 52). Er ging jedoch weit über Lamberts Konzept der einfachen Begriffe hinaus, und schuf eine methodi-sche Grundlegung der Philosophie mit den drei for-malen Ebenen des Bewusstseins a priori: Anschau-ungsformen, Kategorien und Grundsätze des Ver-standes, Ideen eines Reichs aller moralisch-prakti-schen Zwecke. In dieser generellen Fassung kann der Apriorismus nur zugleich als Bedingung des konse-quenten Phänomenalismus materialer Urteile ge-dacht werden. Als den obersten Grundsatz aller syn-thetischen Urteile führte Kant in die alte Theorie des Apriori die alles verändernde Bestimmung ein: Die Bedingungen a priori der Möglichkeit von Erfah-rungsurteilen »sind zugleich Bedingungen der Mög-lichkeit der Gegenstände der Erfahrung« (B 197). Die transzendentale Analytik sollte »epistemische Operatoren für Erfahrungsurteile« geben (Scheibe, 1964, S. 45 f.). Das Erfahrungsurteil bezieht sich auf die Einheit der Wahrnehmungsurteile, denen als le-bensweltlich kompakten nicht das Kausalverhältnis zugehören könne. Kants Naturbegriff als Inbegriff al-ler Erscheinungen möglicher Erfahrung bedeutete selbst eine transzendental mögliche Welt (Rohs, 1973, S. 166 ff.).

2) Kants Vermittlung von Apriorismus und Phänomenalismus führte zwei Aspekte der apriorischen Potenz des Bewusstseins mit sich. Der erste (a) besteht im Beweisgang, dass die Struktur a priori eine empirische Daten synthetisierende Funktion besitze. Der zweite (b) ergibt sich als eine naheliegende, aber sehr entschiedene Folgerung aus dem ersten: Es muss auch synthetische Sätze a priori als solche geben, die ohne empirische Daten synthetische, also Einsichten erweiternde, Leistungen beinhalten.

a) Auf der Prämisse der synthetisierenden Leistung der Kategorien und Grundsätze a priori baut das große Anliegen Kants seiner Reform der Philosophie auf: die Begründung der gegenseitigen Bestimmtheit von kategorial formaler Sphäre und empirisch materialen Wissensgehalten. Darin bestand überhaupt der kulturelle Horizont von Kants Intellektualismus – zunächst nur in theoretischer Rücksicht. Das apriorische Element bringt letzte Garantien beweisfähig verbindlicher Aussagen in den Wissenschaften. Das empirische Phänomenmaterial enthält die fallibilistische und die evolutionäre Bewegungsachse der Disziplinen. Kant richtete die Synthesis-Funktion seines Apriorismus gegen den Formalismus im Verständnis von Logik und der Mathematik. Beide Formalwissenschaften aktualisieren sich nur in der Verbindung mit den anschaulichen Voraussetzungen des empirischen Materials, bzw. im Falle der Mathematik über die Anschauungsformen Raum und Zeit mit Konstruktionsproblemen technischer, statistischer Art, als Algorithmen zur Behandlung großer Massen von Elementen. Kant bleibt nicht bei den Problemen korrekter analytischer Beziehungen zwischen den Kategorien oder mathematischen Formeln stehen. Diese für sich genommen, in einer Sphäre, in der sie nach der formalistischen Theorie der Mathematiker keinen Wahrheitswert und insofern keinen »Sinn« haben, scheiden die Welt der empirischen Vorgänge als ein irrationales Feld aus. Es kann dann ebenso von volitiven oder emotionalen Ordnungsanforderungen wie von logisch verbindlichen Strukturen in Anspruch genommen werden. Kants *Kritik der reinen Vernunft* soll, wie Cassirer es einmal formulierte, eine »Logik der gegenständlichen Erkenntnis« sein. Die gleiche Möglichkeit der Irrationalisierung sah Kant in der empiristischen Erkenntnistheorie. Die Synthesis-Funktion des transzendentallogischen Apriorismus (und der reinen Anschauungsformen) sollte die beiden Welten apodiktischer Rationalität und der uns erscheinenden Wirklichkeit miteinander verbinden. Kants Logik-Vorlesungen bringen nur im Zusammenhang mit dem Synthesis-Problem der transzendentalen Logik in der *Kritik* einen Beitrag zu Kants leidenschaftlichem Bemühen um eine neue Metaphysik. Sie bezeugen, unabhängig davon, natürlich Kants Denken über wissenschaftliche Kultur, über Argumentationsweisen, über die Verbindung von Bildung und Sitten und vieles mehr.

Ein anderer Gesichtspunkt in diesem Zusammenhang: Kant denkt mit der Transzendentalphilosophie als einer Methode der Verbindung vorauszusetzender logischer Ordnungsschemata mit den empirischen Daten, einen »Versöhnungsanspruch« der einander entgegenstehenden Philosophien. Das entsprach dem von den Naturwissenschaften abgenommenen Bild einer auf verbindliche Forschungsresultate verpflichteten Wissenschaftskultur. Mit dieser Auffassung seiner zusammenführenden Philosophie, die doch die Evolution der Wissenschaften freisetzen wollte, sind Kants wenig geschätzte Aussagen über den unveränderlichen Charakter seiner neu gegründeten Philosophie verbunden. Er hat das spät gegen Fichtes Wissenschaftslehre ausgesprochen. Kants Einwand gegen Fichte konzentriert sich darin, dass dessen Wissenschaftslehre bloße Logik sei, »welche mit ihren Prinzipien sich nicht zum Materialen des Erkenntnisses versteigt, sondern vom Inhalte derselben als reine Logik abstrahiert, aus welcher ein reales Objekt herauszuklauben vergebliche und darum auch nie versuchte Arbeit ist« (XII, 396 f.). Die Synthesisfunktion von transzendentaler Logik (der für beweisfähige Behauptungen notwendigen Kategorien und Grundsätze) und Mathematik für die empirischen Wissenschaften ist es eigentlich, um die es bei Kants Anspruch geht, er wolle die Bewegung der Philosophie analog den Naturwissenschaften in eine sichere Bahn theoretischer Fortschritte bringen. Ein sehr schätzbarer Gedanke, der aber gern als mit dem transzendentalen Prinzip verwachsener dogmatischer Gehalt abgewiesen oder belächelt wird. Kants transzendentales Programm erhebt gar keine inhaltlichen Ansprüche. Es ist methodisch-formal gedacht, und sucht Beurteilungskriterien für Theoriebildungen und für Verständigungen über diese auszuzeichnen. Es ist, in einem weiteren Sinne, ein radikaler demokratischer Impuls in der Kultur. Er richtet sich gegen das statisch-konservative Bedürfnis, nicht alle in bisheriger Erfahrung geronnenen »Werte« den Prozessen intellektueller Beweisverfahren auszusetzen, sondern manche Besitzstände über diese zu stellen und deren Anerkennung von den rationalen Diskursen unberührt zu halten.

b) Die Struktur a priori wird nach Kant nur bei ihrer Synthesisfunktion von Daten empirischer Aussagen aktualisiert. Kant betonte die synthetisierende Funktion des Apriorismus nicht, um ihn tendenziell möglichst weit zu verselbständigen, sondern um dessen Fähigkeit zu unterstreichen, der Erfahrungserkenntnis zu dienen. Ein synthetisches Moment liegt bereits im funktionalen Charakter des Zusammenwirkens mehrerer Kategorien und dieser mit den Verstandesgrundsätzen und überhaupt in der Bindung der ganzen logischen Ebene des Apriorismus an die transzendentale Urteilkraft mit deren Funktionen der produktiven Einbildungskraft und des Schematismus der reinen Verstandesbegriffe. Es ist einleuchtend, dass die Verstandesgrundsätze nicht nur analytische Knotenpunkte von Urteilen sein können, wenn sie etwa sagen:»Erfahrung ist nur durch die Vorstellung einer notwenigen Verknüpfung der Wahrnehmungen möglich« (»Analogien der Erfahrung«) (B 218). Die Kategorien und die Grundsätze a priori des»reinen Verstandes« bedeuten bereits mit ihrem funktionalen Wechselbezug untereinander eine – freilich vom jeweiligen materialen Gebrauch ausgelöste – synthetisierende Relation. Durch diese Synthesis-Leistungen des ganzen apriorischen Gefüges wird erreicht, was Cassirer so zusammenfasste:»Die Welt ist nicht mehr als eine Welt konstanter ›Dinge‹ gefasst, deren ›Eigenschaften‹ in der Zeit wechseln, sondern sie ist zu einem in sich geschlossenen System von ›Ereignissen‹ geworden, deren jedes durch vier einander gleichgeordnete Koordinaten bestimmt wird« (*Philosophie der symbolischen Formen*, III, 1954, S. 552). Gibt es auch eine synthetisierende Leistung der apriorischen Funktion ohne empirisches Material? Kant fasste die mathematischen Operationen als synthetische, Erkenntnis erweiternde Akte a priori auf. Das wurde und wird von vielen Mathematikern abgelehnt. Dem folgt z. B. auch die evolutionäre Erkenntnistheorie (Vollmer u. a.). Zweifellos hat sich mit der modernen Logik auch die»reine« anschauliche Repräsentation geometrischer Konstruktionen verändert. Doch für Kants Auffassung, dass mathematische Operationen nicht analytische Folgerungen, sondern»erkenntniserweiternd« seien, gibt es gute Gründe. Kants Beispiel 7 + 5 = 12 könnte wohl analytisch bewiesen werden, nicht ebenso aber der vorauszusetzende Begriff der Summe, also die synthetische Prämisse des assoziativen Gesetzes, Elemente einer Vielheit rein formal (a priori) ohne bestimmte Gliederung zu verbinden. Geometrische Berechnungen etwa beziehen sich auf den reinen Raum der transzendentalen An-

schauung. Die konstruktiven Verknüpfungen nach einer gleichen Regel, Schnittflächen durch einen Kegel zu legen, ergeben die geometrischen Gebilde der Kreise, Parabeln, Ellipsen und Hyperbeln (»reine Raumanschauung«). Die Wirkung des Verstandes bezieht sich in der Geometrie auf eine anschauliche Ebene. Das kann nicht auf dem Wege des analytischen Schließens erfolgen (Brandt 2010, S. 45, 48; vgl. a. Kants Darstellung A 142). Für die Arithmetik lässt sich analog sagen, dass die natürlichen Zahlen nach einem intellektuellen Prinzip entwickelt werden, so dass alle Beziehungen zwischen den Gliedern des Systems dadurch hergestellt werden können (»reine Zeitanschauung«). Ist das nur analytisches Schlussfolgern oder doch synthetische Leistung des kombinierenden Geistes? Kants Theorie der»reinen Anschauung« als gesonderter Sphäre a priori fußt gerade auf der SynthesisLeistung der mathematischen Disziplinen, wie Kant sagte: Reine Mathematik müsse alle ihre Operationen zuerst in einer reinen Anschauung konstruieren, und sie könne dabei nicht durch einfache Zergliederung der Begriffe verfahren (analytisch), sondern durch sukzessives Hinzusetzen von Figuren im reinen Raum (Geometrie) und von Zahleinheiten in der Zeit (Arithmetik). Es sind schöpferische Zergliederungen der kompakten ideellen Sphären. Die»Analogien der Erfahrung« etwa, um auch die Grundsätze des reinen Verstandes einzubeziehen, die nicht, wie die mathematischen Operationen, auf die reinen Anschauungsformen bezogen sind, die»Analogien« setzen zur mathematischen»Anschauung« einer fließenden Reihe bestimmte Proportionen hinzu, die nicht im Gedanken der Reihe enthalten sind. Das Postulat kausaler Beziehungen ist im Relationsbegriff nicht schon enthalten, sondern wird in einem erweiternden Akt hinzugebracht (2. Analogie d. Erf.). J. Hintikka verteidigte den synthetischen Charakter mathematischer Operationen: dass hier»one is all time introducing particular representations of general concepts« (Hintikka, *Kant on the Mathematical Method*, 1969, zit. n. C. Posy, *Kant's Philosophy of Mathematics*, 1992, S. 24).

J. G. Hamann (1730–1788) schrieb sogleich nach dem Erscheinen der *Kritik* in seiner (von ihm nicht veröffentlichten) Rezension vom Apriorismus als vom»Gemächte der scholastischen Kunstform« und der »Synthesis des syllogistischen apodictischen Dreyfußes« (*Hamann's Schriften*, hg. v. F. Roth, T. 6, Berlin 1824, S. 50). Hamann sprach noch offen vom »transcendentalen Geschwätz der reinen Vernunft« und dem »Schwindel des Vernunftglaubens« (an

Herder, 27.4.1781, a. a. O., T. 7, Berlin 1825, S. 183; an F. H. Jacobi, 10.3.1787; in: *F. H. Jacobi's Werke*, Bd. IV, 3, Leipzig 1819, S. 328). Die Ablehnung entsprach der glaubensphilosophischen Überhöhung des alltagspraktischen Denkens, in dem die apriorischen Bewusstseinsstrukturen freilich ebenfalls gelten, aber nicht bewusst gemacht sind, und das dadurch in eine Weltanschauung integriert werden kann, die der Kantschen Autonomie apriorischer Rationalität widerspricht. Hamanns und F. H. Jacobis (1743–1819) Hume-Verehrung steht in diesem Zusammenhang. Hamann an J. G. Herder (1744–1803) im Zusammenhang seiner Kant-Kritik: »Hume ist immer mein Mann, weil er wenigstens das Principium des Glaubens veredelt und in sein System aufgenommen« (10.5.1781; a. a. O., T. 6, Berlin 1824, S. 187). In der Geschichte der Polemik gegen Kants Apriorismus war meist nicht der Apriorismus selbst gemeint, sondern Kants nicht-ontologische und vorgegebene kulturelle Autoritäten methodisch zurücksetzende Autonomie der Rationalität. Offen sprach das noch O. Willmann (1829–1920) in seiner *Geschichte des Idealismus* (3 Bde., Braunschweig 1894–97) aus (Bd. 3, § 101: Der Autonomismus als Nerv des Kantischen Philosophierens). Willmanns Apriorismus-Kritik bezog auch noch ungehemmt den Rousseauschen Republikanismus Kants mit ein, den F. J. Stahl von seinem Theismus der Rechts- und Staatsphilosophie her einen »Apriorismus der Revolution« genannt hatte (*Die Philosophie des Rechts*, II, 1, Heidelberg [3]1856, S. 80). (Vgl. a. die Kant-Darstellung in J. Hirschbergers *Geschichte der Philosophie*, Freiburg [4]1960, T. II, S. 253 ff.)

Die Intention der Kantschen Transzendentalphilosophie besteht darin, wissenschaftliche Theoriebildung vom alltagspraktischen Bewusstsein abzusetzen, um die Verschleifung der Wissenschaften mit gewohnheitsmäßigen und durch interessierte Vorurteile bestimmten Urteilen zu verhindern. Darum trennt er in der methodischen Analyse Wahrnehmung, situativ gebundene Emotionalität, Intellektualität voneinander – nicht um sie zu zerspalten, sondern um die verschiedenen Bewusstseinsebenen einsehbar miteinander zu verbinden. Das ergibt sich aus Kants Einsicht in die der modernbürgerlichen Zivilisation mögliche und erforderliche fachwissenschaftliche Expertenkultur. Ohne spezifizierende Bestimmung der verschiedenen Denk- und Motivationssphären sah er die neue individualistische und sich in differenzierten Lebenssphären realisierende Zivilisation vom Chaos interessierter Beliebigkeit und gefühlshaft begründeter illusorischer Gemein-

schaftsideologien bedroht. Kant begründete die noch heute geltenden aufklärerischen Leitideen (allgemeine Menschenvernunft, Denk- und Publikationsfreiheit, Selbstdenken der Individuen, Perfektibilität in der Abfolge der Zivilisationsepochen u. a.) in apriorischen rationalen und darum universalistisch geltenden Bewusstseinsstrukturen. Die Transzendentalphilosophie steht nicht in Distanz zu Kants Schriften über angewandte Themen der Aufklärungsphilosophie.

Das verbreitetste Missverständnis des Kantianismus sagt, Kants Apriorismus bestritte als ein autoritärer Intellektualismus Existenz und reale Funktion nichtwissenschaftlichen Denkens mit dessen Annahme einer Widerspiegelung unmittelbarer Gegenständlichkeit und von lebenspraktischen ethischen Verständigungen nach Gewohnheiten und emotionalen Bindungen. Tatsächlich bestreitet Kant das unendliche Feld empirisch begründeter Artikulation nicht und nicht die kulturellen Bindungskräfte erlebnishafter, alltagspraktischer Erfahrung. Er will nur die dem alltagspraktischen Bewusstsein immanenten Widersprüche bezeichnen, und er will die Vermittlungsebenen zwischen den verschiedenen Graden von Einsichten und Verständigungen über einzelne ethische Tugenden bis hin zu generellen moralischen Normen kennzeichnen. Kant geht es um die Begründung der Wissenschaften als des im Ganzen dominierenden Elements im kulturellen Selbstverständnis der modern-bürgerlichen Gesellschaft, zweitens um den Ausgleich der verschiedenen kulturellen Sphären (Wissenschaften, Moral, Religion, Recht, Künste) und schließlich auch um die Möglichkeit der Reflexion des ganzen zivilisatorischen Prozesses, der sich in den Geleisen scheinbar spontaner Teilsphären bewegt.

Literatur

Zur Philosophie der Mathematik einführend v. Mathematikern Ph. J. Davis/R. Hersh, *Erfahrung Mathematik*, 1994. – Scheibe, E.: die kontingenten Aussagen der Physik, 1964. – Pasternack, G. (Hg.): Philosophie und Wissenschaft. Das Problem des Apriorismus, 1987. – Mayer, U.: Hilberts Methode der idealen Elemente und Kants regulativer Gebrauch der Ideen, KS 84 (1994), S. 51–77. – Willaschek, M.: Der transzendentale Idealismus und die Idealität von Raum und Zeit, ZfphF 51 (1997), S. 116–147. – Rohs, P.: Feld – Zeit – Ich. Entwurf einer feldtheoretischen Transzendentalphilosophie, 1996. – Ders., in: Hiltscher/Georgi, 2002, S. 157–178. – Koriako, D.: Was sind und wozu dienen reine Anschauungen?, KS 96 (2005) 20–40. – Wenzel, Chr. H.: Spielen nach Kant die Kategorien schon bei der Wahrnehmung eine Rolle? P. Rohs und J. McDowell, KS 96 (2005)

407–426. – Kim, J.: Concepts and Intuitions in Kant's Philosophy of Geometry, KS 97 (2006). – Leonhard, J.: Kants Philosophie der Mathematik und die umstrittene Rolle der Anschauung, KS 97 (2006) 300–317 [Mit Hintikkas semiotischer Kant-Interpretation einer unabdingbaren zeichenhaften Repräsentation geometrischer Sätze, dass der synthetische Gehalt der Geometrie nicht analytisch zu eliminieren sei, und gegen M. Friedman (Kant and the Exact Sciences, 1992), der mit der ursprünglichen Ablehnung des Kantschen Synthesis-Auffassung durch Russell (Essay on the Foundations of Geometry, 1897) Kants Konzept bestreitet]. – Graubner, H.: Form und Wesen. Ein Beitrag zur Deutung des Formbegriffs in Kants KrV, Bonn 1972. – Kopper, J.: Der Kritizismus. Apotheose und Scheitern der reinen Vernunft, in: Ders./Marx, W. (Hg.), 200 Jahre KrV, Hildesheim 1981, S. 129–167. – Kreimendahl, L.: Hauptwerke der Philosophie. Rationalismus und Empirismus, 1994.

Propädeutik in drei *Kritiken*, zweiflügelige Metaphysik der Natur und der Sitten

Die Analytik der apriorischen Bewusstseinsstrukturen führt zur weiteren Differenzierung der Konstitutionstheorie von Tatsachen einerseits, von Gesetzen der moralischen und juridischen Vergesellschaftung für die Willensziele freier Individuen andererseits. Im theoretischen Akt werden Sachverhalte konstituiert. Praktische Rationalität bezieht sich auf Ideen des Unbedingten: moralische, rechtliche, religiöse, ästhetische Formen intellektueller Einheit von individuellen Maximen, aufgegebener Einheit aller Maximen eines Individuums zur Bildung eines Charakters und letztlich tendenziell der Gattungszwecke. Deren Realisierungsweise ist darum nicht konstitutiv, sondern symbolisch, im weiten Bogen asymptotischer Annäherung an die Vernunftideen. Von beiden Formen unterscheidet sich ein dritter, nur regulativer Geltungstypus ästhetischer und moralischer Geschmacks- und Gewohnheitsaussagen gemäß erlebnishafter Geselligkeit und Mitteilungsbedürfnisse. Die *KU* (1790) integriert der apriorischen Geltungstheorie die Traditionslinien kultureller Verständigung in den Theorien des ästhetischen und moralischen sensus communis.

Die *KpV* zeigt eine Gegenbewegung zu den theoretischen Akten. In diesen beugen sich die logischen Formen gleichsam für ihre Realisierung zu den von außen aufnehmbaren empirischen Erscheinungen herab. Für den praktischen Bezug erhebt sich die Rationalität zu einer nur dem Denken geöffneten ideellen Welt: der Vermittlung des individuellen Selbstbewusstseins mit der Idee der Würde der Menschheit. Die dritte *Kritik* führt den Apriorismus dann bis an ästhetische, beschreibende wissenschaftliche und alltagspraktische Beurteilungen und Postulate heran. Kant sagte konsequent vom dritten Propädeutik-Teil, er vermittle zwischen erster und zweiter Geltungsform. Die drei *Kritiken* analysieren die unterschiedenen logischen Geltungstypen für unterschiedliche reale Kulturfelder: mathematische Naturwissenschaften – Moral/Recht – Ästhetik/beobachtende Naturwissenschaften/alltagspraktischer Gegenstandsbegriff.

Das System der Philosophie mit den durch die *Kritiken* begründeten apriorischen Grundsätzen besteht aus den beiden Flügeln Metaphysik der Natur und der Kultur bzw., wie Kant sagt, der Sitten (*Metaphysische Anfangsgründe der Naturwissenschaft*, 1786; *Metaphysik der Sitten*, 1797). Die Religionsschrift gehört im weiteren Sinne zu ihr. Sie behandelt das Verhältnis des Apriorismus der moralischen Normen zur nicht logisch begründeten, sondern historisch überlieferten geoffenbarten Religion. Eine Metaphysik der Künste als Ziel der *KU* gibt es für Kant nicht, da die Logik von Geschmacksurteilen direkt zu Aussagen über das Schöne, das Erhabene, über die Bildung ästhetischer Normen im Rahmen quasi alltagspraktischer Verständigung führe. Das Gleiche treffe für die logische Struktur von immer nur beschreibenden Aussagen über die organische Natur zu. Metaphysik der Natur denkt Kant nur für die mathematischen Naturwissenschaften. Die beiden Systeme der Metaphysik bieten als Sätze a priori vor den Fachdisziplinen nach den Kategorien in den *Kritiken* die speziellen Kategorienlehren der Begriffe Materie, Bewegung, Qualität, Quantität usf., bzw. für die Sitten-Metaphysik zu Eigentum, Verfassung, Völkerrecht oder der verschiedenen Tugendpflichten der Person gegen sich selbst und gegen andere Personen.

Literatur

Förster, E.: Kants Metaphysikbegriff: vorkritisch, kritisch, nachkritisch, in: Henrich, D./Horstmann, R. P. (Hg.), Metaphysik nach Kant, Stuttgart 1988, S. 123–136.

Gründe für die Trennung von »Kritik« und Metaphysik-Systematik

Kants Begriff des »Ganzen der Erfahrung«. Systembegriff

Die Trennung wurzelt in Kants Auffassung vom erforderlichen »durchgängigen Zusammenhang empirischer Erkenntnisse zu einem Ganzen der Erfahrung« (V, 183). Das Wissen der logischen Bedingungen des Erfahrungsganzen kann nicht aus der Erfahrung selbst hervorgehen. Kant schränkt damit die kulturelle Geltung von Gebrauchs- und Erfahrungswissen ein, das vor der Generalisierung zu Gesetzesaussagen stehen bleibt. Er erkennt als dessen Pendant die Hinzunahme transzendenter, nicht empirisch verifizierbarer Annahmen, um über Vorstellungen des Erfahrungsganzen verfügen zu können, die dem Denken unentbehrlich seien. Der Apriorismus dient dazu, sich der innerweltlichen und allein intellektualistischen Quelle des Erfahrungsganzen zu versichern. Er nimmt von den mathematischen Naturwissenschaften den hohen Formalisierungsgrad empirischer Daten auf und orientiert die Philosophie auf die Analyse der logischen Struktur allgemein gültiger Erfahrung. Sonst löste sich das Subjekt auf in seine selbst entäußerten dinghaften Konglomerate psychophysischer Energien. Fachwissen, selbst in großem Umfange, und sogar Wissen allein ohne moralisch-praktische Selbstreflexion des Subjekts schaffe kein Erfahrungsganzes.

Die Absonderung einer propädeutischen Klärung der Systembedingungen der Philosophie von der Metaphysik-Systematik ergibt sich aus Kants Auffassung vom Systemcharakter des Wissens. Durch den Systemgedanken zeichnet sich die neuzeitliche Philosophie gegenüber der antiken aus. Er kommt aus den Fachwissenschaften, die ebenfalls systematischen Anspruch erschöpfender und universell gültiger Kausalerklärung der Beobachtungen verfolgen. In Kants Wissenschaftstheorie spielt der Gegensatz von System und Aggregat von Kenntnissen eine große Rolle. Er führte die Systemidee C. Wolffs fort. Wolff hatte in der ersten Zeit nach seiner Ausweisung aus dem preußischen Halle (1723) in den *Marburger Nebenstunden* eine kleine Schrift *De differentia intellectus systematici et non systematici* verfasst (dt.: *Von dem Unterschied des zusammenhangenden und nicht zusammenhangenden Verstandes*, in: *Ges. Werke*, Abt. I, Bd. 21/4, Hildesheim u. New York, S. 163–219). Er behandelte das Systemprinzip in der Vorrede seiner praktischen Philosophie als Beweiselement. Die Vorrede zur *Kritik* sagt: »[M]üssen wir dereinst der strengen Methode des berühmten Wolff […] folgen, […] der Urheber des noch nicht erloschenen Geistes der Gründlichkeit in Deutschland« (B XXXVI). Kant nennt hier System-Kriterien: Feststellung der Prinzipien, versuchte Strenge der Beweise, Verhütung kühner Sprünge in Folgerungen u. a. Die Methodenlehre der *Kritik* behandelt im Abschnitt über die Architektonik der reinen Vernunft den Systemgedanken (B 860 ff.). In den Einleitungen seiner Metaphysik-Vorlesungen behandelte Kant meist ausführlich das Systemproblem vom Wolffschen Unterschied von subordinierter und koordinierter Erkenntnis her (prägnant: Metaphysik Schön; XXVIII, 463 f.). Kant formuliert den Systemgedanken gern mit Analogien zum Organismusbegriff, um die Zentraldetermination von einfacheren Kausalstrukturen abzuheben, die dann als Aggregate erscheinen. Hier besteht die Merkwürdigkeit, dass Kant den Organismusgedanken auf die Struktur logischer Systeme anwendet, die nichts Gewachsenes, sondern etwas Konstituiertes darstellen, das gegen die Erscheinung auf der Hand liegender Ordnung erst aufgedeckt werden muss (instruktiv z. Thema P. König, *Autonomie und Autokratie. Über Kants Metaphysik der Sitten*, 1994. Muster des Kantschen Systembegriffs (und im weiteren des Apriorismus?) als Vorrang des Ganzen vor den Teilen sei die epigenetische Entwicklungslehre gewesen.) In der Kant-Interpretation ist seit dem Neukantianismus des 19. Jhs. Kants eigene propädeutische Intention der *Kritik* auf die Metaphysik-Systematik hin zurückgetreten. Die Ebenen der transzendentalen Theorie der drei *Kritiken* wandeln sich zu getrennter Wissenschaftstheorie, Moral- und Kulturphilosophie, die zu den spezifischen Disziplinen in wechselnde Beziehungen treten. Der rationelle Kern der Kantschen Metaphysik-Systematik nach den *Kritiken* besteht in der Theorie der Kategorien, die Kant aus den reichen Kategorienlehren der Schulmetaphysik überkommen war. J. Mittelstraß (1998) hat das rationelle Element im Systemproblem, unabhängig von der Fragestellung in den idealistischen Systemen, behandelt. Die propädeutische *Kritik* klärt vorab als Methode den Horizont des Kategoriengebrauchs (Gesamtbestand, Funktion, Grenzen von deren Anwendung). Sie gehört in die Tradition der Methodenschriften seit dem 17. Jh. (vgl. J. Mittelstraß, *Neuzeit und Aufklärung*, Berlin u. New York 1970, spez. T. III, Methodische Vernunft, S. 377–585).

Literatur

Ritschl, O.: System und systematische Methode in der Geschichte des wissenschaftlichen Sprachgebrauchs und der philosophischen Methodologie, Bonn 1906. – Dingler, H.: Das System. Das philosophisch-rationale Grundproblem und die exakte Methode der Philosophie, München 1930. – Hinske, N.: Zwischen Aufklärung und Vernunftkritik. Studien zum Kantschen Logikcorpus, Stuttgart-Bad Cannstatt 1998 [Kap. 7: Kants Neuformulierung der Systemidee]. – Mittelstraß, J.: Das Bedürfnis nach Einheit. Eine wissenschaftstheoretische Skizze, in: Ders., Die Häuser des Wissens, Frankfurt/M. 1998, S. 49–66. – Hinske, N.: Die Philosophie C. Wolffs und ihre Langfristfolgen, in: Klemme, H. F. u. a. (Hg.), Aufklärung und Interpretation. Studien zur Philosophie Kants und ihrem Umkreis, Würzburg 1999, S. 29–37. – Fulda, H. F./Stolzenberg, J. (Hg.): Architektonik und System in der Philosophie Kants, Hamburg 2001.

Die »phänomenologia generalis« zur Vermittlung des Gegensatzes von Apriorismus und Phänomenalismus

Kant sucht eine präzisere Verbindung zwischen dem Phänomenalismus der empirischen Wissenschaften und der Synthesis-Funktion des Bewusstseins als sie die überkommene Metaphysik in ihrer deduktiven Methode vorlegte. Die Verbindung von Apriorismus der reinen Anschauungsformen und der logischen Funktion löste das gesamte kulturelle Selbstverständnis aus der theologisch-metaphysischen Begründungsklammer einer intelligiblen (monadologischen) Substanz an sich heraus. Der Apriorismus sollte in einer eigenen Disziplin analysiert werden, um die unbefriedigende ontologische Auffassung der Differenz von konstanten Substanzen und variablen Erscheinungen zu überwinden. Dabei stellte sich heraus, dass die direkte Verbindung intellektueller Elemente wie Zahlen und Begriffe mit der Sphäre der empirischen Anschauungen gar nicht möglich ist. Das führte zur Theorie einer nichtempirischen Raum- und Zeit-Sphäre. Damit wurde es erforderlich, das Methodenproblem der Metaphysik, das Kant seit den 60er Jahren beschäftigte (an Lambert, 2.9.1770), in einer selbstständigen Untersuchung zu behandeln. Es entstand die charakteristische Kantsche Form der Philosophie, vor den philosophischen Teildisziplinen die logischen Konstitutionsbedingungen der Behauptungen für sich zu untersuchen. Das hat – bei aller Polemik gegen Apriorismus und Systemidee Kants – der logische Empirismus im 20. Jh. fortgesetzt.

Kant sah die Schranken der Beziehung von Philosophie und Fachwissenschaften innerhalb des deduktiven methodischen Schemas der Metaphysik. Das deduktive Verfahren gründete in der Ontologie als einer Wissenschaft vom Seienden schlechthin, das aus dem widerspruchsfrei Denkbaren bestimmt wurde. Um das apriorische Element des Bewusstseins zu erhalten, das die Metaphysik innerhalb der ontologischen Falsifikation vertrat, und zugleich den Phänomenalismus als methodische Konsequenz der sich verselbständigenden Fachwissenschaften aufzunehmen, bestimmte Kant das Zusammentreten von logischer Konstitution und Empirie neu. Dafür war die methodische Abstraktion der strikten methodischen Gegenüberstellung von logisch-spontaner und empirisch-rezeptiver Ebene des Bewusstseins erforderlich. Kant sprach mit der scholastischen Tradition von der Trennung von mundus intelligibilis und mundus sensibilis. Die Trennung dient dazu, die Vermittlung der in methodischer Abstraktion getrennten Welten neu zu bestimmen. Der ursprünglich gedachte Titel der Kritik – »Die Grenzen der Sinnlichkeit und der Vernunft« (an Herz, 7.6.1771) – bezeichnete präzise den Leitgedanken des Werkes (der Titel »Kritik der reinen Vernunft« tritt bald nach 1770 auf und spricht sich herum, vgl. an Herz, Ende 1773; Lavater an Kant, 8.4.1774). Die propädeutische Disziplin soll die Methode der Philosophie durch eine Phänomenologie von deren Teilbereichen begründen. In methodischer Isolierung sollen die unterschiedenen Elemente beschrieben werden, aus denen die Urteile und Theorien zu den differenzierten Kulturfeldern bestehen – Wissenschaften, Moral, Recht, Künste, Religion.

Kant sah dieses Erfordernis bereits in den 60er Jahren, als er sich von der Schulmetaphysik überzeugte, wie er an Mendelssohn schrieb, »daß der Weg den man gewählt hat ganz verkert sey daß die im Schwang gehenden Methoden den Wahn und die Irrthümer ins unendliche vermehren müssen und daß selbst die Vertilgung dieser eingebildeten Einsichten nicht so schädlich seyn könne als die erträumte Wissenschaft mit ihrer so verwünschten Fruchtbarkeit« (8.4.1766). Nach Abschluss der Inauguraldissertation (1770), bei deren Niederschrift Kant bereits Theorieteile der elf Jahre später folgenden Kritik besaß, diese aber nur andeutete (Raum und Zeit als reine Anschauungsformen; Antinomienproblematik in Abschn. 5), formulierte er das Propädeutik-Erfordernis an J. H. Lambert: »Es scheinet eine ganz besondere, obzwar blos *negative* Wissenschaft (*phaenomenologia generalis*) vor der *metaphysic* vorher gehen zu müssen«, um die analytische Trennung wie die ausmittelnde Synthese von apriorischer und empirischer Ebene wissenschaftlicher Theoriebildung neu bestimmen zu können. Diese Phänomenologie wird »eine solche *propaedeutische disciplin*« genannt (2.8.1770). Kant benutzt den Terminus »Phänomenologie« im Anschluss an Lamberts *Neues Organon* (1764), dessen vierter und letzter Teil im zweiten Band die Überschrift führt »Phänomenologie oder Lehre von dem Schein« und vier Formen täuschenden Scheins unterscheidet. Kant leitet die zweite Abteilung der *Kritik* mit dem Abschnitt »Vom transzendentalen Schein« ein und versteht unter Phänomenologie vor allem die kritische Auflösung aller Teile der transzendentalen Dialektik, in der er die bisherige metaphysica specialis (rationale Psychologie, Kosmologie und Theologie) befangen sieht. Schein entsteht generell durch unbemerkten (und ohne Kritik unvermeidlichen) »Einfluß der Sinnlichkeit auf den Verstand«, und wir haben es darum »mit einer natürlichen und unvermeidlichen Illusion zu thun« (B 350, 354). Daraus ergibt sich der analytische Charakter der phänomenologischen *Kritik*: Sie hat an den komplexen Bewusstseinsvorgängen deren Elemente zu trennen und wirkt als kritisch auflösendes Bewusstsein den illusorischen Scheinformen im kulturellen Selbstverständnis eines Zeitalters entgegen.

Propädeutische Unterscheidung theoretischer und praktischer Akte

Ein weiterer Grund für die Trennung von *Kritik* und Metaphysik-Systemen besteht in Kants neu gefasster Scheidung von theoretischen und praktischen Bewusstseinsakten, der er am Ende der 80er Jahre noch die Theorie der ästhetischen und der empirisch klassifizierenden Urteile hinzufügte. Kant ging von der Unterscheidung dreier Subjektvermögen in Psychologie und Anthropologie des 18. Jhs. aus, des Erkenntnisvermögens, des praktischen Begehrungsvermögens und des ästhetischen Gefühls von Lust und Unlust. Die Transzendentalphilosophie sollte die Ontologie als propädeutische Grundlegung überwinden, ebenso aber das unvermittelte popularphilosophische Ausströmen der naturalistischen Anthropologie und der psychologia empirica in die Grundlegung der Philosophie beenden. Dafür dient die transzendentalphilosophische Propädeutik, die eine Theorie unterschiedener Formen von Objektkonstitution und eines überempirischen und zugleich logisch immanenten Feldes moralischer Subjektorientierung bestimmt. Die unbedingte Trennung des Subjekts von den Gegenständen und von dessen eigenen

empirischen Antrieben wird methodisch vorangestellt, um die konkreten Objekte in theoretischer Hinsicht als Resultate methodisch reflektierter Setzungen darzustellen und in praktischer Rücksicht am Subjekt selbst eine höhere Sphäre über der alltagspraktischen Bedingtheit aufzuweisen. Die Transzendentalphilosophie führt im Apriorismus die metaphysische Auffassung fort, dass das empirisch Seiende in einer intelligiblen Realität wurzele. Kant spricht das so aus, dass die synthetische Einheit des Bewusstseins vor jeder Anschauung stehen müsse, um für mich Objekt werden zu können, und vor jeder Willensbestimmung, um einen Willensakt als allgemein anerkennenswert legitimieren zu können (B 138).

Wird diese transzendentale Theorie von Wirklichkeit und Intellektualität konsequent gedacht, so führt sie auf die Voraussetzung eines unendlichen ideellen Subjekts, das sich selbst Objekt und Subjekt zugleich ist. Im *Opus postumum*, das sich mit dem dem originären Kantianismus folgenden Formen des logischen Idealismus auseinander zu setzen beginnt, bezeichnete Kant die Transzendentalphilosophie als einen Idealismus, der Gott, Welt und Freiheit des Menschen zu Formen des Denkens mache. »Transc. Phil. ist *Autonomie* der reinen Vernunft sich selbst synthetisch a priori (das Subject zum Object) zu machen dadurch verhütet wird dass die transc. Principien nicht *transcendent* d. i. die Erscheinungen nicht Objecte an sich und ausser unserm Denken werden« (XXI, 101, 115).

Das Zentrum der auf die Propädeutik folgenden Metaphysik sah Kant im Problemkreis des Unbedingten. Das Unbedingte oder Übersinnliche nannte Kant die notwendige Annahme einer intelligiblen Realität, eines »übersinnlichen Substrats der Menschheit« (V, 340), das die Synthesis von empirisch rezeptiver und apriorisch spontaner Bewusstseinsebene ermögliche. Im Unbedingten wurzelt die ideelle Realität der persönlichen Freiheit. Kant sagte meist knapp, Gegenstand der Metaphysik seien die Ideen von Gott, Freiheit und Unsterblichkeit. Vom Übersinnlichen sind nicht Theorien im Sinn von Aussagen über empirisch veranlasste Sachverhalte möglich, sondern nur theoretische Postulate praktischer Willensbestimmung. Die Unterscheidung von (theoretischen) Verstandesbegriffen und (praktischen) Vernunftideen – Neufassung der alten Trennung von ratio und intellectus – war also der Metaphysik-Systematik voranzustellen und erforderte logische Analytiken in getrennten Untersuchungen. Die Trennung von theoretischem Verstand, auf die gegebenen Fakten bezogen, und praktischer Vernunft, auf ideale Postulate der Willensbestimmung gerichtet, bildet die zentrale Achse, um die sich der ganze Gedankengang der *Kritik* bewegt. Der mundus intelligibilis wurde von Kant nicht mehr im platonischen Sinn als ontische »Gegenstände« höherer Art gefasst. Er wurde (theoretisch) zur Synthesis-Funktion des Bewusstseins, für die praktische Willensbestimmung zu denknotwendigen Postulaten für das Selbstverständnis der Individuen innerhalb der Idealität der Gattungsexistenz. Aus dem funktionalen Rationalitätsbegriff ergab sich die Auflösung der überkommenen metaphysica specialis mit deren Disziplinen von Seele und Gott als seienden Substanzen.

Phänomenologie, Kritik von Schein und Vorurteil

Die Auffassung des ideell Unbedingten als eines Seienden im Sinne theoretischer Gegenstandsbeschreibung bedingt die antinomische Struktur der bisherigen Metaphysik. Der Nachweis der Antinomik erforderte eine eigene systematische Darstellung. Er bildete das Zentrum der Kritik des Scheins, den der Mensch »niemals völlig loswerden kann« und »der ihn unaufhörlich zwackt und äfft«, da es sich um »die Auftritte des Zwiespalts und der Zerrüttungen« handelt, die ein »Widerstreit der Gesetze (Antinomie) der reinen Vernunft« selbst veranlasst (B 397, 434). Dieses zweite Buch (»Von den dialektischen Schlüssen der reinen Vernunft«) der zweiten Abteilung bringt mit 200 Seiten den umfangreichsten Teil der ganzen *Kritik*. Die Schein-Kritik bezieht sich vor allem auf die Ontologie als auf den »logischen Schein, daß die subjektive Notwendigkeit einer gewissen Verknüpfung unserer Begriffe [...] für eine Bestimmung der Dinge an sich selbst gehalten wird« (B 353). Im Programm der drei propädeutischen *Kritiken* fasst Kant die lange Geschichte einer Grundfigur der europäischen Aufklärung zusammen: die Kritik der Vorurteile. Seit Bacons Gruppierung der vier Gruppen von Idolen (Nov. Org., B. I, Art. 52–61) bildete die Aufzählung der Arten und Ursachen der Vorurteile (mangelndes Wissen, Autoritätsglauben, Voreiligkeit, Eitelkeit usf.) ein Leitthema der Aufklärung. Kant konzentrierte die Thematik im einzigen Problem der Verschleifung von empirisch-anschaulicher und intelligibler Welt. Metaphysik und Theologie dachten das Übersinnliche als eine Art höherer, darum unsichtbarer Gegenständlichkeit; eine dogmatische Verlängerung und Systematisierung von Imaginationen gesteigerten Alltagsbewusstseins.

Daraus seien alle Antinomien des Denkens hervorgegangen, die dann die Basis aller Vorurteile bildeten. Damit war die Thematik der Vorurteile in einem logischen Problem konzentriert.

Metaphysik als spezielle Kategorienlehre

Kant sah die Metaphysik-Systematik als unverzichtbaren Teil seines Programms an. *Kritiken* und Metaphysik-Systeme enthalten eine fortgehende Darstellung der Kategorienlehre in der Form eines sich spezialisierenden Apriorismus. Der Übergang von der allgemeinen Kategorienlehre innerhalb der *Kritik* zur speziellen in den *Metaphysischen Anfangsgründen der Naturwissenschaft* verläuft von der transzendentalen Ästhetik (Raum, Zeit), von der Kategorientafel und den »Grundsätzen des reinen Verstandes« (Quantifizierbarkeit der Erscheinungen, Kausalität, Möglichkeit/Wirklichkeit u. a.) zu den Kategorien der (Newtonschen) Naturwissenschaft (Materie, Bewegung, Kraft, Undurchdringlichkeit u. a.). Sowohl *Kritik* als auch Metaphysik stellen methodische Abstraktionen dar, an denen die *Bewegung des Übergangs* von den generellen Kategorien, wie sie die Tafeln der zwölf Elementarbegriffe und der Grundsätze in der transzendentalen Logik darstellten, zu den spezielleren Kategorien der Natur-, der Rechts- und Moralphilosophie das Entscheidende ist. Von seiner Metaphysik der Natur sagte Kant treffend, es handele sich um eine »methodisch-gebrauchte Metaphysik« (IV, 524). Die Metaphysik-Systematiken sollen fachwissenschaftliche Problembereiche wie z. B. Newtons Mechanik und Dynamik oder in praktischer Hinsicht einen nicht mehr naturrechtlichen Privat- und Verfassungsrechtsbegriff vom einheitlichen methodischen Ansatz der Verbindung von Apriorismus und Phänomenalismus her systematisieren.

Der Einfluss der naturwissenschaftlichen Methodik auf die propädeutische Transzendentalphilosophie zeigt sich z. B. darin, dass Kant das phänomenologisch-analytische Verfahren der *Kritik* gern am Beispiel der Chemie erläutert. Das »Experiment der reinen Vernunft« sei dem der Chemiker ähnlich. Die transzendentale Analytik scheide die Erkenntnis a priori in zwei ungleichartige Elemente (B 21; vgl. 674, 680; IV, 471). Für die *KpV* gelte es ebenfalls, »ein der Chemie ähnliches Verfahren der Scheidung des Empirischen vom Rationalen [...] vorzunehmen« (V, 163, 92). Alle drei *Kritiken* stellen analytische Verfahren zur methodischen Rekonstruktion drei verschiedener Geltungstypen von Urteilen dar (theoretische, praktische, ästhetische/teleologische). Kants Verständnis der propädeutischen Transzendentalphilosophie als methodischer, Scheinformen in der Kultur auflösender, Ebene der Philosophie ist nach dem Muster von vorauszusetzenden formalen Elementen in den mathematischen Naturwissenschaften und in der Rechtswissenschaft gedacht, die ebenfalls komplexe erscheinende Objekte bzw. Ereignisse (Rechtsfälle) in konstante methodische Kombinationsregeln wiederkehrender Elemente zerlegen.

Der Methodentraktat *Kritik der reinen Vernunft* und die Methode der Newtonschen Naturwissenschaft

»Die ächte Methode der Metaphysik ist mit derjenigen im Grunde einerlei, die Newton in die Naturwissenschaft einführte«, notierte Kant bereits 1764 in seinen frühen metaphysikkritischen Studien (II, 286; vgl. V, 163). Die logischen Anforderungen, die sich aus dem Zusammentreten von Mathematik und Physik in der frühneuzeitlichen Naturwissenschaft ergaben, bildeten ein zentrales Problem, aus dem sich die Bewegung der Aufklärung entfaltete. Das hier entstandene Verhältnis von empirisch-induktiven und logischen wie mathematischen Elementen der Theoriebildung war mit der Ontologie nicht mehr vereinbar. Newton hatte im Schlussteil seiner *Optik* (1704) sein antimetaphysisches (im Sinne der Descartes-Kritik) und induktionistisches Credo formuliert (J. Newton, Optik, Braunschweig/Wiesbaden 1983, S. 267, 269).

Kants Reflexionen (im handschriftlichen Nachlass) vom Beginn der 60er Jahre geben die Problemlage zu erkennen, aus der die *Kritik* entstand. Das erste Thema bildete die Auflösung der logischen Konstitution von Seinsprädikaten aus den Sätzen des Widerspruchs und des zureichenden Grundes, des Konstruktionshebels der Ontologie. Das andere Problem bestand in der Möglichkeit von Freiheit als bewusster Kausalität angesichts des naturwissenschaftlichen Determinismus, in dem alle Ereignisse als determiniert gedacht werden. Zum ersten Thema notierte Kant, dass »das Dasein kein Prädikat der Dinge« sei. Die mathematische Naturwissenschaft löste die metaphysische Verbindung von essentia und existentia auf. Wie Newton sagte, dass er nicht wisse, worin das »Wesen« der Gravitationskraft bestehe und das auch nicht wissen müsse, da er deren Wirkungsweise genau bestimmen könne, so schrieb Kant in den Reflexionen der Mitte der 60er Jahre: »Wir kennen ein jedes Ding der Welt nur als Ursache, an der Ursache aber nur die causalitaet der Wirkung, also nur die Wirkungen, und also nicht das Ding selbst und dessen Bestimmungen, wodurch es die Wirkung hervorbringt« (XVII, 310). Das ist zugleich der Grundsatz des Newtonschen Phänomenalismus. Die Schrift *Der einzig mögliche Beweisgrund* (1763) wendet diese nach Hobbes, Locke, Hume, Tetens und im Zusammenhang der bereits einsetzenden Wolff-Kritik in der deutschen Philosophie (Rüdiger, Crusius, Lambert) keineswegs umstürzende Einsicht auf einen Teilbereich der metaphysica specialis, auf die rationale Theologie, an. Zweifellos wirkten auch Kants selbstkritische Reflexionen über seine Optimismus-Schrift (1759), in der er Leibniz weit in die Gefilde theologischer und moralischer Konstruktionen auf ontologischer Basis gefolgt war, als produktiv irritierende Selbsterfahrung mit den Gefährdungen der »Blendwerke« dogmatischer Metaphysik (XVII, 236 ff.). Kants nächster Schritt, die Methode der Metaphysik neu zu bestimmen, besteht in der Kritik der Verwendung der beiden Prinzipien der Wolffschen Metaphysik, des Satzes vom Widerspruch und des Satzes vom Grunde, für die Konstitution ontologischer Substanzen und Relationen. Bereits Anfang der 60er Jahre heißt es: »Die metaphysic ist nicht eine philosophie über die obiecten, denn diese können nur durch die Sinnen gegeben werden, sondern über das subiect, nemlich dessen Vernunftgesetze« (XVII, 259). Hier tritt auch schon der Ausdruck von den »Grenzen der Vernunft« auf, die zu bestimmen seien, sowohl im positiven Sinne als Umfang der Vernunfterkenntnisse als auch im negativen von Schranken der Erkenntnis aus reiner Vernunft ohne empirische Erfahrung (XVII, 259). (Der Terminus kam aus der Theologie und bezeichnete die Grenzen des Wissens gegenüber dem Glauben.) Mit der Kritik des ontologischen Begriffs des Gegenstandes als eines logisch widerspruchsfrei Seienden findet sich bereits der kritische Verweis auf die Schwäche des ontologischen Seinsbegriffes. Er sei eine »Idee von Allem oder einem Ganzen« und darum untauglich zur Verbindung mit den immer partikularen empirischen Ereignissen. Das konzentrierte Kant am Ende der 60er Jahre zum Antinomienproblem.

Wie weit Kants Entlehnungen aus der Methodenthematik der mathematischen Naturwissenschaft auch bei zentralen Fragestellungen der 60er Jahre gingen, zeigen die Bezüge des *Versuchs* über den Begriff der negativen Größen (1763) auf Passagen bei Newton. Kant bezieht sich auf Newtons »hypotheos non fingo« (ich erdichte keine spekulativen Hypothesen). Newton erklärte, die Ursache der Gravitationskraft nicht zu kennen und nicht kennen zu müssen, da es genüge, deren Gesetze mathematisch zu formulieren. Ebenso, sagte Kant, seien die moralischen Pflichten kein Geheimnis, die sich aus der Möglichkeit von Freiheit in der intelligiblen Realität (des Gewissens und Menschheitsbewusstseins) des Menschen ergäben; wenn wir auch den Grund dieser ideellen Spontaneität oder Faktums der Vernunft nicht erkennen könnten und für das Pflichtbewusstsein nicht zu erkennen brauchten (VI, 138).

Die Originalität der Kantschen Fragestellung setzt im Zusammenhang der Kritik an der mathematischen Demonstrationsmethode in der Metaphysik ein. Der entscheidende Punkt ist nicht Kants Kritik an dieser unifizierenden Methodologie. Kant grenzte einen Bezirk von grundlegender Begrifflichkeit und Elementarsätzen ein, der analog der Zahlentheorie geeignet wäre, unabhängig von materialen Gehalten die Geltungsweise wissenschaftlicher Theorien zu erklären. Leibniz und, in unmittelbarer Vorläuferschaft Kants, Lambert sahen bereits, dass die methodische Leitfunktion der Mathematik in der Philosophie nur als logiktheoretischer Kalkül, aber nicht mehr als Ontologisierung der Begriffslogik aussichtsreich war. Nur dadurch konnte an die Stelle der begriffslogischen Ontologie die Logik der Relationen treten, die der mathematischen und juridischen Formalisierung der dann nur noch phänomenalen Wirklichkeit entsprach. An die Stelle des substanz-ontologischen Formbegriffs trat die Urteilsfunktion als die »intellektuelle Form aller Erfahrung« (B 367). Die sog. subjektive Wende des transzendentalen Gedankens bei Kant (durch dessen Verbindung mit dem Phänomenalismus) dient einer wissenschaftsmethodischen Präzisierung.

Der zweite Problemkreis, unter dem Kant die paradigmatische Funktion der Newtonschen Naturwissenschaft für die Neufassung der Transzendentalienthematik im Sinne einer apriorischen Synthesis-Funktion des Bewusstseins durchdachte, bestand in der Frage nach der personalen Freiheit. Die außerordentliche Aufwertung der Natur und des Naturwissens seit dem 17. Jh. gegenüber deren Stellung in der feudalgesellschaftlichen Kultur führte zur Auflösung der überkommenen Beziehung zwischen kausaler und normativer Rationalität. In der ontologischen Metaphysik war der Primat des normativen Wissens gegenüber dem kausalen durch die Prämisse eidetischer Substanzen als essentieller Realität gesichert. Sie überlagerten das alltagspraktische und induktiv-erfahrungsgeleitete Fachwissen in technologischem, medizinischem u. a. Fachgebieten, das natürlich immer kausal gerichtet ist, durch die Teleologie des Prozessverständnisses. Die mathematische Naturwissenschaft trat aus dem teleologischen Wirklichkeitsverständnis heraus und begann ein durchgehend kausales Denken aufzubauen. Der entscheidende Punkt der Veränderung war die nun entstehende durchgehende Systematik eines kausalen Determinismus. Das sprengte die Systematik der ontologisch fundierten Anschauung der bisherigen Metaphysik. Es schuf zugleich eine Kluft zwischen der naturwissenschaftlichen Rationalität einschließlich der in politischer Ökonomie und Statistik entstehenden Sozialwissenschaften auf der einen Seite und den normativen Gehalten des moralischen und religiösen Denkens. Ein Weg zur Lösung der Theorie-Antinomie zwischen Naturwissenschaften und moralischer Ebene des Handlungswissens bestand im Aufbau der naturalistischen Anthropologie und frühen Psychologie. Hier war naturwissenschaftliche Kausalität bis weit in den im Ganzen unaufhebbaren teleologischen Charakter der Praxisdetermination hinein durchzuführen. Aber die Plattform der grundsätzlich nur ideellen Identität der moralischen Selbstbestimmung der Person war von den kausaltheoretischen Ansätzen her nicht zu erreichen. Damit bestand mitten in der produktiven Linie des aufklärerischen Denkens eine Begründungsdifferenz, die der Systematik der auf autonomen rationalen Humanismus angelegten Aufklärung entgegenstand. Hier siedelten alle Restaurationen heteronomer juridischer, moralischer und religiöser Ideologien und der überkommen absolutistischen und kirchlichen Institutionen, denen sie entsprachen. Die betonte Systemintention in Kants Philosophiebegriff richtete sich gegen solchen Eklektizismus. Er sprach dann von einem »ekelhaften Mischmasch von zusammengestoppelten Beobachtungen und halbvernünftelnden Principien« (IV, 409). Die Differenz zwischen kausaler Naturdetermination (auch in der Natürlichkeit des Menschen) und Teleologie der moralischen Akte bildete den Kernpunkt der Kantschen Kritik des theoretischen Entwicklungsstandes der Aufklärung.

Kant sah, dass der Fortschritt im Begründungsprogramm der Aufklärung in einer Neufassung der Systemidee mit präzisierter Verbindung von Apriorismus und fachwissenschaftlichem Phänomenalismus liegen musste. Nur dann war die autonome Rationalität ohne ergänzende Zuhilfenahme transzendenter Prämissen zu sichern. Daher Kants Hochschätzung Wolffs und überhaupt der Anschluss an die Denkform der Metaphysik. Die Interpretation des transzendentalen Idealismus als einer ontologischen Metaphysik neuer Art geht an der eigentlichen Thematik ebenso vorbei wie die komplementäre Kant-Lesart, den Apriorismus durch anthropologische Theoriestücke aufzulösen. Das Systemproblem einer Verbindung von kausaler und normativer Rationalität war tatsächlich am besten durch den funktionalen Apriorismus als formaler logischer Geltungstypen zu bewältigen. Auf der Zielstellung, die Begründungsantinomie zwischen Naturwissenschaften und normativen Disziplinen durch die Logik unterschiedener Geltungstypen von Behauptungen und Aufforderungen zu beheben, beruht Kants Apriorismus, und in diesem Zusammenhang befindet sich der betonte Primat des moralisch-praktischen Apriorismus gegenüber dem theoretischen.

Literatur

Gloy, K.: Die Kantische Theorie der Naturwissenschaft, Berlin 1976. – Kondylis, P.: Die Aufklärung im Rahmen des neuzeitlichen Rationalismus, Stuttgart 1981 [z. B. IV, 2: Newtons anticartesianischer Ansatz in seiner weltanschaulichen Wirkung]. – Strohmeyer, I.: Quantentheorie und Transzendentalphilosophie, Heidelberg 1995.

Ontologischer und transzendentaler Apriorismus. Die logische Funktion auf die Realisierung in den Wissenschaften angelegt

Das Verhältnis von *Kritik* und Metaphysik-Systemen befindet sich im Zusammenhang der methodischen Funktion, die der Apriorismus bei Kant als logische Synthesis empirischer Daten zu Sachverhalten besitzt. Es ist die Grundfrage der *Kritik* nach den »synthetischen Urteilen a priori« in den verschiedenen Wissenschaften. In seinen Vorlesungen, die ja nach einem Metaphysik-Lehrbuch zu erfolgen hatten, sprach Kant das im theoriegeschichtlichen Zusammenhang aus: »Die Wissenschaft, welche diese Frage beantwortet, heißt: Kritik der reinen Vernunft. Die Transzendentalphilosophie ist das System aller unserer reinen Erkenntnisse a priori; gewöhnlich wird sie Ontologie genannt« (Metaphysik Pölitz; XXVIII, 541). Kant bildete die Ontologie zur Analytik von Verstand, Urteilskraft und Vernunft um. Den Terminus ratio pura, reine Vernunft, gebrauchte auch Chr. Wolff. Er sagte, deren »Axiome« würden in der Meta-

physik a priori bewiesen. Reine Vernunft nennt Wolff Schlüsse aus Definitionen und Sätzen, die a priori bekannt sind (Wolff, *Psychologia empirica*, § 495). Er definierte: »Veritas adeo, quae transcendentalis appellatur & rebus ipsis inesse intelligitur, est ordo in varietate eorum, quae simul sunt ac se invicem consequuntur«, also: »Wahrheit im eigentlichen Sinn, die transzendental genannt und als den Dingen selbst einwohnend erkannt wird, ist eine solche Ordnung in deren Verschiedenheit, in der sie zugleich sind und wechselweise auseinander folgen« (Wolff, *Philosophia prima sive Ontologia*, § 495). Konsequent lehrt Transzendentalphilosophie bei Wolff die rationale Ordnung des Seins als wahres Sein (ens verum), und in diesem Sinne gilt dann die Transzendentalenlehre der ontologischen Metaphysik: »Omne ens est verum«, also: »Alles Sein ist wahr«, d. h. alles nicht nur erscheinende, sondern substantial Seiende ist wahr (im Sinne von konstant) und wahre Aussagen sind das Antreffen dieser intelligiblen realitas obiectiva (ebd., § 496 f.). Wolff umging den Widerspruch zwischen Seins- und Norm-Aussagen durch den Übergang vom ontologischen Seinsbegriff zur empiristischen Handlungstheorie.

Der Grundgedanke der vorkantschen Metaphysik besteht darin, die raum-zeitliche Wirklichkeit einer objektiven intelligiblen Realität einzuschreiben. Kant formt diese Realität zu den logischen Konstitutionsbedingungen a priori des Subjekts von Sachverhalten und Willenszielen um. Das Anliegen der vorkantschen Metaphysik, die gesamte gegebene Wirklichkeit und die Postulate kultureller Handlungsbedingungen (in Recht, Moral, Religion) durch die Ontologie als ein durchgehend rational Bestimmbares aufzuschließen, enthielt einen auffallenden Widerspruch. Wenn das logisch widerspruchsfrei mögliche Sein das eigentlich substantiale Sein (essentia) darstellt, dann ist das empirisch Gegebene als faktisches Dasein (existentia) dem Sein logisch zufällig. Das heißt, es wäre gerade nicht deduktiv herzuleiten, sondern induktiv aufzusuchen. Das bedeutete die Freisetzung der fachwissenschaftlichen Forschung von Systemzwängen der Metaphysik. Das theoretisch Unbefriedigende der Metaphysik Wolffs gründet darin, dass der ontologisch deduktive und der empirisch induktive Gesichtspunkt nebeneinander laufen und dass um der ontologischen Prämissen willen versucht werden muss, die phänomenale existentia irgendwie aus der intelligiblen essentia hervorgehen zu lassen. Dazu dient u. a. der ontologische Gottesbegriff: Gott denkt Raum und Zeit und lässt uns dadurch das faktisch Erscheinende als Daseiendes und zugleich als intelligibles Kontinuum denken.

Mit der Überwindung der substanz-ontologischen Grundlegung der Philosophie trat an die Stelle einer Kategoriensystematik schlechthin die weitaus komplizertere Problematik der unterschiedlichen Realisierungsweisen der logischen Funktionen in den unterschiedlichen Wissenschaftsbereichen. Der Apriorismus der propädeutischen Disziplin als einer Theorie unterschiedlicher rationaler Setzungen musste auf alle Realisierungsfelder ausgedehnt werden, wenn der universale Anspruch der bisherigen Ontologie durch eine Analytik der Rationalität ersetzt werden sollte. Den drei sog. Gemütsvermögen (Erkennen, Begehren, Lust/Unlust-Gefühl) entsprechen die drei Urteilstypen nach den Kriterien wahr/falsch, gut/schlecht, schön/hässlich. Die Geltungsweise aller drei Aussagearten wurzelt in den drei Typen apriorischer Setzungen, die sämtlich der transzendentalen Analyse und Kritik bedürfen, um den an ihnen haftenden Schein zu durchschauen. Kants Apriorismus steht nicht im Widerspruch zu den lebenspraktischen Bezügen. Er soll diese aus der Unmittelbarkeit des interessierten individuellen Horizonts und aus der Falsifikation überpersönlicher Gebote in der Form traditionalistisch begründeter Ordnungsstrukturen herausführen. Die viel befehdete (oder durch Retouchen reduzierte) Kühnheit der transzendentalphilosophischen Propädeutik der Philosophie besteht in der logischen Immanenz jeder über das alltagspraktische und ästhetische Bewusstsein hinausgehenden Welt- und Subjekt-Konstitution.

Literatur

Pichler, H.: Über C. Wolffs Ontologie, Leipzig 1910. – Külpe, O.: Die Realisierung, ein Beitrag zur Grundlegung der Realwissenschaften, 3 Bde., Leipzig 1912–1923 [versteht Realisierung, in Kritik des Kantschen Apriorismus und des Marburger Neukantianismus, als die Setzung vom Denken unabhängiger Objekte der Realität; zu Kant vgl. Bd. 2, III. Buch]. – Kondylis, P.: Die neuzeitliche Metaphysikkritik, Stuttgart 1990.

2 Die Gliederung der *Kritik der reinen Vernunft*

»Einige Dunkelheiten«

Die Gliederung des Kantschen Hauptwerkes erscheint auf den ersten Blick verschachtelt. Der Leser blickt auf eine immer wiederkehrende Folge von Abteilungen, Büchern, Hauptstücken, in diesen jeweils viele Abschnitte und Unterabschnitte. Den vier Hauptteilen stehen nach Vorreden und Einleitungen zur ersten und zur zweiten Auflage zusätzliche Einleitungen voran. Kant räumte selbst zusätzliche Verständnisschwierigkeiten durch seine Darstellungsweise ein. Mendelssohn habe das Buch als ihm unverständlich gleich beiseitegelegt, teilte M. Herz aus Berlin mit. Kant schrieb an Mendelssohn: Dass die *Kritik* »ihre scharfsinnige Aufmerksamkeit nicht auf sich ziehen kann, oder sie alsbald wieder von sich stößt, dauert mich sehr, befremdet mich aber auch nicht; denn das Product des Nachdenkens von einem Zeitraume von wenigstens zwölf Jahren hatte ich innerhalb etwa 4 bis 5 Monathen, gleichsam im Fluge, zwar mit der größten Aufmerksamkeit auf den Inhalt, aber mit weniger Fleiß auf den Vortrag […] zu Stande gebracht«. Er nannte sein fortgerücktes Alter, er stand 1781 im 57. Lebensjahr, so dass er, da er »jetzt noch das ganze System im Kopfe habe, […] mit der Feile in der Hand, jedem Theile seine Rundung zu geben«, vielleicht keine geschlossene Darstellung des Ganzen mehr würde ausführen können (an Mendelssohn, 16.8.1783; vgl. an Garve, 7.8.1783). An J. E. Biester in Berlin wiederholte er seine auch für ihn selbst folgenreiche Einschätzung – sie veranlasste die *Prolegomena* (1783) und die Umarbeitungen der zweiten Auflage (1787) – und sprach von »einigen Nachlässigkeiten oder Übereilungen der Schreibart«, also des Ausdrucks und der Darstellungsweise, und davon, dass »einige Dunkelheiten übrig geblieben seyn werden« (an Biester, 8.6.1781). Nach so langer Vorbereitung erschien dem Autor die Ausführung nun wie im jugendlichen Eifer vollbracht; schöpferisches Abenteuer und Gegenteil der immensen Denkperiode, weitab der Gefahr von zweiten zwölf Jahren. Ohne Frage ist die Thematik der *Kritik* nicht leicht verständlich darzustellen. Das erreichen nicht die vielen Kommentare und nicht M. Epsteins *Kritik der reinen Vernunft. In deutschen Stanzen* (Berlin 1923), ein Lehrgedicht, das der Verfasser selbst als »Mittelstufe zwischen Poesie und Philosophie« bezeichnete

(S. 9). Die nicht der Sache, sondern der Darstellungsweise geschuldeten Schwierigkeiten haben noch Gründe in Kants Arbeitsweise, die sich bei diesem Werk über so langen Zeitraum erstreckte. »Ich konnte mich nicht entschließen, etwas minderes, als einen deutlichen Abris von der Gestalt darin ich diese Wissenschaft erblicke [...] zu überschicken. Die Ausführung dieses Vorhabens flochte mich in Untersuchungen ein, die mir selbst neu waren und bey meiner ermüdenden academischen Arbeit einen Aufschub nach dem andern nothwendig machte« (an Herz, 2.9.1770). Man finde kein Gehör bloß mit negativen Sätzen. Wo man niederreiße, müsse man etwas Besseres aufbauen (vgl. an Herz, 21.2.1772). Er war besorgt, durch Begründungsmängel der Sache zu schaden. Zu Tetens' *Philosophischen Versuchen über die menschliche Natur* (1777) bemerkte er, man merke der Darstellung an, der Autor hoffe sich mit Hilfe neuer Ideen in seinem weitläufigen Werk aus dem Labyrinth eines unsicheren Umrisses herauszufinden. Doch ermüde er den Leser und lasse am Ende die Sache liegen, wie er sie gefunden (an Herz, Anf. April 1778). Für den deutlicher werdenden Umfang einer wirklich tragenden systematischen Erneuerung der Philosophie festigte sich bei Kant während vieler Jahre die Einstellung, keinesfalls etwas zu überstürzen. An Herz: »Da ich von mir nichts erzwingen will (weil ich noch gerne etwas länger in der Welt arbeiten möchte) so laufen viele andre Arbeiten zwischendurch« (Anf. April 1778).

Elementar- und Methodenlehre

Das Werk ist in zwei ungleiche Hauptteile – etwa 300 zu 90 Seiten – geteilt:

I. Elementarlehre
II. Methodenlehre
1. Teil: Ästhetik (Raum- und Zeitanschauung)
2. Teil: Logik
1. Abt. – Analytik
2. Abt. – Dialektik

Die Teilung gehört zur Tradition der Logik-Lehrbücher des 18. Jhs., von der überhaupt der Aufbauplan der *Kritik* bestimmt war. Kant entwickelte diese Teilung aus der Unterscheidung von logica theoretica und logica practica. Der eigentlichen Darstellung der logischen Theorie (damals Begriffe, Urteile, Schlussarten) folgt ein auf die Anwendungen der Theorie hinweisender praktischer Teil (vgl. Kants Logik-Vorlesung, IX, 18). »Die Ausbildung der zent-

ralen Einteilungsbegriffe der *Kritik der reinen Vernunft* läßt sich anhand der Logik-Nachschriften mitverfolgen« (Hinske 1998, S. 39). Die *Kritik* entwickelt nach der Ästhetik in ihrem Hauptteil im Unterschied zur formalen Logik eine transzendentale Logik. Sie stellt nicht die Gesetze geistiger Operationen nach deren formalen Bedingungen dar, sondern untersucht, wie intellektuelle Formen apriorischer Strukturen sich mit den disparaten materialen Gehalten des Wissens verbinden.

Die *Elementarlehre* bringt: *1. Ästhetik*: Einheit aller empirischen Anschauungen durch die reinen Formen von Raum- und Zeitanschauung. *2. Logik-Teil Analytik*: Tafel der Urteilsformen und der Kategorien a priori, deren Verbindung mit der Wahrnehmung durch Schemata einer produktiven Einbildungskraft, Konkretisierung der Kategorien zu Grundsätzen des Verstandes bei der Konstatierung von Sachverhalten. Darin besteht die transzendentallogische Thematik, die der formalen Logik von Begriff und Urteil entspricht. Es folgen die Ideen praktischer Vernunft, deren Systematik aus den Schlussformen abgeleitet wird und also diesem Teil der formalen Logik analog sind. Sie werden unter *Logik-Teil Dialektik* eingegliedert. Der Bezug zu diesem umfangreicheren Logik-Teil (Analytik ca. 50 S., Dialektik ca. 210 S.), bringt die Destruktion der metaphysica specialis. Ästhetik und Analytik mussten die Verbindung der Verstandesfunktionen a priori mit der »Anschauung« nachweisen, um die Ontologie als allgemeine Metaphysik aufzulösen. Das sicherte die Einheit aller empirischen Anschauungen in den sog. Formen reiner Sinnlichkeit (Raum und Zeit), da sonst die intellektuellen Formen nicht notwendig mit allen »Erscheinungen« schlechthin korrespondieren müssten. Der ungleiche Umfang von Analytik und Dialektik zeigt die metaphysikkritische Intention des gesamten Konzepts des Werkes als neuer transzendentaler Logik. Die auf Widersprüche führenden Scheinformen des Bewusstseins entstehen aus dem ontologischen Missverständnis des Apriorismus. Vernunftideen beziehen sich auf die intellektuellen Strukturen des Unbedingten, die nicht Gegenstand von Erfahrung nach empirischen Erscheinungen werden können; so wie das mathematisch unendlich Genaue, Kleine oder Große intellektuelle Realitäten sind, mit denen operiert wird, die aber nicht empirisch darstellbar sind. *3. Logik-Teil Dialektik*: Die Begriffe der Seele, des Weltganzen und der Gottesbegriff als ontologischer Substanzen werden als Scheinformen des Bewusstseins widerlegt. Das alltagspraktische Denken und dessen Systematisierung in der Metaphysik fällen darüber Urteile im Sinne theoretischer Konstitution von Erscheinungen zu Sachverhalten. Dabei verwickeln sie sich in Widersprüche, die zum endlosen Streit zwischen den philosophischen Grundrichtungen Metaphysik und Materialismus führten. Die Transzendentalphilosophie soll diese Zerspaltung der philosophischen Wissenschaft beenden.

Die *Methodenlehre* umreißt die Anwendung der transzendentalen Logik im Hinblick auf das der *Kritik* folgende Metaphysik-System. Die Elementarlehre habe »das Bauzeug überschlagen« für eine neue systematische Philosophie. Die Methodenlehre bringe die Anwendung dieser Logik als »der formalen Bedingungen eines vollständigen Systems der reinen Vernunft« (B 736). Von dieser Methodenlehre seiner transzendentalen Logik unterscheidet Kant die angewandte formale Logik, die »Regeln des Gebrauchs des Verstandes unter den subjektiven empirischen Bedingungen« angibt (B 77). Er nennt sie in der Einleitung zur Logik der *Kritik* die Regeln des konkreten Gebrauchs: Aufmerksamkeit, Ursprung des Irrtums, Zustand des Zweifels, der Überzeugung usf. Die Methodenlehre der *Kritik* fasst den Begriff einer »praktischen Logik« zugleich weiter als im Bezug auf die von Kant beabsichtigten Metaphysiken der Natur und der Sitten. Die Methodenlehre behandelt abermals die Untauglichkeit des konstruierenden Verfahrens der Mathematik in der Philosophie, die nicht konstruierend, sondern diskursiv vorgehen müsse. Außerdem wird wie im Schlussabschnitt von Wolffs *Discursus praeliminaris de philosophia in genere* (1728) die Freiheit des Denkens als Voraussetzung wissenschaftlicher Philosophie, werden öffentliche wissenschaftliche Auseinandersetzungen als Recht der menschlichen Vernunft proklamiert. Die Methodenlehre fasst den kulturellen Gehalt der Transzendentalphilosophie zusammen. Im direkten Bezug zum beabsichtigten System der Metaphysik stehen nur die Abschnitte II, 2 und III der Methodenlehre. Abschnitt II, 2 bezeichnet die Probleme der praktischen Rationalität als Zentrum der neuen Metaphysik. Abschnitt III allein bringt die »Architektonik« systematischer Philosophie in den Unterscheidungen von Propädeutik und System, von Schul- und Weltbegriff der Philosophie und schließlich in der Zweiteilung von Naturphilosophie und Philosophie der Sitten.

Zum Vergleich

Wolffs *Philosophia rationalis sive Logica* (1728), der erste Teil des Systems der Philosophie, hatte als »ersten oder theoretischen Teil« die Lehre von Begriff, Urteil und Schluss und als »zweiten oder praktischen Teil« von fast doppeltem Umfang die angewandte Logik in sechs Sektionen enthalten, darunter: I. Vom Nutzen der Logik, das Wahre vom Falschen und das Gewisse vom Ungewissen zu unterscheiden, IV. Vom Nutzen der Logik, sich mit Anderen in der Wahrheit zu vereinigen, VI. Vom Nutzen der Logik im praktischen Leben und von der Methode ihres Studiums.

Literatur

Hinske, N.: Kontinuität und Wandel der Probleme im Kantschen Logikcorpus, in: Ders., Zwischen Aufklärung und Vernunftkritik. Studien zum Kantschen Logikcorpus, Stuttgart-Bad Cannstatt 1998, S. 32–40. – École, J.: C. Wolffs Metaphysik und die Scholastik, in: Oberhausen, M. (Hg.), Vernunftkritik und Aufklärung. Studien zur Philosophie Kants und seines Jhs., Stuttgart-Bad Cannstatt 2001, S. 115–128.

Analytik und Dialektik

Die zweite allgemeine Teilung trennt innerhalb der Logik Analytik und Dialektik. Kant griff damit weit in die terminologische Tradition zurück: auf Aristoteles' Unterscheidung der beiden Analytiken gegenüber der Dialektik oder Topik. Die Analytik stellte die aus gewissen Sätzen zu schlussfolgernden stringenten Beweisketten dar. Die Dialektik oder Topik (von griech. topos – Ort, Gesichtspunkte der Untersuchung und Argumentation) gelangt nur zu partiell bedingten, nicht streng beweisbaren Aussagen. Solche Urteile bilden einen großen Teil alltagspraktischer und auch wissenschaftlicher logischer Verfahren. »So wird denn ein syllogistischer Satz überhaupt die Bejahung oder Verneinung eines Dings von einem anderen nach der angegebenen Weise sein; apodiktisch aber ist ein solcher Satz, wenn er wahr und aus den obersten Prinzipien abgeleitet ist, und als dialektischer Satz tritt er auf, [...] wenn man schließt, als Annahme dessen, was ein Ansehen hat und wahrscheinlich ist, wie in der Topik erklärt wurde« (Aristoteles, *Erste Analytik*, B. 1, Kap. 1, 24 a/b). Kant unterscheidet Analytik als »die Zergliederung unseres gesammten Erkenntnisses a priori in die Elemente der reinen Verstandeserkenntniß« von Dialektik als einer »Logik des Scheins« (B 89, 85) und versteht Dialektik hier nicht als das in Widersprüchen befangene Denken selbst, sondern als »Kritik des dialektischen Scheins«. Kants aristotelische terminologische Unterscheidung von Analytik und Dialektik entspricht also inhaltlich nicht der aristotelischen Analytik, die nur die Theorie der Schlüsse behandelte. Kants Begriff von der Dialektik als einer Logik des Scheins geht weit über den Aspekt sophistischer Spiegelfechterei und auch über den Rhetorik-Bezug der klassischen Topik als dialektischer Disziplin hinaus. Kant behandelt die Dialektik der Vernunft als »Sophisticationen nicht der Menschen, sondern der reinen Vernunft selbst«. Es ist zur Analytik als der Logik der Wahrheit die Logik des Irrtums; ein wesentliches Thema der neuzeitlichen Philosophie seit Montaignes Skeptizismus und Bacons Idolenlehre. Das Irrtumselement besteht nach Kants Dialektik darin, dass Gruppen von Oppositionen entstanden seien, von denen einander entgegengesetzte Urteile beide falsch, andere wiederum beide richtig seien (B 532). Das Problem der Kantschen Irrtumstheorie ist der unwiderstehliche Hang des Denkens zu spekulativen Setzungen formell richtiger, doch material illusorischer Sätze und Theorien. Kant konzentriert das aufklärerische Theorem von der Kritik der Vorurteile zu einer Logik des Widerspruchs im unreflektierten Bewusstsein. Nicht nur Sinnestrug und Wissensmangel liegen der Unfreiheit zugrunde, sondern ein Widerstreit zwischen Bewusstseinsfunktionen schlechthin. Der Dialektik-Teil soll das Erfordernis einer neuen Stufe methodischer Selbstreflexion der Aufklärung erweisen. Insofern stellt der zweite Teil des Werkes den Ausgangspunkt des vorangegangenen ersten Analytik-Teils dar.

Der Aufbauplan der *Kritik* kann nicht der Problemfolge in Kants Denken entsprechen. Das erklärt Komplizierungen der Darstellung, die zwei Jahre nach dem Erscheinen der *Kritik* die *Prolegomena* (1783) beseitigen sollten. Die nach Ästhetik und Analytik ans Ende der Logik gerückte transzendentale Dialektik bildete den Ausgangspunkt der ganzen Gedankenarbeit Kants. Die Darstellungsmethode des fertigen Werkes setzt dann mit den Resultaten ein, bringt also das theoretisch Spätere vor dem im Forschungsprozess Früheren. Kant sah den von ihm erreichten systematischen Nachweis der logischen Unhaltbarkeit der ontologischen Metaphysik und des empiristischen Naturalismus als das zentrale Resultat seines Werkes an. Einige Formulierungen (in den Reflexionen) bezeichnen die Analytik geradezu als einen propädeutischen Teil zur Dialektik. Die Di-

alektik ist »eine Wissenschaft der Auflösung des Scheins und hat einen propädeutischen Teil, der das Kriterium der Wahrheit enthält« (XVIII, 39). Die eigentliche Ursache für die hohe Bedeutung, die Kant dem Dialektik-Teil der *Kritik* beimaß, ist jedoch nicht der theoretische Zeitbezug, der über die Dialektik das ganze Werk einfasst. Die zentrale theoretische Position der Dialektik ergibt sich aus den Themen der metaphysica specialis, die hier kritisiert und umgeformt wird. Kant eröffnet den Dialektik-Teil mit einem neuen Typus rationaler Konstitution: Der Vernunft als dem Vermögen der Prinzipien oder der Ideen des Unbedingten (gegenüber Verstandesbegriffen der Analytik). Es handelt sich um die praktische Selbstbestimmung des Menschen. »Und gerade in diesen letzteren Erkenntnissen, welche über die Sinnenwelt hinausgehen, […] liegen die Nachforschungen unserer Vernunft, die wir der Wichtigkeit nach für weit vorzüglicher und ihre Endabsicht für viel erhabener halten als alles, was der Verstand im Felde der Erscheinungen lernen kann […] Diese unvermeidlichen Aufgaben der reinen Vernunft selbst sind *Gott*, *Freiheit* und *Unsterblichkeit*« (B 6 f.). Die zentrale Stellung der Dialektik derart, dass Ästhetik und Analytik geradezu Vorbereitungen für sie bilden, ergibt sich aus dem Übergang von der Thematik der theoretischen Erkenntnis von Sachverhalten zur Theorie praktischer Willensbestimmung, und das ist für Kant zu den Sinnfragen gesellschaftlicher Existenz des Menschen.

Literatur

Tonelli, G.: Der historische Ursprung der Kantischen Termini »Analytik« und »Dialektik«, in: ABG 7 (1962), S. 120–139. – Conrad, E.: Kants Logik-Vorlesungen als neuer Schlüssel zur Architektonik der *KrV*, Stuttgart-Bad Cannstatt 1994.

Keine allgemeine Erkenntnistheorie. Die transzendentale Untersuchung

Die *Kritik* ist keine allgemeine Erkenntnistheorie. Dafür fehlten ihr ganze Bereiche wie die Theorie der Wahrnehmungsprozesse, die Abstraktionstheorie empirischer Begriffsbildung u. a. Ihr Problemkreis entsteht allein aus dem Dualismus von vorbestehender Synthesefunktion und empirischer Sphäre des Bewusstseins. Daraus ergibt sich die Hauptfrage nach den synthetischen Urteilen a priori. Die organismische Informationsverarbeitung vollzieht sich durch Verschlüsselungen von Reizen der Rezeptoren zu Wahrnehmungen auf der einen Seite und auf der anderen Seite durch logische Grundmuster der Ordnung von begrifflichen Abstraktionsleistungen. Die logischen Ordnungsformen bilden die Voraussetzung von Sprache, in der sie sich allerdings allein realisieren können. Die Ordnung kann nicht Element der Reihe von Inhalten sein, die von ihr gebildet wird. Das rechtfertigt die Untersuchung apriorischer Strukturen von Wahrnehmungen und Aussagen. Die formale Realität universeller Geltungsmuster bezeichnet also den sinnvollen Prozess der asymptotischen Annäherung an unbedingt gültige materiale Theoreme. Darin besteht überhaupt der Sinn des Apriorismus als letzter Geltungsgarantie. Die *Kritiken* zeigen die Möglichkeit – Kant sagt gern, beantworten die quaestio juris – des Zusammentretens von apriorischen und empirischen Elementen.

Literatur

Walker, R. C. S. (Hg.): Kant on Pure Reason, Oxford 1982 [charakterist. Beitr. der angelsächs. Kant-Interpr.]. – Schaper, E./Vossenkuhl, W. (Hg.): Bedingungen der Möglichkeit. »Tanscendental Arguments« und transzendentales Denken, Stuttgart 1984 [m. Beitr. v. K. Hartmann, R. Bubner, H. M. Baumgartner, H. Krings u. a.]. – Hiltscher, R./Georgi, A.: Perspektiven der Transzendentalphilosophie im Anschluß an Kant, 2002.

3 Das Grundproblem der *Kritik der reinen Vernunft*

»Das Schwerste, das jemals zum Behuf der Metaphysik unternommen werden konnte«. Synthesis a priori. Trennung von empirisch Gegebenem und den Bedeutungen geistiger Akte (mundus sensibilis – intelligibilis)

Das Grundproblem der Kantschen Transzendentalphilosophie, von der die *Kritik* den ersten der drei Teile darstellt, besteht in der Analyse der spezifischen Funktionsweisen des Apriorismus in verschiedenen Wissenschaftsdisziplinen. Die erste *Kritik* stellt die mathematischen Naturwissenschaften als Muster universeller Konstitution von Sachverhalten dar und zeigt im Auftakt zum Dialektik-Teil (Von den Begriffen der reinen Vernunft, B 366–396), dass praktische Rationalität einen anderen Geltungstypus darstellt. Die Naturwissenschaften konstituieren durch die Synthesis elementarer Begriffe und Grundsätze (Bewegung, Kausalität, Gesetz, Zufälligkeit, Einheit, Vielheit usf.), was als Natur gilt. Der methodisch prozessuale Gehalt wird im Synthesis-Vorgang bezeichnet, in dem Kant den Apriorismus konzentrierte. Die Synthesis-Funktion des Bewusstseins stellt eine formale Realität im Subjekt als die Artikulationsvoraussetzung äußerer Vorgänge dar. Zugleich setzt die Funktion (Grundsätze der Quantifizierbarkeit, der Beziehung von Bewegung und Ruhe, der Kausalität usf.) die Beobachtung empirischer Ereignisfolgen voraus. Die vorbestehende Funktion realisiert sich über die produktive Einbildungskraft, die ihrerseits vom inneren Sinn der Zeitanschauung ermöglicht wird. In der Beziehung von logischer Einheit des Denkens und Einheit des Zeitbewusstseins (die Kant richtig als nicht-logische Anschauung fasst) vollzieht sich die ideelle Synthesis, die den ausweisbaren Gehalt rationaler Akte garantiert. Kant geht nicht von der Sprache zur Synthesis-Funktion, sondern setzt mit der Logik-Auffassung der Metaphysik umgekehrt einen direkten Zugang zur logischen Struktur voraus (die transzendentale Analytik), aus der sich sprachliche Artikulation und Kommunikationsformen ergeben. Gemäß seiner System-Auffassung von philosophischer Grundlegung des kulturellen Selbstverständnisses scheidet er die Kommunikationsthematik, die er natürlich nicht übersieht, von der transzendentalen Logik ab und behandelt sie als Formen des sensus communis in Anthropologie, spezieller Ethik und Ästhetik der Geselligkeit, auch der Problematik freier literarischer Öffentlichkeit als Existenzbedingung von Rationalität.

Grundproblem und Basisgedanke des Werkes wurzeln in den Bedingungen und Perspektiven von Rationalitätsformen in der Kultur. Kants Arbeiten der 60er Jahre zogen den ontologischen Apriorismus der Metaphysik zunehmend in Zweifel, da dessen methodischer Funktion die dogmatischen Aufstellungen der metaphysica specialis entgegenliefen. Der Empirismus vertrat die Metaphysikkritik von sensualistischen und naturalistisch-moralischen Prämissen her. Darin erkannte Kant die skeptisch-relativistische Konsequenz einer Einebnung von systematischer Rationalität der Wissenschaften in die Analogiemethodik nach partikularen Erfahrungsbereichen des alltagspraktischen Denkens. Kant stieß auf das Problem eines weit greifenden Rationalitätskonflikts in der aufklärerischen Bewegung.

Das Problem, dessen Auflösung Kant nach der Inauguraldissertation von 1770, die die Raum- und Zeitanschauung a priori als Bedingung des mathematischen Apriorismus bereits bestimmt hatte, beschäftigte, war: Wie ist die Realisierung apriorischer Voraussetzungen der Erkenntnis in den Naturwissenschaften zu denken, die nicht wie die Mathematik mit ideellen Größen operieren können? Er nannte das mit einem bezeichnenden juristischen Terminus die Deduktion der reinen Verstandesbegriffe. »Deduktionen«, beweisfähige Vermittlungen zwischen den subtil unterschiedenen »sinnlichen« und intellektuellen Funktionen des Bewusstseins, bilden die Methode der Transzendentalphilosophie. Wie können Begriffe und Grundsätze des reinen Verstandes a priori mit empirisch gegebenen Objekten übereinstimmen, die unser Denken doch nicht wie mathematische Operationen erzeugt hat? Wir empfangen die Begriffe nicht von den Objekten und wir bringen im theoretischen Verhalten die Objekte nicht hervor. Von der Auflösung des Problems (im Schematismus der reinen Verstandesbegriffe) sagt Kant, es »war das Schwerste, das jemals zum Behuf der Metaphysik unternommen werden konnte« (IV, 260). Für die praktische Philosophie bildet dieser Punkt der Übereinstimmung von Subjekt und Objekt keine Schwierigkeit, da wir selbst Urheber von »Kausalität in der Erscheinung« sind. Hier bestand das Problem im Nachweis einer subjektimmanenten und zugleich überindividuellen Gesetzlichkeit letzter Handlungsmaximen, so dass der Apriorismus der Ideen praktischer Vernunft die *logische Möglichkeit der Übereinstimmung* aller autonomen Willensakte im unendlichen Prozess bedeutet. Das schließt autoritäre Fremdbestimmung nach Setzungen transzendenter Wesenheiten aus. Die asymptotische Übereinstimmung der Willensakte bedeutet selbstverständlich deren ständige empirisch-faktische Nichtübereinstimmung.

Das Grundproblem der *Kritik* schlüsselt sich in vier Aspekte auf: (1) Der apriorische Funktionsrahmen aller wahrnehmenden und logischen Akte schränkt diese auf die Konstitution von Erfahrungsdaten ein. Er schafft zugleich erst aus der Synthesis der Wahrnehmungen eine einheitliche Welt in einer geschlossenen Fläche von Erfahrung. (2) Der formale Charakter des Apriorismus gestattet keine zureichend begründbaren Aussagen über erfahrungstranszendente Gegenstände. (3) Der Hang zu spekulativen Konstruktionen ist dem Bewusstsein unvermeidlich, da die duale anthropologische Konstitution des Menschen (Intellektualität und Körperlichkeit) darauf angelegt sei, Begriffe mit anschaulichen Inhalten zu verbinden. Präzise sagt das Manuskript des *Opus postumum*: »Die Vernunft schaft sich unvermeidlich selbst obiecte« (XXI, 82). Damit ist das aufklärerische Thema der Ursprünge und der Überwindung der *Vorurteile* aus dem komplexen kulturgeschichtlichen Zusammenhang, in dem es behandelt wurde, herausgenommen worden. Die Vorurteile gehören nicht nur bestimmten frühen historischen Perioden zu. Die Pointe der Kantschen Logifizierung des Vorurteilsproblems richtet sich gegen die Annahme des 18. Jhs., das Zeitalter der überwundenen Vorurteile zu sein. Das erklärt auch Kants Überzeugung von der außerordentlichen Bedeutung des Schritts, den die Menschheit mit der *Kritik* getan habe. (4) Die synthetischen Sätze a priori im Bereich der Handlungsmaximen bilden einen mundus intelligibilis, in dem die höchsten Zwecke aller Menschen innerhalb einer geistigen Bestimmung der Menschheit vereinigt seien. Das ist die Grundüberzeugung schlechthin, mit der Kant denkt. Sie ist nicht allein die transzendentallogische Steigerung der Idee der *volonté général*. Es ist ebenso die Umformung der metaphysischen Transposition der christlichen Lehre vom einen belebenden Geist in allen Menschen. Viele Kritiken des Kantschen Apriorismus gründen im Abschied von den intellektualistischen Grundannahmen Kants. Er wurde und wird vollzogen als Philosophie des vitalistischen Willensprimats gegenüber Rationalitätskriterien oder als Verüberflüssigung letzter Zwecke zugunsten pragmatischer spieltheoretischer trial-and-error-Modelle. Von diesem Aspekt der *Kritik* her ist deren Grundproblem in einem erweiterten Sinne in der neuen Bestimmung des Verhältnisses von sinnlicher und übersinnlicher Welt zu sehen. Das aufklärerische Thema des Geistes des Menschen, der sog. erwachenden Vernunft, wird zum Problem der Scheidung und aufgegebener reflektierter Vermittlung von faktischer und möglicher gesellschaftlicher Existenzweise des Menschen. Das Prinzip transzendentaler Geistigkeit stellt eine Logik offener Geschichtlichkeit der Kultur dar.

Natur- und Freiheitsbegriffe

Kants Theorie differenzierter Geltungsformen fasst die Konstitution von Anschauungsdaten, auch unserer eigenen empirisch-materialen Determination, als Naturbegriffe. Die Auffassung des Menschen als eines durch überempirische Orientierung freien Wesens, das Zwecke der Menschheit zu Maximen seines Willens machen könne, ergibt die Freiheitsbegriffe. Wie ist das Zusammenbestehen beider Gesetzgebungen im gleichen Subjekt zu denken? Nach Naturbegriffen vermag der Verstand seine Objekte als Erscheinungen in der Anschauung, nicht als Dinge an sich selbst zu zeigen. Unter dem Freiheitsbegriff denkt die Vernunft ihre Objekte als Ding an sich selbst (als komplette intelligible Funktion), kann sie jedoch nicht in der Anschauung, nur im intendierten Überschuss von Realisierungsakten vorstellen. Als Grundwiderspruch menschlicher Endlichkeit sind ein Geist/Körper- und ein Heil/Sünde-Widerspruch durch spekulative Fixierung lebenspraktischer Erfahrungen leicht zu umschreiben.

Die Vermittlung des Dualismus von naturgesetzlichem Determinismus und intelligiblem Horizont der Freiheit des Willens bildet das im weiteren Sinne hinter der Vermittlung von Apriorismus und empirisch Gegebenem stehende Grundproblem der *Kritik* und den tiefsten Punkt der Kantschen Theorie überhaupt. Freiheit in diesem Sinne versteht Kant nicht als Verhaltensmodus gegenüber dem Real-Möglichen. Sie ist »das intellektuelle Vermögen« des Menschen, in Willensmaximen seine Individualität unter den Postulaten des Endzwecks der Menschheit, des »übersinnlichen Substrats« der Menschheit, aller faktisch-empirischen Erscheinungen in uns und außer uns, zu bestimmen (V, 196). Da die Objekte der Naturdetermination Erscheinungen sind – sie stellen von unseren empirischen »Protokollsätzen« formierte Realität dar –, vermag unser Handeln unter

Maximen übersinnlicher Postulate sich empirisch zu realisieren. Unser rational bestimmter Wille verwirklicht sich in einer durchgehend determinierten Wirklichkeit, weil wir in einer bereits vom Wahrnehmen geöffneten Welt agieren. Die Analysen des Ästhetik-Teils der *Kritik* schließen sich mit der Darstellung der Freiheitsidee im Abschnitt zum Ideenbegriff zusammen. Weil die Wirklichkeit nicht subjektfreie Realität, sondern bereits von unseren Rezeptoren erschlossene Erscheinungswelt ist, vermögen wir Maximen der intelligiblen Realität unserer praktischen Vernunft in der je faktisch erscheinenden Realität zu verwirklichen. Das ist die Basisidee des transzendentalen Idealismus bei der Vermittlung von Natur- und Freiheitsgesetzen. Sie stellt einen Schritt in der Auffassung des praktisch-gegenständlichen Charakters des zivilisatorischen Prozesses dar. Die Basisidee spricht in metaphysischer Fassung die Vindizierung der natürlichen und der geschichtlich geschaffenen Wirklichkeit an den gesellschaftlichen Lebensprozess aus. Der Dualismus von Natur- und Freiheitsgesetzen kommt aus der Tradition der europäischen Metaphysik und der ihr komplementären christlichen Anthropologie. Kants Kühnheit besteht noch immer darin, den Dualismus nicht entweder transzendent oder utilitaristisch auszuschärfen, sondern ihn schwer ins Subjekt selbst fallen zu lassen und doch dem intellektuellen Vermögen des Menschen und einer geschichtsimmanenten Vermittlung – niemals endgültiger Auflösung – anzuvertrauen.

Der Begriff des Freiheitsgesetzes bezeichnet eine nicht-anschauliche Realität sich geschichtlich umgestaltender kultureller Bedeutungen. E. Cassirer (1874–1945) sagte: »Der ›Verstand‹ ist […] im rein transzendentalen Sinne als das Ganze der geistigen Kultur zu verstehen.« Das sind zunächst die Wissenschaften und im weiteren »alle jene ›Ordnungen‹ intellektueller, ethischer oder ästhetischer Art, die in der Vernunft aufweisbar und durch sie vollziehbar sind« (*Kants Leben und Lehre*, Berlin 1918, S. 166; ND Hamburg 2001, S. 150). Ohne die Theorie symbolischer Repräsentation müsste man annehmen, dass im Bewusstseinsakt Partikel realer »Dinge an sich« ins Subjekt hereingeholt würden; für Kant geradezu eine Mystifikation magischer Transsubstantiation. Kants Scheidung von mundus sensibilis und intelligibilis fasst »Geist« als eigene Sphäre von Bedeutung gegenüber dem empirisch Bedeuteten. Das von Tradition schwer beladene Wort wird zur eigenen kulturellen Sphäre symbolischer Repräsentation von erscheinenden Objekten und unserer eigenen empirisch-alltäglichen Existenz im Horizont praktischer

Sinngebung und Tendenzhaftigkeit. Die crux der ontologischen Interpretation der Bewusstseinsakte bestand darin, zu erklären wie die sog. wirklichen Beschaffenheiten der Sinnesdinge aus der Realität ins Bewusstsein herübergelangen. Der Behebung der abbildtheoretischen Schwierigkeit diente die Teilung der Realität in stoffliche Qualitäten der Individuation der Materie und in die species der Form, die den Einzeldingen das Beständige der Substanzen verleihe. Ins Bewusstsein wandern nur die stofflosen species, die den immateriellen Formen zugehören. Eine spekulative Vergeistigung der empirisch-phänomenalen Wirklichkeit – eben die von Kant bekämpfte Verschleifung von sensibler und intelligibler Welt – schafft die Brücke zwischen äußerer und innerer Realität. Das bringt durch den Dogmatismus direkter Ausweisbarkeit von fertigen Tatsachen (der äußeren Anschauung oder der inneren des Glaubens) ruinöse Folgen für die ganze Thematik der kulturellen Verständigung mit sich. Es ist mit der Beseitigung des geschichtlich-transitiven Symbolgehalts kultureller Sinnbestände die Negation der Toleranzidee. Ideen sind durch Kants Trennung und methodischer asymptotischer Vermittlung von sensibler und intelligibler Welt nur *symbolische Bedeutungen*, die aus dem Zusammentreten von immer veränderlichem Phänomenenmaterial, von durch Abstraktion gewonnenen Begriffen und von Prämissen apriorisch-universaler Geltung gebildet werden.

Literatur

Mohr, G./Willaschek, M. (Hg.): Immanuel Kant. Kritik der reinen Vernunft, 1998 [Kommentar]. – Fulda, H. Fr.: Der Begriff der Freiheit – ein Schlußstein von dem ganzen Gebäude eines Systems der reinen Vernunft?, in: Stolzenberg, J. (Hg.): Kant und der Frühidealismus, 2007.

Dichotomie von rezeptiver »Sinnlichkeit« und apriorischer Spontaneität; das dritte Element: produktive Einbildungskraft

Kant geht von der analytischen methodischen Abstraktion völliger Gegenstrebigkeit von rezeptiven Wahrnehmungen und apriorischen logischen Strukturen aus. Die elementare Voraussetzung der beiden getrennten Stämme der Erkenntnis »Sinnlichkeit« und »Verstand« stellt eine methodische Abstraktion dar. Logischer und empirisch bezogener Aspekt von Aussagen sind unlösbar ineinander verwoben und

heben sich gleichsam wechselseitig auf. Bereits das einfache sinnlich Gegebene kommt im experimentellen Forschungsvorgang nicht vor. Hier wird das »Gegebene« erzeugt, und zwar von Instrumenten, die selbst materielle Stücke der erforschten Außenwelt darstellen. Die festgestellte Tatsache ist es nur, indem sie einem logisch-idealen Konzept entspricht oder widerspricht, also als Teil des theoretischen Konzepts.

Kant versteht die Trennung der gegenstrebigen Linien als Element modern-bürgerlicher Kultur mit deren Prinzip freier individueller Konzeptualisierung ideeller Sinn-Realitäten. Das Problem der transzendentalen Idealität in der Kultur ist für ihn nicht eines der materialen Übereinstimmung. Sie wird gerade relativiert und der kulturellen Evolution anvertraut. Die funktionale Rationalität a priori stellt den methodischen Rahmen geschichtlich immanenter Verfahren sicher, über den Einverständnis bestehen könnte und sollte. Es ersetzt den traditionalistischen und darum autoritären Einheitsrahmen der nach Stammes- und Ständeordnungen gebundenen Gesellschaften. Die bürgerlich-aufklärerische Gesellschaft persönlich freier Individuen ist Kant eine Welt analytischer Scheidung aller Ebenen der kulturellen Bewegung. Gerade durch das analytische Prinzip der modernen Welt, das in der *Kritik* seine methodische Exemplifizierung und Bestätigung finden soll, ergibt sich nun die Möglichkeit bewusst konstituierter Vermittlung der großen Bezugsfelder Denken/Gefühl, Geist/Körper, Zivilisation/Natur, Individuum/Gesellschaft. Kant versteht den transzendentalen Idealismus als umgreifendes Modell dieser kulturellen Konstellation und Perspektive. Die Phasen wiederholter Re-Kantianisierung der Philosophie seit dem in den 60er und 70er Jahren des 19. Jhs. einsetzenden ersten (Marburger) Neukantianismus zeigen das Berechtigte in Kants Selbstverständnis an. Kant sieht die aufklärerisch-bürgerliche Gesellschaft mit Rousseau als Heraustreten der antinomischen Elemente aller intellektuellen, moralischen, sinnlich-praktischen Potenzen des Menschen, so dass für deren Vermittlung im kulturellen Selbstverständnis die gesteigerte methodische Reflexion der drei *Kritiken* erforderlich werde.

Aufbauplan und theoretische Struktur des Werkes

Der Aufbauplan der *Kritik* ist nicht mit deren theoretischer Struktur identisch. Der Basisgedanke ist die Unterscheidung von analytischen und synthetischen

Urteilen a priori. Zentrales Thema ist dann die Funktionsweise synthetischer Urteile a priori in den Disziplinen Mathematik, Naturwissenschaften und in der Metaphysik, die für Kant primär praktische Philosophie (Moral, Recht) bedeutet. Darauf folgt in der theoretischen Struktur der Ideenbegriff. In der *Kritik* wird das Basisthema der beiden Urteilsformen in der Einleitung bezeichnet, tritt dann aber erst spät im Zusammenhang der Analytik der Grundsätze ein. Die *Prolegomena* setzen sogleich mit dem Hauptthema der Urteilstheorie ein. Die Briefe an Garve und Mendelssohn schärfen den inneren theoretischen Zusammenhang ein: »Nicht auf einmal alles oder irgend etwas aus der Mitte angreifen, sondern fein ordentlich verfahren: zuerst meine Lehre von dem Unterschiede der analytischen und synthetischen Erkenntnisse prüfen oder einräumen, alsdenn zu der [...] allgemeinen Aufgabe, wie synthetische Erkenntnisse a priori moglich seyn, schreiten« (X, 319). Eine gute Zusammenfassung der theoretischen Struktur der *Kritik* gibt Kant in seinen Entwürfen zur Preisschrift über die Fortschritte der Metaphysik seit Leibniz und Wolff (1793), die überhaupt für die Einführung in die Leitgedanken des originären Kantianismus sehr geeignet sind. »Der erste Schritt, der in dieser Vernunftforschung geschehen ist, ist die Unterscheidung der analytischen von den synthetischen Urteilen überhaupt.« »Der zweite Schritt ist, die Frage aufgeworfen zu haben: Wie sind synthetische Urteile a priori möglich?« »Der dritte Schritt ist die Aufgabe: wie ist aus synthetischen Urteilen ein Erkenntnis a priori möglich« (XX, 265 f.)?

Der Aufbauplan setzt ebenfalls nicht den konkreten Erkenntnisvorgang, sondern nur das spezielle Problem der Apriorismus-Realisierung voraus. Er legt dafür um die theoretische Struktur die einzelnen Bedingungen für deren reale Bewegung und beginnt mit der Einheitsform der Wahrnehmung von Gegenständen und Ereignissen in Raum und Zeit. Der Aufbauplan stellt im ersten Schritt die getrennten Anschauungs- und logischen Elemente vor (bis zur metaphysischen Deduktion) und zeigt im zweiten Schritt deren Zusammentreten, von dem Kant sagte, dass er den schwierigsten Teil in der Vorbereitungszeit des Werkes gebildet hätte. Die Verbindung geschieht in der transzendentalen Deduktion. Der gestaltbildende Schematismus der produktiven Einbildungskraft oder die »figürliche Synthesis« ist die »verborgene Kunst in den Tiefen der menschlichen Seele« (B 151, 180), die Anschauung und logische Form verbindet. Auf den zweiten, synthetisierenden Schritt folgt das Resultat: Die Systematik syntheti-

scher Sätze a priori in den Grundsätzen. Der Apriorismus praktisch orientierter Bewusstseinsakte kann sich nicht direkt auf empirische Erscheinungen beziehen. Er will nicht diese zu Sachverhalten, sondern das selbstbewusste Subjekt konstituieren. Er besteht also in einem eigenen Identitätsprinzip aller Urteile, d. i. aller Maximen für die Verhaltensakte. Es ist auf dem Gegenpol der Einheitsform aller Anschauungen die Einheit aller Selbstbewusstseinssubjekte. Kant nennt sie das Unbedingte. Das Werk führt diese Thematik (mit dem Ideenbegriff) nur so weit ein, um die Falsifikation zeigen zu können, die vorliege, wenn die Metaphysik den Begriff des Unbedingten im Sinne von gegenständlicher Sachverhaltskonstitution bei Objekten verwende, die nur transzendentallogische Postulate darstellten. Darauf folgt die Kritik der Verdinglichung dreier Ideen des Unbedingten zu ontischen Wesenheiten: Seele, Weltganzes, Gott.

Der Aufbauplan des Werkes geht im Sinne synthetischer Methode von den analytischen Abstraktionen (reine-empirische Erkenntnis, Einheitsformen der Anschauung, zwei Stämme der Erkenntnis usf.) zur Entfaltung in immer komplexeren Bewusstseinsfeldern (Einbildungskraft, Grundsätze, Übergang von den theoretischen Verstandesbegriffen zu den moralisch-praktischen Vernunftideen). Damit war die Gliederung von der analytisch-deduktiven Methode der Mathematik unterschieden, die von Definitionen und Grundsätzen ausging und daraus Folgerungen kombinierte. Das deduktive Vorgehen hatte den Begriffsableitungen der Ontologie entsprochen. Erst auf dem bereits konkreteren Feld der Vermittlung führt Kant den Selbstbewusstseinsbegriff ein, die transzendentale Apperzeption.

Kant setzt nicht mit einer Neufassung des Descartesschen »cogito« ein. Das Ich ergibt sich im genetischen Gang als Relationsfeld gegenstrebiger (»sinnlicher« und logischer) Funktionen aus den realen perzipierenden und logischen Leistungen. Es muss eintreten, weil sonst gar kein dynamisches Element bestünde, Wahrnehmungen und Denken zu verbinden. Beide erschienen sonst als einfach daliegende, sachhafte Blöcke. Formell geht es in allen Teilen der *Kritik* um ein Form-Stoff-Verhältnis. Die Formen a priori von Anschauung, Kategorien, Grundsätzen, Einbildungskraft, Ideen des Unbedingten werden als die Strukturgesetze der Artikulation materialer Gehalte dargestellt. Diese vertikale Grundrichtung der Problemstellung wird in der horizontalen Aufbaulinie der immer komplexeren Form-Stoff-Verbindungen durchgeführt.

Von der theoretischen Struktur und der Darstellungsmethode des Werkes darf man sich nicht das wesentliche Empirismus-Element der ganzen Kantschen Theorie verbergen lassen. Die *Kritik* geht nicht wie die Logik der Schulmetaphysik von den Prinzipien der Identität, des Widerspuchs, des zureichenden Grundes und von definierten Grundbegriffen aus, sondern gut empiristisch von den Anschauungsformen. Einen Ausgangssatz für den Gesamtzusammenhang seiner Theorie der Anschauung notierte Kant: »Aber eine solche Anschauung setzt selbst ein sinnlich subiect Voraus, was selbst zur Welt gehört« (Refl. 5118). Transzendentale Logik und Ästhetik bilden zusammen den neuen Erkenntnisbegriff Kants, eine »epistemische Komplementarität« (G. Mohr). Er sah kritisch auf die am Ende der 80er Jahre einsetzenden Interpretationen, die von der Aktivität der empirischen Vorstellungen her den ganzen Wahrnehmungsbereich nur als Schöpfung des Bewusstseins auffassten, und interpretierte das als Wiedererstehen intellektueller Anschauung von Wesenheiten und geradezu als den Abweg zu mystischer Schwärmerei (vgl. an Herz, 26.5.1789; Herz an Kant, 7.4.1789; Kants Erklärung von 1799 gegen Fichtes Wissenschaftslehre, XII, 396). Wie die erste *Kritik* die logische Autonomie der Naturwissenschaften zeigt, so begründet die *KpV* die Thematik der republikanischen *volonté générale* Rousseaus ebenfalls in den Grundformen der Logik. Die Maximen praktischer Akte gehen nach dem Muster der Schlussform »von der Totalität der Bedingungen zu einem gegebenen Bedingten« (B 379, 364).

Gegenüber der psychologischen Behandlung der Analytik des Verstandes bei Locke und Hume ist durch die Verankerung des Aufbauplans in Logik und Ästhetik alles auf die Formgesetze oder »Regeln« der »Handlungen des Verstandes« (operationes mentis) gerichtet, wie Kant mit Wolff sagt. Die Transzendentalphilosophie leitet weder Lehrsätze aus definierten Ausgangsbegriffen ab, noch generalisiert sie sog. natürliche anthropologische Interessen- und Gemütsanlagen des Menschen. Die bei Kant unter den Elementarintentionen der Philosophie (Was kann ich wissen? Was soll ich tun? Was darf ich hoffen, wenn ich tue, was ich soll?) wiederkehrende Frage »Was ist der Mensch?« (VII, 397 f., 401; XI, 429 u. ö.; in B 833 fehlt sie als zur populären Ebene gehörend bei der gewohnten Aufzählung) wird von der Ausgangsproblematik der Selbstbildung des Individuums zu einem moralischen Charakter auf das Niveau logischer Geltungsweisen in unterschiedenen Bereichen der Kultur und in die Tendenz der geschichtlichen Möglichkeit der Menschengattung geführt.

Das diffizile Verhältnis von theoretischer Struktur und Aufbauplan der *Kritik* bietet den kritischen Abwertungen des Werkes durch den sog. patch-work-Vorwurf den Anhaltspunkt. Kant räumte Mängel in Formulierungen ein, nicht Widersprüche in der Darstellung der Sache (z. B. an Mendelssohn, 16.8.1783). Der verdiente Kant-Philologe und Kant-Editor E. Adickes meinte, Kant sei unglücklicherweise bei bestimmter Stufe des Ineinanderarbeitens der mehr oder weniger isolierten Werkteile auf den Gedanken verfallen, die Logik zum Leitfaden der Architektonik zu machen. Die *Kritik* sei ein aus zeitlich getrennten Stücken zusammengestelltes Werk, bei dem Kant einen Abriss der Grundgedanken vom Ende der 70er Jahre mit älteren und neueren Textstücken durchsetzt und dadurch mit Widersprüchen zersetzt habe. Zum ursprünglichen Entwurf trat schließlich noch das »fälschlich der Vernunft zugeschriebene Prinzip, stets das Unbedingte zu suchen«. »Kant ist eben von dem jedesmaligen Gedankenkreis abhängig, aus dem heraus er schreibt, und da scheint ihm bald das eine bald das andere wichtiger.« Vom Aufbauplan sprach Adickes als von »diesem unglücklichen Gedanken, dem Schema der Logik zu folgen« (Adickes 1889, S. XVII, XIX). Kant hatte seine Vorrede zur zweiten Auflage des Werkes mit der Bemerkung geschlossen, an einzelnen Stellen ließe sich jeder philosophische Vortrag zwacken. Aus dem Zusammenhang genommen, wären scheinbare Widersprüche gegeneinander zu kehren, doch von Demjenigen leicht aufzulösen, der die Idee des Ganzen gefasst habe (B XLIV).

Zwei Arten von Widersprüchen wären zu unterscheiden, wollte man der Interpretationsebene von Adickes nachfolgen: Inkonsequenzen im Gedankengang und Widersprüche in der Sache des Denkens und dessen Gegenständen selbst. Von der ersten Art sind z. B. Formulierungen, die sich aus Schwierigkeiten ergeben, die neuen Theoreme unter den sprachlichen Voraussetzungen einzuführen, die sich die alten Theorien geschaffen hatten. Das sind oft Termini der Vermögenspsychologie des 18. Jhs.: Gemütsvermögen, Denkkraft, Seele, Bedeutungsvarianten von Substanz. Hier handelt es sich um inadäquate Termini und Passagen, die oft Bindungen Kants an die Literatur der Zeit (Locke, Wolff, Meier, Tetens) anzeigen. Dazu gehören auch Wendungen, das Denken bezöge sich auf äußere »Gegenstände«, der allgemeine metaphysische Vorstellungsbegriff (notio) wird oft benutzt usw. Es sind auch vermeinte Widersprüche aufgezählt worden, die verschwinden, wenn man sich den synthetisch konkretisierenden Aufbauplan des Werkes vergegenwärtigt. Was als Bedeutungsverschiebungen genannt wird, ist der sich vervollständigende Sinnzusammenhang. E. Cassirer sagte mit besserem Verständnis: Die Begriffe »sind nicht als ruhendes Substrat der Gedankenbewegung von Anfang an da, sondern sie entwickeln und fixieren sich erst in dieser Bewegung selbst. [...] immer wieder zeigt es sich, dass eine scheinbar völlig abgeschlossene Untersuchung von neuem aufgenommen, [...] dass Probleme, die zunächst abgesondert behandelt wurden, mit einem Male eine völlig neue Beziehung zueinander eingehen, in der auch ihre anfängliche Bedeutung sich wandelt« (*Kants Leben und Lehre*, Berlin 1918, S. 152 f.; ND Hamburg 2001, S. 138; im Ganzen Kap. 3: Der Aufbau und die Grundprobleme der *KrV*).

Ein anderes Feld sind die Widersprüche in der Idee des transzendentalen Idealismus selbst, die sich aus der antinomischen Struktur des Verhältnisses von Denken und Wirklichkeit und zusätzlich aus der Geschichtlichkeit dieses Verhältnisses ergeben. Zu solchen Widersprüchen gehört die Beziehung zwischen Apriorismus und Phänomenalismus im originären Kantianismus. Im Zusammenhang des Phänomenalismus sagte die erste Auflage der *Kritik* z. B., die Materie sei eine bloße Vorstellung des Selbstbewusstseins, sonst aber nichts (A 376). In der *Widerlegung des Idealismus* sagt die zweite Auflage zum Substanzproblem, die Wahrnehmung eines Beharrlichen in der Erscheinung sei nur durch subjektfrei objektive Materie und nicht durch die bloße Vorstellung eines Dinges außer mir möglich (B 275). Das sind Probleme der Relativität der theoretischen Bezüge. Philosophie ist ein Theorietypus, dem das aporetische Element im Grundverhältnis von Bewusstsein und »Sein« überhaupt zugehört. Den Gedanken, der Systematiker Kant habe mit der Illusion von Stimmigkeit schließlich inkongruente Ausarbeitungen verschiedener Arbeitsstufen als sein Hauptwerk vorgelegt, wird man eine barbarische Erklärungsweise nennen. In tiefem Unglauben an den Sinn der transzendentalen Methode kultureller Reflexion werden die Grundideen der Kantschen Theorie zerlegt. Das Ganze wird in akzeptierte und zurückgesetzte Themen aufgelöst. Es ist gegenüber früheren pauschalen Ablehnungen Kants der Versuch selektierender Interpretation.

Literatur

Fischer, K.: I. Kant und seine Lehre, T. 2, Heidelberg ⁴1899 [4. Buch: Die Kritik der Kantischen Philosphie]. – Adickes, E. (Hg.): I. Kants *KrV*, Berlin 1889 [Einl. S. XIII–XXVII; den Text begleiten zahlreiche kritische Anmerkungen, meist in Beckmesser-Art]. – Kemp Smith, N.: A Commentary to Kant's *Critique of Pure Reason*, London 1918, ND London 1979 [Kants Schrift eine Zusammenstellung von während 12 Jahren gesammelten Notizen, enthalte vier heterogene entstehungsgeschichtliche Schichten, darum im Ganzen ein Flickwerk]. – Paton, H. J.: Kant's Metaphysics of Experience. A Commentary on the First Half of the *KrV*, 2 Bde., London 1936, ND London 1991 [entschiedene Kritik der von ihm mit dem Terminus bezeichneten »patch-work-Theorie« (S. 38 ff.) v. Vaihinger, Adickes und insbes. Kemp Smith]. – Heimsoeth, H.: Transzendentale Dialektik. Ein Kommentar zu Kants *KrV*, T. 2, Berlin u. New York 1971 [Abweisung der patch-work-Interpretation]. – Tuschling, B.: Widersprüche im transzendentalen Idealismus, in: Ders. (Hg.), Probleme der *KrV*, Berlin u. New York 1984, S. 227–310 [Disk. ebd. S. 310–341]. – Kreimendahl, L.: Kant. Der Durchbruch von 1769, Köln 1990 [Einl.; die Vergeblichkeit, die Teile der *Kritik* als ein in sich stimmiges Ganzes zu lesen]. – Brandt, R.: Die Urteilstafel, Hamburg 1991 [Einl.].

4 Kants Sprache, Leitbegriffe der *Kritik*

Kants Sprache

In der aufklärerischen Bewegung gewannen terminologische Reflexionen neue, gegenüber der Sprachwissenschaft des Humanismus erweiterte Bedeutung. Die middle-class trat mit ihren Interessen und Perspektiven als Urheber und Adressat philosophischer Texte in die Kultur ein. Lockes Hauptwerk führte nach der Kritik der ideae innatae Descartes' die drei Hauptteile: Von den Ideen, Von den Wörtern, Über Wissen und Wahrscheinlichkeit. »Deshalb bildet die Betrachtung der Ideen und Wörter als der hauptsächlichsten Hilfsmittel der Erkenntnis einen nicht zu unterschätzenden Teil der Erwägungen dessen, der das menschliche Wissen in seinem gesamten Umfange überschauen will. Wenn wir sie gründlich abwägten und gehörig untersuchten, so würden sie uns vielleicht eine andere Art von Logik und Kritik liefern als die, die uns bisher bekannt ist« (Locke, *Über den menschlichen Verstand*, Berlin 1962, Bd. 2, S. 438; B. 4, Kap. 21, § 4). Die Fachterminologie der kritischen Philosophie bildet ein eigenes Thema im weiteren Kreis der Kantschen Sprache als Teil der akademischen Wissenschaftsprosa und der allgemeinen publizistischen Sprache des 18. Jhs. Das kritische und pädagogische Anliegen der aufklärerischen Bewegung schuf erst die uns vertraute neue Bedeutung des gedruckten Wortes gegenüber dem gesprochenen. Die partikularen Bezugsräume der voneinander abgesonderten sozialen Stände und lebenspraktisch verbundenen Zirkel wurden geöffnet. Über die spezifischen Bedeutungen der mündlichen, unmittelbar orientierenden und nur deklarativ erweiterten Mitteilung entstand die ideelle Realität geistiger Öffentlichkeit. Seit C. Thomasius' (1655–1728), des Begründers des deutschen Journalismus mit entschieden antidogmatischem Bekenntnis, ersten deutschsprachigen juristischen und philosophischen Publikationen (80er Jahre des 17. Jhs.) wirkte die philosophische Literatur in Zeitschriften und allgemein verständlichen Werken mit, eine kulturelle Öffentlichkeit zu schaffen. Kants Hauptwerke bildeten dazu bereits wieder einen kritischen Kontrast, da sie eine vertiefte Basis methodischer Formalisierung der aufklärerischen Leitideen schaffen und sowohl die frühaufklärerisch-metaphysische Richtung als auch die empiristische Hauptströmung der Aufklärungs-

philosophie überschreiten. Diese Konstellation im Umfeld der noch jungen deutschen philosophischen Wissenschaftssprache ließ Kant die Terminologie seiner neuen Theorie bedenken und wählen. »Eine förmliche Wissenschaft« sei die Kritik der apriorischen Funktionen der Vernunft, »zu der man von denjenigen, die schon vorhanden sind, nichts brauchen kan und die zu ihrer Grundlegung sogar ganz eigener technischer Ausdrücke bedarf« (an Herz, 24.11.1766). Er bezog sich mit wesentlichen Begriffen auf ältere aristotelische oder platonische Termini zurück (Analytik, Dialektik, Idee, synthetisch) und besetzte andere der Wolffschen Metaphysik mit neuem Inhalt (transzendental, Wolffs ratio pura, Wolff übersetzte in seiner deutschen Metaphysik »ens« durchweg mit »Ding«, Kant setzte dafür »Gegenstand« ein). Gegen gesuchten Effekt mit neuen Termini sagte er, neue Wörter zu schmieden sei Anmaßung zur Gesetzgebung in Sprachen, die selten gelinge. Besser solle man sich in einer alten gelehrten Sprache umsehen und das Bedeutungsspektrum von Ausdrücken erfassen (B 369). Mendelssohns Meinung, für die Klärung von Streitfragen bei Bedeutungsdifferenzen einzusetzen, nahm Kant für den Versuch, theoretische Gegensätze aus Wortstreitigkeiten herzuleiten, und schrieb, dass in Punkten, über die in der Philosophie lange gestritten worden sei, niemals ein Wortstreit, sondern immer »eine wahrhafte Streitigkeit über Sachen« zu Grunde gelegen habe. Vor allem Begriffsdifferenzen für die theoretische Klärung zu benutzen, das sei, als ob man »den Durchbruch des Oceans mit einem Strohwisch stopfen wollte« (VIII, 152). Kant erörterte wiederholt gegen an der neuen Terminologie ansetzendes Unverständnis der Kritik (von Garve, 1742–1798, an Kant, 13.7.1783) die mangelnde Allgemeinverständlichkeit von Thematik und Terminologie. Er sei im Fortgang der Ausarbeitung beständig unschlüssig gewesen, wie er es mit dem Verhältnis der Fachthematik zur Allgemeinverständlichkeit habe halten sollen (Vorreden A XVIII, B XLII). Hamann nutzte die terminologischen Neuerungen zu rhetorischer Verstärkung seiner Polemik, von Besorgnissen angesichts der Überlegenheit des Kantschen methodischen Intellektualismus erfüllt: Ihm krache der Kopf von dieser ganzen Sophisterei und »jesuitischen Chicane mit der Zweydeutigkeit des Worts Vernunft« (an F. H. Jacobi, 25.10.1786; in: *F. H. Jacobi's Werke*, Abt. 3, Bd. 4, Leipzig 1819, S. 291). Kant behandelte die Thematik ausführlich gegenüber Garve: »Die erste Betäubung, die eine Menge ganz ungewohnter Begriffe und einer noch ungewöhnlicher, obzwar dazu nothwendig gehorigen neuen Sprache, hervorbringen musste, wird sich verlieren« (7.8.1783). Zuvor schon an M. Herz: Der Anfang einer neuen Logik der Metaphysik könne nicht populär sein. Man müsse schon »im schulgerechten Begriffe, mitten unter barbarischen Ausdrücken« mit ihm eine Strecke fortwandern. Später werde die neue Wissenschaft aus ihrer dunklen Werkstatt heraustreten und mit aller Politur versehen werden (Jan. 1779). Indifferentisten nennt er diejenigen, die zwischen der alten Schulmetaphysik und der empiristischen »Physiologie des Verstandes« hindurchkommen wollen und »sich durch die Veränderung der Schulsprache in einem populären Ton unkenntlich zu machen gedenken« (A X). Unter den ersten Kant-Interpretationen spielten die Worterklärungen der Kant-Lexika eine große Rolle, da Kant die seine Terminologie leitenden Leibniz-Wolffschen, Lockeschen und deutsch-aristotelischen Quellen oft in veränderte Bedeutung überführte (C. C. E. Schmid, 1761–1812, *Wörterbuch zum leichtern Gebrauch der Kantischen Schriften*, Jena 1786, ⁴1798, ND Darmstadt 1976). Kants aristotelische Terminologie war auch durch das einflussreiche Wirken des Königsberger Theologen und Philosophen M. Zeidler (1630–1686) für den Aristotelismus angeregt worden.

Seine naturphilosophischen Arbeiten der 50er Jahre schrieb Kant in allgemein verständlichem Duktus, da er ohnehin kein experimentell und mathematisch arbeitender Naturwissenschaftler war. Er sah die naturwissenschaftlichen Themen für eine zentrale Sache moderner Bildung und erkannte in deren Methoden und Resultaten das hohe philosophische und allgemeine kulturelle Erneuerungspotential. Mehrere seiner Arbeiten erschienen in den *Wöchentlichen Königsbergischen Frag- und Anzeigungsnachrichten*. Spätere Schriften, allen voran die *Beobachtungen über das Gefühl des Schönen und Erhabenen* (1764) und die *Träume eines Geistersehers* (1766), zeigen, dass Kant auch über die Register des essayistischen und heiter-geistvollen Stils gebot. Die metaphysischen Schriften der 60er Jahre lassen bereits Veränderungen in Kants Stil aufgrund der analytisch isolierenden Fragestellung erkennen. Mit dem Übergang zur neuen Transzendentalphilosophie änderten sich Kants Wortschatz und Stil. Der nicht leicht aufzunehmende Stil der *KrV* ergibt sich daraus, dass sie ein höchst umfangreicher Text von im Grunde aufeinander folgenden Analysen ist. Die *KpV* dagegen besitzt mit ihrer Kürze, die natürlich den weiten Gang der ersten *Kritik* voraussetzt, hohen rhetorischen Duktus und scheut auch deklamatori-

sche Passagen mitten in der Transzendentalphilosophie nicht. »Pflicht! du erhabener, großer Name, der du nichts Beliebtes, was Einschmeichelung bei sich führt, in dir fassest, sondern Unterwerfung verlangst, [...] welches ist der deiner würdige Ursprung« (V, 86)? Sie baute am Ende eine Brücke zurück zum Alltagsdenken und brachte in ihrer Methodenlehre sehr praktische Anleitung für Pädagogen zu einem moralischen Katechismus in der Jugenderziehung. Zum Stilwandel, der mit den Kritiken eintrat, notierte Kant selbst: »Die Methode meines Vortrags hat eine nachtheilige Gestalt. Sie sieht scholastisch aus, mithin grüblerisch, trocken, ja eingeschränkt und weit vom Tone des genie verschieden« (Refl. 4989). Doch er habe die Schulmethode »der freyen Bewegung des Geistes und des Witzes vorgezogen« (Refl. 5031). Kant sah die Metaphysik für eine vielleicht zu popularisierende, aber, gleich der Mathematik, für eine niemals populäre Disziplin an. Die selbstkritischen Überlegungen zu Darstellungsmethode und Sprache der Kritik beziehen sich darauf, dass Kant eine Grundregel der zeitgenössischen Pädagogik, die ihm als Universitätslehrer natürlich auch bei allen Texten gegenwärtig war, missachtet sah: Die Einheit von diskursiver Analyse und Intuition, wie für Anschauung, Beispiele, gesagt wurde. Der pädagogische Aspekt der Kantschen selbstkritischen Reflexion zu Darstellungsweise und anfänglichem Unverständnis des Buches gut zu erkennen an der Programmatik eines markanten pädagogischen Werkes der Zeit, dem *Schauplatz der Natur und der Künste* (1. Jg., Wien 1774, Vorbericht, Bl. 2): Das Text- und Bild-Lexikon zu Naturgegenständen und Handwerken präge »bey jungen Gemüthern [...] den ihnen beygebrachten Unterricht tief ein, [...] da die auf eine angenehme Art gesammelte Aufmerksamkeit, wann sie durch Intuition unterstützt, und in solchen Augenblicken durch eine vernünftige Erläuterung befriediget wird, das besonders jungen Seelen sehr empfindliche Vergnügen erweiterter Erkenntniß lebhaft gewährt.« Kant teilt dieses pädagogische Prinzip vollständig und sieht es von seinem Hauptwerk derb aber notwendigerweise verletzt.

Die transzendentale Reflexion schaltet die Sprache der natürlichen Welteinstellung aus, weil sie dem naiven Realismus entgegengesetzt denkt. Doch im Hauptwerk klingen auch die plastisch-sinnlichen Termini kraftvoller Grundworte und markante, fast predigerhaft eindringliche Bilder. Das Grundproblem, die Trennung von sinnlicher und intelligibler Welt, wird mit der anschaulichen Formel von den »zwei Stämmen der Erkenntnis« eingeführt, recht physiologisch heißt es sogar, unsere Erkenntnis »entspringe aus zwei Grundquellen des Gemüths«. Anschauungen ohne Begriffe seien blind, Begriffe ohne Anschauung leer (B 74 f.). Die Antinomienlehre wird wie ein dramatisches Schaustück angekündigt, wenn es daran geht, die allerselbstverständlichsten Vorurteile, die Alltagsdenken wie Schulphilosophie regieren, zu zerstören. Kant setzt mit hoher Kunst die sprachliche Verfremdung ein: »Diese vernünftelnde Behauptungen eröffnen also einen dialektischen Kampfplatz. Daher auch rüstige Ritter sicher sind den Siegeskranz davon zu tragen« (B 450; verkürzt v. Vf.; über die Einwände gegen Kants Antinomientheorie vom alltagspraktischen Denken her vgl. Tieftrunk an Kant, 12.3.1799). Kant verfremdet die transzendentalphilosophische Umkehrung der natürlichen Welteinstellung, indem er in die anderen Sphären der (aus der Rhetorik-Tradition kommenden) juristischen Metaphern und der religiösen Mahnung geht: »Ehe wir die Auftritte des Zwiespalts und der Zerrüttungen sehen lassen, welche dieser Widerstreit der Gesetze (Antinomie) der reinen Vernunft veranlaßt«. Wie ungläubige Seele geistlich absterbe, so seien skeptische Hoffnungslosigkeit (Hume) und dogmatischer Trotz (Schulmetaphysik) gegenüber den Antinomien »der Tod einer gesunden (!) Philosophie« (B 434). Das Grave vertrauter altdeutscher Wendungen aus dem bürgerlich-hausväterlichen Sprachkreis wird eingesetzt. Der dialektische Schein ist es, der uns »unaufhörlich äfft und zwackt«, man braucht nicht »künstlich Schlingen zu legen« (B 397, 434). Aus dem handwerklichen Vorstellungsbereich kommt die anschauliche Sprache, so der immer wiederkehrende Ausdruck vom fehlenden Richtmaß in der Metaphysik, dem Richtmaß des Urteils, dass er entdeckt habe, dass »die Schnur gantz aufs neue anzulegen« sei (an Lambert, 31.12.1765; *Ankündigung seiner Vorlesungen 1765*, II, 308; an Mendelssohn, 8.4.1766). Die anschauliche Sprachebene gehört zur rhetorisch-didaktischen Funktion des Werkes und ergänzt die Problembehandlung. Ein eigenes Thema bildet Kants ausgeprägte geographische und topographische Metaphorik primär räumlicher Bilder, vor allem aus der Seefahrt, die der Abstraktion zu Hilfe kommen sollen, indem sie anamnetisch ein Vorwissen aktivieren: So der transzendentalphilosophische Kompass für die gefahrvolle Ozeanfahrt, die die Metaphysik sei; das Land der Wahrheit eine liebliche Insel. Die Ozean- und Anker-Metaphern sind nicht nur Königsbergisch, sondern stellen alte christliche Predigt-Tradition dar. Der Analytiker der apriorischen Funktion, selbst D.

Hume kommen als den Denk-Raum vermessende Geometer. Die mit der transzendentalen Untersuchung verbundene Verhörmetapher (schon bei F. Bacon): Die Vernunft muss von der Natur belehrt werden, »nicht in der Qualität eines Schülers, […] sondern eines bestallten Richters, der die Zeugen nöthigt, auf die Fragen zu antworten, die er ihnen vorlegt« (B XIII).

Literatur

Vaihinger, H.: Commentar zu Kants Kritik der reinen Vernunft, Bd. 1, Stuttgart u. a. 1881, S. 37–46, 107–116 [Kants Leitmetaphern]. – Erdmann, B.: Beiträge zur Geschichte und Revision des Textes von Kants *KrV*, Berlin 1900. – Rosikat, K. A.: Kants *KrV* und seine Stellung zur Poesie, Königsberg 1901. – Cassirer, E.: Kants Leben und Lehre, Berlin 1918, ND Hamburg 2001 [z. Stilwandel Kants S. 151]. – Hinske, N.: Kants Leben als gelebtes Bürgertum. Vom galanten Magister zum zurückgezogenen Gelehrten, in: Ders., Kant als Herausforderung an die Gegenwart, Freiburg u. München 1980, S. 17–30 [die Veränderung von Sprache und Person durch den mühereichen Denk-Weg]. – Delfosse, H. P.: Elektronische Datenverarbeitung und philosophiehistorische Texte; Untersuchungen zum Entwicklungsgang der Kantischen Terminologie und Sprache, in: InfPhil 4 (1982), S. 4–7. – Hinske, N. (Hg.): Die Aufklärung und die Schwärmer, Hamburg 1988 (Aufklärung 3/1). – Roelcke, T.: Die Terminologie der Erkenntnisvermögen. Wörterbuch und lexikosemantische Untersuchung zu Kants *KrV*, Tübingen 1989. – Ricken, U.: Sprachtheorie und Weltanschauung in der europäischen Aufklärung, Berlin 1990. – Zachhuber, J.: »Überschwänglich«. Ein Begriff der Mystikersprache bei I. Kant, in: ABG 42 (2000), S. 139–154. – Bielefeldt, H.: Kants Symbolik. Ein Schlüssel zur kritischen Freiheitsphilosophie, Freiburg i. Br. 2001.

Herkunft einiger Leitbegriffe

Kant behält viele deutsche Leitbegriffe der Schulmetaphysik seiner Zeit bei, die vor allem von Thomasius und Wolff teils geschaffen, vor allem aber allgemein verbreitet wurden: Erkenntnisvermögen, sinnliche Erkenntnis, Verknüpfung von Begriffen, Einbildungskraft u. v. a. Neben Wolff haben Baumgarten, Meier, Tetens und Lambert auf Kants Fachsprache eingewirkt: Ästhetik bei Baumgarten für Lehre vom Schönen, Erscheinung (phänomenon, observabile) sagt Baumgarten im allgemeinen Sinne für das durch die Sinne Wahrnehmbare; Lambert fasst den Begriff a priori im strengen Sinn als erfahrungsfreie Erkenntnis, Wolff hatte diesen noch im Sinne von Ausgangspunkt deduktiver Beweisführung gebraucht.

Lambert unterscheidet auch Erscheinung von dem, was die Dinge an sich seien. Von Meier übernahm Kant Amphibolie, Paralogismus, doctrina, disciplina (in der Methodenlehre sechs Abschnitte Disziplin der reinen Vernunft), u. a. lateinische Termini. Tetens prägte unter englischem Einfluss psychologische Begriffe, die bei Kant wiederkehren: Empfindung, Apperzeption, Spontaneität, Analogie der Erfahrung. Tetens' *Philosophische Versuche über die menschliche Natur* (1777) bestärkten sicher Kants Neubelebung des aristotelischen Begriffspaars Form/ Stoff. In *Versuch* IV, Abschn. VI entwickelt Tetens den Gedanken: »Die Empfindungen geben den Stoff her zu allen Ideen. [...] Die Form der Ideen hängt von der Denkkraft ab« (ND Berlin 1913, S. 327; vgl. die wahrscheinlich frühere Refl. 3851). Kants Problemstellungen und auch seine Sprache sind in der deutschen Schulmetaphysik verwurzelt. Sieht man in die verbreiteten Lehrbücher der Metaphysik, so zeigen sich allenthalben die Prägungen, die Kant fortführte. Um ein Beispiel für eine so wesentliche Formel Kants zu geben, wie der Gedanke von den Grenzen der Vernunft, die seine Kritik festzustellen habe, mit der Folge, anhaltende Kontroversen überwinden zu können. J. G. H. Feder, *Logik und Metaphysik* (Leipzig 1769, ⁷1790): »Gewisser ist der Nutzen der Metaphysik, wenn in derselben diejenigen Begriffe, die unserer ganzen Erkenntnis Haltung und Zusammenhang geben sollen, aus der Vergleichung der verschiedenen Denkarten genau bestimmt und geordnet werden, [...] wenn endlich die Gründe unserer Meynung in Ansehung der wichtigen Gegenstände geprüfet, und die Gränzen unserer Erkenntnis dabei bemerket werden. Denn durch eine solche Metaphysik wird unzähligen Streitigkeiten begegnet, die der Mangel richtig bestimmter Grundbegriffe veranlasset« (zit. n. Ausgabe Wien 1783, S. 221). So verschieden Feders und Kants Verständnis der Thematik ist, die parallele Terminologie zeigt, dass Kants Denken in Gedanken der Schulmetaphysik wurzelt und schrittweise den eigenen Sinn vieler stehender Formeln herausbildet. Kants Logik-Vorlesungen (AA XXIV), die er fast vierzig Jahre nach G. F. Meiers *Auszug aus der Vernunftlehre* (1752) hielt (abgedruckt in AA XVI), und Kants Vorbereitungsnotizen dazu (Reflexionen AA XVI) zeigen, dass Kant im Zusammenhang seiner Vorlesungstätigkeit und seiner Auseinandersetzung mit den Kompendien der Schulmetaphysik die Terminologie der kritischen Philosophie ausbildete. Die Metaphysik-Vorlesungen Kants (AA XXVIII) lassen erkennen, dass Kant den scholastischen Gebrauch der Termini Materie/Form und

auch die da geprägte Bedeutung übernahm: Materie das Passive, Mannigfaltige, Ungeordnete, Gegebene, Form das Aktive, Ordnende, Einheitliche (B 322 ff.). Vorläufer bei der Wiedereinführung des Begriffspaars im Kantschen nicht-ontologischen Sinne des Apriorismus war J. H. Lambert, der an Kant von der »erheblichen Frage« schrieb, »wieferne die *Form* zur Kenntnis der *Materie* unseres Wissens führe« (3.2.1766). Der Brief ist interessant für Anregungen, die Kant von Lambert erhalten haben kann. Lambert eröffnet ihn mit der Feststellung: »Es ist unstreitig, dass wenn immer eine Wissenschaft *methodisch* muß erfunden und ins reine gebracht werden, es die *metaphysic* ist.« G. Martin zeigte, dass Kant zentrale Begriffe der *Kritik* wie *analytisch/synthetisch* in den Schriften der ersten dreißig Jahre von 1747 bis 1777 noch nicht im Sinn der Transzendentalphilosophie benutzte. Der Übergang zur *Kritik* war auch ein terminologisch schöpferischer Vorgang. Kants »Terminologie vereinigt in sich die Vorteile, zu Kants Zeit nicht allzu gewöhnlich zu sein und dabei doch durch eine glänzende Vergangenheit zugleich geadelt und allgemein verständlich geworden zu sein« (Tonelli 1962, S. 139). Zum akademischen und auf konstante Lehrinhalte gerichteten Aspekt seiner Schriften gehört Kants Gewohnheit, den deutschen Worten in Klammern lateinische Bezeichnungen hinzuzufügen. Er hat das von Meiers *Auszug aus der Vernunftlehre*. N. Hinske (1998) zeigte die Bedeutung der Logik-Vorlesungen für die Terminologie der Kritik, z. B. Meiers Unterscheidungen verschiedener Arten von *Vorstellungen* (ideae) als eine Quelle der Kantschen Scheidung von Vorstellung in *Empfindung, Erscheinung, Begriff* und *Idee*. Das wichtigste Beispiel dafür, dass Kant auch zur scholastischen und antiken Bedeutung philosophischer Termini zurückkehrte, ist die Wendung, wie Kant selbst sagt, »den Ausdruck *Idee* seiner ursprünglichen Bedeutung nach in Schutz zu nehmen«. Es ist die platonische Bedeutung, »indem in der Erfahrung niemals etwas damit Congruirendes angetroffen wird« (B 376, 370). Bei Descartes wie bei Locke hatte idea Vorstellung schlechthin bedeutet. Der Wandel unter der formellen terminologischen Tradition am Beispiel *reine* und *unreine Vernunft* bei Wolff: »Ratio pura est, si in ratiocinando non admittimus nisi definitiones ac propositiones a priori cognitas [...] Ratio pura in Arithmetica, Geometria & Algebra [...] in philosophia prima eadem a priori fuisse demonstrata« (»Die Vernunft ist rein, wenn wir beim Schließen nichts zulassen als Definitionen und Sätze, die a priori bekannt sind [...] Reine Vernunft existiert in Arithmetik, Geometrie und Algebra [...] Sie ist in der ersten Philosophie a priori bewiesen worden«; Wolff, *Psychologia empirica*, 1732, ²1738, § 495). »Intellectus dicitur purus, si notioni rei, quam habet, nihil confusi admiscetur nihilque obscuri. Non purus dicitur, si notioni rei insunt, que confuse aut porsus obscure percipiuntur« (»Reine Vernunft wird genannt, wenn ihren Begriffen der Sache weder etwas Verworrenes noch etwas Dunkles beigemischt ist. Unrein wird sie genannt, wenn den Begriffen der Sache etwas einwohnt, das verworren oder ganz und gar dunkel wahrgenommen wird«; ebd., § 313).

Literatur

Meißner, A. H.: Philosophisches Lexicon, darinnen die Erklärungen und Beschreibungen aus des hochberühmten Weltweisen Herrn Christian Wolffens sämmtlichen teutschen Schriften seines philosophischen Systematis sorgfältig zusammengetragen, Bayreuth u. a. 1737. – Schmid, C. C. E.: Wörterbuch zum leichtern Gebrauch der Kantischen Schriften, nebst einer Abhandlung, Jena 1786 [⁴1798, ND Darmstadt 1976, m. Einl. v. N. Hinske, S. VII–XXXII]. – Mellin, G. S. A.: Kunstsprache der kritischen Philosophie oder Sammlung aller Kunstwörter derselben, mit Kants eigenen Erklärungen, Beyspielen und Erläuterungen, aus allen seinen Schriften gesammelt, Jena u. Leipzig 1798. – Eucken, R.: Geschichte der philosophischen Terminologie im Umriß dargestellt, Leipzig 1879. – Vaihinger, H.: Commentar zu Kants Kritik der reinen Vernunft, Bd. 1, Stuttgart u. a. 1881, S. 61–88. – Cohen, H.: Logik der reinen Erkenntnis, Berlin 1902 [Einl., Abschn. 7, Die Terminologie des Denkens, S. 21 ff.]. – Willmann, O.: Die wichtigsten philosophischen Fachausdrücke in historischer Anordnung, Kempten u. München 1909. – Baumann, J.: Wolffsche Begriffsbestimmungen. Ein Hilfsbüchlein beim Studium Kants, Leipzig 1910. – Martin, G.: I. Kant, Ontologie und Wissenschaftstheorie (1950), Berlin ⁴1969 [§ 33, Die Lehre vom analytischen und synthetischen Urteil, Der Wortschatz]. – Tonelli, G.: Der historische Ursprung der Kantischen Termini »Analytik« und »Dialektik«, in: ABG 7 (1962), S. 120–139. – Ders.: Das Wiederaufleben der deutsch-aristotelischen Terminologie in der Entstehung der *KrV*, in: ABG 9 (1964), S. 233–242. – Varga v. Kibéd, A.: Erklärung der Grundbegriffe von Kants *KrV*, München 1971. – Hinske, N.: Kants neue Terminologie und ihre alten Quellen. Möglichkeiten und Grenzen der elektronischen Datenverarbeitung im Felde der Begriffsgeschichte, in: Akten des 4. Intern. Kant-Kongresses, Mainz 1974, T. 1, (KS Sonderheft), S. 68–85. – Roelcke, T.: Die Terminologie der Erkenntnisvermögen. Wörterbuch und lexikosemantische Untersuchung zu Kants *KrV*, Tübingen 1989. – Lee, Y.: Dogmatisch – Skeptisch. Eine Untersuchung zu Kants Dreiergruppe Dogmatisch, Skeptisch, Kritisch, dargestellt am Leitfaden der begriffs- und entwicklungsgeschichtlichen Methode, Diss. Trier 1989. – Hinske, N.: Kants neue Theorie der Sinnlichkeit und ihre Sprachregelungen, in: Bianchi, M. L. (Hg.):

Sensus – Sensatio, Florenz 1996, S. 527–540. – Ders.: Zwischen Aufklärung und Vernunftkritik. Studien zum Kantschen Logikcorpus, Stuttgart-Bad Cannstatt 1998 [zum Sprach- und Begriffsbestand der Logik-Nachschriften, S. 28 ff. Meiers Einfluss auf die Terminologie der kritischen Philosophie].

Einige Leitbegriffe und Grundprobleme

Kritik

Kritik ist ein Schlüsselwort für das Verständnis der ganzen aufklärerischen Bewegung. Seit der Mitte des 18. Jhs. spricht sie in Frankreich vom »siècle critique« (auch als Abwehr des kirchlichen Vorwurfs, es sei »ce siècle critique«; vgl. Fontius 1986). Kant war der Terminus von der englischen Ästhetik her bekannt. κρίνειν (*krínein*) bedeutet trennen, sichten, die Besten aussondern, ebenso Streitigkeiten entscheiden, in einem Prozess urteilen, generell beurteilen. Im ursprünglichen Sinn von κρίσις (*krísis*, lat. judicium) – als Streit richten, Entscheidung, besonders als richterlicher Urteilsspruch – befindet sich noch Kants Gerichtshof-Metapher. Nach der speziellen Bedeutung als der Kunst des fachgerechten Urteils in Künsten und Wissenschaften (κριτική, *kritikē*, ars critica; geteilt in critica sacra und c. profana), speziell von Revision verderbter Stellen in überlieferten Manuskripten, begann der Begriff seit dem Ende des 17. Jhs. seine philologische und ästhetische Einschränkung zu überschreiten im Sinne von »beurteilender, entscheidender Wissenschaft. Der ursprüngliche Sinn von methodischer Anleitung zur Verbesserung von Schreibfehlern in lateinischen Handschriften in G. Scioppius' (1576–1649) *De arte critica* (1597). Die frühaufklärerische Erweiterung des Terminus ist an J. B. Menckens (1674–1732) Polemik gegen »die wilden und unbändigen Grammaticos und Criticos« zu erkennen, die »allerhand Schwürigkeiten in den geringsten Umbständen suchen, damit sie nur Gelegenheit haben, zu ihren Manuscripten zu lauffen« (Menckens, *Zwey Reden von der Charlatanerie oder Marcktschreyerey der Gelehrten*, Leipzig 1716, S. 113 ff.). Lockes kurzer Traktat *Of the conduct of understanding* (1697) fasste Kritik schon als weitgreifend umgestaltendes Programmwort vom »Prüfstein, welcher das natürliche Denken ist« und den jeder bei sich trägt als Basis der »Denkfreiheit, die dem Menschen nötig ist, um ein vernünftiger Mensch zu sein« (Locke, *Über den richtigen Gebrauch des Verstandes*, Leipzig 1920, S. 12, 32). Die elementaren Bedeutungen sind im frühen 18. Jh.: Methodische Darstellung der Regeln einer Disziplin, Tätigkeit oder Verhaltensweise und Beurteilung von Gegenständen nach prinzipiellen Gesichtspunkten. In diesem Sinne spricht Kant im Vorlesungsprogramm 1765/66 von der »Kritik der Vernunft«, die er mit der »Kritik des Geschmacks« verbinden werde, als von der Betrachtung der Regeln beider Disziplinen (II, 311). Der Terminus »Kritik der reinen Vernunft« war vor Kants Titelwort in dieser allgemeinen Bedeutung gebräuchlich. In der Logik wurde »Kritik« im Sinn von Unterscheidungsfähigkeit, Urteilskraft (Aristoteles, 2. Analytik, B, 2, Kap. 19, 99 b; De anima, B. 2, Kap. 12, 424 a) gebraucht. Als Teil der Logik und zwar sowohl im sehr Lockeschen Sinne von »Kritik und Vorschrift des gesunden Verstandes«, auch als »Kritik und Vorschrift der eigentlichen Gelehrsamkeit« bis hin zu »Kritik und Vorschrift der gesamten Weltweisheit als eines Ganzen, diese vollständige Logik« benutzte Kant den Terminus lange bevor er von seinem Hauptwerk wusste (II, 310 f.). In der Vorrede zur ersten Auflage der Kritik wird die umfassende Intention des Buches als Kritik in der Einheit von Regelkanon methodischen Denkens, Denkfreiheit und Kritik der Philosophie der Gegenwart ausgesprochen: »Unser Zeitalter ist das eigentliche Zeitalter der Kritik, der sich alles unterwerfen muß. Religion durch ihre Heiligkeit und Gesetzgebung durch ihre Majestät wollen sich gemeiniglich derselben entziehen. Aber alsdann erregen sie gerechten Verdacht wider sich« (A XI). Der Terminus sank im 18. Jh. auch zur stehenden Titel-Rhetorik von Schriften zu allerlei Themen herab. M. Holzmanns/H. Bohattas Deutsches Anonymen-Lexikon (Bd. II, Weimar 1903) verzeichnet zwei Spalten mit Titeln, die irgendeine Kritik ankündigen und sei es »Kritik oder Vorurtheilsfreie Prüfung […] zur Vertheidigung und Empfehlung des Herlesens der Predigten auf der Kanzel« (1805) oder natürlich Kritik der Kritischen Beiträge zur Metaphysik (1795) des Mitglieds des Jesuitenordens und Ingolstädter Theologen B. Stattler (1728–1797), der nach 1790 als Münchener Zensurrat die Weisung erließ, Kantsche Schriften nicht zu verkaufen und Werken von Kantianern die Druckerlaubnis verweigerte. Mit dem logischen Sinn der Feststellung und Unterscheidung von Regeln folgt Kant wahrscheinlich Baumgartens Verwendung des Terminus (Baumgarten, Metaphysica, 1739, §§ 606 f.). So erklärt sich Kants Titel Kritik der reinen Vernunft formell aus der Geschichte der Logik, da das Werk in seinen beiden Teilen »Analytik« und »Dialektik« (Topik) eine transzendentale Logik als

Propädeutik zur systematischen Philosophie (Metaphysik) enthält. Im Zusammenhang des gegen die Schulmetaphysik gerichteten Sinnes bildet »kritisch« den Gegenbegriff zu »dogmatisch«. Das geht jedoch in der Geschichte der philosophischen Terminologie des 17. und 18. Jhs., die bis auf Diogenes Laertios' Philosophiegeschichte zurückführt (Leben und Meinungen berühmter Philosophen, I, 11, 16), aus dem frühaufklärerischen Gebrauch von »dogmatisch« auch in der Schulmetaphysik selbst hervor. Dogmatisch war eine nicht durch vorurteilskritische Skepsis geprüfte und nicht durch die Propädeutik der Logik begründete Philosophie (der Gebrauch von »dogmatisch – kritisch« vor Kant instruktiv in: Kant-Index, Bd. 1, Stellenindex und Konkordanz zu G. F. Meier, ›Auszug aus der Vernunftlehre‹, Stuttgart-Bad Cannstatt 1986; zur Vorgeschichte der Unterscheidung in Kants Schriften seit 1754 vgl. auch Vaihinger, S. 46 f.). Für Kant ist alle Philosophie dogmatisch, der nicht die kritische Prüfung der Elemente und Grenzen der Funktionen a priori der Rationalität vorausgegangen ist (zur zeitgenössischen Terminologie vgl. F. E. D. Snell, 1761–1827, Über philosophischen Kritizismus, 1802). In den Logik-Vorlesungen erläutert Kant den Gegensatz des Terminus »kritisch« zu »dogmatisch« durch dessen Bezug zum nicht absolut gesetzten Skeptizismus, der als Suspension des Urteils bis zur gründlichen Prüfung dessen logischer Qualifikation »dem kritischen Verfahren sehr nützlich« sei (IX, 83 f.). Mit der Entfaltung des aufklärerischen Selbstverständnisses über die rechtlichen, politischen und sozialen Komponenten des Kampfes gegen den Absolutismus und für die Denkfreiheit tritt der philologische Gehalt des ›Kritik‹ Begriffes zurück, und ›Kritik‹ »avanciert praktisch zum Synonym für Aufklärung« (Fontius 1974).

Im Ganzen bewahrt der Titel den dreifachen Gebrauch, den das Wort im 18. Jh. gefunden hatte: 1. Als Teil der Logik erweiterte sich die Bedeutung auf die Begründungsmethode wissenschaftlichen Denkens im Sinne von analytischer Unterscheidungsfähigkeit der einzelnen Elemente theoretischen Wissens. In diesem Sinne nennt Kant seine Kritik Propädeutik oder Methodentraktat. 2. Beurteilungsvermögen und Feststellung von Regeln (via iudicia und ars critica) erweitern sich von den gramatici als den Kritikern in Philologie, Rhetorik und Wortkunstwerken zu den Gelehrten überhaupt, die mit der steigenden öffentlichen Geltung der Wissenschaften kritischen Maßstab dessen geben, was im alltagspraktischen Bewusstsein, in Staat und Religion gelten soll. 3. Aus der aristotelischen Analytik, Analyse im logischen

Sinne war im Humanismus *Kritik* als philologische Revision von antiken Texten geworden, und aus dem generellen kritischen Synkretismus von klassischen antiken, christlichen und individualistisch neuzeitlichen Anschauungen entstand die Kritik der feudal-theologischen Weltanschauung. Mit ihm verbanden sich kritische Revision der Ideengeschichte, Relativierung und Auflösung der Tradition. Die besten unter den Humanisten, wie etwa L. Valla (1407–1457), entwickelten daraus bereits das aufklärerische Instrumentarium kritischer Ideengeschichte, also Enthüllung der interessebedingt befangenen (ideologischen) Gehalte kulturbildender Ideen. Insbesondere der ausladende Dialektik-Teil des Kantschen Werks hält diese Bedeutung des Begriffs fest. Sie schließt an die bereits mit der humanistischen Bewegung entstandene aufklärerische Bedeutung von *Kritik* als öffentlichem Urteil einer Schicht von Gebildeten gegenüber herrschenden Ideen in den Institutionen der Universitäten, der Kirche, des Staates an. Im weiten Sinne gebraucht Kant den Terminus für die Funktion literarischer Öffentlichkeit als Agens ununterbrochen reformierenden Fortschritts von Wissenschaften, Moral, Religion und Staatsverfassung.

Kant sah das Aufklärungszeitalter, bei aller Anerkennung von dessen kritischen Leistungen im Hinblick auf wissenschaftliche Überlieferungen, Bürgerrechte, religiöse Toleranz, ohne euphorische Selbstbespiegelung als ein kritisches Zeitalter durchaus im Sinne von Krisis, also einer Entscheidungs- und Wendezeit. Ehe wahre Philosophie aufleben könne, sei es nötig, dass die alte sich selbst zerstöre, schreibt er 1765 an Lambert: »[S]o macht mir die Krisis der Gelehrsamkeit zu einer solchen Zeit [...] die beste Hoffnung, daß die so längst gewünschte große Revolution der Wissenschaften nicht mehr weit entfernt sei« (31.12.1765). Die Begriffe *Kritik*, *Krise* und *Revolution der Denkart* (B XII) rücken als Zeichen einer Wendezeit zusammen; nicht mehr im ursprünglichen Sinn von revolutio als wiederkehrender Bewegungen oder Umschwünge, sondern als »Umänderung der Denkart« (B XVI), die darum die gründlichste sei, weil sie die Logik der Formgesetze des Denkens und der Willensmaximen feststelle. Kant verbindet von daher die Transzendentalphilosophie mit dem Gedanken eines in der Hochaufklärung erforderlichen retardierenden Moments in der Kultur. »Meine Absicht ist, alle diejenigen, so es wert finden sich mit Metaphysik zu beschäftigen, zu überzeugen, dass es unumgänglich notwendig sei, ihre Arbeit vorderhand auszusetzen, alles bisher Geschehene als

ungeschehen anzusehen und vor allen Dingen zuerst die Frage aufzuwerfen: ob auch so etwas als Metaphysik überall nur möglich sei« (IV, 255). Die Figur kritischen Denkens, auf dem bisher gegangenen Wege einzuhalten zur Selbstprüfung, besitzt seit Augustinus' *Bekenntnissen* in religiösem und moralischem Bezug, seit Descartes' Methoden-Essay und den Meditationen, in Verbindung mit kritischer Besinnung zur Neubegründung der Philosophie, lange Tradition. Descartes schrieb: »Schon vor einer Reihe von Jahren habe ich bemerkt, [...] daß ich einmal im Leben alles von Grund aus umstoßen und von den ersten Grundlagen an neu beginnen müsse, wenn ich endlich einmal etwas Festes und Bleibendes in den Wissenschaften ausmachen wolle« (Descartes, *Meditationen über die Grundlagen der Philosophie*, I, § 1, Hamburg 1992, S. 31). Descartes überführte die augustinische christliche Selbstprüfung auf die Entdeckung des Selbstbewusstseins als sich selbst begründender rationaler Innerlichkeit. Kants Aufforderung, in der Metaphysik innezuhalten und sich zu besinnen, bringt neuen Ton in das an sich mystische (und später romantische) Thema, durch Abwendung vom Außensein sich wesentlich zu machen. Kant nimmt es aus dem intimen persönlichen Feld heraus und stellt es fast wie Pflicht der öffentlich wirkenden Gelehrten auf.

Im Zusammenhang seiner Anthropologie-Vorlesungen notiert Kant »Kritik« als aufklärerische Öffnung aller Schuldisziplinen zu Lebenselementen gesellschaftlicher Kultur. Fachspezifische ständische Beschränktheit der Gelehrten macht Kyklopen, Egoisten der Wissenschaften. Der Mediziner braucht Kritik der Naturerkenntnis, der Jurist Kritik der Rechtswissenschaft, der Theologe Kritik der Metaphysik usf. *Kritik* ist »Selbsterkenntnis der menschlichen Vernunft« in diesem Sinne der Überschreitung fachspezifischer Fixierung hin zu öffentlicher Wirkung und Beurteilung der Wissenschaften (Refl. 903).

Literatur

Vaihinger, H.: Commentar zu Kants Kritik der reinen Vernunft, Bd. 1, Stuttgart u. a. 1881 [S. 120 ff., S. 456 f.]. – Koselleck, R.: Kritik und Krise. Eine Studie zur Pathogenese der bürgerlichen Welt, Freiburg u. München 1959, ND Frankfurt/M. 1973 [vgl. Markov, W., Annotation zu R. Koselleck, *Kritik und Krise*, in: ZGW 35 (1974), S. 1275 ff.]. – Fontius, M.: Literaturkritik im ›Zeitalter der Kritik‹, in: Schröder, W. u. a. (Hg.), Französische Aufklärung. Bürgerliche Emanzipation, Literatur und Bewusstseinsbildung, Leipzig 1974, S. 346–402. – Röttgers, K.: Kritik und Praxis.

Zur Geschichte des Kritikbegriffs von Kant bis Marx, Berlin u. New York 1975. – Bormann, C. v.: Art. »Kritik« in: Historisches Wörterbuch der Philosophie, hg. v. J. Ritter, Bd. 4, Basel u. Stuttgart 1976, Sp. 1249–1267. – Tonelli, G.: ›Critique‹ and related terms prior to Kant. A historical survey, in: KS 96 (1978), S. 119–148. – Röttgers, K.: Art. »Kritik«, in: Brunner, O. u. a. (Hg.), Geschichtliche Grundbegriffe, Bd. 3, Stuttgart 1982, S. 651–675 [z. 17./18. Jh. S. 655 ff.]. – Fontius, M.: Art. »Critique«, in: Reichardt, R./Schmitt, E. (Hg.), Handbuch politisch-sozialer Grundbegriffe in Frankreich 1680–1820, H. 5, München 1986, S. 7–26. – K.-H. Barck u. a. (Hg.): Ästhetische Grundbegriffe III, 2001.

transzendent – transzendental

Der Terminus transzendent, von lat. transcendere, übersteigen, nämlich die empirisch gegebene Wirklichkeit, ist die lateinische Übersetzung des griechischen χωριστός (chōristós), abgetrennt, wie Platon die Existenzweise des Allgemeinen (der »Ideen« als παραδείγματα (paradeígmata), als Muster gegenüber dem empirisch Gegebenen) dachte. Die chōrismós-Problematik oder das Transzendenzproblem bildet, ausgehend von der logischen Thematik der Sonderung der universalia von den species, einen zentralen weltanschaulichen Ordnungsgedanken der antiken und mittelalterlichen Kultur. Transzendente Wesenheiten sind nicht die Kategorien, sondern das, was alle Kategorien als letzte Seinsbestimmungen überschreitet: res, ens, verum, bonum, aliquid, unum (daher das Anagramm: REUBAU). Kausalität, Notwendigkeit, Freiheit u. a. Kategorien besitzen nicht die gleiche Allgemeinheit wie Ding, Sein und die anderen transcendentia, wie die Scholastiker sagten (nicht Transzendentalia). Das Erfordernis, die Kategorien mit einer transcendentia-Lehre zu übersteigen, war ohne Schwierigkeit zum letzten Begriff des Seienden zu führen, das von allem Geschöpflichen getrennt und dessen Existenz das Allergewisseste ist, da dessen Bestreitung in sich antinomisch wäre und die Möglichkeit aller Prädikationen überhaupt aufheben würde. Das echte Problem der scholastischen Theorie der Transzendentia besteht in der Einsicht, dass jede Kategorienlehre wohl einzelne Daseinsweisen des Seins feststelle, aber keinen einheitlichen Seinsbegriff ergebe. Es bedarf eines intelligiblen (Kant sagt auch übersinnlichen) Relationsfeldes, in dem die Kategorien realisiert werden, sie fielen sonst pluralistisch auseinander. Dieses transkategoriale Problem nimmt Kant wieder auf und stellt der neuen kritischen Metaphysik-Systematik (Kategorienlehre der Natur, des Rechts und der Moral) eine Transzendentalphilosophie als solchen universalen intelligi-

blen Funktionssystems allein des Bewusstseins voran. Ohne das wäre die Kategorienlehre der Kantschen Metaphysik-Systematik in der Tat eine gedankenlose oder nur pragmatisch-heuristische Sache. Die Aufhebung des von der ontologischen Metaphysik in der transcendentia-Thematik aufgenommenen Problems der vorausgesetzten Einheit aller »Dinge«, die Gegenstand von Aussagen werden können, würde zur Sophistikation. Kant war zu Recht von dem Missverständnis sehr überrascht, die Kritik setze den empirischen Idealismus Berkeleys fort – und man sollte es heute von Kant-Interpretationen sein, die das Missverständnis noch ernst nehmen. Die Fehlinterpretation – einer der Punkte, die ihn zu Textänderungen in der zweiten Auflage veranlassten – zeigte, wie weit inzwischen die Unkenntnis des Problems und der Geschichte der transzendentalen Idealität gediehen war. Während Kant mit Kritik einen stehenden Terminus der aufklärerischen Literatur übernahm, gewann transzendental erst durch Kant seine große Bedeutung. Kant übernahm den Terminus von Wolffs Ontologia (1729) und von Baumgartens Metaphysica (1739; wiederabgedruckt in AA XVII, 5–226). Wolff benutzte transzendental und metaphysisch gleichbedeutend, löste bereits die klassische transcendentia-Lehre in Einzelteile auf, von denen er die veritas transcendentalis betonte. Sie ist bereits eine Wahrheit hinsichtlich der Ordnung (Ähnlichkeit, Verschiedenheit) der Dinge (§ 383), so dass die veritates logicae von ihr abhängen (§ 385). Baumgarten fasst als transzendentale Wahrheit die notwendige metaphysische Wahrheit, also nicht nur den »ordo plurium in uno«, der Vielheit in der Einheit, sondern die »veritas in essentialibus et attributis entis«, die Wahrheit in der Beziehung der Wesenheiten und deren Attributen (§ 89; XVII, 45). Kant nahm nach der Inauguraldissertation (1770) im Terminus »transzendental« verschiedene Aspekte seiner neuen Theorie der Trennung und Bestimmung der »Form und der Prinzipien der Sinnen- und Verstandeswelt« zusammen. Daraus entwickelte er im Laufe der 70er Jahre die Verbindung von Apriorismus und Pänomenalismus mit allen weit ausspannenden Folgeproblemen. Die verschiedenen Bedeutungsaspekte bewahren diese Bildungsgeschichte der Kantschen Theorie auf und zeigen mit dem weiten Problemhorizont die problemgeschichtlichen Bezüge der neuen Transzendentalphilosophie. C. C. E. Schmids Wörterbuch zum leichtern Gebrauch der Kantischen Schriften (1786, ⁴1798) zeigt in seiner trockenen Aufzählung von neun Bedeutungsaspekten (S. 525 ff.) nicht nur die Weite des Kantschen Gebrauchs, sondern ebenso die

Intensität der Nutzung des Begriffs im Zusammenhang der in den 90er Jahren intensiven Kant-Diskussion. Die Bedeutungsaspekte setzen den Problembestand der Kritik freilich nicht zu einem Stückwerk herab. Seine vehemente Metaphysik-Ablehnung ließ Kant (1.) vom Gegensatz seines Transzendentaliengedankens zur Ontologie ausgehen. Die Ontologie wird Analytik der Begriffe. Damit tritt (2.) der Unterschied einer transzendentalen Logik zur formalen hervor. Die Durchführung der transzendentalen Logik führt (3.) zur Theorie des »transzendentalen Scheins«, also des transzendenten Gebrauchs der apriorischen Begriffe als einer natürlichen und unvermeidlichen Illusion des Verstandes und im Ganzen (4.) zur systematischen Durchführung des Apriorismus, so dass also neben die transzendentale Logik der Konstitution von Sachverhalten eine ebensolche Anschauungslehre, Logik der Handlungsmaximen und der Kunsturteile treten. Alles fasst sich dann (5.) nach der einen Seite im transzendentalen Selbstbewusstseinsbegriff (*KrV* § 16; B 131 ff.), nach der anderen im Postulat des »übersinnlichen Substrats« der Menschheit und der Welt zusammen (V, 340 ff.). Die konkrete Totalität aller Bedeutungen von »transzendental« verlieh dem Begriff seine zentrale Stellung in Kants Werken und die Wirkungskraft in deren Rezeption. Im Begriffsspektrum fassen sich die reichen Bezüge der Kantschen Neufassung der Philosophie zusammen (Darstellung, kritische Bewertung der Bedeutungsaspekte bei Vaihinger 1881 und Hinske 1998).

Streng scheidet Kant *transzendent* und *transzendental* (B 352). Transzendent sind Grundsätze, die alle Erfahrungsgrenzen überschreiten und dadurch dialektisch werden. »Es ist in der Tat mit unseren reinen Verstandesbegriffen etwas Verfängliches in Ansehung der Anlockung zu einem transzendenten Gebrauch; denn so nenne ich denjenigen, der über alle mögliche Erfahrung hinausgeht« (IV, 315; Zusammenfassung der Unterscheidung in § 12 der *KrV*). Die Transzendentalien der Alten, die so lange Zeit sich erhalten hätten, verdienten doch eine Untersuchung ihres Ursprungs. »Diese vermeintlich transzendentale Prädikate der Dinge sind nichts anders als logische Erfordernisse und Kriterien aller Erkenntnis der Dinge überhaupt.« Jede Erkenntnis sei Einheit des Verschiedenen. Das *unum* sage die qualitative Einheit aus. Das *verum* sei als Wahrheit eines Satzes in dessen Folgen zu sehen. Schließlich bestehe die Vollkommenheit (*bonum*) darin, dass die Vielheit auf die Einheit des Begriffs zurückgeführt werde und mit diesem und keinem anderen völlig zusammenstimme, »welches man die qualitative

Vollständigkeit (Totalität) nennen kann« (B 113 f.). Die in Kants Logik-Vorlesung wesentliche perfectio-Thematik (des Wissens, der Gesinnung, eines Kunstwerkes) schließt an die alte Transzendentalienlehre an. Transzendentale Erkenntnis bedeutete vor Kant die formallogisch garantierte Möglichkeit des Seins von subjektfrei existierenden »Dingen«. Der richtige Gedanke lag zugrunde, dass »Dinge« in einer Gesamtrelation stehen müssten (die natürlich nicht Teil der Reihe der Dinge sein könnte), wenn sie reales (nicht nur phänomenales und vielleicht täuschendes) Sein besitzen sollten. Nur dann könnten sie nach ontologischer Auffassung auch Gegenstände systematisch-rationaler (und nicht einfach zufällig gelungener) Erkenntnis sein. Die transzendentale Untersuchung ist erforderlich, weil die logische Form eine ihr nicht adäquate Materie, das sog. Mannigfaltige der gegebenen Erscheinungen, zu synthetisieren hat. »Ich nenne alle Erkenntnis transzendental, die sich nicht sowohl mit Gegenständen, sondern mit unserer Erkenntnisart von Gegenständen, sofern diese a priori möglich sein soll, überhaupt beschäftigt. Ein System solcher Begriffe würde Transzendentalphilosophie heißen […], eigentlich nicht Doktrin, sondern nur transzendentale Kritik« (B 25 f.). »[D]er canon alles realen gebrauchs des Verstandes ist transcendentalphilosophie« (Refl. 1608). Das *transzendentale Thema* besteht also in der *Möglichkeit der Realisierung logischer Geltungen* am nichtlogischen Material. Es besteht nicht in der Existenz der intelligiblen Sphäre des logischen Apriori schlechthin. »Transzendental« ist ebenso nicht gleichbedeutend mit »metaphysisch«. Kant verwandte in der *Monadologia physica* (1756) die Begriffe noch im gleichen Sinne, ebenso wie Wolff.

Kant begründet die Geltung von Behauptungen nicht diskurstheoretisch, sondern transzendentallogisch. Sein Akzent sitzt auf der immanent-rationalen Notwendigkeit theoretischer Verfahren. Das war im 18. Jh. nicht so selbstverständlich, wie es in der heutigen, von technischen Konstrukten geführten Gesellschaft erscheinen mag. Doch man muss die Spezifik der Kantschen »Bewusstseinsphilosophie«, wie ausweichend auch für Idealismus gesagt wird, sehen. Kants Idealismus konzentriert das Transzendentalienproblem ganz auf die Synthesis-Möglichkeit nicht-logischer Daten bzw. Motivationen. Die Realisierungsmöglichkeit der einzelnen Kategorien und Grundsätze setzt selbstverständlich das Bestehen einer transkategorialen Idealität voraus. Hier erst erweist sich die logische Funktion als eine letzte Ordnungsgesetzlichkeit, die alle Kategorien und die noch konkreteren Bewusstseinsebenen trägt. Hegel hatte die Kategorienlehre seiner *Logik* (1812/16) darum auf die Grundlage des Geistbegriffes gestellt. Die Transzendentia wurden von den Scholastikern mit deren oft treuherziger Latinität »die Gemeinsamsten« (communissima) genannt. In Kants Transzendentalienlehre praktischer Vernunft tritt das tragende Prinzip der Einheit des Geistes, in der alle Selbstbewusstseine eingeschlossen sind, deutlicher zu Tage als in der Konstitutionseinheit von Sachverhalten. Die Einheit aller Transzendentalia (theoretischer, praktischer, ästhetischer logischer Geltungen) bleibt bei Kant unerkennbar. Wir müssten sonst hinter die logische Evidenz des Apriorismus zurückgehen können, sie also mit dem intellectus archetypus eines Schöpfers genetisch darstellen und in diesem Sinne »erzeugen« können. Fichte leitete die genetisch-phänomenologische Darstellung des Apriorismus ein und Kant protestierte gegen diese Interpretation seiner Transzendentalphilosophie (Erklärung gegen Fichtes Wissenschaftslehre, XII, 396 f.). Kant führt nach der transzendentalen Deduktion das Einheitsmoment mit der transzendentalen Apperzeption des Selbstbewusstseins ein. Es ist die logische Gesetzlichkeit aller intelligiblen »Iche« oder wie Fichte rundweg sagte: »Alle Individuen sind in der Einen großen Einheit des reinen Geistes eingeschlossen« (*Sämtl. Werke*, Bd. 1, 1845, ND Berlin 1965, S. 416). Das ist für Kant die Tendenz zum mystischen Geistbegriff. Die transzendentale Apperzeption ist der Grenzbegriff einer ursprünglichen Setzung, die erforderlich ist, um die drei Realisierungsformen transkategorialer Idealität nicht analytisch-pragmatisch, sondern als reine Relation synthetisch zu denken.

Kant führte zu seiner Transzendentalienlehre mit guter Konsequenz noch ein anderes synthetisches Element ein: Den Begriff eines »intelligiblen Substrats« aller Vermögen in uns und der Gesamtheit der Dinge außer uns (V, 340, 344). Es mache »alle unsere Erkenntnißvermögen zusammenstimmend« (V, 344). Er nennt es auch das »übersinnliche Substrat der Menschheit« (V, 340). Der Apriorismus ohne ontologisches Substitut führt für die Begründung der prinzipiellen Möglichkeit der Korrelation von intellektueller Form und Anschauungsmaterial (im je einzelnen Fall könnte sie Zufall sein) zum Als-Ob-Postulat einer starken metaphysischen Geltungsannahme, doch »wovon der Begriff nur Idee ist und keine eigentliche Erkenntniß zuläßt« (V, 344 f.). Der Gedanke dieses Noumenon (intelligiblen Substanz) im negativen Sinne bildet einen merkwürdigen und,

man möchte vorerst meinen, nicht ganz geheuren Punkt des originären Kantianismus. Es ist reale Klammer aller Weltsphären und der Möglichkeit zutreffenden Wissens schlechthin. Wir müssen es denken, aber können es nie wissen.

Eine bedeutungsvolle Geste großen Schweigens scheint als ein Einverständnis allem sagbaren Wissen vorausgehen zu müssen. Tatsächlich handelt es sich keineswegs um ein mysteriöses Geistwesen, etwa aus theologischer Tradition, oder um einen Glauben als erforderliches Urvertrauen zur Außenwelt als Basis der zerteilenden rationalen Akte. Kant denkt die prinzipielle Subjekt-Objekt-Übereinstimmung analog der mathematischen unendlichen Reihe, die vorauszusetzen, aber nicht zu explizieren ist. Das denknotwendige, unerkennbare noumenon, das damals die junge Generation herausforderte, bildete das Problem im originären Kantianismus, aus dem der Hegelsche Geistbegriff hervorging, der nun die Einheit von ideeller und realer Welt gewährleistete, wie Hegel mundus intelligibilis und sensibilis nannte. Hegel fasste das »übersinnlichen Substrat der Menschheit« als die Substanz, die sich als Subjekt realisiert, um nicht auf die ontologische Metaphysik zurückgehen zu müssen. Die Transzendentalien realisieren ihre Einheit als der Prozess, der alle verschiedenen Geistformen in einen Kreis von Kreisen schlingt. Ontologie wird wiederhergestellt von Hegel, aber als die Geschichtlichkeit des Seins. Kants Akzent saß auf einem ganz anderen Punkt als derjenige Hegels. Der transzendentale Bewusstseinsbegriff sagt, dass der Gottesbegriff nicht mehr das Wissen der Einheit leistet. Darin bestand die kritisch negierende Seite der Neufassung des transcendentia-Problems. Der philosophische Gottesbegriff wird primär als notwendiges Postulat der praktischen Vernunft rekonstruiert, ein Element der Logik praktischer Akte. Eigentlich begründet der Gottesbegriff die Möglichkeit aller praktischen Kategorien, da er die asymptotische Einheit von intelligiblem und empirischem Willen garantiert. Doch Kant stellt dieses transzendentale Element verkürzt dar. Wir erkennen a priori nur unsere Pflicht. So weit reicht der transzendentale, der transkategoriale Akt. Zu unserer Pflichterfüllung versichern wir uns der asymptotischen Einheit von Gesinnung und Realisierung wie einer unendlichen Größe in der Mathematik. Das geschieht durchs logische Postulat des Gottesbegriffs. Für den die Aufklärungsphilosophie dominierenden Empirismus bestand die ganze Problematik nicht mehr. Er löste mit einem pragmatischen Eklektizismus die Transzendentalien in der nominalistischen Tendenz seiner

Psychologisierung und Versprachlichung der logischen Problematik auf.

Literatur

Vaihinger, H.: Commentar zu Kants Kritik der reinen Vernunft, Bd. 1, Stuttgart u. a. 1881, S. 467–475. – Gideon, A.: Der Begriff Transcendental in Kant's *KrV*, Diss. Marburg 1903, ND Darmstadt 1977. – Willmann, O.: Die wichtigsten philosophischen Fachausdrücke in historischer Anordnung, Kempten u. München 1909 [gute, kurzgefasste Terminologie-Geschichte vor allem der Metaphysik-Tradition des erbitterten Kant-Gegners]. – Husserl, E.: Zur Auseinandersetzung meiner transzendentalen Phänomenologie mit Kants Transzendentalphilosophie, in: Husserliana, Bd. VII, Den Haag 1956, S. 381–395. – Gerresheim, E.: Die Bedeutung des Terminus transzendental in Kants *KrV*, Diss. Mainz 1959. – Lauth, R.: Zur Idee der Transzendentalphilosophie, München 1965. – Hinske, N.: Die historischen Vorlagen der Kantischen Transzendentalphilosophie, in: ABG 12 (1968), S. 86–113. – Ders.: Kants Weg zur Transzendentalphilosophie. Der dreißigjährige Kant, Stuttgart u. a. 1970 [Einl., 1. Kap.]. – Bubner, R.: Zur Struktur eines transzendentalen Arguments, in: G. Funke (Hg.), Akten des 4. Internationalen Kant-Kongresses, T. 1, Berlin u. New York 1974, S. 15–27. – Pinder, T.: Kants Begriff der transzendentalen Erkenntnis. Zur Interpretation der Definition des Begriffs »transzendental« in der Einleitung zur *KrV* (A11 f./B25), in: KS 77 (1986), S. 1–40. – Honnefelder, L.: Scientia transcedens. Die formale Bestimmung der Seiendheit und Realität in der Metaphysik des Mittelalters und der Neuzeit, Hamburg 1990. – Knoepffler, N.: Der Begriff ›transzendental‹ bei I. Kant, München 1996. – Hinske, N.: Art. »Transzendental, Transzendentalphilosophie«, in: Historisches Wörterbuch der Philosophie, hg. v. J. Ritter, Bd. 10, Basel 1998, Sp. 1376–1388.

a priori – a posteriori

Die Unterscheidung von Erkenntnis a priori (vom vorhergehenden) und a posteriori (vom nachfolgenden) besaß seit der Antike in der Metaphysik den zweifachen methodischen Sinn von: a) Erklärung aus der (vorhergehenden) Ursache zur (nachfolgenden) Wirkung (a priori) bzw. Schließen aus den späteren Wirkungen auf die früheren Ursachen (a posteriori); b) Erkenntnis aus dem (für uns vorhergehenden) Erfahrungsmaterial (a posteriori) oder aus den substantialen Wesenheiten der empirischen Vorgänge und Gegenstände (a priori), also aus den Formen oder Ideen, denen die empirischen Pflanzen, Krankheiten, ethischen Verhaltensweisen usf. zugehören und durch die sie sind, was sie sind. Im weiteren Sinne geht die Problematik des Apriorismus auf die aristotelische Unterscheidung von empirischer und systematisch-rationaler Erkenntnis zurück. Empirische Erkenntnis bezieht sich auf die sinnlich erscheinenden Modi der Substanzen, theoretische auf die »Wesen« selbst. Die theoretische Erkenntnis fußt nicht oder nicht primär auf Beobachtungen, sondern leitet aus der Wesens-Form ab, bzw. bezieht die Gewissheit über die Formsubstanz mit ein. Da Wesen oder Form nur im Begriff, nicht in sinnlicher und insofern rezeptiver Beobachtung zu explizieren sind, so ergibt sich die theoretische Erkenntnis als Leistung eines aktiven und insofern apriorischen Verstandes. »Wenn wir aber das Einzelne durch Definitionen erkennen, die Gattungen aber Quellen der Definitionen sind, so müssen die Gattungen auch Quellen des Definierten sein« (Aristoteles, *Metaphysik* B, 3, 998 b, 5 ff.). Die aristotelische Unterscheidung von aktivem und passivem Verstand wirkt noch in Kants unbedingter Scheidung zwischen der Rezeptivität der Wahrnehmungen und der Spontaneität der intellektuellen Synthesis fort. Die Leistung des Verstandes besteht nach Aristoteles nicht nur im Zusammenlegen von Erfahrungsdaten, sondern in einem schöpferischen Akt wie dem Aufgehen eines inneren Lichts, das Aristoteles darum nach dem künstlerischen Schaffen ποιητικόν (*poiētikón*) nennt; im neuzeitlichen Rationalismus die logische Intuition des Evidenzbewusstseins. Die aristotelische Unterscheidung von Verstand (νοῦς, *nous*) und Vernunft (λόγος, *lógos*) nimmt Kant in dem Punkte wieder auf, dass die Vernunft das Vermögen des Schließens, der Bildung von Syllogismen ist (Verstand ist bei Aristoteles eine intuitive Leistung, während die Vernunft diskursiv, d. i. durchlaufend, von einem zum anderen fortlaufend organisiert). Den Apriorismus im engeren Sinne fasste Aristoteles als die Axiome, als evidente, keines Beweises bedürftige Sätze (Satz vom Widerspruch, das Ganze ist größer als der Teil u. a.). Das für den Apriorismus-Gedanken wichtige Prinzip von in der Seele liegenden Axiomen, das Aristoteles in die Philosophie einführte (*Metaphysik* 1005 a, 19 ff.), wurde aus der griechischen Mathematik übernommen.

Aristoteles und mit ihm die ganze Tradition der ontologischen Metaphysik binden die theoretische Erkenntnis an die Existenz realer intelligibler Substanzen. Wir bilden logische Strukturen, weil der empirisch wahrnehmbaren Wirklichkeit eine Realstruktur zu Grunde liegt. Der archaische Gedanke geht noch mit, dass es zur Existenz veränderlicher Dinge verursachende und darum unveränderliche Wesensenergien geben müsse. »Wenn es aber nichts Ewiges gibt, so ist auch keine Entstehung möglich […] Das Letzte, aus dem etwas entsteht, muß unentstanden sein; […] so muß es etwas neben dem Konkreten geben: die Form und die Gestalt« (*Metaphysik* B, 4, 999 b, 5 ff.). Die methodische Unterscheidung der Erkenntnis aus allgemeinen Sätzen oder vom empirischen Material her war in der realistischen Metaphysik mit der ontologischen Prämisse verbunden, dass das Denken von gegebenen Vorgängen oder Dingen zu nur denkbaren »Gegenständen« aufsteige, die das allgemeine Wesen der empirischen Dinge darstellten und diese in ihrer eigentlichen Natur auch erzeugt hätten. Auf diesem Umweg gewann der noch in den Termini a priori – a posteriori enthaltene zeitliche Sinn von Erkennen des Späteren aus einem Früheren oder umgekehrt seinen qualitativen Gehalt. »Angenommen nun, es existierte nichts neben den Einzeldingen, so wäre nichts gedacht, vielmehr alles nur sinnlich wahrgenommen; es würde also von nichts eine Wissenschaft geben« (ebd., 2 ff.). Die Aristoteles-Interpretation fixierte dann das Erkennen a priori als dasjenige Wissen, das wesentliches Sein und Ursache aufzeige. Das Wissen a posteriori schließe nur von den Wirkungen auf die Ursachen und biete nicht gleichen Geltungswert.

Die neuzeitliche Metaphysik hat die neuplatonische Lehre vom Ursprung des Vielen aus dem geistigen Ureinen umgebildet zur rationalistischen Prämisse, dass alles erfahrbar Wirkliche darum vom Denken innerhalb notwendiger Wahrheiten erfasst werden könne, weil es in Gottes Schauen ursprünglich vereinheitlicht ist. Es ist gleichsam ein ontologischer Apriorismus. Leibniz sagte: »Gottes Schauen darf man sich aber nicht als eine Art Erfahrungswissen vorstellen, wie wenn er in äußeren, von ihm selbst verschiedenen Dingen etwas ›erschaute‹, sondern als eine Erkenntnis a priori, die die Gründe der Wahrheit erfaßt« (Leibniz, *Über die Freiheit*, in: *Philos. Werke*, Bd. 2, Leipzig 1924, S. 503). Kant hat die apriorische Funktion aus der metaphysisch-theologischen Verankerung herausgenommen und ganz der logischen Verknüpfungsgesetzlichkeit des Subjekts überantwortet.

Descartes verstand »connaître a priori« als stringente Demonstration aus den Ursachen, warum etwas so verlaufe, nicht nur die Beschreibung, dass es so geschehe. Den Hintergrund solcher apriorischer Demonstration bildeten die logischen und mathematischen ideae innatae. Descartes behandelte das Apriorismus-Problem als das Element einer der Wahrnehmung vorausgehenden logischen und mathematischen rationalen Intuition. Wolff definierte: »Quicquid beneficio rationis cognoscimus, apriori cognoscimus. Quicquid enim cognoscimus, vel apriori cognoscimus, vel aposteriori. Enimvero quod a posteriori cognoscimus, experiundo addiscimus« (*Psychologia empirica*, § 491; »Was wir dank des Verstandes erkennen, das erkennen wir a priori. Was wir nämlich erkennen, erkennen wir entweder a priori oder a posteriori. Was wir allerdings a posteriori erkennen, das eignen wir uns durch Erfahrung an«). Wolffs Leibnizscher Aspekt am Apriorismus ist, dass die »Seele« die Formen der Gegenstände nicht von außen empfange, sondern sie als mögliche Ordnungsformen a priori bereits in sich trage und diese gleichsam von den einzelnen Wahrnehmungen des »Leibes« aktualisiert oder ausgewickelt würden (Wolff, *Vernünftige Gedanken von Gott, der Welt* etc., sog. Deutsche Metaphysik, Halle 1720, § 819). Der Apriorismus ist bei Wolff eine spezifische ordo-Form, die über das Wechselverhältnis von Seele und Leib der induktiven Forschung als unmittelbares Beobachtungswissen geöffnet wird. Mit Wolffs Auffassung des Apriorismus als möglicher Struktur, die aber von den Wahrnehmungen aktualisiert werde, steht Kants Gedanke der »ursprünglichen Erwerbung« der Strukturen a priori im Zusammenhang. Andererseits erweiterte Wolff das apriorische Wissen bis hin zum Schlussfolgern von bislang Unbekanntem aus bereits Bekanntem. A priori und a posteriori ergänzen als methodische Verfahren einander. Der große Abstand des Kantschen Apriorismus zum Wolffschen Stand der Thematik bezieht sich vor allem auf Wolffs (und Leibniz') Verbindung des logischen Geltungsproblems mit der monadologischen Denkform einer universellen Vorstellungskraft, die sich auch in der Weise der denkenden Seele repräsentiere. Kant trennt die Frage nach den »Handlungen der Erkenntnis«, »die vor der Erfahrung vorausgehen und wodurch dieselbe möglich ist« von den Seinsbindungen des vorkantschen Apriorismus ab (vgl. Refl. 4473).

Im Zusammenhang der unbefriedigenden eklektischen Versuche der Wolffschen Schule, formallogische und ontologische Begründungsstruktur der Philosophie mit dem Lockeanismus zu verbinden, bildete sich bereits vor Kant das Problem aus, wie J. N. Tetens es formulierte, »was und wieviel der Verstand an den erwähnten Begriffen eigentlich besitze«. Tetens sah ebenfalls das Humesche Problem, ob »es schon aus der Natur unseres Verstandes evident gemacht« sei, dass die Elementarbegriffe (Notwendigkeit, Substanz, Raum, Zeit u. a.) »reelle den Objecten entsprechende Ideen sind« (Tetens, *Über die allgemeine speculativische Philosophie*, 1775, ND Berlin 1913, S. 65). Wie bei Kant spielten sicher die

1765 aus dem Nachlass veröffentlichten *Neuen Abhandlungen* Leibniz' eine Rolle (vgl. Tetens, a. a. O., S. 70). Die entscheidende Veränderung, die Kant innerhalb der Metaphysik-Tradition vornimmt und die dem Begriffspaar dadurch seine zentrale Position in der philosophischen Diskussion der späten 80er und der 90er Jahre verleiht, war auch von Lamberts, evtl. auch von Reimarus' Auffassung des apriorischen Wissens vorbereitet. Lambert sagte, dass »im strengsten Verstande nur das a priori heißen könne, wobey wir der Erfahrung vollends nichts zu danken haben«. »Und so wäre in unsrer ganzen Erkenntniß so viel als gar nichts a priori« (*Neues Organon*, Bd. 1, Leipzig 1764, S. 414). Reimarus betonte in seiner *Vernunftlehre* (Hamburg u. Kiel 1756, [5]1790) den Gedanken ursprünglicher Regeln der Vernunft, die erst eine Übereinstimmung zwischen Denken und Gegenständen ermöglichten. Kants Neufassung der Thematik besteht in der Reduktion der ganzen Unterscheidung auf die (aposteriorische) *Genese* aller Erkenntnisinhalte schlechthin mit nur bedingter Geltung gegenüber der (apriorischen) unbedingten Geltungsweise transzendental-logischer Prinzipien (der synthetischen Urteile a priori) ohne jede antike oder Leibnizsche Bindung an eine universale vorstellende Kraft. Das apriorische Element des Wissens verbürgt Allgemeinheit und Objektivität der logischen und der mathematischen Erkenntnisform, der Verknüpfungsgesetzlichkeit, wie Kant sagt. Aller Inhalt ist – außer in Mathematik und formaler und transzendentaler Logik – Wissen a posteriori. »Nun heißt etwas a priori erkennen, aus seiner bloßen Möglichkeit erkennen. Die Möglichkeit bestimmter Naturdinge kann aber nicht aus ihren bloßen Begriffen erkannt werden; denn aus diesen kann zwar die Möglichkeit des Gedankens (dass sie sich selbst nicht widerspreche), aber nicht des Objekts als Naturdinges erkannt werden« (IV, 470; vgl. VIII, 221). Er fasst als apriorische Erkenntnisbedingungen (eigentlich nicht als apriorische Erkenntnisse) alle mathematischen Sätze, räumliche und zeitliche Ordnung der Wahrnehmungen und die elementaren logischen Bedingungen der Erfahrungsbildung, wie z. B. den Kausalsatz (jede Veränderung muss eine Ursache haben), die zwölf Elementarbegriffe seiner Kategorientafel (vgl. B 106), aber auch Begriffe wie Körper (abgesehen von den jeweiligen Qualitäten), den Substanzbegriff (im Sinne von einem Gegenstand überhaupt) (B 5 f.). Außerdem und vor allem stellen die Grundbegriffe der moralisch-praktischen Selbstreflexion, die jeder Person eigen seien, als logisch ursprüngliche Prinzipien Gewissheiten a priori dar.

Kants Grundprinzip der Synthesis a priori sagt, dass wir uns nicht über »Dinge« verständigen, sondern über die *Bedeutung* von Sachverhalten. Das Element des Denkens sind Symbole für beobachtete Ereignisse und für deren ideelle Verknüpfungen. Der Gebrauch der Symbole beansprucht Geltung in verschiedenen Graden. Es ist klar, dass die Tatsache von Geltungen als solche nur als Kriterium unbedingter Geltung gedacht werden kann. Es handelt sich dann um eine rein formale und insofern methodische Prämisse der Geltungsebenen aller Denkakte. Darin besteht der Sinn des Kantschen Apriorismus. Er löst das Subjekt aus aller Verhaftung in transzendenten Bindungen. Der Mensch ist reine Rezeptivität in der Hinsicht empirischer Wahrnehmungen und Handlungsmotivationen. Er ist im apriorischen Bezug Schöpfer seiner theoretisch und praktisch synthetisierenden »Handlungen des Denkens«, wie Kant mit Wolff (auf Fichte vorausweisend) sagt. »Die Kritik erlaubt schlechterdings keine anerschaffene oder angeborne Vorstellungen« (VIII, 221).

Kants Apriorismus ist nicht im Sinne zeitlichen Vorhergehens, sondern modal hinsichtlich der logischen Funktion zu verstehen. Apriorisch ist »die logische Funktion, in Ansehung deren ein Objekt als bestimmt gedacht wird« (VIII, 223). Er ergibt sich aus dem vertieften Verständnis des neuzeitlichen Phänomenalismus. Die empirischen Wahrnehmungsdaten bezeichnen die Fülle der Erscheinungen, nicht Dinge an sich. Die Verknüpfungsgesetzlichkeit der Daten kann nicht selbst Element von deren Menge sein. Sie muss als Funktion der Datenvermittlung zu aussagbaren und verifizierbaren Behauptungen, die erst Erfahrung genannt werden könne, außerhalb ihrer und das ist auch außerhalb der Begriffsbildung durch Abstraktionsprozesse liegen. Ohne solche apriorische Voraussetzung gäbe es nicht Erkenntnis, nur »eine Rhapsodie von Wahrnehmungen« (B 195). Der Apriorismus, sagt noch das *Opus postumum*, gewährleistet »Principien der systematischen Einheit des Denkens von Gegenständen« (XXI, 43, 64). Ohne »autonomia rationis purae […]« wäre ich gedankenlos selbst bey einer gegebenen Anschauung wie ein Thier ohne zu wissen, das ich bin« (XXI, 82).

In praktischer Rücksicht besteht das apriorische Element des Selbstbewusstseins in der nicht hintergehbaren Gewissheit, dass alle denkenden Subjekte gleichermaßen vor die Forderung des Sittengesetzes gestellt sind und dass aus dieser Selbstreflexion jedes Individuums sich das Gewissen als Einheit der Person konstituiert. Die Gesetzlichkeit der logischen

Funktion a priori erst ergibt bei Kant die Begründung identischer Personalität des handelnden Subjekts. Auf ihr ruht die Konstanz der methodischen Maximen von Moralität, und diese garantiert die Verständigungsleistungen zwischen Individuen und Gruppen in der Gesellschaft.

Kants Apriorismus ist nicht im Sinne der Definition evidenter Grundbegriffe zu verstehen. Es gehört zu der für Kants Philosophie wesentlichen Unterscheidung von Mathematik und Transzendentalphilosophie, dass nur Mathematik von Nominaldefinitionen der Grundbegriffe ausgehen könne. Die apriorischen Urteile und Begriffe sind auch nicht philosophische Elementarsätze im Sinne Newtons. Innere Widerspruchslosigkeit der apriorischen Grundlagen des Denkens bildete für Kant ein notwendiges, aber kein hinreichendes Kriterium der Wahrheit. Das ist in der Mathematik anders. D. Hilbert: »Wenn sich die willkürlich gesetzten Axiome nicht einander widersprechen mit sämtlichen Folgen, so sind sie wahr, so existieren die durch die Axiome gesetzten Dinge« (zit. n. L. Oeing-Hanhoff, Art. »Axiom«, in: *Historisches Wörterbuch der Philosophie*, hg. v. J. Ritter, Bd. 1, Basel u. Stuttgart 1971, Sp. 747). Kant kritisiert an der ontologischen Metaphysik die Auffassung des Apriorismus im analytischen Sinne. Sein wird definiert nach den Sätzen der logischen Identität und der Widerspruchsfreiheit. Leibniz fügte den Satz des zureichenden Grundes hinzu. Der Synthesis-Begriff der Kantschen transzendentalen Logik ist gegen den analytischen Realitätsbegriff gemäß formallogischen Prinzipien gerichtet. Kant bezog die Mathematik in die Theorie der Synthesis a priori mit ein und lehnte Leibniz' Auffassung der mathematischen Verfahren als analytischer Prozesse ab. Leibniz' Auffassung gehörte seiner analytischen ontologischen Konstitutionstheorie zu.

Kant überschreitet auch die unbefriedigende Form, in der der neuzeitliche Empirismus – wenigstens in seiner ursprünglichen Lockeschen Gestalt – ein quasi-apriorisches Wissen anerkannt hatte. Locke unterschied gegenständliches und intuitives Wissen. »Das Wissen von unserem eigenen Dasein besitzen wir durch Intuition. Die Existenz eines Gottes lässt uns die Vernunft klar erkennen. Die Kenntnis von der Existenz aller anderen Dinge können wir nur durch Empfindung erlangen.« Empirische Erkenntnis ist »nicht ganz so gewiß wie unsere intuitive Erkenntnis oder wie die Deduktion unserer Vernunft, welche sich mit klaren, abstrakten Ideen unseres eigenen Geistes befaßt« (Locke, *Über den menschlichen Verstand*, Bd. 2, Berlin 1962, S. 310, 312). Die

nominalistische Konsequenz jedes Empirismus – zugleich die Absurdität eines konsequenten Empirismus – bezeugen Humes und Berkeleys Versuche, auch die Grundbegriffe der Mathematik (Gleichheit, Zahl u. a.) und die Relationen räumlicher Koexistenz sowie zeitlicher Abfolge, also alle funktionalen Elemente des Denkens überhaupt, abstraktionstheoretisch aus der Gewohnheit sich wiederholender Wahrnehmungen zu erklären. Dann lösen sich alle logischen Strukturen in die Gewohnheit oder in die Üblichkeiten der Verbindung und Trennung von Empfindungskomplexen auf (vgl. E. Cassirer, *Das Erkenntnisproblem*, Bd. 2, Berlin 1922, S. 345 ff.). Die empiristische Erklärung der rationalen Funktion führt auf die Konsequenz, diese als Fiktionen zu interpretieren.

Kants Apriorismus ergibt sich aus der Perspektive, die mit der Formalisierung empirischer Daten durch die mathematischen Naturwissenschaften entstanden war. Die Übertragung des Prinzips mathematischer Funktionen auf die Logik führte zur Ablösung der Begriffslogik durch das Prinzip der logischen Funktion, die von Leibniz und Kant in der Funktionalität der Urteilsform gesehen wurde. Das *Opus postumum* fasste die Transzendentalphilosophie in dieser Verbindung zusammen: »Daher Newton bewegende Kräfte der Anziehung a priori aufstellt ehe noch die Körper gegeben sind welche sie ausüben« (XXI, 59 f.).

Methodisches Paradigma des Kantschen Apriorismus war die in einigen Naturwissenschaften erreichte Verbindung des mathematischen unendlich Genauen zur Darstellung empirisch-phänomenaler Ereignisse. Diese Koalition, wie Kant es einmal nannte (XII, 31), zwischen Empirischem und theoretisch Unbedingtem sollte in ihrem universellen Charakter fruchtbar gemacht werden. Die apriorische Funktion des Bewusstseins ist der mathematischen Form der Analysis des Unendlichen (Leiniz' Symbol dy : dx) nachgebildet. So wie im Begriff des Differentials das Prinzip unendlicher Vielheit und Dauer stetiger Veränderungen gefasst ist, so ist Kants logische Funktion a priori die Garantie einer diskursiven Einheitsform aller universell begründbaren Behauptungen und Aufforderungssätze. Die Verwischung des Apriorismus in Kants Philosophie zerstört diese ganze theoretische Figur und deren Verankerung in den methodischen Errungenschaften der neuzeitlichen Wissenschaften. In der apriorischen Funktion, den grundlegenden Relationen des Denkens, besitzt unser Bewusstsein die einheitlichen rationalen Projektionsflächen zur Vereinbarung objektiver und allgemein gültiger Aussagen. Leibniz hatte die einzelnen mathematischen Disziplinen Algebra, Arithmetik usf. als Spezialfälle einer universellen Charakteristik verstanden. In dieser Linie sah Kant die Aufgabe der Philosophie in der neuzeitlichen Kultur darin, im Apriorismus das Erfordernis einer universellen logischen Charakteristik zu erfüllen.

Der Weg nach innen, den der Apriorismus weist, die Erklärung der Struktur der Wirklichkeit aus der Struktur des Geistes wird heute von vielen Fachdisziplinen, wie den Verhaltenswissenschaften, der Linguistik, von den Zweigen der sog. kulturellen Anthropologie weiter beschritten. »Unsere Systeme des Wissens sind genau die, zu deren Konstruktion unser Geist, als eine biologische Struktur, geschaffen ist. Wir interpretieren unsere Erfahrungen deshalb so und nicht anders, weil unser Geist eben so und nicht anders gebaut ist. [...] Daß wir so viel wissen können, kommt daher, daß wir in einem bestimmten Sinne schon immer wußten – obgleich Wahrnehmungsdaten notwendig waren, um dieses Wissen erst wieder zu evozieren [...] so kommen wir schließlich zu dem ziemlich verwandten Kantischen Begriff der Übereinstimmung der Gegenstände mit unseren Erfahrungsmodi. Der Geist versieht uns mit den Mitteln, Daten als Erfahrung zu analysieren; und zudem versieht er uns mit einem allgemeinen Schematismus, der die auf der Basis der Erfahrung vermittelten kommunikativen Strukturen begrenzt« (N. Chomsky, *Reflexionen über die Sprache*, Frankfurt/M. 1977, S. 16). Chomskys kantianisierendes Credo steht hier im Zusammenhang seiner Kritik an den behavioristischen linguistischen und psychologischen Theorien.

Literatur

Geier, M: Linguistisches Apriori und angeborene Ideen. Kommentar zu den Kantischen Grundlagen einer generativ-transformationellen Sprachtheorie, in: KS 72 (1981), S. 68–87. – Scheibe, E.: Kant's Apriorism and Some Modern Positions, in: Ders. (Hg.), The Role of Experience in Science, Berlin 1988, S. 1–22.

Die »ursprüngliche Erwerbung« apriorischer Begriffe und die mit dem Apriorismus mitgesetzte Subjekt-Subjekt- und Subjekt-Objekt-Relation

Die apriorischen Strukturen, sagte bereits die Inauguraldissertation (1770), liegen in der Natur des reinen Verstandes, »nicht als angeborene Begriffe, sondern als solche, die aus den dem Geist eingepflanzten Gesetzen abstrahiert (indem man bei Gelegenheit der Erfahrung auf seine Tätigkeit achtet), folglich *erworben*« sind (§ 8, dt. Übers. in I. Kant, *Sämtl. Werke*, Bd. 5, hg. v. K. Vorländer, Leipzig ²1921, S. 87–132, hier S. 100; lat. Originaltext II, 395). Als rein formaler und funktionaler ordo wird der Apriorismus durch eine ursprüngliche Erwerbung (acquisitio originaria) erzeugt. Die transzendentale Untersuchung verfolge »die reinen Begriffe bis zu ihren ersten Keimen und Anlagen im menschlichen Verstande [...], in denen sie vorbereitet liegen, bis sie endlich bei Gelegenheit der Erfahrung entwickelt und durch eben denselben Verstand, von den ihnen anhängenden empirischen Bedingungen befreit, in ihrer Lauterkeit dargestellt werden« (B 91). Auch die *Prolegomena* (1783) sprechen von den Funktionen a priori als von den »im Verstande ursprünglich erzeugten Begriffen« (IV, 300). Ausführlich behandelt Kant die nach dem naturrechtlichen Terminus ursprünglicher Eigentumserwerbung bezeichnete ursprüngliche Erwerbung der Raum- und Zeitvorstellung und der logischen Funktion in Ansehung von Objekten überhaupt in der Streitschrift gegen Eberhard (VIII, 222; vgl. B 130).

Der Gedanke ursprünglicher Erwerbung der Funktionen a priori richtet sich gegen die Erwerbung durch Abstraktionsprozesse oder kulturelle Gewohnheit (acquisitio derivata, Hume, Berkeley), gegen die Fixierung der apriorischen Funktionen zu eingeborenen Ideen (Descartes) und ebenso gegen die Verbindung des nichtempirischen, intelligiblen Elements der Urteile und Handlungsmaximen mit der Ontologie des Schöpfungsgedankens; ebenso wehrt sie natürlich die genetische materialistische Auffassung ab. Der Gedanke geht aus Wolffs Auffassung der intelligiblen Formen a priori als möglicher Ordnungen hervor und wurde von den Diskussionen um die Influxustheorie (zum Wechselverhältnis zwischen den »Kräften« der Seele und des Leibes) befördert. Der Gedanke der ursprünglichen Erwerbung stellt ein wichtiges Glied in der Theorie des Selbstbewusstseins dar, die Kant für die Konstitution von Sachverhalten in der Form einer transzendentalen Apperzeption ausführt. Das *Opus postumum* sagt: »Der erste Act des Denkens enthält ein Princip der Idealität des Objects in mir und außer mir als Erscheinung d. i. des mich selbst afficirenden Subjects in einem System der Ideen welche blos das Formale des Fortschreitens zur Erfahrung überhaupt enthalten« (XXI, 99). Das Prinzip ursprünglicher Erwerbung sagt, dass diese »Selbstaffektion« nicht als Introspektion innerer Wahrnehmung missverstanden werden dürfe. Die synthetische Funktion a priori aktualisiert sich (und ist uns nur zugänglich) im Zusammenhang mit dem Bezug auf die erscheinenden Objekte und natürlich ebenso mit der intersubjektiven Verständigung. Die ursprüngliche Erwerbung apriorischer Funktionen bildet die Aktualisierung eines latenten Vermögens gesellschaftlicher Erfahrung. Die Transzendentalphilosophie setzt an die Stelle des in der ontologischen Metaphysik voranstehenden Substanzbegriffs den Primat des Subjektbegriffs. Es ist nicht mehr Descartes' introspektiver Subjektbegriff, sondern als transzendentale Apperzeption die Gesamtheit logischer Formbestimmungen, in denen der Subjektbegriff als synthetisierende Funktion gefasst ist. So wie die substantia zur conscientia sui umgebildet wurde, ebenso schreitet der Prozess zur Fassung des Selbstbewusstseins als manifestatio sui in der ursprünglichen Erwerbung der apriorischen Funktion fort. Damit öffnet Kant die transzendentale Apperzeption der weiteren Ausformung zur logischen Funktionsebene intersubjektiver Verständigungs- und Handlungsaktivität; ein theoretischer Prozess, der sich über Fichtes Praxisphilosophie und die Ausarbeitung der logischen Formbestimmungen im reichen natur- und kulturphilosophischen Material des 19. Jhs. bei Schelling und Hegel zur Ich-Du-Relation im anthropologischen Materialismus L. Feuerbachs konzentriert und da vorerst einschränkt. Kants Subjektbegriff ist logische Funktionalität, und diese entsteht im Prozess der Subjekt-Objekt-Relation und der intersubjektiven Aktivität. Er ist Handlung, nicht prästabilierte Substantialität. Die ursprüngliche Erwerbung sagt aristotelisch, das in Möglichkeit Seiende (dynamei on) realisiert sich gemäß den gegebenen realisierenden Bedingungen (kata to dynaton). Diese tiefste Stelle der Kantschen Verankerung der Einheit des Seins im Aristotelismus ist zugleich die Öffnung der transzendental-ideellen Einheit zum Handlungsraum der selbstbewussten Tätigkeit aller Subjekte.

Literatur

Hinske, N.: Reimarus zwischen Wolff und Kant. Zur Quellen- und Wirkungsgeschichte der *Vernunftlehre* von H. S. Reimarus, in: Walter, W./Borinski, L. (Hg.), Logik im Zeitalter der Aufklärung, Göttingen 1980, S. 9–32. – Oberhausen, M.: Das neue Apriori. Kants Lehre von der »ursprünglichen Erwerbung« apriorischer Vorstellungen, Stuttgart-Bad Cannstatt 1997.

Synthesis, analytische und synthetische Urteile

Die Synthesis-Thematik ist zunächst aus der eingeschränkten Lehrform der Unterscheidung von analytischen und synthetischen Urteilen, in der Kant sie vorwiegend ausführt, herauszunehmen. Sie gehört zum Thema der kulturellen Realität von *symbolischen Bedeutungen* diskursiver Sätze und ästhetischer Gestaltbildungen. Noch das späte Manuskript des *Opus postumum* setzt wie alle Kantschen Hauptwerke die Leistung der Transzendentalphilosophie darein, dass sie »die absolute Einheit der Erfahrung (nach) ihrer subjectiven Möglichkeit a priori in einem System« konstituiere (XXI, 56). Kants Ansatz, die Identität des Selbstbewusstseins als ein Geflecht von Formgesetzen synthetischer Funktionen zu fassen, bildete den entscheidenden Schritt über den cartesianischen Satz des Bewusstseins hinaus. Kant fasst die Identität des Selbstbewusstseins als Synthesis von einander Widersprechendem. Das Zusammentreten von Begriffen und »Anschauung« in der logischen »Funktion« ergibt ein Resultat, das mit den abstrakten Ausgangselementen nicht identisch ist. Das Selbstbewusstsein stellt also eine synthetisierende Bewegung dar. Im Bezug auf das ideelle Feld zwischen allen Selbstbewusstseinen ist das Resultat der synthetisierenden Funktion, das in Aussagen, Behauptungen und Aufforderungen bzw. Gebotssätzen erscheint, die Bedeutung eines kulturellen Symbols. In ihm verschmelzen – und fordern sich wechselseitig heraus – die Intersubjektivität von Subjekten und die Beziehung der Subjekte auf Objekte. Die Synthesis schafft also ein Ganzes, dessen Elemente nicht unmittelbar in ihm enthalten sind. Sie ist Erzeugung einer eigenen geistigen Realität verstehbarer Bedeutungen. In ihr manifestieren sich sowohl die soziale Existenz der Menschen als auch das geschichtliche Prozesshafte dieser Existenz, da die Synthesis ein unendliches Material zusammenschließt. Nicht zu verwundern, dass sich die empirisch konstatierbaren Ereignisse der synthetischen Leistung des Denkens als deren immateriellem Wesen entfremdete Erscheinungen darstellten. Die platonische Illusion spricht in spekulativer Verkehrung die Tatsache aus, dass wir uns die gegenständliche Realität nur über die Verwandlung durch die synthetische Funktion des Bewusstseins anzueignen vermögen. Kants Bestimmung des Bewusstseins als nur formale Synthesis-Funktion des material Unterschiedenen und Gegensätzlichen zu einer ideellen Realität kultureller Geltung löst die spekulative Verkehrung bereits weitgehend auf. Er unterschied analytische und synthetische Urteile als solche, deren Prädikat nur das im Subjekt des Satzes enthaltene expliziere oder deren Prädikat den Inhalt des Subjektterminus erweitere. Jeder analytische Satz setzt also die synthetische Funktion des Bewusstseins voraus, wie die Synthesisfunktion die analytische Identität der transzendentalen Apperzeption voraussetzt. Transzendentale Logik fasst Bewusstsein als Einheit dieser gegensätzlichen Funktionen. Kant nennt sie mit einem aus der Mathematik der Zeit entlehnten Wort die Verknüpfungsgesetzlichkeit, Handlung des Bewusstseins, die ein Mannigfaltiges zur Einheit verknüpfe. Die *Prolegomena* erläutern die Synthesis-Funktion als die Voraussetzung von metaphysischer Erkenntnis überhaupt. Die formallogische analytische Vorgehensweise der bisherigen Metaphysik habe nur die Begriffe wie Ursache, Wirkung, Substanz, Akzidenz, Seele, Welt usf. definiert, aber nicht den synthetisch-produktiven Charakter des Denkens untersucht (IV, 368). Die Beziehung eines Gegenstandes als einer Ursache auf einen anderen als der Wirkung oder die Feststellung einer Veränderung (Akzidenz) in Bezug auf etwas Beharrendes (Substanz) setze die Funktion der Synthesis des Verschiedenen voraus.

Kant unterscheidet die transzendentale Synthesis vom synthetischen Urteil. Bereits jeder Begriff in einem Urteil stellt eine Synthese dar. Sein Beispiel: Um den Begriff der Geraden denken zu können, »muß ich sie *ziehen* und also eine bestimmte Verbindung des gegebenen Mannigfaltigen synthetisch zu Stande bringen«. »Die synthetische Einheit des Bewußtseins ist also eine objective Bedingung aller Erkenntniß, […] unter der jede Anschauung stehen muß, *um für mich Object zu werden*« (B 138). Dafür ist »ein Drittes nöthig, worin allein die Synthesis zweier Begriffe entstehen kann« (B 194). Es ist der innere Sinn, dessen Form a priori die Zeitanschauung darstellt. So wie die empirischen Vorstellungen durch die Einbildungskraft verbunden werden, so erfolgt die logische Synthesis durch die Einheit der Zeitanschauung im Selbstbewusstsein. Die Möglichkeit der »empirischen Synthesis« (B 196) ruht in der apriorischen Einheit der Erfahrung. Diese ergibt sich, weil die Regeln des Denkens sich in der Einheit der Zeit auf Erscheinungen innerhalb eines einheitlichen Erfahrungsraumes beziehen. Ohne logische Synthesis und vorbestehende Einheitsformen Zeit und Raum wären die Wahrnehmungen wie »bloßes Hirngespinst«, das nicht zu Erkenntnissen verbunden werden könnte (B 196). Kant formuliert in diesen Zusammenhängen den obersten Grundsatz aller synthetischen Urteile: Die Regeln des Denkens vermögen Anschauungsdaten zu synthetisieren, weil diese in der Einheit der Zeit- und Raumanschauung stehen. »Die Bedingungen der *Möglichkeit der Erfahrung* überhaupt sind zugleich die Bedingungen der *Möglichkeit der Gegenstände der Erfahrung*« (B 197). Die Verbindung der verschiedenen Synthesis-Ebenen der Zeit- und Raum-Einheit sowie der logischen Regeln, die sich aus der Struktur der Urteils- und Kategoriengruppen und der Grundsätze des Verstandes ergeben, schafft ein Bewegungsfeld rein ideeller Synthesen, das Kant im Begriff vom synthetischen Urteil a priori zusammenfasst. G. Picht behandelte das Thema gut: »Der durch die Differenz zwischen der Einheit des Denkens und der Einheit der Zeit eröffnete Zwischenraum ist der von der Einheit der transzendentalen Synthesis getragene Horizont aller Wahrheit menschlicher Erkenntnis« (*Kants Religionsphilosophie*, Stuttgart ²1990, S. 415). Damit wird das Programm autonomer Rationalität erst wirklich begründbar. Mit der Synthesis-Theorie schafft die Transzendentalphilosophie eine neue Basis der aufklärerischen Leitidee einer allgemeinen Menschenvernunft.

Die Einheit der Erfahrung wird durch eine dreigliedrige Stufung von Verbindungen des Unterschiedenen erzeugt. Die erste ist die Gestaltbildung, die die Wahrnehmung an den Reizen der Rezeptoren vornimmt. Die zweite Verknüpfungsstufe stellen die empirischen Zeichen- und Begriffsbildungsprozesse dar. Kants Problem ist die transzendentale Synthesis als dritter Stufe. »Alle Urtheile sind demnach Functionen der Einheit unter unsern Vorstellungen« (B 94). Für das Verständnis der *Kritik* ist die Begründung wesentlich, die Kant hier anfügt. Die empirischen Synthesen vollziehen sich in den vorgeordneten Synthesen des Zeit- und Raumbewusstseins. Diese wiederum sind ganz als Projektionsflächen der logischen Synthesen auf die Regeln des Denkens bezogen. Außerhalb dieses Bezugs besitzt die Theorie der reinen Anschauungsformen keinen Sinn. Sie kippte sonst zum empirischen Idealismus Berkeleys um. Der zentrale Vorgang besteht für Kants Theorie in der wechselseitigen Projektion der Einheiten in den Anschauungsformen, in den Abstraktionsbegriffen und in den logischen Synthesen der Urteilsstruktur, der Kategorien und Grundsätze. Die in der *Kritik* nacheinander eintretenden einzelnen Lehrstücke bilden Teile eines durchgehenden Zusammenwirkens von Synthesen. Die Theorie der formalen Synthesis sollte auch dem im Empirismus latenten Kultur-Relativismus und Skeptizismus begegnen. Kant spricht das alles in der abstrakten Form der das Selbstbewusstsein repräsentierenden Kategorien und Grundsätze des reinen Verstandes aus. Das mindert nicht die Bedeutung dieses Synthesis-Prinzips als des zentralen Punkts eines intersubjektiven und handlungstheoretischen Subjektbegriff.

Der apriorische Charakter der Synthesis-Leistungen ist gegenüber der empiristischen Abstraktionstheorie leicht bei den Kategorien und bei den Zahlbegriffen zu erkennen. Es handelt sich hier nicht um Gattungsbegriffe im formallogischen Sinne. Sie entstehen nicht als Verallgemeinerung von Merkmalen anschaulich gegebener Gegenstände. Der Zahlbegriff, der Begriff des Punktes, der Linie, Begriffe wie Einheit, Kausalität, Gesetzmäßigkeit, Möglichkeit usf. entstehen nicht durch Abstraktion, sondern durch Konstruktion von Elementen und Verhältnissen. Sie sind nicht als Teilbestände physisch gegebener Gegenstände zu denken. Sie bilden als konstruktive Relationsbegriffe erst die Voraussetzung für die sprachlichen und logischen Abstraktionen, verschiedene Prädikationen von Gegenständen abzulösen und zu kombinieren. Kant sieht, dass den Abstraktionsleistungen generelle Beziehungen zugrunde liegen, nach denen die konstruktiven Elemente miteinander verbunden werden.

Es besteht eine von der Schulmetaphysik vermittelte Beziehung des Kantschen Apriorismus zur aristotelischen Trennung von erfahrungsbedingtem und unmittelbarem Wissen. Die Begründung des unmittelbaren Wissens ist eine der brillanten Passagen, die Aristoteles meist beiläufig wie selbstverständliche Prämissen vorträgt: Zwischen den allgemeinen und den speziellen Aussagen kann die Reihe der Vermittlungen nicht unendlich sein, da sonst gar keine unbedingt gewisse Aussage möglich wäre. Also kann es nicht von allem ein vermitteltes Wissen und Beweis geben. Es müssen unmittelbar gewisse Sätze sein, die als Axiome einer Herleitung nicht bedürfen. Aristoteles denkt solche Sätze, die die Vernunft aus sich selbst besitze und sie, wie er unübertroffen sagt, nie auf falsche Art haben könne, für alle Wissensgebiete gemeinsam und ebenso unterschieden für die einzelnen Wissenschaften (*Analytica posteriora* I, 7; *Metaphysik* B, 2, 997 a, 12–25). Er behandelte den Synthesis-Charakter des unmittelbaren Wissens nicht nur in der für ihn zentralen Fragestellung, dass Denken auf Sinneswahrnehmung der Einzelgegenstände bezogen sei und diese bündele. Wichtiger ist die These gegen Platon, es sei ausgeschlossen, dass wir ein unmittelbares Wissen besäßen, dessen wir uns nicht bewusst seien (*Metaphysik* A, 9, 992 b, 25). Die Seele

enthalte freilich die ersten Prinzipien des Wissens in sich selbst, doch wenn schon die Sinneswahrnehmung eine Tätigkeit sei, so werde das vom Denken, das nicht auf äußere Gegenstände, sondern auf sich selbst und also von seinem Gegenstand nicht unterschieden sei, umso mehr gelten (*De anima* II, 5, 417 b). Der Gedanke unbedingter Vollständigkeit und Klarheit des Denkens von den apriorischen Formgesetzen kehrt bei Kant wieder.

Kant erläutert den Synthesis-Gedanken eingehend mit Beginn der transzendentalen Deduktion (§ 15; B 129 ff.). Zum Verständnis der Unterscheidung von analytischen und synthetischen Urteilen ist die Darstellung im § 2 der *Prolegomena* (IV, 266 ff.) am besten geeignet. Hier wird die Lehre von den synthetischen Urteilen a priori gegenüber der ersten Auflage der *Kritik* deutlich verstärkt. Zur Unterscheidung synthetischer und analytischer Urteile: Kant unterscheidet 1. Erfahrungsurteile, 2. Urteile, die nur logische Beziehungen zwischen Begriffen aussagen und 3. Urteile über solche Eigenschaften der Gegenstände, die mit den formalen Bedingungen aller Erkenntnisse gesetzt sind. Mit dieser Einteilung verbindet er die Qualifikationen a priori – a posteriori. Mit dem Terminus Erfahrungsurteil ist »a posteriori« mitgesetzt, konsequent sind sie als synthetisch-erweiternd zu qualifizieren. Die Urteile der zweiten Art basieren auf den Erfahrungssätzen, sind aber im unmittelbaren Sinn natürlich apriorisch. Es sind die analytischen Urteile, also solche, über deren Wahrheit bereits mit den logischen Regeln und den Bedeutungsregeln der verwendeten Sprache entschieden werden kann (»Alle Körper sind ausgedehnt«). Sie sind selbstverständlich ebenfalls Resultat vorausgegangener Synthesen, »denn wo der Verstand vorher nichts verbunden hat, da kann er auch nichts auflösen« (B 130). Thema der transzendentalen Untersuchung ist die dritte Urteilsart. Die seit dem logischen Empirismus des frühen 20. Jhs. stehenden Einwände, dass es sich hier gleichsam um eine leere Klasse von Urteilen handele (zuletzt wieder bei W. V. O. Quine), beruhen auf Missinterpretation. Beide »Erkenntnisstämme« Sinnlichkeit und Verstand stellen selbstverständlich Erkenntnisbedingungen a priori dar. Die Frage ist, ob die mathematischen Operationen und die Sätze der von Kant sog. »reinen Naturwissenschaft« wie das Trägheitsgesetz, das Gesetz der Erhaltung der Substanz, das Kausalgesetz u. a. Erweiterungen von Begriffen durch ein in rein intellektuellem Vorgang hinzugefügtes Prädikat darstellen. Der synthetische Gehalt dieser Sätze gegenüber den jeweiligen Beobachtungsdaten steht außer Frage. Doch diese Leistung setzt eine interne intellektuelle Bewegung voraus, die Kant unter dem Begriff der synthetischen Urteile a priori fasst. Die Synthesis empirischer Daten wäre sonst unmöglich. Aus einer statischen Struktur könnte sie nicht hervorgehen. Genügen für die analytischen Sätze Identitätsprinzip und der Satz vom ausgeschlossenen Widerspruch, so wird hier etwas hinzugefügt, das einem anderen Prinzip als dem von Identität und ausgeschlossenem Widerspruch unterliegt. Kant befindet sich damit im Gegensatz zu Leibniz und auch zu neueren Mathematikern, die bestreiten, dass mathematische Sätze (mit Ausnahme weniger Grundsätze, etwa a = a, a + b > a) ursprüngliche Synthesen a priori darstellten. So elementare Sätze wie 7 + 5 = 12, die Gerade ist die kürzeste Verbindung zweier Punkte, seien synthetische Operationen a priori, da wir sie niemals auf falsche Art haben könnten, wie es Aristoteles ausdrückte, und die Subjekte auch nicht das Prädikat bereits in sich enthielten. Auch Metaphysik bestehe in ihrem Ziel nur aus synthetischen Behauptungen a priori. Seine Auffassung der mathematischen Sätze als nicht analytischer, sondern synthetischer Sätze hat Kant in einem Brief an J. Schultz, den Interpreten und Verteidiger der *Kritik*, erläutert. Er argumentiert, das gleiche arithmetische Resultat könne durch verschiedene Operationen erreicht werden, die nicht aufeinander rückführbar seien. Wären die mathematischen Prozeduren analytisch, so müssten sie doch in der Lösung bereits mitenthalten sein. Sie sind aber »eine rein intellectuelle Synthesis, die wir uns in Gedanken vorstellen« (25.11.1788; J. Schultz, 1739–1805, Prof. d. Mathematik und Hofprediger in Königsberg, veröffentlichte u. a. *Versuch einer genauen Theorie des Unendlichen*, Königsberg 1788; *Anfangsgründe der reinen Mathesis*, Königsberg 1790).

Literatur

Cohen, H.: Kants Theorie der Erfahrung, Berlin 1871, ⁴1924. – Cassirer, E.: Substanzbegriff und Funktionsbegriff, Berlin 1910, ND 2000 [1. Teil, Dingbegriff und Relationsbegriffe]. – Kraft, V.: Kants Erkenntnistheorie der Mathematik kritisch betrachtet, in: Philosophische Wirklichkeitsnähe, Festschrift f. R. Reininger, Wien 1949, S. 134–145. – Stegmüller, W.: Der Begriff der synthetischen Urteile a priori und die moderne Logik, in: ZphF 8 (1954), S. 535–563. – Martin, G.: Kant und die moderne Mathematik, in: Ges. Abhandlungen, Bd. 1, Köln 1961, S. 97–104. – Ders.: Arithmetik und Kombinatorik bei Kant, Berlin u. New York ²1972. – Kripke, S.: Naming and Necessity, in: Davidson, D./Harmann, G. (Hg.): Semantics of Natural Languages, Dordrecht 1972, S. 253–355. – Pat-

zig, G.: Wie sind synthetische Urteile a priori möglich?, in: Speck, J. (Hg.), Grundprobleme der großen Philosophen, Philosophie der Neuzeit II, Göttingen 1982, S. 9–70. – Koriako, D.: Kants Philosophie der Mathematik. Grundlagen – Voraussetzungen – Probleme, Hamburg 1999.

Worin besteht das logische Prinzip der Synthesis a priori, wenn es nicht Identitäts- und Widerspruchssatz sein können? Die Merkwürdigkeit der Kantschen Theorie synthetischer Urteile a priori – und, wenn man will, deren Unfertigkeit – besteht darin, dass sie diese Frage nicht beantwortet. Sie enthält selbstverständlich eine immanente Antwort, die Kant aber nicht ausspricht, weil ihm deren Problembereich fern liegt; ein Beispiel für die von N. Hartmann wiederholt behandelte immanente Konsequenz eines Standpunktes, die über den Gesichtskreis des Theoretikers hinausweist. Kants Auffassung der Mathematik als Synthesis a priori dank der reinen Anschauungsformen, das System der »synthetischen Grundsätze des reinen Verstandes« und drittens der synthetische Gehalt des kategorischen Imperativs erklären die Synthesen spezieller Disziplinen aus einer ursprünglichen geistigen Einheit, aber nicht den synthetischen Charakter der apriorischen Synthesen selbst. Die »Analytik der Grundsätze« bringt die Kapitel über die obersten Grundsätze aller analytischen und synthetischen Urteile (B 189 ff.). Für die analytischen Sätze wird das Widerspruchsprinzip als logisches Kriterium genannt. Zu den synthetischen Urteilen wird betont, dass die Erklärung von deren Möglichkeit mit der allgemeinen Logik nichts zu tun habe, für die transzendentale Logik aber »das wichtigste Geschäfte« darstelle (B 193). Doch der oberste Grundsatz aller synthetischen Urteile, der schließlich formuliert wird, sagt nur, dass ein jeder Gegenstand des Denkens unter der Bedingung der synthetischen Einheit des Mannigfaltigen der Anschauung stehe (B 197). Ein logisches Prinzip analog dem Widerspruchssatz wird für die Möglichkeit der Synthesis a priori nicht angegeben. Es ist offensichtlich, dass es sich um die Aufhebung des Widerspruchssatzes handeln muss, denn zu einem Subjekt A wird ein Prädikat B als mit ihm logisch mitgesetzt hinzugefügt, das nicht im Begriff A enthalten ist. Die Synthesis a priori sagt: A ist A und zugleich Non-A. N. Hartmann war bereits auf diese Hegelsche Interpretation des Kantschen Gedankens vom synthetischen Charakter des Apriorismus zurückgegangen (*Grundzüge einer Metaphysik der Erkenntnis*, Berlin ³1941, S. 289 f.). Hegel sagte: »Synthetische

Urteile a priori sind nicht Anderes, als ein Zusammenhang des Entgegengesetzten durch sich selbst, [...] d. h. Beziehungen von unterschiedenen Bestimmungen, Verknüpfungen, die nicht durch die Erfahrung gegeben sind, wie Ursache und Wirkung usf. es sind Denkbestimmungen, die nicht in der Erfahrung sind. Das ist die große Seite dieser Philosophie. Kant zeigt dies auf, dass das Denken in sich konkret sei, synthetische Urteile a priori habe, die nicht aus der Wahrnehmung geschöpft werden« (Hegel, *Vorlesungen über die Geschichte der Philosophie*; *Werke*, Bd. 20, Frankfurt/M. 1986, S. 336). E. Tugendhat anerkannte den (semantischen) Apriorismus, fasste ihn aber als analytisch. Synthetisch a priori müssten Sätze sein, deren Wahrheit nicht empirisch sei und dennoch nicht nur auf der Bedeutung der in ihnen vorkommenden Ausdrücke beruhe, was aber unmöglich sei (Tugendhat 1990, S. 19).

Literatur

Henrich, D.: Kants Denken 1762/3. Über den Ursprung der Unterscheidung analytischer und synthetischer Urteile, in: Heimsoeth, H. u. a. (Hg.), Studien zu Kants philosophischer Entwicklung, Hildesheim 1967, S. 9–38. – Martin, G.: I. Kant. Ontologie und Wissenschaftstheorie, Berlin ⁴1969 [Teil III: Untersuchungen über die Entstehung der Lehre vom analytischen und synthetischen Urteil]. – Carnap, R.: Einführung in die Philosophie der Naturwissenschaft, München 1969 [z. Kritik der Synthesis a priori: Kap. 18, Kants synthetisches Apriori]. – Hoppe, H.: Synthesis bei Kant. Das Problem der Verbindung von Vorstellungen und ihrer Gegenstandsbeziehung in der *KrV*, Berlin u. New York 1983. – Patzig, G.: 200 Jahre Kants »Kritik der reinen Vernunft« (Ges. Schriften IV, 209 ff.).

Wenn die Aussage als Synthese zwischen Subjekt und Prädikat aufgefasst werden soll, entsteht die Frage, was der mentale Gegenstand darstellt, der dem Subjekt durch ein »Sein« in der Form des »ist« prädiziert wird. Dass ein Himmel blau ist, könnte bedeuten, dass das Prädikat durch Rekurs auf den Gegenstand »Bläue« gewonnen würde. Dann entstünde die Frage nach dem ontologischen Status von Gegenständen sprachlicher Referenz, und Tugendhat fragt völlig zu Recht: »Heißt es nicht Mythologie treiben, wenn wir von Gegenständen sagen, daß sie andere Gegenstände charakterisieren?« (Tugendhat 1990, S. 198; Bedenken Tugendhats zu Kants Synthese-Prinzip ebd., S. 21, 82). Kant teilt die gegenstandstheoretische Auffassung der Prädikate nicht, die Platon vorsah und deren Widersprüche er zugleich hervorzuziehen begann. Aber auch Kants Auffassung, dass die

Prädikate Synthesen von Wahrnehmungen darstellten, die in weiteren Synthesen mit Abstraktionsbegriffen nach Funktionen a priori verbunden würden, verbirgt große Schwierigkeiten. Das Wahrnehmen eines Ereignisses im Bezug auf propositionale Sätze setzt stets sprachliche und andere Invarianten voraus, so dass die Gegenüberstellung von »sinnlichen« Wahrnehmungen komplexer »Gegenstände« in mehrfacher Hinsicht ein Widerspruch ist. Diese können nicht wahrgenommen werden, nur einzelne optische, akustische usf. Reize. Auch der Gedanke eines Zugriffs logischer Strukturen auf originale »nackte« Wahrnehmungen ist nicht durchzuführen. Es gibt kein Wahrnehmungsfaktum, das nicht von vornherein in einem Zusammenhang verschiedener Projektionsflächen des Bewusstseins steht. Also ist das sehr komplizierte Verhältnis der Wahrnehmungen, das Kant im Zuge seiner Begründungstheorie von logischen Geltungen nicht umfassend analysiert, zur Prädikation zu klären. Die Gefahr besteht, Kants Auffassung im Sinne eines simplen Modells der Beziehung Reiz – Reaktion – Begriffe als Prädikate – Urteile zu nehmen. Wie soll der propositionale Gehalt eines solchen sog. Wahrnehmungsurteils zustande kommen? Zweifellos spielt die sprachliche Verwendung für die Geltungsmöglichkeit von »Wahrnehmungsurteilen« eine wesentliche Rolle, wie dies etwa D. Davidson entwickelt hat. Doch die logische Struktur muss vorausliegen und kann sich genetisch nur durch rein intellektuelle Syntheseleistungen des Bewusstseins gebildet haben.

Literatur

Tugendhat, E./Wolf, U.: Logisch-semantische Propädeutik, Stuttgart 1983. – Ders.: Vorlesungen zur Einführung in die sprachanalytische Philosophie, Frankfurt/M. ⁵1990 [bes. 3., 8., 12. Vorlesung]. – Davidson, D.: Seeing through Language, in: Preston, H. (Hg.), Thought and Language, Cambridge 1997, S. 15–27.

Gegenüber der ontologischen Begründungsstruktur der Philosophie in der Schulmetaphysik bedeutete die Verlagerung auf die Synthesis-Funktion des Bewusstseins den Schritt zur neuen Fassung der Rationalität im Bezug als geöffneter, dynamischer Beziehung der Philosophie zu den konkreten Kulturfeldern der Wissenschaften, des Rechts, der Religion usf. Die Ontologie definierte als Realität das logisch widerspruchsfrei mögliche Sein, dem dann das existierende Seiende logisch zufällig ist. Die logische Struktur der Philosophie wird dadurch deduktiv, um aus Definitionen von Grundbegriffen analytisch

Lehrsätze zu gewinnen. Gegen die Falsifikation der logischen Subordinationsbeziehungen zu ontischen Wertabstufungen richtet sich Kants Verbindung der logischen Form mit dem phänomenalistischen Wirklichkeitsbegriff. Mit dem Erscheinungsbegriff als ontischem Korrelat der empirischen und logischen Repräsentation ist aller Wertbezug aus dem Objekt in den kulturellen Prozess der Interpretation verlegt. Kants Lehre vom analytischen und synthetischen Urteil entstand also aus der Kritik der deduktiven Methode der Schulmetaphysik und dem Bestreben, eine Verbindung von Metaphysik und empirischem Phänomenalismus der Fachwissenschaften (vor allem der mathematischen Naturwissenschaft und der Rechtswissenschaft) zu erreichen.

Die Tradition der Synthesis-Thematik weist auf die Unterscheidung von ὑπόθεσις (*hypóthesis*, Grundsatz) und ἀνυπόθετος (*anhypóthetos*, das Unbedingte) zurück. Die antike Theorie sah, dass Denken nur aussagbare Sachverhalte bilden konnte, wenn das konkrete Viele in Einheiten und diese in der Einheit als solcher wurzelten. Kants Synthesis-Prinzip ist das zum logischen Formgesetz (nicht zur semantischen Relation) geklärte Unbedingte der Seins-Einheit der antiken Philosophie. Aristoteles lehrte in der Schrift Περί ψυχῆς (*Perí psychês*) ebenfalls, dass die Leistung der Vernunft im Zusammenfassen des nicht Zusammengesetzten bestehe. Aristoteles dachte das als die Leistung des aktiven Intellekts gegenüber dem passiven oder leidenden und meinte damit eine ursprüngliche vereinheitlichende Aufnahmefähigkeit des Denkens, die den speziellen Klassifizierungsprozessen vorausliege (B. III, Kap. 5). Doch die synthetische Struktur wird als Seinsverhältnis verstanden. Der νοῦς (*nous*) ist das, wie Aristoteles sagt, »was Jegliches als Eines ans Licht bringt« (430 b, 5 f.). Die antike Metaphysik fasste in der ontologischen Verhüllung richtig die elementare Verbindung von Wahrheit und Einheit. Der aristotelische Satz des ausgeschlossenen Widerspruchs qualifizierte die Verbindung von Wahrheit und Einheit logisch. Das logische Prinzip war in Platons *Staat* (4. B., St. 436 b) vorgebildet worden. »Ens et unum convertuntur« lautete später der scholastische Grundsatz. Leibniz hatte ihn im Gedanken von letzten Seinseinheiten, den Monaden, noch festgehalten. Diese Einheit kann nicht Teil der Wahrnehmung sein. Sie ist in der griechischen Metaphysik als logische Rekonstruktion ontischer Struktur die Erschließung einer unsichtbaren und höheren »Gegenständlichkeit« im Sein. Daraus bildete sich der philosophisch-theologische Gedanke der Transzendenz. Wissen um die

Seinstranszendenz geht über das empirische Bezeichnen hinaus. Als Wissen des Unbedingten über dem Bedingten trägt es die empirisch relativen Kenntnisse. Die Grundtatsache der Erschließbarkeit der unsichtbaren Einheit macht erst so etwas wie Täuschung und Irrtum möglich. Kants Synthesis-Prinzip bricht mit dieser ganzen, ans vorgeordnete Sein gebundenen Tradition. Die Einheit wurzelt in der logischen Funktion des Selbstbewusstseins, das jetzt das ἀνυπόθετος das letzte Unbedingte aller Bewusstseinsakte, ist. Die Verbindung von Einheit und Wahrheit ist durchaus bewahrt; ebenso eine »transzendente« Zeitlosigkeit der logischen Formen. Die Beziehung von Einheit und Wahrheit war bereits in der Antike logisch zum Satz der Identität bzw. des ausgeschlossenen Widerspruchs formalisiert worden. Kants Synthesis-Auffassung des Apriorismus verändert die Geltungsweise. Identität und Widerspruch beziehen sich nicht mehr auf das Sein des Seienden, sondern auf das logische Verhältnis von Subjekt und Prädikat. Soll die rein logische Funktion bereits synthetisch sein, so setzt die Synthesis a priori die innerlogische Einheit des Nichtidentischen.

Th. W. Adorno (1903–1969) hat in einer aus dem Nachlass veröffentlichten Kant-Vorlesung die methodische Entgegensetzung von spontaner logischer Synthesis und rezeptiver »Sinnlichkeit« als Ausdruck charakteristischen Zwiespalts im Subjektverständnis des bürgerlichen Zeitalters interpretiert. Der ursprünglich ästhetisch-romantische Gedanke gehört inzwischen zum Grundbestand aller kritischen Theorien der modern-bürgerlichen Gesellschaft. Der analytisch zerlegende Charakter des seit dem 17. Jh. vordringenden technischen, psychologischen, erkenntnistheoretischen Denkens bedeutete gegenüber dem von ursprünglichen Ganzheiten ausgehenden Denken der antiken und der feudalen Gesellschaft zweifellos eine Errungenschaft. Der wesentliche Punkt, weshalb Kant Spontaneität und Rezeptivität einander gegenüberstellt, wird von Adorno nicht aufgenommen: Die Synthesen sollen als konstruktive und schöpferische intellektuelle Leistungen gezeigt werden. Die weiter greifende kulturgeschichtliche Interpretation würde zur frühen Mechanik und deren Quellen z. B. in den technischen Aufgaben der Ingenieure und Baumeister seit dem späten 16. Jh. führen. Dem könnte die neue Geschichtsschreibung des 18. Jhs. (Montesquieu, Voltaire) an die Seite gestellt werden, die beim Zurücktreten empirisch-historiographischer Detailarbeit die genealogische und ereignisorientierte Historiographie mit dem großen Synthese-Prinzip überschritt, dass, wie J. Huizinga es einmal formulierte, es »Geschichte nur gibt, soweit ein Mensch oder eine Gesellschaft bestimmte Geschehnisse in Betracht zieht« (Huizinga, S. 121).

Literatur

Huizinga, J.: Wie wird Gegenwart Vergangenheit?, in: Ders., Geschichte und Kultur, Stuttgart 1954, S. 119–125. – Adorno, T. W.: Kants KrV, in: Ders., Nachgelassene Schriften IV, 4, Frankfurt/M. 1995 [Rez. v. A. Hutter in KS 90 (1999), S. 490–494].

Subjekt überhaupt, transzendentale Apperzeption

Apperzeption unterschied Leibniz von Perzeption (perceptio, lat. Empfangen, Wahrnehmen, das geistige Erfassen, Begreifen), wobei das Perzipieren der Akt des Vorstellens der Monade ist, der die Vielheit von Merkmalen des wahrgenommenen Objekts in die Einheit fasst, und der Vorgang unbewusst bleibt. Der Gedanke der vom Subjekt nicht reflektierten petits perceptions (*Monadologie*, §§ 14, 17) löste die cartesianische Gleichsetzung von perceptio und cogitatio sowie die assoziationspsychologische Reduktion unbewusster Vorgänge in Descartes' Schrift *Les passions de l'âme* (1649) auf und bereitete den für die Ästhetik wichtigen Begriff der unbewussten Produktivität oder Spontaneität des Bewusstseins vor. Im Unterschied zur gradweisen Deutlichkeit der »Perzeption oder dem inneren Zustand der Monade, sofern er die äußeren Dinge darstellt«, ist die *Apperzeption* »das Selbstbewusstsein oder die reflexive Erkenntnis dieses inneren Zustandes« (Leibniz, *Die Vernunftprinzipien der Natur und der Gnade*, 1714, in: *Hauptschriften zur Grundlegung der Philosophie* II, Hamburg 1996, S. 425). Bereits bei Leibniz garantiert die Apperzeption die Identität der Person. Wolff übernimmt in seiner *Psychologia empirica* (1732) mit dem Begriff auch dessen empiristisches Verständnis als einer psychisch intensiven Selbstbeobachtung. Locke verstand Apperzeption als die empirische Selbstwahrnehmung durch den internal sense.

Kant unterschied *Apperzeption* von der empirischen Selbstreflexion als der *Apprehension* (lat. apprehensio, Anfassen, Begreifen). Er behandelte das zur aufklärerischen Persönlichkeitsidee des Selbstdenkens und der Selbsterziehung gehörende Erfordernis der Selbstbeobachtung – bei Kant immer mit einem Zug zur schonungslosen Selbsterforschung – in seiner *Anthropologie* (§ 7; VII, 141 f.). In der empirischen inneren Anschauung könnte ich mich nur gemäß Empfindungen in der Zeit erfassen, also nur so, wie ich mir erscheine. Das führe bis zum Gedanken, es scheine mir nur, dass ich existiere. Dann werde die subjektive Selbstwahrnehmung (oder Selbst-Erscheinung) fälschlich für objektiv genommen. Ohne die Synthesis durch die logische Struktur, also bei bloßer Apprehension, »würde ich ein so vielfärbiges, verschiedenes Selbst haben, als ich Vorstellungen habe, deren ich mir bewußt bin« (B 134). Die *Apperzeption* ist nicht empirische Selbstwahrnehmung, sondern erstens die Voraussetzung reiner Raum- und Zeitanschauung, die alle empirischen Wahrnehmungen äußerer Gegenstände wie innerer Bewusstseinszustände erst ermöglicht. Sie ist zweitens die logische Struktur eines Selbstbewusstseins, das wir für alle Urteile voraussetzen müssen. Ohne das Ich der Denkakte wären diese der Selbstwiderspruch eines unbewussten Denkens oder des denkenden Automaten. Ohne transzendentale Apperzeption oder Einheit des Selbstbewusstseins würde Synthesis zum Unsinn einer Vereinheitlichung ohne Zentrum. Die Apperzeption des »Ich denke« und der funktionale Apriorismus bedingen einander. Kant spricht darum in der transzendentalen Deduktion der *Kritik* von der Apperzeption als ursprünglich-synthetischer Einheit. Sie bildet das Grundprinzip der transzendentalen Logik, »der höchste Punkt, an den man allen Verstandesgebrauch, selbst die ganze Logik und nach ihr die Transcendental-Philosophie heften muß« (B 133).

Der Apriorismus enthält im Problem der ursprünglichen Erwerbung eine Subjekt-Objekt-Relation und in praktischer Hinsicht eine elementare kommunikative Subjekt-Subjekt-Kommunikation. Ebenso stellt der Begriff des Selbstbewusstseins in der Form der transzendentalen Apperzeption von der Gegenseite her den Konzentrationspunkt aller Objektivations- und aller intersubjektiven Relationen des Subjekts dar. Synthesis-Funktion des Bewusstseins und Apperzeption des Selbstbewusstseinsbegriffs besitzen nur als Relation dieses Gegensatzes Sinn. Die transzendentale Einheit des Selbstbewusstseins bildet die Voraussetzung der Existenz von Objekten. Objekt ist das, in dessen Begriff das vielfältig Auseinanderfahrende gegebener Anschauung vereinigt wird (B 136 f.; *KrV* § 17). Die transzendentale Apperzeption ist Selbstbewusstsein nur dadurch, dass sie das Mannigfaltige gegebener Vorstellungen im Bewusstsein verbindet (B 131 ff.; *KrV* § 16). Alles andere geht über in die empirische Psychologie von Antrieb, Gefühl und Willen. Die transzendentale Apperzeption zeigt den Kantschen

Subjektbegriff, die »reine Vernunft«, als die auf Objektivierungsformen (theoretisch, praktisch, ästhetisch) angelegte Funktion. Damit ist dem aufklärerischen Handlungsbegriff eine systematisch-logische Grundlegung geschaffen. Die Vindizierung der gegenständlichen Welt an den Menschen und die Realisierung des Menschen *in der Welt* macht die Synthesis zu einem intersubjektiven Akt gesellschaftlicher Verwirklichung.

Kant führt die relationale Auffassung der intellektuellen mathematischen und logischen Funktionen in den Subjektbegriff ein. Allen Bewusstseinsakten liegt die Urteilsfunktion zugrunde. Das Subjekt der inneren Wahrnehmung, das »Ich denke« Descartes' und des Empirismus, kann dann nicht mehr als Prädikat eines anderen Subjekts gedacht werden. »Das: *Ich denke*, muß alle meine Vorstellungen begleiten *können* [...] Diese Vorstellung aber ist ein Actus der *Spontaneität*, d. i. sie kann nicht als zur Sinnlichkeit gehörig angesehen werden. Ich nenne sie die *reine Apperception*, um sie von der *empirischen* zu unterscheiden, oder auch die *ursprüngliche Apperception* [...] Ich nenne auch die Einheit derselben die *transcendentale* Einheit des Selbstbewußtseins« (B 131 ff.). Nicht alle Denkakte sind vom Bewusstsein des »Ich denke« begleitet. Sie müssen mitgehen *können*, bedeutet: Alle Akte müssen so gedacht werden. Kant lässt allen Anflug materialer Gehalte zurück für den Schlusspunkt seiner Projektionsflächen reiner Formgesetze des Wahrnehmens und Denkens. Er geht nicht wie Descartes von der intuitiven Evidenz des Subjekts aus und auch nicht von der inneren Wahrnehmung (reflexion) Lockes, die nur ein Bündel von Assoziationen feststellen kann. Kant setzt bei den letzten universalen Geltungsprinzipien von Behauptungen und Verhaltensmaximen ein. So gelangt er hinter den aktualen Gebrauch von Sprache in Urteilen und Begriffen zu einer ursprünglichen Struktur, die die Voraussetzung aller empirischen, theoretischen und praktischen Akte ist. Der Begriff der transzendentalen Apperzeption löst den metaphysischen Begriff einer beharrlichen immaterialen Seele auf. Kant führt das in einer speziellen Kritik des Mendelssohnschen *Phaedon* (1767) aus (B 413 ff.). Die neue Fassung des Selbstbewusstseins als transzendentaler Apperzeption scheidet den Subjektbegriff vom psychologischen und ebenso vom ästhetischen wie religiösen affektiven Subjektbegriff. Kant war vom Missverständnis der transzendentalen Apperzeption seines logischen Idealismus im Sinne des empirischen Idealismus überrascht, der Wunsch, es zu korrigieren, bildete einen Anlass zu Veränderungen in der zweiten Auflage der *Kritik*.

Literatur

Tugendhat, E.: Selbstbewußtsein und Selbstbestimmung. Sprachanalytische Interpretationen, Frankfurt/M. 1979. – Henrich, D.: Noch einmal in Zirkeln. Eine Kritik von E. Tugendhats semantischer Erklärung des Selbstbewußtseins, in: Bellut, C. u. a. (Hg.), Mensch und Moderne, Würzburg 1989, S. 93–132. – Strawson, P. F.: Kant's Paralogisms. Self-consciousness and the ›Outside Observe‹, in: Cramer, K. u. a. (Hg.), Theorie der Subjektivität, Frankfurt/M. 1990, S. 203–219.

Ding an sich – Erscheinung

Kants Begriff des Dinges an sich, das dem uns allein zugängigen Erscheinungsfeld zum Grunde liege, unerkannt bleibe, doch als theoretische Voraussetzung unabweisbar sei, diese ganze Teilung des Seinsbegriffes in Phänomen- und Substratbereich besitzt lange Geschichte im empiristischen Phänomenalismus. Der Anstoß der Sinnesorgane und unsere Veranlassung zu Bezeichnungen verschiedener Klassen für Aussageobjekte sind am plausibelsten durch subjektfreie Dinge außer uns zu erklären. Der antike Skeptizismus unterschied sogleich vom Bewusstseinsinhalt φαινόμενον (*phainómenon*) das Ding an sich, das unbekannt bleibe (το λέκτος υποκείμενον, *to léktos hypokeímenon*). Die Abbildlehre der Stoa nahm die Seele als leere Tafel (Rezeptivität) und griff mit dem Gedanken der vom Ding ausgelösten, Täuschung ausschließenden zusammenschießenden Vorstellung (φαντασία καταλεκτική, *phantasía katalektikē*) der wir uns nicht widersetzen könnten, auf die erkenntnistheoretischen Gewohnheiten des alltagspraktischen Bewusstsein zurück. Die Aussagen (λέκτα, *lékta*, Singular *lékton*) bilden die leibhaftigen Dinge (χρῆμα, *chrēma*; πραγμα, *prágma*) adäquat ab. Die Vorstellungen werden vom Gegenstand in die Seele eingedrückt. Das richtete sich gegen die platonische Einsicht, dass der Dingbegriff nur in der dialektischen συμπλοκή (*symplokē*, Verflechtung, Verbindung) von Substanzen und Eigenschaften und also als ideelles Konstrukt zu behandeln sei. Der metaphysische Realitätsbegriff setzte hinter die empirisch wahrnehmbaren Gegenstände die Muster oder Ideen (παραδείγματα, *paradeígmata*, ἰδέα, *idéa*), überempirische unveränderliche Gegenstände (eigentlich die Korrelate unserer Aussagen). Sie bilden das Seiende an sich (ὄντως ὄν, *óntōs on*), das die Dinge zu dem macht, was sie sind. Der Phänomena-

lismus muss die Existenz realer Dinge hinter den Erscheinungen annehmen und zugleich bei sensualistischer Konsequenz deren Erkennbarkeit ausschließen. Der Kampf für die induktive Wendung zu den
empirisch vorfindlichen Erscheinungen und gegen
die Dinge an sich im Sinne der ideellen Wesenheiten
(καθ-αυτό, *kat' autó*) war das zentrale wissenschaftstheoretische Thema des Anticartesianismus im späten 17. Jh. und während des 18. Jhs. Locke sagte gegen die Metaphysik substantialer Wesenheiten, Geist
und Materie blieben als »things themselves« unbekannt. Auch bei Hume stand vor den skeptischen
Konsequenzen die Ablehnung der nichtmateriellen
»Gegenstände«, wie sie die Metaphysik in einer Hierarchie von Seinsstufen gesetzt hatte. »Das eigentliche
Wesen des Geistes ist uns ebenso unbekannt wie das
der Körper außer uns.« Nur auf dem Wege der Beobachtung gewinnen wir von den erscheinenden Eigenschaften der Dinge und des Geistes Bilder in unseren Vorstellungen (notions) (Hume, *Ein Traktat
über die menschliche Natur*, Hamburg 1973, S. 5). Das
ist die dominierende, von den Naturwissenschaften
getragene Auffassung der europäischen Aufklärung.
Sie interpretierte Newtons Kampf gegen den Cartesianismus als Ausgleich zwischen mathematischer und
empirischer Richtung der Naturwissenschaften.
Newtons Ablehnung der »Hypothesen« und dessen
Orientierung auf die Phänomene rückte bereits die
Verurteilung der metaphysischen Wesenheiten und
ersten Ursachen in der empiristischen Wissenschaftstheorie ins Zentrum der Auseinandersetzung.
Boyle, d'Alembert, Maupertuis, Voltaire propagier-
ten die Verschmelzung von Newtons und Bacons
Denken. In der ersten Hälfte des 18. Jhs. vollzog sich
die Wiederentdeckung Bacons auf dem Kontinent.
Kants Schriften wiederholen unwillkürlich viele Baconsche Passagen aus dem allgemeinen Zeitbewusstsein. Der Gedanke war Gemeinplatz, dass Erkenntnis auf die Realität von Erscheinungen bezogen sei.
A. G. Kaestners Lehrbuch *Anfänge der höheren Mechanik* (1766) sagte: »Unsere ganze Kenntnis der Natur ist doch nichts weiter als eine Erkenntnis von Erscheinungen« (III, Nr. 196). J. H. Lambert, von Kant
hoch geschätzt, behandelte im außerordentlichen 4.
Teil seines *Neuen Organon* (1764), der »Phänomenologie oder Lehre vom Schein«, das Verhältnis von
Ding an sich und Scheinformen des Wissens. Nach
der Unterscheidung des physischen Scheins, der
»durch eine wirklich außer uns vorhandene Sache
verursacht wird« vom pathologischen (illusionären)
Schein heißt es recht baconianisch: »[S]o lange wir
die Gründe zur Beurtheilung dessen, was die Dinge

an sich sind, noch nicht haben«, müssen wir beim
Schein bleiben und durch Feststellung von Analogien zum Wahren vordringen (Bd. 2, S. 229, 246).
Selbst Leibniz' *Neue Abhandlungen über den menschlichen Verstand* aus dem Jahre 1704, die 1765 erstmals aus dem Nachlass veröffentlicht wurden, verbinden ebenfalls einen metaphysikkritischen Gestus
mit der Anerkennung Bacons. Die Kompendien der
Metaphysik lehrten nur Worte. Metaphysik als Wissenschaft des Seins im Allgemeinen, dessen Prinzipien essentia und existentia seien usf., heiße mit dem
Namen der Wissenschaft Missbrauch treiben. Die
Kunst, die Ursachen der Phänomene zu entdecken,
sei der Dechiffrierkunst zu vergleichen. Lord Bacon
habe den Anfang gemacht, die Kunst des Experiments unter Regeln zu bringen. Zweifellos hat Kant
um 1765 in diesen bei ihm wiederkehrenden Zusammenhängen auch Leibniz' Satz aufmerksam gelesen:
»Was die reale Metaphysik betrifft, so fangen wir sozusagen eben erst an, sie zu begründen« (Leibniz,
Neue Abhandlungen, Hamburg 1996, S. 514 f., 547).
Beim vielbehandelten und vermeinten originalen
Generalthema des Kantianismus, der Beziehung von
Ding an sich und Erscheinung, zeigt sich wie bei keinem anderen, in welch hohem Maße Kants Thesen
der metaphysikkritischen und wissenschaftstheoretischen Diskussion der Zeit zugehören.

Kant übernimmt die Scheidung von Ding an sich
und Erscheinung nicht nur vom Empirismus. Die
Trennung gehört auch zur Lehre von Substanz und
Akzidenz in der Metaphysik. *Ens ab alio* ist das durch
ein anderes Existierende, *ens in se* ist das durch sich
selbst Existierende oder die Substanz. Die Metaphysik fasste darin innerhalb ihrer Schranke des qualitativen Formbegriffs statt des Gesetzesbegriffs die
Schwierigkeit der fehlenden Unterscheidung von Relationen, die das Gesetz gegenüber den empirischen
Ereignissen darstellen. Sie unterschied, wenn nicht
urbildhafte, so doch statische Wesenheit von der Akzidenz. Baumgartens *Metaphysica* (1739 u. ö.), nach
der Kant las, unterschied accidens, cuius esse est inesse und substantia als *ens per se* subsistens, also ein
nur in anderem existierendes Sein und ein *für sich*
oder *an sich Seiendes* (Sectio VII, § 191). Kant spricht
darum auch vom empirischen Menschen, wie er sich
und anderen in Raum und Zeit *erscheine*, im Unterschied zum intelligiblen Subjekt »*als Ding an sich
(ens per se)*« (XXII, 25). In seinen Metaphysik-Vorlesungen trug er die ontologische Substanz-Akzi-
denz-Unterscheidung vor, korrigierte sie aber im
Sinne Lockes. »Wir kennen die Accidentia, aber
nicht das Substantiale. Dies ist das Subject, welches

existiert, nach Absonderung aller Accidentia, und das ist uns unbekannt, denn wir kennen nur die Substanzen durch die Accidentia.« Die Akzidenzen werden mit Locke als »die Arten, die Existenz eines Dinges zu denken, und nicht verschiedene Existenzen« bezeichnet (XXVIII, 563).

Kant sah mit seiner Kenntnis des Leibnizianismus auch die Crux des Sensualismus und der empiristischen Begründung der Naturwissenschaften. So lange nur auf die Folge einzelner Wahrnehmungsakte gesehen wird, geht die Korrespondenzlehre mit dem Ding an sich hinter dem Busch der Erscheinungen so vor sich hin. Wird nur ein wenig nachgedacht, so entsteht Leibniz' Fragestellung, wie denn außer der Reproduktion einzelner Erscheinungen Zusammenhang und Harmonie aller Erscheinungen zu erklären seien. Es muss ein überempirischer Zusammenhang angenommen werden, der Bedingung der einzelnen Objekte und Ereignisse überhaupt ist, und der außerdem den komplexen Sinngehalt der elementaren kulturellen Symbole (personale Moral eines Gewissens, Gottesbegriff, das ästhetische Gestaltproblem) erklärt. Insbesondere hier entstehen im Empirismus die unbefriedigenden Kompromissideologien gegenüber den Üblichkeiten der Konventionen und gesellschaftlichen Ordnungen. Für konsequenten Sensualismus ist schon die Annahme gleicher Wahrnehmungen bei zwei Individuen eine wilde Spekulation. Er ist anarchisch, wie es der antike Kynismus wirklich gewesen war. Der neuzeitliche Empirismus der englischen middle-class und des aufgeklärten französischen Geldadels war davon weit entfernt. Hier sah Kant Traditionen und allerlei Mystifikationen einströmen, die sich auf die Freiheit innerer Erfahrung beriefen. An Hamann, dem Hume-Adepten und gewandten Anti-Aufklärer in seiner Königsberger Nähe, war ihm das allergegenwärtigst.

Kants Unterscheidung liegt das reale Problem der Partikularität der empirischen Erkenntnis zu Grunde. Empirische Aussagen beziehen sich nur auf Teilbereiche von Gegenständen, wie sie uns unter gegebenen induktiven Voraussetzungen erscheinen. *Erscheinung* sagt bei Kant im Sinne der mathematischen Naturwissenschaft, das beobachtete oder experimentell festgestellte Ereignis ist nur innerhalb eines nicht mitbeobachteten mathematischen oder logischen Konstruktionszusammenhangs als Sachverhalt zu konstatieren. Der Gegenstand an sich, d. i. als Totum, kann nicht Objekt der empirischen Untersuchung werden, so umfangreich der Reichtum der bereits erkannten Elemente auch sein mag. Er ist auch gar nicht das Problem der theoretischen Behaup-

tung, in der es auf die ideelle Systematik der empirischen Daten ankommt. Von Leibniz' Locke-Kritik übernahm Kant die Frage: Wie verbürgen wir uns die Erkenntnis von Naturgesetzen, da diese doch nie Gegenstand von Beobachtung und Experiment werden können oder wie Leibniz sagte, »weil die Sinne zwar lehren, was geschieht, aber nicht, was notwendig geschieht« (an Bierling, 19.11.1709; Leibniz, *Die philos. Schriften*, hg. v. C. I. Gerhardt, Bd. 7, Berlin 1890, ND Hildesheim 1963, S. 488). Das genau ist die Frage der Kantschen Empirismus-Kritik im Fall Humes. Die Metaphysik setzte das zu lösende Problem voraus, indem sie die Aussagen auf subjektfreie intelligible Gegenstände als solche bezog. Dann ist der erscheinende Vorgang dem Prinzip nach zugleich der ganze Vorgang und also auch das Gesetz. Für die Differenz zwischen empirischem Faktum und Totalität werden die spekulativen Ersatzkonstruktionen eines principium individuationis und der corruptio gleich Epizyklen in der ptolemäischen Astronomie eingeführt.

Die Trennung von Erscheinung und subjektfreiem Objekt ging nicht nur von der sensualistischen Auffassung aus. Die mathematische Formalisierung der Physik wirkte mit zwei Momenten in der gleichen Richtung. Sie löste den naiv-realistischen Dingbegriff als des Korrelats von Begriffen auf. Die mathematische Formel bezog sich nicht auf Dinge, sondern auf einen funktionalen Zusammenhang rein konstruktiver Größen. Die mathematischen Größen existieren weder im Sinne subjektfreier Gegenstände noch als Erscheinungen. Wir behandeln sie, sagte Leibniz, ohne einen Fehler zu begehen, als ob sie existierten. Damit war der Weg zu Kants Auffassung des »An sich« der Erkenntnis als Verknüpfungsgesetzlichkeit des Denkens selbst gewiesen.

Kant benutzt den Terminus *Ding an sich* in vierfacher Bedeutung: 1) Es ist der mundus intelligibilis, uns apriorisch gewiss, vor allem im moralisch-praktischen Sinn des Wissens vom Pflichtgesetz (noumenon im positiven Sinn), die Ebene unserer geistigen Identität außerhalb der zeitlichen Existenz. 2) Es ist im sensualistischen Sinne der subjektfreie Gegenstand als Ursache der Erscheinungen, ein materielles Substrat als letzter Affektionsgrund (noumenon im negativen Sinn). Insbesondere die zweite Auflage der *Kritik*, die ja die für Kant überraschende und enttäuschende berkeleyanische Missinterpretation seines logischen Idealismus ausräumen sollte, betont die Existenz der Dinge in der Außenwelt, die wir »wenn gleich nicht *erkennen*, doch wenigstens müssen *denken* können. Denn sonst würde der ungereimte Satz daraus folgen, daß Erscheinung ohne etwas wäre, was da erscheint« (B XXVI). Tatsächlich würde man, konsequent gesagt, nicht einmal wissen, dass ein Ding Ursache der Erscheinungen sei, da die Kategorie der Ursache nach Kants Prämissen nur auf Erscheinungen bezogen werden kann. F. H. Jacobi wandte das sofort vom Standpunkt seines alltagspraktisch und religiös begründeten Realismus gegen Kants Begriff des Ding an sich als eines stofflichen, die Affektionen auslösenden Gegenstands ein. Für den Idealismus sei der Gegenstand synthetische Einheit des Bewusstseins. »Der Begriff dieser Einheit ist die Vorstellung vom Gegenstande = X.« Er habe die *Kritik* Jahre hintereinander immer wieder von vorne angefangen, »weil ich unaufhörlich darüber irre wurde, dass ich ohne jene Voraussetzung [des Ding an sich; d. Vf.] in das System nicht hineinkommen, und mit jener Voraussetzung darin nicht bleiben konnte« (F. H. Jacobi, *David Hume über den Glauben oder Idealismus und Realismus*, 1787, in: *Jacobi's Werke*, Bd. 2, Leipzig 1815, S. 304). Kant benutzt den Dingbegriff in der sensualistischen und in der allgemeinen Gewohnheit der induktiven Wissenschaften. Ihn interessieren die Aporien des Dingbegriffes nicht, die ihm natürlich aus der Geschichte der Metaphysik und auch des Skeptizismus bekannt waren. Es geht ihm um den phänomenalistischen Realitätsbegriff und dessen streng rezeptives Prinzip für die theoretische Konstitution von Sachverhalten.

3) Die ausführlichste Darstellung der Funktion des Ding-an-sich-Begriffes gibt der 6. Abschnitt des Antinomien-Kapitels im Dialektik-Teil. Der empirische Idealismus mit dessen Zweifel an der Realität der wahrgenommenen Gegenstände wird abgewiesen. Da Raum und Zeit die Einheitsformen unserer Anschauung seien, sei es selbstverständlich, dass die Gegenstände auch wirklich so sind, wie sie innerhalb dieser Formen angeschaut werden; eigentlich kein überzeugendes Argument. Dann wird aber das stoffhuberische Wort vom Ding da draußen, das immer jenseits des Bewusstseinsstromes der Erfahrung liegen bleibe, verlassen, und im Zusammenhang von möglichen Einwohnern im Monde, von so weit entfernten Sternen, dass sie niemals ein Mensch wahrnehmen werde, folgt die außerordentliche Bemerkung, diese Gegenstände seien wirklich, »wenn sie mit meinem wirklichen Bewußtsein in einem empirischen Zusammenhange stehen, ob sie gleich darum *nicht an sich, d. i. außer diesem Fortschritt der Erfahrung,* wirklich sind« (Hv. v. Vf.). Es geht Kant um »die Regel des Fortschritts der Erfahrung« (B 521, 524). Dann ist das Ding an sich das *noch Unerkannte* und in der Konsequenz das asymptotisch Be-

kannte durch den Prozess der Verwandlung in »Dinge für uns«. Kant spricht hier im Baconschen Sinne – und auch ein wenig in der Baconschen Manier – von dem, was ihn in fachwissenschaftlicher Hinsicht interessiert, vom Erkenntnisfortschritt, der unseren Verstand den Dingen gleich werden und gleichsam auf deren Niveau gelangen lasse. Bacons *De dignitate et augmentis scientiarum* (1623) hatte gesagt: »ut scilicet mens fiat per artem rebus par«, der Geist komme durch theoretische Kenntnis den Dingen gleich. Diese Ausblendung des doch auch märchenhaften Gedankens von einem Ding an sich, das immer da war und da sein wird, dessen Strahlen unsere Welt sind, dessen Existenz wir immer wissen, aber nie erkennen können, diese Abwendung löst das reelle Problem im sensualistischen Phänomenalismus auf. Hegel hat das später zum Hauptargument gegen Kants Begriff vom Ding an sich gemacht. Doch der unendliche Erschließungsprogress der Erscheinungen, der tendenziell auch die Dinge an sich aufschließe, erklärt noch nicht, wie Vorstellungs-Transzendentes ins Subjekt hereingeholt wird. Die Möglichkeit dessen in Frage zu stellen, war der echte Punkt am unerkennbaren Ding an sich des Sensualismus.

Kant geht mit dem Gedanken des Ding an sich als des noch Unerkannten hinter den bereits kausal erklärten Erscheinungen am weitesten zur materialistischen Auffassung hin. Diese Variante des Ding-an-sich-Begriffes stellt wahrscheinlich eine Newton-Adaptation Kants dar. Subjektfrei materielle Dinge an sich, nicht ein geistiges Fluidum, bilden die letzte Ursache der Naturkräfte. Newton hatte sich einige Male in dem Sinne ausgesprochen, dass hinter allen mathematischen Gesetzen letztlich eine spirituelle Kraft stehen müsse. Die *KU* enthält wiederholt Anklänge an dieses Moment der Naturphilosophie Newtons. Doch Newton variierte die philosophische Interpretation seiner Naturwissenschaft auch nach der von Kant aufgenommenen Seite: Dinge an sich sind die im asymptotischen Prozess des Erfahrungswissens aufgeschlossene subjektfreie Kausalstruktur der Erscheinungen. Im abschließenden scholium generale der *Principia* (1687) sagt Newton, durch Induktion seien Undurchdringlichkeit und Bewegungsgesetze der Körper und das Gravitationsgesetz bekannt geworden. Die Ursache der Schwere habe er noch nicht aus den Erscheinungen ableiten können und Hypothesen ersinne er nicht. Das richtet sich gegen Erklärungen durch metaphysische Prinzipien (Potenz, Akt, Qualitäten). Das wiederkehrende »noch nicht« sagt, dass Newton tiefere Ursachen der allgemeinen

Gravitation sehr wohl für erkennbar hielt, sie müssten nur ebenso durch Erfahrung verifiziert werden. Die Möglichkeit des Nachweises unbekannter, dem bisherigen Wissen entferntester Kräfte beschäftigte Newton intensiv. Die genannten Kant-Passagen beziehen die Thematik des Ding an sich auf den Theorieprozess und verleihen dem philosophischen Begriff rationellen fachwissenschaftlichen Gehalt. Das Ding-an-sich-Problem tritt in der mathematischen Naturwissenschaft unvermeidlich auf. Wenn als Wissenschaft nur mathematisch verarbeitete Erfahrung gilt, so entsteht die Frage nach dem realen Etwas, das hinter der Abstraktion der mathematischen Formalisierung (wie hinter den Erscheinungsdaten) steht. Vom »Ding« ist dann nur noch in übertragenem Sinn zu sprechen. Im Prozess der Kausalerklärungen ist die einzelne Erscheinung nur im System der Phänomene bestimmbar. Ihr Dasein löst sich in Schichten von Beziehungen auf. Das Ding an sich wird Relation.

Erscheinungswissen ist Prozess-Ausschnitt vom realen, subjektfreien Gegenstand, so dass es nur ein relatives Ansich gibt. N. Hartmann und G. Jacoby hatten ihre realistische Ontologie gegen den Neukantianismus mit dieser erkenntnistheoretischen Prämisse gerichtet. Die Simplifikation des Ding an sich als des noch Unerkannten der Erscheinungen kehrt auch bei Kant öfters wieder: »[D]ass hinter den Erscheinungen doch die Sachen an sich selbst (obzwar verborgen) zum Grunde liegen müssen, von deren Wirkungsgesetzen man nicht verlangen kann, dass sie mit denen einerlei sein sollten, unter denen ihre Erscheinungen stehen« (IV, 459).

4) Schließlich spricht Kant vom Ding an sich, wenn die identische Substanz hinter den individuell verschiedenen und veränderlichen Wahrnehmungsobjekten gemeint ist. Das ist die essentia der Metaphysik, die die faktisch daseiende und durch das principium individuationis immer zufällige existentia der Dinge zu dem macht, was sie eigentlich sind, richtig gesagt: was sie bedeuten. Ein reelles Problem liegt zugrunde: Von den Erscheinungen als Bedingtem ist ein Regressus zur Totalität der Bedingungen zu denken. Dieses Unbedingte kann nicht Erscheinung sein. Daraus ergibt sich die substantiale Idealität eines Dinges an sich, die der Begriff der Sache ist. Als Erfahrungsgegenstand unerkennbar, wäre es zugleich das einzig vollständig Erkannte. Das ist etwa der Gedankengang, der zum Begriff der essentiellen realitas obiectiva der Metaphysik führte. Auch das mathematisch unendlich Genaue ist nicht empirisch darstellbar. Es ist ein noumenon. Durch die Subjektivierung der in-

telligiblen realitas zu den logischen Formgesetzen a priori wird das Ding an sich bei Kant auch im tieferen Sinn der Metaphysik ebenfalls zum noumenon im negativen Sinn. Am Beispiel von Mendelssohns *Morgenstunden* (1785) erläuterte Kant, die Täuschung der Metaphysik bestehe darin, dass die subjektive apriorische Bedingung der Bestimmung von Objekten für die Möglichkeit der Objekte gehalten würde. Da ohne Begriff kein Gegenstand vorhanden sei, ergibt sich zwanglos die Folgerung der Existenz eines unendlichen Verstandes, weil nur er in der Möglichkeit existierender Gegenstände garantiert, dass Prädikate der Dinge als Bedeutungen ausgesprochen werden können (an Schütz, Ende Nov. 1785). Kants eigene Theorie sagt, der legitime Zug des Denkens, sich durch die Begrenzung des Wissens auf das Erscheinungsfeld zugleich auf etwas zu beziehen, »was selbst nicht Erfahrung, aber doch der oberste Grund aller derselben sein muß« (IV, 361), führe von der theoretischen Erklärung der Erscheinungen zur praktischen Vernunft, die als Gedankending im positiven Sinn selbst das Gesetz der Erscheinungen sei. Die metaphysische These, dass nur Gott realitas materialis und formalis zusammenschaue, weil er das Existierende nach seinem geistigen Urbild geschaffen habe, wendet Kant dahin, dass wir einen intellectus intuitivus oder archetypus besitzen müssten, um die intelligiblen Substanzen hinter den Einzeldingen denken zu können. Die Inauguraldissertation sagte noch mit der Schulmetaphysik (Sectio II, § 4), die sensualitas receptiva repräsentiere die Dinge, wie sie erscheinen (esse repraesentationes rerum uti apparent), die intelligentia oder rationalitas dagegen wie sie (an sich) sind (sicuti sunt) (II, 392). Für die transzendentallogisch begründete Metaphysik der *Kritik* sind Dinge an sich in diesem Sinne Täuschungen des kulturellen Selbstbewusstseins in der Gestalt illusorischer Gedankenwesen. Zu solchen Mystifikationen verleitet die Synthesis-Funktion unseres Bewusstseins. Sie verführt dazu, Gedanken ohne Erfahrung zu verbinden und solche Sophistikationen dann als reale Objekte zu setzen. Daraus entsteht das Schicksal der Vernunft, sich in die Dialektik ihrer selbst zu verstricken.

Den Terminus *Erscheinung* gebraucht Kant nur im sensualistischen Sinne als des Objekts der Erfahrungswissenschaften. Der Akzent der ganzen Thematik geht nach der einen Seite mit der Baconschen metaphysikkritischen Orientierung der Wissenschaften auf die induktiv und experimentell erfahrbare Wirklichkeit. Nach der anderen Seite dagegen, im Blick auf uns selbst, bedeutet Erscheinung, nahe dem platonischen Sinne, unsere alltagspraktisch-empirische Existenz im Kausalzusammenhang der Zeit. Die augustinisch-lutherische Trennung von äußerem erscheinenden und innerem geistigen Menschen liegt voraus, die religiöse Innerlichkeit bei Kant zum Ansich des selbstreflexiven praktischen Ich aufgeklärt, das unter dem Sittengesetz und so außerhalb der Zeit stehe. Kant benutzt den Terminus nicht im Sinn von Scheinformen des Bewusstseins. Er leitete den dritten Hauptteil der *Kritik*, den Nachweis des dialektischen als illusorischen und antinomischen Charakters des Alltagsbewusstseins und der ontologischen Metaphysik, mit einer anspruchsvollen logischen Theorie der Scheinformen des Bewusstseins ein. Die sensualistische Phänomenologie des Scheins bildete einen Hauptpunkt der kritischen aufklärerischen Kulturgeschichtsschreibung. Kants Theorie, dass unser Denken von Natur aus und ohne erkenntniskritische Klärung immer mit illusorischen und antinomischen Setzungen operiere, fasst die aufklärerische Theorie der Scheinformen des Bewusstseins nach der logischen Seite zusammen. Wir setzen fälschlich zu allen Begriffen ontische Gegenstände, auch zu Begriffen von Totalitäten, von denen nur ideelle Postulate existieren können. Kants Begriff der Erscheinung meint nur die »Gegenstände« empirisch verifizierbaren Wissens.

Zentrale Aspekte einer Kritik der Verschleifung von sinnlicher und intelligibler Welt hatte Wolff in seiner Kritik des populären und sensualistischen Substanzbegriffes längst ausgeführt. Wolff war wie Leibniz Konzeptualist. In seiner *Philosophia prima sive Ontologia* (1729, ²1736) gab er eine genetische Darstellung des Substanzbegriffes. Der Substanzbegriff setzt als bildliche Vorstellung im Alltagsbewusstsein ein. Immer mehr Eigenschaften werden dem Ding als Eigenschaften inhärent gesetzt. Am Ende bleibt das Etwas, das alles tragen soll, wenn schon alle Beschaffenheiten unter die Akzidentien getan sind. »Consequenter ipsa quoque substantia, qualem vulgo imaginamur, ens imaginarium« – »Die Substanz, wie sie gewöhnlich vorgestellt wird, stellt ein imaginäres Sein dar« (Wolff, *Ontologia*, § 773, Francofurti et Lipsiae 1736, S. 583). Die cartesische Lösung sei gegenüber der alltagspraktischen und Lockeschen Imagination richtig: Substanz ist eine Verbindung, in der der zureichende Grund enthalten sei, warum etwas existiere (ebd. § 168, S. 137). Kants Kritik der Übertragung bildlicher Vorstellungen auf logische Probleme, woraus die Dialektik imaginärer Wesenheiten hervorgehe, ist deutlich von Wolff vorgebildet, ebenso wie die rationelle Lösung des Problems der Wesenheiten als relativ stabiler Relationen.

Kants Erscheinungsbegriff ist nicht nur als Kontrast zum materialistischen Dingbegriff und zum metaphysischen Substanzbegriff zu verstehen. Dieser Bezug wird meist allein gesehen, und es wird gesagt, nach Kant würden wir *nur* Erscheinungen erkennen. Doch Kant meinte, wie der Phänomenalismus überhaupt, vorwiegend den *Reichtum der Erscheinungen* gegenüber den Abstraktionen der Schulphilosophie und der theologischen Spekulation. Die Welt schließt sich uns auf in ihrer Erscheinungsvielfalt. Unsere körperlich-geistige Konstitution greift nicht aufs Totum des Seins aus. Sie vindiziert sich die gegenständliche Wirklichkeit in der Spezifik der Erscheinungen. Die erscheinende Wirklichkeit ist die praktisch gegenständliche Realität und diese allein kann Basis der Aktivität des Menschen, also von dessen Freiheit sein. Kant führt diesen Zusammenhang von phänomenalistischem Erscheinungsbegriff und transzendentaler Freiheit innerhalb des aufzulösenden Gegensatzes von empirischer Kausaldetermination und transzendentaler Idealität aus. Er sagt, wären wir nur starren Dingen an sich ausgesetzt, so wären alle unsere Handlungen absolut determiniert. Die Endlichkeit des Menschen in der Kantschen Philosophie besitzt ihren Sinn in dessen praktischer Erscheinungshaftigkeit. Die Existenzweise der Objekte als Erscheinungen spricht die gegenständliche Wirklichkeit als der Praxis geöffnet aus. Kant sieht nur auf den theoretischen Aspekt, nicht auf den technisch-konstruktiven, der aber den empiristischen Phänomenalismus ebenfalls trägt.

Kant interessierte sich für die Aporetik des Dingbegriffes kaum, die eines der Ausgangsprobleme der Metaphysik bildete und Kant wohl bekannt war. Die Aporien des Dingbegriffes bestehen erstens darin, dass bereits die einfache sog. Ding-Wahrnehmung physiologische und kulturelle Gestaltbildung von Reizen der Rezeptoren darstellt. Der Begriff eines kompakten Dinges und auch dessen subjektfreie Realität stehen also bereits in Frage. Der Sinn des empiristischen Dingbegriffs liegt darin, als Ursache der Affektionen zu dienen. Ob das ein Objekt im Sinne dinglicher Existenz sei, bleibt die Frage. Die andere Aporie ergibt sich daraus, dass das angenommene Ding, Objekt der praktisch-sinnlichen oder ideellen Aktivität des Subjekts, wirklich bedacht, nur als Element eines übergreifenden Zusammenhanges zu denken ist. Es erweist sich wie nach der Wahrnehmungsseite ebenso mit dem Übergang zur logischen Verarbeitung der Anschauung in Urteile und Begriffe als Relationselement und löst sich als Ding auf. Es wird geistiges Konstrukt. Platons Frage war: Welche Existenzweise haben das Allgemeine und die Eigenschaften, unter denen wir ein Einzelding nur aussagen können? Die Stärke der sensualistischen Position bestand darin, den Gegenstandsbegriff von den auf der Hand liegenden, bzw. den induktiv und experimentell feststellbaren Gegebenheiten her zu behandeln. Die Plausibilität des Dingbegriffes als eines irgendwie draußen liegenden subjektfreien Etwas war aber an die Subjektivierung von dessen innerem »Leben«, eben in den allein protokollierbaren Erscheinungen, gebunden und das führte auf die unhaltbaren Zusatzannahmen von Substraten, zugleich einfach und komplex, von denen nicht klar werden konnte, ob sie außer uns oder doch nur in uns durch Abstraktion und Konvention existierten. Die Metaphysik ging den Schwierigkeiten der phänomenalistischen Behandlung des Dingbegriffs entschlossen aus dem Weg, indem sie deren Widersprüche ontologisierte. Die »Dinge« selbst sollten individuell vielfältig und generell identisch sein. Die hohe methodische Leistung, das Ding als Element und das Ganze als Struktur, das Sein des Dinges demnach als Nichtsein auszusprechen, entstand im Zusammenhang nicht der phänomenalistischen, sondern der logischen Subjektivierung des Objektverständnisses. Das Ding wurde nach der Teleologie des Herstellungsaktes in einen real existierenden Sachverhalt transformiert; so wie der Begriff Merkmale besitze, trage die Substanz Akzidentien, deren existentia von der Bedeutung garantiert werde, die die essentia darstelle. Dann sind Wahrnehmung und Denken verteilt auf empirische »Dinge« (die unter dem principium individuationis das niedere Sein des Mannigfaltigen darstellen) und auf deren Gattungen, die das Denken als Wesenheiten ausmacht. Kant hat diese metaphysische Strukturierung der Gegenständlichkeit mit seiner Verbindung von logischem Apriorismus und Phänomenalismus beendet. Das empiristische Abstraktionsproblem wiederum interessierte ihn kaum. Er setzte es als Hilfskonstruktion voraus für die Beziehung der apriorischen logischen Sphäre auf jene Realität, die die Erscheinungen darstellen. Im Übrigen übernimmt er unbesehen die empiristische Rede von Erscheinung und vom unerkennbaren Ding an sich in dem doppelten Bezug von (anerkanntem) stofflichem Affektionsgrund und (bestrittener) substantialer Wesenheit. Am ausführlichsten behandelt Kant die ontologische Problematik des Dingbegriffes und deren transzendentallogische Umformung im § 76 der *KU*. Kants Hauptinteresse – der neue Punkt in der langen Geschichte des Ding-an-sich-Begriffes – gilt dem intelligiblen Ding an sich, das der transzendentallogische Subjektbegriff darstellt. Wir sind als empirische Individuen Erscheinung in der Zeit, als Intelligenz denken wir uns als Dinge an sich selbst. Wir selbst sind das noumenon im positiven Sinne, indem wir durch unsere praktische Vernunft a priori werden, was wir in der realitas formalis des Können-Seins an sich sind (V, 403 f.).

Literatur

Schopenhauer, A.: Kritik der Kantischen Philosophie (Anhang zu: Die Welt als Wille und Vorstellung, Bd. 1), in: Sämtl. Werke, hg. v. A. Hübscher, Bd. 2, Leipzig 1938, S. 494 ff. [vgl. a. Schopenhauer, Parerga und Paralipomena, a. a. O., Bd. 5, S. 95 ff.]. – Windelband, W.: Über die verschiedenen Phasen der Kantischen Lehre vom Ding an sich, in: Zeitschrift für wissenschaftliche Philosophie 1 (1877), S. 224–266. – Pichler, H.: Über die Erkennbarkeit der Gegenstände, Wien u. Leipzig 1909. – Ders.: Über C. Wolffs Ontologie, Leipzig 1910 [Abschn. 3/4: Der Begriff des Gegenstands. Die Struktur der Gegenstände]. – Adickes, E.: Kant und das Ding an sich, Berlin 1924. – Heidegger, M.: Die Frage nach dem Ding, in: Vorträge und Aufsätze, Pfullingen 1954, S. 129–144. – Dijksterhuis, E. J.: Die Mechanisierung des Weltbildes, Berlin u. a. 1956, [zu Newton S. 537–549]. – Prauss, G.: Erscheinung bei Kant. Ein Problem der *KrV*, Berlin 1971. – Ders.: Kant und das Problem der Dinge an sich, Bonn 1974. – Moskopp, W.: Struktur und Dynamik in Kants Kritiken, 2009.

5 Entstehung, erste und zweite Auflage des Werkes

Entstehung

Die Vorgeschichte der *Kritik* reicht bis zu den metaphysikkritischen Schriften der 60er Jahre zurück. Die Notwendigkeit, systematische Philosophie in der Form der Metaphysik auszuführen, zog Kant nie in Zweifel. Er hielt stets am metaphysischen perfectio-Prinzip, hier der logisch vollkommenen Erkenntnis fest. Doch die theoretische Gestalt der Metaphysik veränderte sich nach den kosmologischen und kulturphilosophischen Schriften der 50er und 60er Jahre sehr. Dem theoretischen Typus der traditionellen neuzeitlichen metaphysischen Seinskonstruktion in der Leibnizschen Doppelgestalt von intelligiblem und phänomenalem Weltbegriff gehört die Dissertation von 1770 in entscheidenden Punkten noch zu. Erst der lange Umgestaltungsprozess der 70er Jahre führt Kant zu einer positiven Lösung seiner im Grunde seit den 40er Jahren bestehenden kritischen Bedenken gegen die ontologische Weltkonstruktion. Das zentrale Resultat der neuen methodischen Metaphysik aus der Verbindung von Apriorismus und naturwissenschaftlichem Phänomenalismus ergab sich aus zwei Gedankenschritten. Man muss dabei beachten, dass Kants Ziel darin bestand, die genannte Verbindung bis zu einer umfassenden Theorie aller diskursiven Geltungsformen in der modernen Kultur zu führen, einer Theorie, die neben der Sachverhaltskonstitution in der Qualität des naturwissenschaftlichen Determinismus die daraus nicht ableitbare Problematik der intuitiven Gewissheit überempirischer Bestimmung der Willensmaximen des Menschen und zugleich dessen persönlicher Freiheit begründen sollte. Nur dann war eine philosophische Theorie von gleichem systematischem Gewicht zu erreichen, wie sie die theologisch eingefasste Weltanschauung, die neuzeitliche Metaphysik wie die empiristische Hauptströmung der europäischen Aufklärung geboten hatten.

Der erste Schritt: Der formale Wirklichkeitsbegriff der Metaphysik – eben der mundus intelligibilis der Dissertation – stellt keine real verifizierbare Theorie dar. Diese zentrale Konstante des Theoriebegriffs der *Kritik* bildet sich erst nach der Dissertation heraus. Theoretische Systeme im Sinne des Newtonschen experimentellen Phänomenalismus können sich nur auf beobachtbare Ereignisse in den Subjekt-

konstanten Raum und Zeit beziehen. Die zunächst als abstrakte Theoriebasis vorgelegte Raum- und Zeitanschauung als der Einheitsform aller empirisch verifizierbaren Theorien tritt nach und nach mit der Umgestaltung der Ontologie zur Analytik der logischen Funktion an die Stelle der ontischen Einheit des metaphysischen Weltbegriffs.

Der zweite Schritt: Wenn theoretische Behauptungen über eine noumenale Wirklichkeit aus der wissenschaftlichen Theoriebildung ausscheiden, dann hat Metaphysik die Frage zu beantworten, wie die logische Funktion a priori mit der nun ganz phänomenal aufgefassten Wirklichkeit übereinstimmen könne. Es entsteht das Problem der transzendentalen Deduktion, das den Kern des Umgestaltungvorgangs der Metaphysik und damit der Entstehungsgeschichte der *Kritik* bildet. Der große Brief an M. Herz vom 21.2.1772 spricht das aus. Einige Briefe an Herz schrieb Kant offenbar dann, wenn er ein neues Problemfeld übersah und es sich gern im Zusammenhang repräsentieren wollte.

Das Problem der transzendentalen Deduktion mitteilen heißt natürlich nicht, dass Kant 1772 über dessen komplexe Thematik verfügte. An die Problemstellung schlossen sich eine Reihe grundsätzlicher Punkte im Aufbau der *Kritik* an. Die beiden wichtigsten: die transzendentaltheoretische Umbildung der empiristischen Theorie des inneren Sinnes auf der Basis des Zeitbegriffs mit den Konzepten der nicht nur reproduktiven, sondern produktiven Einbildungskraft und deren Schematismus, und zweitens der große Bereich des verbleibenden positiven Gehalts der Fähigkeit des Denkens zu unbedingten und darum rein intelligiblen Aussagen über »Gegenstände« außerhalb der Anschauungsformen von Raum und Zeit. Kant löst es durch die Umbildung der alten Unterscheidung von ratio und intellectus zum theoretischen Verstand und der realitas formalis als Welt der praktischen Vernunft. Erst nach diesem Resultat kann die theoretische Funktion der Analytik des Verstandes entschieden als bloß negativ und Grenze setzend bezeichnet werden. Darin besteht der Übergang vom Gedanken einer Schrift über die *Grenzen der Sinnlichkeit und der Vernunft*, zu der die Dissertation der konzeptionelle Entwurf sein sollte, zur *KrV*.

Mit den beiden zentralen Schritten der theoretischen Bewegung Kants von der Dissertation zur *Kritik* ist das viel diskutierte Antinomienproblem verbunden. Kant wollte von einer formallogischen Welt- und Handlungstheorie, wie sie die Metaphysik und der Empirismus ausgebildet hatten, zu einer philosophischen Begründung der realen Wissenschaften von Natur und Praxis gelangen, der Wissenschaften, die im materialen Sinne synthetisch erweiternden Charakter besitzen. Das Problem entstand, dass dieser erfahrungsbedingte (a posteriori) Synthesis-Gehalt des Denkens philosophisch nur durch eine Logik der synthetischen Funktion a priori zu begründen sei. Darein rückte die ontologische Thematik des logisch widerspruchsfrei möglichen Seins. Die rein logische Synthesis kann sich unter den genannten Voraussetzungen der Restriktion der formalen Bedingungen der Welttheorie auf den Phänomenbereich nicht mehr auf von der Metaphysik gleichgeschaltete Bereiche formaler (intelligibler) und realer (sensibler) Theorie beziehen. Damit geraten Totalitätsaussagen vom Typ der metaphysica specialis (Seele, Weltganzes, Gott) in eine prinzipielle Krise. Aus dieser eröffnet sich die Möglichkeit, die lange diskutierten Widersprüche im Unendlichkeitsbegriff überhaupt zu einer Antinomik aufgrund der formalen ontologischen Theoriekonzeption zu bündeln. Für das Verständnis des Dialektik-Teils der transzendentalen Logik ist die Unterscheidung zwischen Antinomien und Antinomik in Kants Kritik der Metaphysik und des Empirismus zu beachten. Kant meint mit »Antinomien« oder »Antithetik« einen Widerstreit zwischen einzelnen propositionalen Behauptungen, der als generelle Konfliktmöglichkeit mit dem Denken mitgeht, mit »Antinomie« oder »Antinomik« aber einen »Widerstreit der Gesetze (Antinomie) der reinen Vernunft« (B 434).

Die fest geformten Widersprüche zwischen Newtonscher, Leibnizscher und sensualistischer Wissenschaftstheorie lagen in der Mitte des 18. Jhs. auf der Hand. Solche Widersprüche waren für Kant kein Problem. Kant erkannte die Behebung der Gegensätze innerhalb der vorliegenden, formalen analytischen Theoriekonzeptionen von Metaphysik und Empirismus als unmöglich. Er sprach das in dem Resultat aus, dass sich mathematische und logische ideelle Konstrukte zwar immer auf die Totalität von Aussagensystemen beziehen, diese Gesamtheit aber nicht als »seiend«, sondern als ideelle Synthesis zu denken sei. Das stellte eine neue Theorie mit weit tragenden Folgen der alten These dar, dass die perfectio theoretica mit der experimentellen Beobachtung prinzipiell nicht kongruent sein könne. Die Reflexion 4525 (nach Adickes um oder bald nach 1772) sagt es klar: »Die Welt ist das *absolute* ganze möglicher Erfahrung. Wir können uns ein absolutes Weltganze ganz wohl denken, nur nicht im Raum und Zeit. Das absolutganze in der

Erscheinung ist ein Wiederspruch.« Damit ist die Voraussetzung nicht von Antinomien, sondern einer grundsätzlichen Antinomik im Denken selbst ausgesprochen. Das ist zu Kants alter Einsicht, dass die vorliegenden Theorien in sich und auch im Verhältnis zueinander Widersprüche bilden, die aufzuklären und zu vermitteln wären, eine neue Fragestellung. N. Hinske hat drei verschiedene Ausarbeitungsstufen der Kantschen Antinomik dargestellt (vgl. Hinske 1970).

Die mit dem Denken schlechthin mitgesetzte Antinomik bestand zuletzt darin, dass zum Prinzip systematischer Rationalität der Gedanke der Gesamtheit aller Erscheinungen in Raum und Zeit gehöre, dieses immanente Vernunftprinzip aber nicht im Sinne realer Theoriebildung über Gesetze der Erscheinungen verifizierbar sei. Das nennt Kant den Widerstreit der Gesetze der Vernunft mit sich selbst. Es war ein das Selbstverständnis der Aufklärung frontal angreifender Gedanke. Kant beschließt seine Kritik des formal-analytischen Theoriebegriffs der ontologischen Metaphysik mit der Feststellung, dass über die »absolute Totalität der Reihe der Bedingungen zu einer gegebenen Erscheinung« keine theoretische Sachverhaltsaussage möglich sei (B 398).

Die Diskussion über die Entstehungsgeschichte der *Kritik* hatte sich ursprünglich bei K. Fischer, F. Paulsen, B. Erdmann, E. Adickes, A. Riehl auf den Einfluss Humes konzentriert. Dazu trat die Antinomie-Thematik, die inzwischen auf fast romantische Weise aus der möglichen Kenntnisnahme einer Hume-Passage abgeleitet wird. L. Kreimendahl hat als unmittelbaren Auslöser Hamanns Übersetzung eines kurzen Auszugs aus Humes frühem *Treatise on Human Nature* (1. B., 4. T., 7. Abschn.) nachzuweisen gesucht, den Kant kennen gelernt haben könnte. Der Text erschien unter dem Titel *Nachtgedanken eines Zweiflers* im Juli 1771 als Beilage der *Königsbergischen gelehrten und politischen Zeitung.* Ob der Blick des Systematikers Kant auf den Widerspruch zwischen metaphysischer und empiristischer Strömung in der Aufklärung des Anstoßes einer larmoyanten rationalitätskritischen Hume-Passage bedurfte, damit er sich zum Gedanken der Antinomik von Denkgesetzen konzentriere, steht dahin.

Literatur

Kuehn, M.: Scottish Common Sense in Germany. A Contribution to the History of Critical Philosophy, Kingston 1987. – Kreimendahl, L.: Kant. Der Durchbruch von 1769, Köln 1990 [S. 239–252; Rez. v. R. Brandt, in: KS 83 (1992), S. 100–

111; zu Kreimendahls entwicklungsgeschichtlicher Auffassung des Kantschen Denkens vgl. d. Einl. seines Buches].

Humes Anregung dadurch, dass er die Objektbeziehung von Kategorien in Frage stellte, mit denen die Metaphysik operierte, steht außer Frage. Kant nahm die Skepsis in Bezug auf Kausal- und Substanzbegriff auf und bezeichnete seine metaphysikkritischen Gedankenexperimente auch wiederholt als skeptische Methode (B 452); freilich auch nur als das und nicht als Resultat (vgl. IV, 262). Die generelle Wissenschaftsskepsis Humes, deren relativer kulturkritischer Aspekt gegen dogmatische Tradition im Interesse der pragmatischen Mentalität der middle-class hier nicht zu diskutieren ist, lag Kant völlig fern. Jacobi und Hamann benutzten sie sogleich zur Destruktion des universalistischen und intellektualistischen Methodenparadigmas der *Kritik*.

Ein spezieller Punkt der Diskussion zur Entstehungsgeschichte ist: In welchem Umfang besaß Kant vor der Dissertation von 1770 bereits das Kernstück des Dialektik-Teils der transzendentalen Logik, die Antinomik? Wenig realistisch erscheint die Interpretation, Kants Notiz vom »großen Licht«, das ihm 1769 im Hinblick auf den neuen Lehrbegriff aufgegangen sei (Refl. 5037; nach Adickes 1776/78), beziehe sich auf die Antinomik. Warum hat Kant dann in der Dissertation dieses vermeinte Hauptresultat seiner Bewegung zur Umbildung des Begriffs philosophischer Theorie nicht dargestellt? Die Inauguraldissertation *Über die Form und die Prinzipien der sinnlichen und der intelligiblen Welt* (1770) zeigt im Titel noch das ontologische Theoriekonzept, dessen rein ideelle und phänomenale Welten besser getrennt werden sollten. Nur im Zusammenhang mit dem neuen Synthesis-Begriff der logischen Funktion gegenüber dem empirischen Erscheinungsmaterial, den aber erst die transzendentale Deduktion realisiert, wird die These einer generellen Antinomik möglich und allerdings sinnvoll.

Die Einzelfragen der metaphysikkritischen Abhandlungen der 60er Jahre konzentrierten sich zum *Methodenproblem der Metaphysik*. In der *Kritik* kehren nahezu alle Resultate dieser Texte wieder. Ein markantes Thema bildete die Kritik der mathematischen Demonstrationsmethode in der Philosophie. Die Schrift über die negativen Größen (1763) sagt schon, die Metaphysiker machten aus den Begriffen des Mathematikers »nichts als feine Erdichtungen« (II, 167). Die *Untersuchung über die Deutlichkeit der Grundsätze der natürlichen Theologie und der Moral* (1764) nimmt das gleiche Thema ausführlicher auf.

Der Unterschied der philosophischen Methode von der mathematischen wird bereits wie in der *Kritik* bestimmt, wo Resultate der frühen Preisschrift im ersten Abschnitt der Methodenlehre wiederkehren (B 740 ff.: Die Disziplin der reinen Vernunft im dogmatischen Gebrauch).

Die Schriften und der Briefwechsel zeigen auch, dass Kant lange vor seiner Lehrverpflichtung als Professor der Logik und Metaphysik (1770) mit der Grundlegung der systematischen Metaphysik beschäftigt war. Kants vieljährige Beschäftigung mit den Themen der *Kritik* gehört einer Periode anhaltender kontroverser Erörterungen der systematischen Philosophie in der deutschen Aufklärungsbewegung zu. Die deduktive Definitionsmethode der Metaphysik Wolffs und damit die geschlossene ontologische Darstellungsweise wurden in Frage gestellt. 1745 erschien C. A. Crusius' (1715–1775) *Entwurf der nothwendigen Vernunft-Wahrheiten*. J. H. Lamberts (1728–1777) *Neues Organon* (2 Bde., 1764) und dessen *Anlage zur Architektonik* (2 Bde., 1771) sah Kant als seinen Überlegungen verwandt an. Aufgrund der strengen Systematik Wolffs führten alle Diskussionen zum Problem der Methode in der Philosophie. An Lambert schrieb Kant 1765, nur durch die Lösung des Methodenproblems der Philosophie könne man dem in der Metaphysik herrschenden »Blendwerk des Wissens« entgehen (31.12.1765). Mit dem Terminus bezeichnet Kant später die Folgen der Antinomik in den Gesetzen des Denkens, die eintrete, wenn Totalitätsaussagen nach den Kriterien von Theorien behandelt würden, die sich auf beobachtbare Ereignisfolgen in Raum und Zeit beziehen. In diesem Zusammenhang werden die schon seit der ersten Schrift wiederkehrenden heftigen Wendungen gegen die akademische Philosophie verständlich. Das Bibelwort vom Koloss auf tönernen Füßen (Nebukadnezars Traum in *Daniel* 2, 31–34) wendet Kant auf die großsprechende, aber leere Weisheit der Schulmetaphysik an (II, 57). Die *Träume eines Geistersehers* (1766) hat G. Picht gut als Ausdruck der eigenen geistigen Krise Kants bezeichnet. Der Brief an Mendelssohn zur Erklärung der Schrift fasst Kants Widerwillen gegen »die im Schwang gehenden Methoden« zusammen, die »den Wahn und die Irrthümer ins unendliche vermehren müssen« (8.4.1766). Nach dem Erscheinen der *Kritik* setzte Kant den Beginn seiner Arbeit an der Thematik, »wovon das Resultat in der *Crit. d. r. Vernunft* vorgetragen worden«, in die Zeit seines Briefwechsels mit Lambert (an Reccard, 7.6.1781). Das würde also von der Mitte der 60er Jahre bis zum

Erscheinen der *Kritik* den Zeitraum von etwa fünfzehn Jahren ergeben. Die Zahl von zwölf Jahren in den Briefen an Garve und Mendelssohn bezieht sich offenbar auf das »große Licht« vom Jahr 1769 (Refl. 5037), als Kant seine Theorie von Raum und Zeit als ursprünglicher Einheitskonstanten aller Wahrnehmungen fand (vgl. Refl. 5024, möglicherweise ein Dedikationsentwurf an Lambert).

Kant erweiterte seine kritische Sicht, indem er sie mit einem älteren Muster aus der skeptischen Tradition Montaignes verband, die auch Descartes für die Beurteilung der Philosophie aufgenommen hatte: Die Philosophie dreht sich im Kreise einander entgegenstehender Theorien, während die Wissenschaften den sicheren Gang fortschreitenden Wissens gehen. Es ist das kritische Leitmotiv des Descartesschen *Discours de la méthode* (1637), das noch das Vorwort zur zweiten Auflage der *Kritik* wiederholt. Es kommt darauf an, den theoretischen Einzugsbereich der Genese der *Kritik* nicht einzuschränken, sondern ihn im Zusammenhang der Hauptthemen und der universellen Blickrichtung Kants aufzufassen. Im Laufe der 60er Jahre konzentrierte sich für Kant das Problem der Methode der Metaphysik in der Frage nach der Auflösung des Widerspruchs zwischen den Verfahren empirischen und rational konstruierenden Denkens; eine weit spezifischere Fragestellung als Humes Rationalitätskritik. Das Problem der praktischen Philosophie, zu der Kant in den Briefen der 60er und 70er Jahre Gesamtdarstellungen ankündigte, bestand für ihn darin, eine Methode zur Bestimmung logisch immanenter Kriterien für die Bildung moralischer Maximen zu finden. Nach dem Muster der Rousseauschen *volonté général* dachte er das Moralproblem von den juridischen Generalisierungsverfahren her. Viele wahrscheinlich bald nach 1770 niedergeschriebene Reflexionen behandeln die Antinomie zwischen rationalistischer Konstruktion und materialistischer Welt- und Subjekt-Auffassung (Refl. 4275, 4336, 4360, 4455).

Im Brief an Herz vom Februar 1772 denkt Kant, das Werk Ostern 1772 (zum Messetermin) erscheinen zu lassen. Er hatte es schon für Herbst 1771 fertig geglaubt, dann für Ostern 1774, Herbst 1777, Ostern 1778, Herbst 1778, Ostern oder Herbst 1779 und für 1780. Es erschien im Frühjahr 1781. 1783 schrieb Kant an Garve und kurz darauf an Mendelssohn, er habe das Werk, Produkt des Nachdenkens von etwa zwölf Jahren, mit Übereilung in der kurzen Zeit von vier bis fünf Monaten verfasst (7.8.1783; 16.8.1783). Keine Frage, dass Kant nicht binnen fünf Monaten die 856 Druckseiten der ersten Auflage

niedergeschrieben hatte, nebenher die Verpflichtungen der Universitätsprofessur. B. Erdmann nahm an, dass Kant ab 1776 die Endfassung in zwei Entwürfen, die nicht mehr vorliegen, ausgearbeitet habe. Offenbar hat Kant die ganze, vielstrebige Komposition der *Kritik* nicht vollständig in der Abfolge der uns vorliegenden Teile verfasst, sondern zugleich Einzelstücke für sich entworfen. An Herz schrieb er 1778 in Bezug auf die erwartete neue Metaphysik von »meinen kleinen Entwürfen, in deren Bearbeitung ich sonst nicht unglücklich zu seyn glaube«, die aber wegen seines eingeschränkten Wohlbefindens noch immer nicht zur Vollendung gekommen seien (28.8.1878).

Als die beiden weiterführenden Komponenten im Selbstverständnis der Aufklärung um die Mitte des 18. Jhs. sah Kant die Newtonsche mathematische Physik und Rousseaus Theorie der *volonté général* an; die beiden Fundamente für die aufklärerische Leitidee der allgemeinen Menschenvernunft. Der charakteristische duale Charakter der Kantschen Systemidee (Metaphysik der Natur und der Sitten) war also für Kants kritische Revision der philosophischen Problemsituation frühzeitig vorgegeben. Der überlange *Vorbereitungsprozess* der *Kritik* ist als *Auflösungsprozess* einer ursprünglich relativ unkompliziert gedachten zweiflügeligen Metaphysik-Systematik zu verstehen. 1765 verstand Kant die Methodenschrift primär als Kritik der falschen Metaphysik. Er wollte sie wegen der Unfertigkeit seiner Konzeption noch aussetzen und nannte unter »einigen kleineren Arbeiten«, die er voranschicken wollte, weil deren Stoff fertig liege, die »metaphysischen Anfangsgründe der natürlichen Weltweisheit und [...] der practischen Weltweisheit« (an Lambert, 31.12.1765). Wie diese Metaphysik-Systeme aussehen sollten, wissen wir nicht. Jedenfalls kehrte sich das Verhältnis um. Die methodische Propädeutik war nicht zurückzustellen, getrennte theoretische und praktische Metaphysik folgten ihr nach. 1772 soll das geplante Werk *Die Grenzen der Sinnlichkeit und der Vernunft* aus diesen zwei Stücken bestehen: erstens eine generelle Phänomenologie (also wohl Scheinlehre wie bei Lambert, aber erweitert in Richtung der Kantschen Dialektik als Scheintheorie), zweitens knapper Grundriss der Methode der Metaphysik, darunter a) Prinzipien des Gefühls und Geschmacks, der natürlich-sinnlichen Antriebe und b) »die ersten Gründe der Sittlichkeit« (an Herz, 21.2.1772). Das ursprüngliche Programm des Werkes, aus dem sich dann das der *Kritik* ausschied, war also weit umfangreicher gedacht.

Literatur

Picht, G.: Kants Religionsphilosophie, Stuttgart ²1990 [Einf.: Aufbau und tragende Begriffe der *KrV*].

Kants Sicht des Methodenproblems wandelte sich und durchlief vier Stadien. (1) Nach der Trennung von mathematischer und metaphysischer Methode entstand die Frage, wie die eigene Art intelligibler Objekte der Metaphysik gegenüber denen der Mathematik zu bestimmen sei. Das führte zur genaueren Unterscheidung der ursprünglichen Voraussetzungen im Subjekt, die einerseits Operationen mit mathematischen Objekten (in Raum und Zeit als Formen nichtempirischer »Anschauung«), andererseits logische Bestimmungen von phänomenal gegebenen Objekten ermöglichten.

(2) Kant legte die Theorie der Anschauungsformen a priori in der Inauguraldissertation (1770) (von lat. inaugurare, hier: einsetzen, den Professor) zum ersten Mal dar. Geht man davon aus, dass die Dissertation die Resultate des Denkprozesses vorstellte, die Kant mit dem Wort vom »großen Licht« bezeichnete, so ergibt sich, was er damit meinte – und was ihm zur weiteren Bestimmung der Methode der Metaphysik noch fehlte. Er löste ein Teilproblem, das des Apriorismus der Anschauungsformen, so dass die schon formulierte Leitthematik der Trennung von mathematischer und metaphysischer Methode umfassend begründet und ausgebaut werden konnte. Die Dissertation sah Kant ganz im Zusammenhang der Methodenthematik, über die er sich mit Lambert ausgetauscht hatte. Der Brief vom 2.9.1770 an Lambert, der die Übersendung der Dissertation begleitete, stellte die Schrift als erstes Stück zum vereinbarten Austausch über die Grundlegung der Metaphysik vor. Kant beabsichtigte, die geplante Schrift herauszubringen und dafür dem Text einige Bogen hinzuzufügen. Die Thematik wird etwas untergliedert. Eine »negative Wissenschaft (phaenomenlogia generalis)« müsse der Metaphysik vorhergehen. Darunter versteht Kant, dass »denen principien der Sinnlichkeit ihre Gültigkeit und Schranken bestimmt werden«. Das sind die mathematischen und die empirischen Disziplinen. Davon unterschieden seien die eigentlichen metaphysischen Themen, die »gar nicht als ein Gegenstand der Sinne, sondern durch einen allgemeinen und reinen Vernunftbegriff gedacht« werden. Wolle man die metaphysischen Themen des »Vernunftbegriffs« nach Begriffen der mathematischen und empirischen Sinnlichkeit behandeln, so »kommen sehr falsche positionen her-

aus« (an Lambert, 2.9.1770). Kant behandelt das später als die Dialektik der reinen Vernunft, nämlich »Vernunftbegriffe« wie Freiheit, Seele, Weltganzes, Gott darstellen zu wollen, als seien sie auf daseiende Objekte bezogen. Refl. 4454 (etwa von 1772) bezeichnet diesen Fehler und nennt »eine demonstratio oppositi«, also die Darstellung von Antinomien, die beste Methode, ihn aufzudecken. In der Logik-Vorlesung (Blomberg) schildert Kant die skeptische Methode Humes ebenfalls im Sinne methodischer Prüfung alternativer Positionen (XXIV, 217).

(3) Aus der Scheidung von mathematischer und philosophischer Methode ergab sich die allgemeinere Thematik des Unterschieds von intelligibler und empirischer (sensibler) Realität. In den nächsten beiden Jahren wird Kant beim Versuch einer Ergänzung der Dissertation zu dieser erweiterten Untersuchung fortgeführt und bleibt offenbar mit dem Problem der Beziehung apriorischer Begriffe auf empirisch gegebene Objekte beschäftigt. Im Sommer 1771 ist der Plan eines Werkes mit dem Titel *Die Grenzen der Sinnlichkeit und der Vernunft* entstanden, der nunmehr als die spätere *Kritik* und vielleicht auch als die drei *Kritiken* zusammen, nämlich zugleich die Metaphysik der Sitten, enthalten sollte (an Herz, 7.6.1771). In diesem Schlüsselbrief für die ganze Vorgeschichte des Werkes wird von der Analytik nur die Einteilung der Kategorien in Klassen erwähnt (die spätere metaphysische Deduktion). Die Thematik der Phänomenologie wird genauer als die der apriorischen Funktion (»transcendentalphilosophie, nemlich alle Begriffe der gäntzlich reinen Vernunft«) bezeichnet, und die Trennung von theoretischem und praktischem Apriorismus erscheint. Als Zentralproblem bezeichnet Kant die Frage der späteren transzendentalen Deduktion: Wie apriorische Funktionen mit den rezeptiv empfangenen Erscheinungen »übereinstimmen könnten«, da sie die »Gegenstände« nicht hervorbrächten, diese aber die »innere Tätigkeit« unserer »intellektualen Vorstellungen« nicht affizierten (X, 125). Die Formulierungen zeigen den Stand der Fragestellung an, aus dem Kant seinen logischen Idealismus herausführte. Die apriorischen Funktionen werden noch mit dem allgemeinen Terminus »Vorstellungen« (notiones) bezeichnet. Mit »Gegenständen« »stimmen« sie gerade nicht »überein«, sondern synthetisieren Erscheinungen. Kant war offenbar vor das Problem der transzendentalen Deduktion (der apriorischen Funktionen) auf empirische Begriffe und Wahrnehmungen gelangt, das die *Kritik* durch die Theorie vom Schematismus der produktiven Einbildungskraft löste. Alle diese Termini wie auch

»Synthesis a priori« fehlen. Die noch sehr traditionelle Terminologie lässt vermuten, dass Kant nicht zentrale Stücke seiner Theorie im Brief zurückhielt, sondern sie noch nicht besaß. An den Platz der Ontologie sollte nach Lockeschem und Humeschem Vorbild die Untersuchung des menschlichen Verstandes als einer phänomenologia generalis treten. Das Ganze wird 1772 erstmals als »Critick der reinen Vernunft« bezeichnet, ohne dass Kant bereits den neuen Begriff philosophischer Theorie im Unterschied zum formalen Theorieverständnis aus intelligiblen und sensiblen Seinsbereichen fertig ausgearbeitet hatte. Der Teil zur Phänomenologie sollte rasch veröffentlicht werden. An ihm hing nicht nur der Apriorismus der Mathematik, sondern auch der Erscheinungscharakter der Wirklichkeit als Voraussetzung von Freiheit. Der zweite Teil zur praktischen Philosophie sollte getrennt davon später folgen (an Herz, 21.2.1772).

(4) 1776 ist das umfangreiche Werk *Grenzen der Sinnlichkeit und der Vernunft* aufgegeben, ohnehin mehr Arbeitsprogramm als Buchtitel. Die abermalige Verzögerung wird an Herz (24.11.1776) mit der Eigentümlichkeit erklärt, Grundideen »der von allen empirischen Principien unabhängig urteilenden, d. i. reinen Vernunft« auszuführen, wobei sich nun die Materialien häuften. Die tatsächliche Gliederung der *Kritik* wird genannt: Kritik, Disziplin, Kanon, Architektonik (X, 185 f.). Jetzt setzt offenbar die Ausarbeitung von Textpassagen ein, die später ins Gesamtmanuskript aufgenommen wurden. Von allen Seiten empfange er Vorwürfe wegen seiner Untätigkeit und sei doch niemals systematischer und anhaltender beschäftigt gewesen. Seit dem letzten Sommer (1776) sei er sich über das Ganze im Klaren, doch die Ausarbeitung trete er eben erst an. Hier oder bald darauf könnte sogar das von B. Erdmann angenommene erste Manuskript einer durchgehenden Gestaltung der Themen in der Anordnung eines Buchmanuskripts anzusetzen sein. Die Psychologie des schöpferischen Denkens zu verstehen, dient wohl Kants Bemerkung, er mache sich jetzt das freie Feld, dessen Bearbeitung nur noch Belustigung sein könne. Vor Ostern (1777) denke er freilich nicht fertig zu werden. Die Briefe an Herz besitzen für den in Königsberg nicht einsam lebenden, aber doch recht einsam denkenden Kant die Bedeutung etappenweiser Selbstvergegenwärtigung des Themenstandes, nicht ebenso der Resultate. Eine der Merkwürdigkeiten in der Geschichte der Aufnahme der *Kritik* im Lichte des Kantschen Briefwechsels besteht darin, dass Herz, der zuvor bestun-terrichtete Mensch über das Werden des Werkes, es natürlich auch von Kant erhielt, auf Kants Wunsch ein Exemplar an den Minister v. Zedlitz übergab, aber zum fertigen Opus offenbar kaum etwas gesagt hat (ein einziger Brief vom 8.5.1781). Er war in Berlin großer Verehrer auch M. Mendelssohns, der über die *Kritik* schrieb: »Ich für meinen Theil muß bekennen, dass ich ihn [Kant; d. Vf.] nicht verstehe. [...] Es ist mir also lieb, dass ich nicht sonderlich viel entbehre, wenn ich von dannen gehe, ohne dieses Werk zu verstehen« (an E. Reimarus, 5.1.1784; vgl. XIII, 100).

Nach 1776 geht es offensichtlich nicht mehr um die Eckpunkte der neuen Theorie. Es geht um die Schwierigkeiten der zusammenhängenden Durchführung: Ob im Laufe der Ausarbeitung, die nun offensichtlich beginnt, eine Verkürzung des Planes einsetzte, bleibt dahingestellt. 1778 heißt es plötzlich, das Ganze werde »an Bogenzahl nicht viel austragen« (an Herz, Anf. April 1778). Der Gesamtplan war also noch immer vom tatsächlichen Umfang der *Kritik* (55 Bogen) entfernt. Die wiederkehrende Mitteilung so weniger Monate für die Niederschrift (an Biester, 8.6.178; an Garve, 7.8.1783; an Mendelssohn, 16.8.1783) bezieht sich offenbar auf Kants energischen Entschluss, die während vieler Jahre und zunächst mit dem erklärten Vorsatz, »von sich nichts zu erzwingen« (an Herz noch Anf. April 1778), abgefassten Manuskripte nun doch zusammenzufassen. Wahrscheinlich schrieb Kant das Gesamtmanuskript seit 1776 nieder und ordnete dabei bereits vorliegende Manuskripte ein. Bereits im Sommer 1777 hieß es an Herz, dass er allein mit der *Kritik* beschäftigt sei und hoffe, bis zum Winter fertig zu werden (20.8.177). Den von Hamann vermittelten Vertrag mit dem Verleger Hartknoch in Riga unterzeichnete Kant am 11.10.1780. Am Anfang des Jahres 1781 schloss Kant das Manuskript ab. Der Druck erfolgte bei Grunert in Halle. Am 6. und 28. April trafen zwei Lieferungen von Aushängebogen in Königsberg ein. Kant revidierte nicht alle 55 Bogen selbst. Das Werk erschien noch rechtzeitig zur Ostermesse, die am Sonntag Cantate, in jenem Jahr am 14. Mai, begann und vier Wochen andauerte. Kants Hauptwerk in einer der ältesten Wissenschaften der Menschheit zeigt die Kraft zu weitsehender Erneuerung gegen die beiden Übermächte Tradition und marktgesteuerter Zeitgeist. Der Kontrast von langer Arbeit am Problem und der Entschluss zu konzentrierter Redaktion einer Endfassung, unter dem Kant seine Schöpfung vor allem nacherlebte, als sie vorlag, bedingen einander.

Literatur

Vaihinger, H.: Commentar zu Kants Kritik der reinen Vernunft, Bd. 1, Stuttgart u. a. 1881, S. 152–157 [Anhang: Geschichtliche Notizen über die Entstehung der Kritik]. – Erdmann, B.: Die Entwicklungsperioden von Kants theoretischer Philosophie, in: Ders. (Hg.), Reflexionen Kants zur kritischen Philosophie, Leipzig 1884, S. XIII–LX [ND Stuttgart-Bad Cannstatt 1992 m. Einl. v. N. Hinske zur Entwicklungsgeschichte der *KrV* und zu Erdmanns Interpretation der Kantschen Anthropologie und Geographie, S. 7–19] – Ders.: Einl. zur 1. Aufl. der *KrV*, in: AA IV, S. 569–587. – Nelson, L.: Untersuchungen über die Entwicklungsgeschichte der Kantschen Erkenntnistheorie (1912), in: Ges. Schriften, Bd 2, Hamburg 1973, S. 405–457 [Auffassung der Fries'schen Schule, dass es eine Erkenntnistheorie im metaphysischen oder transzendental-idealistsichen Sinne nicht als sinnvolle Theorie geben könne]. – Cassirer, E.: Kants Leben und Lehre, Berlin 1918, ²1921, ND Hamburg 2001 [2. Kap., insbes. Die Entdeckung des kritischen Grundproblems, S. 111–134]. – Reich, K.: Einl. zu I. Kant, *Über die Form und die Prinzipien der Sinnen- und Geisteswelt*, lat./dt., Hamburg 1958; wieder in: Ders., Ges. Schriften, Hamburg 2001, S. 263–271 [guter Überblick über die Theorien zur Entstehungsgeschichte der *Kritik* mit nüchterner Beurteilung von Kants theoretischer Position um 1769/70 und mit Kritik B. Erdmanns]. – Tonelli, G.: Die Umwälzung von 1769 bei Kant, in: KS 54 (1963), S. 369–377. – Vleeschauwer, H. J. de: Wie ich jetzt die *KrV* entwicklungsgeschichtlich lese, in: KS 54 (1963), S. 351–368. – Hinske, N.: Kants Weg zur Transzendentalphilosophie. Der dreißigjährige Kant, Stuttgart u. a. 1970 [§ 6, Der Begriff der Antinomie und die Etappen seiner Ausarbeitung]. – Ders.: Art. »Antinomie«, in: Historisches Wörterbuch der Philosophie, hg. v. J. Ritter, Bd. 1, Basel u. Stuttgart 1971, Sp. 393–396. – Brandt, R.: Materialien zur Entstehung der *KrV* (J. Locke und J. Schultz), in: Heidemann, J./Ritzel, W. (Hg.), Beiträge zur KrV 1781–1981, Berlin u. New York 1981, S. 37–68. – Carl, W.: Der schweigende Kant. Die Entwürfe zu einer Deduktion der Kategorien von 1781, Göttingen 1989 [Gründe, weshalb Kant das Deduktionskapitel so viel Mühe bereitete]. – Hinske, N.: Prolegomea zu einer Entwicklungsgeschichte des Kantschen Denkens. Erwiderung auf L. Kreimendahl, in: Theis, R./Weber, C. (Hg.), Von C. Wolff bis L. Lavelle. Geschichte der Philosophie und Metaphysik, Hildesheim u. a. 1995, S. 102–121. – Falkenburg, B.: Kants Kosmologie. Die wissenschaftliche Revolution der Naturphilosophie im 18. Jh., Frankfurt/M. 2000 [T. 4, Zur kritischen Wende].

Erste und zweite Auflage

An der zweiten Auflage der *Kritik* (meist zitiert als B-Auflage) begann Kant im Frühjahr 1786 zu arbeiten. Sie erschien im Frühjahr 1787. Kant nannte sie eine »hin und wieder verbesserte Auflage«. Bereits Anfang 1786 war die erste Auflage vergriffen gewesen und der Verleger drängte. Kants Veränderungen in der zweiten Auflage haben die Kant-Interpretation schon seit Änesidemus-Schulze, Fichte, Jacobi, Schopenhauer beschäftigt. Differenzen in Kants Theorie zeigen die beiden Auflagen nicht, wohl die Akzentuierung unterschiedlicher Aspekte. Kant änderte wegen Missverständnissen, wegen Angriffen auf das Werk und nicht zuletzt wegen der Kompliziertheit der Sache, die nie wasserklar gemacht werden kann und in diesem exemplarischen Falle selbst nicht Philosophie, sondern Philosophieren lehrt. Das war Kants eigenes Urteil, und es sollte nicht zurückgesetzt werden, um nicht etwa die sinnvolle Kant-Philologie vor die Kant-Philosophie zu stellen. Eine Rolle spielten seinerzeit z. B. sog. Nachträge zur *Kritik*. Das waren 184 Randbemerkungen, die Kant in sein Handexemplar eingetragen, nicht für die zweite Auflage benutzt und zur Vernichtung bestimmt hatte. B. Erdmann gab sie aus Kants Nachlass im Jubiläumsjahr der ersten Auflage heraus (Kiel 1881) und nannte sie »von nicht weniger als unerheblichem Nutzen« für das Verständnis des Werkes. Die Missverständnisse bezogen sich auf den Idealismus der Transzendentalphilosophie. Die Garve-Federsche Rezension hatte Kants logischen Idealismus als verfehltes Konstrukt und als dem Berkeleyschen Subjektivismus gleich besprochen (anonym in *Göttinger Gelehrte Anzeigen*, 19.1.1782, 3. St., S. 40–48).

Literatur

Feder, J.G.H: J. G. H. Feders Leben, Natur und Grundsätze, Leipzig 1825 [Kap. 9, Geschichte meiner Streitigkeiten über die Kantische Philosophie]. – Erdmann, B.: Beiträge zur Geschichte und Revision des Textes von Kants *KrV*. Anhang zur 5. Auflage der Edition, Berlin 1900. – Vorländer, K. (Hg.): I. Kant, *Prolegomena*, Hamburg ⁷1993 [m. Einl. u. Anh. v. K. V., zur Aufnahme der *Kritik* und der Garve-Federschen Rez.]. – Hübscher, A./Fleiter, M. (Hg.): A. Schopenhauer. Philosophie in Briefen, Frankfurt/M. 1989 [im Briefwechsel Schopenhauer-Rosenkranz, S. 74–87, die Intervention Schopenhauers für die 1. Aufl., die daraufhin in die Kant-Ausgabe v. Schubert/Rosenkranz aufgenommen wurde].

So musste Kant etwas zu seinem Begriff des Ding an sich sagen. Seine Veränderungen erläutern die Problematik der transzendentalen Idealität nach der Seite der Voraussetzung rein rezeptiver Wahrnehmungen, die auf Erscheinungen von Objekten außer uns bezogen sind. Er hat dafür zwei Abschnitte eingefügt, eine »Widerlegung des Idealismus« in die »Systematische Vorstellung aller synthetischen Grundsätze« (B 274–279) und eine »Allgemeine Anmerkung zum System der Grundsätze« (B 288–294), die beide, wie schon die Vorrede zur zweiten Auflage sagt, den »Beweis von der objectiven Realität der äußeren Anschauung« führen sollen (B XXXIX). Das richtet sich gegen Berkeleys wie gegen Descartes' Realitätsbegriff. Berkeleys mystischer oder schwärmender Idealismus, wie Kant in den *Prolegomena* sagte (§ 13; IV, 293), nahm den Raum für eine Erscheinung oder Eigenschaft der Dinge, nicht für transzendentale Anschauungsform und hatte darum mit dem Raum zugleich die Gegenstände außer uns für Einbildungen erklärt. Descartes' problematischer Idealismus, wie Kant es nannte, nahm die Realität äußerer Gegenstände als zweifelhaft an, da er keine Gewissheit als die unseres Denkens anerkannte. Er deduzierte die subjektfreie Existenz der Außenwelt über die Denknotwendigkeit der objektiven Realität Gottes im Sinne einer notwendigen Totalität bewusstseinsunabhängiger Objekte, wenngleich der einzelne Wahrnehmungsakt subjektivistisch interpretiert werden könne. So gelangte Descartes vom »cogito« des Selbstbewusstseins zur subjektfreien Materialität der Gegenstände und zum Raum als deren inhärentem Attribut. Kant betonte, dass sein transzendentaler Idealismus sowohl den Berkeleyschen Idealismus als auch den cartesianischen Materialismus widerlege. Die ganze Thematik findet sich viel eingehender als in der zweiten Auflage in der Erläuterungsschrift zur *Kritik*, in den *Prolegomena*, dargestellt (drei Anmerkungen zu § 13; IV, 287–294). Die Annahme wirklicher Differenzen zwischen A- und B-Auflage müsste das Gleiche zwischen A-Auflage und *Prolegomena* behaupten. Im Bemühen, die Anerkennung der Außenwelt-Realität durch seinen Idealismus zu betonen, sind in der zweiten Auflage die beiden letzten Abschnitte zur Kritik des Paralogismus im metaphysischen Seelenbegriff ausgeschieden (Paralogismus der Idealität, Betrachtung über die Summe der reinen Seelenlehre, A 366 ff.). Die Kritik des psychologischen Idealismus (die Welt ist unsere Vorstellung) beschloss die neue Vorrede mit der Formel vom »Skandal der Philosophie und der allgemeinen Menschenvernunft, das Dasein der Dinge außer uns (von denen wir doch den ganzen Stoff zu Erkenntnissen selbst für unsern inneren Sinn her haben) bloß auf *Glauben* annehmen zu müssen und, wenn es jemand einfällt es zu bezweifeln, ihm keinen genugthuenden Beweis entgegenstellen zu können« (B XXXIX). Die anderen, nicht so wesentlichen Veränderungen betreffen Veränderungen in der Einleitung, einige Passagen zur besseren Erläuterung in der Ästhetik, besonders zum Zeitbegriff, in der Deduktion der Ver-

standesbegriffe und im Abschnitt über den Grund der Unterscheidung aller Gegenstände in phänomena und noumena. Vom Antinomien-Kapitel an gibt es keine Abweichungen mehr. Kürzungen an vielen einzelnen Stellen verändern nicht die Aussagen. Die erste Auflage findet sich bis zum Paralogismus-Abschnitt in Bd. IV der Akademie-Ausgabe.

Kant selbst hat mit Recht die Konstanz seiner Theorie in beiden Auflagen betont. Sein Urteil über den Unterschied beider Auflagen hat er 1786 in eine ausführliche neue Erläuterung der Deduktion der Funktionen a priori in die *Metaphysischen Anfangsgründe der Naturwissenschaft* eingeschaltet (IV, 474 ff.). »Dunkelheit« wird eingeräumt, des klarsten Wegs werde man nicht gleich zu Beginn gewahr. Darauf folgt die Formel, mit der Kant das Verhältnis von A- und B-Auflage stets bezeichnete: Verbesserte Darstellungsart des gleichen Gedankens. Im Übrigen beherzige man Kants Notiz, etwa von 1778, als er mit der Niederschrift bereits beschäftigt war: »Meine Methode ist nicht sehr geschickt dazu, den Leser an sich zu halten und ihm zu gefallen. Man muß seine Beurtheilung vom Ganzen anfangen und auf die Idee des Werks samt ihrem Grunde richten. Das übrige gehört zur Ausführung, darin manches kan gefehlt seyn und besser werden« (Refl. 5025).

Kants Widerlegung des Idealismus mit dem förmlichen Beweis der Realität der Außenwelt in der zweiten Auflage richtete sich zugleich gegen F. H. Jacobis Schrift *David Hume über den Glauben oder Idealismus und Realismus* (1787), die wenige Monate vor der neuen Auflage erschienen war. Jacobi hatte die Gewissheit der subjektfreien Wirklichkeit und zugleich deren Unbeweisbarkeit behauptet. Die Gewissheit würde nicht vom Denken, sondern von Gefühl und Glauben verbürgt; eine bedenkliche Einschränkung der Rationalität, die Kant als Basis des »Modetons einer geniemäßigen Freiheit im Denken« (B XLIII; VIII, 140 ff. u. ö.) und in der Wirkung als Pendant zum autoritären theologischen Dogmatismus abwies. Kant bestritt die unmittelbare Realitätsgewissheit des alltagspraktischen Bewusstseins natürlich nicht. Er sagte aber, dass sie für Erklärung und Begründung der questio juris von Rationalität nicht ausreiche. Jacobis Beilage »Über den transzendentalen Idealismus« zum *David Hume* ist die früheste und noch wie unschuldige Kritik des logischen Idealismus und dessen methodischer Funktion im kulturellen Selbstverständnis der bürgerlichen Gesellschaft vom Standpunkt einer noch Glaubensphilosophie genannten Lebensphilosophie. Die heutigen Vorwürfe gegen einen autoritären Charakter der mittlerweile verschiedenen neuen Richtungen von Transzendentalphilosophie finden sich hier noch nicht, wohl aber in Hamanns gleichzeitigen Briefen an Jacobi und Herder, auch in Hamanns nachgelassener *Metakritik über den Purismus der reinen Vernunft*, die Rink in seiner Sammlung *Mancherley zur Geschichte der metakritischen Invasion* (1800) abgedruckt hatte. Die Vorwürfe wurden von Herder mit tiefer Aversion in dessen *Metakritik zur Kritik der reinen Vernunft* (1799) ausgesprochen, und mit pastoraler Eindringlichkeit wurde der methodische Apriorismus als ein Zwangssystem gebrandmarkt.

Ein zweiter, ganz anders gearteter Punkt von Missinterpretation bestand im Atheismusvorwurf gegen Kants Widerlegung des ontologischen Gottesbegriffs. Kant widmet daher einen längeren Teil der neuen Vorrede zur zweiten Auflage der Erläuterung, dass allein der transzendentale Idealismus erlaube, Gott, Freiheit und Unsterblichkeit als Postulate der praktischen Vernunft so zu denken, dass materialistischer Atheismus und dogmatische Religiosität ausgeschlossen würden. Daran wird das Erfordernis freier Forschung in Religionsfragen angeschlossen (B XXIX–XXXV). Mendelssohn war der Meinung, dass letztlich nur die ontologische Existenz-Auffassung Gottes Atheismus verhüte. Der Königsberger Kollege C. G. Schütz schrieb Kant: »Es ist ganz unbegreiflich wie oft Sie missverstanden werden; es gibt Männer, die wirklich sonst nicht gar auf den Kopf gefallen sind, welche Sie für einen Atheisten halten« (Febr. 1786).

Literatur

Schopenhauer, A.: Kritik der Kantischen Philosophie (Anhang zu: Die Welt als Wille und Vorstellung, Bd. 1), in: Sämtl. Werke, hg. v. A. Hübscher, Bd. 2, Leipzig 1938, S. 515 f. [hier der Rückschnitt der *Kritik* auf Berkeley; das Werk in der 2. Auflage »verunstaltet und verdorben«]. – Erdmann, B.: Kants Kriticismus in der 1. und in der 2. Auflage der *KrV*, Leipzig 1878, ND Hildesheim 1973. – Klotz, C.: Kants Widerlegung des Problematischen Idealismus, Göttingen 1993.

V   Kritik der reinen Vernunft II (1781, ²1787)

1 Motto, Widmung, Vorreden und Einleitungen zur ersten und zweiten Auflage

Das Motto, das Kant erst der zweiten Auflage vorangestellt hatte, steht im Schlussabsatz von Bacons Vorrede zu dessen *Instauratio magna* (1620), also der Großen Erneuerung (der Wissenschaften, im Sinne von Wiederherstellung, Wieder-Instandsetzung), d. i. des geplanten Gesamtwerks, dessen zweiten Teil das *Novum Organon* bildet. Kant zitiert den zweiten Satz etwas verkürzt, die Übersetzung der vollständigen Stelle lautet: »Von mir selbst schweige ich; um der Sache willen aber, die erörtert wird, bitte ich, daß die Menschen sie nicht für eine vorgefaßte Meinung halten, sondern als ein ernstes Werk anerkennen und sich überzeugen, daß ich nicht die Grundlagen für irgendeine Sekte oder Lehrmeinung erstrebe, sondern Nutzen für die Größe der Menschheit suche. Hernach möge man, wie es der eigene Nutzen erheischt, den Eifer für Meinungen und Vorurteile ablegen und gemeinschaftlich beratschlagen. Schließlich sei man guten Mutes und halte meine Erneuerung der Wissenschaften nicht für etwas Unendliches und Übermenschliches und fasse sie etwa in diesem Sinne auf, denn sie setzt in Wahrheit erst dem unendlichen Irrtum die gebührende Grenze« (F. Bacon, *Neues Organon*, Hamburg 1990, S. 33 f.). Mit dem Motto stellt Kant sein Werk gegenüber dem Dogmatismus (der überkommenen Metaphysik), in eine analoge Situation wie Bacon seine Schriften der Scholastik entgegenstellte. Er erinnerte die Zeitgenossen an das geistige Aufbruchsmotto des Zeitalters der Aufklärung, das noch immer gelte. Außerdem spielt das Baconsche erfahrungswissenschaftliche Prinzip bei der Reform der Naturwissenschaften eine Rolle, das Kant auch für die Philosophie als richtungweisend betonen wollte. Die *Kritik* zeigt, dass unser Wissen von der Welt sich in der Verifikation empirischer Befunde erschöpft und wir darin die Sicherheit der äußeren Existenz erreichen. Die mit gutem Bedacht ausgewählte Passage stellt also eine mahnende Reaktion gegen Missverständnisse der ersten Auflage dar. Kant wollte für seine Zeit das gleiche Reformerfordernis deutlich werden lassen, wie es einer der Begründer der Aufklärung zuvor ausgesprochen hatte.

Nach dem Erscheinen seines *Neuen Organon* hatte Bacon von der Universität Cambridge eine Huldigung erhalten und antwortete darauf: »Erschrecken sie nicht über den neuen Weg, den ich betreten habe; im Laufe der Zeit und der Jahrhunderte muß notwendig Neues entstehen. Ein Ruhm wird den Alten immer bleiben, der des Genies; doch Glauben verdient nur das Wort Gottes und die Erfahrung. Ist es nicht möglich, die Wissenschaften, bei ihrem jetzigen Stand, durch einfache Erfahrung zu ersetzen, so ist es wenigstens möglich, wenn auch schwer, die Wissenschaften selbst durch Erfahrung wiederherzustellen.« Setzen wir Philosophie für Wissenschaften ein, so hätte Kant seinen Zeitgenossen, die ihm im ersten Jahrzehnt nach dem Erscheinen seines Hauptwerks eine Huldigung verweigerten, das Gleiche sagen mögen. Was übrigens die lange Vorbereitungszeit der *Kritik* und die Änderungen der zweiten Auflage betrifft: von Bacon wurde berichtet, dass er sein *Neues Organon* zwölf Mal umgearbeitet habe. In der Vorrede zur zweiten Auflage sagt Kant mit Bacons Worten, die Vernunft müsse mit ihren Prinzipien a priori in der einen Hand, mit dem Experiment in der anderen an die Natur herantreten, um von ihr belehrt zu werden, aber nicht als ein Schüler, sondern als bestallter Richter, der die Zeugen nötigt, auf vorgelegte Frage zu antworten (B XIII). Kants Gerichtshof-Modell seiner Vernunftkritik ist von Bacons Bildprägung der Forschung als Verhör der Natur und der Experimente als der »Instrumente«, die man der Natur zeige, beeinflusst. Leibniz hatte in seinen *Neuen Abhandlungen* gesagt, dass Lord Bacon begonnen habe, die Kunst des Experiments unter Regeln zu bringen (B. 4, Kap. 12, § 13).

Die Widmung ging an den verdienstvollen Unterrichts- und Justizminister K. A. v. Zedlitz (1733–1793), seit 1770 Minister Friedrichs II., Reformator des preußischen Unterrichtswesens (Errichtung des Oberschulkollegiums 1787). Er kannte und schätzte, nach eigener vorzüglicher Ausbildung am aufgeklärten Carolinum in Braunschweig und an der Universität Halle, Kants Philosophie und erbat sich von ihm Nachschriften seiner Vorlesungen. 1789 legte v. Zedlitz wegen der antiaufklärerischen Wendung unter Friedrich Wilhelm II. seine Ämter nieder. Im Unterschied zur aus dem 17. Jh. noch nachklingenden panegyrischen Gepflogenheit des Zeitalters war Kant mit Widmungen sparsam. Die Dedikation stellt die

Kritik in den Zusammenhang des v. Zedlitzschen Reformwerks.

Die Vorrede zur ersten Auflage ist in theoretischer Prägnanz und im Auftakt durch ihren appellativen Charakter eines der Musterstücke der Kantschen Wissenschaftsprosa. Sie kündigt das Werk als eine Restauration der Metaphysik auf neuer Grundlage gegen den eingetretenen Verfall der Philosophie und dessen Folge an: Der Gleichgültigkeit gegenüber deren unabweisbaren Problemen. Kant sagt das in der Situation intensiven philosophischen Bücher- und Zeitschriftenmarktes und meint damit: Die Grundfragen der Philosophie sind verdrängt. Die Menschen steigen von der partiellen Kausalität der gegebenen Welt und der eigenen empirischen Existenz gleichsam zu einer ideellen Verlängerung der empirisch-zeitlichen Existenz auf. Da frühere Kulturen das nicht wussten, geriet man unkritisch auf dogmatische Grundsätze, um die Probleme des Unbedingten hinter allem Bedingten wie andere auflösbare Themen alltagspraktisch und für gesellschaftliche Ordnungsinteressen verfügbar zu machen. Es war der Versuch der Metaphysik, die sich mit der falschen dogmatischen Methode in Dunkelheit und Widersprüche stürzte. Mit Anspielungen auf die gängigen Formeln der Aufklärung und unter Anwendung von deren universalhistorischem Schema für die Philosophiegeschichte wird in beredten Worten die Szenerie einer dramatischen Krisensituation der Philosophie skizziert. Der ursprüngliche Despotismus der Metaphysik übte eine Gesetzgebung über die Kultur wie ein Rest der alten Barbarei, so dass alles durch die inneren Kriege in völlige Anarchie ausartete. Die Skeptiker, »Nomaden, die allen beständigen Anbau des Bodens verabscheuen«, zersetzten systematische Philosophie vollends, so dass sich der veraltete, wurmstichige Dogmatismus immer wieder erholte. Zuletzt enttäuschte »eine gewisse *Physiologie* des menschlichen Verstandes (von dem berühmten *Locke*)« die Erwartung, sie könnte den Streitigkeiten ein Ende machen. Die Verkennung der wahren Probleme erzeugte die scheinbar unlösbaren Streitfragen, und daraus entstand der Überdruss am Dogmatismus der Metaphysik und der »*Indifferentism*, die Mutter des Chaos und der Nacht, in Wissenschaften, [...] zugleich der Ursprung, wenigstens das Vorspiel einer nahen Umschaffung und Aufklärung derselben« (A IXf.). Die *Kritik* wird in eine weite Bewegung durch Verfall und nun anbrechenden Tag der Wiedererschaffung echter Metaphysik gestellt. Im nächsten Schritt wird die Unabweisbarkeit von Philosophie als der Theorie von der intelligiblen Realität des

Menschen mit dem Rechtsgedanken verbunden. Das Werk wird als der nun erforderliche Gerichtshof angekündigt, der die gerechten Ansprüche der Vernunft sichere und die Anmaßungen abweise. Kant wendet die Jahrhundertformel »Kritik der Vergangenheit« gegen die geistige Situation der Aufklärungsphilosophie selbst. Erforderlich ist nicht eine Kritik der Bücher und Systeme, sondern der Logik der belobten Vernunft. Der Gerichtshof »ist kein anderer als die Kritik der reinen Vernunft selbst«. Darauf folgt das Theorem von der Möglichkeit der Vernunfterkenntnis unabhängig von aller Erfahrung, des echten Problems des metaphysischen Wissens. Kant spitzt also die beiden aufklärerischen Leitthemen – Kritik der Vergangenheit und Selbstdenken – zu zur Verankerung der Autonomie des Menschen gegenüber den letzten Fragen in der synthetischen logischen Funktion a priori. Die Bemerkung, der bisher nie geleistete und für ihn schwierigste Teil sei die transzendentale Deduktion der Kategorien (A XVI), schränkt diese zugleich auf die Funktion des Apriorismus für die Organisation von Wahrnehmungsdaten zur Konstitution von Sachverhalten ein.

Die Vorrede zur zweiten Auflage ist im Zusammenhang der Aufnahme der ersten Auflage zu sehen. Unvermittelt hatte die erste Vorrede die Situation der Philosophie als Verfall ausgesprochen und eine völlig neue Rationalitätsbegründung angekündigt. Ohne Federlesen wurde der guten Meinung des Zeitalters von sich ins Gesicht eine geistige Krise festgestellt und als einzige Lösung angekündigt, was als Radikalität aufgefasst werden musste und so verstanden werden sollte: Eine Revision und deutliche Komplizierung sowohl des Descartesschen und Wolffschen als auch des Lockeschen Satzes des Bewusstseins. Die bisherigen Rationalitätstheoreme und mit ihnen die Errungenschaften im aufklärerischen Verständnis der Idealität des Menschen werden für widersprüchlich erklärt und die Situation der Philosophie wird eine Anarchie genannt. Die neue Vorrede greift zur Erläuterung der erforderlichen »Revolution der Denkart« (B XII) in der Philosophie auf den umfassenden wissenschaftsgeschichtlichen Zusammenhang der Geschichte der Mathematik und der Naturwissenschaften zurück. In deren – offenbar bislang unverstandener – mathematisch und logisch konstruktivistischer Methodik sei die transzendentale Methode der *Kritik* längst vorbereitet gewesen. So ist in der zweiten Auflage eine völlig neue Abhandlung von 20 Seiten, in der Kant seine Reform der Metaphysik wissenschaftsgeschichtlich untermauert, an die Stelle der kurzen Vorrede (8 S.) von 1781 getreten. Die Geschichte der Wissenschaften zeige den Fortschritt vom empirischen »Herumtappen« zum »sicheren Gang«; eine der wesentlichen kulturgeschichtlichen Formunterscheidungen der Aufklärung, die Kant aufnimmt, um seine Auffassung in den Umkreis anerkannter Denkfiguren zu stellen. Leibniz hatte das Wort vom Fortschritt »nach Feststellung bestimmter fester Sätze sicheren Schrittes« als dem Ende der Anarchie der philosophischen Schulsekten schon in seinem *Specimen dynamicum* (1695) benutzt (Leibniz, *Philosophische Werke*, Bd. 1, Leipzig 1924, S. 258). Logik zuerst, danach Mathematik, zuletzt (mathematische) Naturwissenschaften fanden zum Typus kontinuierlichen und begriffenen Fortschritts. Der aufklärerischen Denkfigur evolutionären und selbstreflexiven Fortschritts widerspreche bislang die Philosophie. In einem zweiten Schritt, dem Zentrum des Textes, wird die Ursache für den sicheren Gang in den genannten Wissenschaften dargestellt, und Kant spricht das wissenschaftsgeschichtliche Verständnis seiner Theorie aus. Die Revolution der Denkart richtet sich gegen die unreflektierte natürliche Welteinstellung des alltagspraktischen Bewusstseins (die von der bisherigen Metaphysik nicht überschritten, nur spekulativ verdoppelt worden sei). Es wird die Existenz einer bewusstseinsunabhängigen Realität angenommen, die in verschiedenen Schritten irgendwie ins Denken hereingeholt und abgebildet werde. Mathematik und mathematische Naturwissenschaften gingen dagegen davon aus, dass ohne apriorischen Einschlag keine objektive und allgemein gültige Erkenntnis möglich sei, wir aber »von den Dingen nur das a priori erkennen, was wir selbst in sie legen« (B XVIII). Kant erläutert den Apriorismus mit der Analogie von der kopernikanischen Drehung, einer Prägung von hohem kulturellem Symbolgehalt. Kopernikus gelangte zur neuen Astronomie, indem er eine Drehung des Standpunktes vornahm: Nicht die Sterne drehen sich um uns, sondern wir Zuschauer uns um das Sternenheer (B XVI). Ebenso sollte die Metaphysik nicht mehr annehmen, unsere Erkenntnis a priori (nur um diese geht es in Polemik gegen Metaphysik und Empirismus) müsse sich nach den Gegenständen richten, sondern vielmehr, dass die Gegenstände von unseren Erkenntnisformen a priori konstituiert würden. »Erfahrung ist selbst eine Erkenntnißart, die Verstand erfordert, dessen Regel ich in mir, noch ehe mir Gegenstände gegeben werden, mithin a priori voraussetzen muß« (B XVII). Gemäß ebensolcher, dem Sinnenschein widersprechenden, aber richtigen kopernikanischen »Umänderung der Denkart« (B

XXII) entstehen die logischen Funktionen nicht in der Bewegung von den Gegenständen des Augenscheins zur Theorie, sondern strukturieren die wahrnehmbare Objektwelt nach Ordnungsfunktionen a priori. »Bisher nahm man an, alle unsere Erkenntniß müsse sich nach den Gegenständen richten«, aber alle Versuche, über sie etwas a priori auszumachen (also mit dem Rationalitätsbegriff der Metaphysik), mussten scheitern (B XVI). Kant hebt hier die Grundvoraussetzung der antiken und mittelalterlichen Weltanschauung auf, dass die Welt eines reinen Seins den objektiven Konstitutionsbedingungen des Subjekts vorgeordnet sei. Diese Aufhebung des Primats einer anzuzielenden Gegenständlichkeit höherer Art bildete lange Zeit den zentralen Vorwurf gegen Kants Transzendentalphilosophie (unverdeckt noch O. Willmann, *Geschichte des Idealismus*, Bd. 3, Braunschweig 1897, §§ 102 ff.; auch J. Hirschberger, *Geschichte der Philosophie*, Bd. 2, Freiburg [4]1960, S. 300 ff.). Mit der subjektiven Wende des Apriorismus und der Aufhebung der Ontologie war, wie selbst Mendelssohn es sah, der weitgreifende Vorwurf verbunden, Kants Theorie stelle eine unchristliche Philosophie dar. Der Vergleich des Verhältnisses transzendentale Subjektivität – ontologische Metaphysik mit dem Verhältnis kopernikanische – ptolemäische Astronomie meint, Kopernikus habe gezeigt, dass die beobachteten Bewegungen der Sonne, Planeten und Fixsterne Scheinbewegungen seien. Tatsächlich sind sie Projektionen der Erdrotation und des Erdumlaufs um die Sonne auf das System der Himmelskörper. Die transzendentale Methode ist von den neuzeitlichen Wissenschaften geprägt. Von den plausiblen – aber falschen – Erklärungen der peripatetischen Physik gemäß der unvermittelten Realität von Bewegungserscheinungen begann sich am Ende des 16. Jhs. die wissenschaftliche Dynamik abzulösen. Mechanik und Dynamik hatten seit dem 16. Jh. in einer langen Geschichte der Technologie bei der Konstruktion von Maschinen für die Industrie und die Kriege die Voraussetzungen für die notwendige intellektuelle Formalisierung auf der Hand liegender Tatsachen und Ereignisse geschaffen. Resultat sind die heutigen Naturwissenschaften. Für die Rechtsform des gesellschaftlichen Verhaltens vollzog sich seit dem 18. Jh. ein analoger Prozess.

Literatur

Olschki, L.: Geschichte der neusprachlichen wissenschaftlichen Literatur, Bd. 3, Galilei und seine Zeit, Halle 1927, ND 1965 [S. 68–79, spez. die dort zit. Autobiographie N. Tartaglias]. – Dijksterhuis, E. J.: Die Mechanisierung des Weltbildes, Berlin u. a. 1956 [spez. S. 276–304, Die Mechanik der Übergangszeit].

Die Verbindung der apriorischen Funktion mit dem Baconschen naturwissenschaftlichen Phänomenalismus bildet das Kernstück an Kants »gänzlicher Revolution der Metaphysik nach dem Beispiel der Geometer und Naturforscher« (B XXII; Zitat v. Vf. gekürzt). Daran schließt die Vorrede zwei Schlussfolgerungen an. In theoretischer Rücksicht ist Rationalität auf das Gebiet der erfahrbaren Wirklichkeit begrenzt. Es gibt kein Wissen von Transzendenz. Zweitens setzt diese Grenzziehung des Wissens eine neue Bestimmung »jenes transcendenten Vernunftbegriffs des Unbedingten« in praktischer Absicht »über die Grenze aller möglichen Erfahrung hinaus« frei (B XXI). Damit gelangt Kant zum Teil der neuen Vorrede, der Fehlurteilen und Vorurteilen über die erste Auflage begegnen soll. Er erläutert, dass es um die Umformung der ontologischen Transzendenz zur Idealität des Gesamtfeldes von Praxis geht, nicht um die Beseitigung überempirischer moralischer und religiöser Postulate. Der positive Teil der transzendentalen Dialektik mit dem ganzen Bezirk der Vernunftideen neben der auflösenden Leistung wird nun betont, was die erste Vorrede unterlassen hatte. Dieser Zusammenhang bildete zweifellos einen auslösenden Faktor für Kants Entschluss, dem Werk eine zweite *Kritik* (der logischen Funktion in praktischer Rücksicht) folgen zu lassen. Kant stellt jetzt die beiden Aspekte des Grundgedankens der *Kritik* heraus: a) Keine theoretische Konstitution von Sachverhalten kann jemals weiter reichen als bis zu den Grenzen empirisch verifizierbarer Behauptungen. b) Die Kurzformel vom praktischen Vernunftgebrauch – Gott, Freiheit und Unsterblichkeit – wird eingeführt, der nichts verlange als den Begriff der vom Naturmechanismus unabhängigen Freiheit, der Basis aller Sittlichkeit. Dadurch kommt die Philosophie der Praxis unabhängig neben die der erfahrungsgebundenen Wissenschaften zu stehen, und Kant formuliert den ostensiblen, weithin vernehmbaren Satz: »Ich musste also das *Wissen* aufheben, um zum *Glauben* Platz zu bekommen« (B XXX). Eine Atheismus-Verdächtigung bedeutete noch immer große Gefahr der Aussonderung in die Wirkungslosigkeit. Die Professoren wurden im Berufungsvertrag auf die Vertretung der christlichen Religion verpflichtet. Doch Kant setzt kritisch drauf: Der ontologische Dogmatismus vermeintlich erschließbarer reiner Gegenständlichkeit hinter den Erscheinungen sei

selbst »die wahre Quelle alles der Moralität widerstreitenden Unglaubens«. Er hatte vor der ersten Auflage des Werkes die simple Direktheit der Missinterpretationen nicht vorausgesehen. Die Vorrede geht nun zu grundsätzlicher Erörterung über Religiosität und freie Öffentlichkeit über. Kant argumentiert durchaus offensiv: Theoretische Verbote schränken das Religionsverständnis ein und erzeugen dadurch gerade Materialismus, Fatalismus und Atheismus. Kant spricht die Intention offener kultureller Synthese aus, die er mit dem transzendentalen Idealismus verbindet: Erst er gewährleiste die Einheit von freier Wissenschaft, Religiosität und politischer Ordnung. Wenn Regierungen es für gut befänden, sich mit Angelegenheiten der Gelehrten zu befassen, so sollten sie die Freiheit der Kritik begünstigen und nicht den lächerlichen Despotismus der Schulen (B XXXV). Kants Argumentation verteidigt entschieden den europäischen Liberalismus, zeigt freilich nicht auf den absolutistischen Staat, den Kant selbst für besonnene Evolution in Anspruch nimmt, nur auf eine interessierte Gruppe besoldeter Akademiker und Theologen als Widerpart der Freiheit. Das war auch der Kreis, der hinter den Vorurteilen gegen die *Kritik* stand. Kant war natürlich weit entfernt, etwa seiner Theorie staatliche Protektion zu wünschen.

Im Anschluss daran ergänzt Kant für die ablehnenden Lehrstuhlinhaber zu seinem Verhältnis zur Schulmetaphysik und rühmt »die strenge Methode des berühmten Wolff« und den mit ihr verbundenen »Geist der Gründlichkeit in Deutschland«. Er erklärt damit zugleich die Schwerverständlichkeit des Werkes als Erscheinungsform von dessen systematischer Wissenschaftlichkeit. Nach anderer Seite wird ein zweiter Kampfplatz bezeichnet. Hinter den Angriffen auf die *Kritik* stehe nicht nur die akademische Front, sondern auch eine ästhetisierende Libertinage, der »Modeton einer geniemäßigen Freiheit im Denken«, der die Fesseln der Wissenschaft abwerfen, »Arbeit in Spiel, Gewißheit in Meinung und Philosophie in Philodoxie« (etwa: Liebe zur Beliebigkeit) verwandeln will (B XXXVII, XLIII). Damit hat Kant sein Werk auf die Bahn eines »sicheren Gangs«, einer mittleren Ideallinie auch des gesellschaftlichen Fortschritts durch Aufklärung gestellt, zu beiden Seiten flankiert von konservativem Dogmatismus und stimmungsgebundenen Attacken, die verantwortungsfremde Beliebigkeit darstellten. Kant denkt über sein Werk durchaus mit kulturpolitischer Strategie. Wie von der ersten Auflage zur neuen, so werde sich das System dieses Werkes in der Unveränderlichkeit seiner gegründeten Systematik auch fernerhin behaupten (B XXXVIII). Die Übereinstimmung beider Auflagen wird zur Endgültigkeit des theoretischen Resultats schlechthin gesteigert. Nicht nur die Ausgleichung der großen kulturellen Gegensätze der modernen Zivilisation sieht er mit ihm verbunden. Fortschritt wird gleichsam wie in einer Ideologie von Intellektuellen vom Modell des sicheren Gangs der Fachwissenschaften als des Grundtypus des kulturellen Prozesses auf alle Felder des zivilisatorischen Prozesses übertragen.

Außer den durchgehenden Leitgedanken enthält die Vorrede drei andere aufschlussreiche Erläuterungen. Die Voraussetzung des Begriffs von subjektfrei existierenden »Dingen an sich« wird gegen das sensualistische Missverständnis des Kantschen Erscheinungsbegriffs betont (B XXVI). In zwei Anmerkungen werden die analytische Isolierung der apriorischen Elemente des Bewusstseins und danach auch die Scheidung von Erscheinungen und Dingen an sich mit der Experimentalmethode der chemischen Analyse verglichen (B XVIII). Schließlich betont die Vorrede den propädeutischen Charakter der *Kritik* als »der nothwendigen vorläufigen Veranstaltung zur Beförderung einer gründlichen Metaphysik als Wissenschaft« (B XXXVI). Die Metaphysik der Natur und der Sitten (also die spezielle Kategorienlehre) würden die Richtigkeit dieser propädeutischen Kritik der theoretischen und der praktischen Vernunft bestätigen.

Literatur

Blumenberg, H.: Die Genesis der kopernikanischen Welt, Frankfurt/M. 1975, ³1996 [T. 5, V: Was ist an Kants Wendung das Kopernikanische?; S. 691–713].

Die Einleitung zur ersten Auflage. Erfahrung sei das erste Produkt des Verstandes, das dieser hervorbringe und forterzeuge, indem er den rohen Stoff sinnlicher Empfindung bearbeite. So plastisch und handwerklich direkt setzt das Buch ein (A 1). Doch mit den nächsten Sätzen versetzt es dem stolzen Alltagsbewusstsein mit dem Leibniz-Satz einen Stoß: Erfahrung sagt uns nur, dass es so sei, nicht, warum es so und nicht anders sein müsse. Nun steuert die knappe Einleitung zur ersten Auflage unter dem Titel *Idee der Transzendentalphilosophie* direkt auf das ungelöste Problem der universalistischen Geltung von Behauptungen los und wendet dafür die Untersuchung von den Objekten des Denkens auf die subjektiven Bedingungen für die Konstitution von Sachverhalten zurück. Notwendige Sätze beruhen auf der

von Erfahrung unabhängigen logischen Funktion im Subjekt. Gegen die logisch ungesicherte bisherige Metaphysik folgt das schönste Bild der Kantschen Schriften: »Durch einen solchen Beweis von der Macht der Vernunft aufgemuntert, sieht der Trieb zur Erweiterung keine Grenzen. Die leichte Taube, indem sie im freien Fluge die Luft theilt, deren Widerstand sie fühlt, könnte die Vorstellung fassen, daß es ihr im luftleeren Raum noch viel besser gelingen werde« (A 5). Den metaphysischen Objekten fehle die Anschauung, auf die Geometrie und Arithmetik ihre apriorischen Operationen projizieren könnten. Bislang setze die Metaphysik ihre Objekte wie in höherem Handwerkertum voraus, da sie über jene geistigen Welten (Gott, Freiheit und Unsterblichkeit), die allerdings den Inhalt der Philosophie ausmachten, wie über daseiende Dinge spreche. Wird so die akademische Metaphysik für Luftschloss erklärt, bleiben aufklärerischer Empirismus und Triumph des gesunden Menschenverstandes nicht ungeschoren: Das ist alles erborgtes Zeug und geht am Ende in Skeptizismus aus, solange nicht die Bedingungen von Allgemeingültigkeit und Notwendigkeit theoretischer Sätze, vor allem aber die kategorische Verbindlichkeit moralisch-praktischer Maximen, festgestellt sind. Die Einleitung zur ersten Auflage der *Kritik*, deren Knappheit noch den herausfordernden Charakter unterstreicht, erklärt den beiden Flügeln der zeitgenössischen Philosophie den Krieg, und Kant hätte sich nicht über das Unverständnis aus harmloser Ergebung in die Weltweisheit, die nun einmal da ist und guten Mut zeigt, und nicht über das gewollte Missverständnis bei denen, die gemeint sind, so enttäuscht finden müssen.

Nach dem vernehmbaren Auftakt unterscheidet die Vorrede analytische und synthetische Urteile und bezeichnet die synthetischen Sätze a priori als das zentrale Thema des Werkes. Hier liegt ungelöst »ein gewisses Geheimniß verborgen« (A 10). Das ganze Musterstück, mit dem Kant seine Theorie jetzt als Schlussakte für alle bisherige Philosophie auftreten lässt, schließt mit einer spekulativen Wendung, einem wie märchenhaften Blick auf ein immer verschlossenes Rätsel um uns selbst: Zwei Stämme der menschlichen Erkenntnis sind uns bekannt: Sinnlichkeit, die uns Gegenstände gibt, Verstand, der sie denkt – aber sie »entspringen vielleicht aus einer gemeinschaftlichen, aber uns unbekannten Wurzel« (A 15).

Kant spricht in Vorwort und Einleitung knapp und klar im Ton des gerechten Richters in Sachen Aufklärung. Bei diesem Kampf um das Begriffsfeld

des Apriorismus und dessen Leistungen für die alltagspraktischen und erfahrungswissenschaftlichen
Begriffe ist auch zu beachten, dass er dem ursprünglichen Sinn von Aufklärung entspricht, nämlich *Aufklärung der Begriffe*, um durch dieses Licht in der
Seele des Einzelnen zu übereinstimmenden Auffassungen zu finden.

Literatur

Cramer, K.: Die Einleitung (A1/B1 – A16/B30), in: Mohr,
G./Willaschek, M., Klassiker auslegen. I. Kant, *KrV*, Berlin
1998, S. 57–79.

Die Einleitung zur zweiten Auflage, auf etwas mehr
als die doppelte Seitenzahl der Einleitung zur ersten
Auflage erweitert, übernimmt alle zentralen Formulierungen des vorhandenen Textes, führt aber nach
den Erfahrungen mit dem Unverständnis für das
Grundproblem des Buches die gleichen Gedanken
ausführlicher und didaktisch durchgebildet in sieben
Abteilungen aus. Der Aufbau: I. Unterschied reiner
und empirischer Erkenntnis. II. Wirkliches Vorhandensein reiner Erkenntnis (quaestio facti, Frage nach
dem Dass). III. Notwendigkeit einer Theorie reiner
Erkenntnis (quaestio juris, Frage nach dem logischen
Wie). IV. Analytische – synthetische Urteile. V. Vorhandensein synthetischer Urteile a priori. VI. Notwendigkeit einer Theorie synthetischer Erkenntnis a
priori. VI. Idee und Aufbau einer solchen Theorie,
d. i. der *Kritik*. Für das Verständnis von Kants eigener
Problemanalyse des Werkes und der intensiven Bemühungen, sie zu vermitteln, ist der Vergleich der
beiden Einleitungen mit der Einleitung zu den *Prolegomena* aufschlussreich.

Der Terminus »Satz a priori« wird ausführlich erläutert, und als Grundproblem des Werkes wird die
Frage formuliert, wie synthetische Urteile a priori
möglich seien (B 19). Nach der ausführlichen Erläuterung der Gründe, analytische und synthetische Urteile zu unterscheiden, werden für die drei Typen
apriorisch-synthetischer Urteile deren Geltungsweise in reiner Mathematik, reiner (d. i. mathematischer) Naturwissenschaft und in der Metaphysik gesetzt (B 20 f.). Metaphysik bedeutet im engeren Sinne
das Feld moralisch-praktischer Vernunft (in der
Kurzformel von Gott, Freiheit und Unsterblichkeit).
Im Unterschied zum mos geometricus der Wolffschen Metaphysik soll die *Kritik* (1) durch die Untersuchung des Apriorismus als solchen und (2) durch
die Differenzierung sehr unterschiedlicher Realisierungsweisen der apriorischen Funktion eine genera-

lisierungsfähige philosophische Theorie gewinnen,
die den Universalitätsanspruch der neuzeitlichen
Rationalität erst wirklich von den methodisch fortgeschrittensten Disziplinen auf die Philosophie auszudehnen gestatte.

Literatur

Schultz, J.: Prüfung der Kantischen *KrV*, T. 1, Frankfurt u. a.
1791 [Entgegnung auf die frühesten Kritiken an den in der
Einleitung dargelegten Grundbegriffen]. – Vaihinger, H.:
Commentar zu Kants Kritik der reinen Vernunft, Bd. 1,
Stuttgart u. a. 1881, S. 158–496. – Baumanns, P.: Kants Phi-
losophie der Erkenntnis. Durchgehender Kommentar zu
den Hauptkapiteln der *KrV*, Würzburg 1997 [Rez. v. R.
Wahsner, in: KS 90 (1999), S. 484–489].

2 Transzendentale Ästhetik

Die Problemstellung

Kant beginnt seinen Plan, synthetische Funktionen a priori im Bewusstsein darzustellen, mit deren Nachweis in der Mathematik. Geometrische Demonstrationen setzen eine nicht-empirische Raum- und Zeitanschauung voraus, so wie Arithmetik und Algebra die »reine« Zeitanschauung. Der Beantwortung der Frage, wie Mathematik als Wissenschaft möglich sei, dient die transzendentale Ästhetik (von griech. αἴσθησις, *aísthēsis*, Wahrnehmung, also nicht im Sinne von Theorie der Künste).

Die Funktion der transzendentalen Ästhetik in Kants Theorie geht über den Bezug zur Mathematik weit hinaus. Die logischen Funktionen stellen ideelle Relationen außerhalb von Raum und Zeit dar. Das Gleiche gilt für die Ideen praktischer Selbstbestimmung des Willens mit deren objektivem imperativischen Gehalt. Die Verbindung der Kategorien Ursache – Wirkung in einer Behauptung setzt die Zeitanschauung voraus. Wie kann die Welt intelligibler Strukturen mit der empirisch gegebenen Wirklichkeit in Verbindung treten? Offenbar nicht direkt. Die Ausgangsfrage für den die sog. Erfahrungswissenschaften tragenden Anschauungsbegriff Kants lautet: Wie muss die Anschauungswelt gedacht werden, damit ideelle Operationen a priori sich in der Synthesis der erscheinenden Ereignisse realisieren können? Raum und Zeit können offenbar nicht diskursive Begriffe sein. Sind sie Anschauungsweisen, so können sie nicht Substanzen, sondern müssen Relationen sein. Das Amphibolie-Kapitel sagt: In der Anschauung ist etwas enthalten, das im Begriff von einem Dinge (Substanz) überhaupt nicht liege. So bestehe der Raum als Substratum der Anschauungsweise aller Dinge aus lauter Verhältnissen (B 340). Kant nimmt also im Leibnizschen Sinne das Resultat des Briefwechsels Leibniz-Clarke (1715–1716) auf. Der Raum ist nicht vorbestehende, absolute Substanz, eine Art allumfassendes Gefäß, sondern Relationengefüge. Jede spezifische Beziehung im Raume ist dann einschränkende Relation innerhalb einer Relation. Da der Raum ein Kontinuum ist, sind in ihm unendlich viele große und unendlich kleine Einschränkungen möglich. Kant formuliert darum mit einer sehr pointierten Wendung, der Raum sei »eine unendlich *gegebene* Größe« (B 39). Für die Zeit erläutert er: »Die Unendlichkeit der Zeit bedeutet nichts weiter, als daß alle bestimmte Größe der Zeit nur durch Einschrän-

kungen einer einigen zum Grunde liegenden Zeit möglich sei« (B 47). Alle speziellen Raum- und Zeit-Bezüge setzen die Dimensionen Raum und Zeit schlechthin voraus. Das mathematische Kontinuum des unendlich Großen und unendlich Kleinen bilden das Muster der Kantschen Theorie reiner Dimensionalität, die alle Qualitäten auf die quantitative Dimension bezieht und alle spezifischen Quantitäten als Einschränkung der Größenrelation als solcher ansieht. Die reine Dimensionalität bildet die Voraussetzung für die Einheit aller Wahrnehmungen in Raum und Zeit. Nur dann ist eine apriorische Begründung von Rationalität durchführbar. Kants Reflexionen bringen die Problematik der reinen Anschauungsformen einige Male beinahe prägnanter auf den Punkt als die Ausführungen in der *Kritik*. Zwei Beispiele: »Das quantum, worin alle quantitaet allein bestimt werden kann, ist in ansehung der Menge der Theile unbestimmt und continuum. Raum und Zeit.«»Ein jedes Quantum ist ein compositum, dessen Theile alle ihm gleichartig sind; folglich ist es continuum und besteht nicht aus einfachen Theilen« (Refl. 5846 f.). Kant verstand den relationalen Charakter von Raum und Zeit nicht mehr in Leibniz' (1646–1716) Sinne, dass es sich um Relationen der erscheinenden Objekte selbst handele, sondern um Anschauungsformen oder notwendig vereinheitlichende Anschauungsbedingungen des Subjekts (die 2. Anm. zur Dynamik der MAN, 1786, erläutert, dass das eigentlich auch die besser verstandene Meinung Leibniz' selbst gewesen sei, IV, 507).

Kontinuität als auszeichnender Charakter unterscheidet die Dimensionen der Raum- und Zeitstrecke von Substanzen. Sie sind nicht nach dem Muster von Gegenständen als Ganze fixierbarer Teile zu denken und nicht im Subordinationsverhältnis von Begriffen nach Gattung und Art. Sie sind nur Relation von Relationen und als solche Anschauungsformen des Subjekts, das sie teilt und zusammenfügt. Die reine Dimensionalität bedeutet Vindizierung der Wirklichkeit ans Bewusstsein durch deren Quantifizierbarkeit schlechthin. Jedes beliebige berechnete Raum- oder Zeit-Teil ist eine Setzung. Der Einheit des Denkens, die sich in dessen Synthese-Funktion realisiert, ist eine Einheit der Anschauung an die Seite gestellt, als elementare Bewegungsebene der Urteilsoperationen. Auf Formen reiner Anschauung a priori kann sich der mathematische und logische Apriorismus beziehen. Kants Theorie der reinen Dimensionalität aller Anschauung gibt den Bezug des ganzen transzendentalen Idealismus zur Methode der mathematischen Naturwissenschaft zu erkennen. Für Kants Bindung an die Euklidische Geometrie spielt die Theorie einer »reinen« Anschauung keine Rolle. Nur Kants illustrierende Beispiele (z. B. das Parallelenaxiom) treffen für eine nichteuklidische Raumanschauung nicht zu. In seiner Erstlingsschrift hatte Kant Leibniz' Gedanken nichteuklidischer Geometrien zugestanden (§§ 9–11). Es ist das Prinzip von Mechanik, Dynamik, Astronomie, Optik: an den unmittelbar anschaulichen Vorgängen qualitativer Erscheinungen wird durch quantitative Formalisierung eine elementare Realitätsebene aufgewiesen. Sie besteht in der Projektion von Figuren und Zahlenkombinationen auf Räumlichkeit und Zeitlichkeit als formaler Einheitsanschauung. Für die empirische Wahrnehmung bleibt die naive Voraussetzung, Raum und Zeit seien Daseinsformen der Gegenstände an sich.

Die formale Einheitlichkeit aller empirischen Forschungsfelder bildete für Kant ein Kriterium seines Wissenschaftsbegriffs. Wenn Leibniz' Auffassung, Raum und Zeit seien nicht Substanzen, sondern Relationen, angenommen werden soll, so kommt es vor allem darauf an, die Einheit aller Verhältnisse zu denken. Sonst würden Mathematik und Logik bei der Anwendung auf Anschauungsdaten entweder zerstieben in diffuse Mengen von Räumen und Zeiten. Oder sie würden, wie Berkeley konsequent sagte, die notwendigen Täuschungen sein, auf die wir Gedankengebilde projizierten. Diese wären dann von Imaginationen nicht zu unterscheiden, bzw. nur unter der Zusatzannahme eines transzendenten absoluten Subjekts. Die Annahme (der Newton zuneigte), Raum und Zeit besäßen Einheit und Bestand in der intellektuellen Anschauung Gottes, sollte ebenfalls die Vermischung von Traum und Realität ausschließen. Man musste dann nur suchen, einen logisch stringenten Existenzbeweis Gottes zu führen. Mit der Voraussetzung des logischen Apriorismus war der naturwissenschaftliche Phänomenalismus allein mit der Theorie von Raum und Zeit als reiner Dimensionalität der Anschauung des erkennenden Subjekts konsequent zu machen. Darin sah Kant die Bedeutung seiner transzendentalen Ästhetik für die philosophische Untermauerung der Newtonschen Naturwissenschaft. Als Einheitsformen der Anschauung des Subjekts bietet die Subjektivierung von Raum und Zeit den Ausweg aus dem Gegensatz von ontologisch und naturalistisch fixierter Auffassung der Wirklichkeit. Das bedeutete für Kant nicht weniger als den Ausweg aus der Antinomik zwischen verabsolutierter logischer Unbedingtheit der ontologisch-metaphysischen oder der empiristischen Welt-

auffassung. Zweifellos sah Kant diesen Zusammenhang seiner Ästhetik als das »große Licht« an, das ihm das Jahr 1769 gegeben habe (Refl. 5037). Die Dissertation stellt sie im folgenden Jahr als erstes fertiges Stück der gesuchten neuen Methode der Metaphysik dar.

Mit der Theorie von Raum und Zeit als Anschauungsformen reiner Dimensionalität garantiert die transzendentale Ästhetik die Offenheit der gesamten, jemals Gegenstand bildenden Wirklichkeit fürs Denken. Daraus ergibt sich eine wesentliche Konsequenz. Theoretische und technisch-praktische Aktivität sind auf die erscheinende Wirklichkeit begrenzt. Sie unterliegen also stets der »Einschränkung« spezifischer Relationen. Gilt für das Subjekt selbst, das sich so begrenzt, das Gleiche? Der Einschränkung auf die erscheinende Partikularität muss das Subjekt auch als nicht erscheinendes gegenüberstehen. Sonst wäre alles Denken und Handeln ein Gewebe von Erscheinungen der Erscheinungen. Der empirische Idealismus wäre wiederhergestellt, dass wir der Traum unserer Realität seien; ein romantischer oder mystisch-religiöser Affekt. Kants Voraussetzung des überempirischen mundus intelligibilis (der logischen Funktion) und die transzendentale Ästhetik der reinen Zeit- und Raum-Anschauung bedingen einander.

Vom Bezug der Anschauungsformen a priori zur praktischen Selbstbestimmung her ist der Vorrang der Zeitanschauung vor der Raumbestimmung leicht zu bemerken. Alle räumlichen Bestimmungen erfolgen in der Zeit, aber in ihr vollziehen sich auch die nicht-räumlichen Vorgänge unseres inneren Sinnes. Die Zeit ist als die Form des inneren Sinnes die elementarere Anschauungsweise vor dem Raum. Der Bewusstseinsakt setzt mit der Raumanschauung ein, aber der Reflexionsakt des Selbstbewusstseins mit der Zeitwahrnehmung liegt in potentia voraus. Was wir als vor oder nach einem anderen Objekt liegend wahrnehmen, ist das, was wir in der Zeit früher oder später wahrnehmen. Wenn die geistige und die gegenständliche Realität in unseren Anschauungsformen ihre Basis besitzt, dann ruht immer die räumliche Existenz in der Zeitlichkeit. Der religiöse Gedanke ist bei Kant an seinem Platz: Nur Gott könnte alle Zeiten zugleich überschauen. Für uns gilt: »Verschiedene Zeiten sind nicht zugleich, sondern nach einander (so wie verschiedene Räume nicht nach einander, sondern zugleich sind« (B 47). Das Nacheinander unserer Zeitlichkeit ist unser schöpferisches Element. Zeit ist die Dimension der Bewegung und der Horizont des Möglichen.

Die Scheidung der Anschauungsformen a priori von den Kategorien stellt eine der zentralen Voraussetzungen für die Kritik der Schulmetaphysik dar. Die mathematische Demonstrationsmethode war dadurch nicht mehr auf die Philosophie zu übertragen, da sich Geometrie und Arithmetik auf Anschauung von Figuren und innere Zeitanschauung (z. B. eines Zählvorgangs) beziehen, philosophischen Begriffen aber die ästhetische Projektion fehlt. Kants Trennung der Anschauungssphäre von der begrifflichen lässt die metaphysische Auffassung der Anschauung (d. i. auch des alltagspraktischen Bewusstseins) als verworrener Erkenntnisse gegenüber den theoretischen Vermittlungen als sog. klaren und deutlichen Begriffen und damit die ontologische Hypostasierung von bildlichen Vorstellungen zurück. Der unentfaltete Punkt der transzendentalen Ästhetik besteht darin, dass die Einheit des Anschauungsraumes, der Raum der Geometrie und der physikalische Raum nicht gründlicher geschieden werden. Unbestritten bleibt die Räumlichkeit aller Wahrnehmung als solcher, deren Strukturen von den Fachwissenschaften (Physik, Physiologie, Psychologie, Ästhetik) untersucht werden.

Literatur

Helmholtz, H.: Zählen und Messen, erkenntnistheoretisch betrachtet, in: Schriften zur Erkenntnistheorie (1921), Wien u. New York 1998, S. 99–146 [empiristische Kritik der Kantschen Auffassung der Mathematik]. – Blumenberg, H.: Die Genesis der kopernikanischen Welt, Frankfurt/M. 1975, ³1996 [T. 1, VI: Reine Anschauung als anthropologische Utopie; S. 99–110]. – Rohs, P.: Transzendentale Ästhetik, Meisenheim a. Glan 1976. – Enskat, R.: Kants Theorie des geometrischen Gegenstandes. Untersuchungen über die Voraussetzungen der Entdeckbarkeit geometrischer Gegenstände, Berlin 1978. – Posy, C. J. (Hg.): Kant's Philosophy of Mathematics, Dordrecht u. a. 1992. – Brandt, R.: Raum und Zeit in der ›Transzendentalen Ästhetik‹ der KrV, in: Großheim, M./ Waschkies, H.-J. (Hg.), Rehabilitierung des Subjektiven, Bonn 1993, S. 441–458. – Falkenstein, L.: Kant's Intuitionism. A Commentary on the Transcendental Aesthetic, Toronto 1995.

Raum und Zeit bei Newton, Leibniz, Hume

Raum und Zeit bilden die beiden elementaren Dimensionen, in denen wir die real erscheinende Welt auffassen (speziellere Dimensionen sind z. B. Gewicht, Kraft, Geschwindigkeit). Mit dem Ästhetik-Teil der *Kritik* sind, wie schon der Briefwechsel Leibniz-Clarke deutlich werden ließ, weitgreifende philosophische Folgerungen verbunden. Kants transzendentale Theorie des Raumes und der Zeit ist vor dem Hintergrund der drei entscheidenden philosophischen Theorien über Raum und Zeit zu sehen. Die Annahme einer realen, subjektfreien Existenz der beiden Grunddimensionen, die lange versucht und auch von Newton vorausgesetzt wurde, führte auf die Aporien absoluten Raums und absoluter Zeit ohne konkrete Prozesse, also auf leere Dimensionen. Das ist nicht aufrechtzuerhalten. Richtig ist, dass die Dimensionalität von Raum und Zeit im Substratcharakter jeder möglichen Begrenzung bzw. Messung überhaupt besteht. Daher die Verführung, eine »Existenz« beider Dimensionen ohne in ihnen Existierendes anzunehmen. Newton selbst vermied natürlich die naive alltagspraktische Vorstellung des absoluten Raumes und der absoluten Zeit als eines großen leeren Behälters, der ohne Geschehen in der Ewigkeit stünde. Er bezeichnet Raum und Zeit (im Scholion zur 8. Definition der *Principia mathematica*, 1687) als Prädikate, unter denen Gott die Welt anschaut. Es war eine subjektfreie, nicht-materiale Struktur nach der platonischen Auffassung: Mathematische Strukturen gehören dem Universum selbst zu als dessen symbolisches Gegenstück. Insofern bilden sie die Substrate, in die erst mit der Schöpfung die Inhalte eintreten. Leibniz sagt polemisch, sie seien bei Newton die Sensorien Gottes. Kant sah in Newtons Auffassung von Raum und Zeit als »wirklicher Wesen« (B 37) das Tor zur Vermischung von Naturwissenschaften und Theologie mit einem Gefolge sinnleerer Fragen. Gott schuf den Raum und die Zeit. Tat er es vor der Welterschaffung? Wie existierten sie ohne räumliche und zeitliche Gegenstände? Schuf er Raum und Zeit mit der Schöpfung, so bleiben die Fragen nach der Existenzweise einer absoluten geistigen Substanz über Raum und Zeit nach dem Augenblick der Weltschöpfung. Tatsächlich bietet der Gedanke eines absoluten (leeren) Raumes den Ansatzpunkt zur vermeinten notwendigen Annahme immaterieller Naturen. Das reale Problem der Newtonschen Auffassung bestand darin, dass mit ihr das Verständnis des Galileischen Beharrungsgesetzes verbunden war. Die Annahme, dass ein Körper ohne fremden Einfluss Richtung und Geschwindigkeit gleichmäßig erhalte, setzt voraus, jede Veränderung auf ein unveränderliches »absolutes« Koordinatensystem zu beziehen. Kants Wendung, Raum und Zeit als die beiden »reinen« Anschauungsformen zu denken, innerhalb derer alle spezielleren Anschauungen sich vollziehen, wird also dem elementaren Dimensionscharakter gerecht (deren »Absolutheit«) und vermeidet die Schwierigkeiten der Newtonschen subjektfreien absoluten Existenz der Dimensionen. Newtons Auffassung des Raums als eines »unermeßlichen Behältnisses (receptaculum) aller möglichen Dinge«, wie die Inauguraldissertation sagte (II, 403), bedeutete den Raum mathematischer »Objekte«, die von der vorkantschen Metaphysik als mögliche (und daher unendlich teilbare) Dinge gedacht wurden, im Unterschied zu den physisch »wirklichen« Dingen, die aus diskreten endlichen Teilen bestünden (so wurde die Verbindung von Mathematik und empirischer Physik philosophisch gedacht).

Leibniz hatte Raum und Zeit gegen Newton als Relationen der bewegten Körper selbst dargestellt. Primär setzte er die intelligible Struktur der Monaden. Der Vorzug bestand darin, dass die Relation ideell konstruierter Elemente (der Monaden) ins Zentrum rückte. Kant setzte die reinen Anschauungsformen als Konstitutionsfeld für die Realität mathematischer Operationen. Für Leibniz besitzt die Monade eine Doppelexistenz von Einzelding und Relation im Kontinuum. Leibniz sagte, dass die physikalischen Dimensionen Geschwindigkeit und Richtung bewegter Punkte das »Sein« von Gleichungen auf Funktionen besäßen. Raum und Zeit sollten nicht in Dinge verwandelt werden, wie die Zahlen bei den Pythagorärn. Die Schwierigkeit der Leibnizschen Auffassung von Raum und Zeit als Relationen der Gegenstände, die eben darum als mathematische Funktionen behandelt werden könnten, liegt in Folgendem: Leibniz fasste Raum und Zeit als Ordnungsformen, in denen die concreta erscheinen. Raum und Zeit kommen dadurch in die schiefe Stellung eines sekundären ontologischen Status. Denn er hält daran fest, dass die mathematischen Setzungen eine objektiv-reale Ordnung des Nebeneinander und Nacheinander von Einzelsubstanzen repräsentieren. Kant sagte gegen Leibniz und Wolff, sie betrachteten den Unterschied des Sinnlichen vom Intellektuellen bloß als logischen Gradunterschied: Anschauung sei verworrene Vorstellung von Dingen an sich, die vom Denken zur logischen Klarheit gebracht würde. Als Begriffe ergäben Raum und Zeit freilich einen analytischen Charakter mathematischer Sätze. Widersprüche in der Leibnizschen und Wolffschen Auffassung zeigte bereits L. Euler (*Vernünftige Gedanken von dem Raume dem Ort der Dauer und der Zeit*, 1763).

Kants transzendentale Ästhetik geht nicht aus der empirischen Anschauung von Raum und Zeit hervor, sondern ergibt sich aus den mathematischen Begriffen der Stetigkeit, der Ordnung (mathematischer »Gegenstände«), und aus der Willkür, einzelne »Stellen« in dieser Logik der Relationen (etwa der reellen Zahlen) zu markieren. Für dieses Resultat war Humes strikte Entgegensetzung von empirisch-anschaulicher und logischer Ebene des Bewusstseins ebenfalls von Bedeutung gewesen. Noch mehr war es das unbefriedigende Resultat des konsequent gemachten Skeptizismus, das Hume vorführte. Er suchte die mathematische Begriffsbildung vom empirischen Raum- und Zeitverständnis her darzustellen, und nahm als Anschauungselemente »physische Punkte« an, so klein, dass deren Ausdehnung auch für die Wahrnehmung nicht vermindert werden könne. Darauf sollten die Annahmen des unendlich Kleinen durch die Mathematiker beruhen. Die unendliche Inkongruenz von empirischer Anschauung und mathematischen Objektwelten ließen Hume sagen: »Der Haupteinwand gegen alle abstrakten Denkakte entnimmt sich den Vorstellungen des Raumes und der Zeit« (*Unters. üb. d. menschlichen Verstand*, 12. Abschn., 2. T.). Hume folgte der Theorie der empirisch-assoziativen Genese des mathematischen Denkens, die Locke gegen Descartes gerichtet hatte. Noch widersprechender erschien Hume die Annahme »einer unendlichen Zahl wirklicher Zeitteile, die einander folgen oder einer nach dem anderen vergehen«. Den Widerspruch zwischen wahrnehmbaren Punkten und Linien, bzw. Zeitempfindungen und der mathematischen Behandlung des unendlich Genauen will Hume dadurch lösen, dass alle Größenbegriffe der Mathematik nur Einzelvorstellungen der Sinne und einer produktiven »Einbildungskraft« (imagination) des inneren Sinnes seien, der die äußeren Sinnesdaten wiedererwecke und kombiniere. Hume spricht vom »Widersinn dieser kühnen Begriffbildungen der abstrakten Wissenschaften«. Den enttäuschenden Ausweg vom Widerspruch zwischen den Strukturen anschaulicher Größen und mathematischen Ordnungsbegriffen nimmt Hume mit der Wendung zu »Tätigkeit, Beschäftigung und den Verrichtungen des täglichen Lebens«. Die mathematische »Evidenz über Tatsachen, die über das Zeugnis der Sinne oder des Gedächtnisses hinausgehen«, entstamme nur der »Gewohnheit oder einem gewissen Instinkt unserer Natur« – im Grunde also einer unaufklärbaren Verwandlung einzelner Vorstellungen in erweiterte Vorstellungskomplexe. Damit war der erkenntnistheoretischen Problematik der Mathematik nicht beizukommen. Humes Abbruch der Fragestellung durch die alltagspraktische Faktizität der Dualität beförderte Kants Lösung, Wahrnehmungswelt und mathematische Idealität als ein innersubjektives Verhältnis von qualitativ verschiedenen Symbolisierungsweisen auf einander zu beziehen. Kants Gedankenrahmen einer transzendentalen Anschauungstheorie erscheint auch praktikabel gegenüber den beiden Auffassungen der heutigen Mathematiker. Realismus: Mathematische Objekte sind real – Formalismus: Es gibt gar keine mathematischen Objekte. Formeln beziehen sich nicht auf »etwas«. Es sind Symbolketten. Nur die physikalische (oder andere) Interpretation einer Formel besitzt einen Inhalt und kann wahr oder falsch sein. Die Formel selbst besitzt weder Bedeutung noch Wahrheitswerte. Wir schaffen Axiomensysteme, können sie verändern, um die »Erscheinungen« einer empirischen Realität besser zu beschreiben, mit der Kantschen symboltheoretischen Konsequenz, dass es diese Realität als »Dinge an sich« nicht geben kann. So löst sich auch die Frage, wie mathematische Modelle überhaupt in der angewandten Mathematik funktionieren können (E. Cassirer hatte realistische und empiristische Philosophie der Mathematik seiner Zeit behandelt: *Kant und die moderne Mathematik*, KS XII 1907, 1–40; Ges. Werke, Hamburger Ausgabe, Bd. 9).

Die sensualistische Auffassung Humes fasste Raum und Zeit, um dem Gegensatz Newton-Leibniz zu entgehen, als Element der konkreten Wahrnehmungen selbst. »Spielt man fünf Noten auf einer Flöte, so geben sie uns den Eindruck und die Vorstellung der Zeit; dabei ist aber die Zeit kein sechster Eindruck … Sie ist auch nicht etwa ein sechster Eindruck, den der Geist vermöge der inneren Wahrnehmung auffände« (Hume, *Ein Traktat über die menschliche Natur*, T. 2, Abschn. 3, Hamburg 1973, S. 54). Hume kritisierte nicht nur die Metaphysik der Allgemeinbegriffe, worin ihm Kant folgte. Er löste auch Raum und Zeit zu einer Summierung einzelner Wahrnehmungselemente auf. Diese kristallisierten zu relativ konstanten Ereignisvorstellungen, denen dann räumliche und zeitliche Konstanten zugeordnet würden. Die Schranke dieses sensualistischen Relativismus zeigt sich daran, dass aus der Summierung bestimmter Einzelwahrnehmungen von Farbpunkten, Ausdehnungen usw. nicht einmal die Vorstellung eines Gegenstandes gewonnen werden kann; viel weniger die elementaren Dimensionen sich bewegender Körper, also Raum und Zeit. Die sensualistische Reduktion der Raumwahrnehmung auf empirische Anschauung führt vor die Notwendigkeit, den Zahlbegriff und überhaupt geometri-

sche und arithmetische Operationen aus Abstraktionsprozessen von Wahrnehmungsdaten zu erklären. Hume hat diesen aussichtslosen Versuch tatsächlich unternommen. Kant hat Newtons und Leibniz' Auffassung im § 7 der *Kritik* abgewiesen (B 56 f.); zu Leibniz freilich sein Urteil in den *Metaphysischen Anfangsgründen der Naturwissenschaft* (1786) sehr modifiziert und ihn als Vorläufer seiner Theorie dargestellt (IV, 507). B. Gerlach zeigte zuletzt, dass Kants Theorie der reinen Anschauung von dem Tübinger Logiker und Metaphysiker G. Ploucquet (1716–1790), spez. von dessen Schrift mit dem interessanten Titel *Principia de substantiis et phänomenis* (1752, ²1764) angeregt worden sein könnte. Ploucquet schrieb, die Zeit »ist etwas Ideales, das im vorstellenden Wesen (in ente repraesentativo) seine Wurzel hat« (zit. n. Gerlach, S. 31). Von der augustinischen theologischen Fassung mit der Bindung an Gottes absolute Gleichzeitigkeit abgelöst, wäre das ein Schritt zu Kants autonomer Subjektivität.

Die Tragweite der Trennung der Anschauungsformen a priori von der logischen Funktion reicht bis zur Grundintention des Kantschen Denkens, der präzisierten Verbindung von Logik der Philosophie und Phänomenalismus der Wissenschaften, ohne die theologische oder monadologische Voraussetzung der realitas objectiva der göttlichen Vorstellung. Kant löst auch die Zeit- und Raumanschauung aus dem Bezug auf die absolute Anschauung Gottes (gleichsam der Zentralmonade) heraus. Die einheitliche Projektionsfläche aller »Sinnlichkeit« existiert im Subjekt selbst. Die vorkantsche Metaphysik stand z. B. in der Antinomie von mathematischem und physikalischem Realitätsbegriff – nachdrücklich beim Problem der unendlichen Teilbarkeit des Raumes. Der Thesis der mathematischen Bejahung stand die Antithesis der physikalischen Verneinung gegenüber (mögliche gegenüber wirklichen Körpern). J. H. Lambert behandelte das Problem als das eines Verhältnisses von Begriffen und unterschied eingebildete (imaginäre), einfache oder körperliche, abstrakte (intellektuelle) und transzendente (gemeinschaftliche) Begriffe. Raum, Zeit, Ort werden als imaginäre Begriffe aufgefasst (Lambert, *Neues Organon*, Leipzig 1764, Bd. 1, Lehre von der Wahrheit, §§ 42 ff., S. 481 ff.). Erst Kants Ästhetik gliedert Raum und Zeit als nichtempirische Anschauungsformen aus der Logik aus und schafft eine differenzierte Beziehung zwischen Mathematik, Physik und Metaphysik.

Die ursprünglich Humeschen Einwände gegen ein transzendentales Prinzip als letzte Begründungs-

ebene allgemeinen – und im Sinne der Mathematik apodiktischen – Wissens wurden im 19. Jh.
von J. St. Mill und dann von Machs und Avenarius'
Positivismus fortgeführt. Mill stellte sogar die Mathematik als eine Art empirischer Wissenstheorie
dar. Heute wendet die evolutionäre Erkenntnistheorie (z. B. Vollmer) ein, dass das transzendentale Prinzip keine letzte Ebene allgemeiner Wissensbegründung biete, die vielmehr aus sich selbst korrigierender Wechselbeziehung zwischen abstrakten und empirischen Schritten der Theoriebildung bestehe. An
die Stelle geschlossener transzendentaler Synthesis
trete eine Mehrzahl zusammenwirkender Begrün-
dungsfaktoren. Das findet sich mit einem »hypothetischen Realismus« verbunden, der von einer adäquaten Reproduktion äußerer Objekte im erkennenden Subjekt ausgeht, eine Reaktion gegen den logischen Empirismus. Der sog. interne Realismus H.
Putnams stimmt im Ausgangspunkt damit überein.
Putnam versuchte, diesen Standpunkt einer Reproduktion subjektfreier Objektivität (in der deutschen
Philosophie zuvor so schon die realistische Ontologie N. Hartmanns und G. Jacobys) im weiteren doch
wieder mit einer quasitranszendentalen Begründung
von rationalitätstheoretischen Grundbegriffen (Referenz, Kausalität, Gesetz usf.) zu verbinden. In der
deutschen Philosophie hatte H. Cornelius in der ersten Hälfte des 20. Jhs. eine solche »Kehre« vom Positivismus der Erinnerungserlebnisse u. a. »Tatsachen«
des Bewusstseins zur transzendentalen Interpretation des Zeitbewusstseins vollzogen. Die Einwände
gegen die transzendentale Voraussetzung der Wissensbegründung übersehen, dass die empirisch beobachtete oder erlebte Abfolge von Beobachtungen
oder Erlebnissen stets schon diese gleichsam symbolische Funktion der synthetischen »Apprehension
des Mannigfaltigen«, wie Kant es formulierte, voraussetzt. Der »Erfahrung« liegen Regeln der Vereinheitlichung der Erscheinungen zu Grunde, die wohl
intentional, aber nicht als psychologische Fakten interpretiert werden können. Die Einwände begehen
eine petitio principii. Kants Prinzip einer Synthesis a
priori basiert auf einem strukturell primären Funktionsbegriff der Reihen von Ordnungen. Der wirkungsvoll erscheinende – und oft auch dafür vorge-
tragene – Einwand des repressiven Charakters der
Vernunft kann sich nur auf deren äußerliche Interpretation als Zweckrationalität beziehen. Dann ist
die logische Ebene verlassen, und beliebige Ver-
nunft-Charakteristika sind eröffnet. Das verbindet
sich leicht mit der Apostrophierung eines Eigentlichen hinter der Vernunft und den Folgerungen eines

Kulturrelativismus, der z. B. nicht grundsätzlich Gewalt, überhaupt exzessive Privatmoral im Bezug auf
den Anderen, abwehren kann.

Literatur

Baumann, J. J.: Die Lehren von Raum, Zeit und Mathematik in der neueren Philosophie, 2 Bde., Berlin 1868/69.
– Schlick, M.: Die philosophische Bedeutung des Relati-
vitätsprinzips, in: ZPhphK 159 (1915), S. 129–175. –
Cassirer, E.: Zur Einsteinschen Relativitätstheorie, Berlin
1921 [ND in: Ders., Zur modernen Physik, Darmstadt
1957; Kap. V, Der Raum- und Zeitbegriff des kritischen
Idealismus und die Relativitätstheorie, S. 67–90]. – Kaulbach, F.: Die Metaphysik des Raumes bei Leibniz und
Kant, Köln 1960. – Patt, W.: Kants Raum- und Zeitargu-
mente unter besonderer Rücksicht auf den Briefwechsel
zwischen Leibniz und Clarke, in: Oberer, H./Seel, G.
(Hg.), Kant. Analysen – Probleme – Kritik, Würzburg
1988, S. 27–38. – Gerlach, B.: Wer war der »große
Mann«, der die Raumtheorie des transzendentalen Idealismus vorbereitet hat?, in: KS 89 (1998), S. 1–34. – Gawlick, G./Kreimendahl, L.: Hume in der deutschen Aufklärung, 1987. – J. Lenhard, J./Otte, M.: Analyse und
Synthese. Von Leibniz und Kant zum axiomatischen
Denken, PhNat 39 (2002), S. 259–292 [die moderne
Axiomatik bestätige Kants Auffassung des synthet. Charakters d. Mathematik und weise Leibniz' Interpretation
eines tautologischen Charakters mathematischer Axiome
ab]. – Putnam, H.: Von einem realistischen Standpunkt,
1993. – Stegmüller, W.: Hauptströmungen der Gegenwartsphilosophie, II, 81987. – Kambartel, Fr.: Vernunft-
kultur und Kulturrelativismus, in: Steinmann, H./Sche-
rer, A.: Zwischen Universalismus und Relativismus,
1998, S. 212–220).

Transzendentale Theorie des Raumes

Kant unterscheidet empirischen Anschauungsraum
und formale Raumanschauung a priori. Für die empirische Auffassung gilt der Raum unweigerlich als
Eigenschaft äußerer Gegenstände (IV, 484). Die metaphysische Erörterung, die gemäß der Methodenlehre der *Kritik* an die Stelle der in der Philosophie
nicht möglichen erschöpfenden Definition tritt, sagt
mit verschiedenen Argumenten, dass jeder empirischen Wahrnehmung äußerer Gegenstände bereits
die Einheitsform der Räumlichkeit unserer Wahrnehmungen zugrunde liege. Die Raumanschauung
ist kein Begriff mit Merkmalen und steht nicht im
Gattung-Art-Verhältnis. Verschiedene Räume sind
nicht Arten eines allgemeinen Raums, sondern nur
Teile desselben Raumes. Diese metaphysische expo-
sitio benutzt die alte Form-Stoff-Unterscheidung.
Wenn wir eine konkrete Gestalt räumlich wahrneh-

men, müssen wir die reine Form räumlicher Anschauung voraussetzen.

Aus der metaphysischen Demonstration zieht die transzendentale Erörterung den Schluss auf die Subjektivität des Raumes. Nur die reine Form der Raumanschauung gestattet die synthetischen Sätze a priori der Geometrie. Sie operiert nicht mit empirischen, nur mit ideellen Größen und Größenverhältnissen. Die Voraussetzung möglicher synthetischer Sätze a priori in Bezug auf Größenverhältnisse in unserem äußeren Sinn erklärt die Möglichkeit der geometrischen Wissenschaft, deren Sätze nicht empirische, sondern apodiktische Geltung besitzen (Kant setzt die euklidische Geometrie voraus, einer der apriorischen Sätze sei: Der Raum hat nur drei Abmessungen; B 41).

Literatur

Reich, K.: Über das Verhältnis der Dissertation und der *KrV* und die Entstehung der Kantischen Raumlehre, in: I. Kant, *De Mundi sensibilis*, hg. v.K. Reich, Hamburg ²1960, S. VII–XVI [auch in: Ges. Schriften, hg. v.M. Baum u.a., Hamburg 2001]. – Kaulbach, F.: Das Raumproblem bei Kant und in der modernen Physik, in: PhNat 6 (1960/61), S. 349–363. – Baum, M.: Kants Raumargumente und die Begründung des transzendentalen Idealismus, in: Oberer, H. (Hg.), Kant. Analysen – Probleme – Kritik, Bd. 2, Würzburg 1996, S. 41–64. – Friebe, C.: Substanz/Akzidenz. Ontologie inkongruenter Gegenstücke, in: KS 97 (2006).

Diskussion der Raumtheorie

Kant unterscheidet die »empirische Realität des Raumes in Ansehung aller möglichen äußeren Erfahrung« von der »transzendentalen Idealität des Raumes«, wenn die Gegenstände als Elemente der geometrischen Gesetzlichkeit des Denkens angesehen werden (B 44). Der apriorische Charakter idealer geometrischer Räume als spontaner Setzungen mathematischer Konstruktion ist unbestreitbar. Die empirische Raumwahrnehmung wird dann als Sonderfall der transzendentalen Idealität des Raumes genommen. Offenbar ist eine Mehrzahl von Raumanschauungen anzunehmen, in denen sich die transzendentale Idealität der Anschauung realisiert. Die Raumwahrnehmung von Kunstwerken unterscheidet sich von der Auffassung geometrischer Räume und ebenso vom alltagspraktischen Raumerleben. Der vierdimensionale Raum der Einstein-Minkowskischen Theorie schließlich ist gar

nicht mehr als eine Präzisierung des alltagspraktischen Erlebnisraumes aufzufassen. N. Hartmann sagte darum, bei genetisch-materialistischer Erklärung des Apriorismus ließe sich aus der Verschiedenheit der ideellen Räume schließen, dass ein Realraum existieren müsse, der freilich in einer Mehrzahl subjektiver Konstrukte darstellbar sei. Die Relativität des Anschauungsraumes, der ästhetischen und geometrischen Räume führe über deren Subjektivität hinaus. Er trennte die Frage nach dem Raum mathematischer Konstruktion von der anderen nach einem viel komplexeren, subjektfreien Raum. Er beantwortete damit zugleich die Frage, wie denn mathematische Konstruktionen z. B. in der technischen Realität funktionieren könnten. Cassirer argumentierte dagegen, die reine Raumanschauung sei als organisierendes Prinzip der Ordnung von unterschiedenen Erfahrungen die ideelle Einheit aller Raumanschauungen. Kant sagte in den *Metaphysischen Anfangsgründen* selbst, der absolute Raum sei an sich nichts und kein Objekt, sondern die Idee zu allen begrenzten Räumen, diese in Einheit zu denken (IV, 481 f.). Die immer vielfältigere Gliederung der fachwissenschaftlichen, ästhetischen, moralischen, religiösen Wirklichkeitsbegriffe spricht für die Annahme der Repräsentation einer subjektfreien Realität, auf die sich die kulturellen Symbolisierungen beziehen. Diese Realität korrespondiert der Idee einer Einheit der Kultur als Basis universaler Verständigung. Die hoch-mittelbare Einheit von Wirklichkeit und Symbolsystemen realisiert sich als asymptotischer Prozess. Es ist die umgekehrte Schlussfolgerung zum von Poincaré als Konventionalismus bezeichneten Relativismus, dass es nur Koordinatensysteme gäbe, so dass die Rede vom Realraum wie die von der reinen Raumanschauung Kants gleichermaßen sinnleer seien. Insbesondere Riemann und Helmholtz haben das vertreten. H. Reichenbach hat aus der alltagspraktischen, ästhetischen, mathematischen, physikalischen Auflösbarkeit der Welt in Systeme von Koinzidenzen der Punkte von Raum-Zeit-Ordnungen die Schlussfolgerung auf die objektive Realität von Raum und Zeit gezogen. Der Akzent sitzt auf der Kritik der »Aprioritätsphilosophie«, für den Raumbegriff speziell auf der These des logischen Empirismus, dass es keine Anschauung a priori gebe, weil alle Raumtypen in der empirischen Anschauung wurzelten. Das führt auf die Frage, ob die Überschreitung der euklidischen Geometrie starrer Körper durch die nichteuklidische Geometrie dem Kantschen Apriorismus einer reinen Raumanschauung eine rationale theo retische Funktion belasse und die logische Synthesis a priori auch ohne die Subjektivierung von Raum und Zeit sicherzustellen sei. Als Verdienst der Kantschen transzendentalen Ästhetik wird anerkannt: Dass die anschauliche Evidenz der Raumanschauung (ebenso der Zeiterfahrung) nicht logischer Natur sei.

Literatur

Helmholtz, H.: Schriften zur Erkenntnistheorie, hg. v. G. Hertz u. M. Schlick, Berlin 1921. – Schlick, M.: Kritizistische oder empiristische Deutung der neueren Physik?, in: KS 26 (1921), S. 96–111. – Cassirer, E.: Zur Einsteinschen Relativitätstheorie, in: Ges. Werke, Bd. 10. – Kries, J. v.: Kants Lehre von Raum und Zeit in ihrer Beziehung zur modernen Physik, in: Die Naturwissenschaften 11 (1923), S. 318–331. – Scholz, H.: Das Vermächtnis der Kantschen Lehre vom Raum und von der Zeit, in: KS 29 (1924), S. 21–69 [lehnt Kants Theorie als überholt ab, Kritik des Neukantianismus]. – Reichenbach, H.: Philosophie der Raum-Zeit-Lehre (1928), in: Ges. Werke, Bd. 2, Braunschweig 1977 [spez. S. 99–112, § 13: Die reine Anschauung]. – Hartmann, N.: Philosophie der Natur, Berlin 1950 [T. 1, Dimensionale Kategorien, S. 42–250; Die Kantische Raum-und Zeitlehre, S. 49–55]. – Davis, Ph./ Reuben, H.: Erfahrung Mathematik, Basel 1994, S. 224–230.

Ästhetik und Logik, analytische Geometrie und Synthesis a priori

Die analytische Geometrie bot das Vorbild nicht nur für Operationen auf Basis einer reinen Raumanschauung, sondern für eine intelligible Synthesis a priori überhaupt. Die geometrische Konstruktion wird von der empirischen Anschauung der Figuren gelöst. Algebraische Gleichungen bestimmen geometrische Figuren, die danach erst anschaulich konstruiert werden. Nach dem Erscheinen der Humeschen Schriften, die die Apriorität des Zahlbegriffs und der mathematischen Verfahren bestritten, wurde das von der Schulmetaphysik vereinfachte Verhältnis von mathematischer und philosophischer Methode zu einem zentralen Problem im Verständnis des logischen Charakters der neuzeitlichen Wissenschaften. Die Frage nach der Vermittlung von »imaginärer« mathematischer wie metaphysischer Realität und der Realität der empirischen Anschauungsweise bildete darum ein wiederkehrendes Thema in den Kantschen Schriften der 60er Jahre. Davon löste sich die Teilunterscheidung von mathematischer und metaphysischer Realität ab. Kant

sagte, in Analogie zur analytischen Geometrie bildeten wir unter Zuhilfenahme einer ursprünglichen Anschauungs-Einheit synthetische Verknüpfungen von Begriffen a priori (B 5 f.). Die synthetischen Grundsätze a priori fassen die Möglichkeit von Erfahrung ebenso ein wie die algebraische Formel die Möglichkeit eines räumlichen Gebildes. Die Philosophie unterscheidet sich dadurch von der geometrischen Konstruktion, dass sie ihre besonderen Sätze nicht wie Dreiecke, Parabeln oder Ellipsen konstruieren kann. Sie konstruiert, wie Kant einmal sagte, nur die »Sphäre der Erfahrung«, nicht die empirischen Sätze selbst (B 790). Die Entwürfe zur späten *Preisschrift über die Fortschritte der Metaphysik* fassen den inneren Zusammenhang zwischen Geometrie und Synthesis a priori in Anschauung und Logik – wie überhaupt die Grundprobleme der Transzendentalphilosophie – sehr verständlich zusammen (XX, 323). Auch die *Kritik* spricht das Vorbild reiner geometrischer Anschauung für die synthetischen Sätze a priori und damit die Funktion der transzendentalen Ästhetik für Kants transzendentale Logik aus. Eine der wichtigsten Passagen steht in der Methodenlehre: »Unsere Vernunft ist nicht etwa eine unbestimmbar weit ausgebreitete Ebene, deren Schranken man nur so überhaupt erkennt, sondern muß vielmehr mit einer Sphäre verglichen werden, deren Halbmesser sich aus der Krümmung des Bogens auf ihrer Oberfläche (der Natur synthetischer Sätze a priori) finden, daraus aber auch der Inhalt und die Begrenzung derselben mit Sicherheit angeben läßt. Außer dieser Sphäre (Feld der Erfahrung) ist nichts für sie Object; ja selbst Fragen über dergleichen vermeintliche Gegenstände betreffen nur subjective Principien einer durchgängigen Bestimmung der Verhältnisse, welche unter den Verstandesbegriffen innerhalb dieser Sphäre vorkommen können« (B 790). Die Begrenzung synthetischer Urteile a priori durch die Sphäre möglicher Erfahrung wird in Analogie zu einem Winkel erklärt. Die Synthesis a priori breitet sich nicht gleichsam auf planer Ebene durch Deduktion aus, sondern gleicht einem Kreisbogen (Sphäre), so dass nun die logische Struktur synthetischer Sätze a priori mit dem Radius (Halbmesser) eines Kreises oder einer Kugel verglichen werden. Struktur und die Grenzen des Formalismus synthetischer Sätze a priori, die nur die logische Form für empirisches Wahrnehmungsmaterial bieten können, erscheinen so genau bestimmbar wie eine geometrische Konstruktion. Synthetische Sätze a priori wölben sich über das Feld der Erfahrung wie eine Kreislinie oder wie eine Kugelfläche um den Flächen- oder

Rauminhalt. Die übergreifende Pointe der Analogie von analytischer Geometrie und synthetischen Urteilen a priori besteht darin, dass alle Grundbegriffe nur innerhalb der Grenzen unserer empirischen, vor allem aber auch unserer mathematischen Konstruktion verbleiben. Die Abwehr ontologischer und theologischer Konstruktionen führte auf einen Begriff der Notwendigkeit, der ganz auf die mathematische und logische Immanenz des Bewusstseins konzentriert ist.

Literatur

Horstmann, R.-P.: Raumanschauung und Geometrie. Bemerkungen zu Kants transzendentaler Ästhetik, in: Ders., Bausteine kritischer Philosophie, Bodenheim b. Mainz 1997, S. 15–34. – Posy, C. J. (Hg.): Kant's Philosophy of Mathematics, Dordrecht u. a. 1992. – Friebe, C.: Kant und die spezielle Relativitätstheorie, in: KS 99 (2008).

Transzendentale Theorie der Zeit

Die reine Zeitanschauung wird als »Form des innern Sinnes, d. i. des Anschauens unserer selbst und unseres innern Zustandes« eingeführt (B 49). Sie beziehe sich nicht auf Vorstellungen von Gestalt oder Lage äußerer Gegenstände, sondern sei das Verhältnis der Vorstellungen in unserem inneren Zustande. Die metaphysische Exposition wiederholt die Argumentation der Raumanschauung. Die Zeitvorstellung bildet die elementare Dimension der Aufeinanderfolge aller Bewusstseinsakte. Die transzendentale Idealität der Zeit gestattet apodiktische Zeitbestimmungen und die Begriffe der Bewegung und Veränderung überhaupt, stellt also die Dimension dar, auf der die mathematischen Operationen, die Bewegungslehre in Mechanik und Dynamik usf. basieren.

Die Unterscheidung von *sensus exterior* und *interior* wurde bereits in der Antike eingeführt. Aristoteles nannte κοινή αἴσθησις (*koinē aísthēsis*, lat. sensus communis) das zusammenführende innere Wahrnehmen, dass wir wahrnehmen (Aristoteles, *De Anima* III, 2, 425b; bei Cicero tactus interior). Augustinus' *Confessiones*, die entscheidende Quelle für die Verbindung der Zeitproblematik mit dem inneren Sinn, behandeln nach der platonischen Lehre der nichtbildlichen apriorischen Wahrheiten des Denkens, zu denen auch Geometrie und Arithmetik gezählt werden (B. X, Kap. 9–12), das Zeiterleben als Tätigkeit unseres inneren Sinnes: »Es gibt drei Zei-

ten, Gegenwart des Vergangenen, Gegenwart des Gegenwärtigen und Gegenwart des Zukünftigen. Denn diese drei sind in der Seele, und anderswo sehe ich sie nicht« (*Bekenntnisse*, B. XI, Kap. 20, München 1994, S. 318). Die religiöse Vertiefung des Subjektbegriffs wird über die Ausgestaltung des inneren Sinns, des Pendants im Subjekt zum abstrakten Gottesbegriff, vorgenommen. Nur in Gott kann man seine Zeiten messen, indem Erinnerung der Vergangenheit und Erwartung des Zukünftigen in der Innerlichkeit eines Glaubens gegenwärtig sind. Kants Verankerung der inneren Anschauung in einer transzendentalen Anschauungsform a priori löst die gesamte Subjektivität aus deren metaphysisch-theologischer Verankerung heraus. Locke benutzte den Bereich eines inneren Sinns für den Aufbau seiner Abstraktionstheorie der Begriffsbildung. Mit erstaunlicher Direktheit sind dann sensations die Wahrnehmungen äußerer Dinge und die reflections unseres internal sense die Wahrnehmungen von sensations. Sie »statten den Verstand, sobald die Seele zum Nachdenken und Betrachten kommt, mit einer anderen Reihe von Ideen aus, die durch Dinge der Außenwelt nicht hätten erlangt werden können. Solche Ideen sind: Wahrnehmen, Denken, Zweifeln, Glauben, Schließen, Erkennen, Wollen«. »Diese Quelle von Ideen liegt ausschließlich im Innern des Menschen und wenn sie auch kein Sinn ist, da sie mit den äußeren Objekten nichts zu tun hat, so ist sie doch etwas sehr Ähnliches und könnte füglich als innerer Sinn bezeichnet werden« (Locke, *Über den menschlichen Verstand*, B. 2, Kap. 1, § 4; Bd. 1, Berlin 1962, S. 108 f.). Das Verdienst der sensualistischen Theorie des inneren Sinnes besteht in den Aspekten einer frühen empirischen Psychologie. Die Innerlichkeit des Subjekts wird als schöpferische Produktivität der Umwandlung von Reizenergien der Rezeptoren in eine ganze Innenwelt des Subjekts gefasst. Kants metaphysische Erörterung, die alle psychologischen Aspekte fernhält, richtet sich gegen das Gemenge logischen und emotionalen inneren »Erlebens« in Schulmetaphysik und Popularphilosophie, aus dem die Seele mit den Begriffen des Selbstgefühls, des Wahren, des Guten ihren aufgeklärten Begriff des Selbstbewusstseins bilde. Vorzüglich hölzern z. B. bei Feder, dem ersten Rezensenten der *Kritik*: Neben den »äußerlichen Sinnen« »rührt ein großer Theil unserer Begriffe aus den Empfindungen her, die wir vermöge des inneren Sinnes haben: daher hat die Seele den Begriff von ihr selbst und von ihren Eigenschaften. Und vermittelst dieser geistischen Grundvorstellungen bilden wir uns unsere übrigen Begriffe von geistischen Naturen und Eigenschaften« (J. G. H. Feder, *Logik und Metaphysik*, Wien 1783, S. 52). Gegen solche konfuse Gedankenlage richteten sich Kants Trennung von sensibler und intelligibler Welt und die Theorie der transzendentalen Idealität, die nichts anderes als Analyse der verschiedenen Formgesetze von Anschauung und Logik des Subjekts ist. Wie beim Raum ist nicht die empirische Zeitvorstellung Basis des Zahlbegriffs. Dieser enthält bereits die »reinen« Postulate der Ordnung und der Folge.

Kant beschneidet für die Begründung aller theoretischen, praktischen und ästhetischen Akte auf der transzendentalen Idealität des Selbstbewusstseins den ausufernden Gebrauch des Lockeschen Begriffs vom inneren Sinn auf die Zeit als der Vorstellungsrelation, die jede mathematische oder empirische Abfolge erst ermögliche. Streng genommen ist die Alternative Raumanschauung – äußerer Sinn, Zeitanschauung – innerer Sinn nicht richtig, da die äußere Anschauung keineswegs nur räumliche, sondern ebenso zeitliche Dimensionen besitzt. Hier spielt bei Kant die Gegenüberstellung von *res cogitans* und *res extensa* mit der Voraussetzung hinein, dass ohne räumliche Dimension nur ideelle Prozesse oder, wie Kant auch sagt, innere »Erscheinungen (unserer Seelen)« ablaufen (B 50). Da der innere Sinn den äußeren einbegreift, hätte die transzendentale Erörterung der Zeit eigentlich derjenigen des Raumes vorangehen sollen. Dem stand aber die Schwierigkeit entgegen, dass die transzendentale Erörterung der Zeit nicht mit einer wissenschaftlichen Disziplin von einer Idealzeit analog der Beziehung von Idealraum und Geometrie zu verbinden war. Im relativistischen Raum-Zeit-Kontinuum ist die Zeit ebenso wenig eindimensional wie der Raum. Die inkorrekte Fassung des Übergreifens einer eindimensional gedachten Zeitdimension auch auf die Dimension des Raumes verdeckt den wirklichen Zusammenhang, dass nämlich die Zeit die Dimension der materiellen und ideellen Realität darstellt, der Raum aber nur Dimension des materiellen Schichtenbaus der Wirklichkeit ist. Es handelt sich um die Gegenüberstellung von materiellen Prozessen einerseits und innerem Zeiterleben und Begründungsfolgen logischer Bedeutungen andererseits, die tatsächlich nicht räumlich zu denken sind.

Die unbestreitbare Voraussetzung von Kontinuität und Diskontinuität aufeinander folgender Bewusstseinszustände, eben Kants Begriff der reinen Zeitanschauung, bringt umfassender als die Lehre vom Raum die eigene Funktion der Anschauung als Voraussetzung für die viel differenziertere diskursive Struktur logischer Bedeutungen zum Ausdruck. Kernpunkt der transzendentalen Idealität der Zeit ist, dass sie die elementare Basis der Möglichkeit von Erfahrung darstellt. Es muss sich etwas verändern, ein Objekt muss sich im Prozess befinden, um Gegenstand von Erfahrungen werden zu können. Die Möglichkeit synthetischer Urteile a priori setzt hier an. Der Identitätssatz (A = A) wird durch die Formel A = Non-A überschritten. Ein Subjekt wird als logische Relation dargestellt, indem ihm unabhängig vom empirischen Bezug etwas prädiziert wird, das nicht es selbst, sondern ein anderes ist. Das ist selbstverständlich weniger ein Thema statischer Ordnungen als vielmehr die formale Möglichkeit aller um den Prozessbegriff gelagerten Kategorien wie Kausalität, Veränderung, Entwicklung, Maß, Zweck u. v. a. Kant sagt, ohne die Zeitanschauung wäre die Synthesis entgegengesetzter Prädikate (»z. B. das Sein an einem Orte und das Nichtsein ebendesselben Dinges an demselben Orte«) nicht möglich. »Also erklärt unser Zeitbegriff die Möglichkeit so vieler synthetischer Erkenntniß a priori, als die allgemeine Bewegungslehre, die nicht wenig fruchtbar ist, darlegt« (B 49). Kant setzt hier Leibniz' Zeittheorie mit deren Verbindung von Zeit- und Kraftbegriff fort. Der Übergang der Monade von einer Perzeption zur anderen, das ist die Zeit. Sie ist Relation einer gesetzlichen Abfolge, in der jede Monade die Einheit des Ganzen denkt. Bereits für Leibniz war, wie dann auch für Kant, die Welt nicht als Ganzes aus einer Ursache in der Zeit zu begreifen, sondern nur als eine Art regulativer Idee im Prozess der Erscheinungen, der eben der Zeitverlauf ist. Die absolute Zeit sei nur als asymptotische Ausgleichung aller relativen Zeiten zu denken. Die absolute Zeit Newtons sei nicht bestimmbar, nur die Prozess-Relation von Perzeptionszuständen der Monaden. Kant streift von Leibniz' Auffassung von Raum und Zeit als idealer Ordnungen das ontologische Element des Monadenbegriffs ab.

Literatur

Reininger, R.: Kants Lehre vom inneren Sinn und seine Theorie der Erfahrung, Wien u. Leipzig 1900. – Heinemann, F.: Der Aufbau von Kants *KrV* und das Problem der Zeit, Gießen 1913 [Untersuchung des Zeitproblems im Zusammenhang mit der Kategorie der Modalität im Gesamtgang der *Kritik*]. – Marcus, E.: Die Zeitund Raumlehre Kants. »Transzendentale Ästhetik« in Anwendung auf Mathematik und Naturwissenschaft, München 1927. – Düsing. K.: Objektive und subjektive Zeit. Untersuchungen zu Kants Zeittheorie und zu ihrer modernen kritischen Rezeption, in: KS 71 (1980), S. 1–34. – Mohr, G.: Das sinnliche Ich. Innerer Sinn und Bewusstsein bei Kant, Würzburg 1991. – Michel, K.: Untersuchungen zur Zeitkonzeption in Kants KrV, 2003.

Idealität von Raum und Zeit und Synthesis a priori

In einer Erläuterung und einer allgemeinen Anmerkung zu seiner Ästhetik (§§ 7 f.) führt Kant die systematische Funktion der transzendentalen Idealität von Raum und Zeit aus. Ohne den Apriorismus der Anschauungsformen gäbe es keine synthetischen Sätze a priori, also keine Mathematik und nicht die generellen kategorialen Voraussetzungen, unter denen wir Natur denken. Schließlich gäbe es nicht die intelligible Freiheit des Willens, wenn nicht alle determinierten Prozesse durch die Formen unserer Sinnlichkeit der praktischen Verfügung geöffnet wären. Der Apriorismus reiner Anschauungsformen bildet die einheitliche Projektionsfläche, über die logische Strukturen gegenständliche, d. i. auf wirkliche Erscheinungen bezogene Inhalte gewinnen. Wie Metaphysik und Theologie wird das alltagspraktische Bewusstsein mit seinem Horizont des naiven Realismus von an sich seienden Dingen auf die Objektivierungsbedingungen der Wissenschaften hin korrigiert und relativiert. Die Beziehung der reinen Anschauungsform zu den synthetischen Sätzen a priori erläutert Kant am Beispiel der einfachen geometrischen Konstruktion eines Dreiecks. Ein synthetischer geometrischer Lehrsatz, wie etwa das pythagoreische Gesetz der Beziehung zwischen Hypotenusenquadrat und Kathetenquadraten, setzt eine ideelle Synthesis der Anschauung voraus, auf die sich der mathematische Lehrsatz allein beziehen könne (B 65).

Das Zusammenwirken von äußerem und innerem Sinn bildet den transzendentalen Erscheinungsbegriff, dessen Entstehen aus dem Relationsbegriff hier gut zu erkennen ist. Erkenntnis hebt mit der Wahrnehmung äußerer Gegenstände an. Die Wahrnehmungen geben nicht Dinge, sondern Komplexe von Erscheinungen und die Verhältnisse zwischen diesen (Ausdehnung, Begrenzung, Veränderungen). Durch bloße Verhältnisse werde nicht eine Sache an sich erkannt, sondern lediglich »das Verhältniß eines Gegenstandes auf das Subject in seiner Vorstellung« (B 67). Im Zusammenhang dieser Argumentation finden sich die stärksten Annäherungen Kants an die empiristische Wahrnehmungslehre. Die Daten der

äußeren Sinne werden vom inneren Sinn aufgenommen und in eine den ganzen Wahrnehmungskomplex stabilisierende Zeitfunktion überführt, an der dann der Kausalbegriff ansetzen kann. Diese Selbsttätigkeit des inneren Sinns verfestigt die Illusion subjektfreier Realverhältnisse. Die innere Anschauung ist an die äußere, jede Form der Spontaneität an die Rezeptivität gebunden. Der Abschnitt IV der Schlussanmerkung weist die natürliche Theologie zurück, die Aussagen über Gegenstände des Denkens außerhalb unserer Bindungen an die Anschauungsformen Raum und Zeit versuche. Eine solche »intellectuelle Anschauung« sei »allein dem Urwesen, niemals aber einem seinem Dasein sowohl als seiner Anschauung nach [...] abhängigen Wesen« zuzusprechen (B 72).

Literatur
Martin, G.: Arithmetik und Kombinatorik bei Kant, Berlin u. New York ²1972. – Strohmeyer, I.: Transzendentalphilosophische und physikalische Raum-Zeit-Lehre. Eine Untersuchung zu Kants Begründung des Erfahrungswissens mit Berücksichtigung der speziellen Relativitätstheorie, Wien u. Zürich 1980. – Lenhard, J.: Kants Philosophie der Mathematik und die umstrittene Rolle der Anschauung, in: KS 97 (2006) [Literaturangaben].

Schlussbemerkung

Der Bezug der Theorie der reinen Anschauung auf die logische Sphäre der Bewusstseinsakte gewinnt insbesondere beim Verhältnis der Kantschen Raum-Zeit-Theorie zur Bewegung der physikalischen Theorien Bedeutung. Cassirer hatte bereits argumentiert, Kants Theorie fasse Raum und Zeit als die denknotwendige Projektionsfläche für die Möglichkeit theoretischer Synthesen empirisch beobachteter Vorgänge. Das schließe die Möglichkeit verschiedener physikalischer Raum-Zeit-Theorien ein. Kants Standpunkt der Newtonschen Gravitationstheorie widerspricht dem tatsächlich nicht. Die Theorie reiner Dimensionalität reicht darüber hinaus. Sie sagt, dass empirisch-gegenständliches Denken (Kant sagt »Wahrnehmungen«) einheitliche und durchgehende Projektionsflächen besitzt. Die empirische Sinnlichkeit ist das Material der Rationalität, doch die Funktion der »reinen« Sinnlichkeit bewirkt, dass es nur in Bezug auf die gedachte Bedeutung existiert. In der Anschauung a priori liegt, dass empirische Anschauung stets mehr als gegeben ist, nämlich im theoretischen Bezug dem unendlichen Deutungsprozess der Welt überantwortet. Die Verabschiedung der metaphysisch-theologischen Seinsgeborgenheit der endlichen Menschheit erfolgt durch die reine Sinnlichkeit radikaler als durch die naturalistische Trieb- und Glückstrieb-Sinnlichkeit des Sensualismus. Die transzendentale Ästhetik als Projektionsfläche der Begriffe sagt, dass durch den Satz des zureichenden Grundes nicht Realität zu begründen ist. Die sog. Seinsfrage wird zum Prozess der Koordinaten, die in die reine Sinnlichkeit eingetragen werden. Der Lebensbegriff als Ausgangsbegriff, um die formalen Bedingungen aller Wahrnehmung und theoretischen Artikulation zu unterlaufen, ist der Versuch verschämter Restauration der Seinsmetaphysik. Mit anderem Ziel hatte Heidegger Kants transzendentale Ästhetik als Einbekenntnis der Zeit-Verhaftung und der Endlichkeit des Menschen interpretiert. Die transzendentale Ästhetik trägt wohl alle Sachverhalts-Behauptungen in die Grenzen der Sinnlichkeit ein. Die Selbstverantwortung des Menschen ist damit der einzige absolute Bezugspunkt. Die Beziehung von reiner Sinnlichkeit und den Weisen von Rationalität hat das Erbe des Gottesbegriffes, soweit er metaphysisch als Substanz gedacht wurde, angetreten. Die transzendentale Ästhetik begründet die Möglichkeit innerweltlicher Autonomie des Menschen. Der Mensch tritt an die Stelle der metaphysischen Seinsteleologie. Darüber hinaus eröffnete die Theorie der reinen Anschauungsformen erst die Möglichkeit einer Metaphysik der Sitten, also einer überempirischen und doch zugleich immanent rationalen Begründung der Moralität. Der Dualismus von natürlicher Interessiertheit und Transzendenz wurde in ein Vermittlungsverhältnis gebracht.

Literatur

Scholz, H.: Das Vermächtnis der Kantischen Lehre vom Raum und von der Zeit, in: KS 29 (1924), S. 21–69 [als überholt ablehnend]. – Marcus, E.: Die Zeit- und Raumlehre Kants. »Transzendentale Ästhetik« in Anwendung auf Mathematik und Naturwissenschaft, München 1927.

3 Transzendentale Logik

Die transzendentale Logik bildet das Zentrum des Werkes. Sie teilt sich in Analytik und Dialektik. Die Analytik entwickelt nach den Kategorien und deren Verbindung mit der Anschauung »Grundsätze des reinen Verstandes«, die den Zielpunkt des theoretischen Apriorismus bilden; es sind die Ausgangssätze aller Naturwissenschaften. Die Kategorien oder Elementarbegriffe werden in einer Tafel von vier Gruppen mit je drei Kategorien zusammengefasst. Kant nennt sie die »vollständige Tafel der Momente des Denkens« (B 96) oder die »Handlungen des reinen Denkens, […] dadurch wir Gegenstände völlig a priori denken« (B 81). Zwischen der Tafel der Elementarbegriffe, die in einer sog. metaphysischen Deduktion der Verstandesbegriffe aus den Urteilsarten abgeleitet werden, und den Grundsätzen steht die transzendentale Deduktion der apriorischen Begriffe mit der Schematismusfunktion der Urteilskraft. Sie zeigt, wie äußere Erscheinungen, die unsere Rezeptoren affizieren, von den apriorischen logischen Funktionen strukturiert werden können. Dafür waren Raum und Zeit als ursprüngliche Einheitsformen aller Anschauung eingeführt worden. Die transzendentale Ästhetik bildet die Voraussetzung der Analytik, doch die Analytik bestimmt den Inhalt der Ästhetik. Die apriorischen logischen Strukturen können sich nur auf der Projektionsfläche apriorischer Anschauungsformen mit empirischen Wahrnehmungen verbinden. Der Analytik-Teil der Logik bringt die positive Darstellung des apriorischen Einschlags der Erkenntnis und dessen Verbindung mit den empirischen Inhalten. Der umfangreichere Dialektik-Teil (150:230 Seiten) zeigt den fehlerhaften Gebrauch des Apriorismus in der bisherigen Metaphysik. Kant nennt die Analytik die Logik der Wahrheit, die Dialektik die Logik des Scheins. Die Logik der Wahrheit entschlüsselt zugleich ihr Gegenteil. Es ist die von Kant erweiterte rationalistische These Spinozas: verum index sui et falsi. Zwei zusammenfassende Kapitel zum Problemgehalt des Ganzen, die zu den wichtigsten Texten Kants gehören, hat Kant zwischen Analytik und Dialektik eingeschaltet: Von dem Grunde der Unterscheidung aller Gegenstände überhaupt in Phänomena und Noumena; Von der Amphibolie der Reflexionsbegriffe (B 294–349).

Einleitung. Formale und transzendentale Logik

Der Grundgedanke der Inauguraldissertation – die Trennung von intelligibler und sensibler Welt – wird zur logischen Scheidung von »Verstand« und »Anschauung« geführt, d. h. der mundus intelligibilis als die »Dinge wie sie sind« hinter den Erscheinungen wird aufgelöst. Kant setzt die Erkenntnis aus zwei gegenläufigen Faktoren zusammen. »Ohne Sinnlichkeit würde uns kein Gegenstand gegeben und ohne Verstand keiner gedacht werden. Gedanken ohne Inhalt sind leer, Anschauungen ohne Begriffe sind blind« (B 75). Von der formalen Logik, die von allem Bezug der logischen Formen auf Objekte abstrahiert, unterscheidet sich die transzendentale Logik. Sie untersucht Ursprung, Umfang und Geltungsvorgang der Synthesis-Funktion apriorischer Leistungen des Denkens und deren Verbindungsweise mit den materialen Gehalten (B 79–82). Die formale Logik stellt eine notwendige, keine hinreichende Bedingung der Erkenntnis dar. Sie bildet die Voraussetzung der transzendentalen, wie ja die *Kritik* die transzendentallogischen Funktionen ganz aus formallogischer Urteils-, Kategorien- und Schlusstafel ableitet. Formale und transzendentale Logik unterscheiden sich nach den Wahrheitsbedingungen: Die logische Möglichkeit von Urteilen und Begriffen (formal) – die Möglichkeit von deren materialer Realisierung (transzendental). Die apriorische Bewusstseinsstruktur wurzelt ganz in den Figuren der formalen Logik. Diese bilden das Faktum aller Rationalität. Kant will klären, wie die Synthesis dieser Formen mit den materialen Gehalten möglich ist. Die ontologische Metaphysik operierte formallogisch korrekt mit Begriffen, denen kein empirisch verifizierbarer Gegenstand entsprach. Deshalb scheidet für die Begründung der Philosophie auch das formallogische Prinzip des Widerspruchs (von Kant wie bei Leibniz und Wolff mit dem Identitätsprinzip zusammengenommen) aus, das Leibniz und Wolff an die Spitze der deduktiven Systematik der Ontologie gestellt hatten. Kant versteht die Sätze der formalen Logik als selbstevidente analytische Sätze, wie auch der logische Empirismus des 20. Jhs. die formale Logik als System von Tautologien auffasste. Kant kritisiert Wolffs Formel des auszuschließenden Widerspruchs, weil in ihr ein synthetisches Verhältnis auf die Zeitsphäre einbezogen war: Ein Prädikat kann nicht einem Subjekt zugleich zukommen und nicht zukommen (Wolff, *Ontologia*, § 28). Kant formuliert darum:

»Keinem Dinge kommt ein Prädicat zu, welches ihm widerspricht« (B 190 f.; hier auch die Erläuterung des Unterschieds). Die von Hegel aus Kants Synthesis-Begriff entwickelte synthetische Auffassung des Widerspruchsprinzips findet sich bei Kant nicht ausgesprochen. Sie ist hier aber vorbereitet. B. Tuschling suchte zu zeigen, dass Kant sie faktisch nahegelegt habe. Wenn nämlich der Satz des ausgeschlossenen Widerspruchs sowohl für die analytischen als auch für die synthetischen Urteile gilt, beide aber wesentlich verschieden sind, so gibt es also verschiedene Formen des Widerspruchs und der Identität. Das hat Hegel in seiner an Kant anschließenden Diskussion des Identitäts- und Widerspruchsprinzips als logischer Basis philosophischer Theorien ausgeführt.

Literatur

Rohs, P.: Transzendentale Logik, Meisenheim a. Glan 1976. – Hinske, N.: Reimarus zwischen Wolff und Kant. Zur Quellen- und Wirkungsgeschichte der *Vernunftlehre* von H. S. Reimarus, in: Walter, W./Borinski, L. (Hg.), Logik im Zeitalter der Aufklärung. Studien zur Vernunftlehre von H. S. Reimarus, Göttingen 1980, S. 9–32. – Wolf, M.: Der Begriff des Widerspruchs in der *KrV*. Zum Verhältnis von formaler und transzendentaler Logik, in: Tuschling, B. (Hg.), Probleme der *KrV*, Berlin u. New York 1984, S. 178–226. – Tuschling, B.: Widersprüche im transzendentalen Idealismus, ebd. S. 227–341. – Picht, G.: Kants Religionsphilosophie, Stuttgart ²1990 [Der Satz des Widerspruchs bei Aristoteles, Leibniz, Kant und Hegel, S. 297–335]. – Lobeiras, M. J.: Die Logik und ihr Spiegelbild. Das Verhältnis von formaler und transzendentaler Logik in Kants philosophischer Entwicklung, Frankfurt/M. 1998.

Die transzendentale Untersuchung, die von den beiden unterschiedenen Stämmen der Erkenntnis ausgeht, scheidet den bloßen Kanon der Rationalitätsform vom Missbrauch der formalen Funktionen des Denkens, die benutzt werden können »wie ein Organon zur wirklichen Hervorbringung, wenigstens zum Blendwerk von objectiven Behauptungen« (B 85). Dialektik ist die Logik des täuschenden Scheins von Gegenstandserkenntnis. Sie bildet den Ursprung der nun im Aufbauplan voranstehenden Analytik der Kategorien und Grundsätze, die an die Stelle der *metaphysica generalis*, also der Ontologie, tritt. Die Kategorien und Grundsätze wurden ebenso und sogar reichhaltiger in der Ontologie der Schulmetaphysik behandelt, wie die Ontologie überhaupt als eine formale Ontologie entwickelt werden kann im Unterschied zur materialen der materiellen und geisti-

gen Gebilde. Husserl hatte in den *Logischen Unter-*
suchungen (1900/01; Bd. 1, Kap. 11) mit anderer Be-
gründungsund Funktionsweise eine formale Ontologie wieder eingeführt.

Die in der Einleitung gegen den Sensualismus betonte Trennung von Logik und Psychologie des Denkens gehört zu Kants Trennung von *scientia pura* und
scientia applicata, also reiner und angewandter Wissenschaft. Die Psychologie der Wahrnehmungen, des
Gedächtnisses, des Denkens scheidet in der transzendentalen Logik aus. Kant nennt Themen der psychologischen Literatur der Zeit, die fälschlich als Teile
der Logik behandelt würden (Quellen der Vorurteile,
Aufmerksamkeit, Zweifel usf., B 78 f.). Husserl hatte
die Kritik der psychologischen Behandlung der Logik wieder aufgenommen (zusammenfassend in *For-*
male und transzendentale Logik, 1929, §§ 55 ff.).

Kant trägt seine Theorie verschiedentlich in der
inadäquaten Terminologie der Vermögenspsychologie des 18. Jhs. vor. Die elementare Voraussetzung
sowohl der Analytik als auch der Dialektik ist der
strikte Dualismus von Wahrnehmen und Denken.
Doch Kant behandelt sie nicht nur als ideale Geltungsweisen, sondern nennt sie »zwei Grundquellen
des Gemüths« (B 74). Das führt dazu, dass er auch
sagt, durch Wahrnehmung (»Anschauung«, »Sinnlichkeit«) werde uns ein »Gegenstand« gegeben, vom
Verstand werde er gedacht. Wahrnehmungen repräsentieren Empfindungskomplexe, nicht Gegenstände. Gegenstand werden sie durch Urteile und
Begriffe. Dennoch spricht Kant, der kritischen Linie
seiner Konstitutionstheorie von Sachverhalten entgegen, sogar von »sinnlicher Erkenntnis« (B 74). Bei
solchen Unklarheiten soll man sich nicht aufhalten.
Sie zu sehen, führt zum Verständnis der eigentlichen
Thematik der *Kritik*, zum Problem der idealen Geltungsbedingungen von Sachverhalten, von Auffor-
derungssätzen und Werturteilen.

Kant verbindet die Unterscheidung von Sinnlichkeit und Verstand mit der alten aristotelischen Scheidung von *Stoff und Form* der Erkenntnis. Sie hat hier
die Hinordnung auf eine Stufung von Seinsformen
verloren. Die in den ersten beiden *Kritiken* festge-
legte Passivität der Wahrnehmung bildet eine methodische Abstraktion im Zusammenhang der Empirismus-Kritik und der Kritik des allgemeinen Vor-
stellungsbegriffs (perceptio) der Metaphysik. Kant
führt das Wahrnehmungsmaterial als ein ungeord-
netes Mannigfaltiges ein. Für den dem mathematischen Formalismus nachgebildeten Apriorismus ist
der Begriff einer noch ganz unbestimmten Mannigfaltigkeit konsequent. Wenn die Synthesis a priori

bloße formale Einheit ist, kann deren inhaltliches
Korrelat nichts anderes als Mannigfaltigkeit sein, wie
das deutsche Wort für lat. varietas sagt. Kant bestreitet natürlich nicht den Gestaltcharakter von Wahrnehmungen und Vorstellungen, der bereits in artspe-
zifischen Strukturgesetzen der Empfindungen wurzelt. Er behandelt im Zusammenhang des Schematismus der Verstandesbegriffe den Gestaltcharakter der
sog. Sinnlichkeit unter dem Thema der figürlichen
Einbildungskraft. Die Verbindungsleistung setzt mit
dem Erfassen des Mannigfaltigen, der Apprehension, bereits vor der Bildung empirischer Begriffe an.
»[D]ass ich unter der Synthesis der Apprehension die
Zusammensetzung des Mannigfaltigen in einer empirischen Anschauung verstehe, dadurch Wahrnehmung, d. i. empirisches Bewußtsein derselben (als
Erscheinung), möglich wird« (B 160). Die Wahrnehmungen sind nur in Relation auf die apriorischen Begriffe, auch nicht einmal in Relation auf empirische
Begriffe, ungeordnet. Die abstraktionstheoretische
Kant-Kritik von den Voraussetzungen der Sin-
nesphysiologie des 20. Jhs. her gerät hier leicht in die
Gefahr, Richtiges und Falsches zu vermengen, wie es
auch in B. Erdmanns Darstellung *Kritik der Problem-*
lage in Kants transzendentaler Deduktion der Katego-
rien (Berlin 1915, S. 207) geschah. Kant war mit dem
Stand der Wahrnehmungs- und Denkpsychologie
seiner Zeit durchaus vertraut, wie u. a. die Reflexionen zur Anthropologie (XV/ 1, 58–233, Vom Erkenntnisvermögen) zeigen. Refl. 228 schlüsselt »die
gantze sinnliche Vorstellungskraft« in sechs Ebenen
auf (XV/1, 87). Kant folgt hier seinem Lehrbuch, der
psychologia empirica in Baumgartens *Metaphysica*.
Baumgarten durchwandert die facultas cognoscitiva
inferior, das sind nacheinander sensus, phantasia,
perspicacia (Unterscheidungssinn und Scharfsinn),
memoria, facultas fingendi, iudicium (Urteilskraft)
usf. und kommt dann unter ratio auch zur spontaneitas (XVII, 130). Kant bestritt freilich die Möglichkeit einer entwicklungsgeschichtlichen Theorie des
Denkens (wie auch der Entstehung der Arten) und
nannte das als eine *generatio univoca heteronyma*
»ein gewagtes Abenteuer der Vernunft«. Der entwicklungsgeschichtliche Gedanke war für ihn mit
der Unmöglichkeit verbunden, einem sog. blinden
Naturmechanismus die Erzeugung zweckmäßiger
Organismen und schließlich sogar des Denkens zu-
zuschreiben.

Literatur

Kambartel, F.: Erfahrung und Struktur. Bausteine zu einer Kritik des Empirismus und Formalismus, Frankfurt/M. 1976. – Körsgen, N.: Formale und transzendentale Synthesis. Untersuchung zum Kernproblem der *KrV*, Königstein/T. 1984.

Das wesentliche Resultat des elementaren Dualismus der gesamten Kantschen Theorie ist: Sachverhalte werden durch logische Operationen konstituiert. Begriffe sind nicht unmittelbare Wiedergabe von Objekten, sondern Strukturierung von Wahrnehmungen. Das eigene Feld der empirischen Begriffe, das Kant selbstverständlich neben dem der apriorischen Elementarbegriffe und Grundsätze des Verstandes bestehen lässt, interessiert in der *Kritik* nur am Rande. Die Abstraktionstheorie der Begriffe wird im Abschnitt über die produktive Einbildungskraft berührt. Hier befindet sich die Parallele der *Kritik* zum internal sense des Empirismus. Die *Kritik* sagt mit ihrer strikten Scheidung von passiver Anschauung und aktiver logischer Funktion, dass wir keinen unmittelbaren Zugang zur Wirklichkeit besitzen. Unsere Existenz in der Welt ist vermittelt durch logische Funktionen, die nicht aus »Wirklichkeit« genetisch abgeleitet werden können. Im Intellektualismus ist der intersubjektive Gehalt der Geltungsformen intellektueller Symbole ausgesprochen. Die sprachanalytischen Aspekte einer Logik der Sachverhalte nimmt Kant nicht auf, von einigen wenigen Passagen der Vorlesungen abgesehen (z. B. Metaphysik-Vorlesung über die der Logik zugrunde liegende »transzendentale Grammatik, die den Grund der menschlichen Sprache enthält«, XXVIII, 576). Zuletzt hat U. Eco (2000) im Zusammenhang der Beziehung des Peirceschen Pragmatismus zu Kant auf semiotische Aspekte des transzendentalen Idealismus hingewiesen.

Wodurch ist die Anwendung apriorischer Kategorien auf Wahrnehmungsmaterial möglich, das nicht vom Subjekt, sondern von den gegebenen »Gegenständen« herrührt? Kant antwortet: weil wir ja nicht Dinge an sich, sondern nur die uns zugewandte Seite der Dinge in den Erscheinungen wahrnehmen. Wie entsprechen sich Sinnlichkeit und Verstand innerhalb des Subjekts, wenn weder der Verstand von der Sinnlichkeit in Abstraktionsprozessen noch die Inhalte der Sinnlichkeit vom Verstand in intellektueller Anschauung hervorgebracht werden? Kant nimmt diese Frage auf merkwürdig konsequente Weise auf. Er sagt, sie sei unbeantwortbar. Um die Einheit von Sinnlichkeit und Verstand zu begreifen bedürfte es eines *intellectus intuitivus*, der uns versagt sei.

Kants Erweiterung der Begründungsstruktur der Philosophie durch die Wendung von der formalen zur transzendentalen Logik hielt an einer generellen Zielstellung der Metaphysik fest, die eine der tragenden Säulen von deren langer Wirkung darstellte: die Theorie, dass die Gesamtheit aller wahren Sätze ebenfalls widerspruchsfrei sei. Das war Platons, Aristoteles', Leibniz' Überzeugung, und Kant teilte sie. Wie könnte das für Kant möglich sein, wenn die Konsequenzen der ontologischen Interpretation universaler Rationalität so zweifelhaft werden, wie es der Dialektik-Teil der *Kritik* zeigt? Darum war die Frage zu klären, auf welche Realität sich die mathematischen und die logischen Operationen eigentlich beziehen. Es ist die transzendentallogische Frage. So wurde die Begründungsstruktur der Metaphysik von der formalen Logik auf die Kriterien der Objektbeziehung der logischen Funktion gelenkt.

Literatur

Marcus, E.: Logik. Die Elementarlehre zur allgemeinen und die Grundzüge der transzendentalen Logik. Einführung in Kants Kategorienlehre (1906), in: Ausgew. Schriften, Bd. 2, Bonn 1981. – Ricoeur, P.: Kant et Husserl, in: KS 46 (1954/55), S. 44–67. – Paton, H. J.: Formal and transcendental logic, in: KS 49 (1957), S. 245–263. – Kern, I.: Husserl und Kant, Den Haag 1964. – Murphy, R. T.: The transcendental »Apriori« in Husserl and Kant, in: Analecta Husserliana 3 (1974), S. 66–79. – Eco, U.: Kant und das Schnabeltier, München u. Wien 2000 [spez. S. 82–153].

Analytik der Begriffe

Metaphysische Deduktion der reinen Verstandesbegriffe

Kant führt seine Apriorismustheorie in zwei Schritten aus. Der erste ist die metaphysische Deduktion der Elementarbegriffe, wie sie in der zweiten Auflage der *Kritik* bezeichnet wird. Er nennt sie den »Leitfaden der Entdeckung aller reinen Verstandesbegriffe« (B 91). Der zweite Schritt besteht in der transzendentalen Deduktion dieser Begriffe und der aus ihnen gewonnenen Grundsätze des reinen Verstandes, d. i. im Nachweis der Verbindungsgesetze der apriorischen Funktion mit dem ihr ganz fremden Bereich der empirischen Anschauung (B 159). Den Terminus *Deduktion* übernimmt Kant aus der Rechtswissenschaft (B 116). Die ganze *Kritik* wird als die Prüfung der quid-juris-Frage apriorischer Strukturen hinsichtlich von deren Geltungsweisen und Geltungsgrenzen bezeichnet. Er nennt das Werk »den wahren Gerichtshof für alle Streitigkeiten« der Vernunft (B 779). Generell ist die Deduktion ein nicht auf unmittelbare Anschauung (Demonstration), sondern auf Schlussfolgerungen gegründeter Beweis. Im juristischen Sinne bedeutete Deduktion im 17. und 18. Jh. den Beweis eines Rechtstitels durch Aufweis von dessen Ursprung. Dieser Sinn liegt bei Kant zugrunde. Es gab eine umfangreiche Literatur der Deduktionsschriften und spezialisierte Deduktionsschriftsteller. Die beiden Deduktionen der Elementarbegriffe sind also nicht Deduktionen im Sinne des Syllogismus. Im weiteren Sinne versteht Kant die transzendentale Deduktion in juristischer Analogie als Untersuchung und Klärung strittiger Rechte, auf die sich die Ansprüche der Parteien berufen. Unter dem Bild eines Richters in Streitsachen wurden philosophische Themen wiederholt behandelt (bei Demokrit z. B. der Verstand gegenüber den Sinneswahrnehmungen). Philosophie erhielt dann meist das Bild des gerechten Richters, der die Täuschungen von Scheinformen des Bewusstseins (als des Delinquenten) auflöste.

Literatur

Cassirer, E.: Das Erkenntnisproblem, Bd. 1, Berlin ³1922 [S. 534 ff.; Kritik des Verstandes als »Gericht der Vernunft« bei A. Geulincx]. – Henrich, D.: Kant's Notion of a Deduction and the methodological background of the first *Critique*, in: Förster, E. (Hg.), Kant's Transcendental Deductions, Stanford/Cal. 1989, S. 29–46. – Ishikawa, F.: Kants Denken von einem Dritten. Das Gerichtshof-Modell und das unendliche Urteil in der Antinomienlehre, Frankfurt/M. 1990.

Die metaphysische Deduktion wird oft unterschätzt. Es ist die eigentliche Analytik oder Zerlegung des Verstandes, bei Kant das Zentrum aller Klärungen von Bewusstseins-Akten gerade nicht durch Rückwendung auf das reine Selbstbewusstsein. Das Ich der transzendentalen Apperzeption folgt weit später. Die metaphysische Deduktion geht auf die faktisch gegebenen »Handlungen des Verstandes« (operationes mentis bei Wolff) zurück, also auf die in den Aussageweisen enthaltenen Elementarbegriffe. In diesem Zusammenhang steht die Bedeutung der Logik-Vorlesungen Kants fürs Verständnis der Transzendentalphilosophie. Die metaphysische Deduktion lässt die Verbindung von apriorischer Struktur und Wahrnehmungsmaterial beim Faktum der formalen Logik anheben. Der Einsatz mit der formalen Logik steht an der Stelle, an der bei Wolff *Philosophia rationalis sive Logica* und *Philosophia prima sive*

Ontologia verbunden waren. Beim Übergang zu den Vernunftideen wiederholt sich der von der Schulmetaphysik vorgegebene Ausgangspunkt mit der Logik der Schlussformen.

Die neuzeitliche Philosophie, klassisch Descartes' »cogito«, hatte begründetes Wissen und rational gesteuertes Verhalten aus einem logisch zu gliedernden Subjektkern abzuleiten begonnen. Locke ging sogleich vom psychologisch gefassten Selbstbewusstsein aus. Kants Begründung ist analytisch strenger. Sie setzt nicht mit dem Selbstbewusstsein ein, sondern mit den beiden Deduktionen, also mit der logischen Funktion. Erst Kant bildet den Ich- oder Personbegriff der neuzeitlichen Philosophie grundsätzlich zum Problem der logischen Funktion um, in der Ich-Bewusstsein und allgemeine Geltung miteinander ursprünglich verbunden sind. Im Unterschied zur neuzeitlichen Philosophie begründeten sich die meisten antiken Philosophien mit der Gewissheit von Weltgesetzen oder Urbildern (Platon nannte die »Ideen« παραδείγματα (paradeígmata, also Muster). Der Leitsatz der *Kritik* ist für die antike Auffassung undenkbar: »Folglich ist die Einheit des Bewußtseins dasjenige, was allein die Beziehung der Vorstellungen auf einen Gegenstand, mithin ihre objektive Gültigkeit, folglich, daß sie Erkenntnisse werden, ausmacht« (B 137). Kants transzendentale Idealität setzt ein hohes Bewusstsein der gesellschaftlichen Qualität des Symbolgehalts von Aussagen voraus, nicht nur des ästhetisch welthaften Symbolcharakters eines Objektbegriffes schlechthin, den auch das antike Denken entwickelt hatte. Pantheistische Theorien setzten, prägnant bei Spinoza, mit der intuitiven Gewissheit der »Substanz«, also eines nach systemimmanenten Kriterien ausgezeichneten allgemeinsten Seinsbegriffes, ein. Er trat an die Stelle des Gottesbegriffes, des höchsten Begriffes der Metaphysik, in dem Sein und anthropologische Sinnhaftigkeit des Seins verbunden werden. Kant wendet die Begründung vom Sein auf das Subjekt zurück, entschiedener auch als die Leibnizsche und Wolffsche Metaphysik der Monaden. Hier war das Selbstbewusstsein die subjektive Erscheinungsweise der Monade, die das ganze Universum in sich zu spiegeln vermag. Kant konzentrierte das elementare Problem der Philosophie auf die Geltungsweisen von Behauptungen und beließ dafür als ursprünglichen Befund nichts außer der Einheitsvoraussetzung der logischen Formgesetze a priori. Viele Interpretationen durchdachten die subjektive Wendung der Begründungsstruktur der Objektivität von Urteilen nicht zureichend. Heidegger zweifelte gerade den entscheidenden Vorteil dieser Begründungsweise von Rationalität an. Die Tafel der Aussageweisen werde vorausgesetzt, eine »Fragwürdigkeit der Ursprungsquelle selbst. In der Tat entwickelt Kant die Mannigfaltigkeit der Funktionen im Urteil nicht aus dem Wesen des Verstandes« (M. Heidegger, *Kant und das Problem der Metaphysik*, Frankfurt/M [3]1965, S. 56). Heidegger wiederholt Hegels Kritik der metapysischen Deduktion. Hegel ignorierte die immanente Systematik der formallogischen Basis der transzendentalen Logik und sagte, Kant habe die Kategorien aus der »subjektiven« (formalen) Logik »empirisch aufgenommen« (Hegel, *Wissenschaft der Logik II; Werke*, Bd. 6, Frankfurt/M. 1986, S. 289). K. Reich (1932) hatte gegen die bis in die 20er Jahre vorherrschende Kant-Interpretation die Vollständigkeit durch genaue Bestimmung des Punkts gezeigt, wie Kant analytischen und synthetischen Gehalt der logischen Funktion unterscheidet, und die Vollständigkeit außerdem darin bestätigt gefunden, dass Kant sie eigentlich und für den transzendentalen Subjektbegriff sehr konsequent in umgekehrter Reihenfolge als in der Darstellung der *Kritik* gedacht habe (nicht von der Qualität zur Modalität, sondern in der Folge Modalität, Relation, Qualität, Quantität; Reich, S. 69). R. Brandt analysierte 1991 gegen neue Zweifel (L. Krüger u. a.) die Vollständigkeit der Kategorientafel nochmals und führte eine jahrzehntelange Diskussion zu einer Lösung. Vertreter angloamerikanischer Kant-Interpretationslinien (R. Rorty, D. Davidson u. a.) stellen die transzendentale Begründungsstruktur in der Philosophie überhaupt in Frage, so dass sich das Problem der Vollständigkeit der Urteils- und Kategorientafel erübrigt.

Literatur

Reich, K.: Die Vollständigkeit der Kantischen Urteilstafel (1932), Hamburg [3]1986 [wieder abgedr. in: Ges. Schriften, hg. v. M. Baum u. a., Hamburg 2001]. – Strawson, P. F.: The Bounds of Sense. An Essay on Kant's *Critique of Pure Reason* (1966), London u. New York [2]1989 [dt.: Die Grenzen des Sinns. Ein Kommentar zu Kants *KrV*, Frankfurt/M. 1992]. – Rorty, R.: Transzendentale und holistische Methoden in der Philosophie. Einführung zu einem Kolloquium, in: Henrich, D. (Hg.), Kant oder Hegel. Über Formen der Begründung in der Philosophie, Stuttgart 1983, S. 408–411. – Davidson, D.: A Coherence Theory of Truth and Knowledge, ebd., S. 423–438. – Horstmann, R.-P.: Die metaphysische Deduktion in Kants *KrV*, in: Tuschling, B. (Hg.), Probleme der *KrV*, Berlin u. New York 1984, S. 15–33. – Grünewald, B.: Modalität und empirisches Denken. Eine kritische Auseinandersetzung mit der Kantischen Modaltheorie, Hamburg 1986. – Brandt, R.: Die Urteilstafel. *KrV* A 67–76; B 92–201, Hamburg 1991. – Wolf, M.: Die Vollständigkeit der Kantschen Urteilstafel. Mit einem Essay über Freges Begriffsschrift, Frankfurt/M. 1995.

Der konzentrierte Gedankengang betont zuerst den *Systemcharakter* der Analytik von Rationalität. An das Systemgebot ist die erschöpfende Fassung der ratio und an diese deren dominierende Funktion im kulturellen Selbstverständnis gebunden. Die Systemthematik ist also nicht Ausdruck von Dogmatismus. Kant hat die vier Urteils- und Kategoriengruppen sehr verständlich in einem späten Briefe an J. H. Tieftrunk erläutert (11.12.1797). Dem Systemgedanken korrespondiert der funktionale Charakter der logischen Form. »Begriffe beruhen also auf Functionen. Ich verstehe aber unter Function die Einheit der Handlung, verschiedene Vorstellungen unter einer gemeinschaftlichen zu ordnen« (B 93). Der Rationalitätsbegriff unter dem Funktionsprinzip ist deutlich auf die mathematische Terminologie bezogen. Im Funktionsgedanken besteht die Voraussetzung eines Gesamtkonzepts der transzendentalen Begründungsweise der Philosophie. Kant setzt, wie stets bei einer Problementwicklung, eine Idee des Ganzen der Thematik voraus, hier also der Verstandeserkenntnis (B 61, 92). Diese Aufgabe erfüllt hier die metaphysische Deduktion als der »Leitfaden der Entdeckung aller reinen Verstandesbegriffe« (B 91–116). Die wichtigste Passage zur allgemeinen Idee der Verstandeserkenntnis findet sich in § 10: »Derselbe Verstand also und zwar durch eben dieselben Handlungen, wodurch er in Begriffen vermittelst der analytischen Einheit die logische Form eines Urteils zu Stande brachte, bringt auch vermittelst der synthetischen Einheit des Mannigfaltigen in der Anschauung überhaupt in seine Vorstellungen einen transzendentalen Inhalt« (B 105). Die synthetische logische Leistung, konkrete Einheit aus Abstrakta (»Mannigfaltigem«) zu bilden, setzt also die analytische logische Funktion der Beziehung aller Urteilsarten auf die Elementarbegriffe (Kategorien) voraus (B 130). Das heißt natürlich nicht, dass etwa die formale Logik generell analytisch-logisch, die transzendentale dagegen allein synthetisch-logisch sei.

Auf den Funktionsgedanken folgt die Ableitung der Elementarbegriffe aus den Urteilsformen, also aus den faktischen Aussageweisen. Die Urteilstafel begründet die Kategorientafel. Im Grunde ist die Begründungsweise in der Form einer Analytik der *Begriffe* Kants theoretischem Prinzip von der funktionalen Rationalität nicht adäquat. Der Begriffslogik liegt die naive Koppelung von Begriff und Gegenstand zugrunde. Kant lässt in seiner oft schriftlich experimentierenden Denkweise die Korrelation Begriff – Gegenstand seiner an sich richtigen Begründung der Elementarbegriffe auf den Urteilen entgegenlaufen. Ist verschiedentlich die Terminologie, so doch nie der theoretische Zusammenhang inkonsequent. In der adäquaten Linie seiner Theorie geht Kant vom Funktionsprinzip zur Mittelbarkeit von Gegenständlichkeit über. »Da keine Vorstellung unmittelbar auf den Gegenstand geht, als bloß die Anschauung, so wird ein Begriff niemals auf einen Gegenstand unmittelbar, sondern auf irgend eine andre Vorstellung von demselben (sie sei Anschauung oder selbst schon Begriff) bezogen« (B 93). Hier sind Relations- und Prozessgehalt gegenüber dem Feld dinghafter Elemente präzise gefasst und der Urteilsbegriff als Voraussetzung alles weiteren begründet. Begriffe sind dann Prädikate möglicher Urteile.

Literatur

Apel, K. O.: Von Kant zu Peirce. Die semiotische Transformation der transzendentalen Logik, in: Ders., Transformation der Philosophie, Bd. 2, Frankfurt/M. 1973, S. 157–177. – Riedel, M.: Vernunft und Sprache. Grundmodell der transzendentalen Grammatik in Kants Lehre vom Kategoriengebrauch, in: Ders., Urteilskraft und Vernunft. Kants ursprüngliche Fragestellung, Frankfurt/M. 1989, S. 44–60. – Tonelli, G.: Kant's *Critique of Pure Reason* within the Tradition of Modern Logic, Hildesheim 1994. – Hinske, N.: Zwischen Aufklärung und Vernunftkritik. Studien zum Kantschen Logikcorpus, Stuttgart-Bad Cannstatt 1998.

Urteilstafel und Kategorientafel

Kant unterscheidet die Urteile: Quantität, Qualität, Relation und Modalität (siehe Kasten).

Der Apriorismus als »vollständige Tafel der Momente des Denkens« (B 96) erweist sich als ein Netz logischer Grundrelationen. Rationalität baut sich auf den Relationen verschiedener Aussageformen auf. Jede Urteilsart besteht nur als Glied innerhalb aller Urteilsformen. Kants knappe Erläuterungen der Urteilstafel betonen die besondere Position der unendlichen Urteile als nur dem Schein nach verneinende und zugleich nicht einfach bejahende Behauptungen. Das Beispiel ist der Unterschied zwischen den

Aussagen »die Seele ist nicht sterblich« (verneinend) – »die Seele ist unsterblich« (unendlich). Die logische Negation des ersten Satzes stellt nur eine scheinbare Opposition dar. Die Realität überschreitet das Prinzip des ausgeschlossenen Dritten, dessen logische Geltung natürlich nicht aufgehoben wird. Kant übernahm die Thematik des unendlichen Urteils aus der logischen Literatur der Zeit. Lambert hatte es in seiner *Anlage zur Architectonic* (1771) ausführlich behandelt. Bereits im zweiten Band seines *Neuen Organon* (1764) war er auf den Zusammenhang eingegangen, in dem das unendliche Urteil auch Kant interessierte. »Wir haben nämlich nicht schlechthin das Wahre dem Falschen entgegen zu setzen, sondern es findet sich in unserer Erkenntniß zwischen diesen beyden noch ein Mittelding, welches wir den Schein nennen, und dieser macht, dass wir uns die Dinge sehr oft unter einer andern Gestalt vorstellen, und leichte das, was sie zu seyn scheinen, für das nehmen, was sie wirklich sind, oder wiederum dieses mit jenem verwechseln« (Bd. 2, S. 217 f.). Das Prädikat »nicht« kann also eine nur scheinbare Verneinung darstellen und doch nicht die konträre Bejahung bedeuten. In der Aussage »A ist Nicht-B« wird gesetzt: »B ist ein Anderes als A«. Es ist nicht bestimmt, also unendlich oder der terminus infinitus, wie Lambert das Urteil bezeichnet. Es liegt ein Unterschied von logischer Aussageform und Realität vor. Das Problem kehrt in Hegels Dialektik von Bejahung und Negation wieder. Kant wendet die dritte Aussage in seiner Antinomienlehre an. In den mathematischen Antinomien sind beide einander entgegengesetzten Aussagen falsch, während bei den dynamischen Antinomien beide konträren Sätze richtig sein können.

Kants Anspruch der Vollständigkeit seiner Urteilstafel ist viel bezweifelt worden. A. Schopenhauer meinte, Kant habe um des unseligen Systematisierungszwangs seines Geistes willen Kategorien und Urteilstafel ersonnen, damit die transzendentale Ästhetik mit der Mathematik ein Pendant in einer transzendentalen Logik erhielte. E. Adickes urteilte, Kant habe die erforderlichen Kategorien empirisch aufgerafft und für die Systematisierung äußerlich nach einer willkürlich gebildeten Urteilstafel zusammengestellt. H. Cohen hatte die Urteilstafel mit gutem Blick für den eigentlichen Zielpunkt der

Quantität	Qualität	Relation	Modalität
allgemeine	bejahende	kategorische	problematische
besondere	verneinende	hypothetische	assertorische
einzelne	unendliche	disjunktive	apodiktische

transzendentalen Analytik von den viel konkreteren Grundsätzen des reinen Verstandes her und nicht aus der Logik begründet. K. Reich suchte die Vollständigkeit darzustellen, allerdings entgegen Kants eigener Auffassung aus dem bei Kant erst nach der Deduktion folgenden Selbstbewusstseinsbegriff. G. Tonelli zeigte, dass die Metaphysik- und Logik-Vorlesungen die Tafel nicht enthalten und urteilt, die Tafel sei von Kant nach dem Muster der Kategorien gebildet worden. L. Krüger bestritt, dass Kant der Vollständigkeitsnachweis gelungen sei. R. Brandt rekonstruierte genauer als Tonelli in einer präzisen Untersuchung Kants Begründungsprinzip aus der aristotelischen Schullogik und zeigte auch im systematischen Sinne, dass Aussagen nach Quantität, Qualität und in der Verbindung beider nach Relation die elementaren Aussageweisen darstellen. Von der Modalität, wahrscheinlich einer Wortschöpfung von Crusius, sagte Kant selbst, sie enthalte nur den zusätzlichen Bezug auf die Verbindungsweise durch die Kopula.

Literatur

Schopenhauer, A.: Kritik der Kantischen Philosophie (Anhang zu: Die Welt als Wille und Vorstellung, Bd. 1), in: Sämtl. Werke, hg. v. A. Hübscher, Bd. 2, Leipzig 1938, S. 532. – Cohen, H.: Kants Theorie der Erfahrung, Berlin 1871, [3]1918. – Adickes, E.: Kants Systematik als systembildender Faktor, Berlin 1887 [S. 30 f.]. – Reich, K.: Die Vollständigkeit der Kantischen Urteilstafel (1932), Hamburg [3]1986 [hier auch die Interpretationsgeschichte der Urteilstafel; wieder abgedr. in: Ges. Schriften, hg. v. M. Baum, Hamburg 2001]. – Tonelli, G.: Die Voraussetzungen zur Kantischen Urteilstafel in der Logik des 18. Jhs., in: Kaulbach, F./Ritter, J. (Hg.), Kritik und Metaphysik, Berlin 1966, S. 134–158. – Lenk, H.: Kritik der logischen Konstanten. Philosophische Begründungen der Urteilsformen vom Idealismus bis zur Gegenwart, Berlin 1968 [Kritik an K. Reich S. 14 ff.]. – Krüger, L.: Wollte Kant die Vollständigkeit seiner Urteilstafel beweisen?, in: KS 59 (1968), S. 333–356. – Menne, A.: Das unendliche Urteil, in: PhNat 19 (1982), S. 151–162. – Carl, W.: Der schweigende Kant. Die Entwürfe zu einer Deduktion der Kategorien vor 1781, Göttingen 1989. – Brandt, R.: Die Urteilstafel, Hamburg 1991. – Mohr, G.: Kants »Entdeckung aller reinen Verstandesbegriffe«, in: Hiltscher/Georgi, 2002, S. 123–138.

Die *Tafel der Kategorien* als der »Stammbegriffe des reinen Verstandes«, die Kant wahrscheinlich schon gleich nach der Inauguraldissertation aufgestellt hatte (vgl. an Herz, 21.2.1772), stellen sich folgendermaßen dar (siehe Kästen).

Kant nennt die Kategorien der Quantität und der Qualität mathematische, die der Relation und der Modalität dynamische Begriffe, weil diese sogleich Beziehungen darstellten (B 110; vgl. an Tieftrunk, 11.12.1797). Allesamt seien sie »von den logischen Functionen in Urtheilen entlehnte Bestimmungen« (IV, 474). Mit der Beziehung der Kategorien auf Aussagen und Behauptungen verbindet Kant in einer grundsätzlichen Erläuterung der metaphysischen Deduktion, die er gegen Einwände in die Vorrede zu den *Metaphysischen Anfangsgründen der Naturwissenschaft* eingefügt hat, die Bindung der logischen Form allein an »Gegenstände möglicher Erfahrung« (IV, 474). Die *Prolegomena* erläutern ausführlich die Bedeutung der metaphysischen Deduktion für die ganze Systematik der Transzendentalphilosophie und betonen die Beziehung zwischen Kategorientafel und dem System der Grundsätze (§ 39; IV, 322–326). Die Analytik der *Kritik* schließt mit einer Skizze des Bezugs der neuen transzendentalen Logik zur Ontologie des Gegenstandsbegriffs in der Schulmetaphysik. Sein und dessen Negation werden hier traditionell bestimmt: »Der Gegenstand eines Begriffs, der sich selbst widerspricht, ist Nichts« (B 348). Als generelle Relation der Substanz als des »Etwas« erscheine fälschlich das Nichts, eine formallogische Opposition.

Die zentrale Systematik der Kategorien bildet die Triade. Der dritte Begriff enthält allemal die beiden vorangehenden als seine alternativen Elemente, so dass diese auf ihn bezogen sind. Allheit ist die Vielheit, als Einheit betrachtet, Einschränkung (Limitation) ist Realität, mit Negation verbunden, usf. Kant sah die triadische Struktur nicht wie Hegel als das Gesetz, dass jede Bestimmung nur bestehe als das Gegenteil einer anderen und dass die Realisierung dieses Grundwiderspruchs im Sein die dritte Bestimmung ergebe. Kant betont bei seiner Reflexion über die triadische Ordnung der Kategorien den dritten Begriff, der aus der Verbindung des ersten und zweiten entspringe (IV, 325). Auf die Nachfrage des frühen Interpreten der *Kritik*, J. Schultz, interpretiert

Quantität	Qualität	Relation	Modalität
Einheit	Realität	Inhärenz/Subsistenz	Möglichkeit/Unmöglichkeit
Vielheit	Negation	Kausalität/Dependenz	Dasein/Nichtsein
Allheit	Limitation	Gemeinschaft	Notwendigkeit/Zufälligkeit

Kant das Thema mehr im Sinne Leibniz', an die triadische Ordnung ließe sich eine ars characteristica
combinatoria anschließen (an Schultz, 27.8.1783).

Kant ergänzt die Kategorientafel als die Übersicht
der, wie der scholastische Ausdruck lautete, Prädi-
kamente (Aussageweisen, lat. praedicare, aussagen)
durch die Prädikabilien. Er stellt sie als sekundäre
apriorische Grundbegriffe zu den Kategorien dar. Zur
Kausalität gehören dann die ergänzenden Begriffe
Kraft, Handlung, Leiden, zur Kategorie der Modalität
gehören Entstehen, Veränderung, Vergehen. Kant
hält also neben den zwölf Kategorien eine große
Menge abgeleiteter Begriffe a priori fest. Nicht zufällig verweist Kant in diesem Zusammenhang auf »die
ontologischen Lehrbücher«, in denen die sekundären
Begriffe a priori ausführlich dargestellt seien (B 108;
IV, 326). Wir befinden uns bei der metaphysischen
Deduktion der reinen Verstandesbegriffe im tief tra-
ditionsgebundenen Bezirk der *Kritik*. Kant hält diesen Teil darum sehr kurz. Er durfte ihn als selbstverständlichen Lehrbestand der philosophischen Literatur seiner Zeit voraussetzen. Man muss aber sehen,
dass die auf die transzendentale Deduktion folgende
und sehr ausführliche Darstellung der Grundsätze
des reinen Verstandes die metaphysische Deduktion
fortsetzt. Das wird vor allem bei den Analogien der
Erfahrung und den Postulaten des empirischen
Denkens deutlich. Kant erläutert hier die Kategorien
Substanz, Kausalität, Wechselwirkung, Möglichkeit,
Wirklichkeit, Notwendigkeit u. a. Die Darstellung der
logischen Grundrelationen wird erst wirklich mit
den Grundsätzen und der Metaphysik der *Metaphysischen Anfangsgründe der Naturwissenschaft* abgeschlossen. Die *Prolegomena* halten in diesem Zusammenhang sogar mit Kategorien- und Prädikabilien-
kapitel nach dem Vorbild der Ontologien einen »blos
analytischen Theil der Metaphysik« für möglich, der
dem zweiten, synthetischen vorausgehen könnte (IV,
326). R. Brandt hat die metaphysische Deduktion zutreffend als »die Grundlage aller Systematik« der
Transzendentalphilosophie bezeichnet.

Die Neuerungen der metaphysischen Deduktion
bewegen sich in einem ganz auf Tradition bezogenen
Bezirk der *Kritik*. Die scholastische Lehre von den
Prädikabilien stellte die Substanz voran, ging dann
aber ebenfalls über zu Quantität, Qualität und Relation. Die Prädikabilien hatte Aristoteles nicht in der
Kategorienschrift, sondern in der Topik behandelt.
Die aristotelischen Prädikabilien tragen nicht den
dynamischen, d. h. auf die Naturwissenschaften bezogenen Charakter. Es sind die *quinque voces:* Gattung, Art, Unterschied, Eigenschaft und Zukom-

mendes, die Universalia der Scholastiker. Aristoteles
hatte die Kategorien und die Prädikabilien als die allgemeinsten Aussageweisen eingeführt. Bereits die
Scholastiker hatten die Frage aufgeworfen, wie es
möglich sei, von zufälligen und veränderlichen Dingen eine allgemeine und notwendige Erkenntnis besitzen zu können. Thomas beantwortete die Frage auf
der Grundlage der scholastischen Spezieslehre, die
sagte: Das Erkannte ist in dem Erkennenden nach
Weise des Erkennenden. Der Gegenstand ist in der
Seele natürlich nicht mit seinem ganzen Sein enthalten, sondern durch seine Spezies vertreten. Die Spezies sind unsere »Erkenntniskraft«, wie auch Kant
noch sagt. Die Scholastiker unterschieden ebenfalls
eine sensible und eine intelligible Spezies. Doch bedeutete species sensibilis das Ding mit seinen empirisch veränderlichen Eigenschaften, species intelligibilis dessen substantiale Wesenheit. Kants Fragestellung nach dem Verhältnis von mundus intelligibilis
und sensibilis wurzelt in dieser scholastischen
Thematik. Thomas beantwortete die Frage nach der
Möglichkeit notwendiger Sätze über zufällige Gegenstände: »Die Seele erkennt vermöge des Verstandes das Materielle in einem immateriellen, allgemeinen und notwendigen Erkenntnisakt« (*Summa theologica*, I, 84, 1). Kant waren die Beziehungen seiner
Kategorientafel zur Logik und zur Metaphysik der
Scholastik noch gut bekannt. Er gibt es nicht nur mit
dem Hinweis auf die Prädikabilien in der Ontologie
zu erkennen, sondern setzt seinen Apriorismus in einem eigenen Paragraphen (§ 12), den er der zweiten
Auflage hinzufügte, von dem »unter den Scholastikern so berufenen Satz« ab: Alles Sein ist Eines, Wahres und Gutes (B 113 ff.). »Diese vermeintlich transcendentale Prädicate der *Dinge* sind nichts anders
als logische Erfordernisse und Kriterien aller *Erkenntniß* der *Dinge* überhaupt« (B 114). Dieser § 12,
mit dem Kant seine ganze metaphysische Deduktion
schließt, bildet einen wesentlichen Text für das Verständnis der Kantschen Veränderung des überlieferten Transzendentalienproblems, so dass sich Versuche der Einebnung des Unterschieds zwischen ontologischer Metaphysik und Kants Transzendentalphilosophie als einer Art Ontologie des Bewusstseins,
wie es Heimsoeth interpretierte, erübrigen.

Literatur

Heimsoeth, H.: Metaphysische Motive in der Ausbildung
des kritischen Idealismus, in: KS 29 (1924), S. 121–159 [ND
in: Ders., Studien zur Philosophie I. Kants. Metaphysische
Ursprünge und ontologische Grundlagen, Köln 1956].

Die veränderte Funktion der Kantschen Kategorienlehre zeigt § 11 der Deduktion, der zur zweiten Auflage hinzugekommen war. Die transzendentalphilosophische Kategorienlehre ist ganz auf den sog. »reinen Teil« der Fachwissenschaften angelegt. Kant weist ausdrücklich auf die *Metaphysischen Anfangsgründe der Naturwissenschaft* hin, die eine Probe gäben, wie alle Teile einer Wissenschaft ihre Ordnung von der Kategorientafel her erhielten. Wolffs *Prima Philosophia sive Ontologia* (1729) ging wie die klassische Metaphysik formell vom »Begriff des Seins im allgemeinen« aus. Der Seinsbegriff war jedoch bereits in die logischen Prinzipien des Widerspruchs und des zureichenden Grundes gleichsam eingehängt, um auf die Grundrelation des Seienden als des widerspruchsfrei Möglichen gegenüber dem Unmöglichen zu kommen. Mit dem Verschwinden des allgemeinen Seinsbegriffes als des logisch möglichen Seins rückt das Kategorienpaar bei Kant in die vierte Gruppe der Modalbegriffe. Wolffs *Ontologie* ist nicht wie bei Kant in ein zweistufiges Deduktionsprogramm eingebunden, weil sie nicht als eine Logik apriorische Kategorien und Grundsätze auf einen fließenden Übergang in die Fachwissenschaften bezogen sind. Wolff geht nach möglichem und unmöglichem Sein zu Determiniertheit/Undeterminiertheit, Identität/Ähnlichkeit, Einzelnes/Allgemeines, Notwendigkeit/Zufall und kommt dann auch auf Quantität, Qualität, behandelt aber die Relationskategorien (Substanz/Akzidenz, Ursache/ Wirkung, Wechselwirkung) nach dem allgemeinen Seinsbegriff in besonderen Teilen zum zusammengesetzten und einfachen Sein, wo neben Bewegung, Unendliches/Endliches u. a. auch Raum und Zeit als logische Formen genommen werden, die Kant als Apriori der Anschauung ausgegliedert hatte. Das Zusammengesetzte nimmt Kant ganz aus den Kategorien und den Prädikabilien heraus. Es gehört zum Schematismus der Urteilskraft, also zur inneren Zeitvorstellung einerseits, zugleich zum vorlogischen Verbinden in der äußeren Anschauung (an Tieftrunk, 11.12.1797). Wolff schließt die allgemeine Kategorienlehre traditionell mit Bezug auf die Transzendentalien Ordnung, Wahrheit und Vollkommenheit, während Kant über die Grundsätze zu den *Metaphysischen Anfangsgründen der Naturwissenschaft* überleitet.

Literatur

Pichler, H.: Einführung in die Kategorienlehre, Berlin 1937, ND 1978. – Schneeberger, G.: Kants Konzeption der Modalbegriffe, Basel 1952 [Rez. v. P. Menzer, in: DLZ 74 (1953), S. 641–643; Rez. v. D. Henrich, in: PhR 4 (1956), S. 118– 119]. – Tonelli, G.: Die Voraussetzungen der Kantischen Urteilstafel in der Logik des 18. Jhs., in: Kaulbach, F./Ritter, J. (Hg.), Kritik und Metaphysik, Berlin 1966, S. 134–158. – Wagner, H.: Der Argumentationsgang in Kants Deduktion der Kategorien, in: KS 71 (1980), S. 352–366. – Heimsoeth, H.: Zur Herkunft und Entwicklung von Kants Kategorientafel, in: Heintl, P./Nagl, L. (Hg.), Zur Kant-Forschung der Gegenwart, Darmstadt 1981, S. 25–59. – Riedel, M.: *KrV* und Sprache. Zum Kategorienproblem bei Kant, in: AZPh 7 (1982), S. 1–15. – Heinrich, J.: Die Logik der Vernunftkritik. Kants Kategorienlehre in ihrer aktuellen Bedeutung, Tübingen 1986. – Wolf, M.: Die Vollständigkeit der Kantischen Urteilstafel. Mit einem Essay über Freges Begriffsschrift, Frankfurt/M. 1995. – Heckmann, H.: Kants Kategoriendeduktion, Freiburg u. München 1997. – Bayne, St. M.: Kant on Causation, 2004.

Transzendentale Deduktion

Die transzendentale Deduktion legt dar, wie die in der metaphysischen Deduktion klassifizierten Begriffe a priori sich »auf Gegenstände beziehen können« (B 117), so dass sie die »Principien der Möglichkeit der Erfahrung« darstellen (B 168). Die Abstraktionstheorie wird zusätzlich davon als »empirische Deduktion« des Faktums von Begriffen unterschieden, eine »versuchte physiologische Ableitung, die eigentlich gar nicht Deduction heißen kann, weil sie eine quaestionem facti betrifft« (B 119). Unter dem Titel transzendentale Deduktion (§§ 13–27), dessen erste Darstellung für die zweite Auflage umgearbeitet (nicht inhaltlich verändert) wurde, sollen sensualistischer und ontologisch-metaphysischer Problemstrang aufgelöst und miteinander zu etwas Neuem verschmolzen werden. Eine vorzügliche Zusammenfassung gibt Kant selbst in der langen Anmerkung zur Vorrede der *Metaphysischen Anfangsgründe der Naturwissenschaft* (1786) (IV, 474 f.).

Die transzendentale Deduktion besteht aus drei Schritten: Erstens dem Beweis, dass wissenschaftliche Erfahrung apriorischer logischer Konstitutionsbedingungen bedürfe (§§ 13 f.), danach dem Begriff der »transcendentalen Einheit des Selbstbewusstseins« (§§ 16 f.) und drittens der Verbindung der Einheitsfunktion, die die Apperzeption darstellt, mit der Anschauung durch die »figürliche Synthesis« der Einbildungskraft (§§ 24–27). In der metaphyischen Deduktion stand mit dem Umbruch der Ontologie zur Analytik des Verstandes die kritische Beziehung auf die Schulmetaphysik im Mittelpunkt. Kant fasst das am Ende (§ 12) mit der Notiz zu den Transzendentalien des unum, verum, bonum »in der Transzendentalphilosophie der Alten« zusammen. In der transzendentalen Deduktion tritt die Auseinandersetzung mit der sensualistischen Theorie des internal sense hinzu. Sie soll dessen Funktion im Apriorismus übernehmen. Der Gedankengang enthält viele prägnante, für Kants Denken zentrale Formulierungen, zeigt aber mit seinen vielen Wiederholungen nicht die Konzentration der vorangegangenen Deduktion.

D. Henrich (1973) unterschied zwei Beweisschritte in der transzendentalen Deduktion: Die Synthesis der Wahrnehmungsinhalte erfolge grundsätzlich durch die vorbestehenden Einheitsformen der Kategorien und Grundsätze. In einem zweiten Schritt zeige Kant an der produktiven Einbildungskraft, dass selbstverständlich auch eine vorlogische Synthesis in der Anschauung entstehe (B 144). Das zentrale Problem der Deduktion hatte Kant mit einfachen Worten für Tieftrunk erklärt: Die Homogenisierung des besonderen empirischen Begriffs mit dem allgemeinen geschieht nicht mehr durch logische Subsumtion. Das ist die analytische Funktion der formalen Logik. Die transzendentale Logik fragt nach der Möglichkeit, die Kategorien a priori, also die generelle Bewusstseinsstruktur zur Konstitution von Sachverhalten mit dem ganz Heterogenen der empirischen Anschauung und der konkreten Abstraktionsbegriffe zu verbinden. Logische Struktur und empirische Gehalte können nicht unmittelbar zusammengeschlossen werden. Voraussetzung ist die Synthese der Vorstellungen im inneren Sinn der Zeitanschauung. Diese Zusammensetzung ist mit dem logischen Prinzip des Zusammengesetzten, das die Kategorien darstellen, zu homogenisieren. Die Synthese des Ungleichartigen erfolgt durch Schemata der Einbildungskraft, die konkrete Wahrnehmungen so zusammenfasst, dass sie logisch zu qualifizieren (und sprachlich zu artikulieren) sind (an Tieftrunk, 11.12.1797).

Literatur

Henrich, D.: Identität und Objektivität. Eine Untersuchung über Kants transzendentale Deduktion, Heidelberg 1976 [Vortrag v. 9.11.1974 bei der Heidelberger Akademie der Wissenschaften]. – Tuschling, B. (Hg.): Probleme der *KrV*, Berlin u. New York 1984 [S. 41–96: Diskussion zur Beweisstruktur der transzendentalen Deduktion und zu D. Henrichs Interpretation].

Das leitende Thema aller drei Schritte der transzendentalen Deduktion ist, »wie nämlich *subjective Bedingungen des Denkens* sollten *objective Gültigkeit* haben« (B 122). Wie apriorische Denkformen mit dem von ihnen ganz unabhängigen Wahrnehmungsmaterial übereinstimmen können, bildet für jede rationalistische Theorie ein Problem. Die sensualistischen Theorien erklären die Übereinstimmung abstraktionstheoretisch. Die Wahrnehmungsleistung wird zur logischen Struktur sublimiert. Das führt zur Ausarbeitung der psychologischen Thematik des internal sense, der die Hauptlast der Verbindung zu tragen hat. Die Stärke der Theorie besteht in der Intention, den gesamten Wissensbegriff ohne transzendente Hilfsannahmen aus verschiedenen Funktionsebenen des Subjekts zu erklären. Hier bleibt der offene Punkt, ob die logische Strukturierung ebenfalls mit dem Abstraktionsvorgang gebildet werde. Das ist schon für den Zahlbegriff, für einfache geometrische Figuren nicht zu begründen, ganz zu schweigen von den grammatischen Gesetzen der Flexion, der Satzbildung usf. Die rationalistische Theorie dagegen bedarf eines dritten Elements, das den Dualismus von Denkwelt und Anschauungswelt vermittelt. Diese Funktion erfüllen die ontologischen Prämissen einer hinter der Phänomenwelt liegenden Realität von Substanzen und deren Relationen.

Das Erfordernis der transzendentalen Deduktion wird in einer Locke-Polemik erläutert. Auch große Massen empirischer Erfahrungen bieten nicht das Gesetz der Abfolge von Ereignissen. Vom empirischen Beobachten her würde man nicht einmal die Annahme widerlegen können, alle Erscheinungen liefen chaotisch ab. Etwa das Kausalgesetz liege entweder a priori im Verstande oder »müsse als ein bloßes Hirngespinst gänzlich aufgegeben werden« (B 124). Locke habe der Schwärmerei Tür und Tor geöffnet, weil er mit den von ihm allein angenommenen Erfahrungsbegriffen Probleme in Angriff genommen habe (moralische und religiöse Grundbegriffe), die weit über alle Erfahrungsgrenzen hinausgingen.

Literatur

Henrich, D.: Die Beweisstruktur von Kants transzendentaler Deduktion, in: Prauss, G. (Hg.), Kant. Zur Deutung seiner Theorie von Erkennen und Handeln, Köln 1973, S. 90–104. – Baum, M.: Die transzendentale Deduktion in Kants Kritiken. Interpretationen zur kritischen Philosophie, Köln 1975. – Baum, M.: Deduktion und Beweis in Kants Transzendentalphilosophie, Königstein/T. 1986. – Kants transzendentale Deduktion und die Möglichkeit von

Transzendentalphilosophie, hg. v. Forum f. Philosophie Bad Homburg, Frankfurt/M. 1988. – Förster, E. (Hg.): Kant's Transcendental Deductions. The Three *Critiques* and the *Opus postumum*, Stanford/Cal. 1989 [Autoren u. a. L. W. White, D. Henrich, P. Guyer, Strawson, J. Rawls]. – Carl, W.: Die Transzendentale Deduktion der Kategorien in der ersten Auflage der *KrV*. Ein Kommentar, Frankfurt/M. 1992. – Howell, R.: Kant's Transcendental Deduction. An Analysis of Main Themes in His Critical Philosophy, Dordrecht u. a. 1992.

Die Einheit des Selbstbewusstseins, die transzendentale Apperzeption

Erkenntnis ist Synthesis des Mannigfaltigen der Wahrnehmung zur artikulierten Erfahrung. Doch die Bewusstseinsoperationen sind von empirischer und transzendentaler Anschauung über reproduktive und produktive Einbildungskraft, Abstraktionsbegriffe und Urteilskraft bis zu den Kategorien und Urteilsfunktionen selbst ein Mannigfaltiges. Es muss eine Synthesis der Synthesis-Funktionen geben. Auf sie kann jedoch die Kategorie der Einheit aus der Urteilstafel nicht angewandt werden. Die Einheit der Bewusstseinsfunktionen ist jeder Synthesis der Verbindung von Begriffen zu Urteilen vorgeordnet. Wie soll dann aber die Einheit aller Synthesis-Funktionen gedacht werden? Der Verstand kann nur mit den Kategorien denken, deren Einheit hier erst begründet werden muss. Eine intellektuelle Anschauung soll nach einer Grundvoraussetzung des transzendentalen Idealismus ebenfalls ausscheiden. Als Gegenstand der Introspektion ist das Subjekt sich selbst Objekt und erfährt sich als Erscheinung. Es kann seine sinnlich-gegenständliche Existenz nicht logisch konstruieren. »Also müssen wir diese Einheit (als qualitative, § 12) noch höher suchen, nämlich in demjenigen, was selbst den Grund […] der Möglichkeit des Verstandes sogar in seinem logischen Gebrauche enthält« (B 131). Es ist klar, dass es sich nicht um das empirisch erlebnishafte Selbstbewusstsein handeln kann. Das wäre die Frage nach der Psychologie des Denkens, nicht nach dessen logischer Geltungsweise. Kant behandelte diese Ebene des Selbstbewusstseins als Selbstanschauung in der Anthropologie-Vorlesung. Hier ist das Selbstbewusstsein durch Ich-Anschauung erschlossen. Kant ist wahrscheinlich vom befreundeten Schüler und Berliner Arzt M. Herz dabei angeregt worden, wie Klemme zeigt (Klemme 1996, S. 55–75). Doch jetzt geht es nicht um das unbezweifelbare empirische Ich-Bewusstsein, sondern um die Einheit aller logischer Geltungsformen. Ebenso wenig darf sich der

Verstand als ein intelligibles Objekt in der Art ontologischer Substanzen denken. Die Bedeutung der notwendig zu denkenden apriorischen Einheit des Selbstbewusstseins wird in erster und zweiter Auflage verschieden formuliert, aber gleichermaßen hoch bewertet. »Der synthetische Satz: daß alles verschiedene *empirische Bewusstsein* in einem einigen Selbstbewusstsein verbunden sein müsse, ist der schlechthin erste und synthetische Grundsatz unseres Denkens überhaupt« (A 117). Der Übergang vom empirischen zum transzendentalen Begriff des Selbstbewusstseins erfolgt über den Begriff des möglichen Seins. Es ist dann offenbar eine andere Möglichkeit als die von der Modalkategorie bezeichnete. »Das: *Ich denke* muß alle meine Vorstellungen begleiten *können*; denn sonst würde etwas in mir vorgestellt werden, was gar nicht gedacht werden könnte, welches eben so viel heißt als: die Vorstellung würde entweder unmöglich, oder wenigstens für mich nichts sein« (B 131 f.). Kant nennt diesen transzendentalen Selbstbewusstseinsbegriff die reine oder ursprüngliche Apperzeption, also reflexive Stufe der Vorstellung (perceptio). Diese ursprüngliche Verbindung stellt das Zentrum aller ideellen Aktivität in theoretischer und praktischer Rücksicht dar, der Rahmen des Kantschen Subjektbegriffes. »Und so ist die synthetische Einheit der Apperception der höchste Punkt, an dem man allen Verstandesgebrauch, selbst die ganze Logik und nach ihr die Transcendental-Philosophie heften muß« (B 134). Dieses notwendige Bewusstsein meiner Spontaneität ist dessen analytische Einheit (ist als analytischer Satz zu formulieren). Doch der analytische Charakter führt ebenso notwendig dazu, dass es nicht analytisch, sondern nur durch Akte der Synthesis besonderer, material gerichteter Akte zu realisieren ist. Das Ich-Bewusstsein als Voraussetzung der logischen Form ermöglicht nicht nur, es erfordert ebenso die Vereinigung gegebener »Vorstellungen« (notiones, wie der traditionelle Ausdruck für ideelle Akte lautete) im Begriff eines Objekts. Diese Konsequenz der Theorie der transzendentalen Apperzeption wird bei deren Interpretation oft übersehen. Der Begriff des »Ich denke« setzt also bereits die Möglichkeit der Anschauung des Ganzen der Objekte mit. Die Einheit des Subjekts als einer transzendentalen Apperzeption begründet bei Kant die Objektivität von Urteilen. Das ist für die aristotelische Logik undenkbar, so sehr sie im generellen Synthesischarakter von Aussagen mit Kant natürlich übereinstimmt.

Um die Interpretation dieses Kantschen Begriffes der transzendentalen Einheit des Selbstbewusstseins ist viel gestritten worden. Sie ergibt sich für Kant konsequent – und wohl überhaupt überzeugend – aus dem einleuchtenden Gedanken der Synthesis der Synthesis. Wenn ich denke, so verbinde ich »Vorstellungen«, also muss ich auch das Verbinden des Verbindens denken *können*; dies der gute Sinn der Kantschen Sperrung »*können*« im zitierten Satz. Die Reflexion auf diese objektive Bedingung ist der transzendentale Begriff des Selbstbewusstseins. Er besteht nur in den realen Vernunftoperationen, genau genommen, allein in der *Möglichkeit*, sich die Einheit der Akte im empirischen Selbstbewusstsein vorzustellen. Dieses *mögliche Sein* stellt die synthetische Einheit a priori zu den dann faktisch analytischen Einheitsakten der Apperzeption dar. Das transzendentale »Ich denke« ist die Selbstsetzung des Subjekts: Ich setze mich in den Bewusstseinsakten. Die Apperzeption besteht nicht vor den oder außerhalb der Setzungen. Kants These von der apriorischen Bewusstseinsrealität als Möglichkeit für jedes Selbstbewusstsein, die Bewusstseinsakte als seine eigenen zu denken, zeigt die Kontinuität der Problemstellung von der ontologischen Metaphysik her. Die neuzeitliche Metaphysik definierte die widerspruchsfreie Denkmöglichkeit als Konstitutionsbedingung des Denkens für seiende Objekte überhaupt. Kant fasst als logisch mögliches Sein nicht die Möglichkeit der Realität intelligibler Objekte, sondern die Realität der Einheit von Vernunftoperationen, also einer transzendentalen Apperzeption des Selbstbewusstseins.

Der Selbstbewusstseinsbegriff der *Kritik* wird im Zusammenhang der transzendentalen Deduktion (§ 16; B 132 ff.) und wieder im Dialektik-Teil bei der Widerlegung des ontologischen Seelenbegriffs (B 399 ff.) behandelt. Er stellt eine der interessantesten Leistungen der Transzendentalphilosophie dar. Kant formuliert das Problem des nichtgegenständlichen Bewusstseins und beginnt die Grenzen der gegenstandsorientierten metaphysischen und sensualistischen Traditionslinien der Philosophie aufzulösen. Nichtgegenständliches Bewusstsein ist nicht durch intentionale Akte irgendwelcher Art auszusagen, also nicht behavioristisch zu beschreiben und nicht gestaltpsychologisch durch Introspektion zu erfassen. Kant gelangt zum Problem der Ich-Aussage als eines nicht-propositionalen Satzes im Zusammenhang seiner Kritik der metaphysischen Theorien als Behauptungen über illusorische Gegenstände. Es sind Aussagen über Seele, Gott usf., denen nicht Anschauung zu unterlegen ist, wie etwas treuherzig formuliert wird. Der transzendentale Selbstbewusst-

seinsbegriff überschreitet das cartesianische substantiale »cogito«. Der Akzent ist gegen die ontologische Setzung des Selbstbewusstseins gerichtet: »Ich denke« bedeutet nicht, »daß ich als *Object* ein für mich selbst *bestehendes Wesen* oder *Substanz* sei« (B 407). Husserl hatte die Intentionalität des Ich-Bewusstseins im Sinne der Evidenz einer Gerichtetheit schlechthin angenommen. Wittgenstein kritisierte das als eine metaphorische Ausdrucksweise und sagte, dass ich selbstbezüglich nicht in der ersten Person, sondern stets nur in der dritten Person sprechen kann (Wittgenstein, *Zettel*, § 472; *Schriften*, Bd. 5, Frankfurt/M. 1970, S. 383). Kant räumt die Beschreibung empirischer Selbstbeobachtung ein. Aber es ist nicht das Ich, sondern der Vorgang der »Anschauung« von etwas, das eben nicht das Ich ist. »Alle modi des Selbstbewußtseins im Denken an sich« sind keine Begriffe von Objekten, »sondern bloße logische Functionen, die dem Denken gar keinen Gegenstand, mithin mich selbst auch nicht als Gegenstand zu erkennen geben« (B 407). Kant trennt die transzendentale Theorie des Selbstbewusstseins vom Schema der Beobachtungsaussagen ab, sowohl im Sinne der Assimilation an Aussagen über äußere Wahrnehmungen als auch nach der Art von Erlebnisworten, wie Wittgenstein es nannte. Als reines Selbstbewusstsein ist nur die Tatsache auszusagen, dass ich aussage. Die Ich-Aussage ist eine Tautologie. Das ist nicht geradezu Wittgensteins These, die Erlebnisworte seien im Ich-Bezug gerade so viel wie ein Schrei. Aber es ist ein Schritt über die bewusstseinsphilosophischen Voraussetzungen der neuzeitlichen Philosophie hinaus. Das »Ich denke« ist nur hinsichtlich der Aussagefunktionen auszusagen. Wittgensteins Konsequenz ist: Die Grenze einer am Satz orientierten Aussagetheorie ist erreicht.

Der Schlusspunkt eines nichtgegenständlichen Selbstbewusstseinsbegriffs als nicht in Form von Ich-Aussagen darstellbarer »Handlungen des Verstandes«, wie Kant gern sagt, gibt generellen Aufschluss über den Apriorismus-Begriff. A priori sind nur die Konstitutionsbedingungen aller Akte. Es sind nichtgegenständliche Akte, deren Ich-Gehalt nur im Verweis auf das Selbstbewusstsein aller gedacht werden kann. Diesen Gedankengang führen verschiedene Paragraphen immer wiederholend aus, um ontologische, theologische oder glaubensphilosophische (die späteren frühromantischen) Überhöhungen bei der erforderlichen Kritik des empiristischen Selbstbewusstseinsbegriffs abzuwehren. Kants transzendentaler Selbstbewusstseinsbegriff besitzt etwas von einem Protestbegriff. Würden die logischen Akte nicht einem Ich zugeschrieben werden, so gehörten sie einem Über-Ich zu mit allen Konsequenzen mystifizierender Definitionen und unserer Abhängigkeit von ihm. Die Wiederkehr der transzendentalen Apperzeption in der Kritik des spekulativen Seelenbegriffs der »Dialektik« gibt die wesentlich praktische Bedeutung dieser überpersönlichen geistigen Einheit, die dennoch keine transzendente ist, zu erkennen. Das reine Selbstbewusstsein entfaltet sich zur moralisch-praktischen Idee der Menschengattung, die als ein unendlich Genaues in praktischer Rücksicht ein unendlich Vollkommenes darstellt. Sie gewinnt die gleiche formal-methodische Bedeutung zur Begründung generalisierungsfähiger wissenschaftlicher Aussagen in den praktischen Disziplinen, wie sie die synthetischen Grundsätze des theoretischen Verstandes besitzen.

Literatur

Cohn, J.: Voraussetzungen und Ziele des Erkennens, Untersuchungen über die Grundfragen der Logik, Leipzig 1908 [T. I, Kap. 1, Das erkennende Ich]. – Henrich, D.: Über die Einheit der Subjektivität, in: PhR 3 (1955), S. 28–69. – Ders.: »Selbstbewußtsein«, in: Bubner, R. u. a. (Hg.), Hermeneutik und Dialektik, Tübingen 1970, Bd. 1, S. 257–284. – Tugendhat, E.: Vorlesungen zur Einführung in die sprachanalytische Philosophie, Frankfurt/M. 1976 [5./6. Vorlesung]. – Ders.: Selbstbewusstsein und Selbstbestimmung. Sprachanalytische Interpretationen, Frankfurt/M. 1979. – Brandt, R.: Historisches zum Selbstbewußtsein, in: Tuschling, B. (Hg.), Probleme der KrV, Berlin u. New York 1984, S. 1–14. – Sturma, D.: Kant über Selbstbewußtsein. Zum Zusammenhang von Erkenntniskritik und Theorie des Selbstbewußtseins, Hildesheim u. a. 1985. – Henrich, D.: Die Identität des Subjekts in der transzendentalen Deduktion, in: Oberer, H./Seel, G. (Hg.), Kant. Analysen – Probleme – Kritik, Würzburg 1988, S. 39–70. – Powell, C. T.: Kant's Theory of Self-Consciousness, Oxford 1990. – Klemme, H. F.: Kants Philosophie des Subjekts. Systematische Untersuchungen zum Verhältnis von Selbstbewußtsein und Selbsterkenntnis, Hamburg 1996.

Verbindung von logisch-formaler und empirisch-materialer Bewusstseinsebene

Die §§ 20–23 wenden sich dem Problem zu, wie die Verbindung der logischen Funktionen mit empirischen Vorstellungen zu denken sei. Das Selbstbewusstsein ist nichts als der Vollzug der Synthesis des Wahrnehmungsmaterials durch die Kategorien. Es ist das Vermögen des Verstandes, »der also für sich gar nichts *erkennt*, sondern nur den Stoff zum Erkenntniß, die Anschauung, die ihm durchs Object

gegeben werden muß, verbindet und ordnet« (B 145). In der Verkennung dessen wurzeln alle illusorischen Setzungen mit großer kultureller Autorität, wie das die *Träume eines Geistersehers* sarkastisch zeigen. Die rationalistische Metaphysik verdinglichte formale Relationen des Denkens zu materialen Gehalten. Es entsteht eine Art sublimer Rezeptivität gegenüber höheren Gegenständen. Das setze an die Stelle eigener Verantwortung für moralische Maximen Fremdbestimmungen. Der Empirismus dagegen suche aus den Antinomien des alltagspraktischen Bewusstseins durch Dehnung des Wahrnehmungsbegriffs herauszufinden, um sich der Unvereinbarkeit von theoretischen Distinktionen mit dem Üblichen gewohnter Interessen zu entziehen. Charakterzug des Kantschen Denkens ist, die Verwischung wesentlicher Gegensätze zu verachten. Er spricht das in Briefen an Mendelssohn und Lambert aus (31.12.1765; 8.4.1766). Die zeitgenössische Philosophie aber betrüge sich mit inkorrekten Einheitsauffassungen durch Verschleifungen nicht zu vereinbarender Thesen. Die verdrängten Probleme kehrten als Antinomien wieder und rumorten in den Philosophien seit Jahrhunderten.

Erste Voraussetzung des Vermittlungsverfahrens der transzendentalen Deduktion sind Raum und Zeit als Anschauungsformen a priori, die eine einheitliche Projektionsfläche bereitstellen, auf der logische und anschauliche Funktion zusammentreten können. Die empirische Eindrücke (Kants Beispiele: ein Haus, gefrierendes Wasser) werden zur Wahrnehmung durch die ursprünglichen Formen aller Wahrnehmungen, des Raumes und der Zeit (B 162). Die reinen Anschauungsformen werden zweitens gegenüber dem Ästhetik-Teil näher bestimmt als eine eigene und zwar »figürliche« Synthesis, »synthesis speciosa« (B 151). Sie stellt ein spezifisches Synthese-Prinzip dar: Die *produktive Einbildungskraft*, d. i. die Fähigkeit schlechthin, einen Gegenstand ohne dessen Gegenwart in der Anschauung nachzubilden. Die Deduktion vollzieht eine transzendentallogische Rekonstruktion des internal-sense-Problems des Empirismus.

Literatur

Vleeschauwer, H. J. de: La Déduction transcendentale dans l'œuvre de Kant, 3 Tle., Antwerpen u. a. 1934–37 [mit Darstellung der Interpretationsgeschichte]. – Ders.: L'Évolution de la pensée kantienne, Paris 1939. – Klemme, H. F.: Kant und die Paradoxien der kritischen Philosophie, in: KS 99 (2007).

Analytik der Grundsätze

Der ausführlichste Teil der logischen Analytik entwickelt die apriorischen Grundsätze des Denkens, die allen Sachverhaltskonstitutionen zugrunde liegen. Die vorangehenden Deduktionskapitel bilden die Voraussetzungen für dieses eigentliche Ziel der »Logik der Wahrheit«. Die Grundsätze konkretisieren die Kategorien auf die Metaphysik-Systeme und die Fachwissenschaften hin. Man macht sich das am besten klar, wenn man die drei Tafeln der Urteile, der Kategorien und der Grundsätze zusammenstellt (siehe Kasten).

Die Thematik der Einbildungskraft wird jetzt zu einer *Theorie der Urteilskraft* erweitert, deren zentraler Teil der *Schematismus* ist, den die *Einbildungskraft* zwischen Empfindung, empirische Begriffe und Kategorien legt und so die Verbindung der ganz unanschaulichen Kategorien (Substanz, Kausalität usf.) mit den Wahrnehmungen ermöglicht. Auf die Abstraktionsvorgänge zur Bildung des weiten Feldes der *nicht-apriorischen Begriffe*, wo die Hauptleistung bei der Verschlüsselung der Anschauungen in logische Symbole (mit dem Gefolge der sprachlichen Zeichen) bewältigt wird, geht Kant nicht ein. Er würde nach dem Theoriestand der Zeit weite Bereiche der sensualistischen Theorie und der psychologia empirica aufnehmen müssen. Kant sah diese Resultate für gegeben an, hatte aber gerade zu betonen, was dort mit der Verabsolutierung der Abstraktionsprozesse bis zur Leugnung einer ursprünglichen logischen Grammatik des Bewusstseins übersehen wurde. Man darf den Problemhorizont, der für Kant mit der Auflösung der Frage verbunden war, nicht verkürzen. Die Lösung besteht nicht primär in der Theorie des Schematismus der produktiven Einbildungskraft, die einen wesentlichen und zugleich reizvollen, aber auch nur knapp skizzierten Teil der Kantschen Theorie bildet. Die beiden Deduktionen oder Beweisgänge für die existierende Funktion (nicht etwa für die notwendige Berücksichtigung) apriorischer Strukturen zielen auf die Grundsätze des reinen Verstandes. Nur durch sie gewinnt Kant den Übergang von der propädeutischen Transzendentalphilosophie auf die systematische Metaphysik, die eine Kategorienlehre der Wissenschaften bieten soll. Das Problem der Kette von metaphysischer und transzendentaler Deduktion sowie der Grundsätze ist, dass sich für jede denkbare empirische Realitätserfahrung, die die Ansprüche der Objektivität und intersubjektiven Gültigkeit erhebt, die notwendigen Bedingungen von deren Geltung angeben lassen müssen.

Genügte nicht die Ausformulierung der Kategorien zu Urteilen, um die unmittelbare Gewissheit darzutun? Tatsächlich entspricht das System der Grundsätze der Ordnung der Kategorien nach Quantität, Qualität, Relation und Modalität. In der Methodenlehre heißt es dann aber, der Verstand errichte seine völlig sicheren Grundsätze nicht direkt aus Begriffen, »sondern immer nur indirect durch Beziehung dieser Begriffe auf etwas ganz Zufälliges, nämlich mögliche Erfahrung«. Werde diese vorausgesetzt, so seien sie apodiktisch gewiss. Etwa der Kausalsatz heiße Grundsatz, »ob er gleich bewiesen werden muß, darum weil er die besondere Eigenschaft hat, daß er seinen Beweisgrund, nämlich Erfahrung, selbst zuerst möglich macht« (B 765). Tatsächlich gehen alle Beweise der Grundsätze so vor. Die Grundsätze werden aus dem bewiesen, was von ihnen begründet wird. Wie ist das zu verstehen? Es ist ein Beispiel für Kants Verständnis der »ursprünglichen Erwerbung« apriorischer Begriffe und Sätze (vgl. Kap. I zur *KrV*, Kants Sprache, Leitbegriffe der *Kritik*, S. 161) und erschließt auch den Bezug dieses Gedankens zur Methodik der Naturwissenschaften. Logische Form und materialer Wissensinhalt sind an sich methodische Abstraktionen. Mit dem Übergang zur konkreteren Kategorienlehre in den Grundsätzen tritt deren wechselseitige Bedingtheit hervor.

Die spezifische Form der kategorialen Problematik in der Weise von synthetischen Grundsätzen, behindert nicht, dass Kant hier brillante Analysen zentraler Kategorien gibt, wie Prozess, Kausalität, Gesetz, Maßverhältnisse, Gleichgewichts- und Ungleichgewichtszustände, Differenz und Widerspruch, Zweckmäßigkeit usf. In der heutigen Kant-Diskussion hat sich das Gewicht gegen Kants eigene Zielstellung von den Grundsätzen auf die Schematismus- und Deduktionsthematik zurückgezogen und bei den Deduktionen auch vor allem auf den Selbstbewusstseinsbegriff. Die Grundsätze werden gering geschätzt und oft auch in Frage gestellt. In den Grundsätzen steckt aber die Kategorienthematik der Wissenschaften. Der apriorische Charakter der Kantschen Grundsätze wird oft bestritten. Die Grundsätze seien in Wirklichkeit von der historischen Problemlage der Wissenschaften zu Kants Zeiten unterlaufen. Das Problem vorausgesetzter kategorialer Raster für alle Theoriebildungsprozesse ist damit nicht erledigt. Sie waren und sind in der Durchführung immer von der Problemlage der Wissenschaften bestimmt. Der apriorische Einschlag des Denkens kommt erst in der Geschichte seiner Anwendung zu Tage.

	Die Urteile	Die Kategorien	Die Schemata	Die Grundsätze
Quantität	Allgemeine Besondere Einzelne	Einheit Vielheit Allheit	Zahl	*Axiome der Anschauung* alle Anschauungen sind extensive Größen
Qualität	Bejahende Verneinende Unendliche	Realität Negation Limitation	Grad	*Antizipationen der Wahrnehmung* in allen Entscheidungen hat das Reale intensive Größe, einen Grad
Relation	Kategorische	Inhärenz und Subsistenz (Substanz/Akzidens)	Beharrlichkeit des Realen in der Zeit	*Analogien der Erfahrung* Beharrlichkeit der Substanz
	Hypothetische	Kausalität und Dependenz (Ursache/Wirkung)	Sukzession des Mannigfaltigen	Zeitfolge nach dem Gesetz der Kausalität
	Disjunktive	Gemeinschaft (Wechselwirkung zwischen dem Handelnden und dem Leidenden)	Zugleichsein der Bestimmungen	Zugleichsein nach dem Gesetz der Wechselwirkung
Modalität	Problematisch Assertorische Apodiktische	Möglichkeit/Unmöglichkeit	Zusammenstimmung der Synthesis verschiedener Vorstellungen	*Postulate des empirischen Denkens überhaupt:* Was mit den formalen Bedingungen der Erfahrung übereinkommt, ist möglich
		Dasein/Nichtsein	Dasein in einer bestimmten Zeit	Was mit den materialen Bedingungen der Erfahrung zusammenhängt, ist wirklich
		Notwendigkeit/Zufälligkeit	Dasein zu aller Zeit	Dessen Zusammenhang mit dem Wirklichen nach allgemeinen Bedingungen der Erfahrung bestimmt ist, existiert notwendig

Urteilskraft

Verstand ist das »Vermögen«, Regeln zu erklären, die Urteilskraft leistet es, unter Regeln zu subsumieren, also zu unterscheiden, unter welche Regel etwas gehöre oder nicht (B 171). Den Regelbegriff für Denken und Handeln benutzte Wolff in seinen deutschen Schriften ständig. Ohne den Terminus der Urteilskraft zu benutzen, gewinnt bei ihm das Thema unter dem Titel der Klugheit, die erst mit Gelehrsamkeit zusammen Weisheit ergebe, in seinen *Vernünfftigen Gedancken von der Menschen Thun und Lassen* (1720, ⁴1733) einen wichtigen Platz. Es ist eine durchaus bürgerliche geistige Tugend, wie sie Bacon in seinen *Essays* (1597 u. ö.) zuerst als die neue Lebensweisheit dargestellt hatte, die jetzt als Gescheitheit das Geschick wird, sich vorwärts zu bringen. Auch bei Kant ist die Urteilskraft eine individuelle, auf Weltbefahrenheit und persönlicher Bildung, auch auf einer Kultur des Geschmacks beruhende Fähigkeit. Mitten in der Realisierungsproblematik des Apriorismus wird ein weites Feld aufklärerischer Bildungsthematik eröffnet. Die Urteilskraft gehört in einen zentralen Zusammenhang des aufklärerischen Bewusstseins: Zum Gedanken der freien Handlung. In der *Kritik* ist die Urteilskraft eine logische Formbestimmung, die tätige Mitte, wie Hegel sagen würde, zwischen den beiden einander entgegengesetzten geistigen Projektionsflächen Verstand und empirische Anschauung. Doch Kant führt auch die aristotelische Linie der ethischen Theorie ein, die auf die persönliche Aneignung von Tugenden durch die Erfahrungen mit deren Anwendung orientierte. Urteilskraft »sei ein besonderes Talent, welches gar nicht belehrt, sondern nur geübt sein will« (B 172). Im Sinne seiner frühen Polemik gegen die Gelehrten-Kyklopen, die geistig einäugigen Fachleute, einen »geistigen Pöbel« (II, 200), gibt Kant dem Thema hier einen Akzent gegen die Isolierung akademischer Bildung. Urteilskraft ist das mitgeborene gleiche Weltbürgertum des gesunden Menschenverstandes. »Der Mangel an Urtheilskraft ist eigentlich das, was man Dummheit nennt, und einem solchen Gebrechen ist gar nicht nicht abzuhelfen.« Ein eingeschränkter Kopf ohne rechten Verstand und eigene Begriffe sei durch Erlernung sogar bis zur Gelehrsamkeit auszurüsten, und doch »ist es nichts Ungewöhnliches, sehr gelehrte Männer anzutreffen, die im Gebrauche ihrer Wissenschaft jenen nie zu bessernden Mangel häufig blicken lassen« (B 173). Im Zusammenhang der *Kritik* geht es bei der Urteilskraft um die Realisierung der Kategorien a

priori. Sie ist also die allgemeine Bedingung zu Regeln, wie die logische Struktur mit empirischen Daten verbunden werden kann.

In Kants Lehre von der Urteilskraft und den Schemata der Einbildungskraft fließen drei theoretische Linien zusammen: Die Schullogik, die empirische Psychologie der Vorstellungen und des Gedächtnisses und die alte Überlieferung der Rhetorik, die der Logik im 18. Jh. noch gegenwärtig war, heute aber an der *KrV* kaum noch wahrgenommen wird. Bereits das lateinische iudicium bedeutet neben dem Urteil oder einer Entscheidung überhaupt die auf ein Urteil gegründete persönliche Meinung mit der Bedeutung von Einsicht, Überlegung, Bedacht und mit dem Bezug auf die Urteilsfähigkeit vor Gegenständen der Künste und der Literatur. Die Schullogik führte das Urteil, iudicium, überhaupt im Zusammenhang von Urteilskraft ein als die Fähigkeit, eine Verbindung von memoria (Gedächtnis), ingenium (natürliche Anlage, Begabung) und einzelnem Fall herzustellen. Die Urteilskraft, sagt z. B. Walch, wendet das ingenium als das generelle logische Vermögen auf die einzelnen Gegenstände an (J. G. Walch, *Philosophisches Lexicon*, Leipzig ²1733, Art. »Iudicium«, Sp. 1534). Wolffs Logik führt unter den drei geistigen Operationen überhaupt nach sensus und notio das iudicium gleich im Sinne von Urteilskraft ein: Sie ist der actus mentis, durch den wir einer Sache etwas von ihr Verschiedenes ihr zusprechen oder von ihr wegnehmen (*Philosophia rationalis sive logica*, Frankfurt u. Leipzig ³1740, § 39). Wolff erläuterte das Urteil schon am gleichen von Kant benutzten Beispiel des Dreiecks. Der Akzent liegt nur auf der Fähigkeit des Verbindens und Trennens von Begriffen. Auch die Kapitel zu den Verschiedenheiten der Urteile durch Affektionen (Kap. 3) und zum Gebrauch der Urteilstermini (Kap. 4) behandeln nur die formallogischen Unterscheidungen von kontradiktorischen, konträren Urteilen, der Begriffsäquivokationen usf. Die Kantsche Thematik der transzendentalen Schemata tritt hier gar nicht auf. Das Problem bleibt zerlegt in die formallogische Urteilskraft und die imaginatio der psychologia empirica.

In der Rhetorik gehört die Urteilskraft (crisis, criticae, iudicium) zur internen dispositio der Funktionsteile der Rede. Die dispositio besteht aus der Auswahl (electio) und der Anordnung (ordo) der Gegenstände, der leitenden Termini und der Kunstformen (figura). Die Urteilskraft ist der Raum der Freiheit, nicht der Willkür, des Redners mit dem doppelten Bezug auf das Ganze der Rede oder eines

Werkes und auf die einzelnen Teile des Materials, also Anordnung und Auswahl. Die zwiefache Funktion des iudicium kehrt in Kants Beziehung der Urteilskraft auf das Ganze der kategorialen Ordnungsschemata und in der restringierenden Funktion der Schemata auf spezielle Gegenstände bzw. Vorstellungen wieder. Ein zweiter Bezug der Urteilskraft zur Rhetorik besteht in den Lehren von den Redefiguren und von den Graden der Glaubwürdigkeit. Kants Wendung von dem Bild, das einem Begriffe gegeben werden müsse, die ganze Terminologie von der Anwendung der Begriffe auf Vorstellungen wurde von der Rhetorik unter den Überzeugungsgraden von Meinungen (schema, genus) behandelt. Die Urteilskraft eines Richters, eines Arztes, eines Redners besteht in der Fähigkeit, die Logik fachspezifischer theoretischer Einsicht mit den Schemata gegebener Fälle oder im Falle der Rhetorik mit den Plattformen gewohnter Überzeugungen und vorliegender Fälle zu vermitteln. Urteilskraft setzt Intentionalität, geistige Gerichtetheit voraus. Das schließt einen individuellen Gehalt ein, es bleibt das Problem des objektiven, allgemeingültigen Charakters des durch Intentionalität zu Stande gekommenen Urteils. Doch mit der Gerichtetheit ist die Autonomie des Urteilens verbunden (Vossenkuhl).

Literatur

Lausberg, H.: Elemente der literarischen Rhetorik, München 1967 [§§ 46 ff.]. – Longuenesse, B.: Kant et le pouvoir de juger. Sensibilité et discursivité dans l'Analytique transcendentale de la *Critique de la raison pure*, Paris 1993. – Vossenkuhl, W.: Einzeldinge verstehen. Über Subjektivität und Intentionalität der Urteilskraft, in: Schönrich, G./Kato, Y. (Hg.): Kant in der Diskussion der Moderne, 1996.

Produktive Einbildungskraft

Die Theorie der Einbildungskraft soll das empiristische Theorem des internal sense aufnehmen, zugleich aber auf das Struktur- und Geltungsproblem im Verhältnis zur logischen Form überführen. Der innere Sinn war in seinen Schattierungen als reflections, internal sense, imagination, memory, conjunctions, ja selbst transition of ideas durch die Lockeschen und Humeschen Darstellungen geschwebt. Allerdings trug der Emprismus mit seiner Weise der neuzeitlichen Rückwendung des Erkenntnisproblems auf die Vorgänge innerhalb des Subjekts reiches psychologisches Material zusammen und schlug

sich auch in der psychologia empirica der Schulmetaphysik nieder, von den ästhetischen, pädagogischen u. a. Leistungen dieser frühen Psychologie ganz abgesehen. Die Thematik der Einbildungskraft bildet ein gutes Beispiel für die Konstanz einer Problematik durch alle Etappen und alle Hauptrichtungen der Theoriegeschichte hindurch. Zwei Fragerichtungen stehen sich gegenüber. Die aristotelische phantasia (lat. imaginatio) komprehendiert, was in den Sinnesqualitäten getrennt ist, und sie bewahrt Eindrücke unabhängig von der Gegenwart der Gegenstände auf (Aristoteles, *De anima*, III, Kap. 2, 3, 428a-429a). Aristoteles' Wort von der Einbildungskraft als thesaurus der Vorstellungen bleibt erhalten. Thomas sagt: »Est enim phantasia sive imaginatio quasi thesaurus quidam formarum per sensum acceptarum« (*Summa theologica*, I, 78, 4c). Die ungebrochene Gegenstandsbeziehung des Subjekts lässt Aristoteles die ganze Thematik noch im Zusammenhang der durchgehenden Wahrheitsqualität von Wahrnehmung, Vorstellung (phantasia) und Denken und ebenso der Irrtumsbestimmung behandeln. Die bloße Empfindung allein bleibt abstrakte Möglichkeit der Erkenntnis eines Gegenstands. Da sie nur einzelne Merkmale (Farbe, Größe, Lage, Funktion usf.) aufnimmt, ist sie als das nur in potentia Erkennende, zugleich das, was »am meisten dem Irrtum ausgesetzt ist« (*De anima*, a. a. O., 428b, 25). In dem von der Wahrnehmung her aufsteigenden Konkretionsprozess ergibt sich die phantasia als »die Bewegung, die von der verwirklichten Wahrnehmung ausgeht«. Sie erreicht höhere Repräsentation der Realität, da sie Getrenntes zusammenfasst, formiert unmittelbar gegenstandsbezogene Tätigkeit und leitet aufs Denken hin.

Der neuzeitliche Empirismus behält die Blickrichtung von der Gegenstandsbindung und der Empfindung her bei. Aber der Gegenstand wird Empfindungskomplex, und die Einfügung der Einbildungskraft in die strenge teleologische Ordnung einzelner Bewusstseinsphänomene vom bloß wahrgenommenen Einzelaspekt durch Konkretionsstufen hindurch bis zur logischen Form unter dem Wahrheitskriterium wird aufgelöst. Der neue Empirismus beschreibt die zunehmend variierende und generalisierende Leistung des Subjekts als Gleitbahn des inneren Sinns, stellt aber alles innerhalb eines phänomenologischen Realitätsbegriffs, um die Schwierigkeit der vom Ding ablösbaren intelligiblen Form in der antiken gegenständlichen Auffassung des Erkenntnisproblems zu beheben: Wie nämlich die ausgedehnten Gegenstände in das feine Gewebe nichträumlicher sensus und der formae intelligibiles transportiert werden könnten. Locke setzt den thesaurus-Gedanken in schonungsloser Allgemeinverständlichkeit fort bis zur Assoziation der Sparanlage: Nach Empfindung und direkter Erinnerung folgt imagination, »dies ist das Gedächtnis, das sozusagen die Vorratskammer unserer Ideen darstellt, [...] der beschränkte Geist des Menschen benötigt einen Aufbewahrungsort für solche Ideen, die er zu anderer Zeit vielleicht brauchen würde« (*Über den menschlichen Verstand*, B. 2, Kap. 10; Berlin 1962, Bd. 1, S. 167). Hume rückt die imagination (auch fancy) ganz in die Nähe des Gedächtnisses, nur dass sie dessen Stücke anders zusammensetzt, z. B. Flügel und Pferde zum Pegasus (*Traktat über die menschliche Natur*, B. 1., T. 3., Kap. 5; Hamburg 1973, S. 112 ff.). Einbildungskraft ist gleichsam fortproduzierendes Gedächtnis. Gerade weil wir nicht a priori die Ideen der Kausalität und der Notwendigkeit besäßen, bildete die Einbildungskraft als ein Ersatz des cartesianischen Apriorismus das Sammelbecken für solche sich durchschnittlich aufdrängende Annahmen. Hume hält die Thematik ohnehin immer auf der schmalen Flamme, die Elementarbegriffe Substanz, Kausalität, Subjekt u. a. als zu bewusstloser Selbstverständlichkeit abgesunkenes Gedächtnis millionenfacher Gewohnheit von Assoziationen zu erweisen. Die tiefe Passage von den Vorstellungen der Vorstellungen mit höherer Energie als »die schattenhaften Gebilde unserer Einbildungskraft« bildet die Ausnahme. Wir machen uns dann nicht nur ein Bild von den vormals gedachten Gegenständen, »sondern wir vergegenwärtigen uns zugleich die Tätigkeit des Geistes, die in dem Gedanken an die Gegenstände sich verwirklichte« (ebd. Kap. 8, S. 145). Hier kommt ein etwas klarerer Subjektbegriff aus dem Zwielicht der Assoziationen hervor. Ich weiß zwar nicht wirklich, dass ich weiß, aber ich begreife, dass Wissensinhalte die Zeitkontinuität voraussetzen und diese eine den Inhalten vorausgesetzte Subjektsphäre.

Descartes' Fragestellung verlief in entgegengesetzter Richtung. Die Einbildungskraft vermittelt dem Denken, das ursprünglich nur auf sich selbst konzentriert ist, das Bewusstsein von äußeren Gegenständen. Die erkennende Kraft wird angewendet, wie es in Descartes' mechanischer Sprache von Lasten und Hebeln heißt, auf einen gegenwärtigen Körper, der demnach existiert. Die Position der Einbildungskraft im Subjekt wird als ein zu den klaren und deutlichen Ideen hinzutretender Bezug auf Objekte bestimmt, die außer in der intelligiblen Ordnung von Mathematik und Logik zusätzlich noch als

Körper vorhanden sind. Descartes sagt, dass diese »in mir vorhandenen Kraft der Einbildung, insofern sie sich von der Kraft des reinen Denkens unterscheidet, zu der Wesenheit meiner selbst, d. h. meines Geistes, nicht erforderlich ist. Denn wenn sie mir auch fehlte, so würde ich doch zweifellos ebenderselbe bleiben, der ich jetzt bin« (Descartes, *Meditationen*, VI, 1, 4; Leipzig 1915, S. 61 f.). Kants Begriff der produktiven Einbildungskraft ist Descartes' Problemstellung sehr nahe und also nicht nur als transzendentale Übersetzung des sensualistischen inneren Sinns zu nehmen. Descartes fasste die Einbildungskraft im nämlichen Sinn, den Kant mit der klassischen Wendung ausspricht: Einem Begriff sein Bild verschaffen (durch das von der Einbildungskraft produzierte Schema, B 180). Bei Kant lautet die Frage wieder wie bei Descartes: Wie komme ich von der abstrakten logischen Struktur zur anschaulichen Gestalt. Die Erläuterung der Einbildungskraft erfolgt bei Descartes und Kant völlig übereinstimmend von der geometrischen Figur aus, da es beim Erkenntnisproblem für beide zuerst um universelle Kriterien wissenschaftlicher Erfahrung, nicht um Wahrscheinlichkeitsgrade geht. »Habe ich ein Dreieck in der Einbildung, so denke ich es nicht nur als eine durch drei Seiten eingeschlossene Figur, sondern ich schaue zugleich auch diese drei Linien mit dem Blick meines Geistes als mir gegenwärtig an« (*Meditationen*, a. a. O., S. 60). Bei Kant heißt es: »Wir können uns keine Linie denken, ohne sie in Gedanken zu *ziehen*, keinen Cirkel denken, ohne ihn zu *beschreiben*« (B 154).

Kant nahm, entgegen der isolierenden, psychologisierenden Auffassung des Empirismus von sog. »innerlichen Empfindungen«, die Linie der ontologischen Metaphysik wieder auf und setzte die Einbildungskraft als produktive Potenz in Richtung zur Rationalität in Bewegung. Der Begriff der »innerlichen Erfahrung« riskiert schnell die »Erfahrung« Gottes, doch eine Erfahrung des Unendlichen ist unmöglich. Solcher Begriff fixiert die »Jemeinigkeit«.

Bei Kant stellt der innere Sinn eine passive Anschauung des Selbstbewusstseins dar. Er ist dadurch noch unbestimmte Einheit. Die figürliche Synthesis ist Spontaneität im Sinne produktiver, schöpferischer geistiger Handlung. Das Subjekt erweist sich jetzt als ein Zusammentreten von Ich, das sich denkt, und Ich, das passiv seine Wahrnehmung anschaut. Hier setzten Fichtes, Schellings und S. Maimons Fortbildungen des originären Kantschen Fassung des transzendentalen Bewusstseins an. (Das Ich setzt in sich ein Nicht-Ich.) Kant erklärt die Doppelheit von Spontaneität und Passivität im Subjekt selbst (die mit der Voraussetzung von intelligibler und phänomenaler Sphäre unlöslich verbunden ist) mit dem Faktum, dass wir als endliche Wesen uns auch abstrakte Begriffe wie eine Linie, einen Kreis nicht *denken* können, ohne sie *in Gedanken zu ziehen.* Der dreidimensionale Raum ist nicht zu denken, ohne drei senkrechte Linien auf einem Punkt zu errichten. Bewegung im Sinne eines Zeitverlaufs, den wir als gerade Linie uns vorstellten, heißt es geradezu, bringe den Begriff der Sukzession erst hervor (B 155). Kant meint das im Sinne der »ursprünglichen Erwerbung«, also Aktivierung angelegter apriorischer Strukturen. »Es ist eine und dieselbe Spontaneität, welche dort unter dem Namen der Einbildungskraft, hier des Verstandes, Verbindung in das Mannigfaltige der Anschauung hineinbringt« (B 162). Kant überschritt unter dem Prinzip der »Einheit der Handlung« den Lockeschen assoziationspsychologischen Duktus der Fragestellung. Unsere aus Empfindungen gebildeten Vorstellungen bilden bereits durch die apriorische Raum-Zeit-Einheit eine Einheit. Kant nennt sie die Apprehension. Auf die Apprehension erst kann die intellektuelle Synthesis zugreifen. Damit ist sowohl die naturalistisch-psychologische als auch die metaphysische Frage nach der Herkunft und der hypothetischen Zusammensetzung der Seele abgeschnitten.

Literatur

Hinske, N.: Die Rolle der Einbildungskraft in Kants Logikvorlesungen, in: Fattori, M./Bianchi, M. (Hg.), Phantasia – Imaginatio, Rom 1988, S. 415–446. – Gibbons, S.: Kant's Theory of the Imagination, London 1994. – Wunsch, M.: Einbildungskraft und Erfahrung bei Kant, 2007. [Reiche Differenzierung Kants: apprehendierende, produktive, figürliche, reine Synthesen durch E.].

Schematismus der reinen Verstandesbegriffe

Die Einbildungskraft wird in der empiristischen Linie gleichsam von unten her im genetischen Aufbau von Gestaltbildungsprozessen gesehen. Dann ruhen die Figuren als thesaurus, auf den die Logik der empirischen Begriffsbildung zurückgreift. In der cartesianischen und Leibnizschen Linie, die Kant fortsetzt, geht es in entgegengesetzter Richtung um die Leistung der Einbildungskraft bei der Projektion der apriorischen Strukturen auf die Bewusstseinsfläche der empirischen Daten. Vom Formenkanon der vorbestehenden Urteils-, Begriffs- und Schlussarten her

entsteht das Problem der nicht psychischen, sondern logischen Formbestimmung der Einbildungskraft. Das ist der Schematismus für die reinen Verstandesbegriffe, den die Einbildungskraft produziert. Die transzendentale Einbildungskraft aktualisiert mit der Möglichkeit der Sukzession überhaupt auch die reine Zeitanschauung a priori. Die Beziehung zwischen Empirie und logischem Apriori ist nicht innerhalb der einfachen Subsumtion besonderer Inhalte unter logische Formen zu beschreiben. Kant führt darum Urteilskraft und Schemata der Einbildungskraft als spezifische Momente logischer Funktion ein. Die vorlogische Synthesis besteht in der Fähigkeit, Reize und deren Assoziationen überhaupt zu Wahrnehmungsbildern zu lokalisieren und in eine Abfolge zu setzen. Es sind die beiden elementaren, nichtempirischen Ordnungsweisen, die Kant im Ästhetik-Kapitel bereits als reine Raum- und Zeitanschauung eingeführt hatte. Kant bezieht sie im § 26 und in der ausführlicheren Darstellung des Schematismus der Begriffe (B 176–187) nicht mehr auf Geometrie und Arithmetik, sondern auf die Logik von gegenständlichen Existenzaussagen. So setze die Wahrnehmung eines Hauses die Einheit der Anschauung äußerer Gegenstände, eben den Raum überhaupt voraus. »Eben dieselbe synthetische Einheit aber, wenn ich von der Form des Raumes abstrahire, hat im Verstand ihren Sitz und ist die Kategorie der Synthesis des Gleichartigen in einer Anschauung überhaupt, d. i. die Kategorie der *Größe*« (B 162). Das Gleiche erläutert Kant am Beispiel zweier Aggregatzustände des Wassers für die reine Zeitfolge, die als logische Relation das Kausalverhältnis darstelle. Kant fasst das Resultat dieser ganzen transzendentalen Deduktion der Kategorien auf Anschauung – dem Begriff sein Bild zu verschaffen (B 180) – darin zusammen, dass also alle empirischen Anschauungen unter der apprehensiven Funktion der Aufnahme in Raumordnung und Zeitfolge überhaupt stünden, die dann ihrerseits in logischer Hinsicht die Kategoriengruppen der Koordination (Quantität, Qualität) und der Sukzession (Relation, Modalität) darstellten.

Die empirischen und die apriorischen Begriffe sind nur auf einer logischen Operationsfläche zu denken, die von räumlichen und zeitlichen Schemata geschaffen wird, die die unmittelbaren Erscheinungsbilder komprehendieren. Die elementare logische Struktur, die nach der Begriffsseite als Kategorien und Grundsätze formuliert wird, bezieht sich nach der Wahrnehmungsseite auf ein Geflecht bereits nicht mehr nur empirischer, von Erfahrung geleiteter Bilder, sondern auf Analog-Schemata, die erst bildliche Reproduktion ermöglichen. In die Schemata werden die divergierenden und zusammenschießenden Energien der Rezeptoren und deren fortgehende Umbildungen zu Wahrnehmungen aufgenommen. Insofern machen nur Wahrnehmungen, Schemata der Einbildungskraft und Kategorien zusammen erst empirische Erfahrung möglich. Allen unseren empirischen Begriffen liegen nicht Bilder der Gegenstände, sondern Schemata zugrunde, die »einerseits intellectuell, andererseits sinnlich« sind (B 177). Das nennt Kant die Theorie der Epigenesis der reinen Vernunft – gegenüber dem Empirismus und einem »Präformationssystem« der Vernunft (Leibniz, Schulmetaphysik), bei dem beide logisch divergierenden Bereiche als von vornherein aufeinander eingerichtet gedacht werden. Der Gegenstandsbegriff der transzendentalen Deduktion – Gegenstände nicht als Abzüge von »Dingen«, sondern als Resultate konstruktiver Verfahren – bedarf eines Anschauungsbegriffs, der ebenfalls ein konstruktives, gestaltbildendes Verfahren, nicht ein assoziierendes einführt. Das Schema eines Dreiecks bedeute »eine Regel der Synthesis der Einbildungskraft in Ansehung reiner Gestalten im Raume« (B 180; Hv. v. Vf.). Mit der Theorie des Schematismus wird deutlich, was es bedeutet, dass Kants Verstandesbegriff nicht eine Bildung von Gattungen einzelner Begriffe bedeutet, sondern die Synthesis als Konstruktion von logischen Elementen, denen nicht Assoziationen korrespondieren, sondern produktive Schemata als eigener Projektionsfläche für die Begriffsbildungsprozesse. Das ist bei den mathematischen Begriffen gut zu sehen, da der Begriff eines Dreiecks oder einer Kurve nicht aus Teilen eines materialen körperlichen Gegenstands besteht, sondern aus der Synthesis abstrakter Elemente in einem konstruierenden Verfahren entsteht. Kants logische Synthesis zieht den Schritt über den assoziationspsychologischen Wahrnehmungsbegriff zum Schematismus nach sich, um die Ungleichartigkeit von logischer Form und Anschauung zu vermitteln. Das Problem des Schematismus ist »die psychologische Möglichkeit des Allgemeinbegriffs« (E. Cassirer, *Das Erkenntnisproblem*, Bd. 2., Berlin 1922, S. 713).

Es unterlaufen auch gewagte Wendungen beim Versuch, die beiden logisch gegensätzlichen Bezirke zu vermitteln, etwa wenn es heißt, das Schema sei eigentlich »nur das Phänomenon oder der sinnliche Begriff eines Gegenstandes in Übereinstimmung mit der Kategorie« (B 186). Vielleicht unterläuft es Kant, weil auch Wolff in seinen beiden Psychologie-Wer-

ken von ideae sensuales sprach (*Psychologia rationalis*, §§ 91 f.; *Psychologia empirica*, § 95).

Schemata, nicht Bilder der Gegenstände, liegen unseren gegenstandsbezogenen und apriorischen Begriffen zugrunde. Kein Begriff – erst recht kein sprachliches Bedeutungszeichen – kann dem Bild eines Gegenstands adäquat sein. Er bezieht sich auf das Wahrnehmungsschema eines Gegenstands oder Ereignisses. Die Zeit- und Raumkoordination ist dabei vorausgesetzt. Kant unterscheidet drei Arten von Schemata: Das Bild eines empirischen Gegenstandes, also die Anschauung im elementaren Sinne; die Schemata empirischer Begriffe (gefrierendes Wasser, Haus, Triangel); die Schemata apriorischer Begriffe. Die Schemata gegenstandsbezogener Begriffe sind als »Monogramme der reinen Einbildungskraft« spezifische Anwendungen der elementaren Ordnungsschemata, die überhaupt erst Bilder von Gegenständen möglich machen. Die Beispiele: Das Dreieck – dem Begriff entspricht das Schema von Linien im Raum. Der Hund – die Gestalt eines vierfüßigen Tiers allgemein. Der Gedächtnisaspekt dagegen ist, dass man das Bild eines bestimmten Dreiecks, eines bestimmten Hundes gespeichert hat.

Die Schulmetaphysik hatte die Schematismus-Thematik nicht als solche gefasst, sondern mit den traditionellen Termini das Problem umkreist. Baumgartens *Metaphysica* behandelte es durch Zuhilfenahme psychologischer Aspekte auf der Basis des allgemeinen perceptio-Begriffes. In der Seele regieren nicht einzelne, sondern gleichsam vergesellschaftete Vorstellungen (perceptiones sociae). Die Dominanz komplexer Vorstellungen wird mit dem Gradunterschied dunkler und klarerer Vorstellungen verbunden (§§ 516 f.). Im Weiteren wird das Problem auf die Begriffe des sensus internus und der repraesentatio aufgeteilt (§§ 535, 541; 521 ff.). Der repraesentatio-Begriff war auch in der empiristischen Linie, die die logische Struktur aus Summen von Einzelvorstellungen zu erklären suchte, der Punkt, an dem die einzelnen Vorstellungen den Charakter einer synthetischen *Bedeutung* vieler Einzelinhalte annahmen. Um die auflösende Tendenz abzuwehren, fügt Kant auch die wie abenteuerlich nüchterne Formulierung ein: Der Schematismus »ist eine verborgene Kunst in den Tiefen der menschlichen Seele, deren wahre Handgriffe wir der Natur schwerlich jemals abrathen und sie unverdeckt vor Augen legen werden« (B 181). Ähnliche Überlegungen finden sich bei N. Tetens, der dem logischen Formproblem des Schematismus nahe kam. Wolffs Begriffe der lex, der formae und vor allem der regulae perceptionum sind Punkte, auf die sich Kants Schema-Begriff zurückbezieht (Wolff, *Psychologia empirica*, §§ 78, 83 f.). Insbesondere Wolffs Unterscheidung von imago materialis und immaterialis zeigt den Problemstand vor Kants Schematismus-Theorie. Der Unterschied zu ihr ist bei Wolff mit der Relation Zusammengesetztes-Einfaches, also mit einem Synthese-Aspekt verbunden. Materielles Bild ist repraesentatio des Zusammengesetzten in einem Zusammengesetzten. Das immaterielle Bild ist repraesentatio compositi in simplici (*Psychologia rationalis*, § 87). In solchen Zusammenhängen, die auch den ästhetisch-kunsttheoretischen Ursprung der ganzen Schematismus-Thematik zeigen, fallen dann auch die Formulierungen von »sinnlichen Ideen«. Die platonischen Quellen der Schematismus-Thematik (σχῆμα, *schēma*, als Gestalt, Umriss, Form) sind hier nicht zurückzuverfolgen. Platon hatte die Möglichkeit von Allgemeinbegriffen, auch zur Abwehr des Atomismus, aus dem Bestehen realer Gestalt-Schemata von Gegenständen erklärt. Den Terminus selbst hat vielleicht auch Bacons *Novum Organon* (T. II, Art. 1 u. ö.) angeregt, das einen verborgenen Schematismus in allen Körpern annahm, der durch Induktion zu enthüllen sei. In der unmittelbaren Vorläuferschaft Kants sprach Tetens vom psychologischen Gedanken der Denkkraft als sich komprimierender Energie her von anzunehmenden »Grundregeln der Menschenvernunft« bei der »inneren Selbsttätigkeit des Verstandes« und vermutete solche Regeln vor allem für die Relationskategorien. Er geht über die assoziationspsychologische Auffassung hinaus, dass Begriffe durch Vergleichen der Wahrnehmungen, durch einfaches »Stellversetzen der Phantasmen« gebildet würden. Er nimmt mit einem »tätigen Hervorbringen eines Verhältnisgedankens« Gestaltbildungen an, die weder »Raisonnement« noch Ideen-Assoziation seien. Bei Wahrnehmungen eines Turmes aus größerer oder geringerer Nähe sei in den verschieden großen Erscheinungsbildern des gleichen Objekts »eine Abstraktion von der sichtlichen Größe vorhanden, welche Vergleichungen erfordert haben mag, ehe sie zu Stande gekommen ist«. Im jeweils gegebenen Bilde sei etwas vorhanden, »was mit diesem Gemeinbilde einerley sei«, ohne dass ein Vergleich vorgestellt oder gedacht werde (N. Tetens, *Philosophische Versuche über die menschliche Natur und ihre Entwickelung*, 1777, ND 1913, S. 436). Das psychologische Problem der Gestaltwahrnehmung interessiert Kant nur im relationalen Bezug verschiedener abstrakter Momente der Logik der Aussagen. Die Gestaltbildung der Einbildungskraft wird darum als Funktion des Schematismus behandelt. Es ist ein aktives Element bereits im vorlogischen Bezirk. Die methodische Abstraktion von Verstandesspontaneität und bloßer Rezeptivität des »Mannigfaltigen« wird überschritten. »So fern die Einbildungskraft nun Spontaneität ist«, ist sie produktiv und nicht nur reproduktiv (B 152). Kant fasst die Thematik auch als Selbstaffektion des Subjekts (B 156). Das figürlich-aktive Subjekt übt also bereits in der transzendentalen Synthesis der Einbildungskraft und nicht nur mit dem Verstand (was Kant allein aussagt) eine aktive innere »Handlung aufs *passive* Subject« (B 154). Fichte und Schelling haben diesen Doppelcharakter der transzendentalen Deduktion als Einheit der Gegensätze von aktiven und passiven Funktionsebenen dann überhaupt zum Angelpunkt der Konstitution des transzendentalen Subjektbegriffs ausgebildet. Für Kant liegt der Akzent des Gedankens der Selbstaffektion auf der Trennung von logischer Synthesis der Ich-Apperzeption und innerem Sinn und auf dem Erscheinungscharakter des Subjekts von selbstreflexiven Aussagen. Wir werden vom inneren Sinn selbst affiziert, das heißt, wir können uns selbst gleichsam nur in der 3. Person, nicht als »Ich« anschauen. Mit der Präzision des Problems der Selbstaffektion ist für Kant eine weitgreifende Klärung verbunden: Der ästhetische und der religiöse emotionale Ich-Begriff sollen im logischen (und im sprachanalytischen) Sinn als eine Mystifikation gezeigt werden. In dieser Mystifikation wurzelt die Verdinglichung von Ich-Stücken zu illusorischen Bildungen wie »mein Herz verlangt, vertraut« usf. Der logische Formalismus des transzendentalen Idealismus geht als Aufklärung mit Prinzip gegen diese ganze Welt von Einbildungen und Manipulationen an.

Das Schematismus-Kapitel entwickelt die Kategorien von den Schemata der Einbildungskraft her. Das ist ein anderes Gliederungsprinzip als es in der metaphysischen Deduktion der Kategorien die Urteilsarten darboten. So entspricht dem Schema der Gegenständlichkeit überhaupt die Kategorie Realität, der Begriff, der ein Sein in der Zeit und als Größe schlechthin Zahl bedeutet. Die Substanz entspricht dem Schema der Beharrlichkeit des Gegenstands in der Zeit. Das Schema aufgehobenen Gegenstands in der Zeit bezieht sich auf die Kategorie der Negation. Der Übergang zwischen beiden ergibt die Kategorien Limitation und danach Quantität. Die Schemata der apriorischen Begriffe sind Zeitbestimmungen nach Regeln; nach der Kategorientafel Zeitreihe (Quantität), Zeitinhalt (Qualität), Zeitordnung (Relation),

Zeitinbegriff hinsichtlich der Modalität aller Gegenstände überhaupt (B 184 f.). »Dinge« sind Relationen, Verhältnisbestimmungen. Der Zusammenhang der Kategorien, der in der Urteilstafel ruht, wird von den Schemata auf spezifische Weise aktualisiert, ein interessanter, weiterführender Punkt. Hegels genetische *Phänomenologie des Geistes*, die verborgene Grundlage der *Logik* mit deren Fortgang Sein – Nichts – Werden – Qualität – Einheit/Vielheit – Quantität usf. kommt aus dieser Kantschen Quelle. Die *Phänomenologie* bildete ja tatsächlich den Versuch einer Logik auf der Grundlage einer weiter ausgebildeten, weil durch unterschiedliche Objektivierungsweisen hindurchgehenden Theorie der produktiven Einbildungskraft.

Literatur

Levy, H.: Kants Lehre vom Schematismus, I, Halle 1907. – Zschocke, W.: Über Kants Lehre vom Schematismus der reinen Vernunft, in: KS 12 (1907), S. 157–212. – Curtius, E.-R.: Das Schematismuskapitel in der *KrV*, in: KS 19 (1914), S. 338–366. – Heidegger, M.: Kant und das Problem der Metaphysik, Frankfurt/M. 1929, ³1965, §§ 26–35. – Cassirer, E.: Kant und das Problem der Metaphysik. Bemerkungen zu M. Heideggers Kantinterpretation, in: KS 36 (1931), S. 1–26. – Warnock, G. J.: Concepts and Schematism, in: Analysis 8 (1949), S. 77–82. – Düsing, K.: Schema und Einbildungskraft in Kants *KrV*, in: Kreimendahl, L. (Hg.), Aufklärung und Skepsis. Studien zur Philosophie und Geistesgeschichte des 17. und 18. Jhs., Stuttgart-Bad Cannstatt 1995, S. 47–71.

System der Grundsätze

Bevor Kant die apriorischen Grundsätze aller formalen Anschauung (für die Mathematik) und aller Existenzaussagen (dynamische Grundsätze für die Naturwissenschaften) als die beiden Grundarten logischer Synthesis darstellt, behandelt er den Satz des Widerspruchs als Prinzip aller analytischen Aussagen, der in der Logik vorlag. Darauf kommt er zum »obersten Grundsatz aller synthetischen Urteile«. Synthetische Urteile gehen über die einfache Identität a = a bzw. a ≠ non-a hinaus und verbinden a mit non-a. Da Kant die Funktionen a priori nicht mehr deduktiv realisieren will, führt er die reine Zeitanschauung als Einheitsform aller Erfahrung ein. Sie gibt die »synthetische Einheit der Erscheinungen«, ohne die Erfahrung »nicht einmal Erkenntniß, sondern eine Rhapsodie von Wahrnehmungen sein würde« (B 195). So ergibt sich ein oberster Grundsatz aller wissenschaftlichen Sätze als produktiver, Begriffsinhalte erweiternder Urteile: »Die Bedingun-

gen der *Möglichkeit der Erfahrung* überhaupt sind zugleich Bedingungen der *Möglichkeit der Gegenstände der Erfahrung*« (B 197).

Alle Gegenstände können nur unter einer Regel gedacht werden. Die Naturgesetze als eine Art solcher Regeln stehen unter Grundsätzen des Verstandes, die in den verschiedenen Naturgesetzen auf besondere Gruppen der Erscheinungen angewandt werden. Die Anwendung der Grundsätze geht entweder auf Anschauungen (mathematische) oder aufs empirische Dasein eines Ereignisses oder Prozesses (dynamische). Die Systematik der Grundsätze erfolgt nach den vier Gruppen der Kategorien, weil die Grundsätze, wie ausdrücklich formuliert wird, »doch nichts anders, als Regeln des objectiven Gebrauchs der ersteren sind« (B 200).

Quantität	Qualität
↓	↓
Axiome der Anschauung	Antizipationen der Wahrnehmung
Relation	Modalität
↓	↓
Analogien der Erfahrung	Postulate des empirischen Denkens

Der Gedanke ist, dass alle Aussagen über Ereignisse und Ereignisfolgen in der Natur von einem Geflecht notwendig vorbestehender Relationsprädikate getragen werden müssen, die elementare Dimensionen bestimmen, innerhalb deren Wahr/Falsch-Kriterien angewandt werden können. Extensive Größen stehen in Relation zu Raum und Zeit, intensive Größen in Relation zur Stärke eines gemessenen Impulses. Substanz und die Determinationsformen wie Kausalität, Notwendigkeit u. a. bilden das Relationengeflecht, in dem Beobachtungsdaten zu Theorien über Naturgesetze verbunden werden. Naturwissenschaft ist nur möglich, wenn ein Relationsfeld von Kriterien als ein formaler Naturbegriff vorausgesetzt wird. Tatsächlich ist Kants Logik der Naturwissenschaften eine sehr »moderne« Theorie mit der Relation zwischen invariant gesetzten logischen Parametern und Beobachtungsdaten. Der Terminus »Anschauung« verdeckt, dass Kant unter Anschauung tatsächlich konstruktive Relationen von Beobachtungspunkten versteht, die nach geometrischen, arithmetischen und logischen Kriterien verbunden werden. Kants Sicht der Verbindung von Grundsätzen a priori und »Anschauung« liegt der Problembestand mathematischer Begriffe zugrunde. Punkt, Linie, Quadrat, Würfel sind nicht nach dem alltagspraktischen Denken als Verallgemeinerungen anschaulicher Gegenstände wie Menschen und Bäume zu denken. Sie entstehen in konstruktiven Verfahren aus ideellen, unanschaulichen Elementen. So versteht Kant die Grundsätze ebenfalls. Dann sind aber auch die Gegenstände der »Anschauung« keine sinnlichen Komplexe im unmittelbaren Sinne mehr, sondern Korrelate der vorausgesetzten logischen Relationen oder »Grundsätze des reinen Verstandes«, die nur in »anschaulich«-synthetischen Verfahren der Raum- und Zeit-Dimensionen den Grundfunktionen (extensives, intensives Maß, Beharrlichkeit, kausale Dependenz usf.) des ebenfalls nicht personal zu denkenden Subjekts zugeführt werden können. Es handelt sich weder um ästhetisch gestalthafte Anschauungen noch um Allgemeinbegriffe im einfachen prädikatenlogischen Sinn. Die Verstandes-Grundsätze stellen logische Funktionen dar, die sich auf eine vorausgehende funktionale Ebene der Synthesis von Ereignissen in Raum und Zeit beziehen. Darin besteht der Kern des Kantschen Begriffs der synthetischen Funktion. Der Gedanke des funktionalen Charakters verschiedener Projektionsflächen des Bewusstseins, die Theorie der Raumanschauung, die Begriffe des Mannigfaltigen, der Grenze, des Maßes u. v. a. Termini Kants entstammen der Mathematik, nicht der allgemeinen Logik.

Literatur

Cassirer, E.: Kant und die moderne Mathematik, in: KS 12 (1907), S. 1–40 [spez. T. 5]. – Ders.: Kants Leben und Lehre, Berlin 1918 [spez. Kap. 3, Aufbau und Grundprobleme der *KrV*, S. 172–183, 188–206; ND Hamburg 2001]. – Heidegger, M.: Die Frage nach dem Ding. Zu Kants Lehre von den transzendentalen Grundsätzen, Tübingen 1962. – Schulthess, P.: Relation und Funktion. Eine systematische und entwicklungsgeschichtliche Untersuchung zur theoretischen Philosophie Kants, Berlin u. New York 1981. – Binzer, M.: Der Begriff der Natur in Kants *KrV*, 1991.

Axiome der Anschauung (Quantität): »*Alle Anschauungen sind extensive Größen*« (B 202). Die Erklärung (da der Satz ein Axiom sei) erfolgt aus der Raum- und Zeitanschauung: Ich kann mir keine noch so kleine Linie vorstellen, ohne sie in Gedanken von einem Punkte her in Teilen nach und nach zu erzeugen. Das gleiche trifft auf die Zeitintervalle zu. Die mathematische Behandlung der Wirklichkeit wird absolut gesetzt und mit der Einheit der Erfahrung durch den sukzessiven Charakter aller Bewusstseins-

akte verbunden. Die metaphysische Annahme unteilbarer Substanzen ist durch das Anschauungsaxiom beseitigt. Dieser transzendentale Grundsatz »ist es allein, welcher die reine Mathematik in ihrer ganzen Präcision auf Gegenstände der Erfahrung anwendbar macht […] und die Ausflüchte, als wenn Gegenstände der Sinne nicht den Regeln der Construction im Raume (z. E. der unendlichen Theilbarkeit der Linien oder Winkel) gemäß sein dürfen, müssen wegfallen« (B 206). Es wird deutlich, dass eine Funktion der Lehre von Raum und Zeit als vorbestehender Formen jeder Anschauung darin besteht, die Universalität der mathematischen Darstellung von empirischen Daten der Naturwissenschaften zu begründen. Dafür beseitigt die transzendentale Ästhetik die Substanzen-Metaphysik. Mathematik gründet auf der sukzessiven Synthesis der Einbildungskraft, nach der jede Erscheinung der Anschauung extensive Größe ist. Gleiches zu Gleichem hinzugetan oder von diesem abgezogen ergibt ein Gleiches = analytische Sätze. Sieben plus fünf gleich zwölf = synthetischer Satz. Durch drei Linien, deren zwei zusammen größer sind als die dritte, ist ein Dreieck zu zeichnen = synthetischer Satz. In den *Prolegomena* betont Kant, dass mit dem Anschauungsaxiom in Raum und Zeit eine alte Schwierigkeit der Philosophie beseitigt sei. Wie können Zahl*be*-*griffe* auf anschauliche Objekte angewandt werden? Nähme man an, die Größen seien Teile der Gegenstände und Prozesse selbst, dann müsste eine Linie aus physischen Punkten, der Raum also aus einfachen Teilen bestehen. Der mathematische Raum, die mathematische Zeit sind jedoch nur als Kontinuum unendlich kleiner Quanta zu denken. Kants kopernikanische Drehung zeigt, dass die Größenbestimmungen als Axiome unserer Anschauung zugehören. Der mathematische Raum, die mathematische Zeit ermöglichen erst die Setzungen von physischem Raum und Realzeit (§ 13, Anm. I; IV, 287 f.). Die Entdeckung der nichtklassischen Raum- und Zeittheorien bestätigen die Abhängigkeit der jeweiligen physischen Räume und Zeiten von der ideellen Synthese.

Antizipationen der Wahrnehmung (Qualität): »*In allen Erscheinungen hat das Reale, was ein Gegenstand der Empfindung ist, intensive Größe, d. i. einen Grad*« (B 207). Im Unterschied zur formalen Raum- und Zeitanschauung antizipiert die Wahrnehmung das »Reale von Empfindungen« als ursprüngliche Einheiten, die eigentliche realitas phänomenon. Man denkt sie über den quantitativen Aspekt der Zahl der Elemente hinaus als Verminderung oder Verstärkung der Intensität. Der Ausgangspunkt ist die komplexe Qualität, zu der nicht Teile, sondern nur Gradationen des Ganzen hinzugedacht werden können (die Kategorien Realität, Einschränkung, Negation). Hierzu gehört die Spanne zwischen Realität und Negation. Wir nehmen ein qualitatives Etwas wahr, die Empfindung kann stärkeren oder schwächeren Grad haben, aber wir nehmen sie nicht als Sukzession einzelner Elemente wahr; also etwa die Farbe rot nicht durch das Trommelfeuer von Schlägen auf die Netzhaut in der Sekunde. Die Theorie der Grundsätze, die eigentlich eine *spezielle Kategorienlehre* darstellt, zeigt, wie sehr Kants Apriorismus der Kategorienlehre von Erfordernissen der empirischen Forschung – hier z. B. von wahrnehmungsphysiologischen Aspekten – geführt ist. Zwischen Realität und Negation ist ein unendliches Übergangsfeld von Graden. Alle Erscheinungen sind, extensiv wie intensiv betrachtet, kontinuierliche Größen. Darum sind alle Veränderungen kontinuierlich, aber eben nicht Veränderung von allem in alles. Durch die Verschiedenheit von Symbolen drücken Mechanik und Dynamik die verschiedenen Qualitäten aus, die quantitativ beschrieben werden. Das sind Zeitdauer, Beschleunigung, Temperatur, Druck, Dichte, Stromspannung, Wellenlänge, Strahlungsintensität. Das sind messbare Qualitäten, also Substrate von Quantität, und Kant hat zutreffend solche Antizipation aller Wahrnehmung nach der Qualität vom Axiom quantitativer Messung unterschieden. Jede Wahrnehmung bezieht sich auf einen in einer gewählten Zeitspanne feststehenden qualitativen Zustand. Dessen Intensitäten unterscheiden sich nach Geschwindigkeit, Temperatur, Helligkeit, magnetischem oder radioaktivem Potential, an denen quantitative Messungen vorgenommen werden. Aber die Intensitäten sind qualitativ verschieden.

Kant richtet auch den zweiten Grundsatz gegen die Metaphysik der Substanzen. Es kann nicht ein gänzlicher Mangel an Realität gedacht werden. Wenn etwas ist, ist immer etwas, wenn auch infinitesimal gering nach Extensität und Intensität. Darum könne es keinen Beweis vom leeren Raum oder der leeren Zeit geben (B 214). Unterschiede in der Materieverteilung seien also nicht durch die Annahme leerer Räume zu erklären. »[F]ür einen der transcendentalen Überlegung gewohnten und dadurch behutsam gewordenen Nachforscher« (B 217) kann z. B. Verringerung der Temperatur nur infinitesimalen Übergang ins »Nichts«, nicht wirkliches Verschwinden sein. Kant nimmt das als Beleg einer apriorischen These, die gar nicht durch Beobachtung gewonnen

sein kann. Darum heißt er denn Grundsätze auch Antizipationen der Natur.

Literatur

Maier, A.: Kants Qualitätskategorien, Berlin 1930.

Drei Analogien der Erfahrung (Relation). Die beiden mathematischen Grundsätze fixieren die Zustände innerhalb von Prozessen. Kant schließt Regeln an, nach denen wir die Verbindung von Objekten, also die Bewegung selbst denken. Analogien der Erfahrung nennt er sie im Sinne des mathematischen Begriffs der Proportion, also nicht im Gedanken an die analogia entis. Die drei Regeln aller Zeitverhältnisse sind Beharrung, Aufeinanderfolge und Zugleichsein (B 262). Daraus ergeben sich die drei Proportionen: 1) »*Bei allem Wechsel der Erscheinungen beharrt die Substanz*« (B 224). 2) »*Alle Veränderungen geschehen nach dem Gesetze der Verknüpfung der Ursache und Wirkung*« (B 232). 3) Alle zugleich wahrgenommenen Substanzen sind in durchgängiger Wechselwirkung (B 256).

Der Erscheinungsbegriff der mathematischen Naturwissenschaften geht von einem Raumbegriff, einer Zeitanschauung, einem Element- und Klassenbegriff aus, die bereits alle Ingredienzen empirischer Assoziationen hinter sich gelassen haben. Die Grundsätze der Bewegung der Objekte setzen den Gedanken fort, dass alle Objekte in der Synthesis anschaulicher, mathematischer und logischer Projektion existieren; nicht als abzubildende Dinge an sich. Dann erübrigt sich Humes These, wir würden immer nur das Nacheinander, nicht die kausale Verursachung beobachten. Kant gesteht das zu. Die Kausalität ist nicht empirisch zu beobachten. Aber die Beobachtungen werden von vornherein unter der Regel gedacht, dass die Ereignisse einer vorangegangenen Zeit diejenigen der folgenden bestimmen. Anders ist die logische Fixierung von Ereignissen in der Zeitanschauung nicht möglich. Kant nennt es das »Gesetz der empirischen Vorstellung der Zeitreihe« (B 244). Dem empirischen Phänomenalismus liegt also ein transzendentaler zugrunde, der allein die nicht-hintergehbare Notwendigkeit von Sukzession, Intensität, Kausalität, Substantialität als transzendentaler Schemata aller Phänomene gewährleistet. Erst »dasjenige an der Erscheinung, was die Bedingung dieser nothwendigen Regel der Apprehension enthält, ist das Object« (B 236).

Es gibt vom Prinzip der Kantschen Theorie her keinen absoluten Ort und keinen absoluten Zeitpunkt, ebenfalls nicht nur eine Form der Kausalität. Newtons Voraussetzung der absoluten Zeit, die unabhängig von konkreten materiellen Systemen ablaufe, wird vom grundsätzlichen Ansatz der transzendentalen Konstitutionstheorie bereits überschritten. Da Begriffe wie Bewegung, Konstanz, Kausalität usf. auf empirisch beobachtbare Objekte innerhalb der Zeit- und Raumanschauung bezogen werden, ergibt sich die inhaltliche Fixierung der Begriffe selbstverständlich im Zusammenhang mit den Resultaten der Forschung selbst. Nur dass stets Konstanz (Substantialität), Kausalität, Notwendigkeit, Möglichkeit usf. gedacht werden, das ist unabdingbar und kann nicht aus der materialen Besonderheit abgeleitet werden. Die relativen Momente innerhalb des Apriorismus sind selbst Teil der Wissenschaftsgeschichte. Darum widerspricht Kants inhaltliche Auffassung vom vorrelativistischen Zeit-Raum-Schematismus, vom mechanischen Determinismus und von anderen kategorialen Gehalten der Naturwissenschaften nicht der Richtigkeit der Theorie apriorischer Synthesis. Der Begriff der Bewegung ist nicht möglich ohne den der Beharrung von etwas im Prozess. Aufeinanderfolge wird theoretisch zum leeren Wort, bliebe man bei der Vorstellungsassoziation stehen. Dass die früheren Ereignisse die späteren determinieren und die folgenden die Ausgangskonstellation aufheben, also auf den Gesamtprozess »zurückwirken« (dritte Analogie der Wechselwirkung), das ist Voraussetzung aller theoretischen Artikulation von Beobachtungen.

Welchen Wert besitzen die Grundsätze für die Fachwissenschaften? Unmittelbar gar keine. Aber die Systematik der Grundregeln theoretischer Objektkonstitution zeigt erstens die Aufgabe konkreter kategorialer Untersuchungen an, was unter immer fortschreitenden Problemstellungen der Wissenschaften Kausalität, Notwendigkeit, Zufall, Stabilität oder Instabilität von Zuständen usf. sei.

Die Interpretation des Kausalgesetzes nach den Voraussetzungen der Transzendentalphilosophie (B 232–256) gehört zu den schönsten und tiefsten Erläuterungen eines so schwierigen wie unabweisbaren Gedankengangs in der philosophischen Literatur. Kant sind alle Gedankenfiguren des Sensualismus, ob es sich nun um Abstraktionstheorie, konventionalistische Interpretation der Naturgesetze, utilitaristische oder behavioristische Auffassung der Person handelt, wegen ihres groben Zugreifens auf die unmittelbar auf der Hand liegenden Tatsachen fragwürdig. Mit der an Leibniz geschulten Klarheit nimmt er das Kausalproblem von der Kontinuität der

Veränderungen her auf. Die Fragestellung besitzt bereits durch das darin enthaltene Problem der unendlich kleinen Größen den adäquaten Einsatz. Kant verbindet sie mit der augustinischen Tradition des inneren Zeitbewusstseins. Es handelt sich nicht um religiöse erlebnishafte Innerlichkeit, sondern darum, dass wir Unterschied und Übergang des Realen in der Erscheinung zuletzt nur mit den Infinitesimalen der Zeit bestimmen können. Der Apriorismus beruht auf der Unendlichkeit der Zeitintervalle, in denen wir Prozessstadien fixieren können, »deren Unterschiede von einander insgesammt kleiner sind, als der zwischen 0 und a« (B 254). Bis zu diesem Punkt die Möglichkeit von Zeitanschauung geführt, ergibt sich unweigerlich, dass alle Begriffe wie Bewegung, Ruhe, Kausalität, Interferenz, Notwendigkeit, Möglichkeit usf. sich nicht unmittelbar auf anschauliche Vorgänge beziehen können. Das unendlich Kleine, Differierende, Große ist nicht beobachtbar, immer nur denkbar. Darum setzen alle Beobachtungen die Transformation durch die tranzendentale Synthesis voraus, wenn sie Urteile unter dem Kriterium ausweisbarer Objektivität werden sollen. Der Ansatz dieser Einsicht sitzt im transzendentalen Begriff reiner Raum- und Zeitanschauung.

Humes Auffassung von Prozess und Kausalität als abstraktionstheoretisch fixierter Inbegriff der Beobachtungen bleibt vor dem eigentlichen Problem stehen. Für Kant ergeben sich Prozess, Relation, Kausalität als »ein Fortgang in der Zeit, die Gegenstände mögen sein, welche sie wollen, Erscheinungen oder reine Anschauungen«. Die Teile wahrgenommener oder physikalisch gemessener Erscheinungen existieren nur in der Zeit und durch die Synthesis der Zeitanschauung. Sie werden in diesem Sinne von den Formen reiner Anschauung und den Schemata des Verstandes »erzeugt«. »Wir anticipiren nur unsere eigene Apprehension, deren formale Bedingung, da sie uns vor aller gegebenen Erscheinung selbst beiwohnt, allerdings a priori muß erkannt werden können« (B 256). Dadurch erst wird empirische Erkenntnis der Zeitverhältnisse für jede Zeit, mithin objektiv, gültig.

Literatur

Weizsäcker, C. F. v.: Kants ›Erste Analogie der Erfahrung‹ und die Erhaltungssätze der Physik, in: Prauss, G. (Hg.), Kant. Zur Deutung seiner Theorie von Erkennen und Handeln, Köln 1973, S. 151–166. – Büchsel, M.: Die Kategorie Substanz in der *KrV*, Diss. Frankfurt/M. 1977. – Cramer, K.: Nicht-reine synthetische Urteile a priori. Ein Problem der Transzendentalphilosophie I. Kants,

Heidelberg 1985 [die Analogien der Erfahrung als nicht-
reine synthetische Urteile a priori]. – Thöle, B.: Kant
und das Problem der Gesetzmäßigkeit der Natur, Berlin
1991. – Morrison, M.: Community and Coexistence.
Kant's Third Analogy of Experience, in: KS 89 (1998), S.
257–277.

Postulate des empirischen Denkens (Modalität): Die
drei Postulate realisieren die Modalkategorien Möglichkeit, Wirklichkeit, Notwendigkeit. Was mit den
formalen Bedingungen der Erfahrung überein-
kommt, ist möglich. Was mit den materialen Bedingungen der Erfahrung zusammenhängt, ist wirklich.
Dessen Zusammenhang mit dem Wirklichen, nach
allgemeinen Bedingungen der Erfahrung bestimmt,
ist notwendig (B 266).

Wie die Modalbegriffe in der Kategorientafel, so
stehen die Postulate im System der Grundsätze auf
besonderem Platz. Sie fügen den konstituierten
Objekten keine neuen Bestimmungen hinzu, sondern formulieren die Modalitäten der Stellung des
Subjekts zu den Bestimmungen. Insofern schließen
sie die wissenschaftliche Erfahrung als ein System
ab, das mit den drei vorangehenden Gruppen der
Grundsätze umrissen war. Das mögliche Seiende ist
hier nicht die formallogische Möglichkeit im Sinne
der Widerspruchsfreiheit von Prädikaten. Die synthetische Auffassung der Erkenntnis verlangt einen
anderen Möglichkeitsbegriff. Nur was mit den Konstitutionsbedingungen von Begriff und Anschauung
zusammenstimmt, ist möglich. Raum- und Zeitanschauung gehören zur logischen Widerspruchsfreiheit dazu. Das richtet sich gegen den ontologischen
Begriff des möglichen Seins unter der analytischen
Bedingung des Widerspruchsprinzips. Das alte Problem der Unterscheidung von Traum, anderen Täu-
schungsformen und Feststellung realer Ereignisse ist
damit aufgenommen. Ging das Postulat der Wirklichkeit auf das Induktionsprinzip wissenschaftlichen Denkens und also auf das principium individuationis im methodischen Sinne, so richtet sich das
Erfordernis der Notwendigkeit auf die Generalisierung des Individuellen zum Universellen. Das einzelne Faktum wird erst Bestandteil von ausweisba-
rem Wissen im Umgreifenden kausaler Verursachung. Die Analogie der Kausalität erfordert die
Überschreitung der auf das Faktum pochenden Beobachtung und führt zum Horizont der Einheit der
Erfahrung.

Eine Ergänzung widerlegt den empirischen Idealismus Berkeleys, der das Dasein der Gegenstände
im Raum für unerweislich erklärt hatte. Kant hat gegen die idealistischen Missverständnisse der ersten
Auflage den ausführlichen Beweis in die zweite Auflage der *Kritik* aufgenommen, dass bereits das empirisch bestimmende Bewusstsein meines eigenen Daseins das Dasein der Gegenstände im Raum beweise.
Er argumentiert vom Zeitbewusstsein her. Ich bin
mir meiner Existenz in der Zeit bewusst. Alles Zeitbewusstsein aber setzt etwas Beharrliches in der
Wahrnehmung voraus. Das kann nichts Innersubjektives sein, da mein Dasein in der Zeit durch das
Beharrliche erst bestimmt werden kann. In den
Schluss seines Systems der Grundsätze fügt Kant
eine förmliche »Widerlegung des Idealismus« ein (B
274–287). Sie zeigt die Widersprüche, die bei Berkeleys und Descartes' Versuch entstehen, aus dem
Begriff des Selbstbewusstseins ein System der Philosophie mit inhaltlichen Prämissen für wissenschaftliche Theoriebildung herzuleiten. Die Widerlegung
des cartesianischen Selbstbewusstseinsbegriffs erfolgt durch den Beweis der These, »daß die Existenz
äußerer Gegenstände zur Möglichkeit eines bestimmten Bewußtseins unserer selbst erfordert
wird« (B 278). Für den transzendentalen Begriff der
Subjektivität wird damit nochmals der entscheidende Punkt eingeschärft: Der Begriff des Subjekts
ist rationell nur in gleichem Schritt mit dem Gegenstandsbegriff zu bilden.

Zwei Schlusskapitel der Analytik. Aufklärerische Kritik der Scheinformen gesellschaftlichen Bewusstseins

Am Ende der Analytik stehen zwei resümierende
Kapitel, die den Übergang zum zweiten Teil der Logik vorbereiten: *Vom Grunde der Unterscheidung aller Gegenstände überhaupt in Phänomena und Noumena* und *Von der Amphibolie der Reflexionsbegriffe*,
eine der brillantesten philosophischen Untersuchungen der philosophischen Literatur und direkte
Überleitung zur Dialektik. Die in der Ontologie und
im sensualistischen Phänomenalismus liegende
Verschlingung von ideeller und empirischer Gegenständlichkeit, eine im Alltagsbewusstsein ruhende
Konfusion, präge den philosophischen Leitbegriffen
einen Doppelcharakter (Amphibolie) auf. Sie sollen
sich auf ideelle Substanzen und auf die sinnlich-gegenständliche Welt zugleich beziehen. Mit
den beiden Schlusskapiteln der Analytik öffnet Kant
seine Doktrin für die kritische Darstellung der Problemsituation der europäischen Aufklärung. Beide
Stücke sollen in die dramatische Situation einführ-

ren, in der sich auch Kant selbst während der 60er Jahre befand.

Der Gedanke, Wahn und Blendwerk aufzulösen, die Intention der Transzendentalphilosophie und eigentlich der Philosophie überhaupt in allen Zeitaltern, besitzt lange Vorgeschichte auch außerhalb der Philosophie. Ursprünglicher als der mit den Journalen einsetzende Gebrauch vom »witzigen Blendwerk« anstelle rechter Gedankenführung (Gellert) ist der theologische Sinn vom Blendwerk der Hölle. Mephisto sagt: »Laß nur in Blend- und Zauberwerken/ Dich von dem Lügengeist bestärken,/ so hab ich Dich schon unbedingt« (*Faust I*, V. 1853 ff.). J. G. Walchs *Philosophisches Lexicon* (1726) nennt Wahn ein Urteil ohne Grund. Luthers Sinn sitzt tiefer. Die aufklärerische Leitidee der Wahnund Vorstellungskritik durch Wissen, Publikationsfreiheit und Pädagogik setzt mit religionskritischem Akzent eine theologische Denkfigur fort. Wahn ist nicht unpräzise gemeintes Richtiges, er ist das Grundverkehrte, so dass nicht einmal das Gegenteil davon das Richtige wäre. Kants Wahnbegriff für theoretische Scheinformen meint genau das. Für den Theologen tritt dazu freilich noch der Fluch der Abtrünnigkeit. Von den alttestamentlichen Nahrungs-, Fasten- und Kleidervorschriften, die der Katholizismus aufgerichtet, hatte, sagte Luther: »Solcher Wahn aber ist schon ein gewisses Zeichen, daß sie vom Glauben sind abtrünnig geworden« (*Von Menschenlehre zu meiden ...*, 1522, Kap. IV, in: *Werke*, hg. v. Buchwald u. a., Berlin 1905, Bd. 2, S. 298). Der aufklärerische kulturelle Gestus vom notwendigen Kampf gegen die Vorurteile einer in geistiger Verblendung liegenden Welt überträgt die Kampfsprache aus der Polemik der Kirchenspaltung auf die nun geschichtsimmanent gedachte kulturelle Wendezeit. Luthers drastische Sprache hielt noch den Belehrungston für Unterschichten: »Der Geist sagt klärlich, daß in den letzten Zeiten etliche werden vom Glauben treten und achten auf die irrigen Geister und Lehren der Teufel durch die Falschreder in Gleißnerei und die ein Brandmal haben in ihrem Gewissen« (ebd., S. 297). In der theologischen Denkfigur dogmatischer Auseinandersetzung liegt eine Wurzel des zentralen aufklärerischen Duktus vom »Irrtum im Geist« und dem »wahren Geist«, der alles entscheidet. Die aufklärerische Kritik der Religion als vielfach irriger menschlicher Lehre war von der Polemik der christlichen Glaubensrichtungen gegeneinander vorgebildet worden. P. J. Spener sagte vom Irrglauben falscher christlicher Lehre, dass er »nur eine menschliche Einbildung sei« (*Pia Desideria*, 1675, in: *Hauptschriften*, Gotha 1889, S. 32).

Kants Metaphorik

Kants Metaphorik gewinnt im Übergang zur Dialektik besonderen, zur angestrengten logischen Distinktion des Werkes hinzukommenden bekenntnishaften Ton. Kant spricht im Dualismus von sinnlicher und intelligibler Welt die Einsicht aus, dass die Idealität der kulturellen Existenz nicht mehr allgegenwärtig und im Schein der sozialen Struktur von persönlichen Bindungen wie anschaulich erlebbar bleibt. Doch in täuschenden sublimierten Formen suggerierten die beiden Grundrichtungen der aufklärerischen Philosophie einen vereinfachten, der Methodik des alltagspraktischen Bewusstseins parallelen Übergang zwischen empirisch naher und intelligibler Welt. Die Ideen von Gott, Freiheit, idealer Unendlichkeit des Menschen würden von Metaphysik und Empirismus herumgereicht wie beschreibbare Gegenstände. Kants Dualismus spricht die Einsicht aus, dass die Menschheit in der bürgerlichen Epoche aus dem gewohnten Umkreis immer verfügbarer Werte, die alle realen Prozesse vorab einfassen würden, heraustritt. Sie übergibt sich der Bewegung, in der sie nur selbstgeschaffenen zivilisatorischen Bedingungen gegenübersteht, die ohne bewahrende Gnade zu bewältigen sind.

Vor diesen Hintergründen von Zeitkritik und Geschichte der Wahn-Kritik gelangt das Werk mit einer zentralen metaphorischen Passage an ihren Drehpunkt von der positiven Doktrin zur Irrtumskritik, den die beiden Schlusskapitel der Analytik darstellen. Kant hat seiner Transzendentalphilosophie drei Leitmetaphern beigegeben: Eine geographische, das Bild von täuschender Verirrung und die Metaphorik eines Gerichtshofes der Rationalität, den die *Kritiken* darstellen. Das Kapitel von der Unterscheidung aller Gegenstände des Denkens in Erscheinungen und intelligible Funktionen sagt von der Analytik, sie habe die genaue Karte des Lands der Wahrheit, ein reizender Name, gezeichnet und jedem Ding seine genaue Stelle bestimmt. Das Land ist eine Insel, in unveränderliche Grenzen eingeschlossen. Umgeben ist die Insel Wahrheit »von einem weiten und stürmischen Oceane, dem eigentlichen Sitze des Scheins«, der neue Länder lügt und uns gleich herumschwärmenden Seefahrern ewig mit leeren Hoffnungen lockt, die nie erfüllt und doch nicht unterlassen werden können (B 295). Es ist ein Bild aus zwei zeitgemäßen Quellen, der Vermessungskunde und der Reiseliteratur. Dazu tritt ein Wort aus ganz anderem Bezirk. Wer die Grenzen der apriorischen Elementarbegriffe und Grundsätze, die nur auf gegenständliche Realität bezogen werden können, überschreitet, der »verirrt sich in Wahn und Blendwerke« (B 297). Das geschieht offenbar nicht mehr dem abenteuernden Seefahrer, sondern dem ganz anderswo Irrenden. Kant gerät darum auch auf die Wendung, der so Abschweifende müsse auf »vielfältig beschämende Zurechtweisungen« rechnen. Das Bild kommt aus religiöser Gedankenwelt und kirchlicher Polemik. Da bezieht es sich auf den vom guten, weil bescheidenen Glauben Abirrenden. Mit wie religiös eindringlicher Sprache wird dann auf die kosmologische Dialektik vorausgewiesen: »Ehe wir die Auftritte des Zwiespalts und der Zerrüttungen sehen lassen« (B 434). Es sind die stehenden Formeln warnender Predigten einer Zeit, in der Glaube noch energisch und herrisch sein konnte. Auch die bleiche Gestalt verführten Glaubens tritt auf: Die Schlingen falschen Denkens führen zum »Tod einer gesunden Philosophie, wiewohl jener allenfalls noch die *Euthanasie* der reinen Vernunft genannt werden könnte« (ebd.). Tatenreich bewegtes, verwerfliches Umherschwärmen, schließlich Zerrüttung und Tod des rechten Geistes werden als Bilder dieses eigentümlich bezeichnenden Gedankenkreises zusammengezogen.

Das Bild aus der Vermessungskunde, weniger dramatisch als das von behüteter Insel, stürmischem Ozean und gesetzloser Seefahrt, besitzt die tiefere Bedeutung, und Kant gebraucht es im Grunde unablässig, wenn er vom Grundgedanken seiner Theorie spricht. Es kommt darauf an, zur neuzeitlichen Emanzipation von Verstand und individueller Moral *die Grenzen* zu erkennen: Die Grenzen reiner Vernunft und die Grenzen der sinnlich-gegenständlichen Verhaftungen. Das ist keine Restitution des religiösen Motivs der Endlichkeit des Menschen. Es wird durch die innerweltliche Vervollkommnung – nicht Vollkommenheit – des Menschen zurückgelassen, die theoretischer und vor allem praktischer Apriorismus verbürgen. Kant meint, die Aufklärung missverstehe sich selbst, setze sie den unvermittelten Gebrauch von transzendenter Intellektualität und empirischer Materialität fort, der einfacheren Zeitaltern zugestanden hatte. Die beiden Grundkräfte ratio und sensus sind nur noch im wechselseitigen Bezug auf das Gegenteil in Funktion zu setzen. Der Übergang zu einer Zivilisation individuell verfügbarer Rationalität löst die holistisch mystifizierenden Begründungen der Kultur auf. Das Individuum muss nun in sich selbst seine Grenzen und seine Unendlichkeit bestimmen. Das ist die Grundintention der Transzendentalphilosophie. Die Kultur freier Gestaltung und dann auch fortgehender Umgestaltung der

Tätigkeits- und Sozialisierungsbedingungen der Individuen und Gruppen kompliziert das Selbstverständnis der Gesellschaft. Sie erscheint nicht nur auf Perfektibilität hin in Prozess, sondern auch wie in einem Schwebezustand, der immer neue Ausmittelung der Grenzen verlangt. Auf den methodischen Gestus der mathematischen Naturwissenschaften und der Verrechtlichung freier Individuen legt Kant alte Motive rechter Selbstbescheidung des Menschen auf, der nicht unziemlich über die Grenzen der ihm gebührenden geistigen Konstitution hinausschweifen solle. In diesem Zusammenhang tritt der Gedanke vom mitgeborenen Schein ein, der Kants Theorie wie ein unterirdischer Pfeiler trägt. Unsere bildhafte Auslegung auf die Welt und ein eidetisches Verlangen schaffen Vorstellungen von Gegenständen an sich selbst. Die Illusionen unserer Sinnlichkeit denken wir als Korrelate der Begriffe. In uns ist ein Trieb zu mystifizierender Ontologisierung von Gegenständen der Einbildungskraft mit Hilfe der Logik (Kant-Metaphern u. a. B 8, 27, 597, 732, 754; A 5, 395; IV, 262).

Literatur

Eucken, R.: Über Bilder und Gleichnisse bei Kant, in: Ders., Beiträge zur Einführung in die Geschichte der Philosophie, Leipzig 1906, S. 55–82. – Unger, R.: »Der bestirnte Himmel über mir ...« Zur geistesgeschichtlichen Deutung eines Kant-Wortes (bezogen auf den Beginn des Beschlusses der *KpV*), in: I. Kant. Festschrift zur Zweiten Jahrhundertfeier seines Geburtstages, Leipzig 1924, S. 241–270. – Blumenberg, H.: Paradigmen zu einer Metaphorologie, in: ABG 9 (1960), S. 7–305 [zu Kant s. Personenregister]. – Sommer, M.: Die Selbsterhaltung der Vernunft, Stuttgart-Bad Cannstatt 1977.

Das Amphibolie-Kapitel. Eine transzendentale Topologie

Das Amphibolie-Kapitel zeigt im ersten Teil die ontologische Auffassung der Realität als Falsifikation. Es ist die Ontologisierung der logischen Gesetze der Begriffsbildung. Kant konzentriert dafür die Urteilstafel auf die Aussagen über Gleichheit/Verschiedenheit, Übereinstimmung/Widerstreit, Inneres/Äußeres, Materie/Form und zeigt am Beispiel Leibnizscher Grundbegriffe (substantia, phänomenon, Monade), dass sie ontologisierte Kategorien seien. Logische Unterscheidungen werden für ontische Verhältnisse genommen. Der Ontologismus der Metaphysik siedelt an der Grenzverwischung zwischen logischer Setzung und rezeptiver Wahrnehmung.

Kant fasst hier auf wenigen Seiten seine Kritik der Metaphysik als eine Leibniz-Kritik zusammen, da Leibniz' Theorie – mit einschneidenden Vereinfachungen – die Quelle der Schulmetaphysik bildete (vgl. B 329). Der tiefe Gedanke der Theorie von Reflexionsbegriffen besteht darin, dass die vier genannten Grundrelationen ineinander reflektierende Verhältnisse darstellen. Das logische Element bezieht überhaupt seine Macht aus der Konstitution von Sachverhalten als Relationen. Das wird falsifiziert, sagt Kant, von der vermeinten Doppelnatur als logische und zugleich ontische Verhältnisse, von »einer transcendentalen Amphibolie, d. i. einer Verwechselung des reinen Verstandesobjekts mit der Erscheinung« (B 326). Die logischen Konstitutionen werden so vorgestellt, als schiene eine transzendente gegenständliche Struktur ins wahrnehmbare Seiende hinein, die sich dann auch im Denken reflektierte. So »errichtete der berühmte Leibniz ein intellektuelles System der Welt, oder glaubte vielmehr der Dinge innere Beschaffenheit zu erkennen«. Es reflektieren aber nur logische Bestimmungen aufeinander.

Kant fasst seine Analytik in Anlehnung an Aristoteles' Topik, der Lehre von den Gesichtspunkten (Orten) der Argumentation, als eine »*transzendentale Topik*« zusammen. Vier elementare Ordnungstypen von Vorstellungen gehen der logischen Konstitution als ein Diminuendo des Apriorismus voran: Die elementaren Schemata der Wahrnehmungsvergleichung Einheit/Vielheit, Äußeres/Inneres, Übereinstimmung/Differenz, Materie/Form sind nicht mehr empirische Wahrnehmungen und noch nicht Verstandesgrundsätze für Mathematik (Extension, Intension) und Naturwissenschaften (Substanz, Kausalität, Möglichkeit, Notwendigkeit usf.). Diese transzendentalen topoi ergänzen die Ästhetik gewissermaßen als differenzierte reine Anschauungen zu den generellen reinen Raum- und Zeitanschauungen. Kant hat damit nach Kategorientafel, Schemata der Einbildungskraft und Grundsätzen alle Bezirke seines in sich wohldifferenzierten Apriorismus entwickelt.

Merkwürdig ist der Platz, an dem Kant der transzendentalen Analytik einen *speziellen Wahrnehmungsapriorismus als Topologie* anfügt. Suchte er ein transzendentales Pendant zur formallogischen Topik? Das wohl nicht. Die Schullogik behandelt zwar nach der Syllogistik in einer praktischen Logik die usus logicae in veritate investiganda und cum aliis communicanda, wie es bei Wolff heißt. Aber Kant gebraucht »topos« in anderem Sinn als die Logik-Lehrbücher. Es geht um die Alternative rationaler oder empirisch-anschaulicher »Ort« der vier Grundunterscheidungen, nicht um Beweis- und Argumentationsgesichtspunkte. Der Ursprung liegt wahrscheinlich im Bestreben Kants, für die in den beiden Schlusskapiteln der Analytik und als Übergang zur Dialektik geschriebene Metaphysik-Kritik eine Systematik zu gewinnen.

Die transzendentale Topologie legt der Metaphysikkritik eine andere Systematik zugrunde als sie die Antinomien bieten, denen die Dialektik folgt. Kant ordnet nach den logischen Prämissen der ontologischen Konstruktion: nach dem principium identitatis, dem dictum de omni et nullo, der Unterscheidung von substantiae noumenae (intelligible Objekte) und substantia phaenomenalis (Materie). Von diesen Prämissen will er zeigen, dass es sich nicht um logische, sondern um zur Anschauung gehörende Schemata handele, die freilich nicht selbst empirische Anschauungen sein könnten. Das führt auf eine interessante Erklärung der Metaphysik: Sie operiert mit logischen Prinzipien (innere Substantialität der Dinge gegen die Phänomene, Raum und Zeit als reale Daseinformen u. a.), deren Ursprung aus elementaren alltagspraktischen Wahrnehmungsschemata sie nicht bemerkt. Ontologie ist logische Fetischisierung ungeklärter alltagspraktischer Vorstellungen.

Literatur

Döring, O.: Der Anhang zum analytischen Teil der *KrV* über die Amphibolie der Reflexionsbegriffe, exegetisch-kritisch bearbeitet, Leipzig 1904. – Zilsel, E.: Bemerkungen zu Abfassungszeit und Methode der Amphibolie der Reflexionsbegriffe, in: AGPh 26 (1913), S. 431–448. – Paton, H. J.: Kant's Metaphysics of Experience. A Commentary on the First Half of the *KrV*, 2 Bde., London 1936, ND 1965. – Henrich, D.: Zur theoretischen Philosophie Kants, in: PhR 1 (1953/54), S. 124–149. – Bennett, J. F.: Kant's Analytic, London 1966. – Broecken, R.: Das Amphiboliekapitel der *KrV*. Der Übergang der Reflexion von der Ontologie zur Transzendentalphilosophie, Köln 1970. – Holzhey, H.: Kants Erfahrungsbegriff. Quellengeschichtliche und bedeutungsanalytische Untersuchungen, Stuttgart u. Basel 1970. – Hogrebe, W.: Kant und das Problem einer transzendentalen Semantik, München 1974 [Rez. v. H. Schnädelbach, in: PhR 25 (1978), S. 120–124]. – Hess, H.-J.: Zu Kants Leibniz-Kritik in der »Amphibolie der Reflexionsbegriffe«, in: Heidemann, I./Ritzel, W. (Hg.), Beiträge zur *KrV* 1781–1981, Berlin u. New York 1981, S. 200–232. – Reuter, P.: Kants Theorie der Reflexionsbegriffe. Eine Untersuchung zum Amphiboliekapitel der *KrV*, Würzburg 1989.

4 Transzendentale Dialektik

Verstand und Vernunft. Das Unbedingte und die Vernunftideen

Der Dialektik-Teil der transzendentalen Logik beginnt nicht sogleich mit Kants Kritik der spekulativen Scheinformen in der Philosophie, die eine neue Stufe der von der Aufklärungsphilosophie vielbehandelten Irrtumstheorien darstellen. Voran stellt Kant eine zweite Sphäre positiver transzendentaler Logik, die Logik der Vernunftideen. Die Unterscheidung von Verstand und Vernunft nimmt den alten Unterschied von *ratio* und *intellectus* auf, verleiht ihm aber eine neue und grundsätzliche Bedeutung für die Trennung zwischen Behauptungen über Sachverhalte und Postulaten praktischer Selbstbestimmung der Person. Gegen die Richtung nach außen geht eine andere nach innen. Ratio ist lat. Rechnung, Berechnung und von daher Klugheit, Begründung. Intellectus war in der Stufung sensatio-ratio-intellectus seit dem 18. Jh. zum innewerdenden Verstehen im Sinne höherer verbindender Einsicht geworden, gegenüber dem analytisch zerlegenden und auf einzelne Sachverhalte bezogenen Verstand. Die praktische Intellektualität behält auch bei Kant einen Anklang an den ursprünglichen Bezug des personalen Selbstbewusstseins auf den allgemeinen Geist: Das Individuum denkt sich in den obersten Maximen freier Selbstbestimmung zugleich unter der Würde der Menschheit. Mit der Ausdehnung der aufklärerischen Konzeption auf die verschiedenen Themenfelder im Laufe des 18. Jhs. hatte der Begriff der Idee als logisch komprimiertes Pendant zu perceptio eine auflösende Gebrauchsvielfalt erlangt. J. G. Walchs *Philosophisches Lexicon* (1726, ²1733) unterschied einfache, komplexe, adäquate, angeborene, sinnliche, reine, vor allem aber klare und verworrene Ideen. C. Wolff und G. F. Meier, nach dessen *Auszug aus der Vernunftlehre* (1752; wieder abgedruckt in AA XVI) Kant seine Logik-Vorlesungen abhielt, betonten an dem überdehnten Begriff vor allem das Problem der zu unterscheidenden Deutlichkeitsgrade der logischen repraesentatio von »Gegenständen«.

Kant beschnitt und konzentrierte den Gebrauch von »Vernunft« und »Idee« entschieden. Die Vernunftideen unterschied er von den Verstandesbegriffen durch einen grundsätzlich anderen Bezugsort. Verstandesbegriffe konstituieren gegebene Ereignisse zu behaupteten Sachverhalten. Diese Baconsche und Lockesche Linie bei Kant enthielt bereits

das Problem, die logische Form derjenigen Begriffe zu bestimmen, die Anschauung im adäquaten Sinn nicht enthalten können. Es sind vorwiegend Regeln praktischen Verhaltens wie Tugend, Weisheit, die nicht im theoretischen Sinn Anschauungen zur Einheit der Erfahrung zusammenfassen, sondern als Urbilder das Empirische zu ihnen ins Verhältnis von Nachbildern rücken. Die moralisch zu qualifizierenden Verhaltensweisen stellen symbolische Realisierungen der Ideen dar (B 597). Auch der theoretischen Objektkonstitution liegen Ideen zugrunde. Das begründet Kant logisch: Jedes Einzelding setzt zu seiner Bestimmung die Gesamtheit aller möglichen ihm zukommenden oder nicht zukommenden Prädikate voraus. Es hat zur »transzendentalen Voraussetzung« die »Materie zu aller Möglichkeit«. Hier befindet sich auch der Ursprung des Grundgedankens der kritischen Philosophie, der transzendentalen Synthesis a priori, die die Basis bilde für alle spezifisch determinierenden geistigen Akte. Jedes Einzelding ist nur unter der Bedingung des Ganzen der Erfahrung zu denken. Das Ganze der Erfahrung ist aber die Idee einer unendlichen Aufgabe. Neben den transzendentallogischen und den praktischen Ideen stehen die regulativen Ideen, denen die ästhetische und die teleologische Urteilskraft folgen. Im Unterschied zur praktischen Idee, der keine Handlung völlig adäquat sein könne, sei eine ästhetische Idee eine Vorstellung in der Einbildungskraft, den kein Begriff und also keine sprachliche Beschreibung völlig erreichen könne (V, 314 ff.; § 49). Vor allem für die Theorie der organischen Natur bildet das teleologische Prinzip mit der Vernunftidee der Zweckmäßigkeit die unerlässliche regulative Funktion, den Bau der Organismen und »die unbegreifliche Beharrlichkeit der Gattungen und Arten« bei so vielen differenzierenden Einflüssen zu erklären. Das Blatt der sog. Vorarbeit zum Aufsatz *Über den Gebrauch teleologischer Prinzipien in der Natur* (1788) umreißt den Ideenbegriff in der Biologie (XXIII, 75 f.).

Die scholastische Trias sensatio-ratio-intellectus wird in der Logik-Vorlesung (Blomberg) formuliert: »Eine Vorstellung durch die Sinne ist [...] eine Empfindung. Eine Vorstellung durch den Verstand ist eine Erscheinung. Eine Vorstellung durch die Vernunft ist ein Begriff« (XXIV, 251). In der *Kritik* wiederholt Kant die traditionelle Thematik der »Stufenleiter« von perceptio ausführlich bis zur spezifischen Bedeutung von »Vernunftidee« (B 376 f.). Idee ist im Unterschied zu den strikt auf Erscheinungen bezogenen Verstandesbegriffen ein Begriff, der die Möglichkeit jeder Erfahrung übersteigt (B 384). Der Ausdruck Idee solle »seiner ursprünglichen Bedeutung nach in Schutz genommen werden« (B 376). Platon habe bereits gesagt, dass der Mensch »ein weit höheres Bedürfnis fühle, als bloß Erscheinungen nach synthetischen Grundsätzen buchstabiren« (B 370). Bei Kants Terminus »Idee« wirkt die platonische und die christlich-platonisierende Wurzel fort. Er benutzt den alten Terminus bewusst – wie schon »Dialektik«, »Form-Stoff« u. a. –, um seine Theorie in die Tradition zu stellen, sie dadurch zu bekräftigen und zugleich deren Umformung durch die transzendental-idealistische Autonomie der Rationalitätstypen bemerkbar zu machen. Allerdings nimmt Kant den Platonschen Terminus in der ciceronianischen Veränderung auf. Ideen existieren nicht als realitas obiectiva, sondern bilden notwendige Richtmaße der Beurteilung (vgl. Reich 2001, S. 307).

Moral- und rechtsphilosophische Theorien könnten nicht von Erfahrungen, sondern müssten wie Platons Entwurf des gerechten Staates vom »Maximum als dem Urbilde« ausgehen. Für die moralische Selbstbestimmung gibt Kant der Idee des vollkommenen Menschen – die auch der Jesus-Figur zugrunde liege – etwas vom Erhabenen, das bisher mit der Gottesidee verbunden war. Herkunft aus der Tradition und der Unterschied wird im Vergleich mit Augustinus' Bestimmung von »Idee« in dessen christlichem Platonismus deutlich: »Sie sind gewisse ursprüngliche Formen (formae) oder Gründe (rationes) der Dinge, beharrend und unwandelbar, selber nicht geformt und darum ewig und immer sich gleichbleibend im göttlichen Denken beschlossen« (Augustinus, *De diversis quaestionibus* LXXXIII, *quaestio* XLVI. *De ideis*, in: *Opera Omnia*, Bd. 6, Paris 1837, Sp. 49). Kant denkt die Vernunftideen ebenfalls als außer Raum und Zeit existierend, doch nicht im Sinne ontologischer realitas formalis. Es sind Ideale, die nach dem Muster des mathematisch unendlich Genauen als Originale in der Vernunft liegen. Das mathematisch formulierte Naturgesetz macht die Gesamtheit aller möglichen Bedingungen zum Erklärungsprinzip des Bedingten. Bei Kant heißt es von der Idee des Guten, »dass sie eine Handlung bestimme [...], dadurch die Totalität einer in der That unendlichen Reihe von Folgen erreicht würde« (IV, 419). Der Begriff des Unbedingten der moralischen Akte soll den methodischen Anspruch der mathematischen Naturwissenschaften auf die Disziplinen der moralischen Selbstbestimmung und der juridischen Vergesellschaftung ausdehnen. Mit der mathematischen Naturwissenschaft war der Gegensatz zwischen Natur- und Praxisdetermination zum Pro-

blem geworden. Die ontologische Metaphysik hatte noch die Funktion wahrgenommen, über der empirisch konstatierbaren Naturkausalität einen Seinsbezirk teleologischer Akte zu errichten (Seele, Gott als ontische Substanzen), so dass der Unterschied von Naturkausalität und Willenshandlung ontologisch verklammert erschien. Kants Trennung von mundus intelligibilis und sensibilis beseitigte diese Klammer. Geistige Wesenheiten über die Erscheinungswelt können nicht materiale Gehalte rationaler Behauptungen sein. Ideelle Realität wird zur methodischen Form moralischer Selbstbestimmung im überempirischen Raum der Gleichheit aller Selbstbewusstseine. Dafür fügt Kant in den Zusammenhang des unendlich Präzisen die alte Figur des Vollkommenen als Urbildes der Selbstreflexion ein. Der neue Freiheitsbegriff tritt an die Stelle der Seinsqualitäten bonum und perfectio in der ontologischen Metaphysik. Unsere Freiheit ist innerweltliche Unendlichkeit. Die Kluft zwischen dem Maximum und der Realisierung, »kann und soll niemand bestimmen, eben darum weil es Freiheit ist, welche jede angegebene Grenze übersteigen kann« (B 374). Praxis ist allemal ein teleologischer Akt, auch innerhalb von dessen kausalen Ingredienzen. Diesen Punkt denkt Kants Vernunftbegriff zu Ende. Ein bewusster Zweck ist nur innerhalb eines Systems von Zwecken rational zu fassen. Für diese Zusammenhänge geht Kant auf die alte Handlungstheorie mit deren ästhetischen und individualethischen Urbildaspekten zurück. Der platonische Begriff des Musters (παράδειγμα, *parádeigma*) wird wiederholt eingesetzt. Die antike Anschauung sah das unendlich Genaue noch als das Vollkommene unter dem Leitgedanken des ästhetisch Schönen und des handwerklich Gelungenen. Diese ursprüngliche Einhüllung von Theorie, Praxis und Ästhetik basierte auf den Voraussetzungen antiker Individualität der qualitativen Arbeitshandlungen und der polis als einer ursprünglichen Einheit der Politen, die als Stammesgemeinschaft über der juridischen Bestimmtheit des einzelnen Staatsbürgers lag.

Konsequent muss Kant die Einsicht in eine einheitliche Wurzel der Determinationsweise von Verstandesbegriffen für die Konstitution von Erscheinungen zu Erfahrung und der Bestimmung der empirischen Alltäglichkeit des Subjekts nach übersinnlichen Vernunftideen ausschließen. Beide Determinationen bezeichnen getrennte Wirklichkeiten. Damit wird die Eigenständigkeit der Idealität von Handlung gesetzt. Aber auch die Selbständigkeit der Natur ist mit tiefem Bedacht bewahrt. Wir erkennen die Vielfalt der Naturerscheinungen. Deren Gesamtheit als »Ding an sich« geht nicht in die intuitive Gewissheit unserer Subjektivität ein; damit auch nicht in die Erscheinungshaftigkeit technischer Reproduktion. Natur bleibt als Ganzes ein Eigenes, das wir nicht sind und das nicht als Totum zu Technik transformiert werden kann. Technisch-praktische Rationalität wird den Verstandesakten zugeordnet. Das bedeutet auf der anderen Seite, dass die moralisch-praktische Vernunft etwas qualitativ anderes darstellt und bezweckt als bürgerlich-utilitaristische Praxis von Interessenrealisierung und Naturverwertung. Die historische Evolution ist ebenfalls nicht in ihrer Gesamtheit intuitiv zu repräsentieren. Auch hier gilt für das Reich von Freiheit, dass die Kluft zwischen Maximum und Realisierung niemand bestimmen kann, weil Praxis jede angegebene Grenze überschreiten kann. Kants Akzent sitzt nicht auf einem Ignorabimus gegenüber dem sensualistischen Perfektibilitätsgedanken französischer Aufklärer, sondern auf dem Gedanken unendlicher Steigerungsmöglichkeit. Die Trennung von technischem Verstand und moralischer Vernunft verhindert die Simplifizierung von Geschichte zum spezifizierten Naturprozess und eröffnet eine eigene Sphäre praktischer Rationalität. Sie erschöpft sich auch nicht in der aristotelischen Tradition als Verbesserung durch Übung im Einzelnen. Das wohl auch. Doch darüber hinaus geht die Vernunftidee des Ganzen im Prozess. In diesem Zusammenhang sieht Kant auf den Platonismus zurück. Die platonische Republik biete das Vorbild einer notwendigen Idee vom Ganzen einer Staatsverfassung, die man nicht bloß beim ersten Entwurfe, sondern auch bei allen Gesetzen zugrunde legen müsse (B 372–374). Die Idee des Maximum aller Handlungen sei unentbehrlich für allen praktischen Vernunftgebrauch, also nicht nur im Bezug auf die personale Selbstbestimmung. Kant nennt es »die Idee von der nothwendigen Einheit aller möglichen Zwecke« (B 385). 1793 hat er für konkrete moralische, staatsrechtliche und völkerrechtliche Themen und gegen praktizistische Verkürzungen das Erfordernis letzter Begründungen für praktische gesellschaftliche Probleme ausführlich dargelegt (*Über den Gemeinspruch: Das mag in der Theorie richtig sein, taugt aber nicht für die Praxis*). Der logische Idealismus dieser Lehre von den Ideen moralisch-praktischer Vernunft a priori darf nicht über den realen Bezugsort der Trennung von Verstandesbegriffen und Vernunftideen hinwegsehen lassen. In der Gedankenform der nicht-instrumentellen praktischen Vernunft ist die unendlich offene Selbstbestimmung der

Menschheit in der einzig möglichen Weise einer Logik aller Zwecke überhaupt formuliert.

Die allen empirischen Aussagen zu Grunde liegenden Strukturen sind nicht mehr auf unsinnliche ontische Substanzen (Welt, Seele, Gott) bezogen, sondern nur Grundregeln beweisfähiger Urteilsbildung, »allgemeine Regeln für Regelsetzungen« (Krings, in: Schaper, 1984). Einige interessante Punkte ergeben sich bei der Durchführung dessen. Die über die Konstitutionsbedingungen des Verstandes für empirische Sachverhalte hinausführenden Vernunftideen besitzen einen theoretischen und einen praktischen Bezug. Der theoretische besteht im Problem des Unendlichen. Der Verstandesbezug auf je Bedingtes geht fort zu immer weiter Vorausliegendem bis zur ideellen Realität des Unendlichen. Diese unabweisbare Idee ist nach Kant nicht substantial zu fassen, sondern als die Regel des Fortschreitens, analog dem mathematischen Unendlichen. Kants Gedanke von der »Metaphysik als Naturanlage« besitzt hier eine ihrer Wurzeln (Seebohm, Th. M., in: Fulda/Stolzenberg, 2001). Die Vernunft orientiert den Verstand auf den Horizont des Unendlichen, d. i. auf die Einheit aller seiner Akte (B 692). Dem Sinn von nur »methodisch gebrauchter Metaphysik« (IV, 524) entspricht dann, dass die omnitudo realis dem Differentialbegriff der stetigen Veränderung nachgebildet ist, wie etwa Leibniz' »Prinzip der Kontinuität«. Die Frage, ob unsere phänomenale Welt nur eine von unendlich vielen möglichen Welten sei, erübrigt sich für Kant, da Ewigkeit nicht außerhalb der Bedingungen der Zeit zu denken ist (B 675). Die Vernunftidee des Unendlichen besitzt in diesem Kantschen Sinne »immanenten Gebrauch«, d h. sie konstituiert nicht Gegenstände, sondern richtet in »regulativem Gebrauch« die (fachwissenschaftlichen) Verstandesbegriffe auf ein Unbedingtes, auf ein Unendliches aus (»reines« Wasser, »reine« Luft) (B 6712 ff.). Das Unendliche ist als Idee einer systematischen Einheit »nur projektierte Einheit, die man an sich nicht als gegeben, sondern nur als Problem ansehen muss« (B 675). Nur in dieser »Kantschen« (und Leibnizschen) Weise kann die Idee der Unendlichkeit als das Problem der unendlichen Bewegung gefasst werden, für die Mathematik z. B. in der Theorie der Reihen oder der Quadratur von Kurven. Kant hatte seine ganze transzendentalphilosophische Drehung als eine dem Naturforscher nachgeahmte Methode bezeichnet (B XVIII). Die Menge Z (der Zahlen) besitzt die Eigenschaft: wenn eine Zahl darin enthalten ist, so gehört auch die darauffolgende Zahl dazu. Ebenso ist Kants Vernunftbegriff die Menge V (der auf empirische

Daten bezogenen Verstandesbegriffe). Ist in ihr ein Begriff enthalten, so ebenso der nächstfolgende. Man erkennt es leicht an der Antwort auf die Frage: Was bedeutet der Ausdruck, dass eine unendliche Menge existiert? Kants Theorie der Vernunftideen ist die erkenntnislogische Verallgemeinerung der mathematischen Fassung der Unendlichkeit. Vor allem aber ist sie auf dieser Grundlage die Erklärung der Universalität der Wissenschaften und der Rationalität überhaupt. Gut hatte Kant das Problem mit der Antinomik des Unendlichen verbunden, denn sein Begriff einer Rationalität vom Typus der Vernunftidee ist eine dialektische Position. Doch nach dem Vorbild der Mathematik ist eine unendliche Menge (von empiriebezogenen Begriffen) eine Menge, die eine eindeutige Zuordnung zu einer echten Teilmenge ihrer selbst gestattet.

Im Bezug auf die praktische Realität der Vernunftideen des Unendlichen ergibt sich als erstes die unbedingte Immanenz aller als unendlich zu setzenden Bezüge moralisch-praktischer Ideen. Die empirisch gehaltenen Maximen stehen im funktionalen Behalt der Vernunftideen. Dies ist das eigentlich umwendende Verdienst der Kantschen Moralphilosophie, und viele der Versuche, an Kants Aufstellungen Widersprüche aufzuzeigen, sind von dem Bemühen getrieben, die Moralphilosophie Kants von der Grundlegung durch den Unendlichkeitsbegriff der Vernunftideen abzutrennen. Dazu gehören auch die Versuche, Kants Moralphilosophie mit aristotelischen ethischen Aufstellungen zu verbinden. Das ist natürlich für einzelne angewandte Fragestellungen immer möglich, nicht jedoch für den grundlegenden Ansatz der Kantschen Theorie. Kant schuf mit der Teilung von empiriegerichteten Verstandesbegriffen und rationalitätsgerichteten Vernunftideen eine den mathematischen Naturwissenschaften analoge Fragestellung für das alte Problem der rationalitätsorientierten Verhaltensdetermination, worin das Problem der nicht-traditionalistischen ethischen Theoriebildung seit der Antike überhaupt bestand. Er erreichte es ohne Rückgriff auf den neuzeitlichen Materialismus, dessen empirische Orientierung für die mathematischen Naturwissenschaften ohnehin nicht der Zielpunkt philosophischer Zusammenfassung war. (Darin bestand einer der wesentlichen Gründe für die Rückwendung der deutschen Philosophie des 19. Jhs., im Zeitalter des aufkommenden bourgeois-utilitaristischen, wie eines physiologischen Materialismus, voran zur Problemstellung des Neukantianismus.) Zur Verankerung der Praxis-Problematik: Kants moralphilosophische Fragestellung bedeutet die Fassung der sozialen Verhaltensthematik im Horizont von Praxis als anthropologischem Typus des Menschen überhaupt. Im Unendlichkeitsproblem der Vernunftideen entsteht natürlich das so anstößige wie simple Problem, warum die in den Imperativen gesetzten Verpflichtungen nicht befolgt werden. Doch Kants systembildende Gründlichkeit der Gedankenführung wirft hier keine neue Frage auf. In theoretischer Rücksicht fallen die Ausklammerungen aus den Vernunftideen beinahe noch gravierender aus: mit den verkehrten Verstandesbegriffen von Seele, Gott und Unsterblichkeit als von empirie-analogen Gegenständen. Kant gesteht fürs Misskennen im theoretischen Bezug immerhin zu, dass es sich um eine dem endlich befangenen Denken unvermeidliche Falsifikation handele. Die kulturgeschichtlichen (im vermittelten Sinne also auch praktischen) Wirkungen sind allerdings fundamental. Für die (moralphilosophisch gefasste) Handlungspraxis tritt die Differenz zwischen »reiner« Pflicht und empirischem Verhalten nur mehr ins Licht, und Kant wird nicht müde, die eigentlich zu Grunde liegende Unendlichkeitsproblematik zu betonen: mit der polemischen Charakterisierung der sinnlichen Antriebe als menschliche Beschränkungen der ebenso menschlichen Größe des sich dem unendlichen Prozess der Perfektibilität verpflichtenden Willens (vgl. a. B. Falkenburg, Rechtsphilosophie nach dem Vorbild der Mathematik, in: H. Fr. Fulda/J. Stolzenberg, 2001).

Literatur

Couturat, L.: De l'Infini mathématique, Paris 1896, ND 1973 [Inhaltsangabe in: KS 2 (1899), S. 484]. – Jaspers, K.: Kants Ideenlehre, in: Ders., Psychologie der Weltanschauungen, Heidelberg 1919, ⁵1960, S. 465–486. – Miles, M. L.: Logik und Metaphysik bei Kant. Zu Kants Lehre vom zwiefachen Gebrauch des Verstandes und der Vernunft, Frankfurt/M. 1978. – Malter, R.: Der Ursprung der Metaphysik in der Ideenlehre. Systematische Überlegungen zu Kants Ideenlehre, in: Kopper, J./Marx, W. (Hg.), 200 Jahre KrV, Hildesheim 1981, S. 169–210. – Röd, W.: Dialektische Philosophie der Neuzeit, München ²1986. – Hinske, N.: Kants Rede vom Unbedingten und ihre philosophischen Motive, in: Baumgartner, H. M./Jacobs, W. (Hg.), Philosophie der Subjektivität? Akten des 1. Kongresses der Internationalen Schelling-Gesellschaft 1989 (Schellingiana Bd. 3/1), S. 265–281. – Ders.: Zwischen Aufklärung und Vernunftkritik. Studien zum Kantschen Logikcorpus, Stuttgart-Bad Cannstatt 1998 [Kap. VI: Kants Anverwandlung des ursprünglichen Sinnes von »Idee«. Die Vernunft und das Unbedingte].

Übergang von der theoretischen zur praktischen Objektivation. Die Vernunftideen

Schlüsse setzen Relationen zwischen Urteilen. Kant sagt, der formallogische Gebrauch der Vernunft konstituiere nicht die Einheit möglicher Erfahrung, sondern die Einheit des Denkens. Der Vernunftbegriff ist als Kontrast zu empirisch orientierten Aussagen zu begreifen. Die Totalität von kausalen Determinationen kann nicht Resultat einer noch so breiten Erfahrung sein. Sie kommt als mathematische Formel oder als Idee von Willenshandlung hinzu. Über sie im Gestus des erfahrungsorientierten Wissens zu sprechen, bildet die Basis aller Scheinformen von Wissen. Für die Erkenntnis ist nach Kants *KrV* nicht nur die logische Analytik, sondern auch die Dialektik erforderlich, die also nicht nur auf Antinomien führe. Sie leitet dahin, die Welt nicht als Aggregat unterschiedlicher Bereiche (nach Urteilstafel und Verstandesgrundsätzen) zu sehen, vielmehr darüber hinaus in einem komplexeren Verstehen als Einheit der Erfahrung (s. Kants Einleitung zur *Kritik der Urteilskraft*). Die Vernunftideen lassen so die Wissenschaften als Einheiten von Ordnungen begreifen, eine Art kulturell unentbehrlicher transzendentaler Regulative. Die Theorie der Einheit der Welt setzt die Vernunfteinheit der Verstandesoperationen voraus, letztlich in teleologischer Auffassung unterm Aspekt ihrer Einheit aus einer mitzudenkenden ersten Ursache (Wohlers, 2000, S. 234). Aus dem Verfolg von Kausalreihen geht immanent die Idee des Ganzen der Reihen hervor. Das notwendig zu denkende Ende des generalisierenden Aufstiegs zur Totalität der Bedingungen führt als nicht realisierbare Idee aufs Subjekt selbst zurück. Es ist eine der schönsten systematischen Verbindungen in der Geschichte der Philosophie. Die Unmöglichkeit, die theoretische und technisch-praktische Endlichkeit zu überschreiten, öffnet das Denken zur Selbstreflexion des Denkenden. Die Grenze der theoretischen Erkenntnis bildet den Anfang praktischer Rationalität. Der Typus praktischer Rationalität setzt mit dem Postulat ein, bei dem der theoretische endet. Der transzendentale Vernunftbegriff beinhaltet die »*Totalität der Bedingungen* zu einem gegebenen Bedingten« (B 379). Praxis ist eine teleologische Überformung von Ereignisreihen, bei der ein Zweck als Unbedingtes (Vorbedingtes) den Prozess der Bedingungen aus sich heraussetzt. Er verläuft nicht wie mechanische Naturdetermination von der Ursache zur Wirkung. Kants Trennung von Verstand und Vernunft soll eines der Hauptthemen der neuzeitlichen

Philosophie lösen: Wie die personale Willensfreiheit als Determinationsweise ohne religiöse Transzendenz vom Determinismus der mathematischen Physik abgesetzt werden könne. Theoretische und praktische Akte wurzeln nicht in verschiedenen Subjektvermögen, sondern im unterschiedlichen *Horizont* der Bewusstseinsakte.

Formale und transzendentale Logik der Vernunftoperationen wiederholen den Aufbau der Analytik. Der Urteilstafel da entspricht jetzt eine Tafel der Vernunftschlüsse. Kant unterscheidet kategorische, hypothetische und disjunktive Schlüsse. Die Schlussform der Deduktionen stellt in der logischen Eindeutigkeit der Determination eines besonderen Urteils durch Ober- und Mittelsatz (der Ort der Urteilskraft) das intelligible Unbedingte fest. Wie die Urteilstafel die Elementarbegriffe ergab, so führen die Vernunftschlüsse auf die Ideen (B 378 ff.). Kant ordnet den kategorischen Schlüssen die Idee der unbedingten Einheit des denkenden Objekts zu, den hypothetischen Schlüssen die Beziehung auf Objekte und zwar auf die Einheit der Reihe der erscheinenden Bedingungen, den disjunktiven Schlüssen schließlich die Idee der Einheit aller Gegenstände des Denkens überhaupt (B 391). Der Bezug auf die überempirische Einheit des Subjekts ergibt das Problem des Selbstbewusstseins, das nach der Seite theoretischer Akte und also nur zum Teil im Anschluss an die Schematismus-Problematik behandelt worden war. Die Selbstbewusstseinstheorie nach der praktischen Seite steht noch aus und folgt auf der Basis der Freiheitsproblematik in der zweiten *Kritik*. Das Unbedingte in der Beziehung auf die Totalität der Bedingungen aller Objekte als Erscheinungen ergibt das Problem der Kosmologie als Zusammenfassung der mathematischen Naturwissenschaften. Das Unbedingte im Hinblick auf die Synthesis aller Akte aus Freiheit des Subjekts und aller erscheinenden Objekte gemäß Kausaldetermination führt zum Problem der Einheit von mundus intelligibilis und mundus sensibilis. Es zieht, wie Kant sagt, »den höchsten Vernunftbegriff von einem *Wesen aller Wesen* nothwendigerweise nach sich«, »ein Gedanke, der beim ersten Anblick äußerst paradox zu sein scheint« (B 393).

Literatur

Reich, K.: Die Tugend in der Idee. Zur Genese von Kants Ideenlehre (1964), in: Ges. Schriften, hg. v. M. Baum u. a., Hamburg 2001, S. 306–313. – Heimsoeth, H.: Transzendentale Dialektik. Ein Kommentar zu Kants *KrV*, T. 1, Berlin u. New York 1966 [Ideenlehre und Paralogismen]. – Anderson, S.: Ideal und Singularität. Über die Funktion des Begriffs in Kants theoretischer Philosophie, Berlin u. New York 1983. – Wohlers, Chr.: Kants Theorie der Einheit der Welt, 2000.

Dialektik der Vernunftideen, Irrtumstheorie

Kant zielt mit den drei Klassen notwendiger Vernunftideen gemäß den Schlussarten auf die drei Disziplinen der metaphysica specialis, die das Unbedingte des Subjekts in der rationalen Psychologie, das Unbedingte der Natur in der rationalen Kosmologie und die letzte Einheit von Natur- und Praxisdetermination als rationale Theologie ausgeführt hatte. Hier wird der historische Gehalt der Kantschen Transzendentalphilosophie deutlich. Die Metaphysik wird nicht als absoluter Irrtum, sondern als falscher Schein einer Auflösung echter Probleme bezeichnet. Logisch irreguläre Sätze und Theoriengebäude verfangen sich in Antinomien. Zur Lösung der Antinomien bildet das alltagspraktische Bewusstsein Vorurteile aus. Also müssen sie sich auch auflösen lassen. Der Irrtum besteht in der falschen Behandlung einer realen Problematik durch die metaphysica specialis. Die Vernunftideen von Subjekt, Objekt und von der Einheit von Subjekt und Objekt werden so gedacht, als bezögen sie sich wie Verstandesbegriffe auf erfahrbare Erscheinungen von Gegenständen, nur dem Grad nach etwas komplizierter. Die drei Disziplinen der metaphysica specialis werden in den drei Arten von Vernunftideen systematisch verankert: Einheit des denkenden Subjekts (metaphysischer Seelenbegriff), Einheit der Reihe der Bedingungen von Erscheinungen (Weltbegriff), Einheit der Bedingungen aller Bewusstseinsobjekte überhaupt (Gottesbegriff). Die ontologische Metaphysik findet sich historisch ehrenvoll platziert. Sie ist nicht schlechthin falsch, sondern falsche Lösung unabweisbarer Probleme. Analytisches Denken bezieht Bedingtes immer auf Bedingtes. Vom Schluss aufs Unbedingte sagt Kant zu Recht, er sei als ein synthetischer Akt in der Vernunft selbst angelegt. Doch er ist nicht Schlussteil der aufsteigenden Reihe von Bedingungen in den Erfahrungsobjekten selbst.

Literatur

Habermas, J.: Die Philosophie als Platzhalter und Interpret, in: Henrich, D. (Hg.), Kant oder Hegel. Über Formen der Begründung in der Philosophie, Stuttgart 1983, S. 42–58. – Apel, K. O.: Kant, Hegel und das aktuelle Problem der normativen Grundlagen von Moral und Recht, ebd., S. 597–624.

Die aufklärerische Irrtumstheorie bildete seit Bacon und Descartes eine zentrale Thematik im Aufbau der neuzeitlichen Philosophie. Sie wurde in zwei Formen behandelt, als Frage nach der Gewissheit des Unterschieds zwischen Wissen und Traum und vor allem als Theorie der Vorurteile. Sie besaß in der Mitte des 18. Jhs. von Bacons Theorie der vier Idole des menschlichen Denkens her (*Novum Organon*, 1620, I, Art. 52–62) bereits eine lange Geschichte. In der französischen Aufklärung war sie die Sturmglocke des atheistischen und antiabsolutistischen Materialismus (Holbach, *Lettres à Eugénie ou Préservatif contre les préjugés*, 1768). In der deutschen Aufklärung gingen nur wenige Theoretiker in diese Richtung (so J. C. Edelmann, *Moses mit aufgedecktem Angesicht*, 1740; W. L. Wekhrlin mit seiner Zeitschrift *Das Graue Ungeheuer*, 1784 ff.). C. Wolffs *Vernünfftige Gedancken von der Menschen Thun und Lassen* (²1723) behandeln wie die *Philosophia rationalis sive Logica* (1728, zum praejudicium §§ 1011 ff.) die Vorurteile als eine Art der Unwissenheit, konzentrieren sich aber ganz auf die bürgerlich-praktische Frage, unter welchen Umständen man zu welchen Irrtümern gelange und dass kontrollierte Erfahrung den Weg vom Falschen zum Richtigen weise (§§ 259 ff.). G. F. Meiers ebenfalls nicht religionskritisch und politisch argumentierende, sondern theoretisch auslotende *Beyträge zu der Lehre von den Vorurtheilen des menschlichen Geschlechts* (1766) hatte Kant sicher gelesen, wie N. Hinske an Parallelen der Logik-Vorlesungen zeigte. Das Thema gehörte zu den Logik-Lehrschriften der Zeit (vgl. Meiers *Auszug aus der Vernunftlehre*, 1752, §§ 109 ff.; in der AA XVI, 283 f., 287 ff.; in Kants Notizen zur Logik zu Irrtum und zu den Vorurteilen: XVI, 182 ff., 400 ff.). Die Gruppierung einander entsprechender Vorurteile, die Meier vornahm, spielte neben anderen Einflüssen vielleicht eine Rolle in der Vorbereitung von Kants Aufstellung der Metaphysik-Irrtümer als Antinomien.

Kant vertrat, wie Lambert und andere Autoren des 18. Jhs., die These von der Unmöglichkeit des totalen Irrtums. »Ganz falsch kann kein Urteil seyn« (XXIV, 396). »Die Irrthümer, so groß und wichtig sie auch scheinen, sind doch alle nur particulär«. »Es gibt […] natürlicher Weise daher keinen Totalen Irrthum« (XXIV, 85). Die in der Geschichte der Metaphysik verankerte These (Aristoteles, Thomas v. Aquino) hat nichts mit Kulturrelativismus zu tun; ebenso wenig mit dem Synkretismus im schlechten Sinne, der es Jedem ein wenig recht machen möchte. Sie gehört zum logischen Theorie-Anspruch. Gäbe es absoluten Irrtum, so müsste man an den Gesetzen der Urteilsbildung zweifeln und er wäre gar nicht erkennbar. Positiv gewendet bedeutet das: Weil es absoluten Irrtum nicht geben kann, darum ist jeder Irrtum nachweisbar und er kann aufgelöst werden. Das Theorem von der Unmöglichkeit totalen Irrtums bildet das Gegenstück zum Postulat prinzipiell möglicher universeller Übereinstimmung aller Denkenden. Nur innerhalb dieses geistigen Horizonts sind die Differenzen rational sinnvoll zu denken.

Aus Kants Scheidung von Verstand und Vernunft geht eine vertiefte Irrtums- und Vorurteilstheorie hervor. Die Vernunftideen (Freiheit, unsterbliche Seele, Weltganzes, Gott), dem Denken a priori eigen, verführen zum Gebrauch gleich gewöhnlichen Begriffen, die Sachverhalte aus Erfahrungstatsachen konstatieren. Der Schein von Erkenntnissen absoluter Substanzen ist das normale, »da der dialektische Schein [...] anlockend und jederzeit natürlich ist und so in alle Zukunft bleiben wird« (B 732). Die Kritik des falschen Gebrauchs kommt erst spät mit der Erkenntnis der sehr verschiedenen Prinzipien von intelligibler und sensibler Welt. In dieser historisch-kritischen Ebene sitzt der Akzent der Kantschen Irrtumstheorie. Die transzendentale Theorie der formalen Vernunftideeen, denen keine Erfahrung kongruieren könne, betont die unaufhebbare Spanne zwischen Moral- bzw. Glaubenssätzen systematischer Vernunft und der empirischen Realität. Die Spanne ergibt sich nicht aus der Schwäche der menschlichen Natur, sondern aus dem komplexen Vermittlungsverhältnis zwischen empirischer Existenz und unserer Fähigkeit, mit bloßer Vernunft zu allem Bedingten das Unbedingte zu denken. Von den *Grenzen* seiner selbst innerhalb der begrenzten sichtbaren Welt umgeben, denkt der Mensch sich unter einem über alle Grenzen hinausliegenden *Horizont*. Kants Theorie der Vernunftideen führt nicht zu skeptischer oder romantischer Entsagung vor dem unerreichbaren Ideal. Freiheit als Vernunftidee a priori begründet die Fähigkeit der Individuen zu autonomer Vermittlung zwischen Empirie und Ideal. Die Erklärung der ontologischen Metaphysik aus einem logischen Fehler bildet die Basis einer weitgreifenden aufklärerischen Theorie der Toleranz. Ein logisch naheliegender Irrtum sollte aufzulösen sein. Der falschen Theorie liegt nicht schlechte Gesinnung, sondern die Unschuld unserer Naturanlage zur Metaphysik zugrunde. Die Welt und uns selbst gerade-

wegs ansehen, heißt sie falsch ansehen. Aufklärung des Irrtums ist Resultat theoretischer Einsichten im zivilisatorischen Prozess. Kants Vernunftbegriff enthält mit dem fixierten Apriorismus dieses Moment von Geschichtlichkeit.

Die aufgeklärte Zivilisation bedarf für ihr Selbstverständnis der kritischen Reflexion des natürlichen Bewusstseins. Sie ist das Zeitalter, das erst sich selbst adäquat existieren kann, wenn es sich als historisch geworden und dadurch als vermittelte Realität begreift. Hierher gehört das dem aufklärerischen Denken wichtige Thema vom *Horizont des Wissens*, das Kant in seinen Logik-Vorlesungen ausführlich behandelt. Alles Wissen steht in der Bewegung zwischen faktischer Existenz und deren Aufhebung unter dem Horizont des vollkommenen Lebens.

Literatur

Hinske, N.: Kant und die Aufklärung. Kants Theorie von der Unmöglichkeit des totalen Irrtums, in: Ders., Kant als Herausforderung an die Gegenwart, Freiburg u. München 1980, S. 31–66. – Ders.: G. F. Meier und das Grundvorurteil der Erfahrungserkenntnis, in: Cesa, C./Ders. (Hg.), Kant und sein Jahrhundert, Gedenkschrift für G. Tonelli, Frankfurt/M. 1993, S. 103–121.

Dialektische Schlüsse der reinen Vernunft

Die dialektischen Schlüsse der reinen Vernunft behandelt Kant unter dem Titel *Von der Naturanlage zur Metaphysik*. Naturanlage eben deshalb, weil es sich bei den Fehlschlüssen um »Sophistikationen nicht der Menschen, sondern der reinen Vernunft selbst« handelt, so dass man nach vielen Bemühungen wohl den Irrtum verhüten, »den Schein aber, der [...] unaufhörlich zwackt und äfft, niemals völlig los werden kann« (B 397). Den falschen Schluss auf die unbedingte Einheit des Subjekts als einer intelligiblen Substanz nennt er *Paralogismus*, die dialektischen Schlüsse auf die intelligible Totalität der erscheinenden Objekte ergeben die *Antinomik* der reinen Vernunft (im dritten Widerstreit der Antinomik das Verhältnis von Notwendigkeit und Freiheit). Der falsche Schluss von den Bedingungen der Möglichkeit der Dinge auf die Erkenntnis der unbedingten Einheit des Seins durch eine ursächliche Substanz überhaupt bildet das *Ideal der reinen Vernunft*. Die Konstruktionen sowohl des Rationalismus als des Empirismus von einer unsterblichen Seele, der ungelöste Streit über die Unendlichkeit der Welt, über unendliche Teilbarkeit oder Diskontinuität der Materie, über das Verhältnis von Notwendigkeit und Freiheit und schließlich der rationaltheologische Gottesbegriff »lösen sich in der Feuerprobe der Kritik in lauter Dunst auf« (B 433). Auf die transzendentale Dialektik bezog sich Heines Wort von der *KrV*: »Dieses Buch ist das Schwert, womit der Deismus hingerichtet worden in Deutschland« (H. Heine, *Zur Geschichte der Religion und Philosophie in Deutschland*, in: *Ges. Werke*, Bd. 5, Berlin 1955, S. 290).

Literatur

Krauss, W.: Zur Konstellation der Aufklärung in Deutschland, in: Ders., Das wissenschaftliche Werk, Aufklärung III, Berlin u. New York 1996, S. 5–99. – Hinske, N.: Kants Begriff der Antithetik und seine Herkunft aus der protestantischen Kontroverstheologie des 17. und 18. Jhs. Über eine unbemerkt gebliebene Quelle der Kantischen Antinomienlehre, in: ABG 16 (1972), S. 48–59. – Bennett, J.: Kant's Dialectic, Cambridge 1974.

Die Paralogismen der reinen Vernunft. Die Unsterblichkeit der Seele und die Kritik der rationalen Psychologie

Die Kritik der rationalen Psychologie setzt Kants Theorie des Selbstbewusstseins oder der transzendentalen Apperzeption fort, die die Analytik (§§ 16–18) vorgetragen hatte. Die Abweisung des naiven Unsterblichkeitsgedankens wie des rationalistischen Subjektbegriffs als einer intelligiblen Substanz wird bis zur Kritik des cartesianischen »cogito« geführt, das als logisches Konzentrat der ganzen Sophistikation gezeigt wird. Die Verdinglichung der funktionalen Relation des Selbstbewusstseins zu einer immaterialen, außer Raum und Zeit stehenden ewigen Substanz bildete die Grundlage der traditionellen Selbstständigkeit und Geltungshoheit aller außerhalb wissenschaftlicher Methodik stehenden moralischen und kulturell-autoritativen Prinzipien. Der rationelle Ursprung der ältesten und wirksamsten illusorischen Voraussetzung vorwissenschaftlichen Bewusstseins, eben der dinghaften Projektion einer ontologischen Seelensubstanz, besteht im Erlebnis personaler Identität des Individuums. Kant war selbstverständlich mit der cartesianischen Reorganisation der Seelenvorstellung zu einem Ensemble apriorischer Funktionen vertraut. Doch ebenso kannte er die eigentliche Crux der neuzeitlichen

Metaphysik, die im sekundären Folgeproblem der Verbindung einer aparten ideellen Substanz mit der ganz anderen »res extensa«, der mechanisch-physikalischen gedachten Materie, bestand. Leibniz' Monadenbegriff sollte dieses Problem im antispinozistischen Sinne, also ohne die materialistische Tendenz der Identitätsthese »deus sive natura«, lösen. Wolff hielt ohne rechte Konsequenz an Leibniz' Auffassung fest. Kant war mit den Unzuträglichkeiten des monadologischen Versuchs, den metaphysischen Seelenbegriff im funktionalen Sinne zu öffnen, durch seines Lehrers M. Knutzen Dissertation *Commentatio philosophica de Commercio mentis et corporis per influxum physicum ecplicando* vertraut, die nach ihrer Verteidigung 1735 bei Knutzens Antritt der Metaphysik-Professur 1745 in erweiterter Fassung nochmals veröffentlicht wurde. Die Thematik gehörte zu dem, wie G. Tonelli es nannte, »antiwolffianisch gestimmten Milieu in Königsberg«, das dem Studenten Kant mit der persönlichen Förderung durch Knutzen von Anfang an vertraut wurde. Die Annahme eines influxus physicus der antioccasionalistischen sog. Influxionisten (einflussreicher als Knutzen die Wolff-Kritiker A. Rüdiger, J. G. Darjes u. a.) sagte, dass die Seele selbsttätig durch quasi-physische Kraft und nicht durch göttlichen Beistand (assistentia) den Körper zu bewegen vermöge. Das kollidierte jedoch mit der naturwissenschaftlichen Auffassung von der Konstanz der Bewegungsenergie im Universum, da die von ideellen Potenzen hinzutretende Energie nicht quantitativ messbar ist. Die Überwindung des substantialen Seelenbegriffs besaß also für den mit einer neuen, nicht-wolffschen Vereinigung von Metaphysik und Naturwissenschaften beschäftigten Kant neben dem moralischen und theologischen Aspekt zugleich zentrale naturphilosophische Bedeutung und erstreckte sich damit überhaupt auf die Möglichkeit einer geschlossenen Rationalitätstheorie in theoretischer und praktischer Rücksicht. Die Riegel-Funktion des Influxionismus gegen Materialismus erfüllte Kants Apriorismus ebenso und in weitaus elastischerem Sinne. Im Paralogismus-Kapitel der ersten *Kritik*-Auflage verweist Kant noch auf den ihm durch Knutzen wohlvertrauten Influxionismus (IV, 390 ff.). In Briefen an den Anatomen S. T. Soemmering (1755–1830) stellte Kant eine chemisch-physiologische Hypothese über »die Seele« als Organ des Denkens ganz im materialistischen Sinne auf und leitete eben daraus die Unmöglichkeit ab, im metaphysischen Sinne die Seele als Substanz und gar deren Ort im Körper zu bestimmen (10.8., 10.9.1795).

Der Dialektik-Teil der *Kritik* bringt gegenüber den Selbstbewusstseins-Abschnitten der Analytik erweiterten kritischen Bezug, doch keine neuen Resultate. Worin besteht der falsche Schluss der rationalen Psychologie vom Bedingten empirischer Selbstwahrnehmungen auf das Unbedingte einer intelligiblen Seelensubstanz? Die Dialektik antwortet: »Die Einheit des Bewußtseins, welche den Kategorien zum Grunde liegt, wird hier für Anschauung des Subjects als Objects genommen und darauf die Kategorie der Substanz angewandt. Sie ist aber nur die Einheit im *Denken*, wodurch allein kein Object gegeben wird, worauf also die Kategorie der Substanz, als die jederzeit gegebene *Anschauung* voraussetzt, nicht angewandt, mithin dieses Subject gar nicht erkannt werden kann« (B 421 f.). Die rationale Psychologie sei von dem Fehlschluss beherrscht: Was nur als Subjekt gedacht werden kann, sei Substanz (Obersatz). Ein denkendes Wesen kann nur als Subjekt gedacht werden (Untersatz). Also existiert es auch nur als Substanz (conclusio). Im Obersatz werde von einem Subjekt gesprochen, das nur durch Anschauung ein Objekt des Denkens abgeben könne. Im Untersatz finde sich das Subjekt auf das Denken eingeschränkt, das nicht anschaubar sei. »Das Denken wird in beiden Prämissen in ganz verschiedener Bedeutung genommen« (B 411). Descartes' »cogito« kritisiert Kant, wie bereits Hobbes in seinen Einwendungen gegen die *Meditationen* argumentiert hatte, als einen verdeckten empirischen Satz (B 422). Descartes hatte in seiner großen Scheu vor Verwicklungen in geistlose Kontroversen den tieferen Sinn seines Selbstbewusstseins-Begriffs verdunkelt. Kants Kritik trifft nur die popularisierende Linie des Cartesianismus in der Schulmetaphysik, nicht Descartes selbst, dem als Mathematiker der funktionale Charakter sog. ideae innatae, was freilich wie Bewusstseinsklumpen klingt, klar war.

Mit der in das Paralogismus-Kapitel eingefügten Widerlegung des Mendelssohnschen Beweises der Unsterblichkeit der Seele (*Phädon*, 1767) rückt Kant der theoretischen Unfertigkeit der deutschen Aufklärung hart zu Leibe (B 413 ff.). Der *Phädon* war eine der repräsentativen Schriften der deutschen Aufklärung und sollte mit Wolffscher Philosophie die Unsterblichkeit der Seele aus der Unteilbarkeit ideeller Substanzen beweisen. Nur was sich in Teile zersetze, vergehe. Die Seele müsse als unteilbar und folglich als unauflöslich gedacht werden. Das alte, bereits platonische, von Aristoteles in seiner Schrift über die Seele gegen Demokrit wiederholte Argument konnte vor Kants Bestimmung der Grenzen zwischen sensibler und logisch-funktionaler Welt

nicht bestehen. Kant zeigt gegen Mendelssohn mit Leibnizschen Gedankengängen (empfindlich für den Leibnizianer Mendelssohn), dass auch eine nicht extensiv, sondern nur intensiv zu denkende Verminderung einer immerhin räumlich unteilbaren Seelensubstanz zu einem Diminuendo des Bewusstseins, also zu dessen Verschwinden führen müsse. Kants Konzept der Subjektkonstitution nach überempirischen Ideen überschreitet den simplifizierenden Begriff der Realisierung des Subjekts unter dem Horizont des einzelnen Individuums der bürgerlichen Gesellschaft. In diesem Zusammenhang befindet sich Kants Interpretation des Seelen- und Unsterblichkeitsgedankens als notwendiger Vernunftidee überindividueller Vervollkommnung unseres praktischen Verhaltens (B 422, 425, 431). Sensualistischer und rationalistischer Seelenbegriff erscheinen als grob dingliche Fixierungen von Praxis, indem sie Naturtriebe oder substantiale Wesenheiten zu Halteschienen kultureller Orientierungen einsetzen.

Literatur

Pardy, U.: Über Kants Widerlegung des Mendelssohnschen Beweises der Beharrlichkeit der Seele, in: KS 90 (1999), S. 256–284.

In der Mendelssohn-Polemik wird die weitergehende Bedeutung der Kantschen Auffassung des Denkens als einer nur *funktionalen Struktur von Bedeutungen* deutlich. Die logische Argumentation Kants zielt auf die kritische Auflösung einer theoretischen und kulturellen Tradition. Kant argumentiert fast nie direkt religionshistorisch, philosophiehistorisch, rechtsgeschichtlich. Darum spricht das Paralogismus-Kapitel auch nicht die realen kulturellen Veranlassungen der theoretischen Darstellungen aus. Der Primat der logischen Argumentation gegenüber der theorie- und kulturgeschichtlichen gehört zu Kants Denkstil, durch Angabe der formalen Bedingungen kultureller Geltungen freie Übereinstimmung zu ermöglichen. Kants Apriorismus und die so antiautoritäre wie argumentative Toleranzidee entsprechen einander.

Literatur

Gäbe, L.: Die Paralogismen der reinen Vernunft in der 1. und in der 2. Auflage von Kants *Kritik*, Diss. Marburg 1954. – Kalter, A.: Kants vierter Paralogismus. Eine entwicklungsgeschichtliche Untersuchung zum Paralogismuskapitel der 1. Ausgabe der *KrV*, Meisenheim a. Glan 1975. – Specht, R.: Art. »Influxus physicus, Influxionismus« in: Historisches Wörterbuch der Philosophie, hg. v. J. Ritter, Bd. 4, Basel u. Stuttgart 1976, Sp. 354–356. – Ameriks, K.: Kant's Theory of Mind. Analysis of the Paralogism of Pure Reason, Oxford 1982. – Hoi, I. S.: Die Paralogismen der Seelenlehre in der 1. und 2. Auflage der *KrV*, Frankfurt/M. 1991. – Horstmann, R.-P.: Kants Paralogismen, in: KS 83 (1993), S. 408–425 [ND in: Ders., Bausteine kritischer Philosophie, Bodenheim b. Mainz 1997, S. 79–107]. – Kaßler, M.: Der transzendentale Schein in den Paralogismen der reinen Vernunft nach der 1. Auflage. Ein Kommentar zu *KrV* A 396–405, in: KS 80 (1999), S. 1–22. – Winter, A.: Seele als Problem der Transzendentalphilosophie Kants, in: Ders., Der andere Kant. Zur philosophischen Theologie I. Kants, Hildesheim u. a. 2000, S. 163–255.

ob die gegenständliche Auffassung von Begriffsumfängen immer zu mengentheoretischen Antinomien führe oder nur unter den transzendentallogischen Voraussetzungen Kants (vgl. dazu Malzkorn 1999, Falkenburg 2000).

Literatur

Schorr, K. E.: Der Begriff bei Frege und Kant, in: KS 58 (1967), S. 227–246. – Huby, P. M.: Kant or Cantor? That the universe, if real, must be finite in both space and time, in: Phil 46 (1971), S. 121–132. – Wessel, H.: Kritik der Kantschen Antinomien der reinen Vernunft in der Wissenschaftslogik, in: Ley, H. u. a. (Hg.): Zum Kant-Verständnis unserer Zeit, 1975.

Die vier Antinomien der kritiklosen Vernunft

Problemstellung

Die Antinomik bildet den meistinterpretierten Abschnitt des Dialektik-Teils der *Kritik*. Das ergab sich aus der Bedeutung der Thematik für Kants Lösung der theoretischen Konfliktsituation der 60er Jahre. Für die 70er Jahre ist von einem Wechselprozess zwischen Ausbildung der transzendentalen Logik, die in der Analytik der *Kritik* dargestellt wird, und der Antinomienthematik auszugehen. Die im großen Brief an Herz vom 21.2.1772 genannten Probleme der späteren Analytik waren zugleich Ursache für die Verstärkung der Antinomien und schließlich für die Systematisierung einer Antinomik. Das führt auf die Frage, in welchem Maße die Antinomik überhaupt eine Konstruktion innerhalb der logischen Bedingungen des transzendentalen Idealismus selbst und eventuell eine typentheoretische Verwechslung darstelle. E. Zermelo und B. Russell haben diese Auffassung vertreten. Kants Logik sei noch von den Symbolen als Begriffsumfängen ausgegangen, die Klassen realer Gegenstände repräsentierten. Die Antinomien seien daraus entstanden, dass verschiedene Begriffsumfänge miteinander konfundiert worden seien: »Natur« im formalen Sinne als Menge aller mathematisch und logisch formulierten Gesetze und »Natur« als Menge aller konstatierbaren phänomenalen Ereignis-Reihen. Den Begriffsumfängen in den Tesis-Sätzen werden andere Gegenstandsklassen als in den Antithesis-Sätzen zugeordnet. Kant leite seine erste Antinomie daraus ab, dass die Aussage »Kosmos ist eine unendliche gegebene Größe« vom logischen Bezug auf die Anschauung übertragen werde. Die Frage bleibt,

Da der Dialektik-Teil der *Kritik* zusätzliche Begründungsfunktion für den Analytik-Teil erfüllt, betonte Kant natürlich in Erläuterungen gegenüber spröden zeitgenössischen Fachkollegen die Ursächlichkeit der Antinomien für seinen Denkweg. Nicht die Untersuchung zum Dasein Gottes und zur Unsterblichkeit, sondern die Antinomien des Unendlichen und der Freiheit in einer kausalen Welt seien der Ausgangspunkt gewesen, der ihn zur Kritik der Vernunft geführt hätte, »um das Scandal des scheinbaren Widerspruchs der Vernunft mit ihr selbst zu heben« (an Garve, 21.9.1798). Er wiederholt hier seine Darstellung aus den *Prolegomena* (§§ 50, 52 b; IV, 338, 341). B. Erdmann hat in seiner Schrift *Kants Kritizismus* (Leipzig 1877) und danach in der Einleitung zu seiner Edition der *Reflexionen Kants zur kritischen Philosophie* (Bd. 2, Leipzig 1884, S. XXIVff.) Kants Aussagen zu dessen geistigem Weg interpretiert und die Antinomik als entscheidende Thematik für den Übergang zur kritischen Philosophie hervorgehoben. Das ist insofern richtig, als die Antinomik die spätere systematisierte Lehrform der Ursache des Übergangs darstellt, der im ursprünglichen Prozess selbst natürlich ein breiteres Einzugsgebiet besessen hatte.

Die Antinomik in allen drei *Kritiken* spricht ein entschiedenes Urteil über die Situation des Denkens auf dem Höhepunkt des Zeitalters der Aufklärung aus. In allen zentralen philosophischen Fragen der Naturwissenschaften und der Theorie des Subjekts sitzt das Selbstverständnis in ungelösten Antinomien fest. Der systematisierte Katalog der Antinomien geht aus der Problemsituation der Philosophie des Aufklärungszeitalters in der zweiten Hälfte des 18. Jhs. hervor. Die Kontrovers-Darstellung von Thesen und Gegenthesen bündelt die wichtigsten wissenschaftstheoretischen und weltanschaulichen Fragen

der Zeit. Insofern besaß die Antinomik in der ausgeführten Gestalt tatsächlich Bedeutung für die Klärung von Grundfragen der Aufklärungsphilosophie
und bildet darum im Werk ein wichtiges Teilstück.
N. Hinske zeigte die protestantische Kontroverstheologie des 17. und 18. Jhs. als eine Quelle der Kantschen Darstellungsmethode der Antinomik. Bereits
Leibniz sagte von sich, er sei durch die Antinomien
des mathematisch Unendlichen zu seiner Theorie
von Raum und Zeit als phänomenaler Relationen der
Objekte gelangt. Die Antinomien des unendlich
Großen und Kleinen wurden im Zusammenhang der
logischen und der sprachlichen Darstellung von Bewegungsabläufen in Raum und Zeit bereits in den
Zenonschen Aporien behandelt. Dem alten Problem
der Aporetik des Seins hat Kant eine systematische
Gestalt gegeben. Er sagt von den beiden ersten Antinomien der Endlichkeit/Unendlichkeit der Welt in
Raum und Zeit und der unendlichen Teilbarkeit oder
der Unteilbarkeit letzter Atome der Materie, es seien
unentscheidbare Fragen. Für die gegenwärtige Physik der Elementarteilchen hat sich die Frage nach
letzten Teilen der Materie in die Problematik der elementaren Relationen materieller Energie verschoben. Die vier Antinomien bilden einen Gesamtzusammenhang, in dem die kosmologische Thematik
mit der Freiheit des Menschen und schließlich mit
der metaphysischen und theologischen Frage geistiger Sinnhaftigkeit der Welt verbunden wird. Die
beiden letzten Antinomien seien sehr wohl ent-
scheidbar. Aber nur im praktisch-metaphysischen
Sinne durch die neue transzendentale Verbindung
von überempirischer Verankerung des Sittengesetzes und phänomenaler Determination der aktualen
Handlungssituationen. Den Fehler des Denkens, das
in die kosmologischen Antinomien gerät, formuliert
Kant: »Die ganze Antinomie der reinen Vernunft beruht auf dem dialektischen Argumente: Wenn das
Bedingte gegeben ist, so ist auch die ganze Reihe aller
Bedingungen desselben gegeben; nun sind uns Gegenstände der Sinne als bedingt gegeben; folglich
etc.« (B 525). Kant meint, man denke die Welt als
Ganzes im Sinn des intellektuell Unendlichen und
wolle sie dann mit den Kriterien empirischer Ereignisse ausstatten. Die Unentscheidbarkeit der Unendlichkeitsproblematik im kosmologischen Sinn, die
der Unabschließbarkeit der wissenschaftlichen Erfahrung entspricht, begründet die Konzentration der
Thematik des Unendlichen auf die praktische Selbstbestimmung des Menschen.

Die Antinomik Kants und Leibniz' hat – wie die
Antinomien für die Mathematiker in der Geschichte

der Mathematik – nichts mit einer zu vermutenden
tragischen Widersprüchlichkeit unseres Denkens zu
tun. Der skeptische oder glaubensphilosophische
Gedanke Humes, Hamanns, Jacobis von der Widersprüchlichkeit und Unsicherheit der äußeren rationalen Sphäre unseres Bewusstseins, der lange theologische Vorgeschichte von der Hinfälligkeit rationaler
Autonomie-Versuche des Menschen besitzt, so dass
man auf die Üblichkeiten und für das Ganze auf ein
gläubiges Urvertrauen zurückgehen müsse, ist von
Kants Antinomik fernzuhalten. Kant will die Antinomien als immanente Scheinformen des Denkens erfassen; wie Mathematiker Lösungen der Antinomien
suchen, die danach als Reservate einseitiger Fragestellungen erhalten bleiben. Schon Sokrates sagte,
Unglück komme von falscher Berechnung und setzte
natürlich hinzu, das Scheitern von rationellen Plänen
sei allerdings tragisch, kontingentes Unglück gehöre
aber zu den gleichgültigen Dingen, die die Stoiker
dann Adiaphora nannten. Philosophie ist, den Widerspruch zum artikulierten Thema zu erheben,
nicht zur Tragödie im Sittlichen aufzublasen.

Kants Akzent sitzt erstens auf der Entzauberung
falschen Verständnisses des Unbedingten. Das gehört zur Vorurteilskritik der Aufklärung gegen theologischen und absolutistischen Dogmatismus. Zum
anderen rückt Kant ein neues, menschlich-autono-
mes Verständnis des Unbedingten ins Licht: das
Ganze seiner Möglichkeiten zu denken, ohne das es
kein lebenswertes Leben gibt. Kant führt in seiner
Lehre von den Vernunftideen und dem Ideal der
Vernunft die Riesenlast der Traditionsmasse aus
Sehnsucht nach dem Absoluten und aus den autoritären Blendungen, mit denen es in Umlauf gesetzt
wird, zusammen mit der Rationalität des Genauen,
der clarté in der mathematischen Naturwissenschaft
und der Bürgerrechte. Die Umformung der Tradition – nicht deren Zerstörung – bildet den theoretisch großen Gehalt der Kantschen Theorie des Unbedingten.

Die beste allgemein verständliche Skizze der Antinomie-Thematik gibt Kant als Einleitung zum Dialektik-Teil der *KpV* (V, 107–110). In der Vernunft
selbst ist die Forderung der absoluten Totalität der
Bedingungen zu allem gegebenen Bedingten enthalten. Doch unser Denken vermag nur innerhalb der
Grenzen empirischer Anschauung Aussagen über
Objekte zu verifizieren. In der Reihe der Bedingungen kann das Unbedingte nicht erreicht werden. Das
Unbedingte sei nur »*in der absoluten Totalität der
Reihe*, wenn man sie sich in der Einbildung vorstellt,
enthalten« (B 444). Die Antinomik der Rationalität,

die in ihrer Dialektik offenbar werde, sei darum »die wohlthätigste Verirrung, in die die menschliche Vernunft je hat gerathen können« (V, 107).

Das Unbedingte oder Vollkommene besaß drei Bedeutungslinien: Die theologische der Absolutheit Gottes, die moralische der Tugendgesinnung in der stoischen Ethik und das mathematisch Unendliche sowie das unendlich Genaue in den mathematischen Naturwissenschaften gegenüber den Näherungen der Induktion. Alle drei Linien spielen bei Kants Begriff des Unbedingten eine Rolle. Die stoische Ethik mit dem Akzent auf der Tugendgesinnung, mit der Verachtung des Schlechten, das aus den Affekten komme, als des einzigen Übels, so dass alles dazwischen Liegende (Gesundheit, Besitz, Ehre, Leben) gleichgültig sei ἀδιάφορον, *adiáphoron*), bildete eine wichtige Quelle der Kantschen Moralphilosophie. Kants Ausgangspunkt für seine Antinomik zwischen Unbedingtem und Bedingtem als zwei einander entgegenstehenden Gesetzen unseres Denkens war aber die Beziehung der mathematischen Idealität zu den empirisch gegebenen Ereignissen. Hier fand Kant die adäquate Problemlage zur analytisch klaren Verifizierung der alten und mit komplexen kulturellen Ansprüchen überladenen Beziehung von Unendlichem und »unserer Endlichkeit«.

Die Problematik des Unbedingten bildete im Zusammenhang des mathematisch Unendlichen in der Generation nach Pascal ein wichtiges Thema. Die Integral- und Differentialrechnungen Newtons, Leibniz', Jakob und Johann Bernoullis, Eulers warfen die Problematik des Unbedingten als des mathematisch unendlich Genauen und als Verhältnis des absolut Kleinsten und Größten zur empirisch bestimmten Wahrnehmung und Denkweise auf. Die integrale Methode stellte gegenüber der euklidischen Mathematik, die mit endlichen Größen operierte, eine grundsätzliche Erweiterung des theoretisch Unbedingten dar. Damit war das viel diskutierte Problem der logischen Möglichkeit angewandter Mathematik verbunden. Leibniz fasste die unbedingt kleinsten Größen nicht im Sinne realer Existenz auf. Man könne nur mit ihnen operieren, als ob sie existierten, ohne einen Fehler zu begehen. Berkeley hatte ein Paradoxon des Bestehens einer endlichen Quantität aus einer unendlichen Zahl von Teilen formuliert. Es bezog sich auf ein Axiom der Integral- und Differentialrechnung, das lautete: Zwei Größen, die nur um eine infinitesimale Größe voneinander abweichen, können als gleich behandelt werden. Die Größen werden also zugleich als gleich und als ungleich genommen. Hier lag das Problem der Beziehung des

ideell Unbedingten auf das faktisch Bedingte vor. Dem Denken des 18. Jhs. erschien das Verhältnis unbedingter Größen zu den endlichen als paradox. Kants Umformung der transzendenten Substanzen zu unbedingten Maximen des unendlichen Handelns entsprach dem Übergang der Mathematik zur Rechnung mit unendlich vermittelten Größen, die Prozessverläufe darstellen. Das Verhältnis zwischen unendlichen und endlichen Größen lässt sich in keinem endlichen Maß angeben. Kants Auffassung von der symbolischen Beziehung der unbedingten Imperative auf empirische Situationen und Entscheidungen entspricht diesem mathematischen Verhältnis. Die Umformung der formallogisch-analytischen Substanz-Auffassung des Unbedingten zur Synthesis a priori wendet die neue mathematische Denkweise auf die transzendenten Größen intelligibler Dinge an sich an. In der reinen Synthesis wird dem Subjekt ein Attribut prädiziert, das mit dem Subjekt logisch identisch ist und es zugleich erweitert; zweifellos ein Paradoxon der transzendentalen Logik.

Literatur

Hinske, N.: Kants Begriff der Antithetik und seine Herkunft aus der protestantischen Kontroverstheologie des 17. und 18. Jhs. Über eine unbemerkt gebliebene Quelle der Kantischen Antinomienlehre, in: ABG 16 (1972), S. 48–59. – Davis, P. J./Hersh, R.: Erfahrung Mathematik, Basel u. a. ²1996 [Kap. 5, Nichtstandardanalysis, S. 246–265].

Zu diesen Problemen des Unbedingten kamen Antinomien der Newtonschen Annahme des absoluten Raumes und der absoluten Zeit, die im Briefwechsel Leibniz-Clarke intensiv diskutiert wurden. Das Beharrungsgesetz war nicht ohne die Annahme eines absoluten Raumes zu formulieren, da ein Raum vorausgesetzt werden muss, in Bezug auf den von Bewegung und Ruhe eines Körpers oder astronomischen Systems gesprochen werden kann. Bei der Bestimmung des Begriffs eines absoluten Raums entstehen jedoch Widersprüche. Im reinen Raum gibt es keinen irgendwie vor einer anderen Stelle auszuzeichnenden Ort. Dasselbe gilt für den Begriff der absoluten Zeit. Leibniz hatte die Antinomien in Newtons ontologischen Voraussetzungen bezeichnet und darum gegen Clarke den Raum als phänomenale Relation materieller Systeme bestimmt. Es blieb für die Philosophie das ungelöste Problem, wie das intelligible Unbedingte der Mathematik mit der Erfahrung des immer bedingten Faktischen zu vereinbaren sei.

Der Briefwechsel war in Dutens' Leibniz-Ausgabe 1768 wieder erschienen, und Kants Randnotizen zu Baumgartens Metaphysik-Lehrbuch zeigen Kants Beschäftigung mit der Thematik. Er studierte die Antinomie-Thematik bei Leibniz und Euler. Vom Jahr darauf heißt es in der vielstrapazierten Reflexion: »Das Jahr 69 gab mir großes Licht« (Refl. 5037). An der Humeschen Skepsis gegenüber dem Geltungsnachweis allgemeiner Aussagen interessierte ihn das Problem von deren Widerlegung, da er mit Leibniz von der universellen Geltung der Mathematik für die wirkliche und für jede mögliche Welt überzeugt war. Der Begriff des Unbedingten gewann hier einen neuen funktionalen oder intelligiblen Sinn, der sich nicht mehr auf »Dinge«, sondern auf Erscheinungsdaten bezog. Kant formte den überkommenen metaphysischen Sinn vom Unbedingten als eines ens realissimum, das Summe allen Wissens und alles Guten sei, von der Problemlage der mathematischen Antinomien her um. Die Antinomien des mathematisch Unendlichen bilden den Katalog der ersten beiden Antinomien in der *Kritik*. Sie werfen das Problem der Geltungsweise intelligibler (apriorischer) unbedingter Setzungen in Bezug auf Erfahrungstatsachen auf. Es ist das Problem, das Kant dann in die Fragen kleidete, wie reine Mathematik, Naturwissenschaft und wie Metaphysik als Wissenschaften möglich seien. Hier geht es überall um die Verbindung von Unbedingtem mit Bedingtem. Analog fasst er den kategorischen Imperativ, dass er eine Handlung bestimmen solle, »dadurch die Totalität einer in der That unendlichen Reihe von Folgen erreicht würde« (IV, 419). Das ist das Integral aller sittlichen Handlungen, eine logische Funktion, der das Faktische nur asymptotisch entsprechen kann. »Das moralische Sollen ist also eigenes nothwendiges Wollen als Gliedes einer intelligiblen Welt« (IV, 455, 449). Die Antinomie besteht hier darin, dass die logische Funktion nur auf empirisch-faktische, auf partikular erscheinende Handlungsmotivationen anwendbar ist. Rationalität wird als Antinomie zweier gegenläufiger Gesetze gesehen: Alles Bedingte nach einer unendlich genauen Funktion darzustellen und jede Bedingung nur in der Kette der Bedingungen nachweisen zu können. Die logische und mathematische Funktionalität des Apriorismus schafft eine innerweltliche Unendlichkeit, die auch die transzendenten Substanzen (Gott, unsterbliche Personalität) in notwendige intelligible Funktionen (Postulate) des zu realisierenden Selbst- und Weltverständnisses umformt.

Literatur

Liebert, A.: Kants Geisteshaltung unter dem Gesichtspunkt der Antinomik, KS 25 (1920), S. 196–201. – Wind, E.: Das Experiment und die Metaphysik. Zur Auflösung der kosmologischen Antinomien, Tübingen 1934. – Heimsoeth, H.: Vernunftantinomie und transzendentale Dialektik in der geschichtlichen Situation des Kantischen Lebenswerkes, in: KS 51 (1959/60), S. 131–141. – Martin, G.: Allgemeine Metaphysik, Berlin 1965 [Kap. VIII, Das Allgemeine als Handlung des Denkens: Kant, S. 185–202; Kap. XI, Die Aporien des Kantischen Standpunkts, S. 253–279]. – Löwith, K.: Gott, Mensch und Welt in der Metaphysik von Descartes bis zu Nietzsche, III. Kant, in: Sämtl. Schriften, Bd. 3, Stuttgart 1986, S. 51–65 [zuerst in: Vox theologica 36 (1966), S. 75–91]. – Martin, G.: I. Kant. Ontologie und Wissenschaftstheorie, Berlin ⁴1969 [§§ 7–9]. – Hinske, N.: Kants Begriff der Antinomie und die Etappen seiner Ausarbeitung, in: KS 56 (1965), S. 485–496. – Kron, F.: Die pädagogische Bedeutung der Antinomien bei Kant, Hegel und Schleiermacher. Ein Beitrag zur historisch-sytematischen Klärung des Antinomienproblems, in: PädH 9 (1969), S. 91–119. – Hinske, N.: Kants Weg zur Transzendentalphilosophie. Der dreißigjährige Kant, Stuttgart u. a. 1970 [Kap. 2, Die erste Gestalt der Antinomienproblematik und Kants irenische Vermittlungsversuche]. – Röd, W.: Das Problem des Unendlichen bei Kant, in: DZPh 38 (1990), S. 497–505. – Malzkorn, W.: Kants Kosmologie-Kritik, Berlin 1999. – Falkenburg, B.: Kants Kosmologie. Die wissenschaftliche Revolution der Naturphilosophie im 18. Jh., Frankfurt/M. 2000, S. 199–206 [Kap. 5.4, Diagnose der typentheoretischen Verwechslung]. – Seifert, J.: Überwindung des Skandals der reinen Vernunft. Eine Auflösung der in der *KrV* behaupteten Antinomien, Freiburg/Br. 2001.

Leibniz als Vorbereiter der Kantschen Antinomik

Leibniz war in mehreren Punkten Vorläufer und Anreger der Kantschen Antinomik und auch der Schlussfolgerungen aus ihnen für die Lehre von Raum und Zeit als subjektiver Ordnungsformen von »Mannigfaltigkeit« sowie der Trennung von Naturdetermination und intelligibler Freiheit. Leibniz behandelte die mathematischen Antinomien des Kontinuums meist im Zusammenhang mit dem Verhältnis von Gottesbegriff und Freiheitsbegriff, also mit den beiden anderen Kantschen Antinomien. Die Antinomien der unendlichen Teilung, notierte er 1705, seien der logische Anlass gewesen, gegen Newton den Gedanken von der Idealität des Raumes und der Zeit als Ordnungen der Erscheinungen einzuführen. Aus »jenem Labyrinth des Kontinuums« habe er nur herausgefunden, indem er Raum und Zeit als »eine gewisse Ordnung des Zusammengesetzten oder Ähnlichen oder Aufeinanderfolgenden« zu begreifen gesucht habe. »Denn es gibt zwei Labyrinthe für den menschlichen Geist: das eine betrifft die Zusammensetzung des Kontinuums, das andre das Wesen der Freiheit. Das eine wie das andre aber entspringt aus derselben Quelle, nämlich aus dem Begriff des Unendlichen« (Leibniz, *Philosophische Werke*, Leipzig 1925/26, Bd. 2, S. 499 f.). Descartes habe in seinen *Principia philosopiae* (1644) gesagt, die Sache sei nicht auflösbar, da man sich in unentwirrbare Widersprüche verwickle, wenn man versuche, Gottes Vorsehung mit der menschlichen Freiheit zu vermitteln. An der unendlichen Teilung der Materie dürfe man nicht zweifeln, wenn sie auch nicht begriffen werden könne. Leibniz schließt an, das genüge nicht, man müsse sehen, worin der innere Widerspruch einer Sache bestehe. Er löst die »beiden Labyrinthe« durch seine Lehre vom Unterschied zwischen Tatsachenwahrheiten und den notwendigen Wahrheiten auf. Kant bildete das um zu den Urteilen der Verstandesbegriffe und der Vernunftideen. Leibniz sagt, was in empirischen Tatsachensätzen widersprüchlich sei, wie das Unbedingte als Unendliches, als Freiheit und erste Welturschache, das sei in den geometrischen und metaphysischen Sätzen sehr wohl widerspruchsfrei darstellbar. Nicht nur die Kantsche Polemik gegen die Aporien der Metaphysik findet sich von Leibniz vorgebildet, sondern ebenso die Auflösung der Antinomien durch die epistemische Trennung von Sätzen über Erscheinungen und über Dinge an sich.

Die zitierte Leibniz-Passage kannte Kant nicht, wohl aber die *Theodicee* (1710, dt. mit Fontenelles *Éloge*, ⁵1763), die eleganteste Schrift der Philosophiegeschichte (im Sinne der Eleganz eines mathematischen Beweises) und Hauptbuch der deutschen Frühaufklärung, in der sich die Metaphysik des Gottes- und Freiheitsbegriffs zusammengefasst findet. Leibniz behandelt die Fragen in der Form einander entgegenstehender Thesen, die nur zu entscheiden seien, wenn man die falsche Form der Fragestellung durchschaue. Es ist ein altes Muster der metaphysischen Summa-Literatur, zwei gegensätzliche Thesen so zu interpretieren, dass sie miteinander zu vermitteln sind. Leibniz nennt die Lehre von der Prädestination (das Verhältnis von Gottes Allmacht und menschlicher Freiheit) und die mathematische Theorie des Kontinuums (des Unendlichen) »die beiden Labyrinthe, die Theologen und Philosophen zu allen Zeiten in Atem erhalten« haben (Leibniz, a. a. O., Bd. 4, S. 52, vgl. a. S. 95 f., 386 f.). Für die Thematik, die Kant dann als dritte und vierte Antinomie aufstellte, nennt Leibniz zwei Autoren (Libertus Fromondus, Ochin), die die Schwierigkeiten der entgegengesetz-

ten Thesen gut auseinander gesetzt hätten. Sie benutzten also die Antithetik als Lösungsmodell. In den Labyrinthen gebe es einen Faden zur Auflösung: Die täuschenden Geltungsbedingungen der Thesen durchschauen. So könne man manchmal feststellen, dass beide Parteien recht hätten, so z. B., dass bei zwei verschiedenen epistemischen Kriterien alles in der Natur auf empirisch-mechanische und auf intelligible metaphysische Weise zu erklären sei (Leibniz an Remond, 10.1.1714; a. a. O., Bd. 2, S. 461). Kants Auflösung der ersten beiden Antinomien durch die Auffassung von Raum und Zeit als erscheinende Relation der Körper ist hier vorgebildet. Die Quelle der Schwierigkeiten des Begriffs des Unendlichen oder Unbedingten: dass Materie und Raum als Substanzen aufgefasst würden, »wohingegen die materiellen *Dinge an sich* selbst nichts sind als wohlgeordnete Phänomene« (ebd. S. 463).

Literatur

Vogel, K.: Kant und die Paradoxien der Vielheit. Die Monadenlehre in philosophischer Entwicklung bis zum Antinomienkapitel der *KrV*, Frankfurt/M. ²1986.

Wissenschaftliche Problemlage

Die wissenschaftliche Problemlage des 18. Jhs. bildete die generelle Basis des Antinomiekapitels. Der Antithetik liegt auf der einen Seite die Erfahrung mit den Möglichkeiten der Mathematik unendlicher Größen zugrunde. Die unendliche Teilbarkeit der Mathematik (möglicher Körper) stand im Widerspruch zur Existenz letzter Bestandteile in der experimentellen Erfahrung (wirklicher Körper). Auf der anderen Seite wiederholt das Verhältnis von persönlicher Freiheit der bürgerlichen Individuen und Universalismus des Menschheitsgedankens das Problem der Beziehung von Endlichem und Unendlichem. Dieses Verhältnis konnte bei tieferer Wahrnehmung der bürgerlichen Gesellschaft – und konnte nach Rousseau – nicht mehr simplifiziert in der verdinglichten Form psychologischer Antriebe im Subjekt behandelt werden. Helvétius vermittelte die Lust des persönlichen Interesses mit den Menschheitszwecken durch die Freude an der öffentlichen Anerkennung für gemeinnützige Taten. Kants Blick dringt tiefer. Er fasste den Egoismus des persönlich freien Individuums illusionslos auf. Dann ergibt sich die Verbindung zwischen Individuum und Menschheitszweck nach der Art einer mathematisch unendlichen Größe. Der kategorische Imperativ soll »eine

Handlung bestimmen, dadurch die Totalität einer in der That unendlichen Reihe von Folgen erreicht würde«, heißt es in der *Grundlegung* (IV, 419).

Tatsächlich bedurfte es keines übergroßen Scharfsinns, nur eines offenen Blicks für die Geschichte der neuzeitlichen Philosophie, um zu sehen, dass deren Anspruch absoluter Begründung rationaler Subjektivität im 18. Jh. festsaß: In der Real-Antithetik von Cartesianismus, Leibnizianismus, Schulmetaphysik auf der einen Seite und auf der Gegenseite dem Baconschen Empirismus, Hobbesschen Einwänden gegen die *Meditationen* des Descartes, Lockes sensualistischer Genese von Rationalität. Vor allem diese aktuale philosophiehistorische Antithetik spiegelt sich in Kants Antinomiekapitel. Die Antithetik der Vernunft lag in den Richtungskämpfen der Philosophie seit dem 17. Jh. gleichsam als eine Logik der Philosophiegeschichte ausgebreitet vor aller Augen. Kant nimmt die im 17. und 18. Jh. zu Tage getretene Gegensätzlichkeit zweier Linien in der Interpretation der Wissenschaften und der freien Individualität auf und erweitert sie auf den Gegensatz zwischen den überkommenen idealistischen und materialistischen Welt- und Subjektbegriffen. Der Antithetik-Abschnitt behandelt von dieser Voraussetzung her Grundfragen der Philosophie: Ist die Welt in ihrer Gesamtheit und ist sie in ihrer Teilbarkeit endlich oder unendlich? Wie ist Freiheit zu denken, wenn die Wissenschaften alle Ereignisse – und auch alle Handlungsantriebe freier Individuen – in materiale Prozessgesetzlichkeit einfügen? Wie ist eine erste Seinsursache zu denken, die mit der Einheit zugleich einen Sinn des Seins verbürgte, der dann natürlich außerhalb des empirischen Geschehens in Raum und Zeit liegen müsste? Diese Probleme der Philosophie wurden seit deren Entstehen im Zusammenhang von Seinsantinomien behandelt, die bereits in der elementaren Periode der griechischen Philosophie von Anaximander, Heraklit, Xenophanes, Parmenides formuliert wurden. Zenon von Elea deckte die Antithetik in den Begriffen von Allheit, Vielheit und Bewegung auf. Auf diese Quelle der Antithetik weist auch Kant hin (B 530). Für ihn stellt sich das Antinomienproblem jedoch anders dar. Er geht von der ungelösten Gegensätzlichkeit zweier theoretischer Grundströmungen in der philosophischen Interpretation der Naturwissenschaften aus. Die mathematische Formalisierung der Physik schien der Metaphysik eine neue und erweiterte Bestätigung zu geben. Alle Erfahrungsdaten gehören einem geistigen Gesamtzusammenhang zu, den die Ontologie als die logisch widerspruchsfreie Möglichkeit von Gegenständen des Denkens dar-

stellt. Kant hatte die kritischen Fragen an die Metaphysik in seiner Schrift über den *Versuch, die negativen Größen in die Weltweisheit einzuführen* (1763) zusammengefasst und die logischen Sätze strikt von den existentialen Urteilen getrennt. Dann blieb ihm allerdings die Frage nach der Legitimation elementarer Ordnungsbegriffe wie Gegenstand, Kausalität, Naturgesetz, die nicht Elemente der Erfahrung sein können. Leibniz hatte zahlreiche einander widersprechende theoretische Alternativen in seiner Kritik des Lockeschen Hauptwerkes eingehend behandelt. Die *Neuen Abhandlungen über den menschlichen Verstand* erschienen 1765 zum ersten Male aus dem Nachlass. Kant sah hier in Leibniz' Darstellung der Widersprüche in der neuzeitlichen Rationalitätsbegründung den unhintergehbaren Anspruch, die Gegensätze des Empirismus und einer unfertigen Descartesschen und auch Newtonschen Metaphysik aufzulösen. Die offensichtlich antithetische Situation der neuzeitlichen Philosophie ließ kaum eine andere Möglichkeit, als eine gebotene Neufassung der Rationalität aus der Kritik eines schlechthin antithetischen Charakters der Vernunft zu entwickeln.

Kants *Antinomik* geht aus der Einsicht hervor, dass *beide* einander ausschließenden *Denkrichtungen in ihrer Einseitigkeit durchführbar sind*, dabei aber *notwendig auf ihr Gegenteil führen*. Darin besteht die Antinomik oder Antithetik des Denkens, die in verschiedenen Antinomien zu Tage tritt. Es handelt sich nicht einfach um falsche Schlüsse, sondern um einen »Widerstreit der Gesetze (Antinomie) der reinen Vernunft« selbst (B 434). Die Antinomik besteht darin, dass ein geschlossenes logisches Weltbild ebenso wie eine empirisch-assoziative Auffassung möglich sind. Die Antithetik zweier einander entgegengesetzter Operationen des Denkens, die gleichwohl beide Berechtigung besitzen, lässt sich an vielen Begriffen zeigen. So ist das Kontinuum für die Anschauung das Zusammenfließen einzelner Elemente einer Relation zu einer einzigen Größe. Für den mathematischen Begriff ist die Stetigkeit eine Ordnungsfunktion, in der die Elemente geschieden bleiben, aber dem Gesetz einer bestimmten Reihenbildung genügen.

Literatur

Kreimendahl, L.: Kant. Der Durchbruch von 1769, Köln 1990. – Falkenburg, B.: Kants Kosmologie. Die wissenschaftliche Revolution der Naturphilosophie im 18. Jh., Frankfurt/M. 2000, S. 137–142 [Kap. 4.1, Traditionelle Lesart der kritischen Wende].

Zur naturwissenschaftlichen Problemlage einander entgegengesetzter Methoden und Konsequenzen kam für Kant der Problemkreis der praktischen Vernunft. Kant wiederholt die Antinomik in den Dialektik-Teilen der beiden folgenden *Kritiken* für die moralische und für die ästhetische Objektivation. Über »natürlichen« Individualinteressen und über der äußeren Gesetzlichkeit der Rechtsvereinbarungen müssen ursprüngliche geistige Funktionen systematischer Einheit aller empirisch interessierten Verhaltensakte stehen, wenn am Leitgedanken der allgemeinen Menschenvernunft festgehalten werden soll. Die antinomische Beziehung der empirisch bedingten Existenz zum Unbedingten zeigt Kant an der Idee eines höchsten Gutes. Das höchste Gut ist die Idee der unendlichen Realisierung aller guten Maximen in adäquaten Resultaten. Auch in der Religionsschrift findet sich der Antinomie-Gedanke. Das höchste Gut existiert analog der mathematischen Funktion nicht als gegenständlich reales Objekt. Es ist notwendige regulative Vernunftidee, die die Einheit der Maximen und des Erfahrungsganzen sichert. Der Schein äußert sich in der Antinomik von verdinglichtem Gottesbegriff (mit den Folgen autoritärer Religiosität) und naturalistischem Begriff des Menschen als eines Bündels von Trieben, Assoziationen und Gewohnheiten.

Literatur

Cohen, H.: Das Princip der Infinitesimal-Methode und seine Geschichte. Ein Kapitel zur Grundlegung der Erkenntniskritik, Berlin 1883. – Heisenberg, W.: Der Teil und das Ganze. Gespräche im Umkreis der Atomphysik, in: Ges. Werke, Abt. C, Bd. 3, München u. Zürich 1985. – Falkenburg, B.: Kants Kosmologie. Die wissenschaftliche Revolution der Naturphilosophie im 18. Jh., Frankfurt/M. 2000 [eingehender Kommentar zur wissenschaftsgeschichtlichen Problemlage].

Die Antithetik verklammert die Transzendentalphilosophie wie mit der fachwissenschaftlichen Problemlage mit der Geschichte der Philosophie. Die Antithetik repräsentiert »den Gegensatz des Epikuräismus gegen den Platonism« (B 499, vgl. 434), obwohl die Thesen und Gegenthesen nicht jeweils genau einer Grundlinie entsprechen. Den Materialismus sieht Kant wegen seiner naturalistischen Konsequenzen als Wurzel der Auffassung der Welt und des Menschen ohne übergreifenden Sinnzusammenhang. Er führe zum sensualistischen Skeptizismus und Individualismus. Das Antinomie-Kapitel soll die zentralen Intentionen der Aufklärung sichern.

Der Widerstreit der Denkgesetze stellte die allgemeine Menschenvernunft als den Kernbezirk aller Perfektibilität des Menschengeschlechts in Frage. Er nennt seine Antithetik eine skeptische Methode, die in einem wissenschaftlichen Streit den Punkt des Missverständnisses zu entdecken suche. Sie habe nichts mit dem Skeptizismus als »einem Grundsatze einer kunstmäßigen und scientifischen Unwissenheit« zu tun (B 451). Über die philosophische Theorie hinaus bezog Kant die Antinomien auch auf das alltagspraktische Bewusstsein. Sie steckten schon in der »gewöhnlichen Voraussetzung des gemeinen Menschenverstandes«, unsere Aussagen bezögen sich auf subjektfreie Gegenstände (B 556). Er befinde sich »in einem unaufhörlich schwankenden Zustande« (B 503).

Gang der Darstellung, die kosmologischen Ideen, die vier Antinomien

Mit der subjektiven Wendung der Grundprobleme der Philosophie formt Kant von der Problemlage der mathematischen Naturwissenschaften her das alte Thema der Seinsantinomik zu dem der Antinomien des Denkens um. Das zweite und mit Abstand längste Hauptstück des zweiten Buches im Dialektik-Teil weist die rationale Kosmologie der metaphysica specialis als Nest von Widersprüchen nach. Das System der kosmologischen Ideen beinhaltet:

Das Ganze aller Erscheinungen bildet eine Totalität: Raum-Zeit-Problem
Jedes gegebene Ganze ist vollständig teilbar: Raum-Problem
Es gibt eine vollständige Determination der Genese jeder Erscheinung: Kausalitätsproblem
Alle veränderlichen Erscheinungen sind abhängig von einem unveränderlichen absoluten Sein: Notwendigkeitsproblem

Von den vier kosmologischen Ideen bildet Kant einander kontradiktorische Sätze, die in der Geschichte der Philosophie von den beiden Grundrichtungen Metaphysik und Materialismus vertreten worden seien. Das ergibt vier Gruppen einander entgegengesetzter Thesen, von denen in der ersten Gruppe jede bei der Begründung auf ihr Gegenteil führe, in der zweiten Gruppe aber als unbegründbar einander widersprächen und keinen verifizierbaren Wahrheitswert besäßen. Für die erste Gruppe nutzt er eine verschärfte Version des apagogischen Verfahrens, (von griech. ἀπαγωγή, *apagogē*), bei Aristoteles die rhetorischen Schlüsse durch indirekten Beweis aus der

Falschheit des Gegensatzes oder durch Reduktion eines Problems auf ein weiteres (Aristoteles, *1. Analytik*, I, 23, 40 b, 25; 41 a 23; II, 25, 69 a, 20). Wolff nennt die Apagoge den indirekten Beweis, wenn das, was anzuerkennen gefordert wird, mit der Aufstellung des Gegenteils dessen zusammengeführt wird (*Logica*, § 556). Kant bestimmt den indirekten Beweis im gleichen Sinne.

I. Thesis: Die Welt hat einen Anfang in der Zeit und Grenzen im Raum.
Antithesis: Die Welt ist anfangslos und unendlich.
II. Thesis: Alle Dinge bestehen aus einfachen Teilen.
Antithesis: Die Dinge bestehen so wenig wie der Raum aus ausgedehnten einfachen Teilen.
III. Thesis: Neben der Naturkausalität gibt es Kausalität aus Freiheit.
Antithesis: Es ist keine Freiheit, sondern alles in der Welt geschieht nach Gesetzen der Natur.
IV. Thesis: Zur Welt gehört als Teil oder Ursache ein schlechthin notwendiges Wesen.
Antithesis: Es existiert weder in noch außer der Welt ein notwendiges Wesen. (B 454–489)

Kant gibt noch eine zweite Darstellung aller acht antinomischen Sätze. Hier lässt er klarer hervortreten, dass er die Ursache der Antinomik im täuschenden Bezug der Sätze auf eine subjektfreie Wirklichkeit sieht. Nur auf theoretische Postulate und Erscheinungen bezogen, verschwinde die Antinomik. Er nennt die Thesen und Antithesen Urteilsverbindungen aus Verstandesbegriffen, die nur auf empirisch wahrnehmbare Erscheinungen zu beziehen seien. Dann ergibt sich:

Die Welt habe keinen Anfang – dann muss sie als für den Begriff in der Anschauung zu groß gedacht werden, da dieser die unendlich verflossene Realzeit niemals erreichen könne.
Das Universum habe einen Anfang – dann ist sie als im empirischen Zeitgeschehen bestehende Existenz für den Begriff zu klein. Der Begriff muss eine nicht von materialem Zeitinhalt erfüllte Existenz voraussetzen.

Kant führt das für alle Antinomien gleich lautend durch. Hier wird die Interpretation der Begriffspaare *unendlich – endlich, kausal determiniert – frei*, sich selbst begründende *Totalität – empirisch bedingt* deutlich. Kant stellt den Widerspruch von abstraktem Begriff und empirisch vorfindlicher Wirklichkeit fest. »Die *Weltidee* (ist) für den empirischen Regressus, mithin jeden möglichen Verstandesbegriff entweder zu groß, oder auch für denselben zu klein«

(B 517). Ein Urteil, das ein Unbedingtes aussagt, ist nicht empirisch verifizierbar. Anders gesagt: Der Begriff der Welt als eines Ganzen soll mit Prädikaten versehen werden, die die Eigenschaften empirischer Objekte beschreiben. Zu allem Bedingten sei jedoch die Vernunftidee des (mathematisch oder logisch) Unbedingten aufgegeben. Es handelt sich um eine epistemische Antinomie: Das Prinzip logisch vollständiger Erkenntnis ist Voraussetzung von Teilerkenntnissen. Aber darum sind Total- und Teilerkenntnis nur im unabschließbaren Prozess als Gegensätze wirksam. Kants Lösung der Antinomie ist, dass die Welt als Ganzes nicht Gegenstand empirisch verifizierbarer kosmologischer Erkenntnis werden könne. Absolute Begrenztheit ist empirisch ebenso unmöglich. Kant spricht das alles als den Unterschied in der Beziehung der Urteile auf Dinge an sich (Totalität) und auf Erscheinungen aus. Von »Dingen an sich« sind Totalaussagen möglich. Empirisch haben wir es nur mit Erscheinungen zu tun, deren Feld unendlich ist. Wir können nicht sagen, ein gegebenes Ganzes bestehe aus unendlich vielen Teilen, nur, dass es ins Unendliche teilbar sei. Das Unendliche ist »eine bloße Idee der absoluten Totalität, die lediglich in ihr selbst geschaffen ist, einen Gegenstand zu denken, der in keiner Erfahrung gegeben werden kann«. »Die Mathematiker sprechen lediglich von einem progressus in infinitum« (B 538).

Kant nennt die ersten beiden der Antinomien, die im Zusammenhang der Mathematik des unendlich Großen und unendlich Kleinen stehen, die mathematischen Antinomien. Sie waren bereits von Nicolaus von Kues auf der Grundlage der antiken platonischen Dialektik behandelt worden. Die dritte und die vierte Antinomie nennt Kant dynamische Antinomien, da sie sich auf die reale physikalische Prozessgesetzlichkeit beziehen. Die ersten beiden Antinomien bleiben theoretisch, die beiden letzten Antinomien gewinnen praktische Bedeutung. Die Vernunftideen der Unendlichkeit der Welt im Großen und im Kleinen werden am mathematischen Gesetz der unendlichen Zahlenreihe erläutert. »Die Zeit ist an sich selbst eine Reihe (und die formale Bedingung aller Reihen) […] Es wird nach der Idee der Vernunft die ganze verlaufene Zeit als Bedingung des gegebenen Augenblicks nothwendig als gegeben gedacht.« Ebenso »ist das *Messen* eines Raumes auch als eine Synthesis einer Reihe der Bedingungen zu einem gegebenen Bedingten anzusehen« (B 438 f.). Kant führt die ersten beiden Antinomien, die sich auf die mathematische Totalität einer Synthesis von Reihen in Richtung auf das unendlich Große oder unendlich

Kleine beziehen, auf die Streitfrage in der Theorie der Mathematik zurück: Ist das Unbedingte als der unendliche Regress der ganzen Reihe oder nur als der erste Teil der Reihe anzusehen, der deren Elemente nachgeordnet sind?

Kant führt den Beweis der jeweils beiden kontradiktorischen Thesen auf verschiedene Weisen. Zunächst für die *erste Antinomie* durch die Unmöglichkeit des Gegenteils des jeweiligen Satzes: Gesetzt, die Welt habe einen Anfang in der Zeit und der Raum sei begrenzt. Nimmt man an, die Welt habe keinen Anfang, so ist bis zu jedem gegebenen Zeitpunkt eine unendliche Reihe von Zeitpunkten vergangen. Kant argumentiert, eine unendliche verflossene Reihe von Zeitpunkten sei unmöglich, da die Unendlichkeit einer Reihe gerade darin bestehe, niemals vollendet zu sein. Also ist »ein Anfang der Welt eine nothwendige Bedingung ihres Daseins« (B 454). Die Argumentation zur ersten These wird am Begriff einer unendlichen Menge verdeutlicht. Es ist eine Menge, die größer ist als jede Zahl. Dann kann tatsächlich in der Einheit einer solchen mathematisch unendlichen Menge nichts entstehen. Die Welt muss also einen Anfang haben. Der Beweis der Gegenthese erfolgt ebenfalls über die Unmöglichkeit ihres Gegenteils. Die Welt sei unendlich in Zeit und Raum. Man nehme an, sie habe einen Anfang, so müsse eine leere Zeit vor der mit der Welt erfüllten vorangegangen sein. Eine leere Zeit ist aber ein Nichtseiendes, in dem keine Welt entstehen kann. Also muss die Welt als in der Zeit unendlich gedacht werden. Kant sagt von seiner ersten Antinomie der zeitlichen Endlichkeit oder Unendlichkeit des Universums, dass beide einander kontradiktorischen Thesen logisch einwandfrei begründbar seien.

Für die dritte Antinomie argumentiert Kant mit der Selbstwidersprüchlichkeit des Gegenteils. Die Thesis behauptet, zur Kausalität nach Naturgesetzen sei noch eine durch Freiheit notwendig. Beweis durch die Unmöglichkeit des Gegenteils: Wenn alles nach Naturgesetzen geschähe, gäbe es überhaupt keinen Anfang und also keine Vollständigkeit der Reihe. Also widerspreche der Satz sich in seiner Allgemeinheit selbst. Die Gegenthese sagt, es geschehe alles nach Naturkausalität. Beweis durch die Unmöglichkeit des Gegenteils: Die Freiheit, eine Kausalreihe schlechthin anzufangen, widerspreche der Einheit der Erfahrung, die auf der Verbindung der sukzessiven Zustände wirkender Ursachen beruhe. Natur und Freiheit unterscheiden sich wie Gesetzmäßigkeit und Gesetzlosigkeit. Die vierte Antinomie operiert mit dem Selbstwiderspruch der beiden Sätze bei ihrer Ex-

plikation. These: Zur Welt gehört als deren Teil oder Ursache ein schlechthin notwendiges Wesen. Explikation: Dieses Notwendige aber gehört zur Sinnenwelt, da die Ursache von der Reihe nicht abgesondert gedacht werden kann. Also kann die notwendige erste Ursache auch die ganze Weltreihe selbst sein. Gegenthese: Es existiert kein notwendiges Wesen als erste Ursache in oder außerhalb der Welt. Explikation: Eine Reihe ohne Anfang widerspricht sich selbst. Das Dasein einer Menge könne nicht notwendig sein, wenn nicht wenigstens einer ihrer Teile notwendig existierte. Von den beiden Thesen der dritten und vierten Antinomie, die den Standpunkt der deistischen Metaphysik formulieren, wird gesagt, sie entsprächen »einem gewissen praktischen Interesse für Grundsteine der Moral und der Religion« (B 494; v. Verf. verkürzt). Doch deren Begründungsweise wird als dialektische Täuschung demonstriert.

Literatur

Salinger, R.: Kants Antinomien und Zenons Beweise gegen die Bewegung, in: AGPh 29, NF 12 (1906), S. 99–122. – Messer, A.: Geschichte der Philosophie, Bd. 3, Leipzig [7]1923 [z. allgemein verstdl. Einf.; hier spez. § 7, Die transzendentale Dialektik, S. 29–35]. – Arnoldt, E.: Erläuternde Abhandlungen zu Kants *KrV*, in: Ges. Schriften, Bd. 2, Berlin 1907, S. 207–278. – Wundt, W.: Kant's kosmische Antinomien und das Problem der Unendlichkeit, in: Ders., Kleine Schriften, Bd. 1, Leipzig 1910, S. 77–145. – Weizsäcker, C. F. v.: Das Verhältnis der Quantenmechanik zur Philosophie Kants, in: Ders., Zum Weltbild der Physik, Stuttgart [10]1963, S. 80–117. – Heimsoeth, H.: Transzendentale Dialektik. Ein Kommentar zu Kants *KrV*, Zweiter Teil: Vierfache Vernunftantinomie; Natur und Freiheit; intelligibler und empirischer Charakter, Berlin 1967. – Fang, J.: Das Antinomienproblem im Entstehungsgang der Transzendentalphilosophie, in: Ders., Kant-Interpretationen, Bd. 1, Münster 1967, S. 1–93. – Vogel, K.: Kant und die Paradoxien der Vielheit. Die Monadenlehre in Kants philosophischer Entwicklung bis zum Antinomiekapitel der *KrV*, Meisenheim a. Glan 1975. – Wike, V.: Kant's Antinomies of Reason. Their Origin and their Resolution, Washington 1982. – Malzkorn, W.: Kant über die Teilbarkeit der Materie, in: KS 89 (1998), S. 385–409. – Ders.: Kants Kosmologie-Kritik, Berlin 1999. – Falkenburg, B.: Kants Kosmologie. Die wissenschaftliche Revolution der Naturphilosophie im 18. Jh., Frankfurt/M. 2000, S. 177–261, S. 332–352.

Zur Interpretation

Mit der Verlegung der Seinsantinomien in die intellektuelle Sphäre überlagert Kant den überkommenen Problembestand mit einigen neuen Konsequenzen. Die erste besteht in der Ableitung von zwei und nur zwei möglichen philosophischen Grundpositionen aus den Antinomien von Ganzem und Teil, Einheit und Vielheit, Ruhe und Bewegung. Kant verleiht dem ehrwürdigen Problem der Antinomien eine fundamentale philosophie- und kulturgeschichtliche Bedeutung. Auf dessen undurchschauter Existenz beruhen letzten Endes alle philosophischen, religiösen, moralischen Gegensätze zwischen Idealismus und Materialismus, Religion und Atheismus, heteronomer und autonomer Begründung der Moral. Kant möchte mit seiner strengen logischen Kontradiktion die Möglichkeit der historischen Alternative erschöpfen. Mit der Einsicht in diese undurchschauten Voraussetzung sollen die Konstanten aller philosophie- und kulturgeschichtlichen Bewegungen erfasst sein. Die Transzendentalphilosophie wird als Ausweg aus den Scheinformen kulturellen Bewusstseins dargetan.

Kant sagt von den mathematischen Antinomien, da kontradiktorische Sätze einer mathematischen Antinomie nicht zugleich wahr sein könnten, seien beide falsch. Tatsächlich wird es auf das gewählte logische System der Aussage ›unendlich‹ oder ›endlich‹ ankommen. Kant sagt also insofern zu Recht, dass der dialektische Schein vermieden werde, wenn man den Grundaussagen einer Theorie nicht ontische, sondern epistemische Gestalt gebe. Der gute Sinn des Kantschen Grundgedankens vom ausschließlichen Bezug der Begriffe auf Erscheinungen wird hier deutlich. Wenn das immer nur Bedingte der empirischen Kenntnisse gegeben sei, so sei damit der Regressus auf das Unbedingte aufgegeben (B 527). Das notwendige nichtempirische Wissen kann dann nur in den gewählten Parametern bestehen, innerhalb deren »Anschauungs«-, besser gesagt experimentelle Phänomendaten generalisiert werden. Den Hinzutritt dieses nichtempirischen Ordnungsfeldes für die Formulierung von erscheinenden Fakten zu theoretischen Sachverhalten erklärt Kant im ontischen Sinne für spekulativ, aber im logischen Sinne für unabdingbar. In dieser Beziehung besteht der rationelle Sinn der Kantschen Grundthese für die Lösung der Antinomien: Sie lassen sich auflösen, wenn das mathematisch oder logisch Unbedingte nicht in Bezug zu subjektfreien Gegenständen, sondern als intellektuelle Synthesis von Erscheinungen gesetzt wird.

Im Dynamik-Kapitel der *Metaphysischen Anfangsgründe der Naturwissenschaft* (1786) kommt Kant auf das Unendlichkeitsproblem zurück und behandelt die unendliche Teilbarkeit der Materie und darum auch des Raumes als notwendige mathematische und logische Idee, unter der empirische Beobachtungen gedacht werden müssten (IV, 503 ff.). Der Gedanke steht im Zusammenhang der materialistischen Gravitationsauffassung der Materie, die Leibniz' »an sich richtige platonische Ansicht« falsch aufgefasst habe, Materie und Raum nur als mathematische Konstrukte für Dinge an sich zu nehmen, darum aber in der empirischen Forschung Materie als Erscheinungen und den Raum als Form unserer Anschauung zu behandeln (IV, 507 f.). Kant sah richtig, dass die Aussagen über Beobachtungsdaten nur innerhalb eines den endlichen Gliedern der ganzen Reihe widersprechenden rein theoretischen Denkzusammenhangs möglich sind, der mit abstrakten unbedingten Konstrukten operiert. Man sieht es an sog. kontingenten Sätzen der Quantenmechanik, in denen der Ort eines Teilchens nicht mehr nach der zweiwertigen Logik des empirisch-endlichen Beobachtens formuliert werden kann: Entweder p oder non-p ist notwendig wahr. Für die beiden dynamischen Antinomien sagt Kant, dass die einander entgegengesetzten Thesen beide richtig seien. Das gilt tatsächlich, wenn sich beide Aussagen auf verschiedene Gegenstandsbegriffe beziehen. Der Widerspruch von Naturkausalität und Freiheit besteht, wenn sich These und Antithese auf subjektfreie Realität beziehen. Er verschwindet (unter gewissen Zusatzannahmen der Übersetzung von Ideen des reinen Willens in empirische Handlungen), wenn in der Thesis (es gibt Freiheit) vom Totum aller Willensentscheidungen als Dingen an sich, in der Antithesis (es gibt nur Naturkausalität) aber von situativen Erscheinungen gesprochen wird. Für die mathematischen Antinomien gilt unabhängig von der Teilung in intelligible und phänomenale Wirklichkeit, wie Kant formuliert, dass die Unendlichkeit einer Reihe »durch successive Synthesis niemals vollendet sein kann« (B 454). Danach ist das Erreichen einer Gegenwart bei einer unendlichen Zeit immer ein Widerspruch in sich, wie schon Zenon v. Elea zeigte. Aristoteles antwortete souverän, dann müsse man eben mit dem Teilen der Zeit- oder Raumstrecke in Teile aufhören und beide als Kontinua setzen. Zur Linie: »Für deren Zerlegung es zwar kein Anhalten gibt, die man aber doch nur denken kann, indem man mit Zerlegen aufhört« (vgl. Aristoteles, *Metaphysik*, 994 b, 20–25). Aristoteles bezeichnet genau das Problem der ideellen Setzung von gewählten Erscheinungsbereichen.

In der jeweils möglichen diskontinuierlichen und kontinuierlichen Darstellungsweise von Ereignissen liegt die Antinomik des Denkens. Kant behandelt in allen vier Fällen des Widerstreits der Vernunftideen von Absoluta stets das gleiche Problem: Die Antinomik entstehe daraus, dass verschiedene Bezugssysteme vermischt würden. Deren Scheidung beseitigte den Widerspruch. Das Kant beschäftigende Problem ist eine semantische Vertauschung, die zu durchschauen und zu beseitigen sei. Der Zielpunkt seiner Behandlung der Antinomik ist die Abweisung eines fundamentaltheoretischen Realismus. Dieser Standpunkt sei immer empirisch unerfüllbar und verbiete sich daher von vornherein. Nur im epistemischen Sinne müsse ein fundamentales Element eingeführt werden: Als mathematisches und logisches Bezugssystem. Kant fasste dieses System als mit der euklidischen Geometrie und der Newtonschen Physik für immer gegeben auf. Hier widersprechen die epistemischen Prämissen der *Kritik* den physikalischen Konsequenzen möglicher verschiedener Bezugssysteme.

Kants Methode der Antinomien-Aufklärung war der Behandlung mathematischer Antinomien nachgebildet. Die klassische Physik, unter deren Voraussetzung Kant denkt, ging von periodisch gleichförmigen und vohersagbaren Erscheinungen aus. Jetzt erweisen sie sich als Randphänomene einer dynamisch-instabilen Wirklichkeit. Die Irreversibilität der Zeit und die Kontingenz der Naturprozesse haben in den Naturwissenschaften ihren Platz eingenommen. Der Gegensatz von deterministischen Gleichungen und Nicht-Gleichgewichtsvorgängen dissipativer Strukturen, die früher als contingentia (Zufall) dem gleich bleibenden Gesetz entgegengesetzt wurden, wird vermittelt. Kants Antinomik soll die Widersprüche im Naturbegriff und ebenso im Selbstbewusstseinsbegriff als statischen Setzungen auflösen. Sie bewegen sich als relative Elemente im logischen Progressus. Hegel unterschätzte Kants Antithetik mit seinem Wort: »Es ist dies eine zu große Zärtlichkeit für die Welt, von ihr den Widerspruch zu entfernen, ihn dagegen in den Geist, in die Vernunft zu verlegen und darin unaufgelöst bestehen zu lassen« (G. W. F. Hegel, *Wissenschaft der Logik* I; *Werke*, Bd. 5, Frankfurt/M. 1986, S. 276). Denn Kant war sich der bleibenden Antinomik des Unendlichkeits-, des Individualitäts-, des Vielheits- und Notwendigkeitsbegriffes und einiger anderer logischer Substitute für anschauliche, genauer für experimentell konstruierende »Erfahrung« natürlich bewusst. Nur fundamentaltheoretische Thesen dürfen mit Thesis oder Antithesis nicht aufgestellt werden. Die Sätze der *Metaphysischen Anfangsgründe* sind das semantische Bezugssystem, innerhalb dessen die Kri-

terien wahr/falsch gelten sollen. Kants Dialektik sagt in den ersten beiden Antinomien, dass es keine endgültige Kosmologie geben könne. Er hat die Revision seiner Ausgangssätze durch nichteuklidische Geometrien und durch eine relativistische Physik zwar logisch für möglich, aber real für ausgeschlossen gehalten (vgl. z. B. B 268). Insofern geht Kants Prinzip der Dialektik auch über Kant hinaus. Herder hatte absoluten Relativismus der Zeit, unbeschwert von physikalischen Disziplinen, längst ausgesprochen in seiner Kritik des aufklärerischen Synthese-Gesetzes, das allen geschichtlichen und speziellen kulturellen die Bewegung diktiere. Der eigentlich überholte Punkt der Kantschen Auflösung der Antinomien besteht in der vereinfachten Beziehung von theoretischer Setzung und Anschauung. Hier liegt bei Kant ein Rest naiven Realismus zugrunde. Die Erscheinungen seien letzten Endes doch einheitliche Repräsentationen zugrunde liegender einheitlicher Objekte »an sich«. Heute geht die Wissenschaftstheorie der physikalischen Erkenntnis viel weiter als Kant bei der Auflösung von Konstanten in der Beziehung zwischen vorbestehenden Kriterien der Theoriebildung und den Phänomenen, die sich in den Apparaturen der experimentellen Messungen zu zeigen scheinen. Insofern hat sich das Vorhandensein von Antinomien zwischen verschiedenen physikalischen Theorien, die jede für sich Messungsergebnisse beanspruchen können, vervielfacht, ohne dass deren Auflösung nach Kantschem Muster als notwendig für die Konsistenz des wissenschaftlichen Weltbildes angesehen wird. Ob das eine Zwischenphase bis zu einer neuen Fundamentaltheorie des Kosmos darstellt, steht dahin.

Literatur

Cassirer, E.: Kant und die moderne Mathematik, in: KS 12 (1907), S. 1–40. – Ders.: Das Problem des Unendlichen und Renouviers ›Gesetz der Zahl‹, in: Philosophische Abhandlungen. H. Cohen zum 70. Geburtstag dargebracht, Berlin 1912, S. 85–98. – Weizsäcker, C. F. v.: Die Einheit der Natur, München 1971. – Lütterfelds, W.: Kants Dialektik der Erfahrung. Zur antinomischen Struktur der endlichen Erkenntnis, Meisenheim a. Glan 1977. – Scheibe, H.: Kants Philosophie der Mathematik, in: MMGH 86 (1977), S. 353–372. – Tetens, H.: Experimentelle Erfahrung. Eine wissenschaftstheoretische Studie über die Rolle des Experiments in der Begriffs- und Theorienbildung der Physik, Hamburg 1987. – Mittelstaedt, P./Strohmeyer, I.: Die kosmologischen Antinomien in der *KrV*, in: KS 81 (1990), S. 145–169. – Falkenburg, B.: Kants zweite Antinomie und die Physik, in: KS 86 (1995), S. 4–25. – Malzkorn, W.: Kant über die Teilbarkeit der Materie, in: KS 89 (1998), S. 385–409. – Kreimendahl, L.: Die

Antinomie der reinen Vernunft, 1. und 2. Abschnitt (A405/B432-A461/B489), in: Mohr, G./Willaschek, M. (Hg.), Klassiker auslegen. I. Kant, *KrV*, Berlin 1998, S. 413–446.

Die dritte Antinomie.
Freiheit – Notwendigkeit

Die Auflösung der dritten Antinomie von Freiheit und Naturnotwendigkeit vollzieht den Übergang der Antithetik vom theoretischen zum praktischen Unbedingten. Kant denkt seinen Freiheitsbegriff analog dem mathematischen Unendlichkeitsbegriff. Als intelligible Gesamtheit aller Willensmaximen kann Freiheit nicht Element empirischer Motivation sein. Alle besonderen Entscheidungen sind nur innerhalb eines Gesamtzusammenhangs autonomer Motivation als frei zu denken, wenn sie sich selbstverständlich auch nur in empirisch vorgegebenen Umständen realisieren. Damit wird das unendlich Genaue zum Ursprünglichen der Maximen. Wir müssen auch uns selbst als faktischer Erscheinung in konkreten Situationen »einen transcendentalen Gegenstand« zugrunde legen, um uns als Subjekt von Handlungen begreifen und bewähren zu können (B 568). Kants Freiheitsbegriff steht mit seiner mathematischen Analogie zugleich in der Tradition der Metaphysik. Zu allen beobachtbaren Ursachen ist eine unbedingte Ursache zu denken. Wenn das Subjekt Ursache in bedingten Zusammenhängen ist, ist die Idee seiner Ursächlichkeit schlechthin aufgegeben. Kants metaphysischer Freiheitsbegriff schließt für die konkrete Entscheidung nicht die Freiheit als den Verhaltensmodus gegenüber dem Real-Möglichen aus und auch nicht innerhalb bestimmter Grenzen die Freiheit als Einsicht in die Notwendigkeit. Wie sehr der transzendentallogische Freiheitsbegriff dem metaphysischen Gottesbegriff nachgebildet ist und eigentlich dessen Umformung – und natürlich auch Entschlüsselung – darstellt, geben Kants eigene Formulierungen immer wieder zu erkennen. »Dieses handelnde Subject würde nun nach seinem intelligibelen Charakter unter keinen Zeitbedingungen stehen, denn die Zeit ist nur die Bedingung der Erscheinungen, nicht aber der Dinge an sich selbst. In ihm würde keine *Handlung entstehen*, oder *vergehen*« (B 567, vgl. a. 574, 580). Ein gesonderter Abschnitt erläutert die Vermittlung von unbedingter Kausalität der Naturwissenschaft und Willensfreiheit (B 570–586). Kants Neuerung in der metaphysischen Fragestellung bestand in der konsequent innerweltlichen Fassung des Dualismus von phänomenaler und intelligibler Sphäre. Gegenständ-

lichkeit und Rationalität des Subjekts stehen sich gegenüber ohne Transzendenz. Kants Auflösung der dritten Antinomie entspricht der Unmöglichkeit, die Verklammerung von Kausalwissenschaft und Seelenfreiheit des Christenmenschen durch Transzendenz zu konstruieren. Die Auflösung entsprach zugleich dem Selbstverständnis des persönlich freien Bürgers im ideellen Verfassungsrepublikanismus.

Literatur

Röttges, H.: Kants Auflösung der Freiheitsantinomie, in: KS 65 (1974), S. 33–49. – Pothast, U.: Die Unzulänglichkeit der Freiheitsbeweise, Frankfurt/M. 1980. – Ortwein, B.: Kants problematische Freiheitslehre, Bonn 1983. – Harper, W. L./Meerbote, R. (Hg.): Kant on Causality, Freedom and Objectivity, Minneapolis 1984. – Rensch, B.: Probleme genereller Determiniertheit allen Geschehens, Hamburg 1988. – Kawamura, K.: Spontaneität und Willkür. Der Freiheitsbegriff in Kants Antinomienlehre und seine historischen Wurzeln, Stuttgart-Bad Cannstatt 1996. – Ertl, W.: Kants Auflösung der ›dritten Antinomie‹. Zur Bedeutung des Schöpfungskonzepts für die Freiheitslehre, Freiburg u. München 1998. – Hinske, N.: Kants Auflösung der Freiheitsantinomie oder der unantastbare Kern des Gewissens, in: TThZ 109 (2000), S. 169–190.

Der Gottesbegriff in der vierten Antinomie, rationale Theologie und Ideal der Vernunft

Die vierte Antinomie

Der metaphysische Gottesbegriff wird zweimal behandelt. Er bildet den Gegenstand der *vierten Antinomie* in der Kritik der rationalen Kosmologie, danach wird die rationale Theologie ausführlich im dritten Hauptstück der Dialektik als eine Hypostasierung des Ideals der reinen Vernunft dargestellt und werden die Gottesbeweise diskutiert. Beide antinomischen Sätze: Zum Begriff des Universums gehöre der Begriff eines notwendigen Wesens als dessen Ursache (Thesis) und: Es existiere kein notwendiges Wesen außer oder im Universum (Antithesis), seien in verschiedener Hinsicht zugleich wahr. In der Reihe der empirisch gegenständlichen Ereignisse und Prozesse kann niemals eine letzte Substanz dem Universum immanent oder als ihm transzendent Forschungsgegenstand werden. Kant vertritt für die theoretische Einsicht die Position der Antithesis, die den von theologischen Prämissen unabhängigen Naturwissenschaften entspricht. »Die Sinnenwelt enthält nichts als Erscheinungen [...], so ist nicht zu verwundern, daß wir niemals berechtigt sind, von einem Gliede der empirischen Reihen, welches es auch sei, einen Sprung außer dem Zusammenhange der Sinnlichkeit zu thun« (B 591). Die Partei der Thesis, die Linie des Platonismus und der Metaphysik, charakterisiert er als die Standpunkte des alltagspraktisch gebundenen Bewusstseins, wenn es dem ihm einwohnenden Bedürfnis folge, sich letzter Prinzipien der materiellen Welt und der moralischen Selbstbestimmung zu versichern und »Grundsteine der Moral und Religion« herbeizuschaffen (B 494). Antithesis und Naturwissenschaften schienen in dieser Hinsicht zu versagen und dem populären Bedürfnis zu widersprechen. Ein famoser kulturkritischer Essay, den Kant unter der Überschrift *Von dem Interesse der Vernunft bei diesem ihrem Widerstreite* der Kontrovers-Darstellung der wissenschaftstheoretischen und weltanschaulichen Fragen anfügt, schildert mit Eleganz und Ironie den Zwiespalt zwischen einer Kultivierung der Fachwissenschaften, die aber die moralischen und sozialen Sinnfragen des Menschen nicht befriedigend zu beantworten vermöge, und der stolzen Okkupation von Moral und Religion durch eine dogmatische Metaphysik, die »unter lauter Ideen herumwandelt, über die man eben darum am beredtsten ist, weil man *davon nichts weiß*« (B 501). Kant zeigt die Antithesis als die Partei der an der Erfahrung fortschreitenden, von Transzendenz ganz unabhängigen Fachwissenschaften. Darin besteht der wissenschaftstheoretische Sinn der Kantschen Verselbständigung eines in sich geschlossenen Reichs von Erscheinungen. Die Auflösung der beiden dynamischen Antinomien soll mit der Trennung zwischen Fachwissenschaften, alltagspraktischer Religiösität und der Idee des Unbedingten in der Gestalt eines Ideals der Vernunft zugleich einen moralischen Problemgehalt des Gottesbegriffes auf der Grundlage denknotwendig verpflichtender, überempirischer Handlungsmaximen als Postulate praktischer Vernunft neu fassen.

Ideal der Vernunft

Mit dem Begriff faktischer Ereignisse ist die Idee eines Zusammenhangs, der nicht Ereignis wird, verbunden, so wie der Begriff des Endlichen nur in Relation zur Idee des Unendlichen bestehen kann. Jede Negation setzt die Bejahung voraus, wie nur der Wissende den Abgrund unseres Nichtwissens und der kräftig Wollende die Grenzen seines Willens ermessen kann (B 603). Aus der Tatsache von

Aussagen mit speziellen Prädikationen ergibt sich die Idee der Totalität aller Aussagen als Ideal der Vernunft.

Das *Ideal der Vernunft* besitze drei Formen: Das mathematisch Unendliche (als unendlich Großes, Kleines und unendlich Präzises), die logische Totalität aller möglichen Prädikationen der formalen Realität von Gegenständlichkeit überhaupt und schließlich die unendliche ideelle Selbstbestimmung des Subjekts in dessen Maximen praktischer Objektivierung. Mit den drei Figuren des mathematischen, logischen und moralischen Ideals der Vernunft systematisiert Kant die wissenschaftlichen Kulturfelder gegenüber den lebenspraktischen moralischen und religiösen Bezirken. Die Herkunft des praktischen Ideals aus mathematischer und logischer Idealisierung hält von Kants Begriff des moralischen Ideals zunächst den Enthusiasmus eines vom Intellekt getrennten Willens fern. Die »Idee der vollkommenen Menschheit« ist logisch notwendig regulatives Prinzip. Mit platonisch-augustinischer Wendung heißt es vom »Verhalten dieses göttlichen Menschen in uns, womit wir uns vergleichen«, als von einem »unentbehrlichen Richtmaß der Vernunft«, eines »Begriffs von dem, was in seiner Art ganz vollständig ist, [...] um danach den Grad und die Mängel des Unvollständigen zu schätzen und abzumessen« (B 598). Augustinus hatte die Notwendigkeit des Gottesbegriffs für den christlichen Personalismus und die Voraussetzung des Glaubens für alles Wissen mit der dialektischen Figur begründet, um Unvollkommenes zu erkennen, müsse das Vollkommene, um unsere Endlichkeit zu verstehen, müsse das Unendliche gedacht werden. Descartes argumentiert (*Meditationen* III, 28) mit dieser alten platonischen Figur nicht mehr theologisch, sondern logisch-philosophisch. Sein metaphysischer Gottesbegriff soll die gesamte Wirklichkeit der apriorischen Rationalität vindizieren. Für Kant scheidet aus dem logischen Ideal moralisch-praktischer Vernunft der Versuch aus, es in einem empirischen Beispiel personifizieren und verehren zu wollen. Der Übergang von den Ideen zum Ideal der Vernunft enthält mit der Jesus-Gestalt das Muster einer individuellen Existenz, doch nicht als reales Ereignis, nur als Symbol gemäß dem Schematismus der Einbildungskraft. Hier erreicht die *KrV* den Übergang zur *KpV* und zu deren Anwendungen auf die Disziplinen der Kulturphilosophie (Ethik, Recht, Religion). Kant hatte zur Erläuterung der Kritik der rationalen Psychologie, Kosmologie und Theologie erwogen, Grundgedanken seiner Theorie von Praxis in die zweite Auflage einzuarbeiten. Er unterließ es in der besseren Überlegung, das erste Werk damit zu überladen und das zweite vorab zu zersplittern.

Literatur

Baumanns, P.: Kants vierte Antinomie und das Ideal der Vernunft, in: KS 79 (1988), S. 183–200.

Kritik der Gottesbeweise. Ontologischer Gottesbeweis

Der Dialektik-Teil der Logik musste mit dem Nachweis der Widersprüchlichkeit der bisherigen Philosophie eine Kritik der Gottesbeweise enthalten. Auch im 18. Jh. stellte der Kreis der Atheisten mit Holbach, Lamettrie nur eine Minderheit dar. Der Deismus Lockes und der sog. Freethinkers in England, in Frankreich Voltaires, bildete die religionsphilosophische Hauptlinie der Aufklärungsphilosophie. Der Gottesbegriff sollte zu den Resultaten der naturimmanenten Kausalauffassung der Wissenschaften und zur geistigen Unabhängigkeit der bürgerlichen Individuen ins Verhältnis gebracht werden. Die deistische Auffassung, auch in Deutschland in verschiedenen Varianten bei Reimarus, Jerusalem, Mendelssohn, dachte Gott als Schöpfer und Urgrund der Welt, der aber in deren Abläufe nicht eingreife, keine Wunder vollziehe und sich auch nicht persönlich offenbare. Die Funktion der Gottesbeweise bestand darin, dem Auseinandertreten der Kulturfelder infolge der Verselbständigung rationaler wissenschaftlicher, moralischer, juridischer Strukturen zu begegnen und von den neu entstandenen Rationalitätsansprüchen der Weltaneignung her solche Vermittlungsglieder für das Verständnis der Einheit der auseinandertretenden Objektivierungsformen zu schaffen, die der unvermittelt alltagspraktischen, religiösen und ästhetischen Aneignungsweise der erlebten Wirklichkeit einen Platz hielten. Die mythischen Quellen des religiösen Bewusstseins wurden auf die logischen Methoden des rationalen und desanthropomorphisierenden kulturellen Selbstverständnisses projiziert.

Die Falsifikation des metaphysischen Gottesbegriffes besteht in der Ontologisierung der Logik des Gegenstandsbegriffes. Für die Ontologie ist realer Gegenstand das Subjekt einer widerspruchfreien Prädikation. So ist die Idee eines Subjekts, das Träger aller möglichen Prädikationen sei, wohl logisch möglich, doch nicht material verifizierbar. Mit der langen Tradition der Kritik des ontologischen Got-

tesbegriffs sagt Kant, das logische Ideal der Vernunft werde zu einem Urbegriff gemacht, der eine Menge von Prädikaten ausstoße. Deren Gesamtheit stelle niemals einen real existierenden Gott, immer nur den Apriorismus reiner Vernunft dar (B 601 f.). Das illusorische Element des ontologischen Gottesbeweises aus einer formallogischen Notwendigkeit, » eine so große Macht ihrer Illusion« (B 622), entwickelt Kant in einer der durch Konzentration und Gelöstheit schönsten Passagen des Werkes. Die Möglichkeit aller Gegenstände der Erfahrung besteht in deren Verhältnis zum Denken. Denken ist als Urteilen Bejahen oder Verneinen von Prädikaten. Um die Existenz eines einzigen Prädikats aussagen zu können, »muß die Materie zur Möglichkeit aller Gegenstände der Sinne als in einem Inbegriffe gegeben vorausgesetzt werden« (B 610). Es kann also nichts Gegenstand eines Urteils sein, wenn es nicht die Aussagbarkeit eines Gegenstands als Subjekt aller möglichen Prädikate voraussetzt. Zufolge einer »natürlichen Illusion« sehen wir also für ein transzendentes Prinzip der Möglichkeit von Gegenständen an, was nur logische Voraussetzung von Aussagen über Gegenstände ist. Die logische Möglichkeit widerspruchsfreier Definition eines ens realissimum garantiert nicht dessen Existenz. Es ist wohl die Prädikation von ewig, allmächtig, allwissend usf. möglich, aber nicht von »sein«. Sein kann im logischen Vorgang nicht Prädikat eines Subjekts werden. Es ist nur die Kopula der Verbindung eines Prädikats mit dem Subjekt. Der metaphysische Gottesbegriff, dessen Argumentation, wie Kant schön sagt, auf der »inneren Unzulänglichkeit des Zufälligen« beruhe (B 617), hypostasiert also das transzendentale Prinzip der Einheit unserer Erfahrung durch synthetische Sätze zum transzendenten Prinzip der Möglichkeit von Dingen überhaupt.

Kants wirkungsvolles Beispiel, der ontologische Gottesbeweis verfahre nach dem gleichen Fehler, wie der Schluss von hundert gedachten möglichen Talern auf hundert wirkliche in der Tasche, ist nicht präzise (B 627). Wir glauben auf eine Weise an Gott, wird dem Parvenü des vermeinten aufgeklärten Zeitalters gesagt, wie wir es uns bei der Finanzbuchhaltung des realen Lebens niemals einfallen lassen würden. Der ontologische Gottesbeweis war von Anselm v. Canterbury in dessen *Proslogion* (1077/78) in die christliche Philosophie eingeführt worden. Der Unterschied von logischen Prädikaten und realen Eigenschaften war selbstverständlich auch Anselm bekannt. Er wollte nicht aus Begriffen von empirischen Gegenständen wie Kants 100 Talern deren materiale Existenz demonstrieren. Im Gegenteil. Das Urteil über das ens realissimum sagt kein endliches Ding, sondern Sein als solches aus. Der ontologische Beweis ging von der Verschiedenheit zwischen ideeller und realer Existenz einer Sache aus. Da aber die wirkliche Existenz größer sei als die gedachte, müssen wir eine reale Existenz denken, »worüber hinaus Größeres nicht gedacht werden kann«. Also ist das »größte Denkbare sowohl dem Denken als der Sache nach wirklich« (Anselm v. Canterbury, *Proslogion*, Kap. II, in: *Leben, Lehre, Werke*, Wien 1936, S. 357). Es kann also gar nicht gedacht werden, dass dieses Größte nicht existiert. Der ontologische Beweis ist eine Demonstration des Totalitätsgedankens. Die eigentliche theologische Problematik setzt erst ein, wenn begründet werden muss, dass die Gesamtheit Schöpfer ist und bei Personalität und Trinität des Weltgrunds und bei der Verhaftung des Menschen in Gott. Im Sinne des notwendigen Postulats der Einheit von Denken und Sein versteht auch Kant seinen Gottesbeweis aus der kategorischen Gesinnungsmaxime a priori. Doch ist hier nicht ontisches Sein, sondern analog der Mathematik der denknotwendige, aber nicht real erreichbare Abschluss aller Vorsatz- und Handlungsreihen als ideelle Unendlichkeit gedacht.

Das formale Konstrukt des ens realissimum ist unabweisbar, enthält aber auch theologische Gefahr, da die Personalität Gottes nicht mitzubeweisen ist. Thomas' von Aquino klarer Blick sah das gut und lehnte den Beweis ab. Descartes und Leibniz – auf Descartes bezieht sich Kant ausdrücklich (B 630) – reproduzierten diesen Gottesbeweis als Garanten absoluter Geltung wissenschaftlicher Rationalität für das gesamte Universum. Zu keiner Sekunde kann an irgendeinem Ort des Universums ein Ereignis eintreten, das nicht unter dem Totum von Rationalität stehen würde. Kants entscheidender Punkt ist die Trennung der naturwissenschaftlichen und jeder fachwissenschaftlichen Theoriebildung von der kulturellen Begründung der Fachrationalität. Kant sieht es nicht mehr wie die ontologische Metaphysik für möglich an, die Begründung von Sachverhaltskonstitutionen auf die Begründung von Handlungsmaximen in gesellschaftlichen Kontexten auszudehnen; ein hohes Bewusstsein der Differenzierung des kulturellen Selbstverständnisses im bürgerlichen Zeitalter. Die logische Synthesis ist nicht imstande, zugleich die gesellschaftliche Synthesis, Kant sagt die moralische und juridische, unserer kulturellen Existenz zu begründen. Dazu bedarf es der eigenen Logik von Prinzipien, nicht der von Tatsachen. Der metaphysische Gottesgedanke sucht, so sieht es Kant, die neue Auto-

nomie fachwissenschaftlicher Methodik innerhalb der Schranken überkommener Ontologisierungen kultureller Wertsetzungen einzurichten. Das bedeutet zugleich, die Eigentümlichkeit der Rationalitätskriterien moderner Kultur zu simplifizieren, indem sie den Kriterien fachwissenschaftlicher Verifikation angeglichen werden. Kants Kritik der philosophischen Gottesbeweise soll eine ganze Reflexionsperiode der neuzeitlichen Philosophie beenden. Der Bezug auf die theoretischen Debatten der Zeit ist auch an dem auffallenden Stilwechsel der Kantschen Darstellung zu erkennen. Mit der Behandlung des ontologischen Gottesbeweises, der für Kant das Zentrum der rationalen Theologie bildet, arbeitet Kant seiner Darstellung die Form eines polemischen Dialogs ein (B 623 ff.).

Literatur

Henrich, D.: Der ontologische Gottesbeweis. Sein Problem und seine Geschichte in der Neuzeit, Tübingen ²1967.

Kosmologischer und physikotheologischer Gottesbeweis

Geht der ontologische Gottesbeweis gleichsam apriorisch vom Begriff des allerrealsten Wesens aus, um zur Existenz der faktischen Prozesse und Gegenstände zu gelangen, so setzen der *kosmologische* und der *physikotheologische Gottesbeweis* bei den beobachtbaren Vorgängen an und schlussfolgern aus empirischen Befunden deren transzendente Ursache. Der kosmologische Beweis beginnt mit der Reihe der induktiv erkennbaren Ursachen und schlussfolgert aus der Unmöglichkeit, ein letztes Glied jemals empirisch feststellen zu können, dass es als causa sui außerhalb aller erkennbaren Ursachen stehen müsse. Der Fehler liegt in der Substantialisierung der Idee einer Gesamtursache. Der kosmologische Beweis sagt, wenn etwas Bedingtes ist, muss das Unbedingte existieren. Kant sieht am Grunde dieses Gedankens eine Auslöschung der menschlichen Verantwortung. Nicht erwehren könne man sich des Gedankens eines Wesens, das gleichsam von sich sagt, ich bin von Ewigkeit zu Ewigkeit und außer mir ist nichts. Aber man könne ihn auch nicht ertragen. Ein »ganzes Nest von dialektischen Anmaßungen« halte sich verborgen. »Hier sinkt alles unter uns, und [...] schwebt ohne Haltung bloß vor der speculativen Vernunft« (B 637, 641). Der physikotheologische Beweis schließt aus der wahrnehmbaren Zweckmäßigkeit der Naturprozesse auf einen vernünftigen Weltgrund als deren Ursache. Kant hatte bereits in seiner frühen Analyse des Teleologie-Problems, im *Einzig möglichen Beweisgrund zu einer Demonstration des Daseins Gottes* (1763), gezeigt, dass die theologische Absicht so nicht zu erreichen sei. Wenn Gott Ordner der Materie ist, so wird diese als eigenständiges Prinzip bestätigt und Gott erscheint als Werkmeister, nicht als Schöpfer. Kant hatte damals den teleologischen Beweisgang durch Umformung vom ontischen zum logischen Gedanken anerkannt. Nicht dass wir die Realität als schöne Ordnung beobachten können, beweise das göttliche Urwesen, sondern die Möglichkeit, in *Systemen logischer Ordnung* die unterschiedlichsten Erfahrungsinhalte zu gliedern, repräsentiere die Existenz Gottes. Beide Beweise setzen den ontologischen Gedanken der realen Existenz einer ursprünglichen oder einer zwecksetzenden Ursache voraus, deren Realität wir eben nicht wissen können. »Ich behaupte nun, dass alle Versuche eines bloß speculativen Gebrauchs der Vernunft in Ansehung der Theologie gänzlich fruchtlos und ihrer inneren Beschaffenheit nach null und nichtig sind« (B 664).

In der rationalen Theologie besteht die Dialektik der Vernunft, wie E. Cassirer zusammenfasste, in drei Stufen einer Verdinglichung des Ideals der Vernunft. Es wird realisiert als Begriff eines Objekts, es wird hypostasiert zum absoluten Objekt, und schließlich wird es personifiziert. Die Widerlegung dieser Gottesbegriffe schließt zugleich den populären Anthropomorphismus aus. In Kants Religionsschrift wird an dessen Stelle das Schema der Einbildungskraft in der Vergegenwärtigung moralischer Postulate gesetzt. Allerdings sagt Kant vom naiven teleologischen Gedankengang des einfachen gläubigen Menschen: »Dieser Beweis verdient jederzeit mit Achtung genannt zu werden.« Die Einheit der Erscheinungen stellen wir uns »durch den zarten Umriß eines abstracten Begriffs« als schöpferisch ordnenden Gott vor (B 651).

Die *Kritik* kehrt das Denken von Gott um. Der Gottesbegriff ist nicht durch ontologische Demonstration gegeben, sondern im unendlichen Prozess der empirisch verifizierbaren Erkenntnis aufgegeben. Wenn überhaupt etwas ausgesagt werden kann, so muss es eine logische Ordnung alles Aussagbaren geben. Damit wird nicht eine reale Substanz konstituiert, sondern die regulative Idee der Einheit des Denkens ausgesprochen. Gott leitet unser Denken als »Urbild aller Dinge«, deren »empirischer Einheit (sich) dem höchstmöglichen Grade zu nähern, unumgänglich nothwendig ist« (B 705). Bisher wurden

das per se unverständliche Weltganze und die Sinneinheit von Welt und Mensch durch den vorausgesetzten Gottesbegriff überhaupt erst verstehbar. Das setzte eine ungenannte zweite Voraussetzung mit. Die alltagspraktische Erlebnishaltung der sinnhaften Ordnung im mundus sensibilis stellte den notwendigen Antipoden der ontologischen Argumetation dar. Mundus sensibilis und intelligibilis wurden methodisch ungeklärt ineinander verschoben. Die Elementarlehre der *Kritik* (mit den drei Teilen Ästhetik, Analytik, Dialektik) endet mit der Umbildung der drei Disziplinen der metaphysica specialis (psychologia, cosmologia, theologia rationalis) zu den drei regulativen Ideen der systematischen Einheit des Selbstbewusstseins der Person, des Erfahrungsganzen der Welt und der formalen Einheit aller Erfahrung. Darin besteht die »Endabsicht der natürlichen Dialektik der menschlichen Vernunft« (B 697 ff.), das Denken durch die Widersprüchlichkeit der Theorie substantialer Wesenheiten zu adäquaten Konzepten von den Leitideen des kulturellen Prozesses zu führen. Diese transzendentale Idealität von Person, Welt und Gott erreicht, enden die Elementarlehren beider Auflagen der *Kritik* mit versöhnenden Fragen und Antworten wie katechetische Fragestunde: Ob es etwas von der Welt Unterschiedenes gebe? Ohne Zweifel. Ob solches Wesen notwendige Substanz sei? Das hat gar keine Bedeutung, da Fragen, die nicht auf Objekte möglicher Erfahrung gehen, sinnleer sind. Ob wir im Sinne eines transzendentalen Analogons des Urwesens »einen einigen, weisen, allgewaltigen Welturheber« annehmen dürfen? Ohne allen Zweifel, haben wir ihn doch »nur *nach der Analogie* mit einer Intelligenz (ein empirischer Begriff) gedacht« (B 725 f.). Das allerdings können wir nicht, wir müssen es denken.

Literatur

Cassirer, E.: Kants Leben und Lehre, Berlin 1918, ²1921 [S. 221–231; ND Hamburg 2001]. – Hessen, J.: Recht und Unrecht in Kants Kritik der Gottesbeweise, in: PhSt 1 (1949), S. 260–277. – Blumenberg, H.: Kant und die Frage nach dem »gnädigen Gott«, in: StG 7 (1954/55), S. 554–570. – Schilling, K.: Der Platz für den Glauben. Zur Problematik der Gottesvorstellungen im Anschluss an Kants *KrV*, in: KS 51 (1959/60), S. 67–84. – Schmucker, J.: Das Problem der Kontingenz der Welt. Versuch einer positiven Aufarbeitung der Kritik Kants am kosmologischen Argument, Freiburg u. Basel 1969. – Sala, G.: Kant und die Frage nach Gott. Gottesbeweise und Gottesbeweiskritik in den Schriften Kants, Berlin u. New York 1990. – Theis, R.: Gott. Untersuchung zur Entwicklung des theologischen Diskurses in Kants Schriften zur theoretischen Philosophie bis hin zum Erscheinen der *KrV*, Stuttgart-Bad Cannstatt 1994. – Ricken, F. (Hg.): Klassische Gottesbeweise in der Sicht der gegenwärtigen Logik und Wissenschaftstheorie, Stuttgart ²1998.

5 Transzendentale Methodenlehre

Die Methodenlehre, traditionelles Element der Schullogik, leitet bei Kant nicht, wie die Lehrbücher der formalen Logik, zu allerhand praktischen Benutzungen über. Sie führt am Ende der *Kritik* als der logischen Propädeutik der Metaphysik zu den Rahmenbedingungen systematischer Philosophie. Wolff hatte die Logik in theoretischen und praktischen Teil geteilt. Die praktische Logik brachte Anwendungen der Begriffs-, Urteils- und Schlusslehre auf Beweisverfahren, auf Abfassung und Beurteilung historischer und dogmatischer Texte, auch auf die Interpretation der heiligen Schriften, auf Methoden der Disputation, auf den Gebrauch der Logik im praktischen Leben u. a. In der Schulmetaphysik wirkte noch der aristotelische Sinn des *organon* fort. In seinen Logik-Vorlesungen behandelte Kant unter der Methodenlehre vor allem den Begriff der Definition sowie Forschungs- und Darstellungsmethoden: analytische/synthetische, szientifische/populare, systematische/fragmentarische (IX, 139–150). Die *Kritik*, als Ganzes schon »Traktat von der Methode«, behandelt nicht methodische Regeln schlechthin, sondern die »formalen Bedingungen eines vollständigen Systems der reinen Vernunft« (B 736). Kant teilt vier Aspekte der Systembildung ein: Disziplin, Kanon, Architektonik und Geschichte der reinen Vernunft. Der erste und weitaus umfangreichste Teil zur Disziplin schließt an die Dialektik an und bildet eine ergänzende Erläuterung, in vielem auch Wiederholung, zur notwendigen strengen Zucht gegen »die nicht zu dämpfende Begierde, durchaus über die Grenze der Erfahrung hinaus irgendwo festen Fuß zu fassen« (B 824). Insofern bleibt die Leistung des ganzen Werkes negativ. Es dient nicht, Wahrheit zu entdecken, sondern Irrtümer zu verhüten; die ursprüngliche sokratische skeptische Devise der Philosophie. Eine Quelle positiver Erkenntnisse kann Transzendentalphilosophie nur in praktischer Hinsicht sein. Die moralisch-praktischen Grundsätze reiner Vernunft umreißt der *Kanon*. Auf die Zusammenfassungen des Werkes in negativem und positivem Sinn folgt mit der *Architektonik* die Begründung des systematischen Charakters der Philosophie: Kants Philosophiebegriff (Schulbegriff und Weltbegriff) und der Grundriss der Kantschen Zweiteilung von Metaphysik der Natur und der Sitten, mit der die Systemordnung der Schulmetaphysik revolutioniert wird. Kant nahm den in seiner Zeit vielbehandelten Gegensatz von System und Aggregat auf. Die systematische Einheit sei dasjenige, »was gemeine Erkenntniß allererst zur Wissenschaft, d. i. aus einem bloßen Aggregat derselben ein System, macht« (B 860). Systematisches Wissen charakterisiert das wissenschaftliche Denken im Unterschied zum alltagspraktischen Bewusstsein. Kants Systembegriff ist dadurch vom Systemverständnis bei Leibniz oder Wolff unterschieden, dass systematisches Wissen in der synthetischen Funktion des Bewusstseins wurzele. Mit den »Autoren« seiner Metaphysik-Vorlesungen stimmt Kant darin überein, dass die Wissenschaften als Systeme verschiedenen Kriterien von Vollständigkeitsbedingungen unterliegen und dass diese Bedingungen logischer und semantischer Vollständigkeit für sich darzustellen sind.

Literatur

Fulda, H. F./Stolzenberg, J. (Hg.): Architektonik und System in der Philosophie Kants, Hamburg 2001. – Hiltscher, R./Georgi, A. (Hg.): Perspektiven der Transzendentalphilosophie im Anschluß an die Philosophie Kants, 2002.

Vom vollendeten Ganzen geht der Blick zurück zur Geschichte der Philosophie. Sie gehöre zum System selbst, sagt Kant recht hegelianisch, und bleibe hier unausgeführt. Kant konzentriert sich in dem kurzen Text auf das Problem, logische Kriterien für den historischen Entwicklungsgang der Philosophien zu finden. Sein wichtigstes Gliederungsprinzip spricht Kant bereits im Disziplin-Abschnitt aus: die notwendige Abfolge von dogmatischen und skeptischen Philosophien, die nach ausgereiften Gegensätzen die kritische Philosophie als einzigen Weg offen ließen (B 789; vgl. 884). Zu den Kernsätzen der philosophiehistorischen Konzeption Kants gehört ebenfalls die höchst aufschlussreiche Präformationstheorie der philosophischen Systeme im Architektonik-Abschnitt (B 863).

Mit der Methodenlehre ist die generelle Stellung der Philosophie in der Kultur verbunden. Sie umreißt darum verschiedene Themen der Zeit, die Kant sonst in seinen Aufsätzen behandelt. Das betrifft nicht nur das Hauptthema der freien literarischen Öffentlichkeit, sondern auch spezifische Aspekte wie die Rousseau- und zugleich Pietismus-Korrektur im für Kant charakteristischen Gedanken von der mitgehenden Unlauterkeit der menschlichen Naturanlage. Wir stellen uns besser dar als wir sind und zivilisieren uns dadurch nicht nur, sondern moralisieren uns auch unversehens und fast wider Willen, indem wir immerhin die Manieren für einen Schein guter

Gesinnung annehmen. Das lässt die echten Grundsätze leichter in die Denkungsart eingehen, und das »Wucherkraut des schönen Scheins« kann dann energisch bekämpft werden (B 776). Ein anderes Thema dieser Atmosphäre: Die Unterscheidung pragmatischer, doktrinaler und persönlicher moralischer Geltung z. B. von religiösen Glaubenssätzen. Die Problematik der Überzeugungsgrade und Überzeugungskriterien verschiedener ideeller Systeme, unterschiedlicher Bildung und auch der Zivilisationsstufen bildete ein vielverhandeltes Thema. Kant behandelt das wie mit leichter Hand in einem der Aufsätze, zu denen er die Methodenlehre entfaltet, unter dem Titel *Vom Meinen, Wissen und Glauben* (B 848–859). Gewöhnlicher Probierstein für Überzeugungen sei, dass man eine Wette drauf halte. Das Glück des ganzen Lebens wird man wohl nicht verwetten. Da »werden wir überaus schüchtern« und bemerken, dass unser pragmatischer Glaube so weit nicht zulange. Doktrinaler Glaube ist angenommene Meinung auf Autorität ohne eigene Prüfung. Mündige Überzeugung kann nur auf bewiesenem Wissen beruhen. Seinen moralisch-praktischen Gottesbegriff charakterisiert Kant nun mit der Wendung, solcher Glaube sei Ausdruck der Bescheidenheit in objektiver Rücksicht, aber Basis festen Zutrauens in subjektiver durch den Zugang zur logischen Stringenz des Ideals der Vernunft analog der mathematischen Idee des Unendlichen. Die zu einzelnen Studien fortgehende Methodenlehre gibt guten Überblick, wie Kant seine Philosophie in der geistigen Bewegung der zweiten Jahrhunderthälfte sah.

Literatur

Kojève, A.: Die transzendentale Methodenlehre, in: Kopper, J./Malter, R. (Hg.), Materialien zu Kants *KrV*, Frankfurt/M. 1975, S. 305–324. – Riedel, M.: Art. »System, Struktur« in: Brunner, O. u. a. (Hg.), Geschichtliche Grundbegriffe, Bd. 6, Stuttgart 1990, S. 285 ff. – Kopper, M.: Die Systemfrage in der transzendentalen Methodenlehre der *KrV* und ihre Bedeutung für die Reflexion des Wissens in sich bei Hegel, Würzburg 1991. – Tonelli, G.: Organo, canone, disciplina, dottrina in Kant, in: StKa 8 (1995), S. 11–30.

Die Disziplin der Vernunft wird, gemäß der philosophiehistorischen Systematik Kants, nach dogmatischem und polemischem Gebrauch und darauf nach der Methode von Hypothese und Beweis gegliedert. Ausführlich findet sich nochmals der Unterschied von mathematischem und philosophischem Denken zusammengefasst. Mathematik kann die Prädikate eines apriorischen Begriffs unmittelbar (intuitiv) in der Anschauung konstruieren. Sie vermag daher mit Axiomen einzusetzen. Die mathematische Methode ist durchaus synthetisch. Sie kann sich ihre Gegenstände durch gleichförmige Synthesis in der Anschauung schaffen und als Quanta betrachten. Philosophie verfährt *nicht intuitiv, sondern diskursiv.* Axiomatische Begründung ist ausgeschlossen, da hier ein Drittes zur Synthesis hinzutreten muss, das qualitative Ereignis (B 761). *Apriorische Synthesis* besteht nur in der kategorialen *Struktur des Denkens,* gleichsam einem Denk-Raum.

Literatur

Fülleborn, G. G. (Hg.): Beyträge zur Geschichte der Philosophie, Bd. 5, Jena 1795, Zur Geschichte der mathematischen Methode in der deutschen Philosophie, S. 108–130 [ND Aetas Kantiana, Bruxelles 1968; Mikrofiche-Ed. Hildesheim 1994, Deutsche Zeitschriften des 18. u. 19. Jhs.]. – Wolff-Metternich, B.-S. v.: Die Überwindung des mathematischen Erkenntnisideals. Kants Grenzbestimmung von Mathematik und Philosophie, Berlin u. New York 1995.

Unter dem *polemischen Gebrauch der Vernunft* versteht Kant die öffentliche Erörterung philosophischer Streitfragen, vor allem der einander entgegenstehenden Positionen bei den zentralen Themen Gott, Freiheit, Unsterblichkeit. Der Abschnitt kommt also nochmals auf die Kritik der metaphysica specialis zurück. Die Vernunft bedürfe an sich keines polemischen Gebrauchs, da sie nicht selbst widersprüchlich sein könne, und überraschend heißt es sogar, dass »es eigentlich gar keine Antithetik der reinen Vernunft« gibt (B 771). Hier ist gemeint, bei freier Erörterung aller Standpunkte zu den Themen Gott, Freiheit und Unsterblichkeit würde am Ende immer die Vernunft gewinnen. Rationalität kann, sich selbst überlassen, zu nichts anderem führen als zu allgemeiner Übereinstimmung durch die richtige Lösung. Kritik, ein Hauptwort des Jahrhunderts, ist Sache der Reifung. Die anfängliche Täuschung, Erscheinungen für Dinge an sich zu halten (und darum auf spekulative Antinomien zu geraten, die freilich unlösbar bleiben und zu sich immer wiederholenden Scheingefechten führen), brachte den Streit naturalistisch-atheistischer und idealistischer Richtungen in der Philosophie, aus dem sich der Skeptizismus ganz unberechtigt als Ausweg anbiete (B 786–789). Die Zeitalter des Irrtums werden als die Unruhe auswegloser Streitigkeiten gezeichnet. »[D]ie Schatten die sie zerhauen, wachsen wie die Helden in Walhalla

in einem Augenblicke wiederum zusammen, um sich aufs neue in unblutigen Kämpfen belustigen zu können« (B 784). Die idealistische Denkweise, dass geschichtliche Zustände sich durch Wissensformen unterschieden und nicht durch die realen Lebensbedingungen, besitzt großen aufklärerischen Sinn. Den Streitigkeiten in der Gesellschaft liegen Denkfehler zugrunde. Und außerdem: Der ungelöste Streit regt zur kritischen Revision der methodischen Voraussetzungen aller Dispute an. Die irrende Vernunft gebiert mit genügender Explikation des Falschen zugleich das richtige Denken. Dafür bedarf es keiner anderen Vorkehrungen als der Denkfreiheit. Hier fällt dann auch das Wort von der »schadenfrohen und hämischen Gemüthsart« des Skeptikers, der andere Auffassungen gegeneinander hetze und sich darauf über das allgemeine Durcheinander belustige oder affektiert betrübt stelle (B 784). Es ist eine aufschlussreiche Passage vielleicht auch für Kants Blick auf Hume.

Philosophiegeschichte. Kants eigentlicher Gedanke einer philosophiehistorischen Gesetzmäßigkeit findet sich nicht in dem triadischen Schema mit der Negation der Negation: dogmatisch – skeptisch – kritisch. Das bietet vielleicht logische Typisierung der Grundrichtungen, ließe sich aber historisch gar nicht durchführen. Die tiefere Ansicht spricht Kant im Architektonik-Abschnitt der Methodenlehre aus. Es ist eine Präformationstheorie des letztlich adäquaten Vernunftsystems. Schelling hat das dann in seiner frühen Rezension der Preisschriften der Berliner Akademie zur Frage von 1791 nach den Fortschritten der Metaphysik in Deutschland seit Leibniz und Wolff aufgenommen und fortgebildet (*Schellings Sämtl. Werke,* Bd. 1, Stuttgart u. Augsburg 1856, S. 453 ff.). Man kann sagen, Kant habe das Fontenelle-Motiv des geistigen Fortschritts überwinden wollen. Fontenelle hatte in seiner *Digression sur les Anciens et les Modernes* (1688) ein trial-and-error-Modell des Fortschritts entworfen. Wir müssten erst viele Irrtümer versuchen (vielleicht alle überhaupt möglichen), ehe wir uns zur nüchternen Wahrheit finden; darum gibt es eine Geschichte des Geistes. Kant sagt nun, als ein »ursprünglicher Keim« liege das Schema des wahren Vernunftsystems allen Philosophien zugrunde, doch »wie Gewürme durch eine generatio aequivoca [eine mehrsinnige Zeugung; d. Vf.] aus dem bloßen Zusammenfluß von aufgesammleten Begriffen anfangs verstümmelt« (B 863). Nach Anweisung einer versteckt in uns liegenden Idee werden die Erkenntnisse rhapsodisch wie Bauzeug zusammengetragen. Mit der Zeit wird es heller um die Idee des Ganzen und »eine Architektonik alles menschlichen Wissens« kann entworfen werden.

Rechtsmetaphorik. Hört man dem Ton mancher Passagen genauer zu, so zeigen sich beredte Kampfvorstellungen, wenn der konzentrierte Autor für sich zu den Auflösungen aller Zweifel gelangt ist und am Ende seiner Mühen aufs Zeitalter blickt. Die Gegner sind ja Luftfechter, und vor den Streichen des von kritischer Disziplin noch nicht gebändigten Denkens »haben wir unser non liquet in Bereitschaft, welches ihn unfehlbar verwirren muß«, für Weiteres scheuen wir auch den Gegenangriff nicht (B 770). Mit der Aufschrift »non liquet« hielten die römischen Richter ihre Urteilstafeln hoch, um auszudrücken, dass die Sache für einen Spruch noch nicht klar dargestellt sei. Die *Kritik* bringt überhaupt erst Frieden in den Geist des Zeitalters, ohne sie ist unablässiger Krieg. Sie ist »der wahre Gerichtshof für alle Streitigkeiten« der reinen Vernunft. Ohne die endlich gefundene Auflösung der Fehler in den großen Strömen des europäischen Denkens war die Vernunft »gleichsam im Stande der Natur und kann ihre Behauptungen und Ansprüche nicht anders geltend machen oder sichern, als durch *Krieg*« (B 779). Die Rechtsmetaphorik kehrt nun wieder, die Stellung des Werkes in der Problemsituation der Aufklärung zusammenzufassen. Mit der *Kritik* tritt die Philosophie aus dem Zustand gesetzloser Ordnung – analog der Vorstellung von frühgeschichtlichen Gesellschaften in der Naturrechtsideologie – und gelangt zur Ruhe eines gesetzlichen Zustandes, unter dem Streitigkeiten nicht anders als durch Prozess ausgetragen werden (ebd.). Der Gedankengang von Vorgeschichte durch die systematisierten Irrtümer hindurch zu deren Auflösung im zielstrebigen Gang der Forschung überträgt das theoriegeschichtliche Verständnis der Naturwissenschaften auf die historischen Vorgänge. Die geeignete Denkform, diese Übertragung auszuführen, ist das Recht. Es wird zur Logik von Geschichte, wie die Naturwissenschaften die Logik von Irrtum und Wahrheit schlechthin zeigen. Geschichte ist die Spanne Zeit, die vergehen muss, vom Irrtum zur richtigen Methode der Wahrheitsgewinnung zu gelangen.

Freie Öffentlichkeit. Mit großer Wendung schließt Kant an diesen Eintritt von adäquater philosophischer Theorie das immanente Erfordernis von freier Öffentlichkeit an. Es ist das politische Element beim Grundgedanken der Aufklärung von einer Kultur religiöser und privatmoralischer Toleranz. Kant nimmt das Thema des Schlusskapitels von Wolffs *Discursus präliminaris* (1728) auf: *De Libertate philosophandi.*

Der Kampf um Publikationsfreiheit beherrschte das ganze 18. Jh. Das preußische Zensur-Edikt von 1727, dessen Atheismus-Vorwurf gegen die rationalistische Metaphysik im gleichen Jahr noch auf die Wolffschen Schriften ausgedehnt wurde, war kein Einzelfall. Es gab bereits 1626 Zuchthaus-Androhungen gegen kritische Erörterung »von Sachen, die den Staat angehen« in Sachsen, 1737 im Herzogtum Weimar: »[M]aßen das Regiment von Uns, nicht aber von den Bauern abhängt, und Wir keine Raissoneurs zu Unterthanen haben wollen« (vgl. im Zusammenhang der Repressionen gegen Wolff: J. Schmidt, *Geschichte des geistigen Lebens in Deutschland von Leibniz bis auf Lessings Tod*, Bd. 1, Leipzig 1862, S. 418 f.). Das preußische Religionsedikt von 1788 gab die Basis der groben Maßregelung Kants durch Friedrich Wilhelm II. im Jahre 1794, so dass es nach dem Tode Friedrichs II. aussehen mochte, nach einem Dreivierteljahrhundert sei man für Denk-und Publikationsfreiheit vor staatlicher und kirchlicher Autorität um nichts gebessert. Die Forderung der Denk- und Publikationsfreiheit stellte gegen Ende des 18. Jhs. nichts Neues dar. Durch die Begründung allerdings verleiht ihr Kant außerordentliches Format. Freie Öffentlichkeit ist nicht allein Forderung der Menschenwürde, der Denkfreiheit gebührt. Von bestimmtem theoretischem Niveau an, deduziert Kant, ist sie Bewegungs- und Erhaltungselement richtigen Denkens. Weit fortgeschrittene Wahrheit gestattet geistigen Rechtszustand, in dem sich die Richtungen unter dem Gesetz gefundener Methode selbst korrigieren. Die theoretischen und religiösen Sphären sind zu internen Regelungsformen gediehen. Die Denkweise des ökonomischen Liberalismus vervielfältigt sich. Selbst für Atheisten sagt Kant: »Laßt diese Leute nur machen; wenn sie Talent, […] wenn sie nur Vernunft zeigen, so gewinnt jederzeit die Vernunft.« Über Hochverrat geschrien, das Gemeinwesen gleichsam zum Feuerlöschen zusammengerufen, macht Ihr Euch lächerlich und hebt am Ende alle Fortschritte der Gegenwart wieder auf (B 774).

Ist Kant am Ende des Werks in der Sicht auf dessen Verhältnis zum Zeitalter unbescheiden? Stellt er es als Resultat der Widersprüche *in* der Geschichte des Denkens *außerhalb* der Geschichte und über die Zeit hinaus? Keineswegs. Die kritische Philosophie beendet dogmatisch ausschließende und skeptisch verzagende oder blasierte Auffassungen nicht durch neue Doktrin, sondern durch eine den entwickeltsten Wissenschaftsdisziplinen nachgebildete Methode der Beurteilung theoretischer Streitfragen. Die transzendentale Methode will, wie Sokrates, nicht

Wahrheit lehren, sondern Irrtum verhüten. Kant meinte, das Formale der Verfahrensweise sollte nicht strittig sein. In diesem Sinne geht die Bewegung der Philosophiegeschichte vom unauflöslichen Krieg der vorkritischen Theorien zur »Ruhe eines gesetzlichen Zustandes, in welchem wir unsere Streitigkeit nicht anders führen sollen, als durch *Proceß*« (B 779). Die Rechts-Analogie für das Verständnis öffentlicher philosophischer Auseinandersetzungen spricht den autonomen Charakter der theoretischen Sphären aus, unterstreicht den universellen Gehalt philosophischer Methodenfragen und spricht der Forschung immanente Wahrheitstendenz zu. Die Methodenlehre stellt die kulturgeschichtlichen und zeitkritischen Schlussfolgerungen der Antithetik des Dialektik-Teils der Elementarlehre dar. Die Dialektik setzt sich in die Empirie rationaler Selbstaufklärung der Menschheit hinein fort. »Zu dieser Freiheit gehört denn auch die, seine Gedanken, seine Zweifel, die man sich nicht selbst auflösen kann, öffentlich zur Beurtheilung auszustellen, ohne darüber für einen unruhigen und gefährlichen Bürger verschrieen zu werden. Dies liegt schon in dem ursprünglichen Rechte der menschlichen Vernunft, welche keinen anderen Richter erkennt, als selbst wiederum die allgemeine Menschenvernunft, worin ein jeder seine Stimme hat« (B 780).

Kanon der Vernunft. Eine Skizze der praktischen Philosophie gibt der *Kanon der reinen Vernunft.* Im Erfahrungsfeld des Wissens und dessen Verwendungen findet der Mensch nicht endgültige Befriedigung. Unser Nachdenken über uns selbst führt uns zu den Fragen: Was kann ich wissen? Was soll ich tun? Was darf ich hoffen? Hier findet sich die letzte Frage, die Kant in den Vorlesungen dieser Themengruppierung anfügte, nicht: Was ist der Mensch? Die erste Frage ist theoretisch, die zweite ebenfalls noch mit ihrem empirischen Teil. Was dann bleibt, ist die objektive Realität einer moralischen Welt vernünftiger Wesen, deren freie Willkür unter moralischen Gesetzen (B 836). Kant umreißt seine transzendentallogische Rekonstruktion der religiösen überempirischen Moralität der Person, in der die nicht-utilitaristische Begründung aller Vergesellschaftung ihren Maßstab findet und die auch die Verrechtlichung des sozialen Zusammenhalts trägt.

Literatur

Cohen, H.: Kants Theorie der Erfahrung, Berlin [4]1924. – Ritzel, W.: Studien zum Wandel der Kant-Auffassung. Die *KrV* nach A. Riehl, H. Cohen, M. Wundt und B. Bauch, Meisenheim a. Glan 1952. – Weil, É.: Problèmes Kantiens, Paris 1963. – Buroker, J. V.: Space and Incongruence. The Origin of Kant's Idealism, Dordrecht 1981. – Carboncini, S./Finster, R.: Das Begriffspaar Kanon – Organon. Seine Bedeutung für die Entstehung der kritischen Philosophie Kants, in: ABG 26 (1982), S. 25–59. – Patzig, G.: 200 Jahre Kants *KrV* (1982), in: Ges. Schriften, Bd. 4, Göttingen 1996, S. 209–229. – Guyer, P. (Hg.): The Cambridge Companion to Kant, Cambridge 1992. – Vuillemin, J.: L'intuitionisme Kantien, Paris 1994. – Parrini, P. (Hg.): Kant and Contemporary Epistemology, Dordrecht 1994. – Mohr, G./Willaschek, M. (Hg.): Klassiker auslegen. I. Kant, *KrV*, Berlin 1998 [versch. Autoren interpretieren das Werk].

VI Prolegomena zu einer jeden künftigen Metaphysik, die als Wissenschaft wird auftreten können (1783)

Veranlassung der Schrift: die Aufnahme der *Kritik der reinen Vernunft*

C. Wolff hatte an den Anfang seiner lateinischen Werke Prolegomena als einleitende Kapitel gestellt. In A. G. Baumgartens *Metaphysica* (1739 u. ö., 1789 hg. v. J. G. H. Feder) leiteten Prolegomena von wenigen Paragraphen die Kapitel ein. Kant bezeichnete schon 1778 seine Untersuchungen über die Art des metaphysischen Wissens, an denen er arbeite, also die Vorbereitungen zur *Kritik*, als Prolegomena (an Herz, 15.12.1778). Kant spielt mit dem Titel der ersten Schrift nach der *Kritik* auf die Wolffsche Einteilung an, erweiterte aber jene Vorbemerkungen beträchtlich. Die neue Schrift bringe »Vorübungen« zur *Kritik*, auf die sie bezogen bleibe (IV, 261). Doch wird faktisch die ganze *Kritik* als Prolegomenon einer noch zu schaffenden Metaphysik bezeichnet, denn die neue Schrift wiederholt nur mit anderer Methode den Inhalt des Hauptbuchs. Vier Gründe führten Kant zum Entschluss, der *Kritik* zwei Jahre nach deren Erscheinen die *Prolegomena* als »Vorübungen« zur Transzendentalphilosophie hinzuzufügen (IV, 274).

Unverständnis der Kritik

Der Königsberger Hofprediger und Professor der Mathematik J. Schultz veröffentlichte 1784 *Erläuterungen über des Herrn Professor Kant Critik der reinen Vernunft* (hier der unrichtige Autorenname Schulze, ²1791), weil »dieses wichtige Werk das eigene Schicksal hat, daß man fast allgemein über unüberwindliche Dunkelheit und Unverständlichkeit desselben klagt« (S. 5). Mendelssohn schrieb am 5.1.1784 an E. Reimarus, Tochter des Philosophen H. S. Reimarus, es sei ihm angenehm zu hören, dass ihr Bruder (der Naturforscher J. A. H. Reimarus) nicht viel von der *Kritik* halte: »Ich für meinen Theil muß bekennen, daß ich ihn [Kant; d. Vf.] nicht verstehe. […] Es ist mir also lieb, daß ich nicht sonderlich viel entbehre, wenn ich von dannen gehe, ohne dieses Werk zu verstehen« (Mendelssohn, *Ges. Schriften*, Bd. 13, hg. v. A. Altmann, Stuttgart-Bad Cannstatt 1977, S. 169). An Kant selbst schrieb er,

nur wenn er sich bei zunehmenden Kräften fühle, wage er sich an dieses »nervensaftverzehrende Werk« und hoffe immerhin, es in diesem Leben noch ganz durchdenken zu können (10.4.1783). Kant war von dem Unverständnis betroffen. Dazu trat seine Vermutung, Abwehr und polemisches Missverstehen machten sich den Vorwurf der Unverständlichkeit und Weitläufigkeit zu Nutzen. Allerdings erinnerten Stil und Umfang der *Kritik* an Wolffs grundlegende Werke. Das war der neuen, auf literarische Wirkung bei einem größeren Publikum berechneten Darstellungsweise Garves, Mendelssohns, Engels, Abbts entgegen und ließ nach Abwehrgründen suchen. Die sehr verbreitete *Logik und Metaphysik* (1769, ⁷1790) des Göttinger Professors (und Kant-Gegners) J. G. H. Feder (1740–1821) behandelte formale Logik, die gesamte Ontologie und die drei Disziplinen der speziellen Metaphysik samt den Prolegomena von der Philosophie überhaupt auf 440 Seiten (in der Ausgabe Wien 1783 im Duodezformat 12–18 cm). H. S. Reimarus' *Vernunftlehre* (Hamburg u. Kiel 1756, ⁵1790) brachte ein System von Logik und Erkenntnistheorie auf 450 solchen Seiten. Kant veröffentlichte die *Kritik* als Propädeutik von der Möglichkeit einer Metaphysik, die darauf erst in zwei Teilen folgen sollte. Noch die zweite Auflage (Riga 1787) enthielt 884 Seiten in Kleinoktav (15–18 cm). Während der 70er Jahre hatte Kant in Briefen vom geplanten Werk, wie auch von seiner Natur- und Sitten-Metaphysik, ebenfalls im Stil der Zeit als von Schriften mit wenigen Bogen gesprochen, die überdies rasch ausgearbeitet sein würden (z. B. an Herz, 7.6.1771). Er hatte wohl durchaus die philosophische Literatur nach der Jahrhundertmitte im Blick, da er sich über die Zurüstungen zu seiner neuen Metaphysik noch nicht im Klaren war.

Missverständnis der Kritik

Die erste Aufnahme, insbesondere die Garve-Federsche Rezension in den *Göttinger Gelehrten Anzeigen* (19.1.1782, Zugaben, Stück III), offenbarte eine Missinterpretation des Werkes im Sinne des empiristischen Berkeleyschen Idealismus und des Humeschen Skeptizismus, die Kant verdross (die Rezension wiederabgedruckt in Vorländer 1997). Kant hatte eingehende sachliche Prüfung erwartet. Hier war sie umgangen. Er sah sein Werk von Gleichgültigkeit und vom Unbehagen theoretischer Verunsicherung beiseite gelegt, wie es ihm M. Herz von Mendelssohn aus Berlin mitgeteilt hatte. Das Urteil von Leuten wie J. G. Hamann (1730–1788), der in der Königsberger Nähe das Werk und dessen Wirkung mit Vorurteilen umlauerte, berührte ihn wenig. Hamann hatte 1781 eine kurze Rezension verfasst, die den Kantschen Apriorismus rhetorisch ablehnte: »Wozu eine so gewaltthätige, unbefugte Scheidung desjenigen, was die Natur zusammengefügt hat?« Mit Hohn auf die Unverständlichkeit des systematischen Werkes schloss sie. Das »Gemächte der scholastischen Kunstform« erringt »das Maximum ächter Autorschaft und Critik – von blutwenigen gefaßt zu werden« (Hamann, *Sämtl. Werke*, Bd. 3, hg. v. J. Nadler, Wien 1951, S. 278; die Rez. erschien erst 1801, vgl. S. 281–289). Kant hatte von ausgezeichneten Autoren wie Mendelssohn, Garve, Tetens erwartet, sie würden den Wendepunkt in der Philosophie erkennen und anerkennen. Nichts von alledem. Das ließ ihn in der Vorrede zu den *Prolegomena* herausfordernd als seine Absicht aussprechen, »alle diejenigen, so es wert finden, sich mit Metaphysik zu beschäftigen, zu überzeugen, daß es unumgänglich nothwendig sei, ihre Arbeit vor der Hand auszusetzen, alles bisher Geschehene als ungeschehen anzusehen und vor allen Dingen zuerst die Frage aufzuwerfen: ob auch so etwas als Metaphysik überall nur möglich sei« (IV, 255). Kant hatte das Gleiche schon im Sommer 1781 an seinen vertrauten Schüler Herz geschrieben. Jetzt in aller Öffentlichkeit wiederholt, war es die Annahme der Gegnerschaft durch die Zunft. Es bezog sich auf die Fachleute und forderte die Anerkennung eines theoretischen Wendepunkts, statt im Schlendrian der metaphysischen Dogmatik von Seele, Weltganzem und Gott einfach fortzufahren als sei nichts geschehen. Im Blick auf die Öffentlichkeit hatte Kant gleich nach Erscheinen der *Kritik* an Herz geschrieben, er rechne anfangs nur mit wenigen gründlichen Lesern, weil Zeit dazu gehöre, die Denkungsart in ein bisher ganz ungewohntes Gleis zu leiten (11.5.1781). Die Vorrede der *Prolegomena* ist im Zusammenhang mit deren Anhang zu lesen, in dem Kant sich eingehend mit der Garve-Federschen Rezension auseinander setzt. Hier richtet Kant die Abwehr gegen die Fehlinterpretation seines transzendentalen (oder kritischen oder formalen) Idealismus im Sinne des Berkeleyschen oder Descartesschen Idealismus. Der Rezensent verstehe nicht, womit der

Verfasser der *Kritik* sich beschäftigt habe und zeige verdrießliche Laune über die angedrohte Reform einer Wissenschaft, bei der er längst alles ins Reine gebracht glaube. Eine Reihe von Sätzen werde ohne Zusammenhang durchgegangen und Tadel darüber ausgestreut (IV, 373). Kant erwartete von sachgerechter Auseinandersetzung allerdings den neuen Beginn philosophischer Forschung. Er glaubte an die Möglichkeit, dass nun Gelehrte, wie in den Naturwissenschaften, auf dem bereiteten Grund miteinander fortarbeiten könnten. So war Kant von der interessierten Zähigkeit, ideelle Territorien zu verteidigen, mehr belehrt, als er bei der langen Konzentration auf seine mühevoll gefundenen Resultate vorauszusehen vermocht hatte. Vorwort und Anhang zur unerwarteten ersten Arbeit nach der *Kritik* sprechen den Abschied von den Erwartungen aus und die Bereitschaft zur Auseinandersetzung um die nun vorliegende Transzendentalphilosophie. Kants veränderte Darstellung der Transzendentalphilosophie in der konzentrierteren und fasslicheren Darlegung der *Prolegomena* trug wesentlich zur allmählichen sachlichen Beurteilung der Kantschen Theorie seit der Mitte der 80er Jahre bei. Mit der reellen Diskussion verband sich dann die frühe Anhängerschaft durch K. L. Reinhold, S. Maimon, J. S. Beck, C. C. E. Schmid; die Jenaische *Allgemeine Literaturzeitung* (1785 ff., Redaktion: C. G. Schütz, G. Hufeland) trug zur Verbreitung des Kantianismus wesentlich bei.

C. Garve (1742–1798) hatte 1781 bei einem Göttinger Aufenthalt angeboten, Rezensionen zu verfassen, erhielt die *Kritik* und schrieb tatsächlich einen Text. Er war der Beurteilung des Buches nicht gewachsen, wie er Kant später selbst eingestand. Der Göttinger Professor J. G. H. Feder (1740–1821), Autor mehrerer verbreiteter Philosophie-Lehrbücher, verdient auch als Autor über die englische Nationalökonomie, kürzte die Garvesche Arbeit auf ein Drittel des Umfangs und vergröberte zugleich durch Zusätze deren Aussage im vereinfachenden und absprechenden Sinne. Hier wurde das Fehlurteil zum Dokument, Kant setze den subjektiven Idealismus Berkeleys fort. Freilich galt damals solches polemisches Verfahren nicht für forschen Stil unbeeindruckten Selbstdenkens, sondern als ehrenrührig, und trug Feder schweren Ansehensverlust ein. Gegen die *Kritik* schrieb Feder noch *Über Raum und Kausalität. Zur Prüfung der Kantischen Philosophie* (1787) und gründete mit seinem Göttinger Kollegen C. Meiners (1747–1810) 1788 die gegen Kant gerichtete *Philosophische Bibliothek*, die aber mit dem vierten Band einging. In seiner Autobiographie *J. G. H.*

Feder's Leben, Natur und Grundsätze (1825 postum von seinem Sohn herausgegeben), beklagt er sich über den Schaden, den die kritische Revolution seinen Werken und seiner Lehrtätigkeit zugefügt habe. Er gab 1797 seine Professur auf und wechselte als Direktor ans königliche Pageninstitut (Georgianum) nach Hannover. Feder hatte zweifellos im Bewusstsein seines Autoren- und Dozentenruhms gehandelt, war aber wohl überzeugt gewesen, ein zutreffendes Urteil gemäß seinen Auffassungen zu formulieren. Er wehrte sich, sein ganzes Verständnis von Philosophie und von der Tradition, in der es sich befand, in Frage zu stellen. Ebenso erging es Mendelssohn. Garve hat sich, nachdem Kant im Anhang der *Prolegomena* den Verfasser der Rezension aufgefordert hatte, sich zu nennen (IV, 379), gegenüber Kant in einem lesenswerten Brief erklärt (13.7.1783). Er verringerte nun seinen Anteil an der Federschen Fassung der Rezension mehr als es die Tatsache gleichen Urteils in der Sache bei allerdings anderem Ton der Beurteilung doch eigentlich gestattete. Kant antwortete sogleich, dankbar für die Aufklärung des Sachverhalts, in einem seiner ausführlichsten Briefe. Diese Erläuterung der Grundgedanken und des Problemgangs der *Kritik* ist noch heute wertvoll, um Kants Hauptwerk und Kants eigenes Verständnis davon zu erfassen. In Feders Vorgehen erkannte er die »Autorlist«, »um dadurch, daß man alles lobt, was mit denen Sätzen, die in seinen eigenen Schriften liegt, übereinstimmt, und alles tadelt, was dem entgegen ist, sich unter der Hand eine kleine Herrschaft über alle Autoren in einem gewissen Fache zu errichten« (7.8.1783). Nachdem er von J. J. Spalding Garves ursprünglichen Text erhalten hatte, der in F. Nicolais *Allgemeiner deutscher Bibliothek* (August 1783, Anhang zum 37.–52. Bd.) erschienen war, überzeugte er sich freilich vom Ausmaß des Unverständnisses auch bei Garve, der ihn ebenfalls wie einen *imbécile* (Einfaltspinsel) behandle; so jedenfalls Hamann an Herder am 8.12.1783 (Hamann, *Briefwechsel*, Bd. 5, Frankfurt/M. 1965, S. 107).

Der Akzent der Göttinger Rezension war auf die Aussage der transzendentalen Ästhetik gelegt, die sage, dass die Gegenstände der Erkenntnis Erscheinungen seien. Daran wurde die verkehrte Interpretation angeschlossen, dass sie nur in unseren Vorstellungen existierten. Die transzendentale Deduktion der Kategorien wurde nicht behandelt. Hier befanden sich jedoch die eigentliche Schwierigkeit und das entscheidende Neue des Werkes. Die Deduktion beantwortete die Frage nach der Geltungsmöglichkeit der Kategorien a priori für Wahrnehmungsdaten, die

vom Verstand nicht erzeugt, sondern nur aufgenommen werden. Kants Antwort lautete: die apriorischen Formen gelten, weil sie die logischen Bedingungen von Erfahrung bieten. Gleich das Vorwort der *Prolegomena* betonte den Kernpunkt der *Kritik*: Metaphysik besteht aus synthetischen Sätzen a priori. Alles Denken nutzt sie, »ohne zu fragen, worauf sich denn ihre objective Gültigkeit gründe, diese [d. i. die Deduktion; d. Vf.], sage ich, war das Schwerste, das jemals zum Behuf der Metaphysik unternommen werden konnte« (IV, 260). Im Brief an Garve bezeichnete Kant die Deduktion der reinen Verstandesbegriffe als das Zentrum der *Kritik*, fügte aber in der Einfügung hinzu, es möchte doch jemand versuchen, diese größte Schwierigkeit unter allen, die die Philosophie antreffen könne, verständlicher abzuleiten. Kant war sich möglicherweise einer Unfertigkeit der Problembehandlung, nicht nur der Darstellung, bewusst. Die Garve-Federsche Rezension setzte das vereinfachende Missverständnis in Gang, sich Kant von Humes skeptischem Empirismus her zurechtzulegen und die Synthesis a priori als überflüssigen Fremdkörper zu behandeln. Für Kant kann die skeptische Auflösung dogmatischer metaphysischer Setzungen nicht die funktionalen Strukturen des Bewusstseins betreffen, die für Abstraktionsleistungen empirischer Wahrnehmungen und Begriffe vorausbestehen müssen und diese erst ermöglichen. Hume galt als das letzte Wort der Metaphysik-Kritik Der immer um vorlaute Mitteilsamkeit und rhetorischen Effekt bemühte Hamann nannte Kant den »preußischen Hume« und hatte bereits an Herder geschrieben, als er eben einen Teil der Druckbogen der *Kritik* vom Verleger erhalten hatte, alles laufe auf »ein neues Organon skeptischer Taktik« hinaus (27.4.1781). Später setzte er den Brief fort: »Ich habe *sapienti sat* gesagt über das transcendentale Geschwätz der gesetzlichen oder reinen Vernunft; denn am Ende scheint mir alles auf Schulfüchserey und leeren Wortkram hinauszulaufen.« Locke und Humes *Abhandlung über die menschliche Natur* erschienen ihm als »die besten Urkunden in diesem Felde« (*Hamann's Schriften*, hg. v. F. Roth, T. 6, Berlin 1824, S. 181, 183).

Kants eigene Überlegung, einige Teile nicht verständlich genug dargestellt zu haben

Kant sah wohl, dass er durch die Eile der Niederschrift die Resultate vieljährigen Nachdenkens tatsächlich in einigen Passagen nicht verständlich, zu weit ausholend und in einigen Punkten auch nicht theoretisch eindeutig genug dargestellt habe. Er sprach das selbst wiederholt aus, so gleich am 8.6.1781 an J. E. Biester: Das Werk sei Jahre hindurch wohl überdacht, »aber nur in kurzer Zeit in der gegenwärtigen Form zu Papier gebracht worden; weswegen auch theils einige Nachläßigkeiten, oder Übereilungen der Schreibart, theils auch einige Dunkelheiten übrig geblieben seyn werden«. Der Gedanke kehrt noch zwei Jahre später in den Briefen an Garve (7.8.1783) und an Mendelssohn (16.8.1783) wieder. An Schultz schrieb er, dessen gelungene Darstellung der Hauptgedanken der *Kritik* (in den schon genannten *Erläuterungen*) »tröstet mich vorzüglich für die Kränkung, fast von niemand verstanden worden zu seyn und nimmt die Besorgniß weg, daß ich die Gabe mich verständlich zu machen in so geringem Grade, vielleicht in einer so schweren Materie gar nicht besitze; und alle Arbeit vergeblich aufgewandt haben möchte« (26.8.1783). Kant teilte auch schon am 11.5.1781 Herz seinen Gedanken mit, die Probleme der *Kritik*, die jetzt »die Metaphysik von der Metaphysik« genannt wird, allgemein verständlich darzustellen. Schultz' *Erläuterungen* dienten dem gleichen Ziel. Kant riet Schultz in einigen (unwesentlichen) Punkten des Verständnisses und nannte die Schrift »Ihre gründliche und zugleich populaire Bearbeitung der Critick« (17.2.1784). Um diesen von Kant mitgeteilten und, wie Hamanns Briefe bezeugen, offenbar von ihm auch in Königsberg ausgesprochenen Gedanken einer populären Erläuterung der *Kritik* entzündete sich ein Streit um die Interpretation der *Prolegomena*. B. Erdmann (1851–1921) versuchte in einer langen Einleitung seiner Textedition, die Urfassung eines Auszugs aus der *Kritik* zu eruieren, die Kant im Fortgang zum schwierigen Problem der Kategoriendeduktion aber verlassen und mit dem tiefer reproduzierenden Gedankengang verbunden habe, den dann die *Prolegomena* darbieten. Der verdiente Kant-Forscher E. Arnoldt (1828–1905) schrieb heftig und im Ganzen mit guten Gründen gegen die Hypothese einer doppelten Redaktion der Schrift, brachte aber selbst die unhaltbare Annahme ins Spiel, Kant habe eine unbekannte Erläuterungsschrift neben den *Prolegomena* entworfen, die er möglicherweise dem ersten Interpreten Schultz zur Verfügung gestellt habe. H. Vaihinger (1852–1933) und mit dessen Material K. Vorländer (1860–1928) rekapitulierten und beurteilten die Kontroverse, die sich zusätzlich durch Dispute über Neuordnungen der – bei vielen frühen Kant-Drucken zu verzeichnenden – Verderbnisse des Manuskripts in der Druckerei (hier Grunert in Halle) verwickelte; dabei Vaihingers Feststellung einer sehr

wahrscheinlichen Blattversetzung (zu Textkorrekturen vgl. Kullmann 1922). Mangelhafter Druck der Kant-Erstausgaben ist früh bemerkt worden. Bereits 1795 war in L. H. Jakobs *Philosophischem Anzeiger* eine »Druckfehleranzeige in den Schriften des Herrn I. Kant« von F. Grillo, Philosophieprofessor beim Berliner Kadettenkorps, erschienen. (zum Thema der Kant-Erstdrucke vgl. Stark 1988).

Abgrenzung von Berkeley und Hume

Schließlich wurde Kant bei der Arbeit an seiner Erläuterung klar, dass er den Unterschied seines transzendentalen Idealismus zum Berkeleyschen und Humeschen »empirischen Idealismus«, wie er ihn nannte, nicht klar genug dargestellt habe. Dafür war es erforderlich, die Grundfrage der *Kritik* nach der Geltungsmöglichkeit (quaestio juris, wie Kant sagte,) synthetischer Sätze a priori grundsätzlich zu behandeln und also voranzustellen. Das zog Veränderungen bei der Darstellung der transzendentalen Deduktion der Kategorien nach sich und führte überhaupt auf die neue, analytische Darstellungsweise, die den Ausgang von der Frage nach der Möglichkeit synthetischer Sätze a priori in den verschiedenen Theoriefeldern (Mathematik, Naturwissenschaften, Metaphysik) in den Mittelpunkt stellt. In der transzendentalen Deduktion war die engste Berührung mit der empiristischen Erkenntnistheorie gegeben. Die Elementarbegriffe a priori wurden zu den Gestaltbildungen der Einbildungskraft in Beziehung gesetzt. Die *Prolegomena* wurden so zu einem Schritt auf dem Weg zu den Neufassungen (nicht inhaltlichen Veränderungen), die Kant für die zweite Auflage der *Kritik* (1787) vornahm.

Vorwort und Anhang

Vorwort und Anhang bringen drei Schwerpunkte für das Verständnis der Schrift. Sie nennen Verständnisschwierigkeiten und Missinterpretation der *Kritik* als wesentlichen Grund für die neue Arbeit. Der eingeschränkte Begriff von Philosophie, dadurch man »sich über seine Schulmetaphysik niemals hinauszudenken vermag« (IV, 373), regiere die erste Rezension. Es sei ein Urteil, das der Untersuchung vorhergehe. Eine zweite Rezension erschien in den *Gothaischen Gelehrten Zeitungen* (68. Stück, 24.8.1782, S. 560–562; anonym, vermutl. v. S. H. Ewald). Die *Prolegomena* nehmen die Herausforderung durch die Gegner der *Kritik* an. Kant sieht zum ersten Mal die reale Anspruchslosigkeit hinter verbalem Hochmut bei den Adressaten seiner Metaphysik-Kritik. Das verletzt und bestärkt ihn zugleich, und so bezeichnet die Schrift eine neue Phase im Selbstverständnis Kants von seiner Transzendentalphilosophie. Entschiedener wird das Bewusstsein, seinen Einsichten den Weg bahnen zu müssen. Als Gegenposition der neuen, von der *Kritik* begründeten Verbindung von Apriorismus und Phänomenalismus nennt das Vorwort die Berufung auf den gesunden Menschenverstand. Kant sieht in dieser sog. popularphilosophischen Denkweise den eigentlichen Widersacher seiner Theorie, die auch die Ablehnung bei der akademischen Philosophie trage. Hier spürt er die Gefahr lang anhaltenden Widerstands gegen die Transzendentalphilosophie. Kant wird in der Verurteilung dieses »Orakels« scharf, mit dem »die schalsten Schwätzer« auftreten würden, wenn die Einsicht zur Neige gehe; eine Berufung auf das Urteil der Menge, über das der Philosoph erröte (IV, 259). Ein gerader Menschenverstand sei allerdings eine große Gabe des Himmels. Die philosophische Wissenschaft habe sowohl dessen Grundsätze zu rechtfertigen als auch dessen Feld zu begrenzen, sonst versteige er sich in dogmatische Spekulationen. Der Dualismus von alltagspraktisch beschränktem Bewusstsein und ontologischer Spekulation bildete eine Grundeinsicht Kants in die weltanschauliche Situation des 18. Jhs. und eben auch der leitenden aufklärerischen Denkformen. Der sog. »Kritizismus« erkennt diesen Dualismus als kulturelle Krise. Seine Verteidigungsstrategie der Tranzendentalphilosophie konzentrierte Kant nicht auf allgemein verständliche Schriften, um dann etwa vom öffentlichen Urteil her die akademische Philosophie bezwingen zu können. Er blieb bei seiner Überzeugung, dass komplizierte Probleme von den Spezialisten erfasst werden müssten. Darauf würde auch die Wirkung in der Öffentlichkeit und für die methodische Rekonstruktion der Theorien verschiedener Kulturfelder einsetzen (Recht, Moral, Religion usf.). Die *Prolegomena* bezeugen Kants Auffassung vom Weg kultureller Transformation, die von den Wissenschaften und Spezialeinsichten her einsetze. Sie bieten darum als Erläuterungen der *Kritik* gerade nicht eine populäre Darstellung. Sie vertiefen die Problembehandlung, indem sie alles noch einmal bieten, jetzt von der analytischen Konzentration auf die Logik synthetischer Urteile a priori her.

Das ungewollte Verdienst der Garve-Federschen Rezension bestand darin, Kant eine Hauptlinie des

Missverständnisses der *Kritik* zu erkennen gegeben zu haben. Kant behandelt sie im Anhang. Es ist die Auffassung des transzendentalen Idealismus als Fortsetzung des empirischen. Der empirische Idealismus Berkeleys und Humes verstehe die Subjektivität der Anschauungswelt nicht als apriorische formale Ordnungsstruktur, sondern als Teil der materialen Anschauung selbst. Darum relativiere er Objektivität und Allgemeingültigkeit von Aussagen. Das führe zur Übersteigung des empirisch gebundenen Wissens und ebensolcher Handlungsmotivationen durch transzendente Setzungen, die ihrerseits, wie Kant in anderen Schriften zeigt, illiberale Ordnungsformen konservieren. Der empirische Idealismus steht im Dualismus von Skeptizismus und spekulativer Transzendenz. Demgegenüber begründe der formale oder kritische Idealismus der *Kritik* mit der formalen Raum- und Zeitanschauung die Einheit der erscheinenden Realität und weiter mit der transzendentalen Deduktion der logischen Elementarbegriffe und Grundsätze a priori die Objektivität des erfahrungsgebundenen Wissens. Somit beschneide er die Möglichkeit von Erkenntnis aus bloßen Begriffen und erweise es als Schein (IV, 374 f.). Die Unfertigkeit in der Kantschen Auffassung, in einem logischen Synthesisvorgang würden Wahrnehmungen zu empirischen Wahrnehmungsurteilen transformiert, ist hier nicht noch einmal zu behandeln (s. dazu zur *KrV*, zum Begriff der Synthesis und zu den sog. zwei Stämmen der Erkenntnis, S. 199).

Das Vorwort bezeichnet die Methode der *Prolegomena* und deren Unterschied zur *Kritik*. Die *Prolegomena* gehen analytisch vor. Die *Kritik* habe die apriorischen Geltungsbedingungen im ganzen Zusammenhang und darum nach synthetischer Methode darstellen müssen (IV, 263). Hinter dem quantitativen Aspekt (Vollständigkeit oder nur der Grundriss, der »Plan«, wie Kant sagt,) steht der andere Aufbauplan. Die *Prolegomena* konzentrieren alles auf den Nachweis apriorischer Sätze, auf denen Mathematik, mathematische (Kant sagt »reine«) Naturwissenschaft und Metaphysik beruhten. Sie bleiben nicht beim Faktischen solcher Sätze stehen. Benutzt würden sie ohnehin jederzeit. Transzendentalphilosophie erhebt das Faktische in die Reflexion logisch deduzierter Geltung. Die *Prolegomena* heben die der Gliederung der *Kritik* immanent zugrunde liegende Frage nach den logischen Bedingungen synthetischer Sätze in den genannten drei Bereichen analytisch heraus. Kant nennt das den »Plan« der *Kritik*, der ihr nicht habe vorhergehen können, aber danach nun nütze, das Ganze zu übersehen und die Hauptpunkte stückweise zu prüfen (IV, 263). Die interessante theoretische Spannung zwischen der Struktur der *Kritik* und deren »Plan«, d. i. der Idee des Werks, die nun die Gliederung der *Prolegomena* regiert, war mehr als eine Selbstdiskussion des Autors, die darauf die Versachlichung der Diskussion in der Fachöffentlichkeit beförderte. Kant stellt die Transzendentalphilosophie in die Differenz von Resultat und geistigem Weg. Synthetische Methode meint, dass die Theorieteile (Ästhetik, Analytik usf.) in ihrer Komplexität dargestellt und dabei deren Teile in sich von den abstrakten Elementen zum Ganzen der Funktionsweise deduktiv gegliedert werden: z. B. Urteilstafel – Kategorientafel – transzendentale Deduktion – Grundsätze und wieder Schlussformen – Begriff der Vernunftideen – Kritik der metaphysica specialis. Analytische Methode heißt, dass die logische Spezifik der drei Hauptteile der *Kritik* (Ästhetik, Analytik, Dialektik) für sich herausgehoben wird, deren konkrete Gliederung das Hauptwerk aufbaue. Es handelt sich bei der Erläuterungsschrift nicht nur um eine Kurzfassung der *Kritik.*

Der eigentlich interessante Punkt in Kants methodischer Neufassung seiner Theorie besteht in Folgendem: Mit dem Aufbau der neuen Schrift von der logischen Möglichkeit synthetischer Sätze a priori her geht Kants Darstellung auf das Problem zurück, über das er selbst zur *Kritik* gelangt war; genauer, das sich von einem bestimmten Punkt der Problemanalyse an als zentrale Frage erwiesen hatte. Anfangs beschäftigte Kant die Realitätsweise immaterieller Substanzen wie der Seele und die Schwierigkeit, dazu »Data« nach dem Modell der Naturwissenschaften angeben zu können (an Mendelssohn, 8.4.1766). Nach der Zwischenphase der Fragestellung der Inauguraldissertation (1770) zur Trennung von empirisch-gegenständlicher und intelligibler Realität trat die Problematik der transzendentalen Deduktion in den Mittelpunkt (an Herz, 21.2.1772). Die *Prolegomena* erläutern die *Kritik,* indem deren neue Darstellungsmethode die Genese der *Kritik* reproduziert. Die neue Darstellungsmethode geht vom Resultat (der fertigen Transzendentalphilosophie) auf den Problemursprung (richtiger oder widersprüchlicher Gebrauch synthetische Sätze a priori in der Metaphysik) zurück und erzeugt vor dem Leser den Lösungsweg noch einmal. Damit öffnete Kant die *Kritik* für die produktive Rezeption. Kant betont die Errungenschaft der analytischen Konzentration als eines eigenständigen und vollendenden Schritts in der Darstellung der Transzendentalphilosophie (IV, 278).

»Humisches Problem«

Drittens enthält das Vorwort die vielbehandelte autobiographische Passage zu D. Hume. Dessen Kritik der ontologischen wie der abstraktionstheoretischen Begründung von Elementarbegriffen (Kausalität, Substanz, Subjekt u. a.) sei es gewesen, die ihm vor vielen Jahren zuerst den »dogmatischen Schlummer unterbrach«, also die ontologisch fundierte Metaphysik in Frage stellte und seinen »Untersuchungen im Felde der speculativen Philosophie eine ganz andre Richtung gab« (IV, 260). Kant stellt die Fragerichtung der Transzendentalphilosophie, nicht deren Lösungen, in die Linie des neuzeitlichen Skeptizismus (Montaigne, Charron, Bayle, Hume). Montaigne sagte bereits, Denken und Sinneswahrnehmungen täuschten sich um die Wette, die letzten Ursachen der Vorgänge blieben unerkennbar, und er gab Hume dessen für so effektvoll genommene These vor, »daß unser hinfälliges und sterbliches Erkenntnisvermögen sich sogar dann als keineswegs tauglicher, umfassender und stärker erweist, wenn man es auf ihrer Natur nach ebenfalls hinfällige und sterbliche Gegenstände anwendet« (M. de Montaigne, *Essais*, B. 2, 12, Apologie für Raymond Sabond, Frankfurt/M. 1998, S. 181). Montaigne und nach ihm Hume basieren auf dem alten christlichen Motiv, daß der Mensch inwendig und auswendig voll Schwachheit und Lüge sei. Der Anstoß Humes bestand für Kant im Zweifel an der logischen Legitimität der Kategorien, mit denen die Metaphysik operierte. Hume habe das Problem der »reinen (nichts Empirisches enthaltenden) Elemente der menschlichen Erkenntniß« (IV, 323), also des Apriorismus, aufgeworfen. Die Bestandteile einer reinen Vernunft als solcher im Erkenntnisprozess waren auch im Auflösungsprozess des Wolffianismus zum vieldiskutierten Thema geworden. Gegen die eklektischen Versuche, Wolffsche Logik und Metaphysik mit Lockes Sensualismus zu verbinden, stand störend Hume mit seiner scharfen Frage nach der Legitimation der Elementarbegriffe (Subjekt, Substanz, Kausalität u. a.). Kants Apriorismus ist Resultat der Einsicht, daß die Vermittlungsversuche innerhalb der Wolffschen Metaphysik gescheitert sind. Die deutsche Diskussion des Humeschen Problems (Crusius, Lambert, Mendelssohn u. a.), inwiefern eigentlich von einer notwendigen Erkenntnis nach reinen Begriffen gesprochen werden könne (der Anspruch der Metaphysik durch Begründung der Ontologie auf der Logik), verlief harmlos. Damit blieb aber auch der Skeptizismus Humes unangefochten.

Erst Kant erfasste das Erfordernis einer grundsätzlichen Neubestimmung der rationalen Struktur a priori (vgl. die auf den Grund der Hume-Problematik bei Kant gehende Abhandlung von B. Gerlach 1998). Humes Resultat, die konventionalistische Begründung dieser Elementarbegriffe, lehnte er ab. Kant generalisierte die Fragestellung von einigen Kategorien auf die logische Struktur des Bewusstseins, die offenbar vorhanden sein müsse, wenn in Abstraktionsprozessen empirische Begriffe gebildet und klassifiziert würden. Die Struktur, die empirische Gehalte aufnimmt, kann natürlich nicht Teilmenge dieser Gehalte sein, also nicht aus empirischer Erfahrung gefiltert werden. Im evolutionistischen Sinne ist sie nur phylogenetisch zu erklären. Das Problem bestand für Kant auf Grund der Problemlage der Fachwissenschaften nicht. Es hätte ihn in seinem Zusammenhang auch nicht interessiert, da er die logische Geltungsweise der Kategorien, nicht die physiologische und die psychologische Genese betrachtete. Eine ursprüngliche grammatikalische Basis des logischen Apriorismus sah er wohl: er fuße auf einer »trancendentalen Grammatik, die den Grund der menschlichen Sprache enthält« (Logik Pölitz; XXVIII, 576).

Die *Prolegomena* kehren noch einige Male im gleichen Bezug zu Hume zurück (IV, 272 f., 310 f., 356 ff.; vgl. dazu auch die zusammenfassende Passage der *Kritik*, III, 105 f.). Die Formulierung einer Erweckung aus der ontologischen Metaphysik durch Hume zeigt den rhetorischen Gesamtsinn der Passage. Natürlich war Kant schon von der induktionistischen Methode der Newtonschen Naturwissenschaft her zu Zweifeln an der ontologischen Metaphysik gelangt, denen er in den frühesten Schriften drastischen Ausdruck gab. Aber tatsächlich hatte Kant ursprünglich versucht, die Metaphysik mit der Methode der neuen Naturwissenschaft zu verbinden. Für die Einsicht, dass das nicht durchführbar war, hat Humes Frage nach der Legitimation der ursprünglichen logischen Struktur von Grundbegriffen der Metaphysik und der Naturwissenschaften sicher eine Rolle gespielt. Der kräftige Ton der Hume-Passage ist im Lichte der Zeitsituation zu sehen. Hume war ein viel gelesener, einflussreicher Autor und Kant zählte Humes skeptisch-blasierte Philosophie des sog. gesunden Menschenverstandes zum Verhängnisvollsten, was beim Absterben der Schulmetaphysik Platz greifen könnte. Die Glaubensphilosophie F. H. Jacobis und Hamanns bildete den Konzentrationspunkt der Kant entgegenstehenden Hume-Aufnahme in der deutschen Philosophie. Kant unterstrich seine Hume-Kenntnis und gab ein sachliches Urteil darüber ab, worin er dessen Bedeutung sehe: in der Negation der Metaphysik. Das »Humische Problem« besteht also in der Legitimation der logischen Struktur des Bewusstseins, die Hume als Thema aufgeworfen und nicht gelöst habe (IV, 261). Richtig sehe Hume, dass der im neuzeitlichen Begriff des Naturgesetzes der mathematischen Naturwissenschaften zentrale Begriff unverbrüchlicher Kausalität nicht aus empirischen Beobachtungen und Abstraktionsprozessen stammen könne. Wie sind solche Begriffe und wie ist die faktische Voraussetzung einer unveränderlichen Ebene von Wirklichkeit hinter den empirisch wechselnden Erscheinungen zu erklären? Darin besteht die Verschärfung der abstraktionstheoretischen Fragestellung Humes gegenüber Locke. Wenig sagt Kant über Humes Lösung: Allgemeinbegriffe bilden sich in der Sprache mit der Gewohnheit der Beobachtung und dem Erfordernis der Verständigung. Kant nennt die Legitimationsfrage die quaestio juris synthetischer Urteile, deren quaestio facti in Mathematik und mathematischen Naturwissenschaften fraglos entschieden sei. Seine Lösung besteht in der logischen Struktur als einer Synthesis a priori, die von den Anforderungen empirischer Datenverarbeitung aktiviert oder, wie Kant mit tiefer Wendung sagt, »ursprünglich erworben« werde.

Humes skeptische Feststellung, dass Kategorien nicht abstraktionstheoretisch begründet werden könnten und darum deren Erklärung einer anderen Ebene hinreichender Plausibilität und intersubjektiver Zuverlässigkeit bedürfe, besaß nicht nur Konsequenzen für die metaphysisch-religiöse Weltauffassung. Sie betraf mit den Kategorien Kausalität, Naturgesetz zugleich Begriffe wie Subjekt, Seele, Selbstbewusstsein, den Gottesbegriff. Sie stellte die kompakte ideelle Welt der neuzeitlichen Gesellschaft über deren empirisch-realer Wirklichkeit und über den utilitaristisch-praktischen Motivationen der Individuen in Frage. Hume griff das Selbstverständnis der aufklärerisch-optimistischen Gesellschaft an. Er zeigte, dass dessen Begründung spontan und bei nicht verifizierbaren Voraussetzungen angenommen werde; gleichsam ein blinder Fleck im Zentrum des Selbstverständnisses der Aufklärung. Darin sah Kant den ihm verwandten Ansatz Humes. Humes Fragestellung befindet sich auf der Linie der aufklärerischen Vorurteilskritik, die hier nicht nur Despotismus und Priesterbetrug meint, sondern sich kritisch auf die Aufklärung selbst zurückwendet. Kant sah in Humes Rückgang von den metaphysisch-religiösen Konstruktionen auf erfahrungsbezogene Wahrscheinlichkeiten (belief) und in der Auflösung des idealistischen Subjektbegriffs zu interessegeleiteten Bündeln von Assoziationen die Selbstauflösung der Aufklärung über deren empiristisch-utilitaristischen Hauptstrom hin zum Skeptizismus. Dieser rückt zunächst an die Stelle der metaphysischen Dogmatik den Pragmatismus hinreichend plausibler Üblichkeiten. Doch eine positivistisch limitierte Rationalität verlangt nach der Ergänzung durch sinnstiftende Ganzheiten, die dann nicht mit rationaler Methodik, sondern mit Ordnungspostulaten nach übersinnlichen Annahmen begründet werden. Hier sieht Kant das Denken in ein Nest von Widersprüchen geraten. Es handelt sich für Kant nicht um ein anthropologisches Verhängnis von Rationalität.

Die Gliederung

Die Schrift arbeitet den Inhalt der *Kritik* nach analytischer Methode um und präzisiert dabei Aussagen des Hauptwerks, ohne deren Sinn zu verändern. Das betrifft vor allem die Deduktion der Kategorien (*KrV*, §§ 15–27; *Prolegomena*, §§ 18–25). Das hier zu lösende Problem der Verbindung von komplexer Wahrnehmung mit den abstrakten logischen Begriffen und Urteilen a priori wird klarer als Problem logischer Geltung dargestellt. Nicht um das Entstehen der Erfahrung aus Wahrnehmung und um Stufen der Abstraktion gehe es – dies gehöre zur Psychologie –, sondern um die »synthetische Einheit der Anschauungen, die nur durch eine gegebne logische Function der Urteile vorgestellt werden kann« (IV, 304). Im Ganzen erstrecken sich die Umarbeitungen über die §§ 1–22. Von § 24 an erhält die Darstellung den Charakter kurzer Auszüge aus der *Kritik*, verschiedentlich sogar mit Verweis auf die entsprechenden Seiten des Werkes. Es ist also durchaus wahrscheinlich, dass Kant zugleich an einem kurzen Auszug aus der *Kritik* gearbeitet hatte, wovon er selbst sprach, dessen Blätter aber dann dem umgearbeiteten Teil hinzufügte; teils weil die entscheidenden Verdeutlichungen erfolgt waren, teils um die Prozedur der Erklärung der Propädeutik vor der Metaphysik-Systematik, die ja die *Kritik* darstellte, abzukürzen.

Im Einzelnen gliedert sich der Gedankengang der Schrift folgendermaßen: 1. Die Eigentümlichkeit der philosophischen Wissensform gegenüber anderen Wissensformen (ihr Zentrum: Bestimmung und Funktionsweise synthetischer Sätze a priori). 2. Funktion synthetischer Sätze in (a) Mathematik, (b) sog.

reinen Naturwissenschaften und (c) in der Philosophie. 3. Kurzes Resümee der transzendentalen Dialektik und der Kritik der metaphysica specialis (IV, 332–348). 4. Ideenbegriff, Erläuterung des zentralen Gedankens der »Grenzen« des Verstandes (§ 57). 5. Die Kritik der Schulmetaphysik.

Die neue Darstellung beginnt nicht mit der transzendentalen Ästhetik, sondern mit der Unterscheidung von logischer Analysis und Synthesis, die in der *Kritik* in die komplexe und darum späte Thematik der Grundsätze des reinen Verstandes verwoben war (III, 140). Die Bestimmung von analytischen und synthetischen Urteilen wird als Basis-Lehrstück ausführlich behandelt. Auf der Möglichkeit der Synthesis a priori ruht Metaphysik ganz und gar. Die verschiedenen Typen apriorischer Synthesis in Mathematik, mathematischer oder sog. reiner Naturwissenschaft und in der Metaphysik werden als die drei Teile der Hauptfrage ausgeführt und bilden fast den ganzen Inhalt der Schrift. Auch in der *Kritik* sei das Augenmerk darauf gerichtet gewesen, »die Erkenntnisarten sorgfältig zu unterscheiden« (IV, 329). Klar spricht die Zusammenfassung als das Hauptthema der Transzendentalphilosophie die logischen Typen kultureller Geltung aus. Mit der analytischen Konzentration der Systematik der *Kritik* wird deutlich, dass Kant den Analytik-Teil der transzendentalen Logik in der *Kritik* nicht zum eigentlichen Bezirk der Metaphysik rechnet. Metaphysik behandelt die Fragen Gott, Freiheit und Unsterblichkeit, wie Kant meist abgekürzt und dem Zeitbewusstsein entgegenkommend sagt. Der Analytik-Teil erklärt die Geltung logischer Synthesis a priori in den Naturwissenschaften. Als Metaphysik wird im dritten Teil der *Prolegomena* die metaphysica specialis der Schulmetaphysik behandelt. Kant spricht von den psychologischen, kosmologischen und theologischen Ideen der bisherigen Metaphysik, als von einer aus der Naturanlage des Menschen und unvermeidlich entstandenen Theorie, die über das empirisch Gegebene mit den Fragen nach Freiheit, bleibendem geistigem Lebenssinn (Unsterblichkeit) und nach Gott als sinnhafter Instanz der Einheit von Welt und Mensch hinausgehe. Da die Hauptfrage nach der logischen Möglichkeit synthetischer Sätze a priori nicht beantwortet worden wäre, sei die Metaphysik im Dualismus von faktischer Empirie und ebenso einfach gesetzter übersinnlicher Realität stehen geblieben.

Die Transzendentalphilosophie im Wendepunkt der Aufklärungsphilosophie von Verfall und Wiedergeburt

Der letzte kurze Abschnitt von sieben Seiten (»Auflösung der allgemeinen Frage der Prolegomenen«, IV, 365–371) formuliert die Schlussfolgerung, dass Metaphysik als Wissenschaft möglich werde, nachdem nun die Logik der Synthesis a priori geklärt worden sei, mit großer dialektischer Wendung des kulturellen Bewusstseins von Verfall und Wiedergeburt: »Alle falsche Kunst, alle eitele Weisheit dauert ihre Zeit; denn endlich zerstört sie sich selbst, und die höchste Cultur derselben ist zugleich der Zeitpunkt ihres Unterganges.« Die Zeit des Verfalls aller dogmatischen Metaphysik sei freilich noch nicht »die Zeit ihrer Wiedergeburt vermittelst einer gründlichen und vollendeten Kritik der Vernunft« (IV, 366 f.). Alle Übergänge gingen durch den Zustand der Gleichgültigkeit: Der gefährlichste Zeitpunkt für einen Verfasser, der schöpferischste für die Wissenschaft. Kant objektiviert seine ernüchternde Erfahrung mit der Aufnahme der *Kritik* als eines Moments im kulturellen Prozess. Mit den *Prolegomena* stellt er sein Werk in den Wendepunkt der Aufklärungsphilosophie von Auflösung und Wiedergeburt. Der in der protestantischen Theologie beheimatete Gedanke von der Selbstauflösung stolz herrschender Verkehrtheit als der Vorbereitung für die Erhebung verkannter Wahrheit gehört zu Kants historischen Leitgedanken und tritt neben das aufklärerische Postulat anhaltender Verfassungsevolution. Schon fünfzehn Jahre vor dem Erscheinen der *Kritik* hatte Kant an J. H. Lambert von der Euthanasie der falschen Philosophie geschrieben, dass diese sich selbst zerstören werde, ehe wahre Philosophie aufleben werde. Die jetzige Krise mache Hoffnung, »daß die so längst gewünschte große *revolution* der Wissenschaften nicht mehr weit entfernt sey« (31.12.1765). Worauf gründet sich jetzt das Vertrauen, dass die *Kritik* sich durchsetzen werde? Auf die Notwendigkeit der Metaphysik, die bleibe, wenn auch die alte Dogmatik in Verachtung gesunken sei. »Daß der Geist des Menschen metaphysische Untersuchungen einmal gänzlich aufgeben werde, ist eben so wenig zu erwarten, als daß wir, um nicht immer unreine Luft zu schöpfen, das Athemholen einmal lieber ganz und gar einstellen würden« (IV, 367).

Mit dem analytischen Grundriss des Plans oder der Grundidee der *Kritik* hat Kant die unverstanden gebliebene Ästhetik der reinen Raum- und Zeitanschauung als der unerlässlichen Einheitsformen der Beobachtung aller empirischen Ereignisse direkt an die Thematik der mathematischen Wissenschaften und vor allem an dieses Faktum apriorischer Synthesis gebunden. Kant rekapituliert die Subjektivität der »Erscheinungen« als Konsequenz, nicht mehr als Voraussetzung der mathematischen Disziplinen. Die philosophischen Probleme der Wissenschaften erscheinen in den Fragen nach der Möglichkeit synthetischer Sätze a priori unmittelbar als die Basis der Metaphysik-Kritik und der neuen Theorie. Die Beantwortung dieser Frage ermöglichte die Auflösung des ursprünglichen und durchgehenden Problems aller Kantschen Schriften seit den 50er Jahren, der Verbindung des induktiven Phänomenalismus der Naturwissenschaften mit der neuzeitlichen rationalistischen Metaphysik. Ein kleiner Anhang über die transzendentalen Ideen (im Unterschied zu den Verstandesbegriffen) folgt jetzt der Metaphysik-Kritik nach. In der *Kritik* eröffnete das den breiten Dialektik-Teil, und die Ideen waren in der Vollständigkeit ihrer Arten aus den Schlussarten abgeleitet worden. Diese systematische Verankerung in der Logik wird übergangen, wie überhaupt die ganze Beziehung der *Kritik* zum Aufbau der Logik im 18. Jh. und zu Kants Logik-Vorlesungen zurücktritt. Die direkte Orientierung der Ästhetik auf die synthetischen Sätze bot die Möglichkeit, die Problematik des transzendentalen Idealismus unabhängig von den weit greifenden und viel erörterten Zusammenhängen, wie die Subjektivität des Gegebenen zu interpretieren sei, darzustellen. Das erscheint nun als Anhang zur Logik der Synthesis in der Mathematik. Kant demonstriert die Verankerung der neuen Theorie in der Problematik der Wissenschaften, wie das die Vorrede zur zweiten Auflage der *Kritik* ausgeführt hatte.

Veränderter Aufbauplan und Akzentuierung der Synthesis a priori

Im Ganzen ergibt sich aus dem Themengang der neuen Schrift eine Verschiebung der Akzente. Die *Kritik* war von der Ästhetik eröffnet worden. Das steht in genauer Beziehung zu den Ideen, insbesondere zur Freiheitsidee am Ende von deren Elementarlehre, und hält die neue Theorie transzendentaler Idealität zusammen. Diese Achse des Werkes vom neuen transzendentalen Phänomenalismus (von Raum und Zeit) zur intelligiblen Realität von Praxis (im moralisch-grundsätzlichen Sinne Kants) wird herausgenommen, wenigstens wird deren tragende Funktion beiseite gelassen. Hier ist Kants Bemerkung zu beachten, dass die *Prolegomena* wohl die *Kritik* erläuterten, diese Vorübung aber nur im Zusammenhang des Hauptwerks zu verstehen sei. Indem die *Kritik* auf die Synthesis a priori zusammengezogen wird, gelangen der wissenschaftstheoretische Gehalt und mit diesem die Wissensformen der sog. Verstandesbegriffe in den Vordergrund. Die Praxis-Thematik, die Kant als Zentrum der Metaphysik ansah – die Ideen von Gott, Freiheit und Unsterblichkeit lautet die allerdings zu interpretierende Kurzformel – tritt zurück. Dafür kommen relativ ausführliche Distinktionen zum Unterschied von materialem und formalem Naturbegriff hinzu (§§ 14–17). Material ist Natur das Ganze der gegebenen Erscheinungen, formal ist sie der Inbegriff von Gesetzen. Die Unterscheidung gehört zur Beziehung von Empirischem und Theoretischem in den Naturwissenschaften infolge der neuzeitlichen Verbindung der Mathematik mit der Physik. »Es sind viele Gesetze der Natur, die wir nur vermittelst der Erfahrung wissen können; aber die Gesetzmäßigkeit in Verknüpfung der Erscheinungen, d. i. die Natur überhaupt, können wir durch keine Erfahrung kennen lernen, weil Erfahrung selbst solcher Gesetze bedarf« (IV, 318). Hier findet sich der wissenschaftstheoretische Ursprung des Kantschen Apriorismus ausgesprochen.

Der als zweiter Teil der Hauptfrage bezeichnete Abschnitt (Synthesis a priori in der sog. reinen Naturwissenschaft) gibt eine gute Einführung in die Gedanken, die Kant mit seinen *Metaphysischen Anfangsgründen der Naturwissenschaft* verband. Im Zusammenhang philosophischer Begründung der methodisch führenden Wissenschaften konstituiert die Transzendentalphilosophie die Bedingungen neuer Metaphysik. Der »Plan« oder die Idee der *Kritik*, den die *Prolegomena* skizzieren, besteht in einer Aufstiegsfolge der Disziplinen, die zugleich die kulturelle Entfaltung der Synthesis-Problematik als logischen Konkretionsprozess zeichnet. Kant stuft von Disziplinen empirischer Beobachtung zu Naturwissenschaften, die bereits generelle Begriffe wie Bewegung, Trägheit bewusst voraussetzen, und weiter bis zur mathematischen Naturwissenschaft mit festen Definitionen von Kausalität, Kraft, Identität der Substanz. Es sind die apriorischen Geltungsformen, die hier sehr aufschlussreich »die im Verstande ursprünglich erzeugten Begriffe« genannt werden (IV, 298). Anschauung muss unter die Urteilsform subsumiert werden, die »das empirische Bewußtsein in einem Bewußtsein überhaupt verknüpft« (IV, 300). Die von aller Empirie gesonderten logischen Formen verführen zu transzendentem (ontologischem oder

theologischem) Gebrauch (IV, 315). Welche Funktion besitzt die Stufung von den empirischen Disziplinen über die Prinzipien sog. allgemeiner Naturwissenschaft bis hin zu einer noch davon getrennten apriorischen Metaphysik der Natur? Der Apriorismus sichert die immanente Rationalität als letzte Grenze aller Begründungen überhaupt. Der zweite Teil endet mit der Darstellung des Systemproblems der Kategorien, eine der interessantesten, für die Fortführung der Transzendentalphilosophie bis zu Hegels *Logik* aufschlussreichsten Ausführungen Kants zur Thematik (IV, 322 ff.). So unvermittelt Kant seine Urteils- und Kategorientafeln hinstellt, hebt er doch zentrale Aspekte des Kategorienproblems hervor: 1. Die Ableitung der Elementarbegriffe aus Funktionen der Synthesis von Daten zu Sachverhalten (in den Urteilen). 2. Die vollständige Systematik aller (von der Problemlage der Wissenschaften her spruchreifen) Kategorien, vor allem durch deren Wechselbeziehungen in einem Funktionsgefüge. Es ist bei Kant der unentwickeltste Punkt. Er nennt nur Vollständigkeit, Klassifikation, Ableitung aus einheitlichem Ursprung. 3. Die schon genannte Unterscheidung von logischen Geltungstypen, Kant sagt von »Erkenntnisarten« (IV, 329).

Der dritte Teil behandelt Umfang und Grenzen synthetischer Sätze a priori in der Metaphysik als den Bereich, in dem die objektive Realität der vorbestehenden Synthesisfunktion nicht, wie in Mathematik und Naturwissenschaft, durch direkte Evidenz bzw. durch Generalisierung von Erfahrungswissen dargetan werden könne. Metaphysik ist, wie es plastisch heißt, »Beschäftigung der Vernunft bloß mit sich selbst« (IV, 327). Zielpunkt der philosophischen Disziplinen sind die Ideen praktischer Vernunft. Für Mathematik und Naturwissenschaften bedürfte es nicht der subtilen Untersuchungen der *Kritik*. Kant schließt die Kritik der drei Disziplinen der metaphysica specialis an und erwähnt die Antinomien nur kurz. Die Fachwissenschaften erweitern ihre Kenntnis von Kräften und Gesetzen und die technischen Anwendungen ins Unendliche. Kants Problem war immer der Gegensatz zwischen dem offenen Theoriebegriff der Naturwissenschaften und dem systematische Endgültigkeit formulierenden Theoriebegriff der Metaphysik. Er sah die Lösung darin, der materialen Unendlichkeit des naturwissenschaftlichen Theorieverständnisses ein betont nicht-materiales, sondern rein formales Theoriekonzept der Philosophie entsprechen zu lassen. Das ist nicht nur im Hinblick auf rationale Philosophie gedacht, sondern ebenso für die kulturelle Funktion der Naturwissenschaften. Sie geraten ohne formalen Theoriebegriff der Philosophie außerhalb ihrer eigenen Grenzen und beginnen, in theoretisch ungesicherte Räume auszuschwärmen (IV, 350). Das führe sie zu materialistischen und metaphysischen Spekulationen. Kants transzendentaler Idealismus besitzt eine Riegel-Funktion ebenso gegen den Materialismus wie gegen ontologische Metaphysik. Das verbindet ihn mit dem Phänomenalismus der Naturwissenschaftler und mit dem Skeptizismus des 17. und 18. Jhs. Vom Materialismus sieht Kant die Verklammerung der rationalen Selbstbegründungen im Erkenntnisverhalten und ebenso im Verhalten des Menschen als sozialen Wesens in den Sphären von Moral, Recht, Religion aufgelöst. Diese Verbindung als der Garantie von reflektierter Vergesellschaftung bei gleicher Autonomie aller Individuen ist für Kant an die realitas formalis der intelligiblen Formen gebunden.

Der vierte Teil fasst die Unterscheidung von Metaphysik als Naturanlage (mit der Tendenz zu den Antinomien dogmatischer Setzungen) und als Wissenschaft zusammen. Er stellt das Programm der Transzendentalphilosophie dar: Kritische Überwindung der Hauptlinien bisheriger Philosophie von Metaphysik und Materialismus. Synthetische Lösung durch Überführung der Probleme in die rationellen Fragestellungen durch Verbindung des Apriorismus mit dem Phänomenalismus. »So viel ist gewiß: wer einmal Kritik gekostet hat, den ekelt auf immer alles dogmatische Gewäsche […] Die Kritik verhält sich zur gewöhnlichen Schulmetaphysik gerade wie Chemie zur Alchymie, oder wie Astronomie zur wahrsagenden Astrologie« (IV, 366). Ohne transzendentale Untersuchung werde sich jeder Metaphysik nach seiner Art und »an der Wünschelruthe des so genannten gesunden Menschenverstandes« zuschneiden. Zum aufgeklärten Selbstverständnis der Kultur gehört die spezifische Rationalität kritischer Feststellung der logischen Geltungsbedingungen differenzierter Theoriesysteme. Die neue Theorie transzendentaler Idealität soll die Zeitalter natürlicher metaphysischer Reflexion beenden, d. i. unkritischer Verschleifung von alltagspraktischen und ungeschiedenen methodisch-systematischen Auffassungen. Kants Apriorismus trägt das Postulat der überpersönlichen Objektivität von Theorien, trennt also systematisch-rationale Theoriefähigkeit von den Kriterien erlebnishafter Gedankenbildung ab. Das ist mit Kants Kritik der Vermengung von sinnlich gebundener und rationaler Sphäre gemeint. Die natürliche Welteinstellung mit der erweiternden Begründung, dass sie allen Menschen von Natur her oder durch Gott als geistigen Seinsgrundes mitgegeben sei, reiche nicht mehr aus, dass der Mensch sich als Person und die Kultur als Prozess ständiger Schöpfung der umgreifenden Sinnsphäre begreifen könne. Kant weist die Tendenzen einfacher Erweiterung oder Überhöhung des natürlichen Weltbewusstseins auf der Basis von gefühlten und geglaubten Gewissheiten des kulturellen Selbstverständnisses zurück. Er durchschaut sie als Fesselungen des Bewusstseins durch Traditionen spezifischer kultureller Ordnungsformen. Die mathematischen Naturwissenschaften und das Erfordernis exakter Verrechtlichung der sozialen Lebensformen persönlich freier Individuen haben die Reflexionsbedingungen bei der Vergesellschaftung des Menschen einerseits entschieden präzisiert und gesichert. Andererseits gehen in die Bedingungen, um vom alltagspraktischen und in unreflektierter Tradition geführten Bewusstsein zum Selbstbewusstsein zu gelangen, die überpersönlichen methodischen Voraussetzungen mit ein, die die neuzeitliche Gesellschaft in den Wissenschaften als Errungenschaft spezifischer idealer Generalisierungsleistungen ihrer realen Existenz gewonnen hat. Der methodische Formalismus apriorischer Begründungen aller theoretischen und praktischen Akte, der den Grundgedanken der Kantschen Umformung der europäischen Philosophie darstellt, spricht diesen Sachverhalt aus. Die Begründungsleistungen differenzierter theoretischer und praktisch sozialisierender Akte sind Resultat eines komplexen gesellschaftlichen Prozesses, die nicht von der »Metaphysik als Naturanlage« erreicht oder gar ersetzt werden können. Kant spricht darum von einer förmlichen Wissenschaft der »Kritik« als von den apriorischen Voraussetzungen und Anwendungsbedingungen aller Wissens- und Handlungstypen. In den apriorischen Voraussetzungen ist die unhintergehbare Tatsache eingetretener hoch entwickelter Reflexion auf die Vergesellschaftung des Menschen und gleichzeitig das Erfordernis ausgesprochen, den gesellschaftlichen Lebensprozess des Scheins seiner natürlichen Spontaneität zu entkleiden.

Literatur

Erdmann, B. (Hg.): I. Kants *Prolegomena*, Leipzig 1878, S. III–CXIV [Einl. v. B. E.: Spez. Angaben zur Aufnahme der *KrV* und zu den *Prolegomena*]. – Arnoldt, E.: Kants *Prolegomena* nicht doppelt redigiert. Widerlegung der Erdmannschen Hypothese (1879), in: Ges. Schriften, Bd. 3, Berlin 1908, S. 1–101. – Vaihinger, H.: Die Erdmann-Arnoldtsche Kontroverse über Kants *Prolegomena*, in: PhM 16 (1880), S. 44–48. – Apel, M.: Historische Untersuchungen zu Kants

Prolegomena, Halle 1904 [ND 1975]. – Erdmann, B.: Historische Untersuchungen über Kants *Prolegomena*, Halle 1907. – Apel, M.: Kommentar zu Kants *Prolegomena*. Eine Einführung in die kritische Philosophie (1908), Leipzig ²1923. – Kullmann, G.: Die Reihenfolge der *Prolegomena*-Abdrucke, in: AM 51 (1914), S. 193 ff. – Ders.: Kantiana I. Korrekturen und Konjekturen zu den Prolegomenen, Wiesbaden 1922. – Schingnitz, W.: Das Problem der philosophischen Methodenlehre und Kants *Prolegomena*, Diss. Leipzig 1923. – Kimpel, B. F.: Kants critical Philosophy, *Critique of pure Reason* and *Prolegomena*, Boston 1964. – Williams, M. E.: Kants Reply to Hume, in: KS 56 (1965/66), S. 71–78. – Logan, B. (Hg.): I. Kants *Prolegomena* in focus, London 1996 [ursprl. 1983]. – Stark, W.: Zu Kants Mitwirkung an der Drucklegung seiner Schriften, in: Ludwig, B., Kants Rechtslehre, Hamburg 1988, S. 7–29. – Vorländer, K. (Hg.): I. Kant, *Prolegomena*, Hamburg ⁹1997, S. V–XLIV [Einl. v. K. V.: Entstehungsgeschichte, Gedankengang der Schrift, Darstellung der Kontoverse Erdmann-Adickes; enth. die Garve-Federsche Rez. und die Rez. im *Gothaischen Gelehrten Anzeiger*, mit der Kant zufriedener war, als Beilagen]. – Gerlach, B.: Wer war der »große Mann«, der die Raumtheorie des transzendentalen Idealismus vorbereitet hat?, in: KS 89 (1998), S. 1–34 [hier spez. S. 8–17]. – Pollok, K. (Hg.): I. Kant, *Prolegomena*, Hamburg 2001 [Einl. S. IX–LXXIII].

VII Grundlegung zur Metaphysik der Sitten (1785)

Das Entstehen der Schrift

Die Probleme einer analytischen Grundlegung der Moralphilosophie beschäftigten Kant seit der Mitte der 60er Jahre, also lange vor der *KrV*, und bildeten neben der Absicht, die Schulmetaphysik zu kritisieren, die andere zentrale Quelle der neuen Transzendentalphilosophie. Die Entstehungsgeschichte der Schrift, aus der schon 1765 an Lambert mitgeteilten Absicht einer neuen zweiteiligen Metaphysik der Natur und der Sitten hervorgegangen (31.12.1765), vermischt sich schließlich mit derjenigen der *KpV*. Die Kritik der praktischen Vernunft müsse ihre Einheit mit der theoretischen Rationalität in einem »gemeinschaftlichen Prinzip« zeigen, »weil es doch am Ende nur eine und dieselbe Vernunft sein kann«, die lediglich in der Anwendung unterschieden operiere (IV, 391). Doch das sei ein methodisch späterer Schritt (den die 2. Auflage der *KrV* 1787 auch noch nicht vollzieht). Die Vorrede spricht als zentrales Ziel des neuen Werkes Allgemeinverständlichkeit aus für den ganzen Themenkreis der neuen allgemeinen und speziellen Metaphysik, die Kant begründen will. Der Zwischenschritt der Erläuterung, den die *Prolegomena* nach der schlechten Erfahrung mit der ersten Aufnahme der *KrV* begonnen hatten, soll fortgesetzt werden.

Tatsächlich gibt die Darstellungsweise der *Grundlegung* am besten den methodischen Charakter der Transzendentalphilosophie zu erkennen. Kant geht hier nicht von den logischen Formgesetzen a priori zum empirisch Gegebenen, sondern steigt von den alltagspraktisch unmittelbaren Motivationen über Zwischenstufen der theoretischen Reflexion zur logischen Form eines universalen Sittengesetzes auf. Gegenüber der für den wissenschaftlichen Zweck gewählten Darstellungsmethode der Formbestimmungen a priori in den *Kritiken* der theoretischen und der praktischen Rationalität wird hier der Weg des realen Bewusstseins zum Erfordernis systematischer Reflexion der Verhaltensmaximen nachgezeichnet.

Einen Anlass für den Zwischenschritt im Ausarbeitungsgang der transzendentalen Theorie theoretischer und praktischer Rationalität bildete möglicherweise Kants Wunsch, auf Garves einflussreiche moralphilosophische Schrift *Philosophische Anmerkungen und Abhandlungen zu Cicero's Büchern von den Pflichten*, die 1783 erschienen war, kritisch zu reagieren und bei gutem Anlass die Leistungsfähigkeit der transzendentalphilosophischen Methode zu zeigen. Hamann, wie immer um Nachrichten über Kant für seine Briefe bemüht, berichtet, Kant arbeite an einer Garve-Kritik (wiederholt an Herder, 8.2.1784, 18.2.1784; *Hamann's Schriften*, 6. T., Berlin 1824, S. 373 f.; vgl. AA IV, 626 f.). Er habe Kant vor acht Tagen besucht und ihn Garve studieren sehen, unterstellt sogar, Kant wolle sich durch einen Anti-Garve Genugtuung für die kritische Garve-Federsche Rezension der *Kritik* verschaffen (an Scheffner, 15.3.1784). In der *Grundlegung* ist indessen jeder direkte Bezug unterblieben, und Hamanns Reden stehen dahin. Die sachliche Differenz zu Garves und jeder empiristischen Ethik ist umso wirkungsvoller vorgetragen, als die empiristische Moralphilosophie in einem genetischen Problemaufriss eingeordnet und in ihrer eigenen Widersprüchlichkeit gezeigt wird. Die Vorrede grenzt die praktische Transzendentaltheorie nur von Wolffs allgemeiner praktischer Weltweisheit ab, die der Moralphilosophie methodisch vorangestellt war (*Philosophia practica universalis*, 2 Bde., 1738/39, im Unterschied zur *Philosophia moralis sive Ethica*, 5 Bde., 1750–53). Vielleicht hat Kant an den beiden allgemein verständlichen Erläuterungen der transzendentalen Methode, den *Prolegomena* und der *Grundlegung*, gleichzeitig oder mit sehr kurzem Abstand gearbeitet (vgl. Hamann an Hartknoch, 11.1.1783). Der konzentrierte Gedankengang der Schrift lässt die Absicht, hier gegen Garve zu polemisieren, eigentlich nicht nahe liegend erscheinen. Doch sollten zweifellos das Erfordernis und die Leistungsfähigkeit der transzendentallogischen Methode gezeigt werden, die zum ersten Male eine *Metaphysik* der Sitten ermöglichte, die es zuvor tatsächlich nicht gegeben hatte. Die Widersprüche einer empiristischen Moralphilosophie wie der Garveschen bildeten hier lediglich ein begleitendes Moment. Das eigentliche Problem bildet die Ausdehnung der immanenten Rationalitätsbegründung auf den gesellschaftlichen Gehalt des Handlungsbegriffs. Nur mit einer Metaphysik der generellen Handlungsmaxime konnte deren Rationalität ohne den Dualismus von empirisch-naturalistischer Motivation und Transzendenz einer Wert-Ontologie dargestellt werden. Nur so war dann auch das transzendentallogische Prinzip durchzuführen, nicht materiale Intentionen anthropologisch zu systematisieren, sondern Formgesetze der sozialen Qualität von Handlungsintentionen zu bestimmen (vgl. dazu a. Jenisch an Kant, 15.5.1787). Vom erschienenen Werk, das Hamann »in einigen Stunden« (in Hippels Exemplar) durchgenommen hatte, teilte er an Herder mit: »Statt der reinen vernunft ist hier von einem andern Hirngespinst und Idol die Rede: vom guten Willen. Daß Kant einer unserer scharfsinnigsten Köpfe ist, muß ihm auch sein Feind einräumen, aber leider ist dieser Scharfsinn sein böser Dämon, fast wie Lessing's seiner; denn eine neue Scholastik und ein neues Papstthum sind die beiden Midas-Ohren unseres herrschenden seculi« (14.4.1785; *Hamann's Schriften*, 7. T., Leipzig 1825, S. 243).

Die Schrift war eine Vorbereitung der *Metaphysik der Sitten*, wie es der Titel klar sagt. Kant sah nicht nur bei Garve, sondern an der ganzen blühenden moralphilosophischen Literatur seiner Zeit das Erfordernis einer analytischen Behandlung oder Zergliederung, wie er gern sagte, aller Grundbegriffe der Moralwissenschaft. Das leisten die beiden ersten Teile der Schrift, die die Begriffe guter Wille, Achtung, moralisches Gesetz, Imperativ, Handlung aus Pflichtbewusstsein im Unterschied zur nur pflichtgemäßen Handlung u. a. bestimmen. Der dritte Teil soll eine Deduktion des kategorischen Imperativs geben, d. i. die logische Begründung der Geltung eines elementaren und unbedingten Handlungsgebots. Die analytische Zergliederung der alltagspraktischen und darauf der empiristisch-moralphilosophischen Sprache soll zugleich der allgemein verständlichen Einführung in Kants Metaphysik-Begriff dienen. Die *Grundlegung* demonstriert schließlich die zentrale Bedeutung von »Kritik«, nämlich Klärung der umlaufenden Begriffe und Abwehr der Anmaßungen unpräziser Begriffe.

Mit einer Bemerkung weist Kant auf den umfassenden kulturellen Bezug seiner strengen Scheidung von abstrakter transzendentaler und konkreter oder empirischer Theorieebene hin: »Alle Gewerbe, Handwerke und Künste haben durch die Verteilung der Arbeiten gewonnen« (IV, 388). Mathematische Naturwissenschaften und Transzendentalphilosophie werden in den kulturellen Abstraktionsprozess der Arbeitsteilung gestellt. Schulmetaphysik mit der ungeklärten Beziehung von logisch möglichem und empirisch wirklichem Sein und ebenso der Empirismus erscheinen als methodisch überholte Denkformen, die einer Gesellschaft unentwickelterer Handlungsrationalität entsprachen.

Literatur

Schönecker, D./Wood, A.: Kants *Grundlegung*, Paderborn 2002.

Phänomenologisch-genetische Darstellungsmethode

Die Schrift zeichnet sich unter allen propädeutisch-transzendentalen und metaphysisch-systematischen Schriften Kants durch ihren phänomenologisch-genetischen Aufbau aus. Die einzelnen Schritte sind überschrieben: 1. Von der allgemeinen sittlichen Erkenntnis zur philosophischen. 2. Von der populären sittlichen Weltweisheit zur Metaphysik der Sitten. 3. Von der Metaphysik der Sitten zur reinen praktischen Vernunft. Die Schrift bietet eine Phänomenologie des sittlichen Bewusstseins (Abfolge von dessen Erscheinungsformen), indem sie am anhebenden alltagspraktischen Moralbewusstsein dessen innere Widersprüchlichkeit zeigt, das darum zu moraltheoretischer Reflexion übergeht. Diese reproduziert die Widersprüche in erweiterter Form und wird für deren Auflösung schließlich zur Theorie praktischer Rationalität überhaupt getrieben. Methode der Schrift ist ein immanenter dialektischer Problemgang, mit dem sie bei der Problemstellung der *KpV* ankommt, diese also genetisch »von unten her« erzeugt. Kant nennt es, »durch die natürlichen Stufen fortzuschreiten« (IV, 412). Der Weg verläuft vom unvermittelt situativen Bewusstsein über die das Erlebnisfeld auflösenden Stufen zur logischen Form, in der alle speziellen moralischen Maximen zu synthetisieren sind. Kant erkannte am Unverständnis der *KrV*, wie schwer der unkommentierte Duktus seiner Systematik (aus transzendentaler Logik – Metaphysik-System – angewandte philosophische Disziplinen – Fachwissenschaften) zu vermitteln war. So wandte er sich mit einem methodischen Zwischenschritt nochmals auf die Ausgangssituation des natur- und kulturphilosophischen Denkens zurück und schaltete eine genetische Demonstration zur Notwendigkeit der Transzendentalphilosophie ein. Kant nennt es einen methodischen Doppelschritt, analytisch zur Bestimmung des obersten Prinzips aufzusteigen und synthetisch wieder herabzugehen zu den konkreten alltagspraktischen Maximen (IV, 392).

Beziehungen der methodischen Linie der Schrift bestehen in die Vergangenheit zu Platon, in die nächste Zukunft der Kantschen Theorie zu Hegels *Phänomenologie des Geistes* (1807). Am Ende des sechsten Buches von Platons *Staat* findet sich der analytisch-synthetische Doppelschritt der antiken Fassung der dialektischen Methode bezeichnet: Von den empirischen Sätzen als »Unterlagen, gleichsam Stufen und Aufgangsstützpunkten« ausgehen, »damit er bis zum Voraussetzungslosen vordringend an den wirklichen Anfang des Ganzen gelange, und wenn er ihn erfaßt hat, [...] wieder herabsteige ohne irgendwie das sinnlich Wahrnehmbare dabei mit zu verwenden, sondern nur die Begriffe selbst nach ihrem eigenen inneren Zusammenhang, und mit Begriffen auch abschließe« (*Politeia* St. 511). Platon beschreibt die Transformation der empirisch gegebenen Wirklichkeit in systematische logische Struktur. Hegel sagt von der Methode der *Phänomenologie*, sie zeichne »den Weg des natürlichen Bewußtseins, das zum wahren Wissen dringt«, oder den »Weg der Seele, welche die Reihe ihrer Gestaltungen, als durch ihre Natur ihr vorgestreckter Stationen, durchwandert, daß sie sich zum Geiste läutere« (*Phänomenologie des Geistes*, in: Werke, Bd. 3, Frankfurt/M. 1970, S. 72).

Die Linien der (I.) apriorisch-metaphysischen und (II.) der phänomenologisch-genetischen Methode im Verhältnis von moralisch-praktischem Apriorismus und empirischem moralischem Bewusstsein und kulturwissenschaftlichen Fachdisziplinen lassen sich wie auf Seite 274 dargestellt skizzieren.

Literatur

Paton, H. J.: The aim and structures of Kant's GMS, in: PhQ 8 (1958), S. 112–130. – Henrich, D.: Das Problem der Grundlegung der Ethik bei Kant und im spekulativen Idealismus, in: Engelhardt, P. (Hg.), Sein und Ethos. Untersuchungen zur Grundlegung der Ethik, Mainz 1963, S. 350–386. – Ders.: Über Kants früheste Ethik. Versuch einer Rekontruktion, in: KS 54 (1963), S. 404–431. – Gamm, G.: Zu Kants Idee einer praktischen Vernunft, in: Apel, K.-O. (Hg.), Praktische Philosophie, Ethik, Frankfurt/M. 1980, S. 180–196. – Ebeling, H.: Kommunikative Voraussetzungen der Ethik Kants, in: Apel (Hg.), S. 196–198. – Irrlitz, G.: Moral und Methode. Die Struktur in Kants Moralphilosophie und die Diskursethik, Baden-Baden 1994. – Kraft, B./Schönecker, D. (Hg.): I. Kant, GMS, Hamburg 1999 [Einl. S. VII–XXXIX; m. umfangr. Bibliographie].

Erster Abschnitt. Auflösung des Rousseau-Dilemmas

Der Abschnitt steht für sich und legt das Erfordernis einer formalen Theorie praktischer Akte überhaupt dar. Zum Ausgangspunkt nimmt Kant Rousseaus Theorie des Verhältnisses von »natürlicher« und zivilisierter Vergesellschaftung. Die Kultivierung der Wissenschaften und Gewerke führe zu gesteigerter Mühsal, nicht zu mehr Glück. Schließlich beneide man überwundene Einfachheit (und Primitivität) mehr als dass man sie gering schätze (IV, 395 f.). Doch Kant bildet aus dem Rousseau-Dilemma der modern-bürgerlichen Gesellschaft deren Problem und kulturelle Funktion. In den Reflexionen heißt es: »Rousseau: vom Schaden der Wissenschaften und der Ungleichheit der Menschen hat ganz recht, aber nicht als Forderung dahin zurückzukehren, sondern darauf zurückzuweisen, um in dem Wege zur Vollkommenheit auf die Naturzwecke zu sehen, damit iene künstliche Anordnung immer mehr mit der Naturordnung einstimig werde« (Refl. 1454; zu Rousseau vgl. XV/2, 890, 896; VII, 326; XX, 14, 30, 43 f., 56 f.). Da Vernunft und unvermittelte, auf natürlichen Bedürfnishorizont beschränkte Lebenspraxis in Gegensatz zueinander getreten sind – Kant formt es um zum Heraustreten abstrakter Verfahrensrationalität aus den empirischen Akten –, so kommt es darauf an, den Bezug der Vernunft auf den moralisch guten Willen überhaupt zu untersuchen, unabhängig von möglichen materialen Willensbestimmungen. Kant gibt eine geschichtliche Voraussetzung seiner Wendung zum Formalismus in der Ethik an: Bürgerliches Individualeigentum und persönliche Freiheitsrechte führen zu steigendem Gegensatz zwischen den sich mit der Eigenverantwortung entfaltenden individuellen Interessen und der Wohlfahrt der Gesamtheit der Bürger. Damit entsteht erst die Möglichkeit eines universalistischen Rechtsbegriffs vom Verhältnis zwischen der Würde der Einzelperson und der Menschheit. Diese elementare Relation zwischen den ideellen Setzungen der Person als solcher und der Gattung aller mit gleicher Eigenverantwortung ausgestatteten Rechtssubjekte fixierte Rousseaus *Contrat social* als die *volonté général*. Kant generalisiert das verfassungsrechtliche Prinzip zur logischen Form a priori, unter der alle Aspekte der von der Aufklärung sog. allgemeinen Menschenvernunft zu synthetisieren sind. Aus der realen Gegenüberstellung von bürgerlicher Individualität und zivilisatorischem Prozess ergibt sich die ganze Kantsche Problematik des allgemeinen Sittengesetzes. Alle konkreten, eben die sog. eudämonistischen Kriterien, rücken unter ein methodisch generalisiertes Verfahren ein. Kants Sittengesetz der praktischen Vernunft a priori erkennt an, dass sich der zivilisatorische Prozess als eine sachliche Macht der erlebnishaften Zugänglichkeit und Verantwortung des Einzelnen entzieht. Das Sittengesetz enthält mit dem ra-

I. Metaphysische Systematik

propädeutische Transzendentalphilosophie
(*KpV*)
↓

»auf die *Kritik der praktischen Vernunft* sollte
das System, die *Metaphysik der Sitten*, folgen«
(VI, 206)
↓

Rechtslehre   ↓
↓   Tugendlehre
                                                             ↓
Privatrecht → öffentliches Recht   Pflichten gegen sich selbst → gegen Andere
↓

Staatsrecht, Völkerrecht, Weltbürgerrecht
↓

empirische Disziplinen
Anthropologie, allgemeine Historiographie,
Pädagogik
↓

Sammlung von Fakten
Völkerkunde, Geschichte von Staaten
und Herrscherhäusern, Religionsgeschichte,
Kirchengeschichte

II. Phänomenologisch-genetische Systematik

Kritik der reinen praktischen Vernunft   intelligible Welt, Freiheit der intellektuellen
↑   Substantialität des Individuums, kategorischer
Metaphysik der Sitten »Inbegriff der Vernunft-   Imperativ, »Idee einer Vernunft, die über alle
erkenntnis«, nichts Empirisches, Vernunft-   subjective Bewegursachen völlige Gewalt
ideen, wo uns Beispiele verlassen   hätte« (IV, 420)
↑   ↑
empiristische Moralphilosophie,   Imperative der Klugheit, Glückseligkeit, ver-
Eudämonismus, Tappen durch Beispiele   gebliche Versuche der Vermittlung von Sitten-
(IV, 412)   gesetz und »Neigungen«, »Begriff unmöglich,
↑   was man hier eigentlich wolle«
Anthropologie, alltagspraktische Moralreflexio-   (IV, 418)
nen, »gemeine sittliche Vernunfterkenntnis«,   ↑
»Chaos von Dunkel, Ungewißheit, Unbestand«   Regeln der Geschicklichkeit, gegenständlich-
(IV, 404)   praktische Mittel-Zweck-Beziehung
↑

»durch die natürlichen Stufen fortzuschreiten«
(IV, 412)

tional evidenten Pflichtenpostulat zugleich den Anspruch der Wiederaneignung des sich in fixe rechtliche, ökonomische, moralische, religiöse Sphären zerteilenden gesellschaftlichen Lebensprozesses durch das ideelle Gesamtsubjekt in der transzendental-idealistischen Gestalt des logischen Formgesetzes einer reinen praktischen Vernunft (IV, 400). Die Fassung der sozialen Problematik und der geschichtlichen Tendenz der bürgerlichen Zivilisation in Form der Moralthematik ist Ausdruck der Wahrnehmung der subjektiven Seite des gesellschaftlichen Sachfortschritts, den die Aufklärung mit ihrem ausgeprägten Bewusstsein der individuellen geistigen Öffnung und Verantwortung erst ins Bewusstsein gehoben hat. Die empiristische Ethik setzt bei der individuellen Motivation an und fixiert diese als moralische Naturanlage. Kant wirft dagegen das Problem der Re-Subjektivierung des versachlichten gesellschaftlichen Gesamtprozesses auf. Sie kann selbstverständlich nicht auf erlebnishafte Weise erfolgen. Darum polemisiert Kant energisch gegen alle Begründung der Moraltheorie im emotionalen Reservoir des Individuums. Er spricht das in der Ablehnung der sog. Neigungen aus. Der Aspekt der Gesamtverantwortung, die nicht innerhalb der unvermittelt persönlichen Interessiertheit des Individuums der bürgerlichen Gesellschaft darzustellen ist, bedingt sowohl den harten Dualismus der Kantschen praktischen Philosophie als auch die Annäherung der Moralform der Sozialisierungsproblematik persönlich freier Individuen an die Rechtsform. In bestimmten Aspekten sieht Kant die reale Basis, die seine Theorie praktischer Vernunft herausfordert. Dazu gehören vor allem die spezielle Rationalisierung einzelner gesellschaftlicher Lebenssphären und die Leistungsfähigkeit der Verrechtlichung vieler Sozialisierungsebenen. Der rein theoriegeschichtliche Anschluss an Begriffe und Fragestellungen der Metaphysik vor Kant darf nicht über den tatsächlichen Realismus der Kantschen praktischen Philosophie hinwegtäuschen. Solche Anschlüsse bei Umbildung der Problemstellung liegen z. B. in Bezug auf Wolffs zentrale moralphilosophische Fragestellung der virtus intellectualis und der Scheidung formaler und materialer intellektueller Tugenden vor (*Philosophia moralis sive Ethica*, Kap. III, IV); ebenso natürlich bei Wolffs voluntas perfectissima in seiner Materialismus-Polemik (*Psychologia rationalis*, §§ 33 f., 47 f., 650). Doch Wolffs moraltheoretischer Intellektualismus bleibt im Rahmen der Ordnungsfunktion von acumen und intelligentia (Scharfsinn und Einsicht, Verstand) für die individuelle Handlungsmotivation. »Sine virtuti-

bus intellectualibus vera virtus, in qua scilicet nihil deficit, asquiri necquit«; »Voluptas ex virtutibus intellectualibus percepta hominem felicem reddit« (Wolff, *Philosophia moralis sive Ethica*, Bd. 1, Halle u. Magdeburg 1750, §§ 149, 153; »Unmöglich ist es, wahre Tugend, die nicht ermattet, zu erreichen ohne die intellektuellen Tugenden«; »Der von den intellektuellen Tugenden gewährte Genuß schafft den fröhlichen Menschen«). Wolffs ethischem Intellektualismus fehlt der entscheidende Punkt des Kantschen Gedankens des logisch-synthetischen Charakters des reinen Willens, die Verbindung von Personalität und Achtung der Würde der Menschheit. Gegenüber dem christlichen Dualismus von innerem und äußerem Menschen, der selbstverständlich eine Vorlage der Kantschen Entgegensetzung von reinem und empirischem Willen darstellt, besteht der Unterschied, dass Kant den intelligiblen Willen rational begründet, nicht als Überstieg zum Glauben an transzendente Realität.

Nachdem das qualitativ neue Abstraktionsniveau moralischer Theorie mit der Scheidung von Vernunftpostulat und »natürlicher« Neigung eingeführt ist, muss sich die Erörterung der analytischen Elemente der Moraltheorie auf abstraktem Niveau methodischer Grundbegriffe bewegen. Sie wurde darum nicht nur als kahle Spitzfindigkeit (in Goethes u. Schillers *Xenien*), sondern schärfer noch als neues Diktat über neuzeitliche persönliche Freiheit und über Toleranz in der Moral kritisiert (von Hamann, Herder, Garve).

Der weitere Gang des ersten Abschnitts leitet vom reinen Willen die logische Voraussetzung der ganzen Theorie her. Der gute Wille, das einzige, das in der Welt ohne Einschränkung für gut gelten könne (IV, 393), konstituiert die Ebene logischer Formbestimmung, auf der alle methodischen Prinzipien zu versammeln sind. Nicht das Gelingen einer Handlung enthält deren moralische Qualität, allein die gute Absicht im überempirischen, letztlich dem menschheitlichen Sinn. Nicht die gut gewählte Übereinstimmung meines Interesses mit einem öffentlichen Nutzen, allein das interessefreie Pflichtbewusstsein verbürgt den moralischen Wert. Worauf bezieht sich die Pflicht? Auf das Gesetz praktisch-moralischer Vernunft. Diesem material entgegenständlichten Willen »bleibt nichts als die allgemeine Gesetzmäßigkeit der Handlungen überhaupt übrig, welche allein dem Willen zum Prinzip dienen soll, d. i. ich soll niemals anders verfahren als so, daß ich auch wollen könne, meine Maxime solle ein allgemeines Gesetz werden« (IV, 402). Der reine Wille gründet in diesem kategorischen Imperativ und bildet die logifizierte *volonté général*. Dann ist der Wille nicht Willkür, sondern vom Gesetz bestimmt. Die Selbstnötigung des Willens in der Achtung fürs Gesetz erreicht die Notwendigkeit der Handlung.

Der erste Abschnitt dieser Methodenschrift der Moralphilosophie des logischen Idealismus besitzt seinen theoretischen Reiz darin, dass er sich nur innerhalb der reinen Formbestimmungen bewegt, die allgemeine Übereinstimmung aus den ideellen Beweggründen freier Individuen konstituieren. Der synthetische Satz a priori der reinen praktischen Vernunft lautet: Jeder schlechterdings gute Wille enthält in sich die Tauglichkeit zur Maxime, sich selbst als allgemeines Gesetz zu begreifen (IV, 444). Das Gesetz aller Handlungen, das die Einheit von individuellem und allgemeinem Interesse konstituiert, stellt eine ideelle Realität dar, nicht im Sinne statistischen Durchschnitts, sondern als das Vollkommene, das das unendlich Genaue ist. Es ist ein auf die Identität aller Handlungsmaximen berechnetes Gesetz, »dadurch die Totalität einer in der Tat unendlichen Reihe in Folgen erreicht würde« (IV, 419). Der metaphysische Vollkommenheitsbegriff (noch in Wolffs voluntas perfectissima) wird von Kant in Analogie zum unendlich Genauen der mathematischen und ebenso der juridischen Formalisierung von Sachverhalten definiert. Das Apriori sittlicher Vollkommenheit ist der unendlichen Genauigkeit des mathematischen und juridischen Gesetzes nachgebildet. Kant betont, dass darin auch der rationelle moralische Gehalt des Begriffs des Heiligen als eines unendlich Vollkommenen liege (IV, 408 f., 410). Die Formel von der Bestimmung einer unendlichen Reihe mit sich identischer Handlungen ist fürs Verständnis der Kantschen Theorie von den Ideen praktischer Vernunft wesentlich. Der ganze Komplex des mundus intelligibilis, innerhalb dessen das Konzept nicht-instrumenteller praktischer Rationalität entwickelt wird, ist hier zu erfassen. In praktischer Hinsicht ist die intelligible Welt das notwendige Wollen jedes Individuums, innerhalb der Idee der Menschheit gedacht. Es erscheint nur als unendliches Sollen, weil das Individuum zugleich Teil der gegenständlich-sinnlichen Welt ist (IV, 455). Es handelt sich um einen logisch immanenten Begriff ideeller oder formaler Realität, der zugleich, wie die mathematischen Setzungen, nur existiert, indem er als Maxime gedacht wird. Es ist keine Ontologie praktischer Werte oder Normen. Wie für Mathematik und juridisches Gesetz sagt Kant, dass die Gesetze reiner praktischer Vernunft bestehen, weil der Mensch sie denkt. Wie

die mathematisch oder juridisch präzise Formel nur unter der idealen Bedingung ausgeschalteter empirischer Vorgänge gilt, so sagt Kant vom Sittengesetz, dass es »unter der Bedingung für jedes vernünftige Wesen gilt, wenn die Vernunft bei ihm ohne Hindernisse praktisch wäre« (IV, 449).

Literatur

Horstmann, R.-P.: Welche Freiheit braucht Moral? Kant und Dennett über freien Willen, in: Ders., Bausteine kritischer Philosophie, Bodenheim 1997, S. 201–221. – Schnädelbach, H.: Kant. Der Philosoph der Moderne, in: Ders., Philosophie in der modernen Kultur, Frankfurt/M. 2000, S. 28–42. – Baumann, P.: Kant und die Bioethik, 2004.

Zweiter Abschnitt. Empirismus-Kritik

Führte der erste Abschnitt auf die Basis aller Handlungsmaximen aller Individuen, sofern sie als logische Subjekte gedacht werden, so entwickelt der zweite Abschnitt die Folgen für die den logischen Formbestimmungen entsprechende Disziplin der Metaphysik der Sitten. Die Metaphysik unterscheidet sich von der nach materialen Interessen oder Naturanlagen klassifizierenden »populären sittlichen Weltweisheit« durch die in der praktischen Vernunft jeder Person als solcher liegende logische Synthesis, die ein unbedingtes Handlungsgebot aufweist. Es gilt im empirischen Verhalten selbstverständlich nur tendenziell oder symbolisch, wie Kant sagt. Ebenso entspricht kein physikalischer Vorgang unmittelbar der mathematischen Formel. Scharf erfolgt, ohne Namen zu nennen, die kritische Vorführung der verschiedenen Spielarten des Sensualismus, und das ist zugleich der anthropologischen Begründung des Moralgesetzes. Freilich könne man mit Beispielen erhabener Handlungen Effekt machen, heißt es gegen die pädagogisch-moralische Erbauungsliteratur. Die verfeinerte Selbstliebe erscheint dann als das vor der Nase liegende Konglomerat moralischer Selbstwertgefühle (IV, 406). Helvétius (1715–1771) hatte Altruismus und Absehen vom eigenen Interesse konsequent naturalistisch als sublimierte Selbstliebe konstruiert: Man will die rühmende Anerkennung der Selbstlosigkeit genießen und ist also selbstlos aus Selbstliebe. J. G. Sulzer (1720–1779), der Autor psychologischer und ästhetischer Schriften, habe ihn in einem Briefe gefragt, warum die Lehren der Tugend, so überzeugend sie auch für die Vernunft seien, doch so wenig ausrichteten. Kants Antwort: Selbst Philosophen mit dem Anspruch aufgeklärter Denkweise haben ihre Begriffe nicht ins Reine gebracht (IV, 411). Schließlich, ohne die vor Abfassung der *Grundlegung* gelesene Garve-Schrift zu erwähnen: Der ganze wohlmeinende popularphilosophische Empirismus bringt »einen ekelhaften Mischmasch von zusammengestoppelten Beobachtungen und halbvernünftelnden Prinzipien zum Vorschein, daran sich schale Köpfe laben« (IV, 409).

Wie der Empirismus wird auch die Theorielosigkeit theologischer Moralbegründung abgewiesen. Deren Fehler: Das analytisch zu demonstrierende Gesetz wird als fertiger göttlicher Wille vorausgesetzt, wogegen fast der ontologische Begriff rationaler Vollkommenheit (in der Schulmetaphysik) noch besser sei (IV, 443). Die Notwendigkeit einer nicht-materialen Moraltheorie darzulegen, »eine völlig isolierte Metaphysik der Sitten, die mit keiner Anthropologie, Theologie, Physik oder Hyperphysik vermischt ist« (IV, 410), ergab sich als neue Vergewisserung, der wahrscheinlich das Garve-Studium diente. Der zweite Abschnitt der *Grundlegung* bildet das Zentrum des ganzen, auf die theoretische Situation der Zeit reagierenden Vorhabens. Zweifellos hat auch die enttäuschende Erfahrung des Unverständnisses für die *KrV* nun bei fortschreitender Ausführung der Transzendentalphilosophie den kritischen Ton entschiedener werden lassen.

Hinter der Kritik der philosophischen Literatur steht Kants Überzeugung vom hoffnungslos apologetischen Charakter des moralischen Empirismus. Hier werde das ganze Chaos des bürgerlichen »Tichtens und Trachtens des lieben Selbst« nur dem Scheine nach aufgehoben und darauf so, wie es ist, wieder gesetzt (IV, 407). Jeder gegenständliche Bezug ist relativ und löst ohne absoluten Selbstbezug auf die Übereinstimmung aller Willen das Subjekt auf. Es wird unmöglich, sich einen bestimmten Begriff von dem zu machen, was man eigentlich wolle (IV, 418). Die Freiheit der Individuen im Horizont des Naturgesetzes führt zum Zynismus der bürgerlichen Welt, dass »jedermann von Teilnehmung und Wohlwollen schwatzt […], aber da, wo er nur kann, betrügt, das Recht der Menschen verkauft oder ihm sonst Abbruch tut« (IV, 423). Die Freiheit des interessierten Subjekts erscheint im empirisch befangenen Horizont als die unbeschränkte Wahlmöglichkeit innerhalb als Ganzes undurchschauter gesellschaftlicher Verhältnisse. Kants Moralphilosophie durchbricht diesen befangenen Horizont und zeigt, dass hinter der prima facie erscheinenden Wirklichkeit ein die-

ser entgegengesetzter Inhalt steht: Das Gesetz der Verantwortung für die Übereinstimmung der Interessen aller. Die wie Naturgesetz der bürgerlichen Emanzipation erscheinende moralische Motivation des Bourgeois bezieht sich in der theoretischen Reflexion der Gesamtheit des zivilisatorischen Prozesses auf das intelligible Gesetz der Identität des individuellen Willens mit dem Postulat eines jeweils zu ermittelnden allgemeinen Willens. Kant spricht das als die Formbestimmung eines mit sich selbst logisch identischen Willens aus. Nichts anderes als diese methodische Funktion, vom partikularen und falsifizierenden Erscheinungsbild moralischer Motivation durchzustoßen zum Postulat bewusst gemachten gesellschaftlichen Prozesses, stellt Kants Theorie reiner praktischer Vernunft dar. Kant behandelt diese Problematik in der Moralform des Bewusstseins und fasst den Unterschied zwischen partikular erscheinender und komplexer Realität als den von hypothetischen Imperativen und dem unbedingten oder kategorischen Imperativ (IV, 414).

Literatur

Habermas, J.: Vernunft und Interesse. Rückblick auf Kant und Fichte, in: Ders., Erkenntnis und Interesse, Frankfurt/M. 1973, S. 235–262. – Wilde, L. H.: Hypothetische und kategorische Imperative. Eine Interpretation zu Kants GMS, Bonn 1975. – Specht, R.: Zur Metaphysik-Funktion der Philosophie, in: Lübbe, H. (Hg.), Wozu Philosophie? Stellungnahmen eines Arbeitskreises, Berlin u. New York 1978, S. 163–180. – Kulenkampff, A.: Hypothetische und kategorische Imperative. Zu einer offenen Frage der praktischen Philosophie, in: Kuhlmann, W./Böhler, D. (Hg.), Kommunikation und Reflexion, Frankfurt/M. 1982, S. 591–611. – Schmitz, H.: Die transzendentale Kommunikationsgemeinschaft bei Kant, in: Kuhlmann/Böhler (Hg.), S. 240–248. – Ilting, K. H.: Der Geltungsgrund moralischer Normen, in: Kuhlmann/Böhler (Hg.), S. 612–648. – Horster, D.: Maximenethik bei Kant und im Deutschen Idealismus, in: Ders., Der Apfel fällt nicht weit vom Stamm. Moral und Recht in der postchristlichen Moderne, Frankfurt/M. 1995, S. 27–43.

Dritter Abschnitt. Kategorischer Imperativ. Faktum der Vernunft

Die wirkliche Phänomenologie der praktischen Objektivationen findet sich bereits im zweiten Abschnitt, wo Kant die Teleologie der Handlungsebenen entwickelt. Er nennt es »durch die natürlichen Stufen fortzuschreiten« (IV, 412): Von den nur hypothetischen Imperativen der technisch-gegenständli-

chen Geschicklichkeit über die pragmatische Klugheit bis zum kategorisch-unbedingten Imperativ der
Sittlichkeit (IV, 413 ff.). Es hebt mit Regeln der Herstellung an. Darauf folgen für eine erweiterte Realisierung individueller Zielstellung Ratschläge der
persönlichen Zweckverwirklichung, wie sie die reiche Literatur seit Gracián, seit Montaignes und
Bacons Essays zum Standard moralischer Selbstreflexion des höfischen und des bürgerlichen Individuums ausgebildet hatte. Kant umschließt diesen
Horizont im Selbstverständnis der bürgerlichen Zivilisation und erklärt dessen Überschreitung. Der
bürgerliche Mensch gelangt auf bestimmtem Niveau
der Selbsterfahrung vor das Erfordernis der Selbstreflexion der Interessen aller Individuen. Unter den
Voraussetzungen eines nicht Privilegien fixierenden
Rechtsbegriffs basiert das Selbstverständnis des Individuums auf der Allheit seiner Personalität. Dem Bewusstsein, das die Epoche von sich besitzt, liegt diese
Synthesis zugrunde, die Kant richtig als synthetisches Urteil a priori der praktischen Vernunft ausspricht. Der kategorische Imperativ enthält als die
Idee der unendlichen Folge dieser Identität den Zukunftsbezug der modern-bürgerlichen Welt. Wenn
nicht sozial- oder rechtsgeschichtlich, kann die Synthesis nur als logisch evident ausgewiesen werden,
wie die Metaphysik überhaupt das Denknotwendige
– erst bei Kant mit explizitem Zukunftsbezug – als
objektive Realität gefasst hatte. Metaphysische Ontologie löst sich in Kants Verbindung der Theorie
praktischer Vernunftideen mit der aufklärerischen
Geschichtsphilosophie in historisches Tendenzbe-
wusstsein auf. Allerdings meidet Kant die ideelle Linie der europäischen Unterschichten zur Fassung
des Problems: Die mystische, religiös-pantheistische
Idee der Herausgebärung einer neuen Menschheit.
Dem 23-jährigen Herder, den er gut verstand, nannte
er freundlich mahnend die Denkweise des Philosophen als »das Gegentheil von demjenigen wovon
Mystiker träumen« (an Herder, 9.5.1767). Im plebejischen Emanzipationsbewusstsein sah er die Errungenschaft der Individualität zurückgenommen. Die
komplexe Sozialisierung sollte auf neue und illusorisch vereinfachte Vergemeinschaftung zulaufen.
Kant hat diese plebejische Linie in seiner Kritik von
mystischer Erbauung immer abgewiesen.

Im Einzelnen formuliert Kant den kategorischen
Imperativ, wie dann auch in der zwei Jahre darauf
verfassten *KpV*, nach den verschiedenen Aspekten,
unter denen der Grundgedanke, der individuelles
und generelles Gesetz ineinander verschränkt, ins
Licht gerückt werden soll. Alle Formulierungen ba-

sieren auf der Voraussetzung, dass die Selbstidentität
des individuellen Willens, insofern er sich als einen
geistigen Akt verstehe, zugleich dessen Erhebung zu
einem allgemeinen Willen in sich schließe. Handle
nach einer Maxime, dass der Wille sich durch seine
Maxime zugleich als allgemein gesetzgebend betrachten könne (IV, 434). Das juridische Muster moralischer Fragestellung tritt deutlich hervor. Handle
so, dass Du die Menschheit in Deiner Person und in
der Person jedes anderen jederzeit zugleich als
Zweck, niemals bloß als Mittel brauchst (IV, 429, vgl.
434 u. VI, 225).

Der theoretisch interessante Aspekt am Gedanken
eines unbedingten Gebots, das den Willen des Individuums von dessen Selbstbewusstsein her nötigt,
also eine Logik des Gewissens darstellt, besteht im
Prinzip einer allgemeinen Gesetzgebung durch jedermann, wenn er sich nur als intelligentes Subjekt
zu begreifen bereit sei. Im Verhältnis vernünftiger
Wesen zueinander sei der Wille jedes Einzelnen zugleich als gesetzgebend zu betrachten (IV, 434). Der
kategorische Imperativ ist der Republikanismus, ins
Reich einer Logik erhoben, einer Logik, die dem
Handeln in einer Sozietät freier Individuen zugrunde
liege, aber entdeckt werden müsse, um realisiert zu
werden. Er ist nichts Geringeres als die Würde des
Einzelnen in dessen Anteil, den er einem vernünftigen Wesen an der allgemeinen Gesetzgebung verschafft »und es hiedurch zum Gliede in einem möglichen Reiche der Zwecke tauglich macht« (IV, 435).
Der modern-bürgerliche, weil immanent-rationale
Sinn des alten metaphysischen Terminus liegt auf der
Hand. Der theoretische Akzent liegt auf der Aktivität
des Einzelnen, nicht auf dessen Unterwerfung unter
ein äußeres Gesetz. Im Rahmen der europäischen
Metaphysik des 17. und 18. Jhs. entwirft die Logik
des Selbstbewusstseins das Programm einer möglichen Zivilisation, das Programm, das das 19. und 20.
Jh. von der Antwort auf die Frage nach den sozialen
Voraussetzungen allgemeiner Autonomie des Willens her aufnahmen.

Der Schlussabschnitt führt weit in die innere Systematik der Kantschen Philosophie überhaupt hinein. Kant fragt, worin die Möglichkeit der Autonomie gründe und antwortet: Weil wir außer der sinnlich-gegenständlichen Welt der anderen, intelligiblen Welt zugehören. Vernunft bedeutet schlechthin
die Spontaneität, aus sich selbst Antrieb und nicht
fremdbestimmt zu sein (IV, 448). Ohne die Voraussetzung einer intelligiblen Welt, die aber nur »das
Ganze vernünftiger Wesen«, nicht eine transzendente Wirklichkeit ist (IV, 458), würde das ganze

Reich der Sittlichkeit nicht in einer immanenten logischen Systematik verankert werden können, die Kant als synthetisches Urteil a priori fasst. Das ist Kants synthetisches, logisch immanent erweiterndes Prinzip a priori zu den analytischen Sätzen der Theorie auf den Ebenen der ersten beiden Abschnitte, die allein auf der Zergliederung der Begriffe Sittlichkeit und Willensautonomie beruhen. Synthetisch den gegebenen Inhalt erweiternd, sagt Kant, weil im Begriff der Freiheit der Person selbst nicht schon die Idee der Freiheit aller Individuen enthalten sei. Das ergibt erst der notwendig anzunehmende Begriff der intelligiblen Welt. Kant entwickelt im Weiteren den Doppelcharakter des menschlichen Seins aus empirisch-gegenständlichem und rationalem Bezug. Er formt den christlichen Dualismus des fleischlichen und geistigen Menschen zur Person als Erscheinung und als Ding an sich um. Das im logischen Sein der intelligiblen Welt notwendige Wollen muss in der gegenständlichen Welt als Sollen erscheinen.

Kants Fassung des rationalistischen Satzes des Bewusstseins als Prinzip eines »Faktums der Vernunft« soll eine umfangreiche Beweislast der Theorie einer reinen praktischen Vernunft und von deren Unbedingtheit moralischer »Gesetze« tragen. Das Prinzip basiert auf einer Reihe von Voraussetzungen: Es gibt einen Subjektkern hinter allen »sinnlich«-gegenständlichen Lebensäußerungen. Er besteht in den beiden Fähigkeiten repetierender (korrigierender) Selbstreflexion und begründungsintensiver Aussagen. Kant fasst das in der aufklärerischen Grundthese von der Vernünftigkeit des Menschen, nicht nur bei der Beurteilung von Tatsachen, sondern ebenso für die Beziehung von Willensmotiven und Handlungen. (1) Das Rationalitätsprinzip des theoretischen Verstandes sagt einen Allgemeinheitscharakter von Grund-Folge-Beziehungen aus (Kausalsatz als zweite Analogie der Erfahrung). Wir interpretieren gleiche Fälle als gleich zu behandelnde. (2) Hieraus ergibt sich die Interpretation rationaler (begründungsfähiger) Beziehungen zwischen Handlungszielen und Resultaten unter dem Kriterium einer Allgemeingültigkeit. (3) Daraus ist zu schlussfolgern, dass rational einsichtige Handlungsmaximen einen Soll-Charakter besitzen, nicht nur im Bezug auf das je intendierte Resultat (für gleiche Resultate gleiche Mittel), sondern ebenso im Hinblick auf die »Gleichen« gemäß der modern-bürgerlichen Auffassung der Person (Gleiche sind »Alle«). (4) Schließlich: Aus dem elementaren Verallgemeinerungsprinzip des Verstandes folgt für die Vernunftideen die Annahme eines Reichs aller Zwecke, und die darauf

bezogenen Handlungsmaximen fassen sich in einem letzten Handlungsgesetz zusammen, das als ein kategorischer Imperativ gilt. Er sagt, analog dem mathematischen Unendlichen, die unabschließbaren Prozesse der Willensorientierung und der Bildung von Übereinstimmungen aus. (5) Kant entwickelt allgemeinste moralische Gebote als Gesetze. Aus der Rationalitätsbedingung der Verallgemeinerbarkeit ergibt sich, dass wir letzte moralische Intentionen in Bezug auf Andere nicht annehmen sollen oder sollten, sondern sie voraussetzen müssen gleich einem objektiven Gesetz; daher Kants Unterscheidung von Maximen und dem Sittengesetz. Vor allem aber erweist sich das »Faktum der Vernunft« als ein Funktionsgefüge von Vermittlungen der von Kant subtil unterschiedenen logischen Ebenen. An Garve schrieb Kant: »Denn ich getraue mir es zu, förmlich zu beweisen, dass kein einziger wahrhaft-metaphysischer Satz aus dem Ganzen gerissen könne dargethan werden, sondern immer nur aus dem Verhältnisse, das er zu den Quellen aller unserer reinen Vernunfterkenntnis überhaupt hat, mithin aus dem Begriffe des möglichen Ganzen solcher Erkenntnisse müsse abgeleitet werden« (7.8.1783; X, 319). Die Thematik der reinen praktischen Vernunft setzt bereits bei der Analytik der Verstandesbegriffe an, die ja ein elementares Generalisierungsgebot sachverhaltsbezogener Behauptungen enthalten. »Vernunft« mit ihrem moralisch-praktischen Bezug auf nicht-empirische Sollensbestimmungen trennt also nicht nur von der »Verstandes«-Rationalität ab. Sie bildet diese fort von Wissenscharakteristika zu Verhaltensgeboten. Es ist doch eine einheitliche Rationalität. Das war ein leitender Gedanke in der theoretischen Bewegung nach Kant zu Hegels Geist-Begriff, neben dem komplementären der Rückwendung der transzendentallogischen Methode auf generalisierungfähige psychische Prozesse in den psychologisierenden Kant-Schulen (Fries, Herbart, Nelson, Cornelius). Das Problem der Kompatibilität eines empirisch-materialen Willens mit dem des Anderen, gleichsam einer moralischen Kooperation als Basis von Gesellschaft, stellt sich für Kants Deduktion der reinen praktischen Vernunft nicht. Im Feld der empirischen Unmittelbarkeiten spricht Kant es umso intensiver aus, konsequent für eine quasi-mathematische Prämisse der ideellen Realität des unendlich Genauen. Die gern zitierten Worte von der tendenziellen Miserabilität des Menschen bedeuten nicht Misanthropie (eine gute oder böse Art? nicht viel Staat zu machen! usf.). Sie ergibt sich zunächst aus der methodischen Struktur der Theorie, die logische

Bedingungen a priori von Urteilen und deren materiale Gehalte trennte. Kants intellektualistische Theorie moralisch-praktischer Vernunft stellt ebenfalls nur die Frage der Bedingungen des theoretischen Verstandesgebrauchs: Wie sind allgemeingültige moralische Urteile möglich, analog zur Frage der *KrV*, wie objektive Erfahrung möglich sei, also wieder die quid-juris-Frage vor der allerdings weitläufigen quaestio facti. Der Unendlichkeitsbezug der Moral wird von der theologischen Sphäre weg in die Rationalität reiner praktischer Vernunft übertragen. Von der generellen methodischen Fragestellung unterscheidet sich Kants lebenspraktische Moral-Reflexion, die selbstverständlich die von Shaftesbury und Hume kommende Basis von Verhaltensweisen gemäß kultivierten Geschmacks zur Grundlage nimmt, und auch der aristotelischen Formung einer Person durch situative Einübung ethischer Rechtschaffenheit ihr Recht werden lässt. Kants rein methodisches Prinzip besitzt jedoch auch für den ethischen Begriff der Person Bedeutung. Mit der Öffnung der lebenspraktischen Sphäre zum methodischen Unendlichkeitsprinzip der Vervollkommnung wird der Personbegriff selbst als sich in Progress verwirklichend gefasst. Ganz abgesehen davon, dass die immer neu herausgeforderte Vermittlung von Teil- und Gesamtinteressen, die Kants Apriori der praktischen Vernunft setzt, eines der zentralen Themen der hochindustrialisierten Gesellschaften darstellt (Widersprüche zwischen betriebswirtschaftlicher und gesamtgesellschaftlicher Effizienz, zwischen exportoffensiven Industrieländern und zurückgedrängten Entwicklungsländern u. a.).

Die von Kant beanspruchte Deduktion, also ein logischer Beweis der Geltung des kategorischen Imperativs, ist viel diskutiert und von D. Henrich in einer minutiösen Untersuchung der ganzen Problemlage der Kantschen *Grundlegung* bestritten worden (Henrich 1975, S. 97, 109 f.). Kant legt tatsächlich dar, dass wir uns nicht nur als empirisch-faktische Individuen, sondern darüber hinaus als Glieder einer rein intellektuellen Realität sehen müssen. Das Bewusstsein der Freiheit ist intuitiv gewiss. Die *Grundlegung* deduziert tatsächlich die Voraussetzung der Freiheit aus der intelligiblen Qualität des Subjekts. Für den Nachweis einer Metaphysik der Sitten, die nur Gebotssätze a priori enthalten soll, reicht das nicht hin. Für ein intelligibles Subjekt ist die Geltung des Sittengesetzes, das der kategorische Imperativ formuliert, selbstverständlich. Hier wäre es auch nur ein analytischer Satz. Es würde nur etwas expliziert, was mit dem Begriff dieses Subjekts ohnehin gesetzt ist – wie

Kant etwa in verschiedenen Wendungen sagt, Freiheit sei die Eigenschaft des Willens, sich selbst Gesetz zu sein (IV, 447). Kant will aber zeigen, dass der unbedingte Imperativ ein synthetischer Satz a priori ist. Darin besteht erst die Deduktion. Es müsste also als logisch immanent aus dem Begriff des freien Subjekts erwiesen werden, dass der Imperativ für Subjekte gilt, die zugleich mit der Freiheit von der kausalempirischen Wirklichkeit (der sog. sinnlichen Welt) determiniert sind. Kant gibt dafür tatsächlich keine formelle Deduktion. Nach verschiedenen Ansätzen heißt es in Bezug auf die Frage, wodurch das moralische Gesetz uns eigentlich verbinde, die Darstellung sei darin noch nicht weitergekommen, wie die intuitiv gewisse Freiheit in der Sinnenwelt wirke (IV, 449). Doch unschwer ist aus Kants Voraussetzungen die Argumentation zu erschließen. Dazu gehören zwei Gedanken. Der erste: Die intelligible Freiheit verwirklicht sich im Grunde gar nicht. Sie steht bestenfalls als Symbol über allen Willensmaximen. Das Bewusstsein intelligibler Freiheit verbindet tendenziell nur im unendlichen Prozess. Das ergibt sich aus dem Begriff der reinen praktischen Vernunft. Der zweite Gedanke, in dem die eigentliche Deduktion enthalten ist: Das Bewusstsein der Freiheit des Subjekts ist das Bewusstsein von dessen Identität. Dieses Identitätsbewusstsein schließt allerdings logisch-synthetisch die Forderung ein, die empirisch-kausale Existenz der intellektuellen Realität der Freiheit integrieren zu können. Ein empirischer Beweis ist hier nicht gefordert und wäre ganz fehl am Platz. Der Begriff des freien Subjekts schließt in sich ein, was eigentlich nicht in ihm selbst gedacht ist: Dass das empirische Verhalten vom kategorischen Imperativ der reinen praktischen Vernunft integriert werden müsse, weil sonst der Begriff des in seiner Freiheit einheitlichen Subjekts sich auflöste. Die Konstitutionsproblematik des sozialen Zusammenhangs ist unter der Voraussetzung persönlich freier Individuen und tendenziell gleicher Rechte nicht erlebnishaft anschaulich darstellbar. Kant sieht, dass ohne Geltung traditionalistischer Werte eine Begründung moralischer Identität der Person und deren Einheit mit allen Individuen nicht mehr aus dem Faktischen der Vergangenheit, sondern nur aus dem Programm-Charakter einer intellektuellen Synthese zu begründen ist.

Die Freiheit, unsere Verankerung in der intelligiblen Welt, ist nur als Faktum anzuerkennen, nicht logisch abzuleiten. Ebenso wenig sei zu erklären, wie eine bloße Idee in uns ein Gefühl hervorbringen könne. Aus der intelligiblen Realität der Freiheit erklären können wir es nicht, »oder mit anderen Worten, wie reine Vernunft praktisch sein könne, das zu erklären, dazu ist alle menschliche Vernunft gänzlich unvermögend« (IV, 461). Die Erklärung über das nicht weiter erklärbare Faktum der Rationalität bedeutet zunächst, dass Kant in der rationalistischen Tradition des Satzes des Bewusstseins denkt: Aller Weltzugang ist beschlossen in der intuitiven Eröffnung der Logik des Selbstbewusstseins. Kant erst verschärft den Satz des Bewusstseins zur nicht hintergehbaren Basis von Praxis. Die transzendentale Idee der Freiheit ist nur in ihrem Dass, nicht im Warum zu erfassen. Es sei denn, wir wollten in einer Welt der Intelligenzen herumschwärmen, im leeren Raum tranzendenter Begriffe, »ohne von der Stelle zu kommen und sich unter Hirngespinsten verlieren« (IV, 462). Wollte man das Faktum der Vernunft erklären, so setzte man an die Stelle von deren Autonomie wieder Heteronomie.

Eine andere Frage ist, ob die transzendental-idealistische Begründung des intellektualistischen Praxisbegriffs als Grundelement der Sozialisierung persönlich freier Individuen tatsächlich befriedigen kann. Die der Rechtsform nachgebildete Synthesis von gesetzter Individualität und logisch mitgesetzter Allheit aller Individuen besitzt hohe theoretische Konsequenz. Sie leistet viel für die Transformation der idealistischen Tradition der europäischen Philosophie zur funktionalen Generalisierung der praktischen Akte von Individuen, die sich in differenzierten sozialen Prozessen von hoher Dynamik universell realisieren. Die hohe Macht der transzendenten Erklärung des teleologischen Charakters der praktischen Akte ist gebrochen. Teleologisch ist der individuelle aktuale Gehalt. Das Reich der Zwecke oder das Sittengesetz als Ganzes ist ein Feld kausaler Relationen. Doch die Konsequenz der Kantschen methodischen Funktionalisierung der moralischen Vernunft bestünde darin, die gegenständlich-praktischen, juridischen, ökonomischen, moralischen, ästhetischen Akte unter bestimmtem, historisch erreichtem Niveau selbst zum Ausgangspunkt des Gedankengangs zu machen und Rationalität nicht übergeschichtlich zu fassen, sondern als Logik eines bestimmten Sozialisierungsgefüges in dessen eigener Evolution. Kants

transzendental-idealistisch verschlüsselter Freiheitsbegriff wäre handlungstheoretisch aufzuschließen. Dann bleibt das Problem des Selbstbewusstseins, also das Faktum, dass stets nur ein Ich die rationale Methode realisieren kann. Es ist der Punkt, der auch bei Kant selbst übergangen ist. Kant hat wohl den Begriff des moralischen Subjekts, wie natürlich überhaupt den des »Ich denke« der transzendentalen Apperzeption auch in praktischer Rücksicht. Aber er bringt zu seiner Konzeption moralisch-praktischer Rationalität nicht den Satz hinzu, dass das generelle Pflichtgesetz allemal nur in einzigartiger Situation von einem nicht wiederholbaren Willensakt realisiert werden kann, weil nur darin der eigentlich moralische Charakter des Aktes besteht.

Literatur

Hutchings, P. A. E.: Kant on Absolute Value, London 1972. – Klemme, H. F.: J. McDowell und die Aufklärung. Eine Kritik der neoaristotelischen Ethik, in: Ders., 2009. – Esser, A.: Aufklärung der Praxis. Kantischer Konstruktivismus in der Ethik, in: Klemme (Hg.) 2009. – Patzig, G.: Die logischen Formen praktischer Sätze in Kants Ethik [1966], in: G. Patzig, Ges. Schriften I, 1994, S. 209–233. – Wellmer, A.: Ethik und Dialog. Elemente des moralischen Urteils bei Kant und in der Diskursethik, ²1999. – Henrich, D.: Die Deduktion des Sittengesetzes. Über die Gründe der Dunkelheit des letzten Abschnitts von Kants GMS, in: Schwan, A. (Hg.), Denken im Schatten des Nihilismus, Darmstadt 1975, S. 55–112. – Högemann, B.: Die Idee der Freiheit und das Subjekt. Eine Untersuchung zu Kants GMS, Königstein/T. 1980. – Ebeling, H.: Das Faktum der Vernunft – die Basis-Fiktionen des Handelns, in: Kuhlmann, W./Böhler, D. (Hg.), Kommunikation und Reflexion, Frankfurt/M. 1982, S. 540–562. – Riedel, M.: Kants vorkritische Ethik und die einer *Grundlegung zur Metaphysik der Sitten*, in: Ders., Urteilskraft und Vernunft. Kants ursprüngliche Fragestellung, Frankfurt/M. 1989, S. 61–97; 98–124. – Siep, L.: Personbegriff und praktische Philosophie bei Locke, Kant und Hegel, in: Ders., Praktische Philosophie im Deutschen Idealismus, Frankfurt/M. 1992, S. 81–115. – Kraft, B./Schönecker, D. (Hg.): I. Kant, GMS, Hamburg 1999 [Einl. S. VII–XXXIX; umfangr. Bibliographie]. – Habermas, J.: Kommunikatives Handeln und detranszendentalisierte Vernunft, Stuttgart 2001. – Kuhne, F.: Selbstbewußtsein und Erfahrung bei Kant und Fichte, 2007. – Wagner, H.: Zu Kants kritischer Philosophie, 2008. – Pollok, K.: Über die gemeinsame Wurzel der Kantschen Imperative, in: KS 99 (2007).

VIII Metaphysische Anfangsgründe der Naturwissenschaft (1786)

Metaphysik der Naturwissenschaften

Aus der Umbildung der philosophia generalis von der Ontologie zu einer Analytik des Verstandes ergibt sich, dass Kategorientafel und Verstandesgrundsätze der *Kritik* auf die konkreten Wissenschaften angelegt sind. Dann wird eine Metaphysik der Natur tatsächlich nichts anderes als *Metaphysische Anfangsgründe* der realen Naturwissenschaft bieten können. Insofern entspricht der Titel der Schrift völlig dem neuen Verhältnis von Philosophie und Fachwissenschaften. Worin besteht die theoretische Funktion einer Metaphysik der Natur, die Kant »rationale Physik« im Unterschied zur mathematischen Physik und zur empirischen Beobachtung der Natur nennt (III, 547)? Sie findet sich im Architektonik-Kapitel der *Kritik* der speziellen Metaphysik zugeordnet. Vor die »eigentliche (empirische) Physik«, sagt die *Kritik*, kommen Sätze einer »physica pura (oder rationalis), die es wohl verdient, als eigene Wissenschaft […] abgesondert aufgestellt zu werden«. Solche Sätze sind: Konstanz der Quantität der Materie, Trägheitsgesetz, Gleichheit von Wirkung und Gegenwirkung (III, 40). Es handelt sich hier um einen Apriorismus eigener Art gegenüber der allgemeinen Analytik des Verstandes. Die erste Auflage der *Kritik* formulierte die erste Analogie der Erfahrung: Im Wechsel der Erscheinungen beharrt die Substanz als der Gegenstand selbst. Der Wechsel ist nur eine Art, wie der Gegenstand existiert (IV, 124). In der zweiten Auflage strafft Kant die Formulierung und fügt hinzu: Das Quantum der im Wechsel beharrenden Substanz in der Natur werde weder vermehrt noch vermindert (III, 162). Das ist zweifellos ein Satz, der sich auf die Naturwissenschaften stützt. Kant hatte sich eingehend mit der Vorgeschichte des Gesetzes der Erhaltung der Kraft bei Leibniz, Huygens, J. und D. Bernoulli beschäftigt. Seine Formel lässt für den allgemeinen Apriorismus der *Kritik* die Erhaltung der Kraft weg und reduziert das naturwissenschaftliche Prinzip, das Leibniz gegen Newton verfocht, auf die Erhaltung der Quantität der Materie. Dennoch gehörte es wohl mehr in die *Metaphysischen Anfangsgründe*. Die Systematik der Verstandesgrundsätze der *Kritik* verzeichnet viel allgemeinere Prinzipien zu Quantität, Qualität, Kausalität usf. Die dritte Analogie der Erfahrung sagt gerade nichts über die »Gleichheit der Wirkung und Gegenwirkung«, sondern stellt nur fest, alle im Raum gleichzeitig vorhandenen Substanzen befänden sich »in durchgängiger Wechselwirkung« (III, 180). An Kants Apriorismus ist also die allgemeine transzendentallogische Ebene zu unterscheiden von den allgemeinsten Ausgangssätzen, wie sie die *Metaphysischen Anfangsgründe* als »rationale Physik« umreißen, und die nur unter Voraussetzung der Anschauung empirischer Objekte und der faktischen Naturwissenschaften zu denken sind.

Für Kant ergibt sich das Erfordernis einer gesonderten Metaphysik der Natur aus der Idee der logischen Vollkommenheit der Erkenntnis, die er in seiner Logik-Vorlesung ausführlich behandelt. Die logische Vollkommenheit der Erkenntnis besteht der Quantität nach in der Vollständigkeit der Begriffsmerkmale und des Horizonts der Anwendung des Begriffs. Der Relation nach besteht die Vollkommenheit der Erkenntnis in der Wahrheit der Erkenntnis. Diese besitzt materialen und formalen Aspekt. Material muss die Erkenntnis empirisch-sinnlich fundiert sein. Die »formale Wahrheit besteht lediglich in der Zusammenstimmung der Erkenntnis mit sich selbst bei gänzlicher Abstraction von allen Objecten« (IX, 51). Formale Kriterien sind also diejenigen der formalen Logik und die Anwendungsbedingungen der transzendentalen Logik. Hier sitzt auch der entscheidende Punkt fürs Erfordernis einer gesonderten Metaphysik. Die transzendentale Propädeutik der *Kritik* ist ganz auf die Begründung von Allgemeingültigkeit und Objektivität der Fachwissenschaften gerichtet. Alle speziellen Disziplinen sind an die gegenständlich-sinnliche Beobachtung der Erscheinungswelt gebunden. Die logischen Formgesetze der *Kritik* wirken also nur im Rahmen empirisch-relativer Aussagen. Innerhalb des empirisch-materialen Bereichs kann man in einigen Naturwissenschaften zu notwendigen Erkenntnisse gelangen, indem innerhalb der »reinen Anschauungsformen« Raum und Zeit mathematisch konstruiert wird. Das geschieht in der mathematischen Physik. Darum nennt Kant die mathematischen Naturwissenschaften die »eigentlichen Naturwissenschaften« (IV, 468). Sie vermögen jedoch die unbedingte Geltung von Sätzen der Naturwissenschaften nicht ohne vorgeschaltete Metaphysik vollständig begründen. Warum? Weil die Mathematik an die ästhetische Vollkommenheit der Erkenntnis gebunden ist (im theoretisch anschaulichen Sinne, nicht im künstlerisch-ästhetischen). Würde die Naturerkenntnis nur mathematisch begründet, so entstünde eine offene Stelle, an der die diskursive Wissensbegründung durch die transzendentale Logik nicht gelten würde. Nur die diskursive Denkweise allein ist in der Lage, alle theoretischen, praktischen und ästhetischen Geltungsformen einheitlich zu begründen.

Die *KrV* stellte die metaphysische Antwort auf die Frage nach der logischen Möglichkeit der Wissenschaften dar. Sie sagt, dass die uns gegebenen Objekte nur unter bestimmten kategorialen Prinzipien Objekte »für uns« sind und auf eine die Wissenschaften auszeichnende Weise artikulationsfähig werden, also mit der Tendenz universeller Geltung. Daraus ergibt sich mit dem Erfordernis einer Kategorienlehre der Naturwissenschaften die Aufgabe der genauen Spezifikationsschritte zur rationalen Physik (Metaphysik), zur mathematischen Physik und zu den nichtmathematischen Naturwissenschaften. Die Vorrede zu den *Metaphysischen Anfängen* führt dieses Problem der Spezifikation, das mit dem der transzendentalen Logik gekoppelt ist, eingehend aus. Hier findet sich die Durchführungsthematik der transzendentalen Logik am ausführlichsten behandelt. Die ganze *Kritik* ist als Propädeutik auf die Metaphysik-Systeme (der Naturwissenschaften, der Sitten) hin angelegt, die wiederum die Generalisierbarkeit diskursiver Fachwissenschaften gewährleisten. Die Metaphysik-Systeme bilden dadurch allein die Bestätigung der Richtigkeit der *Kritik* und realisieren überhaupt erst deren Sinn. Kant sagt das am Ende der Vorrede zu den *Metaphysischen Anfangsgründen*, dieses zentralen Stücks auch für sein Verständnis der *KrV*. Die Natur-Metaphysik »realisiere« die Transzendentalphilosophie, indem sie dieser als »einer bloßen Gedankenform Sinn und Bedeutung« unterlege (IV, 478). Die diffizilen Vermittlungsschritte sind zu beachten zwischen (1.) logischen Formen a priori, (2.) mathematischen quantitativen Formalisierungen, die sich nur auf die »reine« Anschauung, nicht auf die gegenständlich-sinnliche Realität der Objekte beziehen können, und (3.) den unmittelbar beobachteten Ereignissen, die wiederum als solche gar nicht Gegenstände theoretischer Abstraktion bilden können. Manche Kant-Interpretation mit scheinbar plausibler Apriorismus-Geringschätzung könnte erspart bleiben, würde man sich die Mühe bereiten, in die diffizile tatsächliche Fragestellung Kants einzudringen.

Gegen Kants Metaphysik der Natur ist (wie gegen die Verstandesgrundsätze in der *Kritik*) vor allem vom logischen Positivismus eingewandt worden, hier sei kein Apriorismus, sondern die Verabsolutierung einer bestimmten Phase der Wissenschaftsgeschichte vorgelegt. Die allgemeinen logischen Formen der Natur-Interpretation – Prozess, Kausalität, andere Determinationsweisen wie Gesetzmäßigkeit, Zufall, Möglichkeit – sind zweifellos ursprüngliche Formen der Natur-Aneignung als einer Transformation von empirisch beobachtbaren Ereignisfolgen in die Sprache der Wissenschaften. In diesem Sinne ist ein Apriorismus unbestreitbar. Eine andere Frage betrifft die inhaltliche Ausgestaltung der Kategorien. Sie muss sich mit den Wissenschaften selbst entwickeln und ist insofern Resultante der Geschichte. Kant hat das nicht ausgeführt. Sein Apriorismus-Verständnis ist unhistorisch. Im sprachanalytischen Verständnis der Wissenschaftstheorie, das gern als zeitgemäßer Ersatz des Apriorismus angesehen wird, liegt ebenfalls ein a priori formales Projektionsfeld empirischer Befunde zu generalisierungsfähiger Artikulation vor. Man könnte an Kants Gedanken von der ursprünglichen Erwerbung der Elementarbegriffe (s. Kap. zur *KrV*, S. 157 f.) eine wissenschaftshistorische Komponente der Apriorismus-Interpretation anschließen. Bei Kant ist sie im phänomenologischen Vorgriff der ursprünglichen Erwerbung nicht mitgedacht, aber angelegt.

Die metaphysische Begründung der Naturwissenschaften besitzt für die fachwissenschaftliche Forschung selbst keine Bedeutung. Das sagt Kant selbst. In beschränktem Umfang kann sie hier nur der experimentellen Fragerichtung und der Offenheit der Interpretationen überhaupt dienen. Aber die Metaphysik der Naturwissenschaften gibt eine Systematik der Grundbegriffe, unter denen diese Disziplinen das kulturelle Selbstverständnis vermitteln, in einer festgegründeten, verlässlichen Welt zu stehen. Das sind tatsächlich nicht Seinsformen, sondern die logischen Netzwerke, die Natur zu erfassen, uns geistig und danach auch technisch in ihr zu bewegen und den Stoffwechselprozess Gesellschaft/Natur als stabile materielle Basis der Gesellschaft realisieren zu können. Kant war der berechtigten Überzeugung, dass philosophische Klärungen der Naturwissenschaften erstens notwendig seien gleichsam als eine geistige Ehrensache der Wissenschaftler selbst. Denn sie benutzen Begriffe, die sie nicht aus der Naturbeobachtung entnehmen, sondern aus dem Denken mitbringen. Wie sollte man das im Dunkeln lassen können? Die Metaphysik der Natur stellt eine spezielle Kate gorienlehre dar. Deren Bedeutung geht über den Bezug auf die Naturwissenschaften hinaus. Denn zweitens bezieht die Philosophie der Naturwissenschaften diese Disziplinen auf die mit ihnen verbundene kulturelle Bedeutung. Im Naturwissen wurzelt die materielle Basis der Zivilisation. Das gilt für alle Stufen von deren Entwicklung. Kants Metaphysik der Natur rekonstruiert methodisch die Absolutheit bestimmter Resultate, die von den Fachwissenschaften im 18. Jh. beansprucht wurde.

Auf Grund der Tradition des mos geometricus in der Wolffschen Metaphysik behandelt Kant eingehend die von der Mathematik unterschiedene Bedeutung der Philosophie für die Wissenschaften. Die Metaphysik vermag »ihre Begriffe nicht anschauend zu machen« ist der Gedanke der *Kritik* und vieler Reflexionen (z. B. Refl. 5277). Das leisten die mathematischen Disziplinen. Aber sie bieten nicht die letztlich stets diskursive Begründung der formalen Bedingungen wissenschaftlicher Theorien. Die eigene Funktion der kategorialen Struktur in den Naturwissenschaften versteht Kant als den intelligiblen Grund der überhaupt möglichen Aufschließung der Natur. Die Naturwissenschaften bedürfen eines »reinen Teils« – wie es geradezu von der Metaphysik der Natur heißt –, um trennen zu können, was als apriorisches Element dieser Wissenschaften unbedingte Gewissheit besitze, und was sie mit allen anderen Disziplinen gemeinsam unter gleichen generellen logischen Formgesetzen zeige. Darin besteht für Kant das Problem einer »reinen Philosophie oder Metaphysik« der Naturwissenschaften, die darum auch eine »methodisch gebrauchte Metaphysik« genannt wird (IV, 524). Davon ist der empirisch variable Teil zu sondern, ebenso wie der nicht-variable, der mit Hilfe mathematischer Quantifizierung in der Anschauung dargestellt werden kann. (Kants generelle Verbindung von mathematischer Formalisierung und Anschaulichkeit trifft tatsächlich nur elementare mathematische Verfahren.) Es handelt sich also eigentlich nicht um Metaphysik der Natur, sondern der Naturwissenschaften und, wie sich im nächsten Abschnitt näher zeigt, tatsächlich nur bestimmter Disziplinen der Physik. Kants Akzent ist: Wir bilden nicht Ereignisse und Gegenstände ab, sondern konstituieren intelligible Sachverhalte, die wir aus empirisch gegebenen äußeren Erscheinungen bilden. Wir schaffen logische Modelle von kontrollierbaren äußeren Vorgängen. Kant ist noch konsequent genug, daraus die »unerläßliche Pflicht in Ansehung der Methode« abzuleiten, diesen Zusammenhang gesondert und vollständig vorzutragen (IV, 469). Durch

die Scheidung von logischem und empirischem Element ist sowohl die unendliche Offenheit der Theoriebewegung ausgesprochen als auch der unverlierbare, immer tendenziell gegenwärtige Vereinigungspunkt aller Theorien. Das ist eine hohe Errungenschaft, denkt man ans Verhältnis von variablen und kanonischen Elementen in den nicht-naturwissenschaftlichen ideellen Systemen der Kultur.

Mit der Metaphysik der Naturwissenschaften geht es nicht allein um die Wissenschaften, sondern um den Menschen und das Verständnis von dessen Stellung in der Welt, insoweit es von den Naturwissenschaften vermittelt wird. Wir stehen in einer in den gegebenen Objekten selbst vielfältig determinierten Welt. Das ist Kants Auffassung, die bei Fichte und später mit anderem Zielpunkt bei Schopenhauer so kopfschüttelnde Ablehnung erfuhr: Die empirischen sog. Sinnesdaten zeigen uns in den Erscheinungen eine bewusstseinsunabhängige Realität. Wir schlagen gleichsam Gitternetze unserer Daten und logischen Konstanten auf diese reale Welt. Kant lehnt ebenso die pantheistische (Spinozasche, Goethesche, Schellingsche) Auffassung ab, unsere anschauende Aufnahme und logische Darstellung der Natur brächte ein objektives Geist-Wesen der Natur zur Sprache. Solche Idee der übergreifenden Verwandtschaft von Welt und Intellekt sah Kant nur als mystische Schwärmerei. Die materialistische Interpretation, wir könnten Natur darum erkennen, weil wir selbst spezifischer Teil der materiellen Wirklichkeit seien, war für ihn ebenfalls ausgeschlossen. Die Alternativen zeigen wieder, welche weitgreifenden Probleme mit diesem Teil systematischer Metaphysik als einer Philosophie der Naturwissenschaften verbunden sind.

Literatur

Cohen, H.: Kants Theorie der Erfahrung, Berlin 1871 [⁴1925, hg. v. E. Cassirer]. – Stadler, A.: Kants Theorie der Materie, Leipzig 1883. – Adickes, E.: Kant als Naturforscher, 2 Bde., Berlin 1924/25. – Hartmann, N.: Philosophie der Natur. Abriß der speziellen Kategorienlehre, Berlin 1950 [spez. S. 1–41]. – Lehmann, G.: Anwendung und Übergang als Systemprobleme der Kantischen Philosophie (1961), in: Ders., Beiträge zur Geschichte und Interpretation der Philosophie Kants, Berlin 1969, S. 188–194. – Plaass, P.: Kants Theorie der Naturwissenschaft. Eine Untersuchung zur Vorrede von Kants MAN, 1965 [translation, commentary by A. and M. Miller with an introductory essay by C. F. v. Weizsäcker, Dordrecht u. London 1994]. – Carnap, R.: Einführung in die Philosophie der Naturwissenschaft (1966), München 1976. – Schäfer, L.: Kants Metaphysik der Natur, Berlin 1966. – Kaulbach, F.:

Kants Metaphysik der Natur. Weltidee und Prinzip der Handlung bei Kant, in: ZphF 30 (1976), S. 329–349. – Buchdahl, G.: Zum Verhältnis von allgemeiner Metaphysik der Natur und besonderer metaphysischer Naturwissenschaft bei Kant, in: Tuschling, B. (Hg.), Probleme der KrV, Berlin u. New York 1984, S. 97–142. – Scheibe, E.: Kohärenz und Kontingenz. Die Einheit der Physik und die rationalistische Tradition, in: ZphF 40 (1986), S. 321–336. – Butts, R. E. (Hg.): Kant's Philosophy on Physical Science. MAN, 1786–1986, Dordrecht u. a. 1986. – Friedman, M.: Kant and the Exact Sciences, Cambridge/Mass. 1992. – Frank, M./Zanetti, V. (Hg.): I. Kant, Schriften zur Ästhetik und Naturphilosophie, Frankfurt/M. 1996 [Interpretation und Stellenkommentar der MAN S. 989–1079]. – Pollok, K. (Hg.): I. Kant, MAN, Hamburg 1997 [Einl. S. IX–XCII]. – Ders.: Kants MAN. Ein kritischer Kommentar (KF 13), Hamburg 2001.

Wissenschaftssystematik

Die Vorrede bringt die ausführlichste Darstellung der Kantschen Wissenschaftssystematik. Das Thema besaß im 17. und 18. Jh. unter den Bedingungen der starken methodischen Differenzierung zwischen mathematisch-naturwissenschaftlichen und empirischen Disziplinen in den Wissenschaften größere Bedeutung als in der Gegenwart. Kant bleibt innerhalb der bereits ausgebildeten Trennung von *scientia methodo scientifica pertractata* und *historia naturalis* als von generalisierungsfähigen und empirisch beschreibenden Disziplinen. Die alte metaphysische Unterscheidung vom ontischen principium als dem logisch möglichen Sein und den diesem logisch zufälligen empirischen Erscheinungen spielt hier hinein. Es heißt bei Kant nämlich noch: In formaler Bedeutung ist Natur das »innere Princip alles dessen, was zur Möglichkeit eines Dinges gehört«, im materialen Bezug »der Inbegriff aller Dinge, so fern sie Gegenstand unserer Sinne [...] sein können« (IV, 467). Kant meint aber mit dieser Unterscheidung die schon bezeichnete Scheidung von intellektueller Konstitution theoretischer Entwürfe und nicht subjektiv geschaffenen, sondern objektiv gegebenen Erscheinungen. Die erst Reinholdsche, dann Fichtesche Konsequenz, dass die sog. Anschauungen auch Subjekt-Element seien, wies Kant ab: Der Form nach wohl subjektiv, sagte er, aber im Inhalt eben nicht von uns gewebt, sondern bewusstseinsunabhängig gegeben und unüberspielbar der in die Sachen selbst eindringenden Forschung überlassen.

Die Systematisierung in den *Metaphysischen Anfangsgründen* verzeichnet speziell die naturwissenschaftlichen Disziplinen, die »Erkenntnis in der Erfahrung (in concreto)« darstellen (III, 547). Kant nennt diese Naturwissenschaften im Architektonik-Kapitel der *Kritik* »immanente Physiologie« im Unterschied zur »transzendenten« (III, 546). Ebenso trennt er immanente und transzendente Psychologie. Zur Metaphysik der Natur gehören also im weiteren Sinne außer den in der Übersicht dargestellten Disziplinen auch die transzendenten Disziplinen der rationalen Kosmologie, in gewissem Zusammenhang auch der rationalen Theologie und der rationalen Psychologie. Diese Disziplinen finden sich in einem Werk ganz eigener Themenentwicklung, wie eben den *Metaphysischen Anfangsgründen*, nicht dargestellt. Kant behandelt sie in seinen Metaphysik-Vorlesungen. Das hatte historische Gründe. Er hielt sich auch unter den gelockerten Vorlesungsvorschriften seiner späteren Zeit an die traditionelle Einteilung der Lehrbücher. In den *Metaphysischen Anfangsgründen* kommen diese Teile einer transzendenten Metaphysik der Natur natürlich nicht vor. Das gibt Aufschluss über Grenzen der Metaphysik-Vorlesungen für das Verständnis des Kantianismus. Sie enthalten auch Darstellungen, die nicht mehr zur eigenen Gedankenentwicklung Kants gehören.

Nach dem Gedanken von der unerlässlichen theoretischen Pflicht zur Philosophie der Naturwissenschaften fällt Kants Unterscheidung von eigentlichen und uneigentlichen Naturwissenschaften am meisten ins Auge. Historisch überholt ist daran nur die Auffassung, dass einige Disziplinen niemals Wissenschaften im eigentlichen Sinne zu werden vermöchten. »[S]o kann Chemie nichts mehr als systematische Kunst oder Experimentallehre, niemals aber eigentliche Wissenschaft werden, weil die Principien derselben blos empirisch sind und keine Darstellung a priori in der Anschauung erlauben« (IV, 471) – also nicht mathematisch quantifizierbar seien! Es gibt Wirklichkeitsbereiche, meint er, die der Anwendung der Mathematik unfähig sind. »Ich behaupte aber, daß in jeder besonderen Naturlehre nur so viel *eigentliche* Wissenschaft angetroffen werden könne, als darin *Mathematik* anzutreffen ist« (IV, 470). Richtig ist zweifellos die Abschichtung unterschiedener Theorieebenen in den Naturwissenschaften selbst, die Kant mit seiner starken Trennung vornimmt. Die sog. eigentlichen Naturwissenschaften zeichnen sich durch ein zu den unerlässlichen empirischen Daten hinzutretendes apodiktisches Element aus, das intellektual, aber nicht logisch ist: Die mathematische Konstruktion der Anschauung. Die Sonderung der mathematischen und der logischen Intellektualität

Die Systematik der Naturwissenschaften

Propädeutik
KrV, KpV, KU
analytisch
Elementarlehre. Begriffe möglicher Gegenstände a priori
Methodenlehre. Formulare Bedingungen des Systems reiner Vernunft (III, 465)
↓
»System der reinen Vernunft« (III, 543)
synthetisch
»methodisch gebrauchte Metaphysik« (IV, 524)

↓	↓
Metaphysik der Sitten	Metaphysik der Natur
Grundlegung zur Metaphysik der Sitten;	(»rationale Physiologie«)
Metaphysik der Sitten	*Metaphysische Anfangsgründe der*
	Naturwissenschaft; Opus postumum

↓	↓	↓	↓
Tugendlehre	Rechtslehre	rationale Physik	rationale Psychologie
		(äußerer Sinn)	(innerer Sinn)

↓
I. »eigentliche Naturwissenschaften« (IV, 468)
(cognitio ex principiis)
mathematische Naturwissenschaften

II. uneigentliche Naturwissenschaften
(nach Gesetzen in Erscheinungen)
Chemie, empirische Psychologie, Anthropologie

III. historia naturalis
(cognitio ex datis, empirisch geordnete Fakten)

↓	↓
Naturbeschreibung	Naturgeschichte,
Biologie	Naturerscheinungen
	in geographischen
	Räumen/Erdzeit-
	altern, Entstehung
	von Arten, Verbreitung
	über die Erde

der kategorialen Verknüpfungsgesetzlichkeit, deren diskursiver Stolz gerade die Unfähigkeit zur anschaulichen Repräsentation ist, bildet einen tiefen Punkt der Kantschen Philosophie der Naturwissenschaften. Der Gegenstand der Naturwissenschaften erschöpft sich nicht in der quantitativen Relation. Die Messung misst stets »etwas«, das eben nicht die Messung ist. Ausdehnung, Zeitdauer, Temperatur, Druck, Strahlung, Wellenlänge usf. sind irreduzibel aufeinander und sind Substrate von Quantitäten.

Kant setzt mit gutem Grund die rationale Physik über die mathematische. Hier setzt auch tatsächlich die spezielle Kategorienlehre ein. Sie bildet den eigentlichen Gegenstand auch von Kants Metaphysik der Natur.

Kant vertritt eine Modelltheorie der Wissenschaften. Wir bilden nicht äußere Vorgänge zu internen Bewusstseinsprozessen ab, wie der Empirismus des 18. Jhs. meinte, sondern wir schaffen auf der Basis von Wahrnehmungsdaten durch unsere vorausliegende mathematische und logische Synthesis intellektuelle Modelle. Die Auffassung vom empirischen Charakter der Chemie auf Grund ihrer experimentellen Methodik zeigt, dass Kant einen eingeschränkten Experimentbegriff voraussetzt und sich über die Perspektive der mathematischen Dimension in den Naturwissenschaften keine Rechenschaft gibt. Er blieb damit hinter dem bereits eintretenden Stand der Chemie zurück. Für die mathematische Naturwissenschaft rechnet er das Experiment zum Zeichen der synthetisch kompositiven Methode, in der die kopernikanische Drehung bestehe: »[D]ie Elemente der reinen Vernunft in dem zu suchen, was sich durch ein Experiment bestätigen oder widerlegen läßt« (III, 13). Das Experiment ist nur nachfolgendes Prüfverfahren für die vorangegangene intellektuelle Synthesis des Physikers oder Astronomen. Der Kunstwissenschaftler E. Wind (1934) hat das in einer wenig beachteten, vorzüglichen Schrift behandelt.

Zu Kants antisensualistischem Modellverständnis von naturwissenschaftlichen Theorien gehört das charakteristische Theorem der Unterscheidung zwischen Erscheinung und Ding an sich. Kant ist mit dem Gedanken des Ding an sich Realist. Unsere intellektuellen Modelle beziehen sich auf die komplexe bewusstseinsunabhängige Realität, die unseren Wahrnehmungen erscheint. Über diese materielle Schiene vollzieht sich der ganze unmittelbare Zugang zur Realität. Aber er führt zu partikularisierten und darum unvollständigen – nicht falsifizierenden – Informationen über die reale Welt. Mit unserer »Sinnlichkeit« sind wir selbst Teil der äußeren materiellen Realität. Des Ganzen von Realitätsbereichen kann der Mensch auf Grund seiner sinnlichen Konstitution nicht unmittelbar, sondern nur durch intellektuelle Modellbildungen innewerden. Die Mathematik bildet dabei das effizienteste Instrumentarium, die partikularisierende direkte Verbindung mit der materiellen Welt in eine erste Stufe der Modellbildung zu überführen. Sie ist über ihr Medium der sog. reinen Anschauung eine Klammer zwischen der inneren Materialität (unserer Wahrnehmungen) und der logischen Intellektualität. Kant sah die Mathematik im Sinne der angewandten Disziplin. Das ergab sich aus der tatsächlichen Verbindung von Mathematik und Physik seit dem 17. Jh., die die Naturwissenschaften umgestaltete im Sinne der bis zum Ende des 19. Jhs. bestehenden Auffassung, dass diese Disziplinen auf der Basis von Beobachtungs- und Experimentaldaten konstante quantitative Relationen mathematisch formulierten. Dadurch kommt Kant zur Annahme der Endgültigkeit einiger Disziplinen,

die er die eigentlichen Naturwissenschaften nennt. Deren Geltung wurde ja auch nicht direkt korrigiert, sondern der Anwendungsbereich wurde z. B. gegenüber der relativistischen Physik eingeschränkt.

Die *Metaphysischen Anfangsgründe* bilden die direkte Fortsetzung der Wissenschaftslogik der *Kritik*. Die Systematik der Verstandesgrundsätze wird jetzt über die Definitionen der Grundbegriffe Materie, Bewegung, Ruhe, Raumerfüllung, Kraft usf. dieser sog. rationalen Physik auf die beobachtbaren materiellen Vorgänge angewandt. Dafür geht Kant auf den Ursprung der Grundsätze in der Kategorientafel zurück. Natur ist formal nach den vier Kategorienklassen der Quantität, Qualität, Relation und Modalität zu denken. Das ergibt als elementare Naturwissenschaften Gruppen, die sämtlich verschiedene Aspekte der Bewegung fassen: a) Bewegung als reines *Quantum*: Phoronomie (von griech. φορά, *phorá*, Schwung, Lauf, überhaupt schnelle Bewegung, und νόμος, *nómos*, Gesetz; heute: Kinematik); Bewegung als *Qualität* ursprünglich bewegender Kraft und der Materie selbst eigen; b) Dynamik; bewegende Kräfte in *Relation*; c) Mechanik; der Bewegung-Ruhe-Wechsel als die *Modalität*, die Eigenschaften der Materie als Erscheinungen auf unsere Vorstellungen zu beziehen; d) Phänomenologie (IV, 477). In der logifizierten Form des vollständigen kategorialen Apriorismus ist hier die Existenzweise der dynamischen, selbstbewegten (nicht evolutionären) Materie behandelt, wie es die *Allgemeine Naturgeschichte* (1755) bereits auf den genetischen Aspekt einer Bildung des Universums aus Materiepartikeln nach Gesetzen der Mechanik erweitert hatte. Die Grundbegriffe der Naturwissenschaft werden nicht als Axiome oder Prinzipien, sondern als fortlaufend nummerierte »Erklärungen« ausgeführt. Es sind Definitionen von Grundbegriffen: Materie ist, Bewegung ist, Ruhe ist usf. Darauf folgen vor allem in Dynamik und Mechanik die Erklärungen mit spezifizierenden Lehrsätzen. Die ganze Metaphysik der Natur ist eine fortlaufende Spezifizierung des Begriffs der sich selbst bewegenden Materie. Die Darstellung geht vom Elementarsten (Bewegung, Ruhe, Raumpunkte) zum immer Konkreteren. In der Stufe der Dynamik: Raum erfüllen durch Kraft, Attraktion, Repulsion, Undurchdringlichkeit, unendliche Teilbarkeit, dies zugleich die Qualität der Materie gemäß den Kategorien Realität, Negation, Limitation. Die Mechanik entspricht mit ihren drei Grundgesetzen von der Erhaltung der Masse der Materie bei allen Bewegungen der Adäquatheit der Bewegungsintensität in Ursache und Wirkung und der Gleichheit von Wirkung und Gegenwirkung in den Relationskategorien Substanz/ Akzidenz, Kausalität/Abhängigkeit, Wechselwirkung. Die Phänomenologie bestimmt dann vom empirischen Wahrnehmungsaspekt der erscheinenden Materie aus die Modalität der Bewegung gemäß den Modalkategorien Möglichkeit/Unmöglichkeit, Dasein/Nichtsein, Notwendigkeit/Zufälligkeit zugleich im Hinblick auf die zuvor behandelten Disziplinen Phoronomie, Dynamik, Mechanik.

Der theoretische Gehalt der Urteils- und der Kategorientafel sowie die logische Systematik der Verstandesgrundsätze der *Kritik* treten erst in der Metaphysik der Natur ganz zu Tage. Die Propädeutik ist auf diese Konkretion hin angelegt. Kants Systembegriff bleibt in den wichtigsten Elementen, wie der logischen und semantischen Vollständigkeit, dem Kohärenzkriterium für die Theorieteile gültig. Kants starkes Kriterium der epistemischen Vollständigkeit wird heute verschiedentlich bezweifelt. Es gehört bei ihm zur Begründung der Systematik naturwissenschaftlicher Theorien aus der einheitlichen Funktionalität des Denkens. Hier setzen die meisten Wissenschaftstheorien der Gegenwart die Unabhängigkeit von Ausgangssätzen einer Theorie ein, die Kant aber durch den Apriorismus verbinden wollte. Kant begründet die Systematik der extensionalen Ausdehnung der naturwissenschaftlichen Theorien in der erschöpfenden Vollständigkeit der nicht-extensionalen Systematik der apriorischen logischen Funktion. Die mathematische Formalisierung fügt nur ein darstellendes intellektuelles Element hinzu. Diese Auffassung wird von den meisten Philosophen und Naturwissenschaftlern heute nicht mehr geteilt. Kant erscheint manchmal geradezu als von der naturwissenschaftlichen Praxis entfernter Dogmatiker. Bei den Naturwissenschaftlern führen meist die Vertreter der angewandten Physik, Chemie oder Biologie das Wort, die oft nicht einmal den stringenten theoretischen Beweis eines Theorems für erforderlich halten. Er sei wertlos, wenn die Erklärung bestimmter Phänomenbezirke funktioniere. Leiste sie das nicht, helfe die Suche nach Verifikationen in der gesteigerten Form theoretischen Beweises auch nicht weiter. Die Auffassung ergibt sich aus einem reduzierten Wahrheitsverständnis. Was Wahrheit ist, interessiert im Grunde nicht, nur die Brauchbarkeit von Modellen, die also pragmatisch verstanden werden. Kant nannte den pragmatischen Objektivitätsbegriff Idealismus. Er sah ihn als verabsolutierten Skeptizismus bei der Abwehr eines platonischen oder materialistischen Dogmatismus, der sich der Relativität der Erkenntnis verweigere. »Der Idealism ist eine metaphysische

Grille, die weitergeht, als nothig ist zum Denken aufzuweken. Es geht den philosophen wie den theologen« (Refl. 5642; XVIII, 282). Der pragmatische Wahrheitsbegriff stellt eine Verabsolutierung der verfahrenstechnischen Prozeduren der Naturwissenschaften dar. Mit Kants nicht pragmatisch-subjektivem Wahrheitsbegriff ist konsequenterweise die Intention logisch vollständiger Begründung verbunden, die Kant in einer allgemeinen Kategorienlehre (der ersten *Kritik*) und in speziellen Kategorienlehren der damaligen mathematischen Naturwissenschaften (in den *Metaphysischen Anfangsgründen*) und in den Wissenschaften von der organischen Natur (in der dritten *Kritik*) ausführte. Kants epistemisches Kriterium systematischer Vollständigkeit der naturwissenschaftlichen Erkenntnis ist rein funktional in der logischen Synthesis verankert.

Kant spricht in seiner Systematik die neue Macht des naturwissenschaftlichen Denkens aus. Er entwickelt innerhalb seiner »methodisch gebrauchten Metaphysik« eine der anspruchsvollsten, ganz an der wissenschaftlichen Problemlage der Zeit orientierte Kategorienlehren der Philosophiegeschichte. In der *Kritik* ist das »Systematische der Erkenntnis […] der Zusammenhang derselben aus einem Princip« (III, 428). Das wird nicht mehr ontologisch verstanden, wie in der frühen Kosmologie – von den elementaren, einheitlichen Ausgangsbedingungen des Universums her –, sondern aus dem Anspruch der Vernunfteinheit aller einzelnen Rationalitätsakte. Im Postulat dieser Einheit liegt auch der Metaphysik-Punkt tiefer denkender Pragmatisten, wie es Peirce selbst war. Dann ist das logische Kriterium unendlicher Symmetrie aller Erkenntnisakte Voraussetzung jeder einzelnen verifizierbaren Aussage. Die in der apriorischen Verknüpfungsgesetzlichkeit der Kategorien realisierte Systematik rührt auch bei Kant nicht aus ihnen selbst, sondern aus der darüber hinausgehenden »Idee« eines Zusammenhangs aller Erkenntnisse. Die Kategorien bilden dann gleichsam nur das Erzeugungsprinzip, nach dem das gesetzte systematische Ganze realisiert wird. B. Falkenburg wies für die Wurzel des Kantschen Systembegriffs auf dessen Gedanken vom Maximum der Begriffseinteilung im Zusammenhang der Logik-Vorlesung hin, die in diesem Punkt das Leibnizsche Postulat der Bestimmung der Begriffseinheit durch die Vollständigkeit von dessen Merkmalen festhalten (vgl. Falkenburg (2000)). Die drei Kriterien des Systembegriffs – Homogenität, Spezifikation, Kontinuität der Elemente – zeigen sich deutlich an Kants Systematik der Naturwissenschaften. Diese Systematik soll die Realisierbarkeit eines durchgehenden extensionalen Zusammenhangs von der intensionalen logischen Ebene der *Kritik* aus auf der Basis einer Grundkraft (der Gravitation) bis hin zu den empirisch beschreibenden Disziplinen zeigen. In der Anschauung der empirischen Vorgänge ist kein Schema szientifischer Systematik zu finden. Darum kann das »Analogon« solcher Systematik nur in der »Idee des Maximum der Abtheilung und der Vereinigung der Verstandeserkenntnis in einem Princip« gefunden werden (III, 440). Das lenkt auch die Metaphysik der Natur im weiteren zu den moralisch-praktischen Vernunftideen hin. Eine Beziehung der Naturwissenschaften wird über die Metaphysik der »rationalen Physik« zum Weltbegriff der Philosophie und zu den Ideen moralisch-praktischer Freiheit eröffnet.

Der Systematik der *Metaphysischen Anfangsgründe* liegt noch immer das Ziel der frühen Kantschen Schriften zugrunde, die Transzendentalphilosophie mit der mathematischen Naturwissenschaft zu verbinden. Inzwischen hatte sich Kant überzeugt, dass das analytische Verfahren der Wolffschen metaphysica generalis das nicht zu leisten vermag. Aber das starke Kriterium epistemischer Vollständigkeit geht zweifellos auf Wolffs Systemprinzip der metaphysica generalis zurück. Kant möchte das, was sich für Wolff aus der Identität von Logik und Ontologie von selbst ergab, unter der Voraussetzung seiner Analytik des Verstandes ebenfalls erreichen. Er sieht das für die Autonomisierung der Naturwissenschaften gegenüber nicht-wissenschaflichen Geltungsansprüchen in der Kultur für unabdingbar an. Der heutige wissenschaftstheoretische Kulturrelativismus etwa im Sinne der seinerzeit viel diskutierten Theorie P. Winchs (*The Idea of a Social Science and its Relation to Philosophy*, 1958, [11]1980) relativiert die Kriterien wissenschaftlicher Theorien nicht nur gegenüber nichtwissenschaftlichen Denkweisen, sondern auch innerhalb der Wissenschaftsgeschichte selbst.

Man kann den rein formalen Charakter in Kants eigenem Verständnis einer Theorie von der Art der Metaphysik der Natur nicht übersehen. Der eigentliche Bereich der Naturwissenschaften liegt in der Bildung der empirisch verfügten Begriffe. Sie bilden die tätige Mitte zwischen Beobachtungsdaten und kategorialer Funktion. Aus Anschauung und empirischer Begriffsbildung gehen eigentlich auch die Grundbegriffe dieser Natur-Metaphysik hervor. Es sind Aktualisierungen des zugrunde liegenden logischen Rahmens, innerhalb dessen alle empirischen Begriffe gebildet werden. Der Anstoß zu den Grundbegriffen, aus denen im Grunde die vier Teile der *Metaphysi-*schen *Anfangsgründe* mit einigen Erläuterungen bestehen, kommt von den sog. Anschauungen, also von der Beobachtung der materiellen Welt selbst. Insbesondere die Modalkategorien (Möglichkeit, Dasein, Notwendigkeit) werden von der unmittelbaren Anschauung aktualisiert. Es wäre die Frage, welche empirischen Begriffe noch dazwischentreten müssen. Kant notiert: »Der Menschliche Verstand kan kein Daseyn a priori aus dem bloßen Begriffe eines Dinges erkennen« (Refl. 5755). Das ist ebenso wenig aus reiner Anschauung möglich. Kant interpretiert die Modalitätskategorien stets unter dem Gesichtspunkt der Unmöglichkeit intellektueller Anschauung der empirischen Wirklichkeit. Die betonte »Endlichkeit« des menschlichen Verstandes meint das Erfordernis wissenschaftlicher Rationalität als Basis der gesellschaftlichen Kultur. Die Metaphysik fragt, welche Grundbegriffe eigentlich vom Denken eingeführt werden, um naturwissenschaftliche Theorien zu bilden. Diese Grundbegriffe können selbstverständlich nicht Elemente der Reihen von theoretischen Prozessen sein, die sie ordnen sollen. Kant spricht sie darum als apriorisch aus. Aber die Begründung erfolgt hier nicht von den Kategorien und Verstandesgrundsätzen her, sondern vom empirischen naturwissenschaftlichen Forschen. Dass der Materiebegriff in der logischen Systematik der Beschreibung die Begriffe Bewegung, Ruhe, Kraft usf. voraussetze, setzt offensichtlich die Beobachtung materieller Objekte voraus. Auch in diesem Sinne ist Kants These von der ursprünglichen Erwerbung der apriorischen Funktion zu verstehen (vgl. zur *KrV*, S. 157 f.). K. Cramer (1985) hat das Problem, das sehr wesentlich zum Verständnis des Kantschen Apriorismus beiträgt, als das von »nicht-reinen synthetischen Urteilen a priori« behandelt.

Literatur

Adickes, E.: Kants Systematik als systembildender Faktor, Berlin 1887. – Duhem, P.: Ziel und Struktur der physikalischen Theorien (1908), Hamburg 1998. – Planck, M.: Die Einheit des physikalischen Weltbildes (1908), in: Ders., Vorträge und Erinnerungen, Darmstadt [9]1965. – Dingler, H.: Das System, München 1930. – Wind, E.: Das Experiment und die Metaphysik. Zur Auflösung der kosmologischen Antinomien, Tübingen 1934. – Dingler, H.: Das physikalische Weltbild, Meisenheim a. Glan 1951 [gegen den logischen Empirismus ein »operatives« Apriori im Unterschied zum Kantschen Apriorismus für eine nicht-metaphysische Wissenschaftstheorie im Sinne des Konstruktivismus]. – [Zum System- und Wahrheitsbegriff vgl. Needham, J., Wissenschaftlicher Universalismus (1979); dagegen Wulff, K., Gibt es einen naturwissenschaftlichen Universalismus? (1998); Duerr, H. P., Der Wissenschaftler und das Irrationale (1981); Kippenberg, H. G./Luchesi, B., Magie (1978)]. – Cramer, K.: Nicht-reine synthetische Urteile a priori. Ein Problem der Transzendentalphilosophie Kants, Heidelberg 1985. – Carrier, M.: The Completeness of Scientific Theories, Dordrecht 1994. – Falkenburg, B.: Kants Kosmologie. Die wissenschaftliche Revolution der Naturphilosophie im 18. Jh., Frankfurt/M. 2000 [Anhang C, Systematische Erkenntnis, S. 376–385]. – Fulda, H. F./Stolzenberg, J. (Hg.): Architektonik und System in der Philosophie Kants, Hamburg 2001.

Phoronomie

Der Ausgang vom Bewegungsbegriff entspricht Newtons Grundlegung der Mechanik als allgemeiner Bewegungslehre durch die auch auf krummlinige Bewegungen der Himmelskörper ausgedehnte Gravitationskraft. Materie ist das Bewegliche im Raum. Bewegung wird hier nicht im Sinne der antiken Metaphysik als relativer und finaler, auf ein Ruhe-Ziel zustrebender Vorgang, sondern absolut, als Daseinsweise der Materie gefasst. Huygens hatte in die Mechanik das Axiom der relativen Bewegung eingeführt. Darum behandelt Kant die Bewegung als Relation von Raumpunkten. Absoluter Raum »ist also an sich nichts und gar kein Objekt, sondern bedeutet nur einen jeden andern relativen Raum, den ich mir außer dem gegebenen jederzeit denken kann [...] und in welchem ich den ersteren als bewegt annehmen kann« (IV, 481). Newtons absoluter Raum, den Clarke gegen Leibniz als Sensorium Gottes bezeichnet hatte, ist also die Hypostasierung einer logischen Allgemeinheit zu einer physischen (IV, 563). Kants Relativität des naturwissenschaftlichen Raumbegriffs ergibt ein kinematisches Prinzip relativer Bewegung und die Unmöglichkeit einer absoluten Bewegung (IV, 487, 559 ff.), was nicht im Sinne der relativistischen Physik zu verstehen ist. Kants Thema sind nicht extrem hohe Geschwindigkeiten, sondern zusammengesetzte Geschwindigkeiten relativ aufeinander bewegter Räume. Kein fester Punkt ist anzugeben, in Bezug auf den Bewegung und Ruhe absolut zu denken seien (IV, 484, 488, 521 f.). Dabei wird mit Huygens zwischen Richtung und Geschwindigkeit einer Bewegung unterschieden (IV, 483). Für das Verständnis der Raum- und Zeittheorie in der Ästhetik der *Kritik* ist die Behandlung der Raumthematik in der Natur-Metaphysik aufschlussreich. Kant trennt hier den Raumbegriff der *Kritik* als bloße Form sinnlicher Anschauung von der Naturwissenschaft, in der »wir den Raum ganz nothwendig als Eigenschaft der Dinge, die wir in Betracht ziehen, nämlich körperlicher Wesen, behandeln müssen« (IV, 484).

Dynamik

Mit dem Begriff der der Materie immanenten Gravitationskraft wird die Kritik der Antinomienlehre an der Leibnizschen Monadentheorie und deren Voraussetzung eines unteilbaren kleinsten Punktes, der doch zugleich mit Raum erfüllender Kraft ausgestattet sei, fortgesetzt. Darüber hinaus geht hier eine Würdigung Leibniz' gegen das Missverständnis der Monadologie, die gar nicht als naturwissenschaftliche Theorie gedacht sei (IV, 507). Zwei lange Anmerkungen behandeln das ursprünglich für Newtons Überschreitung des Cartesianismus zentrale Thema möglicher Fernwirkung der Materie und die Notwendigkeit des Widerspruchs im Gravitationsgedanken: Wenn nicht Repulsion wie Attraktion gleichermaßen ursprüngliche materielle Kräfte bildeten, geriete man auf die untunliche Hypothese eines ersten Anstoßes der Materie von außen. Ebenso wird mit dem Prinzip der Einheit einander entgegengesetzter Kräfte die cartesianische Mechanik und deren Gedanken der Materie als eines absolut Undurchdringlichen abgewiesen. Es handelt sich rationell um »zurücktreibende Kraft«, so dass Materie das den Raum Erfüllende darstellt, »auch ohne leere Zwischenräume innerhalb der Materie auszustreuen« (IV, 523). Kants Materiebegriff bewältigt das (ohnehin noch nicht fachwissenschaftlich spruchreife) Problem der qualitativen Schichtung der Materie nicht. Das spricht sich in der Abtrennung einer teleologischen Urteilskraft von der Metaphysik der Natur aus. Aber Kants Materiebegriff schöpft die von Dynamik und Mechanik jener Zeit fixierbare Selbstbewegung und elementare Selbstorganisation der Materie vollständig aus. In diese setzt er den Akzent. Huygens hatte (im berühmten 11. Satz seines *Tractatus de motu corporum ex percussione*, 1703) formuliert, dass beim Stoß vollkommen elastischer Körper die gesamte Bewegungsenergie unverändert bleibe. Mit solchen generalisierenden Sätzen ist die kulturelle Bedeutung der Naturwissenschaften verbunden, die nun neben die traditionell aus den nichtwissenschaftlichen Bereichen kommenden Sätze von höchster Allgemeinheit treten. Der Naturbegriff dieser Metaphysik behandelt die Materie als in sich selbst determinierte Bewegung, die durch ihre Energie raumerfüllend wirke. Der Raumbegriff entsteht also aus der Relation zwischen bewegten Körpern.

Die unbeschränkte Materialität der Natur wird in einer großen Passage gegen den Maschinenbegriff der Natur erläutert, den nach Kants Meinung der Atomismus vertrete. Die Abhängigkeit der bewegenden Kraft von der Figur charakterisiere die Maschine. Das ergebe die mechanische Naturphilosophie. Der Naturprozess nicht mehr als »Werkzeug äußerer, bewegender Kräfte« ergebe eine »dynamische Naturphilosophie«: Ableitung »der specifischen Verschiedenheit der Materie« aus »ihnen ursprünglich eigenen bewegenden Kräften der Anziehung und Zurückstoßung« (IV, 532). Die Gravitationskraft wird benutzt, um die Annahme des leeren Raums für die Möglichkeit des Bewegungsbegriffs auszuschalten (IV, 533 ff.).

Literatur

Stadler, A.: Kant und das Prinzip von der Erhaltung der Kraft, in: PhM 15 (1879), S. 577–589. – Kim, K. T.: Der dynamische Begriff der Materie bei Leibniz und Kant, Konstanz 1989.

Mechanik

Die Mechanik ist nur auf Basis der Dynamik der Selbstbewegung der Materie zu begründen. Dann ergeben sich vier Lehrsätze der Einheit von Materie und Bewegung als deren Grundthesen. 1. Eine Quantität der Materie ist nur an deren Relation zu anderer Bewegung und durch die Bewegungsquantität bei gegebener Geschwindigkeit zu bestimmen. Hier kommt Kant auf die Unterscheidung von toten (mechanischen) und lebendigen (dynamischen) Kräften in seiner ersten Schrift zurück (IV, 539). 2. Bei allen Bewegungen bleibt die Quantität der Materie im Ganzen unverändert. Es ist eine unfertige Vorform des Gesetzes der Erhaltung der Energie. 3. Alle Bewegung der Materie hat eine äußere Ursache (im Rahmen der Gesetze der Mechanik). 4. In jeder Bewegungsübertragung gilt die Äquivalenz der Wirkung und Gegenwirkung. Die Relativitätsformel der Newtonschen Physik: »Denn keine Bewegung, die in Ansehung eines anderen Körpers bewegend sein soll, kann absolut sein«; die Relativität lässt alle Relationen im Raume wechselseitig und gleichwertig sein (IV, 548). Einer materiellen Bewegung kann nichts widerstehen als andere Bewegung, keineswegs aber Ruhe. Die mechanischen Gesetze der Selbständigkeit, der Trägheit und der Gegenwirkung materieller Körper entsprechen den Relationskategorien der Substanz, der Kausalität und der Wechselwirkung

(IV, 551). Zum Ende wird von der Mechanik her das metaphysische Gesetz der lex continui erklärt.

Mit dem mechanischen Kausalitätsbegriff wird am entschiedensten die Zwecktätigkeit Gottes in der Natur durch die mathematische Präzision der Prozesse zurückgedrängt. Natur ist für die mathematische Naturwissenschaft ebenso exakt wie das intelligible Sein. Damit wird zugleich die Scheidung von höheren und niederen Seinsschichten überwunden. Das darunter verborgene Problem besteht in der geringeren oder höheren Komplexität. Mit den Erhaltungssätzen der Materie ist die Projektion des Schöpfungsbegriffes auf die naturwissenschaftliche Theorie verbunden bzw. dessen Rekonstruktion als anthropomorphe Analogie der Naturgesetze. Kant hatte das schon in der *Allgemeinen Naturgeschichte* aufgenommen: »Die Schöpfung ist nicht das Werk von einem Augenblicke. Nachdem sie mit der Hervorbringung einer Unendlichkeit von Substanzen und Materie den Anfang gemacht hat, so ist sie mit immer zunehmenden Graden der Fruchtbarkeit die ganze Folge der Ewigkeit hindurch wirksam« (I, 314). Der Schöpfungsbegriff verschmilzt mit den Naturgesetzen der Wissenschaften.

Literatur

Falkenburg, B.: Der Substanzbegriff in Kants MAN und die Semantik von Newtons Massebegriff, in: Otte, M./Pätzold, D. (Hg.), Modellfunktionen der Philosophie, Hamburg 1993, S. 83–97.

Phänomenologie

Der Schlussteil könnte ebenso gut als Anfang gelesen werden. Jetzt wird der Ausgangspunkt genannt, der auch die ursprüngliche Erwerbung der apriorischen Sätze dieser Natur-Metaphysik nennt: »Materie ist das Bewegliche, so fern es als ein solches ein Gegenstand der Erfahrung sein kann« (IV, 554). Die Lehrsätze behandeln weiter die Realität der Bewegung der Körper im Unterschied zur entgegengesetzten Bewegung des Raumes und die Relativität jeder Bewegung, die immer nur in Relation zu einer Gegenbewegung zu denken sei. Das entspreche den Modal-Kategorien der Möglichkeit, Wirklichkeit und Notwendigkeit (IV, 558). Der absolute Raum sei ein notwendiger Vernunftbegriff, der freilich nie Gegenstand der Erfahrung sein könne. Der Begriff einer absoluten Bewegung ist irreal, da jede Bewegung in Relation zu einer anderen zu denken sei, aber nicht in Relation zu einem ruhenden absoluten Raum.

Kants *Metaphysische Anfangsgründe* vertreten mit dem Apriorismus gegen ein empiristisches Physik-Verständnis ein metatheoretisches Prinzip methodischer Ordnung. Die empiristische Auffassung geht von implizit definierten Größen (Länge, Dauer, Masse, Ladung) aus, die auch empirisch falsifizierbar seien. Kant formuliert wohl Lehrsätze wie implizite Definitionen, versteht diese aber als synthetische Sätze a priori. Das ist nicht das »meßtechnische Apriori« (P. Lorenzen) der konstruktivistischen Wissenschaftstheorie.

Literatur

Hoyer, U.: Kant – Mach – Einstein, in: PPh 4 (1978), S. 103–117. – Mainzer, K.: Art. »Phoronomie«, in: Historisches Wörterbuch der Philosophie, hg. v. J. Ritter, Bd. 7, Basel 1989, Sp. 931 f. [vgl. ebd., Bd. 4 (1976), Art. »Kinematik« (H. M. Nobis), Sp. 834–836)]. – Lorenzen, P.: Konstruktive Wissenschaftstheorie, Frankfurt/M. 1974. – Böhme, G.: Protophysik, Frankfurt/M. 1976 [kritisch zum Apriorismus]. – Gloy, K.: Die Kantische Theorie der Naturwissenschaft, Berlin 1976. – Balzer, W./Heidelberger, M. (Hg.): Zur Logik empirischer Theorien, Berlin u. New York 1983. – Hacking, J.: Einführung in die Philosophie der Naturwissenschaft (1983), Stuttgart 1996. – Strohmeyer, I.: Tragweite und Grenzen der Transzendentalphilosophie zur Grundlegung der Quantenphysik, in: ZAWT 18 (1987), S. 239–275. – Lorenzen, P.: Lehrbuch der konstruktiven Wissenschaftstheorie, Mannheim 1987. – Falkenburg, B.: Die Form der Materie. Zur Metaphysik der Natur bei Kant und Hegel, Frankfurt/M. 1987. – Parrini, P. (Hg.): Kant and Contemporary Epistemology, Dordrecht u. London 1994. – Janich, P.: Das Maß der Dinge. Protophysik von Raum, Zeit und Materie, Frankfurt/M. 1997. – Falkenburg, B.: Kants Naturbegriff und die Begründung der modernen Physik, in: Mittelstaedt, P./Vollmer, G. (Hg.), Was sind und warum gelten Naturgesetze, Frankfurt/M. 2000.

Der Terminus »Natur« bei Kant

Formale und materiale Bedeutung des Naturbegriffs

»Natur in formaler Bedeutung« wird als das verstanden, »was zum Dasein eines Dinges gehört«, gegenüber dem Wesen als dem, »was zur Möglichkeit eines Dinges gehört« (IV, 467). Figuren der Geometrie besitzen nur ein Wesen, nicht eine Natur. Der Unterschied von Essentia und Existentia in der Ontologie der Schulmetaphysik liegt zugrunde, ist aber zum Verhältnis von logischer Vollkommenheit (im Naturgesetz) und existenzieller Berührung unseres

Körpers mit der sinnlich-gegenständlichen Natur umgeformt. Formal ist Natur »die Gesetzmäßigkeit aller Gegenstände der Erfahrung« (IV, 296). Das ist der Naturbegriff der neuzeitlichen, nach dem Maschinenbegriff gebildeten mathematischen Naturwissenschaft. Er steht in weitem Abstand zum an organischen Entwicklungsvorgängen orientierten φύσις-Begriff des Aristoteles. Natur ist bei ihm im Zusammenhang der unfertigen Substanzauffassung des Gesetzesbegriffs das, was den Ursprung des sich entwickelnden Dinges darstellt (Aristoteles, *Metaphysik*, Δ 4, 1014 b, 16 ff.). »Natur in materieller Bedeutung genommen« ist »kein Ding an sich selbst, sondern bloße Erscheinung unserer äußeren Sinne« (IV, 506). Hier tritt Kants Unterscheidung von Wahrnehmungswelt und den logischen Formgesetzen ein. Natur ist »der Inbegriff aller Dinge, sofern sie Gegenstände unserer Sinne, mithin auch der Erfahrung sein können, worunter also das Ganze aller Erscheinungen, das ist die Sinnenwelt mit Ausschließung aller nichtsinnlichen Objekte, verstanden wird« (IV, 467). Erscheinungen sind Korrelate aller empirischen Begriffe. Für diese Begriffe, die nicht Objekte der Wahrnehmung werden können, akzeptierte Kant selbstverständlich die Abstraktionstheorie (IV, 559). »Erscheinung« bedeutet nicht »Schein«, sondern reiche Entfaltung des gegebenen »Mannigfaltigen«, wie Kant meist sagt (als Unterscheidung von der geschlossenen logischen Form). In diese Bestimmung ist der Phänomenalismus der neueren Naturwissenschaften eingegangen, in denen die Absage an die Erkenntnis von Wesenheiten durch die Verbindung von Beobachtung bzw. Experiment mit mathematischer Beschreibung von Verlaufsgesetzen getreten war. Kant überhöht diese naturwissenschaftliche Begründung durch seine Analytik des Verstandes, um dadurch die theoretisch inadäquate Verbindung von Philosophie und mathematischen Naturwissenschaften in Schulmetaphysik und Empirismus aufzulösen und die weltanschauliche Funktion der Naturwissenschaften durch die Synthesis-Funktion der Logik und den Phänomenalismus der Naturwissenschaften selbst zu begründen.

Naturform und Naturgesetz

Kant meinte natürlich nicht, dass unser Verstand etwa alle Naturgesetze der Natur »vorschreibe«. Das sind nur die »Grundsätze jener allgemeinen Physik« wie etwa, dass in unablässiger Bewegung die Substanz beharrt, das Kausalgesetz, die Konstanz der Gesetze überhaupt u. a. »Diese sind die wirklich allgemeinen Naturgesetze, die völlig a priori bestehen« (IV, 295). Von den logischen Formgesetzen ist der Begriff der empirisch verifizierbaren Naturgesetze unterschieden, die sehr wohl der erscheinenden Realität entnommen werden. »[D]enn es wäre kein Grund, warum anderer Urtheile nothwendig mit dem meinigen übereinstimmen müßten, wenn es nicht die Einheit des Gegenstandes wäre, auf den sie sich alle beziehen, mit dem sie übereinstimmen und daher auch alle untereinander zusammenstimmen müssen« (IV, 298).

Die Verbindung von Phänomenalismus und logischen und mathematischen Grundlagen des Naturbegriffs zieht die Konsequenzen der Auflösung des antiken und frühneuzeitlichen *physis*-Begriffs von Natur als eines organisch Gestalthaften. Der aristotelische teleologische Formbegriff löste die Naturvorgänge von der Annahme eines tätigen Verstandes ab. Die Schwächen des Formbegriffs an der Stelle des Gesetzesbegriffs bestanden darin, dass es ein durchaus statisches Prinzip war, das aber gerade den Naturprozess erklären sollte. Außerdem stand die Naturform im Gegensatz zur Materie. Die geistige Substantialität des Formbegriffs bezweckte, höhere und niedere Formen bis zur forma formarum als rein geistige Realität zu konstruieren, die alle materialen Inhalte ontisch umfasse. Der neue Begriff des Naturgesetzes ist die relativ konstante Relation von sich bewegenden Massepunkten, und der Prozess selbst tritt in den Mittelpunkt ohne den teleologischen Komplex, Verwirklichung eines zuvor existierenden Unwirklichen zu sein. Nun konnte die falsche Fassung des Kausalbegriffs als sich selbst vollziehende Zweckläufigkeit (im Unterschied zur Herstellung von etwas nicht Natürlichem durch Arbeit), die mit dem Formbegriff verbunden war, verlassen und die causa immanens als eigentliche Kausalrelation gefasst werden. Das Naturgesetz schließt niedere und höhere, nicht elementare und komplexe, Seinsschichten aus. Es lässt keine Ausnahmen individueller und privilegierter Vorgänge zu. Die Natur ist in ihrer konkreten Ausfaltung der nach Gesetzen zu begreifenden Erscheinungen eine Abfolge von Prozessstadien. Alle Stadien des Prozesses bilden eine rein kausale Abfolge als Glieder einer linearen Reihe. Nach dem Gesetz von der Erhaltung der Energie ist ohnehin jeder Abschluss eines Prozesses nur relativ für einen Teilprozess zu denken. Descartes, Leibniz und Newton nannten im ontologischen Zusammenhang unsere mathematischen Verfahren die Nachzeichnung des mathematischen Verstandes Gottes bei der Schöpfung der Welt. Kant vollendet die subjektive Wende

sowohl des Baconschen induktiven als auch des mathematisch konstruktiven Naturbegriffs. Die logischen Formgesetze a priori als letzte Einfassung aller naturwissenschaftlichen Theorie stellen den Gegenpol zu Aristoteles' oberster geistiger Form aller Formen dar. Im empirischen Bezug ist die Natur das, was den Sinnesorganen von ihr erscheint. Nach der logischen und mathematischen Seite ist Natur das an der Erscheinungswelt, was wir an ihr zu formalisieren vermögen.

Organische Natur, Zweckmäßigkeit. Naturgesetz der Evolution der Menschengattung

Natur ist bei Kant sehr im Unterschied zur Einfassung durch die Bedingungen transzendentaler Subjektivität auch die zweckmäßige organische Entfaltung angelegter Keime. Sie wird dadurch zu einem objektiven kausalen, allerdings nur zweckmäßigen, nicht zweckläufigen, Prozess unendlicher Differenzierung vom Ausgangspunkt einfacher Voraussetzungen her. Das Große an der Aufnahme des Teleologie-Problems in der *KU* besteht in der Auffassung der Zweckmäßigkeit als eines Komplexes »besonderer Gesetze«. Sie werden nie völlig erfasst, bilden aber den Zielpunkt voranrückender Forschung. Damit ist die Zweckläufigkeit als Kern der alten anthropomorphen teleologischen Denkweise auf die kausale Zweckmäßigkeit zurückgeschnitten. Diese ist als Kausalkomplex der organischen Zentraldetermination ganz unbestreitbar, aber sie ist auch etwas anderes als die Zweckläufigkeit eines Prozesses nach einem außerhalb der kausalen Organisation vorbestehenden Ziel. Wenn wir bis zum Prinzip der Natur »in der Specifikation ihrer allgemeinen und bekannten Gesetze durchdringen könnten«, ergäbe sich dann, dass uns die Möglichkeit organischer Bildungen »ohne ihrer Erzeugung eine Absicht unterzulegen (also im bloßen Mechanismus derselben), gar nicht verborgen liegen könne«? »Das wäre wiederum von uns zu vermessen geurtheilt; denn woher wollen wir das wissen« (V, 400)? Kant bezeichnet die immanent kausale Erklärung der organischen Naturdetermination als die Konsequenz seiner These von deren Charakter als besonderer Gesetze (gegenüber denjenigen von Mechanik und Dynamik). Er hält diese Erklärung als Forschungsmaxime fest und bleibt im Ganzen bei der Unentscheidbarkeit der mit dem teleologischen Denken traditionell verbundenen weltanschaulichen Fragestellungen.

Der Naturbegriff kehrt wieder als die treibende, bildende, vervollkommnende Natur, die die Menschheitsgeschichte antreibt, diese eigentlich zur Weltge-schichte erhebt. Neben dem Sittengesetz regiert ein »allgemeines Naturgesetz« »stetig fortgehender, ob-gleich langsamer Entwickelung der ursprünglichen Anlagen« der menschlichen Gattung, der Grundge-danke der *Idee zu einer allgemeinen Geschichte in weltbürgerlicher Absicht* (1784; VIII, 17; vgl. Kap. Aufsätze und Schriften der 80er und 90er Jahre, S. 393 ff.). Die drei Ebenen des Kantschen Begriffs des Naturgesetzes (mechanische/ dynamische, organi-sche, deren Ausdehnung auf die Evolution der Zivili-sation) entspricht der zentralen kulturellen Funktion des Naturbegriffes in der europäischen Aufklärung. »Natur« war vom kosmischen Bezug bis zu den na-türlichen Gesetzen des Rechts und der Wirtschafts-kreisläufe der Begriff, in dem sich die Fähigkeit der Gesellschaft zur Erkenntnis von weltimmanenten Gesetzen, zu sicherer Existenz in einer festgegründe-ten Welt und zu selbstverantwortlicher Gestaltung konzentrierte. Die ökonomische Theorie der Physio-kraten (Turgot, Quesnay u. a.) überführte den natur-wissenschaftlichen Naturbegriff auf die Darstellung natürlicher Kreisläufe der Produktion und der Dis-tribution zwischen den verschiedenen Wirtschafts-zweigen, und leitete daraus das Reformprogramm zur Wirtschafts- und Steuergesetzgebung ab. Der Naturbegriff war in allen kulturellen Perioden mit der Aneignung der Natur im Stoffwechselprozess der Gesellschaft auch eine Projektion des kulturellen Selbstverständnisses einer Gesellschaftsform auf den Naturbegriff.

Literatur

Zanetti, V.: La nature a-t-elle une fin? La problème de la téléologie chez Kant, Bruxelles 1994.

Kulturelle Funktion des Begriffs des Naturgesetzes

Kant verband mit dem Begriff des Naturgesetzes eine Reihe zentraler Punkte seines Rationalitätsverständ-nisses: Das Prinzip der Einfachheit, die Erklärung der Vielheit aus der Einheit, der Gedanke einer Na-turgeschichte in einem unendlichen Verlauf vom Einfachen zum Komplexen, das Prinzip der Relativi-tät von Bewegungen und Orten und schließlich das zusammenfassende Prinzip universaler Harmonie. Sein Verständnis von Rationalität unter der Idee sys-tematischer Organisation der Wissensbestandteile übertrug die tragenden Aspekte des Naturbegriffs

auf das Rationalitätsverständnis. Bereits die erste Schrift Kants fordert von den Naturwissenschaftlern, »daß sie uns endlich zu einem solchen Plan des Welt-gebäudes führen sollten, der einfach und begreiflich genug ist, um die zusammengesetzten Erscheinun-gen der Natur daraus herzuleiten«. Die *Allgemeine Naturgeschichte* behandelte die Einfachheit der Na-turgesetze als Grundlage der Einheit der Natur in ge-netischem Sinne. Der alte Gedanke einer Bewegung vom Chaos zur Ordnung wird aufgenommen. Die ausgebildete Natur ist jeweils nur endlicher Teil einer unendlichen Bildungsgeschichte, der aber »den Sa-men zukünftiger Welten in sich hat und sich aus dem rohen Zustande des Chaos in längern oder kürzern Perioden auszuwickeln trachtet«. In Millionen von Jahrhunderten werden »immer neue Welten und Weltordnungen nacheinander in den entfernten Weiten von dem Mittelpunkte der Natur sich bilden und zur Vollkommenheit gelangen, [...] sie werden [...] eine allgemeine Beziehung auf den Mittelpunkt [...] erlangen, welcher der erste Bildungspunkt und das Zentrum der Schöpfung durch das Anziehungs-vermögen seiner vorzüglichen Masse geworden ist« (I, 314). Die *Metaphysischen Anfangsgründe* definie-ren »das Wort Natur« geradezu damit, dass es »eine Ableitung des Mannigfaltigen zum Dasein der Dinge Gehörigen aus ihrem inneren Prinzip bezeichnet« (IV, 468).

Der philosophische Naturbegriff erfüllte stets die Funktion, eine kulturelle Perspektive innerhalb eines allgemeinen Weltbegriffs zu formulieren. »Natur« erhält dafür eine doppelte Bestimmung: Sie wird auf einen Gegensatz bezogen, von dem sie sich abhebt: so der antike Gegensatz von *physis* und *nomos*, in der christlichen Tradition die als Ungeistiges geschaffene Natur als der am weitesten von Gott entfernte Seins-bezirk, bei Hegel der außer sich seiende, bewusstlose Geist, im Sturm und Drang die einfache Kraftnatur des begabten Menschen im Kontrast zur »Politur« verkehrten Zwangs herrschender Konventionen, die als Herrschaftsregeln durchschaut werden. Mit die-sem Aspekt des Naturbegriffs ist der andere Ge-sichtspunkt verbunden. »Natur« besitzt in aufkläre-rischen Bewegungen normative Bedeutung im emanzipatorischen Sinn des Austritts aus »unnatür-lichen« gesellschaftlichen Formen. In anderer Bezie-hung erhält der Naturbegriff den Gehalt gebundener, mit fehlender Reflexion geschlagener Ordnung, wie Hegel in seinem Tagebuch der Reise durch die Ber-ner Oberalpen den Zwang, das Muss der Natur no-tierte, die ewig sich gleich bleiben muss. »Der An-blick dieser ewig toten Massen gab mir nichts als die einförmige und in die Länge langweilige Vorstellung: es ist so« (*Dokumente zu Hegels Entwicklung*, hg. v. J. Hoffmeister, Stuttgart 1936, S. 236). Die an sich inadäquate Verbindung gesellschaftlicher Perspektive mit dem Naturbegriff erklärt die Ansammlung entgegengesetzter Begriffsinhalte.

Anthropologische Bedeutung

Schließlich benutzt Kant den Begriff der Natur auch im Sinne der mangelhaften, das ist der im Kern egoistischen Natur des Menschen. Religionsschrift (1793), *Metaphysik der Sitten* (1797), *Anthropologie* (1798) behandeln den interessehaft gebundenen Teil des Verhaltens als die Naturtriebe und Neigungen zum Laster, mit denen versehen die menschliche Rasse, wenn man fragte, ob sie eine böse oder gute Natur besitze, nicht viel Ehre einlegen könne. Hier gilt nun der Gegensatz Natur/Vernunft, und die mitgeborene Natürlichkeit des Menschen ist dessen schlechter, egoistisch-befangener Interessenhorizont, der sich der weltbürgerlichen Verantwortung entziehen möchte. In dieser Bedeutung von »Natur« wirkt eine ganz andere Tradition fort, als sie in den Prinzipien von Daseiendem der Erscheinungswelt, von Einfachheit und von zweckmäßiger Ausfaltung angelegter Keime enthalten sind. In den leidenschaftlich kritischen Formulierungen, die Kant im Zusammenhang von den lasterhaften Neigungen, mit denen die Natur des Menschen geschlagen sei, bevorzugt, klingt das Erbe der protestantischen Anthropologie auf und zugleich, von Kants pietistischer Erziehung und seiner Rousseau-Aufnahme her, die Kritik des sittlichen Verderbens durch die großen Unterschiede der Stände. Es entsteht eine vielfach verwürfelte Bedeutung von »Natur«. In Kants Begriff der menschlichen Natur wirkt vieles von Augustinus' Auffassung der natürlichen Verderbtheit des bösen Willens fort, ein Element der christlichen Anthropologie, das Luther gegen die katholische Werkgerechtigkeit erneuert hatte. Dieses Element trifft auf die ganz andere »Natur« als Muster von Einfachheit, von systematischer Ordnung und organischer Entfaltung.

Einheitlicher dynamischer Materiebegriff. Kants Naturbegriff im Zusammenhang der Naturwissenschaften der Zeit

Das Kernstück der naturwissenschaftlichen und naturphilosophischen Arbeiten Kants bildet die dynamische Theorie der Materie. Deren zentraler Begriff ist der Kraftbegriff. Materie ist insofern für Kant das

durch immanente Kraft Raumerfüllende. Der Begriff dynamischer innerer Kräfte der Materie gestattet es Kant, an Newtons Gravitationstheorie anzuschließen und damit die wesentlichen Anliegen der Naturphilosophie seit dem 17. Jh. zu übernehmen: Das Prinzip der Selbstbewegung der Materie, die damit aus dem direkten Bezug zum Gottesbegriff herausgelöst wird; den Gedanken universaler Relativität aller Bewegungen und Orte als Konsequenz der Aufhebung des Bezugs zum Absoluten, so dass alles irdisch relativ wird; den Relationscharakter der Naturerscheinungen, der durch die Anwendung der Mathematik in den Naturwissenschaften mit dem Leitprinzip intensiver Größen verbunden ist; schließlich die Konsequenz des Relationsbegriffs in der Auffassung der Natur als unendlicher Prozess von Prozessen. »Denn keine Bewegung, die in Ansehung eines anderen Körpers bewegend sein soll, kann absolut sein: sie ist aber relativ in Ansehung des Letzteren, so gibts keine Relation im Raume, die nicht wechselseitig und gleich sei« (IV, 548). Wenn keine Bewegung absolut ist, so ist jeder Körper als bewegt zu denken (IV, 550, 555). Der Kraftbegriff, den Kant von Newton und Leibniz übernimmt, ist kein äußerer Faktor, der als Substanz dem Prozess gegenübersteht, sondern ein immanentes Moment des Prozesses, als solches zugleich Bedingung der unaufhörlichen Fortsetzung des Prozesses. Die späte Natur-Metaphysik zeigt in den Inhalten des Naturbegriffs über den Unterschied der Begründungsweise hinweg die Kontinuität des Kantschen Denkens im Verhältnis zu den naturphilosophischen Schriften der 50er Jahre. Die Dynamik begründet die Theorie der Selbstbewegung der Materie, und damit ist ein hoher Begriff von Gesetzmäßigkeit der Natur verbunden. Nur in Relation zur intelligiblen Freiheitsidee erscheint sie als Reich der Notwendigkeit. An sich selbst ist sie als das Reich der Naturgesetze eine eigene Welt von Freiheit (gegenüber Eingriffen außerhalb der Naturgesetze: »[W]ie kann man die Art zu urtheilen rechtfertigen, daß man die Natur als ein widerwärtiges Subject ansieht, welches nur durch eine Art von Zwange, der ihrem freien Betragen Schranken setzt, in dem Gleise der Ordnung [...] kann erhalten werden, wofern man nicht etwa dafür hält, daß sie ein sich selbst genugsames Principium sei, dessen Eigenschaften keine Ursache erkennen, und welche Gott, so gut als es sich thun läßt, in den Plan seiner Absichten zu zwingen trachtet« (I, 364)?

Kant sieht mit Leibniz den Mangel des mechanischen Bewegungsbegriffes im Zusammenhang einer weiter greifenden Schwierigkeit für das Gesetz der

Erhaltung der Energie. Wenn Bewegung nur als der mechanische Vorgang genommen werde, so entstehe die Frage, wie Bewegung sich ersetze, die verloren gegangen sei. Sie könnte dann nur durch Bewegung von einem anderen Ort wiederhergestellt werden. Der Gedanke der Erschöpfung der Gesamtsumme der Bewegungsenergie der Materie liegt nahe. Newton hatte tatsächlich die periodische Erneuerung von Bewegung durch das Eingreifen Gottes angenommen. Euler und Leibniz sprachen bereits den richtigen Gedanken aus, dass Bewegung überhaupt nicht verloren gehe. Beim Aufprall eines bewegten Körpers auf einen schwereren ruhenden setze sich die kompakte Bewegungsenergie in Bewegung der Moleküle des ruhenden Körpers um. Der Kraftbegriff gestattet es, die Realität eines einzelnen Vorgangs in Richtung auf Verhältnisbestimmungen zu überschreiten, die in dynamischen Gleichungen darzustellen sind. Für Leibniz waren die Probleme der mathematischen Darstellung von Bewegungsabläufen die Voraussetzung für seinen Begriff funktioneller Abhängigkeiten, der auf das Erhaltungsgesetz der Energie führte. Kants dynamische Theorie der Materie setzt Leibniz' *Specimen dynamicum* (1695) fort. Wie Leibniz behandelt auch er in den *Metaphysischen Anfangsgründen* im zweiten und ausführlichsten Teil zur Dynamik den Gegensatz von mechanischer und dynamischer Theorie (IV, 532 ff.). Descartes' Materiebegriff entstand aus einer Ontologisierung der Geometrie und der Arithmetik. Dadurch sollte die Autonomie der mathematischen Naturwissenschaft gesichert werden. Kant führt Descartes' Materiebegriff bis auf die Atomistik zurück, die Grundelemente von bestimmter Gestalt für alle Körper, verschiedene Dichtigkeit dieser Elemente in den Körpern und für die Bewegung leere Räume sowohl zwischen den Atomen als auch zwischen den Atomkomplexen im sichtbaren Raum habe annehmen müssen. Kant nennt das »künstliche Hypothesen«, die immer neue Erdichtungen (z. B. die Wirbeltheorie in Descartes' Kosmogonie; I, 60) erforderten. Für die dynamische Theorie der Materie nimmt Kant den Begriff der vis insita, einer inneren Kraft der Materie, wieder auf. Gegenüber der geometrischen Auffassung der Materie sieht Kant den Vorzug der dynamischen Theorie darin, dass sie ohne die atomistischen Annahmen mit der Konsequenz der Auffassung der Materie als träger Masse (mit den Merkmalen der Ausdehnung und Undurchdringlichkeit) einfachere und geschlossenere Erklärungen ermögliche. Materie ist nicht primär Masse, sondern sie konstituiert sich aus der Relation der einander entgegengesetzten

Kräfte von Zurückstoßung (Undurchdringlichkeit, Elastizität) und Anziehung. Der Raum wird also als von Kräften erfüllt gedacht, da Kräfte auch ohne unmittelbare Berührung von Körpern in der Entfernung wirken. Dynamik ist die Theorie, »wie ein Punkt durch bewegende Kraft [...] einen Raum körperlich erfüllen könne« (IV, 520).

Charakteristisch für Kants naturwissenschaftliches Denken ist, dass er die dynamische Materietheorie keiner näheren mathematischen Darstellung für fähig hielt. Kant sieht die mechanische Theorie als allein der unmittelbaren sinnlichen Auffassung entlehnt, wie schon Leibniz gesagt hatte. Im dynamischen Begriff der tätigen Kraft sei »all das befaßt, was außer dem Objekt der Geometrie oder der Ausdehnung in der materiellen Natur vorhanden ist«. Leibniz sah ebenfalls eine Diskrepanz zwischen den Begriffen der Dynamik und den mathematischen als der »juridiction de l'imagination«. Die Geometrie erschien Leibniz geradezu als »Wissenschaft von Bildern«. Die Bindung der Mathematik an die Anschauung, die Kant von Leibniz übernahm, bedingte Kants Theorie einer gesonderten Metaphysik der Natur. Diese »rationale Physik« war erforderlich, weil die »mathematische Physik« nur einen Teil der realen Naturprozesse zu beschreiben vermochte. Das Prinzip der Einfachheit der Naturvorgänge war nur durch die komplementäre Einfachheit der logischen Form vollständig darzustellen. Der nicht anschaulich gegebene Kraftbegriff entsprach den ebenfalls nur intelligiblen logischen Verknüpfungsgesetzlichkeiten des Naturbegriffs der *Kritik* und der *Metaphysischen Anfangsgründe*. Das Problem der nur logisch zu erschließenden inneren Grundkräfte der Materie bildete eine Linie bei der Ausbildung des transzendental-logischen Erkenntnisbegriffs.

Bei Maupertuis und Buffon ergab der Kraftbegriff die matére productif im Sinne von Leibniz' Unterscheidung von mechanischer toter und lebendiger Kraft, so dass sogar jede Materie organisch werden könne. Leibniz' Monadenbegriff besaß die noch weiter gehende Funktion, Materie und Seele ohne transzendente Konstruktion einander anzunähern. Das mögliche Sein wird von der ontologischen Setzung eines logischen principium zur materieimmanenten Tendenz. Wenn dann dazu fortgegangen wird, dass Gott nicht Wirklichkeiten, sondern Möglichkeiten geschaffen habe, so liegt die Schlussfolgerung nahe, den Zeitbegriff mit dem Naturbegriff im Evolutionsgedanken zu verknüpfen. Das ergibt die Umkehrung der Ontologie der antiken und scholastischen Metaphysik: Die Natur vollzieht in immanenter Determination einen Entfaltungsprozess, das Vollkommenere ist nicht mehr das Anhebende und als solches allein fähig, Ursprung des späteren Unvollkommenen zu sein. Umgekehrt verläuft der Prozess von unvollkommeneren Zuständen des Anfangs zu entwickelteren Formen. Die Kritik der cartesianischen passiven Materie, der die Selbstbewegung fehle, gehört in einen weitgreifenden Zusammenhang immanenter Theorie der Materie. Wie sich an der geschichtsphilosophischen Bedeutung des Terminus Natur bei Kant zeigte, bietet die dynamische Theorie der Materie sogar die Voraussetzung einer immanenten naturgeschichtlichen Auffassung der Gesellschaft.

Einen Streitpunkt bildete das Problem der Fernwirkung materieller Kräfte, der actio in distantia. Wirkt die Gravitationskraft nur durch eine Strahlungsenergie, die sich gleich dem Licht im Raum ausbreitet und die Körper durchdringt, wie Newton mit Kepler annahm? Oder ist es möglich, auf cartesianischer Grundlage die Schwerkraft rein mechanisch zu erklären, wie es Huygens versuchte? Kant nahm in diesem Punkt wie Leibniz eine vermittelnde Stellung ein und konzentrierte sich auf die Folgerung aus dem Kraftbegriff, dass ein Körper eine Bewegung von einem anderen Körper empfangen könne, der sich selbst in relativer Ruhe befinde. Für die cartesianische Mechanik war eine Wirkung in die Ferne ausgeschlossen.

Kants ausgeprägter Systembegriff, den das Architektonik-Kapitel der *Kritik* und die Natur-Metaphysik begründen, stand in Beziehung zu einem zentralen Thema der Naturwissenschaften der Zeit, zum Einheitsgedanken der Naturprozesse. Im Zusammenhang der wissenschaftlichen Diskussionen der Zeit wird der wissenschaftsgeschichtliche Realismus der Kantschen Naturphilosophie erkennbar. Die Kritik an Kants betontem Systemdenken ignoriert die naturwissenschaftlichen Voraussetzungen, die Kants Theorie so wesentlich bestimmten. Qualitativ verschiedene Prozesse sollten als elementare, gleiche Naturkräfte erkannt werden. Für Kant wird die Reduktion qualitativ verschiedener Erscheinungen auf elementare Prozesse gleicher Grundkräfte fast zum Synonym für richtige, mit der Natur übereinstimmende Erklärungsweise. »Natürlich« und »einfach« rücken für ihn eng zusammen, den Gegensatz bildet »künstlich« und »verwickelt« als Indiz für erfahrungsfremd und verkehrt. Die Einheitstendenz der Naturwissenschaften zeigte sich in der Verbindung von irdischer Mechanik und Astronomie, der Ausdehnung mechanischer Erklärungsweisen auf Akustik, Optik, auf die chemische Erklärung des Verhaltens von Gasen usf. B. Franklin (1706–1790) legte in Briefen der Jahre 1747–55 seine Theorie der Gleichheit von Blitz und Elektrizität dar. Descartes hatte die Gewittererscheinungen noch als Herabfallen höherer Wolkenschichten auf niedrigere erklärt. L. Euler (1707–1783) berichtet in seinen *Briefen an eine deutsche Prinzessin* (1773), man habe die ersten Forscher, die zwischen Elektrizität und Blitz Ähnlichkeit annahmen, verlacht. F. U. T. Aepinus (1724–1802), dessen Schriften Kant wiederholt benutzte, arbeitete zu Aspekten der Verwandtschaft zwischen Magnetismus und Elektrizität und entdeckte die Influenz. Die Influenzerscheinungen der Polarisierung positiver und negativer Elektrizität und magnetischer Ladungen setzten die Polaritätsproblematik in Naturvorgängen fort, die Newton bereits in seiner *Optik* (1704) dargestellt hatte. Die Polaritätsthematik bildete ebenfalls ein Thema der Kantschen frühen Naturphilosophie. Die vereinheitlichende Tendenz der Naturwissenschaften kam auch in C. v. Linnés (1707–1778) Tabellen des *Systema naturae* (1735) zum Ausdruck. Die vollständige Klassifizierung aller bekannten Pflanzen nach dem durchgehenden Prinzip der Vermehrung der Pflanzen war auch außerhalb der mathematischen Naturwissenschaften ein Beweis der Systematisierung der Naturerkenntnis auf der Grundlage vereinheitlichender Prinzipien. Hier befinden sich wesentliche Grundlagen der hohen Bedeutung der Systemidee im Kantschen Denken.

Literatur

Dannemann, F.: Die Naturwissenschaften in ihrer Entwicklung und in ihrem Zusammenhange dargestellt, 4 Bde., Leipzig u. Berlin 1910–1913. – Lehmann, G.: Kant und der Evolutionismus (1961/62), in: Ders., Beiträge zur Geschichte und Interpretation der Philosophie Kants, Berlin 1969, S. 219–243. – Proß, W.: »Natur«, in: Archiv für Sozialgeschichte der deutschen Literatur, Bd. 3 (1978). – Mittelstraß, J.: Das Wirken der Natur. Materialien zur Geschichte des Naturbegriffs, in: Rapp, F. (Hg.), Naturverständnis und Naturbeherrschung. Philosophiegeschichtliche Entwicklung und gegenwärtiger Kontext, München 1981, S. 36–69. – Buchdahl, G.: Der Begriff der Gesetzmäßigkeit in Kants Philosophie der Naturwissenschaft, in: Heintel, P./Nagl, L. (Hg.), Zur Kant-Forschung der Gegenwart, Darmstadt 1981, S. 90–121. – Thöle, B.: Kant und das Problem der Gesetzmäßigkeit der Natur, Berlin u. New York 1991.

IX   Kritik der praktischen Vernunft (1788)

Entstehung, Verhältnis zur *Kritik der reinen Vernunft*

Theoretische, technisch-praktische und moralisch-praktische Rationalität und die Unerkennbarkeit von deren Einheit

Kants zweite *Kritik* ergibt sich für das transzendentallogische Programm, weil die Teleologie der Denk-, Arbeits- und Verhaltensakte sich nicht auf die Selbstreflexion des Subjekts als identischer Person ausdehnen lässt. Die theoretische und die gegenständlich-praktische Teleologie richten sich auf begrenzte äußere Objekte. Die Selbstreflexion biegt sich zurück auf eine identische und gleichsam unendliche Quelle aller einzelnen zweckläufigen Akte. Die Abkehr von der Einzelheit – der leicht mystifizierbare Kern des Weges nach innen, hinter die Schleier – schafft die jedem Menschen notwendige Distanz von der Unmittelbarkeit, sodass die Person mehr ist als ein Aggregat von Bedürfnissen, Interessen und Entscheidungen in determinierten Konstellationen. Der entscheidende Punkt für das Verständnis der zweiten *Kritik* besteht aber nicht in dieser Entschlüsselung der Innerlichkeit oder der Gesinnung, der moralischen Willensmaxime, wie Kant sagt, als der Allheit der Verhaltensakte. Die Rückwendung auf eine Ebene meiner selbst als wie außerhalb der Zeit vorausliegender ideeller Synthesis aller Handlungen in der Zeit führt auf die Konsequenz der ideellen Identität aller Personen. Erst daraus ergibt sich die Objektivität des Sittengesetzes, die die Moralität in der Qualifikation der Willensmaximen ausmacht. Die moralische Qualität der Handlung liegt in der unaufhebbaren persönlichen Gewissensverantwortung. Doch diese schließt a priori synthetisch ein: Moralisch ist, was für alle gleichermaßen gilt. (Von den Besonderheiten der angewandten Ethik für bestimmte Personengruppen ist hier abzusehen.) Kants praktische Philosophie nimmt die Moralität aus der sittlichen Partikularisierung durch die ständischen Privilegien heraus. Sie begründet Moralität mit dem Geltungsgrund der Allheit logischer Willensbestimmung. Das ist keine Ethik der größten Zahl allgemein vertretbarer Maximen. Dann wäre die Geltung im Einzelnen immer nur wahrscheinlich, wie es bei pragmatisch begründeten formalen Moraltheorien der Fall ist. Kants praktische Philosophie ist eine Moraltheorie der Gesetzmäßigkeit eines letzten Imperativs. Unter der metaphysischen Form der Gedankenentwicklung verbirgt sich der große Gedanke, dass das Sittengesetz ein soziales Verhältnis darstellt: Die Relation jedes Individuums auf alle Individuen als freier und gleicher Personen. Der aufklärerische Universalismus der hohen Abstraktion des Einzelnen innerhalb der Menschheit, in der Auflösungsphase der stammesgeschichtlichen Grundlagen der antiken Gesellschaft von Stoizismus und christlicher Religion vorbereitet, ist in seiner Allgemeinheit selbst Resultat des zivilisatorischen Prozesses. Die *KpV* spricht die historisch gewordene Idealität des Individuums als logische Synthesis a priori aus und stellt sie der objektgerichteten Aktivität gegenüber, deren allgemeine logische Form die erste *Kritik* untersuchte. Reale Voraussetzung einer Logik der Person als solcher ist die Reduktion der berufsständisch und herrschaftlich partikularen Sozialisierung von Familien auf die Rechtsfähigkeit des Individuums schlechthin. Zugrunde liegen der Aufstieg des bürgerlichen beweglichen Privateigentums zur vorherrschenden Eigentumsform und dessen Tendenz zur Ablösung des tätigen Subjekts von einzelner, mit ihr verwachsener Tätigkeit in organisch-körperlichem Arbeitsrhythmus. Die Postulate der Rechtsform in Eigentums- und Verfassungsrecht, die das reale Modell der praktischen Philosophie Kants bildeten, wirkten als die große vorantreibende Denkform, in der die Bewegung zur abstrakten Gleichheit aller Individuen in einem anonymen, industrialisierten Gesamtprozess artikuliert und ausgefochten wurde. Der Mensch erscheint im bürgerlichen Produktionsverhältnis als mit jeder beliebigen Tätigkeit verbindbares Subjekt seiner vergegenständlichenden Potenz. Diese Trennung von Person und Sache liegt auch der Allgemeinheit von theoretischer und technisch-praktischer Aktivität des Subjekts zugrunde, die die *KrV* analysierte. Die Aufschlüsselung unterschiedener logischer Geltungstypen in den drei propädeutischen *Kritiken* spricht ein hochentwickeltes Bewusstsein der Universalität der gesellschaftlichen Lebensäußerung des Menschen aus, der alle naturwüchsig gewachsenen Bindungen an bestimmte Arbeitsart und die Zugehörigkeit zu spezifischer Gruppe als bestimmendes Merkmal zurückgelassen hat. Dem entspricht die Idealität der selbstreflexiven Person als solcher, die dann konsequent nur noch als Element der Idee der Menschheit gedacht werden kann. Herausstellung reiner logischer Formgesetze und klare Trennung theoretischer sowie gegenständlich-praktischer Akte von der Selbstreflexion der Person im generellen propädeutischen Apriorismus sprechen antizipierend die Tendenz zu dieser hohen Entwicklungsstufe der sozialen Evolution aus. Kant versäumt selten, hinzuzufügen, dass die zivilisierende Funktion der materiellen Leistungsfähigkeit der Gesellschaft und des interessierten bürgerlichen Utilitarismus ihren Wert nur im Bezug auf die noch zu erwartende und zu erstrebende Gesellschaftsform besitze, die aus ihr hervorgehen könne. Die Logifizierung der Trennung von Person und Sache im theoretischen Verstandesgebrauch und die Scheidung von gegenständlicher, technisch-praktischer Außenrichtung und personaler Rückbeziehung des Verhaltens im moralisch-praktischen Vernunftgebrauch formulieren nach der einen Seite die historische Tendenz als absoluten Anspruch. Nach der anderen Seite enthalten sie die große Einsicht, dass die Person als absolute Idealität, die alle empirisch geronnene Existenz als Resultat der eigenen Tat besitzt, nur bei universeller Vergegenständlichung denkbar wird. Absolute Herausarbeitung der produktiven Potenz und reine Idealität des Subjekts (im scheinbaren Duktus von Verinnerlichung) bedingen einander. Die Fixierung der sog. reinen synthetischen Funktionen a priori als theoretischer wie gegenständlich-praktischer Verstand und moralisch-praktische Vernunft bedingen einander. Reale Basis der Fixierung beider Typen geistiger Handlung ist die universelle Verwandlung aller als naturgegeben erscheinenden Bedingungen des gesellschaftlichen Lebensprozesses in Resultate der eigenen Tätigkeit der Menschheit. Darin besteht der umfassende kulturelle Gehalt des Kantschen Verständnisses aller Formen geistiger Tätigkeit des Menschen als Synthesis. Das 18. Jh. hatte mit seinem universalen Historismus Recht, die endlich erreichte Aufklärung des falschen Scheins der Naturwüchsigkeit des gesellschaftlichen Lebensprozesses und der Mystifikation transzendenter Faktoren für Resultat des historischen Prozesses selbst zu erklären. Kant meinte, eine gemeinsame Wurzel von theoretischem Verstand und moralisch-praktischer Vernunft müsse wohl vermutet werden, erklärte sie aber für unerkennbar (V, 91). Dahinter steht die Einsicht, dass gegenständlich-praktische Produktivität und der Realtendenz adäquates geschichtliches Selbstverständnis der Menschheit zwei getrennte Felder darstellen. Theoretischer Verstand und moralisch-praktische Vernunft bedeuteten nicht primär Eigenschaften von Personen, sondern logische Formgesetze des zivilisatorischen Prozesses der Gattung. Und wenn die Menschheit Wissenschaft und Gütermenge aus allen Poren schwitzte, was sagte das über das kritische Bewusstsein ihres Tuns? Es ist ein aufklärungskritisches Ignorabimus. Kant lehnte die holistische Auffassung von Theorie und Praxis in Metaphysik und Empirismus als spekulative oder utilitaristische, doch allemal illusorische Ermächtigungen zur Verfügung über die Zukunft im Horizont der Gegenwart ab. Doch bestimmter Reifegrad der gegenständlichen Produktivität der Gesellschaft sowie gleicher Rechtsfähigkeit der Individuen auf der einen Seite und die Einsicht in die rationale Idealität personaler Identität der Individuen auf der anderen Seite bedingen einander. Hier liegt die Wurzel der Einheit der beiden gegenläufigen Aktivitätsrichtungen. Sie entzieht sich dem theoretischen Konzept Kants, weil es noch mit der Fixierung der historisch gewordenen Formen sowohl der realen Vergesellschaftung des produzierenden Menschen zur Erkenntnistheorie für die reale Seite und der geistigen personalen Identität zur Moralität für die ideelle Seite operierte. Vergegenständlichung und Verinnerlichung sind zwei Seiten des gleichen zivilisatorischen Prozesses, und Kants tiefer Begriff des im 18. Jh. einsetzenden Geschehens zeigt sich darin, dass er beide Tendenzen als reine Funktionen des Subjekts fasst und methodisch präzise einander gegenüberstellt. Wie weit die sprachanalytische sog. Detranszendentalisierung von Rationalität die Fetischisierung realer und ideeller Vergesellschaftungsprozesse zu für sich bestehenden Formgesetzen geistiger Operationen überwindet oder nur verschiebt, ist hier nicht zu erörtern.

Die zweite *Kritik* ist von der verfassungsrechtlichen wie von der wirtschaftlichen Freiheit des bürgerlichen Individuums und vom aufklärerischen Postulat der Glaubens- und Denkfreiheit des Einzelnen aufgegeben. Das Werk ist der Entwurf einer Methode, die unendliche Entfernung zu schließen, die nun zwischen den Einzelnen und eine Menschheit als zunehmend reale rechtliche, wirtschaftliche und intellektuelle Gesamtheit tritt. Der Selbstverantwortung des Einzelnen bis zur Einsamkeit unter allen Menschen begegnet die konstruktive Einheit, alle gleich zu denken und in einem zweiten Schritt dieses Denken zu denken. Das ist die nicht mehr empirische, sondern intelligible Welt von Praxis, der Gegenstand der *KpV*. Die Praxisproblematik setzt in der *KrV* mit den Vernunftideen ein. Sie wird hier nicht etwa von der Transzendentalphilosophie ausgeschlossen, wie Höffe richtig betont.

Literatur

Baumgarten, H. U.: Systematische Ethik mit Kant, 2001.

Entschluss zu einer methodischen Propädeutik von Gebotssätzen

Während der mehr als zehnjährigen Vorbereitungszeit der *KrV* war nie von einer zweiten Vernunftkritik
die Rede gewesen. Auch die Briefe vom September
1785 und vom April 1786 sprechen nicht von einer
neuen Propädeutik, sondern von ungesäumter Ausarbeitung der Metaphysik der Sitten (die erst 1797/98
erschien) (an Schütz, 13.9.1785; an Bering, 7.4.1786).
Kants Plan lautete, nach einer propädeutischen Analytik des Verstandes, die noch Ende der 70er Jahre
ein »Werkchen« genannt wird (an Herz, April 1778),
sogleich zum Metaphysik-System mit den beiden
Teilen Natur- und Sittenmetaphysik überzugehen.
Die Idee gesonderter logischer Grundlegung praktischer Maximen entsteht wahrscheinlich erst nach
dem Abschluss der ersten *Kritik* und beim Übergang
zur Metaphysik der Sitten. Er sah zunächst die propädeutische Aufgabe für erfüllt an. Bei der ersten Erwähnung des Titels *Kritik der reinen Vernunft* hatte
er sogleich gesagt, dass das Werk »die Natur der theoretischen so wohl als praktischen Erkenntnis, so
fern sie bloß intellektual ist, enthält« (an Herz,
21.2.1772). Um den Missdeutungen der *KrV* zu begegnen und im Zusammenhang der sich konkretisierenden Problematik beim Übergang zur Metaphysik
der Sitten beabsichtigt Kant vorübergehend, die Thematik in die zweite Auflage der *KrV* einzuarbeiten.
Im Juni 1787 aber teilt er dem Herausgeber der *Jenai-
schen Allgemeinen Literaturzeitung*, C. G. Schütz,
mit, der diesen Einarbeitungsplan angekündigt hatte
(21.11.1786; Nr. 276), dass das Manuskript der *KpV*
abgeschlossen sei. Er bezeichnet den Punkt, an dem
es sich der ersten *Kritik* anschließt: Diese hatte die
Erkenntnis »übersinnlicher« theoretischer Einsichten beschnitten. Die Propädeutik praktischer Maximen wird positiv darstellen, was an die Stelle der metaphysica transcendentalis treten müsse. Sie »wird
besser, als alle Controversen mit Feder und Abel [...]
die Ergänzung dessen, was ich der spekulativen Vernunft absprach, durch reine praktische [...] beweisen
[...], welches doch der eigentliche Stein des Anstoßes
ist, der jene Männer nöthigt, [...] ungereimte Wege
einzuschlagen, um das spekulative Vermögen bis
aufs übersinnliche Vermögen ausdehnen zu können,
ehe sie sich jener ihnen ganz trostlos erscheinenden
Sentenz der Kritik unterwürfen« (25.6.1787). Die

zweite Auflage der *KrV* erschien im Frühjahr 1787,
die *KpV* folgte ihr im Dezember 1787. Aus Kants
analytisch forschendem Denken ergab sich die theoretisch experimentierende Arbeitsweise. Nach der
zweiten *Kritik* hielt er wiederum die propädeu-
tisch-transzendentallogische Aufgabe für abgeschlossen, ging aber bald darauf an die Niederschrift
der *KU*.

Die Vorrede zur *KU* (1790) erklärt dann die Systematik der Propädeutik recht entschieden, nachdem
sich Kant über deren Umfang und Gliederung beim
Übergang auf sein Metaphysik-System im Klaren geworden war: Die erste *Kritik* habe nur die theoretische Objektkonstitution behandelt, »ohne noch [...]
praktische Vernunft nach ihren besonderen Prinzipien in Untersuchung ziehen zu wollen« (V, 167).
Beim Übergang zum Metaphysik-System hatte er zunächst eine andere Art Propädeutik im Sinn, die
Grundlegung zur Metaphysik der Sitten (1785), also
den phänomenologisch-genetischen Aufstieg vom
alltagspraktischen moralischen Bewusstsein über
spezifizierende Reflexionen hin zur transzendentalen
Einheit der reinen praktischen Vernunft als einer
transzendentallogisch verankerten *volonté générale*.
Die Vorrede der *Grundlegung* nennt jedoch bereits
das Problem einer gesonderten »Kritik einer reinen
praktischen Vernunft« (IV, 391). Kant bezeichnet
eine Schwierigkeit, die ihn veranlasst habe, zuerst
statt einer zweiten *Kritik* die *Grundlegung* als Propädeutik zur Metaphysik der Sitten auszuarbeiten. Eine
Kritik der praktischen Vernunft müsse, solle sie vollendet sein, die Einheit von theoretischer und praktischer Rationalität »in einem gemeinschaftlichen
Prinzip« zeigen, »weil es doch am Ende nur eine und
dieselbe Vernunft sein kann«. Zu solcher Vollständigkeit habe er es hier aber noch nicht gebracht (IV, 391).

Außerdem hatte die Kritik der metaphysica specialis und deren theologia rationalis die bestehenden
Vermittlungen der neuzeitlichen Rationalität mit der
Religion durch die Klammer der Theorie der natürlichen Religion derb gestört. Vorwürfe der Religions-
losigkeit der *Kritik* tauchten auf. Ebenso hatten die
Rezensionen und die Kritiken der *Grundlegung*
(1785) gezeigt, dass die neue Grundlegung der Ethik
nicht verstanden wurde. »Ihre Grundlegung zur Metaphysik der Sitten findet ungleich mehr Widerspruch [...] als ihre Critik«, so der gegenüber der kritischen Philosophie aufgeschlossene frühere Hörer
Kants und Berliner Theologe D. Jenisch (1762–1804)
an Kant (14.5.1787). Kant an den damals noch enthusiastischen Frühkantianer K. L. Reinhold (1758–
1823) über die *KpV*: »In diesem Büchlein werden

viele Widersprüche, welche die Anhänger am Alten in meiner Critik zu finden vermeinen, hinreichend gehoben« (28.12.1787). Konzentrierte Klarheit und gedankliche Eleganz der zweiten *Kritik* wählte Kant, erleichtert nach den schweren Mühen der *KrV*, im Kontrast zum schwer zu überschauenden ersten Sezier- und Haupt-Buch. Die neue Vorrede sagt sogar – ohne die drei Jahre danach erscheinende *KU* etwa zu vermuten – die *KpV* bilde »den Schlußstein von dem ganzen Gebäude eines Systems der reinen, selbst der spekulativen Vernunft« (V, 3 f.). Als nach dem Erscheinen der *KpV* der – allerdings bereits um 1800 abbrechende – Siegeszug des Kantianismus (einschließlich der sich intensivierenden Umbildungsbemühungen) einsetzte, war das auch der offenbar gemachten beruhigenden Aussicht zu danken, dass eine neue, kulturell dehnungsfähige Bestätigung der Verträglichkeit des philosophischen Freiheitsbegriffs mit den traditionellen Mächten des Seelen- und Gottesgedankens ausgewiesen werden konnte. Fichte und Schelling kritisierten den originären Kantianismus bereits als unfertige Kompromiss-Philosophie.

Literatur

Guéroult, M.: Vom Kanon der *KrV* zur *KpV*, in: KS 54 (1963), S. 432–444. – Bonelli Munegato, C.: J. Schultz e la prima recezione del criticismo kantiano, Trento 1992 [Schultz und die erste Aufnahme des Kantischen Kritizismus].

Theorie, Praxis, Poiesis

Das Verhältnis zwischen der Kritik der »reinen« (theoretischen) und der »praktischen« Vernunft betraf ein Grundproblem der theoretischen Tradition, seitdem Aristoteles theoretische, praktische und poietische Theorieformen voneinander geschieden hatte (griech. ποίησις, *poíēsis*, Machen, Verfertigen, bes. von Kunstwerken). Aristoteles trennte theoretische und praktische Philosophie nach den Geltungsweisen des Wissens, praktische und poietische Disziplinen (Theorie von Recht, Politik, Ethik gegenüber dem Wissen von ästhetischen und gegenständlich-praktischen Schöpfungen) nach den Objekten der Reflexion. Theoretische Sätze gehen bis zu unbedingten Aussagen voran. Praktisches Wissen verbleibt im Bereich der strebenden Einübung in konkrete Tugendgewohnheiten. Es ist auf ein unmittelbares Können in je spezifischen Situationen gerichtet und bildet einen Habitus konkreter schöpferischer

Verfügung über Verhaltensweisen, die nicht wie theoretische Lehrsätze parat sein können. Gegenüber dem poietischen Wissen trägt Praxis seinen Zweck im sich verhaltenden Subjekt selbst, während Poiesis im Telos eines Gegenstands endet. Die neuzeitliche Metaphysik formte die aristotelische Tradition der Scheidung von theoretischem Wissen und dem geistigen Verfügen über verschiedene Handlungsebenen um. Das betraf auf der einen Seite die Intellektualisierung des praktischen Willens. Die rationale Autonomie der freien Person wurde stärker ausgeprägt. Kant nannte die praktische Philosophie in der Vorlesung (Moralphilosophie Collins) »eine Wißenschaft über die objectiven Gesetze der freien Willkühr« (XXVII, 245). Dadurch wurden genauere Abschichtungen zwischen verschiedenen Ebenen praktischer Gesinnung als solcher und konkreteren Willensbestimmungen des Verhaltens bis hin zum »Machen« der ursprünglichen aristotelischen ästhetischen und handwerklichen Poiesis erforderlich. Einheitliche Formeln für intellektuelle Verhaltensmotivation wurden zusammen mit dem enzyklopädischen Blick der metaphysica practica universalis der Schulmetaphysik auf die sich voneinander ablösenden juridischen, gegenständlich-praktischen, religiösen u. a. Verhaltensfelder erforderlich. Zugleich stieg in der neuzeitlichen Theorie von Praxis die Aufmerksamkeit für die in sich gesetzmäßig geordnete Antriebsstruktur des Menschen im naturalistischen Sinne. Descartes' (1596–1650) großes Werk über *Die Leidenschaften der Seele* (1650) ging weit voran zu einer materialistischen Assoziationspsychologie. Gleich den Gesetzen geometrischer Figuren wollte Spinoza (1632–1677) die Affekte und Handlungen der Menschen darstellen. Das bezog sich auf die naturgesetzlichen interessehaften Antriebe, die, richtig erkannt, der intellektuellen Erkenntnis adäquater Willensbestimmung völlig konform sein sollten. Der Empirismus setzte das durch psychologische Grundlegung der praktischen Philosophie fort. Die Suche nach geschlossener intellektualistischer Begründung des Verhaltens persönlich freier Individuen verband sich mit dem Problem der einheitlichen Darstellung der sich differenzierenden Kulturfelder. Noch die späte moralphilosophische Vorlesung Kants (z. B. Collins 1784/85) zeigt das Vorbild der metaphysica practica universalis im Doppelproblem von geschlossenem Intellektualismus und Einfassung der differenzierten Kulturfelder Moral, Recht, Religion, angewandter Ethik (XXVII). Die Thematik der autonomen praktischen Rationalität kam bereits von der Auseinandersetzung zwischen scotistischer und ockhamistischer

Richtung über das Verhältnis von *Intellekt* und *Willen* her. In der Schulmetaphysik hatte sich die nominalistische Auffassung durchgesetzt, dass der Intellekt selbst praktisch sei und es nicht erst über den davon getrennten Willensfaktor werde. Das war ein wichtiger Schritt zu Voraussetzungen für eine einheitliche intellektualistische Beschreibung aller (theoretischen, praktischen, ästhetischen) Objektivationen. Zugleich gewann die ganze Breite anwendungsorientierten Wissens von der Moral über alle Rechtsdisziplinen, Politik, Wirtschaft, Erziehung in der Philosophia practica universalis der Schulmetaphysik neue Bedeutung. Die reale kulturelle Basis der ansteigenden Spannung zwischen intellektual formalisierenden und material spezialisierenden Tendenzen im Problembestand praktischer Philosophie bestand letzten Endes im veränderten Verständnis der Vergesellschaftung des Individuums. Es trat als persönlich freies und allen anderen gleiches aus der antiken und feudalen ursprünglichen Vergemeinschaftung heraus. Das Problem war, wie das persönlich freie, auf moralische Autonomie gestellte Subjekt nun sowohl der aufblühenden Besonderung der Tätigkeitsfelder gemäß anerkannt und zugleich durch rationale Formalisierung aller Akttypen als einheitliches Subjekt seiner Vergegenständlichungsweisen gefasst werden konnte.

Für die logische Formalisierung der verschiedenen Verhaltensfelder der Individuen, die ebenso viele Sozialisierungslinien darstellen, führte Kant die schulmetaphysische Trennung der generellen Methodik praktischer Setzungen von anwendungsorientierten kommunikativen Akten und weiter vom ganzen Poiesis-Bezirk der ästhetischen Kultur sowie von den Formen gegenständlich-praktischer Arbeit fort. Die formale Methodik einer für sich stehenden Logik völlig entgegenständlichter praktischer Akte der Person als solcher im Horizont der Menschheit entsprach der Trennung des zu Denk-, Glaubens- und verfassungsrechtlicher Freiheit durchdringenden Individuums von der anonymen Gesamtheit aller anderen Individuen. Diese auf die bürgerlich-moderne Gesellschaft bezogene methodische Grundlegung war mit der aristotelischen Tradition der Tugendethiken, die stammesmäßig und ständisch gebundenen Gesellschaften entsprochen hatte, nicht mehr zu denken. Das schließt nicht deren Fruchtbarkeit für die spezifischen persönlichen und gemeinschaftsbildenden Tugenden aus. Die feudalrechtliche Vergesellschaftung und hohe Zeit der aristotelischen Ethik vereinte die zu Führung wie die zu Gefolgschaft bestimmten Stände in der Illusion, die Gesellschaft bilde eine Erweiterung von blutsmäßigen und aus lokaler Verwurzelung fließenden nahen Bindungen aufs Ganze. Mit der Mentalität der absoluten Monarchie wurde die Ethik der Nähe bereits technisiert bei B. Gracián (1601–1658; *El discreto*, 1646) und F. Bacon (1561–1626), dessen *Essays* (1597) wie ein Musterbuch Verhaltenseffektivität durch Regelbildungen in wiederkehrenden Situationsarten entwarfen.

Der kategorische Imperativ setzt eine dem mathematisch beschriebenen Naturgesetz gleichstehende innerweltliche vollkommene Präzision der Selbstbestimmung als letzten Horizont aller Sozialisierungsmaximen. Das setzt die perfectio-Thematik der Metaphysik fort. Wolff hatte die heute vielbehandelte Beziehung von moralischem Intellektualismus und Konsens definiert: »Perfectio est consensu in varietate, seu plurium a se invicem differentium in uno. Consensum vero appello tendentiam ad idem aliquod obtinendum. Dicitur perfectio a Scholasticis bonitas transcendentalis« (*Philosophia prima sive Ontologia*, § 503; »Vollkommenheit ist die Übereinstimmung in der Verschiedenheit, oder der vielen Unterschiede wechselweise voneinander im Einen. Wahre Übereinstimmung nenne ich die Tendenz, dass Eines das Andere bindet. Von den Scholastikern wurde die Vollkommenheit als das transzendentale Gute bezeichnet«). »Vollkommene Pflicht« nennt Kant »diejenige, die keine Ausnahme zum Vorteil der Neigung gestattet.« Der unbedingte Imperativ setzt als methodische Prämisse von Praxis, die nicht objektbezogene Hervorbringung ist, die Idee. Die theoretische Abstraktion einer unendlichen Reihe völlig gleicher Handlungsfolgen bei allen Individuen ist so unerlässlich für einen kontraktualistisch gedachten Menschheitsbegriff wie die Mathematik für die Physik seit dem 17. Jh. Der unbedingte Imperativ, sagt die *Grundlegung*, soll eine Handlung bestimmen, »dadurch die Totalität einer in der That unendlichen Reihe von Folgen erreicht würde« (IV, 419). Die aristotelische Trennung von Praxis und Poiesis gewann jetzt erst das Format kultureller Alternativen. Auf die perfectio-Thematik bezieht Kant die Dialektik der Vernunft: »Vollständige zweckmäßige Einheit ist Vollkommenheit« (III, 456). Wir müssen perfectio als unendliches Zusammenstimmen aller rationalen Akte in den beiden Linien theoretischer und praktischer Objektivationen postulieren, um überhaupt einen Satz mit einem zweiten verbinden zu können. Ontologische Metaphysik und Empirismus schaffen die Illusion – Kant sagt gut theologisch: Sie erzeugen das Blendwerk (des Teufels, d. i. verabsolutierter Weltlichkeit) – einer endlichen Auflösung der Sinnfragen und Rätsel des Menschen, wenn man die Endlichkeit nur lang genug denke. Die *KrV* formulierte das gleiche Problem als »die Idee von der nothwendigen Einheit aller möglichen Zwecke«, die für praktische Rationalität als ursprüngliche einschränkende Bedingung zur Regel dienen müsse (B 385). Die Einheit der für real-möglich angesehenen Zwecke bildet eine Grundbedingung moralischer Identität der Person. Freilich ist das nicht vulgär, also praktizistisch zu nehmen, sondern als leitende Tendenz und über tolerante Pluralität persönlicher Verwirklichung hinweg bezogen auf Grundlinien der Achtung der Menschheit in jedem Menschen, wo sich Relativismus und interessierte Vielfärbigkeit verbieten.

Kant formuliert (in der Einleitung zur *KU*) die Auflösung der einheitlichen Schematik theoretischer und praktischer Akte mit der klassisch einfachen Entgegensetzung, »daß der Naturbegriff zwar seine Gegenstände in der Anschauung, aber nicht als Dinge an sich selbst, sondern als bloße Erscheinungen, der Freiheitsbegriff dagegen in seinem Objecte zwar ein Ding an sich selbst, aber nicht in der Anschauung vorstellig machen« könne (V, 175). Der Gegensatz von Natur- und Freiheitsbegriff, zwischen dem Denken des empirisch Gegebenen und des Übersinnlichen (menschlicher Handlungsbestimmung überhaupt), ist so grundsätzlich zu denken, als seien es verschiedene Welten (V, 176). Die Trennung von theoretischer und praktischer Aktsetzung unter dem Prinzip sich selbst begründender rationaler Methodik moralischer *perfectio* scheidet alle Verhaftung an die Sachgewalt theoretisch unvermittelter sozialer Außenwelt ab (im Gegensatz zur sog. Naturdetermination). Zugleich wird die kulturelle Wirklichkeit schlechthin der Gestaltungskraft des Menschen vindiziert. Den höchsten Grad humaner Verwirklichung, bei dem die Menschheit stehenbleiben müsse, »kann und soll niemand bestimmen, eben darum weil es Freiheit ist, welche jede angegebene Grenze übersteigen kann« (III, 248).

Der nicht materiale, sondern rein methodische Intellektualismus der *KpV* ist nur zu verstehen, wenn man beachtet, dass dessen Adressat nicht das Individuum in concreto ist, sondern allein dessen letzte Beziehungsebene auf die Menschheit, also eine objektive soziale Relation den Gegenstand darstellt. Nur in diesem weitesten Horizont auf ein reales Totum aller Individuen ist eine objektive Gesetzmäßigkeit von Praxis bestimmbar. Unterhalb dieser unendlichen perfectio-Ebene regieren nur je situative Wahr-

scheinlichkeiten. Die Relation Einzelperson – Menschheit ergibt sich als Gegenstand der moralisch-praktischen Rationalität aus zwei sehr realistischen Prämissen des Kantianismus. Die erste: Wenn die theoretische Rationalität nur innerhalb der Grenzen der Phänomenwelt bleibt, dann muss praktische Rationalität eine Ebene grundsätzlich nicht-phänomenalen Bezugs erhalten. Wir bewegten uns sonst als Erscheinungen von Erscheinungen, wie im Traum zwischen unendlich vielen Vorhängen. Dann bliebe als letzter realer Bezugspunkt moralischer Identität nur der Utilitarismus der vereinzelten Einzelnen. Die zwischen Aggressivität und Depression wechselnde Verabsolutierung der Alltäglichkeit sieht Kant am Empirismus. Die darüber hinausgehende moralische Orientierung kann dann nur durch Offenbarung überschritten werden. Soll das als Basisbegründung ausgeschlossen werden, so kann sich eine durchgehend rationale Begründung des Willens, die den Menschen über die Grenzen alltagspraktischer Willensorientierung hinausführt, nur auf ein innerweltliches Absolutum beziehen, das allein die Gattung darstellt. Die zweite Prämisse: das persönlich freie bürgerliche Individuum kann sich unter Gleichen, soll es als soziales Wesen gedacht werden, nur auf die Allheit aller Freien und Gleichen beziehen. Alle darunter verhafteten Bindungen (volksbezogener, klassenmäßiger, rassischer, religiöser Art) ergeben nur Surrogate allgemeiner Geltung und zeigen, wo sie ausschlaggebend sind, an, dass die Gesellschaft noch im Herstellungsprozess ihrer Lebensform auf der Grundlage von Gleichheit und Freiheit der Individuen begriffen ist. Auch hier ergibt sich die Gattung als innerweltliches Totum. Im methodisch gleichen Verfahren bezieht sich die formale Vollkommenheit der mathematischen Naturwissenschaft auf die irdische Welt, unabhängig von einer transzendenten Sphäre. So ergeben die bereits von G. F. Meier in der Wolff-Nachfolge betonten Grenzen der natürlichen Erkenntnis und die Individualisierung des juridischen Sozialisierungshorizonts für eine geschlossen rationale Durchführung der Moralphilosophie das Erfordernis und auch erst die Möglichkeit einer *Metaphysik der Sitten*. Kant hat diese Theorieform von praktischer Rationalität – ganz außerhalb der ontologisch-theologischen Prämissen – neu geschaffen. Erst sie löst den Dualismus von materialem Empirismus der »natürlichen« Antriebe und materialer Metaphysik »höherer« intelligibler Wertschichten auf, der bei unterschiedlicher Durchführung sowohl innerhalb des Empirismus als auch der Schulmetaphysik bestand. Die konsequent innerweltlich rationale Metaphysik der Sitten setzt allerdings die empirisch-kausale Existenz des Menschen erfahrungswissenschaftlich davon ab, wie Kant das mit seiner Aufnahme von Anthropologie, Geographie, Pädagogik, Medizin tat. Die Wiederentdeckungen der praktischen Philosophie Kants als vermeinte Fortführung der alteuropäischen metaphysischen Tradition (so auch bei Löwith und Gadamer), die am Ende des 19. Jhs. ursprünglich gegen den Marburger Neukantianismus gerichtet waren (so bei F. Paulsen), geraten in die Gefahr, die spezifische Problemlage, an der Kant seine methodische Metaphysik orientierte, zurückzusetzen und Kants Metaphysik im materialen Sinne als eine Fortführung traditioneller Denkmuster zu interpretieren (z. B. Löwith, K.: *Gott, Mensch und Welt in der Metaphysik von Descartes bis Nietzsche* (1967), in: Sämtl. Schriften, Bd. 9, Stuttgart 1986, S. 51–65; Gadamer, H.-G.: *Kants »KrV« nach 200 Jahren* (1981), in: Ges. Werke, Bd. 4, Tübingen 1987, S. 336–348).

Kants Metaphysik konzentriert sich auf die praktisch-moralische Rationalität, und diese ist die Rückwendung von der gegenständlich-praktischen Außenrichtung der rationalen Akte auf den gesellschaftlichen Bezug, innerhalb dessen sie stehen. Es ist zweifellos eine andere und zwar vordergründig verborgene Reflexionsebene. Kant verbindet mit ihr die Überschreitung der, wie man sagen könnte, ideologischen Befangenheit im Interessen- und Tatsachen-Fetischismus der technisch-praktischen Rationalität. Aber darum ist auch der Kernbezirk von Metaphysik bei Kant, den er in der idealistischen Moralform fasst, rein methodische Analytik der Vernunft ohne Beimischung ontologischer Korrelate werthafter Art, wie sie die Tradition der alteuropäischen Metaphysik auszeichnete.

Literatur

Habermas, J.: Zur Logik des theoretischen und praktischen Diskurses, in: Riedel, M. (Hg.): Rehabilitierung der praktischen Philosophie, Bd. 2, Freiburg/Br. 1974, S. 381–402. – Prauss, G. (Hg.): Transzendentalphilosophie und Handlungstheorie, Frankfurt/M. 1986.

Aristoteles und Kant, Philosophia practica universalis der Schulmetaphysik, moral sciences des Empirismus, die moralphilosophischen Vorlesungen

Bei Aristoteles bilden Mensch und politische Gemeinschaft zwei Tatsachen von Natur her. Der Mensch ist gedacht in der beschränkten Gestalt des Teilhabers am ursprünglichen Stammesterritorium durch privates Eigentum und Bürgerrecht in der Polis. Außerdem bestimmt Aristoteles den Menschen, der Bürger einer bestimmten Gemeinschaft ist, sogleich in den konkreten Bezügen von Über- und Unterordnungen. Der freie Bürger übt Herrschaft gegenüber dem Sklaven (»despotisch«), anders als über seine Kinder (»königlich«), wieder anders über seine Frau (»politisch«). Aus Strukturen der οἰκονομική (*oikonomikē*, Verwaltung der Hauswirtschaft) entwickelt Aristoteles die politischen Herrschaftsformen, nach denen er die Staatsverfassungen einteilt. In diesem Sinne sind die Tugenden des Menschen bestimmt als des von Natur auf das Leben im Staate hin angelegten Lebewesens (Aristoteles, *Politik*, 1253a, 2f.). Kants Begriff moralischer Praxis auf der Basis von persönlicher Freiheit und Gesinnung der Individuen, die auf den Horizont einer Idee fortschreitender Menschheit bezogen sind, entspricht den ganz anderen modern-bürgerlichen Voraussetzungen. Für die antike Auffassung bildeten die konkreten erlebnishaften Gemeinschaftsformen der Familien das theoretisch leitende Element auch für die Ethik der Polisbürger. Die Vermittlung von formaler Generalisierung und konkreter Tugendethik bleibt selbstverständlich auch bei Kant erhalten. Die Urteilskraft wird als die spezifizierende Geltungsform eingeführt, die das weiche situative Element unmittelbarer Kultur des Umgangs reguliert.

Für neuzeitlichen Empirismus und Schulmetaphysik bedeutete »praktisch« nicht nur ethisch, sondern schloss Recht und Ökonomie, im Empirismus auch Religionsphilosophie ein. Die transzendentale Logik praktischer Urteile der zweiten *Kritik* gilt über verschiedene Konkretionsstufen ebenfalls für den weiten Bereich sog. praktischer philosophischer Wissenschaften. Das sind primär Recht und Moral, danach als Disziplinen angewandter praktischer Philosophie Religions- und Geschichtsphilosophie. Diese Disziplinen reiner und angewandter praktischer Philosophie bilden Prinzipien der empirischen praktischen Wissenschaften: Historiographie, Religionswissenschaften, Pädagogik, Nationalökonomie (die Kant noch kameralistisch verstand), Teile der Anthropologie u. a. Kant kritisiert die ungenügende Trennung von formaler Methode und materialen Gegenstandsbereichen und nennt es in diesem Sinne einen »sehr nachtheiligen Misverstand«, was man für praktisch halte: »Man hat Staatsklugheit und Staatswirtschaft, Haushaltungsregeln, imgleichen die des Umgangs, Vorschriften zum Wohlbefinden und Diätetik, so wohl der Seele als des Körpers, (warum nicht gar alle Gewerbe und Künste?) zur practischen Philosophie zählen zu können geglaubt« (XX, 195). Kant fragt in der zweiten *Kritik* methodisch nach der logischen Geltungsweise praktischer Gebotssätze. Daran schließen sich die Sätze a priori der Metaphysik der Sitten an, also Rechtsphilosophie mit Eigentums- und Verfassungsrecht und die Moralphilosophie als knappe Pflichtenlehre der Pflichten der Person gegen sich selbst und gegen andere. Dann folgen erst die speziellen ethischen Tugenden und deren Gegenteil, die Kant in Schriften nicht, aber in seinen Moral-Vorlesungen behandelte. Sie begannen 1775/76 und legten Baumgartens *Initia philosophiae practicae primae* (1760; Elemente der ersten praktischen Philosophie) und der *Ethica philosophica* (1740, ³1763) zugrunde (Nachschriften der Kantschen Vorlesungen in Bd. XXVII der AA, sehr guter Überblick in der Edition P. Menzers, *Eine Vorlesung Kants über Ethik,* Berlin 1924). Kants Unterscheidung von propädeutischer *KpV, Metaphysik der Sitten* und spezieller Ethik ging aus der Gliederung der praktischen Philosophie in der Schulmetaphysik in principia practicae universales und ethica hervor. In der allgemeinen praktischen Philosophie trug Kant in den 80er Jahren tatsächlich die Problemstellung der zweiten *Kritik* vor. Er konzentrierte sich auf die Bestimmung eines obersten Gesetzes der Moralität, das er gegen »pathologische«, also naturalistisch-anthropologische und emotionale Antriebe als Begründungen und ebenso gegen juridische und theologische äußere Bestimmungen absetzte. Moralität ist Wirksamkeit innerer Maximen nach der Vernunft in jedem Menschen. Sie werden auch in manchen Nachschriften mit Baumgarten als kategorische oder hypothetische Maximen, das sind dann relative zu bestimmten Zwecken, bezeichnet. Aber das unbedingte Moralgesetz wird meist nur mit einer Formulierung angegeben, die in der *Kritik* als Erläuterung des kategorischen Imperativs wiederkehrt: »Verhalte dich so wie du urtheilen kanst nach den Regeln des guten Willens, damit du der Glückseeligkeit würdig werdest« (XXVII, 137). Im Unterschied zur transzendentalen Grundlegung in der zweiten *Kritik* bringt der allgemeine moralphilosophische Teil der Vorlesungen die verschiedenen Typen der Moralphilosophie nicht nur als logische Gliederung, sondern historisch mit Bezügen auf antike und neuzeitliche Theorien. Im zweiten Teil Ethica trug Kant die Pflichtenlehre vor, wie sie Wolff und Baumgarten lehrten (Pflichten gegen sich selbst und gegen andere, nicht mehr wie in der generellen Methodologie gegen die Menschheit als solche). Das wird in der Systematik

Kants dann zur Tugendlehre der *Metaphysik der Sitten.*

Bereits Kants Einteilung der praktischen Philosophie in Moralgebote innerer Selbstbestimmung und Rechtsgebote mit äußerem Zwangscharakter gehört zu den ursprünglichen Bestimmungen der Moralphilosophie. Philosophische Ethik entstand, wenigstens im europäischen Altertum, mit der Bildung sozialer Schichten von Privateigentümern und der Entwicklung städtischer Kultur. Die Ethik trat an die Stelle oder ergänzte die stammesgeschichtliche (und mythisch begründete) Verhaltensregulierung. Voraussetzung ist die Abtrennung formeller juridischer Regelungen neben den traditionellen moralischen Auffassungen. Die Philosophia practica universalis der Scholastik bildete die Basis der Schulmetaphysik, die ihre Aufstellungen im 18. Jh. zunehmend mit Theoriestücken des Empirismus versetzte. Der von der Scholastik übernommene weite aristotelische Begriff des Praktischen, da der Mensch von Natur her auf Gesellschaft angelegt sei (zoon politicon, nicht im speziellen politischen Sinne), und die umfassende soziale Realisierung einer natürlichen psychischen Konstitution des Menschen, die dem Gedanken der moral sciences zugrunde lag, ergänzten sich in der Synkretismus-Tendenz der Schulmetaphysik. Das wurde z. B. an Wolffs Verquickung von moralischer perfectio und sog. Glückseligkeit deutlich. Duns Scotus hatte die Handlungen aus selbst wählendem Willen als Praxis im eigentlichen Sinne unterschieden, gegenüber dem befohlenen Willen, der Praxis sei nur per accidens. Die Kantsche Abtrennung von Freiheit als ideeller Form aller Handlungsteleologie gegenüber bedingten Imperativen der Tugenden, des Rechts, religiöser Konvention steht auch in solcher Tradition. Doch in antiker und feudaler Gesellschaft basierten Recht und moralische Pflichtenlehre nicht auf dem Gleichheitsprinzip, sondern gehörten der differenzierten Hierarchie hauswirtschaftlicher, militärischer und politischer Funktionen zu. Auf der Basis des universalistischen Handlungs- und Rechtsbegriffs der entwickelteren marktwirtschaftlichen Gesellschaft setzt Kant entschlossen die Innensphäre des Subjekts von den spezifischen Rechts- und Moralregeln ab (Rechte von Eigentümern gegenüber denen des Gesindes, geschlechtsspezifische Rechte und Moralgebote usw.) bis zur Abstraktion eines letzten Verfahrens-Algorithmus für alle verschiedenen sozialen Handlungssphären. Die als Freiheitsgesetz völlig entgegenständlichte rationale Innerlichkeit des Individuums stellt die Relation Individuum/Menschheit als Basis-beziehung aller sozialen Verhältnisse dar und ordnet damit überhaupt die individuelle Moral einem gesellschaftlichen Verhältnis unter. Diese Basis-Beziehung aller Willensmaximen auf das objektive gesellschaftliche Verhältnis, in dem alle Individuen sich bewegen, formuliert der kategorische Imperativ: »Handle so, daß die Maxime deines Willens jederzeit zugleich als Princip einer allgemeinen Gesetzgebung gelten könne« (§ 7; V, 30). Kant konnte den Grundgedanken auch traditioneller ausdrücken, so dass der eigentliche Punkt des objektiven Gesetzes aller Maximen auf Grund des vorgegebenen gesellschaftlichen Verhältnisses verborgen blieb: Schon die erste *Kritik* sagte bei der Einführung des Ideenbegriffs, der Mensch »trägt die Idee der Menschheit als das Urbild seiner Handlungen in seiner Seele« (III, 248). In der Form des kategorischen Imperativs hebt Kant den Substanzcharakter qualitativer Tugenden im gesellschaftlichen Verhältnis auf. Dieser Realismus gestattet es ihm, vom objektiven moralischen Gesetz zu sprechen, das nicht aus irgendeiner Naturanlage im Menschen hervorgeht. Der Begriff des moralischen Gesetzes schließt den Gedanken des freien moralischen Diskurses nicht aus, sondern setzt ihn voraus. Schon die erste *Kritik* sagte: Auf der Freiheit der Kritik, der kein Verbot Abbruch tut, »beruht sogar die Existenz der Vernunft, die kein dictatorisches Ansehen hat, sondern deren Ausspruch jederzeit nichts als die Einstimmung freier Bürger ist« (III, 484). Im gesellschaftlichen Verhältnis zu allen anderen als gleichen Bürgern der Weltgesellschaft zu stehen, das ist allerdings heute schon dringlicher als in Kants Zeit das objektive Gesetz, nach dem sich der Konsensus der Teilnehmer des sog. moralischen Diskurses zu richten hat. Die transzendentale Analyse zeigt die Einheit aller Individuen in einer vorbestehenden sozialen Ur-Relation, einer Logik des Gemeinwillens. J. Rawls hat in seiner *Theory of Justice* (1971) mit einem ursprünglichen Gerechtigkeitsgefühl, also anderem Ausgangspunkt als Kant, eine solche analytische Methode wiederbelebt. Die Einwände gegen den moralphilosophischen Formalismus und gegen die ihn sprachpragmatisch fortführende Transzendentalpragmatik (K. O. Apel) kommen heute von der kommunitaristisch-lebensphilosophischen Ethik, die vor allem in den USA eine einflussreiche Richtung mit eigener Zeitschrift und in Teilen mit konservativer ordnungspolitischer Tendenz bildet. Die metaphysikgeschichtlich bedingte idealistische Form der Einsicht vom Primat des gesetzmäßigen Zusammenhangs des gesellschaftlichen Verhältnisses als eines logischen Identitätssatzes

praktischer Vernunft kann über den Realismus der Kantschen praktischen Philosophie nicht hinwegsehen lassen. Der Gedanke eines Formalismus der Handlungsteleologie überhaupt, als apriorische Handlungsrationalität vor und außerhalb aller materialen Aktformen, setzt eine hohe reale Generalisierung des Tätigkeitsbegriffs voraus, wie ihn erst die modern-bürgerliche Rechtssubjektivität des Individuums schlechthin außerhalb des Partikularismus vieler Rechte als gestufter Privilegierung befördert hat. Zu den Voraussetzungen gehört ebenfalls der Begriff allgemeiner Arbeit, wie ihn die Nationalökonomie in England und Frankreich seit dem Ende des 17. Jhs. ausgebildet hatte.

Nietzsches bis zu J. Derrida und M. Foucault einflussreiche Kritik der Moralform des gesellschaftlichen Bewusstseins (gut in *Zur Genealogie der Moral*, 1887) kann nicht vergessen lassen, dass aus Kants methodischer Prämisse vom objektiven Moralgesetz Postulate zu entwickeln sind, die nicht befangene Ideologie exklusiver Sonderinteressen darstellen. Denn woher könnte sie die Begründung für die Notwendigkeit der »Einstimmung freier Bürger« nehmen, wenn nicht aus den Handlungsbedingungen, die vom gesellschaftlichen Verhältnis vorgegeben sind?

Literatur

Michaelis, C. T.: Zur Entstehung der *KpV*, Berlin 1893. – Menzer, P.: Der Entwicklungsgang der Kantschen Ethik in den Jahren 1760–1785, in: KS 2 (1898), S. 290–322 u. KS 3 (1899), S. 41–104. – Jodl, F.: Geschichte der Ethik als philosophische Wissenschaft (³1923), Bd. 2, Darmstadt 1965 [Kap. I: Die Ethik des kategorischen Imperativs, Kap. II: Gegner und Fortbilder der Kantschen Ethik]. – Koßmann, G.: Der Sittlichkeitsgedanke bei Aristoteles und Kant, Dortmund 1929. – Lugarini, L.: Il Principio categoriale in Aristotele e Kant, in: GCrFIt 35 (1956), S. 160–190. – Schmucker, J.: Die Ursprünge der Ethik Kants in seinen vorkritischen Schriften und Reflexionen, Meisenheim a. Gl. 1961. – Henrich, D.: Über Kants früheste Ethik. Versuch einer Rekonstruktion, in: KS 64 (1963), S. 404–431. – Bittner, R./Cramer, K. (Hg.): Materialien zu Kants *KpV*, Frankfurt/M. 1975. – Bärthlein, G.: Von der »Transzendentalphilosophie der Alten« zu der Kants, in: AGPh 58 (1976), S. 353–392. – Niewöhner, F.: Primat der Ethik oder erkenntnistheoretische Begründung der Ethik? Studien zur Kant-Rezeption in der jüdischen Philosophie, in: Wolfenbütteler Studien zur Aufklärung 4 (1977), S. 119–161. – Reich, K.: Kant und die Ethik der Griechen, Tübingen 1935 [ND in: Ges. Schriften, hg. v. M. Baum u. a., Hamburg 2001].

Die Goldene Regel

Die Verbindung des kategorischen Imperativs mit der traditionellen goldenen Regel der Moral oder gar dessen Rückführung auf diese ist verfehlt. Der Grundsatz »Was du nicht willst, das man dir tu, das füg' auch keinem andern zu« findet sich als elementare ethische Regel sowohl in der antiken Philosophie, in den Evangelien (urspr. Tobias 4,16, danach Matth. 7,12; Luk. 6,31), ebenso im Konfuzianismus und im Buddhismus. In der deutschen Frühaufklärung fasste C. Thomasius die goldene Regel als Hauptsatz seiner Ethik: Quod vis ut alii tibi faciant, tu ipsi facies (tue selbst, wovon du willst, dass andere es Dir tun; Thomasius, *Institutiones jurisprudentiae divinae*, 1688, [7]1730, I, 4, § 18). In der gleichen antimetaphysischen Richtung hatte J. G. Herder in den *Ideen zur Philosophie der Geschichte der Menschheit* (1784) die goldene Regel als das »Gesetz der Billigkeit und Wahrheit«, das »treue Gesellen und Brüder macht«, verstanden (*Sämtl. Werke*, hg. v. B. Suphan, Bd. XIII, Berlin 1887, S. 160). Kant richtet die Problemstellung des kategorischen Imperativs gegen diese empiristische Grundlinie der aufklärerischen Ethik. Er zählt die Regel zur unmittelbaren Beurteilung von Handlungen (V, 69), die darum untauglich sei zum allgemeinen Gesetz oder unbedingten Imperativ. »Man denke ja nicht daß hier das triviale: quod tibi non vis fieri etc. [was Du Dir nicht geschehen wünschst usw.; d. Vf.] zur Richtschnur oder Prinzip dienen könne« (IV, 430). Man möchte sich wohl etwas gegen diese Regel antun lassen, wenn man nur selbst ebenfalls einer guten Tat enthoben wäre. Darum sei die Regel nur ein bedingter Imperativ. In der neueren Diskussion hat L. Kohlberg in seinem ontogenetischen Schema von sechs Stufen moralischer Selbstreflexion die goldene Regel als Prinzip der reifen Beurteilung des Verhaltens in sozialer Interaktion genommen. Sie ist hier zum sog. »multilateralen Rollentausch« avanciert. Ohne Rückgang auf das gesellschaftliche Verhältnis als des objektiven Gesetzes, das die Methode moralischer Beurteilung trägt, wäre die Diskursethik eine Variante der goldenen Regel. Alle Übereinstimmung wäre reiner Wunsch und letzten Endes Glückssache. Aus der theologischen Transzendenz herausgenommen, lebte der Mensch ohne formales Gesetz in moralischer Kontingenz oder, wie Kant zutreffend sagt, allein unter dem Naturgesetz seiner Interessen.

Literatur

Philippidis, L. J.: Die goldene Regel religionsgeschichtlich untersucht, Leipzig 1929. – Reiner, H.: Die goldene Regel. Die Bedeutung einer sittlichen Grundforderung der Menschheit, in: ZphF 3 (1948), S. 941–952. – Brülisauer, B.: Die goldene Regel. Analyse einer dem kategorischen Imperativ verwandten Grundnorm, in: KS 71 (1980), S. 325–245. – Kohlberg, L.: The Philosophy of Moral Development, San Francisco 1981. – Ders: Die Wiederkehr der sechsten Stufe: Gerechtigkeit, Wohlwollen und der Standpunkt der Moral, in: Edelstein, W./ Nummer-Winkler, G. (Hg.), Zur Bestimmung der Moral, Frankfurt/M. 1986, S. 205–240. – Hinske, N.: Goldene Regel und kategorischer Imperativ, in: Bellebaum, A./Niederschlag, H. (Hg.), Was du nicht willst, daß man dir tu … Die Goldene Regel – ein Weg zum Glück?, Konstanz 1999, S. 43–54.

Aufbau der Schrift

Die Schrift behält den Aufbau der ersten *Kritik* mit Elementarlehre und Methodenlehre bei, der dann auch in der *KU* wiederkehrt. Die Elementarlehre teilt sich ebenfalls wieder in Analytik und Dialektik, und Kant sucht auch die Abfolge der Fragestellungen mit Deduktion, Kategorientafel, Mittelstellung der Urteilskraft u. a. zu wiederholen. Die erste *Kritik* hatte bei der Einführung des Vernunftbegriffs erklärt, praktische Vernunft gehe vom Ganzen zum Teil, theoretischer Verstand vom Teil zum Ganzen. Die Ordnung in der neuen Analytik verläuft darum entgegengesetzt zur früheren: Von Grundsätzen zu Elementarbegriffen und Anschauungen (V, 16). Kant erläutert im Anhang zur Analytik seiner zweiten *Kritik* detailliert die Unterschiede im Aufbauplan der beiden *Kritiken* (V, 90). Damit schmilzt die Deduktion der praktischen Rationalität auf den Aufweis des Faktums des Sittengesetzes zusammen. Die Verbindung der rationalen Form mit den empirischen Inhalten, die im theoretischen Vorgang über die Schemata der Einbildungskraft geschah, wird gemäß der nur symbolischen, nicht konstitutiven Darstellung von Vernunftideen im empirischen Erscheinungsfeld zu einer Typik der praktischen Urteilskraft. Es ist das schönste Stück dieser hochkonzentrierten Theorie einer menschheitlich-praktischen Rationalität. Die Dialektik der praktischen Vernunft behandelt die unvermeidliche Täuschung einer Einheit von moralischem Verhalten und Glückserfahrung, die in der notwendigen Idee eines höchsten Gutes mitgehe, also die diffizile Problematik der ideellen Vermittlung realen empirischen Verhaltens. Der transzendente Bezugspunkt der perfectio-Thematik ist ausgeschieden.

Die *KpV*, ein konzentriertes Kunstwerk des Gedankens, ist das in der Darstellungsweise gelungenste der Hauptwerke Kants. Der 63-jährige Autor verfügt mit geistiger Souveränität und sprachlicher Kraft über die zentrale Achse der Gliederung der neuen transzendentallogischen Denkform. Die weit knapper gehaltene Schrift (wie es sich Kant offenbar ursprünglich auch für die Schrift über die *Grenzen der Sinnlichkeit und des Verstandes* gewünscht hatte), trug wohl auch den Erfahrungen mit dem vorangegangen, nach vielen Seiten ausladenden Werk Rechnung. Sie brachte auch im allgemeinen Bewusstsein den Erfolg des originären Kantianismus, wie die *KU* dann schon dessen Transformation in Romantik und neuen Pantheismus Schellings und Hegels vorbereitete. In den 60er und 70er Jahren des 19. Jhs. vollzog sich die Rückwendung des Neukantianismus zu Kant dagegen formell ganz über die *KrV*. Die tatsächlichen sozialkritischen und moralischen Implikationen, z. B. bei F. A. Lange (*Der Bote vom Niederrhein*, 1865/66; *Die Arbeiterfrage*, 1865), auch des Cohenschen Liberalismus blieben zunächst im Hintergrund.

Die Methodik praktischer Rationalität soll für die Sozialisierungsleistungen einen logischen Apriorismus von gleicher Stringenz dartun, wie ihn die erste *Kritik* für die theoretische Konstitution von Sachverhalten erwiesen hatte. Moralphilosophie wird zur rationalen Grundlegung einer allgemeinen Theorie der Vergesellschaftung unter der gegenüber antiker und feudaler Gesellschaft wesentlich komplizierteren Voraussetzung persönlich freier Individuen. Materiale Voraussetzung ist die Einsicht, dass die äußere rechtliche Regelung individueller wirtschaftlicher, politischer und geistiger Interessen nicht als Garant einer freien Gesellschaft ausreiche. Der innere Vorsatz im Gewissen, gleiches Recht und die Freiheit aller Individuen zu achten, müsse hinzutreten. Kant schließt an die protestantische Lehre vom inneren Menschen an. Kant gibt in diesem Werk das Beste seines eigenen Geistes und seiner Lebensart zu erkennen. Er zeigt Intellektualität als eine Form menschlicher Rechtschaffenheit. Nichts Provinzielles, kein verborgener utilitaristischer Vorbehalt haftet an dieser formalen Methodik menschheitlich-universaler Moral. Tief durchdringt die Abneigung gegenüber dem auf Selbstinteresse und Gewinn reduzierten Menschen den konsequenten Gedankengang. Moralisierendes Schwärmen, das die individuelle Verantwortung durch gefühlshafte Identifizierungen verdrängt, wird als die andere Falsifikation abgelehnt. Theoretische Präzision ist unerlässlich »in einem so delikaten Falle, als die Bestimmung sittlicher Prinzipien ist, wo auch die kleinste Mißdeutung Gesinnungen verfälscht« (V, 109).

Literatur

Messer, A.: Kants Ethik. Eine Einführung in ihre Hauptprobleme und Beiträge zu deren Lösung, Leipzig 1904. – Nelson, L.: Vorlesungen über die Grundlagen der Ethik, Bd. 1, *KpV*, Göttingen 1917 (ND 1972). – Stange, C.: Die Ethik Kants. Zur Einführung in die *KpV*, Leipzig 1920. – Buchenau, A.: Kants Lehre vom kategorischen Imperativ. Eine Einführung in die Grundfragen der Kantischen Ethik, Leipzig ²1923. – Delbos, V. F.: La Philosophie pratique de Kant, Paris ²1926. – Goldmann, L.: Mensch, Gemeinschaft und Welt in der Philosophie Kants, Frankfurt/M. 1945. – Beck, L. W.: Kants *KpV*. Ein Kommentar (1960), München ²1985 [Rez. v. G. Tonelli in: Fil 13 (1962), S. 135 f., u. M. G. Singer in: JPh 59 (1962), S. 235–242]. – Henrich, D.: Das Problem der Grundlegung der Ethik bei Kant und im spekulativen Idealismus, in: Engelhardt, P. M. (Hg.), Sein und Ethos, Mainz 1963, S. 350–386. – Acton, H. B.: Kant's Moral Philosophy, London 1970. – Schwemmer, O./Bubner, R. (Hg.): Kants Ethik heute, Göttingen 1984 (NHPh 22). – Baumgarten, H.-U./Held, C. (Hg.): Systematische Ethik mit Kant, Freiburg/Br. 2001.

Sittengesetz, objektive Bestimmung der Einheit des Willens

Formell gesehen steht die Moraltheorie der objektiven Gesetzmäßigkeit aller Willensmaximen mit ihrer Unterscheidung von methodisch-formalem und materialem Aspekt in der idealistischen Tradition. Das Materiale ist als das Empirische zugleich das Diffuse und der rationalen Ordnung Widerstrebende. Autonomie ist gebunden an die Überwindung der bedrohenden Natürlichkeit. Die Neigungen wechseln, sagt auch die *KpV*, sie ketten uns an äußere Bedingungen bis zur Entfremdung unserer selbst. »Daher sind sie einem vernünftigen Wesen jederzeit lästig, und wenn es sie gleich nicht abzulegen vermag, so nöthigen sie ihm doch den Wunsch ab, ihrer entledigt zu sein. [...] Neigung ist blind und knechtisch, sie mag nun gutartig sein oder nicht« (V, 118). Die christliche Lehre von der Sündhaftigkeit des Fleisches hat die an sich elitäre philosophische Körper-Ablehnung bis in die bäuerlichen und plebejischen Schichten der körperlich Arbeitenden ausgedehnt, denen sie eigentlich fremd war. Kant fasst das im Sachverhalt der Neigung, die unserer Natürlichkeit und deren Bindung an die Außenwelt entspringt. Der bei Kant zentrale ethische Gegensatz von Pflichtgesinnung und Neigung (mhd. *neigen* als beugen, erniedrigen) steht an der Stelle des Grundkonflikts der christlichen Anthropologie zwischen Heil und Sünde. In der christlichen Mystik ist Neigung das leibliche Gelüsten als das Gebrechen, dem Irdischen ausgesetzt zu sein, wider das Geist-Wesen, dem der Mensch mit seinem Glauben zugehört. Meister Eckhart sagte: »Der Mensch muz sterben der werlde und muz sterben deme vleische und aller siner neigunge« (zit. n. Grimm, *Deutsches Wörterbuch*, Bd. 7, Leipzig 1889, Sp. 579). Er gesteht auch eine schwächere Neigung zur Tugend zu, da Adam erst durch freie Entscheidung zur Sünde abfiel. Die Scholastik (Thomas, Duns Scotus) verbindet mit dem Negativen der sog. bösen weltlichen Neigungen das Neutrale gefühlsmäßiger Bindung (inclinatio animorum), und Wolffs Gebrauch von Neigung steht in dieser Linie als undeutlicher Vorstellung sowohl eines Gutes als auch eines Übels. Neigung ist »die sinnliche Begierde, welche demnach nichts anders ist als eine Neigung der Seele gegen die Sache, davon wir einen undeutlichen Begriff des Guten haben« (*Vernünfftige Gedanken von Gott, der Welt und der Seele des Menschen*, 1719, [5]1732, § 434). Das setzt Leibniz' Umbildung der scholastischen Auffassung von der Tugend als einer Neigung zur Vernunft fort, »daß man eine Neigung und Fertigkeit habe nach dem Verstand zu würcken«, also bürgerlichrationale Lebensführung anstrebe (Leibniz, *Initia et Specimina Scientiae*, in: *Die philos. Schriften*, hg. v. C. I. Gerhardt, Bd. 7, Leipzig 1931, S. 116). Ein Blick auf Leibniz' außerordentliche Durchbildung der im Begriff der Neigung gedachten Probleme zeigt Kants davon unterschiedene, formal-methodische Verwendung des Terminus. Im 2. Buch seiner *Neuen Abhandlung über den menschlichen Verstand* (a. d. Nachlass publ. 1765) entwickelt Leibniz seine modern-bürgerliche Verhaltensauffassung, dass das größte Gut gerade nicht unseren Willen bestimme, sondern dass wir aus einem Widerstreit weltimmanenter Neigungen unsere Willensentscheidungen treffen (Leibniz, a. a. O., Bd. 3, Leipzig 1926, S. 170–193; Kap. XXI, §§ 10–40). Wie ist dann Freiheit ohne Transzendenz und doch zugleich unabhängig vom Stachel der alltagspraktischen Bedürfnisse und Interessen zu denken? Mit großer Wendung sagt Leibniz in seiner Abhandlung *Über die Freiheit*, Licht finde man in der Mathematik des Unendlichen. Hier befindet sich die Aufhebung der Neigungen zur innerweltlichen Unendlichkeit aller Willensbestimmungen aller Individuen (Leibniz, a. a. O., Bd. 2, Leipzig 1924, S. 499).

Kants Akzent des moralisch-praktisch Notwendigen und in Bezug darauf einer Pflichtgesinnung

kommt aus der Wolffschen Metaphysik: Der rationalistisch gefasste Gott ist als Garant der Vollkommenheit der Welt zugleich Gewähr von verschiedenen Notwendigkeitsebenen in deren Struktur. Dazu gehört der Begriff freier geistiger Wesen, denn erst diese erzeugen durch ihr freies Hervorbringen zweckmäßiger und als solcher notwendiger Ursachen die Vollkommenheit der Welt. Aus dieser rationalistischen Geist-Ontologie ging in der Schulmetaphysik das Postulat notwendiger Handlungen durch ein intelligibles Substrat der Seele hervor. Wolff schlussfolgerte aus der rationaltheologischen Prämisse der mit der geordneten Schöpfung parallelen Geist-Seele, dass »sich alle Handlungen, die in unserer Gewalt sind, aus einerley Gründen determiniren lassen«, und es »stimmet alles, was vom freyen Willen des Menschen kommen kann, … mit einander überein« (Chr. Wolff, *Vernünfftige Gedancken von der Menschen Thun und Lassen*, [2]1723, Vorrede, Bl. 4). Hier wird die Problemstellung, der Kant folgte, deutlich: Das Verhältnis von moralischen Nahbeziehungen und allgemeinbezogener Moral über den Umweg des rationalistischen Gottesbegriffs als des allernotwendigsten Wesens aus der diffusen emotionalen Ebene herauszuführen. Zugleich wird der außerordentliche Schritt Kants zu einer transzendentalen, d. i. immanent bewusstseinslogischen Begründung von Allgemeingültigkeit moralischer Willensbestimmung deutlich. Zu Grunde liegt auch Kants entschiedener Republikanismus. Denn das Rousseau-Problem der verfassungsrechtlichen Konstruktion des Einzelnen im Bezug auf die Allheit der Einzelnen bedarf des moralischen Basiskonstrukts, wofür das rationaltheologische Präliminarium ungeeignet wird. Ohne die transzendentallogische Begründung praktischer Vernunft entstünde sonst, die metaphysische ontologische Konstruktion empiristisch zurückgelassen, die flache und je fragile komplementäre Beziehung von juristischer Außenbeziehung und moralischer Innerlichkeit (zum Wolff-Bezug Kants s. G. Zöller, *Theoretische Gegenstandsbeziehung bei Kant*, 1984; Ders., in: Fulda/Stolzenberg, 2001, S. 53–72).

Obwohl Kant für die Ebene der empirisch-anthropologischen Fragestellung ebenfalls vom »System unserer Neigungen« spricht, das mit dem Hang zur Geselligkeit gleichsam eine natürliche Basis der Gesellschaft bilde, geht Kants Gebrauch des Terminus doch entschieden auf die Logik des Unendlichkeitsproblems zurück. Kant überträgt dem Bezirk der Neigung, mit Bezug auf asketische Tendenz in plebejisch-mystischer Tradition, die kritische Distanz gegen das Bourgeois-Utilitaristische und überhaupt gegen Horizontverengung durch die Grenzen der sozialen Position. Die starke Trennung von intellektueller Pflichtgesinnung und persönlichkeitszerstörender Außenbindung der Neigungen (in der methodischen Grundlegung der *KpV* und der *Grundlegung*, nicht in der speziellen Durchführung der Moralphilosophie) nimmt die voll ausgebildete Scheidung von universell verfügbarer Freiheit der Person und hochausgebildeter Vergegenständlichung der gesellschaftlichen Handlungsbedingungen vorweg. Der gesellschaftliche Gesamtintellekt erscheint in allen Lebens- und Handlungsvoraussetzungen auf – handgreiflich-direkt zuerst in versachlichter technischer und bürokratischer Gestalt. Er demonstriert dem individuellen Bewusstsein die Realität eines vorausliegenden Verpflichtungszusammenhangs, den Kant als die Ideen der moralisch-praktischen Vernunft ausspricht. Zugleich fasst die idealistische Moralphilosophie im Gegensatz Geist – Natürlichkeit die Entfremdung des isolierten Individuums von undurchschauten gesellschaftlichen Bewegungsgesetzen. Die Verdinglichung gesellschaftlicher Verhältnisse, innerhalb derer sich die Lebenstätigkeit der Individuen realisiert, dringt bis in den Subjektbegriff selbst vor. Natur in uns selbst wird in der ungelösten Doppelheit von zu wartender Körperlichkeit und zu überwindender Sklaverei der Neigungen beschrieben. Kants eigentlich heiteres Bild vom Bratenwender, auf dem wir ohne reinen Willen steckten als Beute unserer Triebe (V, 97), bringt die Stellvertreterfunktion des Naturbegriffs zum Ausdruck.

Formell arbeitet Kant mit der Unterscheidung von Verstand und Vernunft, bildet aber die klassische Trennung von ratio und intellectus um. Platon hatte zwei Erkenntnisweisen unterschieden. Ein einfacherer Teil der Seele gebraucht die Gegenstände der Dingwelt als Spiegelbilder der Ideen und steigt herab zu empirischen Schlussfolgerungen. Ein anderer Teil unseres Denkens steigt von einem sicheren Satz (hypothesis) auf zu einem letzten, voraussetzungslosen Anfang (Platon, *Staat*, VI, St. 511). Bei Kant findet sich die platonische Verwachsenheit von theoretischen und praktischen Akten aufgelöst. Mit dem Verstand beugen wir uns nieder zum Gegebenen und dienen den Notwendigkeiten unserer Bedürfnisse. Mit der Vernunft erheben wir uns aus dem befangen-faktischen Interesse, das als »natürliche« Motivation erscheint, in den Vermittlungsprozess mit der Totalität sozialer Motivationen. Die gegenläufige Bewegung von Erkennen und moralisch-praktischem Willen sagt: Nicht eine unendliche Folge verifizierbarer theoretischer und technisch-praktischer Akte wird uns die Verantwortung für unsere Freiheit abnehmen. Darum bezieht Kant das Wissen um das Identische der Person und deren Selbstreflexion unter dem Gesichtspunkt der Würde des Menschheit auf den Willen. Das ist nicht der fachspezifische und schon gar nicht der bourgeois-utilitaristische Wille, die in der Kette der situativen Determinationen automatisch ausgelöst werden. Der moralisch-praktische Intellektualismus bezieht sich, mit Rousseau gesprochen, auf einen Urwillen als den elementarischen Anerkennungsakt des freien Einzelnen in der Relation, dass alle frei sind. Die moralisch-praktische Vernunft bezieht sich auf das Übersinnliche, wie die unendliche Menge aller Einzelzwecke ein überempirisches intelligibles Verhältnis ist. Der kategorische Imperativ bezeichnet diese Relation zwischen freiem Einzelnen und gleicher Freiheit aller. Er ist gleichsam die mathematische Formel des Republikanismus. Instruktiv stellt Prauss Kants Subjektbegriff als Selbstverhältnis dar, in dem Freiheit an den Willen gebunden wird, weil nur dieser im Verhältnis zu sich selbst steht, alles andere aber im Verhältnis zu Anderen. Nur in der Autonomie des Willens kann das Individuum sich frei Verpflichtungen auferlegen (S. 268 ff.).

Die von Kant nicht benutzte erste Vorrede zur *KU* formuliert Strukturprobleme des transzendentalen Idealismus zusammenfassend. Verhalte sich der Wille reaktiv in Abhängigkeit von Gegenständen innerhalb empirischer Zwecke, so seien Ursprung und Ablauf der Handlung in nichts vom Naturvorgang unterschieden (XX, 198). Der Mensch ist hier Ding unter Dingen. »Practische Psychologie«, so sieht er den Praxisbegriff von Schulmetaphysik und Sensualismus, ist nicht Teil der Philosophie (XX, 199). Der Ausdruck *Freiheitsgesetz* betont die überindividuelle logische Form dieses Faktums der Vernunft, das Einzelne im Horizont des Unendlichen denken zu können. Vom unbedingten Imperativ oder der »apodiktischen praktischen Regel« sind die hypothetischen Imperative oder materialen Regeln unterschieden als »Regeln der Geschicklichkeit« und der Klugheit, deren Motiv Selbstliebe oder sog. Glückseligkeit ist (V, 25). Kant gibt ihnen in der Systematik seiner Rationalitätsebenen den Platz nicht in der praktischen Vernunft, sondern in der Urteilskraft. Auch die gegenwärtigen, von sog. »interactions« sprachfähiger Subjekte ausgehenden, formalen Theorien müssen unterschiedliche Rationalitätsebenen annehmen und führen bei besserem Nachdenken ein Diskursuniversum als unendlichen Ort oder Möglichkeit a priori aller einvernehmlichen Verständigungen ein.

Nur so vermögen sie der Konsequenz zu begegnen, dass gelungene Verständigung nichts als die Kontingenz des Glücksfalls darstellt.

Der zweiten *Kritik* ist ein »Beschluß« angefügt, der die eigentümliche Stellvertreterfunktion des Naturbegriffs für verdinglichtes Sachgesetz zivilisatorischer Prozesse ausspricht; ein Sachgesetz, dessen Auflösung in gesellschaftliches Verhältnis sozialer Gruppen den weiten Bogen als Idealität des reinen Willens a priori nimmt. »Zwei Dinge erfüllen das Gemüth mit immer neuer und zunehmender Bewunderung und Ehrfurcht [...]: der bestirnte Himmel über mir und das moralische Gesetz in mir. Beide darf ich nicht als in Dunkelheiten verhüllt, oder im Überschwenglichen, außer meinem Gesichtskreise suchen und blos vermuthen; ich sehe sie vor mir und verknüpfe sie unmittelbar mit dem Bewußtsein meiner Existenz« (V, 161 f.). Die zahllose Weltenmenge vernichtet gleichsam meine Wichtigkeit. Das unsichtbare Selbst meiner rationalen, entscheidungsfähigen Persönlichkeit erhebt mich unendlich und das moralische Gesetz in mir offenbart ein von der »Sinnenwelt« unabhängiges Leben und über die biologische Existenz hinausschreitende Bestimmung. Kant verbindet auch die praktische Rationalität mit dem Gedanken einer nachvollzogenen kopernikanischen Wende. Mathematische Naturwissenschaft brachte die klare Einsicht in den Weltbau hervor. »Diesen Weg nun in der Behandlung der moralischen Anlagen unserer Natur gleichfalls einzuschlagen, kann uns jenes Beispiel anräthig sein und Hoffnung zu ähnlichem guten Erfolg geben« (V, 163). Im Bezug auf die faktischen Wissenschaften von der Natur und den gesellschaftlichen Lebensformen des Menschen sagt die metaphorisch gesteigerte Formel vom bestirnten Himmel über mir und dem Sittengesetz in mir die szientifisch immanente Weltanschauung Kants aus.

Literatur

Unger, R.: ›Der bestirnte Himmel über mir‹. Zur geistesgeschichtlichen Deutung eines Kant-Wortes, in: I. Kant. Festschrift zur zweiten Jahrhundertfeier seines Geburtstages, hg. v. d. Albertus-Universität in Königsberg, Leipzig 1924, S. 241–270. – Paton, H. J.: The Good Will. A Study on the Coherence Theory of Goodness, London 1927. – Ellscheid, G.: Das Problem von Sein und Sollen in der Philosophie Kants, Köln 1968. – Lübbe, H.: Dezisionismus in der Moral-Theorie Kants, in: Barion, H. (Hg.), Epirrhosis. Festgabe für C. Schmitt, Berlin 1968, Bd. 2, S. 567–578. – Schnädelbach, H.: Das Problem der Entscheidbarkeit in der Kantischen Ethik, Frankfurt/M. 1971. – Schwemmer, O.: Philosophie der Praxis. Versuch zur Grundlegung einer Lehre vom moralischen Argumentieren in Verbindung mit einer Interpretation der praktischen Philosophie Kants, Frankfurt/M. 1971. – Forschner, M.: Gesetz und Freiheit. Zum Problem der Autonomie bei Kant, München u. Salzburg 1974. – Funke, G.: ›Achtung fürs moralische Gesetz‹ und Rigorismus/Impersonalismus-Problem, in: KS 65 (1974), Sonderheft T. 1, S. 45–67. – Henrich, D.: Die Deduktion des Sittengesetzes, in: Schwan, A. (Hg.), Im Schatten des Nihilismus, Darmstadt 1975, S. 55–112. – Kaulbach, F.: Das Prinzip Handlung in der Philosophie Kants, Berlin u. New York 1978. – Rösler, W.: Argumentation und moralisches Handeln. Zur Kant-Rekonstruktion in der Konstruktiven Ethik, Frankfurt/M. u. Bern 1980. – Prauss, G.: Kant über Freiheit als Autonomie, Frankfurt/M. 1983. – Patzig, G.: Die logischen Formen praktischer Sätze in Kants Ethik (1966), in: Ges. Schriften I, Göttingen 1994, S. 209–233. – Ders.: Heraklits Fluß und Kants bestirnter Himmel oder Über die Nivellierung philosophischer Gedanken (1967), in: Ges. Schriften II, Göttingen 1996, S. 295–308. – Ameriks, K./Sturma, D.: Kants Ethik, 2004.

Wertethik, Kommunitarismus, sprachanalytische Umbildung des Kantschen Formalismus in Transzendentalpragmatik und Diskursethik

Bereits die Kritik der gegen den Kantschen und neukantianischen Formalismus gerichteten materialen Wertethik M. Schelers (1874–1928) und N. Hartmanns (1882–1950) zielte auf den idealistischen Dualismus und suchte zugleich deren lebensphilosophisch willenstheoretischem Widerpart (Schopenhauer, Nietzsche, G. Simmel, S. George) mit einem metaphysischen Wertbegriff abzuweisen. Die eigentliche Quelle des Dualismus wurde nicht gesehen, eben die Teilung der gesellschaftlichen Wirklichkeit in sachhafte Zwangsgesetze der zivilisatorischen Prozesse und Intellektualität isolierter Individuen. Die bei Kant angelegte Überwindung dieser Entzweiung, da der individuelle Wille intellektualisiert und der Intellekt zum methodischen Algorithmus der Vermittlung von Individuum und Gesellschaft formalisiert wird, tritt in der materialen Wertethik noch zurück. Die Synthese wird in der spekulativen Form einer Ordnung verschiedener Wert-Wesenheiten versucht. In der Gegenwart kritisieren den Kantschen moralphilosophischen Formalismus sowohl der material wertethisch orientierte Kommunitarismus als auch die vom Peirceschen Pragmatismus her begründende formale Transzendentalpragmatik. Der Kommunitarismus, dem auch die materiale Ethik des *Prinzip Verantwortung* (Frankfurt/M. 1979) von H. Jonas nahesteht, sucht eine Begründung der realen ethischen Entscheidungen des Einzelnen in der liberalistisch verfassten Gesellschaft von gelebten Werten her zu begründen, die gemeinschaftlich geteilt werden. Eine formale methodische Ethik würde in der zerklüfteten individualistischen Gesellschaft den Gemeinschaftssinn nicht erreichen, auf den diese Gesellschaften angewiesen sind. Solche Werte sind z. B. Patriotismus als zentrale Tugend (A. McIntyre), bei anderen Theoretikern Solidarität, ein Wert, an den sogar Überlegungen zu wirtschaftlichen Umverteilungen angeschlossen werden (M. Sandel). Der Kantsche Formalismus scheitere daran, dass er die Bedingungen der Reproduktion einer gerechten Gesellschaft nicht erfassen könne. Die Transzendentalpragmatik (K. O. Apel) und die auf ihr aufbauende Diskursethik (J. Habermas) anerkennen den von Kant begründeten Formalismus, kritisieren aber dessen Begründung im Selbstbewusstseinsbegriff. Moralische Akte sind zwischenmenschliche Einstellungen und Handlungen, in denen erst die Selbstreflexion der Person entstehe und sich immer aktualisierend vollziehe. So setze Moral Regelbefolgung und diese »eine intersubjektiv einheitliche Welt-Interpretation« voraus (Apel 1976, S. 160). Moral ist »Fortsetzung kommunikativen Handelns mit anderen Mitteln«, mit denen des argumentativen Diskurses (Habermas 1983, S. 141). Der zentrale Aspekt vom Individuum selbst motivierter Regelbefolgung basiere auf der Anerkennung nicht verwerfbarer Bedingungen. So könne Moral als argumentativer Diskurs die logische Konsequenz einer praktischen Notwendigkeit und den Universalismus von Pflichtgesetzen wie in Kants Ethik gewinnen. Die Diskursethik wird als »kommunikationstheoretische Neuformulierung des kategorischen Imperativs« verstanden (Kuhlmann 1987, S. 99). Der formale methodische Charakter (»Prozeduralismus«) der Kantschen Moralphilosophie wird anerkannt. »Die prozedurale Bestimmung des Moralischen enthält die Grundannahmen des Kognitivismus, Universalismus und Formalismus« (Habermas 1983, S. 133). Die Begründung wird vom logischen Komplex des Selbstbewusstseins bei Kant auf eine letztlich zeichentheoretisch verankerte Praxis wechselseitiger Anerkennung rational argumentierender Diskursteilnehmer verlagert. Andere Richtungen des Pragmatismus verwerfen die Kantsche (und die transzendentalpragmatische) Unbedingtheit in der Moralphilosophie generell. Die Forderung der Unbedingtheit sei selbst empirisch bedingt: Sie trete ein, wenn die Argumente ausgingen. Kants Moralbegriff, sagt R. Rorty (2001) in provozierend legerem Argumentationsstil, »erfordert so etwas wie eine argumentative Struktur, die vorhanden ist, ob jemand nun weiß, daß sie da ist oder nicht – eine natürliche Ordnung von Gründen, die man sich, wie die euklidische Geometrie, als irgendwie eingebaut in die Natur der Dinge vorstellen kann«.

Literatur

Scheler, M.: Der Formalismus in der Ethik und die materiale Wertethik, Halle 1913/16. – Hartmann, N.: Ethik, Berlin u. Leipzig 1925 [spez. T. 1, IV: Die Kantische Ethik]. – Horkheimer, M.: Materialismus und Moral (1933), in: Ges. Schriften, Bd. 3, Frankfurt/M. 1988, S. 111–149. – Ders.: Egoismus und Freiheitsbewegung (1936), in: Ges. Schriften, Bd. 4, Frankfurt/M. 1988, S. 9–88. – Apel, K. O.: Transformation der Philosophie, Bd. 2, Das Apriori der Kommunikationsgemeinschaft, Frankfurt/M. 1976. – Pieper, A.: Ethik als Verhältnis von Moralphilosophie und Anthropologie. Kants Entwurf einer Transzendentalpragmatik und ihre Transformation durch Apel, in: KS 69 (1978), S. 314–329. – Mc Intyre, A.: After Virtue. A Study in Moral Theory, London 1981. – Sandel, M.: Liberalism and the Limits of Justice, Cambridge 1982. – Habermas, J.: Moraltheorie und kommunikatives Handeln, Frankfurt/M. 1983. – Kuhlmann, W.: Prinzip Verantwortung versus Diskursethik, in: AdF 1–3 (1987). – Ders.: Moralität und Sittlichkeit. Treffen Hegels Einwände gegen Kant auch auf die Diskursethik zu?, in: RIPh 42 (1988), S. 320–340. – Honneth, A. (Hg.): Kommunitarismus, Frankfurt/M. 1993. – Kambartel, F.: Vernunft: Kriterium oder Kultur? Zur Definierbarkeit des Vernünftigen, in: Steinmann, H./Scherer, A. G. (Hg.), Zwischen Univeralismus und Relativismus, Frankfurt/M. 1998, S. 88–105. – Habermas, J.: Werte und Normen, in: DZPh 48 (2000), S. 547–564. – Rorty, R.: Existentielle Notwendigkeit und Kantische Unbedingtheit, in: DZPh 49 (2001), S. 460–463.

Transzendentale Subjektivität und empirischer Charakter, Intellekt und Wille

Die transzendentallogische Begründung der Freiheit des Menschen scheidet die transzendente Verankerung des Menschen aus. Kants Religionsphilosophie hebt an: »Die Moral, so fern sie auf dem Begriffe des Menschen als eines freien, eben darum aber auch sich durch seine Vernunft an unbedingte Gesetze bindenden Wesens gegründet ist, bedarf weder der Idee eines andern Wesens über ihm, um seine Pflicht zu erkennen, noch einer andern Triebfeder als des Gesetzes selbst, um sie zu beobachten« (VI, 3). Das ist die Beziehung zur überirdischen Seite der Moral. Wie steht es ums Verhältnis des transzendentalen Subjekts zur irdischen Person? Deren Identität muss das Korrelat der logischen Form bilden. Kant behandelt das unter dem Thema des Charakters. Die Moralphilosophie ist ohne seine Anthropologie nicht in der Abschichtung ihrer Ebenen zu erfassen. Zum veröffentlichten Text der *Anthropologie* (1798) über den Charakter der Person (VII, 285–302) (mit der Abfolge Charakter der Person, des Geschlechts, der Völker, der Menschengattung) bieten die Anthropologie-Reflexionen wesentliche Ergänzungen: »Der character ist das allgemein herrschende principium in dem Menschen von dem Gebrauche seiner Talente und Eigenschaften. [...] Ein Mensch, der kein beständiges principium seiner Handlungen, mithin keine Einformigkeit hat, hat keinen Character. [...] Aus dem Character müssen wir den Menschen beurtheilen, nicht aus seinen Handlungen« (Refl. 1113). Mit der Thematik des Charakters ist der zentrale Punkt der Gesinnungsethik Kants verbunden. »Durch talente ist der Mensch wozu gut, durch Gesinnungen an sich selbst gut« (Refl. 1159). Die ideelle Identität auch des empirisch wirklichen Menschen außerhalb der methodischen transzendentalen Ebene gehört zur Kantschen praktischen Philosophie selbstverständlich hinzu. Bei dieser ideellen Identität beginnt die Moralität des Menschen erst, weil eine gute Tat sonst allemal nur Laune oder eitles Verlangen nach Anerkennung sein kann. Kants Gesinnungsethik nimmt die religiöse Tradition auf, und wahrscheinlich spielte für seine Umbildung solcher leitender Motive wie Orientierung aufs Unendliche, Gesinnung, Askese J. J. Spaldings (1714–1804) *Die Bestimmung des Menschen* (1748 u. ö.) eine große Rolle. Kants Religionslehre nahm in wesentlichen Punkten (Gottesbegriff und Unsterblichkeit als Postulate des Denkens, Verbindung des Glaubens mit der Rationalität) sicher Spaldings Protestantismus auf. Die rationalistische Tendenz des Werkes war freilich vor allem gegen den atheistischen Materialismus Lamettries gerichtet, eine Orientierung, die Kants Ethik ebenfalls teilte. Kant fand bei Spalding vielfältige Anhaltspunkte für seine Transformation der religiösen Thematik in rationalitätstheoretisch immanente Fragestellung. Die Sonderstellung des Menschen über die Naturwesen hinaus, das Erfordernis, ein geistiges Primat vor alle empirischen Willensentscheidungen zu setzen, damit verbunden die notwendige Annahme der verlängerten Geltung meiner Gesinnungsentscheidung in eine Unendlichkeit, überhaupt die ganze logische Atmosphäre der theologischen Argumentation des Propstes der Berliner Nikolai-Kirche und Oberkonsistorialrates wirkte auf Kant zweifellos stark. »Wenn ich dieß Leben als den letzten entschiedenen Zustand des Menschen betrachte, so kann ich in meinen Begriffen hierüber nichts mit einander reimen«; »Ich spüre Fähigkeiten in mir, die eines Wachsthums ins Unendliche fähig sind« (Spalding, *Über die Bestimmung des Menschen*, Leipzig 1774, S. 54 f.). Kants Ausdehnung des transzendentallogischen Personbegriffs im Bezugsfeld der Würde der Menschheit und damit der eminent gattungsgeschichtliche Spannungsbogen des Kantschen Konzepts reiner praktischer Vernunft war natürlich aus Spalding nicht zu gewinnen. Die personale Identität auch des empirischen Menschen konnte Spalding mit Augustinus bestimmen: Alles an mir und um mich ist in unaufhaltsamem Fluss. »Aber ich selbst, der ich dieß denke, ich bin mir, vermittelst der innigsten Empfindung, bewußt, daß ich [...] immer derselbe bin und bleibe, der ich jemals gewesen bin« (a. a. O., S. 57). Das Argumentationsmuster gehörte bereits zum Zeitbegriff in der Ästhetik der *KrV*.

Spalding, der Shaftesbury ins Deutsche übersetzte (*Untersuchung über Tugend und Verdienst*, 1745; *Die Moralisten*, 1747), wirkte in der ethischen Theorie in Deutschland auch als Vermittler der Leibnizschen monadologischen Ethik mit Shaftesburys platonisierender pantheistischer Moralphilosophie von der Tugend als einer in der Harmonie materieller, ästhetischer und intellektueller Antriebe schönen Ordnung. Solche Harmonie im Inneren des gebildeten Individuums war als Vor-Schein gesellschaftlicher Ordnung gedacht. Das Bildungsideal trägt und überglänzt die soziale Erwartung. Leibniz notierte: »Daraus siehet man nun wie Glückseligkeit, Lust, Liebe, Vollkommenheit, Wesen, Kraft, Freiheit, Übereinstimmung, Ordnung und Schönheit aneinander verbunden« sind (Leibniz, *Vo n der Weisheit*, in: *Die philos. Schriften*, Bd. 2, hg. v. C. I. Gerhardt, Leipzig 1924, S. 493). Leibniz hatte, wie zuvor Spinoza mit dem Gedanken des amor dei intellectualis, das platonische Element in der neueren Ethik betont, das sich dann bei Wolff zur sehr phantasiefreien Vermittlung von stoischer Rationalität und modernem Eudämonismus herabstimmte. Kant nimmt die platonisierende Linie nicht auf. Optimismus-Metaphysik galt ihm gleich Falsifikation. Das ästhetische Prinzip des interessefreien Wohlgefallens kommt zwar aus der Tradition der intellektuellen Liebe. Es sitzt bei Kant ganz zentral im Achtungsgefühl des empirischen Subjekts fürs Pflichtgesetz. Solches moralisches Gefühl ist gleichsam die produktive Einbildungskraft im praktischen Sinne, die alltagspraktische Interessiertheit doch auf Vernunftideen hinblicken lässt. Aber der Punkt bleibt bei Kant deutlich unentwickelt. Er hätte Erwartungen aussprechen müssen, die er nicht teilte. So blieb für die »Ästhetik der Sitten« nur der private Zirkel der schätzbaren, doch gegen Überschwang wohlversicherten bürgerlichen Individuen. Kant lässt die Harmonie solcher geistvollen Geselligkeit gerade nicht in gesellschaftliche Perspektiven münden. Der Forderungsgehalt solcher Tugendkataloge war ihm zu gering. Moralisch-praktische Vernunft ignoriert das nicht, aber sie gründet in republikanischem Achtungsbewusstsein vor dem Einzelnen und dessen Rechtsanspruch.

Ein spezifisches Thema der intelligiblen Freiheit bildete in der rationalistischen Fassung von Glaubenlehren durch Scholastik und Schulmetaphysik die Frage nach der Subjektebene, in der die überempirische Selbstbestimmung sitze: im Willen oder im Intellekt. Daraus ergaben sich die Probleme des Intellektualismus und des Voluntarismus im Praxisbegriff. Praxis war für die scholastische Metaphysik abhängig von der Geisteshaltung (ab animo), durch die wir gut oder böse werden. Der Intellekt, der selbst noch nicht praktisch ist, bestimmt den Willen, der sich dann zu den Zielen selektiv verhält. Dann sitzt im Willen der Kern von moralischer Praxis. Der Wille selbst ist demnach nicht frei. Frei ist der Intellekt, der sich vom Willen knechten lassen oder ihm gebieten kann. Wenn sich der Intellekt auf die wahren Seinsgründe bezieht, die im Glauben erfasst werden, so ergibt sich die Freiheit des Christenmenschen. Das war die Auffassung vor allem des scholastischen Realismus und auch Erasmus' von Rotterdam im Streit mit Luther, ob der Mensch nach christlichem Verständnis in seiner personalen Innerlichkeit frei sei oder nicht. Die Bindung des Willens an den Intellekt gehört zum Zentrum des Kantschen Begriffs von Moralität. Die intellektualistische Ethik verneint die Willensfreiheit, auch Leibniz sagte, »daß die Freiheit in keinem Falle den Willen angeht« (*Neue Abhandlung*, a. a. O., S. 178). Zugleich werden Erkenntnis des unbedingten Imperativs und entsprechende Willensbestimmung von Kant in einem dramatisch-existenzialen Verhältnis gehalten. Der aus der religiösen Intensität kommende Konflikt wird von Kants Theorie auf die gesamte weltlich-praktische Verhaltensebene ausgedehnt. Kant lässt die transzendente Orientierung der moralisch-praktischen Freiheit ganz zurück. Der kategorische Imperativ stellt ein synthetisches Urteil a priori dar. Doch mit der Autonomisierung des Freiheitsbegriffs geht eine Generalisierung der protestantischen religiösen Motive anhaltender Selbstprüfung einher. Kants Zielstellung besteht darin, den bourgeoisen Utilita-

rismus mit der Selbstzufriedenheit des Speckkopfs hinterm Kontortisch, der Gewissensnot erst beim Scheitern seiner Berechnungen empfindet, abzuweisen. Die Relativität der besseren oder schlechteren Willenswahl ist gar kein Thema der Moral. Die dramatische Behandlung der inneren Willensbildung, die ohne die protestantische Lehre vom ursprünglich bösen und darum zu reinigenden Willen nicht zu denken ist, zielt auf den richtigen Willen und gegen den falschen. Intellekt und richtig entscheidender Wille rücken in Kants kognitivistischer Moraltheorie zusammen. Kant folgt darin der ockhamistischen Auffassung, dass bereits die intellektuelle Bestimmung des Willens Praxis sei. Im Zusammenhang des Intellektualismus ist der Wille natürlich nur im transzendental-idealistischen Sinne frei (wie für den Glauben im Vertrauen aufs Heil). Faktisch ist er umso mehr gebunden, je richtiger er sich verhält.

C. Wolffs *Philosophia practica universalis* (1738) und ebenso dessen *Vernünfftige Gedancken von der Menschen Thun und Lassen* (1720, [2]1723) behandelten die Willensfreiheit bereits als Attribut intellektueller Willensbestimmung. Was ohne Nachdenken geschieht ist unfrei. Doch Freiheit ist hier nicht mehr als, »aus möglichen Dingen zu erwehlen, was ihm am meisten gefället« (*Vernünfftige Gedancken*, § 1). Die Wahl bewegt sich auf der Ebene sog. »allgemeiner Regel der menschlichen Handlungen und dem Gesetze der Natur« für Handlungen, die unsere Vollkommenheit befördern, und solchen, die sie mindern. Die ersten sind gut, die zweiten böse (§ 3). Das ist das Naturgesetz der Moral (§ 19). Der Abstand zu Kants Rückgang auf die universale logische Form praktischer Geltung ist unübersehbar. Die Bedeutung der Wolffschen Theorie eines Naturgesetzes der Moral liegt in der Konzentration auf den Intellekt jedes Individuums. Es ist Herr seiner Entscheidungen durch seine praktische Einsicht. »Der Wille Gottes kan kein ander Gesetz der Natur machen« (§ 35). Atheismus ist nicht schädlich als solcher, sondern wegen der Unwissenheit übers Naturgesetz, und aus diesem Irrtum entspringt »auch bey anderen, die keine Atheisten sind, ein unordentliches Leben« (§ 21).

Apriorismus als methodischer Formalismus. Phänomenologie der Handlungs- und Wissensebenen

Die Aufgabe einer zweiten, praktischen Abteilung der propädeutischen Transzendentalphilosophie bestand darin, ebenso wie für die theoretische Sachverhaltskonstitution auch für Selbstbestimmung und Vergesellschaftungsleistung des Subjekts eine überempirische, den mathematischen Naturwissenschaften methodisch gleichstehende Formalisierung nachzuweisen. Nur dann konnte der Anspruch der neuen Metaphysik erfüllt werden, alle Formen kultureller Objektivierung auf einem durchgehenden Rationalitätskonzept zu begründen, das zugleich auf befriedigendere Weise als ontologische Metaphysik und Empirismus der Problemlage der Naturwissenschaften und der Kontraktualisierung der Sozialisierungsakte freier und gleicher Personen entsprach. Kant weist gern auf die Beziehung seiner Moralphilosophie zur Methodik der Naturwissenschaften hin. Die Analytik der praktischen Vernunft müsse so pünktlich verfahren »als je der Geometer in seinem Geschäfte« (V, 92 f.). Auf eine Kritik seines moralphilosophischen Apriorismus, sie enthalte nicht ein neues Prinzip der Moralität, sondern nur eine neue Formel, erwiderte Kant: »Wer aber weiß, was dem Mathematiker eine Formel bedeutet, die das, was zu thun sei, um eine Aufgabe zu befolgen, ganz genau bestimmt und nicht verfehlen läßt, wird eine Formel, welche dieses in Ansehung aller Pflicht überhaupt thut, nicht für etwas Unbedeutendes und Entbehrliches halten« (V, 8). Die Aufgabe bestand also darin, einen universalen Gesetzesbegriff praktischer Selbstbestimmung aufzuweisen, der eine Ebene freier Selbstbestimmung und zugleich gesellschaftlicher Kooperation der Individuen darstellt. Es war gleichsam eine transzendentalphilosophische Rekonstruktion der *volonté général*, und das bedeutete eine Verbindung der neuzeitlichen mathematisch-naturwissenschaftlichen Rationalität mit dem Rousseauschen kritischen Moralismus und Republikanismus der Pflichten der Individuen. Bot nicht schon die naturalistische Anthropologie sowohl in der konsequenten Hobbesschen Gestalt als auch in der altruistisch vermittelnden Form des Lockeschen Empirismus oder der Ethik der Sympathiegefühle von A. Smith eine Vermittlung von Verhaltensgesetz und individueller Motivation? Zweifellos, antwortet Kant. Doch das empirisch-gegenständlich gerichtete Interesse treibt alle Individuen zu den gleichen Gegenständen und verwandelt die Gesellschaft ins Chaos universellen Egoismus. Gedachte Autonomie der Personen verwandelt sich in »Heteronomie der Willkür«. Vor allem aber: Die empirischen Antriebe sind allemal Folgen vorangegangener Handlungen oder innerer Antriebe. Nicht Freiheit, sondern physiologischen Determinismus spricht die naturalistische Anthropologie aus. Das unbedingte Gesetz eines allgemei-

nen Willens kann nur in einem überempirischen Postulat verankert werden. Dann vereinigt Intellektualität des Selbstbewusstseins Autonomie der Einzelnen und allgemeinen Willen. Kants Pointe ist, dass er die privat-bürgerliche ethische und die allgemeine moralische Sphäre als eine Beziehung des Gegensatzes denkt. Das widerspricht dem obligaten aufklärerischen Optimismus. Die Metaphysik der »Sitten« zeichnet Moral und Recht dadurch aus, dass sie die perfectio-Thematik, die von Wolff so eklektisch mit dem komplexen Glücksbegriff verbunden wurde, als innerweltliche Präzision und diese als das Formprinzip aller Relationen darstellen. Dann ist die Kontraktualisierung des individuellen Verhaltens und also die Rechtsform das Modell von Vergesellschaftung. Nicht Wohlwollen und Glücksstreben qualifizieren Moral, sondern das Bewusstsein der Pflicht. Pflicht ist wie die Anerkennung eines alle Individuen berücksichtigenden Rechtsgebotes, das zu erfüllen ist. In der religiösen Tradition war die Wechselbeziehung Gott-Mensch immer auch durch Juridifizierung der Moral im Verhältnis von Gesetz und Gehorsam gedacht worden. Die Geltungsvoraussetzung ergibt sich bei Kant in logischer Immanenz aus der Basis-Relation des individuellen Selbstbewusstseins auf alle Selbstbewusstseine. Hier liegt der Unterschied zum diskurstheoretischen Formalismus. »Das quasi-transzendentale Subjekt dieser postulierten Einheit ist die unbegrenzte Experimentier-Gemeinschaft, die zugleich unbegrenzte Interpretationsgemeinschaft ist« (K. O. Apel, *Transformation der Philosophie*, Frankfurt/M. 1976, S. 173). Der juridischen Setzung republikanischer Gleichheit des Rousseauschen *contrat social* fügt Kant eine transzendental-logische Begründung hinzu. Der immer sich selbst gleiche Wille setzt nichts als »eine Gattung vernünftiger Wesen« voraus (V, 67). Das ist deutlich keine Solidaritätsmoral. Es ist ebensowenig nur eine Verabsolutierung des juridischen Liberalismus, zu dem die Beziehung offensichtlich besteht. Der neuere moralphilosophische Formalismus vernachlässigt mit der Kritik des Kantschen transzendentalen Begründungsgangs im Umkreis des Selbstbewusstseinsbegriffs, dass es sich bei diesem Begriff um die Funktionsweise einer intelligiblen Struktur, ähnlich einer mathematischen Reihe, handelt. Die Diskursethik sucht dagegen den Kompromiss mit dem logischen Empirismus im Ausgang von unhintergehbaren Regelbildungen für Sprachspiele, wie R. Brandt (2002) zeigte. Kant überführt die metaphysische Theorie einer intelligiblen objektiven Realität auf die logische Grundlegung des Handlungsbegriffs. Den konkreten moralischen Entscheidungsvorgang stellt Kant mit größerer Entschiedenheit als der neuere ethische Formalismus als Kampf und mögliche Proportion zwischen einander entgegenstehenden intellektualen und materialen Antriebsschichten dar.

Literatur

Cohen, H.: Kants Begründung der Ethik nebst ihrer Anwendung auf Recht, Religion und Geschichte, Berlin 1877. – Buchenau, A.: I. Kants Lehre vom kategorischen Imperativ. Eine Einführung in Grundfragen der Kantischen Ethik, Leipzig 1913. – Wolff, H.: Selbstinteresse bei A. Smith und Kants kategorischer Imperativ, in: ARWP 17 (1923), S. 313–336. – Krüger, G.: Philosophie und Moral in der Kantischen Kritik, Tübingen 1931. – Laupichler, M.: Die Grundzüge der materialen Ethik Kants, Berlin 1931. – Paton, H. J.: Der kategorische Imperativ. Eine Untersuchung über Kants Moralphilosophie (1953), Berlin 1962. – Diemer, A.: Zum Problem des Materialen in der Ethik Kants, in: KS 45 (1953/54), S. 21–32. – Schmucker, J.: Der Formalismus und die materialen Zweckprinzipien in der Ethik Kants, in: Lotz, J. B. (Hg.), Kant und die Scholastik heute, Pullach 1955, S. 155–205. – Henrich, D.: Der Begriff der sittlichen Einsicht und Kants Lehre vom Faktum der Vernunft, in: Ders. u. a. (Hg.), Die Gegenwart der Griechen im neueren Denken, Festschrift für H.-G. Gadamer, Tübingen 1960, S. 77–115. – Klein, H.-D.: Formale und materiale Prinzipien in Kants Ethik, in: KS 60 (1969), S. 183–197. – Lambertino, A.: Il Rigorismo etico in Kant, Parma ²1970. – Kambartel, F.: Autonomie, mit Kant betrachtet. Zu den Grundlagen von Handlungstheorie und Moralphilosophie, in: PPh 4 (1978), S. 119–133. – Brandt, R.: Habermas und Kant, in: DZPh 50 (2002), H. 1, S. 53–68. – Vossenkuhl, W.: Das System der Vernunftschlüsse, in: Fulda/Stolzenberg, 2001 (S. 232–244).

Der Gang der Darstellung

Elementarlehre. Analytik. Kategorischer Imperativ

Die Vorrede schließt die neue *Kritik* an die dritte Antinomie (mechanischer Kausalbegriff – Freiheit der Willensbestimmung) der *KrV* an. Der Anhang zur Analytik, die »Kritische Beleuchtung der Analytik der reinen praktischen Vernunft«, gibt die beste Zusammenfassung der Problematik des Werkes von Kant selbst und empfiehlt sich als Beginn der Lektüre. Das erste Hauptstück entwickelt die Grundsätze praktischer Vernunft in einer Definition, acht Paragraphen (mit vier Lehrsätzen, zwei Aufgaben, mehreren Anmerkungen) und zwei Schlussabhandlungen mit der Deduktion der Grundsätze (Begründung der Realisierung der apriorischen Formen) (I.). Darauf folgt die vorzügliche Erläuterung der Systematik von theoretischer und praktischer Rationalität im Ausgang von der Hume-Thematik (II.). Kant erläutert seine Problemstellung wirkungsvoll im Kontrast zum konträren relativistischen Programm des Empirismus.

Bei der zentralen Formulierung des kategorischen Imperativs ist die juristische Wortwahl unübersehbar: »Handle so, daß die Maxime deines Willens jederzeit zugleich als Prinzip einer allgemeinen Gesetzgebung gelten könne« (V, 30). Eine Fassung sagt: »Der kategorische Imperativ ist Ausspruch eines Vernunftprinzipes über sich selbst als Person (dictamen rationis practicae).« (zit. n. R. Eisler, Kant-Lexikon, Berlin 1930, S. 272) Kant unterscheidet zu Beginn objektive Gesetze oder Imperative des Handelns und subjektive Maximen (V, 19). Darauf werden Verhaltens- oder Willensorientierung im Subjekt – nicht Objektorientierung – und dann apriorische Rationalität – nicht emotionale oder interessehafte Veranlassungen – des Menschen als Basis eines objektiven Sittengesetzes ausgeführt (V, 21–30). Kants Konzentration auf die reine Form eines Gesetzes (V, 28 f.) gibt den tieferen Aspekt des transzendentalen Idealismus zu erkennen, die Frage nach der Geltungsstruktur kultureller Gehalte und nicht nach der Herkunft im Subjektaufbau. Die Unterscheidung verschiedener Handlungsebenen und Maximen (technisch-praktischer, empirisch-moralischer, juridischer, reiner moralischer), die die Einleitung zur *KU* (V, 172 f.) und die Anthropologie-Vorlesung ausführlich vornehmen, wird hier nur kurz gestreift (V, 26). Kant begründet im ersten und ausführlichsten Hauptstück der Analytik, das mehr als den doppelten Umfang der beiden anderen Hauptstücke zusammen besitzt, sein theoretisches Prinzip des moralphilosophischen Formalismus. Dessen eigentliche methodische Bedeutung für die spezielle Ethik, die Kant nach dem Vorbild Wolffs noch als Pflichtenkataloge ausführt, realisieren die ethischen und anthropologischen Vorlesungen, später dann die *Metaphysik der Sitten*.

Literatur

Williams, T. C.: The Concept of Categorical Imperative, London 1968. – Ebbinghaus, J.: Deutung und Mißdeutung des kategorischen Imperativs, in: Ges. Aufsätze, Hildesheim 1968, S. 80–96. – Ders.: Die Formeln des kategorischen Imperativs, in: Ges. Aufs., S. 140–160. – Hoerster, N.: Kants kategorischer Imperativ als Test unserer sittlichen Pflichten, in: Riedel, M. (Hg.), Rehabilitierung der praktischen Philosophie, Bd. 2, Freiburg/Br. 1974, S. 455–475. – Höffe, O.: Kants kategorischer Imperativ als Kriterium des Sittlichen, in: ZphF 31 (1977), S. 354–384. – Derbolav, J.: Praktische Vernunft und politische Ideologie. Die Ambivalenz der Menschheitsformel in Kants kategorischem Imperativ, in: PPh 4 (1978), S. 37–60. – Pelegrins, T.: Kants Conception of the Categorical Imperative and the Will, London 1980. – Schwaiger, C.: Kategorische und andere Imperative. Zur Entwicklung von Kants praktischer Philosophie bis 1785, Stuttgart-Bad Cannstatt 1999.

Faktum der Vernunft, religiöse Tradition der Gesinnungsethik

Im Unterschied zur theoretischen Philosophie, die mit den Anschauungsformen anhebe, könne der Praxisbegriff nicht von gegenständlichem Bezug ausgehen, sondern müsse sogleich als ein synthetischer Grundsatz a priori einsichtig sein. Das Konzept moralisch-praktischer Vernunft wurzelt in der idealistischen Tradition des Satzes des Bewusstseins. Descartes' »cogito« hatte ihn für die neuzeitliche Philosophie formuliert. In der Evidenz des Subjekt-Bezugs liegt die Garantie zweifelsfreier (und darum universalisierbarer) Objektivität. Kants Neuerung bestand in der Verstärkung des methodischen Gehalts. Der Satz des Bewusstseins drückt hier den Primat der Beziehung des Individuums auf alle Individuen als gleichen und freien in der Begründungsstuktur aller moralisch-praktischen Willensakte aus. Kant expliziert die numerische Universalität, die allgemeine Geltung, des Bewusstseinssatzes im kategorischen Imperativ als einem synthetischen Satz a priori. Kants Philosophie der Praxis ist durch diese der Mathematik und der Rechtswissenschaft analoge methodische Abstraktion gekennzeichnet. Die Synthesis a priori praktischer Akte ist ein allgemeinster Verfahrensrahmen. Es ist ein hohes Bewusstsein von der modern-bürgerlichen Stufe der universellen Vergesellschaftung aller empirischen Motivationen, einer Vergesellllschaftung, deren Grundlagen über die erlebnishaften Geschehensbereiche hinausgetrieben sind und sich nun in der abstrakten theoretischen Form der ökonomischen, juristischen und formal-moralischen Disziplinen darstellen lassen. In der Anerkennung, dass alle gegenständlichen Lebenssphären geschichtlich erzeugt sind, dass die empirische Realisierung nur relativ ist im Bezug auf die Gleichheitsrelation aller Individuen, besteht der kritische Gehalt der Kantschen praktischen Philosophie. Kants Logik des reinen Willens der Person verschlüsselt in der idealistischen Form des Bewusstseinssatzes das me-thodisch Handhabbare und geschichtlich Transitorische aller gesellschaftlichen Verhältnisse. Sie trägt den Citoyen-Entwurf der modern-bürgerlichen Zivilisation, das freie Individuum nur in der Vermittlung der vorgängigen Relation aller freier Individuen zu denken. Sehen wir auf Kants Zeitalter, so zeigen die Hilfskonstruktionen, um mit dem sensualistischen Subjektbegriff zur universalistischen Programmatik der Aufklärung zu gelangen, tatsächlich entmutigende Unmittelbarkeit. C. A. Helvétius (1715–1771), unbefangenster und zugleich sensibelster Theoretiker der Sinnlichkeit als emotionaler und ästhetischer Basis von Gesellschaftlichkeit des Individuums, gibt das am deutlichsten zu erkennen. Die Selbstliebe, »l'amour propre«, ist Prinzip aller Aktivität und zugleich Auslöser von Ehrgefühl, das den Genuss der öffentlichen Anerkennung sucht. Darum handelt auch der Egoist altruistisch. Der methodische Formalismus der Kantschen praktischen Philosophie drückt auf entwickeltere Weise die Verwandlung der konkreten Arbeit in die abstrakte der Werterzeugung und die Realisierung des sozialen Verhältnisses als das von Warenproduzenten aus. Aber es erschöpft sich nicht im ideologischen Gehalt. Unter der beschränkten Hülle ist das Problem der Selbstreflexion aller Individuen unter dem Kriterium universaler Gleichheit verborgen.

Kant nennt das apriorische Identitätsgesetz der Beziehung jedes Willens auf alle Willen ein »Faktum der reinen Vernunft« (V, 30 f., 50 f.). »Faktum« bedeutet hier: Nicht weiter hintergehbares Formgesetz von Rationalität. Es ist der Gegenpol zu Heideggers These von der Faktizität des immer schon existierenden Daseins. Das bedeutet, dass Kant die reale Gesellschaftlichkeit, die die Basis des kategorischen Imperativs bildet, nicht direkt, sondern in der idealistischen Form transzendentallogischer Synthesis a priori ausspricht. Die transzendentale Logik praktischer Akte schneidet alle substantialen Spekulationen ab. Wir vermögen nicht den Grund des Gesetzes anzugeben, sondern »was es im Gemüthe wirkt (besser zu sagen, wirken muß)« zeigen wir an (V, 72). Das bedeutet, die Fragestellung nach der Person im Verhältnis aller Personen – der eine ist jederzeit zugleich der andere – ist ursprüngliches Faktum der Vernunft. Wie ein Gesetz für sich unmittelbarer Bestimmungsgrund des Willens sein könne, sei »ein für die menschliche Vernunft unauflösliches Problem« (V, 72). Im *Opus postumum* notierte Kant »das uns selbst unbegreifliche Vermögen der Freiheit« (XXI, 30). Faktum der Vernunft ist es, weil es logisch der Trennung von ratio und voluntas vorausliegt. Der Gedanke vom Faktum der Vernunft erklärt die Rationalität der moralischen Reflexion für absolut (V, 31, 72). Es ist das Gegenteil der Empörung von Dostojewskis Karamasow über die unumstößliche Faktizität einer arithmetischen Operation.

Die rein logische Voraussetzung des Grundgesetzes führt auf die drei wesentlichen Folgebegriffe der Kantschen Moralphilosophie: reiner Wille, Freiheit, Pflicht. Die Kühnheit Kants besteht in der Zusammenbiegung von Willen und logischer Einsicht. Dem dient die methodische Formel vom reinen Willen. Die christliche Tradition, auf andere Weise der Sensualismus, hatten das Moralproblem gerade im Widerstreit von Vernunft und Wille gesehen. Kant gibt dem Gegensatz breiten Raum bei der Durchführung seines Praxisbegriffs in der konkreten Ethik wie in der Religionsphilosophie. Kant fragt wie bei der theoretischen Objektivation auch für die praktische nach der elementaren Einheit der Aktform. Das kann nur die teleologische Setzung eines ideellen Gehalts der Handlung sein. Die Differenz von Vernunft und Wille ist nur innerhalb der logisch vorausliegenden Einheit zu denken. Nur in der logischen Allheitsfunktion ist die Vernunft als »ursprünglich gesetzgebend« darzutun (V, 31). Die ganze Schwierigkeit dieser radikalen Willensauffassung liegt dann in der schrittweisen methodischen Rekonstruktion der empirischen Determinationsebenen. Sie enthält die formale Möglichkeit der Willensdetermination. Der metaphysische Gedanke der realitas formalis (als des logisch widerspruchsfrei zu denkenden Seins) ist hier zum notwendigen Rationalitätspostulat einer Zivilisation universell gleicher Eigentümer entwickelt.

Motivgeschichtlich schließt Kant an den christlichen Gesinnungsbegriff an, etwas nicht nach dem Buchstaben, sondern nach Geist zu tun (V, 72). Das ursprüngliche religiöse Motiv ist auch noch in den Schilderungen der »Nötigung« durchs Sittengesetz zu erkennen, die »ein innerer, aber intellektueller Zwang genannt werden kann« (V, 32). Am Anfang allen Rechthandelns steht die Vergewisserung der reinen Innerlichkeit des Menschen. Das Luthersche Erbe der Zwei-Menschen-Lehre – des äußeren, an die materiale Außenwelt »sinnlich« gefesselten, und des inneren Geist-Menschen – ist von der Glaubensvergewisserung des vorbehaltlosen Vertrauens zum transzendenten Heil auf die Vernunftnatur des Menschen überführt. Der Umbildungsgrad theoretischer Motive wird besonders deutlich, wenn man bedenkt, dass der Gedanke des alle Individuen durchwirkenden einen Geistes vor allem von den mystischen

Richtungen vertreten wurde. Im 17. Jh. suchte bereits der Occasionalismus, die mystische Quelle des in allen Willensakten mitwirkenden überpersönlichen Geist-Gottes mit rationalistischen Kriterien zu versöhnen. Kant sprach sich entschieden dagegen aus. Er fand mit dem nur methodisch-funktionalen Synthesis-Prinzip die Möglichkeit, die uneingeschränkte Geltung eines überpersönlichen, alle Individuen erfassenden Geistes zu erneuern, ohne an die mystischen Gehalte des Gedankens zu streifen. Fichtes enthusiastischer Kantianismus des reinen Geistes, in dem alle Individuen eingeschlossen seien, gibt in manchen Formulierungen etwas vom mystischen Fluidum zu erkennen. »Alle Individuen sind in der Einen großen Einheit des reinen Geistes eingeschlossen«, sagt Fichtes Kant-Interpretation 1794 (*Sämtl. Werke*, Abt. I., Bd. 1, Berlin 1845, ND 1965, S. 416).

Der ganze Kreis von Gesetz, Wille und Freiheit kommt motivgeschichtlich aus der Theologie des Neuen Testaments. Die christliche Religion war von Paulus aus einer hebräisch-patriotischen Gesetzesreligion zu allgemeiner Wirkung als Religion universaler Gleichheit aller Menschen im Gewissen vorbereitet worden. Das Außerordentliche dieser Religiosität war der ethische Theismus, die Auffassung Gottes als eines moralischen höchsten Willens, der vom Menschen vor allem eines fordert und ihm als Pflicht auferlegt: Die sittliche Gesinnung. Das ist Gehorsam, ohne Zweifel, aber doch einer, der verlangt, dass wir durch die Verbindung mit dem Ideal des richtigen Willens immerdar uns selbst treu sein können. Zum religiösen Gesetzesgedanken gehörte im Alten Testament der harte Vergeltungsgedanke, der erst durch das neutestamentliche Element der Gnade zurücktritt. Dadurch wird das Vertrauen und mit ihm die innere Kraft des Glaubenden gefordert und freigesetzt. Der bitterste Punkt im christlichen Gesetzesgedanken ist die Unmöglichkeit, auf direktem Wege der Gesetzesverkündigung dessen Befolgung zu sichern. Durch den Sündenfall bleibt das verloren und bedarf der theologischen Konstruktionen des Gotteszeichens im Gottessohn und dessen Abgeltung unserer Bosheit. Aus der paulinischen Verbindung der Gesetzesreligion mit dem Gnadengedanken entstehen Spannungen, die durch das Drama des Christus-Todes als eines symbolischen Strafleidens für die Gesetzesverletzung und durch die mystische Verbindung des Glaubenden mit Leib und Geist Jesu gelöst werden. Der emotionale Schrecken über das Jesusdrama soll das Gewissen wachhalten, in der Schwäche des Menschlichen des Gesetzes doch eingedenk zu bleiben. Daraus ergeben sich für die protestantische Religiosität die gravierenden theologischen Themen der Rechtfertigung und der Buße. Kants praktische Philosophie stellt sich die Aufgabe, solche wesentliche Themen moralischer Subjektivität aus der religiös-autoritären Denkform herauszuführen und rationalitätstheoretisch zu bewahren. Nur in diesen Zusammenhängen erklären sich der pathetische Ton und die Frage nach der Herkunft des Sittengesetzes. »Pflicht! Du erhabener, großer Name, der du nichts Beliebtes, was Einschmeichelung bei sich führt, in dir fassest, sondern Unterwerfung verlangst, [...] wo findet man die Wurzel deiner edlen Abkunft« (V, 86)? Die *KpV* soll die religiöse Fassung der Thematik ersetzen. Faktum der Vernunft bedeutet darum auch: Es gibt keine theoretisch sinnvoll zu hinterfragende Quelle der moralisch-praktischen Rationalität. »Der Mensch ist zwar unheilig genug, aber die Menschheit in seiner Person muß ihm heilig sein« (V, 87). Die Relation zur Objektivierung der einzelnen Person hat sich von der theologischen Transzendenz auf die Verantwortung der einzelnen Person für sich als eines Teils der zu achtenden Würde der Menschheit konzentriert. Diesen Sinn besitzt Kants Wort: Es ist nichts in der Welt, das ohne Einschränkung für gut gelten könne, als allein ein guter Wille (IV, 393). Ein weiteres protestantisches Motiv lag voraus: In der Autonomie der Gesinnung entfaltet sich die Freiheit des Menschen, sich von der erdrückenden Macht des Gegebenen loszureißen und ein neues Leben im Geiste zu beginnen.

Literatur

Moritz, M.: Pflicht und Moralität. Eine Antinomie in Kants Ethik, in: KS 56 (1966), S. 412–429. – Hess, H.-J.: Die obersten Grundsätze Kantischer Ethik und ihre Konkretisierbarkeit, Bonn 1971. – Henrich, D.: Der Begriff der sittlichen Einsicht und Kants Lehre vom Faktum der Vernunft (1960), in: Prauss, G. (Hg.), Kant. Zur Deutung seiner Theorie von Erkennen und Handeln, Köln 1973, S. 223–254. – Ders.: Die Deduktion des Sittengesetzes. Über die Gründe der Dunkelheit des letzten Abschnitts von Kants GMS, in: Schwan, A. (Hg.), Denken im Schatten des Nihilismus, Darmstadt 1975, S. 55–112. – Mc Carthy, M. H.: Kant's Application of the analytic/synthetic distinction to imperatives, in: Dialogue 18 (1979), S. 373–391. – Böckerstette, H.: Aporien der Freiheit und ihre Aufklärung durch Kant, Stuttgart-Bad Cannstatt 1982. – Galling, K. (Hg.): Die Religion in Geschichte und Gegenwart (RGG), Tübingen ³1986, Art. »Geist und Buchstabe«, Bd. 2, Sp. 1290–1296. – Bobzien, S.: Die Kategorien der Freiheit bei Kant, in: Oberer, H./Seel, G. (Hg.): Kant. Analysen – Probleme – Kritik, Würzburg 1988, S. 193–219. – Riedel, M.: Imputation der Handlung und Applikation des Sittengesetzes. Über den Zusammenhang von Hermeneutik und praktischer Urteilskraft in Kants Lehre vom ›Faktum der Vernunft‹, in: Ders., Urteilskraft und Vernunft. Kants ursprüngliche Fragestellung, Frankfurt/M. 1989, S. 98–124.

Evidenz-Bewusstsein. Methodische Ebenen

Die höchste metaphysische Reflexion auf die apriorische Rationalität des Sittengesetzes beugt sich herab zum elementaren sittlichen Unterscheidungsvermögen jedes Menschen. Das moralisch Gebotene ist so deutlich vom Interesse der Selbstliebe geschieden, »daß selbst das gemeinste Auge den Unterschied [...] gar nicht verfehlen kann« (V, 36). Kant will mit den Beispielen für die Evidenz des kategorischen Imperativs weniger einen logischen Beweis führen als vielmehr »die kopfverwirrenden Spekulationen der Schulen« vor dem Gewissen des rechtschaffenen, einfachen Bürgers bloßstellen (V, 35). Der Gewissensbegriff spricht das republikanische moralische Pathos der praktischen Philosophie Kants aus. Das wiederholte Beispiel: Darf man ein in Verwahrung genommenes Depositum, von dem kein Mensch etwas weiß, einbehalten, wenn der Eigentümer ohne Mitteilung von der Hinterlegung verstirbt? Die Antwort des Sittengesetzes: Niemals! Begründung: Es gäbe dann gar kein Depositum. Die Selbstaufhebung des moralischen Identitätssatzes wird bestätigt von der Stimme des Gewissens, das, anders als Sokrates' Daimonion, moralisch Falschem nicht nur abrät, sondern dazu das Richtige gebietet. Das Beispiel – und jedes denkbare empirische Beispiel für die reine Form – leidet an der Unmöglichkeit, logisch Unendliches und Faktum einer Situation direkt zu koppeln. Die Abstraktion einer reinen praktischen Vernunft setzt selbstverständlich das weite Feld des empirischen sittlichen Geschmacks und das der positiven, in Gewohnheiten bewährten Regelungen voraus. Jeder andere ist über die spezifische verwandtschaftliche, kollegiale usf. Beziehung hinaus in seiner Würde als Mensch zu achten. Man muss jedoch sehen, dass Kant auch die *KU* (in einer Ästhetik des sittlichen Takts) als methodische Propädeutik für die konkrete Ethik ansieht. Die Entgegensetzung methodischer Ebenen, also etwa von ›Rationalität‹ und ›Lebenswirklichkeit‹, ist es, die Kant als unkritische Vulgarisierung der Vergesellschaftungsproblematik versteht, da sie das sich prima facie darbietende Erscheinungsbild für die Wahrheit über die Sache selbst ausgibt. In diesem genauen Sinne ist die Alternative zu verstehen: Aufstieg vom empirischen Vorgang zur »architektonischen Verknüpfung« des Menschen mit durchgehenden Zwecken in einer ideellen Weltordnung oder »pöbelhafte Berufung auf vorgeblich widerstreitende Erfahrung« (III, 248 f.).

Der Begriff moralisch-praktischer Vernunft als übergreifende Theorie der Vergesellschaftungsfelder

Kants methodische Strukturunterscheidung zwischen moralisch-praktischer Synthesis a priori und angewandter Ethik, Rechtswissenschaft, Religionslehre und Zivilisationsgeschichte bezieht sich vor allem auf die Grundlegung einer umfassenden Gesellschaftstheorie, die in der an sich inadäquaten Form der Moralphilosophie ausgesprochen wird. Die zweite *Kritik* ist als methodische Propädeutik für die praktische Vergesellschaftung in Recht, Ethik, Politik, Religion, Weltgeschichte gedacht. Die Tragfähigkeit einer allgemeinen Theorie der Vergesellschaftung in der Gestalt einer Moralphilosophie ist zweifellos sehr begrenzt. Aber die der ganzen Sozialtheorie des 18. Jhs. entsprechende Intention Kants ist aufschlussreich. Rechtslehre und politische Ökonomie des 18. Jhs. gingen von natürlichen Aktivitäten methodisch isolierter Individuen aus, deren Vergesellschaftungslinien rational rekonstruiert werden sollten. Damit war der große Gesichtspunkt einer anthropologisch immanenten Erklärung der gesellschaftlichen Lebensfelder mit hohem Forderungsanspruch gegenüber der faktischen verfassungs- und wirtschaftsrechtlichen Realität aufgestellt. Kant behielt diese Grundorientierung bei, sah aber deren empiristische Ausführung als die Auflösung der Vergesellschaftungsfelder durch eine Mehrzahl natürlicher Antriebe. Kant lehnte die naturalistische psychologisierende Grundlegung der Sozialtheorie ab, da sie das Vernunftkriterium des 18. Jhs. als noch unfertige Programmatik einer nicht-entfremdeten Vergesellschaftung persönlich freier Individuen praktizistisch verkürze. Im Hinblick auf generelle soziale Konfliktbereiche rückt Kant die Willensentscheidung des Individuums aus den lebenspraktischen Sphären, die immer Bereiche partikularer Interessen sind, heraus. Sie kann dann nicht mehr als Entäußerung natürlicher Subjekteigenschaften gedacht werden, sondern ist Vermittlung einander widersprechender Tendenzen, die dem unvermittelten Bewusstsein als die Unendlichkeit qualitativ verschiedener Fakten ins Bewusstsein fallen. Nicht nur nach der sozialtheoretischen Seite, auch im Bezug zur Aufschlüsselung der Innensphäre des Subjekts und Ursprungsraums personaler Identität in der sozialisierenden Aktivität geht Kant mit der Denkform des Apriori praktischer Rationalität weit voran. Seine Theorie bestreitet nicht, dass Tugenden die Kristallisation personaler Identität darstellen. Ein sich immer wendendes Individuum kann sich effizient verwalten, nicht sich selbst und sich als Partner bestätigen. Doch die Sichselbstgleichheit, die dem Bewusstsein als Prius erscheint, ist im Ganzen der Wechsel-Aktivitäten Resultat der sozialen Relation. Die moralisch-praktische Vernunft spricht unter der transzendentallogischen Form diesen elementaren Verhältnischarakter aller als personale Tugend, Religiosität, alltagspraktische Interessiertheit usf. erscheinenden Aktivitäten aus. Der enorme Realismus des formalen methodischen Praxisbegriffs zeigt sich unmittelbar darin, dass er alle empirischen sozialen Entscheidungsfelder von sich abtrennt und sie der materialen (nicht der materiellen) kulturellen Entwicklung übergibt. Nicht Statik, sondern Prozess regiert die zweite *Kritik*. Man darf sich nicht davon irritieren lassen, dass Kant für die Darstellung der Thematik an die Resultate der Geist-Metaphysik anschließt. Doch man wird nicht mit retardierender Lesart bei der theoretischen Herkunft stehenbleiben, sondern die neue Funktion der für Kant allerdings letztlich entscheidenden Gesellschaftstheorie in der Form der Idee einer moralisch-praktischen Synthesis a priori sehen. Löwith, Gadamer bezogen Kants Praxisbegriff auf metaphysisch-theologische Quellen zurück. Kants Handlungsbegriff analog dem aristotelischen, weil er an Überlegung gebunden? (Bittner) Das soll die moralische Implikation des Handlungsbegriffs aufgeben gegen ein bloßes normatives Ideal.

Literatur

Löwith, K.: Gott, Mensch und Welt in der Metaphysik von Descartes bis zu Nietzsche (1966), in: Sämtl. Schriften, Bd. 3, Stuttgart 1986, S. 51–65. – Gadamer, H.-G.: Kant und die philosophische Hermeneutik (1975), in: Kleine Schriften IV, Tübingen 1977, S. 196–204.

Empirismus-Kritik

Der transzendentallogische Formalismus praktischer Vernunft lässt die empiristische und die metaphysische Grundlegung der Vergesellschaftungsthematik zurück. (Es geht noch nicht um die Formulierung einer Gesellschaftstheorie.) In einer Tafel aller bisherigen moralphilosophischen Prinzipien (V, 40) wird die *KpV* allen Ethiken gegenübergestellt. Sie seien material, also von natürlichen Anlagen des

Menschen, dessen Erziehung durch Umwelt und Gewohnheit oder von erstrebten konkreten Inhalten her begründet gewesen. Kant unterscheidet, wie in der Antinomienlehre der ersten *Kritik*, empirische und metaphysische Theorien und gibt den metaphysischen (einschließlich des Stoizismus) den Vorzug, weil sie rationale Verhaltenskriterien gegenüber emotionalen und anderen subjektiven Bestimmungsgründen vertreten hätten. Kants eigener theoretischer Lösung geht oft die Aporetik des Problems voraus. In seltenen Fällen hat er es ausgesprochen, dass er mit einander widersprechenden Problemlösungen gedanklich experimentiert habe (Refl. 5027). Kants Empirismus-Kritik reproduziert mehrere Elemente der traditionellen Materialismus-Kritik des Idealismus: Unbeständigkeit, Bindung an die faktische Situation, Reduktion des menschlichen Erfahrungs- und Handlungsspektrums auf individuelle Inter-essen. Im Ganzen zielt Kants Kritik auf spezifische Züge des bourgeoisen ethischen Sensualismus und stellt ihn als Widerspruch zum Aktivitäts- und Freiheitsgebot im Horizont des Gemeinwillens dar. Der Naturalismus partikularisiere die Individuen, so dass sie sich in den Vergesellschaftungsfeldern wie in einer entfremdeten Realität natürlicher Gesetze bewegten. Das ist auch tatsächlich die Auffassung der Physiokratie und der englischen politischen Ökonomie bei Smith und Ricardo, von Humes Instinkt- und Assoziationsthematik in der Ethik ganz abgesehen. Kant sagt, die sensualistische Auffassung ersetze moralische Notwendigkeit durch die physische, »nämlich daß die Handlung durch unsere Neigung uns ebenso unausbleiblich abgenötigt würde als das Gähnen, wenn wir andere gähnen sehen« (V, 26). Die klassische Passage zum Gegensatz von »Mechanismus der Natur« und intelligibler Freiheit bringt der große Anhang zur Analytik (V, 89–106). Der Empirismus geht von der notwendigen Verknüpfung von Ereignissen und Handlungen in der empirischen Zeitreihe aus. Dann sei die Handlung immer Reaktion und, als Prinzip gedacht, Passivität: »[W]enn die Freiheit unseres Willens keine andere als die letztere (etwa psychologische und komparative, nicht transzendentale, d. i. absolute, zugleich) wäre, so würde sie im Grunde nichts besser als die Freiheit eines Bratenwenders sein, der auch, wenn er einmal aufgezogen worden, von selbst seine Bewegungen verrichtet« (V, 97). Bei seiner Kritik des ethischen Sensualismus wählt Kant wie bei der erkenntnistheoretischen Skeptizismus-Abwehr stets heftigen Ausdruck: Der Empirismus rottet »die Sittlichkeit in Gesinnungen [...] mit der Wurzel« aus und unter-

schiebt »ihr ganz etwas anderes, nämlich ein empirisches Interesse, womit die Neigungen unter sich Verkehr treiben«. Die Neigungen zum Prinzip erheben, heißt »die Menschheit degradieren« (V, 71). Die Bezüge auf den Terminus Selbstliebe, mit dem die empiristische Moralphilosophie bezeichnet wird, verweisen auf Helvétius (l'amour propre), der allerdings zugleich von einer aristokratisch-ästhetischen Linie her die Sinnlichkeit (der Gestalt- und Farbwahrnehmung, der Bewegung und der Artikulation) als gesellschaftliche Sinnlichkeit entwickelt hatte. Die Charakteristiken teilen zweifellos Kants Rousseau-Lektüre mit. »Nur wie stark, wie lange, wie leicht erworben und oft wiederholt diese Annehmlichkeit sei«, darum gehe es dem vom Sensualismus abgebildeten Individuum. Solche Einstellung, in allem, was er tue, immer nur seinem »Herzen« zu folgen, habe ihm M. Grimm als seine Maxime genannt, teilte Rousseau bestürzt in seinen Bekenntnissen (1782) mit (Rousseau, *Bekenntnisse*, Leipzig 1971, S. 651). Mit der Kritik des Stoizismus dagegen werden auch anzuerkennende Aspekte eingeräumt. Überhaupt wird die Ethik »der alten griechischen Schulen«, auch der antike Sensualismus, positiver beurteilt. Die Denker seien theoretisch konsequenter gewesen, »als wir in unserem synkretistischen Zeitalter antreffen, wo ein gewisses Koalitionssystem widersprechender Grundsätze voll Unredlichkeit und Seichtigkeit erkünstelt wird, weil es sich einem Publikum besser empfiehlt, das zufrieden ist, von allem etwas und im ganzen nichts zu wissen und dabei in allen Sätteln gerecht zu sein« (V, 24). Für die antiken und allerdings unentwickelten Bedingungen des bourgeoisen Individualismus als herrschender Verfassung tritt sogar der »vernünftige Epikureer« auf, der fröhlichen Lebensgenuss mit der moralischen Maxime zu verbinden wusste (V, 88).

Literatur

Lewinski, M.: Kants formale Theorie der Sittlichkeit, in: AGPh 35 (1923), S. 144–154 u. AGPh 36 (1924), S. 57–63. – Clostermann, G.: Das teleologische Moment im Kantischen Moralprinzip. Ein Beitrag zur Frage des Formalismus und der erkenntnistheoretischen Begründung der Ethik Kants, Münster 1927. – Hall, R. W.: Kant and ethical formalism, in: KS 52 (1960/61), S. 433–439. – Reiner, H.: Kants Beweis zur Widerlegung des Eudämonismus und das Apriori der Sittlichkeit, in: KS 54 (1963), S. 129–166. – Düsing, K.: Kant und Epikur. Untersuchungen zum Problem der Grundlegung einer Ethik, in: ZAPh 1 (1976), S. 39–58.

Der Gegenstand der reinen praktischen Vernunft

Das kurze zweite Hauptstück der Analytik soll analog der Sachverhaltskonstitution durch Deduktion und Schematismus der Verstandesbegriffe in der ersten *Kritik* die Relationstypen moralisch-praktischen Verhaltens deduzieren. Die qualitativ erscheinenden Orientierungen des Guten und Bösen werden systematisch konsequent nach der Kategorientafel in soziale Relationsformen transformiert:

Quantität: subjektive Maximen (Meinungen des Individuums) – objektive Vorschriften – apriorisches Gesetz
Qualität: Regeln des Begehrens – des Unterlassens – der Ausnahmen
Relation: Bezüge auf die Person – auf deren Zustand – auf den Zustand anderer
Modalität: Erlaubtes/Unerlaubtes – Pflicht/Pflichtwidriges – vollkommene und unvollkommene Pflicht

Die praktischen Begriffe a priori dürfen »nicht auf Anschauung warten […], um Bedeutung zu bekommen«. Sie stellen rationale Postulate dar und bringen die Willensgesinnung erst hervor (V, 66). Die Aufschlüsselung der Kantschen Themen im Zusammenhang der sich seit der Frühaufklärung bis zum 19. Jh. entwickelnden Theorie der Vergesellschaftung persönlich freier Individuen zeigt, dass Intellektualismus und Universalismus der Kantschen Theorie primär nicht tugendethisch (und etwa auch pädagogisch und kunsttheoretisch) zu verstehen sind. Sie gehören zum Strukturproblem einer generellen Theorie der modern-bürgerlichen Zivilisation.

Literatur

Paton, H. J.: The Good Will, a Study on the Coherence Theory of Goodness, London 1927. – Messer, A.: Kommentar zu Kants ethischen und religionsphilosophischen Hauptschriften, Leipzig 1929 [insbes. S. 47–113]. – Moritz, M.: Studien zum Pflichtbegriff in Kants kritischer Ethik, Den Haag 1951. – Apel, K. O.: Von Kant zu Peirce. Die semiotische Transformation der transzendentalen Logik, in: Ders.: Transformation der Philosophie, Bd. 2, 1973. – Aschenberg, R.: Letztbegründung? Beitrag zu einer typologischen Orientierung, in: Hiltscher, R./Georgi, A., 2002.

Die Typik der praktischen Urteilskraft

Den interessantesten und theoretisch außerordentlichen Teil der Deduktion praktischer Elementarbegriffe, deren erster Teil sich nur auf die Kategorie der Kausalität aus Freiheit bezieht, bildet der zweite Teil mit der »Typik der reinen praktischen Vernunft«. Er ist das analoge Stück zum Schematismus der Verstandesbegriffe bei der theoretischen Sachverhaltskonstitution. Mit großer Wendung der Thematik unterscheidet Kant die theoretische Konstitution nach dem Schema Gesetz/einzelner Fall von der nun vorliegenden Verhaltensbestimmung im Sinne einer symbolischen Relation zwischen individueller moralischer Maxime und objektivem Sittengesetz. Endliches und unendlich Genaues des unbedingten Imperativs gehen zusammen – aber im unabschließbaren Vermittlungsprozess. Praktische Vernunft bedarf dafür einer typisierenden intellektuellen Fähigkeit eigener Art: Der Urteilskraft. Für die theoretische Sachverhaltskonstitution tritt zwischen Wahrnehmung und Elementarbegriffe ein apriorisches Schema des Gegenstandes. Da es sich beim reinen Willen nicht um einen wahrnehmbaren Fall handelt, wie kann es ein Schema für einen Vorsatz geben? Kant antwortet: Wir stellen empirische Vorsätze in den geistigen Bezug zur überempirischen Norm der Beurteilung aller Handlungsmaximen. »Es ist also auch erlaubt, die Natur der Sinnenwelt als Typus einer intelligibelen Natur zu brauchen« (V, 70). Die an Rechtswissenschaft und mathematischer Physik orientierte rationelle Umformung der Geist-Materie-Beziehung der Metaphysik ist zu erkennen. Das empirische Verhalten wird im Medium der Urteilskraft Gleichnis oder Symbol (V, 70 f.). Kant grenzt seine hochmittelbare Beziehung von Fakt und Bedeutung sowohl gegen den Skeptizismus des Empirismus als auch gegen die kirchliche Orthodoxie eines »Mystizismus der praktischen Vernunft« ab, der das einzelne Verhalten als Fall unter dem Diktat eines Gesetzes, nicht als Kausalität aus Freiheit verlange (V, 70). Die Einwände gegen heutige formale Methodologien der Sozialisierungsakte beruhen meist auf eben dieser Verwechslung der beweglichen Symbol-Relation mit dem Gesetz-Fall-Schema. Damit ist zugleich im Unterschied zur Naturtatsache ein anderer Begriff des Besonderen als eines tendenziell Einmaligen eingeführt. Kant nimmt mit dem Gedanken der symbolischen oder sinnbildhaften Vermittlung von *principium* und *concretum* zugleich ein ästhetisches Moment im Zusammenhang des moralischen Geschmacks auf, das *KU* und *Anthropologie* näher ausführen. Viele Missver-

ständnisse der *KpV* resultieren schon aus der Isolierung dieser generellen Methodologie vom auf verschiedene Werke verteilten Gesamtkonzept Kants.

Das dritte Hauptstück der Analytik zeichnet die
Verbindung des Sittengesetzes mit einer ursprünglichen Strebung im Gemüt, das Gesetz anzuerkennen
und befolgen zu wollen. Das Gesetz demütigt die
Hoffahrt des Menschen, im persönlichen Interesse
das Maß der eigenen wie der fremden Wertschät-
zung zu suchen. Das Bewusstsein dagegen, sich dem
Sittengesetz würdig erweisen zu können und darum
auch zu sollen, stelle ein Achtungsgefühl dar, das
nicht empirisch veranlasst, nicht »pathologisch« sei,
sondern »durch einen intellektuellen Grund gewirkt
wird«. Es gehört zum apriorischen Fundus des
Selbstbewusstseins (V, 73). Kant konzentriert die Interpretation dieses intellektuellen Gefühls, vielleicht
des außerordentlichsten Beweises der hohen Fähigkeit Kants zur architektonischen Durchbildung und
Gestaltung eines theoretischen Programms, auf die
unweigerliche Achtung für moralische Würde: »Vor
einem niedrigen, bürgerlich-gemeinen Mann, an
dem ich eine Rechtschaffenheit des Charakters in einem gewissen Maße, als ich mir von mir selbst nicht
bewußt bin, wahrnehme, bückt sich mein Geist, ich
mag wollen oder nicht und den Kopf noch so hoch
tragen« (V, 77). Die Stimme der reinen, von allem
Vorteil entblößten allgemeinen Verbindlichkeit des
Menschen macht »auch den kühnsten Frevler zit-
tern« und nötigt ihn, »sich vor seinem Anblicke zu
verbergen«, weil es »uns die Erhabenheit unserer eigenen übersinnlichen Existenz spüren läßt« (V, 80,
88). Die Ausführungen zum Achtungsbewusstsein
vor dem moralisch Verbindlichen zeigen die hohe
Kultur des Geschmacks, die Kants Moralphilosophie
trägt. Sie lassen die Rede vom sog. intellektuellen Ri-
gorismus als Oberflächlichkeit einsehen. Mit dem
Pathos des Achtungsbewusstseins als apriorischer
Triebfeder vernünftiger Entscheidung wird die religiöse Tradition ursprünglicher Rückbindung (re-li-
gere) des Menschen an ein überindividuelles Gebot
zum Glied immanenter rationaler Systematik entfaltet. Ohne das Achtungsgefühl, ein »moralisches
Interesse«, wirkte der kategorische Imperativ nicht.

Literatur

Silber, J. R.: Der Schematismus der praktischen Vernunft,
in: KS 56 (1965), S. 253–273. – Marty, F.: La Typique du
jugement practique pur. La morale Kantienne et son application aux cas particuliers, in: AdPh 19 (1955), 56–87.

Dialektik der praktischen Vernunft

Analog der theoretischen Objektkonstitution zeigt
Kant auch in der praktischen Vernunft eine Verführung zur Antinomik. Die konzentrierte Darstellung
ist zugleich die beste Einführung in Kants Begriff der
Antinomik überhaupt. Die Dialektik ergibt sich
ebenfalls beim Übergang zum Begriff des Unbedingten. Das Unbedingte hatte bereits in Gestalt des Sittengesetzes, das ein nicht hintergehbares Faktum der
Vernunft darstelle, den Gegenstand der Analytik gebildet. Hier waren auch die sich aufdrängenden Falsifikationen, wenn man will, Antinomien in der Fassung moralischer Normen behandelt worden. In der
Lehrform einer Dialektik der praktischen Vernunft
behandelt Kant im Grunde einen nächsten Schritt
der Theorie zur Realisierung des Sittengesetzes in
den konkreten ethischen, juridischen, religiösen Re-
lationsfeldern des handelnden Menschen. Das Problem der Entfaltung des abstrakten Prinzips zum konkreten Motivations- und Verhaltensbereich wird in
der schmalen Ebene der Widersprüchlichkeit von
transzendentalem Prinzip und empirischem Selbstbewusstsein dargestellt. Das gehört der partiell inadäquaten praktisch-moralischen Fassung der eigentlich behandelten widersprüchlichen Beziehung von
gesellschaftlichem Gesamtprozess und faktischen
Motivations- und Entscheidungssituationen zu. Mit
der Moralform der Fragestellung war bei Kant, wie
es sich in heutigen formalen Moralphilosophien wiederholt, die Logifizierung der Thematik verbunden,
die es gestattet, in der Basis-Ebene der sozialen
Handlungstheorie die traditionellen gut-schlecht-
Kriterien dem Niveau von wahr-falsch-Kriterien an-
zugleichen. Kant selbst gelangt hier vor weit ausgrei-
fende Vermittlungsprobleme, die innerhalb der
transzendentalphilosophischen   Voraussetzungen
mehr bezeichnet als gelöst werden. Der Mensch wird
als Teilhaber zweier Welten gedacht: Als Glied der intelligiblen Welt und insofern als *causa noumenon*
(Kausalität aus Freiheit) und als Teil der Erscheinungswelt, mechanischer Kausalität unterworfen.
Als Antinomie der praktischen Vernunft ergibt sich
die Bestimmung des Menschen im Dualismus von
Geist und Erscheinung, wie die platonisch-christli-
che Tradition sagte, von Geist-Freiheit und Natur-
verhaftung, wie Kant es fasst. Kants Erneuerung der
Thematik besteht in der weltimmanenten Fassung
des Gegensatzes als Relation von Gattung (im aufklärerischen zivilisationsgeschichtlichen Bezug) und
freiem Einzelnen. Das Urbild des Subjekts, soweit es
Träger des moralischen Freiheitsbewusstseins ist,

bildet immer der freie Bürger des Kantschen ideellen Republikanismus. Er verbindet das problemgeschichtlich mit dem christianisierten Platonismus der Gottesbürgerschaft des inneren geistigen Menschen. Das 18. Jh. dachte, wie alle produktiven Zeitalter, kraftvoll synkretistisch. So waren auch Sokrates und Jesus als symbolische Leitfiguren der Aufklärung miteinander verbunden worden. Als logische Fassung der Vermittlungsproblematik von persönlich freiem Individuum und Gattungsgeschichte ist die Scheidung von Zeit und Ewigkeit konsequent. Die Behandlung der Thematik in der Form des Dualismus von mechanischem Determinismus und logischem mundus intelligibilis gehört der Problemlage der Wissenschaften der Zeit und der kritischen Intention gegenüber der Unfreiheit des utilaristisch verkürzten bourgeoisen Individuums zu, dem Freiheit in der Surrogatform ins Bewusstsein fällt, sich unter vorgegebenen anonymen Umständen ungestört der Zufälligkeit des Marktgeschehens erfreuen zu können. Kant setzt zur Bewältigung des Widerspruchs von Zeit und Ewigkeit – die immanent in der Weltgeschichte erfolgt – die spekulative Teleologie seines Entwicklungsgedankens ein. Absolute Geschichtlichkeit bildet das theoretische Geheimnis des allen faktischen Willensakten vorausliegenden intelligiblen Charakters des Menschen.

Eine Vernunft-Dialektik wird im Widerspruch zwischen moralischer Handlungsintention und Realisierungserfahrung gesehen. Das »höchste Gut« kann nur die Einheit beider sein. Die Antinomie bestehe darin, dass die Entsprechung wohl zur Idee praktischer Vernunft gehöre, aber nicht Bestimmungsgrund des Willens sein könne (V, 109). Kriterium der Moralität einer Handlung ist die Gesinnung zur Befolgung des Sittengesetzes, nicht der Erfolg. Der Punkt musste aktuell werden, da Kant die protestantische Tradition fortführte, dass die Moralität einer Handlung im inneren Vorsatz bestehe, er aber andererseits die transzendente Ergänzung der Realisierungserfahrung nicht mehr festhielt. Kants Synthesis reiner praktischer Vernunft hatte auch den theologischen Vorwurf abzuwehren, dass ohne transzendenten Ausgleich von Vorsatz und Erfüllung nur die Konsequenz des atheistischen Amoralismus bleibe.

In der Dialektik-Thematik wird das Verhältnis von ideeller und reeller Seite der Handlung aufgenommen. Für den Empirismus wie für die religiöse Transzendenz besteht kein wirkliches Problem. Beide Alternativen stellen im Grunde die Beseitigung des Problems dar, indem von Vorsatz oder Er-

füllung jeweils der andere Aspekt verdrängt wird. Der Empirismus hält am sinnlich-gegenständlichen Subjekt die Realisierung von Zielen fest und bewahrt die Transzendenz nur noch als Trost in Fällen der Verlegenheit. Die Theologie bleibt beim Gewissensgebot moralischer Innerlichkeit, aber die Realisierung aller Gewissenakte untereinander steht außerhalb aller Handelnden. Die Realität wird durch die Pseudorealität der Transzendenz-Erfahrung ersetzt. Wie stets sucht Kant, die beiden einander konträren Positionen als einseitig zu erweisen und eine Vermittlung zu gewinnen, indem die ideelle Seite transzendental, die reelle Seite als Phänomenbezirk gefasst wird. Dann ist die Idealität innerweltliche logische Geltungsform. Kant formuliert die Antinomie als eine, die eintrete bei der erforderlichen rein ideellen Willensbestimmung, da nicht von der realen Ausführung abgesehen werden könne. Sie gehört zur vollständigen Moralität hinzu. Der Einzelne erwartet als reale Beziehung von Vorsatz und Erleben die Bestätigung des guten Willens. Kant setzt das an die Stelle der religiösen Formel vom Lohn des guten – die Institutionen sagen des rechten – Glaubens.

Gegen den Empirismus sagt Kant, er sehe die Verbindung von Gesinnung und Glück als eine analytische Beziehung logischer Identität. Dann sei aber der gegenständliche Erfolg die Ursache der Gesinnung. Der Primat des Sittengesetzes hebe sich auf. Die Spannung zwischen Vorsatz und Realisierung sei nur als synthetischer Satz a priori zu denken (V, 112 f.). Metaphysik und Empirismus fassen für Kant die Relation Gesinnung-Erfolg als analytische Identitätsbeziehung. Darum fallen wechselseitig gute Gesinnung und Realisierungserfahrung in transzendente Regionen. A. Fergusons (1724–1816) *Grundsätze der Moralphilosophie* (1769), schon 1772 von Garve übersetzt und mit Erläuterungen versehen, geben ein gutes Beispiel der zu Sach-Stücken von Wille und Glückserfahrung vulgarisierten Problematik. Ferguson bestimmt die Antriebe moralischen Verhaltens wohl im Kreis der sozialen Energien der Individuen. Aber es sind die psychophysischen Gesetze der Selbsterhaltung, das Streben nach Geselligkeit und Selbstschätzung. Daraus ergeben sich die moralischen Werte, die gesucht bzw. gemieden werden: »Leben und Tod, Vergnügen und Schmerz, Vollkommenheit und Fehler, Glückseligkeit und Elend« (Ferguson, *Grundsätze der Moralphilosophie*, Leipzig 1772, S. 126). Für das Kant-Verständnis hilft, die Anspruchslosigkeit der Theorien zu bemerken, die das große Wort führten. Von Ferguson ist eine einfache Identität des Subjekts gesetzt, indem der Mensch sich beim Handeln allemal auf diese Grundbestände seiner Antriebstruktur zurückbezieht. Wie nun, wenn die Handlungsintention verfehlt wird? Es ist ein Unglück für den Menschen, fährt Ferguson fort, für die Realisierung mehr als die Wahrscheinlichkeit im Horizont der individuellen Antriebe zu erwarten. Das Gelingen im Ganzen, die Einheit von ideeller und reeller Seite der Handlung, die auch Ferguson das »allgemeine Gut« nennt (Kants höchstes Gut), steht außerhalb des Subjekts. Wir sind willige oder unwillige Werkzeuge in der Hand Gottes (a. a. O., S 148). Der einfachen Identität des Subjekts entspricht die entfremdete Objektivität. Dagegen führt Kant die Synthesis a priori praktischer Vernunft, die als logisch immanenten Vereinigungspunkt die intelligible Einheit aller Individuen setzt. Die Einheit von Maxime und Realisierung erscheint als subjektimmanent notwendig, aber für die ideelle Realität aller Individuen in allen Zeiten. Der zeitgeschichtliche Realismus solcher theoretisch konsequenten Denkweise liegt auf der Hand. Getreu dem Wort, dass Tugend nicht im erlebten Glück, sondern in der Würdigkeit des Glücks bestehe, wird die Gewalt des Faktischen im zwiefachen Gesichtspunkt abgewiesen: Als der unvermittelte Anspruch auf gutes Leben und ebenso als die dogmatische Behauptung einer Zivilisationsstufe, das Sittengesetz endgültig verwirklicht, wie Nietzsche einmal sagte, das Glück erfunden zu haben. Als Lebenstypus steht bei Kant hinter dem Primat bewahrter Menschenwürde vor dem aristokratischen Lebensgenuss der einfache deutsche Bürger, der sich als moralische Person dem Patrizier und dem Aristokraten überlegen weiß.

Literatur

Albrecht, M.: Kants Antinomie der praktischen Vernunft, Hildesheim 1978. – Milz, B.: Der gesuchte Widerstreit. Die Antinomien in Kants KpV, 2002.

Postulate der praktischen Vernunft

Nach der Dialektik praktischer Vernunft folgen neun Anhänge, in denen Kant seine Lehre von den synthetischen Postulaten a priori der Vernunft ausführt. Die Postulate gehören zur Auflösung der Dialektik, also einer Selbstwidersprüchlichkeit der Vernunft, in die sie gerate ohne genaue Qualifikation der logischen Bedingungen von Aussagen über Unendliches (Unsterblichkeit, höchstes Gut, Gott). Die Popularphilosophie sei unfähig, die Dialektik aufzulösen,

ebenso die Ästhetisierung der Moral, eine bloße Variante der Genussethik, »so fein sie auch immer ausgeklügelt« werden mag (V, 116, 118). Die Argumentation Kants bleibt freilich eingeschränkt auf das von der sensualistischen Theorie vorgegebene Terrain: »Neigung ist blind und knechtisch, sie mag nun gutartig sein oder nicht« (V, 118). Weder individualistischer Utilitarismus noch konventionelle Normbeachtung (bloße Legalität oder »Kirchenglauben«) schaffen Übereinstimmung mit sich selbst. Kant prägt den Begriff einer »intellektuellen Zufriedenheit«, um die es gehe (V, 118). Im Gedanken des objektiven Sittengesetzes als eines Faktums der praktischen Vernunft a priori (ohne ontische Verklammerung mit dem »Sein«) befindet sich das Zentrum der Kantschen Umformung der europäischen Metaphysik, und darum hängt für das adäquate Verständnis der Kantschen Philosophie viel davon ab, auch das Problem von Postulaten der Vernunft a priori sachgerecht zu erfassen. Kant sagt: Innere Übereinstimmung mit sich selbst gewinnt der Mensch nur aus der geistigen Beziehung seines Willens auf ein unendliches und insofern überzeitliches Ganzes. Er muss die Endlichkeit seiner Willensentscheidungen unter dem Kriterium eines intelligiblen Absoluten denken. Das sind die Ideen der Unsterblichkeit der Seele und die Gottesidee. Er meint für die Seele als den Personkern nicht Nietzsches großen Willen, sich in aller Ewigkeit immer wieder gleich entscheiden zu wollen. Kant versteht darunter, dass der Wille des Einzelnen sich vor der Forderung einer geistigen Realität, innerhalb derer der Einzelwille steht, denken solle – und in verschiedenen, allemal auf Heteronomie führenden religiösen und metaphysischen Denkformen immer gedacht habe. Kant versteht die Unsterblichkeit der Seele und den Gottesbegriff nicht als transzendente Substanzen. Zu unserer Rationalität gehören über die theoretische Fähigkeit und das Erfordernis hinaus, »bloß Erscheinungen nach synthetischer Einheit [zu] buchstabieren« (III, 346), die Ideen vom Sinn unserer geistigen Freiheit im Ganzen und von einer letzten Sinn-Einheit der beiden streng geteilten Welten Reich der Natur und Reich der Freiheit (nicht der Gnade). Die *KpV* verfolgt das Ziel, diese beiden Sinnsphären als unserer Rationalität immanente synthetische Urteile a priori zu erweisen und sie so der metaphysischen Transzendenz wie lebensphilosophisch-romantischer Daseins- und Existenz-Analytik (die Kant in Jacobi/Hamanns Glaubensphilosophie vorlag) zu entziehen. Es sind logisch notwendige Rationalitätspostulate. Eine große – und nicht ohne institutionellen Zwang durchgesetzte – kulturelle Tradition soll in ihren immer mitgegangenen Möglichkeiten dem neuzeitlichen Spannungsverhältnis zwischen neuen und überkommenen kulturellen Mächten (Wissenschaften, persönliche Freiheit, diesseitiger Glücksanspruch – Religion, staatliche und kirchliche Ordnungsinstitutionen) zugeführt und dafür umgeformt werden. Kants Frage nach dem Sinn unserer Freiheit ist auch nicht mit derjenigen nach dem Sinn des Lebens oder unserer Existenz zu verwechseln, was man mit solchen klangvollen Namen auch verbinden mag. Kant sagt, dass der Mensch sich durch Freiheit vom Reich der Natur unterscheide. Das ist, sich nach ideellen moralischen Zielen zu bestimmen, die sich nicht im empirischen Gelingen und Wohlbefinden erschöpfen. Die Sinnfrage bezieht sich also auf die Möglichkeit (quaestio juris), d. i. auf den ideellen Gesamtrahmen, dass es gerechtfertigt sei, über das Gegebene und über begrenzte Zielstellungen hinauszudenken.

Unsterblichkeit, Gottesbegriff, höchstes Gut

Wie intelligible und empirisch erscheinende Welt übereinstimmen können, ist nur als »vermittelst eines intelligiblen Urhebers der Natur« bewirkt zu denken (V, 115). Die Verbindung sei nicht theoretisch naturwissenschaftlich oder spekulativ, sondern nur als notwendiges Postulat praktischer Rationalität darzustellen. Darin erweist sich der Primat der praktischen Rationalität vor der theoretischen (V, 119 ff., 134 ff.). Das Unsterblichkeitspostulat der geistigen Person ergibt sich aus der apriorischen Rationalität des Sittengesetzes. Die empirische Mannigfaltigkeit von Antrieben kann nur in unendlichem Prozess als mit der reinen logischen Form deckungsgleich gedacht werden. Das führt zum logischen Postulat – unabhängig vom gläubigen oder sentimentalen Wunsch – einer Verlängerung der intelligiblen Freiheit der Person ins Unendliche. Der Gedankengang, von den Ausmalungen heilvoller oder verdammter Ewigkeit ganz abgelöst, gehört also zum Kernbereich des logischen Apriorismus, denn bei naturalistischer Anthropologie erübrigt sich für Kant die Frage nach der Möglichkeit von Freiheit. Versuche, am transzendentalen Idealismus den Apriorismus zurückzusetzen, gleichwohl aber die Metaphysik des Person- und Gottesbegriffs für sich zu betonen, werden der Einheit der drei logischen Formen und deren Funktionen (Verstand, Urteilskraft, Vernunft) nicht gerecht. Der Auflösung der synthetischen Struktur des originären Kantianismus (wie auch der Geringschätzung der Kant-Interpretation des Marburger Neukantianismus) liegen u. a. auch die neuen Varianten der Wissenschaftsskepsis zugrunde.

Die Logik der Vernunftideen im Punkt der Postulate ist am besten vom Problem der mathematischen Präzision empirischer Fakten her zu fassen. So wie das empirisch Genaue niemals so genau bestimmt ist, dass es nicht unendlich genauer zu bestimmen wäre, wie N. v. Kues (1401–1464) sagte, so ist die Entsprechung von intelligibler und empirischer Sphäre der Freiheitsrealisierung nur asymptotisch zu denken. Kant erneuert den Versuch, logische und mathematische Präzision zur Idee eines vollkommenen Seins auszuziehen; nun aber nicht mehr ontologisch, so dass das konkrete geistig-sinnliche Subjekt mit dem Strebepunkt zugleich seinen Ruheort gewänne, sondern in der unablösbaren Energie des Willens zur Freiheit überempirischer Bestimmungsgründe, einer Energie, die reale Unendlichkeit sei. Die Postulatenlehre entspricht der Faustischen Lösung des unabweisbaren Problems vom vollendeten Augenblick »Verweile doch, du bist so schön«. Das Optimum besteht im Telos der unruh- und erwartungsvollen Tätigkeit selbst, nicht im banausischen Ruhebett Mephistos und nicht im Jenseits-Trost. Das Metaphysik-Element der Kantschen Theorie ist weder im ontologischen Sinn bewahrt noch anthropologisch aufgelöst. Kants Postulatenlehre argumentiert der religiösen Denkweise entgegengesetzt. Nicht die jenseitige Ordnung stellt gegenüber der diesseitigen die Moralität als realisiert dar. Die logisch notwendige Synthesis aller Handlungsmaximen mit allen empirisch zufälligen Resultaten ist bereits die innerweltliche Rechtfertigung und Versöhnung. Sie wird dann für die unmittelbare Vorstellung auch bildlich und dramatisch in der Glaubenshistorie dargestellt. Die Rekonstruktion von Gottes- und Unsterblichkeitsbegriff als von Postulaten praktischer Rationalität a priori besitzt einen geradezu umstürzend aktivierenden Sinn. Denn es ist allerdings auch ein sehr beruhigender Gedanke, dass Gott im Himmel sitzt und auch sein Sohn schon wieder zu ihm zurückgekehrt ist. Gott wird höchst lebendig gemacht als ein Postulat unserer Vernunft und also Teil von uns selbst. Das wird man nicht auf Instanzen und andere Stellvertreter wegdelegieren können, dass ich mit meiner Vernunft einen Teil der Verantwortung und der Macht Gottes in der Welt habe, und sonst ist's dem Teufel hingeworfen und nicht wert, am Morgen die Augen aufzuschlagen.

Der Gedanke des höchsten Gutes ist am besten von dem mit diesem Titel überschriebenen Abschnitt der Methodenlehre der *KrV* zu erfassen (III,

522–531). Der Abschnitt gehört zu den Rudimenten der ursprünglichen Überlegung, dass theoretische und moralisch-praktische Rationalität a priori in der ersten *Kritik* dargestellt seien. Kant bezeichnet Analytik und Dialektik des theoretischen Verstandesgebrauchs als Antwort auf die erste Frage: Was kann ich wissen (im Sinne auch von Grenzen des Wissens)? Die Teile zu den Ideen (III, 244–260) und zum Ideal der Vernunft (III, 383–392) bilden die Antwort auf die zweite Frage: Was soll ich tun? Bei Kants Antwort auf diese Frage bleibt offen, ob ich, wenn ich das Sittengesetz befolge und, wenn auch nicht erfolgreich und »glücklich«, so doch des Glückes würdig bin, ob ich dann »die Glückseligkeit in demselben Maße zu hoffen Ursache habe«, als ich mich ihrer würdig erwiesen hatte (III, 525). Es ist ein den Intellektualismus ergänzender Gedanke von großer Zartheit und Liebe zum erwartungsvollen Menschen. Aber es ist unübersehbar ein vom Primat der Antworten auf die ersten beiden Fragen abhängiger Punkt. Ein Glücksanspruch kann mit der guten Gesinnung nicht verbunden werden. Es höbe die Gesinnung auf. Aber eine zweite Ebene der Hoffnung kann nicht vom Menschen abgetrennt werden. Er müsste sonst einen heiligen Willen oder eine mystische Anschauung der Einheit von moralisch-intelligibler und empirisch-natürlicher Welt haben. Die Annahme einer solchen Einheit bildet ein notwendiges Postulat der praktischen Vernunft. Es ist die Idee des höchsten Gutes, dass »eine höchste Vernunft, die nach moralischen Gesetzen gebietet, zugleich als Ursache der Natur zum Grunde gelegt wird« (III, 526). Der Energie des seiner Postulat-Verantwortung bewussten Menschen wird das Vertrauen hinzugegeben, das im religiösen Bewusstsein als Gnade (gratia Dei) gedacht wurde und da als Geborgenheitsgefühl lange Tradition besitzt. So wie wir nach christlicher Lehre nur *hoffen* können, dass unser Tun für gut anerkannt werde, wenn wir im rechten Glauben handeln, weil wir das im Ganzen *nicht wissen* können, ebenso setzt Kant die moralische Qualität in die Innerlichkeit des intellektuellen Vorsatzes. Realisierungsmöglichkeiten und Lohn der Leistung stehen beim Vernunftpostulat unendlicher Einheit von Idee und Verwirklichung. Die transzendentallogische Umformung der Relation zwischen natura und gratia erhebt die Entfremdung zwischen Einzelwillen und neuzeitlich anonymem gesellschaftlichem Handlungsraum zum produktiven Stachel konstanter Gewissensentscheidung. Kant schließt die Hoffnung, den Vorraum aller Tätigkeit und angestammtes Reservat des Glaubens (spes reliqua nostra) nicht weg, sondern gibt ihr in

heiterem Ernst ihren Platz als unsere Erwartung des Gelingens, wie er schon in den frühen *Träumen eines Geistersehers* (1766) sagte, der Schrift, in der er von seiner Wesensart am meisten ausspricht: »Die Verstandeswage ist doch nicht ganz unparteiisch, und ein Arm derselben, der die Aufschrift führt: *Hoffnung der Zukunft*, hat einen mechanischen Vortheil […] Dieses ist die einzige Unrichtigkeit, die ich nicht wohl heben kann, und die ich in That auch niemals heben will« (II, 349 f.).

Die Postulatenlehre zeigt, dass Kant in der Hauptlinie der deutschen Aufklärung – und anders als die Aufklärung in Frankreich und als die Vormärz-Phase der deutschen Spätaufklärung mit deren Anschluss an die französische Tradition –, dass Kant also eine Vermittlung von systematischer Rationalität als der Basis des kulturellen Selbstverständnisses mit geistig und menschlich offener Religion für möglich und für angeraten ansah. Man kann darum von diesem Gedankenkreis Kants nicht als von einer Kompromissideologie sprechen. Es ist ein in der spezifischen Denkform der transzendentalen Logik theoretischer und praktischer Akte gefasster Synthesegedanke.

Die Bezüge der Kantschen Theorie praktischer Vernunft auf die christlich-metaphysische Tradition treten überall hervor. Das betrifft sowohl den Freiheitsbegriff als Bestimmung der inneren Gesinnung als auch den Gottesbegriff. Freiheit des Menschen ist dessen nicht-sinnliches Dasein. Als bloßes Sinnenwesen wäre der Mensch nur Sache. Er kann sich dazu machen oder nicht, z. B. als Ware unter Waren, und die Frage bleibt, ob er mehr Lust verspürt als die Dinge. Das 1. Konvolut des *Opus postumum* bringt in seiner Notizenform ausgezeichnete Zusammenfassungen. »Der Mensch in der Welt gehört mit zur Kentnis der Welt; aber der seiner Pflicht bewuste Mensch in der Welt ist nicht Phänomen sondern Noumenon u. ist nicht Sache sondern Person« (XXI, 61). Der Mensch steht als »ein sinnlich-practisches Wesen in der Welt«, er ist »Cosmotheoros der die Elemente der Welterkentnis a priori selbst schafft aus welchen er die Weltbeschauung als zugleich Weltbewohner zimmert in der Idee« (XXI, 31). Als sinnlich-praktisches Wesen steht der Mensch durch seine Handlungen – agere, facere, operari – in der Welt, vor sich die ungeheure Macht des Faktischen, das sich weigert, intellektualisiert zu werden. Dann entsteht das Problem: Wie kann der Mensch nicht nur den einzelnen Gegenstandsblock für geeignet, sondern das Ganze der Welt und seiner Handlungen in der Gewissheit von Einheit denken? Was nicht in der sinnlich-praktischen Erfahrung gegeben werden kann, ist das Maximum oder Ideal. Das Ideal der Einheit von uns als Weltbewohner (sinnlich-praktisch) und als Weltinhaber (ideell-praktisch) ist Gott. Interessant ist, wie Kant die Beziehung von gegenständlich-praktischer Entzweiung und ideeller Einheit fasst: »Es muß aber in diesem Verhältnisse ein Verbindungsmittel beyder zu einem absoluten Ganzen geben und das ist der Mensch der als Naturwesen, doch zugleich Persönlichkeit hat um das Sinnen Princip mit dem Übersinnlichen zu verknüpfen« (XXI, 31). Den transzendentallogischen Dualismus von Pflichtbewusstsein und »Neigungen« sieht Kant durchaus in der Tradition und darin vor allem als die rationale Auflösung der religiös gläubigen Unsicherheit im Dualismus zwischen dem Verhalten der sündigen Kreatur und deren Wissen um Gottes Gebote. Die Entzweiung ist der Stachel zur moralischen Entfaltung des Subjekts. Wüssten wir, sagt Kant in einer für sein Denken sehr charakteristischen Passage über die dem Menschen »weislich angemessene Proportion seiner Erkenntnißvermögen«, wüssten wir wie Gott oder von ihm erleuchtet um alle Gebote und alle Folgen unserer Entscheidungen, so »würden Gott und Ewigkeit mit ihrer furchtbaren Majestät uns unablässig vor Augen liegen« (V, 147).

Gesetzesübertretung wäre vermieden, aber die Moralität wäre gleichfalls aufgehoben. Sie entfaltet sich in der offenen Spannung zwischen Gesetz an sich und der konkreten Gesinnungsentscheidung. Einen Dogmatismus des Richtigen hält Kant als das Gegenteil seiner intellektualistischen Willensbestimmung ganz fern. Hätten wir Einsichten über das reine Faktum der Vernunft hinaus, so würden die gesetzmäßigen Handlungen wohl geschehen, aber nur »aus Furcht, nur wenige aus Hoffnung und gar keine aus Pflicht« (V, 147). Moral wird Schein, tatsächlich ein Mechanismus, gut gestikuliert wie im Marionettenspiel. Das Bild vom Marionettenmenschen im Mechanismus entfremdeter Sachgewalt der Institutionen und sozialer Prozesse, der Platz dieser Metapher im Pietismus und in der Fortsetzung im 19. Jh. (z. B. in H. v. Kleists Aufsatz *Über das Marionettentheater*, 1810), verdienten gesonderte Interpretation.

Literatur

Brugger, W.: I. Kant und das höchste Gut, in: ZphF 18 (1964), S. 50–61. – Silber, J. R.: Immanenz und Transzendenz des höchsten Gutes bei Kant, in: ZphF 18 (1964), S. 386–407. – Barnes, G. W.: In Defense of Kant's doctrine of the highest good, in: PhF 2 (1970/71), S. 446–458. – Düsing, K.: Das Problem des höchsten Gutes in Kants praktischer Philosophie, in: KS 62 (1971), S. 5–42. – Ders.: Die Rezeption der Kantischen Postulatenlehre in den frühen philosophischen Entwürfen Schellings und Hegels, in: HS Beiheft 9 (1973), S. 53–90.

Methodenlehre

Die Methodenlehre praktischer Vernunft soll zeigen, wie die transzendentale Moraltheorie dem empirischen Bewusstsein durch Einübung angewöhnt werden könne. Nicht an Aristoteles' Erfahrungswert realer gegenständlicher Handlungen ist gedacht, sondern an die moralische Reflexion über die Gesinnung, die den Willen führt. Solches Räsonieren der Urteilskraft, jedem Menschen angenehm, ist nicht auf die Handlung, sondern auf deren Gesinnung zu lenken und deckt »die innere Freiheit« auf (V, 161). Die Mode, mit Beispielsammlungen edler oder verruchter Taten »hochfliegende Anmaßungen« zu erregen, wird abgewiesen. Gesinnung erhält den zentralen Platz bei der Selbstbestimmung des Individuums in der bürgerlichen Gesellschaft; der einzige Raum, in dem der Einzelne Person sein kann. Die ganze Idee einer reinen praktischen Vernunft ist im Zusammenhang der Freiheits- und Gleichheitsprogrammatik Kants für eine Gesellschaft von Massen persönlich freier Individuen ohne ständische Bindungen gedacht, die den letzten festen Bezugspunkt in der Personalität des Gewissens (nicht in der Außensphäre der rechtlichen Regelung) finden können. Massenhafte Existenz gleicher Freier und Gewissenspersonalität des Einzelnen sind aufeinander bezogen. In solcher emanzipierten Gesellschaft ragt elementarische Unfreiheit in Gestalt der »Neigungen« ins Subjekt hinein. Den gefährdenden Zwang der Anonymität, der mit der persönlichen Freiheit aller erst richtig anhebt, wehrt »innere Selbstprüfung« als »einziger Wächter« ab (V, 161). Das pietistische Schuldelement im Selbstbezug, das ebenfalls diese Aspekte aufnahm, gewinnt Kraft aus dem Blick von unten auf eine Ungleichheit, die erst hinter der Legalität der Handlungen beginnt, und Kant vermochte einer Methodenlehre von Moralphilosophie auch sehr genauen Umriss zu zeichnen: »Man darf nur ein wenig nachsinnen, man wird immer eine Schuld finden, die er sich irgendwodurch in Ansehung des Menschengeschlechts aufgeladen hat (sollte es auch nur die sein, dass man durch die Ungleichheit der Menschen in der bürgerlichen Verfassung Vortheile genießt, um deren willen andere desto mehr entbehren müssen)« (V, 155).

Literatur

Bendavid, L.: Vorlesungen über die *KpV*, Wien 1796 (ND Brüssel 1974). – Krüger, G.: Philosophie und Moral in der Kantischen Ethik, Tübingen 1931. – Klausen, S.: Kants Ethik und ihre Kritiker, Oslo 1954. – Vialatoux, J.: La Morale de Kant, Paris ⁵1968. – Wolff, R. P.: The Autonomy of Reason. A Commentary on Kant's Groundwork of the Metaphysics of Morals, New York 1970. – Schulz, E. G.: Rehbergs Opposition gegen Kants Ethik, Köln u. Wien 1975. – Schwemmer, O./Bubner, R. (Hg.): Kants Ethik heute, Göttingen 1984 (NHPh 22). – Tugendhat, E.: Vorlesungen über Ethik, Frankfurt/M. 1993 [6. u. 7. Vorl.]. – Habermas, J.: Faktizität und Geltung, Frankfurt/M. 1996 [Recht und Moral, S. 541–599]. – Ders.: Moralbewußtsein und kommunikatives Handeln, Frankfurt/M. 1991. – Winter, A.: Der Gotteserweis aus praktischer Vernunft, in: Ders., Der andere Kant, Hildesheim u. a. 2000, S. 257–343. – Bielefeldt, H.: Kants Symbolik. Ein Schlüssel zur kritischen Freiheitsphilosophie, Freiburg/Br. 2001. – Höffe, O. (Hg.): I. Kant, *KpV*, Berlin 2002 [Verschiedene Autoren interpretieren das Werk]. – Bösch, M.: Globale Vernunft. Zum Kosmopolitismus der Kantschen Vernunftkritik, in: KS 99 (2007).

X Kritik der Urteilskraft (1790)

Über dem Gedankengang der dritten *Kritik* liegt ein stiller Zauber. Die erste *Kritik* konstituierte die Gesetze einer mechanischen Natur zur Einheit von Erfahrung. Die kategorische Willensmaxime der *KpV* bildete einen höchsten Zweck, der es nur dadurch war, dass er als Ideal der gelebten Wirklichkeit widersprach. Die *KU* legt unserem wahrnehmenden Weltsinn den Zweck wieder vor Augen. Im schönen Kunstwerk und in der Zweckmäßigkeit der organischen Natur erfahren wir Unendliches in irdischer Gestaltung. Hinter den diffizilen logischen Distinktionen dieses Werkes zur Neubestimmung der teleologischen Determination gegenüber deren langer ontologisch-theologischer Tradition leuchtet der Glanz dieser genussvoll wahrnehmenden und ästhetisch bildenden menschlichen Weltaneignung und Schöpfung einer kulturellen Welt. Hegel rühmte an der *KU*, dass sie Natur und Kunstschönes als »eine der Mitten erkannt« habe, die den Gegenatz des abstrakt in sich beruhenden Geistes und der nur äußerlich von diesem bestimmten Natur zur Einheit zurückgeführt habe. Das Besondere von »Sinn, Gefühl, Gemüth, Neigung« wird nicht »vom Freiheitsbegriff in seiner abstracten Allgemeinheit beherrscht«, so dass »der Gedanke seiner Feindschaft gegen die Natur nicht nur entsagt, sondern sich in ihr erheitert, und Empfindung, Lust und Genuß berechtigt und geheiligt sind«. Hier regiert nicht mehr unendliches Sollen, sondern sinnlich-gegenwärtiges Wahrnehmen, so dass wir selbst bei wachem Sinn wie unter unendlichen Aufgaben und deren zauberischer Auflösung wandeln (G. W. F. Hegel, *Vorlesungen über die Ästhetik*; *Werke*, Bd. 13, Frankfurt/M. 1981, S. 88). Tatsächlich schließt Kant eine Kluft, die sich zwischen den Geltungsweisen der Naturgesetze der mathematischen Naturwissenschaft und dem Vernunftideal des Sittengesetzes auftat. Er führt jetzt einen dritten Geltungstypus von Behauptungen und Aussagen ein, der das weite Feld von induktiven wissenschaftlichen Sätzen, von ästhetischen Beurteilungen und von Kommunikation im Horizont alltagspraktischer Kultur des Umgangs charakterisiert. In dieser *Kritik* kommt nicht nur eine andere Natur als die der *Metaphysischen Anfangsgründe* zu Wort. Es tritt auch der Mensch mit seinen ästhetischen und emotionalen Gaben in den konkreten Lebenskreisen ins Licht. Die dritte *Kritik* verschiebt die transzendentallogische Gliederung des Subjektbegriffs von der strengen Dichotomie theoretischer und praktischer Objektivation zur Synthese der geschiedenen Objektivationsebenen.

Ein Prinzip a priori des Geschmacks und der Wissenschaften von der organischen Natur. Logische Form zwischen theoretischen Verstandesbegriffen und praktischen Vernunftideen

Die Möglichkeit eines transzendentalen Apriorismus des ästhetischen Urteils war von der zweiten Auflage der *KrV* drei Jahre vor Erscheinen der *KU* noch ausdrücklich bestritten worden. Baumgarten habe »die kritische Beurteilung des Schönen unter Vernunftprinzipien zu bringen« versucht. »Allein diese Bemühung ist vergeblich. Denn gedachte Regeln sind ihren vornehmsten Quellen nach bloß empirisch und können also niemals zu bestimmten Gesetzen a priori dienen« (III, 50). Allerdings schreibt Kant gleich nach Abschluss der *KpV* im Sommer 1787, er könne den dritten Teil von Herders *Ideen* nicht rezensieren, »weil ich alsbald zur Grundlegung der Kritik des Geschmacks gehen muß« (an Schütz, 25.6.1787, X, 467). Kant fand zum Plan seiner dritten *Kritik* – wie zur gesonderten *KpV* nach der *Grundlegung* – im Zusammenhang der entstehenden Probleme des Übergangs von der Transzendentalphilosophie zum Metaphysik-System und von diesem weiter zu den Fachwissenschaften. Das weite Reich der Künste konnte nicht zur Metaphysik der Sitten gehören, wie die Wissenschaften von der organischen Natur nicht zur mathematisch-naturwissenschaftlich konzipierten Metaphysik der Natur. Sollten ganze Kontinente von Natur und Gesellschaft ohne logisches Formgesetz bleiben? Die dritte *Kritik* nimmt das Problem als die logische Thematik spezifischer Naturgesetze und konkreter situativer Verhaltensmaximen. Das setzt nach Kants Begründungsduktus der Philosophie eine andere Logik von Allgemeinem und Besonderem (des Begriffs, des Naturgesetzes, der Willensbestimmung) ein. Intelligible Form und materialer Stoff werden als in einer anderen Synthesis verbunden anerkannt. Es ist nicht die reine Synthesis der transzendentalen Deduktion der Kategorien und sind nicht die synthetischen Urteile a priori des Pflichtgesetzes und der Postulate von Gott und Unsterblichkeit. In Zweckmäßigkeit und Schönheit (die Ästhetik des Hässlichen wird noch nicht einbezogen) finden sich Form und Materie immer schon zu konkreter und vor allem zu einmaliger Gestalt verbunden. Nach den Gesetzen der Mechanik, heißt es in der dritten *Kritik*, habe sich die Natur auf tausendfach andere Art bilden können, als sie uns in den organischen Bildungen der Lebewesen vorliege (V, 360).

Kant wird die Entscheidung für einen dritten Teil der transzendentalphilosophischen Propädeutik nach der Niederschrift der zitierten Passage aus der zweiten Auflage der *KrV* (III, 50), die schon den Ton der gleichen Stelle in der ersten Auflage abmilderte (IV, 30) und der Mitteilung an Schütz vom Juni 1787 gefunden haben, also zwischen 1786 und dem Frühjahr 1787. An Reinhold fasst er im Dezember 1787 die Gliederung der Transzendentalphilosophie in drei *Kritiken* zusammen, wie es die Einleitung zur *KU* wiederholt, und nennt »eine andere Art von Prinzipien a priori«, die er für die Kritik des Geschmacks entdeckt habe, »ob ich es zwar sonst für unmöglich hielt, dergleichen zu finden«. Der systematische Ansatz, zu den drei »Gemütsvermögen« transzendentale Geltungstypen a priori zu finden, habe ihn zur Entdeckung der Bedingungen a priori des Geschmacksurteils geführt, eine Symmetrie, »welche zu bewundern und, wo möglich, zu ergründen, mir noch Stoff genug für den Überrest meines Lebens an die Hand geben wird«. Kant spricht als dankbarer Entdecker lange verschlossener Rätsel. Drei Teile der Philosophie erkenne er jetzt, deren jeder seine Prinzipien a priori habe, »die man abzählen und den Umfang der auf solche Art möglichen Erkenntnis sicher bestimmen kann – theoretische Philosophie, Teleologie und praktische Philosophie« (28.12.1787). Bereits die erste Ankündigung der Transzendentalphilosophie, noch als Schrift über »Die Grenzen der Sinnlichkeit und der Vernunft« (an Herz, 7.6.1771), hatte aber als selbstverständliche philosophische Systemteile nach der Propädeutik »Geschmackslehre, Metaphysik und Moral« genannt (X, 117; ebenso X, 124). Der Bereich der Ästhetik war Kant immer gegenwärtig gewesen. In den Anthropologie-Vorlesungen (ab 1772) hatte Kant ästhetische Themen aus dem Zusammenhang der psychologia empirica behandelt; ebenso in den Logik-Vorlesungen das Verhältnis von logischer, moralischer und ästhetischer Vollkommenheit. Unter den Reflexionen zur Logik finden sich eingehende Notizen zur Ästhetik, die E. Adickes im Vorwort seiner Edition angibt (XVI, VI). Die umfangreichen *Bemerkungen zu den Beobachtungen über das Gefühl des Schönen und Erhabenen* (XX, 3–192) zeigen mit ihrer engen Verbin-

dung zur psychologia empirica, dass Kant hier wohlvorbereitet war, beim Übergang zur kritischen Philosophie ein offenes Feld in Erinnerung zu behalten. Nach der transzendentallogischen Begründung aller Geltungsformen von Urteilen konnte das Kunsturteil, das im 18. Jh. Gegenstand einer eigenen philosophischen Disziplin geworden war, nicht der Ästhetik des Empirismus oder der Metaphysik überlassen bleiben. Wenn dieses große Feld allgemein interessierender Urteile außerhalb von Kants Analytik logischer Geltungstypen läge, so würde das entweder die von Kant immer bestrittene Fähigkeit des sensualistischen Subjektbegriffs, eine bestimmte Art hinreichend objektiver und allgemeingültiger Urteile zu tragen, auf einmal bestätigen oder es würde dem Anspruch der Künste widersprechen, am Selbstverständnis des aufklärerischen Jahrhunderts mit wesentlichen, allgemeines Bewusstsein prägenden Beiträgen teilzunehmen.

Der Übergang von der transzendentalen Analytik zur Metaphysik gestaltete sich in doppelter Hinsicht komplizierter als noch im langen Entstehensprozess der *KrV* gedacht. Das eine war die Verbindung der transzendentalen Grundlegung mit so auseinanderliegenden kulturellen Sinnwelten, wie es mathematische Naturwissenschaften, moralische und juridische Normen und schließlich Künste, religiöser Glauben und alltagspraktisches (einschließlich handwerklich-instrumentelles, politisches) Bewusstsein sind. Die spezifischen Metaphysik-Teile als systematisierende Grundlegungen unterschiedener Kulturfelder wirkten auf die transzendentallogischen Begründungen zurück. Sie erprobten deren Realisierbarkeit. Kants Lösung besteht in der Vervollständigung seiner Theorie logischer Geltung durch ein Apriori der Urteilskraft, so dass dann den drei »Seelen-« oder »Gemütsvermögen« Vorstellung, Gefühl von Lust und Unlust, Begehren die »oberen Erkenntnisvermögen« Verstand, Urteilskraft, Vernunft entsprechen.

Das andere Problem, das beim Übergang von der analytischen Theoriestufe der *Kritiken* zu deren synthetisierender Vermittlung mit den differenzierten Kulturfeldern eintrat, ergab sich aus der methodischen Verschiedenheit der Wissenschaften. Biologie, Chemie und andere induktive Disziplinen waren mit den Grundsätzen des Verstandes der ersten *Kritik* nicht zu erschöpfen. Diese waren auf die mathematischen Naturwissenschaften mit deren Trennung von Form und Stoff, der Auffassung der empirischen Daten als bloßen Mannigfaltigen bezogen. Das versagte vor dem Entwicklungsbegriff, vor dem biologischen Gestaltproblem, vor der Beziehung von Individualität und Konstanz der Arten. Um die Einbruchsstelle des Empirismus und der religiösen Teleologie zu verriegeln, musste Kant die Geltungsformen a priori so dehnen, dass sie auch ästhetische und naturwissenschaftlich beschreibende Urteile und Theorien einfassen konnten. Doch die dritte *Kritik* ist nicht Resultat einer Systemkonstruktion um jeden Preis, wie es Schopenhauer mit dem ihm eigenen Gemisch aus guten Beobachtungen und absprechender Manier gesagt hatte (Schopenhauer, *Die Welt als Wille und Vorstellung*, Bd. 1, Anhang: Kritik der Kantischen Philosophie, in: *Sämtl. Werke*, hg. v. A. Hübscher, Bd. 2., Leipzig 1938, S. 627–633). Kant ließ sich vom Problem führen und überschritt seine ursprüngliche Systematik. Er benutzte die intensive kritische Arbeit des mechanischen Determinismus am teleologischen Schema (Spinoza, Hobbes), löste es aber über Leibniz' Wiederherstellung der Teleologie hinaus aus den überkommenen Bezügen heraus. Er überführte es auf sein Problem der Geltungsstrukturen a priori und verband es mit einer gegenüber der ersten *Kritik* veränderten Theorie der Urteilskraft. So ließ sich die kühne, für das logische Prinzip Kants allerdings völlig konsequente, Verbindung von organischer Zentraldetermination und Kunst-Urteil unter einer transzendentallogischen Geltungsweise der Urteilskraft erreichen, die gestaltbildende Zweckmäßigkeit außer uns als Natur und durch uns als Kunstwerk erkennt. Die *KU* könnte auf eine Arbeitsrichtung Kants zum *Op. p.* hinweisen, ohne spätere Eindrücke von Schellings Naturphilosophie möglich erscheinen lassen.

Die ästhetischen Reflexionen (bes. XVI, 99–166, 333–340), die Kants Logik-Vorlesung nach G. F. Meiers *Auszug aus der Vernunftlehre* (1752) folgen, zeigen, wie Kant seinen Geschmacksbegriff aus der metaphysischen und der sensualistischen Ästhetik gelöst hat. Die Hauptpunkte beider Strömungen sind in den Notizen gut zu erkennen, so dass die Reflexionen gleichsam einen historischen Kommentar in Fragmenten zum Ästhetik-Teil der *KU* darstellen. Die Anthropologie-Vorlesung (nach Baumgartens *Psychologia empirica* in dessen *Metaphysica*, ⁴1757) behandelt den weiten empirischen Bereich der Erkenntnis- und Gedächtnisvorgänge, der Lust-Unlust-Gefühle und der natürlichen Handlungs- und Verhaltensantriebe, des sog. Begehrungsvermögens. Es ist, wie die Dreiteilung zeigt, der anthropologische Unterbau sog. Gemütsvermögen zu den drei logischen Geltungstypen der *Kritiken*. In den Skizzen finden sich Hauptpunkte der Kantschen Ästhetik umrissen: Vor allem die Entfaltung der ästhetischen

Thematik von der sensualistisch-psychologischen Ebene der Lust- und Unlustgefühle her (Burkes pleasure, delight / displeasure, pain) zum Problem des Geschmacks. Geschmack ist bereits eine vorlogische Synthesis von Wahrnehmungen. »Der Geschmak kan nur durch Vergleichung vieler Urteile der Sinne entstehen« (Refl. 1871, XVI, 144). Von den Reflexionen zur Anthropologie gehören vor allem die Stücke Nr. 618–996, XV, 1, 265–309 zur Ästhetik, deren Datierung E. Adickes von etwa 1769 bis in die späten 90er Jahre setzt. Die Reflexionen zur Anthropologie versammeln die Hauptpunkte der dann systematisierenden *KU*. »Wenn eine Lust wozu vorausgesetzt wird: was gefällt alsdenn allgemein?« (Refl. 542). »Lust an der bloßen Vorstellung eines Gegenstandes ist Wohlgefallen. An der Existenz des Gegenstandes ist Interesse« (Refl. 550). Die Reflexionen zeigen den analytischen Stil des Kantschen Denkens und im Reichtum der zwanglosen Beobachtungen und Urteile Kants immense gedankliche Materialbasis.

Der Sensualismus trug zur Entwicklung der Ästhetik sehr wesentlich bei. Das ergab sich aus dessen Konzentration auf die vorlogischen Bewusstseinsvorgänge, auch auf die Psychologie des künstlerischen Schaffens. Kant war mit der sensualistischen Ästhetik F. Hutchesons (1694–1747) und J. G. Sulzers (1720–1779) vertraut. Hutcheson verband den Sensualismus mit Shaftesburys ästhetischem Pantheismus. Von Shaftesbury übernahm Hutcheson die Auffassung der ästhetischen Anschauung als »interesseloses inneres Gefühl« (»desinteresdness« bei Shaftesbury). Die naturalistisch-psychologische Auffassung der emotionalen und ästhetischen Leistungen ließ die sensualistische Ästhetik auch vorangehen bei der Verbindung von Ästhetik und Naturbegriff. Die Fähigkeit zur Kunstproduktion entsteht aus der gestaltbildenden Produktivität der Natur. Hier ist Kants Verbindung von ästhetischer und teleologischer Urteilskraft vorgebildet. Das Wort von der »Kunst der Natur«, das auch Sulzer gebrauchte, erhielt durch die botanischen und zoologischen Disziplinen neue Kraft. J. F. Blumenbach (Anatom und Physiologe, 1752–1840) nannte den organischen Bildungstrieb die »Kunst der Natur« (*Über den Bildungstrieb und das Zeugungsgeschäft*, 1781). Die Verselbständigung der Künste und der Literatur gegenüber der Gefühlshaftigkeit des Menschen schlechthin und gegenüber dem traditionsstarken Bereich der religiösen Empfindung war ein treibendes Element bei der Entwicklung der Ästhetik als eigenständiger Disziplin. Kant konzentriert die ästhetische Problematik auf die logische Form des ästhetischen Urteils, da mit ihr der wesentliche Punkt verbunden ist, wie das individuelle ästhetische Erlebnis gesellschaftlich mitteilbar und kulturelle Erfahrung werden kann. Die rezeptive Orientierung der Kantschen Ästhetik bringt den Wert literarischer Öffentlichkeit im »Zeitalter der Kritik« zum Ausdruck, wie sich das 18. Jh. auch bezeichnete. »Kritik« hier im einfachen Sinne der literarischen Mitteilung und kritischen Erörterung von Texten, Kunstwerken und Entdeckungen. Öffentliche Besprechung und Kritik lässt die Werke und Leistungen zu gesellschaftlicher Erfahrung werden. Dieser kulturelle Gestus trägt Kants Konzentration auf eine Logik der ästhetischen Urteilsfähigkeit.

Literatur

Strube, W.: ›Interesselosigkeit‹. Zur Geschichte eines Grundbegriffs der Ästhetik, in: ABG 23 (1979), S. 148–174. – Vossenkuhl, W.: Einzeldinge verstehen. Über Subjektivität und Intentionalität der Urteilskraft, in: Schönrich, G./ Kato, Y. (Hg.): Kant in der Diskussion der Moderne, 1996 [eindringende Studie zur Urteilskraft als dem logischen Typus, Einzeldinge zu verstehen und die sich fortpflanzende Kraft (einer Selbstorganisation der Materie) im Naturzweck; »entfernte Analogie« zum Arbeitsprozess und zum Kunstwerk].

Problem und Systemfunktion einer Kritik der Urteilskraft

Die Urteilskraft rückte als logische Funktion von hinreichender Allgemeingültigkeit für die Gestaltwahrnehmung eng und ohne Mittelstellung einer Metaphysik der Künste und der organischen Natur an die diskursiven Verständigungsakte heran. Zwischen dem Sittengesetz a priori der reinen praktischen Vernunft und dem sensus communis der Urteilskraft besteht ein beträchtlicher Abstand der Geltungsintention. Die enorme Spannung ist real im Menschen und insbesondere im persönlich freien Individuum der bürgerlich-rechtlichen Zivilisation. Kant setzt seine Kunst der Problemabschichtung ein, an individuell fließenden Bereichen wie dem ästhetischen Geschmack und dem situativ und emotional partikularen Urteil die Bindung an eine logische Form a priori unterhalb von Beweis und demonstrativem Postulat aufzuweisen. Das eigentliche logische Kriterium solcher die Naturbildungen beobachtender, die Kunstbeurteilungen ansinnender Aussagen und Theorien ist nicht die diskursive, an die Sprache gebundene Leistung des Denkens, wenn Kant auch in der Logik-Vorlesung sagte: »Der Verstand des

Menschen ist schon aus Instinct communicatio« (Logik Blomberg; XXIV, 179). Die logische Möglichkeit der Urteilskraft beruht auf der Logik der Zweckform. Diese logische Struktur tritt zu den Kategorien und Verstandesgrundsätzen (Kausalität, Notwendigkeit usf.) und zur ideellen Einheit der Menschheit als der Basis des kategorischen Imperativs hinzu. Über diese weit ausladende ideelle Projektionsfläche der Zweckmäßigkeit in Wahrnehmungen, Wiedererkenntnis, analogisierenden Deutungen erfolgen Verständigungen, die dann gar nicht Beweis oder demonstrables Postulat sein können. Die Logik des Analogieschlusses tritt jetzt ein, ein weites Feld kultureller Kommunikation, das bisher ausgeklammert geblieben war. Der Geltungsform der ästhetischen Urteilskraft liegt die Wahrnehmung der zweckmäßig gebildeten Form zugrunde, bzw. die Ablehnung des Ungestalteten. Dann treten Fähigkeit und Wunsch des artikulierten Austauschs ein oder wie die Logik-Vorlesung sagt: »Die Vorsehung hat es aber gelenkt, daß wir unsere Urtheile der allgemeinen Menschenvernunft vortragen, und hat dazu den Trieb in uns gelegt« (Wiener Logik; XXIV, 874). Mit der Urteilskraft als eigenem Typus kommunikativer Geltung von Behauptungen geht die *KU* über den sensualistischen physiologischen und psychologischen Kriterien-Kanon ästhetischen Vergnügens, der auch Reste der barocken Ästhetik mitführte (der lustvolle Schrecken, Erleichterung durchs Tränenwerk), ebenso hinaus wie über die antike Lehre Horaz' vom doppelten Zweck der Dichtung im delectare (vergnügen) und prodesse (nützen). Die eigenständige Logik einer Urteilskraft gemäß der Zweckform legt den Akzent nicht aufs Wohlgefallen, sondern durch Einklammerung des literarischen oder bildnerischen Objekts auf den stellungnehmenden Akt. In diesem Akt, das ist die außerordentliche Pointe des Kantschen Gedankens, wird das natürliche oder künstlerische Gebilde erst zum ästhetischen Gegenstand. Das ist auch die Ursache dafür, dass Kant seine Ästhetik ganz auf die Rezeption konzentriert und die Kunstschöpfung zurückstellt. Im stellungnehmenden Akt steckt das distanzierende Element, in dem ein Objekt als ästhetische Form ausgedrückt wird. In der schöpferischen Rolle der Urteilskraft in der dritten *Kritik* (gegenüber der nur vermittelnden Funktion in der *KrV*), die in dem zitierten communicatio-Gedanken gut bezeichnet wird, sitzt der Anschlusspunkt für eine kommunikationstheoretisch zu interpetierende und umzubildende transzendentale Logik.

Im weiteren Zusammenhang behandelt die dritte *Kritik* im sog. Geschmacksurteil die Kunst als Teil kultivierter gesellschaftlicher Lebensführung. Das ist aus der lat. Quelle sapere (genießen, Einsicht haben; sapor: Geschmack, feine Redeweise) über die fünf Sinne hinaus auch weit unterhalb der Formgesetze ästhetischer Schöpfungen der bereichernde Gehalt in Benehmen und Redeweise. Literatur und schöne Künste sind Ausdruck des Wohlgefallens an der Darstellung aller Elemente gesellschaftlicher Lebensweise, der Gefühle, Charaktere, der Schicksale, der hohen oder schmählichen Ideen, einschließlich der ästhetischen Integration der Natur in Symbole kultureller Bedeutung. Zart dem exotischen Gestus der frühen Völkerkunde folgend und mit dem naiven Scharfsinn, der zu Kants geistigem Naturell gehörte, wird ein historischer Gesichtspunkt mitgeführt. In einfachen Gesellschaften fand man Blumen, Muscheln, farbige Vogelfedern schön. Jetzt werden Empfindungen nur so viel wert gehalten, als sie sich allgemein mitteilen lassen (V, 297). Die logische Prägeform des Kunsturteils löst den Kunstgenuss aus dem Salon heraus und übereignet ihn der Bürgerstube. Kant geht mit der antiaristokratischen Wendung der empiristischen Ästhetik für die middleclass mit. Zugrunde liegt die Bewegung von Literatur und Künsten im 18. Jh. hin zu den Schicksalen, die der bürgerliche Alltag bereitet. Die bürgerlichen Romane Swifts (1667–1745), Fieldings (1707–1754) bilden Muster der aufklärerischen Ästhetik. Szenen des privaten Lebens und der bäuerlichen und städtischen Arbeit waren bei den niederländischen Malern zuvor schon Thema repräsentierender Typisierung geworden. Die allgemein werdende Buchillustration, die eigenständige Hausmusik neben der Kirche als musikalischem Ort für die bürgerliche Familie gehen der Kantschen Ästhetik voraus, die diese Epoche neuzeitlicher Kunstentwicklung nach Renaissance und Barock zusammenfasst, indem sie ihr ein logisches Formgesetz allgemeiner gesellschaftlicher Geltungsweise zuerkennt.

Die Ausformung einer logischen Formgesetzlichkeit a priori in der ästhetischen Urteilskraft hat nicht Präromantik oder Frühhegelianismus vorgebildet, sondern besiegelt die Freisetzung bürgerlicher Öffentlichkeit in einem Formenkanon menschlicher Zwecksetzung. Die Formierung nach gesellschaftlich gesetzten und also geschichtlich veränderlichen Zwecken, die das tätige Subjekt vorher weiß, zeichnet die menschliche Arbeit aus. Kant geht durch die Konzentration der Logik der Urteilskraft auf die Zweck-Problematik weit voran zur Analyse der logischen Keimzelle der spezifisch menschlichen Lebenstätigkeit. Vorherrschend ist bei Kant die allgemeine idealistische Fassung des Problems durch den Vernunftcharakter des Menschen, oder wie die Anthropologie sagt: »Daß der Mensch in seiner Vorstellung das Ich haben kann, erhebt ihn über alle andere auf Erden lebenden Wesen. Dadurch ist er eine Person und vermöge der Einheit des Bewußtseins bei allen Veränderungen« usf. (VII, 127). Die Teleologie des Hervorbringens enthält eine viel entwickeltere Fragestellung mit Öffnungen des ideellen Moments zum gesellschaftlich kommunikativen und selbst kooperativen Gehalt der spezifisch gesellschaftlichen Lebensäußerung. Die Betonung der Kategorie des Zweckes, die von Kant auch als Naturteleologie wie als Teleologie des zivilisatorischen Prozesses herangezogen wird, enthält in der Bündelung durch die Logik der Urteilskraft mehr als die formelle Thematik Kants, das mitteilbare Wohlgefallen am schönen Kunstwerk. Dahinter steht der Zweck als Kategorie der Verwirklichung überhaupt, sowohl der Lebensführung der Person als auch aller einzelnen gegenständlichen Akte.

Mit der logischen Besiegelung der bürgerlichen Normalität des Kunstverständnisses ist der temperierende Zug der Kantschen Ästhetik verbunden. Logisch typisiert wird der Anspruch des Privatmanns auf freies Urteil über die Inhalte seines Wohlgefallens, die außerhalb seiner notwendigen Kenntnisse und seiner Moralverpflichtungen stehen und die er als Ausdruck seiner schätzbaren Persönlichkeit zur allgemeinen geistigen Bereicherung mitteilen kann. Das aufzulösende Rätsel an den Künsten ist, wie Urteile allgemein gelten können, die doch vergleichsweise unreflektiert erfolgen und von sehr persönlichen Eindrücken handeln. Nicht Enthusiasmus für die Symbole der Möglichkeiten des Menschen, die Literatur und Künste geschaffen haben, geht durch diese Ästhetik und Kunstanschauung, da Kant in Moral und Weltbürgerrecht doch nicht Pathos sparte. Nicht Winckelmanns, Goethes Gedanke klingt auf von den Taten und den unendlichen Duldungen des menschlichen Geschlechts, nicht einmal der drängende, den Menschen in die Entscheidung stellende Geist von Schillers *Don Karlos* ist zu vernehmen, des deutschen antiabsolutistischen Dramas, das sich an Kants Moralphilosophie wie dramatisiertes Textbuch hält. Es geht um die logische Möglichkeit des ästhetischen Diskurses und um ein anschauendes, nichtmathematisches Naturverstehen. Der Selbstverlass des urteilsfähigen Bürgers regiert, mit Blick in den Spiegel unserer privaten Kultur, und der englische Empirismus hat hier doch auch sein Werk getan. Die Verbindung des ästhetischen Urteils

mit dem an sich disparaten sog. Gefühl der Lust und
der Unlust, das die frühen *Beobachtungen* nach der
englischen Ästhetik zeichneten, geht als psychologische Naturanlage zum Kunsturteil, das jedermann
zusteht, in der Logik des verständigen Geschmacks
mit. Auch Kants Ästhetik hat diesen Preis für die
Auftrennung der Bindung von Schönheit an den Begriff der transzendenten Vollkommenheit entrichtet.
Sturm und Drang werden dabei ebenso ignoriert als
gäbe es sie nicht, wie die kultischen Gehalte transzendent oder herrschaftlich ausgerichteter Ästhetik.

Die ästhetische Schöpfung war bei Platon methodisches Paradigma für die frühe Analyse des Arbeits-
prozesses, und mit diesem realistischen Gehalt regiert das Zweckprinzip die ganze Idealität des Wirk-
lichkeitsbegriffes. Allerdings hat Kant gegenüber Platon Schwierigkeiten der Analyse der Zwecktätigkeit
zu überwinden, die sich aus der spezifisch bürgerlichen Versachlichung des Arbeitsverhältnisses ergeben. Die Keimzelle aller teleologischen Setzung, die
der sozial kooperierende Arbeitsakt darstellt, gibt
sich nicht mehr wie unter den unentwickelten antiken Voraussetzungen direkt zu erkennen. Als gesellschaftlich anerkannter Akt erscheint die Zwecktätigkeit im Primat des wertbildenden Charakters der Arbeit. Das Wertverhältnis aber ist eine Relation vom
Typus der mechanischen Kausalität. Außerdem hatte
die ästhetische Produktion mit der Abstreifung des
mythologischen und unmittelbar gemeinschaftsbildenden und sozial repräsentativen Charakters die Fähigkeit verloren, als Muster menschlicher teleologischer Setzung und gleichsam als Repräsentant allgemeiner Arbeit zu dienen. Im Gegenteil. Sie geriet mit
dem kulturellen Selbstverständnis der middle-class
in den Zwiespalt von genialischer Irrationalität und
pädagogisch Beispiel setzender Korrektheit. Die Ironie als vorwiegendes Darstellungsmittel der englischen Literatur des 18. Jhs. bildete die gezähmte Gestalt der elementarischen kritischen und entwerfen-
den Kräfte der ästhetischen Produktivität. Die Radikalität ästhetischer Programmatik schmolz sogar auf
die individualpsychische Basis der Lust- und Unlustgefühle zusammen. Kants Ästhetik des Geschmacksurteils holte die Problematik aus dieser Versenkung
herauf, ohne sie wieder bis auf die transzendente Ontologie des Schönen zurückzuheben. In Kants Frage
nach der logischen Möglichkeit der rationalen Kommunikation über fertige Resultate ästhetischer Produktion fand sich der gesellschaftliche Charakter von
Literatur und Künsten ausgesprochen, genau auf der
mittleren Linie zwischen irrationaler Genialität und
pädagogischer Dienstbarkeit. In der erklärten Kom-

munizierbarkeit der ästhetischen Produkte ist zugleich ausgesprochen, dass sich der Gehalt der Kunstwerke in deren Rezeptivität realisiert. Nur hat sich
das Verhältnis jetzt gegenüber der platonischen Ästhetisierung des Handlungs- und Wirklichkeitsbe-
griffs umgekehrt. Nicht die Teleologie der ästhetischen Schöpfung trägt den allgemeinen teleologischen Charakter des Arbeitsaktes und des kulturellen
Sinnverständnisses, sondern die ästhetische Zwecksetzung wird einem generellen Zweckverständnis der
Naturprodukte gleichgestellt. Die Verbindung von
Kunst- und Naturzweck war nicht um der Systematisierung willen ersonnen worden. Sie lag in Shaftesburys Ästhetik vollkommen durchgebildet vor, und
sie war fast bis zur Unvermeidlichkeit naheliegend,
um der Kunstproduktion eine reale Zwecksetzung
beizugesellen, die nicht metaphysisches Sein und
nicht psychische Lust-Unlust-Reaktion ist. Kant legt
mit der logischen Parallelisierung von ästhetischer
und naturwissenschaftlich-teleologischer Urteilskraft die Verbindungsschiene von der ideellen zur realen Zweckmäßigkeit. Goethe wußte sich bei Kants
Philosophie vor allem von der *Kritik der Urteilskraft*
angesprochen, und es war natürlich die anticarte-
sianische Synthese von bewußter und unbewuß-
ter zwecktätiger Kraft: Kunstschöpfung und Na-
turbildung, die er allerdings im nicht-kantschen on-
tologisch-pantheistischen Sinne als Parallelisierung
zweier in sich selbst determinierter »unendlicher
Welten« hervorhob. (*Einwirkung der neueren Philosophie*, Goethes Werke, Hamburger Ausgabe, Bd. 14,
München 1981, S. 27 f.) Hegels erste umfassende
Analyse der allgemeinen logischen Form des Arbeitsaktes im *System der Sittlichkeit* (1803) behält die
organologische Parallele noch bei, um die elementare, aber eben spezielle menschliche teleologische
Setzung des Arbeitaktes am generellen Gesetz von
Zweckmäßigkeit und Zweckläufigkeit zu befestigen.

Die Verbindung von ästhetischer und teleologischer Urteilskraft wurde von Schelling in produktiver Kühnheit missverstanden. Kant hielt die Parallele streng in der ideellen Einheit fest, die von der
Sinnhaftigkeit der Verständigungskriterien konstituiert wird. Wird die transzendentale Fassung der
Realität im kommunikativen Medium der Logik abgestreift, so produziert die Zweckform als gleiche in
der belebten Natur außer uns und ebenso in uns mit
dem, was als Kunstwerk zu Tage kommt. Naturtrieb
und Kunstschöpfung vereinigen sich zur Symbolik
objektiver Geistdynamik. Bei Kant streift die ästhetische Produktivität als symbolisierende nur daran.
Freilich muss auch der Kantschen Logik ästhetischer

Urteile in der Kunst-Rezeption die Kunst-Schöpfung vorausliegen. Diese verläuft bei Kant nicht über Reflexion, da er Kunst-Produktion nicht als gesellschaftlichen und geschichtlichen Prozess und eigentlich überhaupt nicht analysiert. So ergibt sich bei ihm der Anknüpfungspunkt für Schelling, dass die Kunst-Produktion ebenfalls die unbewusste Zweckläufigkeit ist, die Kant auch für das Verständnis organischer Naturproduktion als logisches Regulativ einsetzte. Der mit künstlerischem Ingenium analogisierende junge Schelling bildete daraus den neuen Pantheismus, Natur sei unbewusster Geist, Geist die bewusst gewordene Natur.

Das ist natürlich nicht Kants Gedanke. Ihm geht es nicht um die Natur im ontischen Sinne und streng genommen zunächst auch nicht um das Kunstwerk. Das Thema der dritten *Kritik* ist die logische Möglichkeit der annähernd allgemeingültigen Urteile und Theorien über Kunstwerke und über die organische Natur. Es geht um die Spezifik solcher nur möglichen, also partiell bedingten Allgemeingültigkeit. Kants Problem sind die Verstehens- und noch mehr die aktualen Verständigungsbedingungen über Kunstwerke als einer über dem Gegenständlich-Praktischen liegenden kulturellen Realität, die nicht juridischen und moralischen Gebots- und Verbotscharakter besitzt. Es sind außerdem die spezifischen Theoriebedingungen über die nicht von der mathematischen Naturwissenschaft erfasste organische Natur. Hier galt im unmittelbaren Sinne ein induktiv offener und immer tendenzieller Theoriebegriff, so wie es bei den Kunsturteilen keinen zwingenden Beweis geben kann. Die *KU* nimmt die Entwicklung der beobachtenden, sammelnden, klassifizierenden Naturwissenschaften seit dem 17. Jh. auf, die der Menschheit anderen Horizont des Naturverständnisses öffneten als die mathematischen Naturwissenschaften. Geographische Bildungen, Pflanzen- und Tierformen wurden in komplexer und insofern ästhetischer Gestaltung erfasst. Die Unendlichkeit eröffnete sich in diesen Wissenschaften nicht als Präzision, sondern als Vielfalt der beschreibenden Klassifikation, vor der die abstrahierende Formalisierung versagte. Hier setzten hoch-artifizielle geistige Spezialisierungen ein, wie es W. Lepenies für Methodologie und psycho-sozialen Charakter der empirischen Natur- und Sozialwissenschaften am Ende des 18. Jhs. gezeigt hat (W. Lepenies, *Das Ende der Naturgeschichte*, 1976; *Autoren und Wissenschaftler im 18. Jh.*, 1988). Dem dritten und letzten Teil der transzendentalen Propädeutik folgt auch keine Metaphysik nach. Eigentümlich ist der dritten *Kritik* ein durchgehender Frageton.

Wie ist so etwas möglich wie die zweckmäßigen Bildungen in der Natur, die ein absichtsvolles Prinzip anmuten, da wir doch wissen, dass Naturprozesse kausal und immanent zu erklären sind? Die Bildungen der organischen Natur sehen aber aus und funktionieren, als wären sie Resultat von Praxisdetermination. Der Frage-Duktus ist mit Kants diffiziler Rekonstruktion der Naturteleologie verbunden. Er führt sie auf den rationalen Kern aller religiösen, natur- und geschichtsphilosophischen Teleologie zurück, auf das ideelle Moment praktischer Setzung, das in der hoch formalisierten Weise der Verständigungsakte über kulturelle Sinngebilde ausgesprochen wird.

Die Urteilskraft als Mittelglied zwischen Wissensdetermination und Handlungsmaximen enthält viel von der schöpferischen Ursprünglichkeit des alltagspraktischen Bewusstseins. Kant bestimmt die gesellschaftliche Sphäre, die logisch von der Urteilskraft repräsentiert wird, als Bewegung zwischen individueller Freiheit im Spiel der Einbildungskraft und »Vermögen der *gesellschaftlichen* Beurtheilung äußerer Gegenstände«, »denn die Socialität mit andern Menschen setzt Freiheit voraus«. Diese Freiheit im Spiel der Einbildungskraft und des Austauschs darüber ist die »Lust« an ästhetischen Gegenständen; ein großer Unterschied zum Reiz durch Sensation, Schrecken oder Voyeurismus, der immer egoistisch und den Austausch blockierend wirkt. »Geschmack ist das Vermögen der ästhetischen Urtheilskraft, allgemeingültig zu wählen«, sagt die *Anthropologie* (VII, 241). Der Geschmack als die Übereinstimmung des Vergnügens am Gegenstand mit dem Gefühl jedes anderen zeigt eine Tendenz »zur äußeren Beförderung der Moralität«, »man könnte den Geschmack Moralität in der äußeren Erscheinung nennen« (VII, 244). Hier wird die Unendlichkeit des Zwischenreichs neben Wissenschaften und unbedingten Handlungsmaximen sichtbar. Die dritte *Kritik* führt die transzendentale Logik wieder dem gegebenen aufklärerischen Selbstverständnis des 18. Jhs. zu.

Literatur

Baeumler, A.: Kants *KU*, Bd. 1, Das Irrationalitätsproblem in der Ästhetik und Logik des 18. Jhs., 1923, ND Darmstadt 1975 [viel genanntes, zusammenfassendes Buch, das jedoch die theoretische Problematik verzeichnet, indem neben Kants Verstandes- und Vernunftsphären die übergreifende Irrationalität des »Lebens« bleibe]. – Marc-Wogau, K.: Vier Studien zu Kants *KU*, Uppsala ²1938. – Cassirer, H. W.: A Commentary on Kant's *Critique of Judgment* (1938), New York ²1970. – Menzer, P.:

Kants Ästhetik in ihrer Entwicklung, Berlin 1952. – Bartuschat, W.: Zum systematischen Ort von Kants *KU*, Frankfurt/M. 1972. – Kulenkampff, J. (Hg.): Materialien zu Kants *KU*, Frankfurt/M. 1974. – Cohen, T./Guyer, P. (Hg.): Essays on Kant's Aesthetics, Chicago u. London 1982. – Jauß, H. R.: Ästhetische Erfahrung und literarische Hermeneutik, Frankfurt/M. ⁴1984. – Makkreel, R. A.: Imagination and Interpretation in Kant. The Hermeneutical Import of the *Critique of Judgment*, Chicago u. London 1990. – Frank, M./Zanetti, V. (Hg): I. Kant. Schriften zur Ästhetik und Naturphilosophie, Frankfurt/M. 1996 [hier mit der *KU* andere ästhetische und naturphilosophische Texte Kants im Zusammenhang der Teleologie-Thematik, dazu Apparat und Interpretation; Rez. v. G. Böhme in: KS 90 (1999), S. 243–248]. – Dürbeck, G.: Einbildungskraft. Perspektiven der Philosophie, Anthropologie und Ästhetik um 1750, Tübingen 1998. – Böhme, G.: Kants *KU* in neuer Sicht, Frankfurt/M. 1999. – Hiltscher, R.: Die Vollendung der Transzendentalphilosophie in Kants Kritik der Urteilskraft, 2006.

Vorrede und Einleitung

Die Kategorie der Vermittlung

Vorrede und Einleitung behandeln im Unterschied zu den parallelen Texten der anderen beiden *Kritiken* die innere Systematik der Transzendentalphilosophie, nicht mehr Begründungen für die transzendentallogische Untersuchung unterschiedener Objektivationen. Es geht um die erreichte vollständige Systematik der Transzendentalphilosophie und um die Entsprechung von deren Teilen mit den, wie es inadäquat heißt,»Vermögen der menschlichen Seele« (V, 10, 177). Tatsächlich waren jetzt aus den Subjektvermögen drei unterschiedene logische Geltungsweisen argumentativer Verständigungen geworden, die zur Begründung und zur Analyse der sich verselbstständigenden kulturellen Sphären der modernen Zivilisation dienten. Damit war ein universelles Instrumentarium für eine autonome Theorie der Kultur geschaffen, die nicht anthropologisch von Vermögen im Subjekt, sondern von Konstitutionstypen logischer Geltungen ausging.

Nach dem demonstrativen Vollständigkeitsanspruch, der das unbedingte Systemgebot in Kants Philosophieverständnis zu erkennen gibt (Teile I, II der Einleitung), werden die Eigentümlichkeit der Urteilskraft (Teile IV, V) und darauf deren Leistung als Verbindungsglied zwischen theoretisch-endlichem und praktisch-unbedingtem geistigem Bezug (III, IX) dargestellt. Vom Erfordernis einer Verbindung zwischen theoretisch-konstatierendem und praktisch-gebietendem Flügel im rationalem Subjekt war in den anderen Kritiken nicht die Rede gewesen. Die Teilung des Apriorismus in zwei gegenlinige Objektivierungsfelder (empirisch verifizierbare Sachverhaltskonstitution – Verankerung der Person in der universalistischen Idealität der Menschheit) bildet den wesentlichen Fortschritt der Transzendentalphilosophie im Entwicklungsgang des neuzeitlichen Rationalitätsverständnisses. Mit der *KU* tritt das Problem der Vermittlung der Unterschiede der gesellschaftlichen Lebensfelder ins Zentrum. In der System-Thematik und im Gedanken der Logik der Urteilskraft als der verbindenden Mitte der beiden Extreme spricht Kant das kulturelle Selbstverständnis der modern-bürgerlichen Gesellschaft als Vermittlung von Gegensätzen aus. Inwiefern vermag der Apriorismus der Urteilskraft die verbindende Mitte darzustellen? Das liegt zunächst darin, dass Kant mit der Urteilskraft die Logik des ästhetischen Bewusstseins verbindet. Die bildliche oder musikalische Darstellung und ebenso das Wortkunstwerk stellen ein Ideelles in sinnlich wahrnehmbarer Gestaltung bzw. als erzählte Fabel dar. Die kantische moralische Idee wird in der Kunst nicht als geistiges Abstraktum, sondern anschaulich dargestellt. Die Vermittlung von Ideellem und Anschaulichem einschließlich narrativem Bericht zeigt sich ebenso in der christlichen Religion. Die religiöse und die moralische Bedeutung der Symbole erscheinen als empirisches Geschehen. Kant behandelt den dem religiösen Bewusstsein zentralen Vermittlungscharakter zwischen Ideellem und erlebnishaft Wirklichem in seiner Religionsschrift. In der Vermittlungsthematik ist aber das generelle Problem der Realisierung enthalten, das bereits beim teleologischen Charakter des Verhaltensaktes bezeichnet wurde. Im Kunstwerk oder im biblischen Geschehen erscheint das Ideelle und Seinsollende als Verwirklichtes. Das führt auf den Kern des in der Urteilskraft gegebenen Vermittlungsgehalts. Die Sphären der logisch unbedingten theoretischen (mathematische Naturwissenschaften, Rechtsordnung) und moralisch-praktischen Setzungen bilden tatsächlich die Extreme der geistigen Abstraktion. Wie Hegel einmal in den religionsphilosophischen Vorlesungen sagte, des Menschen Vernünftigkeit »kommt nur in der letzten geistigen Existenz des Menschen vor«. Real existieren die beiden Welten der Kritiken des theoretischen und moralisch-praktischen Weltaneignungs- und Objektivierungverhaltens nur in der Vermittlung mit der geistigen Ebene des alltagspraktischen Verhaltens. Das ist der gesellschaftliche Ort der Urteilskraft. Kant bezeichnet das in der Vorrede zur *KU* in dem an sich partikularen, aber für seine originale Entdeckung der Sache selbst natürlich primären Gesichtspunkt, dass in der Theorie der logischen Geltungsformen die Urteilskraft als Äußerung des »gesunden Verstandes« nicht fehlen dürfe (V, 168). In der alltagspraktisch-endlichen Verwirklichung (von Theorie des Verstandes durch Arbeitstätigkeit und Technik, von Vernunftmoral durch Umgangskultur, von Lebensidealen durch Kunstgenuss usf.) wird das geistig Unbedingte zum Vermittelten, so wie das systematische Denken sich zuvor aus den Verbindungen mit den konkreten und endlichen Situationen herausgehoben hatte. Die Urteilskraft ist die Realisierungsebene der reinen Rationalität oder letzten geistigen Existenz des Menschen. Sie zeichnet sich durch hohe Kontinuität, aber ebenso durch schwache Intellektualität aus. Ihre zentralen methodischen Algorithmen sind nicht Gesetz und Beweis, sondern Wahrscheinlichkeit und Analogiedenken. Die Objektivierung des Alltagsdenkens bildet im Unterschied zu den Sachverhalte konstituierenden Wissenschaften und zur reine Verhaltensprinzipien abstrahierenden Moralphilosophie Mischformen des Denkens und Verhaltens aus. Sie ist aufgrund der permanenten Verquickung von situativen Reflexionen und unmittelbar erforderlichen Entscheidungen gar nicht in der Lage, bis in die Extreme der Theorien vorzudringen. Kants letzte Kritik fasst das ausgezeichnet in der spezifischen logischen Form der Urteilskraft. Diese kann nicht Gesetze der Erscheinungen statuieren. Ebensowenig kann sie unbedingte praktische Maximen definieren. Die Urteilskraft bietet nur regulative Prinzipien, eine apriorische Form der Regelbildung, als ob die Erscheinungen zweckmäßig geordnet wären. Kant führt eine solche dritte und beweglichere Rationalitätsklasse ein. Damit erfasst und ersetzt er erst grundsätzlich die common-sense-Philosophie, die Hauptströmung der europäischen Aufklärung. Er gibt im Grunde eine transzendentalphilosophische Rekonstruktion methodischer Aspekte des Empirismus. Innerhalb des transzendentalen Idealismus ist das Problem der eigenen sozialisierenden Kraft im sinnlichen, wie Kant sagt, das ist im alltagspraktischen Welt- und Vergesellschaftungsbezug aufgenommen. Anthropologische Basis z. B. des ästhetischen Urteils, sagt Kant mit der psychologia empirica der Zeit, ist ein Lustgefühl, das aus dem unbeabsichtigten Zusammenspiel der »Gemütsvermögen« Einbildungskraft und Verstand hervorgeht (V, 190). Die logische Mischform besteht in der induktiven und in der ästhetisch rezeptiven Bestätigung des Dingbe-

griffs, den die wissenschaftliche Konstitution durch die Relationskategorie des Gesetzes aufgelöst hatte. So sehr sich alle sytematische Rationalität der Wissenschaften im alltagspraktischen Bewusstsein sammeln muss, ebenso bedarf dieses der Extreme der reinen Theorie. Denn ohne die Aufhängung, mit Kant zu reden, zwischen den Verstandesgrundsätzen und den Vernunftideen produziert das Alltagsbewusstsein Anthropomorphismus und übergibt sich dem kulturellen Alpdruck der Autorität und der Tradition. Es ist das Große der Kantschen dreifachen Begründungsstruktur von Urteilen und Theorien, dass fachwissenschaftliche, moralphilosophische und die Gruppe des alltagspraktischen, ästhetischen und induktiven Denkens betreffende Aussagen voneinander getrennt und in bestimmte Proportion zueinander gebracht wurden. Methodische Trennung und reflektierte Verbindung bilden den Fortschritt der Kultur der modern-bürgerlichen Gesellschaft gegenüber der Weltanschauung der Feudalepoche. Darum ist es abwegig für die Kant-Interpretation, die *KU* in Gegensatz zu den anderen beiden transzendentallogischen Grundlegungen zu bringen. Ebenso geht es am Verdienst der Kantschen triadischen Systematik vorbei, die *KU* auf die Anthropologie hin von den anderen Kritiken abzulösen.

Die erste Einleitung. Technik der Natur

Dem 1790 im Berliner Verlag von F. T. de la Garde veröffentlichten Werk war von Kant eine zweite, stark verkürzte Fassung der ursprünglich doppelt so langen Einleitung beigegeben worden (XX, 193–251). Kant gliederte übersichtlicher und verkürzte dabei von zwölf auf neun Abschnitte. Doch die erste Darstellung übertrifft die lehrhafte zweite durch einprägsame Formulierungen, wie sie Kants unmittelbaren Gedankenprozess im Zuge einer schriftlichen Darstellung meist auszeichnen. Inhaltliche Differenzen sind zwischen beiden Ausführungen kaum auszumachen. G. Lehmann hat in der Interpretation bei seiner Edition der ersten Einleitung zutreffend gesagt, dass sich die spezifischen transzendentalphilosophischen Leitgedanken in der zweiten, didaktisch vereinfachten Fassung prägnanter dargestellt finden, vor allem die allein regulative Funktion der Kategorie der Zweckmäßigkeit, die auch mit dem wiederholten Terminus der »Technik der Natur« nicht im Sinne einer objektiven Naturdetermination zu verstehen ist. Eine große Konsequenz des nicht allgemeingültig konstituierenden, sondern nur subjektiv-regulativen Charakters der Zweckmäßigkeit besteht im Bezug der Urteilskraft auf Ideen der praktischen Vernunft, also in der die Öffnung der Naturteleologie hin auf das »übersinnliche Substrat« der Menschheit und der Natur außer uns (V, 340, 345). Dadurch ist die Naturteleologie überhaupt auf die Aneignung der Natur durch menschliche Praxis bezogen, freilich nicht auf ökonomische und technische, sondern auf eine schon fast prä-Feuerbachsche Sinneinheit von Natur und Menschheit. Der interessanteste Punkt der ersten Einleitung ist die klare Verfugung der Urteilskraft mit der rein theoretischen und der prinzipiell-praktischen Rationalität. Kant fragt nach der Möglichkeit einer vollständigen Systematik der Philosophie, die alle Sozialisierungs- und Objektivierungsebenen des Menschen erfasse. Wir müssen für das empirisch-induktive Bewusstsein eine bewusstlose Zweckmäßigkeit im Objekt selbst denken. Das war bislang die Basis aller Mystifikationen der verschiedenen Formen des Anthropomorphismus. Kant löst das durch das Als-Ob des regulativen Bewusstseins aus diesem traditionsstarken Gemenge heraus. Er bezeichnet die regulative methodische Annahme als »Technik der Natur«. Sie bildet im organischen Bereich etwas wie absichtsvolle Technik. Ebenso wie wir unterhalb unserer moralisch-praktischen Vernunft noch die technische ratio ausüben, um irgendetwas Gegenständliches wie Naturding, nur jetzt selbst erzeugt, herzustellen. Wir könnten Natur nicht technisch, also durch zweckmäßige Formgebung aneignen, wenn Natur nicht selbst zweckmäßige Formen produzieren würde. Das bedeutet nicht Rekonstruktion der theologisch-metaphysischen Hinordnung unserer Endlichkeit auf ein allemal vorgeordnetes übermächtiges Sein mit anthropomorphem Sinngehalt. Kant sagt mit dem regulativen Charakter der Annahme eines intelligiblen Substrats aller Naturerscheinungen, dass wir Natur im Ganzen nur aneigen können unter der Voraussetzung der moralisch-praktischen Idealität der Menschheit. Kant formuliert das so: Der »Freiheitsbegriff« könnte den mit ihm verbundenen Gesetzesbegriff nicht in der Sinnenwelt wirklich machen, wenn die Natur nicht so gedacht werden könnte, »daß die Gesetzmäßigkeit ihrer Form wenigstens zur Möglichkeit der in ihr zu bewirkenden Zwecke nach Freiheitsgesetzen zusammenstimme« (V, 176). Hier gipfelt der formelle Systemgedanke von der *KU* als des Verbindungsstücks zwischen theoretischer Verstandes- und moralischer Vernunftrationalität. Der Primat der praktischen Vernunft hält durch. Unter ihr fasst Kant die tätige vergesellschaftete Existenz des Menschen im Horizont der geschichtlichen Idealität der Menschheit. Darauf sollen induktivempirische, ästhetische und alltagspraktisch-instrumentelle Rationalität der regulativen Urteilskraft bezogen bleiben.

Literatur

Lukács, G.: Ästhetik, T. 1, in: Werke, Bd. 11, Neuwied u. Berlin 1963 [bes. Kap. 1, Probleme der Widerspiegelung im Alltagsdenken, S. 33–138]. – Lehmann, G. (Hg.): I. Kant. Erste Einleitung in die *KU*, Berlin ²1990. – Guyer, P.: Nature, Art and Autonomy. A Copernican Revolution in Kant's Aesthetics, in: Cramer, K. u. a. (Hg.): Theorie der Subjektivität, Frankfurt/M. 1987, S. 299–343. – Frank, M./Zanetti, V. (Hg.): I. Kant, Schriften zur Ästhetik und Naturphilosophie, Frankfurt/M. 1996 [spez. zur ersten Einl. in die *KU*, S. 1158–1205].

Nicht bestimmende, sondern regulative Urteilskraft

Die dritte *Kritik* führt die transzendentale Propädeutik mit dem Mittelglied zwischen theoretischer Objektkonstitution und rationaler Sozialisierungsbasis nicht schlechthin zu einem konkreteren Subjektbegriff. Sie kam jetzt erst in den Stand, die gesellschaftliche Realität als Relationsfeld unterschiedener und miteinander vermittelter Formgesetze von Verstehen und Verständigung darzustellen. Nun konnten die logischen Geltungstypen in Form einer geschlossenen Theorie an die Stelle der psychologischen und anthropologischen Faktorenansicht treten, die nur durch lebensphilosophische Mystifikationen zur Gesamtanschauung zu komplettieren ist. Alle drei *Kritiken* basieren auf der Untersuchung der spezifischen Methoden, die den Geltungsweisen der realen Objektivationen zugrunde liegen. Auf die nicht als Relationsfelder qualitätsloser Korpuskel darzustellende organische Natur ließen sich die wesentlichen Resultate der *KrV* nicht anwenden. Das betrifft vor allem den harten Form-Stoff-Dualismus, der bei Kant den organischen Bezug seiner aristotelischen Quelle verloren hatte. Damit waren entscheidende Punkte des Kantschen Prinzips theoretischer Objektkonstitution in Frage gestellt: Der Begriff des gegebenen Mannigfaltigen, dem der Verstand die Gesetze (als Elementarsätze des Verstandes) vorschreibe, die Unterscheidung von spontaneitas und receptivitas, wie Kant auch sagte. Das überschritt die strikte Unterscheidung zweier Stämme der Erkenntnis, betraf also die Grundlagen der neuen, methodisch gedachten transzendentalen Idealität überhaupt. Die Künste bilden eigene Geltungsformen gegenüber den

Wahr-Falsch-Relationen der Wissenschaften aus. Sie beziehen sich nicht im moralisch gebietenden Sinne auf Verhaltensnormen. Ihr Duktus, soweit sie überhaupt Verhaltensweisen anregen, besteht in der indirekten Mitteilung von Beispielen. Die *KU* nahm diese bislang außerhalb der Reichweite der transzendentalen Logik liegende Tradionen auf. Das waren die analogisierenden Methoden des alltagspraktischen, des pädagogisch an Beispielen orientierenden Bewusstseins und vor allem der weite Bereich des traditions- und übungsgeleiteten Verhaltens nach den Üblichkeiten des sensus communis. Die in der ersten *Kritik* ausgeführte Urteilskraft (im Übergang der Analytik zu den Grundsätzen, III, 131 ff.) war für die Theorien der Kunstwerke und der organischen Natur nicht in Anspruch zu nehmen. Sie erfüllte die Aufgabe, ein gegebenes allgemeines Theorem auf den besonderen Fall anzuwenden, besaß also subsumierende Funktion. Bei Kunstwerken und für die organische Natur kam es darauf an, gegebene einzelne Erscheinungskomplexe nach ihnen selbst einwohnenden Aspekten zu verallgemeinern, ohne dass eine unbedingte Sozialisierungsmaxime im Selbstbewusstsein bzw. mechanische Kausalität vorausgesetzt werden konnten. Kant unterschied darum die neue Urteilskraft als reflektierende von der bestimmenden Urteilskraft der ersten *Kritik* und fasste die neue logische Funktion nicht als konstituierende, sondern als regulative Rationalität. Zuvor war die Urteilskraft Verbindungsglied für Begriff und Anschauung gewesen, jetzt verbindet sie theoretische und praktische Rationalität. Nicht Systemkonstruktion, ein reales Problem philosophischer Theorie liegt vor. Zwischen fachwissenschaftlichem und verhaltenstheoretischem Universalismus dehnt sich das weite Reich der alltagspraktischen, ästhetischen und induktiven Methoden.

Ein neues Licht kommt auf die sinnlich-praktische Komponente der Kommunikation und Vergesellschaftung. Gegenüber der Position der Sinnlichkeit in den beiden bisherigen *Kritiken* gewinnen die Wahrnehmung der Gegenstände und natürlich auch die sinnliche Präsenz des jeweils anderen für jedes Individuum neue Kontur. Entgegen der bisherigen Richtung apriorischer Formprägung verläuft jetzt eine genetisch-phänomenologische Linie von der Sinnlichkeit des Menschen zu dessen rationalen Horizonten. Das ästhetisch Schöne, heißt es, strebe zu den Verstandesbegriffen, das ästhetisch Erhabene zu den Vernunftideen. Eine Analogie wird gedacht, zwischen einer geschlossenen schönen Form und der Welt der Begriffe. Eine zweite Analogie zeigt sich

am Erhabenen zwischen dem über allen Vergleich Großen oder Bewegten, auch dem Unförmigen mit dem Totalitätsgehalt der Vernunftideen. Die Energie zur Herstellung der Bezüge wirkt jetzt im Sinnlichen der Subjektivität, das nicht mehr bloße Mannigfaltigkeit ist. Für das ästhetisch Erhabene heißt es geradezu, die Einbildungskraft erwecke die Vernunftideen, »das ästhetische Urteil wird selbst subjektiv-zweckmäßig für die Vernunft, als Quell der Ideen, einer intellektuellen Zusammenfassung« (V, 260). Der genetisch-phänomenologische Gegenzug zum Apriorismus, der in der dritten *Kritik* eingeführt, in manchen Aspekten auch nur angedeutet wird, erreicht nur sehr eingeschränkt das sinnlich-praktische Verhalten des gesellschaftlichen Individuums. Er bleibt auf das rezeptive Kunsturteil, auf dessen kultivierten Austausch und auf die induktive und analogisierende Ebene des Denkens begrenzt. Der sensus-communis-Themenkreis verbindet die sinnliche Existenz mit der praktisch-intelligiblen (V, 237 f., 293 f.). Das Kunsturteil befördert »die Urbanität der oberen Erkenntniskräfte« (V, 329). Das klingt recht schulmäßig. Tatsächlich öffnet Kants dritte *Kritik* die strenge Propädeutik der Transzendentalphilosophie, die doch auf eine neue Metaphysik von Natur und Kultur bezogen wurde, über die Metaphysik hinaus sogleich der realen gesellschaftlichen Kunst-Rezeption und dem empirischen Denken als eigenständigen geistigen Welten. Die neue *Kritik* ist nicht mehr auf Moralpflichten und Rechtsformen a priori bezogen, sondern auf freie Vergellschaftungsformen im Medium der ästhetischen und alltagspraktischen Lebensäußerung. Es geht um Vergesellschaftungsformen, die nicht von Pflichtgesetz und Recht konstituiert werden. Jetzt tritt eine nur »regulative« Sittlichkeit neben die »konstitutive« der reinen praktischen Vernunft. Der Freiheitsbegriff wird damit ersichtlich ein anderer: Nicht Wissen um unsere Zugehörigkeit zu einer intelligiblen Welt. Freiheit ist Geschmack als Fähigkeit kultivierten Genusses der Weltaneignung und Selbstentfaltung des Menschen. Die Orientierung der transzendentalen Logik dehnt sich weit zu den komplexen Lebensformen hin aus, nachdem die ursprüngliche methodische Richtung vom logisch Ursprünglichen zum Mannigfaltigen und zu den Neigungen als logischem Widerpart verlaufen war.

Kants Definition der ästhetischen Wahrnehmung als einer Zweckmäßigkeit ohne Zweck (V, 221 f.), die darum Genuss, wie Kant sagt, Lust bereite, ist nicht nur in den Kunstformen (zeitgemäß vergnügend Allegorie, Masken, musikalische Coda-Figuren) verankert. Der Gedanke des interessefreien Wohlgefallens als der Qualität ästhetischer Wahrnehmung (V, 204 f.) ist damit nicht erschöpft. Kants Logik der Urteilskraft, die Vergleich und Übereinstimmung nur ansinnt, nicht demonstriert, enthält diese Komponente von Freiheit der Vergesellschaftung über den Reichen der wissenschaftlichen, moralischen und juridischen Notwendigkeit.

Die mit der *KU* vervollständigte transzendentale Geltungslogik bot der Kant-Interpretation schon seit der Berliner Frühromantik die Gelegenheit, den ästhetisch erlebenden Menschen als das Zentrum einer recht verstandenen Transzendentalphilosophie anzusehen und die dritte *Kritik* von den beiden vorhergehenden abzukoppeln. O. Marquard hat daran mit der Interpretation der *KU* im Zusammenhang von Ästhetik am Ende des 18. Jhs. als »diensthabender Fundamentalphilosophie« wieder angeschlossen. Hier rückt Kants Werk in die Säkularisierungsauffassung der sog. Moderne als der »Entzauberung des Interessedenkens« in der frühen Neuzeit, zuerst durch wissenschaftstheoretische Orientierung der Philosophie, die aber auf Grund der Aporien des emanzipierten Menschen nicht trage und im 19. Jh. zur historischen Orientierung übergehe. Ästhetik werde zur zentralen Orientierung, wenn die wissenschaftliche nicht mehr, die geschichtliche noch nicht gelte. So sei Kant mit dem Schwerpunkt seines Denkens in der *KU* der Philosoph des Übergangs vom wissenschaftsorientierten zum geschichtlichen Denken (Marquard 1962, S. 237). Gegen spekulative Deutungen stehen das eigentliche Problem und die Leistung der *KU* im Hinblick auf die spezifische logische Geltungsform des induktiven, des alltagspraktisch analogisierenden und des ästhetischen Denkens. Außerdem übersieht so großflächige Zeichnung den zentralen Platz des Historismus in den philosophischen Richtungen des 18. Jhs., die das 19. Jh. nur nach bestimmten Aspekten ergänzte.

Literatur

Cassirer, E.: Kants Leben und Lehre (1918), Hamburg 2001 [S. 261–346]. – Marquard, O.: Kant und die Wende zur Ästhetik, in: ZphF 16 (1962), S. 231–243, 363–374 [s. a. Ders., Aesthetica und Anaesthetica. Philosophische Überlegungen, Paderborn 1989]. – Zamnito, J. H.: The Genesis of Kant's *Critique of Judgment*, Chicago u. London 1992.

Teleologische Urteilskraft und Naturzweck

Die dritte *Kritik* bringt zur mathematisch formalisierten Mechanik-Natur die erlebte, gestalthafte Natur, die dem konkreten Subjekt zugewandt ist. Sie zielt nicht auf den Artefakt, sondern auf das genießende Wissen induktiver Erkundung. Der neue Naturbegriff, nicht mehr Projektion der mathematischen und atomistisch-physikalischen ratio, wird dennoch in strenger Lehrform eingeführt. Neben der bestimmenden Urteilskraft, die das Besondere unter der logischen Form der Allgemeinheit denke, wirke eine reflektierende Urteilskraft, die der Natur Gesetze nicht vorschreibe, sondern vom Besonderen zum Allgemeinen aufsteige (V, 180). Kant spricht das in der Form aus, dass »wir in der Natur in Ansehung ihrer bloß empirischen Gesetze eine Möglichkeit unendlich mannigfaltiger empirischer Gesetze denken, die für unsere Einsicht dennoch zufällig sind (a priori nicht erkannt werden)« (V, 183). Da aber bei bloßer Empirie »kein durchgängiger Zusammenhang empirischer Erkenntnisse zu einem Ganzen der Erfahrung stattfinden würde«, müssen wir einen eigenen Apriorismus der Verbindung von Wahrnehmungen annehmen. Das erkenntnistheoretische Problem der gestalthaften Wahrnehmung wird in der metaphysischen Form des principium individuationis aufgenommen. Es geht um das besondere Gesetz, eine Regelmäßigkeit von so eindringlich konstanter Besonderheit, dass sie schon in der Wahrnehmung aufscheine. Kant nennt es »das Gesetz der Spezifikation der Natur in Ansehung ihrer empirischen Gesetze« (V, 186). Das ganze Feld der nichtmechanischen Natur kommt in die schmale logische Ebene des spezifischen Naturgesetzes, das zugleich kein vollwertig konstituiertes sei. Vom Induktionsproblem nimmt Kant nur das Gestaltproblem auf, nicht das der Naturqualitäten überhaupt.

Das überformende logische Regulativ, keine Kategorie im Sinne der metaphysischen Deduktion der ersten *Kritik*, ist »die Zweckmäßigkeit der Natur in

Gesammte Vermögen des Gemüths	Erkenntnißvermögen	Principien a priori	Anwendung auf
Erkenntnißvermögen	Verstand	Gesetzmäßigkeit	Natur
Gefühl der Lust und Unlust	Urtheilskraft	Zweckmäßigkeit	Kunst
Begehrungsvermögen	Vernunft	Endzweck	Freiheit

ihrer Mannigfaltigkeit« (V, 180). Kant führt die älteste und zentrale Kategorie der antiken Naturphilosophie und Naturwissenschaften in seine Transzendentalphilosophie wieder ein. Der damit traditionell verbundene Anthropomorphismus wird bis zur Unkenntlichkeit gebleicht, indem eine psychische Ebene der Gestaltwahrnehmung und gewisser Lust-Unlust-Gefühle in den logischen Bereich der sog. oberen Erkenntnisvermögen, als Urteilskraft, gehoben ist. Das reelle Moment der Fragestellung sog. besonderer Naturgesetze erwiese sich innerhalb einer Schichtentheorie elementarer und auf diesen aufruhender spezieller Naturgesetze, wie eben der organischen Zentraldetermination und Evolution. Kants Theorie der Urteilskraft soll die Problematik des Übergangs von der Metaphysik zu den Fachwissenschaften mit Feineinstellungen lösen, die den Apriorismus auf die empirischen Methoden hin öffnen. Kants Sicht der gesamten Thematik der biologischen Wissenschaften allein mit dem Aspekt des spezifischen Gesetzes fasst das Problem der nichtmathematischen Naturwissenschaften inadäquat unter dem Gesichtspunkt geringerer Generalisierung. Die Trennung des 18. Jhs. von theoretischen und empirischen Disziplinen oder von scientia pura und scientia applicata lag zugrunde. Mit dem Gedanken der »besonderen Gesetze« meint Kant im Grunde notwendige hypothetische Annahmen. Die eigentlichen allgemeinen Gesetze (der Art der *Metaphysischen Anfangsgründe* und der mathematischen Naturwissenschaft) gelten durchaus, aber sie bleiben verborgen hinter den Regeln der organischen Bildungen. Die *KU* enthält ein aufschlussreiches Element großer wissenschaftlicher Phantasie, die bereits die frühen naturphilosophischen Arbeiten Kants geleitet hatte: Das teleologische Prinzip bildet ein Instrument, das uns von der äußeren Zweckmäßigkeit hin zu noch unbekannten Gesetzen komplexer Kausalität leitet. Heuristische Teleologie ist »Leitfaden die Natur zu studieren […], weil sich nach derselben noch manche Gesetze dürften auffinden lassen, die uns nach der Beschränkung unserer Einsichten […] sonst verborgen bleiben würden« (V, 398).

Literatur

Horkheimer, M.: Zur Antinomie der teleologischen Urteilskraft, in: Ges. Schriften, Bd. 1, Frankfurt/M. 1987, S. 13–72. – Model, A.: Metaphysik und reflektierende Urteilskraft bei Kant. Untersuchung zur Transformierung des Leibnizschen Monadenbegriffs in der *KU*, Frankfurt/M. 1987.

Intelligibles Substrat der Natur außer uns und in uns

Das regulative Prinzip der Zweckmäßigkeit erhält von Kant eine diffizile Begründung, die über die vordergründige Selbstverständlichkeit der Triade Verstand – Urteilskraft – Vernunft weit hinausgeht und in die Geschichte der Metaphysik zurückgreift. Neben der Naturgesetzlichkeit, die unser Verstand gemäß seiner apriorischen Struktur nach den Kategorien und Grundsätzen konstituiert, müssen »spezifisch-verschiedene Naturen außer dem, was sie als zur Natur überhaupt gehörig gemein haben, noch auf unendlich mannigfaltige Weise Ursache sein können; […] ob wir gleich nach der Beschaffenheit und den Schranken unserer Erkenntnisvermögen diese Notwendigkeit gar nicht einsehen« (V, 183). Eine uns verborgene übersinnliche Unendlichkeit von Determinationsweisen bildet also die anzunehmende Voraussetzung dafür, dass die Natur für uns Gesamtheit von Erscheinungen sein und dennoch das unter Gesetzen Stehende und dadurch das rational Aufschließbare bleiben kann. Dem Gedanken liegt, wie dem Apriorismus überhaupt, die Metaphysik-Tradition voraus, dass die Welt der unendlich mannigfaltigen Gegenstände und Prozesse darum eine Einheit bilde und von unserem Denken so erfolgreich logisch zusammengezogen werden könne, weil Gott die Welt in allem vorausgedacht habe. Die Erkenntnis dieses Ursprungs, sagt Kants Subjektivierung des Apriorismus, ist für uns im Ganzen uneinholbar. Doch die Wissenschaften denken insofern zur Totalität zurück, als sie die Vielfalt der Naturgesetze generalisieren. Durch die Hypothese einer intelligiblen Einheit der Natur – eine theoretische Vernunftidee analog der praktischen, die aber nicht theoretisch explizierbar ist – gewinnen wir die Gewähr, dass das unendlich Mannigfaltige doch an jedem Ort zu jedem Zeitpunkt innerhalb der Einheit von Erfahrung wahrgenommen und gedacht werden könne (ebd.). Von dieser metaphysischen Voraussetzung her denkt Kant die Urteilskraft als Verbindungsglied zwischen Verstandeskategorien und Vernunftideen. Wie hat man sich das Zustandekommen der Zweckmäßigkeit organischer Zentraldetermination zu erklären? Kants Antwort auf diese Frage führt ins Zentrum seiner theoretischen Metaphysik.

Die Zweckmäßigkeit ist nur von der Voraussetzung eines übersinnlichen Substrats der Erscheinungen als der für unseren nachgeschaffenen Verstand unerkennbaren Ursache zu denken. Darin wurzelt der Apriorismus der teleologischen Urteilskraft.

Auch die Verstandeskategorien der *KrV* geben durch die keineswegs selbstverständliche Möglichkeit von Gesetzen a priori für eine Natur als Inbegriff der Erscheinungen » Anzeige auf ein übersinnliches Substrat derselben«, doch lassen »dieses gänzlich unbestimmt« (V, 196). Die Urteilskraft gelangt mit dem Prinzip der Zweckmäßigkeit von Erscheinungen als von besonderen Gesetzen hinsichtlich des intelligiblen Substrats bereits zur »Bestimmbarkeit durch das intellektuelle Vermögen«. »Die Vernunft aber gibt demselben durch ihr praktisches Gesetz a priori die Bestimmung; und so macht die Urteilskraft den Übergang vom Gebiete des Naturbegriffs zu dem des Freiheitsbegriffs möglich« (ebd.) Es geht also um Steigerungsstufen, auf denen wir das übersinnliche Substrat der empirisch gegebenen Wirklichkeit (der Erscheinungen) erschließen. Theoretisch im Sinne der mathematisch konstruierenden Naturwissenschaften gelingt das gar nicht, bildet aber die Voraussetzung dafür, dass die logische Struktur des Verstandes mit Erscheinungen überhaupt übereinstimmen kann. Die Übereinstimmung zwischen logischer Struktur und erscheinenden Gegenständen außer uns im Einzelfall lässt sich anthropologisch aus der Konvergenz sog. niederer und höherer Erkenntnisvermögen erklären. Die Übereinstimmung aller Erscheinungen überhaupt mit allem Denken erfordert unter der Voraussetzung des Apriorismus eine dritte intelligible Struktur, Kants »intelligibles Substrat aller Erscheinungen«. Das ist eine genauere Erklärung der Übereinstimmung als sie der oberste Grundsatz aller synthetischen Urteile a priori formuliert hatte: Die Bedingungen der Möglichkeit der Erfahrung überhaupt (die apriorische Struktur) sind zugleich Bedingungen der Möglichkeit der Gegenstände der Erfahrung (die Erscheinungen als eines Erfahrungsganzen) (III, 145). Hier kann die Vermittlung so verstanden werden, als sei sie gesichert, weil sowohl der Apriorismus als auch die sinnliche Wahrnehmung Bestandteile des Subjekts seien; eine verdächtig einfache Erklärung für eines der anspruchsvollsten Probleme des neuzeitlichen Rationalitätsgedankens. Es wird von der vor-Kantschen Metaphysik mit der ontologischen Setzung von Korrelaten der rationalen Funktionen von vornherein ignoriert und im Grunde alltagspraktisch vorausgesetzt. Die banale Interpretation des obersten Grundsatzes aller synthetischen Urteile a priori würde eine radikale Anthropologisierung der Weltauffassung bedeuten. Doch Kant sagt, dass die prinzipielle Übereinstimmung zwischen Erscheinungswelt und Apriorismus nicht anthropologisch erklärt werden könne. Die Vermittlung liegt

wohl in der gleichen Zugehörigkeit von *ratio* und *sensus* zu unserer Konstitution. Aber diese Zugehörigkeit, wechselseitig als Zufall genommen, würde Rationalität zu einer Naturtatsache machen. Kant geht es um das Geltungsproblem in den differenzierten kulturellen Sphären. Die Übereinstimmung zwischen Wahrnehmungswelt und apriorischer Struktur besteht in einer Vermittlung, die die Übereinstimmung möglich macht, eigentlich der Übereinstimmung der Übereinstimmung und der Nichtübereinstimmung. Kants These lautete immer: Wenn etwas in Beziehung zueinander treten kann, so bedarf es eines Dritten, das die Relationen vermittelt. Der Gedanke des stufenweise zu realisierenden intelligiblen Substrats aller Modifikationen der erscheinenden Realität führt auf die Geistnatur des Menschen, die sich darin verwirklicht, dass sie im Zentrum unserer Existenz das intelligible Substrat praktisch werden lässt. In dieser apriorischen Evidenz des zugleich objektiven, allgemeingültigen und zuhöchst persönlichen Selbstbewusstseins, könnte man sagen, gelte der Transzendentalphilosophie der Satz: »Eritis sicut deus« (1. Mos. 3, 5). Das ist die Metaphysik hinter der Trias apriorischer Geltungen. Wir wissen »das intelligible Substrat der Natur außer uns und in uns« (V, 345) nur als Sittengesetz direkt. Es ist das aller kulturellen Existenz der Menschheit vorauszusetzende sittliche Postulat. In der Zweckmäßigkeit der organischen Natur scheint dieses Substrat auf. Wir gleichen es unserer Intelligenz durch regulative Urteilskraft als Naturzweck an, so wie die Künste sittliche Ideen in der ästhetischen Erscheinung verbildlichen. Es handelt sich beim intelligiblen Substrat der Natur nicht um eine Restitution der ontologischen Substantialität des Seins. Es ist der kulturelle Prozess als Ganzes, der als solcher nie vollendet wird, aber den einzelnen Schritten vorausgesetzt ist wie das Totum aller Zahlen jeder mathematischen Operation. Die Fragestellung, wie synthetische Urteile a priori für Erscheinungen gelten können, wird von der *KU* nach einigen Seiten hin anspruchsvoller behandelt als von der *KrV*.

Nach der anthropologischen Seite der Gemütsvermögen hin zeigt Kant auf die Synthesen von rationaler und emotionaler Subjektpotenz, bei denen der Empirismus es bewenden lässt. Das spontane Spiel der Erkenntniskräfte bei der Wahrnehmung der Zweckmäßigkeit ist »der Grund einer sehr merklichen Lust«. Wir sind erfreut, gleich wie von einem unsere Erwartung »glücklich begünstigenden Zufall«, systematische Einheit bei bloß empirischen Gesetzen anzutreffen, so dass solche Anschauung der Natur zugleich »die Empfänglichkeit des Gemüts für das moralische Gefühl befördert« (V, 184, 187, 197). In vergangenen einfachen Kulturen, bemerkt Kant einmal, habe selbst die formale Logik noch Lust und frohe Verwunderung bereitet. Nun stelle die ausgebreitetere Wissenschaftskultur einen Zustand nüchterner Reife dar.

Literatur

Horkheimer, M.: Über Kants *KU* als Bindeglied zwischen theoretischer und praktischer Philosophie, in: Ges. Schriften, Bd. 1, Frankfurt/M. 1987, S. 75–146. – Hartmann, N.: Teleologisches Denken, Berlin 1951 [bes. Kap. 7–9]. – Düsing, K.: Die Teleologie in Kants Weltbegriff, Bonn 1968. – Mertens, H.: Kommentar zur ersten Einleitung in Kant's *KU*, München 1975.

Ästhetische Urteilskraft

Besonderheit des ästhetischen Apriori

Die Zweckmäßigkeit eines Gegenstands, bezogen auf die Lust- oder Unlustvorstellung des auffassenden Subjekts, ist dessen ästhetische Beschaffenheit. Wird das Zweckmäßige auf das Objekt und dessen Erkenntnis bezogen, so geht es um die logische Gültigkeit, wird es auf einen Zweck ideeller Handlungsmaximen gerichtet, so liegt die moralische Qualifikation vor. Drei Aspekte bestimmen Kants Begriff des Ästhetischen. Der *erste* ist dessen subjektiver Gehalt. Es gibt keine ontische Schönheit, etwa im platonischen Sinne Shaftesburys. *Zweitens* bildet das Ästhetische ein Element unmittelbarer sinnlicher Wahrnehmung. Es ist Vorstellungsinhalt und muss, auch nach theoretischer Reflexion, immer zur anschaulichen Präsenz des Objekts zurückkehren. Die kulturelle Bedeutung der ästhetischen Symbolik, die Darstellung der Welt und des Menschen im Horizont des möglichen Seins, tritt bei dem empiristischen Akzent zurück. Kant berührt das immerhin im Abschnitt über das Ideal der Schönheit (§ 17). Sein zentrales Problem ist das ursprüngliche individuelle Wohlgefallen am Kunstwerk und die logische Voraussetzung der Mitteilungs- und tendenziellen Verallgemeinerungsfähigkeit einer Gefühlsqualität. Der Einfluss der englischen Ästhetik (E. Burke, H. Home) ist deutlich. Die sensualistische Ästhetik bildete einen Schritt gegen die klassizistische Verbindung von Schönheit und Wahrheit und gegen den darin sitzenden verbindlich repräsentativen Charakter des Kunstwerks. Der ästhetische Sensualismus stellte dagegen den Kunstanspruch des privaten Bürgers sicher. Die Logik der ästhetischen Urteilskraft soll den Eintritt des Sensualismus in Kants nunmehr hochdifferenzierte Theorie logischer Geltungen ausschließen. *Drittens* schließlich wird die ästhetische Objektivation vom rationalen Erkennen unterschieden. Das ästhetische Urteil, auch als gattungsspezifisch oder kunstgeschichtlich reflektiertes, bezieht sich nicht auf rationale Konstitution des Objekts und dessen Determinationsformen, sondern auf die vom Subjekt ausgehende Gestaltbildung. Es bezieht sich auch nicht auf moralische Normen. Die aufklärerisch-pädagogische Moralisierung der Literatur und der Künste mit dem ganzen schulmetaphysischen gradweisen Rationalitätsbezug sog. verworrener Erkenntnisse der Wahrnehmungen und Gefühle wird von Kants Ästhetik überschritten. Hier (weniger im persönlichen literarischen Geschmack) stimmt Kants Ästhetik mit Goethes und Hegels Kunstphilosophie überein. Als Kunstwerk ist das Objekt vergegenständlichte Projektion subjektiver Sichtweise auf die Wirklichkeit von Kultur und Natur. Es wird damit Überhöhung der Wirklichkeit, weil symbolische Präsentation der subjektiven Bedeutung und der kulturellen Perspektiven in einer persönlichen bzw. einer Epochenstimmung zugehörenden Erwartungszeit. Solche ästhetisch manifestierte Zeitachse bildet natürlich eine sehr wesentliche Voraussetzung für den je aktuellen Vollzug der tendenziellen Allgemeingültigkeit ästhetischer Urteile. Der materiale Aspekt ist aber nicht mit dem formalen logischen zu verwechseln, um den es in der *KU* geht. Kant geht an die tendenzielle Generalisierung ästhetischer Urteile auch nicht von den Künsten aus heran – etwa vom Faktum allgemeiner Kunststile her als geschichtlich geprägten »Geschmacks« –, sondern allein im Hinblick auf den besonderen Typus logischer Geltung.

Das sich an diese drei Hauptpunkte der ästhetischen Zweckvorstellung anschließende Problem besteht in folgendem. Für Kant ist nichtlogische Objektivation immer individuell und nur eingeschränkt generalisierungsfähig. Wie ist der Vorstellungscharakter und die mit ihm gegebene empirische Subjektivität dennoch mit der Mitteilbarkeit und Allgemeinheit der ästhetischen Weltsicht zu verbinden? Die reflektierende ästhetische Urteilskraft geht nicht von einem Begriff aus, aber sie führt eine unbewusste Vermittlung der Wahrnehmung mit Begriffen und Urteilen herbei. Es ist die »zweckmäßige Übereinstimmung eines Gegenstandes (er sei Produkt der Natur oder der Kunst) mit dem Verhältnis der Erkenntnisvermögen unter sich« (V, 191). Mit dieser

Übereinstimmung von Verschiedenem im Subjekt ist ein eigenständiges und eigentümliches Kriterium der Allgemeingültigkeit und Objektivität gewonnen, um auch dem ästhetischen Urteil eine Mitteilbarkeit und einen Geltungsanspruch zuzusprechen, die apriorisch begründet werden können. Frank/Zanetti zeigten, dass hier ein Verhältnis der Kunsterfahrung zur Erkenntnis durchscheine und ein Ausdruck aufklärerischer Kunstauffasssung mit dem geschichtsphilosophischen Akzent der »ästhetischen Erziehung der Menschheit« zu erkennen sei.

Gegenüber der ersten *Kritik* wird die Generalisierungsthematik verfeinert. Nicht nur ihre Geltungsweise bleibt tendenziell, auch ihr Zustandekommen öffnet sich. Die Generalisierung der ästhetischen Vorstellungen erfolgt durch sprachlichen Austausch, durch den gestaltenden kommunikativen Prozess. In ihm vollzieht sich die Generalisierung als erweiterte Reflexion des Subjekts auf seine Vorstellungen und als immer bewegliche Abgleichung bei verschiedenen Personen. Der Geltungskreis bleibt partiell, im Falle auch zeitweilig. Es gibt keine universalistische Allgemeinheit. Die reflektierende Urteilskraft bringt stärker noch als die bestimmende der *KrV* das Element persönlicher Übung, des unmittelbaren Umgangs, der anhaltenden Erfahrung mit dem Gegenstand ins Spiel. Von der Urteilskraft im Erkenntnisvorgang hatte es geradezu geheißen, wenn sie fehle, so falle vor, was man Dummheit heiße, ein Übel, dem schlechterdings nicht abzuhelfen sei (III, 132). In ihrer teleologischen und ästhetischen Funktion gewinnt die reflektierende Urteilskraft die zentrale Position für die Konstitution des Bewusstseinsinhalts überhaupt. Für die ästhetische Objektivation holt Kant die aristotelische Tradition des Wissens aus praktischem Umgang in die Transzendentalphilosophie herein. Er weist dieser Tradition ihren vermittelnden, immer partikularen und fast nur der privaten Geselligkeit angehörenden Platz in der modernen Kultur an. Kant ehrt mit der ästhetischen Urteilskraft den einfachen Bürger. Im Kunsterleben bildet jeder Mensch die Gestalten eigener und doch eminent mitteilungsfähiger, nämlich menschlich erhebender Welten. Kants Ästhetik stellt das rezeptive Kunsturteil voran und lässt die Kunstproduktion zurücktreten. Auch insofern verfehlen spekulative weltanschauliche, ins Lebensphilosophische oder Irrationale gehende Überhöhungen den Problemgehalt der *KU*. Die Verbindung der Naturteleologie mit der Ästhetik entsprach der Methodologie der nichtmathematischen Naturwissenschaften und zugleich dem Maßgedanken der klassizistischen Ästhetik. Kant schließt

damit auch die pantheistische, sogar die religiöse Naturemphase ein. Das Entscheidende besteht darin, dass Kant sowohl die religiöse Weltfrömmigkeit als auch die ästhetischen und naturwissenschaftlichen Quellen unter dem Gesichtspunkt eines logischen Geltungstypus aufnimmt. Darin konzentriert sich für Kants Philosophie der geistige Charakter des Menschen als gesellschaftliche Qualität.

Literatur

Frank, M./Zanetti, V. (Hg.): I. Kant, Schriften zur Ästhetik und Naturphilosophie, Frankfurt/M. 1996. – Parret, H. (Hg.): Kants Ästhetik, 1998. – Häfliger, Gr.: Vom Gewicht des Schönen in Kants Theorie der Urteile, 2002.

Ästhetik als Theorie der Kunst-Rezeption durch Geschmacksurteile

Kants Begriff der ästhetischen Urteilskraft nimmt die Tradition des Geschmacksbegriffs (lat. gustus) auf, der in der neuzeitlichen Moraltheorie (bei Gracián mit dem Bezug auf den vollkommenen Weltmann) und Kunsttheorie einen zentralen Platz fand. Er diente dazu, die Besonderung von theoretischer Objektkonstitution und praktisch-lebensweltlichem Verhalten unter den nicht-antiken Voraussetzungen naturrechtlich konstruierter persönlicher Freiheit zu erfassen. In der »Querelle des Anciens et des Modernes« (80er Jahre d. 17. Jhs.) bildete der Geschmack (frz. goût) für beide Parteien das Kriterium entweder antikekritischer Modernität oder antikisierender Kritik vorgeblicher Allgemeingültigkeit der hochgeschätzten Gegenwart des 17. und 18. Jhs. In der englischen Ästhetik hatte J. Addison (1672–1719) den Geschmacksbegriff psychologisch umgeformt. Das Organ des Geschmacks wird die Einbildungskraft (imagination), und deren psychisches Kriterium ist das Vergnügen (pleasure), das bei Kant als Wohlgefallen wiederkehrt. In der deutschen Diskussion hatte vor Kant bereits C. F. Gellert (1715–1769) den Geschmack als Ausdruck des sensus communis behandelt. Baumgartens (1714–1762) *Aesthetica* (1750) bezog »Geschmack« systematisch auf die Kunstbeurteilung und zwar als vorlogische spontane Ordnungsform der Vollkommenheit der Welt in der Weise der Schönheit. Kant wendet sich der empiristischen Linie des Geschmacksbegriffs zu, um die metaphysische Verschränkung von Schönheit und theoretisch demonstrierbarer Vollkommenheit aufzulösen. Die metaphysische Verbindung des Schönen mit dem Vollkommenen und beider mit rationaler Demonstration trug die kultische wie die absolutistische allgemeine Verbindlichkeit ästhetischer Muster. Die sensualistische Ästhetik löste das auf und senkte das Kunsturteil dafür gleich ins Gefühl. Auch die sensualistische Gefühlsästhetik konzentrierte die ästhetische Thematik auf die Kunstrezeption. Das entspricht der kunstfremden Lebenspraxis des neuzeitlichen Bürgers. Kunst-Schöpfung kommt aus dem Nicht-Bürgerlichen von Unordnung und Irrationalität. Die ganze soziale Präsentationsweise des Feudalstandes war dagegen ästhetisch geführt. Der Rückzug auf die private Kunst-Rezeption widersprach auch der feudalen Verschwisterung von ästhetischer Repräsentation und autoritärem gesellschaftlichem Anspruch. Kants Subjektivierung des ästhetischen Urteils nimmt diese Charakterzüge der sensualistischen Ästhetik der middle-class auf. Kants Apriorismus setzt eigentlich die ursprüngliche Prägekraft des Subjekts gegen den Empirismus ein. Hier nun bedeutet er eine Kultur der Artikulation von Eindrücken. In der Logik theoretischer und moralisch-praktischer Akte ist der kommunikative Gehalt gleichsam eingehüllt mitgesetzt. Er wird nicht als anhaltender Diskussionsprozess genommen wie beim ästhetischen Urteil. An den Künsten interessiert Kant hauptsächlich der Austausch von Geschmacksurteilen, der eine eigene Sphäre geselligen Verhaltens prägt. Im Zusammenhang seiner methodischen Orientierung der Philosophie hält er sich aber auch den Bezirk intensiven ästhetischen Erlebens fern, der natürlich bereits auf der rezeptiven Seite, weit mehr noch bei der Kunstproduktion, schöpferischen, enthüllenden und aktivierenden Charakter besitzt. Der gesellschaftlich emanzipative, die Möglichkeit des Anderswerdens eröffnende Gehalt der Künste tritt ganz hinter der logischen Analyse der spezifischen Allgemeingültigkeit ästhetischer Sätze zurück. Höherer Gehalt der Kunstwerke kommt erst beim Ideal hervor (§ 17; V, 231 ff.).

Kants zarte und zugleich distinguiert genaue Mentalität im Hinblick auf das, was Geselligkeit in der Verbindung von Abstand zur Eigenverantwortung und Annäherung der Personen unter den Bedingungen freier Individuen sei, wirkt in seine Ästhetik nicht weniger als in seine Moralauffassung hinein. Er sieht nicht nur unmittelbar zur Schau gestellte, sondern auch bereits intensive Leidenschaft im Medium der Künste für die vulgäre Aufdringlichkeit an, die Freiheit anderer Personen mit dem Sturm seiner Gefühle zu beeinträchtigen. Das bestimmt sein Urteil über den Sturm und Drang, führt zu seiner Unkenntnis der Dramatik und Prosa Goethes

und Schillers und erzeugt seinen Widerwillen gegen das Einfließen ästhetischer Momente in historische und geschichtsphilosophische Theorien, die er gegenüber Herders *Ältester Urkunde* und gegen dessen Geschichtsphilosophie überhaupt aussprach. Die Musik besetzt nicht nur den untersten Platz unter den Künsten, weil sie bloß mit Empfindungen spiele. »Außerdem hängt der Musik ein gewisser Mangel der Urbanität an, daß sie vornehmlich nach der Beschaffenheit ihrer Instrumente ihren Einfluß weiter, als man ihn verlangt, (auf die Nachbarschaft) ausbreitet und so sich gleichsam aufdringt, mithin der Freiheit andrer außer der musikalischen Gesellschaft Abbruch tut; […] Es ist hiermit fast so, wie mit der Ergötzung durch einen sich weit ausbreitenden Geruch bewandt.« Von den bildenden Künsten dagegen darf man unbehelligt seine Augen wegwenden, wenn man deren Eindruck nicht einlassen will (V, 330). In Anbetracht der eingetretenen Gewalttätigkeit der Töne und Gebärden in den Massenkünsten, auch bereits auf dem Theater, wird man solche Sprödigkeit in den ästhetischen Bekenntnissen des deutschen Gelehrten schon wieder bereitwilliger aufnehmen. Kants Ästhetik interpretiert die Künste in Analogie zur sprachlichen Kommunikation (V, 320, 323 Anm.). Wie hier Wort, Gebärde und Ton die Mitteilung transportieren, so gibt es redende, bildende und mit Empfindungen spielende Künste: Rhetorik und Dichtkunst; Plastik, Baukunst, Malerei, Gartengestaltung; Musik und Farbenkunst.

Literatur

Gadamer, H.-G.: Wahrheit und Methode. Grundzüge einer philosophischen Hermeneutik, Tübingen 1975 [Kritik an Kants Subjektivierung der Ästhetik, S. 48–87]. – Fricke, C.: Kants Theorie des reinen Geschmacksurteils, Berlin 1990. – Baldacchino, L.: A Study in Kant's Metaphysics of Aesthetic Experience. Reason and Feeling, Lewiston 1991.

Form und Materie des Kunstwerks

Kant zielt mit dem Gegensatz des Formalismus der Urteilskraft zum vergnügenden Reiz der Assoziationen als falsifizierten ästhetischen Kriteriums auf das unbewältigte Verhältnis von moralischen oder historischen Inhalten und literarischer, malerischer oder musikalischer Durchführung des Themas. Wo die Vermittlung der beiden Momente des Kunstwerks nicht gelingt, treten tatsächlich ein deklamatorischer und ein gesuchter, wie spielerisch illustrierender Zug nebeneinander. Kants Ästhetik nimmt diesen Kon-flikt in Kunstwerken des 18. Jhs. auf. Die Lösung sieht Kant in der klassischen Linie mit dem Primat des geistigen Gehalts der Kunstwerke über die darstelleri-schen Mittel. Die Entgegensetzung von der Urteils-kraft überantwortetem interesselosem Wohlgefallen an der Form des Kunstwerks und den Kunstmitteln, die den Assoziationen überlassen bleiben, entspricht dem methodisch gedachten Form-Stoff-Dualismus der Kantschen Analytiken. In der Ästhetik steigert sich die Form-Stoff-Beziehung zum Verhältnis von ideeller Aussage und literarischer oder malerischer Ausführung. Der Formalismus der transzendentalen Ästhetik betont den geistigen Gehalt des Kunstwerks gegenüber dessen stofflicher Bindung, die in den Mo-tiven der Weltliteratur und in kontinuierenden Bild-motiven vorliegt. Die Betonung der logischen Gel-tungsweise von Kunsturteilen bedeutet natürlich nicht, dass die Künste für Kant nur eine Verständi-gungsform, vielleicht nur eine psychisch besonders schmiegsame, neben anderen seien. Die alte Ver-bindung von Ästhetik und Rhetorik ist hier noch zu erkennen. Goethe erfaßte diese Quelle der Konzent-ration Kants auf die Kunst-Rezeption, daß nämlich hier »die Rhetorik vortrefflich, die Poesie leidlich, die bildende Kunst aber unzulänglich behandelt« sei (11.4.1827). (Goethes Gespräche mit Eckermann, Berlin 1955, S. 313) Doch auch bei Kant überbietet das Kunstwerk im ästhetischen Gleichnis Ort und Zeit aller empirischen Ereignisse. Er nennt es den Be-zug der Künste von den Empfindungen zu den Ideen (V, 330). Diese Akzentsetzung am Kunstwerk auf des-sen über den Anlass hinausweisende kulturelle Be-deutung wird von Kant in der eingeschränkten Form einer Logik der rezeptiven Seite, also der Wirkungs-beurteilung von Kunstwerken ausgeführt. So erklärt sich auch der gegen Ende der Deduktion einsetzende psychologische und physiologische Gesichtspunkt, wenn über die rezeptive Wirkungsästhetik der einzel-nen Kunstgattungen bis hin zu Gesprächskultur, Witz (mit Beispielen) und Unterhaltungsspielen gehandelt wird (V, 330 ff.). Dahin gehören die Aufstellungen der einzelnen Kunstgattungen in Wertskalen, die mit der Neuordnung der Kulturfelder der bürgerlich-moder-nen Gesellschaft in die ästhetische Theorie seit dem 17. Jh. eingedrungen waren.

Kritik A. G. Baumgartens

Baumgartens *Aesthetica* (1750/1758) hatte Schönheit die Vollkommenheit der sinnlichen Anschauung, *perfectio phaenomenon,* genannt. Seine Frage richtete

sich darauf, wie das ästhetische Urteil im Subjekt zu-stande komme. In der Durchführung dominierte die psychologische und spezifische kunsttheoretische Thematik, wie auch Ästhetik und Rhetorik noch mit-einander verbunden blieben. Baumgartens Behand-lung der Kunstkritik innerhalb der Ästhetik klingt in der Kantschen Konzentration der Ästhetik auf die Kunstbeurteilung gegenüber der Kunstschöpfung nach (Baumgarten-Bezüge V, 340, 346). Baumgar-tens Erkenntnislehre (»Gnoseologie«) teilt die hö-here von der niederen oder sinnlichen Erkenntnis ab. Daraus ergeben sich Logik und Ästhetik als jeweils zuständige Disziplinen. In die generelle Ästhetik ge-hört dann die *philosophia poetica* als Theorie des Schönen. Fassen wir die Vollkommenheit des Seins, die *perfectio entis,* nur sinnlich (das ist verworren) auf, so empfinden wir das Sein als Schönheit (oder deren Gegenteil). Das gibt der Ästhetik zwar eine ei-gene, doch untergeordnete Stellung gegenüber der theoretischen Erkenntnis. Nach Kant hat Schiller (1759–1805) den fließenden Übergang vom Ästheti-schen zum Theoretischen und Praktischen wieder hergestellt. Schiller fasst den Zusammenhang vor al-lem gattungsgeschichtlich auf, so dass die geschicht-liche Einheit der drei Geltungstypen im Kantianis-mus als Realisierung des absoluten Geistes darge-stellt wird. Schiller hat vom ästhetisch produzieren-den Subjekt her (die rezeptive Ästhetik wird als schöpferisches Kunsterlebnis selbst ein Teil der Pro-duktivität) den Weg dahin eingeschlagen. Kants Fi-xierung der rezeptiven ästhetischen Funktion (der Urteilstyp vor fertigen Kunstwerken) bildet eine Be-dingung der These von der Unerkennbarkeit des in-telligiblen Substrats oder des »Absoluten«. Die Zu-rücksetzung der Kunstschöpfung in Kants Ästhetik, wo nichtlogische und doch höchst wirkungsvoll all-gemeingültige Produktivität des Subjekts vorliegt, entspricht der Abwehr der Erkenntnis eines intelli-giblen Substrats im schöpferischen Menschen. Die betonte Rezeptivität des Ästhetischen leitet davon ab und hin zum gesellschaftlich-kommunikativen Cha-rakter der Literatur und Künste.

Literatur

Sommer, R.: Grundzüge einer Geschichte der deutschen Psychologie und Aesthetik von Wolff-Baumgarten bis Kant-Schiller, Würzburg 1892, ND 1975. – Bergmann, E.: Die Begründung der deutschen Ästhetik durch A. G. Baumgarten und G. F. Meier, Leipzig 1911. – Lukács, G.: Zur Ästhetik Schillers (1935), in: Ders., Beiträge zur Geschichte der Ästhetik, Berlin 1954, S. 11–96 [zu Kant S. 40–68]. – Schümmer, F.: Die Entwicklung des Geschmacksbegriffs in der Philosophie des 17. und 18. Jhs., in: ABG 1 (1956), S. 120–141. – Biemel, W.: Die Bedeutung von Kants Begründung der Ästhetik für die Philosophie der Kunst, Köln 1959. – Crawford, D. W.: Kant's Aesthetic Theory, Madison 1974. – Kulenkampff, J.: Kants Logik des ästhetischen Urteils, Frankfurt/M. 1978. – Guyer, P.: Kant and the Claims of Taste, Cambridge 1979. – Paetzold, H.: Ästhetik des deutschen Idealismus. Zur Idee ästhetischer Rationalität bei Baumgarten, Kant, Schelling, Hegel und Schopenhauer, Stuttgart 1983. – Fricke, C.: Kants Theorie des reinen Geschmacksurteils, Berlin 1990. – Esser, A.: Kunst als Symbol. Die Struktur ästhetischer Reflexionen in Kants Theorie des Schönen, München 1996. – Franke, U.: Kants Schlüssel zur Kritik des Geschmacks. Ästhetische Erfahrung heute. Studien zur Aktualität von Kants *KU*, Hamburg 2000.

Analytik der ästhetischen Urteilskraft

Kant unterscheidet die Ästhetik des Schönen und des Erhabenen. Auf die Schönheit eines Natur- oder Kunstgegenstands bezieht sich das Urteil, wenn es aus freiem Spiel der produktiven Einbildungskraft (ohne logische oder moralisch-praktische Notwendigkeit) dessen zweckmäßige Bildung feststellt, die dem Wohlgefallen zugrunde liegt. Erhaben wird genannt, was außergewöhnlich groß, gewaltig und insofern gerade nicht mehr zweckmäßig erscheine, aber doch gemäß Ideen von möglichen Gegenständen empfunden werde, so dass ebenfalls ein Zusammenspiel der Vorstellungen mit Begriffen geschehe. Kant bewahrt die Scheidung der klassizistischen Ästhetik des 17. Jhs., die das Erhabene (*le sublime*) mit dessen Pathos vorbildhaften Geschehens über das Schöne hinaushob. Er verändert aber den Sinn der auch von E. Burke (1718–1797) fortgesetzten Trennung (*delight – pleasure*), indem das Erhabene nun vor allem auf die übersinnlichen Ideen moralischer Vollkommenheit bezogen wird, die im ästhetischen Symbol erfahrbar werden. Das ästhetische Urteil zum Erhabenen realisiert durch seine fast unbedingte Übereinstimmung und durch die Verankerung im übersinnlichen Substrat der Menschheit besonders nachdrücklich die Verbindungsleistung ästhetischer Aussagen zur moralisch-praktischen Rationalität. Beide Klassen ästhetischer Aussagen (über das Schöne und das Erhabene) werden nach Qualität, Quantität, Relation und Modalität auf der Urteilstafel gegliedert.

Qualität des ästhetischen Urteils. Nicht-demonstrable Geltung

Im Unterschied zur Urteilstafel der *KrV* wird nicht die Quantität vorangestellt (die Unterscheidung von Allaussagen, speziellen und Einzelaussagen). Die Qualität des Urteils macht den Anfang, da die Eigenständigkeit des ästhetischen Satzes gegenüber den theoretischen und praktischen zuerst bestimmt werden muss. Geschmacksurteile sind nicht Erkenntnisurteile. Sie sagen nicht ein inneres natürliches Bildungsgesetz (einer schönen Blume, eines rassigen Pferdes) aus. Ebensowenig sind ästhetische Wertungen Aussagen über angenehme oder unangenehme Empfindungen (im Sinne bloß unterhaltender Kunstwerke). Sie beziehen sich nicht auf die empirisch nützliche Gegebenheit des Gegenstands, und sie sprechen nicht im moralisch normativen Sinn. Kant lehnt die materiale Empfindungsqualität des Ästhetischen im Sinne des englischen Sensualismus (Addison, Burke) ab. Ebenso überschreitet die eigenständige Position der Urteilskraft die rationalistische Theorie, ästhetische Urteile seien nur graduell unklarere theoretische und moralische Bestimmungen (Baumgarten, Mendelssohn und die ganze Schar der Vollkommenheitsmänner, wie Schiller einmal an C. G. Körner schrieb).

Drei Arten des Wohlgefallens gebe es: Das Angenehme, das Gute, das Schöne. Die Qualität des ästhetischen Urteils bestehe in einem Wohlgefallen ohne logische Kriterien und ohne moralisch-prinzipielle und gegenständlich-praktische Interessen. So entsteht die Formel vom *interessefreien Wohlgefallen* oder Missfallen an einem Gegenstand oder einer Handlung (V, 211). Der logische Ort der Kantschen Ästhetik ist damit bezeichnet. Schönheit ist keine ontische Qualität mehr. Die machtvolle platonische Tradition, von Shaftesbury erneuert, ist abgewiesen. Als das elementare ästhetische Problem wird die Verständigungsmöglichkeit über Kunstleistungen ausgezeichnet. Darin konzentriert Kant den gesellschaftlichen Gehalt von Literatur und Künsten.

Urteilskraft lässt nicht Empfindungen fließen, sie wägt und wertet durchaus. Nach welchen Kriterien? Kants weiterer Gedankengang zeigt, dass es Proportionalitätswahrnehmungen sind, die dem Schönheitsgedanken zugrunde liegen. Das Problem des Hässlichen und des Schrecklichen, das von Barock und Aufklärung zum illustren Vergnügungsgegenstand gemachte »angenehme Grauen«, zuvor wesentliches Element der mittelalterlichen Kunst im kultischen und moralischen Sinne ohne manieristischen Gestus, fasst Kant zu einem bestimmten Teil in der Thematik des Erhabenen.

Energischer als die Distanzierung von der rationalistischen, dem Klassizismus des 17. Jhs. zugehörenden, Auffassung der Kunst als einer niederen Erkenntnisweise ist Kants Kritik der Verschleifung von Schönheit und Genießen im aristokratischen Kunstgebrauch. Mit Rousseauscher Schärfe wird der Gedanke abgewiesen, dass »eines Menschen Existenz an sich einen Wert habe, welcher bloß lebt, um zu genießen« (V, 208). Die Scheidung des Schönen vom moralisch Guten andererseits trifft die philiströse Moralisierung der Künste, die das Bürgertum, auch in protestantischer religiöser Färbung, dem höfischen Kunstgenuss entgegenstellte.

Quantität des ästhetischen Urteils. Allgemeine Geltung in der Tendenz

Kant behandelt das Geltungskriterium unter dem Titel der Quantität ästhetischer Sätze und geht dafür in den Bezirk der alten Theorie des Gemeinsinns zurück. Mit dem sensus-communis-Gedanken waren Geltungen durch Tradition und optimierte alltagspraktische Erfahrung verbunden. Es war G. Vicos (1688–1743) Korrektur der cartesianischen rationalen Generalisierung: Im kulturgeschichtlichen Erbe manifestieren sich menschheitliche Gehalte unterhalb der logisch reflektierten Ebene, Systeme ohne Systematisierung, in denen das Individuelle sich in anderem Verhältnis zum Ganzen befindet als der Einzelfall zum Naturgesetz in Mechanik, Optik und Astronomie. Einen zweiten Traditionskreis sucht die *KU* zu integrieren, heikler noch für den Apriorismus und doch mit dem rationalistischen Intuitivismus immer verbunden: Das Unbewusste und dessen gestaltende Kraft in allerkultiviertesten Bezirken, die Übereinstimmung ohne sprachliche Explikation schafft und zugleich das Bewusstsein persönlichen geistigen Besitzes behütet. Es sind Welten, die von theoretischer und praktischer Rationalität nicht erreicht werden. Die dritte *Kritik* besitzt in Kants Sicht ihre Unentbehrlichkeit für erschöpfende Begründung der modernen Kultur durch transzendentale Analyse darin, diesen Rätselbezirk des Unbewussten durch ein eigenes, höchst artifizielles Apriori dem transzendentalen Idealismus zu integrieren. Mit dem Sensualismus wird das Unbewusste gründlich entmystifiziert. Kant fasst die reflektierende Urteilskraft als ein unbewusstes Zusammenspiel der Vorstellungen in Richtung auf Begriffe. Es gibt also eine programmierte Bewegung von unten her, die das konstruktive theoretische und moralisch-praktische Ergreifen des Mannigfaltigen der Wahrnehmungen und unmittelbaren Antriebe ergänzt. Kant denkt das ästhetische Empfinden als ein vorbewusstes Streben auf eine begriffliche Ordnung hin, das aber nicht in diese übergeht, sondern beim Gefallen am Orientierungsfeld bleibt und nicht Erkenntnis-Vorstufe werden möchte. Es ist ein Leibnizscher Rest in Kants Ästhetik. Durch die unbewusste Orientierung der Kunstanschauung, eine quasi-logische Tendenz, kann das ästhetische Urteil den anderen logischen Formen angeähnlicht werden. Dann ist auch die Urteilsquantität gesichert (V, 211). Kant nennt sie eine subjektive Allgemeinheit (V, 218). Die sensus-communis-Tradition wird über den ästhetischen Gehalt zu einer freien Geselligkeit völlig unabhängiger Individuen, die sich verständigen ohne logische Notwendigkeit. »Es sinnt nur jedermann diese Einstimmung an, als einen Fall der Regel, in Ansehung dessen es die Bestätigung nicht von Begriffen, sondern von anderer Beitritt erwartet. Die allgemeine Stimme ist also nur eine Idee.« »Schön ist das, was ohne Begriff allgemein gefällt« (V, 216, 219). Durch die Qualifizierung des sensus communis zur Urteilsform a priori ist das kommunikative Verhältnis des Individuums im Geschmacksurteil fern von den korporativen Symbolgehalten institutionell gebundener Künste. Diese Logik des ästhetischen Urteils spricht die Emanzipation des Kunstbenutzers und die Emanzipation der Künste von autoritativen gesellschaftlichen Auftraggebern aus.

Kants ästhetische Fragestellung in der Form eines spezifischen Apriorismus der Urteilskraft erreicht es, die Kunstsphäre in der Kultur nicht schlechthin als eigenen Wert zu charakterisieren, sondern sie, wie Kant gern sagt, geradezu zu deduzieren, also deren ideelle Struktur darzustellen. Die Begründung der ästhetischen Geltung zeigt auch die Grenze des Konstruktionsprinzips. Die Voraussetzung wird von der in jedem Individuum steckenden Bewusstseinsorganisation geboten, dass angenehme oder unangenehme Empfindungen sich auf logische Konzentrationspunkte bündeln. Von Erfahrungen der Individuen mit deren Vergesellschaftung, von den ästhetisch-dramatischen Gehalten der gesellschaftlichen Prozesse, ja schon von der Verdopplung des Erlebens als empirisches Ereignis und als Welt der Phantasie ist nicht die Rede. Ohne Überschreitung der apriorischen Subjektivität zur ursprünglich gesellschaftlichen ästhetischen Praxis und Reflexion bleibt die Begründungsweise schmal. Im Zentrum hält sich das seine Eindrücke ordnende und mitteilende Urteil des einzelnen Beschauers oder Lesers. An Kants Analytik des ästhetischen Urteils wird eine gesellschaftliche Situation der Künste sichtbar. Künstler wie Kunstrezipient sind vereinzelte Individuen. Als Betrachter oder Leser tritt der sich in viele getrennte Sphären zerteilende Bürger an die Werke heran und empfindet gemessenes Vergnügen. Kant hält alle Leidenschaften fern, da sie im aristokratischen Genuss wie im religiösen Kult das klare Urteil einer zu bewusster Gleichheit erwachten Geselligkeit freier Individuen verdunkeln.

Relation des ästhetischen Urteils. Formalismus

Urteilsrelation bedeutet hier den spezifischen Zweckbezug eines Kunsturteils. Der dritte Urteilscharakter setzt den ersten Aspekt der Urteilsqualität fort. So wie das Kunsturteil ein interesseloses Wohlgefallen (im Unterschied zu theoretisch konstatierenden und zu praktisch normierenden Sätzen) formuliert, ebenso spricht es einen Zweck am Kunstobjekt aus, der nicht in der natürlichen oder technisch-praktischen Zweckhaftigkeit besteht. »Schönheit ist die Vorstellung der Zweckmäßigkeit eines Gegenstandes, sofern sie ohne Vorstellung eines Zwecks an ihm wahrgenommen wird« (V, 236). Das ästhetische Urteil zielt nicht auf die organische Zweckmäßigkeit der Teile einer Blume, sondern bezieht sich nur auf die Proportion der Gestalt, auf Farben und Duft. Der Formalismus der Kantschen Ästhetik vollendet sich im Relationsbezug. Kant unterscheidet z. B. freie und anhängende Schönheit. Die Schönheit eines Menschen, eines Pferdes, Gebäudes setzt einen organischen oder praktisch-technischen Zweck voraus, unter dem solche Objekte gedacht werden; sie ist anhängend (adhaerans). »Blumen sind freie Naturschönheiten.« Kant geht konsequent dahin fort, dass geometrische Figuren, dass Stubenverzierungen, Lustgärten, Ornamentformen wie etwa Arabesken bei Zeichnungen, auf Tapeten oder an Gebäuden, auch die Musik ohne Text die eigentliche schöne Kunst seien. Aus dem gleichen Grund sei Vogelgesang ästhetisch angenehmer als oft wiederholtes Menschenlied (V, 242 f.). In Architektur und Malerei rückt die Zeichnung ins Zentrum des ästhetischen Gehalts. Kant weicht auch hier keiner Schwierigkeit seiner Thesen aus und bezieht in einer außerordentlichen Wendung das gesamte Problemfeld ein. Farbe und Ton, immerhin keine Gestaltelemente wie die Zeichnung, werden von der Physik als einzelne Ätherschläge und Lufterschütterungen gedeutet.

Also liegen auch hier den Sinnesreizen rhythmische Figuren zugrunde, die den ästhetischen Formalismus bestätigen (V, 224). Das Thema gehört zur Physiologie und Psychologie der Gestaltwahrnehmung, überhaupt zur Strukturiertheit psychischer Leistungen sowohl der Rezeptoren als auch grammatikalischer und logischer Funktionen. Der ästhetische Formalismus soll die Unabhängigkeit des Kunsturteils oder eine Kommunikation auf der Basis von »Reiz und Rührung«, eines innigsten Gleichklangs der Stimmung, fernhalten. Kant hielt nichts vom Pathos der Empfindsamkeit, das als eine Phase persönlicher Emanzipation vom höfischen Gehorsam und von der Panegyrik barocker Ästhetik im 18. Jh. wirkte. Die transzendentallogische Ästhetik tritt dem Zeitalter der Empfindsamkeit entgegen.

Im Formalismus des ästhetischen Apriorismus ist die vollständige Vergesellschaftung der Kunst-Rezeption unter der Voraussetzung vereinzelter, im Urteil freier Individuen gesetzt. Es ist eine sozial, kultisch und institutionell neutrale Kunst-Wirkung von Privatbürgern gedacht, deren Austausch eine eigene Sphäre freier Öffentlichkeit bildet. Allerdings sitzt der Akzent bei Kant auf einem logisch stilisierten Individuum. Auch die konkreteren gesellschaftlichen Formen ästhetischer Realität wie Theater, Musikdarbietungen in Privatzirkeln werden nicht erwähnt. Tafelmusik kommt vor als das angenehme Geräusch, das die Stimmung erhalten soll (V, 305). Die neue gesellschaftliche Realität und Macht der Künste im Selbstverständnis des europäischen Bürgerhauses des 18. Jhs. findet sich in der Abtrennung der eigenen Sphäre ästhetischer Geltung ausgesprochen. Schillers *Briefe über ästhetische Erziehung* (1795) lehren weit über Kants Fragestellung hinaus die Bildung des Menschen in produktiver und rezeptiver ästhetischer Leistung als menschheitliche Fortschritts-Erziehung, die der Zerreißung und Entfremdung des Menschen im bürgerlichen Leben entgegenwirke und den Menschen in dessen Ganzheit wiederherstelle, wie es Hegel zur gleichen Zeit in seinen frühen Manuskripten nannte.

Ideal der Schönheit

Der Formprimat des Kunstwerks führt auf das Schöne als Gestaltproblem. Im Zusammenhang des zentralen Abschnitts zum Ideal der Schönheit nimmt Kant das platonische Thema des Schönen als eines Urbildhaften auf (§ 17; V, 231 ff.). Hier ergibt sich konsequent ein Übergang vom Rezeptiven zum Produktiven der Kunsterfahrung. Denn jede Kunst-Aufnahme schließt elementare ästhetische Produktivität ein. Kant kommt dazu bei der Urbild-Fähigkeit, die in jedes Menschen schöpferischer Erhebung über das schlechthin Vorhandene mitgeht (V, 235). Er führt die Thematik aus der Transzendenz heraus und nicht in die Banalitäten der Abstraktionstheorie hinein. Solches Muster (Mensch, Pferd, Hund) sei nicht aus der Erfahrung genommene Proportion, so dass etwa, könnte man Kants Gedanken erläutern, aus der Zahl der wahrgenommenen Nasen unbewusst ein Durchschnitt ausgemittelt und dann dem Wissen als ideale Figur vorgelegt würde. Kant nennt die »Normalidee der Schönheit« das zwischen den verschiedenen individuellen Anschauungen »schwebende Bild für die ganze Gattung«. Die Natur selbst habe es »ihren Erzeugungen zum Urbild unterlegt« (V, 234). Mit dem Abschnitt zum Ideal öffnet Kant seine Ästhetik der Thematik der Kunst-Schöpfung und dem geschichtlichen Gehalt der Künste. Die Kunstwerke entwerfen aus dem faktischen Leben der Menschheit ein mögliches Sein und überhöhen das Geschehen zum – mitgeborenen oder geschaffenen – Geschick. Kant hält diesen Durchbruch seiner *Logik des ästhetischen Satzes* kurz. Erst mit dem Idealgedanken kommt ein höherer überindividueller Gattungsbezug in diese Ästhetik, der zuvor stumm im logischen Apriori verschlossen war.

Rezeption und ästhetische Produktivität als menschliche Lebensäußerung sind bei Kant natürlich nicht absolut geschieden. Gerade die betonte kommunikative Funktion der ästhetischen Urteilskraft rückt weit ins Kunsterleben durch Kunstverständnis hinein; wie W. Killy sagte, schon zum Verstehen eines guten Gedichts gehöre Erläuterung. Der rezeptive Aspekt der Kantschen Ästhetik erhält hier produktiven Gehalt der Aneignung. Das alles steht im Zusammenhang der antikultischen Auffassung von Kunst, wie sie dann in B. Brechts *Kleinem Organon* (1950) wiederkehrt. Die Parallelen Kant – Brecht bieten guten Zugang zur Kantschen Ästhetik und ebenso zum gesellschaftlich-aktiven Gestus der nicht-aristotelischen Dramatik Brechts. Es geht bei beiden um die Steigerung der gesellschaftlichen Souveränität des Individuums durch Selbst- und Weltverständnis im Medium der Literatur und der Künste.

Der Platonbezug vom Urbild, dem das ästhetische Bild folge, bildet die Stelle, da sich die beiden so verschiedenen theoretischen Orientierungen Kants und Goethes im teleologischen Bereich des Urphänomens berühren. Goethe kommt von der ästhetischen Praxis zur immer kunstpraktischen und in der Na-

turforschung ästhetisch analogisierenden philosophischen Reflexion und operiert ungehindert mit der von Schelling/Hegel durchgebildeten objektiv-idealistischen Hypothese eines produktiven Natursubjekts. Kant gelangt bei der ästhetischen Ausformung seines Apriori in einem transzendentalen Subjekt überhaupt bis vor den Verschmelzungspunkt von organischer Naturform und Gestaltwahrnehmung. Es bleiben insofern zwei unterschiedene Positionen, da Kant Schönheit und Zeckmäßigkeit nur als regulative Verfahren der Urteilskraft nimmt. Deren objektive ideelle Realität (die realitas obiectiva oder formalis) als ein »intelligibles Substrat der Natur außer uns« (V, 345) ist eine notwendige, aber indemonstrable Idee.

Kant nimmt mit dem Ideal der Schönheit auch das Problem der relativen empirischen Unwirklichkeit des Kunstwerks auf. Eigentlich eröffnet er eine neue Ebene seiner Theorie. Bisher war die Tendenz der ästhetischen Wahrnehmung auf die spezifische kommunikative Synthesis hin bestimmt worden, die die Urteilskraft darstellt. Jetzt tritt der Gesichtspunkt hinzu, dass es bereits vorbestehende Gestaltbildungen gebe, die die logische Prägung der Urteilskraft veranlassen. Kants dritte *Kritik* betritt hier die Grenzscheide von der formalen zur materialen, objektiv idealisierenden Ästhetik. Das Ideal der Schönheit ist Versinnlichung einer Idee. Bisher war das Schöne in dessen Weg vom wahrgenommenem Wohlgefallen zur artikulierten Aussage behandelt worden. Der alle Konsequenzen ausleuchtende Autor tritt im Ideal-Abschnitt an die Grenzen des Formalismus einer Zweckmäßigkeit ohne Zweck. Das Ideal der Schönheit wird von ideellem Interesse getragen. Es »besteht in dem Ausdrucke des Sittlichen«, ist »der sichtbare Ausdruck sittlicher Ideen, die den Menschen innerlich beherrschen«, so dass in dieser Sphäre Schönheit (aus Urteilskraft) und Sittlichkeit (aus Ideen praktischer Vernunft) zusammentreten (V, 235). Kant schwächt im Zusammenhang des alten ästhetischen Themas vom Ideal der Schönheit den Formalismus ab, der die Autonomie des Kunstwerks vor allem über dessen kommunikative Rezeptionsfähigkeit gewährleistete. Die von Kant genannten moralisch-praktischen Ideen wie Güte, Seelenstärke usf. sind materiale Prädikate. Kant sieht den Aufstieg vom Abbild zum Urbild und zum Ideal beim intelligiblen Reich der praktischen Vernunft ankommen. So erreicht er Aspekte der Einheit in der Verschiedenheit der Objektivationen und klärt das selbstverständlich mitspielende Problem der transzendenten Fassung des Ideals des Menschen, das in der großen religiösen Kunst seine Kraft entfaltete, zu einer gesellschaftlich-immanenten Idealisierung auf. In diesen Zusammenhängen werden in Kants Transzendentalphilosophie, die die analytische Trennung der Geltungstypen in den Mittelpunkt stellte, die synthetisierenden Momente akut. Sie lagen in der Theorie der Transzendentalien und überhaupt in der Metaphysik-Quelle vor, die Kant selbstverständlich gegenwärtig waren. Kant fasst das alles in der dritten *Kritik* unter dem traditionellen Teilproblem des Ideals, wie es aus der Kunstgeschichte und, für Kant primär, aus der Geschichte des Weisheitsbegriffs überkommen war.

Modalität des ästhetischen Urteils

Als Urteilsmodalität sind hier besondere Charakteristika der Geltungsweise gemeint. Das Kunsturteil besitzt ein Sollen nach »gemeiniglich nur als nach dunkel vorgestellten Prinzipien« (V, 238) Es ist vom moralischen Sollen unterschieden. Hier ist eine Kommunikation nicht argumentativer, sondern am Beispiel symbolisch repräsentierender Art gemeint, ein eigener Typus von Mitteilung zur Ausbildung von Gemeinsamkeit des Urteils. Er legitimiert sich durch immer erneuerte experimentelle Anmessung einer Allgemeinheit, die nicht auf Beweis, sondern auf den Genuss freier Übereinstimmungen gerichtet ist.

Literatur

Kohler, G.: Geschmacksurteil und ästhetische Erfahrung. Beiträge zur Auslegung von Kants *KU*, Berlin u. New York 1980. – Seel, G.: Über den Grund der Lust an schönen Gegenständen. Kritische Fragen an die Ästhetik Kants, in: Oberer, H./Ders. (Hg.): Kant. Analysen – Probleme – Kritik, Frankfurt/M. 1988, S. 317–356. – Fricke, C.: Kants Theorie des reinen Geschmacksurteils, Berlin u. New York 1990. – Frank, M. u. a. (Hg.): Sur la Troisième Critique, Combas 1994 [darin spez. Ders., Les »Réflexions sur l'Esthétique« de Kant. A propos de l'élaboration de la *Critique du jugement esthétique*, S. 13–47].

Das Erhabene

Vom Schönen wird das ästhetisch *Erhabene* unterschieden und zwar das *mathematisch* und das *dynamisch* Erhabene. In der ästhetischen Theorie der Antike kommt die Thematik vom künstlerischen Enthusiasmus und von der gesteigerten Persönlichkeit im begeisternden Kunstgenuss her. Sie stand also zunächst nicht im Gegensatz zum Schönen, sondern bildete dessen Steigerung. Die Ästhetik des Erhabenen war eng mit der Tradition der Rhetorik verbunden. Die englische Ästhetik des 18. Jhs. (Addison, Burke) unterschied das Erhabene, anders als die antike und als die klassizistische Ansicht des 17. Jhs., als Pathetisches gegenüber dem einfach Schönen. Sie stellte es ebenfalls über das Schöne. Im Anschluss an Baumgarten und Mendelssohn bestimmte Kant bereits 1764 in seinen *Beobachtungen über das Gefühl des Schönen und Erhabenen* das Erhabene als eine über das Schöne hinausgehende ästhetische Parallele zur Metaphysik, der später von ihm Vernunftideen genannten Begriffe von der Ewigkeit der Welt, von Vorsehung und Unsterblichkeit (II, 215). Schönheit ist Wahrnehmung von Proportion, das Erhabene erzeugt Achtung, erweckt also moralisches Bewusstsein. E. Müller zeigte in einer Monographie zur Beziehung von Ästhetik und Religionsphilosophie, dass die Verbindung des Erhabenen mit der Moral, weil es Schöpfung freier Wesen ist, die über die Nachahmung der Natur hinausgehen, von Shaftesbury zu den Schweizer Literaturkritikern (Bodmer, Breitinger) und zu Kant kam. Bei Kant sollte die Verbindung des ästhetisch Erhabenen mit dem Moralischen wie bereits bei Shaftesbury die ursprünglich primäre Verbindung des Erhabenen mit dem gefühlshaft Religiösen trennen. Das Moment des Pathetischen ist im Achtungsgefühl für das Sittengesetz zu einem Bindeglied zwischen Neigungen und Vernunft verändert. Die *KU* führt das Erhabene geradezu als Kontrast zum Schönen ein. Kant meidet das sentimentale Pathos der anakreontischen und religiösen Lyrik, die Schicksalstragödien von fürstlichen Familien und ebenso die breit fließende Literatur von Exempeln, in denen die Geschicke den Menschen erheben, indem sie ihn zermalmen. Das Pathos des Lebensgeschicks, in dem der Bürger die Sphäre seines besonnenen Lebensgefühls verlässt, ist Kant unangenehm. Pathos des Erhabenen bleibt der sittlichen Pflicht vorbehalten und jakobinischem Verfassungsrepublikanismus im Besonderen. Die Spannung im Subjekt, die aus Leidenschaft ungeheuer wird, der Verbrecher aus verlorener oder beleidigter Ehre (Schiller 1792, nach Kant Kleists *Kohlhaas*, 1810) wird aus der Ästhetik des Erhabenen ferngehalten, wie schon aus der Moral der Pflichtgesinnung. Die Ästhetik des Hässlichen, der negativen Erhabenheit, fehlt ohnehin. Das mathematisch Erhabene ist das schlechthin Große (Gebirgsmassen, die Pyramiden), das dynamisch Erhabene ist das für uns maßlos Gewaltige (Ozean, Unwetter). Naturbezüge regieren die Ästhetik des Erhabenen. Kulturelle Qualitäten treten zurück, um Sentimentalität im Pathetischen und vor allem als deren Folgen Herrschaft von Konvention und Devotion (gegenüber sozialer Erhabenheit von Personen) zu vermeiden. Das von der Barock-Ästhetik geschätzte Spiel mit dem angenehmen Grauen – inzwischen vom Medienbetrieb noch zum Unerträglichen vulgarisiert – war für Kant mondäne Übersättigung und psychische Abwegigkeit.

Das Erhabene gewinnt gegenüber dem Schönen eine eigene und interessante Qualität und ist mehr als nur dessen Steigerung. Es fordert uns heraus, indem es den Menschen einer letzten Nichtigkeit des Augenblicks und der gewohnten Alltäglichkeit innewerden lässt, ja uns zu zerstören scheint. Das Erhabene zu denken, übertrifft jeden Maßstab der Sinne und führt auf die Idee von Unendlichkeit. Damit nähert es sich der Idee der Totalität, also einem in den Vernunftideen repräsentierten Absoluten (V, 250, 255). Kant geheimnist nichts hinein, nicht Ahnung, nicht Erlösungserwartung, er gibt im Erhabenen eine Gegenbewegung zur Spontaneität der logischen Form an, von unten her, wo das Subjekt konkret ist. Die Theorie des Erhabenen überschreitet den temperierenden Zug dieser *Logik einer primär rezeptiven Ästhetik*.

Im Einzelnen gehen viele Motive in Kants Theorie des Erhabenen ein. Das ist zuerst die Verwandlung des ursprünglichen antiken Sinns von Steigerung (*hypsos* – Höhe) der Seele, die dann zur erfahrenen Ruhe der *katharsis* führe. Das Ungeheuere der Natur (zerstörerische Vulkane, Orkane, grenzenloser Ozean, wüste Einöden) versetzt in Schrecken, wir verspüren unsere physische Ohnmacht – und entdecken in uns ein Vermögen, uns von ihr unabhängig zu denken durch »eine Überlegenheit über die Natur, worauf sich eine Selbsterhaltung ganz anderer Art gründet«. Kant gerät natürlich nicht auf die Plattheit der technisch-geistigen Zähmung der Natur. Er bezieht es auf die Erniedrigung, die Ohnmacht dem Einzelnen bedeute, da aber doch »die Menschheit in unserer Person unerniedrigt bleibt« (V, 261 f.). Kants moralisch-praktische Begründung der Religion geht hier mit. Das alte Thema der Erhabenheit Gottes, die sich im übermenschlich Großen der Natur manifestiere und zur Anbetung mahne, wird auf das intelligible Wesen der Menschengattung transformiert.

In dieser Ästhetik des Erhabenen verbinden sich drei Motive, die das älteste Gut der Thematik neuen Problemstellungen zuführen. Das erste ist die psychische Wendung von der »negativen Lust«, die die Wahrnehmung des Übermächtigen errege, zur pathetischen Steigerung der Person in die überempirisch-geistige Energie der Menschheit. Das bereits bei Homer hochartifizielle Moment der psychischen Schrecklösung durch ästhetische Sublimierung dargestellter Ereignisse (oft durch anspruchsvolle Ritualisierung von Sprachformeln) wird übertragen auf die Steigerung des Individuums zum Bewusstsein der Gattungsexistenz. Das zweite Moment: Nicht schon beim Schönen, erst mit der Ästhetik des Erhabenen wird der Übergang vom Natur- zum Freiheitsbegriff, den die *KU* vollziehen soll, wirklich ausgeführt. Die schöne Form als Zweck ohne Zweck lässt nur bei hinzutretender Reflexion noch ein menschheitliches Agens zu kultivierter Geselligkeit fast wie hypothetisch eintreten. Erst das Erhabene zwingt, aus der Gewalt des ästhetischen Eindrucks zum Intelligiblen überzugehen, weil das rein Natürliche das Selbstbewusstsein zerstören würde. Darin bricht sich andere Allgemeingültigkeit des ästhetischen Urteils Bahn. Die ästhetischen Elemente der erschütternden Leidenschaft und der Reinigung, die Aristoteles gegen Platon als von der Tragödie gleichermaßen erzielte Affekte eingeführt hatte, verwandelt Kant zur sittlichen Beziehung auf die ideelle Existenz der Menschheit. Drittens schließlich führt Kant mit dem Apriori der ästhetischen Urteilskraft die ursprüngliche Metaphysik der Transzendentalien *verum, bonum, pulchrum* wieder herbei. Der § 59 stellt zusammenfassend die Schönheit als »Symbol des Sittlichen« dar. Die ästhetische Wahrnehmung, das einfachste Element theoretischer Objektkonstitution, »macht den Übergang vom Sinnenreiz zum habituellen moralischen Interesse ohne einen zu gewaltsamen Sprung möglich« (V, 353 f.). An den Gegenständen der Sinne erscheint die Möglichkeit eines geistigen Wohlgefallens ohne materiales Interesse beim Schönen, als Notwendigkeit der Besinnung auf die intelligible Über-Natur der Menschheit beim Erhabenen. Gerade diese Erneuerung der ursprünglichen Metaphysik-Triade bringt den genetisch-phänomenologischen Gegenzug zum vorausgesetzten Apriorismus und weist auf eine neue Methode philosophischer Propädeutik hin, die das logisch-kategoriale Fundament nicht voraussetzt, sondern von der gesellschaftlichen Existenz des Menschen her darstellt.

Mit schöner Ergänzung, als sollte die handwerkliche Meisterschaft des Autors Kant nicht fehlen, wird alledem noch das Pendant allerpopulärster Einübung der Ästhetik des Erhabenen hinzugefügt: Im

Bild des unerschrockenen Kriegers, so dass »selbst der Krieg, wenn er mit Ordnung und Heiligachtung der bürgerlichen Rechte geführt wird, etwas Erhabenes an sich hat« (V, 263). Hier tritt, vielleicht mit Blick auf den antispanischen niederländischen, auf den eben geschehenen nordamerikanischen Befreiungskrieg, das Erhabene auch als durch Gefahr gegangenes geschichtlich Heroisches neben die von der Dichtung (Brockes, v. Haller), von der Malerei (die sich überstürzende Natur auf Gemälden Füsslis) und von der religiösen Erbauungsliteratur gewohnte erhabene Natur ein.

Literatur

Trebels, A. H.: Einbildungskraft und Spiel. Untersuchungen zur Kantischen Ästhetik, Bonn 1967. – Homann, R.: Zum Begriff des Erhabenen bei Kant und Schiller, München 1977. – Schmidt, J.: Die Geschichte des Geniebegriffs in der deutschen Literatur, Philosophie und Politik 1750–1945, Bd. 1, Darmstadt 1985. – Crowther, P.: The Kantian Sublime. From Morality to Art, Oxford 1989. – Pries, C. (Hg.): Das Erhabene. Zwischen Grenzerfahrung und Größenwahn, Weinheim 1989. – Lyotard, J.-F.: Die Analytik des Erhabenen. Kant-Lektionen, München 1994. – Homann, R.: Zu neueren Versuchen einer Reaktualisierung des Erhabenen. Lyotards Utilisierung einer ästhetischen Kategorie für eine neue Ethik, in: ZphF 48 (1994), S. 71 ff. – Pries, C.: Art. »Erhabenes«, in: Historisches Wörterbuch der Rhetorik, Bd. 2, hg. v. G. Ueding, Darmstadt 1994, Sp. 1378 ff. – Brandt, R.: Beobachtungen zum Erhabenen bei Kant und Hegel, in: Fricke, C. u. a. (Hg.), Das Recht der Vernunft. Kant und Hegel über Denken, Erkennen und Handeln, Stuttgart-Bad Cannstatt 1995, S. 215–228. – Briese, O.: Ethik der Endlichkeit. Zum Verweisungscharakter des Erhabenen bei Kant, in: KS 87 (1996), S. 325–347 [vorzügliche Darstellung im Zusammenhang der Problematik im 18. Jh.; reiches Literaturverzeichnis]. – Recki, B.: Ästhetik der Sitten. Die Affinität von ästhetischem Gefühl und praktischer Vernunft bei Kant, Frankfurt/M. 2001. – Müller, E.: Ästhetische Religiosität und Kunstreligion. Zur Doppeldeutigkeit des Ästhetischen und Religiösen in den Philosophien von der Aufklärung bis zum Ausgang des deutschen Idealismus, Berlin 2003.

Deduktion des ästhetischen Urteils

Im Zusammenhang einer Deduktion des ästhetischen Urteils, also der Begründung von dessen logischer Spezifik, versammelt Kant neben der eigentlichen transzendentallogischen Thematik weitere Gesichtspunkte: Aspekte des kulturellen Gehalts ästhetischer Aussagen als Elemente interessefreier Verständigung; einige Themen einer nicht nur rezeptiven, sondern Kunst produzierenden Ästhetik; schließlich sogar Ansätze einer Theorie der Kunstgattungen. Die transzendentallogische Frage nach der Möglichkeit des ästhetischen Urteils überhaupt setzt sogar mit aristotelischer Aporetik ein. Ästhetische Urteile sind stets individuell. Wie können sie als einzelne Aussagen ohne Allgemeinbegriffe hinreichend allgemeingültig werden? Das Geschmacksurteil gründet sich nicht auf Begriffe, sondern auf individuelle Eindrücke von einem je einzelnen ästhetischen Objekt. Die ästhetische Idee ist »diejenige Vorstellung der Einbildungskraft, die viel zu denken veranlaßt, ohne daß ihr doch irgendein bestimmter Gedanke, d. i. Begriff, adäquat sein kann« (V, 314). Kant begründet die spezifische Logik des Geschmacksurteils mit der Ordnung der Empfindungen durch die Einbildungskraft in Richtung auf Begriffe, die nahegelegt, »angesonnen«, aber nicht demonstriert werden. Anflüge von großer Leidenschaft sind bei solcher Deduktion natürlich fernzuhalten. Ganz und gar jene Leidenschaft, die doch unübersehbar dazugehörte, dass Michelangelo die Decke der Sixtinischen Kappelle ausmalte und so ausmalte, dass Schubert trotz des Unverständnisses der Zeit nicht Caféhauswalzer, sondern Symphonien schrieb usf. Die Ästhetik der Kunstschöpfung bleibt außerhalb der ganzen Logik des Geschmacksurteils. Kants Ziel, die Künste im gesunden, religionsfreien, lebenserheiternden Maß des pflichtbewussten, freien deutschen Städtebürgers zu denken, hält Überschwang fern. Hier gilt der Ort, von dem her und für den gedacht wird: Der Bildungsanspruch des deutschen Bürgers, die Autonomie seiner gesellschaftlichen Lebensführung. Das ästhetische Urteil veredelt kluge Geselligkeit, es sucht nicht den rebellischen Trotz des »Bedecke Deinen Himmel, Zeus«. Der bürgerlich nahe Zirkel bildet das kulturelle Milieu dieser Ästhetik. Dessen Weltsicht wird die Würde des Kunsturteils verliehen. Literatur und Künste sind der Normalität des bürgerlichen Lebens übereignet. Die klassische mimesis-Theorie wird von der Einbildungskraft her aufgenommen. Diese ist das »produktive Erkenntnisvermögen«, »sehr mächtig in Schaffung gleichsam einer andern Natur aus dem Stoffe, den ihr die wirkliche gibt« (V, 314). Doch vor allem schafft die Geltungsweise der ästhetischen Urteilskraft Takt. Sie ist das Vermögen, die Einbildungskraft »dem Verstande anzupassen«, denn jene »bringt in ihrer gesetzlosen Freiheit nichts als Unsinn hervor« (V, 319). Es ist, als sollte die produzierende Ästhetik von der rezeptiven überwältigt werden.

Literatur

Horstmann, R.-P.: Why must there be a Transcendental Deduction in Kant's *Critique of Judgement*, in: Förster, E. (Hg.), Kant's Transcendental Deductions. The Three *Critiques* and the *Opus Posthumum*, Stanford 1989, S. 157–176.

Das künstlerische Genie

Das Zentrum der Ästhetik der Kunstschöpfung verlagert sich in die Fixierung des Geniebegriffs. Die kulturelle Genesis der Künste wird als schulgerechtes Konzentrat behandelt. Die Regelhaftigkeit der ästhetischen Urteilskraft, eigentlich zu einer transzendentalen Deduktion der Möglichkeit generalisierender Kunstbeurteilung bestimmt, wird in die andere Sphäre schöpferischer ästhetischer Aneignung und Symbolisierung versetzt, so dass sich als Antwort auf die genau partikularisierte Frage ergibt: Genie ist Freiheit vom Regelzwang, aber so, dass die Kunst dadurch neue Regeln erhält (V, 318). Die schulmäßige Zurückhaltung Kants, schon von der Aversion bedingt gegen das Pathos der Kraftgenies wie gegen provinzielle literarische Sentimentalität, die in der Trivialliteratur des 18. Jhs. umging, der schmale Fragestreifen ergibt sich aus dem transzendentallogischen Akzent der ganzen ästhetischen Theorie. Es handelt sich um Urteile, und die Frage ist, wie sie als ein eigener Typus logischer Struktur Geltung gewinnen können. »Genie ist die musterhafte Originalität der Naturgabe eines Subjects im freien Gebrauch seiner Erkenntnisvermögen« (V, 318). Das Geniale vertritt das Schöpferische und wird auf das Thema der ästhetischen Regelhaftigkeit beschränkt. Dem Artikulationsgebot des ästhetischen Erlebnisses (»Wohlgefallens«) – einmal spricht Kant auch vom erhöhten »Lebensgefühl« durch Kunst-Erfahrung – entspricht der Primat der Regelfähigkeit beim produzierenden Künstler.

Der Geniebegriff wird an eine weitgreifende theoretische Voraussetzung gebunden. Im produktiven Genie erscheint unter den biographisch zufälligen Umständen das übersinnliche Substrat, das zum Verständnis der Möglichkeit überhaupt einer Entsprechung von schönen Natur- und Kunstformen mit unserem Urteilsvermögen anzunehmen ist. Kant möchte damit die irrationalistische Interpretation der produktiven Intuition in der Künstler-Thematik ausschließen. Das Genie befolgt nicht, es setzt allgemeine Regeln der Kunstproduktion. Doch diese nimmt es nicht aus sich, sondern in der ästhetischen Intuition versinnlicht sich gleichsam

das übersinnliche Substrat der Entsprechung von Schönheit und Zweckmäßigkeit im Erscheinungsganzen wie in der ästhetischen *poiesis* des Subjekts überhaupt. Kant greift auf einen Rest Platonismus zurück, freilich ohne Platons schöpferische Begeisterung (ἐνθουσιασμός, *enthousiasmós*).

Literatur

Nachtsheim, St.: Zu Immanuel Kants Musikästhetik, 1997.

Dialektik der ästhetischen Urteilskraft. Antinomien in den drei *Kritiken*

Der Dialektik-Teil der dritten *Kritik* wiederholt nur als Thesis und Antithesis die bereits in der Analytik behandelte Eigentümlichkeit des Kunsturteils. These: Ästhetische Sätze sind nur Artikulation individuellen Gefühls. Antithese: Ästhetische Sätze müssen auf Begriffe bezogen sein, sonst gäbe es keine Tendenz zu allgemeiner Anerkennung der Aussagen. Die Auflösung der Antinomie wird von Kant aber mit einem Male weit über den gesamten bisherigen Gedankengang des Werkes hinausgeführt. Die Beziehung auf den logischen Bezirk, Kant sagt, auf den Begriff, die allein eine Allgemeinheit des ästhetischen Urteils gestatten könne, kann nicht auf einen Verstandesbegriff führen. Dann würden ästhetische Urteile theoretische Aussagen über Vollkommenheit oder Unvollkommenheit von Objekten darstellen. Geschmacksurteile würden theoretisch demonstrierbar und beweisbar werden. Das widerspricht der Thesis. Um welchen logischen Bezirk kann es sich für die Deduktion der Allgemeinheit des ästhetischen Urteils handeln? Kant setzt hier seine Theorie des Erhabenen fort und gibt ihr eine allgemeine Wendung. Die logische Sphäre, auf die das sog. »sinnliche Urteil« allein bezogen werden könne, sei der Vernunftbegriff vom Übersinnlichen, der der wahrnehmbaren Gegenständlichkeit des Kunstwerks und dem ästhetischen Urteil zugleich zugrunde liege. Kant fasst diese Wiederaufnahme der Metaphysik-Problematik in einer großen Wendung zum historischen Gehalt des mundus intelligibilis zusammen. Die logische Sphäre des Kunsturteils, die das Allgemeinheitskriterium der Aussagen verbürgt, liegt »im Begriffe von demjenigen, was als das übersinnliche Substrat der Menschheit angesehen werden kann« (V, 340). Schiller hat vor Hegel diesen Zug hin zum Schönen als Realisierung des objektiven Geistes aufgenommen.

Der Abschnitt »Auflösung der Antinomie des Geschmacks« mit seinen beiden Anmerkungen (§ 57; I, II) bildet einen der zentralen Abschnitte für das Verständnis des Grundgedankens der Kantschen kritischen Metaphysik. Kant fasst jetzt die Antinomik aller drei *Kritiken* zusammen. Die Antinomien sind:

- in der theoretischen Rationalität deren Bestreben und Unmöglichkeit, die logische Strukturierung der Erscheinungen bis zum Unbedingten des erscheinenden Seins überhaupt fortzusetzen (Endlichkeit – Unendlichkeit, Einheit – Vielheit, Notwendigkeit – Freiheit);
- für die ästhetische Qualifizierung von Objekten die individuelle Verschiedenheit des Lust-Unlust-Gefühls und zugleich darüber hinausführende allgemeine Beurteilungskriterien aller Vorstellungen;
- für die moralisch-praktische Rationalität die Unaufhebbarkeit eines sog. materialen Begehrungsvermögens mit der Bindung an die endlichen, alltäglichen Determinationen des Subjekts und zugleich unter dem notwendigen Postulat der Übereinstimmung aller Handlungen aller Subjekte in einem asymptotisch übereinstimmenden Zweck aller Zwecke die absolute Intellektualität aller Handlungsintentionen.

Kants Antinomien-Problematik fasst sich also in der Widerspruchsrelation von Bedingtem und Unbedingtem zusammen. Seine Lösung formuliert Kant in zwei Thesen:

1) Das Unbedingte ist nicht ontisch, sondern nur als Basisgedanke von Rationalität eines Subjekts überhaupt, innerhalb dessen alle denkenden Subjekte stehen, zu denken.

2) Für die Übereinstimmung nicht einzelner Erscheinungen mit einzelnen Wahrnehmungsleistungen, nicht empirischer Handlungsantriebe und individueller Wohlgefallens-Urteile, sondern für die Erklärung der Möglichkeit der Übereinstimmung der erscheinenden Objekte überhaupt und der theoretischen, praktischen und ästhetischen Akte schlechthin ist ein übersinnliches Substrat in dreifachem Sinne anzunehmen: Als Substrat der Natur, als Prinzip aller Zwecke aller Willensmaximen und als Prinzip einer subjektiven Zweckmäßigkeit (ästhetisch und biologisch) der Natur für unser Erkenntnisvermögen. So zwingen also die verschiedenen Antinomien des Endlichen und des Unendlichen dazu, die empirische Gegenständlichkeit aller Objekte und aller erkennenden, handelnden bzw. empfindenden Subjekte nicht als Dinge an sich, sondern als Erscheinungen zu denken. Dann müsse ihnen aber in ihrer Gesamtheit ein intelligibles Substrat unterlegt werden. Damit wird das Ding an sich für das erklärt, was unser Denken a priori der gesamten empirischen Erscheinungswelt um deren Denkbarkeit willen als »etwas Übersinnliches (das intelligible Substrat der Natur außer uns und in uns) als Sache an sich selbst unterlegt« (V, 345). Es ist der Punkt im originären Kantianismus, der am meisten auf Hegels Geistbegriff hintendiert.

Literatur

Horkheimer, M.: Zur Antinomie der teleologischen Urteilskraft, in: Ges. Schriften, Bd. 2, hg. von G. Schmid Noerr, Frankfurt/M. 1987, S. 15–72. – Zanetti, V.: Die Antinomie der teleologischen Urteilskraft, in: KS 83 (1993), S. 341–355.

Problem- und Systemgedanke in der Theorie der Urteilskraft. Ästhetische Urteilskraft und Moral

Analytik und die Dialektik der ästhetischen Urteilskraft (eine Methodenlehre entfällt, weil Kunsttheorie keine Anweisung zur Kunstschöpfung erteilen könne, V, 355) führen weniger die Vermittlungsfunktion zwischen Verstand und Vernunft, sondern vor allem die Eigenständigkeit des Kunsturteils aus. Kant hat dafür gute Gründe. Würden die ästhetischen Urteile zu weit an die theoretisch verifizierbaren Urteile angenähert, so fiele der transzendentale Idealismus auf die von der Schulmetaphysik übernommene Leibnizsche Unterscheidung von dunklen und hellen Erkenntnissen zurück. Es bliebe zwischen ästhetischen Urteilen (mit dem gesamten anhängenden Bestand von alltagspraktischen Urteilen) und wissenschaftlichen Theorien nur ein quantitativer Unterschied in der Deutlichkeit der Vorstellungen. Kants Überwindung des unfertigen metaphysischen Begriffs der Vorstellung (idea) durch die Trennung von Elementarbegriffen des theoretischen Verstandes und Ideen der praktischen Vernunft würde wieder aufgegeben. Damit wäre aber die Trennung von sensibler und intelligibler Sphäre der theoretischen Objektsetzung zurückgenommen, also der ganze transzendentale Ansatz zerstört. Geriete das ästhetische Urteil zu nahe an die moralisch-praktischen Vernunftideen heran, so würde nicht nur der moralische und pädagogische Tendenz-Gehalt, den die Popularphilosophie den

Künsten verschrieb, in die transzendentalphilosophische Propädeutik der kritischen Metaphysik hineingezogen. Die Grenzscheide zwischen symbolisie-
render Allgemeinheit des Kunsturteils und der apodiktischen Geltung der moralisch-praktischen
Ideen würde eingerissen. Damit wäre der sprin-
gende Punkt des apriorisch begründeten Formalismus der Kantschen Moralphilosophie aufgegeben.
Die *KpV* soll die Basis des moralischen intersubjektiven Geltungstypus gerade aus der individualisie-
renden Geltungsform ästhetischer und alltagspraktisch gewohnheitsmäßiger Geltungsform heraus-
nehmen. Kant diskutiert am Ende der Dialektik der
ästhetischen Urteilskraft (§§ 58 f.) zusammenfassend das Verhältnis der ästhetischen Geltungsform
zur theoretischen und moralisch-praktischen. Hier
heißt es auch von der Schönheit, sie sei Symbol der
Sittlichkeit. Ästhetische Kriterien sind nicht in den
Begründungsraum moralisch-praktischer Postulate
hineinzuschmeicheln. Würde das Schöne auf der
anderen Seite mit dem logischen Geltungstypus wissenschaftlicher oder alltagspraktischer theoretischer
Objektkonstitution verbunden, so müsste Kant die
Kunstform des Schönen als eine Realisierung des
Vollkommenen aussprechen. Das führte auf gera-
dem Wege zu den Transzendentalien des *verum, bonum* und *pulchrum* zurück und das Schöne wäre
nicht Symbol, sondern anhebende Realisierung des
Guten. Kant diskutiert in den Schlussparagraphen
der Dialektik die Thematik der Transzendentalien.
Er hat sie noch in der Lehrform der zahlreichen
Werke der Schulmetaphysik vor sich.

Die These von der Vermittlungsfunktion der reflektierenden Urteilskraft, die Kant vor allem auf die
Vervollständigung der transzendentalen Systematik
bezieht, besitzt darüber hinaus ihre Bedeutung in
der methodischen Umkehr, die mit dem Vermitt-
lungsgedanken ansatzweise entworfen wird. Innerhalb seiner Theorie der logischen Geltungstypen bildet die Lehre von der reflektierenden ästhetischen
und teleologischen Urteilskraft den Ort, an dem
Kant zum Ansatz einer nicht-empiristischen und
dennoch genetischen Theorie der Sozialisierung
und der Objektivation gelangt. Die genetisch vom
empirisch Konkreten zum Abstrakten aufsteigende,
auf es hinzielende Urteilskraft bündelt mit Hilfe der
Einbildungskraft die Empfindungen und Wahrnehmungen zu Vorstellungen – Kant benutzt die Ausdrücke vom englischen *perception* her als rezeptive
Leistungen oder Affektionen meist füreinander –,
und diese streben zu theoretischen Urteilen beim
Schönen, zu moralischen Ideen beim Erhabenen.

Die logischen Verfahren gehen nicht daraus hervor.
Aber das nichtlogische Bewusstsein überschreitet
deutlich seine *receptivitas*-Schranke. In diesen Zusammenhängen ergibt sich auch die Anerkennung
rationeller Momente z. B. in der psychologisierenden Ästhetik Burkes, die überaus schön sei und reichen Stoff für die empirische Anthropologie biete
(V, 277). So besetzt der Gedanke der ästhetischen
Einbildungskraft den Platz des Gestaltproblems, das
im Zusammenhang der elementaren Entgegensetzung zweier gegenläufiger Stämme der Erkenntnis
vom Verständnis der »Sinnlichkeit« als Mannigfaltiges verdrängt blieb. Die »ästhetische Normalidee«
besitzt den »dynamischen Effekt«, aus vielen Einzel-
gestalten Grundtypen zu bilden (V, 234). Die Gestaltbildung ist hier nicht für jede Wahrnehmung
schlechthin ausgesagt. Doch das Problem, das von
der englischen Theorie des internal sense aufgeworfen ist, wird anerkannt.

Stärker noch als beim Gestaltproblem verläuft
beim Bezug des Schönen auf das moralisch Gute eine
genetische Nebenlinie in den transzendentalen Apriorismus hinein. Das interesselose Wohlgefallen am
Schönen übt Haltungen ein, die an sich dem Moralischen eigen sind. »Das Schöne bereitet uns vor, etwas, selbst die Natur, ohne Interesse zu lieben.« Moralisches Gefühl und ästhetische Urteilskraft sind
»verwandt«. Die Gesetzmäßigkeit der Handlung aus
Pflicht kann vom interesselosen ästhetischen Urteil,
eindringlich insbesondere von der Bewegung zum
intelligiblen Charakter des Menschen unter dem
Eindruck des Erhabenen, als schön und erhaben erfasst werden (V, 267). Die »Heteronomie der Erfah-
rungsgesetze« wird von der ästhetischen Urteilskraft
zu einem eigenen Reich umgebildet, aus dem von
unten her der Weg zum Intelligiblen führt. »Das
Schöne ist das Symbol des Sittlich-Guten […] Der
Geschmack macht gleichsam den Übergang vom
Sinnenreiz zum habituellen moralischen Interesse
ohne einen zu gewaltsamen Sprung möglich, indem
er die Einbildungskraft auch in ihrer Freiheit als
zweckmäßig für den Verstand bestimmbar vorstellt«
(V, 253 f.).

Literatur

Kaulbach, Fr.: Ästhetische Welterkenntnis bei Kant, 1984. –
Recki, B.: Ästhetik der Sitten. Die Affinität von ästheti-
schem Gefühl und praktischer Vernunft bei Kant, 2001. –
Rohlf, M.: The Transition from Nature to Freedom in Kant's
Third Critique, in: KS 99 (2008).

Sensus communis

Im gleichen Zusammenhang genetischer Begründung der logischen Geltungsformen befindet sich Kants Aufnahme und Umbildung der Idee des sensus communis (V, § 40). Der Gemeinsinn erweitert den ästhetischen Geschmack zu kultiviertem gesellschaftlichem Umgang. Man versteht sich nicht durch Demonstration, sondern durch das Exempel, das der Künste und das des mit ihnen gewonnenen Stils des wechselseitigen Verhaltens. Es ist ein Feld intensivster Moralität, aber das der je individuellen, uneinholbar materialen Empirie. Geschmack ist das moralisch vergesellschaftende Bewusstsein, wie unser Gefühl ohne Begriff allgemein mitteilbar gemacht werden könne (V, 295). Eine Sphäre der Moralität ist eröffnet, die ohne Vernunftidee, uns vielmehr von unten her auf diese vorbereitend, reale kommunikative Lebensformen ausbildet. Kant konkretisiert mit dem sensus communis-Gedanken das aufklärerische Programm nicht-höfischer, allgemein bürgerlicher Kultur innerhalb seiner Theorie praktisch-moralischer Vernunft. Die genaue Konstruktion der triadischen Vermittlung darf freilich nicht übersehen werden. Es ist, im Unterschied zur antiken Quelle des Begriffs, ein sensus communis mit aufklärend evolutionärer Tendenz. Doch die Durchbildung der Thematik unabhängig von der reinen praktischen Vernunft unterstreicht die gewisse Eigenständigkeit dieser genetisch-materialen Linie in Kants Praxis- und Gesellschaftsbegriff. Den anspruchsvollen Vermittlungszusammenhang prägen aus: »1. Selbstdenken; 2. An der Stelle jedes andern denken; 3. Jederzeit mit sich selbst einstimmig denken. Die erste ist die Maxime der vorurteilsfreien, die zweite der erweiterten, die dritte der konsequenten Denkungsart« (V, 294). Hier wird ein weites Feld aufklärerischen Gesellschaftsverständnisses unterhalb der reinen praktischen Vernunft abgesteckt. Selbstdenken nimmt Kant als kritisch und vorurteilsfrei denken; von Obrigkeit unabhängig und dogmatischem Religionsglauben nicht unterworfen. Erweitert ist die Denkungsart, weil das Privaturteil eingeklammert und aus einem allgemeinen Standpunkt reflektiert wird. Hier wird die Erhebung des unvermittelten Individuums in den kulturellen Raum nicht transzendental vorausgesetzt, sondern genetisch entfaltet. Konsequent denken schließlich versteht Kant als die Synthese des selbstbewussten und des der Allgemeinheit bewussten Denkens. Die empirisch-genetische Methodik wird ausgesprochen: Die Verbindung beider vorausliegender Momente »kann auch nur […] nach einer zur Fertigkeit gewordenen öfteren Befolgung derselben erreicht werden« (V, 295). Die systematisierende Schlussbemerkung, die drei Elemente gehörten der Bestimmung nach Verstand, Urteilskraft und Vernunft zu, gibt in der ganzen, von Lockes *Essay* beeinflussten, für Kant allerdings zentralen Passage zu erkennen, dass konkretes gesellschaftliches Verhalten die drei apriorischen Geltungsformen trägt. Immerhin hat der Gemeinsinn-Begriff bei Kant bereits unterhalb der kategorisch-intelligiblen Höhe alles Gemüthafte und vor allem das sich in die Tradition, in der man immer schon stehe, Hineinbildende vermieden (V, 305). Er nimmt geschichtliche Aspekte mit dem Thema vom zivilisatorischen Prozess als einübender Kultivierung der Sitten auf. Das 18. Jh. begriff die Funktion der Künste für die Emanzipation des Selbstbewusstseins in diesem übergreifenden Sinn einer allen Bürgern zugänglichen, sie zu Gemeinsinn motivierenden geistiger Öffentlichkeit (V, 297 ff.). Kant streift in diesen Zusammenhängen konkreter Moralität auch ein so zentrales Thema der Geschichte der Ästhetik, das ihn im Ganzen gar nicht beschäftigt, wie das Verhältnis von Kunst, Arbeit und Spiel (V, 303 f.). Doch auch beim moralischen Impetus des ästhetischen Gefühls bleibt die dualistische Härte des transzendentalen Prinzips bestehen. Dieses Gefühl muss mehr auf das Erhabene bezogen werden als auf das Schöne wegen der damit verbundenen Achtung: »[W]eil die menschliche Natur nicht so von selbst, sondern nur durch Gewalt, welche die Vernunft der Sinnlichkeit antut, zu jenem Guten zusammenstimmt« (V, 271).

Nicht ohne kompositorische Absicht kann Kant den Abriss einer Affektenlehre in den Zusammenhang jener Sphäre der Symbolisierung des Moralischen durch das ästhetische Exempel und über kunstverständige Kommunikation eingefügt haben. Kant ergänzt den zitierten Satz durch eine Wiederholung: Was wir »in uns (z. B. gewisse Affecten) erhaben nennen«, ist es nur, weil wir uns dabei vorstellen, uns »über gewisse Hindernisse der Sinnlichkeit durch moralische Grundsätze zu schwingen« (V, 271). Darauf teilt er die systematische Absicht der Affekten-Behandlung mit, die im Bezug auf das Ästhetische selbst eine sentimental-literarische Praxis als Pendant der Burkeschen Ästhetik zeigen soll: Kant gibt eine Aufzählung der literarisch und popularphilosophisch meistbenutzten Emotionen, die im 18. Jh. moralisch erhebend eingesetzt wurden: Enthusiasmus, Ver- und Bewunderung, Verzweiflung, schmelzende Affekte, falsche Demut winselnd erheuchelter Reue usf., die in Romanen, weinerlichen

Schauspielen und Predigten das Herz welk machen für die strenge Vorschrift der Pflicht. Man muss diese kritischen Bezüge auf die ästhetische Realität der Zeit am intellektualistischen Aspekt der ästhetischen Urteilskraft sehen. Brechts nichtaristotelische Ästhetik hat das im 20. Jh. noch einmal erneuert. Insbesondere der Übergang vom ästhetischen zum religiösen Bewusstsein – als der vorzüglichen Form der Falsifikation der Moral durch deren Ästhetisierung – wird von Kant drastisch abgewiesen (V, 273 f.). Kants Grundgedanke für die Erneuerung der Metaphysik durch transzendentale Logik richtet sich gegen die Verschleifung von mundus sensibilis und mundus intelligibilis. Darum sitzt der Akzent seiner Behandlung der Emotionalität auf der »Gefahr der Schwärmerei, welche ein Wahn ist, über alle Grenze der Sinnlichkeit hinaus etwas sehen, d. i. nach Grundsätzen träumen (mit Vernunft rasen) zu wollen« (V, 275). Das Überfließen der ästhetischen und der religiösen Urteile zu moralischen wird abgeschnitten. Kant denkt auch die ästhetische und die religiöse Lebenssphäre nach dem juridischen Modell der Würde des selbst denkenden Individuums, das es als kultiviertes nur sein kann, indem es sich zugleich im Horizont anderer Individuen denkt. Von der affirmativen Funktion ästhetisierter Moralität heißt es: Regierungen erlauben gern die affektreiche Versorgung der Religion, um dem Bürger die Erhebung seines Selbstbewusstseins über die willkürlich gesetzten Schranken zu verwehren »und wodurch man ihn, als bloß passiv, leichter behandeln kann« (V, 275).

Literatur

Henrich, D.: Kant's Explanation of Aesthetic Judgement, in: Ders.: Aesthetic Judgement and the Moral Image of the World, Stanford 1992. – Müller, E.: Die ›verschleierte Isis‹ der Vernunft. Kants Ästhetik und die Depotenzierung der Religion, in: DZPh 47 (1999), Heft 4, S. 553–571. – Tonelli, G.: Von den verschiedenen Bedeutungen des Wortes Zweckmäßigkeit in der KdU, in: KS 49 (1957/58), S. 154–166. – Heller, A.: Freiheit – Gleichheit – Brüderlichkeit in Kants KdU, in: Gerhardt, V., 2001.

Teleologische Urteilskraft

Analytik der teleologischen Urteilskraft

Wie alle *Kritiken* die »Möglichkeit«, also die logische Funktionsweise analysieren sollen, in der sich die verschiedenen theoretischen Disziplinen konstituieren, so beantwortet die Kritik der teleologischen Urteilskraft die (hier nicht ausdrücklich gestellte) Frage: Wie ist Biologie als Wissenschaft möglich? Kant behandelt die Thematik in der Problemstellung: Es muss sich um eine eigene Determinationsform handeln, da der Kausalbegriff der mathematisch formalisierten Naturwissenschaften nicht übertragbar ist. Besondere Naturgesetze liegen vor, die vom universellen Geltungsbereich der Mechanik und Dynamik her nicht zu erfassen sind. Der transzendentallogische Formalismus kann an der Verschiedenheit von mechanischer und biologischer Determination tatsächlich nur verschiedenen Generalisierungsgrad feststellen: »[Z]um Gebrauche der Vernunft eine andere Art der Nachforschung, als die nach mechanischen Gesetzen ist, [...] um die Unzulänglichkeit der letzteren selbst zur empirischen Aufsuchung aller besonderen Gesetze der Natur zu ergänzen« (V, 383). Die Aufgabe konzentriert sich dann konsequent darauf, biologische Vermehrungs- und Wachstumsprozesse als eine Ordnungsform von Erscheinungsmaterial zu definieren, das bereits unterhalb der abstraktionstheoretischen Ebene empirischer Begriffe Gestaltqualitäten und eine finale Prozessqualität besitzt. Dafür wird dann der eigene Geltungstypus der Urteilskraft eingeführt, um dennoch hinreichende Allgemeingültigkeit für naturwissenschaftliche Theoriebildung zu sichern. Kants Wissenschaftssystematik gerät jetzt in eine schwierige Lage. Es entstehen ein Bereich streng konstitutiver und ein Bereich weiter regulativer Gesetze. Bezieht sich beides noch auf eine einheitliche Welt? Kant nimmt eine methodische Zweiteilung der Natur-Metaphysik vor. Die Teleologie-Problematik der dritten *Kritik* war in den *Metaphysischen Anfangsgründen* (1786) gar nicht aufgetreten. Kants Theorie der gesonderten Naturphilosophie der teleologischen Urteilskraft spricht eine wissenschaftstheoretische Situation aus, die die Physik verabsolutiert; eine Konstellation, die überhaupt nur von bestimmten theoretischen Richtungen vertreten wurde und im letzten Drittel des 18. Jhs. bereits überholt war.

Unter Kants wissenschaftstheoretischer Verabsolutierung der mathematischen Naturwissenschaften der Zeit bildete die Einführung des Zweckbegriffs überhaupt ein heikles Thema; zumal es sich bei den Lebensprozessen nicht um Zweckmäßigkeit schlechthin, sondern sogar um Zweckläufigkeit zu handeln schien. Kant verstärkte darum den transzendentalen Subjektivismus seiner rationalen Geltungstypen und systematisierte die Biologie nicht als konstitutive Naturwissenschaft, sondern nur als Gebilde regulativer Als-Ob-Aussagen (V, 361). Das war nicht nur zur Absetzung von den »eigentlichen« Naturwissenschaften, wie Kant sagte, also von den physikalischen Disziplinen, erforderlich. Der Zweckbegriff fiel nicht unter die Elementarbegriffe des Verstandes, sondern gehörte zu den Vernunftideen. Vernunftideen können nicht bis zur Konstitution von Erscheinungen hinabreichen. Sie umgreifen ein Feld von Erscheinungen, indem sie es mit der Ideen-Orientierung auf symbolische Bedeutungen beziehen. Kant systematisiert auch hier mit Konsequenz. Seine wissenschaftstheoretische Interpretation der biologischen Wissenschaften wird dadurch nicht besser. Die Determination der Lebensvorgänge erscheint um nichts geringer als die Prozesse in Mechanik, Dynamik und Optik. Warum soll, was ebenso allgemein abläuft wie die physikalischen Prozesse, nur ein Als-Ob unserer Urteilskraft sein? Das eigentliche Problem der Besonderheit der biologischen Vorgänge, die höhere Komplexität der Determination und darum die individuellen Variationen des gleichen Vorgangs bringt die Analytik dieser teleologischen Urteilskraft gar nicht zur Sprache. In der simpelsten Variante würde die Spezifik der organischen Naturdetermination so gefasst, als ob eine zweckmäßig bildende Vernunft den Prozess eingestellt und immerfort führen würde. Dagegen richtet sich Kants Logik des regulativen Als-Ob.

Kants Blick auf die Thematik ist von der wissenschaftsgeschichtlichen Konstellation gefangen genommen. Der Zweckbegriff bildete die Domäne der anthropomorphen Denkweise in den Naturwissenschaften. Die komplexeste Determinationsform, die menschliche Praxis als teleologische Setzung, wurde auf andere und elementarere Gesetzmäßigkeiten ausgedehnt. Das positive Resultat der fraglosen Natur-Mensch-Einheit war durch eine verkehrte Deutung der Seinsbereiche von den speziellsten und naturgeschichtlich spätesten her erkauft. Die mathematischen Naturwissenschaften zerstörten mit dem Zweckbegriff zugleich die Naturteleologie der ontologischen Metaphysik und des alltagspraktischen teleologischen Anthropomorphismus, dessen Systematisierung die Metaphysik ermöglichte. Kant muss den Zweckbegriff um der Allgemeinheit seiner transzendentalen Propädeutik willen restituieren und muss zugleich sowohl die Teleologie der Schulmetaphysik als auch die Theologie abwehren (V, 368, 381). Daraus ergab sich das spezifische Problem einer Kritik der teleologischen Urteilskraft. Es konnte wohl eine Gestaltqualität, aber kein objektiver Naturzweck angenommen werden. Denn Kant fasste den Zweckbegriff tatsächlich selbst noch allein

von der menschlichen Praxisdetermination her. Zweck setzt eine Vernunft voraus, die den *nexus effectivus* zum *nexus finalis* erhebt (V, 370). Die Wirkung besteht bereits vor dem realen Kausalablauf – als ideelle Zielstellung. Hier sind Zweckmäßigkeit und Zweckläufigkeit zusammengezogen und erscheinen als Realisierung einer vor und außerhalb des realen Prozessgeschehens bestehenden Idee. Das brächte natürlich den Anthropomorphismus eines die Idee ausführenden Willens ebenfalls zurück. Von der gleichen Problemlage her hatte Spinoza seine Verabsolutierung der Mechanik zur Ablehnung jedes Zweckbegriffs als religiösen *asyli ignorantiae* geführt. Kant ist natürlich mit der ganzen Thematik vertraut. Er will den Spinozaschen Pantheismus und Atheismus ebenso vermeiden, wie er die echte Problematik in Leibniz' teleologischer Polemik gegen den Cartesianismus natürlich kannte und ihr schon in seiner *Monadologia physica* auch gerecht zu werden gesucht hatte. Innerhalb dieser ganzen theoretischen Konstellation wird die Eigentümlichkeit einer spezifischen transzendentalphilosophischen Methodologie der Biologie erklärbar. Dann tritt ebenso die theoretische Energie Kants hervor, diesen Disziplinen einen systematischen Ort in einer Wissenschaftslogik zu verschaffen, die ursprünglich ausgegangen war von der Generalisierung der Objektkonstitution der mathematischen Naturwissenschaften und von der Generalisierung der Juridifizierung des freien Willens.

Literatur

Adickes, E.: Kant als Naturforscher, 2. Bde., Berlin 1924/25. – Hermann, I.: Kants Teleologie, Budapest 1972. – Löw, R.: Philosophie des Lebendigen. Der Begriff des Organischen bei Kant, sein Grund und seine Aktualität, Frankfurt/M. 1980. – Zumbach, C.: The Transcendent Science. Kant's Conception of Biological Methodology, The Hague u. a. 1984.

Naturzweck und intelligibles Substrat der Natur

Kants Naturteleologie soll den Zweck als dem jeweils vorliegenden Gegenstand immanent denken, um den anthropologisch subjektiven Zweck (im Sinne der Wolffschen und der populären Teleologie) und ebenso den theologisch transzendenten Zweck auszuschließen. Sie soll zugleich das Prinzip der Objektkonstitution durch das transzendentale »Subjekt überhaupt« nicht verlassen. Unter diesen Voraussetzungen erfüllt die reflektierende Urteilskraft eine wesentliche Funktion in Kants Begründung eines umfassenden und logisch immanenten naturwissenschaftlichen Weltbilds. Die Prämisse einer objektiven Intellektualität außerhalb der menschlichen ist abgewehrt. Sie rückt auf den entferntesten Punkt, den das noumenon im negativen Sinne darstellt: Die grundsätzliche Entsprechung von apriorischer Rationalität und Sinnenwelt. Das transzendentale Subjekt überhaupt erfordert das Korrelat eines Objekts überhaupt. Es soll nicht mehr im occasionalistischen Sinne die Entsprechung der empirischen Erscheinungen mit den logischen Formen gewährleisten: Gott bewirke die Korrelation jeder ideellen mit einer materiellen Kausalität. Kant setzt an die Stelle dieser Konstruktion, die Spinoza durch konsequenten mechanischen Determinismus ausgeschaltet hatte, das Subjekt überhaupt. Es hat ebenfalls die Möglichkeit der Korrelation von intelligibler und phänomenaler Welt zu setzen. Formell ist natürlich eine unendliche Zahl verschiedener Beziehungen von logischer Form und unterschiedlichen Phänomenwelten zu denken. Nicht zu denken ist eine archetypische genetische Erkenntnis, warum der logischen Form gerade unsere Phänomenwelt entspreche. Die unserer Wahrnehmungsweise gemäße Erscheinungswelt erfordert eine Ordnung schlechthin, eben »das intelligible Substrat der Natur außer uns und in uns« (V, 345); damit alle Erscheinung der logischen Form entspreche, nicht, wie sie ihr entspreche. Das führt zur Konsequenz, dass das hinter der Phänomenwelt liegende intelligible Substrat oder Ding an sich, das den Gegenpol zum Subjekt überhaupt bildet, die Konstanz einer unserer Wahrnehmungsweise gemäßen Erscheinungsweise dieses Seins garantiere, dem menschlichen Intellekt aber unerkennbar bleiben müsse.

Probleme der Kantschen Kategorienlehre

Die Probleme der Kantschen Naturteleologie setzen erst ein, wenn das Verhältnis von teleologischen Als-Ob-Setzungen und Gesetzesaussagen sowie die Beziehung von Kausalität und Finalität innerhalb der spezifischen organischen Determination bestimmt werden sollen. Dann rückt der Naturzweck als eine uns zusätzlich erscheinende Gestalthaftigkeit und Zielstrebigkeit der Prozesse neben die Kausalität. Kausalität wird aber von Kant sehr schmal nur als Element mechanischer Determinationsweise gefasst. Hier tritt die knappe Kategorienlehre, die auf der Urteilslogik sitzt, gegenüber der reicheren Schulmeta-

physik dazwischen. Die ganze Beziehungsreihe Sein – Prozess – Werden – Tendenz – Entwicklung – Möglichkeit – Wirklichkeit bleibt fern. Die Triade der Modalkategorien (gemäß der Urteilstafel der KrV) zeigt deutlich den Ontologismus der Aussagenlogik. Nicht die Relation Möglichkeit – Wirklichkeit bildet die Basis, sondern diejenige von *Möglichkeit* und *Unmöglichkeit*, also der Kontrast des logisch Denkbaren und des sich logisch Widersprechenden. Die folgende, im Grunde antithetische, Position von *Dasein* und *Nichtsein* wiederholt die erste Entgegensetzung; als ob es im kategorialen Gefüge nun auf einmal um Gegensätze ginge, da die anderen drei Kategoriengruppen der Tafel der ersten *Kritik* doch keine Antithesen zeigen. Die Modalität schließt und vollendet sich, wenig überzeugend, im Verhältnis *Notwendigkeit – Zufälligkeit*. Damit ist die Gesetzmäßigkeit ohne Klärung des Prozessbegriffs und dessen Aspekten Gleichförmigkeit, Tendenz, Novum, Ganzheitsdetermination, offene dissipative Strukturränder, wie Prigogine jetzt sagt, usf. gedacht. Zuvor sitzen Kausalität und Wechselwirkung im Relationsbereich kategorischer, hypothetischer und disjunktiver Urteile. Die gesamte Kategorienthematik, so wie sie Kant hinstellt, muss der Aufnahme der nichtmechanischen Determinationsweisen besondere Schwierigkeiten bieten. Natur ist für die erste *Kritik* und für die Metaphysik der Natur von 1786 Mechanik und Dynamik. Das steckt in der Formel von der Natur als dem »Dasein der Dinge, sofern es nach allgemeinen Gesetzen bestimmt ist« (IV, 294). Auf der aussagenlogisch schmalen kategorialen Basis und natürlich von der fachwissenschaftlichen Problemlage her, an der sich Kant orientiert – die, wie gesagt, in den letzten Jahrzehnten des 18. Jhs. eigentlich schon überschritten war –, sieht Kant den Naturzweck immer im Zusammenhang einer vorauszusetzenden Vernunft, die das organische Ganze und die Zielursache zu dem hinzubringe, was eigentlich, aber von uns unerfassbar, mechanisch determiniert sei. Die teleologische Prozessform gerät in die unbefriedigende Position einer sekundären oder uneigentlichen Verlaufsqualität. Tatsächlich handelt es sich im Verhältnis zur Mechanik nur um eine komplexere, eine weniger elementare Prozessform der Ganzheitsdetermination von Elementen. Der transzendentallogische Zusammenhang, in dem Kant die Kategorienthematik behandelt, bedingt zugleich die Verquickung der Beziehung von Kausalität – Zweckmäßigkeit – Zweckläufigkeit mit der ganz anderen forschungslogischen Thematik der bedingten Generalisierung von induktiven und hypothetischen

Als-Ob-Relationen einer nicht mehr apodiktischen und dadurch nicht »rein« wissenschaftlichen Theoriebildung.

Das Außerordentliche ist, dass Kant diese Systemvoraussetzungen seiner Natur-Metaphysik da überschreitet, wo er an die konkrete Problemanalyse herantritt. Hier stellt Kant die organische Zentraldetermination aller Teile durch das Ganze und die immanente Zweckmäßigkeit als wechselseitiges Verhältnis von Ursache und Wirkung fest, so dass die permanente Rückkoppelung der Wirkung als Ursache »zugleich als Wirkung durch Endursachen beurteilt werden könnte« (V, 373). Das immanente Natur-Telos ist deutlich mehr als eine permanent gedachte Wechselwirkung, die auf der Kategorientafel als Synthese der Verhältnisse Substanz-Eigenschaft und Kausalität-Abhängigkeit erscheint. Der linearen Ursache-Wirkung-Beziehung einzelner »konkurrierender« Kräfte steht die organische Determination von Teilen durch ein Ganzes gegenüber und zwar so, dass das Ganze nicht nur als Produkt, sondern zugleich als Ursache zu denken sei. Die einzelnen Elemente sind nicht nur als Folgen anderer Elemente einer Zeitstrecke zu begreifen. Sie setzen ein Ganzes als Ursache voraus. Dann sind die Elemente Glieder, nicht Partikel. Kants Verständnis vom sog. besonderen Naturgesetz, das die Zweckmäßigkeit darstelle, ist nur in diesem Zusammenhang zu verstehen. Kant deutet an, dass mehrere Formen von Kausalität zu denken seien (V, 278). Zweckmäßigkeit ist eine Form von Kausalität. Damit ist der Teleologie als der Theorie der Endursachen aufgesagt (V, 381, 390). Es ist »kein besonderer Grund der Kausalität« einzuführen, dass man nur »eine andere Art der Nachforschung, als die nach mechanischen Gesetzen ist, hinzufüge, um die Unzulänglichkeit der letzteren zur empirischen Aufsuchung aller besondern Gesetze der Natur zu ergänzen« (V, 383). Mechanische Determination ist dann ebenfalls nur ein Teil der Gesetzhaftigkeit. Sie erfasst weite Gebiete (Morphogenese, Stoffwechsel, Selektion, Artenkonstanz und deren Wandlung) nicht. Hier öffnet Kant seinen Begriff der Naturdetermination de facto weit auf eine Vielzahl von Determinationsformen hin, die in der ersten *Kritik* nicht zur Sprache kamen: Kausalität, allgemeine Wechselwirkung, die mathematischen Determinationsebenen, spezielle dynamische Gefüge, Ganzheitsdeterminationen in organischen und psychischen Prozessen, Zweckmäßigkeit.

Literatur

Ernst, W.: Der Zweckbegriff bei Kant und sein Verhältnis zu den Kategorien, Straßburg 1909. – Baumanns, P.: Das Problem der organischen Zweckmäßigkeit, Bonn 1965.

Dialektik der teleologischen Urteilskraft. Philosophiegeschichte

In Kants Einteilung der transzendentalen »Logiken« stellen die den Analytiken nachfolgenden Dialektik-Teile die historischen Elemente dar. Kant sieht die Philosophiegeschichte als einen in den Grundfragen abgeschlossenen Prozess, da »in den meisten spekulativen Dingen der reinen Vernunft […] die philosophischen Schulen gemeiniglich alle Auflösungen, die über eine gewisse Frage möglich sind, versucht haben.« Die Entgegensetzung von dogmatischer und kritischer Philosophie trägt diesen historischen Gehalt und die eintretende Wende in sich. Die Menschheit wird künftig von allen (materialistischen, pantheistischen, theistischen) »objektiven Behauptungen« abgehen, um ihr »Urteil bloß in Beziehung auf unsere Erkenntnisvermögen kritisch zu erwägen«, um eine nicht mehr dogmatische, aber »doch zum sicheren Vernunftgebrauch hinreichende Gültigkeit einer Maxime zu verschaffen« (V, 392). Kants Geschichtsbegriff enthält mit dem Grundelement des eingetretenen Ausgangs aus der Selbstwidersprüchlichkeit des Bewusstseins die Skeptizismus-Resultante. Wir erstreben nicht mehr die Einsicht in irgendeine Art dem Subjekt transzendenter Objekt-Strukturen. Was in Bezug auf das Weltganze, auf unser Selbstbewusstsein, auf den Naturzweck, auf Gott gedacht werden kann, liegt im pragmatischen Gebrauch unserer Intellektualität, der allerdings innerhalb der logischen Projektionsflächen unseres Bewusstseins a priori gehalten ist. Rationalität realisiert sich im Horizont vollzogener Geschichtlichkeit.

Im Falle der teleologischen Urteilskraft stehen mechanischer Materialismus und Theismus einander gegenüber. These: Zweckmäßige Formen kommen ebenfalls durch lineare Kausalität zustande. Antithese: Sie bilden sich nicht durch immanente Naturkausalität, sondern sind als Endursachen Resultat transzendenter schöpferischer Vernunft (V, 387). Kant ist bemüht, mit Theismus und Materialismus ebenfalls den spinozistischen Pantheismus abzuweisen (V, 393 f.). Das echte Problem der Teleologie-Frage besteht in der spezifischen Determinationsform der organisch-chemischen und der belebten Natur. Kant sucht mit unzulänglichen Mitteln wenigstens die Spezifik der organischen Zentraldetermination zu fassen. Die Chemie steht in seiner Wissenschaftssystematik weit unten als rein beschreibende Disziplin. Er fasst, der tieferen Linie seines Denkens entgegen, die biologische Determination als komplexe Form über die Wechselwirkung hinaus analog den Endursachen (V, 373) und lässt die vereinfachende Ansicht stehen, dass der Naturzweck eine Kausalität darstelle, »die nur durch Vernunft denkbar ist«, so dass eine reale außermenschliche Vernunft vorausgesetzt wird (V, 396). Die tiefere und zur Kausalauffassung der Evolutionslehre fortführende Ansicht Kants war: Wir operieren, als ob eine zweckläufig wirkende intelligible Ursache bestünde, bleiben aber zugleich innerhalb der an Beobachtung fortgehenden Erfahrung. Die wissenschaftstheoretische Seite des Skeptizismus wird sichtbar. Es ist eine methodische hypothesis, die ungehemmtes empirisches Forschen freisetzen soll. Die zweckmäßige Struktur der Wahrnehmung einer organischen Ganzheitsdetermination hat bereits ein Allgemeines vorausgenommen. Es kann also nicht durch die Allgemeinheit der Verstandeskategorie wie ein »Mannigfaltiges« in der ersten Kritik konstituiert werden. Wenn das Gestaltete in der Erscheinung schon vorliegt, muss das hinzugebrachte ratio-Element von anderer Art sein. Die fast schneidende Konsequenz Kants lautet, dass es dann letztlich nur zum intellectus-Typus der Praxisdetermination gehören könne. Die damit gemeinte Pointe ist, den Ausweg einer übermenschlichen Vernunft für die Erklärung der nicht-mechanischen Determination (die als nicht-kausale behandelt wird) zu verschließen. Auch die biologischen Wissenschaften werden von der anthropomorphen Tradition befreit, da wir außermenschliche Vernunft gut denken, aber nicht in menschlichen Wahrnehmungen vorfinden können. Diese Funktion hat das regulative Prinzip des Als-Ob zu erfüllen.

Kants doppelter Naturbegriff in zwei getrennten transzendentallogischen Verfahren richtet sich gegen die Schulmetaphysik, die die Teleologie als die generelle Determinationsweise behandelt hatte. Die spezifische Kausalität von Mechanik, Dynamik, Astronomie bildeten abstrakte Sonderformen. Gegenüber dieser ontologischen Verschleifung von physikalischer und biologischer Determination war Kants Entgegensetzung eine Zwischenstufe in der Geschichte der Naturphilosophie. Um die ontologischen und theologischen Interpretationsmöglichkeiten der Naturmetaphysik zu beschneiden, setzte Kant den Akzent darauf, den objektiven Charakter gestalthafter »Kräfte« abzuwehren, mit denen die

Kausalität relativiert und komplexe Determinationsformen als anthropomorphe Finalität interpretiert wurden. Dann ergibt sich Kants Scheidung zweier Naturbegriffe, einer mathematisch-kausalen Natur und einer, die dem Figuren bildenden Bewusstsein des Menschen zugewandt ist. In diesem Sinne fallen die bekannten Worte, dass es für Menschen ungereimt sei, »zu hoffen, daß noch etwa dereinst ein Newton aufstehen könne, der auch nur die Erzeugung eines Grashalms nach Naturgesetzen, die keine Absicht geordnet hat, begreiflich machen werde« (V, 400, 409). Materielle Erhaltungsgesetze in der Form organischer Fortpflanzungs- und Wachstumsprozesse werden als Vorgänge genommen, die analog aber auch geistigen Erzeugungsakten gedacht werden können. Kant hat die anthropomorphe Teleologie verschlossen und zugleich bewahrt, indem er die Zweckläufigkeit auf den Rationalitätstypus der Ideen praktischer Vernunft bezog, statt den Begriff der Naturkausalität zu entwickeln. Die Verknüpfung der Naturteleologie mit der Praxisdetermination stellt eine Sackgasse der Naturphilosophie dar. Die Naturwissenschaften lösten umgekehrt die Teleologie der Handlung in komplexe neuronale Kausalverflechtungen auf.

Literatur

Lehmann, G.: Kants Nachlaßwerk und die KU, Berlin 1939. – Hartmann, N.: Philosophie der Natur, Berlin 1950 [spez. T. 2, Abschn. IV, Natürliche Gefüge und Gleichgewichte, S. 442 ff.]. – Ders.: Teleologisches Denken, Berlin 1951. – Spaemann, R.: Genetisches zum Naturbegriff des 18. Jhs., in: ABG 11 (1967), S. 59–74.

Methodenlehre

Kant überschreibt die Methodenlehre in der dritten Kritik als einen Anhang und formuliert sie nur für die teleologische, nicht für die ästhetische Urteilskraft. Er beabsichtigt offenbar, am Ende des Schlussstücks der Transzendentalphilosophie grundsätzliche weltanschauliche (weniger methodische) Themen zu erörtern, die seine philosophische Position im Ganzen aller drei Kritiken zusammenfassen. Kant behandelt drei Fragengruppen: Das Verhältnis von Kausalität und Teleologie in der Biologie, die Geschichtlichkeit der Menschengattung unter dem Gesichtspunkt einer verlängerten Naturteleologie und das theologische Thema des Endzwecks der Welt im Zusammenhang verschiedener Gottesbeweise.

Evolutionsproblem

Kant geht, dem Stand der Paläobiologie und der Geologie in der zweiten Hälfte des 18. Jhs. entsprechend, von zwei getrennten Determinationsformen aus, der mechanischen und der zweckläufigen. Mit J. F. Blumenbach (1752–1840), dem Göttinger Begründer der naturwissenschaftlichen Anthropologie und der vergleichenden Anatomie, sagt er, ohne die Annahme eines zwecktätigen Verstandes sei die Entstehung zweckmäßiger organischer Bildungen nicht zu erklären. Die über Linnés (1707–1778) und Cuviers (1769–1832) Prinzip von der Konstanz der Arten hinausgehenden Theorien Geoffroy Saint-Hilaires (1772–1844) und J. de Lamarcks (1744–1829), die mit dem Gedanken von Umweltveränderungen und sich dadurch veränderndem Organgebrauch die Evolutionslehre vorbereiteten, entstanden erst in einer späteren Periode. Kant ist aber mit einigen Schwierigkeiten der Katastrophentheorie Cuviers gut vertraut, die auch in den Blumenbachschen Schriften behandelt wurden. Cuviers Theorie von den einheitlichen Bauplänen aller Tierarten führte auf den Gedanken einer Urform aller Tierarten, deren richtige Klassifikation Cuvier begründet hatte. Aber der Theorie einer ursprünglichen Entstehung der Arten standen zwei Gruppen von Befunden entgegen. Die Fossilienfunde brachten Arten zu Tage, die damals mit den bestehenden Arten nicht zu verbinden waren. Außerdem zeigten alle Arten zahlreiche zweckmäßig spezifizierte Spielarten. Kant verfolgte die Literatur so weit, dass er ein zu erforschendes Mitwirken mechanischer Kausalität einrechnete, also die Veränderung der Arten durch Anpassung, wie sie Lamarck in seiner *Philosophie zoologique* (1809) dann an vielen Beispielen hypothetisch dargestellt· hat. Die wiederkehrenden organischen Strukturen lassen erwarten, dass manches »mit dem Prinzip des Mechanismus der Natur, ohne welches es überhaupt keine Naturwissenschaft geben kann, auszurichten sein möchte« (V, 418). Er nennt sogar den Evolutionsgedanken eine theoretisch mögliche Idee: Eine *generatio aequivoca*, »die Erzeugung eines organischen Wesens durch die Mechanik der rohen, unorganisierten Materie« (V, 419). Aber die Erfahrung zeige eben nur *generatio homonyma*, die Erzeugung den Eltern gleicher Nachkommen, womit Kant das eigentliche naturwissenschaftliche Problem verlässt. Blumenbach dagegen schloss aus der Existenz von Spielarten (z. B. von 300 Tulpenarten nach Verlauf gewisser Zeit auf einer Insel, auf die nur eine Art gebracht worden war) auf das Entstehen neuer Arten

durch eine Veränderlichkeit oder Unbeständigkeit der Natur.

Kants Interesse richtet sich auf die philosophischen Alternativen und auf die Möglichkeit einer Vermittlung. Er lehnt die materialistische Kausalauffassung zur Erklärung der belebten Materie ab, der er auch Spinozas Pantheismus zurechnet (V, 421) und ebenso die offen theologische Schöpfungsteleologie, die Linné vertrat. Als deren Variante wies er auch die, wie er sagt, äußere Teleologie Linnés ab, dass die grasfressenden Tiere da seien, um das Wachstum der Pflanzen zu regulieren usf. (V, 427). Tatsächlich wird das Problem der Zweckmäßigkeit und vor allem das der von Kant damit vermischten Zweckläufigkeit durch die Lehre von der Teleologie einer nur subjektiv regulativen Urteilskraft nicht weiter geklärt.

Literatur

Frank, M./Zanetti, V. (Hg.): I. Kant, Schriften zur Ästhetik und Naturphilosophie, Frankfurt/M. 1996 [zur Interpretation der *KU*, S. 1206–1338, spez. d. Abschn. »Kants Stellung zur Biologie seiner Zeit«, S. 1309–1322].

Teleologie der Handlung

Kant nimmt beim Teleologieproblem selbstverständlich die eigentlich teleologischen Akte innerhalb der Welt auf, die Handlungsteleologie des Menschen. Teleologie im Sinne von Zweckläufigkeit zeichnet allein das menschliche Verhalten aus. Der Mensch verwirklicht Zwecke, die er vor der Realisierung weiß. Kant überlagert das sogleich mit der genauen Fragestellung, ob die Zwecksetzung selbst von Naturkausalität geführt sei. Seine Antwort fällt konsequent so aus, dass nur der Mensch im noumenalen Sinne wirklich zwecktätig sei. Er sei von Naturzwecken unabhängig und Schöpfer seiner selbst, insofern er Zweck und Kausalität vor dessen Realisierung zugleich setze. Vom Menschen als intelligiblem oder moralischem Wesen könne nicht gefragt werden, worin der Zweck seines Seins in der Welt bestehe. »Sein Dasein hat den höchsten Zweck selbst in sich, dem, so viel er vermag, er die ganze Natur unterwerfen kann« (V, 435). Damit ist die Funktion einer Theorie der teleologischen Urteilskraft ausgesprochen: Teleologie und Immanenz eines Naturbegriffs zu gewinnen, der eben als teleologischer zugleich einen anthropologischen Bezug einschließt. Der Bezug zum menschlichen Handeln als teleologischer Setzung kann dann zugleich die naturalistische Variante der Natur-Mensch-Einheit abwehren. Das intelligible Prinzip der Urteilskraft gehört der noumenalen Funktionalität des Menschen zu. Deren eigentliche Qualität kann nicht in der gegenständlich-praktischen Handlung, nicht in Bedürfnisbefriedigung und sog. Glückseligkeit bestehen. Das führt auf den geschichtlichen Charakter der Teleologie, die nicht verlängerte Naturgeschichte sei. Kant nennt es einen Begriff der Gattung, die sich selbst Zweck sei, die also die Zwecke fortwährend setze und realisiere. Indem Kant das als die intelligible Ebene des Menschen hinter der materialen ausspricht, gibt er die noumenon-Problematik zugleich als transzendental-idealistische Verschlüsselung der Geschichtlichkeit der Menschengattung zu erkennen.

Teleologie des Endzwecks, Methodenlehre der teleologischen Urteilskraft und immanente Teleologie des weltgeschichtlichen Prozesses

Kants Geschichtsbegriff, der eigentümliche Versuch einer Zwischenstellung gegenüber der theologischen und der naturalistischen Geschichtsphilosophie, muss zur Sprache kommen, wenn Kant die Systematik seiner Theorie logischer Geltungsformen reflektiert, die dann die Metaphysik der Natur und der Kultur eröffnen soll. Kant gibt im § 83 den Grundriss seines Geschichtsbegriffs, den bereits die *Idee zu einer allgemeinen Geschichte in weltbürgerlicher Absicht* (1784) ausgeführt hatte und den die Schrift *Zum ewigen Frieden* (1795) wiederholt. Der Ausgangspunkt im Zusammenhang der Urteilskraft erfolgt vom Problem des Naturzwecks überhaupt, nicht vom spezifisch geschichtstheoretischen Aspekt her. Dadurch wird das Geschichtsproblem im Gesamtzusammenhang der kritischen Metaphysik erkennbar. Dessen Lösung setzt sich für Kant aus zwei logischen Komponenten zusammen. Die reflektierende Urteilskraft lässt die empirisch-reale Menschheitsgeschichte als durchgehenden Fortschrittsprozess in der sich ausdehnenden Rationalisierung aller technisch-praktischen und fachwissenschaftlichen Leistungen denken. Das Entscheidende moralischer und rechtlicher Autonomie kommt aus der anderen logischen Komponente des Geschichtsbegriffs, aus der teleologischen Struktur, die die Vernunftidee von der intelligiblen Bestimmung des Menschen darstellt. Die Bestimmung des Menschen erhält in der historischen gewendeten Teleologie, die die Methodenlehre der dritten *Kritik* umreißt, eine Zweiteilung: von der materiellen Existenzbefriedigung wird die Ausbildung des universellen Subjekts unterschieden (V, 430,

432 f.). Der Idealismus der sog. reinen praktischen Vernunft besitzt diesen zivilisationsgeschichtlichen Sinnzusammenhang. Von Aristoteles wurde das Thema der Muße (schole) als der freien Tätigkeit begründet, die um ihrer selbst willen gesucht werde gegenüber der um der äußeren Güter willen notwendigen Tätigkeit (Aristoteles, *Nikomachische Ethik*, B. 10, Kap. 6–9). Schiller hat die ästhetische Erziehung über den sich perfektionierenden materiellen Bereich hinaus als Symbol gezeichnet, dass die Gesellschaft die äußeren Zwangsgesetze ihrer Selbstreproduktion überschreite. Die Aristoteliker Hegel und Marx sprachen den Zusammenhang als den bleibenden Unterschied von Reich der Notwendigkeit und Recht der Freiheit aus. Der geschichtstheoretische § 83 der *KU* steht im Zusammenhang der Teleologie-Tradition der europäischen Metaphysik und Theologie. Kant fasst als teleologisches Bewusstsein, was Schiller und Hegel ebenfalls in den 90er Jahren als System des Bedürfnisses und der Notwendigkeit gegenüber dem Reich des freien Spiels und des Geistes ausführten. Kants Wechselverhältnis von Urteilskraft und praktischer Vernunft bildet das merkwürdigste Element in diesem auf logische Denkformen überführten Endzweck-Konzept. Die Beurteilung realer Prozesse, als ob ein Gesamtzweck herausproduziert werde, erhält ihre letzte Bestätigung durch die logische Konstitution, die praktische Vernunft setzt. Diese ihrerseits erweitert und realisiert sich durch die Symbolisierung – mehr nicht –, die die von der Urteilskraft bereitgestellten Fakten ergeben.

Im dritten Fragenkreis der Methodenlehre behandelt Kant das Verhältis seines durch Reduktion auf menschliche Vervollkommnung historisierten Endzweck-Konzepts zur theologischen und ontologisch-metaphysischen Behandlung der Thematik. Die anthropologische Sinnfrage wurde in der theologischen wie in der metaphysischen Denkform systematisch beantwortet, indem sie als Teil einer umfassenden Seins-Teleologie behandelt wurde. Die Abstraktion des rein moralischen Zweckbegriffes soll die zum kritischen Bewusstsein gebrachte Tradition der religiösen Rückbindung des Gewissens aufnehmen. »Über die innere Beschaffenheit jener Welturs ache konnten sie nun manchen Unsinn ausbrüten; jenes moralische Verhältnis in der Weltregierung blieb immer dasselbe« (V, 458). Transzendentalphilosophie gibt der Menschheit nur das Bewusstsein dessen, wovon sie längst den ontologischen und theologischen Traum besaß. Kant behält das theoretisch anspruchsvolle Element dieser universalistischen Endzweck-Lehre bei, indem er den empirischen Historismus im Fortschrittsbegriff des 18. Jhs. durch ein intelligibles und insofern überzeitliches Prinzip unterbaut. Der Apriorismus der teleologischen Urteilskraft bremst die mechanische Spontaneität in der aufklärerischen Idee der Zweckläufigkeit ab und löst diese Idee doch aus der ontologischen und theologischen Verankerung heraus. Die Logik einer Urteilskraft, die nicht weiter als bis zu einem produktiv skeptischem Als-Ob reichte, diente der Eingrenzung des utilitaristischen Fortschritts- und Opulenzbewusstseins der Epoche.

Literatur

Kaulbach, F.: Der Zusammenhang zwischen Naturphilosophie und Geschichtsphilosophie bei Kant, in: KS 56 (1965), S. 430–451.

Teleologie des Endzwecks. Gottesbeweise

Die *KU* endet mit Themen, die auch im Abschnitt zum Ideal-Begriff und in der Methodenlehre der *KrV* behandelt worden waren. Kant erläutert abermals die Unmöglichkeit des physikotheologischen Gottesbeweises: Die Urteilskraft setzt einzelne Naturzwecke, nicht die Natur als Ganzes unter einen Endzweck. Sie bezieht sich auf empirische Daten. Die Totalität der Natur aber kann nie zum Gegenstand empirischer Beobachtung werden (§ 85; V, 436 ff.). Das tritt in eine gewisse Spannung zu den Gedanken des »intelligiblen Substrats« der Natur oder eines »architektonischen Verstandes«, die mitgedacht werden müssten angesichts der sinnenfälligen Zweckmäßigkeit (V, 340 ff.). Der einzige Endzweck-Begriff, der uns möglich und zugleich unabweisbar sei, ist das ganz außerhalb jeder physischen Theologie stehende Prinzip der Rationalität des moralischen Willens, also eine transzendentalpragmatische Moralteleologie. Die innere moralische Zweckbestimmung des menschlichen Daseins oder, wie es Kant in seiner Verbindung aus Präzision und Enthusiasmus formuliert, »die Existenz vernünftiger Wesen unter moralischen Gesetzen kann also allein als Endzweck vom Dasein einer Welt gedacht werden« (V, 449). Die moralische Autonomie als Endzweck allen Daseins überhaupt schließt ein, eine Ursache vom Endzweck aller Dinge so zu denken, dass sie »die ganze Natur jener einzigen Absicht (zu der diese bloß Werkzeug ist) zu unterwerfen vermögend ist« (V, 447). Die moralische Autonomie schließt den ethikoteleologischen Gedanken ein, dass die Natur überhaupt als zweckmäßig im Hinblick auf die Realisierung unse-

rer kulturellen Existenz unter moralischen Gesetzen gedacht werde. Ohne Schelling-Hegels Postulat eines Natursubjekts setzt Kant den rationellen Kern der metaphysischen und theologischen Teleologie in die Idee prinzipieller Offenheit der Natur für die gegenständliche und die moralische Entfaltung des Menschen. Die Methodenlehre der teleologischen Urteilskraft bringt also wesentliche Ergänzungen zur Postulatenlehre der *KpV*. Die Abweisung des physikotheologischen Gottesgedankens, den Kant früh kritisiert hatte und anfangs noch zu verbessern suchte (*Der einzig mögliche Beweisgrund*, 1763; II, 123–137), spielte zweifellos ebenfalls eine Rolle bei der Formierung der eigenständigen teleologischen Urteilskraft a priori.

Literatur

Zammito, J. H.: The Genesis of Kant's *Critique of Judgment*, Chicago 1992.

Genetischer Gegenzug im Gedanken von der Urteilskraft als Verbindungsglied theoretischer und praktischer Rationalität. Unerledigtes Thema: Methodik des alltagspraktischen Bewusstseins

Die Regulative der Urteilskraft wirken wie logische Geltungsformen »von unten« her, wo das Leben konkret ist. Sie leiten zu den unbedingten Sätzen der theoretischen und der praktischen Disziplinen hin. Sie bereiten sie insofern vor und stellen ein noch ungeschiedenes Reservoir allgemeinerer logischer Methodik dar. Insofern wäre die dritte *Kritik* die erste, nämlich Beschreibung der ursprünglichen, noch verbundenen und sich erst danach spezialisierenden Geltungsweisen. Die Abfolge der drei *Kritiken* steht also im umgekehrten Verhältnis zur realen Genese der Bewusstseinsformen. Das transzendentalphilosophische Programm endet da, wo das wirkliche Denken und dessen Verständigungsleistungen, die in der Urteilsform enthalten sind, anhebt: Bei ästhetischen oder Geschmacksurteilen und bei Analogiefeststellungen über Bildungen und Prozesse, die am naheliegendsten als zweckmäßige und zweckläufige gedacht werden. Die Systematik der Transzendentalphilosophie geht nicht – wie das spätere Hegelsche Manuskript des *Systems der Sittlichkeit* (1803) – vom alltagspraktischen Bewusstsein her »aufwärts« zu den spezieller strukturierten Denkformen. Er geht vom höchstentwickelten fachwissenschaftlichen Typus allgemeingültiger Urteile aus (in mathematischer Naturwissenschaft und im Recht) und formuliert deren kulturelle Funktion: Die kritische Auflösung des in den individuellen Zwecksetzungen und Handlungsabläufen befangenen Alltagsbewusstseins mitsamt dessen teleologisch-anthropomorphen Mystifikationen. Kant stand vor der vererbten Überdehnung des alltagspraktischen Denkens in die systematisch-rationalen Denkformen der Wissenschaften und der Metaphysik hinein. Der Empirismus stellte einen Schritt zur Untersuchung der alltagspraktischen Motivations- und Handlungsproblematik dar. Kant lehnte dessen alltagspraktische Methodologie als Basis der moralischen und juridischen Sozialisierungsthematik ab. Die Herauslösung der Handlungsproblematik aus den unmittelbar praktischen Motivationen, die Verankerung des Praxisbegriffs in den überempirischen Vernunftideen kritisiert die Unzulänglichkeit des individuellen Interessen- und Erfahrungshorizonts und des darin gegebenen teleologischen Sinn-Reservoirs und überträgt den rationellen Rest einer allgemeinverbindlichen Teleologie in den Lebensbegriffen auf die Verantwortung der Person vorm Gesamtzweck der Gattung. Die Ablehnung der Verschleifung methodischer Prinzipien von Alltagsbewusstsein und Wissenschaften verstellt Kant die eigenständige Problematik einer Logik des Alltagsbewusstsein. Er sieht die Thematik sofort im Bezug auf die empiristische Interpretation, die er als Verabsolutierung alltagspraktischer Denkformen (Analogieverfahren, Induktion, teleologisches Denken, individuell erlebnishafter und interessierter Horizont) versteht. In den §§ 90 f. kommt er auf das mit der ästhetischen und teleologischen Urteilskraft eigentlich sofort gesetzte Thema einer Logik der alltagspraktischen Aussagen ansatzweise zu sprechen und nennt Analogie, Fürwahrhalten des Meinens und alltäglichen Glaubens. Doch die kritische Bewertung des Alltagsdenkens und dessen Scheidung von den »logisch-gerechten« oder streng-logischen Vernunftschlüssen steht im Vordergrund (V, 463). Kants unerschöpfliche Energie analytisch abschichtender Begründungen wird an dem Exkurs zur transzentalphilosophischen Begründung des Geschichtsbegriffs deutlich, der der Naturteleologie zugefügt ist. Hier geht Kant zu einer analytischen Logik des Beweises über, eine Parallele zum Abschnitt über Meinen, Wissen, Glauben in der Methodenlehre der ersten *Kritik* (III, 531 ff.). Er erörtert das Problem einer Logik der nicht mathematisch-naturwissenschaftlichen Gegenstände. Unterschieden werden logisch-strenge Schlüsse, Analogieschlüsse (in Bezug auf die metaphysische Methode der *analogia entis* interessant), Fürwahrhalten nach Wahrscheinlichkeit, Hypothesen. Im moralisch-praktischen Wissen aber, das interessiert-alltagspraktisches Meinen und Tatsachenwissen der mathematischen und beschreibenden Wissenschaften abstreift, fasst sich die ganze teleologische Denkform zusammen (§§ 90 f., V, 461–473).

Literatur

Bendavid, L.: Vorlesungen über die Critik der Urtheilskraft, Wien 1796, ND Bruxelles 1968. – Herder, J. G.: Kalligone, in: Sämmtl. Werke, hg. v. B. Suphan, Bd. 22, Berlin 1880. – Schiller, F.: Philos. Schriften, Nationalausgabe, Bd. 20, Weimar 1962 [Briefe über die ästhetische Erziehung, S. 309–412; Über das Erhabene, S. 171–195]. – Schlegel, A. W.: Kants Kritik der Urteilskraft, in: Kunstlehre, Kritische Schriften und Briefe II, Stuttgart 1963, S. 60–99. – Goethe, J. W. v.: Über Kants Philosophie 1816/17, in: Berliner Ausgabe, Bd. 17, Berlin und Weimar 1970, S. 504 f. – Eckermann, J. P.: Gespräche mit Goethe in den letzten Jahren seines Lebens, Berlin 1956 [Gespr. v. 11.04.1827, S. 313 f.]. – Hegel, G. W. F.: Vorlesungen über die Ästhetik, hg. von F. Bassenge, Berlin 1955, S. 97–100. – Heise, W.: Die Wirklichkeit des Möglichen, Dichtung und Ästhetik in Deutschland 1750–1850, Berlin 1990. – Breitenbach, A.: Die Analogie von Vernunft und Natur. Eine Umweltphilosophie nach Kant, 2009.

XI Die Religion innerhalb der Grenzen der bloßen Vernunft (1793)

Die Problemstellung

Das religiöse Bewusstsein zeigt wegen seiner Nähe zur alltagspraktischen Befindlichkeit des Einzelnen ausgeprägte Konstanz der Grundelemente. In seiner Unmittelbarkeit bezieht sich das alltagspraktische Bewusstsein auf seinen Gegenpol, die ruhende Ewigkeit des ganzen Seins, das in anthropomorfer Versinnbildlichung als Geschick erscheint. Die so erzeugte, emotional gesteuerte Pseudo-Objektivität eines komplexen Weltbezugs des Einzelnen bis hinein in seine privateste Einzelheit ist in Wahrheit ein psychischer Erwartungsraum. Dessen Integrität ist höchst verletzbar durch die nicht auf Komplexität, sondern auf je reine Objektivität gerichteten und von psychischer Befindlichkeit absehenden kulturellen Formen, wie sie die Versachlichung des Wirtschaftshandelns, Rechtsordnung, Wissenschaften darstellen. Daraus ergibt sich das Schicksal der Religion, fast von allen Schritten der Ausbildung und Umbildung sachspezifischer kultureller Objektivationen betroffen und von diesen gleichsam als von außen her neu beurteilt zu werden. Das schafft jenes eigentümliche Amalgam von gesuchter zeitloser Sicherheit und besorgter, fast beleidigter Unruhe im religiösen Bewusstsein und bot noch im 18. Jh. den beamteten Wortführern der Kirchen die Begründung zu weit ausgreifenden Einsprüchen gegen Veränderungen des kulturellen Selbstverständnisses. Das christliche religiöse Bewusstsein stellt in den Augenblicken seiner Konzentration eine expressive Verbindung des Einzelnen in dessen betonter Einzelheit mit dem Weltganzen dar, einem Ganzen, das in der Hand eines Über-Einzelnen liegt. Das Ganze enthält nicht nur schlechthin einen anthropomorfen Sinnbezug. Es repräsentiert als absolutes Subjekt die Identität aller Einzelnen mit dem Ganzen, ohne deren Einzelheit zu überschreiten, die es vielmehr in deren Unmittelbarkeit zugleich wieder setzt. Die Direktheit der Beziehung des Einzelnen aufs Totum, die Ausblendung aller gesellschaftlichen Vermittlungsebenen, bilden das Kernphänomen des religiösen Bewusstseins. Es schafft darum eine eigene Gesellschaftlichkeit, die Kirche und deren Funktionsebenen, als eine solche Über-Gesellschaft innerhalb der Gesellschaft.

Die aufklärerische Religionstheorie vertrat nur in ihrem atheistischen Flügel die direkte und kompromisslose Auflösung der religiösen Überhöhung des alltagspraktischen Bewusstseinsfeldes zur anthropomorfen Pseudo-Objektivität, die zugleich als absolutes Subjekt gedacht wurde. Die überwiegende deistische Tendenz ging dahin, das religiöse Subjekt- und Weltverständnis bestehen zu lassen als eine Bewusstseinsebene neben den anderen spezialisierten der neuen Naturwissenschaften, des Rechts, der einsetzenden Psychologie, der Selbstbegründung philosophischer systematischer Rationalität. Religion war dann auf spezifische Sichtweisen des alltagspraktischen Komplexbewusstseins reduziert, aber anerkannt. Mit dieser Relativierung verschiedener Sphären, in denen das Gleiche mit verschiedenen Methoden verschieden interpretiert wurde, und zwar in fundamentalen Fragen der Existenz des Menschen in der Welt, war die Tendenz einer ironischen Skepsis gegenüber allen Überzeugungen verbunden. Kants Religionstheorie soll Eklektizismus und Skeptizismus des Empirismus in der Religionsfrage überwinden. Sie verfährt mit einheitlicher Methode zur Definition aller kulturellen Geltungen, so dass dem alltagspraktischen Religionsverständnis eine logisch grundsätzliche Rechtfertigung durch eine Religion innerhalb der Grenzen der praktischen Vernunft a priori wird. Die beiden Grundgedanken der Religion, Gott und die Immaterialität der Einzelperson, wurden zu logisch notwendigen Postulaten moralisch-praktischer Rationalität. Damit war eine konsequentere logische Vermittlung zwischen den spezifischen rationalen Begründungsweisen der Naturwissenschaften, des Rechts, der Psychologie, der Philosophie erreicht als sie die Theorie der natürlichen Religion bot. Diese affirmierte das alltagspraktische Bewusstsein, indem sie dessen Annahmen und Erwartungen durch immer erweiterte Analogiemethodik objektivierte. Kant beendete auch hier das Ineinanderfließen von logisch schlüssigen (intelligiblen) und alltagspraktisch diffusen (sensiblen) Bewusstseinsebenen. Er grenzte dadurch das unreflektierte religiöse Bewusstsein stärker ein, machte die Differenz zwischen erlebnishaften religiösen Vorstellungen und immanenter rationaler Methodik der Philosophie und der Wissenschaften zum logischen Problem, und er schuf im Ganzen der erlebten und ritualisierten Religiosität ein unbehindertes Wirkungsfeld als die Theoretiker der natürlichen Religion oder des Vernunftglaubens gegenüber der Kirchenreligion.

Der religionskritische Akzent der allgemeinen deistischen und auch der Kantschen Religionstheorie war auf neue Vermittlung zwischen methodisch auseinanderstrebenden – und von der analogisierenden Methodik des alltagspraktischen Bewusstseins wegstrebenden – Kulturfeldern gerichtet. Der Aufklärung ging es, seit die englische Glorious Revolution von 1688 das Bekenntnis freigegeben hatte, um die Freiheit der theoretischen Erörterung der Religion schlechthin. Darunter war eben die Möglichkeit begriffen, das Wechselverhältnis der Kulturfelder im Sinne wechselseitiger Unabhängigkeit neu zu bestimmen und damit die einsetzende Dynamik vor allem der Wissenschaften und des Rechts sicherzustellen. Direkte Einwürfe gegen die Religion bezogen sich nicht auf die positiven Aufstellungen des kirchengeschichtlich und theologisch formierten Glaubens, sondern auf bestimmte Elemente des Volksglaubens, die als kirchliche Zwangsinstitute dienten. Das widersprach dem geraden Selbstbewusstsein des Bürgers, mit seiner Vernunft alles Notwendige selbst zu erreichen und das darüber hinausliegende Mögliche, das zu wünschen oder zu verhindern bliebe, dem Gebet anzuvertrauen. Anders als im 19. Jh. richtete sich der direkte religionskritische Einspruch aller Richtungen der Aufklärung gegen den Augustinschen und den Lutherschen Glaubensschrecken, also gegen Existenz der Hölle und gegen die Personifizierung und die Externalisierung des Bösen in der Gestalt des von Luther dringlich eingeprägten Teufels. Goethes Theologie im Prolog des *Faust* (1797) behandelt den Teufel bereits als Vertreter einer antiquierten Theologie und als eigenwilligen Diener Gottes. Die ganze exemplarische Wette ist auf die Rettung des Menschen auch aus dessen Frevel gerichtet, und das entscheidende Kriterium besteht im guten Wollen, nicht in den Resultaten im Einzelnen. Kant hätte damit durchaus einverstanden sein können. »Der Himmel war zu harmlos, um sich um ihn zu ereifern. Aber die Hölle war das große Zucht- und Züchtigungsmittel, mit dem sich die Phantasie entzünden und die Heilssorge lebendig erhalten ließ. Der Niedergang der Hölle im Bewusstsein war der Erfolg des 18. Jahrhunderts« (H. Blumenberg, *Goethe zum Beispiel*, Frankfurt/ M. 1999, S. 206). Das erste Stück der Religionsschrift Kants behandelt das radikal Böse intensiv, um dem hier vorliegenden religiösen Problem auf den Grund zu gehen, aber eben ganz ohne die Höllenvision und deren Akteure. Gleich dem deistischen Religionsglauben ist auch die

Kantsche Kirchenreligion – und Kants davon gesonderte Vernunftreligion erst recht – eine Religion ohne den Glaubensschrecken. Wie die Externalisierung des Bösen in der Gestalt des Teufels fallen aus Kants Religion auch der Zorn, die Strafe, die ewige Verdammnis durch Gott heraus. Die Sanktionen rücken ins Gewissen des Menschen. Der Gewissensbegriff steht überhaupt im Zentrum der Kantschen nichtentäußerten Kirchenreligion. Nicht die Vernunft regiert hier, die den Vernunftglauben trägt, jedoch nicht den Religionsglauben. Mit der Unterscheidung von Vernunft- und Religionsglauben zerteilt Kant den Menschen nicht. Es geht um die methodische Rekonstruktionen unterschiedener Subjektfunktionen, die im realen Verhalten zusammenwirken. Die zentrale Stellung des Gewissensbegriffs in seinem Religionsverständnis spricht Kant gegenüber Mendelssohn im Zusammenhang mit dessen *Jerusalem oder über religiöse Macht und Judentum* (1783) aus, wo »die Nothwendigkeit einer unbeschränkten Gewissensfreyheit zu jeder Religion« so gründlich und hell vorgetragen sei. Kant ergänzt, die Kirchen sollten sich der Freiheit der Person in den Gewissensfragen öffnen, sollten alle das Gewissen bedrückenden Dogmen aufgeben. Dann würden sich »die Menschen in Ansehung der wesentlichen Religionspuncte vereinigen«. Die Belastung sei, den Glauben an die Wahrheit geschichtlicher Dokumente zur Bedingung der Seligkeit zu machen (an Mendelssohn, 16.8.1783). Das ist, was Hegel in seinen Berner Manuskripten in den 90er Jahren als die Positivität der Religion behandelte. Kants Briefpassage ist in ihrer Konzentration aufschlussreich für Kants Sicht der Problematik der Kirchenreligion. Seine Religionsphilosophie meint nicht primär eine intellektuelle Reflexionsebene im religiösen Glauben. Religion ist keine Wissensform. Diese spätere Schleiermachersche (und Feuerbachsche) Fragestellung ist von Kants Ablösung der Religion von der rationalen Theologie und von deren Begründung auf Postulaten moralisch-praktischer Vernunft vorbereitet worden. Kants Religionsbegriff setzt den Akzent auf religiöses Vertrauen nicht als einer Wissensform, sondern als entfalteter emotionaler Freiheit und Sicherheit des Menschen unter den Menschen und in der Welt. Einen pietistischen Einfluss könnte man in Kants Betonung der Religion als Sache des frommen Herzens sehen, also der fides, des vertrauenden Glaubens, den auch der frühe Luther gegen das kirchliche credo gerichtet hatte.

Damit verschob sich das Religionsproblem auf den Gegensatz zwischen eigentlicher innerer Reli-

giosität und äußerer Beachtung formeller Glaubenssätze und kirchlicher Kulte. Vor Kant hatten in der
deutschen aufklärerischen Metaphysik vor allem
A. G. Baumgarten und G. F. Meier die Trennung von
innerer oder lebendiger Religiosität und »äußeren
Gottesdienstlichkeiten« entwickelt (Meier, *Philosophische Betrachtungen über die christliche Religion*,
1761/64). Religion ist zum göttlichen Gebot gesteigerte und – wie Kant vertiefend hinzusetzt – entäußerte Moral. Damit waren die zwei Interpretations-
prinzipien verbunden: Religiöse Lehrsätze und Kulte
sind der freien wissenschaftlichen Erörterung zu öffnen. Die religiösen Lehren sind selbst Teil der Geschichte der Kultur. J. S. Semler (1725–1791) hatte in
diesem Sinne die Fortbildung der christlichen Religion auch in der Gegenwart und durch die freie »Pri-
vat-Religion« jedes Gläubigen für möglich und erforderlich erklärt. Solche Erneuerung dürfe nicht
durch kirchliche Vorschriften behindert werden. Der
Gedanke des historischen Charakters des christlichen Bekenntnisses unterstütze im ohnehin zur Partikularisierung des Bekenntnisses tendierenden Protestantismus die bis in individuelle Freiheit hineinge-
hende Forderung religiöser Toleranz. Kant nahm die
deistische Trennung von innerer und äußerer oder
statutarischer Religion auf. Er folgte aber nicht der
empiristischen Verlängerung der diffusen emotionalen Erwartungshaltung des Menschen als der Begründung einer natürlichen Religiosität. Auch die
kulturgeschichtliche Auffassung der Entstehungsbedingungen der christlichen Religion erhält bei ihm
ganz andere verstehende, zustimmende Färbung als
im abstrakten Historismus vor allem der französischen Aufklärer und deren Mythentheorie der Religion. Übrigens vermeidet Kant auch protestantische
Polemik gegen den Katholizismus.

Ein wesentlicher Differenzpunkt Kants zur deistischen Religionstheorie bei Semler und Meier besteht
im Verständnis der für die moraltheoretisch vermittelte Religiosität der Aufklärung an sich wesentlichen
Trennung von öffentlicher und privater Religion.
Der moralisch und ästhetisch erweiterte Religionsbegriff nahm die private und insofern individuelle
Religion als die eigentliche gegenüber der öffentlichen Kultus-Religion im Bereich des bürgerlich-ge-
setzlichen Zustands. Das entsprach gewissen Tole-
ranzpostulaten – bei Semler aber deutlich auf die gebildeten Schichten begrenzt. Kant sah Religion und
Kirche sehr wohl als Ordnungsfaktor. Doch die exklusive Semlersche Voraussetzung des »geübten
Christen« war für ihn ausgeschlossen. Sein Akzent
saß theoretisch auf dem Symbolgehalt der Religion

im Bezug auf Moral. Hierin waren alle gleich. Kant
sah in der individuell-elitären Verbindung der Privat-
religion sowohl mit exzeptioneller Gefühlshaftigkeit
als auch mit ästhetischen Aspekten die parasitäre
Tendenz, die Moralität wie auch den Glauben ent-
würdigt. Die aufklärerische libertas philosophandi
geriete auf einen gleichsam kultur-aristokratischen
Abweg der Trennung von ästhetisierender Innerlichkeit der Religion und für die ungebildeten Stände ge-
botener öffentlicher Religion. E. Müller (2002) hat
die Thematik bei Kant präzise bezeichnet. Der obrigkeitlich dienstbare Spielraum solcher ästhetisierend
verinnerlichender Religionsspielerei (und korrespondierenden Moral-Zynismus) war drastisch von
Semlers Unterstützung des Wöllnerschen Religionsedikts entblößt worden. Kants Religionsauffassung
ist der Lessingschen sehr verwandt. Wie Lessing sah
er Aussichtslosigkeit und Bedenklichkeit der Gefühlsreligiosität bei zugrunde liegender Trennung
von Rationalität und Gefühl. Das trennte ihn wie im
anderen Bezug von Baumgarten, Meier, Semler, so
hier von Jacobi und Hamann.

Kant setzt bei der deistischen Umkehrung des Be-
gründungsverhältnisses von Religion und Moral an:
Religion begründet nicht Moral, sondern umgekehrt
ist Moral Basis und Leitelement des Religionsverständnisses. Im sog. *Opus postumum* notierte er das
Problem in weitem Horizont: »Gott ist nicht eine
Substanz sondern die personificirte Idee des Rechts
und Wohlwollens […] und der Weisheit ein Princip
durch das andere einzuschränken« (XXII, 108).
Seine Fragestellung ist auf die logischen Formunter-
schiede von Moralphilosophie, philosophischen Begriffen der Vernunftreligion, der im religiösen Verhalten lebendigen Kirchenreligion und schließlich
einer versachlichten äußerlichen Kirchenreligion gerichtet. Warum und nach welchen transzendentalen
Bedingungen des Bewusstseins erzeugt Moral denn
Religion? Wenn man sich darüber klar werde, könne
man das religiöse Bekenntnis nicht modeln nach
den Wünschen in den Zeiten. Kant vertiefte das Verständnis der Religion als einer symbolischen Repräsentation der moralisch-praktischen Vernunft. Der
Symbolgedanke ergibt sich aus dem Kantschen Begriff des Ideals (des sittlich vollkommenen Menschen, des höchsten Gutes, der Unsterblichkeit u. a.),
das die Vernunftideen darstellen. Die ganze
Kernthematik findet sich bereits im Abschnitt zum
transzendentalen Ideal in der *KrV* (III, 385–392).
Der Gottesbegriff entsteht als eine »Hypostasierung«
(III, 390) der notwendigen Voraussetzungen der
Möglichkeit der Einheit aller zerstreuten Wahrneh-

mungen. Es »muß die Materie zur Möglichkeit aller Gegenstände der Sinne als in einem Inbegriff gegeben vorausgesetzt werden« (III, 391). Kant nennt das Ideal der Vernunft formell wie die Schulmetaphysik den Gegenstand einer »transzendentalen Theologie«. »Transzendental« bedeutet freilich nicht realitas formalis im Sinne der Ontologie, sondern logische Prämisse im Subjekt für Einheit der Erfahrung und für moralisch-praktische unendliche Präzision von Willensmaxime und Sittengesetz. Mit der religiösen Lehre eines weisen Urhebers und Regierers der Welt und der unsterblichen Seele verband Kant in der *Kritik* noch eine aktivierende Funktion für die Moral. Die sittlichen Ideen würden sonst wohl anerkannt, aber nicht ebenso selbstverständlich befolgt. Die Religionsschrift selbst lässt diese Thesen der *Kritik* dann zurücktreten.

Kant, der selbst die strenge Schule des preußischen Pietismus erfahren hatte, dachte recht kirchenkritisch, nicht religionskritisch, wenn er sich auch als Theoretiker von Verpflichtungen vor den Ansprüchen religiösen Glaubens freisprach. Er sah wohl das Religionsproblem in einigem so, wie es eingangs kurz bezeichnet wurde, und wollte das Verhältnis der Religion zu den anderen kulturellen Formen durch transzendentale Begründung ein für allemal sicherstellen und aus den kulturellen Auseinandersetzungen herausbringen. Das religiöse Bewusstsein würde sich dann, von dogmatischen Forderungen unbefangen, auf seine moralischen Verpflichtungen und Verheißungen konzentrieren können. Die sittlichen Forderungen der Religion wären der Kultur des Aufklärungszeitalters bewahrt, und die autoritative historische Beglaubigung religiöser Dogmatik fände sich mit Kants immanent rationaler Begründungsmethodik kultureller Geltungsformen vermittelt. Das irenische Modell der Konfliktlösung theoretischer Kontroversen, wie es N. Hinske nennt, wird von Kant nicht nur innerhalb einer Disziplin favorisiert. Es ist ihm auch Vermittlungsprinzip zwischen den verschiedenen Denkweisen unterschiedner Kulturfelder.

Der systematische Anspruch der drei *Kritiken* musste sich selbstverständlich an allen kulturellen Formen bewähren. Fragten die *Kritiken*, wie Mathematik, Naturwissenschaften, moralisch-praktische Vernunft einschließlich deren Bezug auf den Gottes- und Unsterblichkeitsgedanken als Wissenschaft möglich seien, so stellt die Religionsschrift umgekehrt die Frage: Wie ist das dogmatische und kultische religiöse Bewusstsein in Übereinstimmung mit der reinen praktischen Vernunft möglich? Das ma-

thematische und logische Konstruktionsprinzip des transzendentalen Idealismus traf hier auf die gesellschaftliche Macht, die sich innerhalb der europäischen Tradition als eine Verklammerung von Rationalität, Gott und Natur verstand, doch ihre Universalität und Stabilität durch ein zweites Legitimationsprinzip ergänzte: das Faktum überrationaler Offenbarung und die Beglaubigung durch bloßen Schrifttext. Kant war sich nicht nur der kulturellen Macht der christlichen Theologie und Kirche, sondern vor allem der unabgegoltenen kulturpsychischen Wirkungsmöglichkeit der christlichen Religion bei gelebter fides wohl bewusst und lehnte darum nicht nur die atheistische Negation, sondern auch modernisierendes Experimentieren an den christlichen Dogmen und Kulten ab. Kants Religionsschrift zeigt wesentliche Elemente der Kantschen Philosophie nicht mehr nur als propädeutisches Programm, sondern in der kulturphilosophischen Durchführung am einfach tradierten Denken und an einer realen gesellschaftlichen Institution. Die angewandte Theorie gibt ihrerseits Aufschluss über die zentralen Intentionen und über die Leistungsfähigkeit des methodischen Arsenals. Darum ist Kants Religionsschrift für das Verständnis des originären Kantianismus wichtig. Sie demonstriert ein kulturphilosophisches Anwendungsfeld so zentraler Lehrstücke wie des Verhältnisses von intelligibler und sensibler Welt, von Ding an sich und Erscheinung, von intellektueller Moralität und angewandter konventioneller Sittlichkeit u. v. a. Die religiösen Dokumente, insbesondere die neutestamentlichen Quellen der christlichen Religion, zeigen für Kant eine in der Menschheit angelegte Moralität mit der emotionalen Basis aller Moralität in der Rückbeziehung auf die teilnehmende Empfindung für den anderen als Menschen schlechthin. Kants moralisch-praktischer und speziell verfassungsrechtlicher Universalismus besitzt in diesem unmittelbaren Gewissen seine unverzichtbare Basis. Geschichte kann darum von der Religionsschrift her als symbolische Erscheinungsweise eines in der Menschheit schlechthin angelegten Prinzips gefasst werden. Die sich an erscheinenden Symbolen realisierende transzendentale Idealität, dieser Grundgedanke der Kantschen praktischen Philosophie, zeigt Parallelen zum theologischen Gedanken der Verbindung von Gott und Welt. Die innerweltlichen emotionalen und intellektuellen Normative des Menschen repräsentieren Gott, sie sind nicht Gott. Das Verhältnis von Ding an sich und Erscheinung nach der Kantschen Theorie wird von Kant in der ersten *Kritik* von der Problemlage der mathematischen Naturwissenschaft her begründet. Die Religionsschrift zeigt zu diesem Problemmuster des Kantianismus eine zweite Quelle. Es ist die symbolische Repräsentanz des Intelligiblen im empirisch Erscheinenden. Die theologische Beziehung von Ding an sich und Erscheinung findet ihre stärkste Parallele in der teleologischen Urteilskraft der dritten *Kritik*. Der Naturzweck sei von uns nur als symbolisches Regulativ eines intelligiblen Naturprinzips zu denken. Der Symbolbegriff gehört zur zentralen Achse des Kantschen Denkens, dem Verhältnis von intelligibler Form und dem material Erscheinenden. Transzendentalphilosophie und die Gebiete der speziellen Kulturphilosophie erhellen sich wechselseitig. Gottes Existenz ist darum für Kant ein synthetischer Satz a priori der praktischen Vernunft. »Gott ist die moralisch-praktische Vernunft«, heißt es einmal verkürzend (XXI, 145). Von dieser Prämisse her rechtfertigt und relativiert er die neutestamentliche Dogmatik und die kultische Institution der christlichen Kirche.

Der Mensch schafft sich als sinnlich-geistiges und als gesellschaftlich-praktisches Wesen eine Vorstellungswelt um das Sittengesetz, das als solches nur transzendentallogisch gedacht, nicht der Vorstellung dargeboten werden kann. Er repräsentiert es sich in moralischen Symbolen. Das sind die religiösen Berichte von der Gottessohnschaft und dem Wirken Jesu. Mit dieser Vorstellungswelt verbindet sich gemeinschaftliche Bekundung in den Kulten, so dass also die religiöse symbolische Auffassung des Sittengesetzes eine gesellschaftlich-praktische und kommunikative Ebene des moralischen Bewusstseins erzeugt. Die transzendentale unendliche Präzision des Sittengesetzes erfordert die symbolische Repräsentation in der Vorstellung. So ergeben sich nach der *KpV* in Kants Systemgedanken religiöses Bewusstsein und Institution der Kirche konsequent.

Zur moralischen Postulatenlehre als Religionsbegründung in der *KpV* tritt ein transzendentallogisches Gottespostulat in der *KU* mit dem Gedanken der Vermittlung von Reich des Naturbegriffs und Reich des Freiheitsbegriffs. Die Entsprechung von gutem Willen und Gelingen, sagte schon die *KrV*, »kann durch die Vernunft nicht erkannt werden, wenn man bloß die Natur zum Grunde legt, sondern darf nur gehofft werden, wenn eine höchste Vernunft, die nach moralischen Gesetzen gebietet, zugleich als Ursache der Natur zum Grunde gelegt wird« (III, 526). Die Natur muss so gedacht werden können, dass sie dem Endzweck der Wirkung nach dem Freiheitsbegriff gemäß gedacht werden könne

(V, 175 f.). Doch dieses theoretische Postulat wird nur von der Urteilskraft erfüllt, nicht von der moralisch-praktischen Vernunft. Aus ihm geht nicht Kants Religionsbegriff hervor, sondern, mit einiger Uminterpretation Kants, eine theologische Weltanschauung anstelle des Kantschen Dualismus von moralischer und naturwissenschaftlich-kausaler Weltanschauung. Die Interpretation des transzendentalen Religionsproblems von der *KU* her setzt die ersten beiden *Kritiken* zurück, und M. Wundt kam im Zusammenhang seiner metaphysischen Kant-Interpretation sogar zu der abwegigen These, die kritische Philosophie gipfele in der Theologie (*Kant als Metaphysiker*, Tübingen 1924). A. Schweitzer hatte noch zutreffend die Spannungen gezeigt zwischen der theologischen Weltanschauung auch des Protestantismus und Kants Auffassung von Gott als dem Weltherrscher, insofern er als moralischer Gesetzgeber zu denken sei.

Literatur

[Zur zeitgen. Aufnahme der Schrift vgl. den Abdruck der sachlich konzentrierten Rez. von 1794 in AA XXIII, 520–523; Kant war mit ihr nicht zufrieden, vgl. ebd., 90]. – Flügge, C. W.: Historisch-kritische Darstellung des Einflusses der Kantischen Philosophie auf die Theologie, 2 Bde., Hannover 1796/98 (ND 1982) [die Theologie des Göttinger Dozenten und späteren Superintendenten in Salzhausen ist von Kant geprägt]. – Schweitzer, A.: Die Religionsphilosophie Kants von der *KrV* bis zur *Religion innerhalb der Grenzen der bloßen Vernunft*, Leipzig 1899 (ND Hildesheim u. New York 1974). – Paulsen, F.: Kant, der Philosoph des Protestantismus, 1899 [Rez. v. E. Troeltsch, in: DLZ 2 (1900)]. – Troeltsch, E.: Das Historische in Kants Religionsphilosophie, Berlin 1904. – Denifle, H.: Luther und Luthertum in der ersten Entwicklung, Mainz 1904 [Verurteilung der Kantschen Philosophie als Ausdruck des Lutherschen Protestantismus]. – Scholz, H.: Zur Philosophie des Protestantismus, in: KS 25 (1920), S. 24–49. – Lütgert, W.: Die Religion des deutschen Idealismus und ihr Ende, T. 1, Die religiöse Krisis des deutschen Idealismus, Gütersloh 1923 [S. 8–32]. – Rust, H.: Kant und das Erbe des Protestantismus. Ein Beitrag zu der Frage nach dem Verhältnis von Idealismus und Christentum, Gotha 1928. – Beyer, K.: Kants Vorlesungen über die philosophische Religionslehre, Halle 1937. – Bohatec, J.: Die Religionsphilosophie Kants in der *Religion innerhalb der Grenzen der bloßen Vernunft*. Mit besonderer Berücksichtigung ihrer theologisch-dogmatischen Quellen, Hamburg 1938 (ND Hildesheim 1966). – Blumenberg, H.: Kant und die Frage nach dem »gnädigen Gott«, in: StG 7 (1954/55), S. 554–570. – Schultz, W.: Kant als Philosoph des Protestantismus, Hamburg Bergstedt 1961. – Bruch, J. L.: La Philosophie religieuse de Kant, Paris 1968. – Despland, M.: Kant on History and Religion, London 1973 [Rez. v. R. Malter, in: KS 67 (1976), S. 243–

246]. – Noack, H. (Hg.): I. Kant, *Die Religion innerhalb der Grenzen*, Hamburg 1990 [Einl. v. H. N.: Die Religionsphilosophie im Gesamtwerk Kants, S. IXLXIII; ebd. H. Klemme, Zur Textgeschichte, S. LXIV-LXIX]. – Ricken, F./Marty, F. (Hg.): Kant über Religion, Stuttgart u. a. 1992. – D'Alessandro, G.: L'Interpretazione Kantiana dei testi biblici e i suoi critici, in: StKa 8 (1995), S. 57–85. – Pirillo, N. (Hg.): Kant e la filosofia della religione, 2 Bde., Brescia 1996. – Dirksmeier, C.: Das Noumenon Religion. Eine Untersuchung zur Stellung der Religion im System der praktischen Philosophie Kants, Berlin u. New York 1998. – Winter, A.: Der andere Kant. Zur philosophischen Theologie Kants, Hildesheim u. a. 2000. – Müller, E.: Ästhetische Religiosität und Kunstreligion. Zur Doppeldeutigkeit des Ästhetischen und Religiösen in den Philosophien von der Aufklärung bis zum Ausgang des deutschen Idealismus, Habil. Schrift Berlin 2002. – Irrlitz, G.: Religion als Symbolform der Moral, in: Historia philosophiae, Pisa-Roma, MMV, S. 35–55.

Der Titel. Vernunftreligion und Kirchenglaube

Zum Titel hat Kant in der Vorrede zum *Streit der Fakultäten* betont, er laute nicht »Religion aus bloßer Vernunft (ohne Offenbarung)«, was eine Anmaßung bedeutet hätte. Es geht um das, was im Text der »für geoffenbart geglaubten Religion« auch durch bloße Vernunft erkannt werden könne (VII, 6; ebenso in den Vorarbeiten zur Religionsschrift, XXIII, 91; die umfangreichen Vorarbeiten zur Religionsschrift in XXIII, 87–124). Der Titel *Religion innerhalb der Grenzen bloßer Vernunft* trennt zwei Sphären religiösen Bewusstseins: Vernunftreligion, die »Erkenntnis aller unserer Pflichten als göttlicher Gebote« (VI, 153; ebenso XXIII, 95) und Kirchen- oder Schriftglaube, nach dem die erscheinende Religion als Kirche in der Geschichte gegründet wurde und erhalten wird. Kant liebt bei solchen Unterscheidungen die geometrische Illustration. Er sagt, »Schrift und Vernunft sind zwei einander einschließende (konzentrische) Kreise«, jener der Offenbarung als subjektiver und empirisch-historischer weiter, dieser der engere, der die objektive intelligible Realität der Religion innerhalb der Grenzen bloßer Vernunft betrifft (XXIII, 95). Kant bleibt mit der Trennung von Religions- und Kirchenglaube, die in der ganzen aufklärerischen Theorie der sog. natürlichen Religion vorbereitet war, innerhalb seiner Scheidung von mundus intelligibilis und sensibilis. Er kann mit dieser Teilung sein Prinzip subjektimmanenter Rationalität a priori für die philosophische Rekonstruktion der Religion verwenden und unabhängig davon die historisch gewachsenen kirchlichen Lehrinhalte und Institutionen beurteilen. Kant setzt damit den Leitgedanken der neuzeitlichen Philosophie fort, die Religion aus der Prägung durch kulturell homogene Gesellschaften herauszuführen. Der christliche Glaube wird auf einen Platz innerhalb einer Gesellschaft mit voneinander unabhängigen Kulturfeldern gestellt, deren verschiedene Objektivationsprinzipien sich als Gegensätze ausformen und sich in rascher Dynamik bewegen. Sie ergänzt sich mit der systemorientierten theoretischen Intention, die generelle Funktion der transzendentalphilosophischen Methode für alle Kulturfelder einer von gegensätzlichen Strukturen ausgezeichneten und in permanenter Evolution begriffenen Gesellschaft nachzuweisen.

Kants Religionstheorie steht noch vor der romantischen Ästhetisierung der Religion, die zugleich eine Re-Theologisierung der Künste und anderer, durch den diffusen Begriff reiner Innerlichkeit in den Bereich des Heiligen einzurückender gesellschaftlicher Lebensäußerungen ist. Kant nimmt das religiöse Phänomen als Symbol moralischer Selbstführung und Verpflichtung, das dem allgemeinen aufklärerischen und auch dem neuen transzendentalen Religionsverständnis in der mystifizierenden Hülle von Offenbarungen des Gottessohnes vorausgegangen war. Die Religionstheorie »innerhalb bloßer Vernunft« ist von geschichtlichem Denken getragen. Doch Kant erweitert den Historismus noch nicht zur flachen kulturrelativistischen Spekulation, alle Zeitalter würden sich immer wieder Religion oder Religionssurrogate erschaffen. Er nimmt die Symbolik des Sittlichen in der Jesus-Personifikation, in anderen Zeichen und in Gebräuchen als historisches Faktum, speziell der Kirchengeschichte, das an eine bestimmte Stufe der Selbstreflexion der Gesellschaft gebunden war. So seien auch die Widersprüche der Kirchengeschichte zu begreifen. Im Bezug auf die Religion konzentriert sich der Blick auf die Inhalte des Glaubens, die ernst genommen werden hinter den spezifischen historischen (urchristlichen, katholischen, Lutherischen, calvinistischen usf.) Formen der Vergewisserung. Im Hinblick auf seine philosophische Systematik erreicht Kant, dass die faktische Historie nicht aus dem Bereich der apriorischen Rationalität heraustritt. Die Relation von Vernunftreligion und Kirchenglaube bewegt sich innerhalb der Beziehung von logischer Geltung moralisch-praktischer Rationalität a priori und deren symbolischer Repräsentation im erscheinenden Material. Das Vermittlungsproblem beider Sphären gewinnt historischen Gehalt, da sie als ursprünglich aufeinander bezogen gedacht werden müssen. Die apriorische Moralität wird zu einem in der Menschheit auf geschichtliche Entfaltung hin angelegten Keim, ein Gedanke, der als ursprüngliche Erwerbung der apriorischen Funktion auch in Kants Auffassung der theoretischen Sachverhaltskonstitution mitgeht. Der im Dogma fixierte, in der Kirche institutionalisierte Glaube müsste im Grunde als der durch Entäußerung hindurchgehende Realisierungsprozess der intelligiblen Welt dargestellt werden. Das setzte wiederum die Transformation des Apriorismus zur Hegelschen Realisierung des Absoluten durch dessen Entfremdung hindurch voraus, und ist für Kants streng antipantheistischen Rationalitätsbegriff ausgeschlossen. Das dritte Stück der Religionsschrift zeigt immerhin, welche Schritte Kant in Richtung der Vermittlung von Vernunftprinzip der Religion und geschichtlicher Praxis der Kirche geht. Die Kirche erhält genaue kulturelle Funktion für die Konstanz intellektualer Moral durch gesellschaftliche Bindung der Menschen innerhalb von durch Herkommen stabilisierter Satzungen und Gebräuche. Kant sagt, der Kirchenglaube werde zum Vehikel des Vernunftglaubens. Die Doppelgestalt der religiösen Problematik als moralisch-praktischer Religionsbegriff und als an die biblische Verheißung gebundene Kirchenlehre öffnet die Religion für Interpretation und Vermittlung auseinander strebender und sich in freier Interpretation aufeinander beziehender Kulturfelder, wie Alltagsbewusstsein, Künste, Moral, Recht, Religion, Wissenschaften. Philosophische Theorie der Religion ist dann Rechtfertigung und Relativierung der Religion im Horizont der voneinander unabhängigen und aufeinander beziehbaren Bereiche. Kants Gedanke von den beiden konzentrischen Kreisen des religiösen Bewusstseins schafft, wie noch die Theologie K. Barths oder P. Tillichs im 20. Jh. zeigte, eine hohe Beweglichkeit der kulturellen Bindungskräfte der Religion gegenüber den ebenfalls in rasche Bewegung versetzten anderen Kulturbereichen.

Den theistischen Gottesbegriff erklärt Kant als den Schein, die »distributive Einheit des Erfahrungsgebrauchs des Verstandes in die kollektive Einheit des Erfahrungsganzen dialektisch (zu) verwandeln, und an diesem Ganzen der Erscheinung uns ein einzelnes Ding zu denken, was alle empirische Realität in sich enthält« (B 610). Selbstverständlich besitzt Kants Trennung von Vernunft- und Kirchenglaube die Funktion methodischer Kritik der positiven Wirklichkeit durch ein Prinzip rationaler Subjektivität. Doch es kommt darauf an, zu sehen, wie Kant Rationalität als kritische Instanz durchführt. Er hatte

die Trennung von intelligibler objektiver Realität und empirisch-sensibler Wirklichkeit in der *KpV* zu den Postulaten von Gott und Unsterblichkeit geführt. Der nichtontologische Begriff der intelligiblen Realität gestattete es, die Einheit des mundus intelligibilis mit der empirischen Wirklichkeit als denknotwendiges Postulat – Gott als synthetisches Urteil a priori – festzuhalten, zugleich aber im Rahmen des neuzeitlichen phänomenologischen Skeptizismus die Erkennbarkeit der Einheit von intelligibler Realität und faktisch erscheinender Wirklichkeit für den theoretischen Bereich aufzuheben. Allein in der unendlichen logischen Präzision der Idee eines guten Willens liegt die Gewissheit praktischer Motivation schlechthin als einer logischen Synthesis a priori, dass befolgtes intelligibles Moralgebot und Realisierung des Guten wie eine Einheit der Erfahrung übereinstimmen müssen. In der unendlichen Entsprechung von Idee und Empirie sitzt bei Kant die Aufhebung des religiösen Kernphänomens, der illusionären unmittelbaren Beziehung des einzelnen Individuums zum Totum des Seins. Kant entspannt die Beziehung nicht zur flachen These einer zu erwartenden evolutionären Läuterung der Menschen. Er setzt aber entschieden Vermittlungsebenen zwischen dem gläubig vertrauenden Subjekt und dem Totum der Realität ein. Der Kernpunkt ist, dass das Ganze ohnehin nur denkbar, nie erfahrbar sei. Der Stachel des Unbestimmten bleibt und ebenso die große Forderung an den Willen, in diesem Dunkel Licht anzuzünden, der philosophischen Auflösung dessen, was im religiösen Bewusstsein das freie Opfer darstellt, um des Glaubens willen und ohne Rückversicherung von Lohn und Anerkennung dafür seine Willensmaximen und Handlungen zu bestimmen. Kants Logik des reinen Willens in der Theorie praktischer Vernunft a priori bildet gleichsam das philosophische Pendant zur religiösen Gewissensinnerlichkeit. Darauf bauen die Interpretationen von Kant als des »Philosophen des Protestantismus« auf; ohne freilich hinzuzusetzen, daß es sich zugleich um die Projektion des religiös-gegenständlichen Bezugs auf die autonom-rationale Begründung des guten Willens handelt.

Kants Mitteilung in der Vorrede, er habe nicht eine »Religion der reinen Vernunft« geschrieben, also nicht eine Religiosität außerhalb der existierenden faktischen christlichen Religion und kirchlichen Institution entwerfen wollen, betont die Wendung auf die historisch gewachsene kulturelle Wirklichkeit. Der intellektuelle Religionsglaube ist direkt auf die positive Existenz der religiösen und kirchlichen

Tradition bezogen. Kants nichtontologische intelligible Realität kann ohne empirische Positivität, d. i. hier ohne den gegebenen, als Offenbarung gesetzten Glaubensinhalt und ohne die vorhandene Kirche, überhaupt nicht gedacht werden. Die Beseitigung des ontologischen Charakters der Theorie transzendentaler Idealität beinhaltet eine Wendung zum Historisch-Faktischen der Kultur. E. Troeltsch hat das in seiner Interpretation des transzendentalen Prinzips hervorgehoben. Die Anerkennung der gegebenen (erscheinenden) kulturellen Realität, sei es Moralpraxis, Recht oder Religion, wird von der transzendentalen Idealität zugleich in unaufhebbaren Prozess versetzt. Dieser ist wiederum nur im ideellen Symbolum zu bestimmen, nicht faktisch zu demonstrieren.

Mit dem empirisch-wirklichen Charakter der statutarischen Kirchenreligion ist der Programmcharakter der Kantschen Religionsschrift verbunden. Kant rekonstruiert wesentliche Inhalte des christlichen Glaubens wie den Gottesbegriff, die Jungfräulichkeit Mariae, die Rechtfertigungs- und Versöhnungslehre, die Gottessohnschaft Jesu und projiziert darauf die Gewissensmoral der Maximen und der, wie es einmal sogar heißt, Liebe zum moralischen Gesetz. Die durch Offenbarung und Schrift begründeten Lehrinhalte der Christologie, des Abendmahls usf. werden zu empirischen Symbolisierungen des Vernunftglaubens. Dadurch rückt nun doch, solche Vorschläge zur moralischen Rekonstruktion von Dogma und Kultur empirisch-praktisch genommen, die Religionsschrift in die Nähe einer Schrift »Religion der reinen Vernunft«, also einer auf jeden Fall der individuellen Freiheit der Kirchenmitglieder anheim gestellten Veränderung des Kirchenverständnisses und des praktizierten Glaubens.

Kants Bild von Moralphilosophie und Religion als von zwei verschiedenen, zueinander konzentrischen Kreisen muss man als Ausdruck des Primats der Moral und ebenso der Selbständigkeit des religiösen Glaubens ansehen. Die knappen Ausführungen zur natürlichen Religion in den moralphilosophischen Vorlesungen bieten dazu den besten Zugang. »Die Religion ist die Moralität auf Gott angewandt.« Das heißt aber nicht, dass die Philosophie Religion erzeugen könne. Der Glaube bleibt ein eigenes Feld. Die natürliche Religion enthält rational zu erkennende »natürliche Erkenntnisse unserer Pflichten in Ansehung des höchsten Wesens«. Kant richtet sich sowohl gegen Atheismus als auch gegen rationalistische Neukonstruktionen. Er nennt »Vernünftelei« in der Religion: »[W]enn man durch die Vernunft als notwendig die Erkenntnis von Gott, die der Religion

zum Grundsatz liegt, ableiten will [...] Allein das ist nicht nötig, in der Religion darf sich nur die Erkenntnis Gottes auf Glauben gründen, [...] Gott als das Principium der Sittlichkeit ansehen und ihn als einen heiligen Gesetzgeber, gütigen Weltregierer und gerechten Richter erkennen, so ist dieses hinreichend zu einem Glauben an Gott, sofern er der Religion zum Grunde liegen soll, ohne solches logisch beweisen zu können« (*Eine Vorlesung Kants über Ethik*, hg. v. P. Menzer, Berlin 1924, S. 98, 108). Von diesem Eigentlichen des Glaubens kann Kant dann die »Parerga« der Kirchenreligion absetzen und vor allem einem der Hauptthemen der deistischen Religionsphilosophie nachkommen, der Kritik der religiösen Schwärmerei, des statutarischen Kirchenglaubens und der dahinter steckenden religiösen Heuchelei (Abschn. »Von den Irrtümern der Religion«, ebd., S. 106–112). Kant nennt, wahrscheinlich mit dem Halleschen Theologen J. S. Semler (1725–1791), die Bibel und Kirchenglauben »Vehikel« für den »Vernunftglauben« (VI, 106 ff. u. ö.). Die neuere katholische Interpretation des transzendentalen Idealismus, z. B. durch A. Winter, nun ganz konträr gegenüber den früheren katholischen Verurteilungen Kants bei O. Willmann oder P. Denifle, nach der »schließlich das Gesamtwerk Kants religionsphilosophisch orientiert ist« (!), um dann auch die metaphysische Transzendenz als ein Motiv der Kantschen Theorie wiederzubeleben und Kant schließlich, mit knappstem Textbezug (nur die Bemerkung Kants, es gebe auch »erzkatholische Protestanten«, VI, 109), nicht zum Protestantismus, sondern zwischen die Konfessionen zu stellen, steht für die Philosophiehistorie auf einem anderen Blatt. Solche neuen Versuche an Kant mögen immerhin für geistige Bewegungen innerhalb der katholischen Religionsphilosophie aufschlussreich sein (Winter, S. 429 f.; s. a. ebd. S. 1–47). Die *Berlinische Monatsschrift*, das Organ der Berliner Aufklärer, schrieb in den achtziger Jahren polemisch gegen die angenommene Gefahr einer Ausbreitung des Katholizismus nach Preußen (und meinte wahrscheinlich den zunehmenden Einfluss konservativer Kreise nach dem (erwarteten) Tod Friedrichs II.). Der Herausgeber Biester wusste sich übereinstimmend mit Kant (an Kant, 8.11.1785, X, 393; XIII, 155). Das ablehnende Adjektiv einer Distanz auch zu manchen Protestanten ergab sich aus den Auseinandersetzungen zwischen Lutherischer Orthodoxie und Pietismus in Ostpreußen, die Kant wohlbekannt waren. Die orthodoxe Partei wurde von J. J. Quandt (1686–1772) angeführt, Oberhofprediger, ab 1736 Generalsuperintendent, später auch Theologieprofessor an der Königsberger Universität. Kopf der Pietisten war Fr. A. Schultz (1692–1763), verdienstvoller Organisator des Schulwesens als Mitglied der preußischen Schulkommission. Kants Einstellung war davon bestimmt, dass der Katholizismus die »ästhetische Vorstellungsart«, die »sinnliche, obzwar nur analogische Darstellung« der religiösen Ideen gegenüber dem »moralischen Gesetz in uns« verselbständige (*Vo n einem neuerdings erhobenen vornehmen Ton in der Philosophie*, VIII, 405).

Das Verhältnis von Vernunftreligion oder, wie Kant sagt, reinem Religionsglauben und Kirchenreligion, bildet das zentrale Thema der Kantschen Religionsschrift. Das Werk steht damit in der Tradition des englischen Deismus, also des Gedankens von der Philosophie zu entdeckender *Reasonableness of Christianity*, wie Lockes Werk hieß (1695, dt. 1733, 1758/59), und es führt diese kritische Transformation des religiösen Bewusstseins zum neuen, transzendentallogischen Niveau. Das religiöse Bewusstsein ist vollendete Moralität in der Weise sinnlich-wirklichen Ereignisses, also eigentlich die Behauptung von etwas Unmöglichem als Geschehenem und von etwas zeitlich Ereignetem als ewig Geltendem. Hier liegen Zauber und Schrecken der religiösen Tradition ineinander verschlungen. Kant gibt eine frühe Symboltheorie der Religion. Die symbolische Repräsentation des an sich nur logisch Explizierbaren (der vollendeten Moralität) ist dem Menschen zu deren alltagspraktischer moralischer Motivation und Konstanz förderlich, indem sie die hohe Spannung zwischen Pflichtbegründung und »Neigung« erlebbar, in kultischen Formen kommunizierbar und realisierbar werden lässt. Die deutsche evangelische Theologie war in der zweiten Hälfte des 18. Jhs. vom englischen Deismus geprägt. Dessen zentraler Punkt war die Konzentration des religiösen Bewusstseins auf Moral und zwar unter dem Primat der Moral. In dieser Linie Baumgartens, Semlers, Ernestis, Michaelis' dachte auch Kant. Er las seine Moralphilosophie nach zwei Lehrbüchern Baumgartens, und in den Abschnitten zur natürlichen Religion findet sich die deistische Auffassung Kants besonders einprägsam ausgeführt (Menzer, a. a. O., S. 98–105). Kant begründete die Vernunftreligion jedoch nicht auf der »natürlichen« Vernunft, sondern auf der logischen Funktion der reinen praktischen Vernunft. Mit dieser Basis waren dann die Offenbarungswahrheiten als übereinstimmend gedacht, ohne dass diese hinsichtlich der Moralität etwas Eigenes hinzusetzten. Die Gnadenwirkungen, Wunder und andere Geheimnisse galten Kant daher als Parerga (Beiwerk,

Anhang) der Religion. Erst die Kant nachfolgende Generation der Kantianer begann das Verhältnis der Philosophie zur Offenbarung in Richtung der Verüberflüssigung der Offfenbarung zu interpretieren. Fichtes Aufsatz *Über den Grund unseres Glaubens an eine göttliche Weltregierung* (in Niethammers *Philosophisches Journal*, Bd. 8, 1798) wurde dann zum Atheismus-Vorwurf gegen Fichte benutzt. Die ursprüngliche Religionsphilosophie Kants und die Nach-Kantsche der frühen Kantianer findet sich gut bei dem von Kant geschätzten Göttinger Theologen C. F. Stäudlin (1761–1826) dargestellt (*Geschichte des Rationalismus und Supernaturalismus vornehmlich in Beziehung auf das Christenthum*, Göttingen 1826, S. 138 ff.). A. Winter zeigt, dass Kant sicher früh den englischen Deismus durch Tindals *Christianity as old as the Creation* (1730, dt. 1741; ND m. e. Einl. zum Deismus v. G. Gawlick 1967) und durch seines Lehrers M. Knutzen Gegenschrift *Vertheidigte Wahrheit der Christlichen Religion* (1747) kennen gelernt hat. In der *KrV* unterscheidet Kant die Begriffe Deismus und Theismus. Die Erkenntnis Gottes als des Urwesens aus bloßer Vernunft mittels transzendentaler Begriffe sei Deismus oder transzendentale Theologie. Die Ableitung des Gottesbegriffs aus den Eigenschaften unserer Seele sei Theismus oder natürliche Theologie. Damit verbindet auch Kant die Anerkennung der Offenbarung durch den Theismus, jedoch deren Bestreitung durch den Deismus, da wir von einer transzendentalen Idee keine nähere empirische Erfahrung besitzen könnten (III, 420).

Das theoretische Problem des Deismus besteht in der Verbindung zweier einander entgegengesetzter Methoden zur Präsentation allgemein verbindlicher Thesen. Die neuzeitliche Selbstbegründung der Rationalität (in den mathematischen Naturwissenschaften, dem Naturrechtsgedanken, der philosophischen Kategorienlehre) stieß auf die durch Texte, Berichte historischer Fakten legitimierte unvermittelte und sehr komplexe alltagspraktische, ästhetische, emotionale, rudimentär rationale Geltung von kulturellen Theorien, die dazu noch fest mit auf gleiche Weise legitimierten machtvollen Institutionen verwachsen waren. In Descartes' Methodenschriften spielte die Entgegensetzung von apriorischer rationaler und abgewerteter historischer Ausweisung von Texten eine große Rolle. Der Begründungsanspruch des kulturellen Selbstverständnisses geht bei den geistigen Repräsentanten der Oberschichten, die zugleich ein intellektuelles Zentrum der einsetzenden gesellschaftlichen Dynamik aufbauen (Forschung, Akademien, wissenschaftliche und literarische Öffentlichkeit), auf die methodische Rationalität der sich gegenüber der antiken und feudalen Kultur rasant umgestaltenden Fachwissenschaften über (Verbindung von Mathematik und Physik, Experiment). Der sich im Verlauf mehrerer Generationen ausbildende Dominanzanspruch der Wissenschaften führt aber kein Sozialisierungsgebot mit sich. Er stößt auf die im religiösen Bewusstsein und dessen theologischer Systematisierung bestehende Einheit von immanentem Weltverständnis (Natur), transzendentem Sinnverständnis (Gottesbegriff, Christologie) alltagspraktischem Vergesellschaftungsanspruch der immer noch ständisch gebundenen Individuen. Systematische Rationalität und ererbte sinnhafte Bindung beginnen auseinander zu treten. So muss sich nicht nur die Religion vor dem Richterstuhl der *reasonableness* ausweisen. Diese selbst hat ihre Tauglichkeit für komplexen Anspruch kultivierter Geselligkeit in der Einheit von Gewissensbindung, alltagspraktisch nachvollziehbarer Rationalität, ästhetischer Symbolik u. a. zu erweisen. Systematische Rationalität der Wissenschaften muss sich insofern vor Religion bewähren. Man darf in diese sublime kulturelle Spannung nicht kurzschlüssige äußere Rechtfertigungsinteressen hineinreden. Kant hat im zweiten Stück der Religionsschrift das formelle theoretische Problem der Vermittlung von Vernunft- und Kirchenglauben in das Erfordernis der Erweiterung der transzendentalphilosophischen rationalen Selbstbegründung der Moral auf das Gottes- und Personalitätsproblem des Glaubens hin ausgeführt. Konsequent folgt darauf im dritten Stück die Begründung der Kirchenreligion aus dem Erfordernis gesellschaftlicher Stabilisierung und Verwirklichung der im transzendentalen Moralkonzept an die intellektuelle Individualität gebundenen Moral. Der Anspruch autonomer Individualität erfordert neben dem allerdings hervortretenden juridischen Kontraktualismus aller Sozialisierungsbezüge eine gesellschaftlich konventionalisierbare Innerlichkeit, die von einer intellektuell oder naturalistisch-anthropologisch geführten moralischen Begründung nicht zu leisten war. In der feudalen Gesellschaft besaß die religiöse Überformung sozialer und herrschaftsrechtlicher Auseinandersetzungen die sekundäre Funktion der Aktivierung gesellschaftlicher Bindungskräfte bei großen Gruppen von Menschen. Die modern-bürgerliche Gesellschaft bedarf neuer Systeme innerer Stabilität der sozialen Klassen. Für die veränderte kulturelle Funktion des religiösen Bewusstseins waren Uminterpretationen der religiösen Gehalte erforderlich. Der Deismus war als aufklärerisches Religionsverständnis mit dem traditionellen Thema des Religionsfriedens verbunden. Sollte dieser als möglich dargestellt werden, so musste ein gemeinsamer Kern aller religiösen Bekenntnisse aufgewiesen werden können. Darin besteht der universalistische Humanismus des europäischen Deismus, an den Kants Religionsschrift anschließt. In ihm ist mit der Universalität bestimmter elementarer Glaubenssätze zugleich die universelle Rechtfertigung eines kulturellen Auftrags von Religion in der sich zunehmend und primär durch systematische Rationalität verstehenden neuzeitlichen Gesellschaft ausgesprochen.

Literatur

Winter, A.: Theologiegeschichtliche und literarische Hintergründe der Religionsphilosophie Kants, in: Ders., Der andere Kant. Zur philosophischen Theologie Kants, Hildesheim u. a. 2000, S. 425–476. – Förster, E.: Das All der Wesen, in: Fulda/Stolzenberg, S. 106–127. – Fischer, N.: Kants Metaphysik und die Religionsphilosophie, Hamburg 2004 [A. Winter hat sich auf die Passage im Handbuch bezogen bei einem Symposion »Kant und der Katholizismus« (Kathol. Univ. Eichstätt, Febr. 2004)].

Der Aufbau der Schrift

Die Teilung der Schrift in vier Stücke nach Kants ursprünglichem Plan, das Ganze als Aufsatzfolge in der *Berlinischen Monatsschrift* erscheinen zu lassen (an Stäudlin, 4.5.1793), darf nicht über die methodisch genaue Komposition des Werkes hinwegsehen lassen. Kant will das Vermittlungsprogramm zwischen Religions- und Kirchenglauben entwerfen, indem er die Moraltheorie der *KpV* auf die Hauptlehren der christlichen Religion projiziert. Dafür muss der Grundbestand der christlichen Religion systematisch rekonstruiert werden. Kant wählt einen konkretisierenden Aufbau, der von abstrakten Elementarsätzen zu den komplexen Glaubenslehren und damit auch zu praktischen Aspekten der protestantischen christlichen Religion und Kirche vorschreitet. Die Religion wird auf eine theoretische Struktur gezeichnet, die vom Einfachen zum Komplexen, und d. i. von den Grundproblemen der Theologie zum Erscheinungsbild der Kirche führt. Allerdings nimmt Kant den der systematischen Theologie entgegengesetzten Weg: Nicht vom Gottesbegriff zu der Person Jesu und weiter zur Erfahrung der Gnade Gottes im Zeugnis der Synoptiker, sondern vom moralischen Charakter des Menschen zu Jesus als dem Ideal des vollendeten Menschen und von da zum

Gottesbegriff und zur Kirche und zu deren theologischen Lehrsätzen wie dem Gottesbegriff, der Dreifaltigkeitsproblematik, der Geltung von Schrift und Wunderzeugnissen usf. Das erste Stück behandelt die Alternative böser oder guter Natur des Menschen und gibt eine Interpretation der Lutherschen Lehre vom radikalen Bösen im Menschen. Das zweite Stück korrigiert in gewissem Sinne die substantiale Deutung der Lehre vom grundsätzlich bösen Willen im Menschen und interpretiert das gute Prinzip als das übersinnliche Gesetz. Als dessen Repräsentation hat die Religion das Symbol der Person Jesu geschaffen. Hier treten die Leitgedanken der Kantschen Religionstheorie ein: Der Schematismus der Einbildungskraft, der Symbolbegriff und der Entäußerungsgedanke. Das dritte und weitaus umfangreichste Stück fragt nach der konkreten gesellschaftlichen Realisierung des im zweiten Stück formulierten geistigen Zentrums der christlichen Religion, des Verhältnisses von Moralgebot und dessen Aufnahme in die Maxime des Verhaltens. Das dritte Stück enthält darum den speziellen und gegenüber den anderen moralphilosophischen Werken auch neuen Gehalt der Religionsschrift. Die Kantsche Ethik ist an sich streng aufs Individuum und auf dessen freie Entscheidung für die im kategorischen Imperativ absolut gesetzte geistige Einheit der Menschen orientiert. Das dritte Stück führt die Notwendigkeit eines »ethisch-bürgerlichen Gemeinwesens« ein, also etwa in Analogie zu der Ausdehnung der unsichtbaren Kirche in die sichtbare eine soziale Gestaltung der Moralität. Hier wird nach der im zweiten Stück mit Hilfe des Schematismus-Gedankens vorgenommenen Überleitung der Moral zur Religion der nächste Schritt getan und der Religionsbegriff zur notwendigen Erscheinungsweise in der Kirche geführt. Das vierte Stück behandelt schließlich nach der von den drei ersten Teilen der Schrift vollzogenen logisch-genetischen Entfaltung des abstrakten Prinzipium zum kirchlichen Konkretum als eine Art Appendix Schlussfolgerungen für Detailfragen des Kirchenglaubens und der kirchlichen Praxis (Ketzerverfolgung, Orthodoxie, die Rolle der Pfarrer nicht als Oberherren, nur als Lehrer, die Freiheit des einzelnen Gläubigen u. a.). Kant rekonstruiert also mit seinen vier Teilstücken eine ideelle Struktur der christlichen Religion in der Form eines logischen Konkretionsprozesses bis hin zur empirischen Praxis und damit auch zu den religiösen Streitfragen der Zeit. Der interessanteste Punkt in dem zentralen dritten Stück des Werkes ist sicher Kants Beginnen, die Einheit von logischem Prinzip und historisch-faktischer Kirche nach der Kategorientafel der *KrV* (Quantität, Qualität, Relation, Modalität) zu konstruieren (VI, 101 f.). Der im Ganzen von einer anthropologischen Problematik ausgehende Aufbau führt im dritten und vierten Stück, wo die Religionsproblematik bei der Gestaltung des kirchlichen Lebens ankommt, selbstverständlich auf eine neue, nun aber gesellschaftstheoretische Problematik, auf die Stellung der Kirche im öffentlichen Leben und auf die Trennung von Kirche und Staat (VI, 101 f.). Kants moraltheoretischer Ausgangspunkt seiner Religionstheorie verfolgt für die reale Kirchenpolitik (vor allem der protestantischen Landeskirchen) das Ziel, die Kirche in eine privat- und verfassungsrechtlich stabile bürgerlich-moderne Gesellschaft einzufügen. Im diesem Bezug ist auch die Aversion gegen religiösen Überschwang wie gegen das Offiziösentum von orthodoxem Religionswahn zu sehen. Darum nimmt Kant alle reichen ästhetischen und emotionalen Aspekte religiöser Kultur weit zurück und hält sie aus seiner Religionsschrift heraus.

Erstes Stück. Von der Einwirkung des bösen Prinzips neben dem guten oder das radikale Böse in der menschlichen Natur

Die Grundlegung der Religionstheorie erfolgt mit einer moralphilosophischen Abhandlung, die in verschiedenen Punkten eine intensivere Fragestellung vorträgt, als sie die ethischen Hauptschriften brachten. In diesen stand die Relation von moralischer Maxime der freien Individualität und objektivem Sittengesetz im Mittelpunkt. Das ließ kaum Raum für die doch anders gelagerte Erfahrung der erlebnishaften moralischen Alternativen und Entscheidungen, in denen sich die Reifung der Person vollzieht und bewährt. Die Religionsschrift nimmt das ureigene theologische Thema des Bösen und dessen Funktion in einer von Gott gestifteten Weltordnung auf. Die neuzeitliche Metaphysik hatte das Problem eingehend verhandelt. Leibniz hatte zur Widerlegung der Bayleschen Tendenz zum Manichäismus und dessen Dualismus des Guten und des Bösen als zweier gleichberechtigter Weltprinzipien seine *Theodizee* (1710) verfasst. Der umfangreiche Artikel »Böse« in J. G. Walch: *Philosophisches Lexicon* (1726, ²1733), Sp. 300–312, gibt einen Überblick über die intensive Diskussion. Kant schließt mit der Thematik des ersten Stücks an die Behandlung der Thematik in der Metaphysik an. Für die empiristische Theologie und

Moralphilosophie existiert das theologische Problem nicht mehr. A. Fergusons *Grundsätze der Moralphilosophie* (1769), Garves Übersetzung erschien bereits 1772, reduzieren das Thema antitheologisch auf die naturalistische Alternative: »Die Wörter: gut und böse schließen den Begriff von Lust und Schmerz in sich, und haben also eine ausschließende Beziehung auf empfindende und denkende Wesen« (S. 122). Kant nimmt das Thema mit Lutherscher Tiefe und Verve wieder von der ursprünglichen und unausrottbaren Bosheit des Menschen her, die aus dessen Eigenliebe hervorgeht und in dem immer mitgehenden Wunsch besteht, das moralische Gesetz willentlich nicht zu befolgen. Es ist eine wie angeborene Schuld, nicht eben einer Erbsünde, aber doch durch die Verführbarkeit des Willens bei uns. Kant geht auch über den Leibnizschen ontologischen Ausgleich zwischen gutem und bösem Prinzip hinaus, derart, nach scholastischem Vorbild, dass eine Welt mit dem Bösen reicher an Merkmalen sei als ein nur gutes Sein. Wolff leitete daraus noch formell die Definition ab, böse sei, »was uns und unsern Zustand unvollkommener macht« (*Vernünftige Gedanken von Gott, der Welt, der Seele des Menschen*, 1719, [5]1732, § 425). Die Schulmetaphysik hatte die theologische Fragestellung in die immanent rationale Konstruktion integriert, so dass das Böse ein Mangel, eine Beraubung am an sich guten Seienden sei (malum transcendentale).

Kant übergeht die ontologischen und dadurch verharmlosenden Aspekte der metaphysischen Theorie des an sich guten Seins, so dass das Böse nur ein relatives Sein (eben in Bezug aufs Gute) sei. Er bezieht sich auf die ursprüngliche theologische Auffassung, dass das Böse im Menschen Folge seiner Freiheit zur Verkehrung des Willens und zum Abfall von Gott sei. Damit ist auch die metaphysische Verminderung der Problematik abgeschnitten, Gott habe das Böse nur als amissio boni (Mangel des Guten) und zur Kenntlichmachung und Beförderung des Guten zugelassen. Formell setzt Kant bei den beiden gegensätzlichen Linien der neuzeitlichen Anthropologie ein: ob der Mensch von Natur böse (Machiavelli/Hobbes) oder gut (Morus/Rousseau) sei. Er spricht auch von der erforderlichen »anthropologischen Nachforschung« und behandelt die Bezüge des moralisch Guten und Bösen zu Selbstliebe, Wetteifer um Anerkennung in der Gesellschaft, zu moralischer Zurechnungsfähigkeit und Empfänglichkeit des Individuums für ein überindividuelles Verhaltensprinzip. Im Ganzen wird die abstrakte Alternative fixer moralischer Qualitäten abgewiesen. Naturanlagen seien weder gut noch böse. Damit wird zugleich die Bindung des moralisch Guten an die theologische Transzendenz beseitigt, die die Heils- und Gnadenverfügung der Kirche nach sich zieht. Doch die Entwicklung des Begriffs des Bösen (VI, 36 f.) nimmt die Radikalität der theologischen Fragestellung auf, überträgt sie jedoch auf die intellektuelle Freiheit des Menschen, selbstverantwortlich das Sittengesetz in seine Willensmaxime aufzunehmen oder nicht. Die gleichsam animalische Sinnlichkeit biete für die Erklärung des Bösen zu wenig, die theologische Annahme eines schlechthin durch Erbsünde verderbten Willens, »gleichsam eine boshafte Vernunft«, gehe zu weit, weil dadurch »das Subject zu einem teuflischen Wesen gemacht werden würde« (VI, 35). Der Mensch empfindet ursprüngliche Achtung für das Sittengesetz, und er weiß es fraglos durch Reflexion. Das »radikal angeborene Böse in der menschlichen Natur« (VI, 32), der »faule Fleck unserer Gattung« (VI, 38) ist Fähigkeit und Neigung des Menschen, das überindividuelle Sittengesetz nicht zur Maxime des Willens zu machen. Es ist die Verkehrung der Gesinnung, das Prinzip der Selbstliebe »zur Bedingung der Befolgung des moralischen Gesetzes« zu machen, entgegen dem Wissen, dass es nicht sein sollte (VI, 36).

Der vierte Abschnitt des ersten Stücks fragt darauf nach dem Ursprung dieser Verkehrung, des Abfalls vom Sittengesetz in der Willensbildung. Hier wird deutlich, dass Kant im Unterschied zu Empirismus und Schulmetaphysik die ganze Radikalität der im Protestantismus wiederhergestellten augustinischen Fragestellung aufnimmt und auf die intellektuelle Verantwortung des Individuums zur Freiheit transformiert. Wie einen Anfang müsse man jede Willensentscheidung erkennen, als sei der Mensch unmittelbar aus dem Stand der Unschuld getreten. Die Bibel behandle in bildlicher Vorstellungsart den Ursprung des Bösen ganz richtig als einen Anfang für die Menschengattung. Kant setzt den Anfang als permanenten in die Vernunft des Menschen. Unabhängig von der Kette der Ursachen ist die Entscheidung des Menschen doch immer frei als »ein ursprünglicher Gebrauch seiner Willkür« (VI, 41). In Analogie zur biblischen Erklärung der sich nach und nach einnistenden Sündhaftigkeit (und mit Verweisen auf 1. Mose II, 16 f. und III, 6) erklärt Kant dann die Verkehrung der intellektuellen Freiheit in der Verantwortung der Person zur Freiheit in der Beliebigkeit der Willensmaximen gemäß der Selbstliebe als den Ursprung des Bösen in der Willensbildung. Das ist sehr genau auf das offene Problem bezogen, das mit der Freiheit des modern-bürgerlichen Individuums mitgeht. Diese Freiheit der Selbstverfügung kann verspielt werden. Der Abschnitt schließt mit der Einschwenkung auf die Rousseau-Linie der neuzeitlichen Anthropologie. Die Freiheit zur Aufnahme des Sittengesetzes in den Willen (nicht nur dessen Befolgung nach verschiedenen Maximen) ist die ursprüngliche Anlage zum Guten. Kein begreiflicher Grund ist, dass das moralisch Böse zuerst in uns gekommen sein sollte (VI, 43).

Eine umfangreiche allgemeine Anmerkung behandelt zum Schluss des ersten Stücks die Wiederherstellung der ursprünglichen Anlage zum Guten als »Revolution in der Gesinnung« durch die eigene Kraft des Menschen. Die Abgrenzung von der religiösen Heteronomie transzendenter Heilserwartung erfolgt entschieden. Dabei geht Kant wieder zu den biblischen Analogien über. Durch Revolution der Denkungsart und allmähliche Reform der Sinnesart in kontinuierlichem Wirken und Werden entsteht ein neuer Mensch wie durch die Wiedergeburt einer neuen Schöpfung (VI, 47; analog 1. Mose I, 2; Joh. III, 5). Es ist im unabdingbaren Kern die »Gründung eines Charakters«. Kant will das Erbe der religiösen Tradition für die transzendentale Moraltheorie fruchtbar machen. Er denkt nicht autoritativ, nicht primär in Gegensätzen, sondern historisch und vermittelnd. Er denkt einbeziehend, mögliche Kontinuitäten ausschöpfend im Zusammenhang seines tiefen Verständnisses der Abgründe, die in der Normalität modern-bürgerlicher Freiheit des Individuums verborgen liegen. Darum lehnt er den obligaten Optimismus in den Ethiken der neuzeitlichen Metaphysik wie des Empirismus ab und hält am Erbe religiöser Einsicht in die Konflikthaftigkeit der Vergesellschaftung des Menschen fest. Das Böse wird dabei enttheologisiert und direkt sozial charakterisiert.

Die Vorredeentwürfe zur zweiten Auflage der Religionsschrift (1794) behandeln Abgrenzung von Religion und Philosophie beim Moralproblem und die je eigene Funktion beider Begründungsweisen. Die Erkenntnisquellen von philosophischer und religiöser Moral sind verschieden: hie die heilige Geschichte, da die Vernunft. Sollen nun beide Begründungsweisen die jeweils andere überflüssig machen? Kant antwortet und erläutert damit das Programm der Religionsschrift: »Es ist also wenigstens ein nöthiger und nützlicher Versuch«, jede dieser beiden Quellen »für sich ganz allein zu benutzen und zu versuchen ob sie nicht für sich hinreichend und eine mit der anderen dennoch einstimmig sey« (XXIII, 92). Das richtet sich sowohl gegen Ausschließungsansprüche der einen und der anderen Seite wie gegen

zeitgenössische Verschmelzungsversuche von Religion und Philosophie. »Ich wollte die Religion im Felde der Vernunft vorstellig machen u. zwar so wie solche auch in einem Volke als Kirche errichtet sein könne. Da konnte ich nun solche Formen nicht füglich erdenken ohne wirklich vorhandene zu benutzen. Daher konnte ich nicht eine Religion entspringend aus der Vernunft ankündigen« (XXIII, 93). Kant vertritt damit die Selbständigkeit philosophischer Beurteilung auf dem Felde der Religion und zugleich den Wert historisch gewachsener religiöser Formung des Moralbewusstseins. Immanent rationale Demonstration und religiöser Glaube sollen einander ergänzen. In diesem Sinne sagt dann die gedruckte Vorrede, zwischen Vernunft und Schrift bestünden nicht nur Verträglichkeit, sondern Einigkeit (VI, 13). Die philosophische Interpretation der Religion ersetzt diese nicht, sondern stellt deren Sinn ins Licht (XXIII, 92).

Literatur

Liessmann, K. P. (Hg.): Faszination des Bösen. Über die Abgründe des Menschlichen, Wien 1997. – Bormann, A. v.: Zum Teufel. Goethes Mephistopheles oder die Weigerung, das Böse zu denken, in: Beutler, B./Bosse, A. (Hg.): Spuren, Signaturen, Spiegelungen. Zur Goethe-Rezeption in Europa, Köln u. a. 2000, S. 563–579.

Zweites Stück. Von dem Kampf des guten Prinzips mit dem bösen um die Herrschaft über den Menschen

Entäußerungsbegriff

Der zweite Teil schließt direkt an den ersten an und enthüllt den sublimen Gedankengang des Kantschen Religionsverständnisses. Man müsse das anthropologische Thema genauer fassen. Der Mensch sei nicht schlechthin böse. Die ganze Tradition des sog. Bösen müsse entmystifiziert werden. Kant weist die stoische Auffassung, eine zentrale Quelle der christlichen Anthropologie und Ethik, ab, dass die sinnliche Außenbindung überhaupt als der den Menschen fesselnde Widerpart von Freiheit das Schlechte sei. Dann wird das Böse zu einem Feind außer uns. Christliche Religion ist dann Entäußerung unbegriffener Widersprüche der Autonomie des Subjekts: »Alle Pflichten, die wir uns als gegen nicht-menschliche Wesen denken, sind Pflichten gegen uns selbst, indem wir entweder Sachen idealisieren oder Ideen realistisch personifizieren,« notierte Kant in den Vorarbeiten zur Sittenmetaphysik (XXIII, 417). Nicht die Neigungen sind das Übel, sondern unsere Weigerung, diese als Gegensatz zur Maxime gemäß dem Sittengesetz zu erkennen und zurückzudrängen. Kant sieht das Stigma des modern-bürgerlichen Subjekts in der Heuchelei der Motive; daher auch in seiner Sittenmetaphysik die ausführlichen Kasuistik-Teile. Wo der genaue Widerspruch im Subjekt nicht begriffen wird, kommt es zu gleichsam unsichtbaren Feinden in uns selbst. Die Entäußerung des Bösen zu unserer fleischlichen Realität als solcher führe auf die Entäußerung des Guten. Die kompakte sog. menschliche Schwäche bedinge die Entäußerung des Pflichtgesetzes, also der Idee der vereinigten Menschheit, zum göttlichen Gebot, »als Betreibung einer Angelegenheit Gottes, nicht des Menschen, und so entspringt der Begriff einer gottesdienstlichen anstatt einer reinen moralischen Religion« (VI, 103). Es gilt vom »die Tugendgesinnungen anfechtenden Prinzip« – wie vom Guten –, dass es »gleichfalls in uns selbst liegt und nur bildlich als äußere Macht vorgestellt wird« (VI, 100). Der Entäußerungsgedanke bildet nach dem primären Aspekt des moralischen Gehalts der Religion den zweiten wesentlichen Gesichtspunkt des Kantschen Religionsbegriffs. Auf ihm beruht Kants Unterscheidung zwischen gottesdienstlicher oder statutarischer, also entfremdeter und moralischer Religiosität beruht. Kant denkt nicht wie Feuerbach das religiöse Bewusstsein generell als Entfremdung der Subjekt-Potenzen. Er bleibt innerhalb des protestantischen Prinzips der Kritik an äußerlicher Ritualisierung des Glaubens, die er als Entäußerung der moralischen Qualität des Bewusstseins auffasst. Moralität ist für ihn jedoch grundsätzlich auch in der Form religiösen Bewusstseins gegeben.

Das dritte und nach der transzendentalphilosophischen Problemklärung des zweiten Stückes zentrale kulturphilosophische Stück der Religionsschrift lehrt nicht die Aufhebung von Religion in Moral, sondern stellt das Problem der Möglichkeit nichtentfremdeter Religiosität. Die Basis dafür bildet ein nicht generell religionskritischer Entäußerungsgedanke, den das zweite Stück einführt. Die nicht zum Dienst an einem absoluten Subjekt außer uns entfremdete Religiosität nimmt die Glaubensberichte als symbolische Darstellungen der moralischen Thematik. Zweifellos von der Jesus-Interpretation des 18. Jhs. angeregt, freilich ganz ohne die zeitgemäße Jesus-Sokrates-Parallele, beschäftigt sich Kant unter allen biblischen Berichten am eingehendsten mit der

Jesus-Gestalt. Jesus ist das Ideal des moralisch vollendeten Menschen, der also die Menschheit über seine Egoität setzte und in einem Anlauf bereits die statutarische, gottesdienstlich entäußerte Religion zu einem moralischen Religionsglauben erheben wollte: »[N]ämlich noch bei seinem Leben durch Stürzung des alle moralische Gesinnung verdrängenden Zeremonialglaubens und des Ansehens der Priester desselben eine öffentliche Revolution (der Religion) zu bewirken [...], von welcher freilich auch jetzt noch bedauert werden kann, daß sie nicht gelungen ist; die aber doch nicht vereitelt, sondern nach seinem Tode in eine sich im Stillen, aber unter vielen Leiden ausbreitende Religionsumänderung übergegangen ist« (VI, 81 f.).

Durch den Entäußerungsgedanken erhält der transzendentalphilosophische Vernunftbegriff in der Religionsschrift einen historischen Aspekt. Der Mensch besteht aus zueinander widersprüchlichen Aktivitätsebenen, die sich aber in Richtung der transzendentallogisch bestimmten Ausgleichung bewegen.

Die komplexe Reflexionsebene innerhalb der Subjektivität, die sich aus der widersprüchlichen Beziehung zwischen apriorischer Rationalität und empirischen Gegebenheiten ergibt, bleibe auf frühen Stufen der Kultur verborgen und enthülle sich nur nach und nach. Der historische Aspekt in Kants transzendentaler Theorie von intelligibler und sensibler Welt wird – wie geschichtlicher Fortschritt vom aufklärerischen Bewusstsein überhaupt – nach dem freilich zu schmalen Muster des wissenschaftlichen Erkenntnisprozesses gedacht. Die nichtentäußerte Religiosität der Vernunftreligion setzt in theoretischer Reflexion, was in den biblischen Berichten als empirisches Geschehen dargestellt wurde. Zur Christologie heißt es: »Man sieht leicht, daß, wenn man diese lebhafte und wahrscheinlich für ihre Zeit auch einzige populäre Vorstellungsart ihrer mystischen Hülle entkleidet«, sie den Sinn nichtentäußerter moralischer Religiosität ausgesprochen hat (VI, 83). Vom Symbolcharakter biblischer Berichte meint Kant dann auch, man solle es dabei belassen und nicht rationalisierende (Semler) oder literarische (Herder) Interpretationen darüberlegen. Es handele sich um einfache anschauliche Vorstellungen moralischer Qualitäten der Person, die jedem Menschen auch ohne methodische Demonstration einleuchteten.

Im Symbolproblem der entäußerten Religiosität könnte man die einzige Stelle ausmachen, an der Kant Religion und Ästhetik zueinander führte. Das ist, genau genommen, nicht mit der Gefühlshaftigkeit religiösen Erlebens verbunden. Kant meint nur die bildliche Vorstellung durch narrativen Bericht dessen, was Theorie logisch expliziert. Der dritte Teil der Schrift, in dem Kant die Notwendigkeit nichtentäußerter Religiosität über die Moral hinaus begründet und eine solche Religion auch umreißt, gibt deutlich zu erkennen, dass Kant die Verbindung von religiöser und ästhetischer Objektivation als Variante nichtentäußerter Religiosität – etwa als Ausweg aus dem fortgeschrittenen Konflikt zwischen Wissen und Glauben im 18. Jh. – als Abweg ablehnt. Die romantische Ästhetisierung von Religion, die zugleich eine religiöse Fetischisierung nichtrationaler Objektivation und Vergesellschaftung in der entstehenden industriellen Zivilisation darstellte, ist also mit Kants Verhältnis von Religion und Moral in den Ebenen von Vorstellung und logischer Demonstration nicht zu verwechseln.

Die nichtentäußerte Religiosität wird im dritten Stück mit dem streng individuellen Charakter moralischer Reflexion und Selbstbestimmung und mit dem daraus hervorgehenden Bedürfnis gesellschaftlichen Umgangs, der Mitteilung und gemeinsamer Verrichtungen verbunden. In dieser Verbindung von Moralität, Kommunikationsbedürfnis und Religiosität verselbständigter Individuen zeigt sich der ganz undogmatisch reiche kulturelle Gehalt des originären Kantianismus. Religion ist ein zur Individualisierung von Moral erforderlicher komplementärer Stabilisierungskanon durch unmittelbare Kommunikation. Sie ist Ausdruck des in bewegliches, unmittelbar kommunikatives Einverständnis überführten Bedürfnisses, das moralische Wissen der juridisch verselbständigten Individuen von der Verpflichtung auf die ideelle Einheit der Menschheit in symbolischen gegenständlichen Handlungen zu bekunden. Das Individuum kann seine Moralität nicht gleichsam schweigend mit sich herumtragen. Die nichtentäußerte Kirchenreligion – von Kant unterschieden vom Vernunft- oder Religionsglauben – ist eine Weise der Anerkennung des gesellschaftlich-gegenständlichen Charakters der modern-bürgerlichen Subjektivität. Sie ergänzt die privatrechtliche wie die verfassungsrechtliche Fixierung der Vergesellschaftung und schält unmittelbare gesellschaftliche Gehalte von Beziehungen freier Individuen heraus.

Produktive Einbildungskraft. Jesus-Gestalt

Neben dem Entäußerungs- und dem Symbolbegriff stehen zwei weitere Aspekte der Kantschen transzendentalphilosophischen Interpretation der Religion.

Kant geht dafür ins Zentrum seiner Theorie transzendentaler Idealität. Der Schematismus-Gedanke aus der *Kritik* kehrt wieder und erfährt eine interessante Erweiterung. Wir besitzen nicht nur die unerklärliche Fähigkeit, Wahrnehmungen in Schemata der Einbildungskraft zu transformieren, so dass Abstraktionsbegriffe und apriorische Kategorien überhaupt auf sie bezogen werden können. Wir bedürfen für das Verständnis der intelligiblen Strukturen und Begriffe der geistigen Operation mit gegenständlichen Substituten. »Das ist der Schematism der Analogie (zur Erläuterung), den wir nicht entbehren könne« (VI, 65). Kant begründet im dritten Stück mit dem Schematismus-Gedanken der Intelligibles und Empirisches synthetisierenden produktiven Einbildungskraft die Notwendigkeit eines »historischen Kirchenglaubens«: »[W]egen des natürlichen Bedürfnisses aller Menschen, zu den höchsten Vernunftbegriffen und Gründen immer etwas Sinnlich-Haltbares, irgend eine Erfahrungsbestätigung u. d. g. zu verlangen« (VI, 109). Die schon im Zusammenhang der transzendentalen Deduktion der reinen Verstandesbegriffe angeführte Einbildungskraft als Verbindung von Intelligiblem und Empirischem erhält in der Religionsschrift kulturphilosophische und historische Funktion. Die *Kritik* erklärte durch die Schemabildung der Einbildungskraft das Herabsteigen der Elementarbegriffe zu empirisch verifizierbaren Aussagen. Jetzt verläuft der Gedankengang in umgekehrter Richtung. Das empirische Verhalten und Urteilen vermag nicht ohne (mathematische, logische) Generalisierungen oder Idealisierung auszukommen. Wir vermögen über das Endliche nur zu sprechen, indem wir mit einer Logik der unendlichen Angemessenheit an die reine Form operieren. Dazu tritt das gegenstrebige Erfordernis, dass der Mensch sich die »Totalität dieser Reihe der ins Unendliche fortgesetzten Annäherung« auch wieder symbolisch-anschaulich repräsentiert (VI, 67). So werde der kontinuierliche Fortschritt zum Bewusstsein der ideellen Einheit der Menschheit als einer unendlichen Bewegung in der symbolischen Gestalt Jesu gedacht. Ebenso sei der Gottesbegriff für die nichtentäußerte Religiosität das Symbol der Einheit von intelligibler Zwecksetzung und empirischer Realisierung. Da diese Einheit nur als asymptotischer Prozess zu denken sei, so wie sich mathematische Formel und empirischer Vorgang nur im Unendlichen decken, trete neben die logische die religiöse vorstellungshafte Synthese.

Die Gedanken der Entäußerung, des Symbols und des Schematismus der Einbildungskraft begründen das Erfordernis einer Erweiterung der Moral durch einen reinen Religionsglauben, den Kant Vernunftreligion, einige Male auch natürliche Religion nennt. Die Theorie des religiösen Bewusstseins ist tief im Grundgedanken der Kantschen Philosophie, der Beziehung zwischen nichtontologisch gedachtem mundus intelligibilis der apriorischen Intellektualität des Menschen und empirischem mundus sensibilis verankert. Jesus als das Symbol unendlich vollkommener Realisierung des Sittengesetzes in den Maximen einer Person wirkt auch bei Kant mit dem Bild des Empörers zusammen, der gegen entfremdeten Kirchenglauben und dessen obrigkeitliche Sanktionierung in einem einzigen Anlauf eine nichtentäußerte Religiosität verwirklichen wollte. Kants ganzer Begriff der christlichen Religion ist von einer historischen Auffassung getragen. In dieser kulturellen Form ist etwas angelegt, was anfangs mit der paulinischen Überwindung des Judenchristentums symbolhaft sichtbar war, aber verdeckt, verschüttet wurde, und noch herauszubilden ist. In den Vorarbeiten zur zweiten Auflage notierte Kant: »Die Welt hat nie etwas die Seele belebenderes die Selbstliebe niederschlagenderes und doch zugleich die Hofnung erhebenderes Gesehen als die Christliche Religion die sich von dem Judenthum erhoben hat. Aber diese Erhebung konnte sie nur durch die Übereinstimmung mit der Vernunftreligion erlangen welche sie sanctionirte« (XXIII, 92). Jesu Scheitern interpretiert Kant als Beispiel für die Unmöglichkeit oder wenigstens für die Untunlichkeit revolutionären Umsturzes gesellschaftlicher Institutionen. Es bestätigt den evolutionären Charakter kultureller Prozesse, die dann aber vom Beiwerk langer, partikularer Auseinandersetzungen, wie Kant kurz sagt, einer schweren Leidensgeschichte, gezeichnet sind. An Kants antirevolutionärem Evolutionismus seines Geschichtsdenkens ist dieser harte Punkt nicht zu übersehen. Evolution bedeutet nicht Konfliktlosigkeit. Sie verlängert die eigentlich zu beseitigenden Gebrechen. Auf theoretisch sublime Weise wird Jesus in Kants Verständnis selbst zum geschichtlich wirklichen Muster des Erfordernisses für den Menschen, nach einem Schematismus das unendlich Genaue der intelligiblen Bestimmung mit dem empirischen Ereignis der erlebbaren Anschauung und Tat im Augenblick zusammenzufügen. Was in zeitlicher Dauer sich erstreckt, soll im Ereignis zueinander treten.

Drittes Stück. Der Sieg des guten Prinzips über das böse und die Gründung eines Reichs Gottes auf Erden

Der dritte Teil entwickelt die Konsequenzen für die Ausgestaltung einer nichtentäußerten Kirchenreligion aus der transzendentalphilosophischen Begründung des religiösen Bewusstseins, die der zweite Teil im Dreischritt von Entäußerung, Symbol und Schematismus der Veranschaulichung der Ideen reiner praktischer Vernunft gegeben hatte. Die nichtentäußerte Kirchenreligion beruht auf der Vernunftreligion. Doch der reine Religionsglaube bleibt auf die individuelle Gedankenbewegung eingeschränkt. Das Innerliche muss äußerlich werden. Für die gesellschaftliche Wirkungsweise der je individuellen Vernunfteinsicht bedarf es – analog der juridischen Regelung individueller natürlicher Ansprüche – gleichsam einer »ethisch-bürgerlichen Gesellschaft«. Sie tritt neben die rechtlich-bürgerliche Gesellschaft und sozialisiert, wie die empirisch naturhafte Ebene der Individualität in Kontakt- und Gemeinschaftsbildungen real wird, die moralisch intelligible Schicht der Person. Die Religionsschrift führt als drittes Glied neben die rechtliche und die moralische Vergesellschaftung der Individuen (in der *MS*) den erlebnishaften Bereich vergesellschafteter Individualität im religiösen Bewusstsein und dessen Verwirklichung in der Kirche. Die Parallele zur juridischen Sozialisierung wird im Abschnitt III des dritten Stücks ausgeführt. Die bürgerliche Gesellschaft autonomer Individuen denkt Kant in dieser dreifachen juridischen, moralischen und religiösen Vergesellschaftung. Die Stabilität und Einhelligkeit der je individuellen moralischen Vernunfteinsicht erfordert über den Schematismus-Gedanken hinaus die Existenz einer Kirchenorganisation mit einheitlicher Lehrmeinung und Regelung des Kultus. Die Erweiterung der Moralität zur Religiosität liegt bereits im Kantschen Moralprinzip selbst begründet. Moral ist nicht Betrieb der Privatangelegenheiten, sondern dessen Bezug auf das Ganze des menschlichen Geschlechts. Darum bedarf sie der Erweiterung der unsichtbaren Kirche des reinen Vernunftglaubens zur sichtbaren Kirche, die »das moralische Reich Gottes auf Erden, soviel es durch Menschen geschehen kann, darstellt« (VI, 101). Intellektualistische Moral bestimmt den Inhalt der Religion, nicht religiöse Vorstellungswelt die Moral. Doch moralischer Intellektualismus erfordert die Darstellung des Ideellen in der empirischen Form der Kirchenreligion. Als einen Triumph der Kategorientafel der *Kritik* möchte man Kants Beginnen lesen, die logische Systematisierung aller seiner Theorieteile dahin zu führen, dass die Eckpunkte christlichen Glaubens aus den apriorischen Elementarbegriffen deduziert werden: Quantität – eine einzige Kirche, »also keine Sektenspaltung«; Qualität – Lauterkeit der kirchlichen Vereinigung nach moralischen Triebfedern, »gereinigt vom Blödsinn des Aberglaubens und dem Wahnsinn der Schwärmerei« (VI, 101); Relation – die Verbindung der Individuen nach dem Prinzip der Freiheit (ebenso das äußere Verhältnis der Kirche zur politischen Macht). Kant denkt die Kirchenorganisation nichtentfremdeter Religion als Glaubensrepublik oder Freistaat. Sie sei weder Hierarchie der Kirchenoberen noch Illuminatismus, worunter Kant eine Religiosität aus höherer Eingebung verstand, so dass jeder seine eigene Religion reklamieren könnte; Modalität – Unveränderlichkeit der Glaubensinhalte, bei zeitgemäßer Umänderung der äußeren Administration. Die nichtentäußerte Religiosität, deren Verkörperung Kant im Prinzip des Protestantismus sah, wenn er auch durchaus »erzkatholische Protestanten« und »protestantische Katholiken« anerkannte (VI, 109), denkt er nicht als einen Dienst, den man Gott zu leisten habe, sondern es geht um den »inneren moralischen Wert der Handlungen«. Gott als moralischer Weltherrscher bedarf »eines historischen Glaubens, welchen man im Gegensatz mit dem reinen Religionsglauben den Kirchenglauben nennen kann«. Die freie religiöse Innerlichkeit besteht nur durch den Gegenpol: »Eine Kirche aber als Vereinigung vieler Menschen unter solchen Gesinnungen zu einem moralischen gemeinen Wesen bedarf einer öffentlichen Verpflichtung, einer gewissen auf Erfahrungsbedingungen beruhenden kirchlichen Form« (VI, 105). Mit Blick auf die Religionskriege und auch auf die Französische Revolution wird zum »Vernünfteln« in Glaubensdingen gesagt, »daß kein auf Schrift gegründeter Glaube selbst durch die verwüstendsten Staatsrevolutionen hat vertilgt werden können« (VI, 107). Kant fasst seinen Begriff aufgeklärter Religion und Kirche als Vermittlung gegenläufiger Tendenzen. Das reine moralische Element, die universalistische Basis von Religiosität, in dem alle Menschen zu allen Zeiten diese gleiche Vernunft besaßen, ist mit dem historischen Element zu vermitteln, dass zu bestimmter Zeit in glücklicher Fügung, wie Kant sagt, die universalistische neutestamentliche Religion eintrat und den Partikularismus der jüdischen Orthodoxie überschritt. Das Verhältnis von intelligiblem und historisch-faktischem Element der Religion wird dann so bestimmt, dass der historische Kirchenglaube Vehikel

des Religionsglaubens sei. Die Entäußerung der Moralität zur religiösen Symbolisierung bedeutet in historischer Perspektive die Verwirklichung des moralischen Apriorismus durch diese Entäußerung hindurch (VI, 118 ff., 121 f.).

Viertes Stück. Vom Dienst und Afterdienst unter der Herrschaft des guten Prinzips oder von Religion und Pfaffentum

Der vierte Teil behandelt praktische Schlussfolgerungen für die religionstheoretischen Auseinandersetzungen der Zeit. Kant hebt noch einmal mit der prägnanten Formulierung seines Grundgedankens an: »Religion ist (subjektiv betrachtet) das Erkenntnis aller unserer Pflichten als göttliche Gebote« (VI, 153). Er interpretiert diese Formel als den Moralprimat im Glauben und als nur problematisches Annehmen der Vollendung unserer nach moralischen Maximen erfolgten Handlungen im Symbol eines Gottes als des Weltherrschers. Kant nimmt hier auch die Begriffe der natürlichen Religion (der Vernunftreligion und der geoffenbarten Religion) auf und unterscheidet Naturalismus, Rationalismus und Suprarationalismus. Im Schlussteil führt er seine Religionsschrift zur praktischen Quintessenz, die dem ganzen Werk als Zielstellung zu Grunde liegt und sich gegen das Religionsedikt und das Zensuredikt (1788), das unter Friedrich Wilhelm II. erlassen worden war, und auf die Bedrohung des freien wissenschaftlichen Denkens durch die im April 1791 gegründete geistliche Immediat-Examinationskommission richtete. Gegen den gottesdienstlichen Religionswahn oder Afterdienst, wie Kant sagt, den heuchlerische und herrschsüchtige Pfaffen als einen Fron- und Lohnglauben wie eine despotische Orthodoxie verbreiteten (VI, 109, 154, 168, 173 ff.), fällt das starke Wort: »Von einem tungusischen Schaman bis zu dem Kirche und Staat zugleich regierenden europäischen Prälaten, […] zwischen dem ganz sinnlichen Wogulitzen, der die Tatze von einem Bärenfell sich des Morgens auf sein Haupt legt mit dem kurzen Gebet: ›Schlag mich nicht todt!‹ bis zum sublimirten Puritaner und Independenten in Connecticut ist zwar ein mächtiger Abstand in der Manier, aber nicht im Princip zu glauben« (VI, 176). Die protestantischen Landeskirchen werden hier nicht genannt, aber die endlich ans Ruder kommenden eifernden Glaubensrichter und Zensoren Wöllner und Hermes mussten sich gezeichnet sehen.

Konsequent heißt es, zu den Prinzipien der natürlichen oder Vernunftreligion finde im Grunde jeder
Einzelne von selbst. Das religiöse Problem seiner
Gegenwart ist die Vereinigung kirchlicher Glau-
benseinheit mit der individuellen Freiheit in den
Glaubensfragen (VI, 123). Man brauche bei rechtem
Verständnis der christlichen Religion keine Zwangs-
veranstaltungen. In einer modernen Kultur rechtlicher und geistiger Freiheit können alle Menschen
sich auf Grund der in ihrer Vernünftigkeit angelegten Liebe zum moralischen Gesetz (VI, 145) in Freiheit zu einem gemeinsamen Glauben und dessen
Satzungen vereinigen. Kant geht im Schlussstück
seiner Religionsschrift auf den eminenten Gleichheitsgedanken des Neuen Testaments zurück. Emotionale Wendungen (in Liebe verbundene Schwes-
tern und Brüder u. ä.) hält der auf die Würde des
Einzelnen sehende Denker fern. Aber die große
Forderung der Glaubensfreiheit wird gleichsam von
einem transzendentalphilosophisch begründeten
Gleichheits- und Gemeinschaftsgedanken eingeschärft: »Es ist billig, es ist vernünftig, anzunehmen,
daß nicht bloß ›Weise nach dem Fleisch‹, Gelehrte
oder Vernünftler, zu dieser Aufklärung in Ansehung
ihres wahren Heils berufen sein werden – denn dieses Glaubens soll das ganze menschliche Geschlecht
fähig sein; – sondern ›was thöricht ist vor der Welt‹,
selbst der Unwissende oder an Begriffen Einge-
schränkteste muß auf solches schöpferisches Wissen
Anspruch machen können« (VI, 181). Die weit vor-
angehende Konsequenz wäre, daß jeder Gläubige
aus innerer Überzeugung in der Gemeinde Pfarrer
sein dürfte. Kant spricht von dieser Freiheit in Glau-
benssachen mit dem auch von A. Weißhaupt (1748–
1830) für den Illuminatismus benutzten Ausdruck
als von der wahren Aufklärung.

Ineinanderscheinen von religiös veranschaulichter Moral und moralisch reflektierter Religion

Im deistischen Religionsbegriff sollen zwei unterschiedlich begründete Sphären zusammengehen:
Die immanente rationale Begründung des moralischen Inhalts des religiösen Bewusstseins und die
transzendente Begründung der repräsentativen kulturellen Form jenes Inhalts. Kants Vermittlung von
rationaler Moral und geglaubtem religiösem Bekenntnis, des eigentlichen theoretischen Problems
für die Durchführung des Deismus, zeichnet sich
durch die vertiefte logische Demonstration aus. Er

begründet das Mittelglied der deistischen natürlichen oder Vernunftreligion nicht mehr mit anthropologisch gegebenen Bedürfnissen und Emotionen.
Sie wird zu einem Glied in einer Folge logischer Bedeutungen. Die intelligible Struktur des Subjekts, die
an die Stelle des von der Metaphysik ontologisch gedachten mundus intelligibilis tritt, enthält den synthetischen Satz a priori einer Verbindung aller in
den getrennten intelligiblen und sensiblen Reihen
verlaufender Akte. Dieses synthetische Urteil a priori ist der Gottesbegriff. Kant führt damit eine logisch notwendige Idealität von Praxis ein. Es ist einer der merkwürdigsten Punkte der Kantschen Theorie überhaupt. Die transzendentale Subjektivität
vermag nicht ohne Rückgriff auf eine realitas objectiva die Kluft zwischen ontologischem und empirischem Sein zu schließen. Kant müsste von den Akten realer gesellschaftlicher Individuen ausgehen,
um darauf Objektivationen als Ketten von systematisch-rationalen, pragmatisch-konkreten, auch ästhetischen u. a. Bedeutungen aufzutragen. Dennoch
erreicht Kant gegenüber der ontologischen Metaphysik durch die Subjektivierung des intelligiblen
Prinzips einen bedeutenden Fortschritt. Die vorkantsche Metaphysik blieb, wie der cartesianische
Gegensatz von res cogitans und res extensa drastisch
zeigte, einer Zwei-Welten-Lehre verhaftet. Bei Kant
entstehen aufeinander folgende Glieder logischer
Form, die sich mit bestimmten empirischen ästhetischen, geschichtlich überlieferten, religiösen Inhalten kultureller Aktivität verbinden. Die aus der logischen Erweiterung der reinen praktischen Vernunft
hervorgegangenen Ideen von Gott und intelligibler
Personalität (Unsterblichkeit) bilden den Übergang
von der reinen Intellektualität zu einer spezialisierten Form, die den historischen Glaubensinhalt aufzunehmen vermag. Dieses Mittelglied ist die Vernunftreligion oder der reine Religionsglaube. Apriorische Moralität, *reasonableness* von Religiosität und
Kirchenglaube bilden einen immanenten Übergang
von der intelligiblen Form zum historisch-faktischen Inhalt. Das religiöse Bewusstsein und ebenso
die kultische Praxis gelangen dadurch in einen geistig anspruchsvollen Reflexionsraum. Kants harte
Kritik an Religionswahn und Afterglaube trifft die
Zerstörung des Vermittlungsgefüges der drei genannten Glieder. Der nur historisch legitimierte Kirchenglaube trennt sich ab. In der Einheit von Mo-
ral-Rationalität a priori, Vernunftreligion und Kirchenreligion ist die Kirchenreligion als entäußerte
moralisch-praktische Idealität gesetzt und zugleich
als solche symbolisierende Entäußerung reflektiert.

Religiöses Bewusstsein und kirchlicher Kultus gelangen in eine anspruchsvolle Bewegung zwischen verschiedenen Bedeutungsebenen. Faktoren unvermittelter anthropologischer Bedürfnishaftigkeit und Emotionalität spielen keine Rolle. Die Transzendentalphilosophie stellt Relationen logischer Bedeutungen, nicht von »Gemütsvermögen« dar. Religion wird als ein logisch ausweisbarer Gehalt kultureller Bedeutung gefasst. Empirisch-praktisch gesehen schafft dieser Religionsbegriff weite Spielräume von den Individuen überlassener Ergriffenheit (Demut, Gebet, Katharsis der Tröstung) bis zu starker Konventionalisierung des Kultus.

Das eigentlich interessante Problem des Ineinanderscheinens verschiedener Bedeutungsschichten in Reflexionsebenen, die von der reinen Form zum dogmatisch Gesetzten und empirisch Üblichen ausgespannt sind, besteht in der Erläuterung des Kantschen Verständnisses des transzendentalen Prinzips, die die Religionsschrift bringt. Religiöses Bewusstsein ist symbolische Repräsentation, religiöse Kulte sind Symbolhandlungen, und beide Symbolisierungsreihen führen die nur transzendentallogisch zu begründenden moralisch-praktischen Bedeutungen zu erlebbaren Bewusstseinsinhalten. Religion wird hier Modell reflektierten sozialen Verhaltens. Das transzendentale logische Gesetz ist empirisch nicht ausführbar. Es bedarf des konkreten sozial verbindenden Vorstellungsinhalts. Dann ist das empirisch praktische Bewusstsein und Verhalten nur auf den ersten Blick das, was es scheint. Es kann wirklich nur sein, was es ist, wenn es weiß, dass in ihm etwas anderes durchscheint. Religion ist entäußertes Bewusstsein und Verhalten, das weiß, dass es entäußert ist. Gesellschaftliche Existenz ist symbolische Praxis. Die Symbolik der Repräsentation idealer Gehalte ist erforderlich für die Realisierung der intelligiblen Personalität. Wir zeigen den Glauben, von dem wir wissen, dass er eine intelligible Moral ist, aber wir zeigen ihn so, dass unser Wissen sichtbar wird, dass die reine Moralität als ein Glaube erscheinen muss. Moral und Religion befinden sich im Verhältnis wechselseitiger unaufdringlicher Verweisung aufeinander. Die Darstellung praktischer Lebensformen in Kants Religionsschrift als Vermittlung von Denkbarem und Präsentierbarem als der beiden einander entgegenstehenden Pole von Kultur hat nichts mit dem in einen ganz anderen Bezirk gehörenden Rollenspiel zu tun.

Deismus und Offenbarung. Quellen der Religionsschrift

Der deistische Grundgedanke von einer natürlichen Religion, die in einer elementaren natürlichen Moral wurzele und auch ohne transzendente Wunder für jedermann erkennbar sei, ging im 17. Jh. aus dem Bestreben hervor, zur Überwindung der Religionsstreitigkeiten die in allen Religionen und Bekenntnissen gemeinsamen Wahrheiten festzustellen. Der Begründer des neuzeitlichen Deismus, H. v. Cherbury (1581–1648), verband das mit dem Anspruch, dass auch die Offenbarungswahrheiten mit dem Kriterium der natürlichen Vernunft geprüft werden müssten. Sein *Tractatus de Veritate* (1624) soll die rationale Erkenntnis religiöser Wahrheiten gegenüber der orthodoxen Auffassung übernatürlicher Offenbarung und ebenso gegenüber dem nominalistischen Skeptizismus erweisen. Der Nachweis allgemeiner religiöser Wahrheiten sollte religiöse Auseinandersetzungen überwinden lassen und religiöse Begründungen politischer und militärischer Kämpfe ausschließen. Kants Religionsphilosophie steht noch in dieser deistischen Tradition, philosophiefremde religiöse Orthodoxie und religiösen Skeptizismus auszuschließen und durch philosophische Rekonstruktion der christlichen Dogmatik einen Ausgleich theologischer Richtungen und überhaupt eine rationale Temperierung religiöser Gesinnung zu befördern. Dieser Gedanke des Ausgleichs von religiösen Gegensätzen verbindet sich bei ihm mit den beiden anderen tragenden deistischen Prinzipien: Mit der Freiheit der religiösen Überzeugung innerhalb universaler religiöser, dabei primär moralisch orientierter Auffassungen und mit dem Ausgleich zwischen Wissenschaften und Religion. Doch Kants Religionsphilosophie nimmt das Element der natürlichen Religiosität als erweiterter Moralität nur als empirische Ebene auf, über die Kant den anderen Horizont der transzendentallogischen Demonstration des Vernunftglaubens legt. Kant konzentriert die Religionsphilosophie auf die logische Geltungsweise des vom Deismus empiristisch vorausgesetzten natürlichen religiösen Bewusstseins. Möglicherweise kannte er Lockes (1632–1704) *The Reasonableness of Christianity* (1695), eine deistische Vermittlung von Vernunft und Offenbarung, die 1733 und 1758 in zwei deutschen Übersetzungen erschienen war. Kant folgte Locke nicht in der vereinfachenden Ansicht, dass die Glaubenslehren der Vernunft unmittelbar einleuchten müssten. Er unterscheidet mit dem protestantischen Theologen C. F. Stäudlin (1761–1826) (*Ideen zur Kritik des Systems der christlichen Religion*, 1791) objektive Glaubensinhalte, die aus Vernunftreflexion hervorgehen (z. B. lange vor der kritischen Philosophie den Gottesbegriff der Ethikoteleologie), und subjektive Inhalte, die als geoffenbarte durch die Schrift überliefert werden. Das besaß Bedeutung für Kants Anerkennung einer um einheitliche Schriftauslegung organisierten Kirche. Kant teilte darum trotz vieler Berührungspunkte mit Lessing nicht dessen (Lockes Theorie entsprechende und H. S. Reimarus folgende) Auffassung, auch wenn alle neutestamentlichen Zeugnisse verloren gegangen wären, bliebe die Lehre Jesu durch die Zeiten in der Welt erhalten, weil sie eben nur Wahrheiten der sog. natürlichen Vernunft enthielte. Im zweiten Abschnitt des vierten Stücks (»Die christliche Religion als gelehrte Religion«, VI, 163 ff.) legt Kant mit der Unterscheidung von primärem Vernunft- und außerdem erforderlichem Offenbarungsglauben seine Auffassung vom Glauben an geoffenbarte Lehren, wie sie auch die Wunder Jesu darstellen, dar. Die Intention dabei: Dass eine Kirchenorganisation erforderlich sei für die Ebene der Vorstellungsinhalte des Vernunftglaubens und dass nur der Offenbarungsglaube das sei, »worauf eine Kirche gegründet wird« als »bloßes, aber höchst schätzbares Mittel«, um auch dem Vernunftglauben »Faßlichkeit, selbst für die Unwissenden, Ausbreitung und Beharrlichkeit zu geben« (VI, 165). Die damals diskutierte Alternative war, dass ohne die in den Schriftzeugnissen geoffenbarten Inhalte der Erhalt der Religion immer neue Wunder der Offenbarung voraussetzte. Das führte auf die Subjektivierung des religiösen Bewusstseins, also eigentlich auf das Gegenteil des nicht konsequenten deistischen Gedankens Lockes von der vollständigen Gewährleistung des christlichen Bekenntnisses durch natürliche Vernunft. A. Ritschl (1822–1889) zeigt in seiner für die Geschichte der Aufklärungstheologie noch immer beachtenswerten – und von Kant beeinflussten – *Christlichen Lehre von der Rechtfertigung und Versöhnung* (Bd. 1, 1870), dass Kant gegen die allgemeine deistische Theorie der natürlichen Religion und im Unterschied zu Kant-Schülern an den originären theologischen Problemen der Rechtfertigung und der Versöhnung und den damit verbundenen Themen der Schuld, des Gewissens, der Selbstprüfung und der Reue festhielt (ebd., S. 408–464).

Zu Kants Kenntnis der philosophischen Religionstheorien Lockes, Wolffs, Rousseaus, Humes, Lessings kamen natürlich die pietistische Erziehung und die Lektüre theologischer Werke, von der Kants Schüler und Freund, der Königsberger Pfarrer und spätere Erzbischof (1829) L. E. Borowski allerdings sagte, dass seine Kenntnis der theologischen Literatur nicht eingehend gewesen sei (Groß, S. 79). Viele theologische Debatten kannte Kant, ohne die Schriften selbst zu lesen. Der pietistische Einfluss kann nicht hoch veranschlagt werden, nicht allein wegen des Überdrusses, den die Seelenscheuerei in der Schule bei Kant erregte. Kants Religionsauffassung hält sich, wie schon R. B. Jachmann betonte, von mystischen Einschlägen fern (Groß 1912, S. 169 f.). Kants Akzent des Glaubens auf dem lebendigen Glauben (fides) im Kontrast zum theologischen credo kann immerhin auch pietistisch beeinflusst sein. In Erinnerung seiner (pietistisch gläubigen) Eltern hat Kant dieses Moment hervorgehoben. In J. J. Spaldings (1714–1804) Predigten hatte er gelesen und lobte deren Menschenkenntnis. Mit Spaldings alle Gegensätze ausgleichender rationalistischer Religionsauffassung, mit dessen Pietismus-Kritik und der moralischen Gottesauffassung, dass der Weltherrscher vor allem Tugend-Gesetzgeber sei, stimmt Kants Religionsschrift deutlich überein (Spalding, *Gedanken über den Wert der Gefühle im Christentum*, 1761). Spaldings *Die Bestimmung des Menschen* (1748, 1794 die letzte der mehr als zehn vom Autor selbst bearbeiteten Aufl.) ging in vielem parallel mit Kants Ethik und Religionsauffassung und beeinflusste außerdem, wie N. Hinske zeigte, Kants Anthropologie und Geschichtsphilosophie. Der Berliner Prediger an der Nikolaikirche und Oberkonsistorialrat Spalding (der bei Wöllners Religionsedikt 1788 seine Stelle niederlegte) wurde sich ebenfalls der Übereinstimmungen bewusst und nahm als ein sein Werk ständig überarbeitender Mann in den 90er Jahren selbstverständlich Gedanken Kants in sein Buch auf. Der Hauptpunkt des Spalding-Einflusses, um nur das zu bezeichnen, bezieht sich für die Religionsschrift auf Spaldings Betonung des Gewissens als des Prüfsteins der Religiosität, so dass die »unwandelbare Redlichkeit«, »meine innerliche Richtigkeit« der Weg ist, »jenem Urbild der Ordnung nach meiner Fähigkeit ähnlich zu werden« (Spalding, *Die Bestimmung des Menschen*, Leipzig 1774, S. 47).

Vor dem Druck der Religionsschrift soll Kant überdies einen protestantischen Katechismus aus dem frühen 18. Jh. genau durchgegangen sein. In der Vorrede zur zweiten Auflage beruft er sich auf des von Semler beeinflussten Göttinger Theologen und Orientalisten J. D. Michaelis (1717–1791) *Moral* (3 Bde., 1792–1793 hg. v. Städlin). Auch von seinen eigenen Anhängern nahm Kant Anregungen auf. G. D'Alessandro zeigte für die Religionsschrift, dass die frühe Anwendung der praktischen Philosophie Kants auf den Religionsbegriff bei dem Kant-Schüler und Kant-Herausgeber J. H. Tieftrunk (1760–1837) dann auch von Kant in der Religionsschrift aufgenommen wurde (*Einzig möglicher Zweck Jesu, aus dem Grundgesetze der Religion entwickelt*, 1789; *Versuch einer Kritik der Religion*, 1790). Die Zeitgenossen hielten in den 90er Jahren einige Teile der theologischen Auffassungen Kants für überholt.

Dogmatische Vorlesungen hatte Kant 1742/43 bei F. A. Schultz (1692–1762) gehört, dem Königsberger Theologen, Pfarrer der Altstädtischen Kirche, Konsistorialrat, Direktor des »Fridericianum« (der Schule Kants) und verdienstvollem Verwaltungsbeamten in der Schulverwaltung Altpreußens. Schultz prägte die geistige Atmosphäre, unter der Kant aufwuchs und trug in Königsberg sehr zur Ausbildung der Kultur religiöser Milde und des Ausgleichs zwischen der Theologie und den anderen Wissenschaften bei. Er war der geistliche Berater der Eltern Kants und förderte Kants Ausbildung. Religiös war er Pietist, verband diese betont persönlich-praktische Frömmigkeit aber mit der Wolffschen Philosophie. Wolff, bei dem er in Halle studiert hatte, schätzte ihn sehr. Er besaß hohes Vertrauen beim ebenfalls pietistischen Friedrich Wilhelm I. und erwirkte die Besetzung der Königsberger Theologie-Professuren mit aufgeschlossenen Gelehrten (Kypke, Arnoldt u. a.).

Sicher interessierten Kant an der theologischen Literatur die hoch entwickelte Methodik, methodisch diffuse literarische Berichte in logische Systematik zu bringen. Wie weit er unter den deutschen Theologen vor allem den für sein Denken einflussreichen Semler, aber auch Teller, Jerusalem u. a. selbst gelesen oder nur deren Gedanken aufgenommen habe, ist nicht sicher festzustellen, da Kant kaum direkt zitiert. Bohatec sucht Kants Semler-Kenntnis nachzuweisen (S. 436 u. ö.), freilich zugleich Kant sehr in die Nähe der Semlerschen publizistischen Rechtfertigung des Wöllnerschen Religionsedikts zu rücken (S. 434 f.). H. S. Reimarus' (1694–1778) *Abhandlungen von den vornehmsten Wahrheiten der natürlichen Religion* (1754, [5]1782, [6]1791) mit dessen teleologischem Gottesbeweis nennt Kant in der *KU* »ein noch nicht übertroffenes Werk« von der diesem Denker »eigenen Gründlichkeit und Klarheit« (V, 476 f.). Lessings (1729–1781) *Erziehung des Menschengeschlechts* (1780) wird im Aufsatz *Über den Gemeinspruch* (1793) erwähnt (VIII, 307). Die Lektüre J. F. Stapfers (1708–1775) soll Kant auch selbst erwähnt haben (Borowski in Groß, S. 79). Das steht in Verbindung mit der Hochachtung für C. Wolff, wie

schon die Wiederkehr des Wolffschen Pflichtenbegriffs in der Formel von der Religion als Erkenntnis aller unserer Pflichten als göttlicher Gebote sichtbar wird. Auch Stapfer fasste das religiöse Bewusstsein von den Religionspflichten her. Der Einfluss Wolffs wiederholt sich mittelbar in den religionsphilosophischen Teilen der Kantschen Metaphysik-Vorlesungen, die Bestimmungen A. G. Baumgartens (1716–1762) übernehmen. Stapfers *Grundlegung zur wahren Religion* (1746, 12. Bd. 1753) schätzte Kant zweifellos wegen der ausgeglichenen Stellung in den Streitfragen und wegen der systematischen Methodik dieser christlichen Dogmatik. Stapfer, der bei Wolff in Marburg studiert hatte, legte mit Hilfe der Wolffschen Philosophie die vernunftgemäße Evidenz der Glaubensinhalte dar. Der Unterschied von natürlicher Religion und erforderlicher geoffenbarter Lehre (theologia naturalis – theologia revelata), den Kant auch vertrat, wird von Stapfer mit dem Erfordernis vorstellungsmäßiger Repräsentation der moralphilosophischen Evidenz begründet. Die sechsbändige *Sittenlehre* (1757–1766) entwickelte die Moralphilosophie als Pflichtenlehre. Die Wolffsche Teilung der christlichen Theologie in theoretische Dogmatik und praktische Ethik ging vielleicht auch durch Vermittlung Stapfers in Kants allerdings andere und vertiefte Trennung von reiner Vernunftreligion und Kirchenreligion ein.

Literatur

Erdmann, B.: M. Knutzen und seine Zeit, Leipzig 1876 [zu F. A. Schultz S. 22–47]. – Groß, F. (Hg.): I. Kant. Sein Leben in Darstellungen von Zeitgenossen, Berlin 1912, ND m. e. Einl. v. R. Malter, Darmstadt 1993. – Bohatec, J.: Die Religionsphilosophie Kants in der *Religion innerhalb der Grenzen der bloßen Vernunft*. Mit besonderer Berücksichtigung ihrer theologisch-dogmatischen Quellen, Hamburg 1938, ND Hildesheim 1966. – Hinske, N.: Das stillschweigende Gespräch. Prinzipien der Anthropologie und Geschichtsphilosophie bei Mendelssohn und Kant, in: Albrecht, M. u. a. (Hg.), M. Mendelssohn und die Kreise seiner Wirksamkeit, Tübingen 1994, S. 135–156. – D'Alessandro, G.: Kant und Tieftrunk. Die Religion innerhalb der Grenzen der Vernunft. Ein Beitrag zur Entstehungsgeschichte der Religionsphilosophie Kants, in: Kant und die Berliner Aufklärung. Akten des IX. Internationalen Kant-Kongresses, hg. v. V. Gerhardt u. a., Berlin u. New York 2000, Bd. 3, S. 641–648. – Winter, A: Theologiegeschichtliche und literarische Hintergründe der Religionsphilosophie Kants, in: Ders., Der andere Kant. Zur philosophischen Theologie Kants, Hildesheim u. a. 2000, S. 425–476. – Palmquist, S. R.: Kant' Critical Religion, Hampshire 2000.

Verhältnis von Moral und Religion

Die aufklärerische Projektion der Religion auf die Moral eines sog. natürlichen Bewusstseins verleiht der christlichen Religion (deutlich gegenüber der griechischen und der römischen Religiosität, die zugleich Staatskultus waren) einen für das Verständnis des Christentums und dessen Entwicklungsfähigkeit mit dem zivilisatorischen Prozess in Europa wesentlichen Anschlusspunkt. Für die christliche Religion ist durch die Person Jesu als dem irdischen Zeichen Gottes und durch dessen Opfertod als symbolischer Versöhnung der Welt mit Gott die Einheit von Gott und Menschheit im geistigen Symbol allgegenwärtig. Es muss gottesdienstlich nicht weiter geopfert werden. Der Akzent der religiösen Erhebung zu Gott liegt darum in der Gesinnung und in den Taten des gläubigen Menschen. Die aufklärerische Interpretation der Religion als populärer Fassung einer natürlichen Moral wird von Kant überschritten. Die Handlungsmotivationen wurzeln in der logisch notwendigen Idee von Handlungen überhaupt, die dann auch das Prinzip der Übereinstimmung aller Handlungen ergibt. Der moralisch-praktische Gottesbegriff garantiert die Idee eines realisierten höchsten Gutes. Es ist die religionsphilosophische Formulierung des »übersinnlichen Substrats der Menschheit«, wie die *KU* sagt (V, 340). Hier befindet sich Kant noch immer innerhalb der unanschaulichen Sphäre transzendentaler Idealität. Wie öffnet er sie einem religiösen Glauben, der seinerseits mit den neutestamentlichen Quellen faktisch, aber nicht mehr logisch immanent auf die Vernunftmoral hin angelegt ist? Das übersinnliche Substrat in Gottes- und Unsterblichkeitsbegriff ist logisch zu setzen, aber nicht inhaltlich zu explizieren. Es sind indemonstrable noumena. Doch sie betreffen zentrale Bereiche menschlichen Selbstverständnisses. Darum muss deren Gehalt entfaltet werden. Das kann nur in der symbolischen Form von Vorstellung und narrativem Bericht geschehen, wie sie die historisch-faktische Stiftung der christlichen Religion und die Berichte der biblischen Texte darstellen. Wegen der prinzipiellen Kluft zwischen transzendentaler Idealität und realer Kommunikation im konkreten Milieu gesellschaftlichen Lebens kann die Vorstellungsebene zu den Ideen reiner praktischer Vernunft nur aus dem unmittelbar erlebnishaften Boden gemeinschaftlicher Verrichtungen und Erwartungen kommen. Darum lehnt Kant, wie schon zitiert, rationalistische Experimente zur Religionsreform ab. Die Einheit der Erfahrung, die theoretisch durch die logische Funktion konstituiert

wird, liegt hier als erlebnishafte durch gemeinschaftliche Handlungen vor. Religion systematisiert das notwendigerweise für den vorstellungsgebundenen kommunikativen Bereich der Kultur. Hier werden nach festen Regeln gemeinsame symbolische Handlungen wechselseitiger moralischer Verbindung ausgeführt. Sie gewinnen ihren Halt über die kultischen Regulative hinaus in den rationalen Ebenen der Vernunftreligion und der reinen praktischen Vernunft. Doch erst in der Kirchenreligion realisiert sich etwas von der gegenständlich-kommunikativen Seite der gesellschaftlichen Lebensweise des Menschen. Rationale Moral bedarf für ihre Lebens-Wirklichkeit einer Permanenz gleichnishafter Akte nach geprägten, Gemeinschaft repräsentierenden Symbolen.

Im Symbolgedanken sind Vorstellung und Begriff wie in der produktiven Einbildungskraft miteinander verbunden. Diese Verbindung ist zugleich eine Vermittlung von Logik und Geschichte. Die christlichen Dokumente entstanden ohne die Logik der Vernunftideen, doch in unbewusstem realem Vorgriff auf sie. Die Religionsschrift bringt den historischen Aspekt der Kantschen Theorie transzendentaler Idealität zur Sprache. Apriorismus und Historie sind aufeinander bezogen, aber wir erkennen es erst, wenn das intelligible Muster hinterm Historischen entschlüsselt wird.

Ein abgeleiteter Gesichtspunkt der Verbindung von Sittengesetz der praktischen Vernunft a priori und faktischer Kirchenreligion: Man kann mit Hilfe des logischen Musters, das hinter der Kirchenreligion steht, zwischen wahrer Religion und Irrlehren unterscheiden. Der Gedanke der wahren Religion spielte bei Stapfer in der Nachfolge von Leibniz und Wolff eine große Rolle. Die Logik der zur Vernunftreligion erweiterten Moralität wird geradezu Kriterium von Rechtgläubigkeit. Was leistet auf der anderen Seite die Kirchenreligion für die autonome Moral? Kants Religionsschrift lässt beredt alle Schilderungen des kirchlichen Lebens aus. Vom Kirchenglauben geht ein anregender, erleichternder Impuls zur Moralität aus. Kant vermeidet affektive Aspekte, er spricht nicht von Erweckung des neuen Menschen. Doch er sieht mit weitem Blick auf eine kulturelle Funktion des Kirchenglaubens. In dem knappen Wort von dem »Vehikel« Religion für sog. reine moralische Gesinnung ist auch Lessings Gedanke von der Erziehung des Menschengeschlechts auf Etappen und durch die verschiedenen kulturellen Formenwelten hindurch aufgenommen.

In den religionsphilosophischen Notizen der Metaphysik-Reflexionen benutzt Kant gern den metaphysischen Terminus »transzendentale Theologie« (XVIII, 209, 427). Das bedeutet bei Kant die Kritik der ontologisch verstandenen theologia naturalis und deren Aufhebung in einem Gottesbegriff als in einem notwendigen Denkverhältnis, das als allein praktischer »subjektiver Inbegriff der Realität, welcher in uns Einheit ausmacht«, zu verstehen ist (XVIII, 207).

Das zeitgeschichtlich wesentliche Problem realer gesellschaftlicher Umsetzung des Verhältnisses von Vernunft- und Kirchenreligion behandelt Kant von der Seite der Denk- und Wissenschaftsfreiheit her. Hort dieser Freiheit seien die Universitäten. Kant behandelt das Thema im *Streit der Fakultäten* (1798), der also u. a. eine Ergänzung der Religionsschrift und als solche eine Fortsetzung der angewandten Kulturphilosophie darstellt. Kants Religionstheorie im Gefüge der wesentlichen Texte, nämlich der ersten beiden *Kritiken*, der Sitten-Metaphysik und der Religionsschrift, ist ein Beispiel für die dreigliedrige Systemstruktur

der Kantschen Philosophie – transzendentallogische Propädeutik, Metaphysik, angewandte Kulturphilosophie – unter dem Gesichtspunkt eines von der Transzendentalphilosophie bereitgestellten konkreten Praxisbegriffs, der systematische Einheit und reale Vielfalt verbindet.

XII Aufsätze und Schriften der 80er und 90er Jahre

1 Themen. Gegner und Anhänger der Kantschen Theorie

Zwei Themenkreise bestimmen die Schriften und Abhandlungen der 80er und 90er Jahre (von den beiden 1788 und 1790 folgenden propädeutischen *Kritiken* abgesehen): Das Erste sind die Verteidigung der transzendentalen Methode und die Illustration von deren fruchtbarer Anwendung auf den verschiedenen Kulturfeldern wie Geschichts-, Religions-, Rechtsphilosophie. Das Zweite sind, vor allem nach der Französischen Revolution, rechtstheoretische und eine frühe Form politikwissenschaftlicher Arbeiten. Kant war ein politisch lebhaft interessierter und urteilender deutscher Intellektueller. Nach 1789 gewinnen darum verfassungs- und völkerrechtliche Themen, auch die grundsätzliche Sicherung der literarischen und theoretisch-politischen Öffentlichkeit großen Raum. Daneben treten Auseinandersetzungen mit aktuellen Zeitströmungen. Die Auseinandersetzungen bezogen sich auf drei Punkte: Gegen die ontologische Metaphysik als einer »Täuschung unsrer Vernunft«, da »sie die subjectiven Bedingungen ihrer Bestimmung der Objecte überhaupt für Bedingungen der Möglichkeit dieser Objecte selbst hält« (an Schütz, Ende Nov. 1785) (zu Mendelssohn zwei Aufsätze: 1786, *Bemerkungen zu L. H. Jakobs Prüfung der Mendelssohn'schen Morgenstunden*, VIII, 148 ff., und 1793, *Über den Gemeinspruch*, T. III; VIII, 307 ff.), präzise die gesamte Ontologie-Kritik anlässlich Mendelssohns *Morgenstunden* als des »vollkommensten Produkts der dogmatisierenden Metaphysik« im genannten Brief an Schütz. Die anderen beiden Themen: Der »vornehme Ton« der Gefühlsphilosophie (zu Schlosser, Jacobi, *Von einem neuerdings erhobenen vornehmen Ton in der Philosophie*, 1796; VIII, 387 ff.) und der Theoriebegriff der Popularphilosophie (zu Garve, *Über den Gemeinspruch*, T. I, 1793; VIII, 278). Insbesondere die letzte Arbeit ist ein Beispiel für Kants Kritik des Praktizismus und setzt das Erfordernis einer Theorie auseinander, die methodisch weit vor dem Gesichtsfeld der direkten Handlungsintentionen des bürgerlichen Normalverstandes einsetzt. In Inhalt und Stil unterscheiden sich die kleineren Schriften und Aufsätze der 80er und 90er Jahre sehr von den Schriften des 30- und 40-jährigen Kant. Sein Denken ist durch die Mühen und die methodischen Richtsätze der Transzendentalphilosophie hindurchgegangen. Knapper Duktus der Gedankenführung führt die Texte, in denen Kant zu zentralen Diskussionsthemen der deutschen Spätaufklärung in der Epoche der Französischen Revolution Stellung nimmt. Der 60-jährige Autor sinnt nicht mehr den ungelösten Problemen nach. Er urteilt und setzt methodisches Richtmaß fest. Kant verstand das im Sinn einer methodischen Funktion der Philosophie gegenüber den Kulturfeldern, und es bedeutete für ihn, die Vermittlung der großen Richtungen der Philosophie erreicht zu haben. H. Vaihinger hatte früh auf diesen Grundzug des Kantschen Denkens in allen Arbeitsperioden hingewiesen (Vaihinger, *Commentar zu Kants Kritik der reinen Vernunft*, Bd. 1, Stuttgart u. a. 1881, § 12). Der Synthese-Gedanke geht aus der Überzeugung vom echten Problemgehalt der Philosophie als Wissenschaft hervor. Problemlösungen können auf Dauer nicht einander ausschließende Sätze enthalten. (Das ist auch heute die Auffassung der theoretischen Physiker, so z. B. bei einander bis jetzt inkongruenten Theorien des elementaren Wirkungsquantums der Materie.) Also ist Widerstreit in Grundfragen Zeichen der Offenheit des Problemprozesses, und Auflösung ist Vereinigung der einander widerstreitenden Gründe in Systemform. In der *Allgemeinen Naturgeschichte* hatte Kant diese Leibnizsche Überzeugung früh formuliert, die sein Bewusstsein von der Funktion seiner Theorie in den 80er und 90er Jahren und seine Stellungnahmen leitete: »Man sieht bei unparteiischer Erwägung: daß die Gründe hier von beiden Seiten gleich stark und beide einer völligen Gewißheit gleich zu schätzen sind. Es ist aber eben so klar, daß ein Begriff sein müsse, in welchem diese dem Scheine nach wider einander streitende Gründe vereinigt werden können und sollen, und daß in diesem Begriffe das wahre System zu suchen sei« (I, 262). Daraus ergab sich auch Kants Erwartung, beim nun gefundenen Ausgleich der Grundrichtungen könne ein Zusammenwirken der besten Köpfe der Philosophie einsetzen. Der Systemgedanke ist bei ihm also nicht autoritär, sondern kooperativ im Bezug auf methodische Forschungsregulative gehalten.

Zunächst sieht sich Kant in seinen Erwartungen auf Zustimmung in der literarischen Öffentlichkeit und auf ein Zusammenwirken mehrerer Theoretiker bei der Durchführung seiner als methodisches Programm gedachten Transzendentalphilosophie enttäuscht. Führende Köpfe der Generation Kants wie Mendelssohn, Garve, Tetens, auf die Kant gerechnet hatte, zeigten sich unfähig und unwillig, das transzendentaltheoretische Programm aufzunehmen. In Briefen spricht es Kant gegenüber Garve und Mendelssohn unverhohlen aus. Unter den Berliner Aufklärern hatte freilich Kants Schüler, der Arzt M. Herz (1747–1803), in Vorträgen und Schriften sehr für Kant gewirkt. Justiz- und Unterrichtsminister v. Zedlitz (seit 1770) (1731–1793) war von Kants Vorlesungen und Schriften überzeugt und suchte Kant an die zentrale preußische Universität Halle zu holen. In Jena war des Philologen und Semler-Schülers C. G. Schütz' (1747–1832) *Allgemeine Litteratur-Zeitung* (1784 gemeinsam mit Wieland, Hufeland, Bertuch gegründet) das früheste und wirkungsvolle Organ zur Verbreitung der Kantschen Theorie. Die Zeitschrift war eine Vorkämpferin für Denk- und Wissenschaftsfreiheit. Erst seit dem Ende der 80er Jahre und mit starkem Schub nach der *KpV* (1788) setzte ein Frühkantianismus ein, der aber rasch zu Umbildungen führte, so bei Reinhold, Schulze, Fichte, Schelling. Vor Fichte hatte schon Reinhold gegenüber Kant mit charakteristischer Begründung erklärt, durch den »moralischen Erkenntnißgrund der Religion« in der *KrV* sich zum Studium des Werkes eingeladen gesehen zu haben und zwar, weil er in der kritischen Philosophie »das kaum mehr für möglich gehaltene Mittel fand, der unseeligen Alternative zwischen Aberglauben und Unglauben überhoben zu seyn« (12.10.1787). Der Arzt und Philosoph und zugleich linksliberale Autor verfassungsrechtlicher Schriften J. B. Erhard (1766–1827), von Kant als Person hoch geschätzt, schildert in seiner Autobiographie (1805) die Wirkung der Kantschen Antinomik und dessen praktischer Philosophie für den Übergang vom Wolffianismus zum Frühkantianismus und gibt zugleich interessanten Einblick in die Mentalität der jungen Generation in jener Zeit der 80er und 90er Jahre (vgl. *Denkwürdigkeiten des Philosophen und Arztes J. B. Erhard*, in: K. A. Varnhagen v. Ense, *Denkwürdigkeiten und Vermischte Schriften*, Bd. 1, Mannheim 1837; zu Kant S. 236 ff., 281 ff.). Über den Frühkantianismus, Freunde und Gegner in Königsberg, die Aufnahme der Kantschen Schriften fast noch während deren Erscheinen in Berlin, Halle, Jena schrieb zuerst zusammenhängend, wenn auch in flottem Zuge K. Rosenkranz in seiner *Geschichte der Kant'schen Philosophie* (1840, ND Berlin 1987, S. 240–268). Die ersten Fachwissenschaftler, die Kants Theorie vertraten, waren u. a. der Mathematiker J. Schultz, der Arzt C. W. Hufeland, der Jurist G. Hufeland, der Theologe Stäudlin, für die Theologie auch der Hallenser Philosoph J. H. Tieftrunk. Die Entwicklung der Fichteschen Wissenschaftslehre seit der Mitte der 90er Jahre, die Kant noch bemerkte, nicht wirklich verfolgte, musste ihn vollends befremden. Er sagte von ihr im Frühjahr 1798 in einem Brief an Tieftrunk, dass sie ihm, nach einer Rezension (!) zu urteilen, »wie eine Art von Gespenst« aussehe, »was, wenn man es gehascht zu haben glaubt, man keinen Gegenstand, sondern immer nur sich selbst u. zwar hievon auch nur die Hand die darnach hascht vor sich findet« (5.4.1798). Kant hatte an Mendelssohn und Garve in ausführlichen Briefen die innere Struktur der neuen Theorie erläutert; wohl in der übergroßen Hoffnung, das Vorurteil durch Lesehilfen aufzulösen. Er gab den ersten Anhängern in Briefen Auskunft auf Anfragen über bestimmte Punkte seiner Theorie (an Reinhold, Schulze, Schultz, Tieftrunk). Aufschlussreich für die Stimmung in der Philosophen-Gilde in der Mitte der 80er Jahre, die Kant erfuhr, ist ein Brief des frühen und sehr tätigen Hallenser Kantianers L. H. Jakob (1759–1827), der zwischen 1786 und 1800 mehr als zehn Schriften zur Verbreitung und Interpretation des Kantianismus schrieb, auch in den *Annalen der Philosophie* (1795–97) den originären Kantianismus gegen Fichte und Schelling verteidigte (und Schillers *Horen* und ästhetische Schriften angriff). Die popularisierende Kant-Dogmatik Jakobs straften Schillers/Goethes *Xenien*: »Steil wohl ist er, der Weg zur Wahrheit und schlüpfrig zu steigen,/ Aber wir legen ihn doch nicht gern auf Eseln zurück.« Jakob schrieb an Kant: »Ja die Vorliebe zu dem alten System ist so gros, daß Philosophen von großen Talenten, wo nicht öffentl. doch heimlich der Kritik das Urteil sprechen, u. weil sie sich vor dem Umsturz des Gebäudes, worinnen sie bisher so sicher zu wohnen vermeinten, fürchten; so suchen sie auch andre zu überreden [...] Besonders schreckt man die jungen Leser durch die Beschreibung des undurchsichtigen Vorhangs ab, der vor das Heiligtum Ihrer Gedanken gezogen sein soll u. hindert dadurch, mehr als man glauben sollte den wahren Nutzen der Ausbreitung. So steht wenigstens die Sache in dem Cirkel, wo ich lebe« (26.3.1786). Kant sah sich durch solche Nachrichten umso mehr gehalten, alle zustimmenden Beiträge (Schultz, Jakob, Reinhold, Tieftrunk), wie weit sie in der Problematik auch vorgedrungen sein mochten, zu unterstützen und anzuerkennen. Es spielte auch der Abstand der Generationen mit bei der Entscheidung gegen oder für Kants Metaphysik-Kritik. Von Kants (1724–1804) Gegnern waren geboren: Mendelssohn 1729, Eberhard 1738, Feder 1740, Garve 1742. Die frühen Anhänger kamen – mit Ausnahme von J. Schultz (1739–1805) – alle nach der Jahrhundertmitte zur Welt: Reinhold 1758, Jakob 1759, Tieftrunk 1760, Schmid 1761, Fichte 1764.

Die ersten Interpretationen und Lexika zum neuen Begriff der transzendentalen Philosophie stellten wertvolle sachliche Nachschlagewerke dar, befriedigten aber mehr das Interesse an der noch neuen geistigen Erscheinung und ließen die von Kant erwartete Mitarbeit der Philosophen und den Einfluss in der Lehrtätigkeit der zahlreichen Philosophie-Professoren an den deutschen Universitäten noch immer ausstehen: J. Schultz, *Prüfung der Kantischen Kritik der reinen Vernunft*, 1789/92; *Erläuterungen über des Herrn Professor Kants Kritik der reinen Vernunft*, 1791; K. L. Reinhold (1758–1823), *Briefe über die Kantische Philosophie*, 1786/87 in Wielands *Teutschem Merkur*, gesondert 1790/92; C. C. E. Schmid (1761–1812), *Kritik der reinen Vernunft im Grundrisse zu Vorlesungen nebst einem Wörterbuch zum leichtern Gebrauch der Kantischen Philosophie*, 1786, später *Wörterbuch zum leichtern Gebrauch der Kantischen Schriften nebst einer Abhandlung* (zur Verteidigung des Kantschen »Purismus« gegen C. G. Selles empiristische Kant-Kritik), [4]1798; G. S. A. Mellin (1755–1825), *Marginalien und Register zu Kants Kritik des Erkenntnisvermögens*, 2 Bde. 1794/95; *Enzyklopädisches Wörterbuch der kritischen Philosophie*, 6 Bde., 1797–1803. So übernahm Kant die Verteidigung gegen den Angriff der Schulmetaphysik in einer ausgedehnten Polemik am besten selbst und erläuterte dabei an Hauptpunkten die Differenz der neuen Theorie zur Schulmetaphysik noch einmal (*Über eine Entdeckung, nach der eine neue Kritik der reinen Vernunft durch eine ältere entbehrlich gemacht werden soll*, 1790). Nach dem Erscheinen der *Kritik* meinte er noch: Beim Eingreifen guter Köpfe könnte die Sache der Philosophie »in eben nicht langer Zeit zu einem Ziele gebracht werden, dahin es Jahrhunderte nicht haben bringen können« (an Garve, 7.8.1783). Doch im Laufe der 80er Jahre musste er sich überzeugen, dass Verständnis und Wirkung seiner Theorie einer längeren Zeit bedürften. Freilich dachte er an nicht viel mehr

als an einen intellektuellen Nachholprozess bei den Zeitgenossen.

Literatur

Klemme, H. F.: Kants »Abhandlungen nach 1781«. Vorüberlegungen zu einer Neuedition von Band VIII der *Ges. Schriften*, in: Brandt, R./Stark, W. (Hg.), Zustand und Zukunft der AA von *Kant's Ges. Schriften*, Berlin u. New York 2000, S. 78–84 [= KS 91 (2000), Sonderheft].

2 Arbeiten zur Geschichts- philosophie

Die evolutionäre, perfektibilistische Geschichtsphilosophie bildete einen der zentralen Themenkreise der europäischen Aufklärung. Es war ein Geschichtsbewusstsein in der Überzeugung von der Größe der Gegenwart und vor allem in der Überzeugung von deren Zukunft. Der universalistische Fortschrittsgedanke wurde in seiner ganzen Bewegung von F. Bacon (1561–1626) bis zu J. M. Condorcet (1743–1794) hauptsächlich nach seinen materialen Hauptpunkten reich entfaltet. Das reichte von der Zunahme der Wissenschaften, der Steigerung des Wohlstands durch freie bürgerliche Arbeit, von neuen Verfassungskonstitutionen bis zur moralischen Vervollkommnung der aufgeklärten, der Vorurteile der bisherigen Menschheitsepochen enthobenen Menschen. Die methodischen Prinzipien der aufklärerischen Geschichtsphilosophie standen an zweiter Stelle. Das betraf die Begründung allgemeiner Perfektibilität über die beschreibbaren speziellen Zuwächse und Verbesserungen hinaus. Der einfachste Gedanke war dafür die Summation von Erfahrung. Es war ein Akkumulationsprinzip sich unablässig vermehrenden und korrigierenden Wissens; ein durchaus maschinenhaftes Prinzip auf einer Zeitachse sich unvermeidlich dauernd erweiternden Wissens, so als sollte Marx' Prinzip der Produktivkraft der Arbeit vorbereitet werden, das die objektive Determination umwälzender Perfektibilität von den Wissensinhalten dann im 19. Jh. auf die gegenständliche Arbeit übertrug. Aus dem Intellektualismus des aufklärerischen Fortschrittsgedankens ging dessen streitbarer Gehalt notwendig hervor. Die Hindernisse waren ebenfalls primär als organisierter geistiger Stillstand gesehen. Fontenelle hatte den Mechanismus des sensualistischen Perfektibilitätsprinzips des Wissens durch ein trial-and-error-Prinzip geistvoll – aber in der Methode für einen allgemeinen Fortschritt der Gesellschaft hilflos – pointiert. Das andere methodische Verfahren, die einzelnen materialen Verbesserungen zu einem kompakten historischen Fortschrittsprinzip zu konzentrieren, worin ja das geschichtsphilosophische Problem bestand, war die Übertragung des individual-biographischen Reifungsgedankens auf die Menschheit als einem großen Menschheitsindividuum, das Kindheits-, Adoleszenz- und Erwachsenen-Zeitalter durchlaufe. Das war nicht mehr als eine belletristische Analogie. (Für den Kant-Zusammenhang werden hier tiefere Fortschrittsmethodiken ausgespart, wie sie sich z. B. in Lessings historischem Pantheismus – in *Die Erziehung des Menschengeschlechts*, 1780; *Ernst und Falk: Gespräche für Freimäurer*, 1778/80 – darstellten. Kants Denken hatte dazu keine Beziehung.) Die crux der aufklärerischen Geschichtsphilosophie bestand also in der methodischen Begründung eines Gesamtfortschritts. Kant sah das Problem, vom Aggregat der Kenntnisse (der materialen einzelnen Fortschrittsfelder) zur systematischen Methode universalgeschichtlichen Denkens voranzukommen. Darin besteht der Hauptinhalt der geschichtsphilosophischen Abhandlungen Kants. Die harte Polemik gegen Herders *Ideen zur Philosophie der Geschichte der Menschheit* (1784/85) ist eine Kritik der rhapsodischen Konsequenz einer materialen Geschichtsphilosophie, also der fehlenden Methode.

In der deutschen Diskussion war die Fortschrittsthematik im Gefolge der Leibnizschen rationalistischen Theodizee-Metaphysik und der Kritik daran intensiv diskutiert worden. Auch der Briefwechsel zwischen Voltaire und Rousseau bezog sich bei Gelegenheit des Lissaboner Erdbebens auf Leibniz' Theodizee und die Unmöglichkeit der Ontologie, das Verhältnis von Totalität und der kausalen Dynamik konkreter Ereignisse zu bewältigen (vgl. Rousseau an Voltaire, 18.8.1756, in: Voltaire, Korrespondenz, Leipzig 1978, S. 102 f). Zwischen T. Abbt (1738–1766) und Mendelssohn (1729–1786) wurde die aus der theologischen Heils-Tradition kommende Frage erörtert, ob jedes Individuum die mögliche Vervollkommnung und deren Lebensglück erreichen könne (Mendelssohn) oder ob das Leben des Einzelnen im Bezug auf die »Bestimmung des Menschen«, wie Spaldings Stichwort der Thematik lautete, Fragment bleibe (Abbt). Dann würde nur die Gattung der Ort der perfectio hominis sein können. Das war auch Kants Meinung, die er in seinen geschichtsphilosophischen Abhandlungen begründete. Die Frage blieb, ob die Vollkommenheit in endlichem Zeitraum erreicht werde, wie die empiristische Geschichtsphilosophie vor allem in Frankreich meinte, oder ob die Bestimmung der Menschheit im Kantschen Sinne Idee sei, also in der Zeit unerfüllbar.

Mit der Alternative Individuum oder Gattung als Realisierungspunkt der Bestimmung des Menschen waren zentrale Komponenten des aufklärerischen Fortschrittsbegriffs verbunden. Soll der Akzent des geschichtlichen Fortschritts auf den intellektuellen und moralischen Fortschritten der Individuen sitzen, so fällt der Einwand nicht schwer, dass der Bourgeois das widerlege, und der romantische Blick zurück zur Einfachheit statischer Bindungen liegt nahe. Novalis' *Die Christenheit oder Europa* (1799) zeigte das. Eigentlich hebt die Konzentration der geschichtlichen Programmatik der Aufklärung in den Vervollkommnungen der Individuen den Fortschrittsbegriff auf. N. Hinske hat das als Mendelssohns Auffassung gezeigt und entschieden bekräftigt. Mendelssohn schrieb an A. v. Hennings, den zeitweiligen dänischen Staatsmann und Beschützer Mendelssohns gegen die orthodoxe Feindschaft des Oberrabbiners in Altona: »Nicht die Vervollkommnung des Menschengeschlechts ist die Absicht der Natur. Nein! die Vervollkommnung des Menschen, des Individui. Jeder einzelne Mensch soll seine Anlagen und Fähigkeiten entwickeln, und dadurch immer vollkommener werden, und eben deswegen, weil jedes Individuum dieses soll, muß das ganze Geschlecht immer diesen Kreislauf wiederholen, darüber wir uns so sehr beschwehren« (25.1.1782, in: M. Mendelssohn, *Ges. Schriften*, hg. v. I. Elbogen u. a., Bd. 13, Stuttgart-Bad Cannstatt 1977, S. 65). Hinske gibt zu bedenken, dass Kants Abhandlung *Idee zu einer allgemeinen Geschichte in weltbürgerlicher Absicht* (1784) auch dessen Stellungnahme zu der Kontroverse zwischen Abbt und Mendelssohn über das Theodizee-Problem bedeutete, in der Abbt Mendelssohns Auffassung bestritt, jedes Individuum unter der göttlichen Vollkommenheit zu denken, ohne das allerdings konsequente religiöse Lebensanschauung nicht zu denken ist. Für Kant ging es im Ganzen um die geschichtsphilosophische Anwendung und Bewährung seiner transzendental-idealistischen Methode; so, wie es in den *Metaphysischen Anfangsgründen* in Bezug auf die Physik und in der Religionsschrift für die Religion darum ging. Kants These ist, dass nur in universalgeschichtlicher Tendenz alle Anlagen der Bestimmung des Menschen ausgebildet würden, also nicht im Individuum, sondern in der Gattung. Diese Geschichtsphilosophie rückt dann an die Stelle der transzendenten Eschatologie. Kant ignoriert natürlich nicht die Moralisierung der Individuen. Aber er bindet das an konkrete verfassungsrechtliche Fortschritte und endet darum seine *Idee zu einer allgemeinen Geschichte* mit der zeitgemäßen Forderung des konstitutionellen Fortschritts. Das intellektuelle Ingenium des Gattungsfortschritts setzt Kant in das Regulativ einer teleologischen Urteilskraft. Theologische und biologisierende Teleologie wird also überschritten. So ergibt sich bei Kant ein sehr realistisches zivilisationsgeschichtliches Verständnis. Der Prozess vollzieht sich durch den Anta-

gonismus der »ungeselligen Geselligkeit«, so dass »der Mensch alles, was über die mechanische Anordnung seines thierischen Daseins geht, gänzlich aus sich selbst herausbringe« (VIII, 19 f.).

Zu den genannten Aspekten trat für Kant ein dritter Punkt, der den materialen aufklärerischen Geschichtsbegriff desavouierte. Die materiale Auffassung erwies sich als höchst verwundbar. Wenn spezifische intellektuelle, wirtschaftliche, verfassungs-konstitutionelle Fortschritte aufgezählt wurden, war es nicht schwer, bei den Segnungen neue Leiden zu entdecken, zu den Fortschritten also die Verluste, wenigstens den hohen Preis, aufzurechnen. Es war der Einspruch der Rousseauschen Einsicht, dass sich die Universalgeschichte in der Dialektik von Fortschritt und Unglück bewege. Von Rousseaus zweitem Discours *Über den Ursprung und die Grundlagen der Ungleichheit unter den Menschen* (1755) hatte Kant den kritischen Blick auf die utilitaristisch verkürzten Elemente der Emanzipation der bürgerlichen Individualität gewonnen. Hier hatte er die Grenzen der materialen Selbstregulation des bürgerlichen Zeitalters erkannt. Eine Geschichtsphilosophie ohne Aufnahme der Rousseauschen Momente der Negativität der bürgerlichen Epoche wäre in den 80er Jahren weit unter Niveau zu stehen gekommen. Die synthetische Funktion moralisch-praktischer Vernunft soll die mechanisch-kausale Regulation der Gesellschaft eingrenzen und durch ein teleologisches Regulativ der Entfaltungstendenz des Gesamtprozesses überschreiten. Darum stuft Kant universalgeschichtlich: Kultivierung – Zivilisierung – Moralisierung. Er verstand das nicht als linearen zeitlichen Aufstieg der Stadien, vielmehr als Ineinandergehen von Ebenen im unabschließbaren Prozess. Kants Teleologie des universalgeschichtlichen Prozesses ist nur im Zusammenhang der transzendental-idealistischen Verschlüsselung der Tendenz-Auffassung der Gattung zu begreifen, die im Konzept der Ideen moralisch-praktischer Vernunft enthalten ist. Rousseaus Konsequenz für Gesamtfortschritt bei intellektueller Aufklärung und bürgerlicher Freiheit war, dass alles nur Sinn und Bestand finden könne unter der Voraussetzung republikanischer Freiheit und tendenzieller ökonomischer Gleichheit in einem Gemeinwesen. Kant teilte diese kritische Auffassung des zivilisatorischen Fortschritts. Die Geschichtsphilosophie des deutschen Sturm und Drang (so Herders *Auch eine Philosophie der Geschichte der Menschheit*, 1774) nahm das ebenfalls auf, ohne die Kritik der absoluten Monarchie in der Despotismus-Kritik bis zu Rousseaus tiefen verfassungsrechtlichen und ökonomischen Fragestellungen zu erreichen.

Rousseaus Einspruch gegen die perfektibilistische Denkweise der Aufklärer erforderte die Korrektur der da zugrunde liegenden methodischen Voraussetzungen. Die Vertiefung der formalen methodischen Ebene der aufklärerischen Geschichtsphilosophie bedeutete zugleich eine Umformung des Zukunftsbegriffs in der Geschichtsphilosophie. Sie wird, um den Rousseauschen Einspruch anzuerkennen und zugleich zu überwinden, unendliche Zukunft. Dann sind alle empirisch-materialen Fortschritte – und die Rückschritte auch – nur symbolische Manifestationen eines intelligiblen perfectio-Prinzips auf dem Felde der Geschichtsphilosophie. Eine logisch höchst anspruchsvolle Theorie von Universalgeschichte entsteht bei Kant. Viel Uraltes aus der klassischen Metaphysik der Geschichte kehrt wieder, allerdings als Gegenteil von Geschichtstheologie.

Kants geschichtsphilosophische Abhandlungen bilden im Kern einen Block von drei Texten, die zwischen November 1784 und Januar 1785 erschienen. Ihnen schließen sich noch zwei weitere Aufsätze im engeren Umkreis der gleichen Thematik an vom Januar 1786 und in Fortsetzung aus dem Frühjahr 1788. Der erste Text (*Idee zu einer allgemeinen Geschichte*) umreißt die transzendentalidealistische Geschichtsmethodologie in Thesenform positiv. Der zweite (*Beantwortung der Frage: Was ist Aufklärung?*) bestimmt den zeitgeschichtlichen Ort der universalgeschichtlichen Fragestellung im Selbstverständnis der Aufklärung (er wird erst im Zusammenhang des anschließenden Abschnitts der Schriften zur Zeit referiert). Der dritte schließlich (die Herder-Rezension) ist kritisch, nachdem die anderen Arbeiten die Auseinandersetzung mit Gegenpositionen indirekt enthielten. Die geschichtsphilosophischen Abhandlungen stehen insofern parallel zu den *Metaphysischen Anfangsgründen der Naturwissenschaft* (1785), als sie wie diese durch Anwendung auf eine spezifische Disziplin Bewährung und Stütze der *KrV* sein sollen, nur eben neben der Natur-Metaphysik die Urteilskraft vor der Universalgeschichte. Für die *KU* gab es schon gegenüber Künsten und Biologie keine Metaphysik als Zwischenstufe zwischen transzendentaler Propädeutik und Fachdisziplin.

Literatur

Philonenko, A.: La théorie Kantienne de l'histoire, Paris 1986. – Fontius, M. (Hg.): J.-J. Rousseau, Kulturkritische und politische Schriften, 2 Bde., Berlin 1989, [Einl. v. M. F.,

S. 5–48]. – Hinske, N.: Das stillschweigende Gespräch. Prinzipien der Anthropologie und Geschichtsphilosophie bei Mendelssohn und Kant, in: Albrecht, M. u. a. (Hg.): M. Mendelssohn und die Kreise seiner Wirksamkeit, Tübingen 1994, S. 135–156.

Idee zu einer allgemeinen Geschichte in weltbürgerlicher Absicht (1784)

Die in der Form von neun Thesen abgefasste Schrift erschien im November 1784 in der *Berlinischen Monatsschrift* und soll die Eignung der Transzendentalphilosophie zum methodischen Prinzip universalhistorischer Theorie zeigen. Als elementares Thema wird das Problem einer universalgeschichtlichen Gesetzmäßigkeit bezeichnet, die hinter den planlosen Aggregaten menschlicher Ideen und Handlungen analog den Gesetzen der mathematischen Naturwissenschaften eine Geschichte der Gattung verbürge. »Denn was hilfts, die Herrlichkeit und Weisheit der Schöpfung im vernunftlosen Naturreiche zu preisen und der Betrachtung zu empfehlen, wenn der Theil des großen Schauplatzes der obersten Weisheit, der von allem diesem den Zweck enthält, – die Geschichte des menschlichen Geschlechts – ein unaufhörlicher Einwurf dagegen bleiben soll« (VIII, 30). Hegel hat den Gedanken in seinen Vorlesungen zur Philosophie der Weltgeschichte wiederholt. Die Auflösung des Problems vollzieht Kant durch zwei Gesichtspunkte. Der erste ist die allgemeine Teleologie des organischen Prozessbegriffs. »Alle Naturanlagen eines Geschöpfes sind bestimmt, sich einmal vollständig und zweckmäßig auszuwickeln« (VIII, 18). Der zweite besteht in einer idealistischen Umschreibung der geschichtlichen Selbsterzeugung der menschlichen Gattung durch deren eigene Arbeit. Kant steht auf dem Standpunkt der englischen Nationalökonomie (Smith, Ferguson), er verweist selbst auf die geschichtliche Funktion von persönlicher Freiheit, bürgerlichem Eigentum, Gewerbe und Handel. Die immanente geschichtliche Dynamik ergibt sich aus einer Anthropologie antagonistischer Kräfte im Menschen, ein »Antagonismus der ungeselligen Geselligkeit« (VIII, 20). Dem Zug zur Vergesellschaftung und Harmonie steht die Abstoßung des Einzelnen von den anderen als eine produktive Selbstsucht gegenüber. Die Mechanik von Attraktion und Repulsion ist als Muster zu erkennen. So entfaltet sich aus der produktiven Selbstsucht eine objektive Notwendigkeit zunehmenden Ausgleichs der Gegensätze durch Rationalität in der Reflexion der gesellschaftlichen Lebensbedingungen, vor allem also durch die Konstitution persönlicher und politischer Verhältnisse in den Formen des Vertragsrechts. Das bezieht sich auf den verfassungsrechtlichen Interessenausgleich freier Individuen und ebenso auf den Übergang der sich in Kriege und immer steigende Rüstungslasten verwickelnden Staaten zu einem Völkerbund. Der tiefste Punkt des Kantschen Antagonismus-Gedankens wird in den Passagen erreicht, in denen Kant mit Lutherschem Blick auf das Böse im Menschen und von den Erfahrungen neuer sozialer Interessengegensätze her ein herbes Bild des Menschen zeichnet: »Der Mensch ist ein Thier, das, wenn es unter andern seiner Gattung lebt, einen Herrn nöthig hat.« »Aus so krummem Holze, als woraus der Mensch gemacht ist, kann nichts ganz Gerades gezimmert werden« (VIII, 23). Eben diese Negativität erzwingt mit der Länge der Zeit die fortschreitende Annäherung – nie erreichten Endzustand – an eine republikanisch verfasste Gesellschaft freier, gleicher Bürger. Kant fragt im Sinne Rousseaus und um dessen Zivilisationskritik aufzunehmen und zugleich zu entkräften, »ob nicht die Zwietracht, die unserer Gattung so natürlich ist, am Ende für uns eine Hölle von Übeln in einem noch so gesitteten Zustande vorbereite«. Er antwortet: »Das läuft ungefähr auf die Frage hinaus: ob es wohl vernünftig sei, Zweckmäßigkeit der Naturanstalt in Theilen und doch Zwecklosigkeit im Ganzen anzunehmen« (VIII, 25). Der Zweckbegriff der *KU* gewinnt neben der Biologie in der Geschichtsphilosophie seinen Platz (und in der Abfolge der Texte vor jener). Damit ist auch der logische Status der Universalgeschichte bestimmt. Die neun Thesen sind nicht konstitutive und nicht moralisch postulierende, es sind regulative methodische Prinzipien. Darin fasst sich der methodische Charakter der Kantschen Geschichtsphilosophie zusammen. Es ist die Ausdehnung der transzendentalen Methode auf das Problemfeld der Weltgeschichte. Die teleologisch-organologischen Termini bedeuten nicht naturalistischen Geschichtsbegriff. Vielmehr denkt Kant alle Entwicklung in der Natur wie in der Gesellschaft als immanente Ausfaltung von Anlagen durch Lösung von Widersprüchen. Mendelssohns Kritik einer Konzentration des Fortschrittsgedankens in der gattungsgeschichtlichen Ebene trifft also Kant nicht. Kant denkt das Individuum sehr entschieden unter moralisch-praktischem Postulat. Aber er denkt den Gang der Gesellschaft nicht nach gleichem logischem Verfahren, sondern als regulative Idee, so dass die Individualität wie jede empirische Entfaltungsstufe nur eine symbolische Realisierung darstellt. Vier Jahre nach dem

Geschichtsaufsatz hat Kant die methodische Funktion des Teleologie-Problems in einer gesonderten Abhandlung noch einmal dargestellt. Sie bezieht sich auf das Problem der Verschiedenheit der Menschenrassen bei vorausgesetzter Einheit des Menschengeschlechts. Am Ende kommt er auf die allgemeine methodische Funktion des Zweckbegriffs zu sprechen. Der Zweckbegriff in Bezug auf die Natur sei jederzeit empirisch bedingt. Zweck im Feld der Freiheit ist aber »eine rein praktische Teleologie, d. i. eine Moral«, die »ihre Zwecke in der Welt wirklich zu machen bestimmt ist«. Das setzt aber die Möglichkeit dessen im Ereignisgang des Ganzen voraus (*Über den Gebrauch teleologischer Prinzipien in der Philosophie*, VIII, 182 f.). Nur dann könne der »practischen reinen Zwecklehre objective Realität in Absicht auf die Möglichkeit des Objects« zuerkannt werden. Die Universalgeschichte wird also wie ein Naturvorgang nach regulativer teleologischer Urteilskraft als notwendiger Ergänzung der Realisierungsmöglichkeit moralisch-praktischer Ideen gedacht. Die Weltgeschichte ist das Objekt, das unter transzendentalem Prinzip so gedacht werden kann, dass die praktische Teleologie sich realisieren könne. Darum setzt Kant auch die Realisierung von Moral als gesellschaftlichen und nicht nur individualmoralischen Vorgangs als die Tendenz der Universalgeschichte ein. Die Universalgeschichte bildet das wie »Naturvorgang« objektive Realisierungsfeld der praktischen Vernunft. »Rousseau hatte so unrecht nicht, wenn er den Zustand der Wilden vorzog, so bald man nämlich diese letzte Stufe, die unsere Gattung noch zu ersteigen hat, wegläßt. Wir sind im hohen Grade durch Kunst und Wissenschaft cultiviert. Wir sind civilisirt bis zum Überlästigen durch allerlei gesellschaftliche Artigkeit und Anständigkeit aber uns für schon moralisirt zu halten, daran fehlt noch sehr viel. Denn die Idee der Moralität gehört noch zur Kultur« (VIII, 26). Moral braucht zur transzendentalen Theorie gesellschaftliche Realität verfassungsrechtlicher Freiheiten. Kant sieht die bürgerliche Gesellschaft seiner Zeit als noch in der Entfaltung begriffene Form des gesellschaftlichen Lebens an, so »daß nach manchen Revolutionen der Umbildung endlich das, was die Natur zur höchsten Absicht hat, ein allgemeiner weltbürgerlicher Zustand, als der Schooß, worin alle ursprünglichen Anlagen der Menschengattung entwickelt werden, dereinst einmal zustande kommen werde« (VIII, 28). Der aufklärerische historische Fortschrittsgedanke steht bei Kant nicht nur im Bezug zur organischenTeleologie, sondern ebenso unter dem Horizont der Ideen praktischer Vernunft. Insofern ist jeder geschichtliche Fortschritt wohl un-mittelbar real und zugleich symbolisch Realisie-rung eines nie unmittelbar zu verwirklichenden ideellen Totum. Der transzendental-idealistische Fortschrittsbegriff vertieft durch diesen Doppelge-halt den aufklärerischen Perfektibilismus.

Literatur

Menzer, P.: Kants Lehre von der Entwicklung in Natur und Gesellschaft, Berlin 1911. – Weyand, K.: Kants Geschichts-philosophie. Ihre Entwicklung und ihr Verhältnis zur Auf-klärung, Köln 1964. – Galston, W. A.: Kant and the Problem of History, Chicago 1975. – Muglioni, J. M.: La philosophie de l'histoire de Kant, Paris 1993. – Frank, M./Zanetti, V. (Hg.): I. Kant, Schriften zur Ästhetik und Naturphiloso-phie, Frankfurt/M. 1996 [Kommentar zur Geschichtsphilo-sophie Kants, S. 1088–1098].

Rezensionen von J. G. Herders Ideen zur Philosophie der Geschichte der Menschheit (1785)

Die erste Rezension gehört zu den positiven Thesen der *Idee zu einer allgemeinen Geschichte* fast als deren kritischer Zusatz gegen die von Kant abgelehnte an-thropologisch-materiale Geschichtsphilosophie. Kants Grundfrage ist: Anthropologische Fassung der Universalgeschichte mit den unvermeidlichen Ver-mischungen von biologischer und spekulativ-postu-lierender Fassung von Geschichtlichkeit der Gesell-schaft, die aber in der falschen Form als Geschicht-lichkeit »des Menschen« ausgesprochen wird, oder Geschichte der Gesellschaft (also der Gattung und nicht des Individuums) als Herausarbeitung aus der sog. »Rohigkeit« und Waldursprünglichkeit der Na-tur durch widerspruchsvollen, aber immer gesell-schaftlich immanenten zivilisatorischen Prozess. Zu den Zusammenhängen, innerhalb derer sich Kant zur Rezension der seiner Auffassung entgegenste-henden Schrift seines ehemaligen Hörers Herder entschloss, gehört auch ein Vorgang, der zehn Jahre zurücklag. Kant erhielt 1774 eine der charakteristi-schen Schriften Herders nach dessen religiöser Wandlung seit 1772 vom theologischen Freigeist zu einem fast mystischen Begeisterer (*Die älteste Ur-kunde des Menschengeschlechts*, 1774). Die Schrift stellte einen der phantasiereichen Entwürfe dar, die die Ausdehnung der Sturm-und-Drang-Bewegung auf die Geschichtsphilosophie begleiteten. Herder meinte, dass im biblischen Sieben-Tage-Werk Gottes die jüdische Auslegung einer mystisch-hieroglyphi-

schen Weisheit vorliege, von der alle Wissenschaften und Künste (Gewerke) ursprünglich entstammten. Von Herders Schrift schrieb Kant an Hamann: »Das Thema des Verfassers ist: zu beweisen, daß Gott den ersten Menschen in Sprache und Schrift, und, ver-mittelst derselben, in den Anfängen aller Erkennt-nis oder Wissenschaft selbst unterwiesen habe« (8.4.1774). Er sah in der expressiven Emotionalität der Dichtung, Geschichtsauffassung und Religiosität des Sturm und Drang die Falsifikation eines Frei-heitsbewusstseins, das sich erlebnishafte Unmittel-barkeit individueller Autonomie (der »Kraftgenies«) vorspiegelte, doch in Wirklichkeit von den verfas-sungsrechtlichen Aufgaben der Gegenwart ablenkte, illusorisch erlebnishafte privatmoralische Strukturen auf die Gesamtgesellschaft ausdehnen wollte und da-durch real auf soziale Beziehungen unter der täu-schenden Hülle persönlicher Beziehungen zurück-fiel, die der sozialen und politischen Struktur der Feudalgesellschaft zugehörten. Von Herders Schrift bat er Hamann nach der Lektüre, ihm doch den Sinn der schwärmerischen Konstruktion zu erklären, den er selbst nicht verstehe: »Aber wo möglich in der Sprache der Menschen. Denn ich armer Erdensohn bin zu der Göttersprache der anschauenden Ver-nunft gar nicht organisiert. Was man mir aus den ge-meinen Begriffen nach logischer Regel vorbuchstabi-ren kann, das erreiche ich noch wohl« (6.4.1774). Kant empörte neben der Deus-ex-machina-Rück-bildung der Erklärung die ins moderne historische Bewusstsein hineingeschwindelte archaische metho-dische Mystifikation, bei geschichtlichen Gegen-ständen den zeitlichen Anfang als mit der Fülle ver-sehenes Totum zu denken und den Zeitnexus aller historischen Bewegung auf den Kopf zu stellen. Denn tatsächlich verläuft die Bewegung in der Zeit von den Vorformen zur eigentlichen Ausbildung der Sache selbst. Das ist auch gegen alle rückwärts bli-ckenden Interpretationen geistesgeschichtlicher Zu-sammenhänge als sog. Säkularisierungen zu beden-ken. Kant hatte dem Wunsch des Herausgebers der eben begründeten *Allgemeinen Literatur-Zeitung* (1784), C. G. Schütz, entsprochen, den ersten Band der Herderschen *Ideen zur Philosophie der Geschichte der Menschheit* (T. 1, 1784) zu rezensieren. Im Januar 1785 erschien die Rezension des ersten Teils, im No-vember die Besprechung des zweiten Teils. Kant nahm eine Polemik auf dem Felde der Geschichts-theorie auf, die zeigt, wie sehr er seine geschichtsphi-losophischen Arbeiten als Stellungnahmen zu Grundfragen im Selbstverständnis der deutschen Hochaufklärung verstand. Bereits im Februar 1785 hatte K. L. Reinhold (1758–1825) anonym eine Verteidigung Herders gegen Kant veröffentlicht als Schreiben eines Pfarrers an den Herausgeber des *Teutschen Merkur*. In der gleichen Zeitschrift seines Schwiegervaters Wieland (ab Mai 1785) hatte der frühere (1772) Novize des Wiener Jesuitenkollegiums, spätere Mitwirkende eines freimaurerischen Zirkels (1781), 1786/87 die acht *Briefe über die Kantische Philosophie* veröffentlicht, eine der wesentlichen Schriften zur frühen Anerkennung und Verbreitung der *KrV*. Bald veränderte er die Transzendentalphilosophie zu einer sog. Elementarphilosophie (*Versuch einer neuen Theorie des menschlichen Vorstellungsvermögens*, 1789) und begrüßte später erst Fichtes (1797), später Bardilis (1801) Philosophie als die endgültige Reform der Philosophie. Mit diesem kurzzeitigen, doch verdienstvoll wirksamen Anhänger begann Kant sein Verhältnis mit einer Replik zur Verteidigung der Herder-Kritik, die im März 1785 erschien (VIII, 56–58). Die Veröffentlichung der vier Teile der *Ideen* erstreckte sich dann über den Zeitraum von 1784 bis 1791. Weitere Teile rezensierte Kant nicht mehr.

Herder wendet Leibniz' Monadengedanken auf die Geschichte an. Der Mensch sei ein mittleres Geschöpf im Stufenreich der Natur, doch Gipfel der irdischen Wesen. Über ihn hinaus liege ein Reich höherer Geistwesen. Die anthropologische Konstitution sei vom mittleren Platz der Erde unter den Weltkörpern bestimmt. Die Welt als Ganzes stelle ein Stufenreich sichtbarer Körper dar, die von unsichtbaren organisierenden Kräften geschaffen würden. Herder setzt mit Leibniz den Renaissance-Pantheismus fort, für den der Mensch ein Konzentrationspunkt von irdischer und ideeller Welt und als solcher ein Mikrokosmos des gesamten materiellen und geistigen Kosmos sei. Am Schluss seiner *Allgemeinen Naturgeschichte* (1755) hatte Kant selbst noch solche Spekulationen angestellt (I, 349 ff.). Die idealismuskritischen Momente, die bei Herder mitgingen, die Goethe an Herders Werk Anteil nehmen ließen, und die mit Herders Kritik der elitären Note des französischen Aufklärungshistorismus verbunden waren, sind hier nicht zu erörtern.

Kant erkannte bereits im ersten, vorbereitenden Teil der Herderschen Theorie die ontologische Metaphysik und Verbindung von sensibler und intelligibler Welt, die hier auf die Universalgeschichte angewandt werden sollte. Herder ging von einer Stufenleiter der Organisationen in der Welt von den elementarsten materiellen bis zu den organischen, seelischen und schließlich bis hin zur überweltlichen rein geistigen Kraft Gottes aus. Das restituierte im geschichtsphilosophischen Zusammenhang die psychologia rationalis und die theologia rationalis. Kants Zusage auf die Rezensionsanfrage war also nur konsequent. Er schrieb den Text als eine ins spezielle Gebiet fortgesetzte Kritik der Auffassungen, die er im Dialektik-Teil der *Kritik* in Systemform kritisiert hatte. Wahrscheinlich erschien es ihm geeignet, zu zeigen, in welchen Verästelungen und scheinbar plausiblen Materialsammlungen sich eine logisch unhaltbare philosophische Weltanschauung darstelle.

Die durchgehend ablehnende und von Herder sehr verübelte Rezension begann mit weitgreifenden Kennzeichnungen einer zu analytischer Präzision unfähigen Denkweise. Analogien kühner Einbildungskraft ersetzten »logische Pünktlichkeit in Bestimmung der Begriffe, sorgfältige ˙Unterscheidung und Bewährung der Grundsätze« usw. (VIII, 45). Er setzt gegen Herders pantheistische Anthropologie, die die Geschichte des Menschen »aus der Analogie mit den Naturbildungen der Materie«, vornehmlich dem Wirken selbständiger organischer Kräfte, geradezu aus dem »Naturaliencabinet durch Vergleichung des Skelets des Menschen mit dem von andern Thiergattungen« (VIII, 52 f., 56) erklären wolle, ein Prinzip »der Handlungen« des Menschen, »dadurch er seinen Charakter offenbart« (VIII, 56). In Herders Plan nahm er rationale paläoanthropologische Tendenzen nicht wahr. Er erkannte den Anspruch, Irdisches und Überirdisches durch spekulative Analogien doch auch für die aufklärische Geschichtsauffassung als Wirklichkeiten zusammenzuschließen, über die man wie über Erfahrungswelten sprechen könne. Herders Entwurf denke eine Evolutionstheorie von der Materie über die Tiergattungen, den Menschen bis zu transzendenten Verankerungen des Ganzen, das »würde auf Ideen führen, die aber so ungeheuer sind, daß die Vernunft vor ihnen zurückbebt« (VIII, 54). Der Akzent der Kantschen Geschichtsphilosophie liegt auf dem Abweis der theologia naturalis als Element der universalhistorischen Konstruktion. An deren Stelle setzt er die Immanenz der transzendentalen Logik, die regulativ nach den Ideen moralisch-praktischer Vernunft – und darum in der Anwendung als teleologische Urteilskraft – die »Handlungen« des Menschen interpretiert, die dessen »Charakter« als eines tätig-gesellschaftlichen und nicht generell anthropologisch-organischen Wesens offen legen.

Der Zusammenhang, in dem Kant die ganze Thematik fasst und Herders Ansatz abweist, wird am

leichtesten vom Nachtrag der Rezension, der Erwiderung auf Reinholds Kritik, klar. Er lehnt die anthropologische Konstruktion ab, weil sie entweder auf
Materialismus oder, wie bei Herder, als verkappter
Naturalismus auf die theologische Transzendenz
führe. Von der naturalistischen Grundlegung der
Geschichtsphilosophie sagt Kant ausdrücklich, nicht
ohne die Bemerkung, dass er die Materialien zu einer
Anthropologie ziemlich zu kennen glaube, dass Herder ihr »mehr Gewicht« beilege, »als sie je bekommen« könne (VIII, 56 f.). Die Rezensionen der beiden ersten Teile des Herderschen Werkes haben
dann über die rationellen sachlichen Gegensätze hinaus Herders erbitterte Schärfe in dessen Polemik
gegen Kants Philosophie veranlasst (*Verstand und
Erfahrung. Vernunft und Sprache. Eine Metakritik zur
Kritik der reinen Vernunft*, 1799).

Literatur

Riedel, M.: Historismus und Kritizismus. Kants Streit mit
G. Forster und J. G. Herder, in: KS 72 (1982), S. 41–57.

Mutmaßlicher Anfang der Menschengeschichte (1786)

Kants vierte geschichtsphilosophische Studie (Januar
1786 in der *Berlinischen Monatsschrift*) ergänzt die
vorangehenden durch den Versuch, das Prinzip der
Kantschen Geschichtsphilosophie als in Übereinstimmung mit dem biblischen Geschichtsbericht
nach dem ersten Buch Mosis, Kap. 2–6, darzustellen.
Das bildet jedoch nur den äußeren Rahmen für
Kants Wiederholung seines Grundgedankens von
der Selbsttätigkeit der Menschengattung, sich aus der
Rohigkeit von deren ursprünglicher Natur durch eigene Tätigkeit zu immer ausgebreiteterem Gebrauch
der Vernunft herauszuarbeiten. Die Schrift stellt die
eigentliche Gegenschrift zu Herders und zugleich zu
Rousseaus Geschichtsphilosophie dar. In der methodischen Struktur ist sie, analog der früheren *Allgemeinen Naturgeschichte*, eine logisch-genetische
Konstruktion des Geschichtsverlaufs unter der Voraussetzung verschiedener materieller Gegebenheiten; hier nun nicht mehr diffuser Materie, der Gravitationskraft usf., sondern des Instinkts zur Nah-
rungsbeschaffung, zur Fortpflanzung, der planenden
Voraussicht des denkenden Wesens. Vernunft ist die
entscheidende Naturanlage, und insofern ist die Universalgeschichte eine Geschichte der sich gestalten-

den Freiheit (VIII, 109). Im Bezug auf Rousseau, dessen beide *Discours* erwähnt werden, stellt Kant gerade das, was Rousseau als den Einbruch des Un-
glücks und der Zwietracht in die Menschengeschichte
beklagte, als die produktive Negativität dar. Er erkennt Rousseaus Kritik am Privateigentum und an
der daraus resultierenden Ungleichheit unter den
Menschen an, setzt sie jedoch in eine mittlere Periode nach einer ursprünglichen Zeit annähernder
Gleichheit bei frühen nomadisierenden Völkern vor
der Bildung von Ackerbauer- und Handwerkerge-
sellschaften mit städtischer Organisation. Die große
Ungleichheit, feudale Herrschaft und der Zustand
anhaltender Kriege zwischen den Staaten gehörten
einer Kultur zu, »solange sie gleichsam planlos fortgeht, welches eine lange Zeit hindurch gleichfalls unvermeidlich ist«. Bevor steht noch die Epoche bürgerlicher Verfassungsstaaten und gesteigerter Kultur,
»um die Anlagen der Menschheit als einer sittlichen
Gattung zu ihrer Bestimmung gehörig zu entwickeln«, »bis vollkommene Kunst wieder Natur wird«,
wie es mit einer an Schiller gemahnenden Wendung
heißt (VIII, 116 ff.).

Kant betont gegen Rousseau und die Rousseau-Verehrung des Sturm und Drang, dass der Naturbegriff, ein Kult des natürlichen Menschen, nicht
zur zivilisationskritischen Folie tauge. »Natur« des
Menschen ist sowohl unsere biologische Konstitution gemäß einer Tierart und zugleich die Anlage zur
geschichtlichen Selbsterzeugung der Menschengattung durch die Stadien zunehmender materieller
Produktivität und Verrechtlichung der gesellschaftlichen Lebensweise. Die Schrift soll zeigen, dass mit
der transzendental-idealistischen Methodologie des
Geschichtsbegriffs sehr wohl auch konkrete historische Periodisierungen möglich sind.

Der Text zeigt auffallend eine Eigentümlichkeit
des Kantschen Altersstils. Kant schreibt seine Gedanken wie in einzelnen Stücken oder Thesen nieder, die dann nacheinander gerückt werden. Der
kurze Aufsatz von fünfzehn Seiten hat ein Hauptstück, darauf eine Anmerkung, nach dieser einen
Beschluss und schließlich eine Schlussanmerkung,
dazu noch eine Fußnote im Umfang von etwa zwei
Textseiten. Doch besitzt der Text nichts vom Charakter persönlicher Notizen oder Reflexionen. Kant
schreibt noch immer in voller Sicherheit seiner Rhetorik analytischer Begrifflichkeit, immanenter logischer Demonstration und bewusster öffentlicher
Mitteilung.

Literatur

Gniffke, G.: Die Gegenwärtigkeit des Mythos in Kants Mutmaßungen über den Anfang der Menschheitsgeschichte, in: ZphF 38 (1984), S. 593–608.

Über den Gebrauch teleologischer Prinzipien in der Philosophie (1788)

Im Zusammenhang von Kants ausgebreiteter Kenntnis der geographischen, anthropologischen und psychologischen Literatur der Zeit ergab sich das Problem der Verschiedenheit der Menschenrassen. Es war nicht nur ein naturwissenschaftliches Thema. Die Rassenunterschiede können die Ideen der einheitlichen Menschheit und deren Fortschrittsgeschichte der Freiheit in Frage stellen. Kant hat in drei Aufsätzen zum Problem der Verschiedenheit der Rassen unter der Voraussetzung einer einheitlichen Menschengattung geschrieben: *Von den verschiedenen Rassen der Menschen* (1775), »*Bestimmung des Begriffs einer Menschenrasse*« (1785) und in Entgegnung zu G. Forster, der Kants Naturteleologie zur Erklärung der Einheit der Menschheit bei Verschiedenheit der Rassen bestritten hatte (*Noch etwas über die Menschenrassen*, in Wielands *Teutschem Merkur*, 1786), den das naturhistorische Problem auch geschichtstheoretisch zusammenfassenden Aufsatz *Über den Gebrauch teleologischer Principien in der Philosophie*, 1788. Mit dem Beitrag kam er zugleich Reinholds Wunsch nach, ein positives Urteil über dessen *Briefe über die Kantische Philosophie* (im *Merkur* 1786/87) öffentlich abzugeben, »mir das einfache Zeugniß zu geben, daß ich die *Kritik der reinen Vernunft* verstanden habe« (Reinhold an Kant, 12.10.1787; Reinhold bekannte sich im Briefe zugleich als Verfasser der anonymen Kritik an Kants Herder-Rezension). Eine bis heute wesentliche Nebenfrage der Rassenthematik ergab sich aus der Antwort auf die Frage, ob die verschiedenen Rassen tatsächlich verschiedene Arten von Menschen darstellten. Daraus wurden damals noch Schlussfolgerungen gezogen, die die Sklaverei rechtfertigten. Kant formulierte darum im zweiten Aufsatz seine Hauptthese: »Nur alsdann, wenn man annimmt, daß in den Keimen eines einzigen ersten Stammes die Anlagen zu aller dieser klassischen Verschiedenheit notwendig haben liegen müssen, damit er zu allmähliger Bevölkerung verschiedener Weltstriche tauglich sei, läßt sich verstehen: warum, wenn diese Anlagen sich gelegentlich und diesem gemäß auch verschiedentlich auswickelten, verschiedene Klassen von Men-

schen entstehen« (VIII, 98 f.). Kant schloss aus, dass es ursprünglich verschiedene Stämme von Menschen gegeben habe, und berief sich auf Buffons Regel, dass die Einheit einer Gattung sich in der Einheit der forterzeugenden Kraft beweise, zu einer Gattung also diejenigen Tiere gehörten, die miteinander fruchtbare Nachkommen zeugten. Bei der Erklärung der Variationen des Urstamms der Menschheit durch Wandlung nimmt Kant die Klimatheorien in der zeitgenössischen Anthropologie auf, deren antitheologische Funktion Montesquieu (1689–1755) bereits in der Frühaufklärung im universalgeschichtlichen Denken verankert hatte. Durch Anpassung an die Verschiedenheit des Lichts und der Luft würden sich die Rassenunterschiede herausbilden, die jedoch sämtlich in der menschlichen Gattung gleichsam präformiert gewesen seien. Die Menschheit ist also für alle Klimata der Erde organisiert. Forster anerkannte nur zwei Rassen, die afrikanische und alle übrigen Menschenarten. Er bestritt außerdem einen einheitlichen Urstamm der Menschheit und griff schließlich auch Kants teleologisches Prinzip der organischen Natur an. Die Entstehung aller organischen Bildungen sei allein physikalisch und geologisch zu erklären. Kant entgegnet mit der qualitativen Besonderheit der regulativen Urteilskraft für die organische Zentraldetermination gegenüber dem Prozess- und Kausalbegriff für die anorganische Natur. Sonst müsste man, um Ursprung und Entwicklung der Pflanzen und Tiere zu erklären, zu spekulativen Grundkräften der »Hypermetaphysiker« flüchten und »unvermerkt von dem fruchtbaren Boden der Naturforscher in die Wüste der Metaphysik« abirren (VIII, 180). Er bestritt Forsters mechanisch-materialistische Behauptung von Faktoren der unorganischen Natur als der Ursache organischer Prozesse nicht in dem Sinne, dass sie unmöglich seien. Er sagte nur im Sinne seiner Logik der Urteilskraft, solche Ursachen seien den Erfahrungsbedingungen menschlicher Erkenntnis unerkennbar. Man könne wohl in der anorganischen Materie Kräfte annehmen, die organische Materie hervorgehen ließen, doch blieben sie uns immer verborgen. Wir sind für die organische Natur auf teleologische Erkenntnisprinzipien eingeschränkt, gerade wenn wir bei der Anerkennung empirischer naturwissenschaftlicher Erfahrungsdaten verbleiben wollen.

3 Arbeiten zu Themen der Zeit

Beantwortung der Frage: Was ist Aufklärung? (1784)

Das Wort aus dem alten Kirchenlied: »Herr der schönen Himmelslichter, kläre Deinen Himmel auf!« erhielt im Laufe des 18. Jhs. immer weitergreifenden pädagogischen, moralischen, intellektuellen, verfassungsrechtlichen Sinn. Die Frage nach der Verantwortung des Staates für die Aufklärung seiner Bürger wurde aufgeworfen, von Kant entschieden bejaht. Das war für absolute Monarchien eine kritische Herausforderung, da sie eigentlich nur die Macht des Staates zu erhalten und dafür die Sicherheit der Bürger zu verantworten hätten. Die Berliner Akademie der Wissenschaften schrieb im Jahr 1778 die Preisfrage aus, ob es dem gemeinen Haufen der Menschen nützlich sei, getäuscht zu werden und man ihn zu neuen Irrtümern verleite oder bei den gewohnten erhalte. Die Frage von abgründiger Ironie war bieder gemeint und die Antworten wurden so beschieden: Der Preis wurde geteilt an eine bejahende und eine verneinende Antwort. In der Berliner Mittwochsgesellschaft, der Intellektuelle und Beamte wie Mendelssohn, K. G. Svarez, F. Gedike, E. F. Klein, J. K. W. Möhsen angehörten, wurde Anfang der 80er Jahre die Frage diskutiert, was der Zirkel unter Aufklärung, die in aller Munde sei, eigentlich verstehen wolle. Ein kritischer Punkt war in der Diskussion der mögliche Konflikt zwischen Denkfreiheit und Staatsräson (vgl. Ciafardone 1983). Mendelssohn gab zur aufgeworfenen Frage ein Votum ab, das dann im Septemberheft der *Berlinischen Monatsschrift* unter dem Titel *Über die Frage: Was heißt aufklären?* veröffentlicht wurde. Die Beantwortung geht einen ganz anderen Weg als Kant mit seiner knappen Abhandlung, die im Dezemberheft der Zeitschrift erschien. Kants Akzentuierung ist durch Vergleich mit Mendelssohns außerordentlichem Gedankengang am besten zu verstehen. Kant konzentriert sich auf einen Punkt. Mendelssohn wägt die verschiedenen Aspekte ab und bedenkt Gutes und Schwieriges. Er geht vom Dreiklang Aufklärung, Kultur, Bildung aus, aber um sehr fein zu scheiden und dabei die materielle Kultur neben die geistige zu stellen. »Bildung zerfällt in Kultur und Aufklärung. Jene scheint mehr auf das Praktische zu gehen, auf Güte, Feinheit und Schönheit in Handwerken, Künsten und Geselligkeitssitten (objective); auf Fertigkeit, Fleiß und Geschicklichkeit in jenen, Neigungen, Triebe und Ge-

wohnheiten in diesen (subjective). […] Aufklärung hingegen scheinet sich mehr auf das Theoretische zu beziehen. Auf vernünftige Erkenntnis (object.) und Fertigkeit (subj.) zum vernünftigen Nachdenken.« Mit dem die deutsche Aufklärung leitenden Spenerschen Wort fährt das so behutsam wie entscheidend gliedernde Konzeptpapier fort: »Ich setze allezeit die Bestimmung des Menschen als Maß und Ziel aller unserer Bestrebungen und Bemühungen, als einen Punkt, worauf wir unsere Augen richten müssen, wenn wir uns nicht verlieren wollen.« Für die verschiedenen Stände ist reale gewerbliche und geistige Aufklärung, auf die es ankomme, verschieden. Von da geht Mendelssohn zur Aufgabe der Übereinstimmung zwischen den wesentlichen Bestimmungen des Menschen mit denen des Bürgers, und »unglückselig ist der Staat, der sich gestehen muß«, dass diese beiden nicht harmonieren. Hier kommt es auf unverzichtbare wesentliche Rechte des Menschen an. Ohne die wesentlichen Rechte sind faktisch keine Bürgerrechte zu denken. Aufklärung ist der Bestimmung des Menschen unentbehrlich. Wenn die Notwendigkeit Fesseln schmiedet, um die Menschheit niederzubeugen: »Hier lege die Philosophie die Hand auf den Mund!« Sie verweigere sich der Unterdrückung und mahne durch ihre Abwendung. Mendelssohn benutzt für Verderbnis der Verfassung das metaphysische Wort corruptio. Gegen Ende nimmt der hellsichtige Text die Ideologie der Aufklärungsgegner auf und wendet sie zum Problem, das Aufklärer leicht übersehen, und damit gegen die Aufklärungsfeinde: »Mißbrauch der Aufklärung schwächt das moralische Gefühl, führt zu Hartsinn, Egoismus, Irreligion und Anarchie.« Mendelssohn endet, indem er Kultur und Aufklärung, die er im Auftakt methodisch trennte, wieder bindet. Wo beide im gleichen Schritt vorangehen, steigt das Glück der Nation, und sie ist bewahrt vor der falschen Notwendigkeit despotischer Gesetze. Voneinander getrennt, steigt die Gefahr der Korruption und dann auch durch die Aufklärung selbst (Mendelssohn, *Über die Frage: was heißt aufklären?*, in: *Ges. Schriften*, Bd. 6/1, hg. v. I. Elbogen u. a., Stuttgart-Bad Cannstatt 1981, S. 114–119).

Kant richtet die ganze Thematik auf die Aufklärung als auf eine bestimmte geistige Verfassung, eigentlich als ein methodisches Verhalten des Menschen: »Aufklärung ist der Ausgang des Menschen aus seiner selbstverschuldeten Unmündigkeit. Unmündigkeit ist das Unvermögen, sich seines Verstandes ohne Leitung eines anderen zu bedienen. […] Sapere aude! Habe Muth dich deines eigenen

Verstandes zu bedienen! Ist also der Wahlspruch der Aufklärung« (VIII, 35). Das Horazische *sapere aude* bildete eine stehende Wendung des humanistischen Bildungsbegriffes, Melanchthon benutzte es in seiner Wittenberger Antrittsvorlesung (*Rede über die Studienreform*, 1518). Kant funktioniert es im anschließenden rasanten Gedankenstrom um, der fortgeht zur Bequemlichkeit, zu Faulheit und Feigheit vor dem Selbstdenken, bis zum von oben gesteuerten Vorurteil der Gefährlichkeit, nicht selbst zu denken: »[D]afür sorgen schon jene Vormünder, die die Oberaufsicht gütigst auf sich genommen haben. Nachdem sie ihr Hausvieh zuerst dumm gemacht haben und sorgfältig verhüteten, daß diese ruhigen Geschöpfe ja keinen Schritt außer dem Gängelwagen, darin sie sie einsperrten, wagen durften, so zeigen sie ihnen nachher die Gefahr, die ihnen droht, wenn sie es versuchen allein zu gehen« (VIII, 35). Kant schlägt den Ton der entschieden antiabsolutistischen Sprache an, der im Ganzen dem republikanischen Flügel der europäischen Aufklärung zugehörte. Die geistige Freiheit der Individuen als das Vehikel aller weiteren Fortschritte wird ganz als soziale Konstitution und Potenz des Menschen genommen. Freies Denken verändere die Sinnesart des Volkes und steige dann zu liberalen Grundsätzen der Regierung auf. Die Wirkungsfolge geht zu reformerischer gesellschaftlicher Funktion konsequenter Denkungsart durch freie Öffentlichkeit fort: Nicht Revolution, die nur neue Vorurteile mit den alten »zum Leitbande des gedankenlosen großen Haufens« vereinigen würde, sondern »wahre Reform der Denkungsart« (VIII, 36). Aus allen geschichtsphilosophischen Schriften Kants leuchtet dieser Glanz stolzer Erwartung von einem Zeitalter freier, ihres Willens und ihrer Intellektualität bewusster Bürger. Kants leitender Terminus ist mit guter Verbindung von Intellektualität und Willenshaltung gemäß der primär moralischen und nicht sozialtheoretischen Fragestellung des 18. Jhs. die »Mündigkeit« des Menschen und Bürgers. Das starke dynamische Element republikanischer Tendenz sitzt in der Entschiedenheit, allen Fortschritt in die Denkfreiheit der Individuen zu senken. Nicht nur in Religionssachen, selbst in Ansehung der »Gesetzgebung« sei es »ohne Gefahr, seinen Unterthanen zu erlauben, von ihrer eigenen Vernunft öffentlichen Gebrauch zu machen« (VIII, 41). Das geht auf die Leute vom Fach, die im Amt sind, sich der Verantwortung des Selbstdenkens nicht länger zu entziehen.

Im nächsten Schritt wird freies Denken als öffentlicher Gebrauch der Vernunft, vor allem durch Gelehrte, in einer zunehmend arbeitsteiligen Gesellschaft genannt. Kant trennt die Gesellschaft im Medium literarischer Öffentlichkeit vom bürokratischen Staat ab; ein wesentlicher theoretischer Schritt in der Richtung des methodischen Niveaus der aufklärerischen englischen und französischen Nationalökonomie, den Staat auf der Basis der Bewegungsgesetze der bürgerlichen Gesellschaft zu verstehen. Privatgebrauch der Vernunft ist das Verhalten in der Institution, des Pfarrers in der Kirche, des Juristen als Beamter. Der Akzent sitzt auf dem »öffentlichen Gebrauch der Vernunft, der jederzeit frei sein muß« bei allen Amtsträgern, die dann als Gelehrte »vor dem ganzen Publikum der Leserwelt« sprechen (VIII, 37). Im folgenden Gedankenschritt wird die Konsequenz erörtert, die sich aus dem formellen Gegensatz von freiem öffentlichem und beamtetem Denken ergeben könnten. Darf – und der entschlossene, den entscheidenden Punkt praktischen Fortschritts der Aufklärung anzielende Autor meint: könnte etwa – »eine Gesellschaft von Geistlichen« oder eine sonst angestammte aristokratische Elite (Kant benutzt den niederländischen Terminus »Classis«), sich eidlich auf ein unveränderliches Symbol verpflichten, um so eine Obervormundschaft über das Volk zu verewigen? »Ich sage: das ist ganz unmöglich. Ein solcher Contract, der auf immer alle weitere Aufklärung vom Menschengeschlechte abzuhalten geschlossen würde, ist schlechterdings null und nichtig. [...] Das wäre ein Verbrechen wider die menschliche Natur, [...] und die Nachkommen sind also vollkommen berechtigt, jene Beschlüsse, als unbefugter und frevelhafter Weise genommen, zu verwerfen« (VIII, 39). In dieser dritten Schlussstufe des Textes sammelt sich der unmittelbar praktische, fast appellative Punkt des ganzen Gedankengangs von Mündigkeit des Selbstdenkens und öffentlichem Vernunftgebrauch: Kant meint die beamteten Verantwortungsträger in Staat und Kirche als soziale Adressaten seines Textes zur Selbstbestimmung von Aufklärung, den Knoten von Stagnation durch obrigkeitliche Tradition einerseits und von Fortschritt andererseits durch theoretisch konsequentes, problemorientiert fachliches Denken aufzulösen. Dahin geht der praktische Aufruf, hier meint er die Faulheit und Feigheit als soziales Charakteristikum und Verhängnis. In diesem Schlussteil des Textes befindet sich dessen praktisch gemeintes Zentrum. Die individuelle Denkfreiheit erhält genaue soziale Bestimmung der Schicht in der Gesellschaft, auf die es jetzt nach zwei Generationen Bewusstsein, dass Aufklärung sei und sein solle, ankomme.

In einer Koda schließt Kant mit der Frage, ob man jetzt in einem aufgeklärten Zeitalter lebe. »So ist die Antwort: Nein! aber wohl in einem Zeitalter der Aufklärung« (VIII, 40). Kants Aufklärungsbegriff ist also kein System-, Richtungs- oder Epochenbegriff, sondern der Begriff einer neuen und immanenten gesellschaftlichen Dynamik durch Bürgerverantwortung und theoretischen Vorgriff (vor allem bei den Verantwortungsträgern mit Fachkenntnissen). Die Königsberger Wortmeldung zum aktuellen Thema ist klar auf den gesellschaftlich-praktischen Kernpunkt in der gegebenen Konstellation der Mitte der 80er Jahre konzentriert. Die absolutistischen Mächte sind verunsichert. Die Potenz der Reformkräfte ist nach generationenlanger aufklärerischer Sammlung in Rechtstheorie, Theologie, Pädagogik, Psychologie, Philosophie enorm. Es kommt darauf an, diese angesammelte Kraft zur konstitutionellen Reform zu benutzen – und sie klug von den gebildeten Beamten selbst zu benutzen, um Reform der Denkungsart permanent zu machen und das Irrationale mit Rückschlagseffekt in der politischen Revolution auszuschließen.

Der Unterschied zwischen zwei so charakteristischen Fassungen des Problems in der deutschen Spätaufklärung zeigt den Reichtum der Gedankenbewegung in jener Periode, die, aufs Ganze gesehen, die geistige Vorbereitungsphase der Reformperiode in den deutschen Staaten seit 1800 darstellte. Kant denkt gesellschaftlich-praktisch und markiert den Angelpunkt der Veränderung. Er hält den entworfenen Zusammenhang in den folgenden zeitgeschichtlich-praktischen Arbeiten fest. Das geht auf beeindruckende Weise, sieht man auf verwandte Passagen in anderen Schriften, mit Kants systematischer Theorie zusammen. Im Oktober 1786 wiederholt er in der *Berlinischen Monatsschrift* bei ganz spezifischer, fast taktischer Überlegung: »Selbstdenken heißt den obersten Probirstein der Wahrheit in sich selbst (d. i. in seiner eigenen Vernunft) suchen; und die Maxime jederzeit selbst zu denken, ist die Aufklärung« (*Was heißt: Sich im Denken orientieren?*, VIII, 146). Die *eigene* Vernunft ist natürlich immer auch die eigene *Vernunft*, an der man teilhat. Aufgeklärte Vernunft, heißt es weiter, ist Kritik, »ein negativer Grundsatz im Gebrauche seines Erkenntnisvermögens«. Die logische Synthesis der moralisch-praktischen Vernunft a priori kommt ins Spiel: »Sich seiner eigenen Vernunft bedienen, will nichts weiter sagen, als bei allem dem, was man annehmen soll, sich selbst fragen: ob man es wohl thunlich finde, den Grund, warum man etwas annimmt, oder

auch die Regel, die aus dem, was man annimmt, folgt, zum allgemeinen Grundsatze seines Vernunftgebrauchs zu machen« (ebd.).

Kants Ausdruck »Gängelwagen«, auch »Gängelband« kommt vor und weist auf die pädagogische Grundton des aufklärerischen Denkens zurück. Gängeln, Gängelband, Gängelbank, Gängelstuhl usf. waren im 18. Jh. verbreitete, besonders volksnahe Worte aus der Kinderstube, die durch metaphorische Erweiterung kritischen und emanzipativen Gehalt erhielten. Luther hatte noch gesagt: »Christus muß uns gengeln wie die Mutter oder Magd ein Kind gengelt« (vgl. zum Zusammenhang J. u. W. Grimm: *Deutsches Wörterbuch*, Bd. IV, I, 1). Die Gängelbank oder der Gängelwagen waren ein Gestell auf Rollen, an dem die Kinder aufrecht stehen und sich fortschieben können. Das Bild meint also, erwachsene Bürger wie Kinder zu halten oder auch als »lebendige Gängelwagen« zu behandeln, die nicht eher laufen können, als bis man sie in Bewegung setzt, wie Comenius sagte (vgl. Borchardt, W. u. a.: *Die sprichwörtlichen Redensarten im deutschen Volksmund nach Sinn und Ursprung erläutert*, Leipzig 1888, [6]1925, ND 1955).

Literatur

Keller, L.: Die Berliner Mittwochs-Gesellschaft. Ein Beitrag zur Geschichte der Geistesentwicklung Preußens am Ausgange des 18. Jhs., in: Monatshefte der Comenius-Gesellschaft 5 (1896), H. 3/4. – Stuke, H.: Art. »Aufklärung«, in: Geschichtliche Grundbegriffe, Bd. 1, hg. v. O. Brunner u. a., Stuttgart 1972, S. 243–342 [zu Kant S. 265–272]. – Lötzsch, F.: Zur Genealogie der Frage »Was ist Aufklärung?«. Mendelssohn, Kant und die Neologie, in: Theokratia II 1970–1972, Leiden 1973, S. 307–322. – Hinske, N.: Die Diskussion der Frage »Was ist Aufklärung?« durch Mendelssohn und Kant im Licht der jüngsten Forschung, in: Albrecht, M./Hinske, N. (Hg.), Was ist Aufklärung? Beiträge aus der Berlinischen Monatsschrift, Darmstadt [2]1976, S. 519–558. – Ders.: Mendelssohns Beantwortung der Frage: Was ist Aufklärung? oder Über die Aktualität Mendelssohns, in: Ders. (Hg.), Ich handle mit Vernunft … Mendelssohn und die europäische Aufklärung, Hamburg 1981, S. 85–117. – Ciafardone, R.: Die Philosophie der deutschen Aufklärung. Texte und Darstellung, dt. Bearb. v. N. Hinske und R. Specht, Stuttgart 1983 [zur Diskussion der Mittwochsgesellschaft über den Aufklärungsbegriff S. 324–329]. – Hinske, N.: »Hier lege die Philosophie die Hand auf den Mund!« Noch einmal zu Mendelssohns Aufklärungsaufsatz, in: Hellmuth, E. u. a. (Hg.), Zeitenwende? Preußen um 1800, Stuttgart-Bad Cannstatt 1999, S. 251–255.

Von der Unrechtmäßigkeit des Büchernachdrucks (1785)

Kant sucht das vielbehandelte Thema des unrechtmäßigen Büchernachdrucks – Luther hatte bereits den Gedanken eines Urheberrechts zur Bekämpfung des Büchernachdrucks ausgesprochen – zu präzisieren. Nicht das geistige Eigentum des Autors werde geschädigt, das vielmehr gar nicht durch Raubdruck angetastet werden könne. Das Recht des Verlegers an seinem Eigentum, mit dem dieser ein Geschäft vollzieht, soll durch einen »Vernunftschluß« sichergestellt werden (VIII, 79 f.). Der Aufsatz ist kennzeichnend für Kants Überzeugung von der hohen Funktion des Rechts für das Funktionieren einer Gesellschaft, in der geistiges privates Eigentum vom Markt Warencharakter übergestreift bekommt. Der wichtigste Schritt zur Überwindung des allgemeinen Büchernachdrucks erfolgte erst 1825 mit der Gründung des »Börsenvereins des deutschen Buchhandels« in Leipzig, nachdem die frühere Praxis der für die Verleger kostspieligen Erlangung von Privilegien durch die Regierungen, die zudem nur für wenige Jahre erteilt wurden, nur geringe Wirkung gezeigt hatte.

Literatur

Bappert, W.: Wege zum Urheberrecht. Die geschichtliche Entwicklung des Urheberrechtsgedankens, Frankfurt/M. 1962 [zu Kant S. 272 f.]. – Rietzschel, E.: Gelehrsamkeit ein Handwerk? Dokumente zum Verhältnis von Schriftsteller und Verleger im 18. Jh. in Deutschland, Leipzig 1982. – Hubmann, W.: Kants Urheberrechtstheorie, in: Archiv für Urheber-, Film-, Funk-, Theaterrecht 106 (1987), S. 145–154.

Was heißt: Sich im Denken orientieren? (1786)

Der Aufsatz fügt sich ganz in die Tendenz der Abhandlungen der 80er und 90er Jahre ein, die Fruchtbarkeit und die kulturphilosophische Anwendungsfähigkeit des transzendentallogischen Prinzips zu zeigen. Zur Anwendungsthematik gehörte die Darstellung der Vermittlungsebenen zwischen reiner Vernunft und überindividuellem Gemeinsinn, weiter dem alltagspraktischen sog. gesunden Menschenverstand bis hin zu unmittelbar gewohnheitsmäßigen und geradezu physiologisch-körperlichen Orientierungsleistungen des Menschen. Das klarzustellen, darin bestehen Thema und Leistung des Aufsatzes. Es ist abwegig oder gesucht, diese theoretisch anspruchsvolle und zum Strukturproblem des Kantianismus gehörende Vermittlungsproblematik für eine Kapitulation der transzendentalen Methode vor dem faktischen Leben auszugeben, um darauf vielleicht eine lebensphilosophische Destruktion des transzendentalen Idealismus und Republikanismus beziehen zu können. Theoretische Abstraktion und vorfindliche empirische Datenlage (in der Naturwissenschaft) wie lebenspraktische Erfahrungswelt widersprechen einander prima facie immer. Es kommt nur darauf an, eine Ebene der Weltaneignung nicht mit der anderen auszuschalten. In der gesellschaftlichen Wirklichkeit sah Kant zu Recht die Affirmation der sich in der unvermittelten Wahrnehmung aufdrängenden und verkehrten Spiegelung des Gesamtzusammenhanges als den Hilfsbügel, spekulative und illusorische Grundannahmen einzuführen, die in der Regel mit dem Gewicht erbauender Traditionalität zugleich gewisse bewährte, weil uranfängliche Ordnungsmuster der geistigen und politischen Dynamik der Gesellschaft anempfehlen, d. i. dieser eigentlich entgegenstellen.

Kant entwickelt das bezeichnete Vermittlungsproblem am Begriff des Sich-Orientierens der »gemeinen Menschenvernunft« in der sich in verschiedene und scheinbar für sich fixierte Lebensbezirke ausfaltenden Gesellschaft seiner »Moderne«, also des endenden 18. Jhs. Da der Text formell Kants (von Biester für die Berlinische Monatsschrift erbetene) Stellungnahme zur Jacobi-Mendelssohn-Polemik über Lessings Spinozismus und Atheismus, dem sog. Pantheismus-Streit, ist, beweist Kants Fragestellung tiefes Verständnis der zugrunde liegenden Krise des hochaufklärerischen Bewusstseins. Kant zeigt, dass die Vermittlung von transzendentallogischer Funktion und immer empirisch getreuer Beobachtung eine Ebene der Einheit der Erfahrung schafft, die auch in der lebenspraktischen Orientierung den Weg zwischen utilitaristischem Pragmatismus und spekulativen »Träumereien« und »Hirngespinsten« (VIII, 137) weist. Der Gedanke Gottes, des höchsten Gutes, der moralisch-praktischen Idealität des Subjekts (d. i. der Freiheit), sei nicht mit ontologischen (Mendelssohn) oder expressiv enthusiastischen (Jacobi) Argumenten zu sichern. Die vernunftimmanente Logik der moralischen Idealität des Menschen im Horizont der höchsten Würde der Menschheit führt als »das Bedürfnis der Vernunft in ihrem praktischen Gebrauch« auf den Gottesbegriff im Sinne eines Urwesens als des moralischen Gesetzgebers. Wir haben das nicht zu denken, »weil wir urtheilen wollen, sondern weil wir urtheilen müssen« (VIII, 139). Im Übrigen findet »die Vernunft an den Ursachen in der Welt, welche sich den Sinnen offenbaren (oder wenigstens von derselben Art sind, als die, so sich ihnen offenbaren), Beschäftigung genug, um nicht den Einfluss reiner geistiger Naturwesen zu deren Behuf nöthig zu haben« (VIII, 137).

Das Vermittlungsproblem der Orientierungsebenen entwickelt die Abhandlung genetisch-phänomenologisch: Körperliche, geographische, mathematisch-räumliche und schließlich abstrakt-theoretische Orientierung. Der kulturphilosophisch zentrale Punkt sind Diskrepanz und Vermittlung von Gegenstandsverhaftung der alltagspraktischen Vernunft und den übersinnlichen »Gegenständen«. Es ist »das Recht des Bedürfnisses der Vernunft«, sich »im unermeßlichen und für uns mit dicker Nacht erfüllten Raume des Übersinnlichen [...] zu orientieren« (VIII, 137). Durch bloßen Begriff oder durch erklärtes innerstes Gefühl geistiger Wesenheiten ist nichts ausgerichtet. Der weder von Mendelssohn noch vom Spinozismus und der Gefühlsphilosophie behobene Grundfehler sei diese übersinnliche Realität dinghaft-gegenständlich als gefühlhaft erfahrbare oder (objekt-konstituierende) wissbare Realität geistiger Substanzen zu begründen. Das führe auf den Gottesbegriff durch Eingebung oder Autorität. Gegen metaphysische theologia rationalis und gegen Jacobi/Hamannsche Glaubensphilosophie wird der Vernunftglaube der praktisch-moralischen Vernunft geführt. Kant argumentiert mit der Vermittlungsleistung des transzendentalen Idealismus gegenüber allen theoretischen und religiösen Strömungen der Zeit. Die Erhebung des Menschen aus der Unmittelbarkeit der gelebten Existenz wird als Problem anerkannt, aber unter den Bedingungen der Aufschlüsselung des gesellschaftlichen Zusammenhangs, in dem die Individuen ihr Leben führen, in die theoretische Erschließung der geschichtlich immanenten Prozesse gesetzt.

Kant sah sich in der Situation, weder dem einen noch dem anderen zustimmen zu können. Mit Mendelssohn verband ihn allerdings die Ablehnung der Glaubensphilosophie und die Anerkennung der Funktion systematischer Rationalität im kulturellen Selbstverständnis. Der Gedankengang besteht aus zwei Teilen. Im ersten wiederholt Kant die Unmöglichkeit metaphysischer Gottesbeweise gegen Mendelssohns *Morgenstunden* (1785). Über nicht empirisch-anschauliche Gegenstände kann nicht in der Form theoretischer Sätze, sondern nur nach der Logik praktischer Vernunft verfahren werden, sich an

denknotwendigen Postulaten zu orientieren. Kant nennt das die unverzichtbare Fähigkeit des Menschen, sich im Denken zu orientieren (VIII, 137). Dazu zählt er den praktisch-moralischen Gottesbegriff. Als Gegenposition behandelt er Jacobis Gefühlsphilosophie und Pantheismus, die ihm den rationalitätskritischen Geniekult des Sturm und Drang repräsentieren.

Kant nimmt die eigentliche Problematik einer sich im Sturm und Drang und speziell im Pantheismusproblem aussprechenden neuen Stufe des bürgerlichen Selbstbewusstseins nicht wahr. Jetzt führte eine jüngere Generation das neue Gewicht bestimmter Bereiche ins Emanzipationsdenken ein, so Literatur und Künste in betont nicht-intellektualistischer Funktion, auch einen nicht naturalistisch zu fassenden Begriff des gefühlhaften Menschen, der eine eigene, weit vorausziehende und nicht obrigkeitlich konzessionierte Qualität emanzipatorischer Anthropologie absteckte. Das wertete die Gefühlsebene der menschlichen Lebensäußerung, das Echte von Leidenschaft in einer Welt von Unterordnung, auf und griff auf einen gegenständlich-praktischen Handlungsbegriff mit geschichtlicher Dimension vor, wie ihn Hegel in der deutschen Theorielinie ab 1803 für das 19. Jh. begründete. In diesen Zusammenhang gehörte auch die neue Stufe der Natur-Gesellschaft-Symbiose in Anlehnung an einen keineswegs originären Spinozismus, die dann von Schelling fortgeführt wurde und noch in der Philosophie des Vormärz wirkte (Feuerbach, M. Heß).

Der Spinozismus führe geradenwegs zur Schwärmerei, kein sicheres Mittel gebe es, diese mit der Wurzel auszurotten als die Grenzbestimmung des praktischen Vernunftvermögens a priori (VIII, 143). In einer Anmerkung über den Begriff des Selbstdenkens erklärt Kant noch einmal seinen Begriff der Aufklärung, die nicht im Vielwissen bestehe. Sich seiner eigenen Vernunft bedienen, bedeute nichts anderes, als bei allem, was man für wahr annehme, sich selbst zu fragen, ob die Regel, der man folge, zum allgemeinen Grundsatze des Vernunftgebrauchs diene (VIII, 146). In einer eindringlichen, doch von jeder persönlichen Polemik freien Passage schildert Kant die Gefährdungen, die er aus den »Angriffen auf die Vernunft« hervorgehen sah, wie er die Kritik nannte, die von der jüngeren Generation an der rationalistischen Denkform der Aufklärung vorgetragen wurde. Die Freiheit zu denken, »das einzige Kleinod, das uns bei allen bürgerlichen Lasten noch übrig bleibt« (VIII, 144), werde als individualistischer, geniehafter Überschwang zu Gesetzesverachtung führen, die umso schwereren Druck fremder Gesetzgebung provoziere; aus der genialischen Schwärmerei entspringe »gänzliche Unterwerfung der Vernunft unter Facta, das ist der Aberglaube« (VIII, 145). Der Verzicht schließlich auf einen Vernunftglauben, wie ihn Kant im ersten Teil seiner Abhandlung umrissen hatte, gehe »zu einem Vernunftunglauben, zur Freigeisterei fort, d. i. zum Grundsatz, gar keine Pflicht mehr zu erkennen. Hier mengt sich nun die Obrigkeit ins Spiel, [...] und so zerstört Freiheit im Denken, wenn sie sogar unabhängig von Gesetzen der Vernunft verfahren will, endlich sich selbst« (VIII, 146). Kant denkt auch hier, wie in seinen Thesen zum Aufklärungsbegriff, politisch-praktisch. Doch ohne Frage denkt er Rationalität auch als Ordungsfaktor eines immer der Realität adäquaten und derart fast als fehlerfrei legitimierten Fortschritts.

Kant hatte seinen Aufsatz kurze Zeit nach Erhalt eines langen Briefes von J. E. Biester, dem Herausgeber der *Berlinischen Monatsschrift*, verfasst, in dem Biester mit starken Vorwürfen gegen die Person Jacobis ausführlich die Angriffe nicht nur auf Mendelssohn, sondern auf den ganzen Kreis der Berliner Aufklärer geschildert hatte und Kant eindringlich beschwor, dagegen aufzutreten (11.6.1786; zuvor schon Biester an Kant, 8.11.1785; 6.3.1786). Affektierte philosophische Genieschwärmerei werde von Jacobi gegen vorgebliches Berliner Aufklärungsautoritätentum gerichtet, und Biester wünscht, »daß Männer, die bis itzt das Heft der Philosophie in den Händen geführt« und vom denkenden Publikum als sichere Leiter anerkannt worden seien, sich öffentlich dagegen erklärten (X, 431). Er wusste hinzuzufügen, mit welcher gefährdenden Aufdringlichkeit Jacobi seine Gedanken über Moral und Gott als der *KrV* gemäß darstelle und so Kant in die Nähe des Atheismus bringe (Kant rückte darum eine längere Anmerkung über den Gegensatz zwischen *Kritik* und Spinozismus ein, VIII, 143). Schließlich wies Biester auf Befürchtungen der Berliner Aufklärer hin, die sich aus dem zu erwartenden Tode Friedrich II. ergäben: »Eine Veränderung, von der man nicht wissen kann, ob sie der freiern Denkungsart günstig sein wird oder nicht?« (Der frömmelnde konservative Neffe Friedrichs II. bestieg als Friedrich Wilhelm II. am Tage von Friedrichs Tod [17.8.1786] den preußischen Thron.) Bei dem zu erwartenden Regierungswechsel könnten »der guten Sache und der Person« (d. i. Kant) Gefahr erwachsen, wenn man »den ersten Philosophen unsers Landes und die Philosophie überhaupt beschuldigen könnte, den dogmati-

schen Atheismus zu begünstigen« (X, 433). Kant hatte sich zweifellos von Biesters Brief zur Abfassung seines Textes bestimmen lassen. Wahrscheinlich weniger wegen persönlicher Besorgnis, sondern weil Biester scharfsichtig als den Ausweg der Gefühlsphilosophie bei deren Rationalitätspolemik »die intolerante Anempfehlung der Annahme einer positiven Religion, als des einzig nothwendigen [...] Auswegs« (statt der Vernunftreligion als der Basis aufgeklärter Kirchenreligion) als Jacobis Konsequenz mitteilte (X, 430). Es fällt auf, dass die Abwehr der an Jacobis Schriften im Pantheismus-Streit befestigten Gefühlsphilosophie des Sturm und Drang ohne persönliche Angriffe rein sachlich gehalten ist: »Männer von Geistesfähigkeiten und von erweiterten Gesinnungen, ich verehre eure Talente und liebe euer Menschengefühl. Aber habt ihr auch wohl überlegt, was ihr tut, und wo es mit euren Angriffen auf die Vernunft hinauswill?« (VIII, 144). Außerdem vermeidet Kant jede direkte Verteidigung von Ideen, die als zum Standpunkt der Berliner Aufklärer gehörig angesehen werden könnten. Er möchte nicht als Vertreter einer Gruppierung von Theoretikern der Aufklärung erscheinen. Die Abwehr der »Jacobischen Grille affektierter Genieschwärmerei« (an Herz, 7.4.1786) ist dennoch entschieden. Mendelssohn, dessen Metaphysik und rationale Theologie die *Kritik* zerstört hatte, wird das Verdienst zugute gehalten, »daß er darauf bestand: den letzten Probirstein der Zulässigkeit eines Urtheils hier wie allerwärts nirgend, als allein in der Vernunft zu suchen« (VIII, 140). Die Richtung positiven Religionsglaubens mit Vernunftverzweiflung, von dem Biester schrieb, war Kant aus seiner Umgebung wohl bekannt. An Jacobi formulierte Hamann solche rationalitätskritische Stimmung rückhaltlos: »Was ist der Mensch, daß Gott seiner denkt! Unser Verdienst und Würdigkeit bewegt ihn gewiß nicht dazu. Seine grundlose Barmherzigkeit ist das einzige, worauf wir im Leben und im Tode uns verlassen können; und – welcher Abgrund für unsern Schwindel des Vernunftglaubens!«; »Glaube ist nicht Jedermanns Ding und auch nicht communicabel wie eine Waare, sondern das Himmelreich und die Hölle in uns« (Hamann an Jacobi, 10.3.1787, 30.4.1787, in: *F. H. Jacobi's Werke*, hg. v. F. Roth, Bd. IV/3, Leipzig 1819, S. 328, 358). Die Anerkennung der Religiosität als kulturellen Phänomens in Kants Theorie (von der spröden Art der persönlichen Religiosität Kants ganz abgesehen) soll die Ablehnung solcher Art Glaubenslichts als Gegenwurf zum Intellekt, ohne das Finsternis sei innen und außen, wie Hamann auch sagt, einschließen.

Der Gegensatz zwischen »Aufklärung« und »Schwärmerei«, ein zentraler Topos im Selbstverständnis der Aufklärung, wird von Kant gegen Schluss aufgenommen, doch sehr aufschlussreich für ganz und gar nicht autoritatives Rationalitätsverständnis. Gefühlshaftigkeit, Jacobis sog. unmittelbare Gewissheit als Basis des Weltbezugs, bleibt stumm. Denken bedeutet mitteilen, und Denkfreiheit existiert nicht ohne Rede- und Schreibefreiheit: »[W]ie viel und mit welcher Richtigkeit würden wir wohl denken, wenn wir nicht gleichsam in Gemeinschaft mit andern, denen wir unsere und die uns ihre Gedanken mittheilen, dächten« (VIII, 144).

Literatur

Stegmeier, W.: *Was heißt: sich im Denken orientieren?* Zur Möglichkeit philosophischer Weltorientierung nach Kant, in: AZPh 17 (1992), S. 1–16.

Einige Bemerkungen zu L. H. Jakob's Prüfung der Mendelssohn'schen Morgenstunden (1786)

Bei seiner Stellungnahme zum Streit zwischen Jacobi und Mendelssohn hatte Kant nur kurz den von Mendelssohn neuerlich versuchten Gottesbeweis abgewiesen (*Morgenstunden oder über das Dasein Gottes*, 1785). Er verzichtete auf gesonderte Polemik gegen Mendelssohn, der eben von Jacobi derb bedrängt wurde, sprach sich aber in Briefen entschieden kritisch aus. L. H. Jakob (1759–1827), einer der frühesten und rührigsten Kantianer, veröffentlichte 1786 eine *Prüfung der Mendelssohn'schen Morgenstunden* und hatte Kant in einem Briefe berichtet, es gäbe Rezensionen und andere Urteile, dass Mendelssohns Schrift der Kantschen *Kritik* »einen nicht geringen Stoß versetzte« (26.3.1786). Kant ermunterte Jakob sehr, Mendelssohns neue Schrift zu kritisieren und kündigte zu einem Punkt eine Zuschrift an (26.5.1786). Kants Beitrag zu Jakobs Schrift gibt zu erkennen, dass Kant Mendelssohns Werk genau gelesen hatte. Er wiederholte seine Theorie von den Antinomien und der Schwärmerei, in welche die Vernunft durch ontologische Aussagen über nicht empirisch verifizierbare Dinge an sich gerate. Interessant für Kants adäquate und offen bekennende Auffassung vom sog. philosophischen Diskurs ist seine Erklärung gegen Mendelssohns Erklärung, den philosophischen Schulstreitigkeiten lägen meist bloße Wortstreitigkeiten zugrunde. »Ich bin hingegen ei-

ner ganz entgegengesetzten Meinung und behaupte, daß in Dingen, worüber man, vornehmlich in der Philosophie, eine geraume Zeit hindurch gestritten hat, niemals eine Wortstreitigkeit zum Grunde gelegen habe, sondern immer eine wahrhaftige Streitigkeit über Sachen« (VIII, 152).

Literatur

Cassirer, E.: Die Philosophie M. Mendelssohns, in: M. Mendelssohn. Zur 200jährigen Wiederkehr seines Geburtstages, hg. v. d. Encyclopaedia Judaica, Berlin 1929, S. 40–60.

Über den Gemeinspruch: Das mag in der Theorie richtig sein, taugt aber nicht für die Praxis (1793)

Die dreiteilige Abhandlung, einer der zentralen Texte zur kulturphilosophischen Anwendung und Bekräftigung der Transzendentalphilosophie, behandelt das Verhältnis der Theorie zur Praxis (I.) in der Moraltheorie (gegen Garve), (II.) im Staatsrecht (gegen Hobbes) und (III.) im Völkerrecht in kosmopolitischer Absicht (gegen Mendelssohn). Kant setzt sich mit der empiristischen Hauptkomponente im sozialtheoretischen Denken der Aufklärung auseinander und antwortet auf eine Linie der Vorurteile gegen seine inzwischen vorliegende dreiteilige Typologie logischer Geltungen. Speziell bezog er sich auf Garves Kant-Kritik in dessen *Versuchen über verschiedene Gegenstände aus der Moral, der Litteratur und dem gesellschaftlichen Leben* (T. 1, 1792). Garve hatte im Zusammenhang seiner Gedankenkette vom Primat des Glücksstrebens zum sinnhaften Weltbegriff und weiter zum Gottesbegriff (S. 81) in einem langen Extemporale Kants methodische Trennung von faktischem Glücks- oder Erfolgsstreben gegenüber der Gesinnung, sich des Glückes würdig zu verhalten, »solche feine Unterschiede der Ideen« für ungeeignet erklärt, da es wohl »erlaubt ist, von der Glückseligkeit, als dem einzig denkbaren Zwecke der Dinge, zu reden« (S. 112, 114). Kant hatte das Faktum des empirischen Erfolgsstrebens nicht bestritten, nur die moralische Reflexion darein gesetzt, dass das individuelle Interesse mit dem Horizont allgemein zu billigender Maximen vermittelt werde. Nach kurzer Wiederholung seines Gedankens von der Vermittlung der Extreme systematische Theorie und Praxis durch die Urteilskraft und nach dem Hinweis auf die Selbstverständlichkeit der Theorie-Beziehung der Praxis in technischen Disziplinen (Maschinen, Artillerie) heißt es, es werde »zum Skandal der Philosophie nicht selten vorgeschützt, daß, was in ihr richtig sein mag doch für die Praxis ungültig sei«. Man glaube, »in einem Weisheitsdünkel mit Maulwurfsaugen [...] weiter und sicherer sehen zu können, als mit Augen, welche einem Wesen zu Theil geworden, das aufrecht zu stehen und den Himmel anzuschauen gemacht war«. Nicht nur bei Politikern vom Handwerk, wie Kant gern sagte, sondern bei Intellektuellen empörte ihn der Praktizismus, das unmittelbar vor der Nase Liegende für die Wirklichkeit hinzunehmen. Was moralische und Rechtspflicht betreffe, ruhe der Wert der Praxis aber ganz auf deren Angemessenheit zur untergelegten Theorie (VIII, 277). Programmatische Theorie war und ist immer Element weitblickender und grundsätzlicher gesellschaftlicher Reformbewegungen. Kant behandelt das für die Philosophie allerdings grundsätzliche Thema mit weitem Horizont für den Privat- und Geschäftsmann (Moral), für den Staatsmann (Politik) und für den Weltbürger (Geschichte der Gattung); ein weiter Anwendungskreis des transzendentalen Idealismus, der zu dessen Intention von Anfang an gehörte. Kants Betonung eines generellen logischen Algorithmus zur Bewältigung der Evolution der bürgerlichen Gesellschaft entsprach der sich von der individuellen Erlebnishaftigkeit traditionell gebundener Gruppen ablösenden sachhaften Allgemeinheit der gesellschaftlichen Lebensbereiche, die sich im Vordringen der Kontraktfähigkeit der Individuen in verfassungs- und privatrechtlicher Hinsicht vollzog.

Der erste Teil bringt – in der Form einer freundlich vermittelnden Abwehr von Garves Kritik der Kantschen Moralphilosophie – eine Begründung des Formalismus der Kantschen moralischen und juridischen Handlungs- und Sozialisierungstheorie selbstverantwortlicher Individuen und zeigt das Erfordernis des methodischen Formalismus für die Begründung der materialen Tugenden. Analog den mathematischen Naturwissenschaften betont Kant für die Teleologie von Handlungen das Erfordernis der Maximen gemäß formalen Gesetzen (der Übereinstimmung der Freiheit jedes Einzelnen mit der Freiheit aller anderen unter Prinzipien wechselseitiger Achtung und Gleichheit) und stellt das der naturalistischen Kausalauffassung von Handlungen gegenüber, die davon ausgehe, dass von der Natur selbst unterlegte Zwecke (»das Gute«) die Basis von Sozialisierungsmaximen abgeben könnten, also erstrebenswerte Zustände des Glücksstrebens im Horizont individueller Interessenbefriedigung. Kant weist in der materialen Glücksethik einen Vorrang des jeweiligen Objekts nach, auf das die Handlung gerichtet ist. Über diese Subjekt-Objekt-Beziehung setzt Kant gleichsam eine generalisierte Subjekt-Subjekt-Beziehung als der allemal vorauszusetzenden Gesellschaftlichkeit der Handlungen. Es ist die »Idee des Ganzen aller Zwecke«, einer Welt, die als den höchsten sittlichen Zwecken angemessen vorausgesetzt werden müsse, in der der Mensch nach Analogie mit der Gottheit nach Prinzipien des transzendentalen Apriori gedacht werde (VIII, 280). Kant verbindet den empiristischen Primat des Objektbezuges vor der gesellschaftlichen Subjekt-Subjekt-Relation mit der Konsequenz des Relativismus. Der Mensch schwankt zwischen den Antrieben. Es sei der Tod aller Moralität (VIII, 282, 285, 287).

Der zweite Teil bringt Kants frühliberale Grundsätze unter dem Absolutismus: Freiheit jedes Glieds der Gesellschaft als Menschen, Gleichheit desselben mit jedem anderen als Untertan, Selbständigkeit jedes Glieds des Staates als Bürger (VIII, 290). Kant entwickelt den verfassungsrechtlichen Liberalismus über den Gegensatz zur feudalen Verfassung (»väterliche Regierung« – »der größte denkbare Despotismus«); ein Liberalismus, der die Gleichheit der *citoyens* »mit der größten Ungleichheit der Menge und den Graden ihres Besitztums nach« zusammenstellt, nur die erblichen Privilegien der Stände beseitigt und den Menschen aller Stände den Aufstieg zu jeder Stufe durch Talent und Fleiß eröffnet. Der hier wie kaum in einer anderen Schrift konzentrierte antifeudale Gehalt der Kantschen Rechts-Metaphysik zeigte im Preußen von 1793, dass der Apriorismus der praktischen Vernunft den reformerischen Nachvollzug der französischen Verfassungsentwicklung nach 1789 aussprach. Unter der Voraussetzung einer Verfassung, von der es mit hinreichenden Gründen für möglich erachtet werden könne, »daß ein Volk dazu zusammen stimme, so ist es Pflicht, das Gesetz für gerecht zu halten«, und dann ist alle Widersetzlichkeit gegen die oberste gesetzgebende Macht »das höchste und strafbarste Verbrechen im gemeinen Wesen« (VIII, 297, 299). Systematische Theorie soll als Verhütungsmittel gegen die Spaltung des Staates in den Absolutismus der Regierung und die Rebellion des Volkes gezeigt werden. »[W]enn man zu allererst gefragt hätte, was Rechtens ist (wo die Principien a priori feststehen, und kein Empiriker darin pfuschen kann): so würde die Idee des Socialcontracts in ihrem unbestreitbaren Ansehen bleiben; aber nicht als Factum (wie Danton will [...]), sondern nur als Vernunftprincip der Beurtheilung aller öffentlichen rechtlichen Verfassung überhaupt« (VIII, 302). Der Akzent sitzt auf zwei Gesichtspunkten: Auf der Abwehr von Revolution unter dem Titel, bei Verletzung der Volksrechte in den Naturzustand zurückkehren zu sollen, und auf der Bindung der Regierung an die Anerkennung der Rechtspflichten gegenüber den Untertanen. »Hobbes ist der entgegengesetzten Meinung« (VIII, 303). Die Stelle der Theorie und Praxis vermittelnden Urteilskraft nimmt hier die publizistische Öffentlichkeit ein. »Also ist die Freiheit der Feder [...] durch die liberale Denkungsart der Untertanen [...] das einzige Palladium der Volksrechte« (VIII, 304). Geheime Gesellschaften fielen weg, wenn zum Gehorsam unter dem Mechanismus der Staatsverfassung zugleich ein Geist der Freiheit einziehen würde. Empirismus führt zu Praktizismus und dieser zu konvulsivischen Unterbrechungen der Evolution. Formalisierte Theorie auf der Basis der Geltungslogik praktischer Vernunft a priori lässt das Bewusstsein so weit aus den gegenständlichen Verwicklungen heraustreten, dass annähernd immer »das Richtige« geschehen kann. Ein hoher Idealismus der Wissensformen liegt Kants Verständnis möglicher Zivilisationsgeschichte zugrunde.

Der dritte Teil verteidigt im Sinne der geschichtsphilosophischen Abhandlungen Kants den Fortschrittsgedanken gegen die Skepsis Mendelssohns, der in seiner Schrift *Jerusalem oder über religiöse Macht und Judentum* (1783) gesagt hatte: »Wir sehen das Menschengeschlecht im Ganzen kleine Schwingungen machen; und es that nie einige Schritte vorwärts, ohne bald nachher mit gedoppelter Geschwindigkeit in seinen vorigen Zustand zurück zu gleiten« (VIII, 307). Kant nimmt das Problem von der theologischen Begründung her auf, die Mendelssohn mitgeliefert hatte: Der irdische Mensch errät nicht die Absichten der Vorsehung der Menschheit. Die Polemik beginnt schlicht und unbedingt: »Ich bin anderer Meinung« (VIII, 308). Es sei der Moralität eines weisen Welturhebers zuwider, Laster ohne Zahl sich übereinander türmen zu lassen, damit dereinst recht viel gestraft werden könne. Das menschliche Geschlecht sei mit mehr Logik als beständig im Fortrücken zu denken – wie für die Naturzwecke der äußeren Kultur, so auch hinsichtlich der Einsicht in den moralischen Zweck seines Daseins. Das wirkliche Fortschreiten werde bisweilen unterbrochen, nie abgebrochen. Die menschliche Natur trage die Tendenz zum Fortschritt in sich selbst, während die jeweiligen Entwürfe der Menschen nur von befangenen Einsichten und Absichten ausgingen. So werde die Not

beständiger Kriege uns zuletzt dahin bringen, »selbst wider Willen in eine Welt bürgerlicher Verfassung zu treten« oder eine internationale Föderation nach einem Völkerrecht zu bilden. Der Antagonismus, in dem das Böse sich ausspielt, verschafft als ein zivilisatorisches Gesetz in unaufhebbarer Spontaneität (nicht in gesamtgesellschaftliches Bewusstsein hereingeholt) selbst den Raum für freies Spiel der moralisch-praktischen Vernunft (VIII, 311 f.). Kant denkt nicht mit dem eingeschränkten, subjektiv-moralischen Prozessbegriff Mendelssohns. Er fasst die Gattungsgeschichte unter wie naturhistorischem Antagonismus der Kräfte, so dass Kriterien außerhalb der individuellen Motivationen entscheiden. Kant lehnt Mendelssohns Fortschrittsskepsis nicht ab, weil er etwa ideelle Momente vertrauensvoll oder zweckdienlich überbieten wollte, sondern weil er nüchterner realistisch denkt. Nur moralisch betrachtet, sagt die *Anthropologie*, sei kaum zu entscheiden, ob die Menschheit eine gute oder schlimme Rasse sei. Aber im wirklichen Verhalten finden sich die Menschen gezwungen, ihre geheimen Gedanken und Wünsche zu verbergen, zu vermitteln und sich im Ganzen über fortschreitende Wechsel-Rechte gegeneinander um ihrer eigenen Interessen willen zu zivilisieren (VII, 331 ff.).

Literatur

Oertzen, P. v.: Kants *Über den Gemeinspruch* und das Verhältnis von Theorie und Praxis in der Politik, in: Batscha, Z. (Hg.): Materialien zu Kants Rechtsphilosophie, Frankfurt/M. 1976, S. 403–416. – Ebbinghaus, J.: Vorbemerkung und Nachwort zu Kant, *Über den Gemeinspruch*, in: Ders., Ges. Schriften, Bd. 1, Bonn 1986, S. 95–116.

Das Ende aller Dinge (1794)

Der kurze Aufsatz des nun bereits 70-jährigen Philosophen ist in seiner Gedankenführung einer der besten Texte Kants. Wer sich in den wie mit leichter Hand tiefsinnigen geistigen Gang vertieft, wird das kleine Meisterwerk mit Bewunderung lesen. Die ausgleichende, zum Nachdenken anregende, zum Einsichtigen ratende Lebensart dieser so intim besonnenen wie urbanen Intellektualität tritt unmittelbar hervor. Kant spricht über seine intellektuell fest umrissene und zugleich wie erlebnishaft zarte Religiosität, die ganz auf heitere Liebenswürdigkeit des Christentums bedacht ist. Außerdem handelt es sich um ein zeitgeschichtlich aktuelles und mahnendes Wort, das in der *Berlinischen Monatsschrift* im Juni 1794 erschien, drei Monate vor dem schweren Verweis des Königs (1.10.1794), Kant solle sich verantworten für die »Entstellung und Herabwürdigung von Grundlehren der Heiligen Schrift« durch seine Philosophie und verschiedene Abhandlungen (VII, 6). Der Aufsatz diente zweifellos vorbeugender Abwehr erwarteter orthodoxer Blitze aus dem »Gewölke der Hofluft«, wie Kant scherzte, und er forderte Biester auf, falls schon das »Ende Ihrer und meiner Schriftstellerey« eintreten sollte, den Aufsatz an das *Philosophische Journal* in Jena zu schicken (18.5.1794).

Kant stellt im ersten Teil das Grundprinzip seiner Philosophie, die Trennung von intelligibler und sinnlich-gegenwärtiger Welt als das Verhältnis von logischen Geltungsformen und Einheit der Erfahrung (auch der Selbsterfahrung der Person) dar. Er zeigt, wie das unreflektierte Bewusstsein sich das, was nur im Geiste denkbar sei, als ein anderes sinnliches Fortleben vorstelle, und das sei eine Mystifikation. Im zweiten Teil führt er sein philosophisches Prinzip einer überzeitlich geltenden moralisch-praktischen Vernunft vor die unausweichliche Frage nach den Zusammenhängen, in denen wir das Ende eines leiblichen und geistig-willenshaften Daseins in der Welt denken. Was sind »alle Dinge«, wenn es ans Ende geht? Treten wir dann in unserer Schwäche, tritt die Welt in ihrer Vergeblichkeit ins Licht? Kant geht – am Beispiel des Todes, des bewährtesten religiösen Themas – zum psychischen Kern des religiösen Bewusstseins vor. Er gibt auch mit vielen Bibelzitaten seine Beschäftigung mit der Schrift und mit theologischer Literatur zu erkennen. Der Mensch gehe, heißt es religiös gesprochen, aus der Zeit in die Ewigkeit. Wie ist unser endlich-veränderliches Leben mit einer überzeitlichen Existenz zu verbinden? »Darüber geräth nun der nachgrübelnde Mensch in die Mystik« (VIII, 335). Das Ende von aller Veränderung und Zeit ist für in der Zeitlichkeit des Handelns und des Denkens stehende Wesen unerträglich. »Alsdann wird nämlich die ganze Natur starr und gleichsam versteinert: der letzte Gedanke, das letzte Gefühl bleiben alsdann in dem denkenden Subject stehend und ohne Wechsel immer dieselben« (VIII, 334). Das Denken dieses nicht zu Denkenden erfolgt zunächst selbst nur in der Bindung an zeitliche Geschehnisse, freilich nun und widerspruchsvoll genug von überzeitlichen ewigen Wesen. Die Bewohner der anderen Welt werden so gedacht, dass sie (im Himmel) immer dasselbe Lied oder (in der Hölle) ewig dieselben Jammertöne anstimmen (VIII, 335). Der Fehler liegt in der Hypostasierung der zeitlichen Re-

alität zur überzeitlichen. Rationell geht es um die notwendige Realisierungsannahme moralisch guter Gesinnung. Das ist nur mit der logischen Prämisse einer unendlichen Zeit, also einer überzeitlichen Realität zu denken. Die anschaulich-konkrete, darum eigentlich mystifizierende Fassung dessen im religiösen Bewusstsein ist mit der Behandlung des Problems in der Philosophie der praktischen Vernunft »nahe verwandt« (ebd.). Freilich führen die mystifizierenden Fassungen einer ewigen Ruhe – im Pantheismus östlicher Völker und im Spinozismus – zu Vorstellungen, mit denen dem Menschen »zugleich der Verstand ausgeht und alles Denken selbst ein Ende hat« (VIII, 336). Die Leistung der transzendentalen Fassung des Unsterblichkeitsproblems als eines Postulats intellektuellen Bewusstseins, in Maximen dem Sittengesetz unendlich genau zu entsprechen – so dass die unendliche Zeitlichkeit in logische Präzision transformiert ist –, formuliert Kant in den vorbereitenden Notizen für den Aufsatz prägnant. Gegen einen ontisch zeitlosen Zustand von Ewigkeit: »Eintheilung in Zeit und Ewigkeit. Wenn die letztere einen bleibenden Zustand bedeutet so würde jede Unvollkommenheit nicht ein Schritt zum bessern seyn« (XXIII, 151). Die Absicht der Schrift wird notiert: Nicht von der Wiederherstellung aller Dinge, nicht vom Verschlungenwerden in der Gottheit zu reden, »sondern was in den Köpfen der Menschen rumohrt hat wo das Denken zuletzt in Gedankenlosigkeit die süßeste Ruhe findet auszuforschen« (ebd.).

Dann geht der vielschichtige Text zum Christentum als einer Religion der Liebenswürdigkeit des Heiligen über. Es verlangt und flößt nicht nur Achtung des Heiligen ein. Ohne Achtung ist gar keine wahre Liebe. Und zum notwendigen Sollen der Moral »ist doch die Liebe, als freie Aufnahme des Willens eines Andern unter seine Maximen, ein unentbehrliches Ergänzungsstück der Unvollkommenheit der menschlichen Natur« (VIII, 338). Das steht zum Kant-Studium und zum Verständnis der angewandten Ethik Kants für sich.

Seinen Gedankengang wendet Kant nun auf Versuche an, die Autorität der Religion gewaltsam und auch von Staats wegen zu befestigen. Er rät der konservativen Fraktion um Friedrich Wilhelm II. ab, die Anfänge aufklärerischer moralischer Religiosität im Volke zu unterbrechen. Die Liebenswürdigkeit besteht in der freien Aufnahme religiöser Gebote in den eigenen Willen. Das Gefühl der Freiheit lässt uns dem Gesetz gern folgen, »denn was Einer nicht gern thut, das thut er so kärglich, auch wohl mit sophisti-

schen Ausflüchten vom Gebot der Pflicht, dass auf
diese als Triebfeder [...] nicht sehr viel zu rechnen
sein möchte« (VIII, 338). Auf der anderen Seite verstoßen rationalistische Versuche von aufklärerischen
Männern mit »entweder großem oder doch unter-
nehmendem Geiste« gegen den eigentlichen inneren
Geist der Liebenswürdigkeit des christlichen Glaubens und möchten die Autorität expliziter genauer
Verstandeslehren drauflegen, so dass er doch »lieber
rathen möchte: die Sachen so zu lassen, wie sie [...]
beinahe ein Menschenalter hindurch sich als erträg-
lich gut in ihren Folgen bewiesen hatten« (VIII, 337).
Eine liberale Regierungsweise – »liberale Denkungsart, gleichweit entfernt vom Sklavensinn und von
Bandenlosigkeit« – kann es nur sein, was dem Christentum entspricht und ihm Effekt verschafft. Das
geht gegen Wöllners Religionsedikt und das noch
verschärfende Zensuredikt (Juli, Dezember 1788).
Sollte aber einmal die Liebenswürdigkeit des Christentum zerstört werden (»statt seines sanften Geistes
mit gebieterischer Autorität bewaffnet«), so würde
der Religionshass seinen Auftrieb erhalten und der
Antichrist ein vorübergehendes Regiment aus Furcht
und Eigennutz errichten; allemal würde dann »das
(verkehrte) Ende aller Dinge in moralischer Rücksicht eintreten« (VIII, 339).

Nicht für alle Zeit schließt Kant gezielte Religions-
veränderungen aus. Es ist die kühnste Passage der im
Theoretischen ausgleichenden, im Praktischen vermittelnden meisterhaften philosophischen Miniatur.
Wenn endlich einmal das Gemeinwesen fähig und
geneigt sein wird, nicht nur den hergebrachten frommen Lehren, sondern auch der von diesen erleuchte-
ten praktischen Vernunft Gehör zu geben – wozu
also rechtes Religionsverständnis ein Wegbereiter ist
–, dann würden die Weisen im Volke nicht als ein
Klerus, »sondern als Mitbürger Entwürfe machen
und darin größtentheils übereinkommen«. Republikanische Verfassung und moralische Kultur gehen
geschwisterlich zusammen. Die Aufklärer werden als
die Vorboten solcher Zukunft genannt, so dass – dies
an die im April 1791 geschaffene geistliche Immediat-Examinationskommission (Zensurkommission)
Wöllners, Hermes' und Hillmers – »nichts rathsamer
zu sein scheint, als Jene nur machen und ihren Gang
fortsetzen zu lassen« (VIII, 336).

Literatur

Di Lorenzo, G.: Lo scritto di Kant su la fine di tutte le cose,
in: Ders.: Scienza d'Occidente e Sapienza d'Oriente, Mai-
land 1953, S. 7–23. – Salmony, H. A.: Kants Schrift *Das Ende
aller Dinge*, Zürich 1962.

Über ein vermeintes Recht aus Menschenliebe zu lügen (1797)

Der kleine Aufsatz gegen B. Constant (1767–1830),
den Staatsmann und Theoretiker des Liberalismus,
zeigt wieder den Tenor der Kantschen Verteidigung
seines Apriorismus gegen sensualistisches und prak-
tizistisches Bewusstsein. Constant hatte behauptet
(in einer Broschüre *Des réactions politiques*, 1796, die
1797 in deutscher Übersetzung erschien), im praktischen Verhalten mache der Grundsatz, es sei eine
Pflicht, die Wahrheit zu sagen, jede Gesellschaft unmöglich. Es gäbe Situationen, in denen man ohne
Lüge nicht Gefahren abwenden und durch Wahrheit
ein Verbrechen geschehen könnte. Constant hatte
dabei Kant im Sinne. Kant argumentiert, dass die
Lüge ein Unrecht sei, das der Menschheit überhaupt
zugefügt werde (VIII, 426) und legt den Unterschied
zwischen dem formalen moralischen Gesetz der
Wahrhaftigkeit und gleichsam praktisch-politischen
Vermittlungen dar, die jedoch niemals das moralische Gebot als solches einschränken könnten.

Literatur

Wagner, H.: Kant gegen ein »vermeintliches Recht, aus
Menschenliebe zu lügen«, in: KS 69 (1978), S. 90–96. –
Geismann, G./Oberer, H. (Hg.): Kant und das Recht der
Lüge, Würzburg 1986.

4 Abhandlungen zur Verteidigung der Transzendentalphilosophie

Über eine Entdeckung, nach der alle neue Kritik der reinen Vernunft durch eine ältere entbehrlich gemacht werden soll (1790)

Die Abhandlung entgegnet der Kritik der Transzendentalphilosophie durch den Wolffianer J. A. Eberhard (1739–1809; seit 1778 Professor in Halle), der zur Kritik der Kantschen Philosophie eigens die Zeitschrift *Philosophisches Magazin* (Halle 1788–1792) gegründet hatte. Eberhard behauptete, Leibniz' Philosophie enthalte bereits alle Vernunftkritik und ermögliche doch eine Metaphysik mit den Disziplinen der Schulmetaphysik. Kants eingehende Auseinandersetzung mit Eberhard zeigt – neben der Erbitterung über die polemischen Raffinessen seines Kritikers – die tiefe Kluft, durch die Kant seine Transzendentalphilosophie von der ontologischen Metaphysik getrennt sah. Die ontologische Kant-Interpretation des 20. Jhs. muss für sich in Anspruch nehmen, Kant besser zu verstehen, als er sich selbst verstand. Im ersten Teil der zweiteiligen Schrift rekapituliert Kant die zentralen Punkte: Die Verschiedenheit von formallogischer und transzendentallogischer Theorie, von Leibniz' Satz vom zureichenden Grunde und materialer Kausalität, die Kritik des Begriffs einfacher ontischer Substanzen hinter den Erfahrungsdaten, die Trennung von mundus sensibilis und intelligibilis – ein Resümee seiner Kritik der Metaphysik seiner Zeit. Die metaphysische Kant-Interpretation (M. Wundt, H. Heimsoeth u. a.) hatte an diesem Text wenig Freude und nahm ihn als Ausdruck eingeschränkter Reflexionsbereitschaft Kants gegenüber seiner eigenen Theorie. Interessant ist die Interpretation des Apriorismus am Ende des ersten Abschnitts. Die *Kritik* erlaube keine anerschaffenen oder angeborenen Vorstellungen. Alle Anschauungen und empirische Begriffe nehme sie als erworben an. Für die Anschauung in Raum und Zeit und für die Synthesis-Funktion des Denkens gelte allerdings: »Es gibt aber auch eine ursprüngliche Erwerbung (wie die Lehrer des Naturrechts sich ausdrücken)« (VIII, 221). Mit der bezeichnenden juristischen Terminologie fasst Kant ursprüngliche Handlungen des Bewusstseins, die die Einheit der Erfahrung und im praktischen Bezug die Identität der Person bilden

(vgl. dazu den Abschnitt, S. 157 f.). Angeboren im physiologischen Sinne sind nach Kant nur »die subjectiven Bedingungen der Spontaneität des Denkens (Gemäßheit mit der Einheit der Apperception)« (VIII, 223). Seiner in den Vorlesungen oft wiederholten Unterscheidung von Philosophie lernen und Philosophieren lernen, auf die es ankäme, fügt Kant gegen den Geltungsanspruch der ontologischen Metaphysik hinzu: »Denn was philosophisch-richtig sei, kann und muß keiner aus Leibnizen lernen, sondern der Probirstein, der dem einen so nahe liegt wie dem anderen, ist die gemeinschaftliche Menschenvernunft, und es giebt keinen klassischen Autor der Philosophie« (VIII, 219).

Der zweite Abschnitt erläutert die Grundfrage der Transzendentalphilosophie: Wie sind synthetische Urteile a priori möglich? Kant gibt die Zusammenfassungen seiner Begriffe von Dogmatismus in der Metaphysik, von Kritik der Vernunft, von der Unterscheidung zwischen Gegenständen der Erfahrung und dem Problem des Übersinnlichen, das die Transzendentalphilosophie zur Theorie der Ideen praktischer Vernunft transformiere. Die Rekapitulation der Grundfragen der *Kritik* kommt auch zur Dialektik. Ein dogmatischer Verstandesgebrauch hinsichtlich von durch Erfahrung nicht zu belegenden unbedingten Sätzen und die Behandlung von Problemen der praktischen Vernunft im Sinne erfahrungsbezogener Erkenntnis führten auf die Antinomien des Denkens und diese zum »Skepticism in Ansehung alles dessen, was durch bloße Ideen der Vernunft gedacht wird« (VIII, 227). Kant resümiert die Verbindung von Apriorismus und Phänomenalismus und betont die Orientierung seiner Theorie »auf die Einsicht in die wahre Natur unserer Sinnlichkeit«, also auf die empirisch verifizierenden Fachwissenschaften (VIII, 241). Die Streitschrift gegen Eberhard rekonstruiert in prägnanten Zusammenfassungen noch einmal die innere theoretische Struktur der Transzendentalphilosophie. Sie endet mit einer zusammenfassenden Kritik der Leibnizschen Metaphysik als der repräsentativen letzten Form ontologischer Metaphysik überhaupt und spricht am Ende ein problemgeschichtliches Verständnis der Philosophiegeschichte aus, das zwischen dem zu unterscheiden habe, was ein Philosoph subjektiv ausspreche und dem, was das im Problemgang der Philosophiegeschichte bedeute (VIII, 247–251).

Die Streitschrift endet mit einem Bekenntnis zu einer tieferen Ebene des Leibnizschen Denkens, die dessen »obgleich nicht deutlich entwickelte Meinung« enthalte. Es ist das für die Transzendentalphilosophie allerdings unausweichliche Problem, wie die logische Funktion a priori mit der ganz anderen endlich-sensiblen sog. Wahrnehmungsquelle übereinstimmen könne; wie sie insbesondere die Möglichkeit einer Erfahrung unter Anerkennung empirischer Gesetze (in der *KU*) begreiflich mache. Dieses für Kant unerklärbare Faktum der Entsprechung habe Leibniz unter den Voraussetzungen seiner monadologischen Ontologie als eine prästabilierte Harmonie dargestellt. Kants transzendentaler Apriorismus hat die Brücke zu diesem Als-Ob einer ontologischen Begründung der Rationalität abgebrochen. Er setzt darum die praktischen Vernunftideen über die theoretische Weltaneignung des Verstandes und gelangt hier analog Leibniz zu einer Vermittlung des Reiches der Natur mit dem Reich der Gnade in Beziehung auf den Endzweck der Handlungen von Menschen unter moralischen Gesetzen, ohne noch eine intelligente Weltursache als Hebel der Systemkonstruktion einsetzen zu müssen.

Literatur

Allison, H. E.: The Kant-Eberhard Controversy, Baltimore u. London 1973. – Altmann, A.: Eine bisher unbekannte frühe Kritik Eberhards an Kants Raum- und Zeitlehre, in: KS 79 (1989). – Lauscke, M./Zahn, M. (Hg.): I. Kant, Der Streit mit J. A. Eberhard, Hamburg 1998 [Einl.v. M. Z., Der historische Kontext der Kant-Eberhard-Kontroverse, S. XIII–XL].

Über das Mißlingen aller philosophischen Versuche in der Theodizee (1791)

Die kleine Studie zum klassischen metaphysischen Thema der Vermittlung des Gottesbegriffs mit dem Übel in der Welt gehört vielleicht in die Vorbereitung der Religionsschrift. Dann würde sie deren Intention gut zu verstehen geben: Die Leistungsfähigkeit der Moralphilosophie der *KpV* für den Religionsbegriff gegenüber der illusorischen Religionsphilosophie der ontologischen theologia rationalis. Dazu kommt, dass Kant nach der politischen Wendung von Friedrich II. zu Friedrich Wilhelm II. (1786) den akuteren Atheismus-Verdächtigungen seiner Theorie entgegentreten wollte. Die Kritik der rationalen Theologie in der ersten *Kritik* wird am speziellen Theodizee-Problem rekapituliert. Der Grundgedanke ist, dass wir zur Aussage über das Verhältnis Gottes zur empirischen Welt, die wir nur durch Erfahrung kennen, einen Intellekt besitzen müssten, der Gottes

Wissen und die kontingente Realität zu synthetisieren vermöchte (VIII, 263). Immerhin erkenne die Metaphysik an, dass es um einen »Rechtshandel vor dem Gerichtshofe der Vernunft« gehe (VIII, 255). Von den drei Grundsätzen des Theodizee-Gedankens – Heiligkeit des Schöpfers, Allgüte des Erhalters, Gerechtigkeit des höchsten Richters – wird dann gezeigt, dass dieser Gottesbegriff nicht leiste, was er verspricht, »nämlich die moralische Weisheit in der Weltregierung gegen die Zweifel, die dagegen aus dem, was die Erfahrung an dieser Welt zu erkennen giebt, gemacht werden, zu rechtfertigen« (VIII, 263). Die Abweisung der metaphysischen Rationalität bringt ein Problem mit sich: Bedeutet die Bescheidung auf unsere, theologisch formuliert, Sterblichkeit, dass das Eigentliche menschlicher Existenz der Rationalität verborgen bliebe und nur dem vertrauenden Glauben anheim zu stellen sei? Im Gegenteil, sagt Kant. Die Metaphysik dehne faktisch das alltagspraktische und naturwissenschaftliche materialistische Kausaldenken des persönlich freien bürgerlichen Menschen auf dessen moralische Motivation aus. Die eigentliche soziale Problematik in der Teleologie individueller praktischer Akte – die Übereinstimmung aller individuellen Maximen zu einer Teleologie der Gattungsgeschichte – werde dann durch den illusorischen Übergang zum Wissen von der intelligiblen Realität Gottes angezielt, aber vertan. Die Theodizee stellt für Kant eine illusorische homogene Rationalität des bürgerlichen Zeitalters dar. Die Teleologie immanenter moralisch-praktischer Rationalität müsse als eigene Geltungsform einer intelligiblen Realität gedacht werden. Sonst reproduzierten metaphysische oder materialistische dinghafte Objektauffassung mitten in der aufklärerischen Rationalität eine Ursprünglichkeit institutionalisierter Mächte, die sich transzendent begründeten. Die einzig rationelle Teleologie tendenzieller Übereinstimmung aller Maximen würde ausgegrenzt, so dass der Mensch »nicht seine Moralität auf dem Glauben, sondern den Glauben auf die Moralität gründete« (VIII, 267). Der Schluss der *Anthropologie* zeichnet diese Entfremdung der Moralität des Subjekts drastisch: Bürgerliche Verfassung persönlich freier Individuen bedarf zu den Gesetzen der Disziplin durch religiösen »inneren Zwang des Gewissens«. »Wenn aber in dieser Disciplin des Volks die Moral nicht vor der Religion vorhergeht, so macht sich diese zum Meister über jene, und statutarische Religion wird ein Instrument der Staatsgewalt (Politik) unter Glaubensdespoten« (VII, 333). Gegenüber der illusorischen Theodizee nennt Kant eine

»authentische Theodizee«, »wenn sie ein Ausspruch derselben Vernunft ist, wodurch wir uns den Begriff von Gott als einem moralischen und weisen Wesen nothwendig und vor aller Erfahrung machen« (VIII, 264). Wie immer geht es Kant nicht um den Bruch mit der Tradition, sondern um die Ausformung von deren anfangs unfertiger Tendenz, die im transzendentalen Idealismus zur Klarheit über sich selbst gelange. Im Gegensatz zur Säkularisierungsauffassung ideengeschichtlicher Beziehung, die das Spätere für die profanierte Fortführung des klassischen Früheren ausgibt, sieht Kant den geistesgeschichtlichen Zusammenhang seiner Theorie mit der Tradition im rationellen entwicklungsgeschichtlichen Sinne, der die Zeitrichtung des Prozessgeschehens nicht auf den Kopf stellt. Er hat das im Architektonik-Kapitel der *Kritik* eindringlich-plastisch formuliert: Die geistige Geschichte ist ein Vorgang, in dem »wir lange Zeit, nach Anweisung einer in uns versteckt liegenden Idee, rhapsodistisch viele dahin sich beziehende Erkenntnisse als Bauzeug« sammeln, ja technisch zusammensetzen, ehe wir »die Idee in hellerem Lichte zu erblicken und ein Ganzes nach den Zwecken der Vernunft architektonisch zu entwerfen« vermögen (III, 540). Analog dieser entwicklungsgeschichtlichen Auffassung der Philosophiehistorie denkt Kant auch die spezielleren Felder der Religions-, Rechts- und Geschichtsphilosophie.

Der letzte Teil des Ausflugs ins Feld der metaphysisch-theologischen Tradition bringt nach einer interessanten Interpretation der in der Philosophiegeschichte immer wieder behandelten biblischen Hiob-Geschichte (VIII, 265 ff.) in einem als Schlussanmerkung gesondert gekennzeichneten Abschnitt Kants Verteidigung gegen den Vorwurf religionsfremder Tendenz seiner praktischen Philosophie. Die »doktrinale« Theodizee sei durchaus mit nur geheucheltem Glauben vereinbar. Die authentische Theodizee der Transzendentalphilosophie setze auf die Aufrichtigkeit der Gesinnung statt aufs äußere Bekenntnis, »während indeß diese öffentliche Läuterung der Denkungsart wahrscheinlicherweise auf entfernte Zeiten ausgesetzt bleibt, bis sie vielleicht einmal unter dem Schutze der Denkfreiheit ein allgemeines Erziehungs- und Lehrprinzip werden wird« (VIII, 269). Kants Überzeugung vom kulturellen Realismus seiner Theorie ist stark und so auch das Bewusstsein von deren geschichtlicher Perspektive.

Literatur

Schulte, C.: Zweckwidriges in der Erfahrung. Zur Genese des Mißlingens aller philosophischen Versuche in der Theodizee bei Kant, in: KS 82 (1991), S. 371–396.

Von einem neuerdings erhobenen vornehmen Ton in der Philosophie. Verkündigung des nahen Abschlusses eines Tractats zum ewigen Frieden in der Philosophie (1796)

Die Schrift richtet sich gegen eine Kritik des Kantschen Rationalismus und gegen eine den logisch-methodischen Problemen der Kantschen praktischen Philosophie entgegentretende ästhetische Begründung der Moral (in J. G. Schlossers [1739–1799] Schrift *Platos Briefe über die syrakusanische Staatsrevolution*, 1795). Kant geht vom Gegensatz zwischen diskursivem Denken und vermeinter intellektueller Anschauung höherer Einsichten aus, als sie »die herkulische Arbeit der Selbsterkenntnis von unten herauf« (VIII, 390) zu erreichen vermöchte. Der eigentümliche Akzent dieser Kritik der mit Effekt von den assoziativen Verfahren ästhetischen Bewusstseins her auftretenden Gefühlsphilosophie besteht in deren Behandlung als elitärer Denkweise, die gleich vornehmen Leuten, die leben, ohne arbeiten zu müssen, hier im Denken einen »Despotism über die Vernunft des Volks« errichteten (VIII, 394). Man wolle sich die Arbeit in den Fachwissenschaften und in der Disziplin analytischen Denkens in der Philosophie ersparen und mit Eindrücken und Ahnungen gleichsam fabrikmäßig eingerichtete willkürliche geistige Formgebung unter das Publikum bringen. Es sei »auf eine mechanische Behandlung der Köpfe angelegt« und Kant interpretiert die transzendentale Untersuchung als die gleichsam solid-bürgerliche, beinahe handwerkliche »fleißige und sorgsame Arbeit des Subjects, sein eigenes (der Vernunft) Vermögen aufzunehmen und zu würdigen« (VIII, 404). Kant zieht die Frontlinie zwischen einer theoretisch soliden, gleichsam dem geistigen Bezirk des bürgerlichen Arbeitsmannes zugehörenden Transzendentalphilosophie und sich vornehm gebenden philosophischen Einfällen und Abkündigungen von eingebildeten Aristokraten, in Wahrheit Dunkelmännern des Geistes. Schlosser hatte auf Kants Aufsatz (*Berlinische Monatsschrift*, Mai 1796) mit einem *Schreiben an einen jungen Mann der die kritische Philosophie studiren wollte* (1797) geantwortet und Kant sah Schlossers Angriff als besonders dreisten Versuch, die kritische Philosophie mit aus dem Stegreif vorgetragenen Gemeinplätzen aus dem Wege zu räumen (*Verkündigung des nahen Abschlusses eines Tractats zum ewigen Frieden in Philosophie*, VIII, 420). Kant entschloss sich darum, einige Grundthemen seiner Philosophie allgemein verständlich zu rekapitulieren. Das betrifft vor allem die Notwendigkeit, der praktischen Philosophie (»Weisheitslehre«) die theoretische Philosophie (»als Lehre des Wissens«) voranzustellen (VIII, 421), eine neuerliche Kritik des ethischen Sensualismus, eine Erläuterung des rein methodischen Formalismus der *KpV* (VIII, 395 f.) und schließlich die Kritik des Gottesbegriffes sowohl der rationalen Theologie der Schulmetaphysik als auch einer emphatischen Gefühlsreligiosität (VIII, 400). Den Beginn macht eine interessante Platon-Interpretation, und Kant gibt eine Skizze von Platons und des Phytagoreismus Platz in der Geschichte des Apriorismus. Er hebt den Apriorismus seiner methodischen Metaphysik von der ontologischen Konstruktion einer ideellen Welt der Zahlen oder Ideen ab, über die ein Zug zur Schwärmerei sich theoretisch zu legitimieren versuche (VIII, 390 f.).

tierten Buchhandels (VIII, 436 f.). »Niemand ist blinder, als der nicht sehen will, und dieses Nichtwollen hat hier ein Interesse, nämlich durch die Seltsamkeit des Spectakels, wo Dinge, aus der natürlichen Lage gerückt, auf dem Kopf stehend vorgestellt werden, viel Neugierige herbei zu ziehen, um durch eine Menge von Zuschauern (wenigstens auf kurze Zeit) den Markt zu beleben« (VIII, 438).

Literatur

Simon, J.: Vornehme und apokalyptische Töne in der Philosophie, in: ZphF 40 (1986), S. 489–519.

Über die Buchmacherei. Zwei Briefe an Herrn Friedrich Nicolai (1798)

Kant antwortet auf ein von F. Nicolai (1733–1811) veröffentlichtes Manuskript J. Mösers (1720–1794), in dem Möser gegen Kants Satz, kein Volk würde freiwillig über sich selbst die Erbuntertänigkeit beschließen, polemisiert hatte. Kant wendet sich gegen den Empirismus aristokratischer Rechtsideologie, aus dem in der folgenden Generation die konservative, antirepublikanische historische Rechtsschule hervorging. Er kritisiert den systematischer Theorie feindlichen Historismus und dessen affirmative kulturelle und politische Funktion. Im zweiten Brief hat sich Kant, merkwürdig genug, veranlasst gesehen, auf Nicolais Roman *Leben und Meinungen Sempronius Gundiberts, eines deutschen Philosophen. Nebst zwey Urkunden der neuesten deutschen Philosophie* (1798) einzugehen. Der Roman suchte die Kantsche Theorie auf primitive Weise lächerlich zu machen. Kant kennzeichnet den Zynismus und das rechtlich kaum greifbare Denunziatorische eines marktorien-

5 Zum ewigen Frieden (1795)

Kants völkerrechtliches und politisches Alterswerk, eines der großen Dokumente deutscher rechtsphilosophischer und politischer Literatur, steht in der pazifistischen Tendenz, die mit dem antiabsolutistischen Denken der europäischen Aufklärung verbunden war. Außerdem besitzt es hohen aktuellen Zeitbezug. Fürs Verständnis sind auch Kants ausführliche Vorarbeiten einzubeziehen (XXIII, 155–192). Mit Saint-Pierres (1658–1743) *Projet de paix perpétuelle* (1713) war Kant seit langem bekannt, zweifellos ebenso mit Rousseaus Bearbeitung des Manuskripts, über die Rousseau im 9. Buch seiner *Bekenntnisse* ausführlich berichtet (Berlin 1971, S. 590 ff). Gegen die Beschlüsse der französischen Nationalversammlung von 1789/90 (Aufhebung des Feudalsystems und Erklärung der Menschen- und Bürgerrechte im August 1789, Abschaffung des Adels im Juni 1790, Gesetz über die Geistlichkeit im Juli 1790) und zur Unterstützung des französischen Königs Ludwig XVI., der beim Versuch, zum emigrierten französischen Adel zu fliehen, gefangen genommen worden war (Juni 1791), erließen der österreichische Kaiser Leopold II. und Friedrich Wilhelm II. von Preußen unter Teilnahme der beiden emigrierten Brüder Ludwigs XVI. die Pillnitzer Deklaration (27.8.1791), in der Frankreich Krieg angedroht wird. 1792 beginnt der erste Koalitionskrieg Österreichs und Preußens gegen Frankreich, der beim Rückzug Preußens nach der Kanonade von Valmy zunächst in eine militärische Katastrophe führt. Die äußere Gefahr durch die europäischen Monarchien wird ein wesentliches Ferment für den Übergang der politischen Macht von den konstitutionell-monarchischen Girondisten auf die republikanische sog. Bergpartei und schließlich für die Schreckensherrschaft des Wohlfahrtsausschusses 1793/94. Gegenüber den ökonomischen Interessen des durch die Enteignungen und die Inflation gestärkten Großbürgertums sprach sich das ursprüngliche jakobinische außenpolitische Programm gegen Kriege als Lösungsmittel internationaler Konflikte aus und lehnte die Ausdehnung der republikanischen Grundsätze auf andere Staaten durch revolutionären Krieg ab. Im April 1795 kam es zum Sonderfrieden von Basel zwischen Frankreich und Preußen, den Österreich ablehnte. Es setzte eine lebhafte Diskussion und Flugschriftenliteratur für und wider diesen Frieden ein. In einer anspruchsvoll argumentierenden anonymen Flugschrift (evtl. aus dem Kreis der Illuminaten) wird der Koalitionskrieg als ungerecht verurteilt. Die Völker würden sich nach der Revolution nicht mehr freiwillig ein Joch auflegen lassen (*Über den Einfluß des jetzigen Krieges auf die öffentliche Meinung, Glückseligkeit und Humanität*, Südpreußen im Juny 1795, 110 S.). Varnhagen (1785–1858) schildert nach Berichten des Beamten der Reformzeit F. A. Stägemanns (1763–1840) den Geheimen Justizrat und späteren Präsidenten des Königsberger Oberlandesgerichts E. Morgenbesser (1755–1824) als den entschiedensten, bis zum Saint-Simonismus und der Abschaffung des Erbrechts gehenden Revolutionsfreund in unmittelbarer Nähe Kants (K. A. Varnhagen v. Ense, *Über Kants Biographie, dargestellt v. F. W. Schubert*, in: Ders., *Denkwürdigkeiten und Vermischte Schriften*, Bd. 7, Leipzig 1846, S. 428). Ein Muster tendenziös antirevolutionärer Propaganda der Zeit bietet die *Charakterschilderung der Franzosen vor der Revolution* (Altona 1795, 430 S.). Die Schuld am Nationalunglück der Revolution trage die Philosophie von Montesquieu, Voltaire, Holbach. Die Gegner des Friedens argumentierten mit einer Spaltung des deutschen Reiches wegen der Sonderinteressen Preußens und verurteilten eine vermeintliche Politik der Passivität, ein »System der Nullität«, das Preußen in Abhängigkeit von den Großmächten Österreich, Russland, Frankreich führe. Preußen hatte den Baseler Frieden wegen seines Misserfolgs bei der Niederwerfung des polnischen Aufstands geschlossen. Es fürchtete, dass Russland die polnische Erhebung niederschlagen und darauf mit Österreich eine endgültige Teilung Polens ohne Preußen vornehmen werde (die dritte polnische Teilung wurde im Oktober 1795 im St. Petersburger Vertrag beschlossen).

Kant nimmt in der für die europäische und die preußische Politik entscheidenden Situation gegen Staatsteilung, gegen Gebietsschacher, gegen Kolonialismus und gegen Kriege als einer Außenpolitik, die zu absolutistischer Herrschaft gehöre, Stellung. Die Regierenden verstehen sich nicht als Bürger, sondern als »Staatseigentümer« und führen den Krieg »wie eine Art von Lustpartie aus unbedeutenden Ursachen« und können »dem dazu allezeit fertigen diplomatischen Corps die Rechtfertigung desselben gleichgültig überlassen« (VIII, 351). Kriege sind eine Art ungesetzlicher Wildheit zwischen den Staaten, der Kolonialismus der Handel treibenden Staaten gehe in seiner Ungerechtigkeit »bis zum Erschrecken weit, zerstöre ganze Völker« – und dieses von »Mächten, die von der Frömmigkeit viel Werks machen und, indem sie Unrecht wie Wasser trinken, sich in der Rechtgläubigkeit für Auserwählte gehalten wissen wollen« (VIII, 354, 358 f.). Bis in die Gegenwart gilt Kants Wort: »Die Rechtsverletzung an einem Platz der Erde wird an allen gefühlt« (VIII, 360).

Kants Werk, eine bedeutende Flugschrift in der Zeit des Friedens von Basel, erschien im September 1795 – eine französische Übersetzung, die in Königsberg herauskam, soll in Paris große Zustimmung gefunden haben (Kiesewetter an Kant, 25.11.1798). Es verpflichtet die Philosophie aufs politische Engagement und die Staaten auf die Freiheit öffentlichen Urteils über Angelegenheiten des Friedens und des Krieges durch die Philosophie. Die Ausführung der platonischen Idee, Könige müssten Philosophen oder Philosophen müssten Könige werden, sei weder etwas zu Erwartendes noch sei sie zu wünschen, »weil der Besitz der Gewalt das freie Urteil der Vernunft unvermeidlich verdirbt«. Aber Monarchien wie Republiken müssten die Klasse der Philosophen öffentlich sprechen lassen, und das sei Staaten wie den Philosophen »zur Beleuchtung ihres Geschäfts unentbehrlich« (VIII, 369).

Die Schrift enthält zwei Abschnitte in der Form von Artikeln der Präambel eines Friedensvertrages und zwei Anhänge über das Verhältnis von Moral und Politik. Die Präliminarartikel sind als politisches Sofortprogramm zu verstehen, die späteren Definitivartikel definieren die zukünftigen Grundlagen dauernder Friedenssicherung (republikanische Staatsform, permanenter Staatenkongress als »Völkerbund«, Weltbürgerrecht). Die Grundlage der Argumentation, die erst der zweite Abschnitt bringt, besteht im Gegensatz von republikanischer und feudalstaatlicher sowie demokratisch-diktatorischer Politik-Auffassung. Der Staat sei nicht wie der Boden, auf dem er sich befinde, »eine Habe«, sondern »eine Gesellschaft von Menschen«, die nicht von einem anderen Staat erworben werden könne. Die einzige konsequente Verfassung nach den Prinzipien der Freiheit aller Bürger, deren Gleichheit und Unterordnung unter das Gesetz als des allgemeinen Interessenausdrucks ist die republikanische (VIII, 350). Kant setzt deren Prinzip mit dem europäischen Liberalismus in die Trennung von Gesetzgebung und Exekutive. Auch die Demokratie sei despotische Verfassung, weil sie eine exekutive Gewalt gründe, die mit Mehrheiten über Minderheiten verfüge (VIII, 352). Er hat zweifellos die Diktatur des Wohlfahrtsausschusses unter Danton und Robespierre vor Augen (u. a. Gesetz gegen die »Verdächtigen«, deren Vermögen eingezogen wird; mehr als 10.000 Todesurteile des Revolutionstribunals). Das Konstitutionsproblem einer Verfassung in Freiheit

und Gleichheit – das Losungswort der Französischen Revolution – besteht für Kant, wie in allen Bereichen seines Denkens, im Ausgleich der verschiedenen Standesinteressen zu einem allgemeinen Willen. Die Staatsform ist demgegenüber sekundär. Auch eine Monarchie kann bei entsprechender Verfassung und Gewaltenteilung und mit guter Beamtenschaft »republikanisch« sein. Der Parlamentarismus fällt aus Kants Fragestellung heraus, und wo er – meist am englischen Beispiel – genannt wird, wird er als private Interessenvertretung verurteilt. Despotismus sei, wenn der Gesetzgeber zugleich der Vollstrecker seines Willens ist (VIII, 252). Seine Formulierung meint Kant zweifellos umgekehrt: der Schaden ist, wenn der Exekutor die Gesetze gleich selbst beschließt.

Die allem zugrunde liegende Gedankenform ist der Gegensatz von Allgemeinwille und Sonderinteressen. Die Erscheinungsform, in der er zu Tage trete und in der ihn Kant behandelt, ist der Gegensatz von sich selbst bestimmender Bürgerschaft und entfremdeten Sachzwängen durch Eigentümer- und Herrscherinteressen. Daraus entstehe das ganze »Maschinenwesen« von Kriegen, Kriege vorbereitender Politik und stehenden Heeren. Es muss unzulässig sein, Staaten wie eine Sache zu belagern, zu überfallen, zu teilen. Bürgerschaften werden dann wie Sachen behandelt. Die unbeschränkte innere Souveränität der Bürger basiert auf dem Republikanismus des Gemeinwillens, und ein Selbstbestimmungsrecht der Staaten bildet den Grund für das Kantsche Friedensprinzip. Stehende Heere, insbesondere Söldnerheere, enthalten »einen Gebrauch von Menschen als bloßen Maschinen und Werkzeugen in der Hand eines Andern (des Staats) […], der sich nicht wohl mit dem Rechte der Menschheit in unserer eigenen Person vereinigen läßt« (VIII, 345). Daraus ergeben sich Kants Postulate, die der erste Abschnitt ausführt: 1. Friedensschluss ohne geheimen Vorbehalt zu neuem Kriege, 2. Verbot der Vererbung, des Tauschs, des Kaufs eines Staates durch einen anderen, 3. Abschaffung stehender Heere, 4. Verbot von Staatsschulden zum Zwecke von Kriegen, 5. Verbot kriegerischer Einmischung eines Staates »in die Verfassung und Regierung eines anderen Staats«, 6. Vermeidung solcher Feindseligkeiten, die wechselseitiges Zutrauen im künftigen Frieden unmöglich machen müssen (VIII, 343–347). Dem folgen die »Definitivartikel zum ewigen Frieden«: 1. »Die bürgerliche Verfassung in jedem Staate soll republikanisch sein«, 2. »Das Völkerrecht soll auf einem Föderalism freier Staaten gegründet sein«, 3. »Das Weltbürgerrecht soll auf Bedingungen der allgemeinen Hospitalität eingeschränkt sein« (VIII, 349–360).

Der zweite Abschnitt stellt das geschichtliche Feld dar, auf dem Kant die völkerrechtliche Thematik sieht. Die republikanische Regierungsform ist die Basis für eine friedliche Außenpolitik, da sie die Freiheit des Menschen mit der Abhängigkeit der Untertanen und der Gleichheit der Staatsbürger verbindet. Die absolutistische Verfassung (Kant fügt eine Kritik des Erbadels ein, VIII, 350 f.) macht die Untertanen zu Sachen (wie das Feudalverhältnis den Menschen zum Leibeigenen) und ist darum in sich unfriedlich. Ein »Recht« zum Kriege widerspreche dem Rechtsbegriff, weil hier Gewalt und nicht Recht gelte. Die Lösung bestehe in einem Völkerbund, einem Friedensbund, also einer Idee der Föderalität, nicht in einer Weltrepublik (VIII, 354–356). Kant vertritt auch ein Weltbürgerrecht und versteht darunter grundlegende Menschenrechte, die so wie vom eigenen, nicht vom fremden Staat missachtet werden dürften. Die *Metaphysik der Sitten* wiederholt zwei Jahre später die verfassungs- und völkerrechtliche Thematik einschließlich der Theorie der Menschenrechte, die inzwischen, wenn sie nicht selektiv instrumentalisiert wird, ein zentraler Punkt beim Aufbau eines praktizierten Völkerrechts ist.

Kant setzt für das zwischenstaatliche Gebiet seinen geschichtsphilosophischen Gedanken vom antagonistischen Mechanismus der Natur des Menschen ein, der hier nun die Völker trenne, sie aber durch wachsende Kultur (Handel, Geldmacht) zu völkerrechtlichen Vereinbarungen und zum Frieden als zur zunehmenden Vernunft zwinge; ein theoretisches Element der englischen klassischen Nationalökonomie. Kant übernahm Saint-Pierres Gedanken vom europäischen Staatenbund als der erforderlichen Grundlage anhaltender Friedenssicherung. Im Unterschied zur pazifistischen Literatur erwartete er jedoch die völkerrechtliche Friedenssicherung nicht von aufgeklärten Monarchen, nicht von einer moralisch geläuterten Menschheit, sondern vom Zwang der Wirtschaftsbeziehungen, von den Tendenzen zu republikanischen Regierungsformen und von unerträglich steigenden Rüstungskosten. In diesem Zusammenhang objektiver Determination der Handlungen fällt dann das außerordentliche Wort: »Das Problem der Staatserrichtung ist, so hart wie es auch klingt, selbst für ein Volk von Teufeln (wenn sie nur Verstand haben) auflösbar und lautet so: ›Eine Menge von vernünftigen Wesen […; durch Gesetze; Anm. d. Vf.] so zu ordnen und ihre Verfassung einzurichten, daß, obgleich sie in ihren Privatgesinnun-

gen einander entgegen streben, diese einander doch so aufhalten, daß in ihrem öffentlichen Verhalten der Erfolg eben derselbe ist, als ob sie keine solche böse Gesinnungen hätten‹« (VIII, 366). Kant spricht hier seine Überwindung des moralisierenden Gesellschafts- und Geschichtsdenkens der Aufklärung konzentriert aus. Es ist das methodische Bewusstsein der Nationalökonomie. Sachhafte Zwangsgesetze gleichen in der Konkurrenzgesellschaft marktvermittelter Privateigentümer das Verhältnis von individuellem Antagonismus und Gesamtkreislauf aus. Formale Rationalität (hier juristische, aber analog der mathematisch-physikalischen) ist der gebotene allgemeine Algorithmus, zu den äußeren Sachgesetzen, die von den einander überkreuzenden gesellschaftlichen Aktionen abgesetzt werden, ein Gemeininteresse aller Staatsbürger zu konstituieren. Der juridische Formalismus des Gemeinwillens oder Allgemeininteresses entspricht dieser neuen Konstellation von persönlich freien Individuen und der wie zu Naturgesetzen gesellschaftlicher Bewegung herausgesetzten Gesamtheit aller Handlungen. Im ersten Anhang der Friedensschrift findet sich am klarsten ausgesprochen, dass die Denkform der moralisch-praktischen Vernunft die transzendental philosophische Rekonstruktion der Rousseauschen *volonté général* darstellt (vgl. VIII, 371, 378). Kant sieht eine Dialektik der steigenden Kriegsrüstung, der zerrüttenden Kriegswirkungen und des Volkswiderstandes, die alle großen Mächte zu einem permanenten Staatenkongress für Kriegsvermeidung zwingen würden. Das Friedensprogramm gehört zur konstitutionellen Tendenz, die er im Gefolge der Französischen Revolution erwartet. Moralische Begründung bleibt vermieden.

Kants Schrift gibt zweifellos politische Urteile der Königsberger Intellektuellen und aufgeklärten höheren Beamten wieder, die die Perioden der Französischen Revolution und der preußischen Politik in ihren Zirkeln erörterten. Die Ablehnung des Koalitionskrieges in einer Notiz der Vorarbeiten: Positives Mittel für den Frieden zwischen Staaten – »jeden Staat sich selbst reformiren lassen« (XXIII, 155). Wie der Koalitionskrieg der europäischen Feudalmächte wird generell das Recht auf Konterrevolution nach vollzogener Staatsumwälzung zurückgewiesen (VIII, 372). Der zweite Anhang erläutert, gleichsam ein angewandter kategorischer Imperativ, die Einheit von Öffentlichkeit und Politik. Die »transzendentale Formel des öffentlichen Rechts«: »Alle auf das Recht anderer Menschen bezogenen Handlungen, deren Maxime sich nicht mit der Publicität verträgt, sind unrecht« (VIII, 381). Kant spricht mit seinem »transzendentalen Princip der Publicität des öffentlichen Rechts« ein bleibendes Resultat der europäischen Aufklärung in der Einheit von universalistischer Rationalität, Recht und Freiheit aus. Unrecht wird allemal sein, was man scheut, öffentlich zu bekennen.

Literatur

Jaspers, K.: Kants *Zum ewigen Frieden*, in: Ziegler, K. (Hg.), Wesen und Wirklichkeit des Menschen, 1957, S. 131–152. – Timm, H.: Wer garantiert den Frieden? Über Kants Schrift *Zum ewigen Frieden*, in: Picht, G./ Tödt, H. E. (Hg.): Studien zur Friedensforschung, Bd. 1, Stuttgart 1969, S. 209–239. – Hirsch, E. C.: Der Frieden kommt nicht durch die Kirche. Thesen zu Kants Friedensschrift, in: Huber, W. (Hg.): Historische Beiträge zur Friedensforschung, München 1970, S. 70–94. – Tschirch, O.: Geschichte der öffentlichen Meinung in Preußen vom Baseler Frieden bis zum Zusammenbruch des Staates (1795–1806), 2 Bde., Weimar 1933/34. – Funke, G.: Zum ewigen Frieden. Ethik und Politik, in: Ders., Von der Aktualität Kants, Bonn 1979, S. 145–156. – Markov, W.: Revolution im Zeugenstand. Frankreich 1789–1799, Leipzig 1982 [Bd. 1: Aussagen und Analysen; Bd. 2: Texte]. – Hennigfeld, J.: Der Frieden als philosophisches Problem. Kants Schrift *Zum ewigen Frieden*, in: AZPh 8 (1983), S. 23–37. – Patzig, G.: Kants Schrift *Zum ewigen Frieden* (1985), in: Ders.: Ges. Schriften I, Göttingen 1994, S. 273–296. – Rousseau, J.-J.: Schriften über den Abbé Saint-Pierre, in: Fontius, M. (Hg.), J.-J. Rousseau, Kulturkritische und politische Schriften, Bd. 2, Berlin 1989, S. 7–127. – Cavallar, G.: Pax Kantiana, 1992. – Klemme, H. F. (Hg.): I. Kant, *Über den Gemeinspruch. Zum ewigen Frieden*, Hamburg 1992 [Einl. und Apparat v. H. F. K.]. – Gerhardt, V.: Kants Entwurf *Zum ewigen Frieden*. Eine Theorie der Politik, Darmstadt 1995. – LutzBachmann, M./Bohmann, J.: Frieden durch Recht. Kants Friedensidee und das Problem der neuen Weltordnung, 1996. – Merkel, R./Wittmann, R.: »Zum ewigen Frieden«. Grundlage, Aktualität und Aussichten einer Idee von Kant, 1996. – Kodalle, K. (Hg.): Der Vernunftfrieden. Kants Entwurf im Widerstreit. Kritisches Jahrbuch für Philosophie I, Würzburg 1996. – Ludwig, B.: Will die Natur unwiderstehlich die Republik?, in: KS 88 (1997), S. 218–228. – Brandt, R.: Antwort auf B. Ludwig: Will die Natur unwiderstehlich die Republik?, in: KS 88 (1997), S. 229–237. – Höffe, O. (Hg.): I. Kant, *Zum ewigen Frieden* (Klassiker auslegen), Berlin 1998. – Budelacci, O.: Kants Friedensprogramm, 2003. – Höffe, O.: Immanuel Kant. Zum ewigen Frieden, ²2004.

6 *Der Streit der Fakultäten* (1798)

Die Schrift besteht aus drei ungleichen Aufsätzen – der erste umfasst 70 Seiten, die beiden anderen 16 bzw. 18 Seiten. Das erste Hauptstück war bereits um 1793/94 unmittelbar nach der Religionsschrift geschrieben. Die Veröffentlichung erfolgte wegen der Zensur-Repressionen gegen Kant erst nach dem Tode Friedrich Wilhelm II. (16.11.1797). Umfangreiche Ausarbeitungen finden sich in den *Vorarbeiten zum Streit der Fakultäten* in Bd. XXIII der AA (S. 423–464). Von den einzelnen Aufsätzen behandeln: der erste die Bedeutung freier philosophischer Theoriebildung als kritisches Element unabhängiger geistiger Öffentlichkeit und das Verhältnis von statutarischem Kirchenglauben und philosophischem Religionsverständnis. Der Inhalt des zweiten Stücks ist durch die ursprünglich vorgesehene Überschrift bezeichnet: »Erneuerte Frage: Ob das menschliche Geschlecht im beständigen Fortschreiten zum Besseren sei.« Es handelt sich um einen gesonderten Aufsatz, den Kant für die *Berliner Blätter* (Biesters Nachfolgeorgan der *Monatsschrift*) gedacht hatte, dessen Druck aber vom Stadtpräsidenten abgelehnt wurde. Das dritte Stück bildet der in die Form eines Briefes an den Mediziner C. W. Hufeland (1762–1836) gekleidete Aufsatz mit dem Titel »Von der Macht des Gemüths durch den bloßen Vorsatz seiner krankhaften Gefühle Meister zu sein«. Ursprünglich war der Titel der Sammlung nur für das erste Stück gedacht, das sicher bereits 1794 verfasst war, also unmittelbar im Zusammenhang mit dem Verbot des zweiten Stücks der Religionsschrift im Jahr 1792. Der Zensor Hillmer, ein Lehrer, hatte seinem Mit-Zensor Hermes, einem Breslauer Pfarrer, den Text vorgelegt, weil er ganz in die biblische Theologie falle. Der Titel der Aufsatzfolge besitzt also ursprünglich sehr genauen Protest-Charakter.

Die Schrift ist keineswegs eine Kompilation disparater Stücke eines alternden Autors. Kant verfolgt hartnäckig zwei zeitgeschichtlich höchst aktuelle Themen und verschafft ihnen mit der Veröffentlichung in einer eigenen Schrift die für notwendig befundene Aufmerksamkeit: die Freiheit philosophischer Forschung, auch in Religionsfragen, und die positive Stellungnahme zur Revolution in Frankreich. Das zweite Stück bringt also durchaus einen wesentlichen Streitpunkt der Philosophie mit der Jurisprudenz, nämlich mit der an Englands Verfassung orientierten und antifranzösischen, antirepublikanischen Auffassung in der deutschen Literatur (z. B. Garve, Gentz, Rehberg). Das dritte Stück bringt einen grundsätzlichen Streitpunkt mit der Medizin zur Sprache, der heute noch oder wieder aktuell ist. Kant betont die aufklärerische Subjektivität im Hinblick auf die Selbstverantwortung für den eigenen Körper, statt gleichsam nur auf die Sachverwaltung durch Arzt und Medikament zu setzen.

Vom Staat als Reformagens ist in der Schrift nicht die Rede, sondern die Repräsentationen institutioneller Gewalt (für die Seele Theologie und Kirche; für die äußeren Güter und den Staat die Jurisprudenz) stehen vor der prinzipiell nicht-institutionellen kritischen Instanz des freien Denkens. Die philosophische Wissenschaft ist es, die die notwendige Idee des Ganzen der Gesellschaft und ihrer Bewegung vertritt. Es ist das interessante Muster einer kulturellen Formation mit dynamischem Horizont durch Einschluss von Oppositon, und es ist – am Ende des Jahrhunderts als Bewährung von Aufklärung – gleichsam ein internes Modell von Realisierung der Aufklärung in Beständigkeit. Dafür steht dann über dem sog. privaten Vernunftgebrauch des Beamtenvortrags in der Institution der öffentliche Vernunftgebrauch, eben publice, genauestens als die Publikationsfreiheit für Philosophie. Die disparaten Stücke sind überdies durch *zwei allgemeine Fragestellungen* verbunden, die allerdings zum Kernbezirk des Kantschen Denkens gehören. Die *erste* ist die Juridifizierung der kulturellen Problematik der bürgerlichen Gesellschaft. Kant stellt die Differenzierungs- und Vermittlungsproblematik der sich in neuer Dynamik verselbständigenden kulturellen Felder Wissenschaften, Moral, Religion, Verfassungsrecht, Politik mit seinem wiederkehrenden Bild in der Form eines Prozesses von Rechtsparteien vor einem Gerichtshof dar. Der Gerichtshof besteht selbstverständlich aus dem Absolutum von methodischer Rationalität. Die kulturelle Thematik wird ins Verhältnis zu legitimierender Rechtsansprüche transformiert.

Der erste Aufsatz (Streit der philosophischen mit der theologischen Fakultät) wiederholt und generalisiert die Forderung der Trennung von philosophischen und theologischen Gerechtsamen und erläutert darin den Anspruch, mit dem Kant die Stücke seiner Religionsschrift der Zensurbehörde zwar zum Urteil hatte vorlegen lassen, ob sie in die Zuständigkeit der philosophischen oder der theologischen Fakultät fielen; er war jedoch von der Unrechtmäßigkeit theologischer Zensur überzeugt, da er nicht den Kirchenglauben, sondern den philosophischen Religi-

onsglauben behandelt habe. Er setzte der ganzen Schrift eine ausführliche Darstellung der Zensur-Repression gegen ihn durch das geistliche Departement unter dem Staats- und Justizminister J. C. Wöllner als Vorrede voran. Zweifellos sah er sich durch seine Erfahrung herausgefordert und wünschte, das Ereignis »in einer kurzen Geschichtserzählung« (VII, 5) als Muster darzustellen (Wöllners Religionsedikt vom 9.7.1788 nach dem am 16.11.1797 erfolgten Tode Friedrich Wilhelms II. am 27.12.1797 wieder aufgehoben). Kant druckt das an ihn ergangene bedrohende Schreiben und seine Verantwortung gegenüber dem König im Wortlaut ab und weist zugleich auf den Zusammenhang hin, in dem das Religions- wie das nachfolgende Zensuredikt (Dezember 1788) Schritte einer antiaufklärerischen konservativen politischen und geistigen Wende nach dem Tode Friedrich II. (17.8.1786) darstellten. Außerdem charakterisierte er kurz das, wie er sagte, »Unwesen eines sich immer mehr von der Vernunft entfernenden Glaubens«, dem nun nach Entlassung des Ministers Wöllner und Auflösung der für die Zensur zuständigen Immediat-Examinationskommission allerdings gesteuert sei, so dass »das Fortschreiten der Cultur im Felde der Wissenschaften wider alle neue Eingriffe der Obscuranten« besser gesichert werde. Während Kant in der Religionsschrift der aufgeschlossenen Theologie (Spaldings, Semlers, Jerusalems u. a.) deutlich auch entgegenkommen und deren moralische Glaubensinterpretation unterstützen wollte, reagiert die neue Aufnahme der Thematik im *Streit* wohl auch auf Ablehnungen der Kantschen Vermittlungslinie zwischen Philosophie und Religion und setzt solche Kritiken zum konservativen Dogmatismus.

Die Juridifizierung der kulturellen Thematik, die auch die Institutionalisierung des Verhältnisses von freier wissenschaftlicher Forschung einschließlich freier Öffentlichkeit und religiöser wie verfassungsrechtlicher Ordnung einschloss, gehört zu Kants grundsätzlicher Überzeugung vom Erfordernis evolutionären, vom Staat selbst geführten gesellschaftlichen Fortschritts. Kant sucht die Funktion des Intellektuellen im Zusammenhang eines permanenten legalen Fortschritts zu bestimmen, der den Weg des revolutionären Umsturzes vermeiden ließe.

Die *zweite allgemeine Thematik*, durch die Kant die unterschiedlichen Gegenstände der einzelnen Aufsätze miteinander verbindet, besteht im Verhältnis der logischen Formen a priori zu den empirisch und historisch gegebenen Wissensformen und kulturellen Institutionen. Die Schrift soll die Tauglichkeit der apriorischen Funktion für die Bereiche empirischer Wissenschaften und konkreter Probleme des gesellschaftlichen Lebens – und zwar im reformierend-produktiven Sinne – zeigen. Bereits im August 1795 hatte Kant diesen Einheitspunkt mit dem Ausdruck vom »Streit der Facultäten« bezeichnet (an den bedeutenden Mainzer und später Münchener Anatomen und vielseitigen Naturwissenschaftler S. T. Soemmerring [1755–1830], 10.8.1795). Die Abhandlung *Über den Gemeinspruch* (s. S. 423) dient dem gleichen Ziel. Kant sah die Vermittlung des Konflikts von systematisch-rationaler (für ihn zuletzt in der logischen Funktion a priori begründeter) und empirischer Denkweise mit deren praktizistischer Tendenz als eines der Grundprobleme des kulturellen Selbstverständnisses einer aufgeklärten Gesellschaft an.

Der erste Aufsatz (Streit der philosophischen Fakultät mit der theologischen) zerfällt in zwei Teile. Im ersten wird im Sinne der juridischen Fixierung der Gesellschaftsproblematik, die überhaupt dem kulturellen Selbstverständnis der bürgerlichen Gesellschaft seit dem 18. Jh. eigentümlich ist, das Verhältnis der philosophischen als unterer Fakultät zu den sog. oberen theologischen, juristischen und medizinischen Fakultäten behandelt. Die oberen Fakultäten werden als von der Regierung abhängige Disziplinen dargestellt, denen die »Begierde zu herrschen« eigne (VII, 33). Diesen gegenüber stelle die untere philosophische Disziplin eine notwendig unabhängige Wissenschaft als kritische Instanz dar, der der Schutz der Wahrheit aufgetragen sei. Er unterscheidet geradezu die Wahrheit als Ziel der Philosophie im Unterschied zur »Nützlichkeit aber, welche die oberen Fakultäten zum Behuf der Regierung versprechen« (VII, 28). Als dynamisches Element kulturellen Fortschritts werde darum der Streit der unteren Fakultät mit den oberen niemals enden dürfen. Von der philosophischen Fakultät als der unteren sagt Kant mit Lichtenberg, es sei noch die Frage, ob die Philosophie als Magd der Theologie dieser Herrin die Schleppe nachtrage oder vielmehr die Fackel vorantrage. Mit dem Auftrag freien kritischen Denkens verbindet Kant das Recht der Philosophie, über die Lehren aller Fächer zu urteilen. Er analogisiert seine Auffassung mit dem ökonomischen Liberalismus der Physiokraten. So wie der Kaufmann Legendre dem Minister Colbert auf dessen Frage antwortete, was die Regierung für das wirtschaftliche Gedeihen tun sollte: Gebt gute Gesetze, baut Straßen und so fort und im Übrigen lasst uns nur machen (Laissez faire), so, meint Kant, solle die Regierung die Philosophie nur frei wirken lassen, dann würden

Geist und Sitten der Untertanen am besten gedeihen. Mit einer Anspielung auf den politischen Liberalismus sagt er, die untere philosophische Fakultät habe gegenüber den oberen Fakultäten als Oppositionspartei gleichsam die linke Seite im geistigen Parlament der Gesellschaft besetzt (VII, 19).

Der zweite Teil des ersten Stücks behandelt (literarisch wirksam als ein »Anhang« des ersten Abschnitts, der aber mehr als die Hälfte von dessen ganzem Umfang beträgt) das Verhältnis von Kirchen- und philosophischem Religionsglauben. Kant hat den grundsätzlichen ersten Teil über das Verhältnis von unterer philosophischer Fakultät und oberen Fakultäten vorausgeschickt, um den an seiner Religionsschrift exerzierten Fall theologisch firmierten, doch staatlichen Eingriffs in die philosophische Forschungs- und Publikationsfreiheit grundsätzlich zu erörtern und abzuweisen. Er behandelt das Verhältnis von statutarischer Kirchenreligion, die sich auf historischem und insofern nicht allgemein gültigem Zeugnis begründe, und philosophischem Religionsglauben als exemplarischen Fall der Beziehung von apriorisch begründeter Metaphysik (in praktischer Rücksicht) und empirischem Geschehen in der Geschichte. Wenn nach der Voraussetzung der neuzeitlichen Metaphysik wahr nur ist, was wir durch logische Konstitution gleichsam als Gegenstand erst erzeugt haben, dann gilt für die Religion, dass als Wort Gottes »nur eigentlich authentisch« ist, was er »durch unsern eigenen Verstand und unsere eigene Vernunft mit uns redet, [...] das ist der Gott in uns ist selbst der Ausleger« (VII, 48). Worin besteht der Wert der biblischen Zeugnisse, den Kant nicht bestreitet? Die religiösen Berichte bieten anschauliche Gleichnisse auf die übersinnliche moralische Anlage im Menschen (VII, 54). Basis der Kirchenreligion ist die Vernunftreligion, deren Grundlage besteht im »Criticism der praktischen Vernunft«. Durch die Vermittlung moralisch-philosophischer Rekonstruktion der Religion vermöchten auch die Institution der Kirche und deren Gebräuche einen doppelten Zweck zu erfüllen. Sie erwecken und stärken die moralische Anlage in uns und sie bewähren sich als »jenes große Stiftungs- und Leitungsmittel der bürgerlichen Ordnung und Ruhe« (VII, 65). Das Verhältnis von Vernunftreligion und Kirchenreligion entspricht Kants Auffassung von der Realisierung der reinen praktischen Vernunft. Vernunftideen realisieren sich symbolisch an historischen Ereignissen oder Bewegungen, die dann die Bedeutung von Geschichtszeichen im Empirischen für das Übersinnliche gewinnen. Kant lehnt darum »die Keckheit der

Kraftgenies, welche diesem Leitbande des Kirchenglaubens sich jetzt schon entwachsen zu sein wähnen«, ab (VII, 65). (Er ist in jeder Hinsicht der Vertreter der gesetzlichen Reform und des bewahrenden Ausgleichs. In allen geschichtlichen Perioden durchbrechen die Wortführer der jungen Generation das Prinzip der Reform von oben.) Das Faktum unserer moralischen Vernunft ist das eigentlich Göttliche in uns. »Es ist nämlich etwas in uns, was zu wundern wir niemals aufhören können, wenn wir es einmal ins Auge gefaßt haben, und dieses ist zugleich dasjenige, was die Menschheit in der Idee zu einer Würde erhebt, die man am Menschen als Gegenstande der Erfahrung nicht vermuten sollte.« Über dem äußeren Menschen steht also »diese Überlegenheit des übersinnlichen Menschen in uns«, »so daß diejenigen wohl zu entschuldigen sind, welche, durch die Unbegreiflichkeit desselben verleitet, dieses Übersinnliche in uns, weil es doch praktisch ist, für übernatürlich, […] für den Einfluß von einem anderen und höheren Geiste halten« (VII, 58 f.). Ausführlich spricht Kant sich über das mystische Element in der pietistischen Innerlichkeit aus (VII, 54 ff.). Da Intelligibles und Empirisches zwei verschiedenen Bereichen angehörten, Gott aber eine Vernunftidee sei, könne es kein unmittelbares Gefühl von göttlichen Wirkungen geben. Die Ausrichtung des Kirchenglaubens auf den Vernunftglauben relativiere und vermittle die Kirchenstreitigkeiten – so auch die zu vermittelnden Gegensätze zwischen lutherischer Orthodoxie (Wöllner), Pietismus (in den Richtungen Speners und Zinzendorfs) sowie der aufklärerischen Theologie (in Berlin Spalding, Sack, Teller u. a.).

Der zweite Aufsatz (Streit der philosophischen Fakultät mit der juristischen) behandelt – nicht ganz im Sinne der Überschrift – das Problem des Fortschritts in der Gesellschaft. Kant setzt auch hier das methodische Erfordernis der »kopernikanischen Hypothese« voran, also das intellektualistische und für den welthistorischen Aspekt auch universalistische Kriterium der reinen praktischen Vernunft. »Durch Erfahrung unmittelbar ist die Aufgabe des Fortschreitens nicht aufzulösen« (VII, 83). Er behandelt das Thema unter dem Titel eines Verhältnisses der Philosophie zu juristischen Problemen, weil er in der Tat die Frage der Rechtmäßigkeit der Französischen Revolution und der konstitutionellen Perspektiven nach der Revolution erörtert. Kant gehörte zu denjenigen deutschen Intellektuellen, die auch während und nach der Jakobinerdiktatur, vor allem nach den Septembermorden (2.–5.9.1792) und dem Gesetz gegen die sog. Verdächtigen (17.9.1793) an seiner Par-

teinahme für die Revolution in Frankreich festgehalten hatte. Die nur symbolische Realisierung moralisch-praktischer Ideen behindert nicht die Einsicht in eine reale »moralische Tendenz des Menschengeschlechts«. In der geistigen Teilnahme dem Wunsche nach an der »Revolution eines geistreichen Volks«, »die nahe an Enthusiasm grenzt, und deren Äußerung selbst mit Gefahr verbunden war«, werde diese Tendenz zum moralischen Fortschritt sichtbar (VII, 85). Die schließlichen konstitutionellen Perspektiven im Gefolge der Revolution seien ganz unbestreitbar und reale Fortschritte dahin auch ohne Sehergeist vorherzusagen. »Ein solches Phänomen in der Menschengeschichte vergißt sich nicht mehr, weil es eine Anlage und ein Vermögen in der menschlichen Natur zum Besseren aufgedeckt hat« (VII, 88). An Kants Urteil über die Revolution ist freilich zu bemerken, dass alle direkten politischen Wertungen vermieden sind. Der Akzent sitzt auf den moralischen Intentionen der den Prozess beobachtenden europäischen – gemeint sind zweifellos die deutschen – Zuschauer in den bürgerlichen Schichten. Der Terminus »Enthusiasmus« gewinnt bei vielen deutschen Autoren in der Revolutionszeit zentralen Platz (bei G. Forster, W. v. Humboldt, Kotzebue, Campe u. v. a.; vgl. H.-W. Jäger, *Politische Kategorien in Poetik und Rhetorik der zweiten Hälfte des 18. Jhs.*, Stuttgart 1970).

Kant behandelt im Zusammenhang des Epochenumbruchs durch die Revolution auch die Thematik des utopischen Bewusstseins (VII, 92), die Kritik des englischen Parlamentarismus (VII, 90) und weist die konservative Propaganda und Republikanismus-Schnüffelei »verleumderischer Sykophanten« ab (VII, 86). Der ganze Aufsatz bildet ein Stück aktueller Publizistik im Hinblick auf die Nachwirkungen der erfolglosen antirevolutionären Politik Preußens, der in den deutschen Staaten nur ein antifeudaler Reformprozess folgen könne (und in Preußen unter Stein, Scharnhorst, Hardenberg, W. v. Humboldt tatsächlich folgte). Weitergehendes Ziel des Textes ist die Orientierung auf eine politische Institutionalisierung des Epochenfortschritts, »daß der Staat sich von Zeit zu Zeit auch selbst reformiere und, statt Revolution Evolution versuchend, zum Besseren beständig fortschreite« (VII, 93).

Als dritter Teil (Streit der philosophischen Fakultät mit der medizinischen) dient der in Form eines Briefes an den Mediziner C. W. Hufeland (1762–1836) gerichtete Aufsatz »Von der Macht des Gemüths durch den bloßen Vorsatz seiner krankhaften Gefühle Meister zu sein«. Hufeland hatte Kant seine *Makrobiotik oder die Kunst, das menschliche Leben zu verlängern* (1796 u. ö., bearb. von H. Steinthal 1873 u. ö.) mit einem verehrenden Briefe an den »ehrwürdigsten Nestor unserer Generation« zugesandt, und Kant sah die Idee des Buches als eine mögliche Anwendung seiner praktischen Philosophie, dass nämlich gute moralische Anlagen und Einübungen wohltätige Wirkungen für körperliche Gesundheit und Lebensdauer besäßen. Kants Abhandlung ist ein Lehrstück disziplinierter Lebensanschauung und höchst aufschlussreich für seine Persönlichkeit. Das ursprünglich stoische Thema der Selbstbeherrschung wird unter den Voraussetzungen der freien bürgerlichen Individualität bis in die mittleren und unteren Schichten zu einem alle Ergebenheit ins Schicksal hinter sich lassenden Programm von Lebensführung durch Selbstbeobachtung und Selbstbeherrschung. Nicht mehr die Bedrohungen äußerer Umstände sind es, denen durch *apatheia* und *ataraxia* zu begegnen sei. Die Gefährdung steigt als Selbstquälerei durch krankhafte Gefühle von innen herauf und bedroht die für sich selbst verantwortliche Persönlichkeit. Eine Diätetik, ursprünglich eine Ernährungs- und Erhaltungstherapie des Organismus, wird von Kant im Sinne eines anhaltenden psychotherapeutischen Trainings der Person aufgenommen, und er teilt dabei – im Zusammenhang seiner Rousseau-Verehrung nicht überraschend – auch persönliche körperliche Beschwerden, Erfahrungen und psychische Verhaltensweisen zur Stärkung der Lebenstüchtigkeit mit. Um ein Beispiel zu geben: »Ich habe wegen meiner flachen und engen Brust, die für die Bewegung des Herzens und der Lunge wenig Spielraum läßt, eine natürliche Anlage zur Hypochondrie, welche in früheren Jahren bis an den Überdruß des Lebens gränzte« (VII, 104). Der für Kants Lebensführung charakteristische kleine Aufsatz zeigt zugleich sozialen Ort und Mentalität der Vertreter aufklärerischen Denkens in Deutschland gegenüber den Aristokraten und großbürgerlichen Vorkämpfern der Aufklärung in Frankreich. Kant bezeichnet den Punkt, an dem die Krisis des Individuums einsetze: eine isolierte Körperlichkeit, Gefangenschaft in unreflektierter Emotionalität, die sich zwischen unmittelbarster Emanzipation und Lebensangst angesichts eines nicht mehr mystifizierend geborgenen, sondern selbst zu verwaltenden Körpers hin und her wirft. Moralität erhält den Auftrag, die aus disparaten Stücken zusammengefügte Person gegen die Selbstgefährdung spontaner Emotionalität und Körperlichkeit immer wieder zusammenzufügen. Kants Diätetik fehlt allerdings ganz die Ebene des Effizienzverhaltens durch Vorsicht und Sparsamkeit für den Zweck persönlichen Erfolgs, der in der in manchem verwandten Autobiographie B. Franklins (1706–1790) dominiert. Kants protestantische Gewissenhaftigkeit hält sich von Aspekten puritanischer Erfolgstüchtigkeit ferne.

Literatur

Söhngen, G.: Die Theologie im *Streit der Fakultäten*, in: Ders., Die Einheit in der Theologie. Ges. Abhandlungen, Aufsätze, Vorträge, München 1952, S. 2–21. – Reich, Klaus (Hg.): I. Kant, *Der Streit der Fakultäten*, Hamburg 1959 u. ö. [Einl. v. K. R., S. IX–XXVI; jetzt in: Ders., Ges. Schriften, Hamburg 2001, S. 272–286]. – Weyand, K./Lehmann, G. (Hg.): Ein Reinschriftfragment zu Kants *Streit der Fakultäten* (»Loses Blatt Krakau«), in: KS 51 (1959/60), S. 3–13. – Burg, P.: Kants Deutung der Französischen Revolution im *Streit der Fakultäten*, in: Funke, G. (Hg.), Akten des 4. Int. Kant-Kongresses, Mainz 1974, S. 656–667. – Löwisch, D. J.: Über den »Fortschritt zum Besseren«. Kants Stellung zum Wert utopischen Denkens, in: VJWP 51 (1975), S. 19–36. – Henrich, D.: Kant über Revolution, in: Batscha, Z. (Hg.), Materialien zu Kants Rechtsphilosophie, Frankfurt/M. 1976, S. 359–365. – Brandt, R.: Zum *Streit der Fakultäten*, in: Brandt, R./Stark, W. (Hg.), Neue Autographen und und Dokumente zu Kants Leben, Schriften und Vorlesungen (KF 1) Hamburg 1987, S. 31–78. – Selbach, R.: Staat, Universität und Kirche. Die Institutionen in der Systemtheorie Kants, Frankfurt/M. 1993. – Bellatalla, L.: All'origine dell'Università moderna. *Il conflitto delle Facoltà* di Kant, in: StKa 10 (1997), S. 81–93. – Petrone, L.: L'ancella della ragione. Le origini di *Streit der Fakultäten* di Kant, Neapel 1997. – Brandt, R./Giordanetti, P.: *Der Streit der Fakultäten* (Bd. VII, 1–116), in: Brandt, R./Stark, W. (Hg.), Zustand und Zukunft der AA von *Kant's Ges. Schriften*, Berlin u. New York 2000, S. 66–75 [= KS 91 (2000), Sonderheft].

7 Anthropologie in pragmatischer Hinsicht (1798)

Kants letztes großes Werk ging aus den Anthropologie-Vorlesungen hervor, die er zum ersten Male im Wintersemester 1772/73, zum letzten Mal im Winter 1795/96 vorgetragen hatte. Das Buchmanuskript entstand 1796/97, nachdem Kant aus Altersgründen seit dem Wintersemester 1796/97 keine Vorlesungen mehr hielt. (Kant las viele Jahre alternierend zur Anthropologie in den Sommersemestern physische Geographie, zum ersten Mal bereits 1756, – Weltkenntnis der Natur und des Menschen, wie er sagte, vgl. VII, 122.) Die programmatische Erklärung zu den beiden Grunddisziplinen nicht der Schul-, sondern der Weltkenntnis, findet sich am Schluss der Vorlesungsankündigung vom Sommersemester 1775 *Von den verschiedenen Racen der Menschen* (II, 443). Hier wird auch der Sinn des »Pragmatischen« der Natur- und Menschenkenntnis bezeichnet: alle erworbenen Wissenschaften nicht bloß für die Schule, sondern für das Leben brauchbar werden zu lassen. (zum Terminus »pragmatisch« in der Zeit vgl. Brandt/Stark in der Einleitung zur Anthropologie-Vorlesung, AA XXV, XIVff.). Die *Anthropologie* ist das einzige Werk Kants, von dem uns die Originalhandschrift erhalten ist (in der Rostocker Universitätsbibliothek, wahrscheinlich aus dem Besitz des Kantianers und Rostocker Professors J. S. Beck, 1761–1840). Die AA hat diesen Text nicht immer richtig wiedergegeben, auch die zahlreichen Randnotizen Kants herausgelöst und in einem eigenen Anhang unvollständig zusammengeführt. Der vollständige Text findet sich in W. Weischedels Kant-Ausgabe, Bd. VI, Darmstadt ⁴1975. 1997 erschienen die Vorlesungsnachschriften als Bd. XXV der AA (hg. v. R. Brandt und W. Stark). Kants Wendung zur Anthropologie (und auch zur physischen Geographie) entspricht der eingetretenen Überzeugung, dass die ontologische Metaphysik sich nur auf Gedankenwesen beziehe und dass darum neben der transzendentallogischen Methodologie eine erfahrungswissenschaftlich gebildete Anthropologie die praktische Weltkenntnis zusammenfassen müsse. Insofern bildet die Anthropologie auch mit ihren Teilen zur sog. lebensweltlichen Thematik und angewandten Ethik nicht Gegensatz, sondern notwendig gliederndes Gegenstück zu den anderen Theorieebenen der *KpV*, der *Metaphysik der Sitten* und auch der geschichtsphilosophischen und aufklärungstheoretischen Schriften. Transzendentallogische praktische Vernunft und Anthropologie widersprechen einander nicht, sondern bedingen in Kants Methodenstruktur der Wissenschaften einander.

Das aufklärerische Motiv der moralischen Skepsis, auch als anthropologisches Element der Entzweiung im Menschen zwischen Vernunftnatur und vor der Nase liegender Interessiertheit, tritt an die Stelle des christlichen Sündenbegriffs als anthropologischer Konstante. Die Anthropologie stellt den Begriff des Menschen als eines sich geschichtlich-kulturell verwirklichenden Wesens als Entwicklungsprodukt in die Reihe der Lebewesen. Der Bezugspunkt für den anthropologischen Begriff der einheitlichen Menschheit war nicht der Eine Gott und auch nicht die Geschichte, sondern die eine Erde. Darum bildete die physische Geographie Kants Paralleldisziplin zur Anthropologie. Sie schafft ein neues Ensemble von Disziplinen, die der Beobachtung und Erforschung des Menschen eigenständig und miteinander verbunden dienen: Naturforschung mit Einschluss der Geographie, Psychologie, Medizin, Ethnologie, Archäologie, Sprachwissenschaften, Moralphilosophie, soziale Statistik, Kant nennt als Einzugsgebiete der Anthropologie neben Weltgeschichte auch Biographien, Schauspiele, Romane (VII,121). Formeller Anschlusspunkt der Kantschen Anthropologie ist die psychologia empirica der Schulmetaphysik. Nach A. G. Baumgartens *Metaphysica* (1739, ⁴1757) hielt Kant seine Metaphysik-Vorlesung (Baumgartens psychologia empirica in AA XV/1, 5–54). Kants Programm der Anthropologie, die er »zu einer ordentlichen academischen disciplin zu machen gedenke« (an Herz, Ende 1773), löst diese aber gerade aus dem engeren Rahmen der psychologia empirica heraus. Es sind nicht mehr allein die »Vermögen der Seele«, sondern die umfassenden sozialen und kulturellen Beziehungen, in denen die psychophysischen Potenzen des bürgerlichen Menschen gesehen werden. Kant betont das mit der Bemerkung, er lasse durch seine Anthropologie das metaphysische Schulthema der Wechselbeziehung von Leib und Seele hinter sich (ebd.). Das bezog sich auf die psychologia empirica in Baumgartens *Metaphysica*, die in der ersten Sektion »existentia animae« mit dem aus dem Descartesschen Dualismus kommenden Thema eingesetzt hatte (§§ 508 ff.). Kant eröffnet ganz anders mit »Erkenntnißvermögen« und hier sehr interessant mit Selbstbewusstsein und Selbstbeobachtung. Darauf folgt dann eine Apologie der Sinnlichkeit mit dem alten (schon bei Demokrit auftretenden) rhetorisch-juristischen Topos der Rechtfertigung der

Sinnlichkeit gegen die Anklagen des Verstandes. Baumgarten bringt »Sinnlichkeit« und überhaupt Akzentuierung der »facultas cognoscitiva inferior« (des unteren Erkenntnisvermögens) in den folgenden beiden Sektionen. Der Vergleich zwischen Baumgartens und Kants Gliederung zeigt, dass Kant sehr wohl dem Themenkatalog dieser psychologia empirica folgte. Er löst in seinen beiden Hauptteilen der »Anthropologischen Didaktik« und »A. Charakteristik« alles aus der akademischen Dogamtik heraus und entwickelt die Thematik weit mehr von der Fachliteratur der Zeit her im Sinne erforderlicher Allgemeinbildung.

Die empirische Psychologie der Schulmetaphysik (Wolffs *Psychologia empirica*, Frankfurt u. Leipzig 1732, [2]1738) war eine Aufnahme der von England ausgehenden empiristischen Hauptströmung der europäischen Aufklärungstheorien. Hier bildete die auch von Kant als Grundthema der Anthropologie umschriebene Kenntnis des Menschen als physisches und moralisches (das bedeutete gesellschaftliches) Wesen ein nicht mehr metaphysisch-theologisches Programm der Verständigung über die Konstanz-Ebene des auf persönlichen Erfolg gestellten bürgerlichen Individuums. Als neue Basisdisziplin für die Reflexion der sich differenzierenden Handlungssphären bürgerlich-autonom gedachter Individuen löst die empirisch-fachwissenschaftliche Theorie des Menschen die Verhaltenskonstanten aus dem transzendenten Bezug heraus und setzt konträr dessen Natürlichkeit an diese Stelle. Mit Anklang an Popes Wort »The proper study of mankind is the man« setzt das Vorwort ein: Der wichtigste Gegenstand, auf den der Mensch seine fortschreitenden Kenntnisse und Geschicklichkeiten anwenden solle, »ist der *Mensch*: weil er sein eigener letzter Zweck ist« (VII, 119). Damit betont Kant allerdings über den Sacherfolg hinaus die zwischenmenschlich-gesellschaftliche Qualifikation des Privateigentümers. Die Vorrede der Schrift sagt es: »Die physiologische Menschenkenntnis geht auf die Erforschung dessen, was die Natur aus dem Menschen macht, die pragmatische auf das, was er als freihandelndes Wesen aus sich selber macht, oder machen kann und soll« (VII, 119). Pragmatische Anthropologie bedeutet also anwendungsorientiert im einfachen Sinne persönlicher Verhaltensqualifikation. Der Terminus war im 17. Jh. nach der griechisch-lateinischen Prägung »pragmaticus« (als sach- und geschäftskundig) gebildet worden. Der Akzent sitzt auf theoretischer Einsicht, die auf Lebenspraxis bezogen ist. Im 18. Jh. gewann »pragmatisch« als tragende Aspekte Gemein-

nützigkeit und universelle Geltung für den *Menschen als Weltbürger* hinzu, die auch Kants Gebrauch von »pragmatisch« leiten. Er nannte z. B. (in der GMS, IV, 417) eine pragmatische Sanktion ein Gesetz, das sich nicht aus dem Recht der Staaten, sondern aus der Vorsorge für die allgemeine Wohlfahrt ergebe. Unter pragmatischer Geschichtsschreibung versteht er nicht eine nur fachgerecht die Ursachen und Wirkungen behandelnde Darstellung, sondern eine auf Belehrung des Verhaltens gerichtete, so dass Geschichtskenntnis Element realer Fortschritte werden könne. Bei Kant ist der Unterschied zwischen »pragmatisch« und »praktisch« als »moralisch« zu beachten. »Das praktische Gesetz aus dem Bewegungsgrunde der Glückseligkeit nenne ich pragmatisch (Klugheitsregel)« im Unterschied zur moralischen Motivation primär durch Sittengesetze (B 834). »Pragmatisch« ist also zugleich das aus der systematisch-theoretischen Kenntnis Herausfallende. »Pragmatisch« ist das Wissen, das direkt zu einer »Kunstausübung« zu gebrauchen ist (VII, 176). Die »pragmatische Anthropologie« ist anwendungsbezogene Theorie vom Menschen, indem sie direkt »Regeln des Verhaltens« gibt (VII, 189). Sie setzt also – gewiss nicht nur für Kants systematischen Wissenschaftsbegriff – mindestens eine methodisch generalisierende, nicht unmittelbar anwendungsbezogene Diszplin voraus.

Wesentlicher Anreger der Anthropologie des 18. Jhs. war J. Lockes weltbürgerliches pädagogisches Programm der *Some Thoughts concerning Education* (1693). Die Anthropologie wird von Kant zur Grundfrage dieser Pädagogik in Beziehung gesetzt, zur Bildung des Menschen nicht nur für die Schule, also für sein spezielles Fach, sondern für die Welt, wie es hieß, und das ist als Bürger, als selbständig urteilender, moralisch rationaler und selbstverantwortlicher Mensch. Zur Anthropologie gehört, »wovon auf der Stelle ein kluger Gebrauch im Leben genommen werden kann« (XXV, 472). Die *Nachricht von der Einrichtung seiner Vorlesungen 1765/66* betont ganz im Sinne der Anthropologie den Bildungsgang vom weltverständigen Menschen mit Erfahrungsurteilen zum vernünftigen allgemein gebildeten und dadurch besonnenen Menschen und danach erst zum gelehrten Mann (II, 305 f.), den Kant, im Falle, auch den »gelehrten Pöbel« oder gleichsam einäugigen Kyklopen nennt (II, 200). Die Anthropologie bildet eine Basis- und Querschnittsdisziplin, innerhalb deren unspezifischen und fachwissenschaftlich offenen Horizonts sich nicht nur die Ablösung der Wissenschaften von der metaphysisch-theologischen Grundlegung des Menschenbegriffs vollzog. Sie überwand den theologischen wie den cartesianischen Dualismus im Menschenbegriff. Hatte J. G. Walchs *Philosophisches Lexicon* (1726, ²1733) noch den Akzent auf die Unterscheidung von Anthropologia physica und Anthropologia moralis gelegt (Sp. 106 f.), so wirkte die Anthropologie im Laufe des 18. Jhs. gerade in Richtung der synthetischen Auffassung des Menschen als materiell-geistigen (»natürlichen« und »moralischen«) Wesens. Sie geht in den elementaren Ausgangspunkten hin und her zwischen Physiologie, Diätetik, Psychologie, Pädagogik, Ethik bis zur einfachen Lehre *Über den Umgang mit Menschen* (1788), wie A. Freiherrn v. Knigges (1752–1796) anthropologische Sammlung von Lebensregeln und Erfahrungsmaximen auf der Basis unvoreingenommener Beobachtung und mit individualistischer Orientierung hieß. Das populäre Werk zeigt die zeitgenössische Tendenz, der auch Kants Anthropologie-Vorlesung zugehört. Walchs *Lexikon* – nach der Zweiteilung in physische und moralische Anthropologie verlegen über den Gegenstand der Disziplin – verweist auf den ausführlichen Artikel »Mensch« (Sp. 1767–1787), der allerdings eine außerordentliche theoretische Leistung darstellt, das gesamte Spektrum metaphysischer, materialistischer, mystischer Theorien referiert und das Problem des Gattungsbegriffs in die Einheit von Leib, Seele und Geist setzt. Die anthropologische Disziplin bildete ein Sammelbecken nicht-ständischer und nicht-religiöser, anwendungsorientierter Maximen bürgerlicher Lebensführung. Dazu kam die weit über den deutschen akademischen Horizont hinausreichende Anthropologie-Thematik der französischen Aufklärung als naturgeschichtlich immanenter Geschichtsphilosophie und Kritik des biblischen Ansatzes der Menschheitsgeschichte, wie sie nach dem Kapitel über die Troglodyten in Montesquieus (1689–1755) *Lettres persanes* (1721) dann Voltaires (1694–1778) repräsentativer *Essai sur les moeurs et l'esprit des nations* (1769) verkörperte. Hier ist auch die in diesem naturwissenschaftlich-diesseitigen, anthropologischen Themenbezirk verankerte Rassenproblematik vorgebildet, die Kant in mehreren geschichtsphilosophisch-anthropologischen Aufsätzen behandelt hat. Die anthropologische Thematik erhielt mit Rousseaus zivilisationskritischer Historisierung der Moralphilosophie auf ganz andere Weise als in der christlichen Anthropologie umwendenden Gehalt und war von großem Einfluss auf Kant. Kant hatte ja notiert, Rousseau habe – analog Newtons Mechanik der Materie – die tief verborgene Natur des Men-

schen unter der Mannigfaltigkeit der angenommenen menschlichen Gestalten entdeckt (XX, 58).

Bacon (1561–1626) hatte in seinen *Essays* (1596 die kleine Sammlung von 10 Essays, 1625 die letzte Fassung mit 58 Stücken) die hohe Schule der doppelten empirischen Psychologie als Selbstreflexion und erfolgsorientierte analytische Verhaltenstechnik vorgeführt. Anthropologie erhielt hier ein konventionskritisches ratio-Element. Die Menschen zeigen sich nicht, wie sie sind. Sie verhüllen ihre Interessen. Man muss die reale »natürliche« Antriebsstruktur des Menschen erkennen, um dessen gesellschaftliche Verhaltensweisen zu entschlüsseln. Nur daraus kann eine Art Technologie der Interessenverwirklichung zusammengestellt werden. Der bis ins 18. Jh. anhaltende antiständische Akzent der Anthropologie zeigt sich darin, dass die Interessenrealisierung durch juridifizierte Autorität oder Gewaltmonopole ausscheidet. Menschenkenntnis, Geschick des Verhaltens und der Rede, zielbewusst aufgebautes Bild der Persönlichkeit schaffen Erfolg; also hohe Schule bürgerlichen Selbstvertrauens. Empirisch-psychologische Menschenkenntnis wird wichtig wie Überlebenskunst, und ohne Freundschaft dazu seien die großen Städte in ihrer traurigen Einsamkeit eine bloße Wildnis (F. Bacon, *Essays*, Über die Freundschaft, Leipzig 1967, S. 109). In B. Graciáns (1601–1658) *El Criticón* (1650/53) wird die Lebensreise als Auflösung illusorischer Erwartungen durch den Fortgang ernüchternder Einsicht bis hin selbst zur Schwermut dargestellt. Kants *Anthropologie* reproduziert wiederholt das Thema der Verstellung als Funktion sozialer Realisierung des auf sich gestellten Individuums. Kant glättet es gern mit dem Zusatz, dass der Zwang zu angenommenem Schein (des Wohlanständigen) mit der Zeit doch auch unabsichtlich läuternd wirke. Echt Baconsches kehrt bei Kant wieder in Thesen seiner Anthropologie-Vorlesung, pragmatische Anthropologie sei eine Lehre »der Klugheit, andere Menschen zu seinen Absichten zu brauchen« (VII, 201) oder, wie die Reflexionen sagen: »Pragmatisch ist die Erkenntnis, von der sich ein allgemeiner Gebrauch in der Gesellschaft machen läßt« (Refl. 1482). Kant überlagert das Baconsche Ursprungsmotiv anthropologischer Schulung, den anderen im freien Felde bürgerlichen Wechselverkehrs Erfolge abringen zu können, durch das Zentrum des Wohlgefallens an kultivierter Geselligkeit, und nennt »den Geschmack Moralität in der äußeren Erscheinung« (VII, 244). Das ist nicht Moralbewusstsein, das aus dem Wissen des Gesetzes hervorgeht und darum »aus der Vernunft entspringt«. Aber es ist in den zufälligen Interessen und Situationen »eine Tendenz zur äußeren Beförderung der Moralität« (ebd.). Vor allem aber überschreitet Kant die im individuellen Horizont befangene utilitaristische These vom konventionellen Schein, mit dem das nackte Interesse bemäntelt werde und um das es eigentlich gehe, mit der zivilisationsgeschichtlichen Perspektive, dass eben durch die konventionelle Nötigung sich nach und nach moralische Gewohnheit und Einsicht festigen würden. Zu systematischer philosophischer Disziplin taugt Anthropologie nicht. Aber sie ist unentbehrlicher Teil pragmatischer Bildung vom Menschen und steht so neben der Weltkenntnis der äußeren Natur, die Kant in der physischen Geographie vortrug. Deren Verhältnis zur Metaphysik der Natur befindet sich parallel dem der Anthropologie zur Metaphysik der Sitten. Darum ist der Gedanke abwegig, aus Kants Notiz von einer »Anthropologia transcendentalis« (Refl. 903) die Tendenz zur Anthropologie als einer philosophischen Grundwissenschaft abzuleiten. Brandt/Stark haben die Systematik der Anthropologie bei Kant in ihrer Einleitung zur Vorlesungsedition so bezeichnet: Anthropologie soll die kritische Philosophie »ergänzen, nicht aber reduktionistisch einziehen und auflösen« (XXV, XIII). Anthropologie und parallel physische Geographie bilden ein naturwissenschaftlich-pragmatisches Pendant von Menschen- und Weltkenntnis zur transzendentallogischen Methodologie, nicht einen Ansatz, diese zu relativieren. In diesem Sinn ist Kants frühe Mitteilung an M. Herz über seine Anthropologie-Vorlesung zu verstehen, die sein Konzept von Platners Anthropologie abgrenzen soll: er will nicht im philosophischen, sondern im unmittelbar erfahrungsgeleiteten Sinn durch die Anthropologie »die Quellen aller Wissenschaften die der Sitten der Geschiklichkeit des Umganges der Methode Menschen zu bilden u. zu regiren mithin alles Praktischen« eröffnen (Ende 1773). In den Kollegentwürfen der 80er Jahre heißt es: »die pragmatische Anthropologie soll nicht psychologie seyn [...], auch nicht physiologie des Artztes« (Refl. 1502 a).

Die Anthropologie des 18. Jhs., die natürlich nicht generell aus der psychologia empirica hervorging, entstand in der wissenschaftsgeschichtlich primären englischen und französischen Linie aus der ethnographisch, historiographisch, ökonomisch und pädagogisch geformten naturalistischen Moraltheorie, des Antipoden der theologischen Morallehre. Sie bezog den menschlichen Körperbau ebenso ein wie die Beziehung der Geschlechter und die kulturpsychischen Charakteristika der Sprachen, die Rechtsordnungen

wie die religiösen Verhaltensweisen bei den verschiedenen Völkern. Der alte Rätselbereich der Seele des Menschen und deren Bestimmung wurde entmystifiziert, und die Weltgeschichte wurde als Evolution der Leistungen von Hirn und Hand des Menschen in den allgemeinen Zusammenhang der Natur eingegliedert. Im 19. und 20. Jh. prägten die Theorien von J. J. Bachofen (1815–1887), L. H. Morgan (1818–1881), E. Durkheim (1858–1917), dann C. Lévi Strauss (geb. 1908), der den sprachwissenschaftlichen Strukturalismus auf die Anthropologie übertrug, die Disziplin zur Kulturanthropologie aus. Bei Lévi-Strauss kehrt das Kantsche Problem der logischen Funktion als der kulturellen Geltungsform in der strukturalistischen Fassung wieder. Die übereinstimmende immanente Logik des mythischen wie des wissenschaftlichen Denkens, selbst sozialer Ordnungen wie der Heirats- und Verwandtschaftsregeln sei zu entschlüsseln. Das hält einen der ältesten Grundsätze der Anthropologie fest, den der Konstanz der menschlichen Natur. Er bildet den Rahmen für die Lehre vom geschichtlichen Fortschritt der Kultur, der nur auf der Folie einer fixierbaren generellen »Natur« des Menschen denkbar ist. Das anthropologische Konstanz-Prinzip besaß auch – wie der skeptische Relativismus – pragmatisch aktivierenden Horizont. Fontenelle (1657–1757) sagte in seiner *De l'origine des fables* (1689): »Alle Menschen ähneln sich so sehr, daß es überhaupt keine Völker gibt, deren Torheiten uns erzittern machen sollen« (zit. n. Krauss 1987, S. 100). Rousseau war zweifellos einer der Anreger der Kantschen Anthropologie und ebenfalls in deren pädagogisch-pragmatischem Sinn. Kants Unterscheidung von physiologischer und pragmatischer Wissenschaft vom Menschen findet sich im Vorwort von Rousseaus zweitem *Discours* (1754), aber mit dem umwälzenden Sinn: Es kommt darauf an, den Menschen so zu sehen, wie die Natur ihn geformt hat, hinter den Veränderungen, die ihm der Erwerb der Vielzahl von Kenntnissen und Irrtümern gebracht hat. Die Differenz von Konstanz und Evolution trägt auch bei den unterschiedlichen Reform-Konzeptionen von Fontenelle/Voltaire und Rousseau die aufklärerische Theorie der Bildbarkeit der Natur des Menschen und der einheitlichen Menschenvernunft. Die Bedeutung der Anthropologie umriss Rousseau im Vorwort des zweiten *Discours*. Wie kann man Ungleichheit unter den Menschen überwinden, wenn man nicht deren Quellen erkennt, und wie kann man deren Ursprung erkennen, »wenn man nicht zuvor die Menschen selbst kennt?« (Rousseau, *Kulturkritische und politische Schriften*, hg. v. M. Fontius, Bd. 1, Berlin 1989, S. 197).

Die nutzbringendste und die am weitesten zurück-gebliebene aller menschlichen Kenntnisse sei die Kenntnis des Menschen selbst. Der Programmcharakter der Aufklärung wird auf der Basis der neuen Disziplin Anthropologie formuliert, deren weit ausgreifender, antispezialistischer Charakter dem intendierten pragmatischen Kulturbegriff entsprach. Das Erfordernis der Selbstbeobachtung und deren Hindernisse, womit Kants Schrift sehr individualpsychologisch einsetzt, sprach Rousseau im zivilisationskritischen Sinne aus, da nur »diese Unkenntnis vom Wesen des Menschen« uns hindere, »die tatsächlichen Grundlagen der menschlichen Gesellschaft zu erkennen« (a. a. O., S. 199). Die Anthropologie des 18. Jhs. trug auch die Leitidee der Perfektibilität. Denn die Einbettung des Menschen in den Kreis der Lebewesen erst zeigt die Würde des Menschen, die auf dessen Veränderbarkeit basiert. Er bezieht sich als Individuum auf das Schicksal der Gemeinschaft. Buffons (1707–1788) weitverbreitete, immer wieder aufgelegte und übersetzte *Histoire naturelle* (36 Bde., Paris 1749–1788), auch epochemachend durch die Trennung der Naturwissenschaften von der Theologie, begründete den Gedanken der Würde des Menschen naturgeschichtlich. Der dümmste Mensch könne das höchstentwickelte Tier leiten. Kant nimmt den anthropologischen Topos der Sonderstellung des Menschen in der Natur und der Verantwortung für dessen Bildung zur Gesellschaft gleich zu Beginn seiner Schrift auf: »Daß der Mensch in seiner Vorstellung das Ich haben kann, erhebt ihn unendlich über alle andere auf Erden lebende Wesen« (VII, 127). Buffon hatte gesagt, vergleichbar sei der stupideste Mensch dem Tier nur dadurch, dass dieses keine Seele besitze, jener sich seiner Seele unter Umständen auch nicht bedienen könne. Kant setzt in diesem naturhistorisch-anthropologischen und durchaus nicht-theologischen Sinn der Thematik der dignitas hominis ein: durchs Ich-Bewusstsein sei der Mensch *Person* und als solche erst eine Identität, also »ein von *Sachen*, dergleichen die vernunftlosen Thiere sind, mit denen man nach Belieben schalten und walten kann, durch Rang und Würde ganz unterschiedenes Wesen« (ebd.).

Die Basis-Funktion der enzyklopädisch weitgespannten Anthropologie ist im Bezug auf die Historiographie gut an I. Iselins (1728–1782) *Philosophischen Muthmassungen ueber die Geschichte der Menschheit* (2 Bde., Frankfurt u. Leipzig 1764) zu erkennen. Den eigentlichen sechs weltgeschichtlichen Büchern gehen zwei anthropologische Bücher »Psychologische Betrachtung des Menschen« und »Von

dem Stande der Natur« als naturwissenschaftliche, psychologische und (fürs zweite Buch) eigentlich einer Frühform soziologischer theoretischer Grundlegung der Geschichtswissenschaft voraus. Der Inhalt der beiden Bücher zeigt (Sinne und Einbildungskraft, Witz, Scharfsinn, sinnliches Urteil, gemeiner Verstand, Begierden, Wille, klimatische Einflüsse, schöne Künste usf.), wieviel von der Thematik der Kantschen Anthropologie-Vorlesung der Fragestellung der Zeit zugehört. Fähigkeit und Funktion der Anthropologie des 18. Jhs., als Basis der sich anreichernden und konstituierenden immanent empirischen Kulturwissenschaften zu dienen, die Kant früh erfasste und mit seiner Vorlesung gleichsam auch verbreiten wollte, ist aufschlussreich an der Theologie des auch von Goethe geschätzten Aufklärungstheologen und Wolffenbütteler Abtes, späteren Vizepräsidenten des dortigen Konsistoriums J. F. W. Jerusalem (1709–1789) zu sehen. (Das Geschick von dessen Sohn, Kammergerichtssekretär in Wetzlar, den Goethe dort kennengelernt hatte, bildete das Vorbild für Goethes Werther-Figur.) Jerusalem hat im 2. Band seiner *Betrachtungen über die vornehmsten Wahrheiten der Religion* (Braunschweig 1776) der Ersten Betrachtung »Von der Offenbarung überhaupt« eine hochinteressante Zweite Betrachtung »Von der Vernunft und Religion der ersten Menschen« folgen lassen, die sich über 120 Seiten erstreckt (S. 95–215) und in der eine komplette physiologische, sprachtheoretische und moralpsychologische Anthropologie und sogar naturphilosophische Kosmogonie (S. 121–125) in die Behandlung der mosaischen Geschichte eingeflochten wird. Formell soll die Theologie in Auseinandersetzung mit Voltaire und Shaftesbury mit dem naturwissenschaftlich-anthropologischen Standard der Jahrhundertmitte vermittelt werden, tatsächlich läuft aber die anthropologische Linie als Basis-Theorie der Religionsgeschichte der Schultheologie entgegen.

Kants *Anthropologie* enthält ein aufklärerisches Element im schulmäßigen Sinne, dass diese Disziplin als Teil der Philosophie die dunklen Vorstellungen der Seele ins Licht des klaren Bewusstseins bringe. Dem dient die analytische Methode, die Gesetzmäßigkeit der Sinnesorgane, darauf das Gefühl der Lust und Unlust und die Affekte zu bestimmen, die den Handlungen zugrunde liegen, und schließlich in einer anthropologischen Charakteristik die Temperamentelehre, die Physiognomik und drittens als Beschluss den Charakter der menschlichen Gattung zu umreißen. Diese Gliederung der Disziplin zeigt, dass es Kant nicht um naturalistische Grundlegung der

Menschenkenntnis geht. Die Anthropologie zielt auf die Formbestimmung gesellschaftlichen Verhaltens auf der Ebene einer wie ästhetischen Urteilskraft. Das Geschmacksurteil ist »sowohl ein ästhetisches, als ein Verstandesurtheil, aber in beider Vereinigung (mithin das letztere nicht als rein gedacht)« (VII, 241). Kant analogisiert das logische Prinzip des sensus communis, das die Anthropologie-Ebene freier Selbstbildung und Verhaltensweise chrakterisiert, dem Kunsturteil, das auch nicht naturalistisch als Empfindungsqualität gefasst wird, sondern als Formbestimmung gesellschaftlich sinnhafter Proportion aller einzelnen Teile. Selbstempfindung sei nur der abstrakte »letzte Beziehungsgrund von allen unseren Thätigkeiten […] so bezieht sich alles auf das Gefühl«. Aber der Wille ist doch zugleich »eine Thätigkeit zufolge einem gewissen Erkenntnisse«, in dem die Person sich entweder im Privatverhältnis oder im Hinblick auf »ein allgemein gültiges Verhältnis betrachtet: so ist gut, was mit den Thätigkeiten des Subiekts nach Gesetzen des Verstandes allgemein Zusammenstimmt« (Refl. 711 XV, 315 f). Verallgemeinerbarkeit privater Motivation denkt Kant stets intellektualistisch – diese als erzeugte soziale Funktion zu denken ist nach der mythisch-genealogischen Auffassung des Allgemeinen überhaupt die Funktion des Idealismus. Kant verbindet dabei die psychologischen Theorieelemente seiner Anthropologie mit der metaphysischen Linie. In dem bürgerlich pragmatischen Zusammenhang tritt der umfassende kulturelle Sinn des Selbstbewusstseinsbegriffs ins Licht, den die *Kritik* als Bewusstsein des »Ich denke« (Apperzeption der perceptio) formuliert. Durch die Vorstellung des Ich erhebe der Mensch sich über alle anderen lebenden Wesen und sei Person, sagt § 1 der *Anthropologie* (VII, 127).

In ihrer Sammlung weit auseinander liegender sinnesphysiologischer, ästhetischer, emotionaler, wenn man will charakterologischer Theorieteile bleibt die Disziplin auch bei Kant unscharf. Man kann von einem ganz Kant zugehörenden eigentümlichen Niveau dieser Anthropologie sprechen, denn sie war weder naturalistisch, pädagogisch-didaktisch, nicht psychologisch und nicht utilitaristisch in der auf Menschenkenntnis begründeten Verhaltenslehre. Kant übernahm selbstverständlich die Vermögenspsychologie der Zeit und schätzte insbesondere J. N. Tetens' (1736–1805) *Philosophische Versuche über die menschliche Natur* (2 Bde., 1776–77), die in elf »Versuchen« eine enzyklopädische Darstellung des Vorstellungs-, Empfindungs- und Denkvermögens und des Verbindungsvermögens aller dieser in

der menschlichen Seele abhandelten. Kant spricht vom »Erkenntnisvermögen«, »Begehrungsvermögen« usf. Beim Vermögensbegriff ist zu beachten, dass es die Übersetzung von facultas aus der Schulmetaphysik ist, also aktive Kraft, Befähigung, Geschicklichkeit, Begabung zu etwas bedeutet im Gegensatz zu receptivitas als passiver Empfänglichkeit. Die Gliederung der Kantschen *Anthropologie* stimmt ganz auffallend mit dem Gerüst der umfangreichen psychologischen und philosophischen Anthropologie von Tetens überein. Dieser beginnt mit der Natur der Vorstellungen, bei Kant das erste Buch der »anthropologischen Didaktik«, geht dann zur ästhetischen »Dichtkraft« über, die bei Kant im zweiten Buch der Didaktik folgt, und setzt mit Gefühl und Empfindungen fort. Kant bringt das im dritten Didaktik-Buch in der Behandlung der Affekte. Hier wird jedoch der Unterschied zu Tetens' psychologischer erkenntnistheoretischer Untersuchung deutlich. Kant behandelt gesellschaftliche Charaktere wie Tapferkeit, Furcht, Freiheitsstreben, Ehrsucht usf. Doch in unterschiedlicher Gliederung kehren auch bei Kant die Themen von Tetens zur sog. sinnlichen Erkenntnis und deren Verhältnis zur Vernunfterkenntnis wieder. Vor allem aber endet Kant im Schlussteil seiner »Anthropologischen Charakteristik« wie Tetens mit dem Charakter des Menschengeschlechts – dieser behandelt im elften Versuch den »Grundcharakter der Menschheit«. Kants Eigenständigkeit zeigt sich in der hohen Konzentration der in der zeitgenössischen Literatur nach vielen Seiten ausgebreiteten Thematik und in der fließenden Verbindung der einzelnen Skizzen, so dass keine für sich zu stehen kommt und die Wahrheit im verbindenden Übergang vom Physiologischen zum Psychologischen, Emotionalen, Ästhetischen, Logischen bis hin zum sehr zurückhaltenden Urteil über die Menschengattung besteht. Ob sie eine gute oder schlimme Rasse sei, so müsse er gestehen, »daß nicht viel damit zu prahlen sei« (VII, 331). Doch ihre Bestimmung bestehe »im continuirlichen Fortschreiten zum Besseren« (VII, 324). Anthropologie behandelt »die pragmatische Anlage der Civilisirung durch Cultur, vornehmlich der Umgangseigenschaften« (VII, 323). Nur in einer Reihe unabsehbar vieler Generationen arbeitet die Menschheit sich zu den ihr gemäßen Lebensverhältnissen empor. Rousseau wollte die Menschheit nicht in die Wälder zurückkehren lassen, sondern die Widersprüche im Fortschreiten hervorziehen, die man nicht für aus der Luft gegriffen ansehen dürfe: »[D]ie Erfahrung alter und neuer Zeiten muß jeden Denkenden hierüber verlegen und zweifelhaft machen, ob es mit unserer Gattung jemals besser stehen werde« (VII, 326). Kant löst das Dilemma mit dem Verweis auf die wirkliche Geschichte, weil man darüber nichts a priori ausmachen könne (VII, 329) und führt seinen Fortschrittsgedanken wie immer von der Naturwüchsigkeit der Menschheit zur immer volleren Ausbildung aller Potenzen zur Rechtsproblematik einer republikanischen Rechtsordnung und »weltbürgerlichen Gesellschaft« (VII, 331). Tetens hatte seine anthropologische Enzyklopädie ebenfalls mit der bejahend beantworteten Frage beschlossen (abgesehen von einem Anhang zur Sprachfähigkeit des Menschen), »ob der Grundcharakter der Menschheit in der Perfektibilität gesetzt werden könne« (S. 728 ff.).

Neben der Tetens-Beziehung ist der eigene Anspruch der Kantschen Anthropologie gut am Unterschied zu den gleichzeitig erscheinenden anthropologischen und frühen völkerpsychologischen Arbeiten in der deutschen Aufklärungsliteratur zu erkennen. Primär psychologisch und anthropologisch fasste C. M. Meiners (1747–1810) in seinen zahlreichen allgemein bildenden Schriften die Philosophie überhaupt auf. Der Mediziner und Philosoph E. P. Platner (1744–1818) las in Leipzig Augenheilkunde, Physiologie, Logik, Metaphysik, praktische Philosophie, Ästhetik und verfasste eine *Anthropologie für Ärzte und Weltweise* (2 Tle., 1772–74, [2]1790), die die Anthropologie als bürgerlichen Bildungskanon der Religion entgegenstellte. Praktische Lebenslehre bedürfe nicht der unklaren Vorstellung eines höchsten Wesens, sondern der naturwissenschaftlich geführten Erkenntnis menschlicher Glückseligkeit. In seinen *Philosophischen Aphorismen* (2 Bde., 1776–82, [2]1793–1800) richtet er diese Anthropologie in der überarbeiteten zweiten Auflage mit ausführlicher Polemik gegen Kants transzendentalen Idealismus. Der besondere Wert der Kantschen Anthropologie-Vorlesung, die sich einem Leitthema der aufklärerischen Bildungsbewegung anschloss, bestand gerade im nicht spezifisch festgelegten, sich zwischen den verschiedenen Richtungen haltenden, weiten Horizont der verschiedenen Fragestellungen und in den nicht systematisierbaren Empfehlungen, was

»das freihandelnde Wesen aus sich selber macht, oder machen kann und soll« (VII, 119) – wovon nämlich nach der Vorrede kaum mehr gesprochen, aber umso mehr zum Nachdenken darüber mitgeteilt wird. Ein weites Feld von Bildung des gesunden Menschenverstandes wird vorgestellt. Nicht nur die jungen Studenten, auch Königsberger Beamte und gebildete Bürger besuchten das erfolgreiche, wöchentlich vierstündige Kolleg Kants, das er insgesamt 24 Mal vorgetragen hat. Es war ein Renner unter den umlaufenden Nachschriften der Kantschen Vorlesungen. Die Herausgeber der Nachschriften in der AA, R. Brandt und W. Stark, schätzen etwa 130 Nachschriften (XXV, CXXXII). Der Königsberger Bürgermeister und spätere Stadtpräsident (1786), T. G. v. Hippel (1741–1796), Mitglied der Kommission zur Ausarbeitung des Preußischen Landrechts (1780), zugleich erfolgreicher Schriftsteller, übernahm im ersten Band seines an L. Sterne orientierten humoristischen Romans *Lebensläufe in aufsteigender Linie* (4 Bde., 1778–81) Teile von Nachschriften der Kantschen Anthropologie-Vorlesung.

Literatur

Heinze, M.: E. Platner als Gegner Kants, Halle 1880. – Simmermacher, V.: Kants *KrV* als Grundlegung einer Anthropologia transcendentalis, Diss. Heidelberg 1951. – Marquard, O.: Zur Geschichte des philosophischen Begriffs »Anthropologie« seit dem Ende des 18. Jhs., in: Collegium philosophicum, Basel u. Stuttgart 1965, S. 209–239. – Hinske, N.: Kants Idee der Anthropologie, in: Rombach, H. (Hg.), Die Frage nach dem Menschen, Freiburg u. München 1966, S. 410–427. – Duchet, M.: Anthropologie et histoire au siècle des lumières, Paris 1971. – Malter, R. (Hg.): I. Kant, *Anthropologie in pragmatischer Hinsicht*, Hamburg 1980 [hier die Rez. Schleiermachers zur *Anthropologie* (Königsberg 1798) aus: *Athenaeum* 2 (1799), S. 300–306]. – Krauss, W.: Zur Anthropologie des 18. Jhs., in: Ders., Das wissenschaftliche Werk, Bd. 6, Aufklärung II, Frankreich, Berlin u. Weimar 1987, S. 62–247. – Brandt, R./Stark, W.: Einleitung zu Kants Vorlesungen über Anthropologie, in: AA XXV, S. VII-CLI. – Brandt, R.: Kritischer Kommentar zu Kants *Anthropologie*, Hamburg 1999. – Henrich, D. (Hg.): I. C. Diez. Briefwechsel und Kantische Schriften, Stuttgart 1997 [zum Panorama des Frühkantianismus neben der Einl. (S. IIICXXIV) Textgruppe A: Diez' Briefe an F. I. Niethammer].

XIII Die Metaphysik der Sitten (1797)

Frühes Projekt, spät vollendet

Eines der frühesten Projekte zur Kritik der Metaphysik

Die Metaphysik der Sitten bildete eines der frühesten Projekte Kants zur Umgestaltung der Philosophie. Sie sollte ursprünglich vor einer Methodenschrift zur Metaphysik (der späteren *KrV*) verfasst werden. Bereits 1765 teilte er J. H. Lambert im Zusammenhang der Worte von der »Crisis der Gelehrsamkeit« und der »Euthanasie der falschen Philosophie« mit, er wolle, um nicht schneller Projektemacherei beschuldigt zu werden, vor der kritischen Schrift zur generellen Methode der Metaphysik »einige kleinere Ausarbeitungen« voranschicken, deren Stoff (nicht der Text) ihm fertig vorliege, »worunter die metaphysischen Anfangsgründe der natürlichen Weltweisheit, und die metaph. Anfangsgr. der praktischen Weltweisheit die ersten seyn werden« (31.12.1765). An Herder, seinen Studenten 1762–1764, hieß es zwei Jahre darauf, er kehre das Gebäude seiner Gedanken oft prüfend um und sei nun für die Moralphilosophie dazu gekommen, »die eigentliche Bestimmung und die Schrancken der Menschlichen Fähigkeiten und Neigungen zu erkennen [...] und ich arbeite jetzt an einer Metaphysik der Sitten« (9.5.1767). Die generelle Kritik der Methode der Metaphysik, die dann in der *Kritik* als gesonderte Propädeutik gefasst wurde, vollzog sich von Anfang an innerhalb der Problemstellungen konkreter Philosophie-Disziplinen. Zwei zur späteren *Kritik* weiterführende Punkte nennt Kant, die er an der moralphilosophischen Thematik vorbereitet habe: 1. eine offenbar aus den anthropologischen Studien hervorgehende Verhaltenstheorie, die weder sensualistisch noch im Sinne der Wolffschen Metaphysik intellektualisitisch ist; 2. »die Unterscheidung des Sinnlichen vom Intellectualen in der Moral«, wie er am 21.2.1772 an M. Herz schreibt. Der Angelpunkt der Umbildung der Moralphilosophie bestand zweifellos nicht in der Empirismus-Kritik, die für Kant selbstverständlich war, sondern in der Neufassung der virtus intellectualis in der Schulmetaphysik; d. i. der intellektuellen Tugend nicht mehr als einer rationalen Ordnung der divergierenden Motivationsbestände der Person, sondern als Bezug der individuellen Handlungsrationalität auf die Würde der Menschheit, die in der eigenen Person

und in jeder Person zu achten sei. Nach Verteidigung und Veröffentlichung der Inauguraldissertation beabsichtigte Kant immer noch, mit den neu gewonnenen Grundsätzen zunächst die transzendentale Theorie im praktischen Bezug auszuarbeiten. Das »wird in vielen Stücken den wichtigsten Absichten bey der veränderten Form der Metaphysick den Weg bähnen« (an Lambert, 2.9.1770). Danach werde er die Arbeiten zur generellen Methode der Metaphysik wieder aufnehmen. Die Studien zur Sitten-Metaphysik, die sich vor allem im Zusammenhang der Vorlesungen vollzogen, bildeten natürlich keine Alternative zur *Kritik*, die dann etwa zu einer moralphilosophischen Hauptlinie des Kantschen Denkens hinzugetreten wäre. Als nach der Dissertation der Terminus »Kritik der reinen Vernunft« zum ersten Mal auftritt, ist an eine zweiteilige Metaphysik gedacht 1. theoretisch: a) Phänomenologie (die spätere transzendentale Ästhetik), b) Metaphysik nach ihrer Natur und Methode; 2. praktisch: a) Prinzipien des Gefühls, des Geschmacks und der Bedürfnisse und b) Prinzipien der Sittlichkeit. Vom Schwung seiner Entdeckungen in der Dissertation geführt, glaubte Kant, dass er den ersten Teil »binnen etwa drei Monathen herausgeben werde«. Zum Programm der praktischen Philosophie zählen hier noch Ästhetik und Themen der Anthropologie. Außerdem sind theoretische Ebenen noch zusammengenommen, die später in die der *KpV*, der *Metaphysik der Sitten* und der *Anthropologie* getrennt wurden. Möglicherweise enthält die *Grundlegung* (1785) das meiste vom ursprünglichen Material und vor allem vom Gedankengang der immer wieder genannten Moralphilosophie, die zur neuen Metaphysik voranführe. Der genetische Duktus der Schrift hin zur neuen Grundlegung durch eine *Kritik der praktischen Vernunft* spiegelt vielleicht etwas von Kants eigenem geistigen Weg. Selbst nach dem Erscheinen der *KrV*, als Kant noch meinte, die neue transzendentale Methode für alle Geltungsformen von Behauptungen dargestellt zu haben und an eine zweite *Kritik* nicht dachte, schrieb er 1783 an Mendelssohn, er wolle im kommenden Winter den ersten Teil seiner Moralphilosophie im Zusammenhang eines künftigen »Lehrbuchs der Metaphysik nach obigen critischen Grundsätzen« (der Vernunftkritik) verfassen (16.8.1793). Hier ist an die Verwendung für Vorlesungen und wohl auch an Material aus Kants Vorlesungen gedacht. Im Jahre 1797, 30 Jahre nach den ersten Ankündigungen, erschien die Schrift, vom Ertrag des Lebenswerks geführt und von dessen Mühen entspannt. Zweigeteilt ist die Schrift in Rechts- und Tugendlehre gemäß Baumgartens Scheidung von juridischen normae externae und normae morales internae. Nach Baumgartens *Ethica philosophica* hielt Kant seine moralphilosophischen Vorlesungen (abgedruckt in XXVII/2). Beide Teile erschienen als getrennte Bücher. Der Anhang zur Rechtslehre (VI, 356–372) ist eine Auseinandersetzung Kants mit der Rezension des Göttinger Professors F. Bouterwek (1766–1828), den Kant der zweiten Auflage hinzufügte (Rez. abgedr. in XX, 445–453).

Das von Kant selbst herausgegebene Spätwerk wird seit langem als glücklose Zusammenstellung der einem alternden Autor vorliegenden Materialien behandelt; manchmal gewinnt die philologische Betrübnis die Oberhand über die Würdigung der großen Fragestellungen Kants. Die Überlegungen zur zunehmenden Senilität Kants treten gern bedeutungsschwer hinzu. Doch Kant arbeitete in den 90er Jahren bis zum Erscheinen der Schrift intensiv an der Thematik und gelangte dabei wahrscheinlich erst zum wesentlichen Verbindungsstück zwischen Rechtsbegriff und transzendentallogischer Theorie, zur Begründung des Eigentumsrechts nicht durch empirische Erwerbung (durch Gewalt oder Arbeit, wie bei Hobbes bzw. Locke), sondern durch den a priori vereinigten Willen aller. Manche Interpretationen (C. Ritter u. a.) unterschätzen die theoretische Konsistenz der *Metaphysik der Sitten*. Das geht zusammen mit der Ansicht, dieses Spätwerk stehe eigentlich unabhängig von der *KpV*. Das wiederum stellt deren Anwendungstauglichkeit in Frage.

Umfangreiche Manuskripte der sog. *Vorarbeiten zur Metaphysik der Sitten*, die aus den genannten frühen Plänen Kants zu einer praktischen Metaphysik stammen, finden sich in XXIII, S. 211–419 abgedruckt. Dazu kommen *Bemerkungen zur Rechtslehre*, die im Rostocker Kant-Nachlass am Schluss der ersten Einleitung zur KU eingebunden sind (jetzt in XX, S. 445–467). Die Reflexionen zur Rechts- und Moralphilosophie befinden sich in Bd. XIX der AA. Zuletzt erklärten B. Ludwig, W. Stark und V. Parma die verschiedenen offensichtlichen Mängel der ersten und zweiten Auflage der Rechtslehre nicht nur aus einem für Kant generell angenommenen geringen Interesse an der Durchsicht der Druckbogen seiner Werke, sondern machten sehr wahrscheinlich, dass Kant, der um 1796 unter dem Druck weiterer geplanter Projekte seiner abnehmenden Arbeitskraft innewurde, ein Manuskript der Rechts-Metaphysik an einen Kopisten übergab, das mehr ein Konvolut von aus verschiedenen Arbeitsperioden stammenden Manuskriptteilen und Einzelblättern zusammen mit einer Gliederungsvorschrift darstellte. Der Abschreiber sei von der gewiss nicht zu seiner Aufgabe gehörenden Ordnung der Blätter überfordert gewesen. Kant hat die Korrekturbogen aller Wahrscheinlichkeit nach später nicht selbst revidiert. Daraus könnten sich auffallende Mängel erklären, wie schwere Druckfehler, ein Einschub mehrerer Absätze in § 6, die den Zusammenhang des Gedankengangs bis Absatz 3 mit dem letzten Absatz unterbrechen, der *Anhang zur Rechtslehre* mit der Stellungnahme zu Bouterweks Rezension geriet zwischen privates und öffentliches Recht, Inkonsistenzen ebenso in der Systematik der *Tugendlehre* u. a. m. Es kam offenbar zur Aufnahme von Textteilen aus früheren Ausarbeitungsphasen, die Kant schon gestrichen hatte, andererseits wurden Passagen der letzten Fassung Kants ausgelassen. Die Gliederung eines verbesserten, nach Kants vermutlicher Ordnung rekonstruierten Textes der Rechtslehre, der aus den genannten Gründen beim Druck nicht realisiert worden sei, findet sich in B. Ludwigs Edition der *Metaphysischen Anfangsgründe der Rechtslehre* (1988). Ludwig veränderte die Makrostruktur des Werkes mit dem Anspruch, den ursprünglichen Kantschen Text wiederhergestellt zu haben. Da kein durchgehendes Kant-Manuskript vorhanden ist, lässt sich darüber nur streiten, nicht beweisen. Der über Jahrzehnte geplanten und sicher auch immer wieder mit Ausarbeitungen begonnenen *MS* wurde zum Verhängnis, dass Kant wohl meinte, einen großen Teil der Niederschrift schon vorliegen zu haben, der nur ergänzt und gegliedert werden müsste. Ludwig und zuvor schon Kersting zeigten wesentliche Punkte, bei denen Kant Thesen der *Vorarbeiten* in der späteren Schrift veränderte. Entscheidend für das Urteil wird sein, dass Kants *MS* in der von ihm veröffentlichten Form die authentischen Formulierungen der Auffassungen Kants im Kreis seines staatsrechtlich, politisch, religionsphilosophisch und historisch so bedeutenden Spätwerks darstellt. Trotz mancher Unvollkommenheiten in den beiden Editionen durch Kant selbst ist Kants Theorie eindeutig zu erkennen. Philologische Aspekte sollten nicht dahin führen, dass die Echtheit des Werkes und gar anderer Werke der 90er Jahre in Frage gestellt werden (vgl. Parma 2000, S. 49).

Literatur

Ritter, C.: Der Rechtsgedanke Kants nach den frühen Quellen, Frankfurt/M. 1971 [Orientierung an den Vorarbeiten, die z. T. aus den 60er Jahren stammen, nimmt die *MS* für eine Kompilation von älteren Ausarbeitungen ohne Sorgfalt. Starke Geringschätzung des Werkes]. – Busch, W.: Die Entstehung der kritischen Rechtsphilosophie Kants 1762–1780, Berlin u. New York 1979. – Ilting, K. H.: Gibt es eine kritische Ethik und Rechtsphilosophie Kants?, in: AGPh 63 (1981), S. 325–345. – Sänger, M.: Die kategoriale Systematik in den *Metaphysischen Anfangsgründen der Rechtslehre*, Berlin 1982. – Ludwig, B. (Hg.): I. Kant, Metaphysische Anfangsgründe der Rechtslehre, Hamburg 1986 [Einl., S. I–LIV]. – Ders.: Kants Rechtslehre, Hamburg 1988 [eingehender Kommentar auf der Grundlage eines korrigierten Textaufbaus; enth. e. Beitrag v. Stark, W.: Zu Kants Mitwirkung an der Drucklegung seiner Schriften, S. 7–29]. – Parma, V.: »Es war einmal eine Metaphysik der Sitten«, in: Brandt, R./Stark, W. (Hg.), Zustand und Zukunft der AA von *Kant's Ges. Schriften*, Berlin u. New York 2000, S. 42–65 [=KS 91 (2000), Sonderheft].

Stellung im Systemplan Kants. Rechtstheorie und Ethik der größten Zahl

Die späte Schrift ist ganz auf systematische Repräsentation logisch notwendiger Sätze gerichtet (mit Tafeln zu deren Einteilungen: VI, 210: Rechtslehre; VI, 413: Tugendlehre), die sich aus der *KpV* ergeben. Eine Übersicht bringen die drei ausführlichen Einleitungen (zur Metaphysik der Sitten als Ganzem, zur Rechts- und zur Tugendlehre). Die Ideen reiner praktischer Vernunft bezeichnen das Maximum von Realisierung des Rechts und der Moral. Das sind nach äußerer und erzwingbarer Ordnung die Freiheitsrechte der Individuen in einer Verfassung, die die Freiheit aller verwirklicht. Es sind zweitens in einer weiter ausschwingenden moralischen Ordnung die Willensmaximen der »inneren Freiheit« der Einzelpersonen, die mit allen moralischen Pflichten übereinstimmen (VI, 407). Es ist, wie man sieht, die methodische Voraussetzung einer kulturellen Welt im Ideal der Vernunft. Die Realisierung kann – analog der mathematischen unendlichen Präzision – niemals direkt erfolgen, sondern nur über mehrere Vermittlungsstufen. Im Ganzen kann die Entsprechung zwischen Ideal und empirischer Realisierung nur symbolisch sein. Also kommt es auf die Vermittlungsebenen zwischen Ideal und Realisierung an.

Die verschiedenen Werke der praktischen Philosophie stellen die Vermittlungsstufen dar, in denen sich die Teile der Kantschen Kulturphilosophie aufeinander beziehen: *Kritik der praktischen Vernunft – Metaphysik der Sitten – Anthropologie*. Damit ist der Umkreis der von Kant unter der Methodologie der praktischen Vernunft gedachten Kulturphilosophie – noch nicht einer Gesellschaftstheorie – nicht erschöpft. Moralisch-praktisch sind im Sinne der philosophia practica universalis der Schulmetaphysik und ebenso der moral sciences des Empirismus Moral- und Rechtsphilosophie, Politik, Religion, empirische Psychologie, Anthropologie, Pädagogik, Universalgeschichte. Kants Auffassung von der Themenbreite der praktischen Philosophie entspricht der enzyklopädischen Kulturphilosophie der Aufklärung. Doch Kant ordnet alle kulturphilosophischen Gebiete nach seiner vertikalen Gliederung vom logischen principum zum empirischen concretum. J. F. Buddes (1676–1729) *Elementa philosophiae practicae* (1697) und im Umfang der Disziplinen ebenso C. Wolffs *Philosopia practica universalis* (2 Bde., 1738/39) fassten unter praktischer Philosophie Ethik, Rechtswissenschaft, Ökonomie, Politik. Wolff hat das Recht speziell in seinem *Ius Naturae* (8 Bde., 1740–48) und im *Ius gentium* (1749) behandelt. Darauf folgte die *Philosophia moralis sive Ethica* (5 Bde., 1750–53). Mit der stoischen Tradition in seiner Ethik – die unserer Natur gemäße Vollkommenheit zu erreichen – fasst Wolff die Praxis-Problematik wie Kant als den ganzen Bezirk der »freien Akte«. Bei Wolff sind vier Aspekte miteinander verbunden: die intellektuelle moralische Maxime, der Wille zur Verwirklichung bestimmter Einsicht, das Wissen über die Ausführung praktischer Akte und die Erfahrung des realisierten Erfolgs. Kant löst das auf. Er sagt ebenfalls: »Praktisch ist alles, was durch Freiheit möglich ist« (III, 520). Hinter der formellen Übereinstimmung steht der Unterschied zwischen Wolffs Freiheitsbegriff als der Fähigkeit zur Aktualisierung der Verwirklichungsbedingungen einer Handlung und Kants methodischer Prämisse der transzendental-logischen Einheit aller Zwecke der Menschheit. Gegen Wolff sagt Kants Tugendlehre, man könne die Tugend nicht als die Fertigkeit in freien gesetzmäßigen Handlungen definieren (VI, 407). Das moralische Spezifikum sitzt im Vorsatz, im Willen zu bestimmten Handlungen. Der ganze Gang des Katalogs vollkommener (unbedingter) und unvollkommener Pflichten, der dann die logisch notwendig zu denkenden Tugenden darstellt, ist vom gesuchten Gleichgewicht zwischen den Pflichten der Person gegen sich selbst und denen gegen andere bestimmt. Die einzelnen Pflichten des Menschen gegen sich als (a) animalisches und (b) als moralisches Wesen stellen keine logischen Sätze a priori dar, etwa den Erklärungen der Naturmetaphysik über Bewegung, Ruhe,

Kausalität usf. vergleichbar. Kant interpretiert, genau besehen, nur die rein ideelle Notwendigkeit als Synthesis a priori der praktischen Vernunft, zum Bewusstsein der Freiheit, Pflichten zu denken, deren Erfüllung noch dazu unabhängig von der Anerkennung infolge der Ausführung den Zweck in sich selbst besitze (VI, 396). Von den Pflichten im Einzelnen ist das nicht zu sagen. Vollkommene Pflichten sind z. B.: animalisch – Selbsterhaltung, ergibt Verbote der Selbstentleibung, Selbstschändung, Selbstbetäubung; moralisch – Selbsterkenntnis, ergibt Verbote von Lüge, Geiz, Kriecherei. Die Pflichten gegen andere sind Liebespflichten (teilnehmende Empfindung [!], Dankbarkeit, Wohltätigkeit) und Tugendpflichten (Achtung des anderen und als Synthese dieser mit der Liebespflicht die Freundschaft).

Von den moralisch-praktischen (juridischen, ethischen, religiösen) Akten, die die soziale Relation freier Individuen konstituieren, trennt Kant die gegenständlich-praktischen Akte ab, die sich im Objekt erschöpfen. Es sind technisch-praktische Imperative. Im Sinne der aristotelischen Scheidung von theoretischer und praktischer Wissenschaft ordnet Kant die objektgerichteten Akte dem theoretischen Verstand zu. Die ausdrücklichen Verbindungsstellen zwischen methodischer *Kritik* und systematischer *Metaphysik* praktischer Vernunft befinden sich am Ende des Abschnitts II der Einleitung zur *Metaphysik der Sitten* und ausführlicher noch in der Einleitung zur Tugendlehre (Abschn. II, III; VI, 382–86). Der Übergang erfolgt mit dem Gedanken, dass Zwecke intelligibler Realität für intellektuelle endliche Wesen sich als objektive Pflichten darstellten. Für heilige Einzelwesen, die zu Pflichtverletzung nicht einmal versucht werden könnten, würde es keine Pflichten und also auch nicht Tugenden geben. Auch hier zitiert Kant gern A. v. Haller (etwas frei aus dem Gedächtnis): Der Mensch mit seinen Mängeln/ Ist besser als das Heer von willenlosen Engeln (Haller, *Über den Ursprung des Übels*, 1734). Vor die reinen Pflichten setzt Kant »ästhetische Vorbegriffe der Empfänglichkeit des Gemüths für Pflichtbegriffe« (VI, 399). Das sind das moralische Gefühl, Gewissen, Nächstenliebe und Selbstachtung. Nach *Kritik*, Metaphysik, angewandten, aber noch philosophischen Disziplinen praktischer Vernunft (Rechtsdisziplinen, Religionsphilosophie) bildet »das Gegenstück einer Metaphysik der Sitten, als das andere Glied der Eintheilung der praktischen Philosophie [...] die moralische Anthropologie« (VI, 217). Hier ordnet Kant die natürlichen Voraussetzungen zur Ausführung der Gesetze für unsere Maximen ein und dazu den weiten Bereich der auf Erfahrung gründenden Lehren in der aufklärerischen »Erziehung, der Schul- und Volksbelehrung« (ebd.). Die in der aufklärerischen Theoriebildung vorherrschende empiristische Ethik der natürlichen Erfolgsvoraussetzungen freier Individuen und deren Anerkennungsverlangens wird aus der Philosophie hinaus und in die Anthropologie gesetzt. Des Menschen Leben sieht Kant ausgespannt zwischen dessen Natürlichkeit und transzendentaler Idealität. Also spielt das Entscheidende der gesellschaftlichen Kultur dazwischen, unterm Bogen der beiden Endpunkte. Die soziale Realität erscheint in der ideell verkürzten Gestalt der Rechtsform gesellschaftlicher Strukturen. Ein wesentlicher Aspekt der methodischen Verankerung von Moral und Recht in der transzendentalen Logik praktischer Akte besteht im Bezug der Verhaltensmaximen des Einzelnen auf die Gesamtheit aller Einzelnen. Damit tritt, wie dann das 19. Jh. sagen wird, die soziale Masse in den Gesichtskreis ethischer Theorie. Die stoische Tradition des sich durch intellektuelle Tugend vervollkommnenden Einzelnen erhält einen neuen, von Rousseaus Demokratismus beeinflussten, Bezugspunkt. Es geht in diesem universalistischen Sinne nicht nur um die Generalisierungsfähigkeit von Maximen, sondern um die Masse der Einzelnen als Ort der moralischen Orientierung. Instruktive Zusammenfassung bietet jetzt H. Hofmanns »Einführung in die Rechts- und Staatsphilosophie« (2000). Dieser neue Gehalt der Kantschen Ethik bedeutet keine Aufnahme der plebejischen moralphilosophischen Tradition. Hier stand der Aspekt der großen Zahl immer im Mittelpunkt, mit dem Gedanken der Gemeinschaftswerte. Diese Ethik war, wenn auch nicht immer heilsgeschichtlich, so doch statisch angelegt: die echte Tugend solidarischer Vergemeinschaftung wird wieder hervortreten – mit dem bedeutenden Zusatz, dass hier umfassende soziale Veränderungen vorausgehen müssen und werden. Dieser ganze Bereich liegt Kant fern. Die Untersuchungen zum Themenkreis »Kant und der Sozialismus« bringen einzelne sozial-liberale Aspekte, treffen aber Kants Denken nicht. Kants soziales Denken ist von Rousseaus Republikanismus und ebenso von Lockes Liberalismus geprägt. Der Gesichtspunkt der großen Zahl oder der Masse tritt bei Kant nicht direkt über die Moralform des Bewusstseins, sondern übers Recht ein. Es gewinnt als inneres Bauprinzip der Kantschen Ethik große Bedeutung. Da das Recht sich als ursprünglicher Formalismus nicht selbst begründen kann, findet es seine Einfassung in der intelligiblen Welt aller Zwecke, die dann von der Moralform dargestellt wird. Hier gewinnt das modern-bürgerliche Prinzip der großen Zahl Anschluss an den Gedankenkreis des mundus intelligibilis der Metaphysik.

Literatur

Bauch, B.: Das Rechtsproblem in der Kantischen Philosophie, in: ZRPh 3 (1921), S. 1–26. – Kersting, W.: Wohlgeordnete Freiheit. Kants Rechts- und Staatsphilosophie, Berlin u. New York 1984 [Umfassende philosophische Rehabilitierung der *MS*, die die Architektonik der Teile in der Konzeption sichtbar macht. Stellung der Rechtslehre in der Problemgeschichte der neuzeitlichen Philosophie sowie in Kants Werk. Interpretation des Privatrechts als Anwendung des transzendentaphilosophischen Programms]. – Tuschling, B.: Das rechtliche Postulat der praktischen Vernunft. Seine Stellung und Bedeutung in Kants Rechtslehre, in: Oberer, H./Seel, G. (Hg.), Kant. Analysen – Probleme – Kritik, Würzburg 1988, S. 273–292. – Hofmann, H.: Einführung in die Rechts- und Staatsphilosophie, Darmstadt 2000 [spez. T. 1, Kap. 1, §§ 1 f., Kant und der Positivismus der Juristen; Recht als Sollen; T. 3, Kap. 2, § 26, Locke, Rousseau, Kant].

Vorstufe der Sitten-Metaphysik in den rechts- und moralphilosophischen Vorlesungen. Nicht Naturrechtslehre, sondern Metaphysik der Sitten

Die moralphilosophischen Vorlesungen, die Kant von 1775/76 bis 1793/94 abhielt, legten A. G. Baumgartens *Ethica philosophica* (1740, ³1763) zugrunde. Rechtslehre las Kant etwa von 1767 bis 1788 nach G. Achenwalls und J. S. Pütters *Elementa juris naturae* (³1753). In der Sitten-Metaphysik verstärkte Kant seine Kritik der Naturrechtstheorie als methodische Konstruktion einer Eigentums- und Verfassungstheorie. Kant setzte an diese Stelle eine Theorie der transzendentallogischen Möglichkeit von Eigentum und Staat. Auch im »Naturzustand«, also unterhalb der institutionalisierten Verbote und Imperative, gebe es *societates*, so eheliche, väterliche, überhaupt hauswirtschaftliche Vereinigungen (Naturrecht Feyerabend; XXVII, 1377 f.). Die Rechtslehre der Sitten-Metaphysik wiederholt das und fügt hinzu: Es könne »auch im Naturzustand rechtmäßige Gesellschaften« geben, »von denen kein Gesetz a priori gilt: ›Du sollst in diesen Zustand treten‹«. Es seien »unwillkürliche Rechtsverhältnisse« (VI, 306). Im Text der *Rechtslehre* von 1797 werden die in den Vorlesungen enthaltenen traditionellen Elemente jedoch eingegrenzt von den transzendentalen Bedingungen der Möglichkeit des Eigentums als eines Verhältnis-

ses zwischen Personen (nicht primär zu Objekten) und von Staatsverfassung überhaupt. Dem ius naturae stehe nicht der gesellschaftliche Zustand als ein status artificialis (künstlicher Zustand) gegenüber, wie Achenwall meine, sondern das bürgerliche distributive Recht (VI, 306). Das elementare Rechtsverhältnis liege im Eigentumsrecht, und dieses stelle einen Vertrag dar als »Akt der vereinigten Willkür zweier Personen« (VI, 271). Eine Stärke der Naturrechtstheorien bestand in der Verbindung von systematischer und geschichtsphilosophischer Begründung. Kant gibt das zugunsten seiner außerordentlichen Eigentumstheorie, die zugleich Basis der Staatsrechtslehre wird, auf.

Auch in der Tugendlehre wird die formelle Bindung an die Lehrbücher der Schulmetaphysik deutlich. C. Wolff hatte seine deutsche Ethik in vier Teilen ausgeführt: Allgemeine Regeln von Handlungen, darauf Pflichten jedes Menschen gegen sich selbst, gegen Gott, gegen andere (*Vernünfftige Gedancken von der Menschen Thun und Lassen*, Halle 1720). Kants Tugendlehre setzt ebenfalls einen allgemeinen Teil voran. Er beginnt jedoch nicht mit Gesetzen für Handlungen, sondern für die Willensmaximen von Handlungen. Darauf folgt die Ethik, wie bei Wolff als Pflichtenlehre in den zwei Teilen als Pflichten gegen sich selbst und Pflichten gegen andere. Die metaphysischen Grundsätze der Vollkommenheit und des höchsten Gutes sind bei Wolff mit dem empiristischen Prinzip der zu erlangenden sog. Glückseligkeit verbunden. Ohne transzendentale Logik der autonomen Willensbestimmung ist das die einzige Möglichkeit, persönliche Verantwortung für die Lebensgestaltung und eine rationale Überlagerung der Glaubensthematik zu fassen. Der sensualistische und anthropologische Einsatz besaß überhaupt die Funktion, mit der Voraussetzung natürlicher Verhaltens- und Sozialisierungsgesetze einen Freiraum persönlicher Lebensgestaltung gegenüber Staat und Kirche zu bereiten.

Kant restituiert gegen das Eindringen des Empirismus das eigentliche Metaphysik-Element der moralphilosophischen Tradition: den mundus intelligibilis aller praktischen Akte, den er zu einem über alle empirischen Intentionen und Realisierungsmöglichkeiten hinausreichenden, menschheitlichen Verantwortungsraum umformt. Hier lagen schon seit den 60er Jahren neben dem Ziel der Verbindung von Ontologie und Newtonscher Physik Kants Pläne für die Erneuerung der Metaphysik. Kant wollte den Gedanken der überpersönlichen Idealität eines mundus intelligibilis auf eine von Rousseau beeinflusste Moraltheorie überführen, in der das intelligible Totum zur Idee der Menschheit umgeformt ist. Der sich aus der Ontologie nach dem Muster der Begriffslogik ergebende Leitbegriff der moralischen Vollkommenheit (perfectio absoluta oder transcendentalis bei Gott, perfectio relativa beim Menschen) wurde von Wolff als optimale Harmonie der Elemente einer Substanz gefasst, als die er das Individuum fasste. Die Verbindung von perfectio und realitas war damit gelockert, und empirische Antriebe konnten Platz greifen. Kant hält an vielen Gedanken Wolffs und dessen bedeutendsten Schülers Baumgarten fest, begründet sie aber neu durch das transzendentallogische perfectio-Prinzip als des Raumes idealer Bestimmung der Menschheit. Der mit dem schulmetaphysischen Gedanken der monadischen Substanz der Einzelseele verbundene Individualismus wird dadurch zurückgedrängt. Das Realisierungsproblem der moralischen Motivation wurde von Wolff durch einfache handlungstheoretische Anweisungen gelöst. Kant gesteht diese zu. Für sein Interesse sorgt Jedermann ohnehin. Da brauchte es keiner anspruchsvollen, der mathematischen Naturwissenschaft methodisch ebenbürtigen, Theorie der Sittlichkeit. Unter dem Horizont der menschheitlichen Verantwortung des Einzelnen kompliziert sich das Realisierungsproblem, da es sich nicht allein um das persönlich Vorteilhafte, sondern gleichsam um ein unter dem Horizont aller Individuen Richtiges handelt.

Die Pflichtenlehre der Person gegen sich und gegen andere und auch manche aufgezählte Pflichten für Körper, Willen und Geist übernimmt Kant aus dem Lehrbuch Baumgartens. Er lässt aber die 13 Sektionen des 1. Kapitels von Baumgartens Ethik zur Religion weg und setzt in seiner Vorlesung an deren Stelle eine umfangreiche Einleitung zur Ethik in 18 Abschnitten, in denen Tugend, Pflicht, Maxime, ästhetische Vorbegriffe der Empfänglichkeit des Gemüts für Pflichtbegriffe, die zur Tugend erforderliche apathia (Selbstbeherrschung) u. a. geklärt werden. Baumgarten hatte hier nur die wenigen Thesen seiner Prolegomena (§§ 1–10). Dann folgen formell die *officia erga te ipsius* Baumgartens als erster Teil der ethischen Elementarlehre: Pflichten gegen sich selbst. Hier werden Kants Vorlesungen in ihrem einprägsam fließenden, in der Kultur der Beispiele anziehenden Gedankengang als eine Quelle der Sitten-Metaphysik erst recht erkennbar. An die Stelle des Baumgartenschen verschachtelten Definitionswesens tritt freie, auf Lebenskultur zielende Darstellung. Die späte *Metaphysik der Sitten* ist das Werk Kants, in dem am meisten Teile der Kantschen Vorle-

sungen zu Tage treten. Das geschieht verschiedentlich zu Lasten der Systematik. So werden eigentlich die Tugendpflichten nicht ausführlich entwickelt, sondern stattdessen die Pflichtverletzungen gegen die eigene Person und gegen andere systematisiert. Ob das nun Versäumnis Kants oder Versehen des Kopisten ist – oder Absicht Kants –, das ist für den sachlichen Ertrag nicht wesentlich. Es sind wertvolle Passagen, die uns mitten in der Metaphysik auch das lebensnahe Kolorit zeigen, das dem strengen – und das ist doch eigentlich nicht mehr als dem genauen – Autor am Herzen liegt. Die Einteilung enthält unter den Pflichten gegen andere auch solche gegen Tiere und gegen übermenschliche Wesen, die in den Vorlesungen, in der Sitten-Metaphysik aber nicht behandelt werden. Der Teil zu den Pflichten gegen Gott, die Kant als von der Selbstbestimmung der Vernunftpflichten abgeleitete behandelt, rückt in die Religionsphilosophie und in einen einleitenden Abschnitt der Ethik-Vorlesungen. Der Ton sitzt auf der Abwehr eines Primats geoffenbarter Tugendpflichten. »Vielmehr muß man durch die Vernunft erst eingesehen haben, dass der göttliche Wille dem Begriff eines moralischen Gesetzes gemäß sey« (Metaphysik der Sitten Vigilantius; XXVII, 530). Die Nachschrift Vigilantius ist die wertvollste für das Verständnis der reifen Darstellung Kants. Da sie sich auf Kants letzten Vortrag von 1793/94 bezieht, befindet sie sich in der Nähe zur Metaphysik-Schrift von 1797. Auch der inhaltliche Wert überragt andere Nachschriften. J. F. Vigilantius (1757–1823), Justizrat in Königsberg, auch Kants Rechtsberater, gehörte zum engsten Freundeskreis Kants und hörte die Vorlesungen als 36-Jähriger. Kants frühere Vorlesungen bieten interessanten Aufschluss über den engen Anschluss von Themengang und Fragestellung an Baumgartens Lehrbuch. Gut ist zu erkennen, wie Kants transzendentallogische Grundlegung der Ethik als Pflichtenlehre aus dem Intellektualismus der Schulmetaphysik herauswächst. Bei Wolff und Baumgarten werden die Pflichten der Person gegen sich selbst noch im Stil des popularphilosophischen Selbsterziehungsprogramms vorgetragen: cura intellectus, cura voluntatis, cura laboris usf. Kant hat das in den früheren Vorlesungen auch, aber gelöster von didaktischer Eindringlichkeit. Er führt alles im Zusammenhang des Achtungsbewusstseins der Person vor sich selbst aus, das der Achtung vor der Idee der Menschheit zugehört. Baumgarten streift nur kurz den *habitus* des rechten Urteils über persönliche Vollkommenheiten als *iustum sui aestimium*, also eigentlich die gerechte Selbstschätzung (§ 168; XXVII, 914).

Ohne die Beachtung der Vorlesungen ist Kants Intellektualismus nicht in seinem Zusammenhang zu verstehen. Er ergibt sich aus der Kritik der ethischen Theorien Epikurs, Montaignes, Hutchesons, auch des Aristoteles »principium der Mittelstraße«, wie Kant sagt (vgl. P. Meuzer, Eine Vorlesung Kants über Ethik, Berlin 1924, S. 47). Doch die rationale moralische Reflexion wird auch von Kant sehr wohl in den Umkreis von pragmatischen Regeln und von Klugheitsmaximen gestellt. Die moralische Maxime erhebt sich daraus, und so geht der Gegensatz von »empirischen oder intellectuellen Gründen« erst daraus hervor (Moralphilosophie Collins; XXVII, 252). Grundsätzlich antiaristotelisch betont Kant, dass Tugend »nicht blos als Fertigkeit […] durch Übung erworbene Gewohnheit moralisch-guter Handlungen zu erklären« sei (VI, 383). Er lehnt die empiristische Begründung von Tugend ab, nicht den Wert anhaltender sittlicher Einübung. Worin eingeübt werde, könne natürlich nicht aus der Übung hervorgehen. Wolffs und Baumgartens oberstes Prinzip »fac bonum et ommitte malum« (tue das Gute, meide das Schlechte) wird als tautologischer Intellektualismus und als versteckte Vorteilsmaxime abgewiesen (VI, 264). Vernunft führe den Willen, der Antrieb zur Handlung selbst komme vom Gefühl. Das sagt eigentlich die ganze idealistische Tradition ethischer Theorie. Doch Kant bezieht den Intellektualismus auf die Relation Individuum – alle Individuen. Kants Willensbegriff richtet sich gegen das moraltheoretische Prinzip der Vollkommenheit in der Schulmetaphysik, das die Talente und die Verdienste prüfe (Moralphilosophie Powalski; XXVII, 130). So entsteht erst nach und nach und im funktionalen Zusammenhang Kants oberstes Prinzip der Moralität: »[D]aß du dich durch die Maxime deiner Handlung als einen allgemeinen Gesetzgeber darstellen kannst« (Vigilantius; XXVII, 518). Das wird aufschlussreich interpretiert:»Die Uebereinstimmung der Handlung mit den allgemeinen Gesetzen der Freiheit ist also der Maßstab der Bestimmung […] ich kann daher die Befugniß, den Willen der Person des anderen gegen seine Freiheit zu zwingen, nur insofern haben, als meine Freiheit zugleich mit der allgemeinen Freiheit nach den allgemeinen Gesetzen übereinstimmt« (XXVII, 525). Kants Ethik verbindet den traditionellen Begriff moralischer Pflicht mit dem eines obersten, universalistischen moralischen Gesetzes, aus dem sich andere objektive Gesetze wie ein sachliches Determinationsgefüge ergeben. Damit geht Kant über den Schritt der schulmetaphysischen praktischen Philosophie noch hinaus. Diese hatte die Verbindung von Recht und Moral in der Naturrechtstheorie aufgelöst und den äußeren rechtlichen Gesetzen die moralischen inneren Pflichten gegenübergestellt. »Sittlich« bedeutete dann die innere psychische und auch die intellektuell reflektierte Motivation des »Gemüts«. Kant objektiviert den Sittlichkeits-Begriff sehr weit in Richtung auf Hegels spätere gesellschaftstheoretische Bedeutung. Er verleiht ihm durch die Verbindung von mundus intelligibilis mit der Idee der Menschheit den Bezug auf ein umfassendes Ganzes der Konstitution gesellschaftlicher Lebensweise. Aus dem Totum praktischer Vernunft tritt erst der Postulat-Charakter im Subjektbegriff heraus. Man muss diese Kontinuität unter der bei Hegel im Vordergrund stehenden Kritik des Subjekt-Horizontes der Kantschen Autonomie-Moral sehen. Kants Begriff moralischer Gesetze ist andererseits auch nicht, wie die simplifizierende Polemik Hamanns und Herders sogleich sagte, neue Fremdbestimmung des Individuums durch autoritäre Spekulation. Der kategorische Imperativ ist nicht Unterwerfung unter die sachliche Gewalt eines allgemeinen Vernunftgesetzes, sondern Anerkennung der Freiheit aller.

Als vorzügliche einführende Fassung der moralphilosophischen Vorlesungen und als Dokumentation des theoretischen Reichtums dieser Ethik auf der systematischen Basis des transzendentallogischen Universalismus behält die Ausgabe P. Menzers (*Eine Vorlesung Kants über Ethik*, 1924) ihren Wert. Menzer (1873–1960) hatte drei Nachschriften (Collins, Brauer, Kutzner, die beiden letzten inzwischen verschollen) zusammengeführt, dabei sprachlich geglättet; ein gelungener Versuch, den vor der Hand unwirtlichen Kontinent der Kantschen praktischen Vernunft dem allgemeinen Verständnis zu erschließen. Duktus und Akzente des Kantschen Vortrags, auch die Bezüge auf Baumgartens Lehrbuch sowie Kants Darstellung der Geschichte der Ethik sind gut zu studieren.

Literatur

Bergk, J. A.: Briefe über Kants metaphysische Anfangsgründe der Rechtslehre, Leipzig u. Gera 1797 (ND Brüssel 1968). – Jakob, L. H.: Prüfung der Kantischen Rechtslehre, in: Annalen der Philosophie, Bd. 3 (1797), S. 13–58 [interessante Kritik des Halleschen Kantianers; die *Annalen der Philosophie* (3 Jahrgänge 1795 ff.) gründete Jakob (1759–1827) zur Verteidigung Kants gegen Fichte und Schelling; nach 1801 ökonomische und juristische Werke, 1809 Mitglied einer St. Petersburger Kommission zur Ausarbeitung eines russischen Strafgesetzbuches, 1815 eine Schrift *Über die Arbeit leibeigener und freier Bauern in Rußland*, interessanter Vertreter der ökonomischen und juristischen Konsequenzen des originären Kantianismus]. – Beck, J. S.: Commentar über Kants *MS*, Halle 1798 (ND Brüssel 1970). – Anderson, G.: Kants *MS*. Ihre Idee und ihr Verhältnis zur Ethik der Wolffschen Schule, in: KS 28 (1923), S. 41–61. – Ritter, C.: Der Rechtsgedanke Kants nach den frühen Quellen. Frankfurt/M. 1971 [spez. Kap. 1, Kant und die zeitgenössische Rechtswissenschaft, S. 25–39]. – Kersting, W.: Art. »Sittlichkeit, Sittenlehre« in: Historisches Wörterbuch der Philosophie, hg. v. J. Ritter, Bd. 9, Basel 1995, Sp. 907–923.

Das Vertragsprinzip als Voraussetzung des metaphysischen Apriorismus von Recht und Moral

Die methodische Struktur der Kantschen Theorie verläuft von der transzendentallogischen Geltungsform zu den metaphysischen Rechts- und Moralsätzen und von diesen zum angewandten Eigentums- und Verfassungsrecht und zur unmittelbaren »Ästhetik der Sitten«. Der Vertrag zwischen persönlich freien Individuen bildet die elementare soziale Relation, auf der alle spezifischen Verhältnisse beruhen. Das bestimmende Glied der Sitten-Metaphysik ist darum Kants Rechtsbegriff. Im Vertragsbegriff steckt das generalisierungsfähige Prinzip für die Konstitution der sozialen Ordnungsformen aus freiwilligen Akten von Individuen. Das liegt dem Konzept der Ideen praktischer Vernunft überhaupt zugrunde. Alle Institutionen und moralischen Akte gründen in Verhältnissen wechselseitiger Verpflichtung. Vertrag bedeutet erst in zweiter Linie Bindung. Vor allem bedeutet er erstens Bindungen durch freiwillige Akte der Verständigung und die offene Möglichkeit der Vertragsveränderung. Der Akzent sitzt auf dem funktionalen Charakter, den soziale Verhältnisse durch den Vertragsgedanken gewinnen.

Die Begründung nicht einzelner Rechte, aber der Rechtsform als solcher setzt immer die Moralform voraus. Das kann entweder naturalistisch wie bei Hobbes erfolgen vom Interesse der Unverletzlichkeit des Einzelnen her im Vollzug konkurrierender Existenzerweiterung aller Einzelnen. Oder sie erfolgt aus einem anthropologischen Erfordernis der Kooperation wie bei Morus und Rousseau, das sich zu einer Grundstruktur der Sympathie zwischen den Menschen verfestigt. Hier setzt der pazifistische Anarchismus (P. A. Kropotkin) an und ebenso ein naturphilosophisch begründeter Sozialismus (z. B. auch der frühe K. Kautsky mit den Arbeiten über die sog.

sozialen Triebe in der Tier- und Menschenwelt). Kant geht zur Verbindung des Rechts mit der Ethik alle diese Weg nicht. Die Rechtsform begründet sich nicht selbst, sondern setzt einen Rechtswillen voraus, der nicht erzwungen werden kann. Der Rechtswille ist darum nicht mehr Recht, sondern Moral. Die Rechtsform begründet sich moralisch, aber die Moralform wird nach dem Muster des Rechts gedacht. Im Rechtsmodell der Moralität ist der soziale Gehalt im Begriff der Person ausgesprochen; nicht geradezu als des konzentrierten Ensembles der gesellschaftlichen Verhältnisse, aber doch sich in der sozialen Relation konstituierend. Der Vertrag als Grundform der sozialen Beziehung stellt einen Anspruch an den anderen dar. Das andere Individuum wird eigentlich erst zum konkreten anderen, dessen Konstanz als Person in der Konstanz wechselseitiger Vertragsrelationen postuliert wird. Die ideelle Permanenz bildet keine rein rechtliche Funktion mehr. Sie ist der Übergang in die innere Reflexion der Möglichkeit konstanter äußerer Relation und also die moralische Funktion.

Dieser Übergang bedingt es, dass die Tugendlehre als Kreis von Pflichten (gegen sich selbst, gegen andere Personen) gefasst wird. Kant schließt an die längst vor ihm entdeckte Problemstellung an. Die christliche Ethik hatte, im Umkreis der hoch entwickelten Fragestellung der späthellenistischen Zivilisation, das, was Kant als rational immanente Pflichten fasst, als Pflichten vor Gott dargestellt. Für die hellenistische Kultur war, was in der modern-bürgerlichen Gesellschaft die perspektivische Fragestellung darstellte, die Auflösungsgestalt der antiken Gesellschaftsform. Die monotheistische religiöse Tradition, die in Patristik und Scholastik logische Schulung erfahren hatte, bildete eine Quelle der Pflichtenlehre der Schulmetaphysik. Dazu trat der Begriff der juridischen Verbindlichkeit, eben des Vertrags als Anspruchs an eine Person, und die Verbindung beider Traditionen ergab bei Kant die hohe Emphase eines logisch ursprünglichen Moralprinzips: »Pflicht! du erhabener, großer Name, der du nichts Beliebtes, was Einschmeichelung bei sich führt, in dir fassest, sondern Unterwerfung verlangst, doch auch nichts drohest, was natürliche Abneigung im Gemüthe erregte und schreckte« usf. (V, 86). Die Aufnahme in den Katalog der Schiller/Goetheschen *Xenien* (1797) war derart greifbaren Bekenntnissen konsequenter Abstraktion gewiss: »Bis in die Geisterwelt müssen sie fliehn, dem Tier zu entlaufen,/ Menschlich können sie selbst auch nicht das Menschlichste tun./ Hätten sie kein *Gewissen*, und spräche die *Pflicht* nicht so heilig,/ Wahrlich sie plünderten selbst in der Umarmung die Braut« (E. Boas, *Schiller und Goethe im Xenienkampf*, Stuttgart u. Tübingen 1851; hier T. 1, Nr. 480, vgl. Register Bd. 1, S. 306 zu Kant).

Aus der juridischen wechselseitigen Verpflichtung aller gelangt der Pflichtbegriff als gliederndes Gerüst in die Ethik. Die moralischen Pflichten konnten wie ein Gesetzbuch des Gewissens ausgeführt werden. S. Pufendorf (1632–1694) hatte die Rechtswissenschaft als Pflichtenlehre behandelt: Pflichten gegen die Regierenden, gegen die Mitbürger, gegen sich selbst (*De Concordia verae politicae cum Religione christianae*, 1675, S. 551). Kant begründete die Rechts- und Tugendpflichten nicht naturrechtlich, also nicht aus einem Naturalismus ursprünglicher individueller Interessen. Das metaphysische Prinzip von Ideen praktischer Vernunft überschreitet die Anthropologie ursprünglicher Anlagen des Menschen – egoistisch-böser in der Linie Machiavelli/Hobbes, guter in der Tradition Morus/Rousseau. Kant denkt den Vertragsgedanken konsequent zu Ende und bildet die ideelle Vertragshaftigkeit aller Sozialisierungsakte schlechthin zur Einheit des mundus intelligibilis in praktischer Hinsicht. In ihm sind alle Individuen, »wenn sie nur Verstand haben« (VIII, 366), eingeschlossen. Das ergibt vorbestehende objektive Strukturen, die der individuellen Anerkennung aufgegeben sind. Diese müssen logisch vor der Rechtsform rangieren. So geht bei Kant die *KpV* der juridischen Regelung voran. Kants Pflichtenethik ist die zum Prinzip ideeller Innerlichkeit gesteigerte *äußere soziale Relation* gleicher Individuen. Man muss diese Basis reeller sog. Intersubjektivität in Kants Theorie reiner praktischer Vernunft sehen. Die Denkform der Metaphysik dient Kant dazu, die Kontraktform als elementare Sozialisierungsform in einem immanent rationalen und universalistischen Gattungsbegriff zu verankern. Dieser trägt die Rückführung aller sachlichen Strukturen auf Maximen von Handlungen.

Zur Basis der transzendentallogischen Idealität von Rechts- und Tugendpflichten gehört neben der Voraussetzung persönlich freier Individuen das Prinzip der Gewaltenteilung. Ist verfassungsrechtliche und politische Gewalt nicht mehr ein ständisch und dadurch auch persönlich gebundenes Privileg, sondern selbst eine *Relation von mehreren Gewalten*, so wird sie zu einem *intelligiblen Allgemeinen*. Der ganze Gedankenkreis der Sitten-Metaphysik im Horizont einer vorgängigen apriorischen Idealität der Menschheit schlechthin befindet sich im Zusammenhang mit Kants Liberalismus. Der objektive intelligible Status der Relationen freier Personen ist der Intellektualität der einzelnen Individuen vorgeordnet. Daraus ergibt sich Kants Gedanke, Gesetz könne nur werden, wozu alle ihre Zustimmung freiwillig geben *könnten*, wenn sie auch nicht wirklich gefragt werden müssten. Die Rousseausche Volkssouveränität der *volonté général* wird zur aufgeklärten Monarchie abgeklärt, behält aber deutlich den Stachel immer neu zu präzisierender Gesetze unterm Vernunftpostulat des gleichen Rechts aller.

Literatur

Seagle, W.: Weltgeschichte des Rechts (1941), München ³1967 [spez. Kap. 17, Die Allmacht des Vertrags]. – Geismann, G.: Kant als Vollender von Hobbes und Rousseau, in: Der Staat 21 (1982), S. 161–189. – Herb, K./Ludwig, B.: Naturzustand, Eigentum und Staat. Kants Relativierung des »Ideal des Hobbes«, in: KS 84 (1993), S. 283–316. – König, P.: Autonomie und Autokratie. Über Kants *MS*, Berlin u. New York 1994. – Müller, A.: Das Verhältnis von rechtlicher Freiheit und sittlicher Autonomie in Kants *MS*, Frankfurt/M. u. Berlin 1996. – Wesel, U.: Geschichte des Rechts. Von den Frühformen bis zum Vertrag von Maastricht, München 1997. – Höffe, O.: »Königliche Völker«. Zu Kants kosmopolitischer Rechts- und Friedenstheorie, Frankfurt/M. 2001 [I Moral, S. 36–100; II Recht und Moral, S. 103–160; III Rechtsmoral und Frieden, S. 163–263].

Metaphysik der Sitten als Teil der Kulturphilosophie Kants. Dualismus und Wechselbezug von Recht und Moral

Die Verselbständigung der verschiedenen gesellschaftlichen Lebensbereiche und die erst damit mögliche Entfaltung aller menschlichen Potenzen der Individuen kommen in Kants strengen Dualismus von Außen- und Innenseite des Menschen in Recht und Moral zum Ausdruck. Das Recht regelt das tatsächliche Verhalten. Formell sieht es von der jeweiligen Motivation zur Gesetzeskonformität vollkommen ab. Unter dem Horizont der individuellen Einstellung gehörte es eigentlich in den Bereich der instrumentellen Rationalität des theoretischen Verstandes. Moral ist nicht Bestimmung des ausgeführten Verhaltens, sondern des Willens. Kants Gegenüberstellung schafft erst eine Sphäre reiner Innerlichkeit aus Maximen. Moral ist als Innerlichkeit zudem so gesteigert, dass sie der Gegensatz zum tatsächlichen Verhalten ist. Kant entlastet mit dem strengen Dualismus von äußerem wirklichem Verhalten des Rechts und innerer Forderung an den Willen beide

Bezirke voneinander. Natürlich müssen sie sich letztlich tendenziell auf einen gemeinsamen Einheitspunkt beziehen. Aber der Akzent sitzt bei Kant auf
der sich immer erneuernden Trennung. Der Einheitspunkt ist »die vereinigte Willkür Aller«. Sie bedeutet verfassungsrechtliche Sicherung persönlicher
Freiheiten und auf der Seite der inneren Willensmaximen ein Achtungsbewusstsein: Achtung der eigenen Person und aller anderen als Personen. In diesem Achtungsbewusstsein besteht die Respektierung
der Würde der Menschheit. Der Respekt entspricht
im Innenbereich der Vorsätze dem Außenbereich
der rechtlich gesicherten Freiheit aller Einzelnen.
Der eigentümliche Punkt der Kantschen Theorie besteht darin, dass das Achtungsbewusstsein gegenüber der eigenen Person die Möglichkeit der Achtung anderer enthält. Das ergibt sich aus der
transzendentalen Theorie des Selbstbewusstseins,
reicht also bis in die Lehre von der transzendentalen
Apperzeption der *KrV* zurück. Auf der transzendentalen Idealität des Selbstbewusstseins bauen Propädeutik, Metaphysik und angewandte Philosophie
Kants auf. Die Moralpflichten der eigenen Person gegenüber als transzendentallogischer Voraussetzung
der Pflichten im Bezug auf andere gehört zu Kants
Moralbegründung im Gegensatz zur Psychologie der
Person. Die persona moralis ist die der intellektuellen Zurechnung und der Verantwortung fähige Person. Das führt bei Kant – anders als in der gegenwärtigen sprachpragmatischen Begründung einer intellektualistischen Ethik – zur methodischen Isolierung
der Individualität.

Die reale Welt der Sitten-Metaphysik, die Kant im
Blick hat, besteht (1.) im kleinen Individual-Eigen-
tum ohne Akkumulationszwang und in überschau-
barer Vernetzung individueller Interessen durch
wirtschaftlichen Austausch, (2.) in wirtschaftlicher
und geistiger Freiheit, verfassungsrechtlicher Realisierung des Gerichtswesens und der genauen Bestimmung der behördlichen Befugnis, kaum in persönlichen politischen Rechten und schließlich (3.) in
der perfektibilistischen Funktion geistiger Öffentlichkeit. Das ist es, was bei Kant das Erfordernis universaler rationaler Sozialisierungsinstitute trägt. Tra-
gendes und fortwirkendes Element ist der Dualismus
von Recht und Moralität. Individuelle Handlungs-
und Denkfreiheit setzen auf dem Gegenpol die geschlossene Rechtssphäre sozialer Rationalität heraus
und sich gegenüber. Die Teilung in äußere Verletzungsverbote als Rechtssätze und innere Zuwen-
dungsgebote als Moralpflichten fasst die Herausset-
zung sachhafter Sozialisierungssphären, denen eine

reine Innerlichkeit von Handlungsrationalität gegenüberstehen muss, wenn die Welt der Sachzwänge
übergreifend als freie Tat behandelt werden soll. Damit tritt ein nicht naturwüchsig erlebnishafter, sondern ein methodisch gesetzter Regelbegriff ins Zentrum bürgerlichen Lebensverständnisses. Es sind
nicht Pflichten, die als substantiale Lebenswerte aus
der Zugehörigkeit zu partikularen, meist in Berufs-
traditionen und überhaupt genealogisch verstandenen Gemeinschaften hervorgehen.

Der weit in die Zukunft der bürgerlichen Zivilisation reichende methodische Gehalt des Kantschen
Dualismus von Rechts- und Moralformalismus darf
nicht darüber täuschen, dass Kant selbst nicht von
Bedingungen des 19. und 20. Jhs. ausging. Der numerische Gedanke rechtlicher Gleichheit geht mit einer Tugendlehre individueller Ausformung der Persönlichkeit zusammen. Nicht Großunternehmer an
der Börse und Arbeitermassen stehen als Muster vor
Augen, sondern der ehrbare freie Kleineigentümer in
Stadt und Land mit bescheidenen Ansprüchen in
überschaubaren Verhältnissen; dazu gebildete Beamte, Lehrer und Pfarrer. Zwischen der kulturellen
Atmosphäre, die Kant aussprach und stabilisieren
wollte, und dem logischen Spielraum dieser Sitten-Metaphysik für die reale Bewegungsweise der
bürgerlichen Zivilisation besteht ein großer Unterschied.

Mit der Parallelisierung von sachhafter Rechtssphäre äußerer Verletzungsverbote und innerer Ge-
sinnungspflichten fällt ein nüchterner Blick auf die
Kultur des modernen Menschen. Man darf sich
vom Enthusiasmus reiner Gesinnungsintellektualität
nicht täuschen lassen, es handele sich um emotionale
Begründungen. Einer durch die Universalität des
Kontraktualismus in sich geschlossenen, sachhaften
Sphäre gesellschaftlicher Regelung steht eine Ordnung innerer Pflichten gegenüber. Kant denkt Ausbildung und Veränderung des Rechtsverhältnisses
wie Ausgleich von mechanischer Wirkung und Gegenwirkung. Rechts- und Moral-Reihe bedingen einander. Die rechtliche Normativität geht, konsequent
bis zur absoluten Funktion äußerer Regelungen gedacht, in die moralische Gesinnungspflicht der anderen Reihe über. Vertragstreue für alle Sphären des Ei-
gentums-, Familien-, Verfassungs- und Völkerrechts
setzt unter der Bedingung autonomer Individuen voraus, dass sie allgemein und ausnahmslos die Hand-
lungsvoraussetzung bildet. Das Allgemeinheits-
postulat der Legitimität bürgerlichen Erfolgshan-
delns führt auf moralische Implikationen. Die Kontraktualisierung der individuellen Aktivität mit dem

Ziel allgemeiner gesellschaftlicher Anerkennung wird zur Gesinnung der Individuen und eröffnet eine personale Ebene von Pflichten gegen sich selbst und alle anderen Gleichen. Universale Verrechtlichung setzt entweder einen Despotismus des Richtigen voraus oder führt auf das Postulat individueller Moralität, die den Einzelwillen unter das Kriterium stellt, zum Gesetz eines allgemeinen Willens zu taugen. Dann ist der Gesamtwille auch die Resultante offener Entscheidungsprozesse. Die Verbindung der Vertragstreue mit der moralischen Gesinnung gleicht die Versachlichung der Vergesellschaftung zum generellen *ius* durch eine gesinnungsethische Verinnerlichung von Pflichten zu Willensmaximen aus. Kant führt dafür beide Reihen von Handlungsebenen auf die intellektualistische Willensmetaphysik der *KpV* zurück. Die komplette Verrechtlichung allein ergäbe nur das Maschinenwesen interessehafter Sozialpartikel. Das Autonomiepostulat modern-bürgerlicher Individualität wäre so bis zur Auslöschung übererfüllt. Hegel diktierte seinen Gymnasialschülern später lakonisch: »Die rechtliche Handlung ist, insofern sie aus Achtung vor dem Gesetz geschieht, zugleich auch moralisch« (Hegel, *Philosophische Propädeutik*, in: *Werke*, Bd. 18, Berlin 1840, S. 54). Kants Problem besteht nicht in der empirischen Kombination von Recht und Moral, sondern im Nachweis erforderlicher Begründung der Rechtsform überhaupt durch eine intellektualistische Willensmoral. Dem Kriterium rationaler Geltung, unter dem das Recht steht, entspricht auf der Seite der inneren Motivation die Tauglichkeit zum allgemeinen Gesetz; mit dem notwendigen Überschuss-Subjekt, unter dem sich alle Individuen als Personen allein verstehen können: der Menschheit (VI, 462).

Die weit ausgestaltete rechtliche Verbindlichkeit legt einen Kreis sozialer Tugenden fest, die in den Mittelpunkt gesellschaftlicher Anerkennung der freien Individuen rücken. Das sind Vertragstreue, Wahrhaftigkeit, Zuverlässigkeit, Selbstidentifikation vor allem durch verlässlichen Bezug auf Normen, die alle Lebensformen prägen, schließlich Eigenverantwortlichkeit, überschaubare rationale Lebensplanung und Lebensführung. Sucht man nach den autobiographischen Mustern dieses bürgerlichen Selbstverständnisses, so findet man es vor allem in der Literatur über die Tugenden von redlicher Kaufmannschaft und von treuer Solidität des Handwerkerstandes. B. Franklins *Autobiography* (1791, dt. 1792) gibt einen ganzen Katalog solcher aus der Verrechtlichung der Lebensverhältnisse zu verstehenden Moral aus konzentrierter Strebsamkeit und offenliegender Rechtschaffenheit. Diese Gesinnung setzt sich sowohl von der aristokratischen Lebensführung wie von handelskapitalistischer Abenteuerei, ebenso auch von ästhetischer oder mystischer genialischer Innerlichkeit ab.

Das reale Erfordernis immer weiter ausgreifender Verrechtlichung der gesellschaftlichen Beziehungen autonomer Individuen erfordert eine generalisierungsfähige Methodologie für die gesinnungsethische Pflichtenlehre, die die transzendentale Logik der *KpV* liefert. Der Verrechtlichungstendenz können qualitative Persönlichkeits- und Gruppentugenden nur auf der Grundlage einer formalen Methode für deren Bezug auf die universalistische Tendenz der Industriegesellschaft genügen. Seinerzeit im Neukantianismus, jetzt in Transzendentalpragmatik und Diskursethik mit sprachanalytischer Grundlegung, erweist die Kantsche Moralphilosophie in verschiedenen Perioden der modern-bürgerlichen Zivilisation ihre Fähigkeit, Liberalismus und gesamtgesellschaftliche Verantwortung zu verbinden. Das fand sich bereits in H. Cohens *Ethik des reinen Willens* (1904) prägnant dargestellt.

Literatur

Cohen, H.: Ethik des reinen Willens, Berlin 1904 [spez. Kap. 1]. – Winter, E.: Ethik und Rechtswissenschaft. Eine historisch-systematische Untersuchung zur Ethik-Konzeption des Marburger Neukantianismus im Werke H. Cohens, Berlin 1980. – Tugendhat, E.: Probleme der Ethik, Stuttgart 1984 [spez. Antike und moderne Ethik, S. 33–56]. – Habermas, J.: Faktizität und Geltung. Beiträge zur Diskurstheorie des Rechts und des demokratischen Rechtsstaats, Frankfurt/M. 1992 [spez. Kap. 3, Moral- und Rechtsnormen: Zum Ergänzungsverhältnis von Vernunftmoral und positivem Recht, S. 135–151]. – Saage, R.: Eigentum, Staat und Gesellschaft bei Kant. M. e. Vorwort »Kant und der Besitzindividualismus« v. F. Zotta, Baden-Baden ²1994. – Höffe, O.: I. Kant. Metaphysische Anfangsgründe der Rechtslehre, 1999.

Metaphysik des Rechts

Das Rechtsverhältnis. Metaphysik der Sittlichkeit, nicht Naturrechtstheorie

Die Naturrechtstheorien des 17. und 18. Jhs. meinten mit den verschiedenen Varianten der Staatsentstehung aus dem fiktiven Naturzustand die methodische Rekonstruktion der Institutionen in einer logisch immanenten Erklärung vom Ausgangspunkt freier Personen und deren »natürlicher« Interessen her. Bei Pufendorf (1632–1694) entsprach das zugleich der protestantischen Ausschaltung der Kirche als Rechtsinstanz. Gesetzgebung und Exekution gingen allein auf den Staat über. Die Naturrechtstheorie stellte eine Voraussetzung der Kantschen Rechts-Metaphysik dar. Die Theorie natürlicher Rechte sagte, dass kein Mensch vom Ursprung seiner Vergesellschaftung her schuldig oder unfrei sei. Die systematische Deduktion aller Rechtssätze beruhte auf dem Ausgangspunkt eines einzigen Rechts der persönlichen Freiheit, das jedem Menschen auf Grund seiner Zugehörigkeit zur Menschheit zustehe. Pufendorf löste die Naturrechtstheorie vom christlichen natürlichen Recht und der Moraltheologie ab und errichtete das Naturrecht (wie Hobbes) *solio rationis*, also auf dem Thron der bloßen Vernunft. Pufendorf hatte bereits den naturalistischen Grundzug des Hobbesschen Naturrechts abgelehnt und den physischen Prozessen die entia moralia, die sittlichen Gegenstände gegenübergestellt. Die Welt der moralischen Wertungen setzt die Freiheit des Willens voraus und die Bindung des Menschen an göttliche und gesellschaftliche Normen. Diese lenken den Willen auf etwas hin, ohne rechtlich zwingen zu wollen. Pufendorfs Naturrecht begründet ein natürliches Gebot der Achtung des anderen als des im Ursprung Gleichberechtigten. Hier sind charakteristische Punkte der Kantschen Sitten-Metaphysik und deren intelligiblen Subjekts vorgebildet. Wie Pufendorf trennt Kant auch die generelle Freiheit und Gleichheit aller Menschen von den Abhängigkeitsverhältnissen gemäß spezifischen Verträgen positiven Rechts. Doch Pufendorfs Naturrecht meint noch eine einfache Vorbestimmung des Menschen zur Gemeinschaftsordnung, die auch der Lehre der Schulmetaphysik entsprach. Außerdem gehen rechtliche und moralische Begründungen diffus ineinander. Recht gestaltet die natürliche Bestimmung des Menschen zum Leben in Gesellschaft aus. Moral erfüllt eine zusätzliche Funktion als Vervollkommnung des Einzelnen.

Kant setzt die Rationalisierung der Vergesellschaftungsthematik fort durch konsequente Logifizierung der gesamten Begründungsproblematik der bei Pufendorf noch einfach gesetzten, auch mit theologischen Anleihen formulierten natürlichen socialitas des Menschen. Dafür stellt er der Naturrechtstheorie eine Metaphysik der Sitten entgegen, die die anthropologische Begründungsweise verlässt. Er sah die Naturrechtstheorie mit der naturalistischen und der ontologisch-metaphysischen Begründungsweise der Aufklärung verbunden. Darum löst er die Gesetze logischer Geltungsformen von den sog. natürli-

chen Verhaltensgesetzen ab. Der moralische Wille ist nicht das Naturgesetz, sondern dessen Überschreitung, eigentlich dessen Bezwingung durchs Achtungsbewusstsein. Kant folgte auch hier Rousseau. Die *volonté naturelle* bedeutete bei Rousseau die Freiheit des Willens von den verderblichen Neigungen des zivilisierten Menschen in einer Welt des großen Privateigentums und der Standesprivilegien. Zielpunkt der logischen Begründungsstruktur ist die Verklammerung von individueller Autonomie und Gattungsbezug. Das Selbstbewusstsein oder die transzendentale Apperzeption praktischer Vernunft a priori besteht nur als logisch ursprüngliche Relation des Selbstbewusstseins auf die Struktur aller Selbstbewusstseine. Die transzendentallogische Begründungsstruktur legt sich um die anthropologischen und psychologischen Gesichtspunkte, die als ästhetische Voraussetzungen der Rechts- und Moral-Deduktion in diesem Werk Kants allerdings einen wichtigen Platz einnehmen (moralisches Gefühl, Gewissen, Menschenliebe: VI, 399–403; Liebespflichten der Wohltätigkeit, Dankbarkeit, der teilnehmenden Empfindung: VI, 452–457).

Die zentralen Abschnitte zu Kants Auffassung vom Naturrecht sind die §§ 6–9 der Rechtslehre. Kant geht nicht vom Faktum des Besitzes Einzelner aus, sondern von der logischen Möglichkeit des Besitzes, vom »intellectuellen Verhältniß zum Gegenstande« (VI, 253), das sofort über die Voraussetzung allgemein gültiger Anerkennung vom individuellen Interesse auf die Gattungsproblematik führt. Ich kann als Einzelner nur etwas besitzen, indem ich mich im intelligiblen Verhältnis zu allen Besitzenden denke. Wenn ich etwas besitze, beziehe ich mich a priori auf die gleichen Ansprüche aller Individuen. Die Vernunftidee der Möglichkeit eines rechtlichen Verhältnisses freier Einzelner vor jedem aktuellen Rechtsakt bildet den vorausgesetzten Rahmen, innerhalb dessen alle weiteren sachen- und verfassungsrechtlichen Fragen methodisch behandelbar werden. Kant fasst die intelligible Möglichkeit des Rechts zunächst im Gedanken vom ideellen Gesamtbesitz aller Menschen an der Erde. Er macht dadurch zugleich das Eigentumsrecht zur Voraussetzung des Staatsrechts. Die Individuum-Allheit-Beziehung als moralisch-praktische Form der Synthesis a priori kehrt am Ende der Rechtsphilosophie wieder im ideellen Republikanismus: Das Staatsgrundgesetz als vereinigte Freiheit aller.

Jede empirische Rechtssetzung steht unter dem »Rechtsgesetz der reinen Vernunft« und jedes empirische Individuum ist, wie Kant sagt, ein in die Erscheinungswelt versetztes intelligibles Subjekt (homo noumenon; VI, 274, 278, 283, 295, 305). Diesen Zusammenhang versteht Kant als die Metaphysik-Ebene der Kulturphilosophie. Die Metaphysik zeigt also die intelligible Realität der Menschheit als relationale Struktur, in der sich die phänomenal-empirische Wirklichkeit bewege. Im ökonomischen, rechtlichen und geistigen Bezug lasse sich der Verkehr der Menschen »in lauter intellektuelle Verhältnisse auflösen« (VI, 286). Das »reine Rechtsverhältnis, welches ganz intellektuell ist«, liegt allen vereinbarten Rechten zugrunde, und die Rechtswissenschaft bedarf der Rechtsphilosophie, weil es sich über die empirischen Rechtssetzungen hinaus um eine Ebene handelt, worin die Menschen »als intelligible Wesen stehen, indem man alles Physische (zu ihrer Existenz und Raum und Zeit gehörende) logisch davon absondert« (VI, 296). Kant parallelisiert das Recht als soziale Formbestimmung und als Relation mit dem Geld, dessen relationalen Charakter er aus A. Smith zitiert (VI, 286, 289). Das Eigentumsrecht wird dann bei Kant zu einem unter dinglicher Hülle versteckten Verhältnis zwischen Personen. Das ist eines der besten und fortwirkenden Resultate der Kantschen Abweisung empirischer Erwerbung als ursprünglicher Eigentumstitel. Eigentum setzt die Rechtskonstitution der vereinigten Freiheit aller voraus. Eigentums- und Verfassungsrecht sind verbunden als eine logische Synthesis a priori, also eine Identität des Nicht-Identischen. Darum kann es keinen Vertrag geben, der die Freiheit der Person aufhebt.

Kants charakteristische Trennung von intelligibler Form und material erscheinenden Gehalten bildet die Grundlage für die Bestimmung der empirischen Rechtssetzungen als Prozess dauernder Reform. Es gibt keine ewigen Rechte. Kant erläutert das ausführlich im Anhang der Rechtsmetaphysik. Alle Gesetzgebung wurzele im vereinigten Willen des Volkes (VI, 313), so dass z. B. Institutionen wie das Verhältnis von Kirche und Staat, auch die Rechte einer Aristokratie und selbst deren Existenz von der Selbstbestimmung der Bürger, die die Verfassung in dauernder Reform hält, abhängig sind (VI, 369 f.). Der Gedanke des intelligiblen Relationsfeldes zwischen Personen hält den normativen Gehalt der Naturrechtstheorien fest, erweitert aber das evolutionäre Verständnis der Zivilisation. Der Historismus wird nicht mehr auf die Freisetzung eines anthropologischen Potentials natürlicher Interessen bezogen. Die Sitten-Metaphysik gewinnt den Historismus aus dem Verhältnis von unendlich Vollkommenem und endlich Bedingtem. Kant führt dazu den metaphysischen Begriff der perfectio moralis fort. Die Dialektik von *perfectio* und *esse per participationem* gelangt in ein weitgreifend evolutionäres Selbstverständnis der bürgerlichen Zivilisation. Kants Rückgang auf die metaphysische Theorie von intelligibler realitas objectiva und phänomenaler Gegebenheit schafft eine Theorie dauernder Neuschöpfung der gesellschaftlichen Lebensformen, die weit über die am Ende des 18. Jhs. anstehende konstitutionelle Reform zur Durchsetzung des bürgerlichen Eigentumsverhältnisses hinausging; eine interessante Anwendung des Verhältnisses von (intelligiblem) Ding an sich und Erscheinung. Die Emanzipation der *middle class* in Gestalt der logischen Konstitution eines reinen Vernunftrechts verbindet die ursprüngliche freie Rechtspersönlichkeit des homo noumenon der materialen Ungleichheit und auch rechtlicher Abhängigkeit in der Erscheinung (z. B. von Unselbständigen, Dienstleuten, »Frauenzimmern«). Die Gleichheit der Rechte bezieht sich auf die Abwehr von Leibeigenschaft, Schutz vor absolutistischer Willkür sowie auf gleiches Strafrecht. Staatsbürgerliche Wahlrechte standen für die deutschen Staaten nicht an. Die Begründung der Konstitutionsidee auf einem Vertragssystem individueller Freiheitsrechte durch die Rechtsphilosophie gewann aber für die Kodifikation der Gesetzgebung seit dem Preußischen Allgemeinen Landrecht (1794) und in der preußischen Reformzeit große Bedeutung.

Literatur

Kelsen, H.: Die philosophischen Grundlagen der Naturrechtslehre und des Rechtspositivismus, Charlottenburg 1928 [spez. der kritische Idealismus Kants und der Rechtspositivismus, S. 75–78. Kants Transzendentalphilosophie sei berufen, Grundlage einer positivistischen Staatslehre zu sein. Als Rechtsphilosoph bleibe Kant der Naturrechtslehre verhaftet]. – Buchda, G.: Das Privatrecht Kants. Der erste Teil der Rechtslehre in der *MS*. Ein Beitrag zur Geschichte und zum System des Naturrechts, Diss. Jena 1929 [Die drei Hauptstücke des Privatrechts werden eingehend und im Sinne eines »Wegweisers in die Zukunft« besprochen. Bemerkungen zur Aufnahme der Rechtslehre bei den Zeitgenossen sowie zur problematischen Gliederung, u. a. Nachweis eines Einschubs in § 6 aus anderem Zusammenhang]. – Dulckeit, G.: Naturrecht und positives Recht bei Kant, Leipzig 1932. – Welzel, H.: Die Naturrechtslehre S. Pufendorfs, Berlin 1958. – Conrad, H.: Die geistigen Grundlagen des Allgemeinen Landrechts für die preußischen Staaten von 1794, Köln u. Opladen 1958. – Delekat, F.: I. Kant. Historisch-kritische Interpretation der Hauptschriften, Heidelberg 1963 [spez. S. 319–339, Eigentum, Staat und Völkerrecht]. – Küchenhoff, G.: Art. »Kant«, in: Handwörterbuch zur deutschen Rechtsgeschichte, Bd. 2, Berlin 1978, Sp. 593–603. – Kaulbach, F.: Studien zur späten Rechtsphilosophie Kants und ihrer transzendentalen Methode, Würzburg 1982. – Deggau, H.-G.: Die Aporien der Rechtslehre Kants, Stuttgart-Bad Cannstadt 1983. – Brandt, R. (Hg.): Rechtsphilosophie der Aufklärung, Berlin u. New York 1982 [darin u. a.: Hofmann, H.: Zur Lehre vom Naturzustand in der Rechtsphilosophie der Aufklärung, S. 12–46, spez. zu Kant Abschn. III; Brandt, R.: Das Erlaubnisgesetz oder: Vernunft und Geschichte in Kants Rechtslehre, S. 233–285; Höffe, O.: Kants Begründung des Rechtszwangs und der Kriminalstrafe, S. 335–398]. – Baumgartner, H. M.: Art. »Kant«, in: Staatslexikon, hg. v. d. Görres-Gesellschaft, Bd. 3, Freiburg [7]1987, Sp. 278–284. – Ludwig, B.: Kants Rechtslehre, Hamburg 1988. – Küsters, G.-W.: Kants Rechtsphilosophie, Darmstadt 1988. – Oberer, H./ Seel, G. (Hg.): Kant. Analysen – Probleme – Kritik, Würzburg 1988 [darin u. a.: Bärthlein, Kant: Die Vorbereitung der Kantischen Rechts- und Staatsphilosophie in der Schulphilosophie, S. 221–271; Tuschling, B.: Das »rechtliche Postulat der praktischen Vernunft«, seine Stellung und Bedeutung in Kants Rechtslehre, S. 273–292; Geissmann, G.: Versuch über Kants rechtliches Verbot der Lüge, S. 293–317]. – Baumann, P.: Zwei Seiten der Kantischen Begründung von Eigentum und Staat, in: KS 85 (1994), S. 147–159. – Hartung, G.: Die Naturrechtsdebatte. Geschichte der Obligatio vom 17. bis 20. Jh., München 1998 [spez. zu Kant und der Sitten-Metaphysik S. 191–205]. – Kersting, W.: Kant über Recht, 2004.

Privatrecht

Kant teilt seine Rechtsphilosophie in privates und öffentliches Recht, d. i. in Eigentums- und Verfassungsrecht. Er geht von der doppelten juridischen Qualität des Menschen als Bourgeois und Staatsbürger aus. Der Zusatz von Völker- und Weltbürgerrecht bringt das Verfassungsrecht unter den Problemhorizont zu gewinnender historischer Perspektive. Beim Eigentumsrecht ist eine soziale oder gar sozialstaatliche Evolution für Kants Liberalismus kein Thema. Die Deduktion des Eigentumsrechts ist die Basis der ganzen Rechtsphilosophie Kants. Kant behandelt, um den Vertragscharakter von Eigentum aus dem Zusammenhang einer Gesamtheit von Individuen zu gewinnen, das Eigentumsrecht als synthetische Sätze a priori praktischer Vernunft. Er geht von der absoluten Gegenüberstellung von Person und Sache aus, setzt also ein sehr spätes Resultat des zivilisatorischen Prozesses als apriorisches »intellektuelles Verhältnis zum Gegenstande« (VI, 253). Kant sieht Eigentum nur als Privateigentum Einzelner. Die vielen geschichtlichen Formen von Gemein- und Genossenschaftseigentum wurden erst im 19. Jh. untersucht. Der interessanteste Punkt des Kantschen Eigentumsrechts besteht in dessen Verbindung mit dem Prinzip der Synthesis a priori, das hier wirklich

als eine Logik sozialer Beziehung zwischen Individuen entschlüsselt wird. Kant lehnt sowohl die Hobbessche Begründung des Eigentums durch Aneignung als auch Lockes ursprüngliche Legitimation durch Arbeit ab. Es gibt keinen unmittelbaren Zugriff aufs Objekt, der Rechtstitel begründen könnte. Das Individuum ist nur in intersubjektivem Verhältnis zu denken. Mein und Dein stehen unter der Voraussetzung des vereinigten Willens aller. Konsequent setzt Kant »einen ursprünglichen Gesamtbesitz« der Erde durch alle Menschen als ideelle Prämisse für die Möglichkeit von Privateigentum voraus (§ 13). Dieser Gesamtbesitz tritt an die Stelle des Ursprungszustandes in den Naturrechtstheorien. Zutreffend sagte W. Kersting in seiner Rehabilitierung der Kantschen Sitten-Metaphysik, der Naturzustand habe bei Kant nur die systematische Aufgabe, a priori die Bestimmungsbedürftigkeit des Privatrechts aufzuzeigen (Kersting 1984, S. 205). Nicht empirische Erwerbungen begründen Eigentum. Rechtsgrund ist der Allgemeinwille. Im Marburger Neukantianismus (F. Staudinger, K. Vorländer) und auch von M. Adler waren von hier aus Bezüge der Kantschen Rechtsphilosophie zur Überschreitung des Liberalismus in Richtung des Sozialismus gesucht worden. Das spielte bei Kant selbst keine Rolle. Die historischen Bezüge des Kantschen Eigentumsrechts gehen in andere, damals aktuelle Richtungen. Der Gedanke des intelligiblen Gesamtbesitzes enthält, weit entfernt von der plebejischen Gedankenlinie des Gemeineigentums, das Prinzip der juridischen Oberhoheit einer verfassungsmäßig konstituierten Gesamtheit von Bürgern über das Eigentum, bei der es um die Aufhebung der feudalgesellschaftlichen Eigentumslegitimation geht. Gegen deren wie organische Verwachsenheit von Mensch und Boden richtet sich das Prinzip des intelligiblen Gesamtbesitzes einer Gesamtrelation persönlich freier Individuen.

Kant konstruiert die empirische Situation des bürgerlichen Individualeigentums als Postulat reiner praktischer Vernunft. Das heißt zunächst, die gesamte gegenständliche Wirklichkeit kann als Ensemble von Dingen Inhalt von Eigentumstiteln werden. Alle naturwüchsig-organischen Bindungen zwischen Mensch und Erde und zwischen Menschen selbst werden zu Rechtstiteln umgeformt. Die Ablehnung eines Rechtsverhältnisses zwischen Person und Sache richtet sich gegen den feudalen Eigentumsbegriff. Hier überdauerte das Dominium als Sache mit Rechtstitel den Besitzer über dessen Tod hinaus. Es gehörte ihm gleichsam in der Gestalt seiner Nachfahren ewig. Ebenso willkürlich, wie es entstanden war, konnte es durch königliche Verfügung von der Familie getrennt werden. Kants Eigentumslehre richtet sich auch gegen das Recht eines Landesherren, Bürger, die nicht der Landeskirche angehören, von Haus und Hof zu vertreiben. Der ganze Naturrechtsgedanke ursprünglich herrenlosen Landes und einer faktischen possessio prima, das »Ideal des Hobbes«, wie Kant sagt, wird in Kants Theorie zur Willkür. Alle feudalen Rechtstitel erscheinen als provisorische Erwerbung, die einer bürgerlichen Verfassung unterworfen bleiben (VI, 264). Die Bezüge der reinen praktischen Vernunft zum bürgerlichen Emanzipationsprozess der Zeit, die Fichte so enthusiastisch aufgenommen hatte, treten im Verhältnis des Kantschen Eigentumsrechts zur Gesetzgebung der Französischen Revolution besonders hervor. Kants großes Prinzip des Eigentums als eines unter dinglicher Hülle verborgenen Verhältnisses zwischen Personen (VI, 268) zielt auf die Unterstellung des Privateigentums unter das Verfassungsrecht. Für das Staatsrecht ergibt sich daraus, dass das Eigentum in Übereinstimmung mit dem Allgemeinwillen zu denken ist. Wie die Interessen individueller Nützlichkeit nicht Eigentumsrecht konstituieren, so hat auch das Staatsrecht nicht dem Eigentumsinteresse einzelner Individuen zu dienen. Das ist natürlich nicht Sozialismus, der mit dem Gemeineigentum steht und fällt. Eine andere Frage ist, inwiefern allein Gemeineigentum eine anspruchsvolle Sicherung sozialer Gerechtigkeit garantierte.

Kant behandelt das bürgerliche Individualeigentum, also das Sachenrecht, als Teil der konsequenten Juridifizierung der Beziehungen zwischen Personen als Gesellschaftsgliedern. So steht auch das Privatrecht mit dem Eigentumsrecht analytisch sehr konsequent am abstrakten Anfang der Rechtsformen. Es wird durch den Aufbauplan auf das öffentliche Recht einer Gesamtheit von Bürgern bezogen, die als solche Gesamtheit das höchste Recht zu allem besitze. Auch alle Theorien von einem am Anfang stehenden Gemeineigentum werden als die Menschheit verschönende Sagen abgewiesen. Für die faktische Genese des Privateigentums räumt Kant willkürliche Bemächtigung durch Einzelne ein (VI, 263). Entschieden verurteilt er koloniale Erwerbungen und deren ideologische Apologetik (VI, 266). Empirischer Realismus des Kantschen Eigentumsrechts wird offenbar, wo Kant die mögliche Kollision von Privatinteressen und öffentlichem Interesse behandelt. Im Übrigen bedeuten die Grundsätze verfassungsrechtlicher Oberhoheit über faktische Eigentumstitel – bei republikanischer justitia distributiva – und realer Rechtsfähigkeit aller Personen zur Eigentumserwerbung in den deutschen Staaten zehn Jahre nach der französischen Erklärung der Menschenrechte ein Programm konstitutioneller Reform.

Die Scheidung von intelligibler Form des Rechts als solchem und materialen Rechtsgestaltungen gestattet es, eine »auf dingliche Art persönliches Recht« einzuführen (VI, 358), auf das sich die zeitgenössische Kritik der Kantschen Rechtslehre vor allem bezog. Kant verbindet mit der Trennung von intelligibler Person und erscheinendem Individuum in empirischen Situationen die Kompromiss mit der die faktische Gesetzgebung ermöglichende Konsequenz, dass Menschen in konkreten Situationen sich bestimmter Rechte entäußern (Gesinde, Frauen in der Ehe). Wenn auch nicht die Person als solche, so können doch Teile von Personen (als Rechtstitel) Sache werden. Kant begreift beim Recht der häuslichen Gemeinschaft darunter den wechselseitigen Gebrauch von Körperteilen in der Ehe, so dass »die eine Person von der anderen gleich als Sache erworben wird, diese gegenseitig wiederum jene erwerbe« (VI, 278). Der Akzent des Kantschen Gedankengangs sitzt nicht nur auf einer emotionsfreien Eheauffassung, sondern auch auf der bis in jede Konsequenz festgehaltenen Würde der Person, deren organische Gesamtheit zu einem Komplex rechtsfähiger Titel erhoben wird.

Literatur

Emge, C. A.: Das Eherecht Kants, in: KS 29 (1922) S. 243–279. – Horn, Adam: Kants ethisch-rechtliche Eheauffassung. Eine Rechtfertigung seines Eherechts, Diss. Giessen 1936 (ND Würzburg 1991). – Müller, J.: Kantisches Staatsdenken und der preußische Staat, Kitzingen/M. 1954. – Lehmann, G.: Kants Besitzlehre, in: Ders., Beiträge zur Geschichte und Interpretation der Philosophie Kants, Berlin 1969, S. 195–218. – Brandt, R.: Eigentumstheorien von Grotius bis Kant, Stuttgart 1974. – Lübbe-Wolf, G.: Beweismethoden in Kants Rechtslehre am Beispiel des Vertragsrechts, in: Brandt, R. (Hg.), Rechtsphilosophie der Aufklärung, Berlin u. New York 1982, S. 286–310. – Kersting, W.: Wohlgeordnete Freiheit. Kants Rechts- und Staatsphilosophie, Berlin u. New York 1984. – Kühl, K.: Eigentumsordnung als Freiheitsordnung. Zur Aktualität der Kantischen Rechts- und Eigentumslehre, Freiburg u. München 1984. – Heinrichs, T.: Die Ehe als Ort gleichberechtigter Lust. Ein neuer Ansatz zur Bewertung des Kantischen Ehekonzepts, in: KS 86 (1995), S. 41–53.

Staatsrecht

Unser Überblick übergeht die viel erörterten Schwierigkeiten des Textzusammenhangs dieses zweiten Teils der Rechts-Metaphysik (s. Lit. zu Abschn. 1 a, S. 436 f.). Der Grundgedanke des Kantschen Staatsrechts ist die Idee der Volkssouveränität, die Kant als die Idee einer vom Gesamtinteresse des Staatsvolkes erlassenen Verfassung versteht und sie den Monarchien seiner Zeit als Norm und gleichsam wie ein Korrektiv unterlegt. »Die gesetzgebende Gewalt kann nur dem vereinigten Willen des Volkes zukommen« (VI, 313). Auf diesem normativen Republikanismus (der auch den Monarchien als Gebot zugrunde liege) basiert die Gewaltenteilung zwischen (1.) dem Volkswillen als der Herrschergewalt des Gesetzgebers, (2.) der vollziehenden Gewalt des Regierenden, so dass also der Monarch als eine Art Auftragnehmer des Volkswillens sich wiederfindet, und (3.) schließlich der Rechtsprechung. Für die Praxis des Kantschen Konstitutionsverständnisses spielt freilich die republikanische Gewaltentrennung kaum eine Rolle. Metaphysik erhält höchst umgestaltenden noumenalen Sinn, indem die faktische Erscheinungswelt sich besinnen muss, ihrem Begriff nach etwas anderes zu bedeuten als sie sich einbildet und demnach permanent reformierend zu werden. Der Übergang des Rechts zur Moral aus dem Charakter der Rechtsrelation als eines Anspruchs an den anderen gewinnt im Verfassungsrecht erst seine Vehemenz. Der »Regierer zufolge dem Gesetz« wird in die »gesetzliche Freiheit« eingemeindet, derart, dass gilt: die »bürgerliche Gleichheit, keinen Oberen im Volk in Ansehung seiner zu erkennen, als nur einen solchen, den er ebenso rechtlich zu verbinden das moralische Vermögen hat, als dieser ihn verbinden kann« (VI, 314). Das bezog sich z. B. auf Kriegserklärungen, die dem Monarchen nur gestattet sein sollten, wenn das Volk dazu seine Stimme gegeben hätte (VI, 346). Kant weicht auf das moralische Vermögen aus, wo die Idee der Volkssouveränität einen Rechtsanspruch verlangte, sich den Regierenden zu verbinden. Das führte aufs Revolutionsrecht, das Kant nicht nur aus Opportunitätsgründen, sondern mit Überzeugung ablehnte. Er sah qualifizierte Beamtenschaft und sanften Druck auf Herrscher durch öffentliche Meinung und wirtschaftliche Effizienz des Liberalismus für den besseren Reformweg an.

Ablehnung eines Revolutionsrechts – nicht faktisch geschehener Revolutionen – und Reformerwartung von Monarchien, die ohnehin inzwischen von der Beamtenschaft geführt werden, sind mit Kants grundsätzlicher Auffassung von der die Gesellschaft organisierenden Rolle des Staates verbunden. Kant lehnte G. Achenwalls (1719–1772), des Autors seines Lehrbuchs für die Vorlesung, Auffassung der societas civilis unter einem allgemeinen Gesellschaftsrecht mit nichtstaatlichen Autoritätsverhältnissen ab. Beim Widerstandsrecht kritisierte er Achenwall konsequent dafür, dass dieser weiter ging als Kant selbst (VI, 301). Nach Kant soll alle öffentliche Gewalt nur dem Staate gehören. Das ergab sich schon aus Kants Deduktion der Staatsentstehung. Vorstaatliche Gesellschaften als Rechtsinstitute, die aus der aristotelischen Tradition im deutschen Naturrecht eine Rolle spielten, so dass der Staat aus dem organischen Erfordernis von deren Zusammenschlüssen erklärt wurde, nahm Kant aus der Genesis des Staatsrechts heraus. Mit Rousseau setzte Kant nur einen einzigen ursprünglichen Vereinigungsvertrag. Die Naturrechtslehre unterschied vom pactum generale, dem ideellen Vertrag des Volkes, das pactum speciale, mit dem verschiedene konkrete Verträge zur Unterwerfung unter eine Staatsgewalt gesetzt wurden. Im Gegensatz von »natürlichem« als rechtsfreiem Zustand und der austeilenden Gerechtigkeit liegt bei Kant bereits das Erfordernis des öffentlichen Rechts, also des Staates. Es gibt vorstaatliche Rechtsverhältnisse (eheliche, väterliche), die nicht unter der Idee a priori eines allgemein gesetzgebenden Willens stehen. Sie gehören zum Privatrecht. Die Begründung des Staates erfolgt bei Kant aus dem formalen Prinzip der Notwendigkeit des vereinigten Willens (§ 41). Die Genesis des Staates aus dem Eigentumsrecht (§ 42) tritt akzidentiell hinzu. Weder ein Nützlichkeitsprinzip noch der Gedanke einer erforderlichen höchsten Zwangsgewalt gegen die »natürliche« Gewalttätigkeit des Menschen im vorstaatlichen Zustand trägt Kants Staatsbegründung. Kersting betont zutreffend Kants leitenden Aspekt, die Eigentumserwerbung durch reine praktische Vernunft zu legitimieren, und die Pflicht, das Eigentum in Übereinstimmung mit dem allgemeinen Willen zu bringen (S. 208).

Der Unterschied von aktiven und wirtschaftlich unselbständigen passiven Staatsbürgern (Gesellen, Knechte, Hauslehrer, »alles Frauenzimmer«) wird in dem großen Bogen, den die Gleichheit aller im Volk schlägt, hingenommen mit dem Zusatz, dass jeder imstande sein müsse, sich aus dem passiven Zustand in den aktiven emporarbeiten zu können. Es ist der ideelle evolutionäre Egalitarismus des deutschen Frühliberalismus, noch tief im Absolutismus der deutschen Staaten, noch vor dem Reichsdeputationshauptschluss durch Napoleon (1803). Den verfassungsrechtlichen Evolutionismus, dass jeder sich vom passiven zum aktiven Staatsbürger müsse emporbringen können, kehrt im Frühliberalismus für verschiedene Gebiete wieder, z. B. in W. v. Humboldts (1767–1835) Reformpädagogik (Königsberger Schulplan, 1809).

Der normative Republikanismus, der den Regenten des Staates zum »Agent des Staates«, im »Direktorium, der Regierung« macht, wie Kant recht zeitgemäß sagt, ist nach der einen Seite auf die Aufhebung der Aristokratie gerichtet, nach der anderen gegen die parlamentarische Republik. Kant folgt offensichtlich Rousseau: sowohl im Gedanken, dass die Staatsgründung nur die Konstitution der Volkssouveränität sein könne, als auch in der Ablehnung der liberalen Parteiendemokratie mit der Übertragung politischer Rechte auf Deputierte. Abgeordnete seien immer bereit, sich selbst der Regierung in die Hände zu spielen und die Herrschaft des »mächtigen Übertreters der Volksrechte [...] unter dem Schein einer dem Volk verstatteten Opposition zu bemänteln« (VI, 319 f.). Über die Aufhebung der Aristokratie (VI, 329) soll die Achse dieses ideellen Republikanismus im Verhältnis zwischen Königshaus und Volk bestehen. Es werden freilich keine Institutionen eingeführt, die den Volkswillen gegenüber der hohen Beamtenschaft und dem Monarchen formulieren und vertreten könnten. Kant wird diesen weißen Fleck im Zentrum seines Gedankens der Volkssouveränität zweifellos gesehen haben. Im zeitgenössischen Echo hieß es darum, Kant habe der absolutistischen Staatsmacht zu viel Raum gegeben. Er vertraute wohl dem allgemeinen Landrecht Friedrichs II. und dessen aufgeklärter Verwaltung. Die ganze transzendentalphilosophische Rekonstruktion der Volkssouveränität ruht auf einem Evolutionismus unaufhaltsamer geschichtlicher Veränderung. Im 2. Abschnitt des *Streit der Fakultäten* (1798) findet sich die Verbindung der transzendentallogischen Begründung einer ideellen Gesamtheit freier Einzelner mit dem verfassungsrechtlichen Evolutionismus erneut dargestellt (spez. VII, 87–94).

Im Zusammenhang des verfassungsrechtlichen Evolutionismus ist auch Kants Auffassung des Zwangscharakters des Rechts zu sehen. Mit dem Ausgang vom homo noumenon als der logischen Synthesis von Individualität und Allheit der Individuen ist der Rechtszwang zugleich Freiheitssicherung für den Einzelnen. So erklärt sich, dass Kant sowohl die individuelle Freiheit als auch die Autorität der Staatsmacht betont. Da der Staat generell refor-

mistisch aufgefasst wird, kann es heißen, dass der Fortschritt »nicht durch den Gang der Dinge von unten hinauf, sondern von oben herab« erfolgen solle (VII, 92). Kant sieht das Problem des Rechtszwangs in der Spannung zwischen zentralen staatlichen Behörden, die an Gesetze gebunden sind, und dem Freiraum für Willkür auf Grund ständischer Privilegien. Die »Monopolisierung der öffentlichen Gewalt« bedeutet, »daß den konkurrierenden intermediären Gewalten der Boden entzogen wird«. Das Prinzip der Gewaltentrennung gewinnt dadurch keine praktische Bedeutung. Kant setzt innerhalb dieses weiteren Zusammenhangs sogar auf einen gewissen königlichen Voluntarismus der Bildung positiver Gesetze und verbindet damit die Erwartung praktikabler reformerischer Gesetzgebung (vgl. Hofmann 1986, S. 116 f.; 1995, S. 272 ff.)

Kants Metaphysik des Rechts entwirft ein Recht im Prozess. Das wird am Bezug des Staatsrechts auf das Völkerrecht besonders deutlich, wo dann das Recht als internationales unmittelbar nur als geschichtliches *telos* ausgesprochen wird. Kant formuliert mit dem ideellen Republikanismus das Prinzip dauernder Selbstreform der Institutionen. Das bezieht sich wie auf die Aufhebung der Adelsprivilegien so auch auf die Reform des Kirchenwesens. Was das Volk nicht über sich selbst beschließen könne, das kann auch der Gesetzgeber nicht über das Volk beschließen. »Nun kann aber kein Volk beschließen, in seinen den Glauben betreffenden Einsichten (der Aufklärung) niemals weiter fortzuschreiten, mithin auch sich in Ansehung des Kirchenwesens nie zu reformiren« (VI, 327). Darum können, wie die Adelsgüter, so die Kirchengüter konfisziert werden. Der Kantsche Historismus kommt aus der Überzeugung, dass den Monarchien auf dem Kontinent ohnehin nichts anderes bevorstehe als die französische Entwicklung seit 1789; bei reformbereiter Monarchie und fehlender Intervention von außen sogar ohne jakobinischen Terror.

Das Verhältnis von transzendentaler Idee des Staates als in Verfassungsform gegossener Volkssouveränität und empirischer Realität der absoluten Monarchien wird als Prozess schrittweiser Vermittlung des Faktischen mit dem Ideellen gesehen. Kant entfaltet seine Unterscheidung zwischen apriorischer noumenaler und empirischer phänomenaler Sphäre als Prozess der Einbildung des Ideellen ins Reale oder, wie es heißt, Auflösung der empirischen Formen in die ursprünglichen rationalen (VI, 340). Mundus intelligibilis und sensibilis erweisen sich als logische Abstraktionen des eigentlichen Absolutum: des Fortschritts in der Zeit, die Geschichte ist. Metaphysik wird dann eigentlich zur Analyse der Struktur von Geschichtlichkeit in der Zeit; ein Punkt, vor den Kant die Rechtsphilosophie führt, den er aber nicht überschreitet.

Fast als eine Demonstration der Verpflichtung des Monarchen an den Volkswillen wird die Einberufung der Generalstände durch Ludwig XVI. eingeführt, wonach sich das versammelte Volk unter den eingetretenen Wirrungen und Weiterungen durchaus legal zur Nationalversammlung konstituiert habe. So erscheint die Revolution geradezu als vom Monarchen unwissentlich eingestandene Wiederherstellung der ursprünglichen, d. i. der ideell zugrunde liegenden Volkssouveränität. Jedes Wort gegen die vielbeklagten Gräuel der empirisch durchgeschlagenen Volksherrschaft fehlt. Revolution wird als widergesetzlicher Aufruhr abgewiesen, ebenso aber Konterrevolution und Intervention gegen eine Revolution. Ist eine Revolution einmal geschehen, so sei die neue Regierungsmacht ebenso zu respektieren, wie es der vorangegangenen angestammten gebührte (VI, 319 ff.). In diese kunstvolle Verbindung von Revolutionsverbot und Anerkennung des Revolutionsresultates fügt sich die eindringliche Verabscheuung der Hinrichtung eines Königs (in einer längeren Anmerkung, VI, 321). Auch hier liegt eine theoretisch prinzipielle Begründung vor: Gewalt wird vom Grundsatz her über das Recht erhoben, »ein alles ohne Wiederkehr verschlingender Abgrund«, ein vom Staat an sich selbst verübter Selbstmord. Zugleich sieht Kant sehr prakisch auf die politischen Folgen solcher Handlunge für den Gang der Revolution. Im Grunde mag Revolution sein, meint Kant, wenn sie Reform durch Einsetzung neuer Verfassungsorgane bleibt. Kants praktischer Realismus in der Beurteilung der höchst aktuellen geschichtlichen Vorgänge zeigt sich auch darin, dass die Vorgänge der Revolution nicht als Leidenschaften der Revolutionäre, ja nicht einmal als deren Handlungen allein genommen werden, sondern als der Kampf der revolutionären und der ebenso verantwortlichen gegenrevolutionären Partei. Falls es zutrifft, dass der führende girondistische Revolutionär E. J. Sieyès (1748–1836) Kants Philosophie kannte und schätzte, wie Kant 1796 in einem Briefe aus Paris mitgeteilt wurde, so fände sich in Kants antiabsolutistischer und akzentuiert reformerischer praktischer Philosophie der Anschlusspunkt für den Verfasser der konstitutionellen Programmschrift Qu'est-ce le Tiers-État vom Januar 1789, der 1798 als französischer Gesandter nach Berlin kam (vgl. A. L. Theremin an Kant, 6.2.1796; XII, 58).

Literatur

v. d. Pfordten, D.: Kants Rechtsbegriff, in: KS 99 (2007).

Strafrecht

Unter dem Staatsrecht behandelt Kant knapp das Straf- und Begnadigungsrecht (VI, 331–337), im Grunde hauptsächlich das Thema der Todesstrafe. Er versteht die Strafe als Wiedervergeltung der geschehenen Verletzung der Rechte eines Menschen. »Denn wenn die Gerechtigkeit untergeht, so hat es keinen Werth mehr, daß Menschen auf Erden leben« (VI, 332). Öffentliches Gerichtsverfahren gehört zum Begriff eines gerechten Rechts. »Das Strafgesetz ist ein kategorischer Imperativ, und wehe dem! welcher die Schlangenwindungen der Glückseligkeitslehre durchkriecht«, um etwas aufzufinden, was von verdienter Strafe entbinden könnte (VI, 331). Bei Mord gilt Todesstrafe. »Es giebt hier kein Surrogat zur Befriedigung der Gerechtigkeit« (VI, 333). Die Strafe ist die Wiederherstellung der durch die Tat verletzten Ehre der Menschheit. Die Rede von der Unrechtmäßigkeit der Todesstrafe ist »teilnehmende Empfindelei einer affectirten Humanität« (VI, 335). Der Verbrecher erleidet die Strafe, weil er eine strafbare Handlung gewollt hat. Das ganze Strafrecht argumentiert mit dem Begriff der Ehre. In der Hinrichtung ist die Ehre des Delinquenten anerkannt. Der persönliche Ehrbegriff wird über den der wechselseitigen Achtung mit dem der Gerechtigkeit des Gemeinwesens verbunden. Gerechtigkeit besitzt ebenfalls den starken moralischen Gehalt der auf der Grundlage wechselseitiger Achtung zu Bürgern in einem Staate verbundenen Individuen. Rechtsgrund für die Todesstrafe sind also nicht die Rache der Familie des Opfers, die der Staat übernehme und nicht der Schutz des Gemeinwesens vor Folgetaten. Bei Kindsmord durch ledige Frauen und für Tötung im Duell sieht Kant das Strafrecht ins Gedränge kommen. Hier sollten Ausnahmen gelten. Das Problem bestehe in der erforderlichen Änderung der Ehrbegriffe im Volk (VI, 337).

Literatur

Mohr, G.: »nur weil er verbrochen hat« – Menschenwürde und Vergeltung in Kants Strafrecht, in: Klemme, H. F. (Hg.), 2009, S. 469–499.

Völkerrecht

Wie das Privatrecht auf das Staatsrecht als auf den vereinigten Willen des Volkes bezogen ist, so ist das Staatsrecht auf das Völkerrecht hin gedacht. Auch hier wählt Kant aus und behandelt im Grunde nur ein Thema: den Übertritt der Staaten aus dem gesetzlosen Zustand kriegerischer Gewalt gegeneinander in den rechtlichen Zustand eines »permanenten Staatenkongresses«, in dem die europäischen Staaten ihre öffentlichen Streitigkeiten nach internationalem Recht verhandeln und beilegen würden. Dies und die Beachtung von Rechtsgrundsätzen im Kriege stellt der zeitgeschichtlich genaue Metaphysiker in einem kurzen Abriss von acht Seiten als die Thematik des Völkerrechts dar. »Der ewige Friede (das letzte Ziel des ganzen Völkerrechts) ist freilich eine unausführbare Idee.« Die kontinuierliche Annäherung dazu, eine Rechtspflicht, sei sehr wohl ausführbar (VI, 350). Auf dem Feld des Völkerrechts findet sich das wichtigste, noch unabgegoltene Erbe der Kantschen Rechtsphilosophie.

Kant lässt Eigentumsrecht, Verfassungsrecht und Völkerrecht in einem Weltbürgerrecht enden, so dass das Apriori der praktischen Vernunft, das »Ideal einer rechtlichen Verbindung der Menschen unter öffentlichen Gesetzen überhaupt« (VI, 355), sowohl als logische Grundlage wie auch zugleich als Resultat realer historischer Tendenz erscheint. Die idealen Prinzipien erweisen sich als die Kühnheit enormen Realismus'. Die Völker der Erde seien auf einer Kugel in bestimmte Grenzen eingeschlossen, so dass jeder bestimmte Teil des Besitzes nur unter der Voraussetzung einer ideellen und insofern ursprünglichen Gemeinschaft aller Völker am Boden zu denken sei. Je lebhafter der Verkehr auf der Erdkugel wird, desto mehr werden »Übel und Gewaltthätigkeit an einem Orte unseres Globs an allen gefühlt«. Darum müssen alle Völker unter ein weltbürgerliches Recht der allgemeinen Gesetze ihres möglichen Verkehrs treten (VI, 352 f.). Unterwerfung und Vertreibung von Völkern durch koloniale Eroberungen sind das Gegenstück dieses Weltbürgerrechts, das gegen englische und spanische Außenpolitik diese hellwache Metaphysik des Rechts brandmarkt.

Universalgeschichte ist die Tendenz zur rechtlichen Verbindung der Menschen und der Staaten unter öffentlichen Gesetzen. Die Maxime, dahin unablässig zu wirken, ist Pflicht. Sie aufzugeben, »würde den abscheuerregenden Wunsch hervorbringen, lieber aller Vernunft zu entbehren und sich seinen Grundsätzen nach mit den übrigen Tierklassen in ei-

nen gleichen Mechanismus der Natur geworfen anzusehen« (VI, 355). Keine Generation ist ans historisch Gegebene gebunden, nicht an Errungenschaften und nicht an Niederlagen vergangener Generationen. Die von der Metaphysik als apriorische Bestände der Menschheit formulierten Prinzipien entfalten sich zu Funktionen historischen Progresses. So nannte Kant z. B. eine erbliche Leibeigenschaft das, was überhaupt absurd sei (VI, 349).

Recht und Moral bilden zwei Reihen von Pflichten: eine des äußeren, wechselseitigen und je partikularen Anspruchs auf Unverletzbarkeit der Person durch deren Konstitution als Rechtssubjekt, die andere der inneren und weiten intellektuellen Gewissenspflicht gegenüber der intelligiblen Gesamtheit von Menschen. Es sind zwei Imperativ-Ebenen der Bewährung der Freiheit jedes Individuums durch Vergesellschaftung. Das Recht konstituiert ein stabiles Gefüge sozialer Verlässlichkeit, das weite Bereiche des gesellschaftlichen Verkehrs von Moral (und Religiosität) entlasten. Recht und Moralität bilden verschiedene Ebenen sozialen Verkehrs. Das Recht realisiert die Vergesellschaftung als Form von Konfliktregelung realen Verhaltens und darum für je einzelne Fälle. Moralität ist als innere Willensbestimmung eine komplexere ideelle Realität. Sie prägt den Menschen als Ganzes. Kant nennt das Rechtsprinzip analytisch, das Moralprinzip synthetisch. Kants Auffassung ist nicht, dass das Recht etwa das äußere Hilfsmittel für Moral sei.

Fragt man nach der realen Quelle, aus der Kants Theorie und offenbare Überzeugung unausweichlich zunehmender Gerechtigkeit im sich ausbreitenden Zugang zu privatem Eigentum und in der Aneignung staatsbürgerlicher Rechte wurzele, so wird man auf Kants Verständnis von der Verwirklichung des Individuums durch ausgewogen verteiltes Privateigentum sehen müssen. Das Privateigentum verlangt gesichertes Mein und Dein, heißt es, und es besitzt im Inneren der Gesellschaft, letztlich auch zwischen den Völkern, einen pazifizierenden Gehalt. Es ist das Gedankengut des europäischen Frühliberalismus und der Nationalökonomie des 18. Jhs. Wohlverteiltes Privateigentum sichere einer wachsenden Zahl von Bürgern soziale Selbständigkeit und Sicherheit. Die damit verbundene Selbstverantwortung des Individuums für sein Geschick ist das empirische soziale Pendant zum Apriorismus spontaner intelligibler Freiheit des Menschen.

In der Trennung von Außen- und Innensphäre findet sich die individuelle Freiheit des Eigentümers in der modern-bürgerlichen Entsprechung von individueller Freiheit und Sozialisierung über versachlichte Strukturen ausgeführt. Ein in seinen detaillierten Regelungen starkes Recht entspricht einer Gesellschaft hoher persönlicher Entscheidungsfreiheiten der Individuen und der relativen Verselbständigung der verschiedenen gesellschaftlichen Lebenssphären. Moral gewinnt bei fortgeschrittener Verrechtlichung der gesellschaftlichen Struktur den Charakter formaler methodischer Regulative zur Einhaltung der hohen Dynamik von Selbstreflexion und wechselnden Realisierungsebenen der Person. Die rationelle Wurzel des Idealismus, nämlich die Totalität der Wirklichkeit als der gesellschaftlichen Praxis vindizierbar auszusprechen, wird von Kants Metaphysik dahin präzisiert, dass die Totalität als die Idealität der Methode gefasst wird.

Literatur

Kraus, H.: Das Problem internationaler Ordnung bei Kant, Berlin 1931 [enth. Nachweise älterer Literatur]. – Radbruch, G.: Rechtsphilosophie, Stuttgart ⁶1963 [§ 5 (»Recht und Moral«) u. § 6 (»Recht und Sitte«) untersuchen beider Verhältnis zueinander und können als Einführung in den Problemkreis dienen]. – Batscha, Z. (Hg.): Materialien zu Kants Rechtsphilosophie, Frankfurt/M. 1976 [Beiträge v. P. Burg, F. Kaulbach, R. Spaemann, D. Henrich u. a.]. – Burg, P.: Die Verwirklichung von Grund- und Freiheitsrechten in den Preußischen Reformen und Kants Rechtslehre, in: Birtsch, G. (Hg.), Grund- und Freiheitsrechte im Wandel von Gesellschaft und Geschichte, Göttingen 1981, S. 287–309. – Dreier, R.: Recht – Moral – Ideologie. Studien zur Rechtstheorie, Frankfurt/M. 1981 [Zur Einheit der praktischen Philosophie Kants; seine Rechtsphilosophie im Kontext seiner Moralphilosophie, S. 286–315]. – Brandt, R.: Das Erlaubnisgesetz oder: Vernunft und Geschichte in Kants Rechtslehre, in: Ders. (Hg.), Rechtsphilosophie der Aufklärung. Symposium Wolfenbüttel 1981, Berlin u. New York 1982, S. 233–285. – Kersting, W.: Wohlgeordnete Freiheit. Kants Rechts- und Staatsphilosophie, Berlin u. New York 1984. – Enderlein, W.: Die Begründung der Strafe bei Kant, in: KS 76 (1985), S. 303–327. – Hofmann, H.: Recht – Politik – Verfassung. Studien zur Geschichte der politischen Philosophie, Frankfurt/M. 1986 [spez. S. 93–121]. – Hinske, N.: Staatszweck und Freiheitsrechte. Kants Plädoyer für den Rechtsstaat, in: Birtsch, G. (Hg.), Grund- und Freiheitsrechte von der ständischen zur spätbürgerlichen Gesellschaft, Göttingen 1987, S. 375–391. – Strangas, J.: Kritik der Kantischen Rechtsphilosophie. Ein Beitrag zur Herstellung der Einheit der Praktischen Philosophie, Köln u. Wien 1988. – Unruh, P.: Die Herrschaft der Vernunft. Zur Staatsphilosophie Kants, Baden-Baden 1993. – Hofmann, H.: Das Postulat der Allgemeinheit des Gesetzes, in: Ders., Verfassungsrechtliche Perspektiven. Aufsätze aus den Jahren 1980–1994, Tübingen 1995, S. 260–296. – Hüning, D./Tuschling, B. (Hg.): Recht, Staat und Völkerrecht bei Kant, Berlin 1998. – Höffe, O. (Hg.): I. Kant. Metaphysische Anfangsgründe der Rechtslehre, Berlin 1999 [div. Autoren interpretieren die Paragraphen der Rechtslehre]. – Küper, W.: Kant und das Brett des Karneades. Das zweideutige Notrecht in Kants Rechtslehre, Heidelberg 1999. – Norman, R. (Hg.): Ethics and the Market, Hampshire 1999. – Steigleider, K.: Kants Moralphilosophie, Stuttgart 2002.

Metaphysik der Tugendpflichten

Entsprechung von juridischer Versachlichung der Sozialisierungsakte und Formalismus der Gesinnungsethik

Moral gewinnt bei hoher Verrechtlichung der gesellschaftlichen Strukturen methodisch-formalen Charakter. Sie wird idealler Bezirk methodischer Rückbeziehung des Faktischen von Verhaltenserfahrungen und von Rechtsnormen auf die Motivation der Individuen. Moral erscheint als das eigentlich Subjektive im Subjekt. Das Heraussetzen des reichen sozialen Gehalts menschlicher Aktivität in ein umfassendes System rationaler rechtlicher Regelung schafft erst die Voraussetzung freier innerer Motivation des Subjekts, die sich neben den entwickelteren ästhetischen, intellektuellen, gegenständlich-praktischen Möglichkeiten der Individuen auch als deren Moralität realisiert. Mit der Trennung von rechtlicher Außen- und moralischer Innensphäre wird Moral nicht relativiert, aber sie wird privatisiert. Sie ist keine Angelegenheit öffentlicher Verantwortung. Elementare Stammesgesellschaften zeigen mit unentwickeltem Recht die Verbindung von Recht und Moral und auch moralische Kriterien als Element öffentlicher Ordnung. Unter der Trennung von Recht und Moral in moderner Zivilgesellschaft wird die öffentliche Behandlung von Moral obszön. Sie kann als solcher Voyeurismus ganze Zweige marktgesteuerter Öffentlichkeit rekrutieren.

Die Vervielfältigung der sachlich geregelten Bereiche des Rechts verselbständigt auf der Gegenseite die Reflexion auf die innere Motivation und verleiht ihr generalisierende methodische Tendenz. Moralische Eigenverantwortung in dynamischer Gesellschaft sucht Algorithmen für die Abstraktion wiederkehrender Elemente im dauernden Wechsel. Das bildet überhaupt erst die Realabstraktion der Individualität als solcher aus, die Kant mit der ganzen Aufklärung in idealistischer Verkehrung dann als ideellen Ursprung setzt. Subjekt-Konstanz wird durch die methodische Verdopplung des realen Bewusstseins in methodische Reflexion und faktische Existenz erst zur eigenen Tat und Biographie des Indiviuums. Die Vielfalt der Entscheidungsvarianten bedingt komplexe Motivationsgeflechte. Aus diesen geht das Erfordernis methodischer Regulative der Verhaltensbestimmung hervor, die bei Kant als das zentrale Problem der Maximen erscheinen. Die Formalisierung konkreter Tugenden zu Maximen setzt sich fort zur generellen methodischen Frage nach der Bestimmungsweise aller Maximen, d. i. der Methodik der inneren Motivation des Individuums. Darin besteht der Formalismus der Kantschen Moralphilosophie, der also – wie die transzendentallogische Propädeutik überhaupt – methodischen Charakter besitzt. Kant denkt wie der von ihm hochgeschätzte G. C. Lichtenberg (1742–1799): »Wenn man die Menschen lehrt, *wie* sie denken sollen, und nicht ewig hin, *was* sie denken sollen […] eine Art Einweihung in die Mysterien der Menschheit« (*Philosophische Bemerkungen*, in: *Lichtenberg's Vermischte Schriften*, Bd. 1, Göttingen 1867, S. 55). Der methodische Formalismus tritt nicht als ein überflüssiges Element zur konkreten Tugendethik hinzu, wie auch die Mathematik nicht eine intellektuell autoritäre Zutat zur sinnlich konkreten Physik darstellte. Er ergibt sich aus dem Reichtum individueller Motivationsanforderungen und dem Erfordernis fürs Individuum, sich dafür einer Methode der Ordnungs- und Auswahlkriterien zu versichern; im weiteren aus der Freisetzung einer Entscheidungs-Innerlichkeit für das durch die Juridifizierung der gesellschaftlichen Kooperation von der äußeren Verhaltensdetermination entlastete Individuum. Erst mit durchgehender Juridifizierung der gesellschaftlichen Kooperation freier Privateigentümer kann sich eine bürgerliche Privatsphäre bilden. Dann entsteht auch das Problem der Rückführung moralischer Motivation auf das öffentliche Geschehen, das dem Prinzip nach komplett vom Recht abgedeckt ist und dadurch auch in der Zuständigkeit bürokratisch partikularisiert ist. Kant negiert selbstverständlich nicht die Moral als Grundvoraussetzung auch öffentlich sanktionierten Verhaltens. Ohne moralische Selbstidentifikation des Individuums ist der Begriff des Rechtssubjekts als zurechnungsfähigen Subjekts privatrechtlicher und staatsbürgerlicher Achtung gar nicht möglich. Recht wäre sonst Verkettung von Partikeln, also das, was Kant Naturkausalität nennt. Kants Trennung von Recht und Moral ist gegen die Pseudoöffentlichkeit von Moral in religiösen und Standes-Organisationen gerichtet. Kollektivierung von Moral zerstört die Freiheit der Person. Also nicht um Geringschätzung

der alltgspraktischen Rolle von Moral handelt es sich bei Kants Formalismus. Kants Problem ist, dass die Vermannigfachung der Anforderungen freier Entscheidungen ohne methodische Ebene für alle konkreten Tugenden das Individuum herabsinken lassen würde zur Marionette der versachlichten Mächte seiner eigenen Spezialisierung. Der rechtlichen generellen Formalisierung soll eine methodische Formalisierung der Innensteuerung entsprechen. Insofern ist das Recht die reale Basis der Moralität. Die Tugendlehre behandelt die konkretere Subjektivität, die das Recht aus sich herausgesetzt hat und erscheint dann methodisch als das Primäre. Die Trennung von Recht und Moral beendet für die innere Motivation oder Maximenbildung ebenso die exklusive Sonderstellung des privilegierten Einzelnen und die moralische Kollektivierung. Im Bewusstsein des Theoretikers erscheint die Moral als das Bestimmende, dem das Recht den Rahmen äußerer Regelungen hinzufüge. In dem täuschenden Schein ist das reale Problem verborgen, wie eine Gesellschaft von Warenproduzenten und Warenbesitzern sich deren wechselseitige Abhängigkeit als gesamtgesellschaftliche Freiheit darstellen kann; wie sie den Gegensatz von persönlichen Entscheidungsfreiheiten und Determination durch die Sachgesetze des zivilisatorischen Prozesses – die Kant als die Welt des technisch-praktischen Verstandes ausspricht – auf einen Horizont gesellschaftlicher Freiheit als im Ganzen reflektierten und gewollten Vorgangs projizieren kann. Die immer individuellen Tugenden der lebensweltlichen Nähe und Verlässlichkeit bleiben nicht nur an ihrem Platz, sie gewinnen erst ihre Qualifikation realer Konstanten im methodischen Zusammenhang.

Kant entwickelt seine Tugendlehre von den beiden bezeichneten Voraussetzungen her: der Parallelisierung von äußerer Regelung und innerer Maximenbildung und des Ausgleichs der Maximen des Einzelnen mit den Maximen für alle Einzelnen. Das Recht erscheint dann als die anhebende Intellektualisierung der gesellschaftlichen Beziehungen unabhängiger Privateigentümer und als Moral wird das Problem behandelt, wie in einer Welt, wie Kant sagt, abgesonderter technisch-praktischer Intellektualität (VI, 387) der Einzelne das Bewusstsein behalten kann, der Sachgewalt der zivilisatorischen Prozesse gewachsen zu sein. Auf dem politischen Feld setzt Kant hier seinen ideellen Republikanismus ein. Das ideelle Totum ist nur als Ensemble innerer Maximen von Handlungen, nicht von materialen Kriterien der Ausführung her, zu denken. Kant führt das im Einzelnen als Pflichtenethik durch. Die Parallele zur

Rechtsform liegt auf der Hand. Die Pflichten sind Gesetze, die innere Freiheit zu erhalten, wie die Rechtssätze die Bewegungsform der äußeren Freiheit bilden. Das Große in Kants Theorie ist, dass er den Parallelismus als aufzulösenden Widerspruch von unmittelbarer, interessierter Individualität und Gesamtinteresse aller Gesellschaftsglieder ausspricht. Die Pflichten-Ethik stellt das Charakteristikum des Ethischen ins Sollen, nicht ins Gute. Sie ist normative, nicht evaluative Ethik. Ethische Aussagen sind nicht Wertaussagen. Die Diskursethik hat das entschieden erneuert. Die Sphäre der Moralität geht über die Verrechtlichung als ein notwendiger Überschuss hinaus. Für rein intelligible Wesen regelten die moralischen Gesetze die Maximenbildung automatisch und es gäbe kein Sollen. Aus der Doppelnatur des Menschen als intelligibles und gegenständlich-praktisches Wesens ergibt sich die Entäußerung der Person in sachhafte Sozialisierung und auch der Moral zum Recht.

Für den Pflichtenbegriff, mit dem Kant die speziellen ethischen Qualitäten des Individuums entwickelt, gibt es Vorlagen der stoischen, der christlich-religiösen und der metaphysisch-rationalistischen Ethik. Kants Pflichtenbegriff unterscheidet sich von den vorausliegenden durch die Trennung der methodischen Form von der »Materie des Willens«. Kant trennt auch hier intelligible und sensible Seite. Das ist mit dem betonten Rückgang »bis auf die Elemente der Metaphysik« gemeint (VI, 376). Man muss auch in der Ethik das Grundprinzip des transzendentalen Idealismus erkennen, die Trennung von Form wie Prinzipien der Sinnen- und der intelligiblen Welt, wie der Titel der Inauguraldissertation lautete. Für das persönlich freie Individuum nimmt Kant den Begriff der moralischen Pflicht in viel tiefer gehender Entschiedenheit als die vorangegangenen Theorien als den Selbstzwang zu nur intellektuell zu fassender Tugendgesinnung. Die Auffassung der Moralität als Sache der Willensmaxime und nicht der realen Handlung ergibt sich – wie auf andere Weise in der christlich-religiösen Ethik – aus dem vorausgesetzten Widerspruch eines nicht methodisch (logisch oder im übergreifenden religiösen Glauben) reflektierten Verhaltens. Die interessierten Antriebe sind widerstrebende Kräfte, »die also zu bekämpfen« sind. Durch seine Intellektualität erkennt der Mensch sich als vermögend, seine Partikularisierung durch gegenständliche und juridische Entäußerung zu besiegen. Der Vorsatz, einem starken Gegner Widerstand zu leisten, ist Tapferkeit (fortitudo). Darum sei die Pflich-

tenethik Tugendlehre (virtus als fortitudo moralis) (VI, 380).

Metaphysik als Lösung des Begründungsproblems für Aufforderungssätze

Moralische und juridische Normen zeichnen sich dadurch aus, dass sie eine Begründung erhalten müssen, wenn sie gelten sollen. Die Geltungsweise moralischer und juristischer Postulate ist nicht mit den Kriterien für Sachverhaltskonstitutionen (wahr – falsch) zu erfüllen. Die Geltung moralischer Aufforderungssätze kann auch nicht durch Hinweise auf faktischen Gebrauch bestimmter Normen beigebracht werden. Das ist selbst für juristische Regeln nur bedingt möglich. Das Argument der spontanen Klugheit des Üblichen versagt, wenn es ums Geltungsprinzip geht. Sprachanalytisch gesprochen, setzt Kant den semantischen Sinn eines Aufforderungssatzes »Du sollst …« in dessen Zugehörigkeit zum logisch-synthetischen Gehalt praktischer Vernunft. Dieser ist die methodische Voraussetzung, dass alle empirischen Pflichten und Gesetze einzuklammern seien in eine intelligible Sphäre der gleichen Rationalität aller Individuen. Kant gibt damit ein Vollkommenheitskriterium logischer Art an, also nicht ein materiales Summum Bonum der Wert- oder Güterethik. Er nähert das Kriterium von Gebotssätzen dem Richtigkeitskriterium an, aber im Sinne einer ideell unendlichen Genauigkeit der Übereinstimmung. Die *Grundlegung* hatte es formuliert. Moralische Normen werden begründet nach dem »Ideal der Vernunft«, »daß sie eine Handlung bestimmen sollten, dadurch die Totalität einer in der That unendlichen Reihe von Folgen erreicht würde« (IV, 419). Die Beziehung zum mathematischen Formalismus des unendlich Genauen für empirische physikalische Daten liegt auf der Hand. Kants Metaphysik-Form der Rechts- und Tugendlehre besitzt die Funktion eines logischen Begründungskriteriums aller normativen Sätze.

Literatur

Tugendhat, E.: Probleme der Ethik, Stuttgart 1984 [spez. Der semantische Zugang zur Moral, S. 59–86]. – Gregor, M./Ludwig, B. (Hg.): I. Kant, Metaphysische Anfangsgründe der Tugendlehre, Hamburg 1990 [Einl. S. I–LXX]. – Ameriks, K.: Probleme der Moralität bei Kant und Hegel, in: Fricke, C. u. a. (Hg.), Kant und Hegel über Denken, Erkennen und Handeln, Stuttgart-Bad Cannstatt 1995. – Habermas, J.: Kommunikatives Handeln und detranszendentalisierte Vernunft, Stuttgart 2001.

Systematischer Ort der Metaphysik. Moralphilosophische Vorlesungen, Anthropologie in pragmatischer Hinsicht und die Proportion der Verbindung von Physischem und Intelligiblem

Die Tugendlehre der Metaphysik der Sitten steht zwischen der transzendentalphilosophischen Kritik der praktischen Vernunft und dem Reichtum des anwendungsnahen ethischen Denkens Kants in den moralphilosophischen Vorlesungen und im Ethik-Teil der *Anthropologie*.

In allen seinen moralphilosophischen Texten bildet Kant eine Stufenfolge von Maximen: technisch-praktische Verfahrensweisen – Klugheitsregeln – moralisch-praktische Imperative. Es ist ein Motivationsgang ins Innere der Person, wo deren Einheit wurzelt. Der Akzent liegt auf dem Gegensatz zwischen gegenständlich orientierten und moralischen Imperativen, die sich nicht auf den Zweck einzelner Handlungen, sondern auf die Person selbst beziehen. Moralisch ist das, was an der Person unter allen Bedingungen gleich bleibt. Die Formbestimmung kann nur intellektuell erfolgen. Darüber spottete nicht nur die Lebensphilosophie der Zeit, die Glaubensphilosophie, sondern ebenso die junge Generation der Stürmer und Dränger. Diese wollte nur den moralischen Enthusiasmus der Guten und die Falschheit der Tyrannen kennen und übersah die komplizierte Vermittlung einer Anschlussmöglichkeit an Kants Enthusiasmus der transzendentalen Idealität. Die im Pflichtgedanken gesetzte innere Identität ist das, was nicht zur Disposition stehen kann und tatsächlich aus allen material-situativen Entscheidungssituationen auszusondern ist und diesen gegenübersteht. Es ist der Bereich, der sich in je konkreten Tugenden realisiert. Kant nimmt selbstverständlich die Problembehandlung durch den christlichen Gewissensbegriff auf und konzentriert für die Unterscheidung zu ihm seine Theorie auf die Abtrennung der inneren Identität von gefühlshaften und ästhetischen Aspekten. Kants identischer Bezirk im Selbstbewusstsein des Subjekts bildet den Gegenpol zur utilitaristischen Ethik. Die Interpretation der Pflichtenethik als zu bourgeoiser Strebsamkeit säkularisierte Glaubensdisziplin simplifiziert Kant nicht, sondern falsifiziert ihn. So wie die Rechtsverhältnisse vom Eigentumsrecht über das Verfassungsrecht zum Weltbürgerrecht aufsteigen, so synthetisiert sich die ethische Tugendlehre von den Pflichten des Einzelnen für sich selbst über die Pflichten gegen die anderen Einzelnen zur »Vergleichung« der eigenen Maximen »nicht mit irgend einem andern Menschen (wie er ist), sondern mit der Idee (der Menschheit), wie er sein soll« (VI, 480).

In diesem Zusammenhang stehen dann die Überlegungen zur Ethik religiös gefasster Muster und Gebote. Kant führt das in einem gesonderten »Beschluß« (VI, 486–491) aus und begründet die Abtrennung der Autonomie moralischer Rationalität von der Grundlegung »rein-philosophischer Ethik« (VI, 488). Die praktische Anwendung bedarf in einer Zivilisation gegeneinander verselbständigter kultureller Lebensfelder selbstverständlich verschiedener Begründungsmuster. Das religiöse sieht Kant auf der Anwendungsebene als unaufhebbar und als integrierbar an. Nur gehen eben »Liebe und Achtung« als Grundprinzipien »aller moralischen Verhältnisse vernünftiger Wesen« primär auf die »Übereinstimmung des Willens des einen mit dem des anderen« hin und nicht auf den Bezug zur Transzendenz (VI, 488).

Die Polemik der Kantschen Tugendlehre ist primär gegen den bourgeoisen Utilitarismus gerichtet, der mit der Naturalismus-Kritik der pflichtwidrigen Neigungen gemeint ist. Das isolierte Interesse verwandelt den Menschen in ein Reflexzentrum. Er legt die Freiheit ab und reduziert sich zum Objekt von Naturgesetzen. Die Naturalismus-Kritik, weitab von religiöser Askese, stellt einen der großen vorausschauenden Gedanken der Kantschen Moralphilosophie dar. In vielen Punkten hat sich Kants Vision der Gefahr, dass der Mensch zum scheinbar vergnügten Genusswesen mutiere, bestätigt. Die naturalistische Antithese zu Kants »Liebe und Achtung« als der Grundrelation vernünftiger Wesen hat T. Hobbes (1588–1679) am entschiedensten formuliert: »Die Geltung oder der Wert eines Menschen ist wie der aller anderen Dinge sein Preis. […] Denn es gibt kein *finis ultimus*, d. h. letztes Ziel, oder *summum bonum*, das heißt höchstes Gut, von welchen in den Schriften der alten Moralphilosophen die Rede ist. […] So halte ich an erster Stelle ein fortwährendes rastloses Verlangen nach immer neuer Macht für einen allgemeinen Trieb der gesamten Menschheit, der nur mit dem Tode endet« (Hobbes, *Leviathan* [1651, dt. 1794/95], Leipzig 1978, S. 75, 84).

Kant sieht wohl, dass die moralische Konstante für verschiedene Gesellschaften und für die gleichen Gesellschaften in deren verschiedenen Zeitaltern verschieden sein kann. Er nannte das in seinem Vorlesungsprogramm von 1765 »die moralische Geographie« im enzyklopädischen Sinne von unterschiedlichen physischen, moralischen und politischen

Bedingungen als von den »drei Reichen« in jeder Kultur (II, 312). Doch in allen verschiedenen Kulturen ist der eigentlich moralische Imperativ das Identische der Person gegenüber den partikularen technisch-gegenständlichen und den Klugheitsmaximen gemäß wechselnden Situationen. Aristoteles hatte *poiesis* die Aktivität genannt, die aufs Objekt gerichtet ist, *praxis* diejenige, die sich aufs Subjekt zurückbezieht. Kant lässt in der ethischen Elementarlehre unentwickelt, dass sich der Pflichtbegriff des moralischen Subjekts auch durch die Entäußerung von Intentionen in praktischen Erfolgen und Misserfolgen bildet, die insofern sekundäre und tertiäre methodische Kriterien darstellen. Er verlegt das alles, dem Aufbau der Logik-Lehrbücher gemäß, in die ethische Methodenlehre. Darin besteht ein merkwürdig unfertiger, theoretisch offener Punkt der ganzen *Metaphysik der Sitten*. Denn logischer Apriorismus im reinen Sinne sind die Pflichtenkataloge nicht, dass nicht eine Mitwirkung der materialen lebenswirklichen Ausführung zugestanden werden sollte.

Die Vorlesungen stellen im philosophiegeschichtlichen Zusammenhang den Unterschied zwischen antiker Wertethik und Kants formaler Gesinnungsethik dar, ohne freilich die religiöse christliche Ethik als Quelle einzubeziehen (Moralphilosophie Collins; XXVII, 247 ff.). Die Autoren der neueren Philosophie, auf die Kant seine Eudämonismus-Kritik bezieht, werden genannt: Lamettrie, Helvétius (Prakt. Philosophie Powalski; XXVII, 100 ff.), Hume, Montaigne, Hobbes (ebd., 107 ff.). In den Vorlesungen teilt Kant sein Urteil über moralische Leitideen der Zeit mit, so über den gefühlsseligen Freundschaftskult, über verwirrende religiöse Seelenscheuerei. Er zeigt sehr zeitbezogen den kritischen Gehalt seiner Moralphilosophie. In den Vorlesungen folgt gemäß Baumgartens Lehrbuch die konkrete »Ethica« auf die »Philosophia practica universalis«. Hier behandelt Kant viele Aspekte unmittelbarer ethischer Überlegung, so z. B. auch die jetzt wieder aufgenommene Frage, ob es moralische Pflichten gegenüber Tieren gebe, ursprünglich ein theologisches Thema (vgl. *Eine Vorlesung Kants über Ethik*, hg. v. P. Menzer, Berlin 1924, S. 242).

Die *Anthropologie* bereitet ethische Themen innerhalb abstraktionstheoretischer und psychologischer Aspekte des Selbstbewusstseins vor (anthropologische Didaktik, 1. Buch, Erkenntnisvermögen) und behandelt die ethische Person dann innerhalb der emotionalen Ebene geselligen Verkehrs (2. Buch, Gefühl der Lust und Unlust) und schließlich im Zusammenhang der langen Tradition der Affekte-Leh-

ren (3. Buch, Begehrungsvermögen). Das zweite Buch betrachtet den ästhetischen Geschmack innerhalb eines sensus communis als »Tendenz zur äußeren Beförderung der Moralität« (VII, 244). Im dritten Buch treten die Spannungen der »Neigungen« (inclinatio), wie Kant mit der scholastischen Metaphysik sagt, hervor. Er geht gegen den Wortgebrauch im Sinne der englischen *moral-sense*-Philosophie als Gewohnheit auf die ursprüngliche starke Bedeutung sündhafter, weil eigensüchtiger Leidenschaft zurück. Die Abweisung der Neigung, andere Menschen seinem Willen zu unterwerfen, erfolgt mit elementarischer Kraft. Ehrsucht, Herrschsucht, Habsucht sind die Laster, die sich »am meisten der technisch-praktischen Vernunft nähern«. Ihnen sind nur die Wahnvorstellungen der Selbstentfremdung, »das Subjective für objectiv zu nehmen«, die »den Hang zum Aberglauben« begreiflich machen, an die Seite zu stellen (VII, 271 ff.). Hier erfolgt dann erst die Bestimmung des höchsten moralisch-physischen Gutes als der »Proportion der Verbindung« von physischer und intelligibler Motivation für den »Genuß einer gesitteten Glückseligkeit« (VII, 277). Dann auch wird die reale Resultante der Kantschen methodischen Isolierung der einzelnen Bewusstseinsebenen deutlich: »[E]in Mann von Grundsätzen zu sein (einen bestimmten Charakter zu haben)«, muss »der gemeinsten Menschenvernunft möglich und dadurch dem größten Talent der Würde nach überlegen sein« (VII, 295). Kants Ethik ist nicht emotionsfeindlich, so spröde die Beobachtung der eigenen Körperlichkeit und der Genussfähigkeit auch demonstriert wird. Kant unterscheidet in metaphysischer Terminologie homo noumenon und homo phänomenon. In diesem Zusammenhang befindet sich der Kant eigentümliche Gedanke, der alte christlich-asketische Tradition zivilisationskritisch erneuert: Moralisches Gewissen könne wohl auf den Wunsch führen, von allen Neigungen frei zu sein (V, 118). Aus der Spannung von sinnlichem und intelligiblem Menschen in uns entwickelt Kant das Problemfeld von Freiheit. Rein intelligible Wesen (Engel) wären nicht frei, da sie nicht im Gegensatz von intelligibler und sensibler Sphäre stünden. Für sie bedeuteten die Gesetze kein Sollen.

Die Gliederung der Tugend-Metaphysik. Gesinnungsethik

Die Einleitung zur Tugendlehre zeigt deutlich die traditionellen Fragestellungen und die neuen Schwerpunkte der Kantschen Moraltheorie. Kant schließt an langbewährte Hauptpunkte an: intellektualistische Begründung der Freiheit der Person, Tugend als Herrschaft über sich selbst, Doppelcharakter des Menschen von Intellekt und zu bezwingenden Neigungen, die uns an eine intellektfremde Außenwelt binden. Mit dem Apathie-Begriff wird die stoische Tradition bezeichnet (VI, 408). Die Innerlichkeit des Gewissens als Moral-Kriterium ist auch bei Kant religiöses Erbstück. Traditionell im Verhältnis zur modern-bürgerlichen Ethik ist die Betonung der Sorge fürs Auskommen und für Genuss in materieller Hinsicht, also indirektes Arbeitsethos. Das steckt auch im ganzen Kantschen Moralbezirk der Unabhängigkeit und Selbstachtung der Person. Freilich fällt auf, dass die puritanische Anmahnung von Fleiß und Erfolg oder von industry and thrift, wie die utilitaristische Formel lautete, ausbleibt. Sie widerspräche Kants Verständnis der Willensmaxime, die moralisch dann ist, wenn sie den Erfolg nur in zweiter Linie wertet.

Die neuen Aspekte der konkreten Tugenden in Kants Ethik kann man in vier Punkten zusammenfassen: Es ist erstens der intellektualistisch begründete Pflichtbegriff als »ein Zwang nach einem Princip der innern Freiheit« (VI, 394), aber bezogen auf eine überpersönliche geistige Sphäre. Außer »vernünftiges Naturwesen« (homo phänomenon) ist der Mensch der Verpflichtung gegenüber einem nichtempirischen Prinzip fähiges Wesen (homo noumenon); eine eigene Ebene der Idealbildung, da auch das Naturwesen Mensch bereits vernünftig war. Hier behandelt Kant den Schein des alltagspraktischen Gegensatzes von Freiheit und objektivem Gesetz bestimmter Pflichten als eine Dialektik, die Philosophie aufzulösen habe (VI, 417 f.). Zweitens ist neu der Ausgleich von selbstbezüglichen Pflichten für ein Individuum und Pflichten für andere. Der Hauptpunkt dabei: das Bewusstsein der Person von den Pflichten gegen sich selbst ist die Voraussetzung des Pflichtbewusstseins gegen andere. Damit ist verbunden, dass nicht im Selbstbezug, sondern gerade im Verhältnis zum anderen »fremde Glückseligkeit zugleich Pflicht« ist (VI, 393). Drittens behandelt Kant unter dem Thema einer Amphibolie der moralischen Reflexionsbegriffe die falsche Transposition von Pflichten gegen sich selbst unter dem unwillkürlichen Schein von Pflichten gegen andere Objekte und Wesen (VI, 442 ff.). Hierzu gehören die vermeintlichen Pflichten gegen Naturobjekte (Pflanzen und Tiere) sowie gegen Gott. Alles das sind unter dinglicher Hülle erscheinende Pflichten des Menschen gegen sich selbst: Weil er sich im Zerstören der Natur, in grausamer Behandlung von Tieren abstumpft und

seine Fähigkeit zur moralischen Selbstreflexion seiner Willensbestimmung zersetzt. Auch die Idee Gottes »geht ganz aus unserer eigenen Vernunft hervor«. Es gibt keine Pflicht gegen »ein gegebenes Wesen«. Kant verringert durch die anthropologische Aufhebung der religiösen Entfremdung nicht den religiösen Gehalt, im Gegenteil. Da es sich um eine notwendige Vernunftidee handele, dass wir im unendlichen Zusammenstimmen aller moralischen Willensakte mit allem Gelingen das moralisch-praktische Postulat Gottes annehmen müssten, sei es Pflicht des Menschen gegen sich selbst, diese Idee anzuwenden (VI, 444). Viertens schließlich verändert Kant die Pflichtenethik, die an sich aus der rationalistischen Umbildung des theologischen Verpflichtungsgedankens des Menschen als Geschöpf gegen den Schöpfer in der neuzeitlichen Metaphysik kommt. Der Schritt der Metaphysik bestand darin, die lebenspraktische Disziplin des strebsamen Bürgers als primäre Moralpflicht auszusprechen. Bei Kant wurzeln sowohl die selbstbezüglichen als auch die andere Personen betreffenden Pflichten in der Würde der Menschheit schlechthin. Jeder »ist verbunden, die Würde der Menschheit an jedem anderen Menschen praktisch anzuerkennen« (VI, 462). Auch hier zeigt sich, dass die formelle Kontinuität Kants im Verhältnis zur vorangegangenen Metaphysik in der Fortführung der Tendenz zur Autonomisierung der Rationalität besteht.

Kants moralischer Pflichtbegriff ist mit dem Komplementärverhältnis von Recht und Moralität als zwei kompletten Reihen von Ordnungsregeln verbunden. Der Mensch steht auch in seiner moralischen Verantwortung im entfalteten Verhältnis eines großen Vertrages mit allen Menschen. Der Vertragsgedanke im Bezug auf zwei mit freiem Willen agierende Individuen entspricht letzten Endes dem Austausch von Leistungen in Form des Warenverkehrs. Das sagt zunächst für die moralische Relation zwischen Individuen nicht viel. Verträge gab es auch in archaischen Gemeinwesen. Das Alte Testament kennt viele Verträge zwischen Jahwe und dem Volk Israels. Das Schuldbewusstsein über ein moralisches Versagen besteht seit eh und je ohne Vertragsbewusstsein gleichsam als Verletzung einer eidlichen Verbindung. Der entscheidende Punkt ist nicht die Kraft einer verwandtschaftlich oder durch Freundschaft begründeten moralischen Verpflichtung. Darin ist tatsächlich noch viel vom Ursprung des Vertragsrechts im Schuldverhältnis enthalten. Auch staatsrechtliche Kodifikationen legitimierten sich zunächst über solche freiwillige Vereinbarungen und

Verpflichtungen. Das führte konsequent auf die Unveränderbarkeit des Quasi-Staatsvertrages. Dessen Funktion löste sich vom nicht wieder einholbaren freien Akt der Vereinbarung ab. Mit Kants Bezug aller moralischen Pflichten auf die Würde der Menschheit wird das Individuum in eine objektives Verpflichtungsverhältnis gestellt, das in vielem die besten Resultate des entwickelten rechtlichen Vertragsprinzips für den Moralbegriff fruchtbar macht. Auch hier verläuft die Entwicklung des Subjektbegriffs über die gegenständlich soziale Entäußerungsweise des Subjekts, wie sich der Arbeitsbegriff seit dem 17. Jh. an der Entwicklung des Maschinenbegriffs ausbildete. Der moralische Bezug auf die Menschheit als solche löst das Individuum aus allen vorbestehenden partikularen Verpflichtungen heraus. Das Individuum ist, wie im ausgereiften Recht, als Element der Struktur, die die Menschheit darstellt, zugleich freier Ursprung aller Regelungen. Das verleiht den universellen Spielraum der moralischen Reflexion. Jedes Individuum darf und muss sich – wie der Staatsbürger in republikanischer Verfassung – als Gesetzgeber seiner Willensmaximen sehen. Das moralische Subjekt ist von Kants Pflichtbegriff in eine lokal und zeitlich nicht begrenzte Funktion gebracht. Statusaspekte und repräsentative Wert-Elemente, die auch unentwickelten Vertragsformen anhaften, sind eliminiert. Im funktionalen Charakter des Pflichtbegriffs ist der Gleichheitsgedanke aller Individuen für die Moral realisiert, wie er die Universalität des Kontrakt-Prinzips im Recht trägt. So bilden auch die Kantschen Worte vom moralischen Gerichtshof, den der Mensch in seinem Inneren aufschlage (VI, 439), über den kulturgeschichtlich aussagekräftigen Analogiebezug hinaus einen Bezug zur Freiheit des Bürgers, der sich in Rechtsverhältnissen befindet, deren Zustandekommen er zugestimmt hat – oder hätte zustimmen können, wie Kant in seinem Misstrauen gegen parlamentarischen Liberalismus hinzusetzt. Die Innerlichkeit des Individuums als Sphäre immer erneuter Auseinandersetzung bedeutet nicht Schuldbewusstsein oder gar Sühnebewusstsein. Jeder Einzelne steht in permanenter Freiheit der Selbstauseinandersetzung.

Nach der ausführlichen Einleitung als der Problemexposition einer Gesinnungsethik wird nach dem Muster der Logik-Lehrbücher die ethische Elementarlehre von der Methodenlehre unterschieden. Methodenlehre ist Theorie zielstrebiger geistiger Einübung und praktischer Anwendung der Tugendpflichten, während der enge Charakter der Rechtspflichten eine Methodenlehre erübrige. Die

Elementarlehre zerfällt in die beiden Teile der Pflichten des Individuums gegen sich selbst und der Pflichten gegen andere. Im Unterschied zur juristischen Pflichtenlehre ist jetzt die ideelle Identität von Maxime und Gesetz vollendet. Moral ist Befolgung der Gesetze des Verhaltens um des Gesetzes selbst willen, nicht um äußerer Anerkennung oder Vorteile willen. Rechttun kann erfolgen, um die Sanktionen zu vermeiden, die auf Rechtsverletzungen stehen. Gegenstand der Tugendlehre sind also nicht die Taten, sondern die Maximen für Handlungen. Recht beurteilt primär das materiale Resultat der Handlung vor der Motivation. Moral wird von der Gesinnung um des Gesetzes willen regiert. Es gibt viele Tugendpflichten, aber nur eine Tugendgesinnung.

Moral hat die sachlich ausgeklärten rechtlichen Regelungen, die als wertneutrale Verfahrensweisen Sanktionen definieren, gleichsam negative Gebote darstellen, durch einige wenige, aber zentrale Motivationen der Individuen zu ergänzen. Dadurch erst wird aus der Mechanik sozialer Atome eine sinnhafte Relation von Subjekten. Zum anderen bildet Moral den Generalrahmen, innerhalb dessen Rechtssetzungen überhaupt als Ganzes begründet und fortentwickelt werden können. Die Gedankenführungen von Moral- und Rechtsphilosophie verlaufen dann ganz parallel. So wie jedes einzelne Rechtsverhältnis nur auf der Grundlage des intelligiblen Verhältnisses aller Eigentümer und Bürger innerhalb der Idee eines gemeinschaftlichen Willens stehen könne (*Vorarbeiten zur Metaphysik der Sitten*; XXIII, 211 ff.), ebenso ruhten alle Tugendpflichten in der Idee der Menschheit als des höchsten Zweckes aller Zwecke in sich selbst. Kriterium der Moralität ist der Bezug auf die Verallgemeinerungsfähigkeit der Maximen, nicht die Vielfalt gegenständlicher Zwecke, die in den »Schlangenwindungen des Eudämonismus« zu nichts als zum »sanften Tod aller Moral« verlocken (VI, 377 f.).

Die formale Gesinnungsethik geht von ideeller Gleichheit der intensiv reflektierenden modernbürgerlichen Subjekte aus, nicht mehr von qualitativen Wertorientierungen der Individuen in traditionsgeleiteten Gesellschaften. Alle Individuen sind auf das Reflexionsniveau eines ideellen Gesamtsubjekts bezogen. Es ist die Idee der Vermittlung der Handlungsfreiheit aller. Die perfectio moralis ist der empirisch unabschließbare Prozess. Der transzendentale Ort des moralischen mundus intelligibilis (der Würde der Menschheit) besitzt etwas Expressives. Es ist nicht säkularisierte Religiosität, sondern Pathos des Republikanismus. Das Pathos der Menschheitspflicht setzt zugleich die alltagspraktische bürgerliche Pflichterfüllung ganz unerregt als Welt der wie mechanischen Selbstverständlichkeiten frei. Die Alltagspflicht des Bürgers wird still und ohne höhere Weihe erfüllt.

Pflichtenkatalog

Kant erläutert den Pflichtenbegriff aus dem Achtungsbewusstsein für die Würde der Menschheit am Gebot: Liebe deinen Nächsten so wie dich selbst. Ich werde dadurch nicht verbunden, mich selbst zu lieben, »denn das geschieht ohne das unvermeidlich, und dazu giebts also keine Verpflichtung, sondern die gesetzgebende Vernunft, welche in ihrer Idee der Menschheit überhaupt die ganze Gattung (mich also mit) einschließt, [...] schließt als allgemeingesetzgebend mich in der Pflicht des wechselseitigen Wohlwollens nach dem Princip der Gleichheit wie alle Andere neben mir mit ein und erlaubt es dir dir selbst wohlzuwollen, unter der Bedingung, daß du auch jedem Anderen wohl willst« (VI, 451). Die oberste Maxime nennt Kant die Achtung der Menschheit in meiner eigenen Person und in der Person jedes anderen. Daraus ergeben sich die Pflichten in der doppelten Reihe als Pflichten gegen sich selbst und als Pflichten gegen andere. Es sind zwei Reihen der Achtung der Menschheit, die sich als Selbstachtung und Achtung der Würde der Menschheit an jedem anderen Menschen darstellen (VI, 462).

Mit den *Pflichten gegen sich selbst* wird die Individualität in ganz anderem Sinne als bei Montaigne, auf den sich Kant in Vorlesungen und Reflexionen oft kritisch bezieht, als ein Problemfeld der Selbstergründung und vor allem der Selbsterziehung gefasst. Das ist in der neuzeitlichen Ethik, Pädagogik und in der autobiographischen Literatur nicht neu. Kant bringt die scharfe Scheidung von empirisch-alltagspraktischer Lebensdetermination und intellektueller Selbstfindung und Führung der Person hinzu. Die wiederkehrende Alternative zur Achtung der Würde der Menschheit in der eigenen Person: nicht Mensch, bloß täuschende Erscheinung des Menschen zu sein und derart nicht Subjekt zu werden, sondern sich zur Sache zu machen (z. B. durch Lügen, Unmäßigkeit, VI, 429).

Kant teilt die Pflichten gegen sich selbst in vollkommene (unbedingte) und unvollkommene (bedingte). Die vollkommenen Pflichten im Sinne von elementaren scheidet Kant in solche gegenüber der leiblichen Existenz und Pflichten des Individuums gegen sich selbst als ein moralisches Wesen. Die Pflichtenlehre hebt, merkwürdig genug, mit der Selbsterhaltung der »animalischen Natur« an, da doch Pflicht eigentlich nur sein sollte, wozu nicht ohnehin der Lebenstrieb veranlasse. Kant geht es um das Wie ordentlicher Haushaltung unseres organischen Lebens, die zu einem Punkt bürgerlicher, Maß haltender und disziplinierender Aufmerksamkeit wird. B. Franklins *Autobiography* (1791, dt. 1792) hatte den pädagogisch-moralischen Gesichtspunkt antiaristokratischer physiologischer Disziplin und Lebensökonomie eindringlich zusammengefasst. Die positiven Tugendpflichten bleiben auffallend unbestimmt. Genau und im Einklang mit der moralisierenden aufklärerischen Pädagogik werden die drei selbstbezüglichen Pflichtverletzungen systematisiert: Selbstmord, Selbstmissbrauch der Geschlechtsliebe, Selbstbetäubung durch Genuss- und Nahrungsmittel. Selbsttötung ist Verletzung der Würde der Menschheit, dazu treten die Laster der Brünstigkeit, Versoffenheit und Gefräßigkeit. »Die erste dieser Erniedrigungen, selbst unter die tierische Natur, wird gewöhnlich durch gegorene Getränke, aber auch durch andere betäubende Mittel, als den Mohnsaft und andere Produkte des Gewächsreichs, bewirkt« (VI, 427).

Die zweite unbedingte Pflicht gegen sich selbst nun als eines moralischen Wesens ist die Selbstachtung. Ihr stehen die Verfehlungen von Lüge, Geiz, Kriecherei entgegen. Die Warnungen ergehen also auf der einen Seite gegen leibliche Selbstbeeinträchtigung, auf der anderen gegen Selbstentwürdigung. »Werdet nicht der Menschen Knechte; – laßt euer Recht nicht ungeahndet von anderen mit Füßen treten. [...] Nehmt nicht Wohltaten an, die ihr entbehren könnt. [...] Daher seid wirtschaftlich, damit ihr nicht bettelarm werdet. [...] Das Hinknieen oder Hinwerfen zur Erde, selbst um die Verehrung himmlischer Gegenstände sich dadurch zu versinnlichen, ist der Menschenwürde zuwider« (VI, 436).

Unvollkommene Pflichten nennt Kant die mehr pragmatische Verpflichtung zur geistigen Bildung und der »Kultur der Leibeskräfte, die Besorgung dessen was das Zeug (die Materie) am Menschen ausmacht [...], mithin die fortdauernde absichtliche Belebung des Tieres am Menschen« (VI, 445). Wir haben heute dafür die Fitness, romantisch erweitert zur Wellness.

Die sittlichen *Pflichten gegen andere* teilt Kant in die Pflichten der Liebe und der Achtung zu anderen Personen. Basis ist nach Analogie mechanischer Anziehung und Abstoßung die Balance zwischen Menschen im Ausgleich zwischen Wechselliebe und Achtung. Der Ausgleich der beiden entgegengesetzen Moral-Kräfte erzeugt eine Gesamtbewegung anspruchsvollen Nachdenkens über sich und über das Selbst des anderen. Die *Liebespflichten* sind Wohltätigkeit und Dankbarkeit. Die Menschenliebe wird ganz weltimmanent begründet: »Weil sie als Mitmenschen, das ist Bedürftige, auf einem Wohnplatz durch die Natur zur wechselseitigen Beihilfe vereinigte vernünftige Wesen, anzusehen sind« (VI, 453). Die Dankbarkeit ist als eine »heilige Pflicht«, nicht nur als Klugheitsmaxime, das befriedigende Element moralischen Überschusses über das Minimum der Erkenntlichkeit. Als die Gegenpole werden Neid, Undankbarkeit und Schadenfreude gesehen. Die *Achtungspflichten* beziehen sich auf die Ehrbarkeit (honestas) jeder Person als Teil der Menschheit. »Die Menschheit selbst ist eine Würde.« Darum ist jeder objektiv verpflichtet, »die Würde der Menschheit an jedem anderen Menschen praktisch anzuerkennen« (VI, 462). Dagegen stehen Hochmut, Afterreden und Verhöhnung.

Schließlich erscheint als Beschluss aller Pflichten gegen andere die Vereinigung von Liebes- und Achtungspflichten in der *Freundschaft*. Hier löst sich die Anspannung der weltimmanenten und doch zugleich überindividuellen Pflichtgesetze im Genuss abgeklärter Wechselliebe und Achtung innerhalb eines nahen Vertrauensraumes. Das Thema eines vom 18. Jh. mit Überschwang bedachten und von rhetorischer Konvention überlagerten Moral-Enthusiasmus der Freundesliebe wird abgeklärt zu vertrauensvoll gelöster Freiheit menschlicher Verbindung. Bei Kant fehlt nicht die Mahnung gegen Sentimentalität, dass der Mensch, »ein für die Gesellschaft bestimmtes, obzwar doch auch ungeselliges Wesen«, wohl das mächtige Bedürfnis fühle, sich anderen zu eröffnen, doch dem anderen nicht mit plumper Vertraulichkeit zur Last fallen dürfe, indem er sich z. B. unbefangen über Menschen bekenne und aufdränge, wie er über Regierung, Religion usw. denke (VI, 471 f.).

Intellektualismus und Sinnlichkeitskritik

Die intellektualistische Gesinnungsethik lehnt Leidenschaften nicht ab, sie sagt nur, dass darauf nicht eine kosmopolitische Moral zu gründen sei (VI, 408 f.). Sie ist mit liberalem Individualismus verbunden. Der Staat hat nicht glücklich zu machen, sondern die Freiheit zu sichern, notiert Kant in den Vorarbeiten zur Rechtslehre (XXIII, 255 ff.). Die Selbstachtung wird geradezu eine Pflicht genannt: »Ich bin

nicht verbunden, andere (bloß als Menschen betrachtet) zu verehren, d. i. ihnen positive Hochachtung zu beweisen.« Doch ich habe im anderen die Menschheit zu achten, was etwas ganz anderes ist (VI, 467). Die über die technisch-praktische Rationalität hinausgehende moralisch-praktische Vernunft realisiert die Pflichtgesinnung zur wechselseitigen Anerkennung der Individuen als moralischer Personen; ein Recht, worauf der Anspruch niemandem genommen und von niemandem aufgegeben werden könne (VI, 464). Der Intellektualismus ist Ausdruck des Kantschen Liberalismus. Ethisch zentral ist darum der Achtungsbegriff. Der Pflichtenkatalog führt im Grunde nichts anderes aus. Das Individuum ist nur in Selbstverantwortung zu denken. Zudringlichkeit jeder Art ist Verletzung der Achtungspflicht. Kant meint unkontrollierte Emotionalität und sieht in ihr die Beeinträchtigung von Selbstachtung und wechselseitiger Achtung.

Die Sinnlichkeitskritik weist auf die Tendenz zur Auflösung einer Biographie in Alltäglichkeit, Gelegentlichkeit und Reduktion auf unmittelbare Effizienzentscheidungen hin. Das Hobbes-Theorem vom Leben als bedrohendem Kampf enthält die Konsequenz solcher Reduktion auf die erfolgreich behauptete sinnliche Existenz. Kants Sinnlichkeitskritik zielt gleichermaßen auf absolut gesetzten bourgeoisen Egoismus wie auf so weitgehende soziale Abhängigkeit, dass sie zur Ausgeliefertheit der Person wird. Die für heutige Theorien von der emanzipativen Funktion der Sinnlichkeit sprödeumständliche Behandlung, die der ganze Bereich der organischen Existenz des Menschen, der körperlichen Nähe und auch der intimen Begegnung von Menschen als Begegnung von Körpern bei Kant erfährt, bedeutet mehr als aufklärerisch-pädagogische Warnung vor Verfall durch zu viel Vergnügen. Es handelt sich hier um eine frühe Kritik des Körper-Fetischismus eines inzwischen pornographisch typisierten Präsentations- und Geltungskultus. Das Bewusstsein der Freiheit falsifiziert sich zur Monotonie des Kultischen, das aus der Alltäglichkeit herauszuführen scheint. Kant transformiert die christliche Tradition des Geist/Fleisch-Gegensatzes, die in seine Behandlung der gesamten Sphäre der empirischen Existenz des Menschen aufgenommen ist, auf die Problematik einer sich verselbständigenden und fetischisierenden Körperlichkeit des Menschen im Zusammenhang des »Materialismus« der bürgerlichen Welt. In der Kritik der sog. Neigungen ist die Kritik der Abhängigkeit des Menschen von den sachlichen Lebensbedingungen enthalten. Die SinnlichkeitsKritik, in der zugleich die Ablehnung der aristokratischen Genuss-moral durch den deutschen Bürger enthalten ist, spricht die Gefährdung der Integrität des Menschen aus, die mit der Emanzipation der individuellen Interessiertheit mitgeht.

Literatur

Anderson, G.: Die »Materie« in Kants Tugendlehre und der Formalismus der kritischen Ethik, in: KS 26 (1921), S. 289–311. – Delekat, F.: Das Verhältnis von Sitte und Recht in Kants *MS*, in: ZphF 12 (1958), S. 9–86. – Henrich, D.: Der Begriff der sittlichen Einsicht und Kants Lehre vom Faktum der Vernunft, in: Ders. (Hg.), Die Gegenwart der Griechen im neueren Denken. Festschrift für H.-G. Gadamer, Tübingen 1960, S. 77–115. – Vlachos, G.: La pensée politique de Kant. Métaphysique de l'ordre et dialectique du progrés, Paris 1962. – Gregor, M.: Laws of Freedom. A Study of Kant's Method of Applying the Categorical Imperative in *MS*, Oxford 1963 [kategorischer Imperativ umgreift Recht und Ethik. Gesetze sind immer Gesetze der Autonomie]. – Heubült, W.: Gewissen bei Kant, in: KS 71 (1980), S. 445–454. – Bubner, R. (Hg.): Kants Ethik heute, Göttingen 1983. – Höffe, O.: Kategorische Rechtsprinzipien. Ein Kontrapunkt der Moderne, Frankfurt/M. 1990 [unter dem Stichwort »kategorische Rechtsprinzipien« interpretiert Höffe den kategorischen Imperativ als allgemeinen Rechtsgrundsatz und als Legitimation des liberalen Rechtsstaates. Die neuere Diskussion (Apel, Habermas, Rawls) wird kritisch einbezogen]. – Langthaler, R.: Kants Ethik als »System der Zwecke«. Perspektiven einer modifizierten Idee der moralischen Teleologie und Ethikotheologie, Berlin u. New York 1991. – Ludwig, R.: Kategorischer Imperativ und Metaphysik der Sitten. Die Frage nach der Einheitlichkeit von Kants Ethik, Frankfurt/M. 1992 [die Sittenmetaphysik schränke die Einheit des Kantschen Gesamtwerkes ein, da sich Recht und Ethik nicht aus dem kategorischen Imperativ ableiten ließen]. – Durán Casas, V.: Die Pflichten gegen sich selbst in Kants *MS*, Frankfurt/M. u. Berlin 1996. – Byrd, B. S. (Hg.): 200 Jahre Kants *MS*, Berlin 1998 [zur Tugendlehre S. 365–471].

Guter Wille und Gerichtshof-Modell. Das Dualismus-Problem

Der universalistische Intellektualismus negiert die, wie Kant sagt, »ästhetischen Vorbegriffe der Empfänglichkeit des Gemüts für Pflichtbegriffe« nicht (VI, 399). Er behandelt sie als Affektionen, auf die hin und mit Hilfe derer die rationale Selbstreflexion der immer nur ideell zu fixierenden Achtung und Selbstachtung der Person zu wirken vermöge. Aus der Beziehung der Pflichtgesinnung auf gegebene assoziative Elemente wie Gefühl, Gewissen, Vertrauen, Wunsch, Genuss entsteht ein Reflexionsverhältnis

innerhalb des Subjekts selbst. In diesem Prozess moralischer Selbstreflexion bildet sich der gute Wille. Er ist als Absicht und Entschlusshaltung im Zusammenhang der Humanität der Achtung der Person immer gut: Eine weitgreifende Korrektur insbesondere des protestantischen religiösen Willensbegriffs. Die Zurüstungen zur Stärkung des Willens werden nach doppeltem Muster beschrieben, nach pietistischer Gewissensprüfung und nach einem Rechtshandel des Menschen mit sich selbst. Der Gedanke des miles Christi (Glaubenskämpfer) tritt ein. »Die Laster, als die Brut gesetzwidriger Gesinnungen, sind die Ungeheuer, die er nun zu bekämpfen hat, weshalb diese sittliche Stärke auch, als Tapferkeit, die größte und einzige wahre Kriegsehre des Menschen ausmacht« (VI, 405). Die moralische Stärke des Willens eines Menschen erficht den Sieg über das Böse, das uns verlockt in Gestalt simplizierender Freuden der Neigungen und der Lust, die Person in eine Sache zu verwandeln. An jeden Artikel seiner positiven Tugenden und der Untugenden schließt Kant kasuistische Fragen an, die Widersprüche in den Tugend-Begründungen und Untugend-Verurteilungen als die Sophistereien darstellen, sich der Gewissenspflicht zu entziehen. Der traditionelle Bereich von Heil und Sünde wird der rationalen Reflexion des Menschen überantwortet. Kant hat seine ethische Kasuistik zweifellos nach dem Vorbild der langen theologischen Tradition solcher Fragestellungen gebildet.

Ein am juridischen Modell gebildeter Leitgedanke, von der pietistischen Gewissensprüfung vorbereitet, behandelt das Gewissen als »inneren Gerichtshof im Menschen, vor welchem sich seine Gedanken einander verklagen oder entschuldigen« (VI, 438). Die moralische Person des Menschen zieht ihre empirisch-faktische Antriebsstruktur und Existenz vor das intellektuelle Selbstgericht. »Denn der Handel ist hier die Führung einer Rechtssache vor Gericht.« Der durch sein Gewissen Angeklagte kann als die gleiche Person wie der Richter vorgestellt werden, da der Mensch neben seiner materiellen Determination über die ursprüngliche intellektuelle Anlage verfüge, nach Prinzipien zu handeln. Hier gewinnt der Dualismus von intelligiblem und empirisch-sinnlichem Menschen seine eigentliche produktive Ebene. Der Gedanke eines Gerichtshofes, der im Inneren des Menschen aufzuschlagen sei, nimmt die pietistische religiöse Metaphorik auf und transformiert sie auf die methodische Rationalität der Moral. »Jeder Mensch hat Gewissen und findet sich durch einen inneren Richter beobachtet, bedroht und überhaupt im

Respect (mit Furcht verbundener Achtung) gehalten […] Er kann sich zwar durch Lüste und Zerstreuungen betäuben […], aber nicht vermeiden […] zu erwachen, wo er alsbald die furchtbare Stimme desselben vernimmt« (VI, 438). Das juridische Modell moralischer Selbstreflexion ist nicht mehr metaphorischer Behelf religiöser Entäußerung des Gewissens auf die Transzendenz. Umgekehrt werden religiöse Tradition und Terminologie zur Metapher einer im Gewissen jeder Person selbst zwischen Ankläger und Anwalt zu verhandelnden Prozedur. Religion ist dann ein Prinzip der Beurteilung aller Pflichten als göttlicher Gebote. »[D]er Mensch erhält vermittelst dieser nur nach der Analogie mit einem Gesetzgeber aller vernünftigen Weltwesen eine bloße Leitung, die Gewissenhaftigkeit […] sich vorzustellen« (VI, 440). Da die Gottesidee »ganz aus unserer eigenen Vernunft hervorgeht […], so haben wir hiebei nicht ein gegebenes Wesen vor uns, gegen welches uns Verpflichtung obläge«. Es ist aber Pflicht des Menschen gegen sich selbst, den Gottesbegriff als notwendiges Postulat reiner praktischer Vernunft auf das moralische Gesetz in uns selbst anzuwenden (VI, 444). »Alle Pflichten die wir uns gegen nicht-menschliche Wesen denken, sind Pflichten gegen uns selbst, indem wir entweder Sachen idealisieren oder Ideen realistisch personifizieren«, heißt es in den Vorarbeiten zur Tugendlehre (XXIII, 417). Kant fasst Religion als Entäußerung menschlicher Qualitäten auf die notwendige Idee eines vollkommenen Subjekts, derart als ins Ideal verlängertes Gattungsbewusstsein.

Methodenlehre

Die Methodenlehre bringt im Didaktik-Abschnitt den Entwurf eines moralischen Katechismus, der in einem Wechselgespräch zwischen Lehrer und Schüler die Gesinnungsethik als durchaus geeigneten Ersatz für religiösen Katechismus demonstriert. Die Methodenlehre dehnt den im Grunde metaethischen Gehalt der Metaphysik der Sitten, aufs Feld unmittelbarer praktischer Tagesübung aus. Kant hat es nicht als ein Missverhältnis empfunden und der Didaktik noch eine ethische Asketik hinzugefügt, die Kultur »der rüstigen, mutigen und wackeren Tugendübung«, die mit Hindernissen zu kämpfen und zugleich Lebensfreuden zu opfern habe (VI, 484). Der miles Christi streitet siegesfroh zuallererst die bösen Geister in der eigenen Brust nieder. Die Methodenlehre zeigt, wie Kant sich die autonome Moralität an der Stelle religiöser Heteronomie im täglichen Leben dachte. Darum endet auch die ganze Metaphysik der Moral mit einem »Beschluß der ganzen Ethik«: »[D]aß in der Ethik, als reiner praktischer Philosophie der inneren Gesetzgebung, nur die moralischen Verhältnisse des Menschen gegen den Menschen für uns begreiflich sind.« Das Verhältnis zwischen Gott und Mensch ist uns schlechterdings unbegreiflich, so »daß die Ethik sich nicht über die Grenzen der wechselseitigen Menschenpflichten erweitern könne« (VI, 491).

Literatur

Kersting, W.: Kant und das Problem der Sozialstaatsbegründung, in: Gerhardt, V. (Hg.): Kant und die Berliner Aufklärung, 2001, S. 151–171.

XIV Akademie-Ausgabe, handschriftlicher Nachlaß (Reflexionen, die Manuskripte zur Preisschrift über die Fortschritte der Metaphysik und des sog. *Opus postumum*), Vorlesungen

1 Die Akademie-Ausgabe

Die Akademie-Ausgabe *Kant's Gesammelte Schriften* (AA) wurde auf Initiative W. Diltheys (1833–1911) von einer Kant-Kommission (Dilthey, Diels, Stumpf, Vahlen, anfangs auch Mommsen, Zeller und Weinhold) der damaligen Königlich Preußischen Akademie der Wissenschaften als Muster für andere historisch-kritische Editionen, besonders aus der Literaturgeschichte, geplant (Diltheys Vorschlag 1893, Beschluss der Akademie auf Antrag Diltheys und Zellers 1894, Antrag der danach eingesetzten Kommission vom 21.2.1897) und begann 1900 mit zwei Briefbänden zu erscheinen, denen 1902 Bd. I (Vorkritische Schriften) und 1903 Bd. IV (erste Auflage der *KrV, MAN, GMS*) folgten. Seit 1966 ist die Göttinger Akademie der Wissenschaften korporativer Herausgeber. Die Kant-Kommission der Göttinger Akademie verlagerte 1987 die Arbeitsstelle der Kant-Ausgabe von Berlin nach Marburg (Betreuung R. Brandt und W. Stark), wo 1982 das Kant-Archiv gegründet worden war. Die Ausgabe gliedert sich in vier Abteilungen und stellt dadurch die einzige vollständige Sammlung der Kant-Texte dar.

1) *Werke* – Bde. I–IX (1902–1912, als Herausgeber eine Vielzahl von Kant-Forschern), 2. Auflage mit Aktualisierungen der Einleitungen und sachlichen Erläuterungen, Textveränderung nur in Bd. VI (von den Bänden I–IX ND 1968, auch als Paperback, dazu 2 Bde. Anmerkungen 1977). Über seine Erfahrungen mit dem Programm einer Mehrzahl von Herausgebern schrieb Dilthey 1897 an seinen Freund Yorck v. Wartenburg: »In Sachen des heiligen Kant lebe ich wie ein Theaterdirektor dessen Truppe schwer in seinen ästhetischen Grundsätzen zu erhalten ist: jeder will eine chargirte Charakterrolle spielen. Ich hoffe aber doch das Ensemble aufrecht zu erhalten« (*Briefwechsel zwischen W. Dilthey und dem Grafen P. Yorck v. Wartenburg, 1877–1897*, Halle 1923, S. 239; ND Hildesheim u. New York 1974). Zu den Werken kamen als Bd. IX (1923) auch drei Druckbearbeitungen von Vorlesungen, die Kant selbst veranlasst hatte, und zwar Logik (1800, hg. v. G. B. Jäsche, 1762–1842), Physische Geographie (1802, hg. v. F. T. Rink, 1770–1811), Pädagogik (1803, hg. v. F. T. Rink). Das zeigt bereits, dass Kant seinen Vorlesungen sehr wohl Wert für die Repräsentation seines Denkens beimaß. Der Band gehörte der Sache nach in die Vierte Abteilung. Gegenüber heutigen Vorwürfen, die Herausgeber seien ihrer Aufgabe nicht gewachsen gewesen, ist die Editionspraxis solcher Texte um 1800 zu bedenken. Es musste ein allgemein lesbares Buch vorgelegt werden, vergleichbar den Kompendien anderer Autoren, die Kant selbst seinen Vorlesungen zugrunde gelegt hatte. M. Heinze weist zu Recht in seiner Edition der *Jäsche-Logik* darauf hin, dass Jäsche 1799 in Kants Auftrag ein Kompendium zum Gebrauch für Vorlesungen zusammenstellen, die Nachschriften also nicht abdrucken, sondern bearbeiten sollte (IX, 505). An eine Ausgabe nach den heutigen artifiziellen philologischen Kriterien dachte man nicht. Zu den Umständen, unter denen die frühen Vorlesungseditionen zustande kamen, und zum Platz der Vorlesungen in der Geschichte der Kant-Interpretation unterrichtet G. Lehmann im Vorwort zu seiner Ausgabe der Logik-Vorlesung (XXIV, 959 ff.).

Eine separate Taschenausgabe der Ersten Abteilung erschien Berlin 1968, ein Reprint teils der ersten, teils der zweiten Auflage Berlin 1977 (dazugehörende Anmerkungen, Einleitungen und Apparate nach der 2. Auflage). Die Werke wurden – mit Ausnahme von Bd. VIII und IX – chronologisch geordnet. Orthographie und Interpunktion wurden »modernisiert«, obwohl die Erstausgaben der Texte die Vorlage der Wiedergabe bildeten; ein bedenklicher Eingriff, der vor allem Kants charakteristische Interpunktion veränderte (vgl. I, 514). Die chronologische Anordnung der Werke, die schon die Kant-Ausgabe G. Hartensteins (1808–1890) (^{2}1867/68) befolgt hatte, besaß für die philosophische Theorie und für die philosophiegeschichtliche Methode Diltheys programmatischen Charakter. Nur aus Genese und innerer Entwicklung sei eine Philosophie zu verstehen. Dilthey im Vorwort der AA: »Die Entwicklungsgeschichte der großen Denker erleuchtet ihre Systeme«, und über diese Methode relativieren sich zugleich die Gedanken-Figuren im Entstehen und Vergehen der einzelnen Gestalten (I, VIII).

2) *Briefwechsel* – Bde. X–XIII (1900–1922, verdienstvoller Herausgeber dieses wertvollsten Teils der AA war der Bibliothekar der Königsberger Universitätsbibliothek R. Reicke (1825–1905, unter Mitwirkung A. Wardas), zweite erweiterte Auflage 1922, die zusammen mit dem Registerband XIII (hg. v. P. Menzer u. R. Burger, der Sekretärin Reickes) erschien. Der Registerband stellt mit den Bezügen der Briefe zu Personen, Schriften und Ereignissen der Zeit eines der wertvollsten Nachschlagewerke der Kant-Forschung und für viele Aspekte des Studiums der zweiten Hälfte des 18. Jhs. dar. Danach aufgefundene Briefe in Bd. XXIII (1955), S. 489–500, spätere bei J. Zehbe, *I. Kant. Briefe*, Göttingen 1970.

3) *Handschriftlicher Nachlaß* – ursprünglich Bde. XIV–XIX, hg. v. E. Adickes (1866–1928), und zwar: XIV – Mathematik, Physik, Chemie, Physische Geographie; XV – Anthropologie; XVI – Logik; XVII/XVIII – Metaphysik; XIX – Moral-, Rechts- und Religionsphilosophie (nach Adickes' Tod von F. Berger abgeschlossen). Bis hierhin erfolgte die Anordnung des umfangreichen Materials nach den Disziplinen der Kantschen Vorlesungen. Vorarbeiten und Nachträge zu Kants Werken sollten gesondert folgen. Zur Abteilung gehört die Manuskriptmasse des sog. *Opus postumum* (XXI, XXII, 1936, 1938, hg. v. A. Buchenau u. G. Lehmann), die Bde. XX (1942, sog. *Bemerkungen über das Gefühl des Schönen und Erhabenen* [die eigentlich zu den entsprechenden Gruppen der Reflexionen gehörten], *Erste Einleitung in die Kritik der Urteilskraft*, *Preisschrift über die Fortschritte der Metaphysik* u. a.) und XXIII (1955, Vorarbeiten und Nachträge zu den Schriften, Ergänzungen zum Briefwechsel), hg. v. R. Lehmann. Durch den Verlust handschriftlicher Originale, im 20. Jh. auch im Gefolge des Zweiten Weltkrieges, blieb die Abteilung inhaltlich unabgeschlossen. Außerdem hatte die Edition der Bde. XX–XXIII (G. Lehmann) die anspruchsvollen Kriterien der Dritten Abteilung der AA, die von E. Adickes festgelegt und befolgt worden waren, aufgegeben; im Falle der Bde. XXI/XXII (*Opus postumum*) evtl. durch das Mitsprache-

recht des Verlages, der die Publikationsrechte der Manuskripte erworben hatte. Daraus entstand u. a. auch die abwegige Lösung, Teile der Manuskripte zum sog. *Opus postumum*, die sich nicht beim Eigentümer befanden, von dem der Verlag die Rechte gekauft hatte, unter der Rubrik »Ergänzungen zum Opus postumum« in Bd. XXIII, S. 477–488 unterzubringen.

4) *Vorlesungen* – Bde. XXIV–XXIX, 1966 ff., hg. v. G. Lehmann: XXIV – Logik, XXVII – Moralphilosophie, XXVIII – Metaphysik und Rationaltheologie, XIX – kleinere Vorlesungen und Ergänzungen; zuletzt Bd. XXV, Anthropologie (1997), hg. v. R. Brandt und W. Stark; noch ausstehend XXVI, Vorlesungen zur Physischen Geographie. Die Einwände (nicht für Bd. XXV) beziehen sich hier auf formelle Punkte der Editionstechnik (Datierung der Nachschriften, Mängel der sachlichen Erläuterungen), vor allem aber auf das viel weiter greifende unerfüllte Erfordernis, die Beziehung zwischen Vorlesungen und den diese z. T. vorbereitenden und also kommentierenden Reflexionen aufzuzeigen. Beide Gruppen der Kant-Texte sind aufeinander bezogen.

Kants Werke auf CD-ROM: Kant im Kontext. Werke auf CD-ROM (Windows 95/98, Windows NT, Mac OS), hg. v. K. Worm, Bonn ^{2}1997 [mitenth. die Entwürfe zur *Preisschrift über die Fortschritte der Metaphysik*; Metaphysik-Vorlesung Pölitz; Locke, *Essay Concerning Human Understanding*, 1690; Berkeley, *Treatise Concerning the Principles of Human Knowledge*, 1710; Hume, *Enquiry Concerning Human Understanding*, 1748]. – Kant's Gesammelte Schriften. Wordcruncher für Windows-Version (3.11, 95, NT), hg. v. Institut für angewandte Kommunikations- und Sprachforschung (IKS), Bonn u. Berlin 1996 [AA I–XIII].

Die Editionsprinzipien wurden von Anfang an unterschiedlich gehandhabt, insbesondere an den Bänden der Vorlesungsedition, der Edition der *Metaphysik der Sitten* (Bd. VI), aber auch an anderen Bänden, dann an der Edition der Vierten Abteilung (Vorlesungen) gab es seit langem Kritik. Die im Laufe von nahezu 100 Jahren unter ganz verschiedenen Stadien der Editionswissenschaft zustande gekommene Ausgabe bedarf seit langem einer gründlich überarbeiteten neuen Auflage. Das wird nicht vom Verlag und nicht von einzelnen Herausgebern zu leisten sein. Die Schwächen der monumentalen Ausgabe dürfen nicht vor deren Bedeutung für das Kant-Studium im ganzen 20. Jh. und auch nicht vor den außerordentlichen Editionsleistungen bei vielen Bänden die Augen verschließen lassen. Etwa die ›Einleitungen‹ zu den Werken und Abhandlungen mit den Reproduktionen der äußeren Entstehungsgeschichte der Texte, die z. B. noch auf Königsberger Akten und andere Dokumente zurückgreifen konnten, nicht weniger die ›Sachlichen Erläuterungen‹ zu Zitaten oder Bezügen in den Kant-Texten stellen »eine wahre Fundgrube an Gelehrsamkeit« dar (N. Hinske). Nach Jahrzehnten der Kant-Forschung hat es sich aber ergeben, dass für verschiedene Kant-Werke bereits unterschiedliche Editionen benutzt werden müssen, wenn der beste Text herangezogen werden soll.

Indices und philosophiehistorische Reihen zur AA: Martin, G. (Hg.): Wortindex zu *Kants Ges. Schriften*, 2 Bde., Berlin 1967 [zu AA I–IX]. – Ders. (Hg.): Personenindex zu *Kants Ges. Schriften*, Berlin 1969 [zu AA I–XXIII]. – Roser, A./ Mohrs, Th. (Hg.): Kant-Konkordanz, Bde. I–X, Hildesheim u. a. 1992 [zu AA I–IX]. – Hinske, N. u. a. (Hg.): Forschungen und Materialien zur deutschen Aufklärung, Stuttgart-Bad Cannstatt 1982 ff. [Abt. I: Texte; Abt. II: Monographien; Abt. III: Indices zur Philosophie der deutschen Aufklärung, Kant-Index, Section 1: Indices zum Kantschen Logikcorpus (berechnet auf 14 Bde.), Section 2: Indices zum Kantschen Ethikcorpus (berechnet auf 21 Bde.)].

Literatur

Dilthey, W.: Die neue Kant-Ausgabe, in: KS 1 (1897), S. 148–154. – Adickes, E.: Einleitung in die Abteilung des handschriftlichen Nachlasses der AA, in: AA XIV, Berlin 1911, S. XVII–LXII. – Schöndörffer, O.: Bemerkungen zu Kants handschriftlichem Nachlaß, in: AM 53 (1916), S. 96–150 [zu AA XIV, XV]; AM 56 (1919), S. 72–100 [zu AA XVI]. – Menzer, P.: Nachruf E. Adickes, in: KS 33 (1928), S. 369–372. – Ders.: Nekrolog A. Warda, in: KS 35 (1930), H. 2/3, S. 289 ff. – Lehmann, G.: Zur Geschichte der Kant-Ausgabe 1896–1955 (1956), in: Ders., Beiträge zur Geschichte und Interpretation der Philosophie Kants, Berlin 1969, S.

3–26. – Menzer, P.: Die Kant-Ausgabe der Berliner Akademie der Wissenschaften, in: KS 49 (1957/58), S. 351–363. – Tonelli, G.: Rez. zu: Kants Vorlesungen, Bd. I, Vorlesungen über die Logik, 1–2 (AA XXIV), in: Fil 18 (1967), S. 899–901. – Hinske, N.: Probleme der Kant-Edition, Erwiderung auf G. Lehmann und B. Tuschling, in: ZphF 22 (1968), S. 408–423. – Martin, G.: Probleme und Methoden des allgemeinen Kant-Index, in: KS 60 (1969), S. 198–215. – Hinske, N.: Die Kant-Ausgabe der preußischen Akademie der Wissenschaften und ihre Probleme (Vortrag auf dem Editorenkolloquium der DFG 1983), in: Ca 3 (1990), S. 229–254. – Brandt, R./Stark, W.: Das Marburger Kant-Archiv, in: KS 79 (1988), S. 80–88. – Malter, R.: Zu Kants Briefwechsel. Verzeichnis der seit Erscheinen des XXIII. Bandes der AA bekannt gewordenen Briefe von und an Kant, in: editio 2 (1988), S. 192–204. – Pozzo, R.: La Kant-Arbeitsstelle della Università Trier, in: Ca 3 (1990), S. 209–211. – Hinske, N.: Vom Thesaurus zum Erkenntnisinstrument? Möglichkeiten und Grenzen EDV-erzeugter Indices im Umkreis der Philosophie, in: Lexicographica 10/1994, S. 21–37. – Stark, W.: Nachforschungen zu Briefen und Handschriften I. Kants, Berlin 1993 [Rez. v. N. Hinske in: KS 87 (1996), S. 240–244]. – Ruffing, M.: Die Kant-Forschungsstelle in Mainz und ihre Projekte (insbesondere das der Internationalen Kant-Bibliographie), in: Robinson, H. (Hg.), Proceedings on the Eighth International Kant Congress, Memphis 1995, Vol. I, S. 1297–1303. – Zur Akademie-Ausgabe bereits Heimsoeth, Lehmann, Menzer, in: KS 49 (1957/58). – Sturm, T.: Zustand und Zukunft der AA von *Kants Ges. Schriften*, in: KS 90 (1999), S. 100–106 [Bericht einer Tagung der DFG vom Juli 1998 in Marburg]. – Brandt, R./ Stark, W. (Hg.): Zustand und Zukunft der AA von *Kant's Ges. Schriften*, Berlin u. New York 2000 [= KS 91 (2000), Sonderheft; Vorträge der Marburger DFG-Tagung; darin zusammenfassend zu Geschichte und Qualität der AA: Stark, W.: ›Diese Dinge‹ und andere Varia, S. 1–16]. – Stark, W.: Die Kant-Ausgabe der Berliner Akademie – Eine Mustergabe?, in: Emundts, D. (Hg.), I. Kant und die Berliner Aufklärung, Wiesbaden 2000.

2 Handschriftlicher Nachlaß

Die Dritte Abteilung (Handschriftlicher Nachlaß) der AA zeichnet sich durch die Verbindung von Akribie und Souveränität in der außerordentlichen Gelehrsamkeit und Hingabe von E. Adickes aus. Er entzifferte und ordnete ein schier unendliches Material von Notizen und Textstücken, wies dazu literarische Quellen und Bezüge nach und begann die für die Interpretation des Nachlasses und der Vorlesungsnachschriften gleichermaßen wichtige Arbeit der Zuordnung von Passagen der Nachschriften zu Kants eigenen Aufzeichnungen. Daraus sind u. a. Kriterien für den authentischen Charakter von Vorlesungsnachschriften zu gewinnen. Vorbehalte wurden dennoch auch gegen Adickes' Ordnung der Reflexionen nach bestimmten Disziplinen und an deren Datierung erhoben. Adickes gliederte die Reflexionen aus immerhin fünfzig Jahren nach Schriftphasen Kants und anderen Anhaltspunkten in 33 Phasen (vgl. XIV, S. XXXV–XLIII), oft allerdings mit Varianten und mit Fragezeichen. Er war zweifellos zu seiner Zeit der beste Kenner der Kantschen Handschrift, eine Aufschlüsselung bis in solche Details, oft werden einzelne Jahre unterschieden, könnte eigentlich nur ein Monarch dekretieren. Ob hier bei allen Einwänden doch das der Sachlage nach optimal Erreichbare bereits vorliegt oder ob die neuen Hilfsmittel der EDV-gestützten Wortstatistik verbesserte Datierungen ermöglichen werden, muss sich zeigen.

Es handelt sich um drei Klassen von Texten:

(a) Notizen Kants im Zusammenhang mit dessen Vorlesungen und auch zu deren Vorbereitung. Kant sprach in seinen Vorlesungen frei nach der Gliederung der Lehrbücher und ließ sich solche vorgeschriebenen Lehrbücher für den Eintrag solcher Niederschriften zubereiten (»durchschießen«); von Baumgartens *Metaphysica* (1739) z. B. ein zweites Exemplar nach späterer Auflage, als die Blätter des ersten Exemplars beschrieben waren (vgl. Adickes, Bd. XVII, 258). Diese für Kants Selbstverständigung notierten Reflexionen wurden von Adickes nach den Vorlesungsgebieten und chronologisch geordnet: Bde. XIV–XIX, 1911–1934; die Bezeichnung ›Reflexionen‹ von B. Erdmann, die Bezeichnung ›Lose Blätter‹ von R. Reicke. Adickes fasste alles, was nicht den Vorarbeiten zu Kants eigenen Werken zuzuordnen war, unter dem Titel ›Reflexionen‹ zusammen. Er druckte die Lehrbuchtexte, auf die sich die Reflexionen bezogen, mit ab, so dass Kants Verbindung

zur Theorie der Zeit und dessen Auseinandersetzung mit ihr verfolgt werden können (vgl. über Umfang und Beschaffenheit des Materials Bd. XIV, S. XVII–XXV).

(b) Vorarbeiten und Nachträge Kants zu gedruckten Schriften (XX, XXIII, hg. v. G. Lehmann 1941 bzw. 1955; keine durchgehend qualifizierte Zuordnung). Eine Übersicht der Nachlasstexte und der Kriegsverluste bei G. Lehmann, Bd. XXIII, Einleitung zum Anhang, S. 505–518).

(c) Eigenständige, unabgeschlossene Manuskripte von Werken wie die Manuskripte des sog. *Opus postumum* (XXI, XXII, hg. v. G. Lehmann 1936/38, die Handschrift seit 2001 im Besitz der Deutschen Staatsbibliothek in Berlin) und die Edition der Manuskripte zur *Preisschrift über die Fortschritte der Metaphysik* (XX, 255–351) mit interessantem Abschnitt zur Methodologie der Philosophiegeschichtsschreibung (S. 340–343), nur in einer Kompilation der drei Manuskript-Entwürfe Kants durch den Herausgeber F. T. Rink, Königsberg 1804; die Kantschen Handschriften liegen nicht mehr vor.

Literatur

Hinske, N.: Die Datierung der Reflexion 3716 und die generellen Datierungsprobleme des Kantischen Nachlasses. Erwiderung auf J. Schmucker, in: KS 68 (1979), S. 321–340.

Die Reflexionen

Das umfangreiche Material der Kantschen Notizen zur Selbstverständigung bietet Einblick in Kants analytische Denkweise und in die kontinuierliche Intensität seiner theoretischen Arbeit, die hinter dem Wechsel von Perioden mehrerer Schriften und »stillen Jahren« fortging. Erst nach der Auflösung des ihn beschäftigenden Problems einer neuen Metaphysik veröffentlichte Kant in den 80er und 90er Jahren in kontinuierlicher Folge Schriften. Das verborgene Reflexions-Opus entstand im Zusammenhang mit Kants Vorlesungstätigkeit. Kants Lehrtätigkeit bildet also ein Element der anhaltenden Konzentration auf bestimmte Grundfragen philosophischer Theorie, die in der Auseinandersetzung mit der Metaphysik immer wieder aufgenommen wurden. Die Reflexionen zur Metaphysik (Bde. XVII, XVIII) z. B. umfassen mehr als 1200 Seiten, davon betragen die von Adickes auf die Jahre vor 1766 datierten Notizen nur 100 Seiten. Diese Reflexionen sind durch ihre chronologische Anordnung hilfreich für eine entwicklungsgeschichtliche Auffassung des Kantschen Denkens. So zeigen z. B. die sog. Berliner Blätter (im Besitz der Berliner Staatsbibliothek), die Adickes auf Anfang oder Mitte der 60er Jahre datierte, wie sehr spätere Kantsche Termini und Fragestellungen schon aus den benutzten Lehrbüchern und aus kritischer Analyse der in den Vorlesungen behandelten Themen hervorgingen, und wie das aufklärerische Selbstverständnis von Philosophie im 18. Jh. Kants Denken leitete (XVII, 255–262). »Metaphysik ist nicht eine philosophie über die obiecten, denn diese können nur durch die Sinnen gegeben werden, sondern über das subiect, nemlich dessen Vernunftgesetze.« »Die Grentzen der Vernunft zu determiniren gehört etwas positives: erstlich den Umfang der Vernunfterkenntnisse zu Zeigen, und etwas negatives: nemlich die Schranken, endlich auch die Qualitaet der Grenzen, gleichsam die Figur.« »Alle Wissenschaften und Künste beziehen sich entweder auf die Cultur der Gesunden Vernunft oder nicht. Im letzten Fall herrscht auch ein gänzlicher Mangel des Geschmaks. Das Zeitalter der Gesunden Vernunft und der Künste und Wissenschaften ist nur das Zeitalter der Ehre; diese findet sich nur in republicen und monarchien, also nicht in der Lehnsverfassung, wo eine gar zu große Ungleichheit herrscht« (Refl. 3716; die letzte Notiz ein von Montesquieu geprägtes Leitmotiv des aufklärerischen Denkens). Die Metaphysik-Reflexionen bringen zu allen Themen der *Kritik* Notizen, oft in prägnanten Formulierungen. »Der freye Wille ist gleichsam isolirt. Nichts äußeres bestimmt ihn; er ist thätig, ohne zu leiden. Die motiva sind nur Gegenstände, die mit dem innern Gesetze seiner Thätigkeit harmoniren« (Refl. 319). Es ist zu erkennen, dass Kants Verankerung der Freiheit in der intelligiblen Realität der sog. reinen praktischen Vernunft den Freiheitsbegriff an die Stelle der realitas obiectiva Gottes rückt, denn nur Gott ist nach metaphysischer Lehre tätig, ohne zu leiden. Die Reflexionen zur Logik (Bd. XVI, mit G. F. Meiers *Auszug aus der Vernunftlehre*, 1752) zeigen den großen Anteil der Logik-Vorlesungen Kants bei der Ausbildung der späteren transzendentalphilosophischen Theorie und Terminologie. Bestimmte Leitmotive des Kantschen Denkens treten gerade in den Logik-Reflexionen hervor, da Logik und Metaphysik (neben Geschichte, Rhetorik, klassischen Sprachen u. a.) als vorbereitende Bildungswissenschaften für die Fächer der sog. oberen Fakultäten (Theologie, Rechtswissenschaft, Medizin) galten und Kant hier seine

Auffassung vom kultivierten Menschen den meist sehr jungen Hörern vortrug. Dazu gehören z. B. die wiederkehrenden Passagen zum »Horizont des gelehrten Erkenntnißes« (Refl. 1956 ff.) und gegen den sog. »cyclopischen Gelehrten, dem ein Auge fehlt, vornemlich philosophie« (Refl. 2018 ff.). Die Kritik der bürokratisch vereinnahmenden und provinzielles Denken fördernden Arbeitsteilung bildete ein Thema des aufklärerischen Bildungsbegriffs, in dem die Philosophie kritische, den Horizont sachgerechten Urteils sichernde Funktion besaß. »Architectonik der Wissenschaften, die ihre Verwandtschaft und systematische Verbindung derselben in einem Ganzen der die Menschheit interessirenden Erkenntnis betrachtet. Ist philosophisch und also nicht Polyhistorie« (Refl. 2023). Die Reflexionen zur Anthropologie (Bd. XV, T. 1 u. 2; 980 Seiten) geben nicht nur über die ausgebreitete Literaturkenntnis und über von ihm gelesene Autoren Kants Aufschluss, sondern lassen den wesentliche Platz des unmittelbar angewandten moralischen und ästhetischen Denkens Kants hinter den propädeutischen und metaphysischen Schriften erkennen. In Halbbd. 1 finden sich Notizen zur Ästhetik, von Adickes datiert vom Ende der 60er Jahre bis November 1797 (XV/1, 265–440). (Verschiedentlich ergeben sich chronologische Aufschlüsse, wenn der sparsame Kant Reflexionen auf die Rückseiten von Briefen oder sonstigen datierten Blättern notierte.) Zur Ästhetik ebenfalls die Reflexionen zur Logik Nr. 2363–2388 in Bd. XVI.

Die Manuskripte zur *Preisschrift über die Fortschritte der Metaphysik*

Kant hat wahrscheinlich 1793 begonnen, sich mit einer Schrift zur Preisfrage der Berliner Akademie von 1788 beschäftigen, deren Termin erst für den 1.1.1792 und nach Verlängerung auf den 1.6.1795 bestimmt war. Die Preisfrage lautete: Quels sont les progrès réels de la Métaphysique en Allemagne depuis les temps de Leibnitz et de Wolf? Zum ursprünglichen Termin war nur die Schrift des fleißigen Kant-Gegners J. C. Schwab (1743–1821) eingegangen, Logik- und Metaphysik-Professor an der Stuttgarter Karlsschule und Sekretär am Herzoglichen Hof, später Geh. Hofrat beim Herzog Ludwig Eugen. Schwab hatte in vielen Schriften und in Aufsätzen des *Philosophischen Archivs* wie der Hallesche Kant-Gegner Eberhard (1738–1809) Kants Philosophie als Fortführung längst feststehender Sätze der

Philosophie von Leibniz und Wolff abgewiesen und in der als preiswürdig anerkannten Schrift von der vierten und letzten Periode der Metaphysik in Deutschland – seit 1780 – geurteilt, Kants Versuch, die Grenzen der Erkenntnis zu bestimmen, sei misslungen und die Metaphysik Leibniz' und Wolffs sei der letzte Stand in der systematischen Philosophie. Kants Entschluss, sich überhaupt noch einmal mit einer Preisfrage zu beschäftigen, ist zweifellos von der Auseinandersetzung mit der Kant-Gegnerschaft auf Basis der Schulmetaphysik bestimmt. Er sah, dass die Preisfrage – möglicherweise mit Absicht durch die Akademie – zu einer organisierten Kritik-Veranstaltung seiner Transzendentalphilosophie gerate. Darum blieb ihm kaum eine andere Entscheidung, als auf die Thematik nach seinen Werken nochmals selbst einzugehen. Der Text der nicht vollendeten drei Entwürfe liegt nur noch in der kompilierten Fassung durch F. T. Rink (1770–1811), Königsberger Professor für orientalische Sprachen, seit 1800 Pastor in Danzig, vor, dem Kant seine Entwürfe evtl. 1802 zur Veröffentlichung übergeben ließ, und der seine Bearbeitung 1804 veröffentlichte. Er hatte bereits in Kants Auftrag dessen Geographie- und Pädagogik-Vorlesung herausgegeben.

Kant argumentiert innerhalb seines philosophiehistorischen Konzepts der drei Stadien der Philosophiegeschichte, so dass die Theoriegeschichte die notwendige Abfolge der logischen Alternativen darstellt: theoretisch-dogmatischer Fortgang der Metaphysik – notwendiger Gegensatz des Empirismus mit der Konsequenz des skeptischen Stillstands der Philosophie – endgültige transzendentallogische Begründung der Metaphysik in »ihrem beharrlichen Zustand, […] fernerhin weder einer Vermehrung noch Verminderung bedürftig, oder auch nur fähig« (XX, 264; vgl. a. 288). Der geschichtliche Gang der Philosophie ist eine in die Zeit herausgelegte logische Ordnung von These, Antithese und Synthese. Kant rekapituliert im ausführlichsten Teil die Erläuterung der synthetischen Urteile und der Raum-Zeit-Lehre (XX, 265 ff.), darauf zur Kritik der ontologischen Metaphysik den Problemgang der Kritik von der Kritik der ontologisierten Logik (XX, 282 ff.), der Antinomik (288 ff.) bis zur Ideenlehre (293 ff.), Darstellung der alltagspraktischen Wissensformen (296 ff.) und Kritik der transzendenten Theologie (301 ff.). Der Rinksche Text bietet, ungeachtet der in der damaligen Editionspraxis nicht außergewöhnlichen Kompilationsform (man denke an die Editionen der Vorlesungsmanuskripte Hegels durch den Freundesverein noch 1832 ff.), nach

Kants Mitteilung über seine Pläne zur Erläuterung und Verteidigung der kritischen Philosophie eine gute, allgemeinverständliche Einführung in die theoretische Struktur der KrV. Er schrieb 1793 an den Göttinger Mathematiker G. A. Kästner (1719–1800), dass er bei Gelegenheit einer nächsten Schrift die »rauhe Schulsprache« der Kritik gegen eine populäre vertauschen wolle, um auch dem »Unfug der Nachbeter« zu begegnen, »mit Worten um sich zu werfen, womit sie keinen, wenigstens nicht meinen Sinn verbinden« (Mai 1793). Der Stillstand der Philosophie im Skeptizismus wird nur kurz im dritten Manuskript gekennzeichnet (XX, 326–329). In den von Rink nicht mitveröffentlichten sog. Losen Blättern zu den Manuskripten, die R. Reicke ermittelt und zuerst in seiner Publikation Lose Blätter aus Kants Nachlaß (1889, 1895, 1898) veröffentlicht hat, entwickelt Kant ein hochinteressantes, weit auf Schelling und auf Hegels Philosophiegeschichte voranweisendes philosophiehistorisches Konzept (XX, 340–343). Wie embryonisch vorgezeichnet liege die Metaphysik im menschlichen Bewusstsein, so dass die Philosophiegeschichte nicht die Vielfalt hier und da aufsteigender Meinungen sei, sondern »die sich aus Begriffen entwickelnde Vernunft« (XX, 342 f.). Kant sieht das Ganze der philosophischen Kategorien, der Beziehungen von alltagspraktischer und systematischer theoretischer Rationalität sowie der sog. übersinnlichen Realität praktischer Rationalität als eine in sich notwendige ideelle Struktur, die über die Lösung der Widersprüche, die bei falschen Theorien eintreten, erkannt werde. Den empirischen Gang der Philosophiegeschichte, der ins Bewusstsein der Theoretiker fällt, denkt er nach dem trial-and-error-Modell von Fontenelles Digression sur les anciens et sur les modernes (1688). »Der Weg der Natur ist nur ein einziger Weg. Man muß daher erstlich unzählig viel Abwege versucht haben, ehe man auf denjenigen gelangen kann, welcher der wahre ist« (I, 61). Der Gedanke aus der Erstlingsschrift von 1747 kehrt im Architektonik-Kapitel der Kritik wieder und wird da zum Prinzip der Einheit von Logik und Geschichte der Philosophie ausgebildet (III, 540). Der objektive Gang der Philosophiegeschichte verbirgt sich den philosophierenden Individuen, leitet aber als die wie versteckt liegende Idee den ganzen Prozess. Er gelangt auf bestimmter Höhe (mit der Transzendentalphilosophie als aufgelöstem Rätsel der einander widersprechenden Philosophien) zur Einsicht in die Beziehung von objektiver Tendenz und faktischem Verlauf der Theoriegeschichte. Dann erst ist auch eine »philosophische Geschichte der Philosophie« möglich. Sie entlehnt die behandelten Fakten nicht von der Geschichtserzählung, »sondern zieht sie aus der Natur der menschlichen Vernunft als philosophische Archäologie« (XX, 341). Kants spätaufklärerische Logik der Philosophiegeschichte steigert mit progressivem Zeitfaktor Leibniz' philosophiegeschichtliche Theorie vom perspektivischen Mittelpunkt, den es im Zusammenhang der philosophia perennis jeweils aufzufinden gelte. Der junge Schelling hat 1798 die preisgekrönte Schrift Schwabs rezensiert und dabei Leibniz' und Kants Gedanken vom allgemeinen System ausgeführt, »das allen einzelnen Systemen, so entgegengesetzt sie auch seyn mögen, im System des menschlichen Wissens selbst Zusammenhang und Nothwendigkeit gibt« (Schelling's Sämmtl. Werke, Bd. 1, Stuttgart u. Augsburg 1856, S. 457). Kants Verklammerung von Systematik und Geschichte der Philosophie entsprach der Ausdehnung der historiographischen Methodologie der Aufklärung auf das philosophiehistorische Gebiet. G. G. Fülleborns (1769–1803), des Breslauer Altphilologen und Philosophen, Beyträge zur Geschichte der Philosophie, 12 Stücke, Züllichau u. Freistadt, Jena u. Leipzig 1791–1799 (als Autoren Fülleborn, Reinhold, Niethammer, Carus, Garve u. a.), brachten ein verwandtes logisch-historisches Konzept der Philosophiegeschichtsschreibung. Die über die einfache Bildungs- und Beispielfunktion der Philosophiegeschichte (so noch J. Bruckers Kurtze Fragen aus der philosohischen Historie, Ulm 1731) hinausgehende Methodologie der Philosophiegeschichte besaß für die Selbstreflexionsperiode der Aufklärung gegen Ende des 18. Jhs. große Bedeutung, da die Philosophie im aufklärerischen Selbstverständnis eine zentrale geistige Form in der Auseinandersetzung zwischen »Vorurteil« und Fortschritt darstellte.

Literatur

Wundt, M.: Kant als Metaphysiker, Stuttgart 1924 [S. 379 ff.]. – Lübbe, H.: Philosophiegeschichte als Philosophie. Zu Kants Philosophiegeschichtsphilosophie, in: Oehler, H./ Schaeffler, R. (Hg.), Einsichten. G. Krüger zum 60. Geburtstag, Frankfurt/M. 1962, S. 204–229. – Vleeschauwer, H. J. de: La Composition du Preisschrift de Kant sur les progrès de la métaphysique, in: JHPh 17 (1979), S. 143–196. – Micheli, G.: Kant – storico della filosofia, Padova 1980. – Prezioso, F. A.: Analisi del trattato Kantiano I progressi della metafisica, in: Sapienza 33 (1980), S. 129–154.

Die nachgelassenen Manuskripte zum geplanten Werk Übergang von den Metaphysischen Anfangsgründen der Naturwissenschaft zur Physik (sog. Opus postumum)

Bei den nachgelassenen Manuskripten, an denen Kant von 1796 bis 1803 arbeitete, handelt es sich um insgesamt 12 Konvolute, die sämtlich den Charakter tragen, sich für die Selbstverständigung freizuschreiben, wie Kant in der Logik-Vorlesung seine Arbeitsmethode bezeichnete und empfahl (Logik Philippi; XXIV, 484). Die Datierung der Konvolute rekonstruierte E. Adickes 1916 (Adickes 1920). Die Edition in der AA (XXI, XXII) bringt die Manuskripte weder in chronologischer Reihenfolge noch nach inhaltlichen Schwerpunkten, wie es für die Dritte Abteilung (Nachlass) vorgesehen und von E. Adickes für die sog. Reflexionen auch durchgeführt worden war (vgl. Adickes, Einl. in die Abteilung des Handschriftlichen Nachlasses, XIV, S. XXV–LIV). Die Bände XXI und XXII bieten den Abdruck eines Pakets nachgelassener Manuskripte Kants in der zufälligen Anordnung, wie sie sich bei den Familienerben Kants (Familie des Predigers Schoen in Mitau, Ehemann der Tochter Minna Charlotte von Kants Bruder Johann Heinrich), und bei dem Hamburger Pastor Krause (später dessen Erben) befanden, der die Konvolute 1885 für 800 Reichsmark erworben hatte. (Die Manuskripte wurden 2001 von der Deutschen Staatsbibliothek Berlin angekauft.) Darunter befinden sich Stücke, die nicht den Manuskripten zum Übergangswerk zugehören. Andererseits wurden Blätter davon, die sich aber nicht in der Sammlung Schoen/Krause befanden, in Bd. XXIII (Vorarbeiten und Nachträge) veröffentlicht. Die ausufernde Manuskriptmasse wurde anfangs von Kant selbst teilweise gegliedert. Der früheste Gesamtplan (im IV. Konvolut; XXI, 373–412) stammt von 1796. Darauf folgen dann die vorwiegend naturphilosophischen Manuskripte (II–VI, VII–XII). Das XIII. Konvolut gehört nicht in den Zusammenhang, sondern zum Streit der Fakultäten, der zur gleichen Zeit ausgearbeitet wurde (vgl. VII, 91 ff.). Die Konvolute I und VII von 1799–1803 sollen die theoretisch zentralen Konvolute X und XI zum systematischen Abschluss führen. (Zu den Konvoluten generell vgl. Brandt 1991 und spez. zu Texten in den Bdn. XXI, XXII, die nicht zum Nachlasswerk gehören, ebd. S. 21 f.). Die Bezeichnung Opus postumum stammt von H. Vaihinger, auch E. Adickes hat sie übernommen.

Kant kehrte mit der Arbeit an den umfangreichen Manuskripten zu den Themen seiner frühen Zeit, zur Naturphilosophie, zurück, nachdem er in den 90er Jahren nur rechts- und moralphilosophische Werke veröffentlicht hatte. Das geplante Werk steht selbstverständlich in Beziehung zu den *Metaphysischen Anfangsgründen* und zur *KU*. Kant sah es für sehr wesentlich an und bezeichnete es als den »Übergang von den metaphysischen Anfangsgründen der Naturwissenschaft zur Physik«. »Physik« ist hier im damaligen Sinn von Beobachtung und Klassifizierung aller materiellen Prozesse, also auch chemischer und biologischer Vorgänge zu verstehen. Die Aufgabe »will aufgelöset seyn; weil sonst im System der crit. Philos. ein Lücke seyn würde« (an Garve, 21.9.1798). Einen Teil des Manuskripts ließ Kant bereits von einem Abschreiber in schöne Schrift übertragen. Im Ganzen zeigen die Ausarbeitungen, dass es Kant aufgrund inhaltlicher Komplikationen, die er im Laufe der sich über Jahre hinziehenden Niederschrift aufzulösen gedachte, und infolge ganz natürlich abnehmender Arbeitskraft nicht mehr gelang, das Vermittlungsproblem von präexistierender logischer Form und erscheinender materialer Natur in deren Formenvielfalt und Einheit systematisch darzustellen.

Kant sah sehr konsequent seine bisherige Metaphysik der Natur nur als Übergang erster Stufe, nämlich von der transzendentallogischen Propädeutik der *Kritik* zu elementaren kategorialen Bestimmungen der Naturwissenschaften und einigen Gesetzen der mathematischen Naturwissenschaften. Das waren vor allem Wechselbeziehungen oder die Relativität zwischen Kategorien wie Bewegung/Ruhe, Attraktion/Repulsion, chemische Auflösung und Verbindung, Relativität von Ursache und Wirkung u. a. Nun veränderte sich die Fragestellung nach der materialen Voraussetzung von Wechselwirkungen, Veränderungen von Aggregatzuständen und überhaupt Gravitations- und Repulsionsprozessen. Zusammenhang überhaupt und Beweglichkeit der Materie seien das Erste, das der Erklärung bedürfe (XXI, 374). Dabei erweitert sich das Thema zum Problem des einheitlichen Elementarsystems der Materie im Sinne einer nicht nur logisch-formalen, sondern materialen Naturphilosophie. Kants Frage ist jetzt: Wodurch besitzen wir die Wahrnehmungen äußerer Vorgänge als einer Einheit? Es geht nicht mehr um die in der transzendentalen Deduktion geklärte Synthesis der Wahrnehmungen durch die logische Funktion. Die induktive Beobachtung selbst setzt eine materiale Einheit im Objekt voraus, denn »es ist ein Ganzes der Materie als äußeren Sinnenobjects gege-

ben«; wohl nicht direkt als Erfahrungsgegenstand, aber doch als notwendige hypothetische Voraussetzung (XXI, 592). Das Übergangsproblem von der Metaphysik zur Physik (im Sinn der induktiven Naturforschung schlechthin) wird zur Identität von Nicht-Identischen. Die Begriffe zur Vermittlung des einen Systems mit dem anderen »müssen einerseits Principien a priori anderentheils aber auch empirische bey sich führen« (XXI, 482). Das Vermittlungsproblem zwischen Philosophie und Fachwissenschaften wird auch weit elementarer genommen als in der *KU*, deren teleologische Urteilskraft ja ebenfalls einen Übergang von der Logik genereller Gesetze zur Logik spezifischer (organischer) Gestaltbildungen gewährleistete. Jetzt geht es um ein Dreischritt-Programm der Vermittlung von Metaphysik, materialer Naturphilosophie und empirischer Naturforschung (»Physik«; XXI, 287). Materie wird nicht mehr nur als »das Bewegliche im Raum« angenommen, wie die *Metaphysischen Anfangsgründe* für die Phoronomie (heute klassische Kinematik) gesagt hatten (IV, 480). Damals war es um die Möglichkeit der Anwendung von Mathematik auf die Körperlehre gegangen, wofür »Principien der Construction der Begriffe, welche zur Möglichkeit der Materie überhaupt gehören, vorangeschickt werden« (IV, 472). Diese gleichsam mathematischen Anfangsgründe führen nicht auf den Materiebegriff als eines Systems realer bewegender Kräfte, mit dem die empirische Naturforschung arbeitet. »Physik aber ist die Lehre von bewegenden Kräften, welche der Materie eigen sind« (XXI, 166). Philosophie hat zur empirischen Forschung die Möglichkeit eines Ganzen der Erfahrung darzutun, »denn alle sogenannte Erfahrungen können nur als zu Einer möglichen Erfahrung gehörend vorgestellt werden« (XXI, 592). Der entscheidende Vermittlungsschritt besteht darin, dass Kant jetzt einen die Einheit der Erfahrung begründenden elementaren Weltstoff annimmt. Kant nimmt das Vermittlungsproblem von logischer Funktion und Empirie als erforderlichen Übergang zu einer materialen Einheit in der Natur selbst, einem »Elementarsystem bewegender Kräfte der Materie«, weshalb sich alle empirischen Resultate auf eine einheitliche Welt beziehen. Die Fragerichtung der *Kritik* wird jetzt auf folgenreiche Weise ergänzt, indem in den Objekten selbst eine materiale Einheit aufgesucht wird, ein Gegenpol zur logischen Synthesis. Das Übergangs- oder besser Vermittlungsproblem bildet ohnehin eine Konsequenz des transzendentallogischen Dualismus von logischer Form und materialen Inhalten. Eigentlich muss die Vermittlung des Gegensatzes als unendlicher Übergang von Übergängen bis zur Identität des Nicht-Identischen gedacht werden. Das führt auf der Gegenseite der logischen Synthesis zur Voraussetzung eines einheitlichen Materiestoffes. Er ist ebenso abstrakt in der Isolierung seiner Denknotwendigkeit, aber versetzt das ganze System der transzendentalen Metaphysik in die ihm gemäßen Schwingungen. Zu den Kategorien Quantität – Qualität – Relation – Modalität kommt dann die hypothesis eines wirklichen Stoffes, der für ein durchgehendes Elementarsystem der Materie den Kriterien genügt: allverbreitet – alldurchdringend – im Raum in allen ihren Teilen gleichförmig aufeinander einwirkend – »und in dieser Bewegung endlos fortwärende Materie« (XXI, 593). Die konsequenten Fragestellungen nach dem mit der *KU* und *Metaphysischen Anfangsgründen* und der *Metaphysik der Sitten* gedachten Abschluss des transzendentalphilosophischen Programms zeigen die außerordentliche theoretische Energie und Spannkraft des nun 75-jährigen Kant.

Als den Grundstoff der materiellen Einheit der Welt nimmt Kant mit der damaligen Naturwissenschaft den Äther oder Wärmestoff an. Bereits Aristoteles nahm an, dass die Gestirne aus einem Ätherstoff gebildet seien und sich in bestimmten Sphärenschalen bewegten (*De Coelo*, B. II, Kap. 4). Die Ätherhypothese ergab sich auch von der experimentellen Forschung her, und das bewog Kant, im Äther das gesuchte Vermittlungsstück zwischen logischer Form a priori und der empirischen Beobachtung bzw. dem Experiment zu sehen. C. Huygens (1629–1695) z. B. erklärte Licht- und Schallausbreitung als zitternde Stoßbewegungen durch ein konstantes Medium kleinster Teilchen. Da das Licht sich auch im luftleeren Raum ausbreite, müsse es eine letzte Materie geben, die nicht nur von den sich bewegenden Teilchen, sondern auch von der Luft verschieden sei. Nach Huygens besitzen die Ätherteilchen die Eigenschaften, sehr klein, in ständiger Bewegung, sehr hart und zugleich elastisch zu sein. L. Euler (1707–1783), dessen allgemein verständliche, Philosophie und Naturforschung verbindende *Briefe an eine deutsche Prinzessin* (1768–72) Kant gut kannte, entwickelte gegen Newtons Emanationstheorie der Lichtausbreitung eine umfassende Theorie des Äthers als der feinstverteilten Materie, die alle materiellen Bewegungen leite. Insofern komme z. B. in Wirklichkeit nichts von der Sonne zu uns und sie erleide auch keinen Substanzverlust durch die Strahlung (vgl. F. Dannemann, *Die Naturwissenschaften*, Bd. 2, Leipzig 1911, S. 248 ff., 361 ff.). Kant orientierte

sich also für die Auflösung des Vermittlungsproblems von Metaphysik und empirischer Naturforschung an der Forschungslage seiner Zeit und sprach dem Äther die oben genannten Eigenschaften allverbreitet, alldurchdringend usw. zu (XXII, 337). Durch ihn können sich überhaupt kompakte Körper bilden, in Ursache-Wirkung-Verhältnisse miteinander treten und können äußere bewegte Kräfte auf unsere Sinne wirken (XXII, 606). »Die Existenz des Wärmestoffs ist die Basis der Möglichkeit Einer Erfahrung« (XXI, 584). Der Äther ist als ein a priori als notwendig zu erweisender Stoff (XXII, 612) weder logische Funktion (der MAN) noch Gegenstand empirischer Erfahrung. Er ist der Übergang, zugleich denknotwendig und stofflich (was eigentlich logisch kontingent bedeutet) (XXI, 594; die systematische Einführung des Ätherbegriffs im Beginn des IV. Konvoluts, XXI, 373 ff.). Der Äther besitzt bereits in der nüchternsten induktiven und experimentellen Naturforschung den Charakter einer hoch anspruchsvollen Voraussetzung zur Erklärung scheinbar einfachster Phänomene. Bei Kant bedeutet er als wahre Identität der zentralen Gegensätze der bisherigen Kantschen Theorie in einem viel umfassenderen Sinn den »Übergang« der Transzendentalphilosophie von einer Logik der Darstellung der Wissenschaften zu ontischen Voraussetzungen der Einheit aller verschiedenen Zweige der Naturwissenschaften. Zu den Kategorien und Grundsätzen a priori zu Einteilung der Materie vor der Erfahrung heißt es nun: »Das ist der Übergang wen ich diese [die Eigenschaften der Materie; d. Vf.] nicht in metaphysischen sondern physisch dynamischen Functionen auf wirkliche Körper anwende« (XXI, 477). Der Äther dient zugleich bei Kant wie bei den Physikern als elementare Materie für die natur-immanente Theoriebildung, die theistische Zusatzannahmen für die Existenzweise der Welt ausschließt. Sie ist nicht eigentlich, aber sie garantiert die omnitudo realitatis.

Der Übergang zu einem materialen Materiebegriff führt zu weitgreifenden Konsequenzen. Der Einheit der logischen Funktion steht mit dem materiellen Grundstoff auf dem Gegenpol das einheitliche Elementarsystem der Materie gegenüber. Nach den transzendental-idealistischen Voraussetzungen ist die Objektivität der empirischen Vorgänge eine Gesamtheit von im Bewusstsein erzeugten Erscheinungen. Der Äther ist also die Grundlage für die Beziehungen im Subjekt selbst auf Gegenstände überhaupt. Die Natur ist dann in der Vielfalt eines Systems der Kräfte gleichsam von einem Diminuendo der apriorischen Funktionen her bis zu den Grundsätzen und Kategorien des reinen Verstandes zu denken. Kant geht auf den Problembereich der produktiven Einbildungskraft im Schematismuskapitel der *Kritik* zurück, verstärkt die Thesen einer Theorie der Selbstaffektion im Zusammenhang der Zeitvorstellung und des inneren Sinnes (III, 70, 122) zu einer Selbstsetzungslehre des Subjekts. Das Bewusstsein überhaupt schafft in aufsteigend generalisierenden Stufen der Selbstsetzung sowohl sich als die Objektwelt von den einzelnen Vorgängen bis zur materiellen Welt als Ganzem, und zwar als zwei jeweils auseinander hervorgehende Sphären. Das ist ersichtlich nicht mehr das ursprüngliche dualistische Konzept von logischer Synthesis und Mannigfaltigem, das hier nicht aufgegeben, aber doch nachhaltig ergänzt ist. Mehr noch als die Problemlage der produktiven Einbildungskraft wird jetzt die Logik der Ideen (gegenüber den auf Wahrnehmungsmaterial beschränkten Kategorien) des Weltganzen und der Synthesis von Natur und Praxis zum Angelpunkt der späten, sich immer wiederholenden Definitionen der Transzendentalphilosophie. Wie in der Vorrede zur zweiten Auflage der *Kritik* heißt es im X. Konvolut »daß wir nichts einsehen als was wir selbst machen können«, doch mit der Fortsetzung: »Wir müssen uns aber selbst vorher machen. Becks ursprüngliches Vorstellen« (XXII, 353). Auf der Objektseite ist durch den materialen Begriff der Materie als Ganzes die Totalitätsauffassung des Spinozaschen und des Leibnizschen Systems innerhalb der transzendentallogischen Kriterien reproduziert. Kant spricht das auch aus: »System des transc. Idealisms durch Schelling, Spinoza, Lichtenberg etc. Gleichsam 3 Dimensionen; die Gegenwart, Vergangenheit u. Zukunft« (XXI, 87). Die Lichtenberg-Notiz bezieht sich wahrscheinlich auf Lichtenbergs erweiternde Interpretation des Kantschen Gottesbegriffs als eines Postulats der praktischen Vernunft: Die das Ganze anschauenden Akte des Bewusstseins reproduzierten die Anschauung Gottes von der Welt. In Hegels Fassung diente der Gedanke zum Atheismus-Vorwurf gegen Hegels Pantheismus der Subjektivität des Absoluten. Als zusammenfassende Konsequenz ergibt sich aus der genetischen Fassung des Objekts als Setzung durch das Subjekt und aus der Objektsetzung oder Objektivierung als Selbstsetzung (»wir müssen uns vorher machen«) die Einheit des Reichs der Natur und der Freiheit. Der Gedanke solcher gemeinsamen Wurzel war noch von der Einleitung zur *KU* abgewiesen und auf die Möglichkeit mit der unabsichtlich vorausweisenden Formulierung eingeschränkt worden, dass die übersinnliche Einheit von Natur und Freiheit nicht

direkt erkannt, aber »dennoch den Übergang von der Denkungsart nach den Principien der einen zu der nach Principien der andern möglich macht« (V, 176). In den spätesten Konvoluten der Übergangsschrift gelangt Kant zur Transformation des transzendentalen Idealismus im Sinne des Schellingschen Ideal-Realismus. »Transc: Phil. ist der Act des Bewußtseyns dadurch das Subject seiner selbst Urheber wird und dadurch auch von dem ganzen Gegenstande der der technisch//practischen und moralisch//practischen Vernunft in Einem System in Gott alle Dinge als in Einem System zu ordnen« (XXI, 78). Im kategorischen Imperativ als logisch notwendigem Prinzip praktischer Rationalität ist das Subjekt im höchsten Wesen, heißt es im späten VII. Konvolut. »Ich sehe mich selbst (nach Spinoza) in Gott, der in mir gesetzgebend ist.« Das Prinzip der Unabhängigkeit von der Natur enthält das Ideal einer Person, die zugleich gebietend über die Natur ist. »Die transc. Idealität des sich selbst denkenden Subjects macht sich selbst zu einer Person. Die Göttlichkeit derselben. Ich bin im höchsten Wesen« (XXII, 54). Die Fassung der beiden Maxima Welt und Gott als Setzungen der transzendentalen Subjektivität bewahrt selbstverständlich die Trennung von Reich der Notwendigkeit und Reich der Freiheit und das Problematische der doppelten Zugehörigkeit des Menschen, wie es die ursprüngliche Lehre der ersten beiden *Kritiken* beinhaltete. Doch jetzt wird der darin latente Gedanke hervorgezogen, dass die moralisch-praktische Person de facto das absolute Subjekt ist, das beide Reiche vereinigt und insofern in Gott ist. Die transzendentale Idealität wird zur logischen Synthese von realer und idealer Welt. Diese Tendenz ergibt sich dem unbestechlich der Konsequenz des Gedankens folgenden Forscher im Prozess der Selbstverständigung innerhalb der darstellerischen Grenzen der Übergangs-Manuskripte, die eigentlich in der Kantschen Methode der sog. Reflexionen gehalten sind. Kant ging anfangs (wahrscheinlich bereits seit 1795, während der Arbeiten an der *Metaphysik der Sitten)* vom Erfordernis eines ergänzenden Teilstücks der Beziehung zwischen *Metaphysischen Anfangsgründen der Naturwissenschaft* und empirischer Naturforschung aus. In der Sitten-Metaphysik wird für beide Metaphysik-Systeme zur Physik bzw. zur konkreten Ethik »ein Überschritt, der seine besondern Regeln hat«, genannt (VI, 468). Die Konsequenz des Problems und die Anregungen durch die Öffnung des Problemgehalts des transzendentalen Idealismus in den kritischen Interpretationen (Beck, Änesidemus-Schulze, Fichte, Schelling) haben Kant selbst zu neuen Zusammenfassungen seiner Theorie geführt. B. Tuschling (1991) hat die sich verändernde Problemlage der Manuskripte zur Übergangsschrift in einer den ganzen Zusammenhang der theoretischen Bewegung nach Kant einbeziehenden Interpretation vorgetragen. Kant hatte bereits in der *KU* mit dem Thema des »intelligiblen Substrats der Natur außer uns und in uns« (V, 345) das Problem des Geistbegriffs berührt. Doch war er bis zuletzt wohl auch im Übergangs-Manuskript überzeugt, von den neuen Fragestellungen zur Verbindung von Natur- und Moralphilosophie zeigen zu müssen, dass sie im Grunde bereits in seiner ursprünglichen transzendentallogischen Konzeption enthalten sei.

Inwiefern die Manuskripte zu einem letzten Werk, dessen Plan (nicht die niedergeschriebene Fassung) Kant nach den Zeugnissen seiner Freunde als abschließende Vervollständigung seiner ganzen Theorie sah (vgl. G. Lehmanns Einleitung zu seiner Edition, XXII, 573 f.), tatsächlich als Problem im transzendentalen Idealismus latent waren, sei knapp zusammengefasst: Das für die Verbindung von Apriorismus und Phänomenalismus zentrale Übergangsproblem des einen zum anderen fand sich in der transzendentalen Deduktion der Verstandesbegriffe der *KrV* mit der zunächst nur einem gegebenen Allgemeinen das Besondere subsumierenden bestimmenden Urteilskraft. Die Verbindung der empirischen Daten liegt jedoch nicht in Daten, sondern setzt vor der kategorialen Synthesis mit der produktiven Einbildungskraft ein als einer Fähigkeit des Subjekts, sich selbst zu affizieren. Es ist der Ansatz zur genetischen Auffassung einer vorlogischen Objektivierung. Kant überlagert diese Fragestellung aber sogleich mit dem Problem der transzendentalen Apperzeption des Selbstbewusstseins. Das Parallelstück in der *KpV* stellt die Typik der praktischen Urteilskraft dar (V, 67–71), wo es (sehr kursorisch nur) darum geht, wie »dasjenige, was in der Regel allgemein (in abstracto) gesagt wurde, auf eine Handlung in concreto angewandt wird« (V, 67). Kant hat hier auch eine vorlogische Erhebung des Subjekts in den gesellschaftlichen Bezug der Person, der in der moralisch-praktischen Rationalität gedacht ist. Es ist das nichtsinnliche Gefühl ursprünglicher Achtung für das Sittengesetz; ein charakteristischer Punkt zur in der Subjekt-Konstitution latent enthaltenen Einheit von Reich der Natur und Reich der Freiheit und Nachklang des Platonschen Eros als Liebe und Begeisterung für die ideenhaften Wesenheiten. Mit Kants Einsicht, dass zu den beiden *Kritiken* ein dritter transzendentallogischer Typus erforderlich sei,

die viel individuelleren ästhetischen Urteile und die sog. besonderen Naturgesetze der organischen Natur zu bestimmen, also mit der Erweiterung des ursprünglichen propädeutischen Programms zur *KU*, verstärkte sich das Anwendungs- und Übergangsproblem, umso mehr, als für diese logische Form bereits keine Metaphysik-Systematik mehr als Zwischenstufe zum empirischen Bereich möglich erschien. Damit gelangt Kant vor das veränderte Problem der transzendentalen Deduktion der logischen Form auf die konkreten materialen Gehalte (X. und XI. Konvolut). Sie gibt der Wahrnehmung einen aktiveren Gehalt durch die erweiterten Theoriepunkte der produktiven Einbildungskraft und der transzendentalen Apperzeption, die jetzt als Selbstsetzung des Subjekts gefasst werden (VII. Konvolut). Das logische Medium ist die reflektierende Urteilskraft der technisch-praktischen Vernunft, die gegenüber der *KpV* starke Aufwertung erfährt. Sie gelangt in Parallele zur »Technik der Natur«, und das Nachlasswerk eröffnet die Perspektive der universellen Aneignung der materiell-gegenständlichen Welt durch die konkreten Übergangsebenen des sich selbst setzenden Subjekts. Hier wird deutlich, dass die Theorie der organischen Natur als einer Telos-Determination (»als ob« rationale Praxis die Gebilde schaffen würde) ein wesentliches Bindestück zwischen ursprünglicher dualistischer Darstellung der Transzendentalphilosophie und den Ansätzen zur Geist-Philosophie im Übergangs-Manuskript bildet. Kant fasst im letzten (dem I.) Konvolut die Begründung von Physik und Natur-Metaphysik im System der Ideen reiner Vernunft (XXI, 80) und bezeichnet in immer neuen Wendungen die Transzendentalphilosophie, »welche ebenso wohl die Subjecte als das Object in Einem Gantzen Inbegriffe der reinen synthetischen Erkenntnis a priori befaßt« (XXI, 74). Das Maximum oder höchste Ideal der Subjektivität ist Gott (XXI, 30), und in diesem Sinne formuliert Kant jetzt die notwendige Verbindung von Subjekt und Objekt zum »absoluten Ganzen« (XXI, 8, 26 u. ö.) als die Einheit von »Gott : Welt : und der Mensch ein sinnlich//practisches Wesen in der Welt« (XXI, 31). Der Transzendentalphilosophie »höchster Standpunkt« ist die absolute Einheit von »Gott, die Welt, und das beyde Objecte verknüpfende Subject [als das; d. Vf.] denkende Wesen in der Welt« (XXI, 34 f.). Transzendentalphilosophie ist: »Das Übersinnliche und das Sinnenwesen im All der Dinge (universum) im synthetischen Verhältnis des Systems auf einander vorgestellt« (XXI, 17). Die Transzendentalphilosophie wird in einer neuen Ebene, die die Deduktionen der *Kritik* natürlich nicht aufhebt, nicht von der metaphysischen Deduktion der Kategorien her entwickelt, sondern aus den Ideen von Gott, Weltganzem und denkendem Subjekt. Der Akzent liegt auf der Selbstsetzung des Subjekts (noch ohne konkrete Sphären gesellschaftlicher Praxis, wie dann in Fortführung dieser Linie im großen Durchbruch des Hegelschen *Systems der Sittlichkeit* von 1803), einer Selbstsetzung als der Vindizierung der gegenständlichen Welt an den gesellschaftlichen Menschen und der Realisierung von dessen geschichtlicher Idealität in dieser Aneignung [s. zuletzt B. Tuschling].

Literatur

Adickes, E.: Kants Opus postumum dargestellt und beurteilt, Berlin 1920 (ND 1978). – Heyse, H.: Der Begriff der Ganzheit und die Kantische Philosophie, München 1927. – Cohen, H.: Zur Orientierung in den logischen Blättern aus Kants Nachlaß, in: Ders., Schriften zur Philosophie und Zeitgeschichte, Bd. 1, Berlin 1928, S. 432–467. – Lachièze-Rey, P.: L'Idéalisme Kantien, Paris 1931. – Vleeschauweer, H. J. de: La déduction transcendentale dans l'oeuvre de Kant. III: La déduction transcendentale de 1787 jusqu'à l'»opus postumum«, Antwerpen u. a. 1937, S. 552–667. – Lehmann, G.: Einl. und Erl. zur Edition des Op. post., in: AA XXII, Berlin 1938, S. 751–824. – Ders.: Kants Nachlaßwerk und die *KU*, Berlin 1939 [mit anderen Beiträgen zum späten Kant wiederabgedr. in: Ders.: Beiträge zur Geschichte und Interpretation der Philosophie Kants, Berlin 1969, S. 295–373]. – Pellegrino, U.: L'ultimo Kant. Saggio critico sull'Opus postumum di Kant, Rom 1957. – Mathieu, V.: La philosophie transcendentale et l'Opus postumum de Kant, Paris 1958. – Hoppe, H.: Kants Theorie der Physik. Eine Untersuchung über das Opus postumum von Kant, Frankfurt/M. 1969. – Ritzel, W.: Die Stellung des Opus postumum in Kants Gesamtwerk, in: KS 61 (1970), S. 112–125. – Tuschling, B.: Metaphysische und transzendentale Dynamik in Kants Opus postumum, Berlin u. New York 1971. – Blasche, S. (Hg.): Übergang. Untersuchungen zum Spätwerk I. Kants, Frankfurt/M. 1991 [11 Beiträge einer Konferenz zum *Opus postumum*, Bibliographie, S. 233–244]. – Tuschling, B.: Übergang: Von der Revision zur Revolutionierung und Selbst-Aufhebung des Systems des transzendenten Idealismus in Kants *Opus postumum*, in: Fulda/Stolzenberg, 2001, S. 128–170 [die interessanteste Arbeit der letzten Jahre, das Manuskript die unvollendete theoretische Konsequenz der Transzendentalphilosophie]. – Förster, E.: Zwei neu aufgefundene lose Blätter zum Opus postumum, in: KS 95 (2004).

3 Die Vorlesungen

Kant hielt durch vierzig Jahre hindurch seine Vorlesungen, vom Wintersemester 1755/56 – erst seit dem Sommersemester 1770, im Alter von 46 Jahren, als ordentlicher Professor – bis zum Sommersemester 1796. Mehrere Tausend Studenten, wie E. Arnoldt berechnete, haben Kant zu einem ihrer akademischen Lehrer gehabt (vgl. Stark, W., 1992). Er folgte in der Gliederung, mit den Jahren immer weniger im Inhalt, den Lehrbüchern, sprach aber frei, doch intensiv vorbereitet, wie wir aus den Bände füllenden sog. Reflexionen wissen, die zum Teil solche Vorbereitungen darstellen. Die Vorlesungen bilden einen wesentlichen Teil des Kantschen Denkens. Dilthey sagte sogar, deren Nachschriften dienten über die entwicklungsgeschichtlichen Aufschlüsse hinaus »der Aufgabe, durch das in den Vorlesungen Erhaltene die Druckschriften Kants zum Zusammenhang seines Systems zu ergänzen« (I, S. XIV). Das mag dahinstehen. Ebenso andere Überlegungen, die Vorlesungen zeigten theoretisch einen anderen Kant als denjenigen der Druckschriften. Kant hat seine Kritik an bestimmten Punkten der Lehrbücher in den Vorlesungen ausgesprochen und dann in den 80er Jahren auch die Lehrsätze seiner Transzendentalphilosophie vorgetragen. Das war einer der Gründe gewesen, frei zu sprechen und die Lehrbücher zu paraphrasieren und von Doktrinen wieder in Überlegungen zurückzuverwandeln. Sicher gab es Wirkungslinien des Kantschen Denkens, die von den fast gewerbsmäßig kopierten Vorlesungsnachschriften ausgingen, in Kreise, die vielleicht Kants Werke gar nicht lasen. Auf jeden Fall ist der geistige Gehalt der Kantschen Theorie nur mit den Vorlesungen ganz zu erkennen. Insbesondere das evolutionäre Moment in der Kantischen Umbildung der europäischen Aufklärungsphilosophie, auch die tragende Terminologie des originären Kantianismus ist in den Vorlesungen zu verfolgen, da Kant ja nach Lehrbüchern las, die Konzentrate der Tradition darstellten. Rosenkranz/Schubert und auch Hartenstein haben die Vorlesungen von ihren Kant-Ausgaben (1838) ausgeschlossen, da sie keine authentische Wiedergabe der Gedanken Kants verbürgten. Das Vorurteil hielt sich noch bis zu B. Erdmann, der 1920 und 1921 als Vorsitzender der Kant-Kommission der Berliner Akademie die Edition der Vorlesungen ausschließen wollte (und auch von der Publikation der Nachlass-Reflexionen abriet). Das war ein Fehlurteil, wie sich inzwischen jeder Leser überzeugen kann. Es ist auch 1924 zum

Kant-Jubiläum durch zwei Vorlesungseditionen (P. Menzer, A. C. Kowalewski) widerlegt worden. Die große Zahl der Vorlesungsnachschriften – bzw. der Abschriften von Nachschriften, die uns meist nur vorliegen – bietet ausgezeichnete Einführungen in Kants Denken und lenkt unser Urteil wie mit leichter Hand auf Themen, die Kant, wenn man so sagen darf, am Herzen lagen. Über die wechselvolle Geschichte der geplanten Edition der Vorlesungsnachschriften, deren Aufgabe um 1920 wegen des »spröden und unzulänglichen Materials«, die Wiederaufnahme des Projekts nach P. Menzers Antrag an die Deutsche Akademie der Wissenschaften von 1955 vgl. G. Lehmanns Einleitung zur Vierten Abteilung der Akademie-Ausgabe.

Am besten geht man von Kants eigenem Urteil aus. Nach den vielen vergeblichen Ankündigungen einer neuen Metaphysik in privaten Briefen sah Kant gegenüber seinem vertrauten Schüler, dem Berliner Arzt M. Herz (1747–1803), Ende der 70er Jahre offenbar einen Grund, seine Vorlesungstätigkeit zu betonen. Er dankte ihm und nannte dessen Schülerschaft und Anhänglichkeit den tröstenden Beweis der nicht ganz fehlschlagenden Hoffnung, »daß mein akademisches Leben in Ansehung des Hauptzwecks den ich iederzeit vor Augen habe nicht fruchtlos verstreichen werde, nämlich gute und auf Grundsätze errichtete Gesinnungen zu verbreiten, in gutgeschaffenen Seelen zu bevestigen und dadurch der Ausbildung der Talente die einzige zweckmäßige Richtung zu geben« (Anf. April 1778). Kant verstand seine Lehrtätigkeit als einen der Grundpfeiler seines Wirkens und seiner ganzen intellektuellen Existenz. Herz wollte in Berlin Vorlesungen über Kantsche Philosophie halten. Da die neue Metaphysik sich verzögerte – Kant nennt, merkwürdig genug, die spätere Kritik drei Jahre vor Erscheinen noch ein Werkchen, das an Bogenzahl nicht viel ausmachen werde (X, 215) –, so erbitten er, wie auch der Kultusminister v. Zedlitz, Vorlesungsnachschriften. Kant übersendet Abschriften von Nachschriften, hält sie also für durchaus geeignete Zeugnisse seines Denkens – in bestimmten Bezügen. Sein Urteil über die Auffassungsfähigkeit der (damals weit jüngeren Studierenden als heute) ist kritisch gehalten, weniger für die Logik-Vorlesung, mehr schon für die Prolegomena der Metaphysik und die Ontologie, die jedoch ebenfalls zugesagt werden (vgl. an Herz, 28.8., 20.10., 15.12.1778). Für das Verständnis der Metaphysik-Vorlesung nennt Kant eine Bedingung (wenigstens für diejenige der späten 70er Jahre): Sie ist recht nur auf der Grundlage des geplanten eigenen Metaphysik-Handbuches zu verstehen. Die Basis bildet also die ab 1781 vorliegende KrV. Unabhängig von ihr oder deren Aussagen relativierend möchte Kant die Nachschriften zur Metaphysik-Vorlesung (jetzt in Bd. XXVIII) nicht gelesen wissen. Der Vortrag sei nach seinem Eindruck deutlich gewesen, aber die hörenden Anfänger und die Neuerung gegenüber den sonst geltenden Begriffen in der Metaphysik ließen die Nachschrift nur mit seinem eigenen Buch, das er vorbereite, völlig verständlich werden (an Herz, 28.8.1778). Überhaupt notierten gute Hörer nur wenige Stichpunkte, die ausführlichen Nachschriften stammten aber gerade von denjenigen Studierenden, die selten Urteilskraft hätten, das Wesentliche vom Unwichtigen zu unterscheiden (X, 225). Warum hat Kant bei seiner langjährigen Lehrtätigkeit kein eigenes Lehrbuch verfasst und die Absicht dazu aufgegeben? Vor 1781 war das ausgeschlossen, da er zunächst als Privatdozent dazu nicht befugt war, aber vor allem – und das ist für die 70er Jahre nach der Berufung zu bedenken – schied für ihn auf Grund seiner Vorbehalte gegen die Schulmetaphysik ein solches Projekt aus. Nach der Begründung der Transzendentalphilosophie sah Kant die neue Theorie mit deren anspruchsvollem geistigen Duktus wohl für ungeeignet an, in Lehrbuchform gebracht zu werden. Außerdem lag das Programm der anderen Kritiken und der Metaphysik-Systeme vor ihm, dazu die Verteidigung seiner Theorie, und das beschäftigte ihn bis in die 90er Jahre, so dass die Arbeit an einem Lehrbuch nicht dringend erscheinen konnte.

Ein aufschlussreiches Urteil Kants zu seinen Vorlesungen besitzen wir in der Erklärung zur sog. Hippelschen Autorschaft (1796/97). T. G. v. Hippel (1741–1796), Schriftsteller und Stadtpräsident von Königsberg, hatte in seinem wertvollen progressiven Werk Über die Ehe (1774) und in seinen Lebensläufen in aufsteigender Linie (1778–81) Passagen vor allem aus Kants Anthropologie-Vorlesung wiedergegeben. Das Anthropologie-Kolleg bildete einen allgemein bekannten und geschätzten Teil von Kants geistigem Wirken in der Stadt. Hippel referierte frei auch aus Zusammenhängen, die sich später als zur Kritik gehörig erwiesen. Kant war mit Hippel sehr gut bekannt, er nennt ihn seinen Freund. Nach Hippels Tod war die Frage aufgeworfen worden, wie Kantsche Lehren in den Roman gekommen seien und ob Kant nicht gar Mit-Autor des Werkes gewesen sei. In diesem Zusammenhang spricht sich Kant grundsätzlich über seine Vorlesungen aus (hier zit. aus dem Entwurf): »Ich habe viele Jahre vorher ehe ich mit der

Critik der reinen Vernunft anhebend eine neue schriftstellerische Laufbahn einschlug in meinen Vorlesungen über Logik Metaphysik Moral und Anthropologie Physik und Rechtslehre den Autor den ich mir zum Leitfaden wählte nicht blos commentirt sondern gesichtet gewogen […] und auf mir besser scheinende Principien zu bringen gesucht auf solche Weise sind meine Vorlesungen fragmentarisch theils gewachsen theils verbessert worden aber mit Hinsicht auf ein dereinst mögliches System […] daß jene später […] erschienenen Schriften jenen fast nur die systematische Form und Vollständigkeit gegeben zu haben scheinen mochten« (XIII, 538 f.). So erklärten sich die Kant-Passagen bei Hippel aus den Vorlesungsnachschriften, »die selbst buchstäblich nachher wieder in den von dem Lehrer abgefaßten Büchern anzutreffen waren« (ebd.). Schließlich absolviert Kant Hippel vom Plagiat-Vorwurf mit der aufschlussreichen Erklärung, es handele sich bei seinen Vorlesungsnachschriften um »wie gemeines Gut allgemein verbreitete Waare« (ebd.) Hippels Bücher habe er im übrigen nicht gelesen und habe an ihnen auch nicht durch Gespräche irgendeinen Anteil.

Für die Beurteilung der Vorlesungen sind gegenüber den Druckschriften einige spezifische, doch durchaus auflösbare, Fragen zu beantworten: Was gehört in den Texten zur Wiedergabe des betreffenden Autors, dessen im Ganzen Wolffianisches Kompendium Kant benutzte, was zu Kants eigener Lehre? Schwerer noch: Was hielt Kant auch in den 80er und 90er Jahren als seine Auffassung von den Lehrbüchern fest? Was ist von den jungen Leuten schlecht verstanden, was von Abschreibern der Nachschriften verdorben worden? Lassen sich die zahlreichen Abschriften zuverlässig bestimmten Arbeitsperioden Kants zuordnen? Kant sagte selbst, dass er seinen Vortrag jährlich verändere (X, 225; zu diesen Fragen vgl. das Literaturverzeichnis). E. Adickes (in seinen *Untersuchungen zu Kants physischer Geographie*, 1911, S. 33–44) und zuletzt ausführlich mit neuem Material R. Brandt und W. Stark in ihrer Einleitung zu den Anthropologie-Vorlesungen (Bd. XXV) haben dargestellt, dass von Kants Vorlesungsnachschriften von der Mitte der 70erJahre an (nach Kants Berufung zum Professor, 1770) Kopien hergestellt wurden, die die Textgrundlage aller Bände der Vierten Abteilung der AA bilden: »von wenigen Ausnahmen abgesehen, ausschließlich die Endprodukte eines weitgehend anonymen Abschreibe- oder Kopierbetriebes« (Bd. XXV, S. LXXVI). Das Zustandekommen der Urschriften dieser uns nur noch vorliegenden Texte und auch die Veränderungen, die mit den Ab-

schriften eindrangen, ist uns unbekannt. Dennoch verweisen die verschiedentlich angegebenen Daten mit dem Zeitpunkt der Abschrift auch auf einen bestimmten Zeitraum der Vorlesung. Die nahezu wörtliche Übereinstimmung z. B. dreier Texte der Moral-Vorlesung, die P. Menzer bei seiner Edition (1924) benutzte, (Brauer, Kutzner 1780 und Mrongovius 1782) lässt einen gemeinsamen Urtext annehmen, der also einige Jahre früher anzusetzen ist. Es geht hier wie bei den Evangelien der Synoptiker. N. Hinske hielt eine relative Produktivität der Abschreiber für denkbar, wie schon A. C. Kowalewski, der Herausgeber Kantscher Vorlesungen im Jubiläumsjahr 1924: »Vielleicht ähnelt die Tradition solcher Texte […] einem Wachstumsprozeß, wobei die Schreiber nicht lediglich kopieren, sondern gleichzeitig kompilieren« (N. Hinske in: *Kant-Index*, Bd. 6, Stellenindex und Konkordanz zur *Logik Pölitz*, Stuttgart-Bad Cannstatt 1995, S. XL). Aus der Feststellung von Leittexten ergeben sich zusammenfassende Datierungen der ursprünglichen Original-Nachschriften. Die Abschriften zur Moralphilosophie gehen fast ausschließlich auf eine Vorlesung zurück, die Kant Mitte der 70er Jahre gehalten hatte. W. Stark zeigt anhand eines preußischen Ministerialerlasses an die Universität, dass die Studenten gehalten waren, ihre Vorlesungen der propädeutischen unteren philosophischen Fakultät möglichst zügig zu absolvieren, um für die »Hauptwissenschaften« der akademischen Ausbildung (Recht, Medizin, Theologie) vorbereitet zu sein. Allerdings sagt der Erlass auch, dass Philosophie eine Fertigkeit zu denken bedeute, »selbst ohne Vorurtheile und ohne Anhänglichkeit an eine Secte zu denken, und die Naturen der Dinge zu untersuchen« (Bd. XXV, S. LXVf.; vgl. a. Stark 1992, S. 543).

Der eigene Wert der Vorlesungen für das Kant-Verständnis lässt sich in folgenden Gesichtspunkten zusammenfassen: (1) Sie zeigen zu den Werken die Person des Autors, dessen gewinnend geistvolle Gelehrsamkeit, ein genussvoll umschauendes und mitteilendes Denken beim intellektualistischen und zwar immer analytisch scheidenden Grundzug der Kantschen Geistesart. Der weite Umfang der klassisch-literarischen und der naturwissenschaftlich wie kulturwissenschaftlich zeitgenössischen Bildung Europas kommt in den akademischen Vorträgen des Professors einer kleinen ostpreußischen Universität ans Licht, als sollten Ort und Zeitschritt dieses Lebensgangs ganz hinter der ideellen Realität menschheitlicher Anliegen zurücktreten. (2) Die Vorlesungen lassen den abstrahierenden methodischen Charakter der Hauptwerke Kants begreifen.

Erst in den Vorträgen werden nicht nur Kants Stellung zu den Autoren der Zeit, sondern vor allem seine kritische Zugehörigkeit zur europäischen Aufklärung und seine Meinung zu vielen kulturellen und politischen Leitthemen der Zeit deutlich. Das ergänzt und erweitert die Thesen der klassischen Aufsätze der 80er Jahre zum Begriff der Aufklärung, zur Geschichtsphilosophie u. a. Die Zeitbindung des Kantschen Denkens – und also auch seiner gedruckten Werke – tritt uns erst in den Vorlesungen nahe. Das heißt natürlich nicht, dass die zentralen Probleme der Kantschen Theorie nicht als solche vor allem im rein theoretischen Horizont aus den Schriften erfasst und beurteilt werden müssten. Aber deren kulturell-situatives Element, die historischen Wurzeln und intellektuellen Intentionen zeigen wie mit leichter Hand die Vorlesungen. Den ganz Kant-fernen Gedanken, diese transzendentallogische Theorie ignoriere »das Leben«, den »ganzen Menschen« in dessen konkretem Gemüte usf. muss man fahren lassen, vertieft man sich in den Reichtum dieser Vermittlung von transzendentaler Methode und unmittelbar kommunizierendem Dasein. Kant sah hier – etwa beim Verhältnis von methodischer Moralphilosophie und angewandter Ethik, wie die moralphilosophischen Vorlesungen (jetzt in Bd. XXVII) zeigen – mit Recht nur methodisch erforderliche Differenz, nicht konstitutiven Gegensatz, der den angelegten Maßstab logisch vollkommener Erkenntnis (von ihm als Apriorismus gefasst) bestreite. Kant besitzt tief gemüthaftes Verständnis der menschlichen Lebenswirklichkeit. Weil er deren unaufhebbare Widersprüchlichkeit versteht, begreift er sie als einen zu kultivierenden Weltkreis, und er stößt uns wie ein verständnisvoller Lehrer an, sich dafür einer intellektuellen Methodik zu versichern, die doch nicht hinter dem von den Wissenschaften der Zeit erreichten Anspruch methodischer Vermittlung des unmittelbar Einzelnen mit der gesellschaftlichen Realität und deren Perspektiven und Anforderungen zurückbleiben möchte.

(3) Die Vorlesungen lassen bei guter chronologischer Analyse die theoretischen Entwicklungsschritte zum transzendentalen Idealismus rekonstruieren; so sehr am Ende manches Hypothese bleiben muss, insbesondere für die entscheidenden 70er Jahre nach der Inauguraldissertation. Aus den 50er Jahren fehlen die Nachschriften. Von den 60er Jahren gibt es die Herder-Nachschriften. J. G. Herder (1744–1803) wurde im August 1762 immatrikuliert und verließ Königsberg im November 1764. Zahlreicher werden die Nachschriften (bzw. eben die Ab-schriften von diesen) in den 70er Jahren. Der Kantsche Nachlass ist außerdem in seiner Einheit zu nehmen, da Vorlesungen und Reflexionen aufeinander verweisen. In den 80er und 90er Jahren trägt Kant in den Metaphysik-Vorlesungen bei allen Bezügen auf das Kompendium seine eigene Theorie vor, die dem Lehrbuch-Text entgegensteht. »Ontologie« ist transzendentale Logik mit den beiden Teilen Analysis der Begriffe und Synthesis der Grundsätze. Das ist »ein System aller Verstandesbegriffe und Grundsätze«, einer transzendentalphilosophischen Propädeutik zur Metaphysik, heißt es dann, also ganz im Sinne der Auflösung der metaphysica generalis durch die *Kritik*. Die Akkomodation an die überkommene Terminologie in den Metaphysik-Vorlesungen kann die Kritik der Schulmetaphysik nicht etwa zurücksetzen lassen, wie es z. B. M. Wundt herauslas (Wundt, *Kant als Metaphysiker*, Stuttgart 1924). Das Verhältnis von Lehrbuch und Kants Lehrvortrag ist über allen terminologischen Gleichklang hinweg auf die im Kompendium bezeichneten Probleme gerichtet, nie eigentlich auf die inhaltlichen Lösungen des Lehrbuchs. Kant entfaltet im Vortrag die theoretische Problematik, er übernimmt nicht die Inhalte. Insofern geben die Vorlesungen natürlich die Verankerung der Kantschen Theorie in der Philosophiegeschichte, der ferneren und derjenigen des 18. Jhs., zu erkennen. Das kann nicht heißen, Kant wieder in die vor ihm geltenden Theorien zurückzuversetzen und etwa offene Linien des Kantschen Denkens zu nachfolgenden und fortdenkenden Theorien geringzuschätzen.

Literatur

[Ein detailliertes chronologisches Verzeichnis der Vorlesungen Kants von dem verdienten, von der Zunft ferngehaltenen, Kant-Forscher E. Arnoldt (1828–1905) in dessen *Ges. Schriften* (10 Bde., 1906 ff., hg. v. O. Schöndörffer), Bd. 5, Berlin 1909, S. 173–343]. – Lehmann, G.: Einl. zur Vierten Abteilung der AA, in: AA XXIV, Berlin 1966, S. 955–988 [auch in: Ders., Beiträge zur Geschichte und Interpretation der Philosophie Kants, Berlin 1969, S. 67–85]. – Ders.: Kants Entwicklung im Spiegel der Vorlesungen, in: Heimsoeth, H. u. a. (Hg.), Studien zu Kants philosophischer Entwicklung, Hildesheim 1967, S. 144–158. – Stark, W.: Die Formen von Kants akademischer Lehre, in: DZPH 40 (1992), S. 543–562

Vorlesungen über Logik (Bd. XXIV)

Logik- und Metaphysik-Vorlesung gehörten zu den (unentgeltlichen) Pflichtvorlesungen des Philosophie-Professors (›publice‹), Anthropologie-, die Geographie-Vorlesung und andere naturwissenschaftliche Fächer waren von den Hörern gesondert zu bezahlende Vorlesungen (›privatim‹). Kant las Logik während vierzig Jahren immer nach G. F. Meiers *Auszug aus der Vernunftlehre* (1752). Es liegen Nachschriften von den 70er Jahren (Logik Blomberg, Logik Philippi) bis zu den 90er Jahren (Logik Busolt, Logik Dohna-Wundlacken) vor. Kant benutzte ein durchschossenes (mit eingelegten leeren Seiten speziell gebundenes) Handexemplar des Meierschen *Auszugs* und trug darin seine vorbereitenden Arbeitsnotizen (»Reflexionen«) ein (jetzt in Bd. XVI). Für das Verständnis der Termini, der Architektonik und der Intention der *KrV* ist die Logik-Vorlesung unentbehrlich. Die *Kritik* ist ja eine nicht mehr formale, sondern transzendentale Logik, die klären soll, wie reine Formen der Anschauung und des diskursiven Denkens a priori materiale Gehalte zu synthetisieren vermögen. Das charakteristische Kantsche Prinzip des Bestehens und der Verbindlichkeit einer Ebene allgemeinster Sätze in der Kultur, sowohl in theoretischer wie in praktischer Rücksicht, basiert für Kant auf logischen Gesetzen intellektueller Synthesis von empirisch gegebenen Daten bzw. Interessen und Situationen. Die Philosophie des 18. Jhs. verband zentrale methodische Gesichtspunkte selbstständigen, konsequenten, dadurch dann generalisierungsfähigen und Übereinstimmungen ausbildenden, Denkens mit der Logik. N. Hinske (1998) zeigte, dass sich manche Aufstellungen der *Kritik* bis auf Kants Auseinandersetzung mit Meiers *Auszug* zurückführen lassen. In den Logik-Vorlesungen ist die Ausbildung der Leittermini der *Kritik* wie ›reine‹ Vernunft (bereits bei C. Wolff), Analytik, Elementar- und Methodenlehre zu verfolgen. Wesentlicher ist aber das Verständnis von aufklärerischer Philosophie, das die Logik-Vorlesungen mitteilen. Zur Einleitung in die *Vernunftlehre* gehörten Begriff und Gliederung der Philosophie, und Kants Logik-Vorlesung zeigt die Umbildung eines seiner Generalthemen beim Philosophiebegriff – Lernen gegebener Philosophien oder Philosophieren lernen – im Laufe der Jahrzehnte. In den 90er Jahren löst Kant die zentrale aufklärerische Thematik des Selbstdenkens aus der in der Literatur üblichen Verbindung mit den Begriffen »historische Erkenntnis« und Genie oder Originalgeist (XXIV, 321) heraus und stellt das Programm des Selbstdenkens gegenüber autoritätshörigem Bewusstsein, denn darum geht es, als Verhältnis von diskursivem oder objektivem Denken und nur intuitivem oder subjektivem Denken dar. Das Diskursive, das jetzt das Genialische zurücklässt, erfordere mit seinem logisch explizierenden Vorgehen den »Selbstgebrauch« der Vernunft (XXIV, 614 f.). Kants Auffassung der Mathematik als von einer auf Anschauung bezogenen Wissenschaft dient ihm als Gegenmuster: hier könne sich jeder durch eigene Anschauung überzeugen, ob der andere richtig geurteilt habe. Der eigentliche Punkt Kants ist: Philosophie stellt einen anderen Denktypus dar als die empirischen oder sonst anschaulich bezogenen Disziplinen. Sie eröffnet ein Feld individueller Eigenständigkeit und das gerade wegen ihrer logisch diskursiven Kultur. Das ist freilich nur der Eingang zum Thema, das Kant eigentlich im Auge hat. Selbstdenken ist ein hoher Wert. Doch darauf folgt das Erfordernis, sein »Urteil an fremder Vernunft zu prüfen« (XXIV, 874). Darauf kommt es an. Denkfreiheit, denn das steht hinter dem Philosophieren statt Philosophie lernen, und die Resultate anderen vorlegen, sie also öffentlich machen, dafür sei Publikationsfreiheit zu allen Themen der Philosophie erforderlich. Kants Logik-Vorlesung lehrt Philosophie als eine öffentlich wirkende Kraft und diskursiv-logische Ebene des kulturellen Selbstverständnisses einer aufgeklärten Gesellschaft. Im Gang der Vorlesung behandelt Kant, und sehr am Leitfaden des tüchtigen Meier, wissenschaftstheoretische Themen, das aufklärerische Vorzugsthema der Vorurteile – der Vorurteile aus Tradition und der Vorurteile des Neuen –, das Verhältnis von Vernunft und Glauben u. v. a. Die Logik-Vorlesungen zeigen von allen Kant-Vorlesungen am intensivsten Kants Behandlung von Grundthemen der europäischen Aufklärung. Außerdem bieten sie unter allen Vorlesungen den besten Einblick in den geistigen Weg Kants zur *Kritik*. Detaillierte Einführungen zur Textbeschaffenheit und zu Leitthemen der Kantschen Vorlesungen liegen inzwischen mit den Einleitungen zu den Indices des Kantschen Logikcorpus und der Logik-Reflexionen der Trierer Kant-Forschungsstelle sowie mit N. Hinskes *Studien zum Kantschen Logikcorpus* (Kap. 1, S. 17–31) vor. Von geplanten 17 Index-Bänden erschienen bislang die Bände 5–10. Die Einleitungen enthalten auch die detaillierten Beurteilungen der Edition im Rahmen der AA. Eine instruktive Studie zu Kants Logik bringt Regvald (2005).

Kants Logik-Vorlesungen und die Reflexionen zur Logik (XVI) zeigen Kants hoch entwickelten geistigen Stil bei seiner Logifizierung der aufklärerischen Reflexion der sich zunächst nur in Gelehrtenzirkeln ausbildenden bürgerlichen Kultur. (Die »Jäsche-Logik«, 1800 im Auftrag Kants als Handbuch zu Vorlesungen herausgegeben, gibt davon wenig zu erkennen; IX.) Es geht Kant um die »Ausübung« der Logik für das Klima einer nachfeudalen Zivilisation mit der Reduktion autoritärer Meinungsbildung. Die logica practica mit ihrem Übergang von einer Prinzipienlehre zur Kriterien lehre richtet sich auf Regeln für die Beurteilung von interessierenden Fällen, auf Stufen des Fürwahrhaltens (Meinen, Glauben, Wissen), die formale Logik behandelt analytisch die Identität von Merkmalen. Darum gewinnt die Logik vorläufiger Urteile besonderes Interesse, die materiale Kriterien in die Logik einführt (Regeln zur Vermeidung von Vorurteilen gegen zu großes, oft parteiisches, Misstrauen und zu großes Zutrauen, das sich Selbstdenken erspart) (Regvald). Zur rhetorischen Tradition der Maximen als des Beweises nicht bedürftiger erster Begriffe (Boethius), zu den Maximen der Grammatik, Rhetorik, des Rechtsurteils fügte Kant den Begriff der Maximen der Vernunft, die z. B. geeignet seien, den Widerstreit zwischen Empirismus und Dogmatismus der Schulmetaphysik beizulegen.

Literatur

Vleeschauwer, H. J. de: L'Orizzonte nella logica di Kant. Il problema delle »Vorlesungen« Kantiane, in: De Homine 31/32 (1969), S. 39–68. – Brandt, R./Stark, W. (Hg.): Neue Autographen und und Dokumente zu Kants Leben, Schriften und Vorlesungen, Hamburg 1987 (= KF 1) [darin zu drei nach dem Erscheinen von AA XXIV aufgefundenen Logik-Nachschriften: Stark, W., Neue Kant-Logiken, S. 123–164; Pinder, T., Zu Kants Logik-Vorlesungen um 1780, S. 79 ff.]. – Boswell, T.: Quellenkritische Untersuchungen zum Kantischen Logikhandbuch, Frankfurt u. a. 1991. – Conrad, E.: Kants Logik-Vorlesungen als neuer Schlüssel zur Architektonik der KrV, Stuttgart-Bad Cannstatt 1994. – Hinske, N.: Zwischen Aufklärung und Vernunftkritik. Studien zum Kantischen Logikcorpus, Stuttgart-Bad Cannstatt 1998. – Ders.: Die Jäsche-Logik und ihr besonderes Schicksal im Rahmen der AA, in: KS 91 (Sonderheft 2000), S. 85–93. – Regvald, R.: Kant und die Logik am Beispiel seiner »Logik vorläufiger Urteile«, 2005 [Vielfalt der Urteilsarten, Kriterienlehre, nicht Prinzipienlehre, logische Bedeutung der Vorläufigkeit u. a., so dass Objektivität im experimentellen und intersubjektiven »Sinn« der Sätze besteht]. – Hinske, N., 1998; Hutter, A., 2003; Regvald, R., 2006.

Vorlesungen über Anthropologie (Bd. XXV)

Die Herausgeber (R. Brandt, W. Stark) haben von den zugänglichen 20 Abschriften 7 ediert. Die Editionstexte sind, von der Feststellung des damals existierenden Abschreibebetriebes her, auf der Basis von ermittelten sog. Leittexten ausgewählt worden. Der Umfang des gesamten Materials, das im Internet zugänglich ist, legte das nahe. Das reiche Literaturverzeichnis gibt die Schwerpunkte der Kantschen Lektüre zu erkennen: von den antiken Autoren vor allem die Stoiker, viele Übersetzungen englischer Autoren wie Milton, Sterne, Swift, Fielding, Hume, Home, im Weiteren natürlich Voltaire, Rousseau. Zunehmend beziehe sich Kant auf Platon, so dass sich vermuten ließe, er habe ihn doch im Original gelesen (S. CXXIII). Da Kants eigene Buch-Edition seiner Anthropologie-Vorlesung vorliegt, zeigen die Nachschriften nicht so sehr Unbekanntes als vielmehr durchgehende Leitlinien wesentlicher Gedanken und literarische Zeitbezüge. Kants Umgang mit dem zugrunde gelegten Lehrbuch lässt sich sehr gut beobachten, wenn hier auch die Freiheit, die sich Kant nimmt, größer ist als bei den Logik- und bei den frühen Metaphysik-Vorlesungen. Er behält formell die Gliederung von Baumgartens Psychologia empirica in dessen *Metaphysica* (^{4}1757) bei: Existenz der Seele, deren Vermögen, deren Gemeinschaft mit dem Körper – Erkenntnisvermögen, Begehrungsvermögen – obere (Vernunft, Verstand) und untere (Sinne, Einbildungskraft, Gedächtnis u. a.) Erkenntnisvermögen. Kant nimmt dazu zweitens die in Baumgartens *Ethica* (1740, ^{3}1763) vorgebildete Dreiteilung der Seelenvermögen in Erkenntnis, Lust-Unlust und Begehren, die er schon in der Privatdozentenzeit vortrug, wie Herders Nachschriften zeigen. Dazu kommt der Einfluss der *Philosophischen Versuche* (1776/77) des von Kant hochgeschätzten J. N. Tetens. Einen Grundstock der eigenen Materialien bildeten Kants Abhandlung der *Beobachtungen* (1764) und die umfangreichen sog. *Bemerkungen* dazu (XX, 1–192). (Sehr verwandt der *Anthropologie* z. B. die im Zusammenhang der Unterscheidung von Schönem und Erhabenem behandelten *Themen* des 2. Abschnitts der *Beobachtungen* wie Gestalt des Menschen, Geschlechterliebe, Freundschaft u. a., II, 211 ff.) Unter den von Adickes herausgegebenen Reflexionen zur Anthropologie befindet sich auch der weite Kreis der ästhetischen Notizen (XV, 265–440). Auf diesen Block pychologischer Thematik setzt Kant seine völkerkundlich, ethisch und geschichtsphilosophisch orientierten Abschnitte zum Charakter der Person, der Nationen und schließlich zur Bestimmung des Menschen (programmatisch dazu Refl. 1112). In diesem letzten Kantschen Programmpunkt einer zivilisationsgeschichtlichen Fortschrittstendenz erfüllt sich auch in den Vorlesungen die Frage: Was ist der Mensch? Brandt und Stark verweisen in der Einleitung auf die Rolle des von Kant aus Verris *Gedanken über die Natur des Vergnügens* (dtsch. 1777 v. C. Meiners) übernommenen Themas der »unnennbaren Schmerzen« oder primären Unzufriedenheit des Menschen, die ihn zur Tätigkeit unter dem Horizont zu erreichender Verbesserung und Vervollkommnung des Lebens anstacheln. Adickes hatte mit den betreffenden Reflexionen bereits aus dem Werk zitiert (XVI, 717–722). Dem Montaigne-Leser Kant war natürlich die vorromantische Melancholie-Tradition des frühbürgerlichen Bewusstseins bekannt; W. Lepenies hat sie zusammenfassend dargestellt (W. Lepenies, *Melancholie und Gesellschaft*, Frankfurt/M. 1969). Die verifizierten Verri-Zitate belegen den Einfluss des Buches. Im Ganzen vermitteln uns die Anthropologie-Vorlesungen ein Bild von Kants eminentem empirisch-historischem Sinn. Das steht zu seiner dreiteiligen transzendentalen Logik und zur zweiflügeligen Metaphysik nicht im Widerspruch. Kant unterscheidet Philosophie und empirische Disziplinen wie Geographie und Anthropologie methodisch-prinzipiell. Das eine sind die formalen methodischen Kriterien von Wissen, die Sache der philosophischen Grundlegung sind, das andere die Fachwissenschaften. Insofern kann die Abdichtung der Anthropologie gegen die kritischen Hauptwerke, wie Brandt/Stark sagen, gar nicht verwundern. Im Schlussteil (Bestimmung des Menschen) öffnet sich die Anthropologie wie schon die physische Geographie der Geschichtsphilosophie, da Kant den Menschen zunächst als Einzelperson mit den Kriterien Organismus, Physiognomie, Emotionalität, Charakter nimmt, darauf aber zum Begriff des Menschen im Sinne der Menschengattung fortgeht. Introspektive Seelenerörterung meidet Kant als »Selbstausspähung« und spricht seine Kritik daran besonders am Beispiel C. F. Gellerts (1715–1769) aus (XXV, 113, 249). Basis ist das erfahrungswissenschaftlich konstatierbare Material: Körper, Physiognomik (einschließlich Rassenspezifika), Verhalten und ästhetisches, moralisches und intellektuelles Innenleben des Menschen mit dem Ansatz zur Berücksichtigung realer gesellschaftlicher Medien wie Schule, Geselligkeitsformen, Künste, Religion. Kant geht immer vom Gegenständlich-Äußeren zum Inneren. Insofern ist der methodische Duktus der Anthropologie der empirischen Psychologie in der Metaphysik entgegengesetzt, die bei den gesetzten Subjekt-Faktoren bleibt. In Kants Wissenschaftssystematik gehört die Anthropologie mit ihrem überwiegenden Teil nach der Einteilung der *Metaphysischen Anfangsgründe* (IV, 468 f.) zu den nichtmathematischen, den, wie Kant sagt, uneigentlichen Naturwissenschaften wie auch Chemie und Psychologie. Er nennt die Anthropologie als »Erkenntniß aus Beobachtung und Erfahrung« eine »Naturerkenntniß des Menschen« (XXV, 1). Kant fasst sie der Problemlage der Zeit gemäß als grundsätzlich nicht systematisierungsfähige Disziplinen auf. Diese Anthropologie bildet wohl in Kants Verständnis das Gegenstück zur Moralphilosophie der *KpV*, der Sittenlehre der *Metaphysik der Sitten* sowie der angewandten Ethik (anders Brandt/Stark in ihrer materialreichen, eingehend orientierenden Einleitung S. XLVI f.).

Die Versuche der Kant-Interpretation aus anthropologischer Sicht, um bestimmte mit dem logischen Apriorismus verbundene theoretische und gesellschaftstheoretische Aspekte des originären Kantianismus zurücktreten zu lassen, werden durch die Edition der Masse dieses Vorlesungsmaterials wohl zunehmen. Als Kuriosum sei dazu vermerkt, dass alle früheren Fehler sich später durch ihr Gegenteil rächen, das darum ebenso einseitig bleibt: Das 13. Preisausschreiben der Kant-Gesellschaft »Kants Anthropologie« (Nov. 1929) fand nur 4 Arbeiten eingegangen, von denen die Preisrichter (Menzer, Goedeckemeyer, Gelb) urteilen mussten: »erscheint keine der eingereichten Arbeiten des Preises würdig. Auch möchten wir vorschlagen, von einer lobenden Erwähnung abzusehen« (KS 36 [1931], S. 385).

Literatur

Scheerer, E.: Art. »Psychologie«, in: Historisches Wörterbuch der Philosophie, Bd. 7, hg. v. J. Ritter, Basel 1989, spez. Sp. 1601–1608. – Lindemann-Stark, A.: Kants Vorlesungen zur Anthropologie in Hippels *Lebenläufen* (Magisterarbeit, Bibliothek d. Instituts für Philosophie der Pilipps-Universität Marburg). – Hinske, N.: Wolffs empirische Psychologie und Kants pragmatische Anthropologie. Zur Diskussion über die Anfänge der Anthropologie im 18. Jh., in: Aufklärung 11/1 (1996), S. 97–107. – Brandt, R./Stark, W.: Einl. zu den Vorlesungen über die Anthropologie, in: AA XXV, Berlin 1997, S. VII–CLI [Rez. v. D. Thiel in: KS 91 (2000), S. 96–114]. – Brandt, R.: Kommentar zu Kants *Anthropologie*, Hamburg 2001.

Vorlesungen über Moralphilosophie (Bd. XXVII)

Es liegen, wie von der Metaphysik-Vorlesung, die Herder-Nachschrift aus der ersten Hälfte der 60er Jahre und Nachschriften der Zeit nach der *Kritik* vor (ausführlich Collins Wintersemester 1784/85). P. Menzer gab eine zur Einführung sehr lesenswerte Zusammenstellung dreier Nachschriften heraus (*Eine Vorlesung Kants über Ethik*, Berlin 1924). Kants moralphilosophische Vorlesung besteht aus den beiden Teilen Philosophia practica universalis und Ethica. Er benutzte für den ersten Baumgartens *Initia philosophiae practicae primae* (1760), für den zweiten Baumgartens *Ethica philosophica* (1740, ^{2}1751). Menzer datierte die Abschriften seiner Ausgabe auf die Jahre 1775–1780 und fand, dass Kant in der Zeit des Erscheinens der *Kritik* seine moralphilosophische Theorie der transzendentalen Logik praktischer Vernunft noch nicht besessen, sondern das erst mit der *Grundlegung zur Metaphysik der Sitten* (1785) erreicht habe (a. a. O., S. 328). Die überschwänglichen, zu Kant gar nicht recht passenden Worte des Kant-Hörers und Biographen, des Pädagogen R. B. Jachmann (1767–1843) (nicht zu verwechseln mit dessen Bruder, ebenfalls Kant-Hörer und Kants Amanuensis, d. i. Sekretär, dem Mediziner J. B. Jachmann, 1765–1832), muss man nicht teilen und doch die Moral-Vorlesung Kants für ein sehr lesenswertes Buch unter den Kant-Texten schätzen. Die Durchführung der Kantschen *KpV* und der *Metaphysik der Sitten* ist ohne die Moral-Vorlesung nicht wirklich zu verstehen. Das umso mehr, da die späte Tugendlehre der *Metaphysik der Sitten* nur eingeschränkt entfaltete Aufzählungen von Pflichten und als Metaphysik-System eigentlich auch nur Sätze a priori enthalten sollte. Jachmann sagte, Kant sei hier nicht nur spekulativer Philosoph gewesen, sondern »geistvoller Redner, der Herz und Gefühl ebenso mit sich riß, wie er den Verstand befriedigte. [...] Ach, wie oft rührte er uns bis zu Tränen, wie oft erschütterte er gewaltsam unser Herz« (*I. Kant. Sein Leben in Darstellungen von Zeitgenossen*, hg. v. F. Groß, Berlin 1912, S. 133; ND Darmstadt 1993). Tatsächlich besitzen die Abschriften hohen Reiz durch den Reichtum der Gesichtspunkte, durch ihren Stolz rationaler Willensauffassung und durch das souveräne Zusammengehen von moralischem Engagement und reflektierender Distanz. Die Herder-Nachschrift zeigt zur Übernahme der Pflichtenethik Wolffs ausgeprägte Unabhängigkeit von den Autoritäten der Schulmetaphysik (XXVII, 14, 16, 44 u. ö.) und durch-

gehende Kritik des Utilitarismus (wiederholt am Beispiel Hutchesons, 1694–1747, XXVII, 4 f. u. ö.). Die Kritik erfolgt noch ohne den Begriff der intelligiblen Freiheit und hat nur die Verantwortung einfacher alternativer Entscheidungsfreiheit. Die methodische Grundlegung bleibt noch bei der Unterscheidung von subjektiver (faktischer) und objektiver (idealer) moralischer Verbindlichkeit. Ethik ist die Wissenschaft der inneren Verbindlichkeit (XXVII, 12 f.). Das Leitthema dieser Nachschrift ist die Betonung der rationalen Begründung einer autonomen Moral und deren Beziehung zur Morallehre der natürlichen und dann der geoffenbarten Religion. »Man abstrahire vom künftigen Leben: = die Menschlichen Pflichten bleiben dieselbe doch: da das Laster hier an sich schon abscheulich ist Wird der künftige Zustand nun weggenommen – so muß das Leben der vornehmste Beweggrund seyn zur Sittlichkeit« (XXVII, 47). Religiöse Ethik kann einen intuitiven Gefühlsaspekt hinzubringen. Ein Teil echter Moralität geht aller Religion voraus, »ein Theil aber durch die Religion sehr gesteigert wird« (XXVII, 19). Fast die Hälfte der Nachschrift gibt die Autonomie-Thematik wieder. Die Tugenden praktisch-tüchtiger Lebensführung werden betont. Die Zeit teile man in pensa, in Sinn-Abschnitte der Tätigkeit ein, sonst verströmt alles in den Müßiggang reicher und doch ewig unzufriedener Snobs (XXVII, 47 f.). Oben herrscht Täuschung, Geschicklichkeit »künstlicher Lüge«, »z. E. Hofleute Politicer müssen durch Lügen ihre Absichten erreichen und jeder fliehe solchen Stand, wo Unwahrheit ihm unentbehrlich ist« (XXVII, 62). Bereits Kants frühe Ethik ist eine des so selbstbewussten wie bescheiden zurückhaltenden deutschen Bürgers. Moral als Welt von innerer Verbindlichkeit zu Prinzipien des Fleißes, der Selbstbeherrschung, und diesseitig-menschlicher Vollendung im Gewissen ist die Lebensmaxime der Leute, die durch eigene Arbeit durchkommen müssen und wissen, dass sie es können. Lebensgenuss im unbedingten Sinne, Luxus gar, kommen nicht vor; Atheismus wird in solchem Zusammenhang auch abgelehnt. Goethe erfasste den Bogen der Tradition in Kants Ethik aus dessen gesellschaftlichem Horizont: »Leset sein Leben, und ihr werdet bald finden, wie artig er seinem Stoizismus, der eigentlich mit den gesellschaftlichen Verhältnissen einen schneidenden Gegensatz bildete, die Schärfe nahm, ihn zurechtlegte und mit der Welt ins Gleichgewicht setzte«. Wesentliche Quelle der Kantschen Ethik von Anfang an bilden die Schriften Rousseaus. Es zeigt sich hier am Bezug des Ausgangs von der Gleichheit der Menschen zur Gerechtigkeit

(XXVII, 65), zur spezifischen Behandlung der Unterscheidung von natürlichem und bürgerlichem Zustand (XXVII, 66) und wohl auch in der ausführlichen Begründung der Toleranzidee (XXVII, 73 ff.), die natürlich nicht nur Rousseausches Gedankengut war. Von den konkreten Tugenden bzw. Lastern werden Fleiß, Geiz, Freundschaft, Neid, Wahrhaftigkeit, Undankbarkeit u. a. behandelt. Die Unterscheidung der Moralität bei Männern und bei den »Frauenzimmern«, auch die Behandlung des »Geschlechtertriebs« erfolgt hier und bleibt bei Kant konservativ. Wird uns denn alles als zeitbedingt kauzig erscheinen, wie etwa: »Indessen ist dieser Trieb mit dem Schleyer der Scham bedeckt« (XXVII, 49)?

Die spätere *Moralphilosophie Collins* zeigt viele Gedanken der *KpV*, ist aber deutlich vor deren Formulierungen entstanden: Moralphilosophie ist die »Wißenschaft über die objectiven Gesetze der freien Willkühr«, »jede objective Regel sagt, was geschehen soll, wenn es auch niemals geschieht« (XXVII, 244 f.). Moralität ist nicht Glücksstreben, sondern des Glückes würdig zu sein, das ist »die Bedingung, die die Vernunft selbst verlangt« (XXVII, 247). Doch worin der unbedingte Imperativ bestehe, wird nicht gesagt. Klar wird objektives Gesetz und subjektive Regel unterschieden, jenes in der Moralphilosophie, dieses in der Anthropologie (XXVII, 244). Ausführlich wird die phänomenologische Reihe pragmatischer, problematischer und moralischer Imperative erläutert. Moralität wird vom gefühlsmäßigen Antrieb abgetrennt (XXVII, 275). Moralische Pflichten sind intellektuell begründbare Pflichten, was natürlich nicht ihre Befolgung mit Emotion ausschließt. Das Problem des »reinen Moralgesetzes« wird in Übereinstimmung mit Baumgarten an den Schritt von der antiken philosophischen zur christlich-religiösen Ethik gebunden und besitzt also ein genetisches Element im Gedanken des Heiligen (XXVII, 294). Die antike Ethik forderte nicht mehr vom Menschen als er leisten konnte. Es wird aber ebenso bereits die methodische Analogie von unendlicher Genauigkeit des mathematischen Gesetzes mit der Unbedingtheit des Moralgesetzes ausgeführt, ein charakteristisches Moment der *Grundlegung* (XXVII, 301; vgl. IV, 419).

Auf diesen Teil der Philosophia practica universalis – aus dem also später die *KpV* hervorging – folgt die Ethica. Ihr entspricht im Ganzen die Tugendlehre der späteren *Metaphysik der Sitten*. Vorab wird der ungenügende, aber unverzichtbare Terminus »Sittlichkeit« erläutert (XXVII, 300), und es folgt ein ausführlicher Teil gemäß Baumgarten zum Verhältnis von philosophischer Moral, natürlicher und geoffen-barter Religion mit der Verschwisterung von rationaler Moral und natürlicher Religion (XXVII, 305–339). »[S]ich ganz der natürlichen Kraft entledigen, und sich auf die übernatürliche verlassen, dass ist die Religion der Handlanger« (XXVII, 311). Hier »schleicht sich immer der Aberglaube in die Religion ein« (XXVII, 313). Welche Funktion erfüllt das Gebet, da Gott unsere Bedürfnisse besser als uns bekannt sind (XXVII, 323)? Subjektiv ist das Gebet nötig, und Kant entwickelt daraus das Erfordernis der geoffenbarten Religion und deren Kultus: »Wir Menschen können unsre Begriffe nicht anders faßlich machen, als sie in Worte einzukleiden. Wir kleiden also unsre fromme Wünsche und unser Zutrauen in Worte ein, damit wir sie uns lebhafter vorstellen können.« Gebete »errichten in uns eine moralische Gesinnung«, sie sind unnötig in pragmatischen Absichten (ebd.). Die eigentliche Ethik wird nach dem Lehrbuch in den beiden Katalogen der Pflichten gegen sich selbst und gegen andere ausgeführt (XXVII, 340–412; 413–471). Hier liegt die Übereinstimmung mit der *Metaphysik der Sitten* auf der Hand, und die Vorlesung über Moralphilosophie erweist sich als Bindeglied zwischen der Ethik der Wolffschen Schule und Kants Sitten-Metaphysik.

Literatur

Menzer, P. (Hg.): Eine Vorlesung Kants über Ethik, 1924.

Vorlesungen über Metaphysik und Rationaltheologie (Bd. XXVIII)

Kant las Metaphysik nach Baumgartens *Metaphysica* (1739, ⁴1757), 17 Abschriften von Nachschriften sind erhalten, davon wurden 8 in den Bänden XXVIII und XIX ediert. Wie von Kants moralphilosophischen Vorlesungen liegen auch bei der Metaphysik Herders Nachschriften (1762–1764 in Königsberg) als die einzigen Dokumente der Vorlesungen aus Kants Privatdozentenzeit vor. Der Vergleich dieser frühen Nachschrift (also keiner Abschrift) mit den späteren Abschriften oder vielleicht Nachschriften aus den 80er und 90er Jahren zeigt wieder, dass Kant sich von den Lehrbüchern nicht hindern ließ, seine eigenen Auffassungen vorzutragen. Er kritisiert den »Autor« in vielen zentralen Punkten, stellt früh die Widersprüche zwischen Wolff und Crusius dar und hält eine von beiden unabhängige Position (XXVIII, 10 ff., 37 u. ö.). Die kritische Konfrontation zweier solcher Autoritäten in den Vorlesungen interessierte natürlich die Studenten. In den späteren Vorlesungen (Metaphysik Volckmann, Pölitz, Dohna-Wundlacken u. a.) trägt Kant bei formeller Befolgung der Gliederung des Lehrbuchs seine eigene Transzendentalphilosophie vor. Das tritt an der *Metaphysik Volckmann*, die die Vorlesung von 1784/85, also unmittelbar nach den *Prolegomena*, wiedergibt, besonders deutlich hervor. Es ist also nicht richtig, dass Kant in seinen Vorlesungen kaum von seiner Philosophie gesprochen habe, wie Heidegger sagte (M. Heidegger, *Die Frage nach dem Ding. Zu Kants Lehre von den Transzendentalen Grundsätzen*, Tübingen 1962, S. 88). Kant konnte nach der *Kritik* ohne Schwierigkeiten an ein Handbuch der Schulmetaphysik anschließen, da er ja in der Tradition der Problemstellungen verblieb und seine transzendentale Logik neue Antworten zu den im Lehrbuch behandelten Themen darstellte. G. Lehmann meinte sogar, es ließen sich alle Phasen des Kantschen Denkens von der *Nova dilucidatio* (1755), die bei Herder »nachklinge«, bis zur *KU* und sogar dem *Opus postumum* nachweisen (Lehmann, S. 156). Auf jeden Fall vertrat Kant in den Vorlesungen bei Problemen, die er im Zusammenhang seiner anhaltenden kritischen Auseinandersetzung mit der Metaphysik für wichtig ansah, seine Bedenken und neuen Resultate. Das Verhältnis von vorgeschriebenem Lehrbuch und Vorlesung darf man sich überhaupt nicht so einfach denken, als wäre völlige Einförmigkeit der Lehren gemeint. Es sollte ein thematisches Gerüst vorgeschrieben werden, das jedoch von den Lehrenden kritisch behandelt und, wie sich schon beim Privatdozenten Kant zeigte, auch umgestellt werden konnte. In den erhaltenen Nachschriften findet sich das nicht. Kant las zu allen Hauptteilen der Metaphysik-Lehrbücher: beginnend mit der Ontologie, es folgten rationale Psychologie, Kosmologie und Theologie. In der *Nachricht von der Einrichtung seiner Vorlesungen in dem Winterhalbjahre von 1765–1766* hatte Kant seine kritische Unabhängigkeit von Hauptpunkten der Schulmetaphysik mitgeteilt. Er wolle nach kurzer Einleitung mit der empirischen Psychologie als der »metaphysischen Erfahrungswissenschaft vom Menschen« beginnen (II, 309). Das betraf die Trennung von mathematischer und philosophischer Methode, die er in der ersten Betrachtung der *Untersuchung über die Deutlichkeit der Grundsätze der natürlichen Theologie und der Moral* (1763) dargestellt hatte, und die sich in der Herder-Nachschrift auch findet (XXVIII, 5 f.). Er wolle das weiter ausarbeiten, »bis dahin« könne er aber den Verfasser

des Lehrbuches »sehr wohl durch eine kleine Biegung [...] in denselben Weg lenken« (II, 308).

Wenn Kants eigenes Denken auch in den Vorlesungen zum Ausdruck kommt, so ergibt sich, worin deren Beitrag zu unserem Kant-Verständnis bestehen kann. Sie eröffnen nicht wesentlich neue Gesichtspunkte, aber zeigen Kants Theorie nach bestimmten Entwicklungsphasen, in zusammenfassenden Referaten und im Bezug auf wissenschaftliche und literarische Autoren der Zeit. Das ist an der Metaphysik-Vorlesung gut zu beobachten. Im Eingang behandelte Kant kurz den Philosophiebegriff schlechthin und gab eine Skizze zur Philosophiegeschichte. Er trug das Gleiche meist auch in den Logik-Vorlesungen vor. Der Unterschied zwischen »vorkritischem« und »kritischem« Kant: »Die Ontologie ist die Wißenschaft von den allgemeinen (generalium) Prädikaten der Dinge. [...] Ein jedes Ding hat eine Einheit. Alles ist entweder einfach oder zusammengesezzt« (Herder-Nachschrift 1762; XXVIII, 7). Demnach kann die Ontologie nur »die Principia der reinen vernunft-Erkenntniß a priori überhaupt angeben, [...] und deshalb wird auch diese Wissenschaft nicht füglich Ontologie heißen können, denn da würde es bedeuten als wenn wir Dinge zum Gegenstande hätten« (Metaphysik Volckmann 1784; XXVIII, 390 f.). In der Herder-Nachschrift wird das ganze Spektrum der Kantschen Problemstellungen behandelt, über die sich die kritische Ablösung von der ontologischen Metaphysik vollzog: Widersprüche im Kausalbegriff bei Wolff (XXVIII, 13), der Unterschied von logischer und realer Opposition (S. 19 f., analog der Schrift über die negativen Größen, 1763), das Raumproblem und der Monadenbegriff nach Leibniz (XXVIII, 29 f., 44), die Berkeley-Kritik (XXVIII, 42 f.). Die Metaphysik-Vorlesung von 1784/85 bietet demgegenüber eine lesenswerte Einführung in die Thematik der *KrV*. Kant geht vom Systembegriff aus. Wissenschaften können nicht bloße Aggregate von Kenntnissen sein. Für die Philosophie bedeutet das, von speziellen Prinzipien zu obersten Prinzipien der Erkenntnis schlechthin zurückzugehen, die also nicht principia essendi, sondern cognoscendi sind. Also bedarf die Metaphysik einer einleitenden Disziplin, und diese »wird von den Quellen, von der Ausbreitung, und von den Grenzen unsrer reinen Vernunft selbst handeln«. »Diesen Theil kann man die transcendentale Philosophie oder die Kritik der reinen Vernunft nennen.« »Die transcendentale Philosophie geht also aufs Subject, nicht aufs Object« (XXVIII, 359 f., 364). Sie hat die Dialektik zu verhüten. Ohne sie »ists denn gekommen, daß man Dinge in die Metaphysik gebracht hat, die man sonst nirgend anbringen konnte« (XXVIII, 358). Die tranzendentale Theorie hat nicht den Umfang der Erkenntis zu erweitern, sondern deren Grenzen zu bestimmen. »[W]enn ich die Grenzen nicht kenne, ich Gefahr laufe, auf Verlust zu arbeiten, [...] so wandle ich im Lande der Hirngespinster umher« (XXVIII, 391). Empirische Forschung dagegen besitzt keine Grenzen. Auf die propädeutische »SelbstErkenntniß unsrer Vernunft« folgt »ein System der reinen Vernunft« (Natur- und Sitten-Metaphysik) (XXVIII, 360 f.). Der nächste Schritt: In jeder Wissenschaft von Natur und Gesellschaft gibt es Metaphysik. Im Abschnitt zur Ontologie werden die synthetischen und die analytischen Urteile ausführlich behandelt (XXVIII, 392 ff.), die metapysische Deduktion der Urteile und Kategorien (XXVIII, 396 f.), darauf wird der Kausalbegriff behandelt und das Prinzip des zureichenden Grundes beim »Autor« (Baumgarten) kritisiert (XXVIII, 407 f.). Der unter dem Ontologie-Titel stehende Teil bringt eine ausführliche Kategorienlehre: Notwendigkeit, Zufall, Größe, Relation (bes. aufschlussreich XXVIII, 428 ff.), Unendlichkeit-Endlichkeit u. v. a. Es zeigt sich in der Vorlesung viel mehr als in *Kritik* und *Metaphysischen Anfangsgründen* der Einfluss der reichen Kategorienlehre aus der ganzen Metaphysik-Tradition, die dann in Hegels *Logik* (1812–16) wieder hervortritt. Die *Metaphysik Mrongovius* (XIX, 743–940) behandelt in der Ontologie-Darstellung zureichenden-unzureichenden Grund und die Kategorien-Paare Möglichkeit-Unmöglichkeit, Endliches-Unendliches, Einfaches-Zusammengesetztes, Materie-Form u. a. Die eigenständige Darstellung setzt sich in der Kritik der metaphysica specialis fort. Hier ist z. B. die Destruktion der psychologia rationalis lesenswert (XIX, 440 ff.), nachdem es zuvor schon einmal recht kursorisch geheißen hatte, die ganze Disziplin sei nur aus akademischem Einordnungsbestreben in die Metaphysik hineingeschoben worden, weil die Psychologie, dem Prinzip nach immer eine empirische Disziplin, noch zu materialarm gewesen sei, um ein Fach für sich abzugeben. »Weil die Psychologie nicht so angewachsen ist, daß sie genugsamen Stoff zur Kentniß der Seele gegeben hatte, um daraus ein apartes Collegium zu machen« (XIX, 367).

Kant behandelt in der Vorlesung ganz anders als in der *Kritik* die moralischen, kulturellen Zusammenhänge der populären Vorstellungen von gutem oder bösem Leben, Tod, auch den Unsinn, nach gemein zugebrachtem Leben sich am Ende plötzlich zur Seligkeit einlenkend zu denken usf. »In der künftigen Welt können wir uns also nur einen Fortschritt zur Seeligkeit oder zum Elende denken, daß alles auf eynem Haufen seyn wird können wir uns gar nicht vorstellen« (XIX, 447).

Literatur

Lehmann, G.: Zur Frage der Systematik in Kants Metaphysik-Vorlesungen, in: KS 64 (1974), S. 140–154.

Vorlesung über Pädagogik (Bd. IX)

Kant las auf Anordnung des Ministeriums, wechselnd mit den anderen Professoren der Philosophischen Fakultät, viermal über Pädagogik, zuerst 1776/77, zuletzt 1786/87. Er legte zuerst J. B. Basedows (1723–1790) *Methodenbuch für Väter und Mütter der Familien und Völker* (1770) zugrunde, danach entsprechend der Vorschrift des Königsberger Theologen und Polyhistors F. S. Bock (1716–1786) *Lehrbuch der Erziehungskunst zum Gebrauch für christliche Erzieher und künftige Jugendlehrer* (1780). Basedow war wegen seiner freisinnigen, von Rousseaus *Émile* (1762) beeinflussten Pädagogik Verfolgungen ausgesetzt, wurde auch 1768 darum als Altonaer Gymnasiallehrer entlassen. Das Lehrbuch, das Kant gewählt hatte, war also Programm. Bocks Pädagogik erschien unbedenklich. Welche Materialien der Herausgeber F. T. Rink (1770–1811), Hörer Kants, später Orientalistik-Professor in Königsberg, dann Pastor in Danzig, von Kant zur Edition erhalten hatte, ist nicht bekannt. Vielleicht hat er eigene Abschnitte hinzugetan, wahrscheinlicher ist, dass er zu den ihm von Kant übergebenen Materialien vor allem die eigenen Anmerkungen hinzufügte. Die Pädagogik bildete eines der zentralen Felder des aufklärerischen Reformbewusstseins. Kant soll sich, nach Rinks Erklärung, kaum an Bocks Lehrbuch gehalten haben. Er setzte sich für das Dessauer Philanthropinum ein (s. Kap. I), Locke (*Some Thoughts on Education*, 1693, im 18. Jh. wiederholt in deutscher Übersetzung) und Rousseau bildeten die geistige Basis dieser deutschen Reformpädagogik. Grundgedanke auch der Kantschen Pädagogik war die naturgemäße Entwicklung der natürlichen Anlagen. Das richtete sich nicht nur gegen das höfische Bildungsideal, sondern mehr noch gegen die Alternativen von religiös oder lebenspraktisch im utilitaristischen Sinne orientierter Erziehung. Der Mensch soll als selbstbewusste moralische Person reifen und gelten. Kant hat in vielen Reflexionen den großen Einfluss Rousseaus auf sein

Denken niedergeschrieben. Rousseau habe endlich unter den vielen äußerlichen Gestalten, zu denen die Gesellschaft den Menschen zugerichtet habe, »die tief verborgene Natur des Menschen« entdeckt (XX, 58). Vom elitären akademischen Bildungsbegriff der Aufklärung habe er sich durch Rousseau befreit. »Dieser verblendende Vorzug verschwindet, ich lerne die Menschen ehren« (XX, 44). Sehr mit Kants zivilisationsgeschichtlicher Auffassung übereinstimmend heißt es im Eingang der Pädagogik, die Naturanlage der Menschheit solle in der Geschichte durch deren eigene Bemühung herausgebracht werden (IX, 441). Gegen die »Erziehung der Großen«, deren Freiheiten nie widerstanden werde, wird dann das Erfordernis der Disziplin durch Vernunft betont. Der aufklärerische Gemeinplatz, dass der Mensch nichts anderes sei, als was Erziehung aus ihm mache (ob nun von Rink oder von Kant selbst), erhält die tiefere Wendung, dass die großen Möglichkeiten des Menschen in der bisherigen Erziehung noch ganz unausgeschöpft seien (IX, 443). Man dürfe nicht jedes Ideal gleich als chimärisch abtun, »und die Idee einer Erziehung, die alle Naturanlagen im Menschen entwickelt, ist allerdings wahrhaft« (IX, 445). Das stimmt sehr mit Kants Rechtfertigung des rationalen Idealbegriffs überein, die er in der *Kritik* am Beispiel der vollkommenen Verfassung ausführte (III, 246 ff.). Kants Teleologie kehrt in der Pädagogik wieder: »Es liegen viele Keime in der Menschheit, und es ist unsere Sache, die Naturanlagen proportionirlich zu entwickeln und die Menschheit aus ihren Keimen zu entfalten« (IX, 445). Für die Reform des Schulwesens werden Privatbemühungen der Bürger betont, da manche Fürsten ihr Volk »gleichsam nur für einen Theil des Naturreiches« ansähen (IX, 449). Systematisch gliedert Kant die Aufgabe der Erziehung als Disziplinierung (Bezähmung instinktiver Wildheit), Kultivierung (Geschicklichkeit zu allen beliebigen Zwecken), Zivilisierung (Klugheit in der menschlichen Gesellschaft, beliebt zu sein und die Menschen zu seinen Endzwecken zu gebrauchen, vgl. *Anthropologie*) und schließlich Moralisierung im Sinne des kategorischen Imperativs: »Gute Zwecke sind diejenigen, die nothwendigerweise von Jedermann gebilligt

werden, und die auch zu gleicher Zeit Jedermanns Zwecke sein können« (IX, 449 f.). Habe das nun Kant selbst notiert oder sei es von Rink nachgebildet worden. Es stimmt zweifellos gut in Kants Denken. Rink gliedert dann in physische Erziehung (IX, 456–469), die gemäß Kants ganzer Lebensauffassung und Lebensführung einen wichtigen Teil in Kants Vorträgen abgegeben haben wird, darauf folgt »Cultur der Seele« (IX, 469–486) mit dem Hauptteil der spezifischen pädagogischen Themen (Charakterbildung, Disziplin, Strafen durch Verachtung usf.). Die Ausfaltung der Persönlichkeit durch Reifung wird mit der sokratischen Methode in Beziehung gesetzt, die nicht-mechanisch-katechetisch sei, sondern durch Überzeugen denken lehre (IX, 477). Das stimmt mit Logik-Reflexionen überein, z. B. dass Wahn aufblähe, aber Wissen der »Selbsterhaltung der Vernunft« einschließlich der Grenzen, also der Abwehr dogmatischer Sätze, »demüthig« mache (Refl. 2446). Den letzten Teil bildet ein Abschnitt »praktische Erziehung«, hier die Rolle der Religion in der Erziehung (IX, 493–496) und z. B. auch sehr charakteristisch: »Unsern Schulen fehlt fast durchgängig etwas, was doch sehr die Bildung der Kinder zur Rechtschaffenheit befördern würde: nämlich ein Katechismus des Rechts« (IX, 490). Der ganze von Rink herausgegebene Text liest sich sehr kantianisch, enthält eine Fülle präziser und beherzigenswerter Gedanken und zeigt als ein schätzbarer Text der hochstehenden deutschen Aufklärungspädagogik vom Ende des 18. Jhs. zweifellos viel von Kants umsichtiger, so freundlicher wie prinzipienfester Lebensweisheit.

Literatur

Paulsen, F.: Geschichte des gelehrten Unterrichts, Bd. 2, Leipzig 1919. – Natorp, P.: Einl. und Literaturverweise zur Edition, in: AA IX, Berlin 1923, S. 569–572. – Messer, A.: Kant als Erzieher, Langensalza 1924. – Weisskopf, T.: I. Kant und die Pädagogik. Beiträge zu einer Monographie, Zürich 1970 [Rez. v. T. Ballauf in: KS 62 (1971), S. 505–507; W. Ritzel in: Erasmus 24 (1972), S. 393–397]. – Koch, L.: Kant und das Problem der Erziehung, in: VJWP 49 (1973), S. 32–43. – Niethammer, A.: Kants Vorlesung über Pädagogik. Freiheit und Notwendigkeit in der Erziehung und Entwicklung, Frankfurt/M. u. a. 1980.

XV Anhang

1 Zeittafel

1724

22. April: Immanuel Kant in Königsberg geboren
Die drei selbstständigen Städte Altstadt Königsberg, Kneiphof, Löbenicht werden zur einen Stadt Königsberg zusammengeschlossen

1730

Eintritt in die Grundschule
Geburt der Schwester Anna Luise (gest. 1774)

1731

Geburt der Schwester Katharina Barbara (gest. 1807)

1732

Herbst: Kant kommt aufs Collegium Fridericianum (Schulabschluß 1840)
Friedrich Wilhelm I. gestattet 15000 aus konfessionellen Gründen aus Österreich vertriebenen Protestanten die Ansiedlung in Ostpreußen

1735

Geburt des Bruders Johann Heinrich (Pfarrer in Alt-Rahden, Kurland, gest. 1800)

1737

18. Dezember: Tod der Mutter Anna Regina Kant (geb. Reuter 1697 in Nürnberg)

1740

24. September: Immatrikulation an der Königsberger Universität
Regierungsantritt Friedrich II. (bis 1786)

1746

24. März: Tod des Vaters Johann Georg Kant (geb. 1683 in Memel)
Kant beendet seine Universitätsstudien
Druckbeginn der Gedanken von der wahren Schätzung der lebendigen Kräfte

1747

Hauslehrer in Judtschen b. Gumbinnen (Familie des Predigers Andersch)

1749

Die erste Schrift Kants (Gedanken etc.) erscheint

1750

Hauslehrer in Arnsdorf b. Osterode (Familie des Majors v. Hülsen)

1753

Wahrscheinlich Hauslehrer in Rautenburg, Kreis Tilsit (Familie des Grafen Keyserling)

1754

Rückkehr nach Königsberg
die beiden Schriften: *Untersuchung der Frage, ob die Erde in ihrer Umdrehung um die Achse ... einige Veränderung ... erlitten habe; Die Frage, ob die Erde veralte, physikalisch erwogen*

1755

Allgemeine Naturgeschichte und Theorie des Himmels
17. April: Kant reicht seine Magisterarbeit *Meditationum quarundum de igne succincta delineatio* ein
13. Mai: Magisterexamen
12. Juni: feierliche Promotion
27. September: Habilitation mit der Schrift *Principiorum primorum cognitionis metaphysicae nova dilucidatio (Neue Erläuterung der ersten Prinzipien der metaphysischen Erkenntnis)*

1756

Januar bis April: Drei Abhandlungen über das Erdbeben von Lissabon (1. November 1755, zwei Drittel der Stadt zerstört, ca. 25000 Menschen kamen um)
8. April: erfolglose Bewerbung um die a. o. Professur M. Knutzens
10. April: Disputation zur Erlangung der Lehrbefugnis mit der *Monadologia physica*
25. April: Programmschrift für das Sommersemester *Neue Anmerkungen zur Erläuterung der Theorie der Winde*
Beginn des Siebenjährigen Krieges

1757

Programmschrift für das *Sommersemester Entwurf und Ankündigung eines Collegii der physischen Geographie*
Oktober: erfolglose Bewerbung um eine Lehrerstelle an Kneiphöfischen Schule

1758

Januar (bis Juli 1762): Königsberg gehört zum Zarenreich

Programmschrift für das Sommersemester *Neuer Lehrbegriff der Bewegung und Ruhe*

11./12. Dezember: erfolglose Bewerbung um die Professur J. D. Kypkes (an Rektor, Senat und Fakultät)

14. Dezember: an Kaiserin Elisabeth

1759

Programmschrift für das Wintersemester *Versuch einiger Betrachtungen über den Optimismus*

1762

Die falsche Spitzfindigkeit der vier syllogistischen Figuren

Herder Student bei Kant in Königsberg (bis 1764)

1763

Der einzig mögliche Beweisgrund zu einer Demonstration des Daseins Gottes

Versuch den Begriff der negativen Größen in die Weltweisheit einzuführen

1764

August/Oktober: Anfrage an Kant und dessen ablehnende Antwort in Bezug auf die Professur für Dichtkunst

Beobachtungen über das Gefühl des Schönen und Erhabenen

Versuch über die Krankheiten des Kopfes

Preisschrift (an die Berliner Akademie)

Untersuchung über die Deutlichkeit der Grundsätze der natürlichen Theologie und Moral

1765

Programmschrift für das Wintersemester *Nachricht von der Einrichtung seiner Vorlesungen in dem Winterhalbenjahre von 1765–1766*

24. Oktober: erfolgreiches Gesuch an Friedrich II. um die freigewordene Stelle eines Unterbibliothekars an der Königsberger Schlossbibliothek (»zur Erleichterung meiner sehr mißlichen Subsistenz auf der hiesigen Academie«), April 1766 bis Mai 1772

Beginn des Briefwechsels mit J. H. Lambert

1766

Träume einer Geistersehers, erläutert durch Träume der Metaphysik

erste erhaltene Korrespondenz mit M. Mendelssohn

1768

Von dem ersten Grunde des Unterschiedes der Gegenden im Raume

1769

11. Dezember: Ruf an die Universität Erlangen (Prof. für Logik und Metaphysik), Kant lehnt im Dezember ab

1770

Januar: Ruf an die Universität Jena, Kant lehnt ab

31. März: Ernennung zum o. Prof. der Logik und Metaphysik in Königsberg (nach Antrag auf Stellentausch einer freigewordenen Mathematik-Professur)

21. August: Verteidigung der Inauguraldissertation *De mundi sensibilis atque intelligiblis forma et principiis (Über Form und Prinzipien der sensiblen und der intelligiblen Welt)*, Respondent gegen einige Opponenten (responsum, lat. Antwort, also Verteidiger) M. Herz

1772

21. Februar: Brief an M. Herz mit zentralen Fragestellungen der KrV

1775

Programmschrift für das Sommersemester *Von den verschiedenen Racen der Menschen*

1776

4. Juli: Unabhängigkeitserklärung der Vereinigten Staaten von Amerika, Erklärung der Menschenrechte

Zwei Aufsätze, das Philanthropin betreffend

1778

28. Februar: Anfrage, 28. März: dringender Wunsch des Ministers v. Zedlitz, dass Kant die Philosophie-Professur an der Universität Halle übernehme (Absage Kants Anfang April, ausführlich dazu an M. Herz Anfang April 1778)

1781

Mai: *Kritik der reinen Vernunft*

1782

Anzeige des Lambert'schen Briefwechsels

1783

Prolegomena zu einer jeden künftigen Metaphysik ...

Kant kauft sich ein eigenes Haus

1784

November: *Idee zu einer allgemeinen Geschichte in weltbürgerlicher Absicht*
Dezember: *Beantwortung der Frage: Was ist Aufklärung?*
J. Schultz, *Erläuterungen über des Herrn Prof. Kant Kritik der reinen Vernunft*

1785

Januar, November: Rezensionen von Herders I*deen zur Philosophie der Geschichte der Menschheit*
März: *Über die Vulkane im Monde*
April: *Grundlegung zur Metaphysik der Sitten*
Mai: *Von der Unrechtmäßigkeit des Büchernachdrucks November, Bestimmung des Begriffs der Menschenrace*

1786

Januar: *Muthmaßlicher Anfang der Menschengeschichte*
Frühjahr: *Metaphysische Anfangsgründe der Naturwissenschaft*
Sommersemester: Kant ist Rektor der Universität
Oktober: *Was heißt: Sich im Denken orientieren?*
Dezember: Kant zum auswärtigen Mitglied der Berliner Akademie der Wissenschaften gewählt
K. L. Reinhold, *Briefe über die Kantische Philosophie*
Regierungsantritt Friedrich Wilhelm II. (bis 1797)

1787

Kritik der reinen Vernunft, 2.Auflage
28. Dezember: Brief an K. L. Reinhold mit der Gliederung der drei Typen logischer Geltung von Urteilen

1788

Kritik der praktischen Vernunft
Januar: *Über den Gebrauch teleologischer Prinzipien in der Philosophie*
Sommersemester: Kants zweites Rektorat
C. C. E. Schmid, *Wörterbuch zum leichtern Gebrauch der Kantischen Schriften* ([1]1788, [4]1798)
Juli: Wöllnersches Religionsedikt
Dezember: Zensuredikt

1789

J. Schultz, *Prüfung der Kantischen Kritik der reinen Vernunft*
Beginn der Französischen Revolution (17. Juni, der Dritte Stand erklärt sich zur Nationalversammlung)
26. August: Erklärung der Menschen- und Bürgerrechte

1790

Kritik der Urteilskraft
Über eine Entdeckung, nach der alle neue Kritik der reinen Vernunft durch eine ältere entbehrlich gemacht werden soll
S. Maimon, *Versuch über die Transzendentalphilosophie*

1791

August: Besuch Fichtes bei Kant
September: *Über das Mißlingen aller philosophischen Versuche in der Theodicee*

1792

März: Verschärfung des Zensuredikts in Preußen
April: *Über das radikale Böse in der menschlichen Natur*
14. Juni: Verbot der Fortsetzung der in der *Berlinischen Monatsschrift* begonnenen Artikelserie (Teil der späteren Religionsschrift)
21. September: die französische Nationalversammlung erklärt Frankreich zur Republik

1793

Frühjahr: *Die Religion innerhalb der Grenzen der bloßen Vernunft*
September: *Über den Gemeinspruch: Das mag in der Theorie richtig sein, taugt aber nicht für die Praxis*
J. S. Beck, *Erläuternder Auszug aus den kritischen Schriften des Herrn Prof. Kant* (bis 1796 3 Bde., Bd. 3: *Einzig möglicher Standpunkt, aus welchem die kritische Philosophie beurteilt werden muß*)

1794

Mai: *Etwas über den Einfluß des Mondes auf die Witterung*
Juni: *Das Ende aller Dinge*
28. Juli: Kant wird zum auswärtigen Mitglied der Petersburger Akademie der Wissenschaften gewählt
1. Oktober: Maßregelung Kants durch Friedrich Wilhelm II.
Allgemeines Landrecht für die Preußischen Staaten

1795

Zum ewigen Frieden

1796

Mai: *Von einem neuerdings erhobenen vornehmen Ton in der Philosophie*
23. Juli: Kants letzte Vorlesung
Dezemberheft der *Berlinischen Monatsschrift, Verkündigung des nahen Abschlusses eines Tractats zum*

ewigen Frieden in der Philosophie (erschien erst Juli 1797, die *Monatsschrift* stellte mit diesem Heft ihr Erscheinen ein)

1797
Metaphysik der Sitten
Über ein vermeintes Recht aus Menschenliebe zu lügen
Regierungsantritt Friedrich Wilhelm III. (bis 1840)

1798
Der Streit der Fakultäten
Anthropologie in pragmatischer Hinsicht
Über die Buchmacherei

1800
Logik (hg. von G. B. Jäsche im Auftrag Kants)

1802
Immanuel Kants Physische Geographie (hg. von F. T. Rink im Auftrag Kants)

1803
Immanuel Kant über Pädagogik (hg. von F. T. Rink im Auftrag Kants)
Oktober: Erkrankung Kants
15. Dezember: letzte Eintragung ins Tagebuch

1804
12. Februar: Kants Tod
18. Februar: Kants Begräbnis
23. April: Gedächtnisfeier der Universität
Mai: F. T. Rink gibt die Manuskript-Entwürfe zur Preisschrift über die Fortschritte der Metaphysik heraus
F. W. J. Schelling: *Immanuel Kant* (Nachruf), in: Schellings sämtliche Werke, Bd. 6, Stuttgart u. Augsburg 1860, S. 1–10

2 Nachwort zur 3. Auflage

Kant und kein Ende

»Je bestimmter sich dem Historiker die Bedeutung eines einzelnen geschichtlichen Sachverhaltes gestaltet, desto klarer werden ihm aus der Untersuchung die Begriffe entgegentreten, die man sich zur Zeit jenes Sachverhaltes von Gott oder von der Wahrheit, von der Sittlichkeit oder von der Schönheit, vom Staat oder vom Recht machte, kurz die Ideen jener Zeit. Und er wird ein bestimmtes System solcher Ideen als die bedingende Grundlage des Zeitalters begreifen lernen« (N. Elias, *Frühschriften*, 2002).

Wie steht es heute um den zwiefachen Schritt des Historikers nahe zum Einzelnen und von diesem hin zur Idee des Kantschen Denkens im Geiste jenes Zeitalters? Jährlich werden mehr als achthundert Arbeiten veröffentlicht zu Kants Schriften, Briefen, zur Sammlung der Nachlassnotizen und den Nachschriften der Vorlesungen Kants. Die Bibliographien erscheinen im Jahresband der »Kant-Studien« jeweils fürs vergangene Jahr, nur für die europäischen Sprachen. Über die Sprache dem Geist der Kant-Texte näher zu kommen, dienen die Bände der Stellenindices zu den Schriften, Vorlesungsnachschriften Kants und zu Werken einiger Autoren, die Kant beeinflussten (Hg. N. Hinske, L. Kreimendahl, Abteilung III der *Forschungen und Materialien zur deutschen Aufklärung*). Hat die Kant-Literatur sich verspezialisiert oder wiederholt sie zu Vieles zu oft? Welches kulturelle Bedürfnis trägt in der gegenwärtigen Welt die zum Erstaunen lebhafte Beschäftigung mit Kant? Auf den ersten Blick möchte es verwundern, und nicht für das Bonmot, dass doch mit der Zeit alles Vernünftige zu Kant gesagt sein sollte. Möchte man sich vielleicht entschließen, die Menschheit müsste sich selbst vergessen wollen, um aufs Wiederlesen der Philosophien verzichten zu können? Reicht solcher Gemeinspruch, die sich wie ein breiter Strom durch die Philosophie der Gegenwart ziehenden Kant-Studien zu erklären? Die zunehmende internationale Interpretation und Diskussion der Kantschen Theorie könnten Zeichen einer philosophischen Linie hin zur Ausbildung einer einheitlichen Weltkultur werden. Und das Große an Kants Philosophie, einer transzendentallogischen systematischen Metaphysik, war und ist, dass sie den generellen Vernunftkreis, der über den Völkern der Erde steht, als den Zukunftsbezug der menschlichen Zivilisation in Permanenz gefasst hatte. Philosophie als Unterweisung im Ideal. Wie Ernst Bloch sagte, »das Ideal als finale Richtungskraft, dergestalt, dass diese nicht selber fordert, sondern umgekehrt gefordert wird, und zwar in der postulierenden Dreieinigkeit des Unbedingten: Freiheit, Unsterblichkeit, Gott.« Kant dachte das Verfassungs- und Völkerrecht einer bürgerlichen Gesellschaft, die es, außer in Zirkeln des Bildungsbürgertums, der aufklärerisch ideellen Gegengesellschaft auf dem absolutistischen Kontinent, noch gar nicht gab. Auf die sich formierende englische Gesellschaft des Industriellen- und Handelsbürgertums sah Kant mit Unbehagen, wies das aber als Thema von sich.

Doch Kant gehörte auch in einem Punkt noch ganz ins 18. Jh. Er dachte die bürgerliche Gesellschaft natürlich nicht als sog. »Moderne«, sondern unter wirtschafts- und staatsrechtlich präzise gefassten Aspekten als eine der einfachen Warenproduktion. Vielmehr, er dachte das eben nicht, sondern es war das Faktum seiner Denkvoraussetzung. Denn Kant unterschied nicht zwischen bürgerlicher Gesellschaft und Staat, wie es dann seine Nachfolger Fichte und Hegel, L. v. Stein, ebenso der frühe enzyklopädische und sozialplanerische Positivismus St. Simons und Comtes begannen. Zu Kants Zeit hatten die politische Ökonomie der Physiokraten und in England die Theorien Ad. Smith', vor diesem schon Steuarts, die ökonomischen und sozialen Strukturvoraussetzungen einer kapitalistischen Gesellschaft dargestellt, auch als sie prägenden Gegensatz sozialer Klassen. Kant hielt noch an beim Konstrukt freier und nicht nur rechtlich, sondern tendenziell auch ökonomisch gleicher Privateigentümer, denen die eigentumslos Beschäftigten nicht entgegengesetzt, sondern beigeordnet waren als freie, aber passive Staatsbürger. P. Koslowski sagte treffend: »Die kantische Rechtstheorie ist das notwendige Komplement eines Marktmodells der Gesellschaft.« Er hätte hinzufügen können: des noch nicht in eine abnehmende Firmenzahl aufgeteilten und von diesen beherrschten Finanz- und Industriemarktes. Von seinem Ideal einer Gesellschaft einfacher Warenproduzenten und Warentauscher her hatte Kant noch genaue, wenn auch illusorische, Richtsätze für die soziale Aufstiegsgerechtigkeit, nicht eben von Jedermann, aber der Privateigentümer mit- und gegeneinander. Die Eigentumslosen dachte Kant nicht als soziale Klasse (vgl. C. Jantke, D. Hilger, *Die Eigentumslosen. Der deutsche Pauperismus und die Emanzipationskrise in Darstellungen und Deutungen der zeitgenössischen Literatur*, 1965). Das war in der englischen Sozialtheorie erst mit dem Übergang von der Manufak-

turproduktion zur industriellen möglich und unausweichlich geworden. In den deutschen Staaten arbeiteten noch die Kleinmeister für den Rohstoff liefernden Manufakturisten, der zugleich der die Fertigprodukte in den Warenkreislauf bringende Kaufmann war. Das soziale Problem bildeten die Vergütung der solcher Art abhängig Beschäftigten und die Abnahmepflicht der produzierten Produkte. Das ergab sehr einfache Postulate der ökonomischen Regulierung. Der Individualismus der Kantschen verfassungsrechtlichen Fragestellung gehörte diesem sozialen Gefüge des Manufakturzeitalters zu. Er bildete allerdings den Gegenentwurf zum Merkantilismus, dass ökonomische Prozesse überhaupt Teil der Politik seien, also zur absolutistischen Konzessionswirtschaft, der Verbindung von Staat und monopolistischen Privatbankiers usf.

Kant besaß allerdings von den Widersprüchen in den spezifischen Prozessen der frühen Kapitalbildung in den wirtschaftlich entwickeltsten deutschen Staaten sehr genaue Vorstellungen, wie später an einer ökonomischen Schrift aus Sachsen von 1791 gezeigt werden soll. Er richtete gegen den frühen Kapitalbildungsprozess aber noch das illusorische Postulat der Offenheit und Durchlässigkeit des tendenziell gleich zu haltenden Kapitalstocks bei allen Eigentümern, und setzte dafür, doppelt illusorisch, den Zentralismus des zu reformierenden absolutistischen Staates ein. Das Problem, wie solche Entwicklung, mit Kants Wort, nach »Plan« sich zur geforderten ökonomischen Autonomie der Privateigentümer fügen möchte, nahm er nicht auf.

Wie steht es um N. Elias' »bestimmtes System der Ideen als bedingender Grundlage des Zeitalters« in der so reich strömenden Kant-Literatur der Gegenwart? »Aus dem dogmatischen Schlummer erweckt«, wie Kant erklärte, durch den empiristischen Angriff Humes gegen die Metaphysik, trat Kant der deutschen Wissenschaft und Bildung seines Zeitalters entgegen, und unterwarf zentrale Themen der Philosophie und deren Verbindung mit der Gesellschaft seiner Zeit einer Revision. Worin erwiesen sich seine Grundsätze als fruchtbar, wobei versagen sie heute, da sie doch ohnehin, wie Gervinus sagte, »mehr anzuregen als abzuschließen geschaffen« waren? Wirkt der scharfe Grat seiner Freilegungen apriorischer geistiger Ordnungen noch gegen die praktische Weltordnung der Gegenwart? Was heißt überhaupt »Kant«? Gemeint sind fast nur noch die Werke der beiden letzten Jahrzehnte, und von diesen überwiegend die rechts- und moraltheoretischen Schriften. Führen auch Denklinien Kants durch die errichteten

Grenzen der sog. vorkritischen und kritischen Periode hinweg? Gesamtdarstellungen, wie Sie seinerzeit Paulsen, Cassirer, zuletzt u. a. Ritzel, Höffe, Guyer unternommen hatten, werden rar. Die verfassungs- und völkerrechtliche Thematik Kants wird intensiv interpretiert und für die Einsicht in Gegenwartsprobleme und für deren Lösung vertreten. Offen bleibt dabei meist die Frage, worin sich die individualrechtlich begründeten republikanischen Verfassungsgrundsätze in der von weit fortgeschrittener Vergesellschaftung der Arbeit mit der Konsequenz monopolistischer Eigentumsverfügung noch bewähren und worin nicht. Tatsächlich ist das Erfordernis gesamtgesellschaftlicher Verantwortung, dem sich inzwischen viele Staaten partiell verpflichtet sehen, vom individualrechtlich gefassten Eigentümertheorem nicht zu erfüllen. Das wird akuter, wenn aus der Gleichheitsprämisse der Warenproduzenten die Wirklichkeit von Ungleichheit und Aussonderung entstanden ist, die der amerikanische Wirtschaftswissenschaftler J. Stiglitz, früherer Chefvolkswirt der Weltbank, in seinem Buch *Der Preis der Ungleichheit* (2012) schildert. Er zeigt, wie die Herrschaftsstrategien des Monopolkapitals die Demokratiepostulate untergraben und den Rechtsstaat aushöhlen. Ist die Kant-Diskussion in den hoch industrialisierten Gesellschaften auch von illusionären Elementen gespeist? Mischt sich vielleicht auch Verlegenheit bei vor materialen Theorien der Kritik der gegenwärtigen bürgerlichen Gesellschaft, und der erforderlichen Schritte darüber hinaus? Der republikanischen Gleichheitsforderung, individualrechtlich gesetzt, oder gar moralisch werthaft als unantastbare Würde des Menschen, kann natürlich die gegenwärtig zur Stützung der entstandenen Vorrechte immens angeschwollene Armenfürsorge »Schutzbefohlener«, wie Kant sagte, nicht genügen. Kant hatte allerdings, wenn man so will, ein sehr weit gefasstes kritisches Bewusstsein der von ihm juristisch und moralisch konzipierten Gesellschaft freier Privateigentümer. Das ist seine skeptische Zurückhaltung in Bezug auf »den Menschen«, die er mehr in seiner für gesellschaftstheoretische Interpretationen zu wenig genutzten »Anthropologie« und den dahin gehörenden Vorlesungen und privaten Notizen (»Reflexionen«) aussprach. »Fragt man nun: ob die Menschengattung … als eine schlimme oder gute Rasse anzusehen sei: so muss ich gestehen, dass nicht viel damit zu prahlen sei« (VII, 331; im Folgenden immer römische Zahl für den Band, arabische für die Seite der Kant-Akademie-Ausgabe). Dieser anthropologisch verfremdete Ton spricht über den persönlich freien

Privateigentümer, und setzt, es von Misanthropie weg und historisch reell zu führen, nicht nur zivilisationsgeschichtliches »Maschinenwesen der Vorsehung« dagegen, sondern aufklärerisch und fast biedermeierlich treuherzig auch: »Torheit eher als Bosheit [wird man] in dem Charakterzuge unserer Gattung hervorstechend finden« (VII, 332).

Der große naturrechtliche Anfangsgedanke des Bürgertums, den Kants Liberalismus aufgenommen hatte – sog. Naturzustand als eine für ursprünglich gesetzte elementare Rechtsprämisse –, der Leitdanke war gewesen: Eigentümer mit Land- oder Werkstattbesitz gründen den ihre Unverletzlichkeit garantierenden Staatsverein. Eigene Arbeit schafft private Eigentümer, diese setzen sich den Staat als Rechtsvertrag. Wächst sich die Eigentumsordnung aber zur Übermacht der Völker und Staaten beherrschenden Monopole aus, zeugt sich Eigentum (als Finanzkapital) massenhaft auch ohne Arbeit fort, und wächst die Zahl der von Arbeit ausgeschlossenen, in staatliche Notversorgung herabgedrückter Bürger, auf zehn und mehr Prozent der Arbeitenden, so bricht im Grunde der Kantsche Staatsvertrag auseinander. Wie weit geht die heutige Kant-Interpretation hinter Kants ideelle Voraussetzungen des juristischen Individualismus zurück und über sie hinaus? (Zum historischen Aspekt dessen: J. Rückert, Kant-Rezeption in juristischer und politischer Theorie … des 19. Jahrhunderts, in: M. P. Thompson (Hg.), *John Locke und / and Immanuel Kant*, 1991; G.-W. Küsters, *Kants Rechtsphilosophie*, 1988, mit reicher Bibliographie.)

Die wirtschafts- und sozialrechtlichen Konstrukte Kants treten in den Kant-Exegesen zurück. Kant dachte die bürgerliche Zivilisation noch wie arithmetische Reihen, nicht als Struktur qualitativ unterschiedener Multiplikatoren. In Gesellschaften, die sich erst im Übergang zu durchgehender Industrialisierung befinden, besitzen die Kantschen verfassungsrechtlichen Leitsätze allerdings Bedeutung für Konstitution und Verteidigung rechtsstaatlicher Normen gegen die Überlagerung der Industrialisierungsprozesse mit der Kristallisation oligarchischer und mafiöser Eliten, nicht weniger gegen faktische Usurpation der Naturreichtümer der Völker durch die Internationale der großen Industriemonopole und Handelsketten. Das arithmetische Element war bei Kant getragen vom Fehlen des ökonomischen Wachstumsprinzips, zentral für den Übergang von der einfachen zur kapitalistischen Warenproduktion. Der Fortschrittsbegriff Kants war ohne adäquate Strukturtheorie der konzipierten bürgerlichen Produktionsweise gedacht als Erhellung zunehmender selbstverantwortlicher Einsicht der Bürger, wenn nur endlich als Rechtspersonen frei. Es stak ein Statik-Element gleich bleibender Parameter in Kants Fortschrittsprospekt. Das Produktionsverhältnis privater Warenproduzenten zeichnet dadurch aus, dass es mit dem Wachstum der Warenmasse zugleich sich selbst qualitativ verändert (zur progressiven zivilisationshistorischen Typologie des Kapitalismus und dessen geschichtlicher Prozesshaftigkeit: J. Kocka, *Geschichte des Kapitalismus*, 2013).

Die Verbindung mit dem »System der Ideen des Zeitalters«, um noch bei N. Elias zu bleiben, wird von der Kant-Literatur nach einer Seite, auch sprachhistorisch, intensiv erhellt: Kants Eingebundenheit in wesentliche Strömungen der deutschen Aufklärungsbewegung und dessen Sonderung von einigen Strömungen des älteren Deismus, auch der nicht gut so bezeichneten Popularphilosophie, z. B. *Der Philosoph für die Welt*, wie die Schriftensammlung J. J. Engels hieß. Die Bindung der Transzendentalphilosophie an die deutsche Metaphysik der Zeit zeigen mit eingehender Erläuterung G. Gawlick und L. Kreimendahl: *A. G. Baumgarten, Metaphysica / Metaphysik*, 2011.

Generell wird die deutsche Aufklärung in den Kant-Interpretationen weniger mit ihren Besonderheiten als nationale Form der internationalen Strömungen beurteilt, und auch kaum in ihren Entwicklungsphasen bis zur sozial-republikanischen Überdehnung deutscher jakobinischer Autoren in Publizistik und Literatur verfolgt. Besonders auffallend ist, dass die Kant-Interpretationen das Werk von den Richtungen der intensiven frühen Kant-Diskussion und vor allem der Kant-Nachfolge abtrennen, die sowohl zu gesellschaftstheoretischen Strukturkonzepten übergingen (Fichte, Hegel), als auch Kants Frühliberalismus der fortschreitenden Verfassungsthematik der ersten Jahrzehnte des 19. Jh. öffneten (Fries). Kant wird dann abgelöst von der theoretischen Evolution, innerhalb deren er dachte und wirkte, de facto dieser entgegen gestellt. Das versiegelt die Kant-Lesart auch gegen die heutigen gesellschaftstheoretischen Probleme. Man versichert sich Kants nicht geradezu wie Perseus, der durch den Helm des Hades vorm versteinernden Blick auf die Gorgonen geschützt war, aber Kant wird doch isoliert gegenüber der heutigen bürgerlichen Gesellschaft, die doch über sein noch ganz elementares Konzept einer Zivilisation freier Privateigentümer hinaus geschritten ist. Bereits seit dem Beginn der neukantianischen Bewegung in den siebziger Jahren des 19. Jhs. (Liebmann, Lange, Cohen) waren damit

Rationalitätsstandards mit hohem Universalisierungsanspruch und zugleich das Bemühen verbunden gewesen, einige sozialkritische Theorien abzuwehren (marxistische, Fabier-sozialistische), und naturalistischen und positivistischen Strömungen entgegen zu treten (Büchner, Haeckel, Mach), die begannen, das affirmative kulturelle Selbstverständnis der sich konstituierenden Industriegesellschaft des deutschen Bürgertums in Frage zu stellen. Vielleicht möchte heute wieder die sich an Kants elementaren persönlichen Freiheitsrechten orientierende Kant-Interpretation bestimmte kritische sozialtheoretische Linien, vor allem hegelsche, feuerbachsche, marxsche, zurück drängen? Kants Denken bleibt dann doch von den realen geschichtlichen Prozessen der deutschen Gesellschaft recht abgelöst. Das betrifft nach der einen Seite die Schwäche des deutschen Merkantilismus im Manufakturzeitalter, nach der anderen den aufhaltsamen Gang der deutschen Staaten nach der Katastrophe der Koalitionskriege zur Verfassungsbewegung gegen die Reaktion des Deutschen Bundes und schließlich zur 48er Revolution. Welchen Platz fand Kant in den realen Strömungen des deutschen Liberalismus? Zurzeit hat sich die Kant-Literatur ebenso vervielfältigt, wie sich die vor wenigen Jahrzehnten noch so intensiven Hegel- und Marx-Studien verringerten.

In den entwickelten Industriegesellschaften teilt sich die Kant-Interpretation bereits in zwei unterschiedene Richtungen, eine, die den Kantschen intellektualistischen Universalismus als Basis neuer kritischer Philosophie einsetzt, gegenüber Strömungen, die mit oft hohem philologischem, text- und kultur-geschichtlichem Niveau die materialen aufklärerischen Gehalte der Kantschen Schriften, Vorlesungen und privaten Reflexionen aufnehmen. In dieser Richtung treten die Schriften der Kantschen transzendentallogischen Reform der Philosophie naturgemäß zu Gunsten derjenigen zeitbezogenen Gedanken Kants zurück, die dennoch fortgelten möchten. Um für Kants nicht mehr direkt einsetzbaren Apriorismus und bei der verlorenen elementaren Sozialkonstruktion für Privateigentümer des originären Kantianismus dennoch zivilisatorische Perspektiven Kants für die veränderte Gegenwart einsetzen zu können, nimmt die Kant-Nachfolge andere Prämissen an. Das können geistphilosophische, gleichsam veränderte metaphysische Prinzipien sein, wie bei Höffe. W. Kersting hat das in der *Zeitschrift für philosophische Forschung* anerkennend und kritisch dargestellt (ZphF 1989 43 472–488). Die gleiche Funktion besitzen sprach- und kommunikationstheoretische Grundlegungen des Kantschen intellektualistischen Programms z. B. bei Apel, Habermas, zuletzt Brandom. Oder die materialen Grundsätze des Kantschen Frühliberalismus werden aus der transzendentallogischen Klammer herausgelöst und von neuem sozial-kooperativem Empirismus eingefasst (z. B. Rawls Basis-Prinzip »fairness«). Tatsächlich versteht ja Kant den individualistischen Ansatz seiner Rechts- und Moraltheorie als Prämisse sich de facto ausgleichender sozialer Prozesse, nur ohne gemeinwirtschaftliches Über-Bewusstsein; analog dem ausgleichenden Sachgesetz des Wertetauschs auf dem Niveau der einfachen Warenproduktion. Bei Kant spielte hier das Prinzip der prästabilierten Harmonie eine Rolle, ohne das eine rational erschließbare Welt nicht denkbar sei. Er hatte es vom ontologischen zum transzendentallogischen Status des Apriorismus unseres Selbstbewusstseins verändert.

Soeben hat eine entschiedene Kritik der linguistischen und kommunikationstheoretischen Erneuerung des Kantschen Begriffs reiner praktischer Vernunft (vor allem gegen A. Honneths *Recht der Freiheit*, 2011) den Rückgang auf die originäre Kantsche Position des idealistischen Mentalitätsverständnisses vorgeschlagen: H. Nagl-Docekal, *Innere Freiheit. Grenzen der nachmetaphysischen Moralkonzeptionen*, 2014 (s. a. S. 26). Die Schrift ist aufschlussreich, weil sie zwei wesentliche Positionen der Kant-Interpretation gegeneinander stellt. Die beiden leitenden Einwände gegen die kommunikationstheoretische Erneuerung der Kantschen praktischen Philosophie: 1. Sie verfehle die zentralen Punkte der Moralthematik, also die Innenseite der Person (Gesinnung, Liebe, Selbstzweifel, Trauer und Tod als Leiderfahrung), und sie bilde diese nach dem Muster des Rechtsverhältnisses; eine »kontraktualistische Reduktion« der Moralität (S. 20). Zur eigentlichen Themenstrecke dringe das gar nicht vor, also von der Moralität als dem Pflichtbewusstsein einer Selbstgesetzgebung her (nicht nur der schwächeren Selbstachtung) bis zur Gewissensthematik als der inneren Freiheit der Selbstprüfung (Kants »Bewusstsein eines inneren Gerichtshofs im Menschen«). Gegen Chr. Menke: Autonomie der Person werde nicht mehr als Selbstgesetzgebung, sondern nur noch im reduzierten Gebrauchsaspekt von Selbstfindung, Selbstbestimmung und Selbstverwirklichung gefasst (S. 86). 2. Was die Diskursethik an Kants praktischer Vernunft konkreter aufschließen wolle, entwickle der originäre Kantsche Idealismus ohnehin: das Wechsel-Verstehen der Personalität des Anderen, ebenso das Zu-

hören diskursiver Kultur bis hin zur Förderung des Glücksstrebens Anderer. Der kategorische Imperativ denke als Intersubjektivität nicht nur »verallgemeinerte Andere«, sondern »Kontextsensivität als eine unverzichtbare Voraussetzung moralischen Handelns« (S. 12). Kants praktische Vernunft fasse sich darin zusammen, »dass letztlich die Aufgabe der Menschheit darin besteht, in allen Einzelnen eine möglichst weitgehende Harmonie von Moralität und Glück hervorzubringen« (S. 13).

Das überlagert vielleicht doch Kants historisch genaues Emanzipationspostulat der personalen Freiheit des Einzelnen im moralischen Bezug, von dem er das Freiheitsrecht des Eigentümers als des Staatsbürgers so deutlich abgetrennt hatte. Im zweiten Teil der Gemeinspruch-Schrift von 1793 hatte Kant die antifeudale Gleichheit der *citoyens* noch unbefangen »mit der größten Ungleichheit der Menge und den Graden ihres Besitztums« zusammengestellt. Frau Nagl-Docekal sieht wohl und sehr zu recht das Basis-Thema der praktischen Vernunft im Bezug auf die sich wieder öffnende Gleichheits-Problematik des Liberalismus in der gegenwärtigen Industriegesellschaft. Das treibt tatsächlich die rechtlichen und die moralischen Aspekte der krisenhaft gewordenen Sozialisierungsthematik gegeneinander. Um es klar zu sagen: Ich glaube nicht, dass eine der realen Krisenlage des nun über den fordistischen Teilhabekapitalismus hinausgeschrittenen Finanzkapitalismus entsprechende Moralphilosophie durch die Verinnerlichungsthematik konkretisiert werden kann. Das steigerte die Crux des Kantschen und heute umso mehr fragwürdigen individualistischen Ansatzes der praktischen Vernunft, die im Sinne kritischer Theorie von der sich ausprägenden sozialen Struktur aus zu hinterfragen wäre. Ich bestreite nicht den Ernst vieler Fragestellungen der den originären idealistischen Ansatz Kants verteidigenden Autorin. Sie dringt in der Moralthematik wirklich einmal vor bis hin zur dann gerade stummen Gewissensnot der Selbstzweifel, der Reue und der – ohne religiöse Überdehnung der Person schwierigen – gesuchten Vergebung. Bis dahin führt Frau Nagl-Docekal ihre Absage an den »säkular verkürzten Vernunftbegriff« (S. 12) nicht. Es setzte eine kirchliche Rahmenbedingung für die Personalitätsthematik als eine der Innerlichkeit. Der Skeptizismus moralischer Enthemmung, den Kant (wie Rousseau) am feudalherrschaftlichen Privileg erkannt und verurteilt hatte, er ist heute so frech wie damals wiedergekehrt, dafür aber ohne jene Hochkultur des Absolutismus.

Als das antreibende Problem sowohl der weit

vordringenden Erkundungen und Vorschläge Honneths, als auch der strengen Einwände Frau Nagl-Docekals sehe ich das verloren gehende Gefühl der Sicherheit unter den neuen Verdinglichungstendenzen der sozialen Prozesse. Ob es durch Einprägung doch verbleibender Verinnerlichungsleistungen der Person zurück zu gewinnen wäre, möchte ich bezweifeln. Solches Muster der inneren Treue zu sich selbst setzt Vergesellschaftung in menschlich naher Gemeinschaft voraus. Sie war auf alteuropäische hauswirtschaftliche und kommunale Sozialisierungsbedingungen bezogen, und verbunden mit dem dazu gehörenden väterlich autoritativen Ordnungsgestus für Bürgerschaft, etwa in der lokal-patriotischen Prägung Justus Mösers.

Frau Nagl-Docekal zeichnet Kants originäre Subjekt-Triade praktischer Vernunft nach. Sie sagt, unsere Vernunft enthalte ein ursprüngliches Wissen des Richtigen, also die Gesetze zu befolgen und das Komplexe eines Sittengesetzes zu achten. Dem folgt mit so reichen wie präzisen Belegen die Kantsche praktische Moral der kultivierten Liberalität. Es ist Kants anthropologische und psychologische Negation der ersten Setzung des Vernunftapriori. Was kann uns darauf emotional binden, das reiche Leben unserer frei bewährten Pflichten einem unbedingten Imperativ anzunähern? Die Synthese vollzieht sich im Bewusstsein einer absoluten ideellen Instanz: »[…] dass eine philosophische Ausbuchstabierung dieses Anspruchs (der Selbstprüfung – G. I.) nur im Rekurs auf die ›Idee von Gott‹ gelingen kann« (S. 127). Die endliche Motivation unserer Gesinnung schließt sich mit dem Unendlichen des Sittengesetzes in der »personalen Relation des Menschen zu Gott« zusammen (S. 114).

Das ist konsequent gedacht. Aber ist es auch noch Kants kategorischer Imperativ? Er bildete die rechtliche und moralische Universalisierungsprämisse praktischer Vernunft aller Einzelnen in unendlich genauer Übereinstimmung. Das ist bei ihm nicht der allsehende Weltenrichter, sondern die Perfektibilisierung der Gattung in unendlicher Perspektive. Die Wechselbeziehung Recht-Moral überschreitet bei Kant die Nahsicht eines Gegensatzes äußerer und innerer Determination. Sie ist nicht ohne Kants Historismus zu bestimmen. Das sagt nichts gegen die moralische Qualität freigestellter religiöser Lebensführung, aber doch etwas fürs Erfordernis, hinter die substantiale Prämisse ursprünglicher Personalität zurück zu gehen. Kants Thesis reiner praktischer Vernunft bildete die spekulative gattungstheoretische Überlagerung der fixierten Abstraktion der Indivi-

dualität, außerhalb der realen sozialen Relation, innerhalb deren diese existiert. Die abstrakt gesetzte Individualität wird statt sozialer Verhältnisbestimmungen mit dem Postulat reiner Vernunft als Gattungsbegriff legitimiert. Nach den strukturtheoretischen Fortschritten der postidealistischen Soziologien liegt es nahe, Kants transzendentallogisches Vernunftapriori, das sich im Dualismus zur ebenso abstrakt gesetzten Individualität festgesetzt fand, durch eine Verhältnisbestimmung als Ausgangspunkt der Rechts- und Moraltheorie zu überschreiten. Die linguistisch und kommunikationstheoretisch gefasste Intersubjektivität bildet einen Schritt zur Entschlüsselung des Begriffs reiner praktischer Vernunft in Richtung einer konkreteren Strukturtheorie der Vergesellschaftungsformen. So ließe sich auch Honneths »Recht der Freiheit« als Untersuchung der Relationsproblematik von Vergesellschaftungen anerkennen. Das ist etwas mehr als die »kontraktualistische Logik der Reziprozität« zur Grundlegung der Moralthematik (S. 11), als Begründung der Moralthematik analog der des Rechts durch reziproke Unterstellungen (S. 38), sondern ein Versuch, die aktuelle Problemlage der Moralität genetisch aus den Verhaftungen realer sozialer Entschluss- und Handlungsprämissen zu entwickeln. Das Erscheinungsbild der Individualität wird nicht vorausgesetzt. Darum wird nicht gesucht, es in der vertieften Innerlichkeit eines Gottesbezugs zu sichern.

Davon ist nun noch gar nicht die Rede, wie weit Kants praktische Philosophie in der heutigen krisenhaften Konstellation geeignet sei im Muster 3 eines Liberalismus des europäischen Bürgertums des 19. Jahrhunderts als Modell für Moralphilosophie überhaupt zu dienen (vgl. die Gegenwart als Kontrast zur idealisierten Konkurrenzgesellschaft des 19. Jahrhunderts bei L. Gall, *Bürgertum in Deutschland*, Berlin 1989). Der kategorische Imperativ bedeutet als idealistisch verfasster Gattungsbegriff, dass um der Freiheit des Einzelnen willen das Ganze der Gerechtigkeit und Gleichheit bedacht und im permanenten Prozess der Korrektur gehalten werden müsse. Gut sagte Horkheimer: »Es ist wahr, dass Sozialismus, der nicht Erfüllung des Individuums bedeutet, wie seine Begründer es meinten, zur totalitären Barbarei wird. Andererseits steht Individualismus, der zur sozialen Gerechtigkeit nicht überzugehen vermag, in Gefahr, ins Totalitäre sich zurückzubilden.« (Horkheimer, Kants Philosophie und die Aufklärung, in: Ders., *Zur Kritik der instrumentellen Vernunft*, 1967, S. 214 f.) Kants Theorie als Eröffnung der deutschen idealistischen Philosophie wird am besten erfasst im Wechselbezug mit deren Fortbildung und Aufhebung bis in die Mitte des 19. Jahrhunderts. Das Ereignis ist es selbst und seine Folgen, also auch gegen dessen Abtrennung von ihnen.

»Kant und kein Ende« ist der vielsinnige Titel der höchst präzisen, auch manche verbreiteten Ungenauigkeiten korrigierenden, drei Bände Kant-Schriften G. Geismanns (2009/2015), Fortsetzers der Kant-Interpretationen von J. Ebbinghaus und K. Reich (Rezensionen zu den Bänden eins und zwei v. B. Gerlach, *Kant-Studien* 2013 104 (2) 237–250). Das Nachwort zur dritten Auflage soll auf neuere Arbeiten zu Kant, auch auf Kant-Interpretationen im Bezug zu Problemen der gegenwärtigen Gesellschaft, hinweisen, und es möchte einige Punkte ergänzen, die vor nunmehr 15 Jahren im referierenden Gang des Handbuchs nicht Raum finden konnten.

Eine vergangene Philosophie aktuell

In Deutschland sind Kants Schriften zurzeit das meistbehandelte Werk eines europäischen Philosophen. An den Universitäten Mainz, Marburg und Trier arbeiten spezielle Kant-Forschungs-Zentren, an der Hallenser Universität ein »Immanuel-Kant-Forum«. Und nicht nur in Deutschland ist die Kant-Interpretation ein lebhaft geführtes kulturgeschichtliches Projekt. In den *Kant-Studien* überwiegen seit einigen Jahren die angloamerikanischen Autoren. 2005 erschien das *Historical Dictionary of Kant and Kantianism* (Hg. H. Holzhey, V. Mudroch). In vielen europäischen Ländern wirken Kant-Gesellschaften. In Italien wurde 1990 die Società italiana di Studi Kantiani gegründet, seit 1988 gibt es die *Studia Kantiana*. In Frankreich wirkt die Société internationale d' études kantiennes de langue française, an der Universität Gent arbeitet ein »Zentrum für kritische Philosophie«. Neue Kant-Gesellschaften und Kant-Zeitschriften wurden in den letzten Jahrzehnten begründet, so in Brasilien, in der Slowakei die *Studia philosophica kantiana* (Bericht dazu in den *Kant-Studien* 2010, S. 101/04). Der Kant-Gesellschaft in Russland (1990) folgte 2008 an der Kant-Universität Kaliningrad ein Institut für Kant-Forschung. 2014 fand die XI. Internationale Kant-Konferenz in Kaliningrad/Königsberg statt: »Kants Projekt der Aufklärung heute«. Die zweisprachige russisch-deutsche Kant-Gesamtausgabe der Moskauer Akademie der Wissenschaften und des Kant-Zentrums der Universität Marburg ist bereits bis zum fünften Band der

Hauptwerke fortgeschritten. Die *Kant-Studien* berichteten 2014 über die Kantforschung in Usbekistan. 1999–2006 erschien die japanische Kant-Ausgabe in 22 Bänden, einschließlich Briefwechsel und einiger Vorlesungsnachschriften, dazu der Sonderband *Einführung in Kants Philosophie*. In Vorbereitung ist eine koreanische Kant-Ausgabe. Vom fünfjährigen Turnus der Internationalen Kant-Kongresse abgesehen (2005 Sao Paulo, »Recht und Frieden in der Philosophie Immanuel Kants«, 2010 Pisa, »Kant und die Philosophie in weltbürgerlicher Absicht«, 2015 Wien, »Natur und Freiheit«), werden in vielen Ländern Kant-Tagungen abgehalten, 2004 z. B. in Kaliningrad: »Kant zwischen Ost und West«. Der sich ausweitenden internationalen Verbreitung des Kantschen Denkens hatte Norbert Hinske schon vor Jahrzehnten in Trier mit den Aspirantengruppen aus Italien, Spanien, Japan, Südkorea und anderen Ländern vorgearbeitet. Von 1976 bis 2012 gingen daraus zwölf Bände der *Studien zur Philosophie des 18. Jahrhunderts* in den Reihensprachen italienisch und deutsch hervor. In den letzten Jahren hat der argentinische Kant-Forscher Caimi das mit lateinamerikanischen jüngeren Kollegen wiederholt. Von ihm stammt die Übersetzung der *Kritik der reinen Vernunft* ins Spanische und deren zweisprachige Edition mit einer Fülle wertvoller Anmerkungen, die 2009 in Mexiko im Rahmen der lateinamerikanischen *Biblioteca Immanuel Kant* erschien.

Kant-Interpretation, Kant-Nachfolge

Die Kant-Literatur teilt sich in drei Arbeitsrichtungen: textimmanente Erschließung und Interpretation Kantscher Schriften, deren Befragungen nach den Bezügen auf gegenwärtige philosophische, fachwissenschaftliche und zeitgeschichtliche Themen und die Erforschung der philosophie- und kulturgeschichtlichen Quellen und Bezüge Kantscher Theorieteile.

Die zunehmende internationale Verbreitung der Kant-Forschung und Kant-Diskussion aktualisiert und erneuert Kants aufklärerische Intention von Philosophie. Drei Beispiele: A. M. Gonzalez, *Culture as Mediation. Kant on Nature, Culture, and Morality* (2011, 361 S.) in der spanisch, englisch und deutsch erscheinenden »Schriftenreihe zu praktischer Vernunft, Moralität und Naturrecht«. Die präzise Studie behandelt in drei Teilen das Verhältnis von menschlicher Natur und Kultur, vor allem an Hand von Kants Anthropologie, Kultur als Vermittlung von

Natur und Moral (im weiteren angloamerikanischen Sinne von »moral« als sittlichen sozialen Qualitäten). Ein anderes Beispiel: Fr. Rauscher/ D. O. Perez (Hg.), *Kant in Brazil* (2012, 375 S.) in der Schriftenreihe der »North American Kant Society Studies in Philosophy«. Der umfangreiche Band bringt einen Abriss der Kant-Studien in Brasilien und neben selten behandelten Themen, wie etwa einen Vergleich der Realität der praktischen Vernunft bei Kant mit Kants Auffassung eines chemischen Experiments, eine Abhandlung zu den Typen der Liebe in Kants Philosophie, zwei Studien zu Recht, Geschichte und dem Schematismus der praktischen Vernunft bei Kant sowie zum Kosmopolitismus und den Kantschen Themen in den internationalen Beziehungen. Einen ersten Einblick in die Arbeiten lateinamerikanischer Autoren, auch einiger italienischer und spanischer Autoren, bietet der umfangreiche Sammelband: D. Hüning u. a. (Hg.), mit dem hochkomplexen Titel *Das Leben der Vernunft*, 2013. Beiträge v. M. Caimi, J. Rivera de Rosales, G. A. de Almeida u. a.

Sammelbände mit Beiträgen von Spezialisten zu den verschiedenen Leitthemen der Kantschen Hauptschriften bieten oft gute Einführungen in Kants Theorie und fürs Urteil über deren mögliche Konstanz vor den gegenwärtigen Wissenschaften und den Problemen der heutigen Industriegesellschaft. Um nur zwei solche Zusammenfassungen zu nennen:

1) Hg. v. D. H. Heidemann u. K. Engelhard, *Warum Kant heute? Systematische Bedeutung und Rezeption seiner Philosophie in der Gegenwart*, 2004, 15 Themenkapitel, 428 S., mit instruktiven Darstellungen. Obwohl es bedenklich ist, einige unter vielen guten zu nennen: Was ist eigentlich ein transzendentales Argument?« (Grundmann), »Kant in der gegenwärtigen Sprachphilosophie« (Lütterfelds), zur Naturphilosophie im Licht der gegenwärtigen Naturwissenschaften (Falkenburg, Mittelstaedt), »Grenzen der Aktualität der politischen Philosophie Kants« (Fetscher). Vom Physiker P. Mittelstaedt erschien bereits 1990: *Die kosmologischen Antinomien in der ›Kritik der reinen Vernunft‹ und die moderne physikalische Kosmologie.*

2) M. Kugelstadt (Hg.), *Kant-Lektionen. Zur Philosophie Kants und zu Aspekten ihrer Wirkungsgeschichte*, 2008, 13 Vorlesungen. Neben anderen instruktiven Beiträgen ist hier die konzentrierte Darstellung R. Zaczyks zu Kants nicht leicht zu verstehendem Strafrecht wertvoll. Kants unbedingte Bejahung der Todesstrafe wird aus Kants Rousseauscher Wertung des Einzelnen erklärt, der als Bürger

wie im Vertrag mit der Gattung der Menschheit stehe. Das Tötungsdelikt sei also ein Angriff auf diesen an die Menschheit bindenden Vertrag. Erfordernisse reeller Text-Klärungen bleiben mit den Veränderungen der Fachwissenschaften noch immer. W. Lütterfelds behandelt ein markantes Beispiel: Kant hatte z. B. bei der Unterscheidung analytischer und synthetischer Urteile (Begriffsbestimmungen und inhaltlich erweiternde Urteile) auch synthetische Urteile a priori behauptet, so das Axiom von der Extension wahrnehmbarer Körper oder der Kausalsatz. Sie sollten erfahrungsunabhängige, gleichwohl Erfahrung begründende apriorische, folglich notwendige und universell gültige Sätze sein. Dem stehen aber Aussagen in der Methodenlehre der *Kritik der reinen Vernunft* gegenüber, die kategorialen Verknüpfungsregeln eine Inhalte erweiternde Synthesis nur in möglichen empirischen Anschauungen zuspricht (W. Lütterfelds, Kant in der gegenwärtigen Sprachphilosophie, in: *Warum Kant heute?*, a. a. O., S. 163 ff.).

Aufschlussreich fürs Kantsche philosophische Denken sind die neuen Editionen der Vorlesungen, da sie die Verbindung von transzendentalem Prinzip und konkreter Thematik enthalten, so z. B. von N. Hinske die Rechtsphilosophie der Nachschrift Feyerabend, von Oberhausen/Pozzo Kants Moralvorlesungen (drei Bde.), von W. Stark eine erweiterte Fassung der 1924 von P. Menzer veröffentlichten *Vorlesung Kants über Ethik.*

Es gibt auch Kontroversen, z. B. über Kritiken an Kants zentralen Thesen, auch an deren Gliederungen seiner Thesen. Von Unfertigkeiten ist die Rede, von »reihenweisen Schwächen«, auch von »Verwechslungen« bei Leittheoremen zum Bezug von Moral und Recht, beim kategorischen Imperativ, die »eine förmlich abgründige Katastrophe« darstellten, »die man aber offenbar bis heute nicht bemerkt« habe (G. Prauss, 2008, in: M. Kugelstadt). Dem ist entschieden widersprochen worden (G. Geismann, 2010). In einer anderen Richtung hat O. Höffe neue Aspekte der Interpretation von Kants Rechtstheorie vorgeschlagen (Höffe, *Gerechtigkeit als Tausch. Zum politischen Projekt der Moderne*, 1991; kritisch dazu: K. Honrat, »Die Wirklichkeit der Freiheit im Staat bei Kant«, 2011, S. 397 ff.). Grundsätzliche Kontroverse in der Kant-Interpretation z. B. von R. Brandt: »Zu Eckart Försters ›Die 25 Jahre der Philosophie. Eine systematische Rekonstruktion‹« (*Kant-Studien* 2013 104 (3) 367–385).

Um ein Beispiel unter den neueren Arbeiten zu Kants Grundlagenthematik zu nennen: 2011 erschien Sophie Grapottes französische Übersetzung der Metaphysik-Reflexionen Kants (Nr. 5636–5663 (die »Erläuterungen zu Baumgartens *Metaphysica*«) und Nr. 6664–6205 (die Aufzeichnungen Kants der Jahre 1780–1789). Die Edition erschließt der weiteren französischen Leserschaft die für Kants Entwicklungsprozess wesentlichen Umbildungen des Ontologieproblems zur transzendentalen Logik, und sie gibt in den umfangreichen Anmerkungen Interpretationen und Bezüge der Kantschen Nachlassnotizen zu den Kantschen gedruckten Schriften. Das Verhältnis des Kantschen Denkens zu den Metaphysik-Texten der Zeit (Meier, Baumeister, Baumgarten, Eberhard, am Rande auch zu Wolff) wird interpretiert. Kant hielt insgesamt 53 Mal seine Metaphysik-Vorlesung. Ein besonderes Verdienst der Kommentare besteht darin, im Gang der Metaphysik-Reflexionen, die Kants Weg bezeichnen bis zur dann sehr raschen Niederschrift der *Kritik der reinen Vernunft*, die Metaphysik-Entsprechungen in der Transzendentalphilosophie aufzuzeigen. Die Kommentare bilden also den Umbildungsprozess der Metaphysik auf Kants Weg zur Transzendentalphilosophie ab, eine spezielle Nachzeichnung des Themas, das N. Hinske 1970 mit der Studie »Kants Weg zur Transzendentalphilosophie« behandelt hatte. Grapotte, wie auch Hinske und vor ihm schon G. Martin (*Immanuel Kant. Ontologie und Wissenschaftstheorie*, 1950 u. ö.) zeigen, dass Kant das Problem darin sah, mit der Transzendentalphilosophie die Aporien der zentralen Begriffe der Metaphysik (Sein, Einheit, Erscheinung usf.) aufzulösen, bzw. in eine methodisch praktikablere Fassung umzubilden, dass sie der entwickelteren wissenschaftlichen und handlungstheoretischen Problemlage des späten 18. Jhs. entsprechen. Im Metaphysik-Kern der Transzendentalphilosophie steckt das Problem der Möglichkeit systematischer Philosophie unter den Bedingungen der neueren Natur- und Sozialwissenschaften überhaupt.

Die textimmanente Kant-Interpretation gewinnt anhaltenden Zug auch durch eine Eigentümlichkeit dieser Philosophie selbst. Kant verstand die europäische Aufklärungsbewegung, der er selbst zuarbeitete, als einen krisenhaften Prozess einander mit ungenügenden Argumentationen widerstreitender Konzepte. Es wäre zu prüfen, welche Kantschen Theoriestücke die heutigen Krisentheorien der entwickelten kapitalistischen Industriegesellschaft aufgreifen könnten. Es geht dabei nicht allein um direkte Belege, sondern fast mehr noch um den Stil des Kantschen Denkens, um dessen distanzierenden und auffordernden Duktus, der sich von rechtfertigenden Aussagen ferne hält. Der Akzent seines Aufklärungs-

begriffs sitzt nicht auf den Verbesserungen, die erreicht seien oder nun bevorstünden, sondern auf der Verbesserungsfähigkeit der Zivilisation (dazu: H. F. Klemme u. a. (Hg.), »Aufklärung und Interpretation, Studien zu Kants Philosophie und ihrem Umkreis«, 1999; N. Hinske, »Die tragenden Grundideen der deutschen Aufklärung. Versuch einer Typologie«, in: R. Ciafardone, *Die Philosophie der deutschen Aufklärung*, 1990, S. 407–458).

Sieht man auf die sich in Vielem auch wiederholende Masse der Kant-Literatur, so überwiegen allerdings exegetische Erläuterungen Kantscher Theoriestücke. Ein anderes Thema sind, wie gesagt, die Fragen nach der Berechtigung der Kantschen Grundannahmen unter den Voraussetzungen der heutigen Wissenschaften. Zu diesem Gesichtspunkt hat H. Dreier für die Rechtswissenschaften die intensive Beschäftigung mit Kants Werk von dessen »Affinität und hoher Kompatibilität mit den Grundinstitutionen des modernen, freiheitlichen Verfassungsstaates« her erklärt. Nicht nur eine abstrakte Theorie des richtigen Rechts habe Kant vorgelegt, sondern »eine Theorie der zentralen Rolle des Individuums sowie der Legitimität und institutionellen Struktur des Staates« (H. Dreier, Kants Republik, in: Ders. (Hg.), *Rechts- und staatstheoretische Schlüsselbegriffe*, 2005, S. 154). Dem ist zuzustimmen, vielleicht mit einer Ergänzung. Der hohe Grad der Vergesellschaftung der Arbeit, die Konzentration des Eigentums an den Produktionsmitteln und an der weltumspannenden Distribution der Produktion lassen die Thematik des Gemeinwohls, der Verantwortung des Rechtsstaates auch für die Steuerung der materiellen Produktion unter den enger zusammenrückenden Völkern zunehmende Bedeutung gewinnen. Das überkommene liberale Rechtsstaatmodell bedarf solcher Erneuerung. Die Anforderung geht dahin, die hoch ausgebildete innerbetriebliche Rationalität mit der gemeinwirtschaftlichen Rationalität zu verbinden. Hier wären Untersuchungen erforderlich, was dafür bei Kant zu studieren ist und was über Kants frühbürgerlichen Liberalismus des idealisierten, noch idealisierbaren Konkurrenzverhältnisses hinaus liegt. Denn Kants Bestimmung der Gesetzgebung als des vereinigten Willens aller geht auch nur von der elementaren, aufs freie Individuum bezogenen Voraussetzung aus, dass rechtmäßig eine Handlung sei, die zusammenstimme »mit der Freiheit von jedermann, insofern diese nach einem allgemeinen Gesetz möglich ist« (VI, 230). Nur von einer Naturdetermination sei zu erwarten, dass vom Ganzen auf die Teile gewirkt werde, da unsere Entwürfe nur in den Teilen befangen blieben. So müssten die allseitige Gewalttätigkeit und die Not der Kriege und Verschwendung der Güter endlich ein Volk zur Entschließung bringen, in eine staatsbürgerliche Verfassung, international folglich in eine weltbürgerliche Verfassung zu treten (VIII, 310). Die Thematik der gesamtgesellschaftlichen Verantwortung ist offensichtlich vom Theorem der wechselseitigen individuellen Freiheitsrechte nicht zu erfüllen. Die elementaren Prämissen dafür sind ein soziales Kooperationspostulat, das der Kantschen, auf Individuen zugeschnittenen, staatsrechtlichen Gleichheitsidee fern liegt. Denn Kant schloss natürlich auch periodisches Zusammentreten einer verfassungsgebenden Urversammlung aus.

Im Zeitalter der Digitalisierung der Vergesellschaftungsprozesse erfahren wir, besser, überfährt uns eine rasante »Ästhetisierung der Lebensumwelt« (R. Bubner). Die Oberfläche verdeckt nicht nur, sie verzehrt die Tiefenstruktur. Die totale Industrialisierung bis zur Computerisierung des Privatlebens setzt mit starkem Affront neben den handelnden Menschen den reaktiven. Kann die Kantsche Rationalität mit ihrem diffizilen Begriff »kritischer« Methode den Erosionstendenzen des selbstbestimmten Willens standhalten? Alle Fragen der individuellen Emanzipation, überhaupt der Kantsche Begriff der Personalität des Subjekts auf der Basis des idealistischen Selbstbewusstseinsbegriffs, erscheinen auf weiten Feldern der heutigen Industrie und Verwaltung zu cleveren Anpassungsempfehlungen reduziert. Ein ökonomisch erfolgreiches Wirtschaftssystem, aber staatlich subventioniert, als sei es ein Hilfsfall, produziert mit der Warenfülle Ungleichheit, wie die Sommerhitze vertrocknetes Gras. Armut verzehrt die Menschenwürde. Nun scheint die Eigenart der Beziehung von theoretischer und praktischer Rationalität jetzt darin zu bestehen, dass die Realität detailliert dokumentiert ist, das Wissen aber nicht mehr auf eine verändernde soziale Kraft trifft. Kritisches Denken wird Notiz, als gäbe es so etwas wie allzu faktentreu zu sein.

Die neuen Kritik-Konzepte der postmodernen, antiintellektualistischen Denkweise P. Bourdieus, auch L. Boltanskis, wenden sich gerade wegen der alltagspraktischen Dekonstruktion des klassischen bürgerlichen Subjektbegriffs wieder zu einem empiristischen Handlungsverständnis. Die herrschaftskritische Funktion des subtil gegliederten intellektualistischen Praxisbegriffs der transzendentalen Methode wird abgewiesen, nicht nur als altväterliches Inventar der Philosophenstube. Sog. exklusive methodische Prinzipien soziologischer Theorien hätten

dogmatische Voraussetzungen eingeführt, die der Normalisierung von Herrschaft zuarbeiten (kritisch dazu R. Konersmann, Kritik ohne Subjekt, *Zeitschrift für Kulturphilosophie*, 2007, H. 2). Das spricht nicht so laut und kurzsichtig wie Sloterdijk gegen die sog. »Schmeichelsoziologie« von Habermas' kritischer Theorie. Für die gegenwärtigen philosophiehistorischen Erfordernisse wurde zutreffend gesagt, »ohne eine sozialwissenschaftliche Metaperspektive könnten bestimmte soziale Exklusionen zwar beobachtet, aber ihr Charakter nicht hinterfragt werden. […] Dagegen aufzubegehren bedarf es eines Begriffs von Subjektivität, der an deren [der kritischen Methode – G. I.] Autonomie und Selbstzweckhaftigkeit festhält, und zwar auch jenseits von sozialer Praxis. Ein solcher Begriff wäre zwar kritisierbar, aber nicht verhandelbar, und hat gerade, weil er als Kontrapunkt zur sozialen Realität gedacht ist, eine nur theoretische Objektivität« (M. Berger, »Kritik der kritischen Kritik«, Bibliographie). Aber die neue digitalisierte Integration der Individuen in die sich ihnen öffnenden gesamtgesellschaftlichen Prozesse bieten auch zu erobernde neue Perspektiven kooperierender Aktivität, die den z. Zt. überwiegenden Begriff des passiven, primär konsumtiv determinierten Menschen zu überschreiten auffordern.

Naturgesetz des Fortschritts und »geheime Kunst« des Selbstbewusstseins

Kants Sozialisierungstheorie, auf die juristischen und moralischen Handlungskriterien von Eigentümer-Individuen verkürzt, entwarf konsequent die Gegenseite eines Determinismus des Widersprüche bildenden und auflösenden sog. Naturgesetzes von Fortschritten, um eine gesamtgesellschaftliche Bewegung zu fassen, die dem aufrufenden, auf Zukunft bezogenen Postulat reiner praktischer Vernunft Realprozess zuordnen sollte. Es hat sich inzwischen zum Naturgesetz des Finanz- und Monopolkapitals geschärft, das die Herabdrückung persönlich freier Bürger zur permanenten Arbeitslosigkeit und zu den gering bezahlten Beschäftigten und »Aufstockern« der Dienstleistungsgewerbe im Gefolge hat. »Fragen wir nun: durch welche Mittel dieser immerwährende Fortschritt zum Besseren dürfte erhalten und auch wohl beschleunigt werden, so sieht man bald, dass dieser ins unermesslich Weite gehende Erfolg nicht sowohl davon abhangen werde, was *wir* tun …, sondern von dem, was die menschliche *Na-*

tur in uns tun wird, um uns in ein Gleis zu *nötigen*, in welches wir uns von selbst nicht leicht fügen würden.« Natur ist hier das Vermittlungsinteresse der Vernunft, als Gegenteil von Gewalt und Unterwerfung (VIII, 310). Kants hochgesinnte praktische Vernunft ist von skeptischem Blick geschärft – durchaus nicht umflort –, der Geduld üben lehrt und Bitterkeit ertragen lässt.

Wie kommt der vielstimmige Kant-Enthusiasmus mit dem Kantschen Theorem wechselseitiger Garantie individueller Freiheitsrechte als dem Mechanismus funktionierender Gesellschaft zurecht, dem doch von Kant selbst das Naturgesetz der Katastrophen als Lernzwang beigegeben wurde? Kants Naturalismus des Fortschrittsgesetzes durch Lösung angestauter Konflikte besitzt seine Pointe darin, dass es das ›Naturgesetz‹ der uns eingeschriebenen Vernunft sei, das uns am Ende zu Synthesen leite. Bei öffentlichem Vernunftgebrauch nämlich sei es »beinahe unausbleiblich«, dass ein Publikum sich selbst aufkläre; transzendentaler Idealismus ist der einer sich immer wieder selbst befreienden Menschheit. Kant gründete den Staat aufs Recht, nicht auf moralischen Normen, die private Pflichten des Menschen, nicht des Bürgers seien, und ebenso wenig auf religiösen Werten, die dem Gewissen der Person überlassen blieben. Politik allerdings konfrontierte Kant entschieden, nicht, wie gegenwärtig resignativ, mit moralischen Postulaten. Er sah die Freiheit des öffentlichen Worts schon als Gewähr für die Vermittlung von Politik und Moral. In der linguistisch begründeten Kommunikationstheorie kehrt das wieder. Wir sprechen, um uns argumentativ zu verständigen. Dazu wird doch, weniger polemisch als relativierend, auf unverzichtbare alteuropäische Traditionen kulturellen consensus in je realen zivilgesellschaftlichen, auch institutionell gestützten, Handlungsfeldern aufmerksam gemacht (H. Hofmann, »Repräsentation«, 1974 u. ö.). Außerdem bietet der fest umrissene Rahmen einklagbarer Verfassungsrechte noch immer Raum für sozialkritisches Denken und Engagement in der Gegenwart; ob auch für strukturelle Fortschritte gesamtgesellschaftlicher Verantwortung über die gigantische materielle Produktivkraft der heutigen Menschheit muss sich zeigen. Aus der umfangreichen Literatur zum Gegenwartsbezug Kants: Th. Gölling, Kants Menschenrechtsbegründung heute, in: *Kant und die Berliner Aufklärung, Akten des IX. Internationalen Kant-Kongresses*, 2001.

Weniger behandelt wird das innere philosophische Kernthema der Kantschen Philosophie. Deren Vernunftkritik wird getragen von der Hauptfrage:

Wie können denn die subjektiven Bedingungen des Denkens in uns objektive Gültigkeit haben, ja wie kann überhaupt das Ich, das denkt, von dem, das sich selbst anschaut, unterschieden werden und doch mit diesem einerlei sein? Es ist der Kern von Philosophie schlechthin, am eingehendsten gedacht in den mystischen Strömungen. Es ist bei Kant das eigentliche transzendentale Problem, nicht die Kategorientafel, um deren Vollständigkeit gestritten wurde, und nicht die metaphysische Deduktion der Grundbegriffe a priori, sondern: »[…] wie ich also sagen könne: *Ich*, als Intelligenz und *denkend* Subjekt, erkenne mich selbst als *gedachtes* Objekt, [das] hat nicht mehr, auch nicht weniger Schwierigkeit bei sich, als wie ich mir selbst überhaupt ein Objekt und zwar der Anschauung und innerer Wahrnehmungen sein könne« (KrV B, also 2. Aufl., 155; III, 122). »Dieser Schematismus unseres Verstandes in Ansehung der Erscheinungen und ihrer bloßen Form ist eine verborgene Kunst in den Tiefen der menschlichen Seele, deren wahre Handgriffe wir der Natur schwerlich jemals abraten und sie unverdeckt vor Augen legen werden« (B 180, III, 136).

Diesem Kern der Problemsphären von Philosophie schlechthin wird seltener nachgespürt. Es war für die Metaphysik der Kant-Zeit der vereinfachte und doch unheimliche Punkt des Unbewussten am Hauptbegriff des Selbstbewusstseins. Ein italienischer Autor hat es in einem Kant-Sammelband behandelt: Cl. la Rocca, »Unbewusstes und Bewusstsein bei Kant«. Am Beispiel der von Wolff, Baumgarten, Meier festgehaltenen, Leibnizschen kleinen oder dunklen Vorstellungen als chaotischen, Verwirrung stiftenden wird gezeigt, dass Kant zum Gedanken des unbewussten Wirkens von Vorstellungen im produktiven Sinne gelangte. Dadurch habe er zugleich die Gleichsetzung des Unbewussten mit dem Sinnlichen und dem Unbestimmten überwunden (S. 53). Am Thema wird hier gezeigt, dass Kants Fortschritte in der Thematik der petites perceptions als Vertiefer Wolffs nicht ohne Baumgarten und G. F. Meier, mit dem sich Kant eingehend beschäftigte, nicht völlig zu verstehen sei. Weiter sei auch fürs Verständnis der *Kritik der praktischen Vernunft* und der Moraltheorie Kants dessen Psychologie und Anthropologie wesentlich. Das Synthesis-Bewusstsein sei nicht ein Bewusstsein der Person von sich selbst, sondern das Wissen der Funktion, Vorstellungen zu verbinden. »Die Ich-denke-These […] behauptet also keine psychologische Tatsache, sondern eine strukturelle Möglichkeit« (61 f.; zit. n. M. Kugelstadt (Hg.), *Kant-Lektionen*, 2008).

Mitgehender Materialismus im Idealismus des Selbstbewusstseins und der Rechtsordnung der Privateigentümer

Ein Materialismus, wie bei körperlichem Greifen, geht in Kants Idealismus des Selbstbewusstseins mit. Es ist das von Eigentümern ihrer gegenständlichen Arbeit. Das Sachenrecht in der späten Rechtsmetaphysik (1797), oft verkannt als steifleinenes Alterswerk, ist eine der genialen Sachen dieses Aufklärers am Ende des absolutistischen 18. Jhs., das er als den Übergang ins bürgerliche 19. Jh. erkannte. Der Materialismus-Untergrund des Rechts durch Aneignung der Naturzweckmäßigkeit, die unserer Zwecktätigkeit entgegenkomme, wie Kant festhielt, der Materialismus eigener Arbeit der Person, er steckt schon im Anschauungsfundament alles Denkens, das bei ihm nicht ins Zentrum der *Kritik* gerückt wurde und etwa dogmatisch würde. »Wir können uns keine Linie denken, ohne sie in Gedanken zu *ziehen*, keinen Zirkel denken, ohne ihn zu *beschreiben*, [...] und selbst die Zeit nicht, indem wir im *Ziehen* einer geraden Linie (die die äußerlich figürliche Vorstellung der Zeit sein soll) bloß auf die Handlung der Synthesis des Mannigfaltigen [...] Acht zu haben« (III, 121). Unser figürlich geführtes Denk-Handeln, lautet das Wort für das noch gar nicht eingetretene Zeitalter der eine technische Welt erzeugenden Naturwissenschaften. Und zu ihm kann nur die freie Beweglichkeit der Privateigentümer-Atome gehören, die sich ihrer Realität versichern durch nicht mehr als einige wenige, gut definierte Rechtsgrundsätze. Das ist wie industrialisierte Arbeit: mit einem Minimum an kluger Konstruktion die unendliche Vielfalt des Produzierens maßgenau regeln. Die späte Rechtsphilosophie realisiert die feine Beweglichkeit der einander entgegenstehenden Glieder von Anschauung und Intellekt der *Kritik der reinen Vernunft* in der unendlichen Zahl gleicher Rechtsatome mit deren nicht ruhender Bewegung.

Zurückgetretene Aspekte der Kant-Interpretation

Sieht man auf die hohe Zahl der Studien zu Kant im Ganzen, so zeigt sich, dass das Interesse für die Grundkonstellation der Kantschen Weltanschauung zurück getreten ist, und das in doppelter Hinsicht. Nur wenige Arbeiten beschäftigen sich noch mit der Metaphysik-Thematik in Kants Transzendentalphilosophie. Das hatte bereits die Kant-Interpretation

des Neukantianismus eingeleitet. Kants transzendentale Metaphysik bildet den Kreis der Grundthemen dieser Philosophie, durch die sie sich von allen anderen Philosophien unterscheidet. Es ist im Kern die Synthesis-Funktion des Bewusstseins. Kant nannte sie die Einheit der Apperzeption. Alle Apperzeptionsstufen von der Apprehension der produktiven Einbildungskraft bis zu den Kategorien und den Ideen beruhen auf einer gegliederten, autonomen Bewusstseinsstruktur der menschlichen Gattung a priori. Sie ist die Fähigkeit zur Bildung rationaler und als solcher mitteilungsfähiger, argumentativer Figuren. Diesen rein säkularen Intellektualismus denkt Kant als Basis der Vergesellschaftung überhaupt, und fasst ihn, sehr weitgehend, als leitende Tendenz der Geschichtlichkeit der menschlichen Zivilisation. An der Kant-Forschungsstelle der Universität Trier wird an einem Forschungsprojekt zur Synthesis-Thematik gearbeitet.

Das Metaphysik-Problem bei Kant betrifft auch die Stellung der Kantschen Theorie in der Geschichte der europäischen Philosophie, und, auf die Zukunft des interkulturellen Dialogs einer kommenden Weltgesellschaft gesehen, auch darüber hinaus. Mit den Tendenzen zu einer einheitlichen Weltkultur werden ja die Charaktere der Philosophien in den unterschiedenen großen Kulturen der Völkergruppen in den Gesichtskreis treten. Dann können Kant und Platon, Albertus Magnus, Leibniz u. a. im übergreifenden theoretischen Bewegungsgang interpretiert und den orientalischen, asiatischen, afrikanischen Philosophien an die Seite gestellt werden. Das Handbuch hat thematische Bezüge zentraler Kant-Themen, eigentlich der Transzendentalphilosophie als einer spezifischen philosophischen Denkform, zu Aristoteles, Platon, Leibniz, Wolff bezeichnet. Es haben vielleicht manche jüngere Fachkollegen besser bemerkt als einige ältere. Zum Verhältnis von Transzendentalismus und politischer Theorie bei Kant: Th. Nawrath, »Interpersonale Sozialphilosophie. Grundlegung der Sozialwissenschaften im Paradigma Kants«, 2004; Ders., »Uranfänglicher Friede ist moralischer Fortschritt. Grundlinien zu einer Transzendentalphilosophie des interkulturellen Dialogs« (zu »Erscheinung« und »Ding an sich« zuletzt C. Friebe, s. Bibliographie).

Der andere zurückgetretene Gesichtspunkt im breiten Strom der Kant-Lektüre und Kant-Interpretation: Nur wenige Arbeiten beschäftigen sich mit der Soziologie der Transzendentalphilosophie, also mit einer weiter sehenden gesellschaftstheoretischen Interpretation. Die kapitalistische Warenproduktion – also die Produktion um der Wertbildung wegen, nicht primär für den Gebrauchswert – als herrschende Produktionsweise schafft ein eigenes, zunehmend versachlichtes Verhältnis der Produzenten zueinander und dieser insgesamt zu den Konsumenten. Es unterscheidet sich vom antiken und feudalen Produktionsverhältnis der Produzenten. Das prägt zentrale Aspekte des Subjekt- und des Weltbegriffs eines Zeitalters. Was findet sich davon in Kants markantem Begriff des selbstreflexiven Ich? Die Antwort auf Fragen dieser Art bezöge den Subjektbegriff Kants weiter zurück hinter die Aspekte der projektierten Rechts- und Staatsinstitutionen auf die gesamte Basis der kapitalistischen Produktionsweise, die sich von der antik europäischen, antik orientalischen und der feudalen unterschied. Der Verlegenheitsterminus der sog. »Moderne« reicht hier nicht zu.

Mit der Soziologie der Transzendentalphilosophie in diesem weiter greifenden Sinne sind speziellere Gesichtspunkte verbunden. Einer betrifft die sozialen Gruppen der ersten und sozusagen originären Kantianer, und zwar nicht nur der Akademiker, die sich zu entschließen vermochten, dem überlieferten Duktus des Denkens aufzukündigen, sondern des damaligen Lesepublikums für aktuelle Philosophie, also Wissenschaftler, Ärzte, protestantische Theologen, Staatsbeamte. N. Hinske, E. Lange und H. Schröpfer hatten dazu interessantes Material aus dem Jenaer Gelehrtenkreis der neunziger Jahre vorgelegt. Das andere Thema, die Abschaffung des glaubensgestützten feudalen Privilegs durch die bürgerliche ratio, führte vor die Frage: Wie vermögen wir uns dieser zu versichern? Kant beantwortete sie mit dem philosophischen Egalitarismus des Apriorismus. Ein kulturelles Vorab höchsten Grades. Kant dachte eine Kultur, eine Zivilisationsform, die es noch gar nicht gab. Seine Transzendentalphilosophie stellte einen prospektiven Entwurf dar, sowohl hinsichtlich der wirtschaftlichen Verkehrsformen, der rechtlichen Ordnung und überhaupt der Verständigungsweisen der Bürger über die Angelegenheiten öffentlichen Belangs. Enthält die transzendentallogische, streng formale Idealität ohne ontologische »Erdung« einen Bezug zum strengen rechtlichen Formalismus des sozialen Relationscharakters der Gesellschaft, mit dem der Individualismus allein als Basis der sozialen Gefüge durchführbar war? Sieht man auf die Kantschen Aussagen zur Analytik eines reinen Relationscharakters der Vergesellschaftung, die der Individualismus gleich einer sozialen Atomistik ermöglicht, so fallen zwei Aspekte ins Auge. Kant dachte eine Zivilisation konsequenter Individualisierung, und das war nur möglich unter der Voraussetzung mobilen Eigentums von Warenproduzenten, nicht mit der immobilen »Bindung aller Funktionen an den individueller Disposition entzogenen Grund und Boden« (H. Hofmann, s. u.). Dazu musste konsequent die strenge rechtliche Abgrenzung der Verbindungspunkte der so freien wie vom Gesetz ausnahmslos beherrschten Individuen treten. Hier war Hobbes ebenso Anreger der Kantschen »Modernität« wie Rousseau (vgl. St. May, »Kants Theorie des Staatsrechts zwischen dem Ideal des Hobbes und dem Bürgerbund Rousseaus«, 2002). Monographische staatsrechtliche Werke hatten das Kantsche Problem eines sog. »vereinigten Willens Aller«, also die republikanische Gleichheitsthematik, mit der Herrschaftsthematik verbunden. Kants gegen den Patrimonialstaat gerichtetes Repräsentationsprinzip »meint eine die Mitbestimmung verwirklichende« Verfassung, sieht sie aber vor allem als »Gesetzgebung und Gesetzesvollzug sondernde, institutionalisierte und auf diese Weise verlässliche wie durchsichtige Ordnung delegierter Kompetenzen.« Konsequent und merkwürdig genug begünstigte für Kant die Monarchie bei guter Beratung den wahren Republikanismus mehr als andere Staatsformen, und zwar dank des charakteristischen transzendentallogischen Formalismus, dass hier »das Personale der Staatsgewalt (die Zahl der Herrscher)« am kleinsten, seine »Repräsentation« dagegen besonders groß sei (H. Hofmann, *Repräsentation*, 1974, hier 4. Aufl., 2003, S. 413).

Kants analytisches Prinzip, mit einem Minimum generell anwendbarer Prämissen das Maximum spezieller Anforderungen zu bewältigen, schließt die Unbedingtheit der logischen Voraussetzungen ein. Dem dient Kants Apriorismus. Zu Kants Polemik gegen die »bloß empirische Rechtslehre«, von der »rechtsphilosophischen Urfrage« her nach der Richtigkeit, Gerechtigkeit oder Rechtlichkeit des Rechts, bezieht H. Hofmann den »heute weithin gängigen Rechtspositivismus« ein. Er fehle vor allem darin, dass er mit einem Wertrelativismus verbunden werde, »dass die Maßstäbe richtigen Rechts allemal subjektiv seien«. Kants Frage nach dem allgemeinen Kriterium, Recht von Unrecht zu unterscheiden, werde damit als unwissenschaftlich verworfen (H. Hofmann: »Einführung in die Rechts- und Staatsphilosophie«, 2000, S. 4 f.).

Hobbes' radikalem Individualismus des Bürgerbegriffs entspricht die analytische Konstruktion der auf einen Punkt konzentrierten absoluten Staatsmacht. Beim entschiedenem Republikanismus Kants stimmt das logische Muster mit Hobbes überein (vgl. H. Klenner, Essay zu Th. Hobbes, »Leviathan«, 1978).

Die materiale Basis des Individualismus beider unterscheidet sich freilich. Hobbes setzte materialistisch bei der naturhaften Körperlichkeit der Individuen an, im Grunde eine hohe Abstraktion der ökonomisch tätigen Interessehaftigkeit. Bei Kant ist der Naturzustand das analytisch elementare Rechtsverhältnis der Individuen. Das eigentlich Charakteristische und Fragwürdige der Konstruktionen bleibt der analytische Ausgangspunkt des Begriffs der unbedingten Individualität. Es geschieht für die Konstruktion des Warenproduzenten als des Bürgers. Doch zu rasche Polemik ist hier nicht angebracht. Denn in der schwer zu ertragenden, bei Hobbes für ursprünglich gesetzten Aggressivität der so fleißigen wie räuberischen Menschenatome gehen doch zwei große Prämissen mit. Alles soziale Geschehen folgt aus der Arbeit als dem tätigen Prinzip, unter dem der Mensch gefasst wird, nicht aus einem naturwüchsigen oder transzendenten Sein. Zum Zweiten wird in der Konstruktion von reiner Individualität und unbedingtem Gesetz die Vergesellschaftung des Menschen als das eigentliche Problem ausgesprochen (zur Rechtsphilosophie Kants vgl. zuletzt der Kommentar von B. Sh. Byrd und J. Hruschka, 2010 und Hruschka, 2015).

Kants Texte im Lichte gegenwärtiger Probleme lesen und kommentieren, es bringt Kontinuität in die Kant-Interpretation, so dass sie nicht im Sporadischen haften bleibt, und im Grunde niemals zu bestimmten Abschlüssen gelangt. Die Darstellungen einzelner Stücke der *Kritiken*, bei Kant doch nur die Methodentraktate, halten verwunderlich zahlreich an. Hier würde die erforderliche Transformation der Kantschen Prämissen, wie des Selbstbewusstseinsbegriffs, des Apriorismus, der Handlungs-Thematik in der Form reiner praktischer Vernunft, die heute gar nicht mehr in der Kantschen Fassung eingesetzt werden können, größeren Raum der Kant-Interpretation verdienen. Und weiter: Kant erkannte die absolute Monarchie seiner Zeit als einen Höhepunkt langer Reifung der Gesellschaft der Lehnsherrschaft und zugleich als deren Verfallszeit, an der er aber die Möglichkeit des darin angelegten Übergang zur zentralen Steuerung der Bürgergesellschaft suchte. So entwarf er in seiner Epoche das Rationalitätskonzept für eine kommende Zivilisation durch reformierenden Umbau der alten Staatsform. Passt das zum »Atomismus« seines Bürgerbegriffs? Hegel hatte für seinen Monarchiebegriff in progress eine andere soziale Strukturtheorie, und die Scheidung des »Systems der Bedürfnisse« als Unterbau von Recht und Staat. Sehen die heutigen Kant-Studien mit Kant

auch auf erforderliche Erneuerungen der gegenwärtigen kapitalistischen Gesellschaft, inzwischen auch langer Reifung? Denken sie eine zukünftige Zivilisation höherer Rationalität, wie es Kant vorgab, einer Zivilisation nicht nur innerbetrieblicher, sondern gesamtgesellschaftlicher Effizienz? Davon hängt viel für den Realismus der Bemühungen um Kants Werk ab, und die Problemsicht vermöchte recht direkt an Kants Gattungsbegriff anzuschließen. Die Kant-Interpretation verführt wohl auch etwas dazu, Philosophiegeschichte ohne sozialtheoretische Fragestellungen darzustellen.

Für die immer erforderlichen textimmanenten Detail-Interpretationen spricht schließlich die höchst diffizile Struktur des Kantschen Theoriegebäudes, das aus ineinander überleitenden Vermittlungen von Gegensätzen besteht. Kant suchte die im 18. Jh. einander zuwider laufenden Strömungen zu vermitteln. Dafür prägte er die Kontraste zwischen empirischen und intellektuellen Erkenntnis- und Handlungselementen stark aus. Das führte dazu, dass die Brückenglieder sichtbar wurden. Bei keiner der tragenden europäischen Philosophien treten die Konstruktionselemente so deutlich hervor, wie in Kants Konzeption einer transzendentallogischen Methodenlehre der *Kritiken*, den darauf aufbauenden Metaphysik-Grundlegungen (der Natur- und Kulturphilosophie), und schließlich den verschiedenen rechts- und geschichtsphilosophischen Anwendungen. Fragen, wie die Teile zueinander stimmen, ob die Übergänge plausibel seien, bleiben darum auch nach 200 Jahren Kant-Interpretation seit dem Jenaer Frühkantianismus noch zu erörtern. Ganz abgesehen davon, dass die offen liegenden Gliederungsstücke Gelegenheit bieten, einzelne Verbindungsstücke herauszuheben und mit sich darauf setzenden Interpretationen in eigene Kant-Lesarten einzufügen, die Kants Denken aus dessen originärem Sinngehalt auch herauslösen kann; Heideggers Interpretation der Theorie der produktiven Einbildungskraft, die bei Kant Begriffs- und Wahrnehmungssphäre verbindet, im Sinne einer frühen Hermeneutik des Daseins, bot ein charakteristisches Beispiel (Heidegger, *Kant und das Problem der Metaphysik*, 1929).

Bürgerliche Gesellschaft und Staat. Die »unsichtbare Hand« in der bürgerlichen Ökonomie

Unter den Kritik-Feldern Kants fehlt das sozial- und wirtschaftskritische, und Koslowskis präzise Untersuchung der Thematik bildet mit nur wenigen Arbeiten zur Thematik einen kleinen Kreis im weiten Feld der Kant-Literatur. Kants Vorstellungswelt im Hinblick auf ökonomische Themen war von der deutschen staatsrechtlichen Literatur und zugleich von der wirtschaftlichen Rückständigkeit der deutschen Staaten bestimmt. Der preußische Wirtschaftsminister Struensee hieß zwar Minister für Kommerz- und Fabrikwesen, es gab aber kaum wirkliche Fabriken, also mit Maschineneinsatz in einer Werkhalle konzentrierte Fertigung durch Lohnarbeiter. Freilich existierten auf dem Lande und in den Städten Verleger abhängig beschäftigter Handwerker. Hier gingen Vorteile der Arbeitsteilung mit der Entwicklung größerer handelskapitalistischer Vermögen zusammen. In der Behördensprache hießen damals Handwerker, Manufakturbesitzer und Verleger auch Fabrikanten. »Fabrik« meinte einfach jede Gewerbeart (J. Kulischer, *Allgemeine Wirtschaftsgeschichte*, 2. Bd., 1929, S. 146 f.). Der Übergang zur Gewerbefreiheit, der erst nach Kants Zeit erfolgte, brachte dann, nach den Aktionen der von den handelskapitalistischen Verlegern herab gedrückten Handwerker, auch in den deutschen Staaten mit der beginnenden Industrialisierung eine neue Periode sozialer Kämpfe. In Frankreich war die freie Gewerbezulassung 1791 erfolgt, unter den deutschen Staaten war Preußen mit dem Edikt zur Gewerbefreiheit von 1810 vorangegangen (H. Hausherr, *Wirtschaftsgeschichte der Neuzeit*, 1954; Preußen in der Epoche des Merkantilismus, S. 259 ff; Agrarreform und Industrialisierung in Deutschland, S. 376–406).

Ein Beispiel, um sich vor Augen zu führen, welche noch ganz elementaren ökonomischen Auflösungsprozesse und Neubildungen von Kapitalkonzentration ohne industrielle Perspektive sich zu Kants Zeit in den deutschen Städten vollzogen. Es ist der Punkt, den auch Kant kritisch zur projektierten Warenproduktion freier Privateigentümer genannt hatte. Guten Einblick bietet die frühe monopolkritische Analyse der Lage der Handwerker und der abhängig arbeitenden Schichten in der 1791 anonym erschienenen Schrift *Über den Verfall der Städte, insbesondere der chursächsischen*: »[N]un wende ich mich zur Bestimmung der Quellen, warum so viele Städte Deutschlands in neuen Zeiten in Verfall gerathen sind. Der Hauptgrund liegt ohnstreitig in dem *Mangel hinlänglicher bürgerlicher Nahrungszweige*. Es fehlt nicht leicht an Händen, die arbeiten können und arbeiten wollen, oder doch aus Noth arbeiten müssen; aber nicht selten fehlt es an solchen Arbeiten, welche mit einem angemessenen Lohne bezahlt werden. Der Tagelöhner, der Profeßioniste [hier Werkstatteigen-

tümer – G. I.] und der Künstler [Händler und Handwerker – G. I.] werden immer etwas zu verdienen finden; aber dieses Etwas – ist nur nicht zureichend, um davon ihre Bedürfnisse bestreiten zu können. Wollen sie Arbeit haben; so müssen sie diese oft so wohlfeil hingeben, daß sie kaum das trockne Brod, welches sie mit ihrer Familie aßen, davon bezahlen können. Der wahre Verfall aller städtischen Handthierungen liegt daher vorzüglich in der zu geringen Bezahlung der Arbeit.« »Der bemittelte Profeßioniste kauft die zu veredelnden Producte zur gelegenen Zeit, gegen baares Geld in großen Quantitäten, und erhält daher bessere Preiße. Ueberdies ernährt ihn auch die Menge der Arbeit, die er durch seine Gesellen und Lehrlinge fertigen lassen kann [...] Eine Stadt, in deren Mauern viele dergleichen Profeßionisten sich befinden, kann in wenigen Jahren in einen außerordentlichen Verfall gerathen. [...] so kann ihrem Emporkommen nichts gefährlicher werden, als wenn eine zu große Disproportion unter den verschiedenen Handwerkern entstehet« (Anonym [Carl Heinrich v. Römer]: *Über den Verfall der Städte, insbesondere der chursächsischen*, [Dresden] 1791, hier S. 14 f., 16 f.).

Kant sah manche ökonomische Prozesse kritisch, die der Lehnsherrschaft folgten. Im zweiten Teil der »Gemeinspruch«-Schrift (»Verhältnis der Theorie zur Praxis im Staatsrecht«) lassen sich solche ökonomische Auffassungen Kants erkennen. »Aus dieser Idee der Gleichheit der Menschen im gemeinen Wesen als Untertanen geht nun auch die Formel hervor: Jedes Glied desselben muss zu jeder Stufe eines Standes in demselben [...] gelangen dürfen, wozu ihn sein Talent, sein Fleiß und sein Glück bringen können; und es dürfen ihm seine Mituntertanen durch eine *erbliches* Prärogativ [...] nicht im Wege stehen, um ihn und seine Nachkommen unter demselben ewig niederzuhalten« (VIII, 292). Kant ordnete die Gleichheit wirtschaftlicher Freiheit freilich noch ganz in die Beendigung der Lehnsherrschaft und in die republikanische Aufhebung der Vererbung der Adelsvorrechte ein, fügte aber antimonopolistisch hinzu: Ungleichheit der Vermögen seien unvermeidlich: »nur nicht verhindern, dass diese (die persönlich freien Bürger – G. I.), wenn ihr Talent, ihr Fleiß und ihr Glück es ihnen möglich macht, sich nicht zu gleichen Umständen zu erheben befugt wären« (VI, 293). Generell dachte Kant ohne ökonomische Theorie. Haus-, Land- und Staatswirtschaft werden von der praktischen Philosophie ausgenommen, damit überhaupt von systematischer Theoriebildung: »[...] weil sie insgesamt nur Regeln der Geschicklichkeit, die mithin nur technisch-praktisch sind, enthalten«

(*Kritik der Urteilskraft*, Einleitung; V, 173). Ökonomischer Theorie wird hier, zur Zeit der physiokratischen und der Smithschen Ökonomie der Mitte des 18. Jhs., die Theoriewürdigkeit abgesprochen. Kant hielt sich damit im Horizont der deutschen Literatur des 18. Jhs., die überwiegend empirisch praktisch gehalten war. Es interessierte mehr die Technik-Geschichte (J. Beckmann, *Beyträge zur Geschichte der Erfindungen*, 5 Bde., 1780/1805).

In der französischen und englischen Literatur wurde die Struktur-Thematik bereits als Gliederung sozialer Klassen und Schichten beschrieben. Ad. Fergusons Entwurf einer Moralsoziologie entwickelte die Kapitalgesellschaft vom Problem der Arbeitsteilung her. Er enthielt bereits ein halbes Jahrhundert vor Sismondi die außerordentlichen Passagen über die mit der Entfaltung der »commercial society« vorauszusehenden sozialen Widersprüche. »Infolge der gewerblichen Entwicklung nimmt die Ungleichheit der Vermögen immer mehr zu und die Mehrzahl eines jeden Volkes wird durch die Notwendigkeit gezwungen […], jedes Talent, das sie besitzt anzuwenden.« Die Arbeitsteilung führe zur Vervollkommnung der Produkte, »doch am Ende dient sie in ihren äußersten Folgen gewissermaßen dazu, die Bande der Gesellschaft zu zerreißen […]« (A. Ferguson, *Abhandlung über die Geschichte der bürgerlichen Gesellschaft*, 1767, dtsch. sofort 1768, hier zit. Ausg. 1923, S. 305 f.). Ferguson behandelte zentrale Begriffe der bürgerlichen Gesellschaft als eigener Sphäre gegenüber dem Staat, so Wert, Preis, Handelsbilanz, Profit und überhaupt die Einkommensarten (Revenuen) der verschiedenen Klassen. Ad. Smith hatte daran angeschlossen. Kant kannte zweifellos Fergusons Werk (er sprach sich eingehend kritisch über dessen Moralphilosophie (1769) aus, die Garve übersetzt hatte (1772), und er wusste ebenso von Ad. Smith' Nationalökonomie (1776, dtsch. sogleich 1776/78). Die rechtsfähigen Individuen, die sich bei Kant zum (dem Prinzip nach) republikanischen Verfassungsstaat verbinden, sind die Warenproduzenten und Warenhändler. Die Thematik bis zu den sozialen Widersprüchen zu verfolgen, die mit der Entwicklung des Privatkapitals eintreten werden, erschien ihm vielleicht angesichts der in den deutschen Staaten anstehenden antifeudalen Erneuerung ablenkend. Das Leibeigenschaftsverhältnis bildete ihm nicht nur ein Unterwerfungs- und Gewaltverhältnis, es widersprach seinem Personbegriff schlechthin.

Kant hielt sein gesellschaftstheoretisches Denken innerhalb der wechselseitigen Rechtsgarantie persönlich freier Individuen. Gesondert davon befanden sich die politischen Rechte, die nur selbstverantwortlichen Eigentümern zustanden. Deren wechselseitige Interessen bildeten ihm die Stabilitätsgarantie einer sozialen Symmetrie. Kant dachte die Gesellschaft nicht als Struktur sozialer Klassen, sondern als Rechtsvertrag freier Eigentümer. Das Eigentum konstituiert die Person als rechtsfähiges Subjekt. Es muss also ein ursprünglicher gegenständlicher Akt der Aneignung der Natur vorausgesetzt werden. Im Weiteren bilden die Warenproduzenten die egalitäre rechtliche Struktur, da sie ihre Arbeitsleistung als Warentauscher realisieren müssen. »Derjenige nun, welcher das Stimmrecht in dieser Gesetzgebung hat, heißt ein Bürger […] die dazu erforderliche Qualität ist außer der natürlichen (dass es kein Kind, kein Weib sei) die einzige: dass er sein eigener Herr (sui juris) sei, mithin irgend ein Eigentum habe […], welches ihn ernährt […]« (VIII, 295). Zum Unterschied von aktivem und passivem Staatsbürger: »[…] jedermann, der nicht nach eigenem Betrieb, sondern nach der Verfügung anderer (außer der des Staates) genötigt ist, seine Existenz (Nahrung und Schutz) zu erhalten, entbehrt der bürgerlichen Persönlichkeit, und seine Existenz ist gleichsam nur Inhärenz« (§ 46 der *Metaphysischen Anfangsgründe der Rechtslehre*; VI, 314).

Dem Individualismus des Wirtschaftshandelns entsprach konsequent ein objektiver Determinismus des historischen Gesamtprozesses. Kant nennt ihn einen Naturvorgang, der die Motivationen der Individuen gerade wider deren Willen zwinge. Man muss sich hier nicht verführen, eine pauschale Verbindung zu Marx' Thematik der naturhaften Verdinglichung der gesellschaftlichen Produktionsverhältnisse im Wertbildungsprozess des Kapitals finden zu wollen (Marx, *Kapital*, Bd. III, 48. Kapitel). Denn bei genauem Zusehen besteht der Naturzwang bei Kant in der Unvermeidlichkeit der Vernunfteinsicht. Die »menschliche Natur« ist die zuletzt nur übrig bleibende vernünftige Besinnung auf die vermittelnde Lösung von Konfliktprozeduren.

Ein Aspekt des Naturbegriffs tritt bei Kant in anderem Zusammenhang und sogar in Verbindung mit dem Arbeitsbegriff ein. Naturprozess und menschliche Arbeit stellen teleologische Akte dar. Es sind nicht Prozesse der Zweckläufigkeit, sondern der Zweckmäßigkeit, also durchaus innerhalb rationeller Kausalauffassung gedacht. Der große, mittelbar ökonomische, Gedanke Kants besteht hier darin, dass gegenständliche Arbeitstätigkeit nur darum erfolgreich zu sein vermöchte, weil deren Zweckmäßigkeit sich derjenigen der äußeren Natur einfügen könne. Mit einer knappen Bemerkung sicherte Kant das fürs Ganze des »Naturplans der Weltgeschichte« gegen die Resignation ab, alle rechtlichen Bemühungen, moralischen Postulate und Glaubensbekenntnisse möchten scheitern, so dass wir uns wohl »am Ende für eine Hölle von Übeln in einem noch so gesitteten Zustande vorbereiteten«. Er fragte nämlich einfach, »ob es wohl vernünftig sei, Zweckmäßigkeit der Naturanstalt in Teilen und doch Zwecklosigkeit im Ganzen anzunehmen« (*Idee zu einer allgemeinen Geschichte in weltbürgerlicher Absicht*, 7. Satz; V, 25).

Von den sozialtheoretischen Auffassungen Kants noch zu drei Punkten. Kants Individualismus der wirtschaftsrechtlichen Struktur muss fürs Ganze ein Ausgleichspostulat als Stabilitätsgarantie entsprechen. Kant nimmt Fortschrittsprozess mit Wechsel von Störung und Wiederherstellung des Gleichgewichts an. Das hat nichts mit dem realen Zyklus von Wirtschaftskrisen zu tun bei kapitalistischer Gesellschaft, die sich dann auf ihren eigenen Grundlagen der Kapitalbewegung entwickelte. Kant dachte ein Bewegungsmodell der Gesellschaft des freien Kapitals, in dem jeder sein Interesse unter der Bedingung verfolge, ohne dem anderen Kapitaleigner letztlich zu schaden zu können. Innerhalb dieser Illusion geht der rationelle Gedanke mit, dass die Gesellschaft sich dann gleichsam wie Natur entfalte. Mit dem Verdinglichungstheorem der Feuerbach-Marxschen Geschichtsanthropologie hat das nichts zu tun. Es ist, wie gesagt, nach der philosophischen Seite Leibniz' Theorem der vorgeprägten universellen Harmonie, im eigentlichen ökonomischen Bezug aber eine deutsche Variante des Smithschen Gedankens der »unsichtbaren Hand«, die letztlich die Wohltaten industriellen Fortschritts auch den arbeitenden Klassen anteilig zu gute kommen lasse. Kants Sachgesetz des Fortschritts über individuelles Leiden bleibt dennoch in einem Punkt von Ad. Smith' englisch fromm auf Gottes Wirken anspielender Metapher unterschieden. Kant denkt die Synthesen durch letztendlichen Ausgleich schwerer Konflikte säkular. Auch hat die bei Smith auf Dauer harmonisierend wirkende Gesamttendenz apologetischen Zweck, den Kant gerade ausscheidet. Kant steht in diesem Punkt näher zum Materialismus der französischen Aufklärer. Bei Holbach, Helvétius findet sich neben dem Hohn auf die absolutistisch-kirchliche Allianz der beruhigende Konservativismus des Vertrauens auf die natürlichen Leidenschaften und Interessen des Menschen, die sich letztlich ausgleichen – nicht harmonisieren – werden.

Smith' Wort von der unsichtbaren Hand bildete ein klassisches liberales Theorem der frühindustriellen Periode, in der das Wertbildungsgesetz des Kapitals mit den Wirtschaftskrisen und der Verelendung der Arbeiterschaft die bisherigen Theorien von der Fortschrittsbahn, auf der sich die Menschheit befinde, obsolet werden ließ. Kant kennt es natürlich, nimmt es aber ganz aus der apologetischen Tendenz heraus, da er eben keine ökonomische Theorie entwickelt. Doch Smith hatte in seinem moralphilosophischen Werk (*The Theory of Moral Sentiments*), das 1759, also vor seiner klassischen ökonomischen Studie (*Inquiry into the Nature into the Causes of the Wealth of Nations*, 1776) erschien, auch unerschrocken eine neue Theorie der unausweichlichen Verbindung von Fortschritt und Verelendung präsentiert. Sie ging in diesem speziellen ökonomischen Aspekt über Kants Dialektik der Gegensätze und Leiden eröffnenden Fortschritte weit hinaus. Das Fatale bei Smith ist der letztlich harmonische Zusammenklang von steigendem Wohlstand und immer mitgehender Verelendung. Sein zentraler Drehpunkt war die anonyme Macht des Marktes, bei Kant kein Thema. Denn Kant dachte nur von den Eigentümer-Personen her, nicht mit Blick auf die objektive Markstruktur der Kapitalgesellschaft. Das Rationelle an Smith' zu weit tragender Metapher ist die Einsicht, dass ein gesamtgesellschaftlicher Ausgleich erforderlich wäre, aber bei marktwertorientierter Produktionsweise nicht möglich sei. In seiner Ökonomie bewältigt er das mit dem allgemeinen Produktivitätsfortschritt, der Teilhabe aller Klassen bewirke, wenngleich gestaffelt und zeitlich verzögert. Das Verelendungsproblem, großes Thema der ersten Jahrzehnte des 19. Jhs., war damit jedenfalls verdrängt.

Smith hatte das ausgleichende Geschehen darein gesetzt, dass letzten Endes jeder Bürger in den Genuss eines Anteils an der Verbesserung der Gütererzeugung gelangen werde. In seiner Moralphilosophie behandelte Smith den sozialen Antagonismus mit dem unverbindlichen Urteil gegen Luxuskritik. Es war das Thema, das Kant wiederholt von der zu seiner Zeit modernen politischen Ökonomie übernahm. Smith: »Der Ertrag des Bodens erhält zu allen Zeiten ungefähr jene Anzahl von Bewohnern, die er zu erhalten fähig ist. Nur dass die Reichen aus dem ganzen Haufen dasjenige auswählen, was das Kostbarste und ihnen Angenehmste ist. Sie verzehren wenig mehr als die Armen; trotz ihrer natürlichen Selbstsucht und Raubgier [...], obwohl der einzige Zweck, welchen sie durch die Arbeit all der Tausende, die sie beschäftigen, erreichen wollen, die Befriedigung ihrer eigenen eitlen und unersättlichen

Begierden ist [...]«. »Wie von einer unsichtbaren Hand werden sie dahin geführt, beinahe die gleiche Verteilung der zum Leben notwendigen Güter zu verwirklichen, die zustande gekommen wäre, wenn die Erde zu gleichen Teilen unter alle ihre Bewohner verteilt worden wäre« (Smith, *Theorie der ethischen Gefühle ...*, 4. T., 1. Kap.; 2. Bd., 1926, S. 316).

Ein anderer Punkt betrifft Kants unbedingt juristische, nicht moralische Orientierung der Gesellschaftsthematik. Das gelingt gerade durch die Einschränkung auf die reine Personalität der Privateigentümer, auch wenn die soziale Struktur der bürgerlichen Gesellschaft als solche nicht erfasst wird. »Die Unterscheidung von Rechts- und ethischen Pflichten ist von eminenter Bedeutung für Kants Staatstheorie« (P. Koslowski, *Staat und Gesellschaft bei Kant*, 1985, S. 29). Kant: »Die Tugendpflicht ist von der Rechtspflicht wesentlich darin unterschieden: dass zu dieser ein äußerer Zwang möglich ist, jene aber auf dem freien Selbstzwange allein beruht« (VI, 383). Rechtspflichten betreffen den Bürger, Tugendpflichten sind dem Menschen anheim gestellt. »Weh aber dem Gesetzgeber, der eine auf ethische Zwecke gerichtete Verfassung durch Zwang bewirken wollte!«, heißt es in der Religionsschrift (VI, 96).

Zum Dritten: Da der Privateigentümer auf Grund seiner Arbeit Rechtsgenosse ist, kann die Wohlfahrt der Bürger nicht zum Staatszweck gehören. Allein Arbeit ist die Grundlage der sozialen Existenz. »Schutzbefohlene« sollen unterstützt werden, im Ganzen aber werde sich die neue Zivilisation der freien Privateigentümer durch ursprüngliche Interessiertheit an Produktion und Warentausch und den dafür erforderlichen wechselseitigen Respekt erhalten und fortschreiten. Das Illusionäre solchen Formalismus liegt auf der Hand. Kant hielt sich jedoch mit Zukunftsaussagen sehr zurück. Er sprach über logische Bedingungen der Erfahrungsbildung, für historische Entwicklungen nur über Voraussetzungen möglicher progressiver, also synthetisierender Tendenzen. Die heutige Kant-Interpretation kann sich mit der Einforderung der ursprünglichen Kantschen Thesen nicht zufrieden geben.

Kant-Bezüge, Bedingungen und Grenzen

Von der Ästhetik her hatte 1993 ein Kant-Sammelband die Differenz zwischen den Kantschen und den gegenwärtigen Prämissen des Subjektbegriffs bezeichnet: »Angesichts unserer heutigen Konfrontation mit rasch und rascher sich ablösenden Moden, mit einer diesen Prozess anpeitschenden Werbung, der sinnlichen Reizüberflutung in Alltag und Freizeit wird die Unhaltbarkeit einer Auffassung evident, die von historisch unspezifischen Wahrnehmungs- und Denkstrukturen ausgeht. Mehr noch: Die Vorstellung von der exzeptionellen Erfahrung des singulären und partikulären Rezipienten ist heute anachronistisch geworden...« (H.-J. Ketzer, »Die Aktualität der Kantischen Ästhetik«, in: K.-H. Schwabe/M. Thom, s. Bibliographie, S. 146). Anders und doch ebenso entschieden hatte G. Böhme 1999 geurteilt. Kants *Kritik der Urteilskraft* von Grund auf zu verstehen, sei fast ein vergebliches Beginnen, aber mit dem Grund, weil die Kant-Interpretationen bei ihrem Überfluss, viele vorwiegend referierend und ohne Bezug zu aktualen Tendenzen der Künste, die heute veränderten ästhetischen Interessen und Wahrnehmungsweisen ignorierten.

Die möglichen Kant-Bezüge zur gegenwärtigen Industriegesellschaft enthalten noch einen Fragepunkt. Kants verfassungsrechtlicher Liberalismus basierte auf der Voraussetzung des selbst erarbeiteten Eigentums als Basis politischer Rechte. Die Verfassungsrechte der Eigentumslosen hatte Kant, wie gezeigt, derb beschnitten (s. a. I. Fetscher). Der Grund war nicht elitäre Demokratieverkürzung, sondern die Befürchtung, das politische Urteil abhängig Beschäftigter möchte manipulierbar sein von den Besitzenden. Kant wollte gerade der Monopolisierung der politischen Macht durch die Besitzenden entgegen wirken. Doch weiter: Was wird aus der Verfassung, wenn konstant ein bestimmter Teil der Bürger von der Arbeit ausgeschlossen bleibt, sie nicht mehr den Staat »bilden«, sondern von diesem ausgehalten werden, und also in der Konsequenz die Wahrnehmung der Bürgerrechte abnimmt? So missrät der anhaltende Prozess zunehmender Vergesellschaftung der Arbeit, der sich jetzt vor allem in der automatisierten und digitalen Transformation konventioneller industrieller Prozesse realisiert, zur Entgesellschaftung immer größerer Teile der Bevölkerungen. Das führt Folgen für die Diskrepanz zwischen den Rationalitätspostulaten und der sozialen und staatsrechtlichen Wirklichkeit herbei. Es fordert für die Kant-Interpretation distanzierte Reflexion und konkrete, den Kantschen Ansatz fortbildende Anschlüsse. Aufklärung ist wieder gefragt, und wird doch fragwürdig. Denn man weiß alles so statistisch genau, wie nie zuvor, aber denkt sich umso mehr fern von der »Umkehr der Denkart«, wie Kants Aufklärungspostulat lautete. Wie weit trägt die von Kant fa-

vorisierte verfassungsrechtliche Position des individuell freien Bürgers angesichts deren Diskrepanz zur
sozialrechtlichen Sphäre? Fichte hatte bereits um
1800 in genauerer Wahrnehmung der heraufziehen-
den ökonomischen Widersprüche der kapitalistischen Transformation der deutschen spätabsolutistischen Gesellschaft die transzendentale Methode neu
gefasst. Er dachte im Sinne der etwas später veröffentlichten Kritik der frühkapitalistischen Industrialisierung Sismondis.

Den gegenwärtigen Problemen der Bürgerrechte,
der vermittelnden Konfliktlösung, also der Friedens-
pflicht der Staaten, der gerechten Gestaltung der sich
real ausbildenden Weltgesellschaft, widmen sich allerdings viele Kant-Interpretationen und Kant-Kongresse, und das gehört zu deren besten Leistungen.
Im Februar 2015 erst veranstaltete die Kant-Forschungsstelle der Universität Mainz eine Konferenz
zum Thema »Kant und die Menschenrechte«. Es
kommt darauf an, dass nicht nur der verfassungsrechtliche Rahmen einer freiheitlichen Gesellschaft
mit Kant bestätigt, sondern die Differenz zwischen
diesem und der Realität bezeichnet werde, so dass
Kant-Interpretation sich als der kritische Denkstil
bewährt, den Kant selbst als der philosophischen
Kultur zugehörend verstand (guten Überblick der
Kant-Passagen für Anschlüsse gegenwärtiger sozialer und politischer Probleme gibt H. Nagl-Docekal,
Innere Freiheit, 2014, spez. T. II,1). Das natürliche
Interesse jeder jungen Generation für Aufrichtigkeit
des Lebensganges und für Gerechtigkeit in der Welt
wird den kritischen Duktus des originären Kantianismus und dessen Anwendungen aufnehmen. Den
Nationalwahn, notierte Kant, sehen die Regierungen
gerne, wohl heute einige auch in der Gestalt ihres
Anspruch auf Dominanz in sog. Interessensphären
rund um die Erdkugel. »Instinkte sind blind«, notierte Kant, sie müssen »durch Maximen der Vernunft ersetzt werden. Um deswillen ist dieser Nationalwahn auszurotten, an dessen stelle patriotism und
cosmopolitism treten muß« (XV, 2, 591).

Begriff und Terminus

Die sprachgeschichtlichen Verwurzelungen der zentralen Kantschen Termini bilden ein weites und
ebenso wesentliches Feld des Kant-Verstehens. Nur
über dieses hinweg kommt man zum Verständnis des
genauen Sinns und der systemtragenden Funktion
der Leitbegriffe Kants. Wie G. Tonelli in der Rezension von N. Hinskes *Kants Weg zur Transzendental-*

philosophie (1970) geschrieben hatte: »Die Länge
und peinliche Genauigkeit mancher Analysen können nur von denen getadelt werden, die die Schwierigkeit und Bedeutsamkeit solcher Probleme unterschätzen«. Tonelli war überzeugt von einer erforderlichen »Umwälzung der Kantforschung«, die »in einer unabsehbaren Zeit das Feld, den gegenwärtigen
Ansprüchen der Philologie und Begriffsgeschichte
gemäß, völlig neu begründen wird« (Kant-Studien
1971). Tonelli lag als Muster sicher die Bedeutung
der philologischen Kärrnerarbeit fürs Verständnis
der altgriechischen philosophischen Texte im Sinn.

Die *Geschichte der philosophischen Terminologie
im Umriss*, wie sie R. Eucken bereits 1879 vorgelegt
hatte, zeigte bereits den Wert sprachgeschichtlich
gerichteter philosophiehistorischer Untersuchungen
(die sprachgeschichtlichen Eröffnungen der Kapitel
bilden noch immer den Reiz seiner *Geistigen Strömungen der Gegenwart*, [3]1904). Eucken unterschied
in seinen »Vorbemerkungen« zwischen den Begriffen und den Begriffswörtern, und gab auch einen Abriss der Geschichte der Bemühungen um die Termini
unter den Philosophiehistorikern seit dem 17. Jh. Es
ist der älteste, von den Editions- und Interpretations-
initiativen der Humanisten begründete, Zweig der
linguistischen Beleuchtung philosophischer Probleme. Leitender Zweck war damals gewesen, Scho-
lastisches und Altklassisches in der Terminologie zu
trennen. Das hatte eine wichtige sprachgeschicht-
liche Voraussetzung für Wolffs Beginnen geboten,
eine feste lateinische und deutsche Terminologie für
die neuere Philosophie auszubilden und über enzyklopädisch konzipierte Schriften und verbindliche
Schriften auf dem Wege des Lehrvortrags auch generell durchzusetzen. An Kants Texten ist Wolffs Wirken auch darin zu erkennen, dass Kant immer wieder
seinen deutschen Termini die lateinischen in Klammern hinzufügt. Inzwischen bietet das *Historische
Wörterbuch der Philosophie* (13 Bde., 1971–2007)
einen enzyklopädischen Überblick der Begriffsgeschichte, und man erkennt hier deutlich die Eigenständigkeit des sprachhistorischen Zweigs gegenüber dem begriffshistorischen. Die Termini zu verfolgen, führt direkt zum kulturellen Gewebe einer
Periode, während der Überblick von Abfolge und
Wechsel der philosophischen Begriffe innerhalb des
je eingegrenzten Theoriefeldes bleiben. Die Terminologie öffnet die Philosophiegeschichtsschreibung
hin zu den literarischen, alltagssprachlichen, überhaupt kulturgeschichtlichen Motiven und Traditionen, die als die Eliassche »Idee« eines Zeitalters die
jeweiligen Theorien trägt.

Die empiristische Tradition der englischen Philosophie verfügte bereits seit dem 17. Jh. über terminologische Wörterbücher der Philosophie. C. L. Reinhold, einer der Kantianer der ersten Stunde, hatte, wie auch Fr. H. Jacobi, den Mangel einer »Kritik der Sprache« beklagt, und begann ein Verzeichnis des Verhältnisses von Denken und Sprechen anzulegen (*Grundlegung einer Synonymik für den allgemeinen Sprachgebrauch in den philosophischen Wissenschaften*, 1812). Das führte ganz in Kants Sinn zurück auf Chr. Wolff. Kant selbst überlagerte natürlich das Problem der Termini mit seinem Hauptinteresse, die verschiedenen Stufen sog. sinnlicher und begrifflicher Leistungen, theoretischer und praktischer Intellektualität abzugrenzen und zueinander in Beziehung zu setzen, um seine diffizilen und oft neuen Begriffsbestimmungen theoretisch zu fixieren. Die Differenz von Terminologie und Begriffsgebrauch war ihm durch Locke bewusst. »Allein wir achten so wenig der Worte, wenn wir sie in concreto anwenden, dass, wenn der Gedanke verschieden ist, ob wir gleich uns einerley Worte bedienen« (Reflexionen zur Anthropologie, XV, 1, 160). Davon unterschieden hielt er eine »transzendentale Topik« als das Verfahren, »jedem Begriff nach Verschiedenheit seines Gebrauchs« seine Stelle zu bestimmen, und die Regel, »diesen Ort allen Begriffen zu bestimmen« (III, 219). Kants transzendentallogische Neu-Begründung der Metaphysik-Tradition erforderte genaue Begriffsbestimmung und präzise Begriffsverwendung. Im Blick auf die eigene neue Terminologie notierte er einmal: »Das Unglück auch ohne seine Schuld in philosophischen Vorträgen misverstanden zu werden trift eigentlich nur diejenige welche eine Idee zum Ziele haben und zwar in derjenigen engeren Bedeutung in welcher ich anderwerts vorgeschlagen habe dieses Wort jederzeit zu brauchen« (XXI, 2,75).

Die Frage wäre zu erörtern, wo Kant mit konservativer Terminologie (seiner Metaphysik-Vorlagen Meiers u. a.) eine kulturell erneuernde Begriffswelt geschaffen habe, und wo die terminologischen Neuerungen durch Bedeutungswandel tradierter Begriffe überwiegen möchten. Kant hatte die philosophische Begriffswelt der Metaphysik zur wieder frei liegenden« sprachlichen Struktur geöffnet. Das beförderte das Beginnen der jungen Generation, mit veränderten, auch sehr erweiterten Begriffsbedeutungen zu Umbildungen der transzendentalen Methode zu schreiten. Verschiedene Richtungen schließen an: Fichte, Schelling, sozial psychologisierend Fries, aristotelisch antikisierend Trendelenburg. Überhaupt lag darin für die Kant-Nachfolge das hohe Anschlussniveau der Kantschen Philosophie, bis hin zu den neukantianischen Varianten, die selbst weit auseinander strebten (vgl. N. Hinske, »Kants Anverwandlung des ursprünglichen Sinnes von ›Idee‹«, u. a. Kapitel in Hinskes *Zwischen Aufklärung und Vernunftkritik. Studien zum Kantschen Logikcorpus*, 1998; Ders., »Kants neue Terminologie und ihre alten Quellen«, *Kant-Studien*, 65 (1974) 68–85; Ders., »Zum Wortgebrauch von Aufklärung im ›Neuen Organon‹«, *Archiv für Begriffsgeschichte* 24 (1980) 135 f.).

Formale und materiale Aspekte in Kants Theorie

Es gibt weitere zurückstehende Themen der Kant-Interpretation. Eines betrifft Kants Teilung von logisch formaler, nur propädeutischer, und materialer Thematik der Philosophie. Es war ein weites Feld, was bei ihm nicht Transzendentalphilosophie war: »Die metaphysick, so fern sie weiter als die reinen Grundsätze des Verstandes in Ansehung der Erfahrung Gehen will, hat durchaus keinen andern als negativen Gebrauch, so wohl in Ansehung der Natur der Korperlichen und Denkenden, als in Beziehung dessen, was ienseit oder über die Natur ist« (XVIII, 96). Der leitende Gesichtspunkt aller Exegesen der *Kritiken* sollte überhaupt darauf zielen, dass die transzendentallogische Formenlehre nur in der Beziehung auf die realen empirischen Wahrnehmungs, bzw. Handlungselemente gedacht ist. Kant hat – im Unterschied zu seinem Nachfolger Fichte – die diffizile kategoriale Struktur des Selbstbewusstseins und dessen Verbindungsschritte über Anschauungsschemata Raum, Zeit und Gegenständlichkeit von Objekten eingehend dargestellt. Aber das alles ist nur in Beziehung auf die Konstituierung der Wahrnehmungs- und Motivationsmassen zu Erfahrung, bzw. zu einem selbstbewussten Willen, entworfen. Kants Selbstbewusstseinsbegriff repräsentiert eine Verhältnisbestimmung, eine Relation zweier einander entgegen gesetzter Glieder.

So gibt es auch außer der staatsrechtlichen und völkerrechtlichen Thematik eine Reihe von materialen Kant-Themen, die zurückstehen. In einigen Arbeiten hat B. Himmelmann den zu Unrecht gering geschätzten Glücksbegriff in Kants Ethik dargestellt. Sie folgte früheren Studien N. Hinskes. Kant bezog den Glücksbegriff, anders als die englische empiristische Theorie der sog. Glückseligkeit (blissfulness), mit Selbstverständlichkeit auf die Individuen und im Ganzen des geschichtlichen Ganges auch auf den Gattungsprozess: »Man kann auch blind und ohne Plan in der cultur fortgehen, und die Natur hat dieses auch nicht unserer Wahl überlassen. Sind wir aber damit beynahe zu Ende, so muß ein Plan gemacht werden: der Erziehung, der Regierung, der Religion, darin Glückseeligkeit und Moral den Beziehungspunct ausmachen« (XV, 2, 896). Kants Polemik gegen die sensualistische Ethik richtete sich gegen die unmethodische Vermischung von empirisch materialem Glücksbegriff und theoretisch formalem Entwicklungsgedanken der Zivilisation. Kant setzte Rousseaus staatsrechtliches Konstrukt gleicher Individuen als Verfassungsprämisse in die Tendenz der geschichtlichen Entwicklung der Menschheit. Darum nur hatte er gesagt, eine empirisch-materiale Prämisse der Praxistheorie sei »der Irrtum, der, wenn man ihn einschleichen ließe, alle Moral vertilgen und nichts als die Glückseligkeits-Maxime, die eigentlich gar kein objektives Prinzip haben kann (weil sie nach Verschiedenheit der Subjekte verschieden ist), übrig lassen würde [...]« (VIII, 395). Doch Kants Argumentation wurde bereits von der folgenden Generation überschritten, denn der emanzipative gesellschaftliche Gehalt des individuellen Glücksanspruchs trat bei Kant zurück.

Zielgenaue und zielgenau verändernde Lesart

Anderen Weg gehen uminterpretierende Lesarten Kantscher Problemfassungen. Heideggers *Kant und das Problem der Metaphysik* (1929) war damit folgenreich gewesen, weil er das mit einer Verschiebung des Zentralpunktes der *Kritik der reinen Vernunft* von der logischen Einheit des Bewusstseins zum Schematismus der reinen Verstandesbegriffe (III, 133 ff.) und dessen Verbindungsleistung zwischen Rationalität und lebensweltlicher Anschauung unternommen hatte. Heidegger hatte, anders als Kants logische Ontologie-Widerlegung, die Phänomenologie als »die Wissenschaft vom Seienden – Ontologie« eingeführt. Er begründete das von einer »Phänomenologie des Daseins« her als dessen verstehender »Auslegung« mit dem »Kardinalproblem, der Frage nach dem Sinn von Sein überhaupt« (Heidegger, *Sein und Zeit*, 1927, S. 37). Damit war der intellektualistische Duktus der kulturellen Fragestellungen gebrochen, für den Kant die transzendentallogische Methode an die Stelle der Seinslehre der

Metaphysik gesetzt hatte. Die phänomenologischen und lebensphilosophischen Kant-Interpretationen, insbesondere französische Arbeiten (Merleau-Ponty, Levinas, zuletzt J. Benoist) setzen dabei wieder an. Benoists »retour à Kant« geht vom Primat der Eigenständigkeit der ästhetischen Weltbildung, der Sinnlichkeit schlechthin aus, die sich in der transzendentallogischen Methode nicht auflösen lasse (J. Benoist, Kant et les limites de la synthèse, 1996). Das hatte Kant auch nie gedacht. Er hatte aber die Komplexität der Vermittlung von alltagspraktischem Erleben und methodischen Prämissen eines kritischen Selbstverständnisses der sozialen, rechtlichen und moralischen Konstellation seines Zeitalters dargestellt. Das schließt kritisches Bewusstsein im Medium ästhetischer Bilder und Texte ein. Kant erkannte die sog. gesunde Vernunft, ebenso deren sensus communis im Zusammenhang seiner Unterscheidung von Organon und Doktrin in der Moralphilosophie sehr wohl an. »Der sensus communis macht allgemeine Gesetze aus einzelnen Erfahrungen [...] In der Moral wird die allgemeine regel auch nur von dem, was wir in einzelnen fällen urtheilen, abstrahirt, und die allgemeine regel wird in jeder Anwendung nicht blind befolgt, sondern geprüft und oft verbessert. [...] Die logic über die Regeln und schranken der Gesunden Vernunft ist ein organon, aber die moral ist eine doctrin. Nun ist die Gesunde Vernunft in der Moral nicht empirisch, aber doch wird in ihr das allgemeine in abstracto nur durch das allgemeine in concreto betrachtet festgesetzt« (Reflexionen zur Logik, XVI, 16 f.).

Der kategorische Imperativ stellt die idealistisch verkürzte logische Formel der Bindung des individuellen rechtlichen und moralischen Verhaltens an die Menschengattung dar; eigentlich ein ins Logische gesetztes Rousseausches Egalitätsprinzip. Aber Kant nimmt die Spannung von volonté général und volonté des tous auf in der Distanz zwischen transzendentallogischem Prinzip und interessegebundenem empirischem Verhalten. Die Verbindung des Getrennten führte Kant als Entwicklungsgedanken aus. Er schuf damit für zwei aufklärerische Leitthemen eine logische Basis: für die im aufklärerischen Reformdenken zentrale Erziehungsidee der damals neueren (z. B. der philantropinischen) Pädagogik und für das geschichtliche Perfektibilitätstheorem. Die weite Kluft zwischen Logik und Empirie trägt die skeptische Zurückhaltung dieser Aufklärung aus der bescheidenen deutschen Bürgerstube gegenüber dem aristokratisch hochgestimmten Optimismus in Frankreich. Kant fügte dem vorindustriellen Fortschrittsgedanken seines Jahrhunderts ein Erbe des Skeptizismus vom vorangegangenen Jahrhundert der Religionszweifel und Religionskämpfe hinzu, auch die stille Bedachtsamkeit der pietistischen Frömmigkeit. Diese Zusammenhänge an Hand der Kantschen Texte, vor allem auch der privaten Reflexionen und Briefe, zu erhellen, es tritt im Hochbetrieb der Kant-Literatur zurück.

Ein anderer Punkt: Kants konzentrierter und zugleich weit ausladender Selbstbewusstseinsbegriff in der Spannung von apriorischer Spontaneität und psychologischen, überhaupt den empirisch handlungsorientierten Bezügen verbindet für die Praxisthematik die individuelle Entscheidungssphäre mit einer Universalisierungstendenz. »Denn […] zum Skandal der Philosophie [wird] nicht selten vorgeschützt, dass, was in ihr richtig sein mag, doch für die Praxis ungültig sei«, »ein Weisheitsdünkel mit Maulwurfsaugen« (VIII, 277). Diese Aspekte der methodischen Struktur der Kantschen Philosophie, der Zweck, das Große, die Schranken der bei Kant dominierenden Zweiteilung, deren Bezug zu den Bauplänen der vorhergehenden neuzeitlichen Philosophien, das alles wird seltener als Problem gesehen und wenig behandelt. Es wäre aufschlussreich für die zu beurteilende Qualität gegenwärtiger Fragestellungen, die mit Kant-Aussagen verbunden werden; darüber hinaus fürs kritische Verständnis der Geschichte der Kant-Interpretation überhaupt, speziell für den kulturellen Charakter des Neukantianismus am Ende des 19. Jhs., der sich ebenfalls in verschiedenen Linien entwickelte. Das Auffallende war hier die Trennung einer naturwissenschaftlich und engagiert sozialliberalen und einer werttheoretisch und kulturtypologisch orientierten Richtung gewesen (Lange, Cohen, Natorp – Windelband, Rickert, Lask). Auf der Hand liegt ja, dass der logische Positivismus und ebenso die sprachanalytische Propädeutik der Philosophie der Kantschen Organon-Doktrin-Scheidung nahe sind. Überhaupt ist das Strukturproblem philosophischer Theorie, das bei Husserl, Cohen, Cassirer, Nic. Hartmann und selbst bei Wittgenstein noch ein Thema gewesen war, gegenüber der sich anbietenden Vielfalt zeitnaher Fragestellungen sehr zurückgetreten (zum Neukantianismus zuletzt M. Heinz / Chr. Krijnen).

Interessante Variationen durchziehen die Geschichte der Kant-Auslegung. Wie aus einem Bühnenhintergrund tauchen bis in die Gegenwart von Kant widerlegte spekulative, auch lebensphilosophische Figuren wieder auf, und bieten dem Gedanken, dass es theoretischen Fortschritt doch auch in der Philosophie geben müsse, eine harte Nuss. Die frühesten Kritiken richteten sich gegen Kants Verabschiedung der Schulmetaphysik, nach einer anderen Seite des erfahrungspraktisch orientierten Empirismus (in Deutschland Garve, Nicolai). Der ersten Fronde war Kant noch selbst entgegen getreten. Es handelte sich um den Angriff der Schulmetaphysik durch Joh. Aug. Eberhard (1739–1809), einen für seine Zeit guten ästhetischen und philosophiehistorischen Autor, in dessen Berliner Jahren dem Gesprächskreis um Nicolai und Mendelssohn zugehörend, und ab 1778 Philosophieprofessor in Halle, der zentralen preußischen Universität. Aber er hatte begonnen, zwei Zeitschriften zur Bekämpfung der Kantschen Philosophie herauszugeben, *Das philosophische Magazin* (4 Bde., 1787/95) und ein *Philosophisches Archiv* (2 Bde., 1793/95), betrieb also die Kant-Kritik kampagnemäßig. Leitgedanke war die vermeintlich so ungelungene wie überflüssige Ontologie-Kritik Kants, also Kants Grundanliegen der transzendentalen Logik. Kant veröffentlichte darum gleich 1790 seine von betonter Überlegenheit geführte Polemik *Über eine Entdeckung, nach der alle Kritik der reinen Vernunft durch eine ältere entbehrlich gemacht werden soll.*

Wenig beachtet blieb immer die noch in der Gegenwart wiederkehrende Kant-Kritik A. Trendenlenburgs (1802–1872), die sich leicht in die Weise von Kant-Interpretationen einprägen lässt. Trendelenburgs *Logische Untersuchungen* (2 Bde., 1840) waren mehr noch als gegen Hegels Dialektik gegen Kants Aushebelung der ontologischen Metaphysik gerichtet gewesen, und zwar wegen deren weltanschaulicher Konsequenz. Kant hatte den ontologisch gegenständlichen Weltbegriff als eine Hybrid-Verbindung von alltagspraktischer Wirklichkeitsvorstellung und subjektfreiem Seinskonstrukt der Metaphysik kritisiert. Den Gottesbegriff konzentrierte er auf ein Postulat der praktischen Vernunft. Für den theoretischen Verstand ist er ein regulatives Als-Ob-Prinzip der Einheitsprämisse der wahrnehmbaren Welt, keine »Behauptung einer an sich notwendigen Existenz« (III, 412 f.). Trendelenburg kehrte ungeniert von der moralisch-praktischen Idee unendlicher Vollkommenheit und deren pädagogischer Verhaftung bei Kant zur einfachen ontologischen Prämisse zurück, schon jede theoretische Erkenntnis setze ein alles Erkennbare zusammenhaltendes Totum voraus. Es ist nichts als die eingeschobene Behauptung, ein Totalitätsbegriff gehöre als Prämisse zu jedem einzelnen Gegenstandsbegriff. Da dieser schon uns gleichsam anstrahle in der Erwartung fortschreitender

Einsichten, müsse er überhöht werden zum Gottesbegriff, also anthropomorph gefasst werden. Die Zuversicht, jede erreichte Erkenntnis überschreiten zu können, »wäre ein Widerspruch, wenn nicht in den Dingen Denkbares, im Wirklichen Wahrheit vorausgesetzt würde. Alles Denken wäre ein Spiel des Zufalls oder eine Kühnheit der Verzweiflung, wenn nicht Gott, die Wahrheit, dem Denken und den Dingen als gemeinsamer Ursprung und als gemeinsames Band zu Grunde läge« (Trendenlenburg, *Logische Untersuchungen*, 2. Bd., 1840, S. 342).

Probleme oder Themen

Bewährt sich die von Kant geschaffene Gestalt des funktionalen und zugleich personalen Intellektualismus vor den gegenwärtigen Prozessen der Vergesellschaftung der Arbeitsbedingungen der Produzenten, die bereits bis hin zu latenter Unsichtbarkeit der Person hinter den sich scheinbar verselbständigenden, automatisierten Arbeitsabläufen reichen? Das scheinbare Verschwinden der Person im hochtechnisierten Arbeitsprozess, im gleichen Zuge mit der Masse der immer derselben Produkte, es stellt einen schwerwiegenderen Vorgang dar, als die viel beklagte Schädigung der Privatsphäre durch unvorsichtige mail-Unterhaltung. Eine kaleidoskopartige Verwürfelung der Wahrnehmungswelten und der Aktivitäten der Individuen im Malstrom der industriellen Produktionsvorgänge und in der aufdringlichen Zirkulationssphäre vollzieht sich an den Personen; Eindimensionalität (H. Marcuse) und Vervielfältigung der Personalität der Subjekte. Das intensiviert sich zur Frage, was ist »Ich« und was »Nicht-Ich« in mir.

Doch zu viele Kant-Exegesen konzentrieren sich noch immer auf die Bezüge der einzelnen Text-Abschnitte der Werke zueinander oder spalten gar serienweise die Interpretation eines Werks auf zehn oder mehr »auslegende« Autoren auf. Die konkreten Gedankenentwicklungen Kants und deren Bezüge zur Realität damals und heute stehen dann zurück. Auf der anderen Seite finden sich Interpretationen, die den intellektualistischen Universalismus Kants zugunsten materialer moralischer, auch ästhetischer Themen zurücktreten lassen. Doch im logischen Universalismus ist der geschichtliche Gehalt der Transzendentalphilosophie, sind die für Kant zwingenden Postulate der gesellschaftlichen Reform gegeben. Zum weniger Beachteten gehören z. B. die Verbindungen des Kantschen Denkens mit wesentlichen Autoren der Zeit, und die aufschlussreichen

Umbildungen von deren Theorie und Terminologie (Wolff, Baumgarten, Lambert, Meier, Achenwall u. v. A.). N. Hinskes *Kant als Herausforderung an die Gegenwart* (schon 1980), dessen *Zwischen Aufklärung und Vernunftkritik. Studien zu Kants Logikcorpus* (1998) sind wenige Arbeiten nachgefolgt. Das Thema weitet sich zu den Bezügen Kants auf charakteristische Anschauungen des 18. Jhs. Kant besaß hohes Bewusstsein der kulturellen Funktion, des öffnenden oder stagnierenden gesellschaftlichen Gehalts, der philosophischen Theorie, und er steigerte das zu einem fast träumerischen Wunsch. Er meinte nach dem Erscheinen der *Kritik der reinen Vernunft*, die für die Philosophie »eine gänzliche Veränderung der Denkungsart« bewirken werde, möchte ein kleiner Kreis von Fachleuten seine Arbeit vor der Hand aussetzen, alles Bisherige für ungeschehen ansehen, und mit der Frage neu beginnen, ob und wie Philosophie als Wissenschaft möglich sei (vgl. im Handbuch S. 260; Kant IV, 255, ebenso an M. Herz, X, 252).

Eine andere zurück stehende Thematik ist die Beziehung der letzten transzendentallogischen Formbestimmungen seiner beiden Zweige reiner Philosophie zu den konkreten Themen z. B. seiner Rechts- und Moralphilosophie. Kategorischer Imperativ, moralischer Pflichtbegriff, ›Neigungen‹ und Glücksbegriff sind in Kants Rechtsverständnis und Ethik nicht zu trennen. Der kategorische Imperativ bedeutet, analog der Mathematik in Naturwissenschaften und Technik, das unendlich Genaue für die Idee der Identität von Individuum und Gattung. Für Kants Moralphilosophie ist zur transzendentalen Methode ebenso die in den Vorlesungen dargelegte konkrete Ethik der lebensweltlich gegenständlichen und emotionalen Verhaltensweisen zu sehen. Kant hielt über 41 Jahre Vorlesungen (vgl. Handbuch S. 474), kein geringer Teil also des Gesamtwerks. Welche Funktionen besaß die methodische Trennung der Aspekte des unendlich Genauen (d. i. des transzendentallogischen Apriori) und des empirisch »Gegebenen«? Das führt über das Verhältnis von mathematischen und empirisch beobachtenden Naturwissenschaften aufs Verhältnis der beiden Kantschen Theorieebenen zum aufklärerischen Denken der Zeit. Er sah es als von hohem Anspruch getragen, aber in sich theoretisch unfertig. In diesem Zusammenhang befindet sich der eigentümliche Wesenszug der Kantschen Philosophie als einer in fortgehenden Stufungen gehaltenen komplexen Vermittlungsstruktur zwischen methodischen Prämissen und materialen Gehalten der philosophischen Theorie. Da er zum empirisch gegebenen Verhalten auch die gegenständliche Arbeitstätigkeit als Eigentumsbildung zählte, stellte Kants methodische Trennung den frühen Ansatz einer spezifischen Fassung einer Basis-Sphäre der bürgerlichen Gesellschaft und des Erfordernisses von deren Einbindung in übergreifende Belange der sozialen Genesis der Menschheit dar.

Kants Intensität der Abtrennung beider Sphären, die entschiedene Kritik der von ihm sog. sinnlich naturhaften Steuerung des Menschen, wurde auch von religiösen Motiven beeinflusst. Aber die Soziologie der Sinnlichkeitskritik bestand in der Kritik des Lebensideals des absolutistischen Herrenstandes. Im weiteren zielte sie bereits als realistisch-kritische Auffassung der frühbürgerlichen kapitalistischen Gesellschaft gegen die beschränkte individualistische Motivationsform übergreifender gesellschaftlicher Prozesse, so dass spezifische soziale Interessen mit inadäquater methodischer Generalisierung als gesamtgesellschaftliche vertreten würden. In der späten, für Kants methodische Stufung aufschlussreichen Abhandlung *Über den Gemeinspruch: Das mag in der Theorie richtig sein, taugt aber nicht für die Praxis* (1793) hatte Kant seine bevorzugte Teilungsmethode von logischer Abstraktion und Erfahrungsbereich gegen seine »spruchreichen und tatleeren Zeiten« verteidigt. Die methodische Struktur, die Kant seiner Philosophie gegeben hatte, war also zugleich kritisch gegen bourgeoise Selbstverklärung gerichtet gewesen. Kants Sinnlichkeitskritik enthält Bourgeoiskritik, speziell der ideologischen Darstellung des privatwirtschaftlichen Antriebs als mit dem gesamtgesellschaftlichen Interesse identischen Prozesses. Daraus ergab sich das spezifische Kantsche Niveau des aufklärerischen Personalismus der Freiheit. Im eingetretenen Stadium machtvoller Konzentration des großindustriellen Eigentums gewinnt das für die Kant-Interpretation neuen Zug. Die Verwischung des Unterschieds von Recht und Moral in Kants Praxisbegriff steht dem entgegen, etwa die Annahme sog. »moralisch-rechtlicher« Grundsätze, eigentlich »hybrider Begriffe«, wie zutreffend gesagt wurde. Das verunklart Kants präzise Linienführung in der Rechtsphilosophie (vgl. G. Geismanns Rezensionen einiger Schriften zu Kant).

Interessant ist für Urteile über Kant, wie Fichte seine Umbildung des Selbstbewusstseinsbegriffs, zu dem des Ich gewonnen hatte. Das transzendentallogische Ich ist von vornherein als eine Relation, ein Funktionsgefüge des Handelns gefasst, da der Ich-Begriff den Objektbegriff voraussetzt und umgekehrt. Es ist zugleich die Neufassung der transzendentalen Logik als einer der sozialisierenden Aktivi-

tät. Die sozialen und politischen Reformpostulate, für deren philosophische Begründung die transzendentale Logik zur Wissenschaftslehre umgestaltet worden war, traten noch in Kants späten Jahren dem Smithschen werttheoretischen Programm von industry and thrift entgegen. Sismondische Kritik im Horizont der Gebrauchswert bildenden Arbeit und der zu bewahrenden sozialen Funktion der lebendigen Arbeitskraft wurde hier Thema der Transzendentalphilosophie. Fichte: »Es entsteht ein endloser Krieg aller im handelnden Publikum gegen alle, als Krieg zwischen Käufern und Verkäufern [...]« Das individualistische Handelssystem verkehre sich mit den immer ansteigenden Bedürfnissen »in das schreiendste Unrecht, und in eine Quelle großen Elendes« (Fichte, *Der geschloßene Handelsstaat*, Fichte's sämmtliche Werke (Imm. H. Fichte), Berlin 1845/6, 3. Bd., 2. Buch, 3. Kap., S. 457 f.; zwei Nachdrucke dieser Ausgabe im 20. Jh.). Den von Smith und Ricardo, auch von Sismondi, gepriesene freien Außenhandel lehnte Fichtes antimonopolistisches – nicht sozialistisches – Projekt ab: es sei Freiheit als freie Bahn für den Stärkeren. »Man will nichts nach einer Regel, sondern alles durch List und Glück erreichen. Der Erwerb und aller menschliche Verkehr soll einem Hazardspiele ähnlich sein.« »Ränke und Bevorteilung« anderer sollen regieren. »Diese sind es, die unablässig nach Freiheit rufen, nach Freiheit des Handels und Erwerbs, Freiheit von Aufsicht und Polizei« (Fichte, ebd., S. 511, 3. Buch, 8. Kap.).

Reife und Verfall

Nochmals zurück zu N. Elias' Ideen in den Grundlagen eines Zeitalters. Kants Jahrhundert war das der Reifephase der spätfeudalen Gesellschaft mit dem staatsrechtlichen Überbau der absoluten Monarchie: Zentralisierung der Macht, Generalisierung des Verwaltungsdenkens, und als Gegenbewegung »Aufklärung« infolge des de facto säkularen Charakters des Staatsrechts, der Wissenschaften, der Künste, und die Vermittlungsidee einer »Vernunftreligion«. Die reife spätfeudale Epoche bildete ihren Doppelcharakter aus als Höhe einer Entwicklung und als Endzeit deren Umkippens. Beide Charaktere finden in Kants Philosophie ihr geistiges Bild. Die Struktur seiner Philosophie entsprach diesem Ziel: Entgegensetzung von transzendentaler Logik und wahrnehmungsorienter konkreter Untersuchung zur Bildung von Erfahrung. Der ganze Gestus des vermittelnden Ausgleichs einander entgegenstehender Tendenzen und der dauernden Perfektionierung der Synthesen belegt den Bezug dieses Denkstils auf die erwarteten Umkippungsprozesse der deutschen Staaten. Dafür bildete Kants logischer Universalismus des Apriorismus eine funktionale Theorie der sich verselbständigenden speziellen Sphären der Gesellschaft.

Der Doppelcharakter von Blüte und Verfall des Zeitalters der absoluten Monarchie findet in Kants Schriften seinen Widerklang. Dem zurückhaltenden Optimismus von einem nicht aufgeklärten, aber im Aufklärungsprocedere befindlichen Zeitalter tritt der Ton einer gefährdeten Spätzeit entgegen. Gedanken der mitgehenden Zerbrechlichkeit, Verfallsmetaphern machen Kants Warnungen in der *Kritik der reinen Vernunft* vor den Widersprüchen antiquierter philosophischer Leitideen so eindringlich (vgl. Handbuch S. 225 f.). Nur eine soziale Mechanik von Anziehung und Abstoßung erhalte eine moralische Welt, heißt es in der Metaphysik der Tugendlehre, und Kant ergänzt: »und sollte eine dieser großen sittlichen Kräfte sinken, ›so würde dann das Nichts (der Immoralität) mit aufgesperrtem Schlund der (moralischen) Wesen ganzes Reich wie einen Tropfe Wasser trinken‹ (wenn ich mich hier der Worte Hallers, nur in einer anderen Beziehung, bedienen darf« (VI, 449). Auch Kants Scheidung von aktiven und passiven Staatsbürgern enthält die Sorge vorm Umschlag des Fortschrittsgangs in Verfall durch Auftreten des eigentumslosen plebejischen Elements, das, ungebärdig wie der Taktlose in guter Gesellschaft, nicht erneuern, sondern übers Zerstören des Alten nichts hinaus leisten werde (VI, 314).

Das alles geht gleichzeitig mit der optimistischen Verselbständigung der geistigen Formenwelten in den Fachwissenschaften, der Literatur und den Künsten, und mit dem Entstehen der bei aller obrigkeitlichen contenance selbstbewussten Zirkel der bürgerlichen Intellektuellen, patrizischen Manufakturisten und der großen Kaufmannschaft. Die wirtschaftlich erfolgreiche, sozial sehr geteilte Handelsstadt Königsberg, der Freundes- und Bekanntenkreis Kants von hohen Beamten, aufgeschlossenen Kirchenmännern, Akademikern verschiedener Berufe bildete dafür ein rechtes Bild der deutschen Gesellschaft jener sich überlebenden, dann in den drei antirevolutionären Koalitionskriegen (1792/1805) ihr Fiasko erfahrenden Epoche (vgl. D. Gaus, Th. Stammen, E. Weigl, K. Stavenhagen, M. Im Hof, R. v. Dülmen).

Kants sichere Fortschrittserwartung war reformerisch und auf längeren Zeitraum gerichtet. Die ganze Struktur seiner praktischen Philosophie gehört mit der weiten Spanne zwischen Ideal und empirischem Geschehen zur Erwartungswelt langer Abläufe. Er entwirft sich eine dreigliedrige Reformerwartung, und nennt es negative Erziehung, negative Gesetzgebung, negative Religion. Der Reformgedanke ist aufs Ablegen überkommener und verkehrter Weise noch durchhaltender Zustände gerichtet. Der Gedanke eines nach und nach erfolgenden Ausjätens der dem Ideal jeweils am weitesten entfernten Einrichtungen der Gesellschaft entspricht dem Gestus der Kantschen Praxisphilosophie mit deren weiten Vermittlungsfäden von Unbedingtem und empirisch Bedingtem. Verbindung und Distanz von Höhe und Verfall des Zeitalters sind in Kants weiter Relation zwischen Ideal und Realvorgang, in der Unendlichkeit des Ideals der praktischen Vernunft, eingefangen. Man darf nicht übersehen, dass Kant, obwohl aus der ärmsten Schicht des reichen Königsbergs kommend, sich mancher Vorzüge der Kultur des hochabsolutistischen Zeitalters gegenüber der zu erwartenden bürgerlichen Welt inne war.

Die Fortschrittsauffassung durch Abtragen überlebter Gewohnheiten ist auch Kants zentraler Punkt im Verständnis von »Kritik«, einem Leitbegriff der Aufklärung (vgl. Kap. 1). Kant verstand Ablegen und Erneuern als permanenten Prozess, als Element seines evolutionären und insofern auch immer relativierenden Denkens. »Die negative Erziehung setzt voraus, dass der Mensch als Kind gut sey [...]«. Seine Talente und Sitten sollten nicht durch Zwang und schlechte Beispiele verdorben werden. »Die negative Gesetzgebung sucht nicht gleichsam Kinder passiv zu erhalten [...], sondern [...] besorgt nur ihre Freiheit unter einfachen und aus der natürlichen Vernunft geschöpften Gesetzen.« »Die negative Religion bringt alles auf den einfaltigen Begrif eines gott wohlgefälligen Lebenswandels zurück« (XV, 2, 898).

Geschichtsphilosophie. Arbeitsteilung und Fortschritt »von oben herab«

Kant vertrat im Umbildungsprozess der spätabsolutistischen Gesellschaft ein republikanisch liberales, nicht demokratisch-parlamentarisches Reformverständnis. Dessen sozial exklusiver Gestus war gegen autonome Aktivität des plebejischen Elements in den verfassungsrechtlichen Auseinandersetzungen gerichtet. Aber darin besteht hier nicht der interessante Punkt des Kantschen Denkens. Kant nahm wohl die Perfektibilitätsidee des 18. Jh. auf, die durch verschiedene Stadien von Fontenelles Prospekt des

Lernens durch Versuch und Fehler bis zu Condorcets großem sozialem, ökonomischem und verfassungsrechtlichem Evolutionsprogramm gegangen war, dem nun die Vollendung bevorstehe. Kant konzentrierte das Problem aber zur logischen Thematik der Bildung und Überwindung von Widersprüchen. Er schuf damit die ideelle Voraussetzung der Thematik ohne den Evolutionismus des 18. Jh. bei Hegel und Marx im folgenden Jahrhundert. Für den Determinismus solcher nicht-evolutionärer Geschichtsbewegung, ohne den die Thematik nicht aus der theologischen Transzendenz zu führen war, griff er auf seinen teleologischen Naturbegriff zurück. Die Natur wolle, dass alle Naturanlagen eines Geschöpfs bestimmt seien, sich einmal vollständig auszubilden. »Das Mittel, dessen sich die Natur bedient, [...] ist der Antagonism derselben in Gesellschaft« (VIII, 20 f.).

Es ist ein pädagogisches Muster. Nach einer anderen Seite die Absage an die Bacon-Tradition, dass immer fortschreitendes Wissen den Fortschritt der Gesellschaft im Ganzen antreibe. Kant ging hier über sein unmittelbar praktisches Fortschrittsmodell vom »negativen« Abtragen sich als Gebrechen erweisender Einrichtungen hinaus. Der Antrieb saß jetzt im Kontrast zwischen kurzsichtiger Interessenbestimmtheit von herrschenden sozialen Gruppen und genereller Bestimmung der Gattung. Perfektibilität wird nun zur immer neuen Setzung und Auflösung dieses Widerspruchs. Die auf Naturgesetzlichkeit weit entäußerte Fortschrittskonzeption spricht mit herbem Ton vom Weg über viele Leiden; ein säkular innerweltlich gewendetes christlich-religiöses Sünden- und Zuversichtsmotiv. Der Vernunftbegriff gewann historische Dimension, keine simpel teleologische, da Kant den Lernzuwachs auf dem Lernzwang durch widerstreitende Erfahrung, durch Lernverweigerung gründete. Was ist diese Natur, die besser wisse, was uns gut tue? Sie führt uns in Konflikte und Zerstörung, um uns zum Lernen und Überwinden unserer festgeronnenen Ordnung zu zwingen. Krisenhafte Zuspitzungen, die Kant 1789 noch erlebte und aufs Ganze gesehen, begrüßte, werden nicht nur dem – mit Ausnahme Herders – zahmen Historismus der deutschen Geschichtsphilosophie geöffnet, sondern als weltgeschichtliche Determinationsweise begründet. Der Naturbegriff als Muster der Weltgeschichte bringt eine andere Ebene der Unendlichkeitsthematik als die mathematisch-naturwissenschaftliche ins Spiel. Ebenso verließ sie die Unendlichkeit der moralisch-praktischen Idee der reinen Vernunft in praktischer Rücksicht. Die neuere Tendenz einer religionsphilosophischen Interpretation der Kantschen Geschichtsphilosophie von der *Kritik der Urteilskraft* her bei J. Th. Klein, *Die Weltgeschichte im Kontext der Kritik der Urteilkraft*, ebenso M. Heepe, *Die unsichtbare Hand Gottes*.

Die transzendentallogische Denkform hatte Kant zunächst als eine intellektuelle Distanz-Methode entwickelt, um die Problemlage der sich mit verschiedenen Theorievarianten überkreuzenden aufklärerischen Bewegung zu klären. Diese Methode arbeitete mit zwei unterschiedlichen Prämissen der Vergesellschaftung: intellektueller Apriorismus und naturhafte anthropologische Energien. Der intellektuelle und ebenso anthropologisch sensitive Funktionalismus ergab eine weit ausgelegte Wechselwirkung ganz unterschiedlicher Sozialisierungsfaktoren. Die tatsächliche gegenständliche Praxis als Basis der Vergesellschaftung, auch der Ausbildung der Sprache, nahm Kant nicht wahr (vgl. A. Leroi-Gourhan, *Hand und Wort. Die Evolution von Technik, Sprache und Kunst*, 1980). Seine Leistung war, verschiedene Vergesellschaftungsebenen nicht mehr substantial dinghaft, sondern als ein Funktionsgefüge dargestellt zu haben.

Welcher Stand der gesellschaftlichen Organisation liegt dem im Sittengesetz a priori konzentrierten Kantschen Begriff des tätigen Subjekts zu Grunde? Im alle Denk- und Handlungsakte generalisierenden Selbstbewusstseinsbegriff gehen drei unterschiedliche Elemente zusammen: die konzentrierte Verantwortungsperspektive des Absolutismus, die Mentalität individueller Selbstverantwortung des bürgerlichen Eigentümers und die Verbindung von reiner Sachbezogenheit und persönlichem Ingenium des wissenschaftlichen Entdeckers, des Architekten, des Autors, der Geniebegriff des originären Künstlers. Das wesentliche kulturpsychische Moment bildet für Kant in allen drei Figuren die Verbindung von ursprünglicher Entscheidungsfreiheit und strenger Ordnung. Die barocken Herrschaftsbauten mit ihren unendlichen Fensterreihen, Kolonnaden und den weiten, doch mit einem Blick überschaubaren, gegliederten Parkflächen bringen Freiheit und Ordnung wie in einer Arbeit zusammen, die noch »Kunst« ist. Das Faktum der Herrschafts«kunst« veränderte und verschärfte sich in Kants Jahrhundert zum Problem der sozialen Ordnung. Rousseaus contrat social sollte den Widerspruch auflösen, dass der Mensch ursprünglich frei geboren und doch überall gefesselt sei. Eine neue »Gesellschaftskunst« (art social) sei erforderlich, den Widerspruch wie nach einer allen einzelnen Handlungen zu Grunde liegenden ursprünglichen Funktion zu gestalten. Der

Kunstbegriff war noch nicht ästhetisch verengt gewesen. »Kunst heißt jede Methode, die darauf ausgeht, etwas von Natur Gegebenes durch einen Zuwachs an Ordnung, Annehmlichkeit und Nützlichkeit zu vervollkommnen. Gelänge es dem Gesetzgeber, die natürliche Freiheit völlig in die Freiheit des Bürgers zu verwandeln und die Sicherheit des Einzelnen mit der Autorität des Staates in Übereinstimmung zu bringen, so würde er damit ein Beispiel der höchsten ›Kunst‹ aufstellen« (J. Starobinski, *Die Erfindung der Freiheit*, 1988, S.12). Kants Metaphysik des Rechts und der Moral waren wohl von Rousseaus Fragestellung getragen. Aber der freien Willenshandlung der Einzelnen wird eine soziale Mechanik von Wirkung und Gegenwirkung entgegengestellt; ein sozialer Newtonianismus, der aufs 19. Jh. vorausweist. Die soziale Thematik erscheint allerdings in der überlieferten, weit einfassenden Renaissance-Tradition als kunstvolles Konstrukt.

In seiner Ästhetik behandelt Kant den Begriff der Kunst vom Arbeitsbegriff her. »Kunst wird von der Natur, wie Tun (facere) vom Handeln oder Wirken überhaupt (agere) und das Produkt, oder die Folge der erstern als Werk (opus) von der letztern als Wirkung (effectus) unterschieden.« Die sog. freie Kunst erscheint als Spezifizierung der handwerklich gegenständlichen Erzeugung. »Kunst als Geschicklichkeit des Menschen wird auch von der Wissenschaft unterschieden (Können vom Wissen), als praktisches vom theoretischen Vermögen, als Technik von der Theorie« (KdU, § 43; V, 303). Den Smithschen Begriff der arbeitsteiligen frühindustriellen Arbeit, bereits von der arbeitsteiligen Manufaktur getrennt, kannte Kant durchaus; ebenso den der beschwerlichen, »mithin zwangsweise auferlegten« Lohnarbeit. »Alle Gewerbe, Handwerke und Künste haben durch die Verteilung der Arbeiten gewonnen, da nämlich nicht einer alles macht« (IV, 388; V, 304). Den ökonomischen Wertbegriff nimmt Kant nicht auf. Er bleibt bei der einfachen vorökonomischen Unterscheidung, dass der Wert »aller durch unsere Handlungen zu erwerbenden Gegenstände« jederzeit nur bedingt sei, allein die Vernunftperson als Zweck an sich selbst »absoluten Wert« besitze. Das bewegt sich alles auf dem ideellen Terrain der Abtrennung des alltagspraktischen Verhaltens, von »Geschicklichkeit und Fleiß im Arbeiten«, die einen Marktpreis hätten (VI, 435), und der Überschreitung der »populären sittlichen Weltweisheit« durch die erforderliche Bestimmung einer Handlung, »dadurch die Totalität einer in der Tat unendlichen Reihe von Folgen erreicht würde« (VI, 419).

Kant sah das Problem der gesellschaftlichen Struktur nicht im Zusammenhang der Vergesellschaftung der Arbeit, sondern als staatsrechtliches Konstruktionsproblem von den Erwartungen an die reformierte Monarchie her. Die soziale Zerschneidung der kommenden bürgerlichen Gesellschaft als des Verhältnisses von Kapital und Lohnarbeit bleibt ihm auch in den neunziger Jahren fern, als er seine *Metaphysik der Sitten* (1797) ausarbeitete. Die Ablehnung der Demokratie wirkte dabei mit. Kant sah deren parteipolitisch praktisches Verfahren als Auflösung seines republikanischen Symmetriegedankens. Die nachabsolutistische Gesellschaft dachte er vom vorindustriellen Ordnungsgedanken her als eine Staats-»Kunst«. Die praktische Philosophie wird vom Arbeitsbegriff der Werkstätten unterschieden. Sie ziele nicht aufs Technisch-Praktische, sondern aufs Moralisch-Praktische. »[...] und wenn die Fertigkeit der Willkür nach Freiheitsgesetzen im Gegensatze der Natur hier auch Kunst genannt werden sollte, so würde darunter eine solche Kunst verstanden werden müssen, welche ein System der Freiheit gleich einem System der Natur möglich macht [...]« (VI, 218) Kants Akzent sitzt auf der Konstruktion des gerechten Staates durch zentrale Verwaltung. Der »allgemeine Volkswille« muss sich »der inneren Staatsgewalt« unterwerfen (VI, 326). Nach dem Vorbild der alteuropäischen Stadt- und Provinzverwaltungen dachte er eine gestufte Institutionalisierung der Verantwortung. Das verband er mit der Zentralisierungsleistung der reformierten Monarchien, die sich rationeller Kameralistik versichere. »In welcher Ordnung allein kann der Fortschritt zum Besseren erwartet werden?« »Nicht durch den Gang der Dinge *von unten hinauf*, sondern den *von oben herab*. »[...] das ganze Maschinenwesen dieser Bildung hat keinen Zusammenhang, wenn es nicht nach einem überlegten Plane der obersten Staatsmacht und nach dieser ihrer Absicht entworfen, ins Spiel gesetzt und darin auch immer gleichförmig erhalten wird; wozu wohl gehören möchte, dass der Staat sich von Zeit zu Zeit auch selbst reformiere [...]« (*Streit der Fakultäten*, 2. Abschn., Punkt 10; VII, 92 f.). In Kants Ablehnung der parlamentarischen Demokratie stak, wie heute in weiter blickenden katholischen Sozialauffassungen – z. B. bei O. v. Nell-Breuning –, die Kritik der parlamentarisch-volkstümlich verbrämten Herrschaft des Großindustriellen und Aktienmilliardärs.

Auf dem dezentralisierten gesellschaftlichen Arbeitsprozess erhob sich die Idee der reformierten Monarchie-Institution wie ein Zukunftsprojekt. »1. Unsere Cultur ist (ohne Plan) nur noch durch den Luxus belebt (Luxus in Wissenschaften; man lernet alles unter einander), (und) nicht durch den Zwek des allgemeinen Besten [nach einem Plane]. Daher vermehren sich die Bedürfnisse, die Sorgen, die Arbeit, Ungleichheit und Mühseeligkeit. 2. Unsere Civilisirung ist (erzwungen: eine Wirkung des Zwanges, nicht der Denkungsart) noch weit von der Vollkommenheit des Bürgers, d. i. der wahren Freyheit und Gleichheit unter weisen Gesetzen, entfernt.« Kant sieht wohl auf die damals in den deutschen Staaten diskutierten Zustände der englischen Industrialisierung: »Bis daher hat die bürgerliche Einrichtung mehr vom Zufall und dem Willen des Stärkeren als der Vernunft und Freyheit abgehangen (England)« (XV, 2, 897).

Von den materialen Reform-Vorstellungen Kants abgesehen, entsprach die Struktur der Kantschen Theorie der realen Tendenz der industriellen Gesellschaft. Das betrifft die zunehmende Vergesellschaftung der Arbeit und die Internationalisierung aller zivilisatorischen Prozesse. Die Internationalisierung erfordert ein starkes Völkerrecht. Hier gewinnt die Kantsche Friedensthematik ihre Beziehung zu Kants synthetisierender Zivilisationsperspektive.

Weiter noch reicht der Kant-Bezug bei der Vergesellschaftung der Arbeit. Die sachhafte Tendenz der industriellen Bewegung löst sich zunehmend vom lebenspraktischen Verhaltenshorizont ab. Dem entsprach der intellektuelle Apriorismus Kants, der das Unbedingte vom substantialen Seinsbezug gelöst und zu einem Funktionsgefüge unterschiedlicher Elemente umgebildet hatte.

Die Geographie-Vorlesung

Einen eigenen, in den Interpretationen zurückgesetzten Quellbezirk des Kantschen Universalismus bildete das lebhafte geographische Interesse Kants. Hier befindet sich ein interessanter materialer, fast naturalistischer Zug des Kantschen Universalismus. Geographische und ethnographische Weltkenntnis gehörte im 17. und 18. Jh. zum engeren Bezirk intellektueller Kultur. Kant studierte die Geographie aus wissenschaftlichen Schriften und den zu seiner Zeit, also vor der Fürst-Pückler-Muskau-Manier, wissenschaftliche Erkenntnisse vermittelnden Reiseberichten. Hinzu kam für Kant der übergreifende natur- und völkerkundliche Horizont der Geographie. Es war keine gewöhnliche Disziplin, da sie Physik, Chemie, mathematische Berechnungen und viel ästhetischen Sinn für Naturbeschreibungen in sich schloss. Kant hatte bereits im zweiten Semester seiner Lehr-

tätigkeit (1756) begonnen, über Geographie zu lesen, und hat das etwa 48-mal wiederholt, die letzte Ankündigung erfolgte im Jahre 1797. Das Kolleg enthielt allgemeine Naturkunde dessen, »was der Erdboden in sich fasst«, also physische Geographie, Anthropologie, Tierreich, Pflanzenwelt, Mineralreich, auch ein Kapitel zur Schifffahrt. In seiner Vorlesungsankündigung für 1765/66 schrieb Kant: Da die studierende Jugend »frühe vernünfteln« lerne, »ohne genugsame historische Kenntnisse« zu besitzen, die die Stelle der Erfahrenheit für dieses Lebensalter vertreten könnten, »so fasste ich den Anschlag, die Historie von dem jetzigen Zustande der Erde oder die Geographie im weitesten Verstande zu einem angenehmen und leichten Inbegriff desjenigen zu machen, was sie zu einer praktischen Vernunft vorbereiten […] könne […]«. Die physische Geographie, also das natürliche Verhältnis aller Länder und Meere und deren Verknüpfung sei »das eigentliche Fundament aller Geschichte, ohne welche sie von Märchenerzählungen wenig unterschieden ist« (II, 312). Die Geographie-Vorlesung gehört mit den naturwissenschaftlichen Schriften, der Anthropologie, der Pädagogik (viermal gelesen, 1776 / 1787), dem *Streit der Fakultäten*, der Religionsschrift zu den wichtigsten materialen wissenschaftlichen Werken Kants.

Zur Geographie-Wurzel des Kantschen Kosmopolitismus gehört ein von Kant gern erinnerter Gesichtspunkt. Er ist uns inzwischen nahe gerückt bis zur Besorgnis. Für Kant war es ein ruhender Punkt menschheitlicher Besinnung, und das im Zeitalter des von ihm verurteilten Kolonialismus. Die Menschheit finde sich auf einer Kugel angesiedelt, aller Anfang, alles Ende seien willkürlich gesetzt. Die Erde trage die im letzten Sinne zentrumslose eine Menschheit. So ruht auch alles Unterschiedene zwischen den Rassen, den Völkern und Regierungsformen auf dem Gemeinbesitz dieser Erde und deren Reichtümern. Von diesem Aspekt des Kantschen Kosmopolitismus gewinnt der demonstrative Universalismus der Rechte und des philosophierenden Intellekts einen materialen Horizont, und das universale Zivilisationsverständnis wird einer nie zu zerredenden Basis versichert. Die rechtlichen und kulturellen Folgerungen des geographischen Denkens gehörten überhaupt zum Themenprogramm des 18. Jhs., oft zur kritischen Verfremdung eigener Sitten und Verfassungen (Montesquieus *Persische Briefe*), aber ebenso für utopische Erzählungen geographisch-literarischer Pädagogik. Bedenkt man die naturwissenschaftlich-geographische Ebene des Kantschen Kosmopolitismus, so tritt das Archaische eines Vorherrschaftsanspruchs unter den Staaten der Erde heraus, der vor unseren Augen die sich aufgipfelnden Katastrophen über die Völker bringt.

Kants geographisches Interesse trug im Sachenrecht der Rechts-Metaphysik auch zum Gedanken eines ursprünglichen Gemeinbesitzes des Bodens bei. Es war im Sinne eines vorauszusetzenden ideellen Prinzips gemeint, nicht als frühgeschichtliche Hypothese. »Alle Menschen sind ursprünglich [...] im rechtmäßigen Besitz des Bodens [...] Dieser Besitz [...] ist ein gemeinsamer Besitz wegen der Einheit aller Plätze auf der Erdfläche als Kugelfläche: weil, wenn sie eine unendliche Ebene wäre, die Menschen sich darauf so zerstreuen könnten, dass sie in gar keine Gemeinschaft miteinander kämen. Dies also nicht eine notwendige Folge von ihrem Dasein auf der Erde wäre. [...] Der Besitz aller Menschen auf Erden, der vor allem rechtlichen Akt derselben vorhergeht (von der Natur selbst konstituiert ist), ist ein ursprünglicher Gesamtbesitz, [...] ein praktischer Vernunftbegriff, der a priori das Prinzip enthält, nach welchem allein die Menschen den Platz auf Erden nach Rechtsgesetzen gebrauchen können« (VI, 262; Variationen des Gedankens in den Vorarbeiten zur Rechtslehre, XXIII, 320 ff.). Kant denkt das nicht zeitlich, also utopisch, sondern setzt den Naturzustand als ursprüngliche Rechtsgemeinschaft. Das individuelle Besitzrecht ruht auf dem Sachenrecht des geographisch geführten Naturbegriffs. Es wird in den übergreifenden Gattungscharakter der menschlichen Gesellschaft eingefasst. Dieser Naturbegriff bildet das Pendant zum Apriorismus, so wie die Anthropologie dasjenige zur *Kritik der praktischen Vernunft*. Die Geographie-Vorlesung gibt Einblick in die Frage- und Problemkultur, die Kants Denken umgeben hatte. Es ist eine Thematik, die vor allem von der philosophie- und rechtshistorischen Kant-Literatur eingehend behandelt wird.

Philosophiehistorische Problemlinien bei Kant

Kant selbst suchte philosophiehistorischen Themen nur, wenn er Nähe oder Distanz zu seiner Theorie aussprechen wollte; im ersten Falle bei Platon, Leibniz, Wolff, im zweiten bei Locke, Hume, Berkeley. In der einzigen philosophiehistorischen Schrift Kants, in der Preisschrift über die Fortschritte der Metaphysik seit Leibniz und Wolff, geht es um den Problemfortschritt in der philosophischen Wissenschaft zu seiner Theorie hin.

Eine andere philosophiehistorische Thematik bildet gleichsam eine philosophiehistorische Komparatistik der Kantschen Theorie. In einer typologischen Untersuchung hat z. B. S. Zacchini drei Stadien der Wissenschaftstheorie unterschieden (*La Collana di armonia. Kant, Poincaré, Feyerabend e la crisi dell' episteme*, 2010, 191 S.). Für die Antike wird vor allem die pythagoreische Wissenschaftszuversicht, orientiert an einer Ontologie zuvor bestehender Harmonie, betrachtet. Dagegen sei Kants neue Auffassung der formalen Synthesis-Funktion a priori getreten, die zugleich eine perspektivische kulturelle Intention enthalten habe. Im Kontrast von apriorischer ratio und empirischer Wahrnehmungswelt habe Kant die realen Wissensprozesse nach formalen Kriterien analysiert, systematisiert und als ideellen Zukunftsbezug auf eine Zeitschiene projiziert. Schließlich die Kritik-Formen der für die neuzeitliche Epistemologie repräsentativen Kantschen Theorie in den positivistischen Theorien von Poincaré, Neurath und Feyerabend. Der Kant-Bezug der positivistischen Theorien tritt in der Darstellung der späteren epistemologischen Typen allerdings zurück. Im Überblick behandelte schon 1996 K. Hutchings die Kant-Diskussion bei J. Habermas, H. Arendt, Foucault, Lyotard, im sog. kritischen Feminismus (s. a. Kant im Kontext der Gegenwartsphilosophie, Sektion XIV des X. Internationalen Kant-Kongresses, 2010).

Das Verhältnis der Kantschen Kategorien-Deduktion zu Tetens aufschlussreich neu bei A. N. Kruglow (Bibliographie). Kruglow betont Tetens gegenüber Kant, sowohl in transzendentallogischer, wie in politischer Hinsicht beim Urteil Beider über die Französische Revolution. Er hatte auch nach Archivmaterial dargestellt, dass der preußische Minister v. Zedlitz vor den beiden dringenden Rufen Kants an die Universität Halle (Handbuch, S. 3 f.) Tetens den Lehrstuhl angetragen hatte.

Den Bezug des Kantschen Selbstbewusstseinsbegriffs zur mittelalterlichen Philosophie behandelten u. a. Flasch und Krieger.

»Philosoph für die Welt«. Nicht Philosophie, sondern Philosophieren lernen

Die deutsche philosophische Literatur zerteilte sich in der zweiten Hälfte des 18. Jhs. in drei Gliederungen. Die erste war die systematische Metaphysik, auch in der Form einführender Lehrprogramme für die Universitäten. Kants transzendentale Logik sollte sie als philosophische Basis-Disziplin neu begründen. Eine zweite Richtung wurde gebildet von den mehr empirisch praktisch, vor allem englisch beeinflussten Schriften, die die Öffentlichkeit erweiterten Publikums suchten. Es war die schlecht so bezeichnete sog. Popularphilosophie (Garve, Nicolai, Engel, Knigge u. v. A.). Den dritten, in der Philosophiegeschichtsschreibung zu weit abgesonderten, Kreis bildeten die religionsphilosophischen Bezüge der protestantischen Theologie mit deren heftigen Auseinandersetzungen zwischen Orthodoxie und erneuernden Richtungen, wie den pietistischen u. a. Richtungen (Jerusalem, Spalding, Lavater, Mendelssohn u. a.). Die Konflikte nahmen insbesondere in Königsberg heftige Form an (vgl. v. Verf. »Religion als Symbolform der Moral«).

Nur zur zweitgenannten Richtung einige Bemerkungen im Lichte des Kantschen reformierenden Denkens. Die zunehmende Internationalisierung der Kant-Studien und Kant-Bezüge zu zeitgeschichtlichen Problemen lässt Kant mehr als in jeder anderen Periode der Kant-Interpretation zu einem »Philosophen für die Welt« werden, wie das dreibändige Werk (1775/1800) hieß des Berliner guten Ästhetikers, Philosophen und seit 1787 (bis er 1794 im Protest hinwarf) Oberdirektors des Berliner Theaters Johann Jakob Engel (1741–1802). Für Kant könnte das Wort freilich in deutlich vertieftem, doch nicht völlig anderem Sinne gelten. Denn der Akzent der kritischen Methode liegt auf der praktischen Philosophie. Hier gelangt die Subjektivität der Anschauungsformen erst zur Einfassung realer kultureller Bewegungen. Kant zielte nicht auf Popularität. Aber er meinte doch, dass in näherer Zukunft seine Methode der Behandlung gegebener Daten und Situationen eine neue Selbst- und Welterfahrung der Menschheit begründen werde. Das steht auch hinter allen entschiedenen Erwiderungen auf die Kritiken der Transzendentalphilosophie, die aus sehr verschiedenen Richtungen kamen – Herder, Hamann, Jacobi, die Schulmetaphysiker, die staatlich geförderte theologische Rechtgläubigkeit; ein breites Feld geltender Weltanschauungen, dem Kant ein neues und übergreifendes kulturelles Selbstverständnis eröffnen wollte. Der Vergleich seines Konzepts mit der lebhaften Harmlosigkeit der viel gelesenen »Popularphilosophen« der Zeit ist aufschlussreich.

Engel meinte mit »Welt« den Kontrast zur Schulphilosophie, also eine allgemein denkinteressierte Öffentlichkeit. Kant veränderte das Thema über seine Hauptwerke hinaus, die nie populär werden könnten, zu dem der freien Öffentlichkeit philosophischer Theorie. Er erörterte dabei vor allem die theoretischen Prämissen alternativer Theorien, betonte aber das Erfordernis der Öffentlichkeit als Element wechselseitiger Belehrung.

Engels Schriften behandelten philosophische Themen als zur allgemeinen Kultur erforderliches Bildungsgut, daher seine ästhetischen Arbeiten (*Theorie der Dichtungsarten*, 1783, *Ideen zu einer Mimik*, 1785/6). Prinzenlehrer des späteren Königs Friedrich Wilhelm III. (1797–1840), schrieb er einen aufklärerischen *Fürstenspiegel* (1802). Er brachte nach den Anfangsteilen zu Krieger-Ehre, Fürsten-Wollust, der Mann von Ross, deutlich aufklärerische Kapitel zu Redlichkeit, Denkfreiheit, Nationalehre, Menschenwürdigung, Bescheidenheit. Engel schrieb auch einen beachtlichen *Versuch über das Licht*, und als Lockeaner, wie sein Freund Garve, mit dem er in seiner Leipziger Zeit Hume herausgegeben hatte, die Abhandlung »Über die Realität allgemeiner Begriffe«. »Popularphilosophie« stellt eine vielfältige, auch recht gute Enzyklopädie von Fachkenntnissen dar. Engel räsonierte aufklärerisch, sowohl emphatisch, aber auch, durch Salongespräch verschleiert, keck. »Wie viel teurer und inniger, als selbst die Bande der Bruderliebe, sind die Bande der Wahrheit!« (»Der Traum des Galilei«, in: *Der Philosoph für die Welt*, 2.. T., ^{2}1789, S. 7) Aber zum verfolgten materialistischen »System der Natur« Holbachs, bei dessen Lektüre einer ertappt wird, lautet die erste Verteidigung: »Gesetzt nun auch, ich werde ein Atheist, was ists mehr? Wenn ich's bin, so lasse ich meinen Pfarrer rufen; der widerlegt mich aus Gottes Weisheit, und ich werde wieder zum Christen« (»Die Höhle auf Antipatros«, ebd., 1. T., ^{2}1789, S. 36). Solche Popularphilosophie blieb elegant wie gute Konversation, und doch zeitkritisch intelligent. Kant war in seinem Aufsatz *Was ist Aufklärung?* (1784) ganz anders popularphilosophisch direkt geworden, geradezu zu plebejischem Kritik-Ton übergewechselt. Es sei so bequem, unmündig zu sein, sich im Grunde ängstlich feig zu halten. Von den »Oberaufsehern« der Unterordnung hatte es fast im Tone plebejischer Herrschaftskritik geheißen: »Nachdem sie ihr Hausvieh zuerst dumm gemacht haben und sorgfältig verhüteten, dass diese ruhigen Geschöpfe ja keinen Schritt außer dem Gängelwagen, darin sie sie einsperrten, wagen durften [...]« (VIII, 35).

»Philosoph für die Welt« meinte bei Engel: kein Denken mehr für die Studierstube. Das war in der sog. Popularphilosophie die Schulmetaphysik des 18. Jhs. gewesen, die, zu Unrecht, mit obrigkeitlichem Denken verbunden worden war. Jetzt also eine den

Tagesthemen der Bürger offene, freie Intellektualität! Das wenigstens ist so weit nicht entfernt von Kants Spruch, man solle nicht Philosophie, sondern Philosophieren lernen. Denn das konnte sich nicht auf die Schulphilosophie, vielmehr aufs Philosophieren für den sich seiner selbst vergewissernden Menschen in der Welt und für die Welt beziehen. Kant begründete sein wiederkehrendes Wort mit der Gegenstandsverschiedenheit der Philosophie zu den mathematischen und historischen Disziplinen. In der Philosophie sei nicht vorliegender Stoff aufzunehmen, sondern selbst nachzudenken, da es keine fertige Weltweisheit gebe (VI, 306 f.; XXIV, 189). Interessant ist, und hört sich schon wie Popularphilosophie an, dass es beim Philosophieren ankomme auf »neue Gedanken, Witz, Geist, […] Naivität im Ausdruck, […] Genie« (XXIV, 53).

Das führt wieder aufs Thema der umfassenden Kant-Interpretation zurück, mit dem Nachlass der persönlichen Notizen Kants und der Vorlesungen. Kants Moralvorlesungen sind neu ediert und mit guter Einleitung versehen worden (Oberhausen/ Pozzo). In der gleichen Reihe ist P. Menzers *Eine Vorlesung Kants über Ethik* (1924) erneuert worden (W. Stark, 2004). Kant hatte seinen extensiv gründlichen, analytisch reihenden Stil in der hoch repräsentativ diskutierenden und darum literarisch anspruchsvollen Kultur seiner Zeit sehr beachtet. Die sog. Reflexionen, also die privaten Notizen ohne Publikationsabsicht, sind aufschlussreich für die eindringliche, bei jedem Thema entwurfshaft auslotende Denkweise Kants, ebenso für die unmittelbaren Entstehungsvarianten seiner Theorien, sowohl mit den Schattierungen der sich verzweigenden Aspekte, als auch mit deren sonst oft verborgenen Bezügen auf damals wesentliche philosophische Themen, die inzwischen bei der Kant-Interpretation leicht übersehen werden können. Die eminente Text-Welt der Reflexionen gibt Kants Denken in seiner »Welt« als ein anderes Ganzes ohne die in den Schriften gezogenen Bahnen. Sie zeigen Fragen, die er sich stellte, und da er hier nicht Philosophie lehrte, sondern selbst philosophierte, lassen sie auch Fragen als solche stehen bleiben. Kant spricht hier direkter und in diesem Sinne eindringlicher.

Im Aufsatz zur von einer Berliner Gelehrtenrunde vorgeschlagenen Prüfung des vielschichtigen Programm-Terminus »Aufklärung« hatte Kant dem Philosophieren-Lernen den Akzent des Horazischen sapere aude vorangesetzt. Jeder solle sich seines eigenen Verstandes bedienen, also der Bequemlichkeit entsagen, sich von geistlichen und politischen Vormündern in Abhängigkeit halten zu lassen. Er verband das Thema des Philosophierens mit den unterschiedlichen Willensgehalten der Denkfreiheit dazu aber vor allem der Selbstreflexion, die erst die Person konstituiere. Es ist eines der Erbstücke der geistigen Kultur Kants, insonders für die sich schnell kollektivierende Protesthaltung der jungen Generation von Studierenden, denen dann der strikte Kollektivismus des immer fertigen Urteils rechtskonservativer Gruppen parallel geht.

Kant brachte zum überkommenen pädagogischen Gefüge des sapere aude, das schon Melanchthon seiner »Rede über die Studienreform« (1518) beigegeben hatte, den Bezug auf eine die Denkart übergreifende Erneuerung der gesellschaftlichen Ordnung. Er geht nicht so weit wie der antikisierende Melanchthon, der Philosoph »vermag, wenn es gilt, Gemeinwesen zu lenken, die Formeln fürs Gerechte, Gute und Ausgeglichene zu finden« (J. Stackelberg, *Humanistische Geisteswelt*, 1956, S. 273). Kant sah die progressive gesellschaftliche Leistung seiner Philosophie »für die Welt« in der Einheit der beiden Flügel seines Denkens, Organon und Doctrin, also der Kritiken mit den Grundlegungen der Metaphysik und der Schriften zur speziellen Rechts- und Moralphilosophie, zur Politik, Öffentlichkeitsthematik usf. Unter welchen zeitgemäßen Themen nahm Kant lebenspraktische Probleme auf? Eine Zusammenstellung dessen würde die vielseitigen Beobachtungen seiner Gegenwart zeigen. Es erfordert, neben den viel behandelten Schriften auch in den Reflexionen die durchgehenden Themenlinien und die notierten unabgeschlossenen Überlegungen zu verfolgen. Im Mittelpunkt standen bei Kant die Themen der geistigen Öffentlichkeit, also Denk- und Publikationsfreiheit vor allem für die Gelehrten, Befreiung von kirchlicher Bevormundung, Gewerbefreiheit. Dazu kamen moralische und juristische Themen, wie die Unauflöslichkeit der Ehe, die Todesstrafe bei Mord, die Unmöglichkeit, das Lügen in besonderen Fällen rechtlich zu erlauben u. a. m.. Kant meinte aber auch den öffentlichen Vernunftgebrauch der Staatsbediensteten. (In Amtsangelegenheiten lag ihnen nur privater Vernunftgebrauch ob. Sie hatten zu gehorchen.) Kant war selbst an Themen des öffentlichen Lebens lebhaft interessiert. Jeder sei zum »Publizisten« berufen, und »durch Schriften zum eigentlichen Publikum, nämlich der Welt« zu sprechen (Cassirer, *Immanuel Kants Werke*, 1912, IV, 172). In der Gegenwart ist der Kontrast zwischen Kants Postulaten der praktischen Vernunft und der Realität der Einkommensverteilung bis zur sozialen Ausschließung sehr angestiegen, und es ergeben sich neue lebenspraktische Perspektiven für Kant-Nachfolge als »Philosophie für die Welt«.

Eine Kant-Würdigung in dessen Todesjahr

Schellings glänzender Gedenkartikel in der *Fränkischen Staats- und Gelehrten-Zeitung* vom März 1804 zum Tode Kants hatte dessen Werk dem großen geschichtlichen Aufbruch der Französischen Revolution an die Seite gestellt. Schelling sprach hier als einer der Ersten den Gedanken von der französisch-realen und deutsch-ideellen Parallele des zeitgeschichtlichen Bewusstseins und zwar als eines Umbruchsdenkens aus. Hegel hatte das in seinen philosophiehistorischen Vorlesungen wiederholt. Mehr noch hatten den kontinentaleuropäischen Fortschrittsparallelismus die Vormärz-Liberalen und dann 1844 auch Marx aufgenommen für die heranreifende Revolution. Schelling: »[...] dass es ein und derselbe von lange her gebildeter Geist war, der sich nach Verschiedenheit der Nationen und der Umstände dort in einer realen, hier in einer idealen Revolution Luft schaffte.« Ein das kulturelle Selbstverständnis ermunternder, Fortschrittserfordernisse absteckender Geist sei von Kants Werk über die denkenden Zeitgenossen gekommen: »Insbesondere musste die Jugend sich unwiderstehlich dazu hingezogen fühlen [...]«. »Wie es eine Folge der Kantischen Philosophie war, dass in Deutschland schneller sich ein Urteil über die Revolution bildete, so machte dagegen eine Erschütterung, die alle bisherigen Grundsätze in Anspruch nahm, die Überzeugung von den ewig haltbaren, durch sich selbst dauernden Grundsäulen des Rechts und der gesellschaftlichen Verfassung zu einer allgemeinen Angelegenheit und die Kenntnis der Kantischen Philosophie, welche hierüber in oberster Instanz entscheiden zu können das Ansehen hatte, zu einem Bedürfnisse selbst der Weltleute und Staatsmänner.« Schelling fuhr freilich fort, indem er zu seiner eigenen Fortbildung der Philosophie überging: Mit der Ebbe der Revolution scheine auch die des Kantischen Systems eingetreten zu sein, recht der abschließende Beweis der inneren Übereinstimmung, da beide »[...] die unbefriedigende Auflösung des Widerstreits zwischen der Abstraktion und der Wirklichkeit gemein hatten [...]« (*Fr. W. J. v. Schellings sämmtliche Werke*, 6. Bd., Stuttgart u. Augsburg 1860, S. 4 f.).

Schelling fasste den kritischen Charakter der Kantschen Philosophie zum Einen im unmittelbar gesellschaftskritischen Sinne. Die republikanische Rechts- und Staatsphilosophie Kants und die republikanische Revolution in Frankreich seien aufeinander bezogen wie Geist und Tat. Außerdem aber setzte er mit diesem Bezug die Struktur der Kantschen Philosophie in Verbindung. Wie der Republikanismus den einzelnen Staatsbürger vom staatlichen Ganzen abtrenne, so zerteile der theoretische Gestus der Transzendentalphilosophie das System in Gruppen von Abstraktionen: apriorische Theoriebedingungen (die drei *Kritiken*), systematische Grundrisse philosophischer Disziplinen (*Metaphysik der Sitten*, *Die Religion innerhalb der Grenzen der bloßen Vernunft*), schließlich die speziellen kultur- und naturwissenschaftlichen Darstellungen (*Zum ewigen Frieden*, *Anthropologie* usf.). Diese Gliederung, und darin insbesondere den Apriorismus, verbanden Schelling und ebenso der frühe Jenenser Hegel mit dem kritisch postulierenden Geist der Kantschen Philosophie. Sie verstanden darunter die vorrevolutionäre zeitkritische Programmatik, wie der Hegelschüler Michelet sagte als »letzter Ausgeburt des achtzehnten Jahrhunderts«, die »sich bald durch das System der Objektivität, das mit dem neunzehnten Jahrhundert hereinbrach, überflügelt [sah]« (K. L. Michelet, *Geschichte der letzten Systeme der Philosophie in Deutschland von Kant bis Hegel*, 2. T., Berlin 1838, S. 130). Die revolutionäre Perspektive sei mit dem »organisch« gegliederten Ständestaat der im Entstehen befindlichen konstitutionellen Monarchie erfüllt. Hegel hatte diesen Kant-kritischen Ton vorgegeben. Festgeronnene Entzweiungen, wie Geist-Materie, Glauben-Verstand, Freiheit-Notwendigkeit, aufzuheben, sei die Aufgabe der Philosophie, die komme, die Synthese der Gegensätze auszumitteln. In diesem Sinne sei sie hinaus über das Spiel der beschränkten Kämpfe, das den niederen Sphären der Endlichkeit überlassen bleibe. Solche Kritik der »Reflexionsphilosophie der Subjektivität« war dann bereits von Hegels Liberalismus-Kritik über die Taufe gehalten (*Differenz des Fichteschen und Schellingschen Systems der Philosophie*, 1801). Gegen solches Verdikt, wie gegen lebensphilosophische Umdeutungen möchte weiter gelten: »Kant und kein Ende«.

3 Bibliographie

Werk-Ausgaben

Kant's gesammelte Schriften, herausgegeben von der Königlich Preußischen Akademie der Wissenschaften, später von der Preußischen Akademie der Wissenschaften, dann der Akademie der Wissenschaften der DDR, ab 1966 von der Akademie der Wissenschaften zu Göttingen (= Akademie-Ausgabe, AA)

Erste Abteilung: *Werke* – Bde. I–IX (Berlin 1902–1912, ND 1968, auch als Paperback, dazu 2 Bde. Anmerkungen 1977

Zweite Abteilung: *Briefwechsel* – Bde. X–XIII (1900–1922)

Dritte Abteilung: *Handschriftlicher Nachlaß* – Bde. XIV–XIX (1911–1928), XX (1942), XXI, XXII (1936–1938), XXIII (1955)

Vierte Abteilung: *Vorlesungen* – Bde. XXIV–XXIX, 1966–1997, nicht abgeschlossen, zuletzt XXVI/1, Physische Geographie, 2009 [ausführlich zur Akademie-Ausgabe s. S. 480 ff.]

Kant im Kontext III: Komplettausgabe 2007: Werke, Briefwechsel, Nachlass und Vorlesungen auf CD-Rom; Volltext System Viewlit Professional, 2007

Immanuel Kant's sämtliche Werke, I–XII, ed. K. Rosenkranz/F. D. Schubert, Leipzig 1838–1842 [mit Schuberts Kant-Biographie, in XII: K. Rosenkranz, *Geschichte der Kant'schen Philosophie*], ND 1987

Immanuel Kants Werke, I–X, ed. G. Hartenstein, Leipzig 1838–1839; ed. Ders. I–VIII, Leipzig 1867–1868 [in chronologischer Reihenfolge]

Immanuel Kants Werke, I–XI, ed. E. Cassirer [H. Cohen, A. Buchenau, A. Görland u. a. Bearbeiter der Bände], Berlin 1912–1922 [modernisierter Text, Bd. XI: E. Cassirer: *Kants Leben und Lehre*, 1918, ND Hamburg 2001]

Immanuel Kant. Sämtliche Werke, I–X, in Verb. mit O. Buek, P. Gedan, W. Kinkel u. a. hg. v. K. Vorländer, Leipzig 1901–1924 [Sammlung der damaligen Editionen der *Philosophischen Bibliothek*; modernisierter Text, thematische Ordnung, instruktive Einleitungen, deutsche Übers. der lat. Schriften Kants; in VIII Briefwechsel, in X K. Vorländers Kant-Biographie u. H. Cohens Kommentar zur *KrV*]

Immanuel Kants Werke, I–VI, ed. W. Weischedel, Frankfurt/Darmstadt 1956–1964 [modernisierter Text, mit Originalpaginierung], ND Darmstadt 4-51983; seitenidentische Taschenbuchausgaben I–X, Darmstadt 1975, I–XII Frankfurt/M. 1984; Register in XII]

Works of Immanuel Kant (Cambridge Edition), general editorship P. Guyer, A. W. Wood, Cambridge 1992 ff.

Bibliographien

Totok, W.: Handbuch der Geschichte der Philosophie, Bd. V, Frankfurt/M. 1986 [Das 18. Jh. S. 1–13; Die Aufklärung in Deutschland S. 29–30; Immanuel Kant S. 44–145]

Totok-Weitzel, Handbuch der bibliographischen Nachschlagewerke, Bd. 2, hg. Kernchen, H.-J. u. D., Frankfurt/M. 61984 [Philosophie S. 34–42]

Bibliographie der Kant-Literatur, jährlich in den Bänden der *Kant-Studien*, regelmäßig und umfassend ab 60 (1969) [für 1957–1967, S. 234–264] durch Rudolf Malter (1937–1994), ab 86 (1995) durch M. Ruffing

Adickes, E.: German Kantian Bibliography I–III (bis 1804), 1895–1896, ND 1970

Landau, A. (Hg.): Rezensionen zur Kantischen Philosophie 1781–1787, 1991

Ruffing, M.: Kant-Bibliographie 1896–1944, 2007

Malter, R. (begr.)/Ruffing, M. (Hg.): Kant-Bibliographie 1945–1990, 1999

De Vleeschauwer, H. J.: Entwurf einer Kant-Bibliographie, Vortrag vor dem Internationalen Kongreß der Kant-Gesellschaft 1965, in: KS 57 (1966), S. 457–483

Heisemann, G.: Dissertationen zur Kantischen Philosophie 1954–1976, KS 70 (1979), S. 356–370

Lehmann, K. H./Horst, H.: Dissertationen zur Kantschen Philosophie, in: KS 51 (1959/60)

Aetas Kantiana, Brüssel 1968-1981, verzeichnet 375 Bände der Kant-Literatur 1775–1845

Jahresbibliographien im 4. H. jedes Jahrgangs KS

Im Internet

Das Bonner Kant-Korpus – Kants Werke und Briefwechsel in elektronischer Form (http://korpora.zim.uni-duisburg-essen.de/Kant/)

Kant-Archiv der Philipps-Universität Marburg (http://www.uni-marburg.de/fb03/philosophie/mr_archiv)

Kant-Forschungsstelle der Joh. Gutenberg-Universität Mainz mit umfangreicher Linksammlung zu Kant im Internet (http://www.kant.uni-mainz.de/)

Kant-Forschungsstelle der Universität Trier (https://www.uni-trier.de/?id=6352)

Kant-Forum an der Martin-Luther-Universität Halle/Wittenberg (http://www.phil.uni-halle.de/immanuel-kant-forum__ikf_/)

Lexika, Indices

K.-H. Barck, Fontius, M. u. a. (Hg): Ästhetische Grundbegriffe, 7 Bde., 22010

Brunner, O. u. a. (Hg): Geschichtliche Grundbegriffe, 7 Bde., 1972 ff.

»Aufklärung«, Bd. 1, S. 243–342 (Stuke)

»Kritik«, Bd. 3, S. 651–675 (Röttgers)

»Recht. Gerechtigkeit«, Bd. 5, zu Kant S. 284–287 (Loos/Schreiber)

»Sitte«, Bd. 5, zu Kant S. 891–894 (Ilting)

»Würde«, Bd. 7 S. 637–677 (Kondylis)

Eisler, R.: Kant-Lexikon, 1930

Enzyklopädie Philosophie, Hg. H.-J. Sandkühler, 3 Bde., 2010

Historisches Wörterbuch der Philosophie, 13 Bde., Hg. J. Ritter u. a., 1971 ff.

Hinske, N./Weischedel, W.: Kant-Seitenkonkordanz, Darmstadt 1970

Hinske, N. u. a.: Indices zum Kantischen Logikcorpus, 1986 ff.

Hinske, N. u. a.: Indices zum Kantischen Ethikcorpus, 1994 ff.

Kosellek, R.: Bürgerschaft. Rezeption und Innovation der Begrifflichkeit vom Hohen Mittelalter bis ins 19. Jh., 1994

Martin, G. (Hg.), bearb. v. D.-J. Löwisch: Sachindex zu Kants Kritik der reinen Vernunft, 1967

Martin, G.: Sachindex zu Kants Kritik der reinen Vernunft, 1967

Mauthner, Fr.: Wörterbuch der Philosophie. Neue Beiträge zu einer Kritik der Sprache, 1910/11, ND 1980

Mellin, G. S. A.: Encyklopädisches Wörterbuch der kritischen Philosophie, 6 Bde. 1797–1804, ND 1970/71

Mittelstraß, J. Hg.: Enzyklopädie Philosophie und Wissenschaftstheorie, 8 Bde., [2]2005 ff. [4 Bde. bis »Loc« erschienen]

Ratke, H.: Systematisches Handlexikon zu Kants Kritik der reinen Vernunft, 1927, ND [3]1991

Roser, A./Mohrs, T.: Kant-Konkordanz zur Akademie-Ausgabe Bde. I–X, 1992

Schmid, C. Chr.E.: Wörterbuch zum leichtern Gebrauch der Kantischen Schriften nebst einer Abhandlung, 1786, [4]1798, ND 1976

Schneiders, W.: Lexikon der Aufklärung. Deutschland und Europa, 2001

Volpi, Fr. (Hg.): Werklexikon der Philosophie, 2 Bde., 1999; »Kant« in Bd. 1, S. 790–818 [verschiedene Autoren geben kurze Darstellung der Leitgedanken der Kant-Werke in alphabetischer Reihenfolge und mit bibliographischen Angaben]

Periodika, Schriften zu Leben und Werk Kants

Aetas Kantiana, 1968 ff., Nachdrucke von über 300 philosophischen Werken vor allem des späten 18. Jhs.

Aufklärung. Interdisziplinäre Halbjahresschrift zur Erforschung des 18. Jhs. und seiner Wirkungsgeschichte, ed. G. Birtsch, K. Eibl, N. Hinske, R. Vierhaus, Hamburg 1986 ff. [thematisch konzentrierte Hefte mit wechselnden Spezialisten als Herausgebern; Heft 7/1, 1992: Kant und die Aufklärung]

Beck, L. W. (Hg.): Nachdruck angelsächsischer Kant-Literatur in der Reihe The Philosophy of Immanuel Kant

Besoli, St. u. a.: L'universo kantiano. Filosofia, Scienze, Sapere, 2010

Binkelmann, Chr./Schneider, N.: Denken fürs Volk? Popularphilosophie vor und nach Kant, 2015

Böhr, Chr.: Philosophie für die Welt. Die Popularphilosophie der deutschen Spätaufklärung im Zeitalter Kants, 2003

Bondeli, M.: Apperzeption und Erfahrung. Kants transzendentale Deduktion im Spannungsfeld der frühen Rezensionen und Kritik, 2006

Bonnet, J.: Décantations. Fonctions idéologiques du Kantisme dans le XIX. siécle francais, 2011

Brandt, R. (Hg.): Zustand und Zukunft der Akademie-Ausgabe von Immanuel Kants Gesammelten Schriften, 2000 [s. im übrigen S. 482 in diesem Handbuch] – Zum Thema bereits Heimsoeth, H./Lehmann, G./Menzer, P. in KS 49 (1957/58), S. 351–388 Ders.: Überlegungen zur Umbruchssituation 1765/66 in Kants philosophischer Biographie, in: KS 99 (2008)

Brandt, R./Stark, W. (Hg.): Kant-Forschungen (Schriftenreihe), Hamburg, 1987 ff.

Brandt, R./Stark, W. (Hg.): Autographen, Dokumente und Berichte. Zu Edition, Amtsgeschäften und Werk Kants, 1994

Buchiccio, F. M.: Bibliografia italiana su Kant 1949–1969, in: Rigobello, A. (Hg.), Ricerche sul transcendentale Kantiano, 1973, S. 201–255

Dietze, A. u. W.: Ewiger Friede? Dokumente um 1800

Dörflinger, B.: Königsberg 1724–1804: Materialien zum politischen, sozialen, geistesgeschichtlichen Hintergrund von Leben und Werk Immanuel Kants, 2009

Dülmen, R. v.: Die Gesellschaft der Aufklärung, 1996

Elias, N.: Idee und Individuum. Ein Beitrag zur Philosophie der Geschichte, in: N. Elias, Frühschriften, 2002 (S. 30)

Gaus, D.: Bürgertum und bildungsbürgerliche Kultur um 1800, 1998

Gervinus, G. G.: Geschichte der poetischen National-Literatur der Deutschen, 5. T., 1844 (S. 411)

Goetschel, W.: Kant als Schriftsteller, 1990

Goldstein, J.: Die Höllenfahrt der Selbsterkenntnis und der Weg zur Vergötterung bei Hamann und Kant, Kant-Studien 2010 101 (1)

Heinz, R.: Französische Kant-Interpreten im 20. Jh., 1966 [mit Bibliographie französischer Kant-Literatur 1920–1959], S. 174–179

Hinske, N. (Hg.): Studien zur Philosophie des 18. Jhs., 1976 ff.

Hinske, N. (Hg.): Forschungen und Materialien zur deutschen Aufklärung (Schriftenreihe), 1982 ff.

Hinske, N.: Die Kant-Ausgabe der Preußischen Akademie der Wissenschaften und ihre Probleme, in: il cannochiale 3 (1990), S. 229–254

Hinske, N.: Die tragenden Grundideen der deutschen Aufklärung. Versuch einer Typologie, in: R. Ciafardone, Die Philosophie der deutschen Aufklärung, 1990, S. 407–458

Honecker, M.: Kants Philosophie in den romanischen Ländern, in: Philos. Jahrb. 37 (1924), S. 108–143

Huisman, D. (Hg.): Dictionnaire des Philosophes, 1984 [Art. »Kant« enth. ein Verzeichnis der französischen Kant-Übersetzungen und Bibliographie französischer Kant-Literatur]

Jantke, C./Hilger, D.: Die Eigentumslosen. Der deutsche Pauperismus und die Emanzipationskrise in Darstellungen und Deutungen der zeitgenössischen Literatur, 1965

Kant-Studien, seit 1897, von der 1904 durch H. Vaihinger gegründeten Kant-Gesellschaft als Herausgeber übernommen, 1938 aufgelöst, 1947 wiedergegründet

Kongresse und Publikationen durch die »Société d'Études kantiennes de langue francaise«

Krüger, H.: Zur Geschichte der Manufakturen und Manufakturarbeiter in Preußen, 1958

Langlois, L.: Années 1747–1781. Kant avant la critique de la raison pure, 2009

Leyva, G.: Notizen zur neueren Rezeption der kantischen Ethik in der angloamerikanischen Philosophie, PhR 49 (2002). S. 290–304, 50 (2003), S. 43–61.

Malter, R./Staffen, E.: Kant in Königsberg seit 1945. Eine Dokumentation, 1983

Malter, R.: Immanuel Kant in Rede und Gespräch, Hamburg 1990

Mora, J. F. (Hg.): Diccionario de Filosofía, T. III, Barcelona 1994 [Art. »Kant« enth. Sp.1997–2000 eine Bibliographie der spanischen Kant-Übersetzungen und Kant-Literatur]

Motroschilowa, N./Hinske, N. (Hg.): Kant im Spiegel der russischen Kantforschung heute, 2008

Nawrath, Th.: Globale Aufklärung. Sprache und interkultureller Dialog bei Kant und Herder, 2008

Oberhausen, M./Pozzo, R.: Vorlesungsverzeichnisse der Universität Königsberg (1720–1804), 1999

Sauer, W.: Österreichische Philosophie zwischen Aufklärung und Restauration. Beiträge zur Geschichte des Frühkantianismus in der Donaumonarchie, 1982

Schöndorffer, O. (Hg.), Malter, R. (Bearb.): Immanuel Kant, Briefwechsel, [3]1986

Schröpfer, H.: Kants Weg in die Öffentlichkeit. Chr.G. Schütz als Wegbereiter der kritischen Philosophie, 2003

Schultz, U.: Immanuel Kant in Selbstzeugnissen und Bilddokumenten, 1968 u. ö.

Stammen, Th. (Hg.): Kant als politischer Schriftsteller, 1999 (enth. »Königsberg als Lebenswelt…«)

Stavenhagen, K.: Kant und Königsberg, 1949

Stark, W.: Nachforschungen zu Briefen und Handschriften Immanuel Kants, 1993

Stark, W.: Zwei unbemerkte Kant-Blätter in Genf-Cologny, in: KS 95 (2004), S. 1020

Studi Kantiani, Jahresschrift 1988 ff. [enth. ausführl. Teile Recensioni, Bolletino bibliografico und Mitteilungen der »Società Italiana di Studi Kantiani«]

Tilitzki, Chr.: Die Albertus-Universität Königsberg. Ihre Geschichte von der Reichsgründung bis zum Untergang der Provinz Ostpreußen, 2012

Walker, R. C. S.: A Selective Bibliography on Kant, 1975

Warda, A.: Kants Bücher, 1922

Weigl, E.: Schauplätze der deutschen Aufklärung, 1997 (Königsberg S. 131 ff.)

Wellek, R.: Immanuel Kant in England. 1783–1838, 1931

Wirth, G.: Auf dem »Turnierplatz«. A. Liebert und die Kant-Gesellschaft (1918–1948/9), [2]2005

Biographien

Dietzsch, St.: Immanuel Kant. Eine Biographie, 2003

Dustdar, F.: Vom Mikropluralismus zu einem makropluralistischen Politikmodell. Kants wertgebundener Liberalismus, 2000

Groß, F. (Hg.): Immanuel Kant. Sein Leben in Darstellungen von Zeitgenossen, Berlin 1912, ND m. Einl. v. R. Malter 1993

Klemme, H. F. (Hg.): Die Schule Immanuel Kants, 1994

Krouglow, A. N.: Erste oder zweite Wahl? Kant und die Suche nach einem Nachfolger für Meier in Halle (1777/78),

in: Chr. Böhr / H. P. Delfosse, Facetten der Kantforschung, 2011

Krouglow, A. N.: Das Problem der Revolution in der deutschen Aufklärung, in: L. C. Madonna / P. Rumore, Kant und die Aufklärung, 2011

Kühn, M.: Kant. Eine Biographie, 2003

Sgarbi, M.: Logica e metafisica nel Kant precritico. L'ambiente intellettuale di Königsberg e la formazione della filosofia Kantiana, 2010

Stavenhagen, K.: Kant und Königsberg, 1949

Vorländer, K.: Kants Leben, [2]1921, hg. m. Bibl. u. Einl. v. R. Malter [4]1986 [Auswahlbibl. zur Biographie Kants S. XXXI–XXXIX]

Wasianski, E. A. Chr.: Zuhaus bei Kant [1804], ND 2006

Monographien, zusammenfassende Darstellungen

Allison, H. E.: Transcendental Idealism. An Interpretation and Defense, 2004

Allison, H. E.: Essays on Kant, 2012

Ameriks, K.: Kant and the Fate of Autonomy, 2000

Boutroux, E.: La philosophie de Kant, 1926

Beck, L. W.: Early German Philosophy. Kant and his Predecessors, 1969

Böhme, H./Böhme, G. : Das Andere der Vernunft. Zur Entwicklung von Rationalitätsstrukturen am Beispiel Kants, 1983

Böhr, Chr./Delfosse, H. P. (Hg.): Facetten der Kantforschung. Festschrift für Norbert Hinske zum 80. Geburtstag, 2011

Boutroux, E.: La philosophie de Kant, 1897

Brandt, R.: Immanuel Kant – Was bleibt?, 2010

Cassirer, E.: Kants Leben und Lehre, 1918, ND 2001, Ges. Werke Bd. 8

Cohen, H.: Kants Theorie der Erfahrung [1871], [4]1924

Delekat, F.: Immanuel Kant. Historisch-kritische Interpretation der Hauptschriften, [3]1969

Deleuze, G.: Kants kritische Philosophie [frz. 1967], 1990

Dörflinger, B.: Das Leben theoretischer Vernunft. Teleologische und praktische Aspekte der Erfahrungstheorie Kants, 2000

Düsing, K.: Subjektivität und Freiheit. Untersuchungen zum Idealismus von Kant bis Hegel, 2012

Emundts, D. (Hg.): Immanuel Kant und die Berliner Aufklärung, 2000

Ebbinghaus, J.: Kantinterpretation und Kantkritik, in: Ders.: Gesammelte Schriften, 1986

Ebbinghaus, J.: Kant und das 20. Jahrhundert, 1988

Falduto, M.: (Hg.): Metaphysik – Ästhetik – Ethik. Beiträge zur Interpretation der Philosophie Kants, 2012

Fischer, K.: Immanuel Kant und seine Lehre, 2 Bde., Heidelberg [4]1898

Fischer, N.: Kants Grundlegung einer kritischen Metaphysik, 2010

Fulda, H. Fr./Stolzenberg, J. (Hg.): Architektonik und System in der Philosophie Kants, 2001

Fulda, H. Fr.: Der Begriff der Freiheit – ein Schlusstein von dem ganzen Gebäude eines Systems der reinen Vernunft?, in: Stolzenberg, J. (Hg.): Kant und der Frühidealismus, 2007

Geismann, G.: Kant und kein Ende, 3 Bde., 2012

Grandjean, A.: Critique et Réflexion. Essai sur le Discours Kantien, 2009

Gerhardt, V.: Immanuel Kant. Vernunft und Leben, 2002

Gerhardt, V. (Hg.), Kant und die Berliner Aufklärung. Akten des IX. Internationalen Kant-Kongresses, 2001

Goldmann, L.: La communauté humaine et l'univers chez Kant (1948), neu als : Introduction à la philosophie de Kant, 1967

Goldmann, L.: Kant als Herausforderung an die Gegenwart, 1997

Grandjean, A.: Critique et Réflexion. Essai sur le Discours Kantien, 2009

Gulyga, A.: Immanuel Kant [1977], 1981

Gurwitsch, A.: Kants Theorie des Verstandes, 1990

Guyer, P.: Kant and the Claims of Knowledge, 1987

Guyer, P.: Kant, 2006

Hartmann, N.: Kant und die Philosophie unserer Tage [1924], in: Ders.: Kleinere Schriften III, 1958, S. 339–345

Heidemann, D.: Kant. Einführung und Texte, 2012

Heimsoeth, H./Henrich, D./Tonelli, G. (Hg.): Studien zu Kants philosophischer Entwicklung, 1967

Heimsoeth, H.: Studien zur Philosophie Immanuel Kants, 2 Bde., 1970/71

Henrich, D.: Selbstverhältnisse, 1982

Henrich, D.: Systemform und Abschlussgedanke. Methode und Metaphysik als Problem in Kants Denken, in: Gerhardt, V., 2001, Bd. 1, S. 94–115

Hinske, N.: Kants Weg zur Transzendentalphilosophie. Der dreißigjährige Kant, 1970

Hinske, N.: Kant, in: Neue Deutsche Biographie, XI (1977)

Hinske, N.: Kant als Herausforderung an die Gegenwart, 1980

Hinske, N. [Bibliographie seiner Schriften zu Kant], in: M. Oberhausen u. a. (Hg.): Vernunftkritik und Aufklärung. Studien zur Philosophie Kants und seines Jahrhunderts, 2001

Hinske, N./Lange, E./Schröpfer, H.: Der Aufbruch in den Kantianismus, der Frühkantianismus an der Universität Jena 1785–1800 und seine Vorgeschichte, 1995

Hinske, N./Motroschilowa, N.: Kant im Spiegel der russischen Kant-Forschung heute, 2008

Höffe, O.: Immanuel Kant, ⁵2000

Hutter, A.: Das Interesse der Vernunft. Kants ursprüngliche Einsicht und ihre Entfaltung in den Hauptwerken, 2003

Hiltscher, R./Georgi, A.: Perspektiven der Transzendentalphilosophie im Anschluss an die Philosophie Kants, 2002

Holzhey, H./Mudroch, V. (Hg.): Historical Dictionary of Kant and Kantianism, 2005

Horstmann, R.-P.: Bausteine kritischer Philosophie, 1997

Hoyos, L. E.: Der Skeptizismus und die Transzendentalphilosophie. Deutsche Philosophie am Ende des 18. Jhs., 2008

Jaspers, K.: Kant. Leben, Werk, Wirkung, 1975

Kaulbach, Fr.: Immanuel Kant 1969, ²1982

Klemme, H. F.: Kants Philosophie des Subjekts. Systematische und entwicklungsgeschichtliche Untersuchungen zum Verhältnis von Selbstbewusstsein und Selbsterkenntnis, 1996

Klemme, H. F.: Immanuel Kant, 2004

Klemme, H. F./Stark, W. (Hg.): Aufklärung und Interpretation. Studien zu Kants Philosophie und ihrem Umkreis, 1999

Kugelstadt, M. (Hg.): Kant-Lektionen. Zur Philosophie Kants und zu Aspekten ihrer Wirkungsgeschichte, 2008

Kojève, A.: Kant, 1973

Kugelstadt, M. (Hg.): Kant-Lektionen. Zur Philosophie Kants und zu Aspekten ihrer Wirkungsgeschichte, 2008

Kuhne, F. : Selbstbewusstsein und Erfahrung bei Kant und Fichte, 2007

Lacroix, J.: Kant et le Kantianisme, ⁴1973

La Rocca, Cl.: Strutture kantiane, 1990

Lebonin, G.: Kant sans Kantisme, 2009

Lehmann, G.: Beiträge zur Geschichte und der Interpretation der Philosophie Kants, 1969

Lottes, G./Steiner, U. (Hg.): Immanuel Kant. German Professor and World Philosopher, 2007

Mohr, G.: Das sinnliche Ich. Innerer Sinn und Bewusstsein bei Kant, 1991

Martin, G.: Immanuel Kant. Ontologie und Wissenschaftstheorie, ⁴1969

Moore, G. E.: Kant's Idealism, 1903 (charakterist. Kant-Kritik der damaligen engl. Philosophie)

Nagl-Docekal, H./Langenthaler, R. (Hg.): Recht – Geschichte – Religion. Die Bedeutung Kants für die Gegenwart, 2004

Neiman, S.: The Unity of Reason: Rereading Kant, 1994

Nuzzo, A.: Kant and the Unity of Reason, 2005

Oberer, H./Seel, G., (Hg.): Kant: Analyse – Probleme – Kritik, 1988

Philonenko, A.: L'Oeuvre de Kant. La philosophie critique, 2 vols., 1969–1972

Philonenko, A.: Aufzugebendes und Aufrechtzuerhaltendes bei Kant, in: Lorenz, A. (Hg.) Transzendentalphilosophie heute. Breslauer Kant-Symposion 2004

Rauscher, Fr./Perez, D. O.: Kant in Brazil, 2012

Recki, B.: Die Vernunft, ihre Natur, ihr Gefühl und der Fortschritt. Aufsätze zu Immanuel Kant, 2006

Reich, K.: Gesammelte Schriften, hg. v. M. Baum, 2001

Riehl, A.: Der philosophische Kritizismus, 3. Bde. [zu Kant: Bd. 1], ³1924

Ritzel, W.: Immanuel Kant, 1975

Santozki, U.: Die Bedeutung antiker Theorien für die Genese und Systematik von Kants Philosophie, 2006

Schönrich, G.: Kategorien und transzendentale Argumentation. Kant und die Idee der einen transzendentalen Semiotik, 1981

Schönrich, G.: Kant in der Diskussion der Moderne, ²1997

Schmitz, H.: Was wollte Kant? 1989

Schulthess, P.: Relation und Funktion. Eine systematische und entwicklungsgeschichtliche Untersuchung der theoretischen Philosophie Kants, 1981

Sgarbi, M.: La »Kritik der reinen Vernunft« nel contesto della tradizione logica aristotelica, 2010

Stolzenberg, J. (Hg.): Kant in der Gegenwart, 2007

Stolzenberg, J. (Hg.): Kant und der Frühidealismus, 2007

Timmons, M./Baiasu, M.: Kant on Practical Justification, 2013, 324 S. Überblick über viele Leitgedanken der angloamerikanischen Kant-Interpretation

Vorländer, K.: Immanuel Kant. Der Mann und das Werk, 2 Bde. 1924, ³2003

Wagner, H.: Zu Kants kritischer Philosophie, 2008

Weil, E.: Problèmes kantiens, 1963

Wohlers, Chr.: Kants Theorie der Einheit der Welt, 2000

Neukantianismus

Heinz, M./Krijnen, Chr. (Hg.): Kant im Neukantianismus. Fortschritt oder Rückschritt?, 2007

Kant, Immanuel: Critica de la razón pura. (Übersetzung, Anmerkungen und Einleitung von M. Caimi), 2007, ²2009

Köhnke, K. Ch.: Entstehung und Aufstieg des Neukantianismus, 1986

Küsters, G.-W.: Kants Rechtsphilosophie, 1988 (mit reicher Bibliographie)

Marcucci, S.: Kant in Europa [ital.], 1986

Ollig, H. L.: Der Neukantianismus, 1979

Orth, E./Holzhey, H.: Neukantianismus. Perspektiven und Probleme, 1994

Rückert, J.: Kant-Rezeption in juristischer und politischer Theorie ... des 19. Jahrhunderts, in: Thompson, M. P. (Hg.): John Locke und/and Immanuel Kant, 1991

Schönrich, G./Kato, Y.: Kant in der Diskussion der Moderne, 1996

Stolzenberg, J. (Hg.): Kant in der Gegenwart, 2007

Transzendentalphilosophie, Metaphysik

Allison, H. E.: Kant's Transcendental Idealism, 2004

Aportone, A.: Gestalten der transzendentalen Einheit: Bedingungen der Synthesis bei Kant, 2009

Baiasu, R. u. a. (Hg.): Contemporary Kantian Metaphysics, 2012

Barone, Fr.: Logica formale e logica trascendentale, 1999

Baumgarten, G. A.: Metaphysica (1739), 2011, (Ed., Übers., Einleitung v. Gawlick, G. und Kreimendahl, L.)

Benoist, J.: Kant et les limites de la synthèse, 1996

Brook, A.: Kant and the Mind, 1994

Dietzsch, St., Tietz, U.: Transzendentalphilosophie und die Kultur der Gegenwart, 2012

Esser, A. (Hg.): Kants kritische Metaphysik – Substanz, Freiheit und System, in: DZPh 58 (2010), 4, S. 576–645

Ertl, W.: David Hume und die Dissertation von 1770, 1999

Ficara, E. (Hg.): Die Begründung der Philosophie im Deutschen Idealismus, 2011

Flasch, K.: Kennt die mittelalterliche Philosophie die konstituierende Funktion des menschlichen Denkens? (D. v. Freiberg), Kant-Studien 1972, S. 182–206

Fleischer, M.: Metaphysik und Unbedingtes im Denken Kants, 2009

Grapotte, S. (Hg.): E. Kant, Réflexions métaphysiques (1780–1789), 2011

Grapotte, S./Prunea-Bretonnet, T.: Kant et Wolff, Héritages et ruptures, 2011

Hahmann, A.: Kritische Metaphysik der Substanz. Kant im Widerspruch zu Leibniz, 2009

Heidegger, M.: Kant und das Problem der Metaphysik [1929], Gesamtausgabe I, 3, 1991

Heidemann, G. H., Kant und das Problem des metaphysischen Idealismus, 1998

Kertscher, H.-J., Stöckmann, E. (Hg.): Ein Antipode Kants? J. A. Eberhard im Spannungsfeld von spätaufklärerischer Theologie und Philosophie 2012

Klemme, H. F., Kant und die Paradoxien der kritischen Philosophie, in: KS 99 (2007)

Klimmek, N. F., Kants System der transzendentalen Ideen, 2005

Krieger, K.: Zu einer Übereinstimmung zwischen mittelalterlicher Philosophie und Kant, Kant-Studien 2005, S. 182–207

Krouglow, A.: Zum Begriff der Kausalität bei Kant, in: Motroschilowa/Hinske, 2008, S. 53–69

Lenhard, J./Otte, M.: Analyse und Synthese – Von Leibniz und Kant zum axiomatischen Denken, in: PhNat 39 (2002) 259–292

Lorenz, A. (Hg.) Transzendentalphilosophie heute. Breslauer Kant-Symposion 2004

Prauss, G.: Handlungstheorie und Transzendentalphilosophie, 1986

Rumore, P.: L'ordine delle idee. La genesi del concetto di ›rappresentazione‹ in Kant attraverso le sue fonti Wolffiane (1747–1787), 2007

Schaper, W./Vossenkuhl, E. (Hg.): Bedingungen der Möglichkeit. »Trancendental Arguments« und transzendentale Argumentation, 1984

Vázquez Lobeiras, Die Logik und ihr Spiegelbild. Das Verhältnis von formaler und transzendentaler Logik in Kants philosophischer Entwicklung, 1998

Willaschek, M.: Kant of the Necessity of Metaphysics, in: X. Internationaler Kant-Kongress, Buenos Aires 2008, S. 285–307

Erkenntnistheorie

Abela, P.: Kant's Empirical Realism, 2002

Adler, M: Das Soziologische in Kants Erkenntniskritik, 1924, ND 1975

Benoit, J.: Kant et les limites de la synthèse. Le sujet sensible, 1996

Friebe, C.: Zeit – Wirklichkeit – Persistenz, Eine präsentistische Deutung der Raumzeit (Einstein, Kant), 2012

Grapotte S. u. a. (Hg.): Kant et la Science. La théorie critique et transcendentale de la connaissance, 2011

Guyer, P.: Kant and the Claims of Knoledge (1987) online 2010

Kim, Eun Ha: Kant und die moderne Medientheorie, 2012

Koriako, D.: Was sind und wozu dienen reine Anschauungen?, in: KS 96 (2005), S. 20–40

Madonna, L. C. (Hg.): Naturalistische Hermeneutik. Zum Stand der Debatte, 2012

Prauss, G.: Erscheinung bei Kant. Ein Problem der *Kritik der reinen Vernunft*, 1971

Prauss, G.: Kant. Zur Deutung seiner Theorie von Erkennen und Handeln, 1973

Rauer, C.: Wahn und Wahrheit. Kants Auseinandersetzung mit dem Irrationalen, 2007

Schalow, F./Velkley, R. (Hg.): The Linguistic Dimension of Kant's Thought, 2014

Schulting, D./Verburgt, J. (Hg.): Kant's Idealism, 2011

Vijver, G. van de/Demarest, B. (Hg.): Objectivity after Kant, 2013

Kritik der reinen Vernunft

Baiasu, R. u. a. (Hg.): Contemporary Kantian Metaphysics. New Essays on Space and Time, 2012

Baumanns, P.: Kants Philosophie der Erkenntnis, 1997 [Kommentar zur KrV]

Baumgartner, H. M.: Kants Kritik der reinen Vernunft. Anleitung zur Lektüre, [4]1996

Bayne, St. M.: Kant on Causation, 2004

Berg, J.: Die theoretische Philosophie Kants, 2014

Blomme, H.: Kants Raumbegriff in der Diskussion, Philosophische Rundschau 2013 60 (3)

Brandt, R. Die Urteilstafel. Kritik der reinen Vernunft A 67–76, B 92–101, 1991

Cohen, H.: Kommentar zu Immanuel Kants Kritik der reinen Vernunft, 1907

Friebe, C.: Kants Transzendentaler Idealismus. Eine Verteidigung der »methodologischen« Zwei-Aspekte-Deutung, Allgemeine Zeitschrift für Philosophie 2014 39 (1)

Giovanelli, M.: Reality and Negation. Kant's Principle of Anticipations of Perception, 2011

Grünewald, B./Oberer, H. (Hg.): Zu Kants kritischer Philosophie, 2008

Heckmann, R.: Kants Kategoriendeduktion, 1997

Heidegger, M.: Phänomenologische Interpretationen von Kants Kritik der reinen Vernunft, Gesamtausgabe II, 25, 1977

Heidemann, D. H.: Kant und das Problem des metaphysischen Idealismus, 1998

Heimsoeth, H.: Transzendentale Dialektik. Ein Kommentar zu Kants Kritik der reinen Vernunft, vier Teile, 1966 / 71

Heinrichs, L.: Die Logik der Vernunftkritik. Kants Kategorienlehre in ihrer aktuellen Bedeutung, 1986

Henrich, D.: Identität und Objektivität. Eine Untersuchung über Kants transzendentale Deduktion, 1976

Henrich, D.: Die Beweisstruktur von Kants transzendentaler Deduktion, in: Prauss, G. (Hg.): Kant, 1973

Hinske, N.: Kants Begriff der Antithetik und seine Herkunft aus der protestantischen Kontroverstheologie des 17. und 18. Jhs., ABG XVI (1972)

Hinske, N.: Kants Weg zur Transzendentalphilosophie, 1970; Rez. G. Tonelli, Kant-Studien 1971 (62)

Hinske, N.: Zwischen Aufklärung und Vernunftkritik. Studien zum Kantschen Logikcorpus, 1998

Höffe, O.: Kants Kritik der reinen Vernunft. Die Grundlegung der modernen Philosophie, 2003

Horstmann, R.-P.: Der Anhang zur transzendentalen Dialektik, in: Mohr/Willaschek, 1998

Hunter, J. L.: Kant's Doctrine of Schemata, 2000

Klemme, H. F.: Axiome der Anschauung und Antizipationen der Wahrnehmung, in: Mohr/Willaschek 1998

Koch, L./Strohmeyer, I. (Hg.): Kant und das Problem der Einheit der endlichen Vernunft, 2013

Kopper, J./Malter, R. (Hg.): Materialien zu Kants Kritik der reinen Vernunft, 1975

Kopper, J./Marx, W.: 200 Jahre «Kritik der reinen Vernunft«, 1981

Krouglow, A. N.: Tetens und die Deduktion der Kategorien bei Kant, Kant-Studien, 2013 104 (4)

Langbehn, C.: Vom Selbstbewusstsein zum Selbstverständnis. Kant und die Philosophie der Wahrnehmung, 2012

Leiber, T.: Kategorien, Schemata und empirische Begriffe: Kants Beitrag zur kognitiven Psychologie, KS 87 (1996)

Maier, A.: Kants Qualitätskategorien, 1930

Malzkorn, W.: Kants Kosmologie-Kritik. Eine formale Analyse der Antinomienlehre, 1999

Mohr, G./Willascheck, M. (Hg.): Immanuel Kant. Kritik der reinen Vernunft, 1998

Mohr, G.: Kants Entdeckung aller reinen Verstandesbegriffe, in: Hiltscher, R./Georgi, A.: 2002

Moskopp, W.: Struktur und Dynamik in Kants Kritiken, 2009

Natterer, P.: Systematischer Kommentar zur Kritik der reinen Vernunft. Interdisziplinäre Bilanz der Kantforschung seit 1945, 2003

Oberhausen, M.: Das neue Apriori. Kants Lehre von der »ursprünglichen Erwerbung« apriorischer Vorstellungen, 1997

Paton, Kant's Metaphysic of Experience: A Commentary on the First Half of the Kritik der reinen Vernunft, 1936

Patzig, G.: Immanuel Kant. Wie sind synthetische Urteile a priori möglich?, in: Speck, J. (Hg.): Grundprobleme der großen Philosophen, [2]1976

Prauss, G. Kant und das Problem der Dinge an sich, 1974

Reich, K.: Die Vollständigkeit der Kantischen Urteilstafel, [3]1986

Scheffer, T.: Kants Kriterium der Wahrheit: Anschauungsformen und Kategorien a priori in der KrV, 1993

Schnädelbach, H.: Immanuel Kant. Kritik der reinen Vernunft. 1. Auflage, 2005

Schmucker, J.: Das Weltproblem in Kants Kritik der reinen Vernunft. Kommentar und Strukturanalyse des ersten Buches und des zweiten Hauptstücks der transzendentalen Dialektik, 1990

Schönrich, G.: Kategorien und transzendentales Argument, 1981

Strawson, P. F.: Die Grenzen des Sinns. Ein Kommentar zu Kants Kritik der reinen Vernunft [engl. 1966], 1981

Thöle, B.: Die Analogien der Erfahrung, in: Mohr/Willaschek, 1998

Tonelli, G.: Die Umwälzung von 1769 bei Kant, in: KS 54 (1963)

Tonelli, G.: Die Voraussetzungen zur Kantischen Urteilstafel in der Logik des 18. Jhs., in: Heimsoeth, H. (Hg.): Kritik und Metaphysik, 1966

Tonelli, G.: Die Anfänge von Kants Kritik der Kausal-Beziehungen und ihre Voraussetzungen im 18. Jh., in: KS 57 (1966)

Vaihinger, H.: Commentar zu Kants Kritik der reinen Vernunft, 1881/92

Weizsäcker, C. F.: Kants »Erste Analogie der Erfahrung« und die Erhaltungssätze der Physik, in: Prauss, G., 1973

Willaschek, M.: Die Mehrdeutigkeit der kantischen Unterscheidung zwischen Dingen an sich und Erscheinungen,
in: Gerhardt, V. (Hg.), 2001, Bd. II
Wolff, M.: Die Vollständigkeit der kantischen Urteilstafel.
Mit einem Essay über Freges Begriffsschrift, 1995

Transzendentale Ästhetik

Michel, K.: Untersuchungen zur Zeitkonzeption in Kants
Kritik der reinen Vernunft, 2003
Rohs, P., Transzendentale Ästhetik, 1973
Unruh, P.: Transzendentale Ästhetik des Raumes. Zu Im-
manuel Kants Raumkonzeption, 2007
Willaschek, M.: Der transzendentale Idealismus und die
Idealität von Raum und Zeit, in: KS 51 (1997), S. 116–147

Dialektik

Ertl, W.: Kants Auflösung der »dritten Antinomie«. Zur Bedeutung des Schöpfungskonzepts für die Freiheitslehre,
1998
Heimsoeth, H.: Transzendentale Dialektik. Ein Kommentar
zu Kants Kritik der reinen Vernunft, 1966/69
Ishikawa, F.: Kants Denken von einem Dritten. Das Ge-
richtshof-Modell und das unendliche Urteil in der Anti-
nomienlehre, 1990
Kawamura, K.: Spontaneität und Willkür. Der Freiheitsbe-
griff in Kants Antinomienlehre und seine historischen
Wurzeln, 1996
Wessel, H.: Kritik der Kantschen Antinomien der reinen
Vernunft in der Wissenschaftslogik, in: Ley, H. (Hg.):
Zum Kant-Verständnis unserer Zeit, 1975

Prolegomena

Apel, M.: Kommentar zu Kants Prolegomena, [2]1923

Kritik der praktischen Vernunft

Apel, K.-O.: Kant, Hegel und das aktuelle Problem der nor-
mativen Grundlagen von Recht und Moral, in: Ders.:
Diskurs und Verantwortung, 1988 u. ö.
Ebbinghaus, J.: Die Formeln des kategorischen Imperativs
und die Ableitung inhaltlich bestimmter Pflichten, in:
Ebbinghaus, J.: Gesammelte Schriften, 1986
Höffe, O. (Hg.): Kant. Kritik der praktischen Vernunft, 2002
Heepe, M.: Die unsichtbare Hand Gottes. Kants Antinomie
der praktischen Vernunft und ihre Auflösung, Zeitschrift
für philosophische Forschung 68 2014 (3)
Milz, B.: Der gesuchte Widerstreit in Kants Kritik der prak-
tischen Vernunft, 2002
Schwaiger, C.: Kategorische und andere Imperative. Zur
Entwicklung von Kants praktischer Philosophie bis
1785, 1999

Praktische Philosophie

Ameriks, K./Sturma, D.: Kants Ethik, 2004
Apel, K.-O.: Von Kant zu Peirce. Die semiotische Transformation der Transzendentalen Logik, in: Ders.: Transformation der Philosophie, Bd. 2, 1973
Baum, M.: Politik und Moral in Kants praktischer Philoso-
phie, in: Klemme, H. F. (Hg.): Kant und die Zukunft der
europäischen Aufklärung, 2009
Baumann, P.: Kant und die Bioethik, 2004
Bencivenga, E.: Ethics Vindicated. Kant's Transcendental
Legitimation of Moral Discourse, 2007
Berger, M.: Kritik der kritischen Kritik. Zu den philosophi-
schen Grundlagen praxeologischer Kritik bei P. Bour-
dieu und L. Boltanski, in: Allgemeine Zeitschrift für Phi-
losophie 39.1 (2014)
Betzler, M. (Hg.): Kant's Ethics of Virtue, 2008
Bielefeldt, H.: Kants Symbolik. Ein Schlüssel zur kritischen
Freiheitsphilosophie, 2001
Brandt, R.: Die Bestimmung des Menschen bei Kant, [2]2009
Casas, V. D.: Die Pflichten gegen sich selbst in Kants »Meta-
physik der Sitten«, 1996
Cohen, H.: Kants Begründung der Ethik nebst ihren An-
wendungen auf Recht, Religion und Geschichte, [2]1910
Cramer, K.: »Depositum«. Zur logischen Struktur eines
kantischen Beispiels für moralisches Argumentieren, in:
Gerhardt, V., 2001
Ebbinghaus, J.: Kants Ableitung des Verbots der Lüge aus
dem Rechte der Menschheit, in: Ders.: Gesammelte
Schriften, 1986
Emge, C. A.: Das Eherecht Immanuel Kants, in: Kant-Stu-
dien 1924 (29)
Greenberg, J.: Kant's Defense of common Moral Experi-
ence, 2013
Habermas, J.: Kommunikatives Handeln und detranszen-
dentalisierte Vernunft, 2001
Himmelmann, B.: Kants Begriff des Glücks, 2003
Höffe, O.: Kants kategorischer Imperativ als Kriterium des
Sittlichen, in: ZphF 31 (1977)
Höffe, O. (Hg.): Kant, Grundlegung zur Metaphysik der Sit-
ten. Ein kooperativer Kommentar, 1988
Höffe, O.: Universalistische Ethik und Urteilskraft: ein aris-
totelischer Blick auf Kant, ZphF 44 (1990), S. 537–563
Höffe, O.: Kritik der praktischen Vernunft. Eine Philoso-
phie der Freiheit, 2012
Hoffmann, T. S. (Hg.): Normkultur versus Nutzenskultur,
2006
Hruschka, Die Würde des Menschen bei Kant, in: AfRSph
88 (2002)
Irrlitz, G.: Moral und Methode. Die Struktur in Kants Mo-
ralphilosophie und die Diskursethik, 1994
Klein, P.: Gibt es ein Moralgesetz, das für alle Menschen
gültig ist?, 2008
Klemme, H. F. u. a. (Hg.): Moralische Motivation. Kant und
die Alternativen, 2006
Konersmann, R.: Kritik ohne Subjekt, Zeitschrift für Kul-
turphilosophie, 2007 H. 2
König, P.: Autonomie und Autokratie. Über Kants Meta-
physik der Sitten, 1994
Koslowski, P.: Gesellschaft und Staat. Ein unvermeidlicher
Dualismus, 1982
Koslowski, P.: Staat und Gesellschaft bei Kant, 1985

Kuhlmann, W.: Kant und die Transzendentalpragmatik, 1992

Nawrath, Th.: Interpersonale Sozialphilosophie. Grundlegung der Sozialwissenschaften im Paradigma Kants, 2004

Oncken, A.: Adam Smith und Immanuel Kant. Der Einklang und das Wechselverhältnis ihrer Lehren über Sitte, Staat und Wirtschaft, 1877

Paton, H. J.: Der kategorische Imperativ. Eine Untersuchung über Kants Moralphilosophie [engl. ³1958], 1962

Patzig, G.: Die logischen Formen praktischer Sätze bei Kant [1966], in: Ders.: Gesammelte Schriften I, 1994, S. 209–233

Pforten, D. v. d.: Zur Würde des Menschen bei Kant, in: Jahrbuch für Recht und Ethik, 14 (2006)

Prauss, G.: Kant über Freiheit als Autonomie, 1983

Richter, Ph.: Kants »Grundlegung zur Metaphysik der Sitten«. Ein systematischer Kommentar, 2013

Riefling, M.: Erziehung als Entwicklungshelfer der Moralität, Kant-Studien 2014 105 (3)

Römer, I.: Reue in Kants kritischer Ethik, 2014

Römpp, G.: Die Sprache der Freiheit. Kants moralphilosophische Sprachauffassung, in: KS 95 (2004), S. 182–203

Schadow, St.: Achtung für das Gesetz. Moral und Motivation, 2012

Scheler, M.: Der Formalismus in der Ethik und die materiale Wertethik [1913/1916], ⁵1966

Schmucker, J.: Die Ursprünge der Ethik Kants in seinen vorkritischen Schriften, 1961

Stark, W. (Hg.): Immanuel Kant. Vorlesung zur Moralphilosophie, Einl. M. Kühn, Nachw. W. Stark, 2004

Vollmann, M.: Freud gegen Kant? Moralkritik der Psychoanalyse und der praktischen Vernunft, 2010

Willaschek, M.: Praktische Vernunft. Handlungstheorie und Moralbegründung bei Kant, 1992

Kritik der Urteilskraft, Ästhetik

Baeumler, A.: Kritik der Urteilskraft. Ihre Geschichte und ihre Systematik, 1923, ND als: Das Irrationalitätsproblem in der Ästhetik und Logik des 18. Jhs. bis zur Kritik der Urteilskraft, 1981

Banham, G.: Kant and the Ends of Ästhetics, 2000

Bartuschat, W.: Zum systematischen Ort von Kants Kritik der Urteilskraft, 1972

Böhme, G.: Kants Kritik der Urteilskraft in neuer Sicht, 1999

Bruno, P.: Kant's Concept of Genius, 2011

Cohen, T./Guyer, P. (Hg.): Essays in Kant's Aesthetics, 1982

Crowther, P.: The Kantian Aesthetic: From Knowledge to the Avant-Garde, 2010

Dörflinger, B.: Die Realität des Schönen in Kants Theorie rein ästhetischer Urteilkraft. Zur Gegenstandsbedeutung subjektiver und formaler Ästhetik, 1988

Düsing, K.: Die Teleologie in Kants Weltbegriff, 1968

Häfliger, G.: Vom Gewicht des Schönen in Kants Theorie der Urteile, 2002

Heller, A.: Freiheit – Gleichheit – Brüderlichkeit in der Kritik der Urteilskraft, in: Gerhardt, V. (Hg.) 2001, S. 300–312

Hiltscher, R.: Die Vollendung der Transzendentalphilosophie in Kants Kritik der Urteilskraft, 2006

Höffe, O.: Kritik der Urteilskraft, 2007

Kaulbach, Fr.: Ästhetische Welterkenntnis bei Kant, 1984

Klein, J. Th.: Die Weltgeschichte im Kontext der Kritik der Urteilskraft, Kant-Studien 2013 104 (1)

Kohler, G.: Geschmacksurteil und ästhetische Erfahrung. Beiträge zur Auslegung von Kants »Kritik der ästhetischen Urteilskraft«, 1980

Kulenkampff, J.: Materialien zu Kants »Kritik der Urteilskraft« 1974

Kulenkampff, J.: Kants Logik des ästhetischen Urteils, 1978

Löw, R.: Philosophie des Lebendigen. Der Begriff des Organischen bei Kant, sein Grund und seine Aktualität, 1980

Marc-Wogau, K.: Vier Studien zu Kants Kritik der Urteilskraft, 1938

Pauen, M.: Teleologie und Geschichte in der Kritik der Urteilskraft, in: Klemme, H. F. (Hg.), 1999

Recki, B.: Ästhetik der Sitten. Die Affinität von ästhetischem Gefühl und praktischer Vernunft bei Kant, 2001

Rischmüller, M. (neu hg. u. komm.): Kant, I.: Bemerkungen zu den »Beobachtungen über das Gefühl des Schönen und Erhabenen«, 1991

Rodriguez, M. S.: Sentimiento y reflexión en la filosofia de Kant: Estudio istórico sobre el problema estético, 2010

Rohlf, M.: The Transition from Nature to Freedom in Kant's Third Critique, in: KS 99 (2008)

Zumbach, C.: The Transcendent Science. Kant's Conception of Biological Methodology, 1984

Anthropologie

Brandt, R.: Kritischer Kommentar zu Kants Anthropologie in pragmatischer Hinsicht (1798), 1999

Makowiak, A.: Kant, l'imagination et la question de l'homme, 2009

Nehring, R.: Kritik des Common Sense: gesunder Menschenverstand, reflektierende Urteilskraft und Gemeinsinn – der Sensus communis bei Kant, 2010

Opus postumum

Emundts, D.: Kants Übergangskonzeption im Opus postumum, 2004

Förster, E.: Zwei neu aufgefundene Blätter zum Opus postumum, in: KS 95 (2004), S. 21–28

Onnasch, E.-O.: Kants Philosophie der Natur: Ihre Entwicklung im »Opus postumum« und ihre Wirkung, 2009

Rheindorf, J.: Kants »opus postumum« und das »Ganze der Philosophie«: Gesellschaft, Wissenschaft, Menschenbild, 2010

Tuschling, B.: Übergang: Von der Revision zur Revolutionierung und Selbst-Aufhebung des Systems des transzendentalen Idealismus in Kants Opus postumum, in: Fulda, H. Fr./Stolzenberg, J. (Hg.) 2001, S. 128–170

Kants Philosophie und die Naturwissenschaften

Adickes, E.: Kant als Naturforscher, 1924

Annasch, E. O.: Kants Philosophie der Natur, 2009

Baumanns, P.: Kant und die Bioethik, 2004

Bayne, St. M.: Kant on Causation, 2004

Breitenbach, A.: Die Analogie von Vernunft und Natur. Eine Umweltphilosophie nach Kant, 2009

Cassirer, E.: Der Raum- und Zeitbegriff des kritischen Idealismus und die Relativitätstheorie [1921], in: Ders.: Zur modernen Physik, 1957, Ges. Werke, Bd. 10

Cohen, A.: Kant and the Human Sciences: Biology, Anthropology and History, 2009

Elden, St./Mendieta, E. (Hg.): Reading Kant's Geography, 2011

Falkenburg, B.: Die Form der Materie. Zur Metaphysik der Natur bei Kant und Hegel, 1987

Falkenburg, B.: Kants Kosmologie. Die wissenschaftliche Revolution im 18. Jh., 2000

Friebe, C.: Kant und die spezielle Relativitätstheorie, in: KS 99 (2008)

Friedmann, M.: Kant and the Exact Sciences, 1992

Godel, R./Stiening, G.: Klopffechterien – Mißverständnisse. Methodische und Methodologische Perspektiven auf die Kant-Forster-Kontroverse, 2012

Kersting, W. (Hg.): Gerechtigkeit als Tausch? Auseinandersetzungen mit der politischen Philosophie Otfried Höffes, 1997

Kerszberg, P.: Kant et la Nature, 1999

Koch, C./Strohmeyer, I.: Kants transzendentale Methode und die Begründung der Naturwissenschaften, 1995

Massimi, M.: Kant and the Philosophy of Science Today, 2008

Massimi, M.: Kant's Dynamical Theory of Matter in 1755, 2011

Parrini, P. (Hg.): Kant and the Contemporary Epistemology, 1994

Pollok, K.: Kants »Metaphysische Anfänge der Naturwissenschaft«. Ein kritischer Kommentar, 2001

Strohmeyer, I.: Kausalität und Freiheit. Eine Untersuchung des quantenmechanischen Indeterminismus im Lichte der Kantschen Freiheitsantinomie, 2012

Strohmeyer, I.: Quantentheorie und Transzendentalphilosophie, 1995

Waschkies, H.-J.: Physik und Physikotheologie des jungen Kant, 1987

Kants Philosophie und die Mathematik

Aissen-Crewett, M.: »Mathematik ist Dichtung«. Kants Ästhetisierung der Mathematik, 2000 [umfangreiche Bibliographie zum Thema: Kant und Mathematik]

Barot, E. /Servois, J.: Kants Face aux Mathématiques modernes, 2009

Cassirer, E.: Kant und die moderne Mathematik, KS XII (1907), Ges. Werke, Bd. 9

Ferrarin, A.: Lived Space. Geometric Space in Kant, in: Studi Kantiani XIX (2006)

Iseli, R.: Kants Philosophie der Mathematik. Rekonstruktion – Kritik – Verteidigung, 2001

Koriako, D.: Kants Philosophie der Mathematik. Grundlagen – Voraussetzungen – Probleme, 1999

Lenhars, J.: Kants Philosophie der Mathematik und die umstrittene Rolle der Anschauung, in: KS 97 (2006), S. 300–317

Majer, U.: Hilberts Methode der idealen Elemente und Kants regulativer Gebrauch der Ideen, in: KS 84 (1994), S. 51–77

Posy, C. J. (Hg.): Kant's Philosophy of Mathematics, 1992

Tonelli, G.: Der Streit über die mathematische Methode in der Philosophie in der ersten Hälfte des 18. Jhs. und die Entstehung von Kants Schrift über die Deutlichkeit der Grundsätze der natürlichen Theologie und der Moral, in: APh 9 (1959)

Wolff, M.: Geometrie und Erfahrung. Kant und das Problem objektiver Geltung Euklidischer Geometrie, in: Gerhardt, V. (Hg.), 2001, Bd. I

Wolff-Metternich, B.-S. v.: Die Überwindung des mathematischen Erkenntnisideals. Kants Grenzbestimmung von Mathematik und Philosophie, 1995

Logik

Hinske, N.: Kants Logikcorpus, 1998

Hintikka, J.: Logic, Language-Games and Information. Kantian Themes in the Philosophy of Logic, 1973

Regvald, R.: Kant und die Logik. Am Beispiel seiner »Logik vorläufiger Urteile«, 2006

Pädagogik

Lausberg, M.: Kant und die Erziehung, 2009

Politische Philosophie

Arendt, H.: Vorlesungen über Kants politische Philosophie, [engl. 1982], 2008

Beiner, R./Booth, W. J.: Kant & Political Philosophy. The Contemporary Legacy, 1993

Beyrau, M.: Die Pflicht zur bürgerlichen Gesellschaft. Kants Lehre von der sittlichen Notwendigkeit des Staates, 2012

Bösch, M.: Globale Vernunft. Zum Kosmopolitismus der Kantschen Vernunftkritik, in: KS 99 (2007)

Budelacci, O.: Kants Friedensprogramm. Das politische Denken im Kontext der praktischen Philosophie, 2003

Byrd, B. Sh.: Themenschwerpunkte: Immanuel Kants Friedensschrift, 2009

Cavallar, G.: Pax Kantiana. Systematisch-historische Untersuchung des Entwurfs »Zum ewigen Frieden« (1795) von Immanuel Kant, 1992

Habermas, J.: Strukturwandel der Öffentlichkeit, 1990 u. ö. (zu Kant § 13)

Habermas, J.: Der gespaltene Westen, 2004, (enth. »Das kantische Projekt«)

Hinske, N.: Kants Warnung vor dem Wohlfahrtsstaat, in: Die neue Ordnung 58 (2004), S. 444–451

Höffe, O.: »Königliche Völker«. Zu Kants kosmopolitischer Rechts- und Friedenstheorie, 2001

Höffe, O. (Hg.): Immanuel Kant. Zum ewigen Frieden, ²2004

Honrath, K.: Die Wirklichkeit der Freiheit im Staat bei Kant, 2011

Kant, I.: Politische Schriften, hg. Gablentz, O. H. v. d., 1965

Klemme, H. F. (Hg.): Immanuel Kant: Über den Gemeinspruch etc. – Zum ewigen Frieden, 1992

Lutz-Bachmann, M./Bohmann, J.: Frieden durch Recht. Kants Friedensidee und das Problem der neuen Weltordnung, 1996

Merkel, R./Wittmann, R.: »Zum ewigen Frieden«. Grundlage, Aktualität und Aussichten einer Idee von Kant, 1996

Mori, M.: La pace e la ragione. Kant e la relazioni internazionali: diritto – politica – storia, 2008

Ottmann, H.: Kants Lehre von Staat und Frieden, 2009

Palmquist, St.R. (Hg.): Cultivating Personhood: Kant and the Asian Philosophy, 2010

Radermacher, Th.: Kants Antwort auf die Globalisierung, 2010

Schattemnann, M.: Wohlgeordnete Welt. Immanuel Kants politische Philosophie in ihren Grundzügen, 2012

Thiele, U.: Repräsentation und Autonomieprinzip. Kants Demokratiekritik und ihre Hintergründe, 2003

Geschichtsphilosophie

Czempiel, E.-O.: Kants Theorem und die zeitgenössische Theorie der internationalen Beziehungen, in: Lutz Bachmann, M./Bohmann, J. (Hg.): Frieden durch Recht, 1996

Euler, W.: Kants Beitrag zur Schul- und Universitätsreform im ausgehenden 18. Jh., in: Brandt, R./Euler, W.: Studien zur Entwicklung preußischer Universitäten, 1999

Geismann, G.: Kants Rechtslehre vom Weltfrieden, in: ZphF 37 (1983)

Habermas, J.: Kants Idee des ewigen Friedens – aus dem Abstand von zweihundert Jahren, in: Lutz-Bachmann, M./Bohmann, J. (Hg.): Frieden durch Recht, 1996

Heinz, M., Krijnen, Chr. (Hg.): Kant im Neukantianismus. Fortschritt oder Rückschritt?, 2007

Hinske, N.: Was ist Aufklärung? Beiträge aus der Berlinischen Monatsschrift, 1973

Kleingeld, P.: Fortschritt und Vernunft. Zur Geschichtsphilosophie Kants, 1995

Klemme, H. F.: Kant und die Zukunft der europäischen Aufklärung, 2009

Koselleck, R.: Kritik und Krise, 1973

Leroi-Gourhan, A.: Hand und Wort. Die Evolution von Technik, Sprache und Kunst, 1980

Madonna, L. C., Rumore, P.: Kant und die Aufklärung, 2011

Starobinski, J.: Die Erfindung der Freiheit, 1988

Yovel, Y.: Kant and the Philosophy of History, 1980

Rechtsphilosophie

Batscha, Z.: Materialien zu Kants Rechtsphilosophie 1976

Brandt, R.: Eigentumstheorien von Grotius bis Kant, 1974

Brocker, M.: Kants Besitzlehre. Die transzendentalphilosophische Eigentumslehre, 1987

Buttermann, R.: Die Fiktion eines Faktums. Kants Suche nach einer Rechtswissenschaft, 2011

Byrd, B. Sh./Hruschka, J.: Kant's Doctrine of Right – A Commentary, 2010

Dreier, H: Kants Republik, in: Ders. (Hg.): Rechts- und staatstheoretische Schlüsselbegriffe: Legitimität – Repräsentation – Freiheit, 2005

Friedrich, R.: Eigentum und Staatsbegründung in Kants Metaphysik der Sitten, 2004

Gölling, Th.: Kants Menschenrechtsbegründung heute, 2013

Höffe, O.: Kategorische Rechtsprinzipien. Ein Kontrapunkt der Moderne, 1990

Höffe, O. (Hg.): Immanuel Kant. Metaphysische Anfangsgründe der Rechtslehre, 1999

Hofmann, H.: Einführung in die Rechts- und Staatsphilosophie, 2000 [zu Kant: 9 ff., 41 f. u. ö.]

Hruschka, J.: Kant und der Rechtsstaat und andere Essays zu Kants Rechtslehre und Ethik, 2015

Kersting, W.: Wohlgeordnete Freiheit. Kants Rechts- und Staatsphilosophie, ³2005

Kersting, W.: Kant und das Problem der Sozialstaatsbegründung, in: Gerhardt, V. (Hg.) 2001, S. 151–171

Kersting, W.: Kant über Recht, 2004

Klemme, H. F.: Immanuel Kant, in: A. Pollmann/G. Lohmann (Hg.): Handbuch der Menschenrechte, 2012

Koslowski, P.: Die Ordnung der Wirtschaft. Studien zur praktischen Philosophie und politischen Ökonomie, 2008

Ludwig, B.: Kants Rechtslehre. Mit einer Untersuchung zur Drucklegung Kantischer Schriften von W. Stark, 1988

Pfordten, D. v. d.: Kants Rechtsbegriff, in: KS 99 (2007)

Saage, R.: Eigentum, Staat und Gesellschaft bei Kant, 1973

Wawrzinek, C.: Die »wahre Republik« und das »Bündel von Kompromissen«: Die Staatsphilosophie Immanuel Kants im Vergleich mit der Theorie der amerikanischen Federalisten, 2009

Religionsphilosophie

Bohatec, J.: Die Religionsphilosophie Kants in »Die Religion innerhalb der Grenzen der bloßen Vernunft«, 1938, ND 1966

Brandt, R.: Der Gott in uns und für uns bei Kant, in: Bickmann, C./Wirtz, M. (Hg.): Religion und Philosophie im Widerstreit?, 2008

Buchheim, Th. u. a. (Hg): Gottesbeweise als Herausforderung für die moderne Vernunft, 2012

Dörflinger, B.: Die Rolle der Gottesidee in Kants Konzept des ethischen Gemeinwesens, in: X. Int. Kant-Kongress, Buenos Aires 2008, S. 51–69

Essen, G./Stiet, M. (Hg.): Kant und die Theologie, 2005

Fischer, N. (Hg.): Die Gnadenlehre als ›Salto mortale‹ der Vernunft? Freiheit und Gnade im Spannungsfeld von Augustinus und Kant, 2012

Hiltscher, R./Klingner, St. (Hg.): Kant und die Religion – die Religionen und Kant, 2012

Irrlitz, G.: Religion als Symbolform der Moral. Kants Überwindung des Gegensatzes von Orthodoxie und Häresie durch Vermittlung von Vernunftreligion und Offenbarungsglauben, in: Historia philosophica MMV, S. 35–55

Schweitzer, A.: Die Religionsphilosophie Kants von der Kritik der reinen Vernunft bis zur Religion innerhalb der Grenzen der bloßen Vernunft, 1899, ND 1990

Theis, R.: Gott. Untersuchungen zur Entwicklung des theologischen Diskurses in Kants Schriften, 1994

Witschen, D.: Kants Moraltheologie: Ethische Zugänge zur Religion, 2009

Musikphilosophie

Giordanetti, P.: Kant und die Musik, 2005
Nachtsheim, St.: Zu Immanuel Kants Musikästhetik, 1997

Kuriosa

Dahl, J.: Ernstes und Heiteres über Kant und einige seiner Werke, 1933
Epstein, M.: Immanuel Kant. Kritik der reinen Vernunft. In deutschen Stanzen, 1923

4 Namensregister

5 Sachregister